LAȜAMONS BRUT,

OR

CHRONICLE OF BRITAIN.

VOL. III.

LAȜAMONS BRUT,

OR

CHRONICLE OF BRITAIN;

A POETICAL SEMI-SAXON PARAPHRASE

OF

THE BRUT OF WACE.

NOW FIRST PUBLISHED FROM THE
COTTONIAN MANUSCRIPTS IN THE BRITISH MUSEUM;
ACCOMPANIED BY
A LITERAL TRANSLATION, NOTES, AND A GRAMMATICAL GLOSSARY.

By SIR FREDERIC MADDEN, K.H.,
KEEPER OF THE MSS. IN THE BRITISH MUSEUM.

VOL. III.

LONDON:
PUBLISHED BY THE SOCIETY OF ANTIQUARIES OF LONDON.
1847.

PRINTED BY
RICHARD AND JOHN E. TAYLOR,
RED LION COURT, FLEET STREET.

ALERE FLAMMAM.

LAȜAMONS BRUT,

OR

CHRONICLE OF BRITAIN.

[v. 25275—25285.]

MS. Cott. Calig. A. IX.	MS. Cott. Otho, C. XIII.
ÞAS twælfe heore wai ferdē :'	¶ ÞEOS tw..lue ȝeoden hire :'
touward heore londen.	toward hire londe. [wai :'
[1]	nere in none londe :'
mid feolure and mid golde.	mid feoluer and mid golde.
cnihtes ſwa iſcrudde :'	cnihtes ſo iſcrud :'
no þurh al ſwa wel idihte.	ne þorh alle þing ſo wel idiht.
þuſ Arður heom dihte :'	aſe þeos were :'
al for heore worde.	of Arthur þan kinge.
Þaſ twalf cnihteſ foren :'	Þeos cnihtes forþ ȝeoden :'
þat heo to Rome comen.	þat hii to Rome comen.
heo gretten heore kaiſere :'	hii grette hire caiſer :'

These twelve went their way toward their land; were in no land knights so bedecked with silver and with gold, nor through all [things] so well arrayed [as these were by Arthur the king]. 'Thus Arthur them treated, all for their words! These 'twelve' knights 'proceeded [forth went] until they came to Rome; they greeted their emperor, their

[1] *A line is here wanting.*

MS. Cott. Calig. A. ix.	MS. Cott. Otho, C. xiii.
heore kine-lauerd.	hire kine-louerd.
Hail ſeo þu Luces :	Hayl beo þou Luceſ :
þu art hæxt ouer uſ.	þou hart þe hexſte ouer ous.
We weoren[1] at þan raȝe :	We weren mid þan hehȝe :
at Ardure[2] þan kinge.	Arthur þe riche.
we habbeoð writen ibroht þe :	we habbeþ ibroht þe : [f. 118. c. 1.]
word ſwiðe grate.	wordes ſwiþe grete.
Arður iſ þe kenneſte mon :	Arthur his þe kenneſte man :
þat we æure lokeden on.	þat we euere lokede an.
and he iſ wūder riche :	and he his wonder riche :
and hiſ þeineſ beoð balde.	and his cnihtes bolde.
þer iſ æuer ælc ſwein[3] :	þar his euerech cnaue :
swulc he cniht weore.	aſe he cniht were.
þer iſ æuer ælc ſwein :	
swulc he weore riche þein.	
þer beoð þa cnihteſ :	þar beoþ cnihteſ :
ſwulc hit weoren kingeſ.	aſe hit were kinges.
mete þer iſ vnimete :	meate þar his onimete :
& men ſwiðe balde.	and men ſwiþe bolde.
and þa ueieȝereſte wifmen :	and þe faireſt wifmen :
þa wunieð on liuen.	þat wonieþ in londe.
and him ſeolf Arður þe balde :	and him seolf Arthur :
uæiȝereſt ouer alle.	fayreſt of alle.

sovereign: "Hail be thou, Luces, thou art [the] highest over us! We were with the 'fierce [noble] man, 'with' Arthur the 'king [powerful]; we have brought thee 'writs,' words exceeding great (lofty). Arthur is the keenest man that we ever looked on, and he is wondrous powerful, and his 'thanes [knights] are bold; there is every knave as *if* he were knight, 'there is every swain as *if* he were rich thane'; there are 'the' knights as *if* it were kings; meat there is most abundant, and men most bold, and the fairest women that dwell 'alive [in land]; and Arthur 'the bold' himself fairest 'over [of] all! By us he sendeth word to thee, that he 'will

[1] weoren, *pr. m., omitting* we. [2] *R.* Arðure. [3] cnaue?

MS. Cott. Calig. A. IX.	MS. Cott. Otho, C. XIII.
Bi uſ he ſende word þe :	Bi ous he word ſendeþ :
þat he wule to þiſſe londe. [f. 147b. c. 1.]	þat hider he þencheþ.
na gauel he nule bringē :	no gauel he nele ſende :
ah þe ſeoluen he wule binden.	ac þi seolue he wole binde.
and ſeoððe he wule þe an-hon :	and suþþe he wole þe an-hon :
and þiſ lond al for-don.	and þis lond al for-don.
and Alemaine Lunbardie :	and nimen Alemaine and Lombardie :
Burguine France and Normandie.	Borgoyne France and Normandie.
Frolle he floh iſ[1] iua :	And Frolle he floh his i-fo :
swa he wulle uſ alle do.	and þe he wole al ſo do.
and ahnien him ane :	and habbe him seolf one :
þa we aȝen alle clane.	þat we oweþ cleane.
her to he wule leden kinges :	Her to he wole leade kinges :
eorleſ & here-þriges.	eorles and heredringes.
And her we habbeoð an honden :	And her we habbeþ an honde :
writen þat he ſende.	writes þat he þe ſendeþ.
þe þe quiððieð what he wule don :	þat telleþ wat he wole don :
þenne he cumeð hider on.	wane he comeþ hider on.
Þa þæ ærnde wes iſeid :	Þo þe earende was iſaid :
þæ kaiſere wes ful ſæri mon.	þe cayſer was wel ſori mod[2].
& aſtured weoren Romwerē alle :	and alle Romleode :
mid ſterclichere wræððe.	a-fered weren ſore.

come to this land [hither he thinketh *to come*]; no tribute he will 'bring, [send], but thy self he will bind; and afterwards he will thee hang, and this land all destroy, and [take] Alemaine [and] Lumbardy, Burgundy, France and Normandy. [And] Frolle he slew, his foe, 'so [and] he will 'to us all [to thee also] do; and 'possess [have] him[self] alone *the land* that we own 'all' clean; hereto he will lead kings, earls, and chieftains. And here we have in hand *the* writs that he [thee] sendeth, that telleth 'thee' what he will do, when he cometh in hither." When the errand was said, the emperor was *a* full sorrowful man, and all *the* Rome-folk were 'stirred with strong wrath [sore afraid]. Oft they went to counsel, oft they went to

[1] *Interlined by second hand.*

[2] mon ?

MS. Cott. Calig. A. ix.	MS. Cott. Otho, C. xiii.
Ofte heo eoden to ræde :/	Ofte hii ȝeode to reade :/
ofte heo heolden rune.	ofte hii ȝeode to roune.
ær heom mihte iwurðen :/	her hii mihte iworþe :/ [c. 2.]
waht heo don wolde.	wat idon[1] wolde.
Noðeleſ a þan ende :/	Noþeles a þan eande :/
enne ræd heo ifunden.	anne read ifunde[2].
þat waſ þurh þa ſenaturſ :/	þat was þorh þe ſenaturs :/
þa þet ſinað heolden.	þat þe londes witede.
þan kaiſere heo raddē :/	þan caýſer hii radden :/
þat he write runen.	þat he writes makede.
and ſende hiſ ſonde :/	and ſende his ſonde :/
ȝeond feole kinelonde.	to manicune londe.
and hehte heom cume ſone :/	and bidde heom come ſone :/
alle to Rome.	alle to Rome.
of euer ælche londe :/	of euereche londe :/
þe heom oht lufeden.	þat he oht louede.
and alle þa wulleð mid fehte :/ [c. 2.]	and alle þat wolleþ mid fihte :/
biȝiten lond oðer ahte.	bi-ȝete lond oþer heahte.
Folc þer com ſone :/	Folk þar com wel ſone :/
to þere burh of Rome.	to þare borh of Rome.
ſwa muchel ſwa þer neuere ærer :/	so moche ſo þar neuere hear :/
na mon no iſumnede.	no man ne gadere.
Heo ſeiden þat heo wolden :/	Hii ſaide þat hīi wolde :/
ouer Mūt Giu iwenden.	ouer Montagu wende.

communing, ere 'to them [they] might 'be determined [determine] what they would do. Nevertheless at the end a counsel they found, that was through the senators who 'held the senate [ruled the lands]; the emperor they counselled that he should 'write letters [make writs], and send his messengers 'over many kingdoms [to lands of many kind], and bid them all come soon to Rome, from every land, 'who loved them [that he loved] aught, and all that willeth with fight obtain land or goods. Folk there came [well] soon to the burgh of Rome; so mickle as there never ere any man assembled! They said that they would march over Muntgiu, and

[1] hii don?

[2] hii ſunde?

MS. Cott. Calig. A. ix.

and wið Arðure fehten :/
whar ſwa heo hine ifunden.
and Arður ſlæn oðer anhon[1] :/
and hiſ hired al for-don.
and ahnien þā kaiſere :/
Arðureſ riche.
Þe æreſte king þe þer com :/
he weſ ſwiðe kene mon.
Epiſtrod king of Grece :/
Ethion duc of Boece.
þer com mid muchle wiȝe :/
Irtac kīg of Turckie.
Pandraſ king of Egipte :/
of Crete þe king Ipolitte.
of Sẏrie þe king Euander :/
of Frigie þe duc Teucer.
of Babilone Mæptiſas :/
of Spaine þe kaiſere Meodraſ.
of Medie þe king Boccuſ :/
of Libie þe king Sexſtoriuſ.
of Bittunie Pollidices :/
of Iturie þe king Sexes[3].
Ofuſteſar[4] king of Aufrike :/

MS. Cott. Otho, C. xiii.

and wiþ Arthur fihte :/
war ſo hii hine finde mihte.
and Arthur ſlean and an-hon :/
and his cnihtes al for-don.
and ohni þan cayſere :/
Arthur his kineriche.
¶ þe eareſt king þat þar com :/
he was ſwiþe kene man.
Epiſtrot king of Grece :/
Ethion duk of Boece.
þar com mid mochele wẏȝe :/
Irtak king of Turkie.
Pandras king of Egipte :/
of Grece[2] þe king Ẏpolite.
of Sẏrie þe king Euander :/
of Friſie þe duk Teucer.
of Babẏlonie Maptizas :/
of Spaẏne þe caiſer Meodras.
of Medie þe king Bockus :/
of Libie þe king Sextorius.
of Bitunie Pollidites :/
of Ẏturie þe king Serſes. [f. 118b. c. 1.]
Oriſtenſer king of Affrike :/

fight with Arthur, wheresoever they him 'found [might find], and Arthur slay 'or [and] hang, and his 'host [knights] all destroy, and possess for the emperor 'Arthurs [Arthur his] realm. The first king that there came, he was a man exceeding keen, Epistrod, king of Greece; Ethion, duke of Bœotia, came there with a great force; Irtac, king of Turkey; Pandras, king of Egipt; of Crete the king Ypolite; of Syria the king Evander; of Phrygia the duke Teucer; of Babylon, Maptisas; of Spain the caiser Meodras; of Media the king Boccus; of Libia the king Sextorius; of Bitunia, Pollidices; of Ituria the king Xerxes; 'Ofustesar [Oristenser], king of

[1] anhond, *pr. m.*
[2] *Probably a mistake of the scribe.*
[3] Serxes?
[4] *Apparently* Muſteſar, *pr. m.*

MS. Cott. Calig. A. ix.	MS. Cott. Otho, C. xiii.
neſ þer na kīg hiſ ilike.	nas þar no king hiſ iliehe.
mid him com moni Aufrican :'	mid him com manẏ Affrican :'
of Ethiope he brohte þa bleomen.	of Ethiope he brohte þe bleomem[1].
Þa ſeolue Romleodē :'	Þe ſeolue Rom-leode :'
liðen heom to-ſomne.	wende to-gadere.
þat weoren at nexte :'	þat weren nexſte :'
of Rome þa hexte. [f. 148. c. 1.]	of Rome þe hexſte.
Marceſ Lucaſ and Catel :'	Marchus Lucas an Catel :'
Cocta Gaiuſ & Metel.	Cocta Caẏus and Metel.
þiſ weoren þa ſixe :'	þiſ weren þe ſixe :'
þe þat ſenaht al biwuſten.	þat Rome-lond bi-wiſte.
Þa þiſ folc iſom̄ed wes :'	Þo þis folk i-gadered was :'
of feole cunne londes.	of falecune londes.
þa ſette[2] þe kaiſere :'	þo lette þe caẏſere :'
arimen al þæne here.	telle al þan here.
Þa weoren þer riht italde :'	Þo weren þar riht itold :'
to ſihte ſwide[3] balde.	to ſihte ſwiþe bold.
feouwer hundred þuſēde :'	four hundred þouſend :'
cnihteſ a þan hæpe.	cnihtes o þan heape.
mid wepnen and mid horſen :'	mid wepne and mid horſe :'
swa bihoueð to cnihten.	aſe bi-oueþ to cnihtes.
Nes he neuere iborē :'	Nas he neuere icore :'
i nauere nane burȝe.	ne in none londe ibore.

Africa; was there no king his like; with him came many *an* African; of Ethiopia he brought the black-men. The Rome-people *them*selves marched 'them' together, that were 'at' nearest, of Rome the noblest; Marcus, Lucas, and Catel, Cocta, Gaius, and Metel; these were the six, who 'the Senate all [Rome-land] ruled. When this folk was assembled, from lands of many kind, then caused the emperor all the host to be numbered. Then were there told right, to fight most bold, four hundred thousand knights in the heap (assemblage), with weapons and with horses, as behoveth to knights. Never was he 'born, in every any burgh [chosen, nor in any land

[1] *R.* bleomen. [2] lette, *pr. m.* [3] ſwiðe?

MS. Cott. Calig. A. IX.	MS. Cott. Otho, C. XIII.
þat mihte þat folc tellen :'	þat mihte þat folk telle :'
þat þer eoden a uoten.	þar ȝeode afote.
Auormeſt herueſteſ dæie :'	
norð heo gunnen ſturien.	Forþ hii wende alle þane waẏ :'
auer riht þene wæi :'	
þet touward Munt Giu lai.	þat toward Montegiu laẏ.
Lete we nu ane while :'	¶ Leate we nou one wile :'
þeoſ ferde bilæue.	þeos ferde bi-leafue.
and ſpeke we of Arðure :'	and ſpeke we of Arthur :'
aðeleſt kinge.	baldeſt alre kinge.
þa þe he biſoht hafde :'	þo þat he bi-ſoht hadde :'
hiſ þeines fele.	his cnihtes gode.
and ælc wes ham iuare :'	and ech was hom iwend :'
þer he lond hafde.	þar he lond hadde.
And raðe a-ȝæin comen :'	And ſone a-ȝein come :'
cnihteſ to hireden.	cnihtes to route.
mid wepnen wel idihten :'	mid wepne wel idiht :'
þurh allen heore mihte.	mid al hire miht.
of Scotlond of Irlond :'	of Scotlond of Irlond :'
of Gutlond of Iſlond.	of Gutlond of Iſlond.
of Noreine of Denene :'	of Norene of Denene :'
of Orcaneie of Maneie.	of Orcaneie of Maẏne.
of þan ilke londen :'	of þan ilke londe :'
beoð ā hundred þuſende.	beoþ an hundred þouſend. [c. 2.]
iwepnede þeineſ ohte :' [c. 2.]	iwepnid wel alle :'

born], that might tell the folk, 'that' there went on foot! 'Before harvest-day forth they gan to march, ever right [Forth they marched all] the way that toward Muntgiu lay. Let us now leave this host a while, and speak we of Arthur, 'noblest of [boldest of all] kings, when that he had besought his good 'thanes [knights], and each had gone home where he had land. And soon again came *the* knights in assemblage, with weapons well provided, 'through [with] all their might, of Scotland, of Ireland, of Gutland, of Iceland, of Norway, of Denmark, of Orkney, of Man (?); of these same lands are a hundred thousand 'brave thanes,' [all well] weaponed in their

MS. Cott. Calig. A. ix.	MS. Cott. Otho, C. xiii.
on heore londes wiſe.	in hire londes wiſe.
Neoren hit noht cnihtes :'	Neren hii alle noht cnihteſ :'
no þeſ wæies idihte.	ne þeſ aweies idiht.
ah hit weoren men þa kenlukeſte :'	ac hit were þe kenlokeſte men :'
þa æi mon ikende.	þat eni mā akende.
mid mucle wiaxen :'	mid mochele wiaxeſ :'
mid longe ſaxē.	and mid lange ſaxes.
Of Normandie of Angou :'	Of Normandie. of Angou :'
of Brutaine of Peitou.	of Brutaẏne. of Peitou.
of Flandres of Bulunne :'	of Flandres. of Boloẏne :'
of Loherne of Luueine.	of Lorenne. of Loueine.
comen an hūdred þuſende :'	beoþ an hundred þuſend :'
to þaſ kingeſ hirede.	icome to þan kinge.
cnihtes mid þan bezſtē :'	cnihtes mid þan beſte :'
þurh-coſtned mid wepnen.	þorh-coſtned mid wepne.
Þer comen þa twalf iueren :'	Þar come þe twealf veres :'
þa France ſculden heren.	þat France ſolde werie.
twelf þuſend cnihtes :'	twealf þuſend cnihtes :'
heo brohten forð rihtes.	hii brohten forþrihtes.
and of þiſſen londe :'	and of þiſſe londe :'
Arður nom an honde.	Arthur nam an honde.
fifti þuſend cnihteſ kene :'	fifti þouſēd cnihtes :'
and ohte mē to fihte.	ohte men to fihte.
Howel of Brutaine :'	Howel of Brutaẏne :'
cnihteſ mid þan bezſte.	cuihtes mid þan beſte.

countrys wise. They were not [all] knights, nor *in* this wise arrayed, but they were the keenest men that any man knew, with great battle-axes, [and] with long saexes. Of Normandy, of Anjou, of Britain, of Poitou, of Flanders, of Boulogne, of Loraine, of Lovaine, 'came [are come] a hundred thousand to the 'kings host [king], knights with the best, completely provided with weapons. There came the twelve companions that France should 'obey [defend]; twelve thousand knights they brought forth-right; and of this land Arthur took in hand fifty thousand knights ' keen,' [and] brave men in battle. Howel of Britanny led ten thousand of his land-

MS. Cott. Calig. A. ix.	MS. Cott. Otho, C. xiii.
ten þuſend lande[1] :⁄	ten þouſend ladde :⁄
of hiſ leod-folke.	of his leod-folke.
Of ganninde mōnē :⁄	Of goinde men :⁄
þa heo forð wenden.	þe he[2] forþ wende.
þurh nane cunneſ ſpelle :⁄	þorh none cunnes ſpelle :⁄
ne cuðe heom na mon telle.	ne couþe[3] no mē telle.
Arður þa hehte :⁄	Arthur þo hehte :⁄
aðeleſt kinge.	þat his cnihtes alle.
to ane iſette time :⁄	þat hii at one iſat dai :⁄
þat folc iſomnien.	to-gaderes come.
bi heore bare liſen :⁄	bi hire bare lifue :⁄
at Barbe-fleote.	riht at Barbefleote.
& þer he wolde gædere :⁄	
ſele hiſ þede. [f. 148b. c. 1.]	
Þiſ lond he bitahte :⁄	Þis lond he bi-tahte :⁄
ane ſelcuðe cnihte.	one ſelcouþe cnihte.
he weſ Walwainneſ broðer :⁄	he was Waweẏnes broþer :⁄
næs þer nan oðer.	nadde he non oþer.
Moddred wes ihaten :⁄	Modread was ihote :⁄
forcuðeſt monnen.	forcouþeſt manne. [f. 119. c. 1.]
treouðe nefde he nane :⁄	treuþe nadde he none :⁄
to nauer nane monne.	to neuere none manne.
he weſ Arðureſ mæi :⁄	he was Arthur his meẏ :⁄

folk, knights with the best. Of foot-men; when 'they [he] forth marched, through no kind of speech could any man them number! Arthur then ordered, 'noblest of kings,' 'the folk to be assembled, [that to all his knights, that they should come together] at a set 'time [day], by their bare life, [right] at Barbefleote; 'and there he would gather his good people.' This land he delivered to a famous knight; he was Walwains brother, 'there was [he had] no other; *he* was named Modred, wickedest of men; truth he had none to ever any man; he was 'Arthurs [Arthur his] relation,

[1] ladde? [2] þo hii? [3] couþe heom?

MS. Cott. Calig. A. IX.	MS. Cott. Otho, C. XIII.
of aðelen hiſ cunne.	of his gode cunne.
ah cniht he wes wunder god :'	cniht he was ſwiþe god :'
& he hafde ſwiðe muchel mod.	and he hadde mochel mod.
Arðureſ ſuſter ſune :'	Arthur his ſoſter ſone :'
to þere quene wes hiſ iwune.	to þare cweane was his wone.
þat wæſ ufele idon :'	þat was vuel idon :'
his æme he dude ſwike-don[1].	his eam he dude ſwikedom.
Ah al hit wes ſtille :'	
in hirede and in halle.	
for na man hit ne wende :'	Ac no man hit ne wende :'
þat hit ſculde iwurðe.	þat hit ſo were.
ah men to ſoðe i-wenden :'	ac men to ſoþe wende :'
for Walwain wes hiſ broðer.	for Waweyn was his broþer.
þe alre treoweſte gume :'	þe alre treuweſte cniht :'
þe tuhte to þan hirede.	þat in erþe was idiht.
þurh Walwain[2] wes Modræd :'	þorh Waweyn was Modread :'
monnē þa leouere.	manne wel þe leauere.
and Arður þe kene :'	and Arthur þe kene :'
ful wel him iquemde.	fole wel him cwemde.
He nom al hiſ kinelond :'	He nam al his kinelond :'
& ſette hit Moddræd an hond.	and ſette hit Modread an hond.
and Wenhauer hiſ quene :'	and Gwenayfer his cweane :'

of his 'noble [good] race; 'but' knight he was 'wondrous [exceeding] good, and he had very much pride; *he was* 'Arthurs [Arthur his] sisters son; to the queen was his resort,—that was evilly done,—to his uncle he did treachery. But 'it all was secret, in host and in hall, for' no man it weened, that it 'should be [were so], but men in sooth weened *him*, because Walwain was his brother, the truest 'man [knight] of all that 'came to the folk [in earth was formed]; through Walwain was Modred 'by men the [man well the] more beloved, and Arthur the keen full well was pleased with him. He took all his kingdom, and set it to Modred in hand, and 'Wenhaver [Gwenayfer], his queen, worthiest of women, that

[1] *R.* ſwikedom.

[2] *The first syllable of* Walwain *has been added by a second hand.*

MS. Cott. Calig. A. ix.		MS. Cott. Otho, C. xiii.	
wurðlukeſt wiuen.		worþlokeſt wifue.	
þa þe in þiſſere leode :'		þat þo in þiſſe þeode :'	
wunede an londe.		wonede on londe.	
Arður bi-tahte :'		Arthur ȝam bi-taht :'	
al þat he ahte.		al þat lond þat he hahte.	
Moddrade and þere quene :'		Modread and þare cweane :'	
þat heom waſ iquene[1].		þat him was icweme.	
Þat waſ ufele idon :'		Þat was vuele idon :'	
þat heo iboren weoren.	[c. 2.]	þat hii ibore were.	
þiſ lond heo for-radden :'		þiſ lond hii for-ferde :'	
mid reuðen uninoȝen.		þorh hire luþer craftes.	
and a þan ænden heom ſeoluen :'		and ȝam seolue an þan eande :'	
þe wurſe gon iſcenden.		þe worſe gan ſende.	
þat heo þer for-leoſeden :'		þat hii for-loſede :'	
lif and heore ſaulen.		hire lif and hire ſaule.	
and æuer ſeoððe laðen :'		and euere þar after :'	[c. 2.]
n auer ælche londe.		loþ in eche londe.	
þat nauer na mā nalde :'			
ſel bede beoden for heore ſaule.			
for þan ſwike-dome :'			
ꝥ he dude Ardure[2] hiſ æme.			
Al þat Arður ahte :'		Al þat Arthur hahte :'	
he Moddrede bitahte.		ȝam he hit bi-tahte.	

then in this nation dwelt in land. Arthur gave [to them] all [the land] that he possessed, to Modred and the queen,—that to 'them [him] was pleasing. That was evilly done, that they were (should have been) born; this land they destroyed 'with numerous sorrows [through their wicked crafts]; and themselves at the end the Worse gan disgrace (*or* destroy), *so* that they there lost [their] lives and their souls, and ever 'afterwards [thereafter] *became* odious in 'every [each] land, '*so* that never any man would offer *a* good prayer for their souls, on account of the treachery that he did to Arthur, his uncle.' All that Arthur possessed, he gave 'to Mo-

[1] *R.* iqueme.

[2] *R.* Arður.

MS. Cott. Calig. A. IX.	MS. Cott. Otho, C. XIII.
lond and hiſ leoden :'	
& leofen hiſ quene.	
and ſeððen he nom hiſ ferde :'	and suþþe he nam his ferde :'
of folken ſwiðe hende.	of folke ſwiþe hende.
and ferde ful ſone :'	and wende wel ſone :'
touward Suð-hamtune.	toward Suþhamtone.
Þer comen ſeilien ſone :'	Þar comen ride :'
ȝeond þa ſæ wide.	oueral þan ſéé wide.
ſcipes uniuoȝe :'	sipes ſwiþe manie :'
to þas kingeſ folke.	to þis kinges folke.
þe king þat folc beide :'	þe king þat folk dealde :'
ȝeond þa ſcipen longe.	to þan ſipes gode.
bi þuſend & bi þuſēd :'	bi þouſend and bi þouſend :'
to þan ſcipē þraſten.	þider in þraſte.
þe uader weop a þene ſune :'	þe fader weap a þane ſone :'
ſuſter a þene broðer.	softer o þan broþer.
moder a þa dohter :'	moder to[1] þan dohter :'
þa þa duȝeðe ſturede.	þo þe ferde wende.
Werder[2] ſtod on wille :'	Weder ſtod at wille :'
wind wex an honde.	wind wex an honde.
ankereſ heo up droȝen :'	ancreas hii vp drowen :'
drem weſ on uolken.	bliſſe was a-mang heom.
Wunden into widen ſæ :'	

dred [it to them], '*his* land and his people, and his dear queen'; and afterwards he took his army of folk most fair, and marched 'full [well] soon toward Southampton. There came 'numerous [very many] ships 'soon sailing [riding] over [all] the wide sea, to 'the [this] kings folk; the king distributed the folk 'over [to] the 'long [good] ships; by thousands and by thousands 'to the' ships [thither in] *they* thronged; the father wept on the son, sister on the brother; mother on the daughter, when the host departed. *The* weather stood at will, *the* wind waxed in hand; anchors they up drew, joy was among '*the* folk [them]. '*The* thanes wondrous blithe wound *their way* into *the* wide sea,' *the* ships there forth pressed, *the*

[1] o?

[2] weder?

MS. Cott. Calig. A. IX.	MS. Cott. Otho, C. XIII.
þeinef wunder bliðe.	
scipen þer forð þrrungen[1] :'	Sipes þar forþ þronge :'
gleomen þer fungen.	gleomen þar fonge.
feilef þer tuhten :'	saẏles þar tohte :'
rapes þer rehtten.	ropes þar rihte.
wederen alre feleft :' [f. 149.c.1.]	weder alre faireft :'
and þa fæ fweuede.	and þe fee fweuede.
For þere foftneffe :'	For þare fofniffe :'
Ardur[2] gō to flæpen.	Arþur gā to sleape.
alfe þe king flepte :'	al fo þe king flepte :'
a fweuen him imette.	a fweuen he i-mette.
feorlic wes þat fweouen :'	feorlich was þat fweuen :'
þene king hit auerde.	þan king hit a-ferde.
Þa þe king him awoc :'	Þo þe king him a-woc :'
swiðe he wes idræcched.	þe king was idrecchid.
and granein agon :'	and gronie he gan :'
ludere ftefenen.	loudere ftemne.
Næf þer nan fwa þrifte :'	Nas þar non fo þrifte :'
cniht under crifte.	cniht onder crift.
þat durfte þene king fræine :'	þat þane king dorfte :'
of hif fare-cofte.	axi of his farecofte.
ær þe king him feolf fpeke :'	her þe king him seolf speake :'
and fpilede wið hif beornen þere.	and faide to his cnihtes. [f. 119b. c. 1.]
and þ[9] Ardur[2] him feide :'	and þus to ȝam faide :

glee-men there sung; sails there *they* hoist, ropes there *they* right; weather *they had* softest of all, and the sea slept. For the softness (calm) Arthur gan to sleep; as the king slept a dream he dreamt; marvellous was the dream, the king it alarmed! When the king him awoke, 'greatly he [the king] was frightened, and [he] gan to groan with loud voice. Was there none so bold knight under Christ, who durst ask the king of his welfare, ere the king himself spake, and 'discoursed with [said to] his 'barons there [knights]; and thus Arthur him said, when he awoke from sleep: "Lord

[1] *R.* þrungen. [2] *R.* Arður.

MS. Cott. Calig. A. ix.	MS. Cott. Otho, C. xiii.
þa he awoc of ſlæpe.	þo he woc of sleape.
Lauerd drihten criſt :	Louerd drihtene criſt :
domeſ waldende.	domes weldende.
midelarde mund :	middilerþes win :
monnen froure.	mannene frouere.
þurh þine aðmode wil :	þorh þine edmode :
walden[1] ænglen.	weldene eanglene.
let þu mi ſweuen :	leatte þou min ſweuen :
to ſelþen iturnen.	to ſealþe teorne.
þa ſpac Angel þe king :	þo ſpac Anḡel þe king :
Scottene deorlīg.	Scottene deorling.
Lauer[2] ſæi uſ þi ſweuen :	Louerd ſaie ous þin sweuen :
ſeleȝehðe uſ beo ȝeueðe.	for ſealþe his ous ȝeuen.
Bluðeliche quað þe king :	Bloþeliche cwaþ þe king :
to bliſſe hit awurðe.	to bliſſe hit teorne.
þer ich lai a ſweuete :	þar ich laẏ a ſweuete :
agan ich forto ſlepe.	and ich gan to ſleape.
me þuhte þat in þere weolcne :	me þohte in þare wolcne :
com an wunderlic deor.	com an deor ſellich.
æſt ī þan leofte :	eaſt in þan lufte :
ladlic[3] an ſehte.	loþliche on ſihte.
wið leite mid ſtorme :	
ſtuꝛliche wende.	
niſ in nare leode :	nis in none londe :

governor Christ, ruler of dooms, 'protector [joy] of middle-earth, comforter of men through thy merciful will, ruler of angels; let thou my dream turn to good!" Then spake Angel the king, Scotlands darling: "Lord, say us thy dream, [for] prosperity is given to us." "Blithely," quoth the king, "to bliss may it turn! Where I lay in slumber, [and] I gan 'for' to sleep, methought 'that' in the welkin came a marvellous beast, *eastward* in the sky, *and* loathsome to *the* sight; 'with lightning *and* with storm sternly *he* advanced'; *there* is in no land 'any bear so loathly [such

[1] waldend? [2] Lauerd? [3] laðlic?

MS. Cott. Calig. A. IX.	MS. Cott. Otho, C. XIII.
nan ſwa ladlic[1] beore. [c. x.]	ſoch deor aſtonde.
Þa com þer weſtene :'	Þo com þar weſtene :'
winden mid þā weolcnen.	winde in þan wolcne.
a berninge drake :'	a bernene drake :'
bur... .. ſuel..[2]	borwes he ſwelde.
mid hiſ feure he lihte :'	mid hiſ fure he lihte :'
al þiſ lond-riche.	al þis lond-riche.
me þuhte a mire ſihȝeðe :'	me þohte in mine ſihte :'
þat þa ſæ gon to berne.	þat þe ſéé barnde.
of leite & of fure :'	of lihte and of fure :'
þa þe drake ferede.	þat þe drake ferede.
Þes drake and beore :'	Þeos drake and þe beore :'
beien to-ſomne.	
radliche ſone :'	
to-gadere heo come.	to-gadere hii come.
heo ſmiten heom to-gaderen :'	hii ſmiten heom to-gaderes :'
mid feondliche ræſen.	mid feondeeliche[3] reaſes.
ſloȝē[4] of heore hæȝene :'	floȝen of hire eȝene :'
ſwulc fur-burondeſ[5].	aſe furbrondes.
Ofte wes þe drake buuen :'	Ofte was þe drake boue :'
and eft ſeoððen bineoþen.	and eft suþþe bi-neoþe.
neoðeleſ a þan ænde :'	naþeles a þan eande :'

[c]reature existing]. Then came there westward, winding 'with the clouds [in the welkin], a burning dragon; burghs he swallowed; with his fire [h]e lighted all this lands realm; methought in my sight that the sea 'gan [to] burn [burnt] of light and of fire, that the dragon carried. This dragon [an]d [the] bear, 'both together, quickly soon' together they came; they [s]mote them together with fierce assaults; *flames* flew from their eyes as [fir]ebrands! Oft was the dragon above, and eftsoons beneath; neverthe[le]ss at the end high he gan rise, and he flew down right with fierce assault,

[1] laðlic?

[2] *This line has been added in the margin by a second hand, but partly cut off by rascally binder.*

[3] feondaliche? [4] floȝen? [5] fur-brondeſ?

MS. Cott. Calig. A. IX.	MS. Cott. Otho, C. XIII.
heȝen he gon wende.	hehȝe he gan wende.
and he flah dun rihte :/	and he fleah dun riht :/ [c. 2.]
mid feondliche ræſen.	mid feondeliche reaſe.
and þene beore he iſmat :/	and þane beore he ſmot :/
þat he to þere eorðe iwhat.	þat he fulle to grūde.
and he þer þene beore of-floh :/	and he þar þane beore floh :/
and hine lim-mele to-droh.	and leome-mele hine to-droh.
Þa þat feht weſ ido :/	Þo þat fiht was idon :/
þe drake aȝen wende.	þe drake aȝen wende.
Þiſ ſweuen me imette :/	Þis me imette :/
þer ich lai and ſlapte.	þar ich laẏ and ſleapte.
Biſcopeſ þiſ iherden :/	Biſſopes þis ihorde :/
& boc-ilærede men.	and clearkeſ wel wiſe.
þiſ iheorden eorleſ :/	þis ihorde eorles :/
þiſ iherden beorneſ.	þis ihorde cnihtes.
ælc bi hiſ witte :/	ech bi his witte :/
wiſdom ſæiden.	wiſdom ſaide.
þiſ ſweuen aræhten :/	þis ſweuen hi a-reht :/
[1]	aſe heom beſt þoht.
Ne durſte þer na cniht :/	Ne dorſte þar no cniht :/
to ufele ræcchen na wiht.	to vuele hit teorne no wiht.
leoſte he ſculden leoſen :/ [f. 149b. c. 1.]	leſte he þar vore loſede :/
hiſ leomen þat weoren him deore.	his leomes þat he louede.
Forð heo gūnen liðen :/	Forþ hii gonne liþe :/

and the bear he smote, *so* that he fell to 'the earth [ground]; and he there the bear slew, and limbmeal him tore. When the fight was done, the dragon back went. This 'dream' I dreamt, where I lay and slept." The bishops heard this, and 'book-learned men [clerks well wise]; this heard earls, this heard 'barons [knights]; each by his wit said wisdom, *and* this dream [they] interpreted, as to them best seemed. There durst no knight, to evil 'expound [it turn] no whit, least he [therefore] 'should lose his limbs that 'were dear to him [he loved]. Forth they gan to voyage 'exceeding

[1] *A line is here missing.*

MS. Cott. Calig. A. IX.	MS. Cott. Otho, C. XIII.
an eouſte bilife.	in þan ſéé bliþe.
wind heom ſtod on wille :'	wind heom ſtod at wille :'
ſeleſt alre wedere.	murieſt alre wedere.
heo hæfden al þat heom wes neod :'	hii hadde al þat waſ neode :'
to londen heo comen at Barbe-fleot.	to londe hii come at Barbefleote.
To Barbe-fleot at Coſtentin :'	To Barbefleot at Conſtantin :'
þer com muchel moncun in.	þar com moche moncun in.
of alle þan londe :'	of alle þan londe :'
þa Arður hafde an honde.	þat Arthur hadde an honde.
Swa ſone ſwa heo mihten :'	So rathe ſo hii mihten :'
ut of ſcipe heõ rehten.	vt of sipe hii rehten.
þe king hiſ folc hehten[1] :'	þe king his folk hehte :'
herberwe iſechen.	herborwe ſeche.
an badien þe king wolde :'	and reaſte þe king wolde :'
þat his folc come.	forte his folk come.
Nes he þere buten ane niht :'	Nas he þare bute one niht :' [f. 120. c. 1.]
þa com him to an hende cniht.	þat com him to an hendi cniht.
he talde tidinge :'	he tolde tẏdinge :'
Arðure þan kinge.	Arthur þan kinge.
he ſeide þat þer weſ icumẽ :'	he ſaide þat þar waſ icome :'
a ſcaðe liðe.	a luþer þing to londe.
of weſtward Spaine :'	of weſtward Spaẏne :'
wel reordi feond.	a wel loþliche feond.

quickly [in the sea blithe]; *the* wind stood to them at will, weather 'best [merriest] of all; they had all that 'to them' was need; to land they came at Barbefleot. To Barbefleot, at Constantin, therein came *a* mickle multitude, from all the lands that Arthur had in hand. So soon as they might, out of ship they moved; the king ordered his folk to seek lodging, and the king would rest, until his folk came. He was not there but one night, that a fair knight came to him; he told tiding to Arthur the king; he said that there was arrived a 'monster [wicked thing to land], westward from Spain; [a] fiend well loathsome; and in Britanny was busy to harm. By

[1] *Written originally* hehten, *but* n *struck out by the same hand.*

MS. Cott. Calig. A. ix.	MS. Cott. Otho, C. xiii.
and ine Brutaine :⁄	and ine Brutaẏne :⁄
bisi wes to harme.	busi was to harme.
bi þere sæ side :⁄	bi þare see sẏde :⁄
þet lond he weste wide.	þat lond he wasteþ wide. [chel :⁄
nu hit hatte Mūnt Seint Michel :⁄	þat nou hatte Mount Seint Mi-
ꝥ lond ewelde[1] iwidel.	he hit wasteþ euereidel.
Lauerd king queð þe cniht :⁄	Louerd king cwaþ þe cni..
to soðe ich þe cuðe her riht.	.o soþe ich þe segge he.. ....
he hafueð inome þine maȝe :⁄	he haueþ þine mow. ...me :⁄
mid hahliche strenðe.	mid mochelere strengþe.
heȝe wimmon iboren :⁄	heh womman ibore :⁄
Howeles dohter icorē.	Howel his dohter icore.
Eleine wes ihaten :⁄ [c. 2.]	Ele... was ihote :⁄
aðelest maidenen.	fairest .... maẏde.
To þan munte he heo uerede :⁄	To on heh montaẏne :⁄
aðelest maidene.	he þan mayde ladde.
nu fulle feowertene niht :⁄ [riht.	nou his folle fourteniht :⁄
þe feōd heo hafueð ihalden þer	þat he hire haueþ i-holde forþ riht.
nute we on liue :⁄	nute we on lifue :⁄
þeh he heo nabbe to wife.	þeh he hire habbe to wifue.
Alle he makeð him to mete :⁄	Al he makeþ him to mete :⁄
þa men þa he igripeð.	þe men þat he gripeþ.

the sea-side the land he wasted wide,—now it hight Mount Saint Michel, —'the land he possesseth [he it wasteth] every part.—"Lord king," quoth the knight, "in sooth I 'make known [say] to thee right here, he hath taken *away* thy relative, with great strength, *a* nobly born woman, 'Howels [Howel his] daughter choice, *who* was named Helen, 'noblest of maidens [fairest maid of all]. To 'the mount he carried her, noblest of maidens [a high mountain he led the maid]; now [*it* is] full *a* fortnight, 'the fiend [that he] hath holden her 'there [forth] right; we know not in life whether he have her 'not' to wife. All the men that he seizeth, he maketh to him for meat, cattle, horses, and the sheep; goats, and the swine eke; all this

[1] he weldeþ?

MS. Cott. Calig. A. ix.	MS. Cott. Otho, C. xiii.
ruðeren horſ & þa ſcep :'	roþere hors and þe ſceap :'
gæt and þa ſwin eke.	geat and þe ſwin eak.
al þiſ lond he wule for-fare :'	al þis lond he wole for-fare :'
butē þu afeollen ure kare.	bote þou alegge oure care.
lond and þaſ leode :'	lond and þis leode :'
a þe iſ ure neode.	in þe his oure neode.
Ȝet þe cniht ſeide :'	Ȝet þe cniht ſaide :'
to þan uolc-kinge.	to bolde þan kinge.
Iſihſt þu lauerd þe munt :'	Iſext þou lauerd þane mont :'
and þene wude muchele.	and þane wode mochele.
þer wuneð þe ſcaðe inne :'	þar woneþ þo[1] feond ine :' [c. 2.]
þa ſcendeð þaſ leode.	þat ſendeſ þes leode.
We habbeð wið him iuohtē :'	We habbeþ wiþ him ifohte :'
wel ſeole ſiðen.	wel fale ſiþe.
bi ſæ & bi londe :'	bi ſéé and bi londe :'
þeſ leoden he amærde.	he doþ ous moche ſonde.
ure ſcipen he aſeingde :'	oure ſip.. he adreind :'
þat folc he al adrente.	oure folk he aſeint.
þeo þat feuhten a þan londe :'	
þeo he adun leide.	
we habbeoð idriuen þ þat[2] ſwa longe :'	we habbeþ þis ſo long idriue :'
þat we hine læteð ane.	þat we leteþ him one.
faren heu[3] ſwa he wule :'	don wat ſo he wolle :'

land he will destroy, unless thou allay our care, *the* land and this people; in thee is our need." Yet said the knight to the 'monarch [bold king]: "Seest thou, lord, the mount, and the great wood, wherein the fiend dwelleth that destroyeth this people? We have fought with him well many times; by sea and by land 'this folk he destroyed [he doth us much harm]; our ships he sank (submerged), 'the [our] folk he 'all' drowned; 'those that fought on the land, those he down laid.' We have driven (suffered) 'that [this] so long, that we let him alone, to 'act how [do what] so he

[1] þe? [2] *Sic MS.* [3] hou?

MS. Cott. Calig. A. ix.	MS. Cott. Otho, C. xiii.
after iwille him.	after his wille.
þiſ lond cnihteſ ne durren :/	ne dorre þiſ lond cnihtes :/
wið him mare na fehten.	na more wiþ him fihte.
Arður þiſ iherde :/	Arthur þis ihorde :/
aðeleſt alre kinge. [[f.150.c.1.]	baldeſt alre kinge.
he cleopede him to þene eorl Kæi :/	he cleopede him to Kaẏ :/
þe weſ his ſtiward and hiſ mæi.	þat was his ſtiward and his meẏ.
Bedũ eke to him he cleopede :/	Beduer he cleopede eke :/
he weſ þeſ kingeſ birle.	þat was þe kingeſ borle.
He hæhte heom forð riht[1] :/	He hehte ȝam forþ riht :/
beon al war to midder-niht.	beon al ȝar to midniht.
mid alle heore wenpñe[2] :/	mid alle hire wepne :/
to wendẽ wið þan kinge.	wende mid þan kinge.
þat na mõ under criſte :/	þat no man onder criſt :/
of heore uare nuſte.	of hire fare nuſte.
buten Arður þe king :/	bote Arthur þe king :/
and þa tweien cnihteſ mid him.	and hiſ twei cnihtes mid him.
and heore ſweineſ ſixe :/	and hire ſweines ſixe :/
ohte men and wihte.	ohte mẽ and wihte.
and þe cniht þe radde :/	and þe cniht ȝam ladde :/
hit þan kinge heom ladde.	þat þane king þis radde.
To þere midnihte :/	To þare mid-nihte :/
þa men weoren aſlepe.	þo men were a-ſleape.

will, after his will; *the* knights of this land dare not with him any more fight." Arthur heard this, 'noblest [boldest] of all kings; he called to him 'the earl' Kay, who was his steward and his relative; Beduer eke 'to him' he called, 'he [who] was the kings cup-bearer. He bade them forthright be all ready at midnight, with all their weapons, to go with the king, *so* that no man under Christ should know of their journey, except Arthur the king, and 'the [his] two knights with him, and their six swains, brave men and active; and the knight that counselled 'it [this] to the king, should lead them. At the midnight, when men were asleep, Arthur forth him went,

[1] *At first written* rihteſ, *but the last two letters expuncted by the same hand.*
[2] wepne?

MS. Cott. Calig. A. ix.	MS. Cott. Otho, C. xiii.
Arður forð him wende :'	Arthur forþ him wende :'
aðeleſt alre kinge.	baldeſt alre kinge.
Bi-foren rad heore lod-cniht :'	Bi-vore ȝeode hire lod-cniht :'
þat hit waſ dæiliht.	forte hit was daẏ-liht.
heo lihten of heore ſtedē :'	hii lihte of hire ſtedeſ :'
and rihten heore iweden.	and rihte hire wedes.
Þa iſeȝen heo nawiht feorren :'	Þo hii ſehȝen noht vorre :'
a muchel fur ſmokien.	on mochel fur ſmokie.
uppen ane hulle :'	vppen one hulle :'
mid ſæ ulode bi-uallen.	mid ſéé flode bi-falle.
and an oðer hul þer wes ſwiðe heh :'	an oþer hulle was þar heh :' [f. 120b. c. 1.]
þæ ſæ hine biſledde ful neh.	þe ſéé hine bifloȝede ſwiþe neh.
þer uuen on heo iſeȝen a fur :'	þar vpon he iſeh a fur :'
þat weſ muchel and ſwiðe ſtor.	þat was mochel and ſwiþe ſtor.
Þæ cnihteſ þa tweonedē :'	Þe cnihtes þo nuſte :'
to whaþere heo faren mihten.	to waþer hii wende mihte.
þet þe eotend war neore :'	þat þe eatant war neore :'
of þeoſ kingeſ fore.	of þis kinges fore.
Þa nom him to rede :'	Þo nam him to reade :'
Arður þe ræȝe.	Arthur þe bolde.
þat heo ſculden ſomed faren :' [c. 2.]	þat hii wolden fare :'
aneoſten þan ane furen.	toward þā fure.
and ȝif hine þer fundē :'	and ȝef hii hine þar fūde :'
a-quellen hine to deðen.	a-cwellen to deaþe.

'noblest [boldest] of all kings. Before 'rode [proceeded] their guide, until it was day-light; they alighted from their steeds, and righted their weeds. Then saw they not far, a great fire smoke, upon a hill, surrounded by *the* sea-flood; 'and' another hill there was 'most' high; the sea by it flowed full [very] nigh; thereupon 'they [he] saw a fire, that was mickle and most strong. The knights then 'doubted [knew not], to whether of *the two* they might go, that the giant were not aware of the kings movement. Then Arthur the bold took him to counsel, that they 'should [would] go 'together' 'near [toward] the 'one' fire; and if [they] there him found, kill 'him' to death. Forth went the king, *so* that he came near; nought

MS. Cott. Calig. A. ix.	MS. Cott. Otho, C. xiii.
Forð þe king wende :'	Forþ wende þe king :'
þat he com aneuſte.	þat he aneweſt com.
noht he þer ne funde :'	noht he þar ne funde :'
bute a muchel fur þer berninde.	bote a fur bearnende.
Arður eode abute :'	Arthur ȝeode a-boute :'
& hiſ cnihtes bi hiſ ſiden.	and his cnihteſ bi his ſide.
na whit heo ne funden :'	noht hii ne funde :'
quikes uppen wolden.	cwic vp þan hulle.
buten þat fur muchele :'	bote þat fur mochele :'
and ban vnimete.	and bones ouimete.
bi atlinge heō þuhte :'	bi hatling heō þohte :'
þritti uoðere.	þritti foþer.
Arður þa nuſte :'	Arthur þo nuſte :'
nenne red godne.	none read gode.
& bi-gon him to ſpeken :'	and bi-gan him to ſpeke :'
to Beduer hiſ eorle.	to Beduer his eorle.
Beduer far biliue :'	Beduer wend bliue :'
a-dun of þiſſen hulle.	adun of þiſſe hulle.
and wēd þe ouer þat water deope :'	and wend ouer þat water deope :'
mid allen þine iwede.	mid alle þine wede.
and mid wiſdome :'	and mid wiſdome :'
wend to þan fure.	wend to þane fure.
and bi-halueſ þe iga :'	and bi-halues þou go :'
and bihald ȝeorne.	and be-hold ȝeorne.
ȝif þu miht a-findē :'	ȝef þou miht ifinde :'
oht of þan feonden.	oht of þan feonde.

he there found but a 'mickle' fire 'there' burning. Arthur went about, and his knights by his side; nought they found alive upon 'earth [the hill] but the great fire, and bones innumerable; by estimation *it* seemed to them thirty fother. Arthur then knew not any good counsel, and began him to speak to Beduer, his earl:—"Beduer, go quickly down from this hill, and pass 'thee' over the deep water, with all thy weeds; and with wisdom advance to the fire; and go thou aside, and behold diligently, if thou mayest find ought of the fiend. And if thou mayest him perceive, 'in wise

MS. Cott. Calig. A. ix.	MS. Cott. Otho, C. xiii.
And ȝif þu hine miht of-ȝiten :'	And ȝef þou miht hine onderȝete :'
on aiȝes cunneſ wiſen.	wiþ enicunnes gẏnne.
wend adun ſtille :'	wend adū ſtille :'
þat[1] cume to þan watere.	for to þan watere.
& ſeien me þer ſone :'	and ſeiȝe me þar ſone :'
what þu i-ſeȝen habbe.	wat þou iſehȝe habbe.
And ȝif hit ilimpeð ſwa :'	And ȝef hit bi-falleþ so :'
þat þu liðen to þan fure.	þat þou wende in þan fure.
& þe feond þe of-ȝite :'	and þe feond þe of-ȝete :'
and þu to fuſe.	and þe to fouſe.
hafe mine godne horn :'	haue mine gode horne :' [c. 2.]
þe al mid golde iſ ibon.	þat al mid golde his bi-gon.
and blawe hine mid maine :'	and blou hine mid maine :'
ſwa mō ſcal for neode. [f. 150b. c. 1.]	ſo man ſal to neode.
and fuſ þe to þā feonde :'	and wend to þan feonde :'
and bigin to fihten.	and bi-gin to fihte.
& we þe ſcullen fuſen to :'	and we ſolle þe come to :'
ſwa we hit ſwiðeſt maȝen don.	ſo ſwiþe ſo we mawe do.
And ȝif þu hine ifindeſt :'	And ȝef þou hine findeſt :'
aneouſte þan fure.	a-neweſt þan fure.
and þu al un-aȝeten :'	and þou on-aȝete :'
aȝein miht iwende.	aȝein miht wende.
þenne for-beode ich þe :'	þanne for-bed ich þe :'
bi þine bare life.	bi þine bare liue.
þat þu nauere wið þene ſcucke :'	þat þou neuere wiþ þan[2] :'

[with stratagem] of any kind, go down still, until '*thou* come' to the water, and say me there soon what thou hast seen. And if it so befalleth, that thou come to the fire, and the fiend thee perceive, and proceed to*ward* thee, have my good horn, that all with gold is adorned, and blow it with strength, as man shall for need. And advance 'thee' to the fiend, and begin to fight, and we shall come to thee, as 'most quickly [quick as] we may 'it' do. And if thou findest him near the fire and thou 'all' unperceived back mayest go; then forbid I thee, by thy bare life, that thou ever

[1] þat þu?

[2] *A word is omitted.*

MS. Cott. Calig. A. ix.	MS. Cott. Otho, C. xiii.
feht no biginne.	fiht ne bi-gẏnne.
Beduer iherde :/	Bedu.. .horde :/
what hiſ lauerd[1] him ſeide.	wat his louerd ... .
hiſ wepnen he on him dude :/	his wepne he an him ....
and forð him iwende.	and forþ he iwende.
and up a-ſtæh þene munt :/	and .. a-ſteh þ... hul :/
þe iſ unimete.	þ. was onimete.
He bar an hiſ honde :/	he bar on his h....
ænne gære ſwiðe ſtronge.	ane gare ſwiþe ſtronge.
ǣne ſceld an hiſ rugge :/	... .. ald on his rugge :/
iruſt al mid golde.	.... al mid golde.
hælm an hiſ hafde :/	healm on his heaued :/
hehne of ſtele.	hehne of ſtele.
hiſ bodi weſ bifeong :/	his bo.. was ieled :/
mid fæire are burne.	mid one go.. ....e.
he hafde bi hiſ ſide :/	he hadde bi his ſide :/
enne brond al of ſtele.	... brond of ſtele.
and forð he gon ſteppen :/	and forþ he gan ſteppe :/
ſtið imainede eorl.	ſtiþ imained eorl.
þat he com fuſen :/	þat he com fuſe :/
an neouſte þan furen.	aneweſt þan fure.
and he under ane treo :/	and he vnder one treo :/
gon him at-ſtonden.	gan him aſtonde.
Þa iherde he wepen :/	Þo ihorde he wepe :/
wunder ane ſwiðen.	wonderliche ſwiþe.

with the monster begin fight." Beduer heard what his lord said to him; his weapons he put him on, and forth he went, and ascended up the ‛mount [hill] that ‛is [was] immense. He bare in his hand a spear exceeding strong; a shield on his back, ornamented all with gold; *a* helm on his head, high, of steel; his body was covered with a ‛fair [good] burny; he had by his side a brand ‛all' of steel; and forth he gan step, *the* powerfully strong earl, until he arrived near the fire; and he under a tree gan him tarry. Then heard he *one* weep, wondrously much, weep and whine with piteous cries.

[1] lauer, *pr. m.*

MS. Cott. Calig. A. ix.	MS. Cott. Otho, C. xiii.
wepen and weinen :'	weape and wonẏ :'
and[1] wanliche iberen.	reuliche bearef.
Þa þe cniht wende :'	þat þe cniht wende :'
þat hit þe eotend weoren.	þat hit þe eatant were.
and he an-burften agon :' [c. 2.]	and a-borft iwarþ :'
swulc weore a wilde bar.	afe hit a bor were.
and forȝæt fone :'	and for-ȝet fone :'
þat hif lauerd him fæide.	þat his louerd him faide.
Hif fceld he bræid on breofte :'	His feald he breid on his breofte :'
hif fpere he igrap fafte.	his fpere he igrop faft.
and an neofte gon fufe :'	and aneweft gon wende :' [f. 121. c. 1.]
touward þan fure.	toward þan fure.
he wende to finden :'	he wende to finde :'
þene feond fturne.	þane feond ftronge.
þat he fehten mihte :'	þat he fihten mihte :'
and fōdien hine feolue.	and fondie him feolue.
Þa fond he þer ane quene :'	Þo funde he þare :'
quecchen mid hafde.	one wommā fette.
heor-lockede wif :'	hor-ilocket wif :'
weop for hire wei-fið.	wepe wel fore.
wanede hire fiðef :'	
ꝥ heo wæf on liuef.	
þat fet bi þā fure :'	and fat bi þan fure :'
mid reolichen ibere.	and tar hire bi þan ere.

'Then [*so that*] the knight weened that it were the giant, and he became incensed as *if* [it] were a 'wild' boar, and soon forgot what his lord said to him. His shield he drew on [his] breast, his spear he grasped fast, and near (*or* quickly) gan wend toward the fire; he thought to find the 'stern [strong] fiend, that he might fight, and prove himself. Then found he there a woman 'shaking with *her* head [sitting], *a* hoary-locked wife, *who* wept 'for her wretchedness [well sore]; '*she* cursed her lot that she was alive;' 'that [and] sate by the fire, 'with piteous cries [and tare her by

[1] mid?

MS. Cott. Calig. A. ix.	MS. Cott. Otho, C. xiii.
& ſæt & biheold æuere :	and euere ȝeo bi-hald :
ænne burinæſſe.	one buriniſſe.
and hire ȝeddeſ ſæide :	and hire wordes ſaide :
ȝeomꝰe ſtefne.	mid rouliche ſtemne.
Wale Eleine :	Wola Ealeýne :
wale deore maide.	wola deore maýde.
wale þat ich þe uedde :	wola þat ich þe fedde :
þat ich þe uoſtredde.	þat ich þe foſtredė.
wale þat þæ wald-ſcaðe :	wola þat þe wode-ſcaþe :
here þe haueð þuſ for-uare.	haueþ þe þus for-fare.
wale þat ich wes iboren :	wola þat ich was iboren :
mine leomen he haueð to-broken.	mine leomeſ he haueþ to-broke.
Þa bi-ſæh þat wif abutē :	Þo bi-ſeh þat wif a-boute :
whar þe eotend come buȝen :	war þe eatant com b...e.
bi-ſeh a þene eorl Beduer :	bi-ſeh ȝeo þene .... Beduer :
þa icumen weſ þer.	þat icome was þar.
Þa ſæide þat wif here[1] :	.. ſaide þat wif ore :
þer heo ſæt bi fure.	þar ȝeo ſit bi fure.
Whæt ært þu fære whit :	Wat ha.t þou fæire wiht :
eært þu angel eært cnih[2].	hart þou hangel oþer cniht.
beoð þine feðer-heomē :	beoþ þine feaþerhames :
ihaneked mid golden.	ihaneked mid golde.
ȝif þu ært of heuene :	ȝef þou hart of heuene :
þu miht iſund faren heonene. [f. 151. c. 1.]	þou miht wende hinne.

the hair], 'and sat' and ever [she] beheld a grave, and said her words with 'plaintive [piteous] voice:—"Alas! Helen; alas! dear maid; alas! that I thee fed, that I thee fostered; alas! that the monster hath thee 'here' thus destroyed; alas! that I was born; my limbs he hath broken in pieces!" Then looked the woman about, where the giant should arrive; *and* 'looked on [she beheld] the earl Beduer, who was come there. Then said the woman hoar, where she sate by *the* fire: "What art thou, fair wight? art thou angel, 'art *thou* [or] knight? are thy wings hung (?) with gold? If thou art from heaven, thou mayest 'in safety' go hence, and if thou art

[1] hore?

[2] cniht?

MS. Cott. Calig. A. ix.	MS. Cott. Otho, C. xiii.
and ȝif þu ært eorðlic cniht :'	and ȝef þou hart erþ[1] cniht :'
ærm þu iwurðeſt forð riht.	þou harm ibideſt forþ riht.
For nu anā cumeð þe ſcaðe :'	For nou a-non comeþ þe ſcaþe :'
þe alle þine leomen wule to-draȝen.	þat al þin leomes wole to-draȝe.
þeh þu weore ſtel al :'	þeh þou were ſtel al :'
he þe awalt iwildel.	he þe awalt euereidel.
He uerde to Brutaine :'	He wende to Britaine :'
to aðeſt[2] alre bolde.	to an ſtude bolde.
to Howeleſ caſtle :'	to Howel his caſtle :'
hæh mon īne Brutene.	freo man in londe.
þa ȝaten alle he to-brac :'	þe ȝeateſ alle he to-brac :'
and binnen he gon wende.	and in he gan wende.
He nom þare halle wah[3] :'	He nam þe hilewoþ :'
and helden hine to grunde.	and halede hine to grunde. [c. 2.]
þæſ bureſ dure he warp adun :'	þiſ boures dore he warp vp :'
þat heo to-barſt a uiuen.	þat he to-barſt a fiſue.
he funde i þā buren :'	he funde in þan boure :'
fæireſt alre bruden.	faireſt alre mayde.
Eleinen weſ ihaten :'	Eleyne was ihote :'
aðeleſt kunnē.	of hehȝe cunne.
Howeleſ dohter :'	Howeles dohter :'
hæh mon of Brutene.	heh man in Brutene.

earthly knight, harm thou 'wilt have [abidest] forth-right. For now anon cometh the monster that all thy limbs will draw in pieces; though thou wert all steel, he would thee destroy, every bit. He went to Britanny, to '*the* best of all mansions [a place bold], to 'Howels [Howel his] castle, 'noble [free] man in 'Britanny [land]; the gates he all brake in pieces, and within he gan wend. He took the hall wall (?), and pulled it to ground; the chambers door he cast 'down [up], *so* that it burst in five; he found in the chamber *the* fairest of all maids; Helen *she* was named, of noble race; Howels daughter, noble man 'of [in] Britanny, 'Arthurs [Arthur his] rela-

[1] erþlich? [2] aðeleſt? [3] wað, *pr. m., corrected by a second.*

MS. Cott. Calig. A. IX.		MS. Cott. Otho, C. XIII.
Arðuref maȝe :'		Arthur his mowe :'
of fwiðe heȝe cunne.		of heȝe cunne.
Ich wes hire uofter-moder :'		Ich was hire fofter-moder :'
and feire heo uoftredde.		and faire hire bi-hedde.
Þer þe eotend unc ifēg :'		Þe eatand þat maẏde nam :'
forð mid him feoluen.		forþ mid him seolue.
[1]		and hire bar a lutel wile :'
fiftene mile.		fiftene mile.
into þiffe wilde wude :'		in to þiffe wilde wode :'
hider to þiffen ilke ftude.		riht into þiffe ftude.
þuf he uf difte[2] :'		þ9 he vs diht :'
to-dæi a feouen nihte.		to-daẏ a foueniht.
Sone fwa he hider com :'		Sone fo he hider com :'
fwa he þat maide inom.		he þat maẏde nam.
he wolde mon-radene :'		he wolde manradene :'
habben wið þan maidene.		habbe wiþ þan maẏde.
Ælde næfde heo na mare :'		Ealde nadde ȝe more :'
buten fihtene[3] ȝere.		bote fiftene ȝere.
ne mihte þat maidē :'		ne mihte þat maide :'
hif mone i-þolien.		his imone þolie.
anan fwa he lai hire mide :'	[c. 2.]	anon fo he hire bi laẏ :'
hire lif heo lofede fone.		hire lif wente awaẏ.
& her he heo bi-burede :'		and her ȝeo his ibured :'

tive, of 'most' noble lineage. I was her foster-mother, and fair her 'fostered [tended]. 'There' the giant took 'us [the maid] forth with himself, [and bare her a little way], fifteen miles, into this wild wood, 'hither to [right into] this 'same' place; thus he us treated to-day a sen'night. So soon *as* he hither came, 'so' he took the maid; he would have carnal intercourse with the 'maiden [maid]. Age had she 'no [not] more but fifteen years; the 'maiden [maid] might not endure his force; anon so he lay 'with [by] her, her life 'she lost soon [went away]! And here 'he her [she is] buried, fairest of all maids, Helen, mine own foster, 'Howels [Howel

[1] *A line here is apparently wanting.* [2] dihte? [3] fiftene?

MS. Cott. Calig. A. IX.	MS. Cott. Otho, C. XIII.
burdē alre hendeſt.	hendeſt alre mayde.
Eleine min aȝen uoſter :'	Ealeyne min owe voſter :'
Howelleſ dohter.	Howel his dohter.
Þa þe[1] hafde þiſ idon :'	þo he hadde þus idon :'
ſwa me ſeoluen inom[2].	þo he mi ſeolue nam.
a uolden he me laiden :'	to grunde he me leyde :'
and lai mid me ſeoluen.	and lai bi mi ſeolue.
nu hafeð be[3] mine ban alle :'	nou haueþ he broken :'
ladliche a-brokene.	alle mine bones.
mine leomen al to-leðed :'	mine leomes a-liþede :'
mi lif me iſ a-laðed.	mi lif me hiſ laþ.
Nu ich habbe þe itald :'	Nou þou haueſt al ihord :'
hu we beoð her ihæd.	ou we beoþ her ilad.
flih nu ſwiðe :'	fle nou ſwiþe :'
leſt he þe ifinde.	laſt he þe finde.
for ȝif he cumeð a-bolȝen :'	for ȝef he comeþ a-bolwe :'
mid hiſ balu ræſen.	mid his balou reaſes.
neſ he neuere iboren :'	nas he neuere ibore :'
þe maȝen ſtonden þe biuoren.	þat mawe ſtonde þe bi-vore.
Efne þiſſen worden :'	Eafne þiſſe ſpeche :'
þa þat wif ſeide.	þat þe wif ſaide.
Beduer heo gon hirten :'	Beduer hire anſwerede :'
mid hendeliche worden.	mid hendeliche wordes. [f. 121b. c. 1.]
Leofe moder ich æm mon :'	Leoue moder ich ham a man :'

his] daughter! When he had 'this [thus] done, 'so [then] myself he took; on *the* ground he me laid, and lay 'with [by] myself. Now hath he all my bones 'loathsomely' broken; my limbs 'all' dismembered; my life to me is odious! Now 'I have thee told [thou hast heard all], how we are led here. Flee now quickly, least he thee find; for if he cometh enraged, with his direful onsets, was he never born that may stand thee before!" Even with 'these words [this speech] that the woman said, Beduer 'gan to comfort her [her answered] with fair words: "Dear mother, I am [a] man, and

[1] he? [2] he nom? [3] R. he?

MS. Cott. Calig. A. IX.	MS. Cott. Otho, C. XIII.
and cniht æm wel idon.	and cniht ham wel idon.
and ich þe wule ſuggen :'	and þe ich wolle segge :'
þurh ſoðe mine worden.	ſoþe mine wordes.
næs nan kēpen iboren :'	naſ neuere kempe ibore :'
of nauer nare burden.	of none brude.
þat mon ne mæi mid ſtrēðe :'	þat me ne maẏ mid ſtrengþe :'
ſtupen hine to grunde.	ſtoupe to grunde.
& hire þe an alde wifmon :'	
ſwiðe lutle beoð þine mæhten.	
ah hafuen nu ſwiðe godne dæi :'	haue nou ſwiþe godnedaẏ :'
and ich wulle faren minne wæi.	and ich wolle wēde mine waẏ.
Adun him ferde Beduer :'	Adun him ferde Beduer :'
to hiſ duȝeðe-kinge.	to Arthur þan kinge.
and talde him hu he hafde kare :'	and tolde him ou he hadde care :'
and hu he hafde al ifare. [f. 151b. c. 1.]	and al ou he hadde i-[fare].
and what þat wif alde :'	and wat þat wif olde :'
of þan maidene hī talde.	of þā maiden him tolde.
and hu þe eotend ælche dæi :'	and ou þe eatant eche day :'
bi þan alde wiue lai.	bi þan olde wife laẏ.
Þer heo heom bi-twenen :'	þar hii[1] bi-twine :'
heolden heoldē[2] heore runen.	helde hire roune.
hu heo mihten taken on :'	ou hii mihte taken on :'
þat þe ſcucke weoř fordō.	þat þe feond were for-don.

knight am brave; and I will say thee 'through' my sooth words, *that* 'no [never] champion was born of 'ever' any lady, that man may not with strength stoop 'him' to ground; 'and serve (?) thee an old woman,—very little are thy powers. But' have now very good-day, and I will go my way." Down went him Beduer to 'his sovereign [Arthur the king], and told him how he had care, and all how he had fared, and what the old woman told him of the maiden, and how the giant each day by the old woman lay. There they them between held their communing, how they

[1] hii ȝam?

[2] *Sic MS.*

MS. Cott. Calig. A. IX.	MS. Cott. Otho, C. XIII.
Þeo while com þe eotene[1] faren :/	þe wile com þe eatant :/
and fuſden to hi[2] fure.	fuſe to his fure.
he bar uppen hiſ rugge :/	he bar vppe his rugge :/
burðene grete.	borþone grete.
þat weore twælf ſwine :/	þat weren twealf swin :/
iteied to-ſomē.	itiȝed to-gedere.
mid wiðen ſwiðe g^{e}te :/	
ẏ-wriðen al to-gadere.	
Adū he warp þe dede ſwin :/	Ha-dun he warp þe deade ſwẏn :/
& hī ſeolf ſæt þer bi.	an eode ſitte þar bin[3].
hiſ fur he beten agon :/	his fur he[4] bi-gan :/
& muchele treowen læidē on.	and leide treouwes þar an.
þa ſix ſwin he to-droh :/	þe ſix ſwẏn he al to-droh :/
& euere he to þan wiue loh.	and euere he to þan wife beh.
& ſōe umbe while :/	and be one wile :/
he lai bi þan wife.	he laẏ bi þan wifue.
ah he nuſte noht þan tidende :/	he nuſte noht of þan tẏdinge :/
þat comen to hiſ wife-þinge.	þat com to his wiſinge[5].
He droh ut hiſ gleden :/	He droh vt hiſ gleade :/
hiſ flæſce he gon breden.	his fleas he gan breade.
and þa ſix ſwin he gon seten alle :/	and alle þe ſix ſwẏn he eat :/
ær he ariſe of ſelde.	are he ariſe of ſete.

might take on, so that the fiend were destroyed. The while arrived the giant, 'and proceeded to [at] his fire; he bare upon his back a great burthen, that were (was) twelve swine, tied together, ' with withies exceeding great wreathed altogether.' Adown he threw the dead swine, and 'himself sate [went to sit] thereby; his fire he gan mend, and 'great' trees laid [there]on; the six swine he [all] drew in pieces, and ever he to the woman 'smiled [approached], and 'soon' by [a] while he lay by the woman. 'But' he knew not of the tiding that came to his lemman. He drew out his embers; his flesh he gan to roast; and all the six swine he 'gan eat [ate],

[1] eotened, *sec. m.*, *R.* eotende. [2] his? [3] bi?
[4] *A word is here omitted.* [5] wifinge?

MS. Cott. Calig. A. ix.	MS. Cott. Otho, C. xiii.
al biwaled on axen :'	al bi-walewed in axe :'
wanliche weorē þa ſonden.	karfolle were þe breades.
and ſeoððen he gon ræmien :'	and suþþe he gan remi :'
and raxlede ſwiðe.	
& adun lai bi þan fure :'	and leýde him bi þan fure.
& hiſ leomen ſtrahte.	
Lete we nu þene eotend bi-lafuen :'	Leate we nou þan eatant beo :' [c. 2.]
and atlien to þan kinge.	and go we to þan kinge.
Arður at þan watere :' [c. 2.]	Arthur at þan watere :'
hiſ wapnen nom[1] an honde.	his wepne nam an honde.
& þe eorl Beduer :'	and þe eorl Beduer :'
god cnih[2] wiſ and war.	god cniht wis and war.
and þe þridde weſ Kæi :'	and þe þridde waſ Keý :'
þeſ kingeſ ſtiward & hiſ mæi.	þat was his ſtiward and his meý.
Ouer þan watere heo comen :'	ouer þan watere hii wende :'
iwepnend[3] mid þan bezſtē.	iwepned mid þ........
& ſtiȝen up þan hulle :'	and ſtiȝen vppe þan hulle :'
mid allē heore maine.	m.. alle hire maine.
þat heo comen ſuſen :'	.at hii com.. fuſe :'
a-neuſte þan furen.	a-neweſt þan fure.
þer þe eotende lai and ſlæp :'	þar þe eatant laý and sleap :'
& þa quene ſæt and weop.	and þat wif ſat and wep.
Arður hine teh :'	Arthur teh bi-ſide :'

ere he arose from *his* seat, all besmeared in *the* ashes,—'evil [full of care] were the viands;—and afterwards he gan to roar, 'and vociferated much,' and 'down lay [laid him] by the fire, 'and stretched his limbs.' Let we now the giant be, and go [we] to the king. Arthur at the water took his weapons in hand, and the earl Beduer, good knight, wise and wary; and the third was Kay, 'the kings [that was his] steward and his relative. Over the water they came, weaponed with the best, and ascended 'up[upon] the hill with all their strength, until they arrived near the fire, where the giant lay and slept, and the woman sate and wept. Arthur drew 'him'

[1] *Interlined by second hand.* [2] cniht? [3] iwepned?

MS. Cott. Calig. A. IX.	MS. Cott. Otho, C. XIII.
bi-ſiden hiſ iferen.	and ſaide to his iveres.
for-bad heom bi heore leomen :'	for-bed ȝam bi hire leomes :'
& bi heore bare liuen.	and hire bare lifue.
þat nan neoren ſwa kene :'	þat non neore ſo kene :'
þat heom neh comen.	þat heom neh come.
buten he[1] iſeȝen :'	b..e hii ..eȝen :'
þat hit ned weoren.	þat hit neod weore.
Beduer at-ſtod him þere :'	Beduer at-ſtod him þare :'
and Kæi hiſ iuere.	and ..ỳ his ivere.
Arður gon ſtep̄ vorð :'	Arthur gan ....rþe :'
ſtið imoded kēpe.	ſtiþ imoded kempe.
þat he com to þan ulette :'	þat .. com to þan fure :'
þer þe feond lai and ſlæpte.	þar lai þe feond and ſleapte.
Æuere wes Arður :'	Euere was Arthur :'
ærhðe bideled.	arhþe bi-dealed.
þet wes ſutel þer on :'	þat was ſ.... þare :'
ſellic þah hit þunche.	wonder þeh hit þenche.
for Arður mihte þere :'	for Arthur mihte þare :'
þene eotende al to-hæuwe.	þan eatant al to-hewe.
ſlan þene ſcucke :'	slean þane wrecche :'
þer he lai & ſlapte.	þar he lai and ſleapte.
þa nolde Arður on ſlepen :'	þo nolde Arthur on his ſleape :'
na wiht hine areppen.	nowiht arecche.
leſte he an uferre daȝe :'	leſte he in oþꝰ daiȝe :'

beside [and spake to] his companions; forbade them by their limbs and 'by' their bare life, that none were so keen that they should come near, unless they saw that it were need. Beduer tarried him there, and Kaŷ, his companion. Arthur gan step forth, sturdy-mooded warrior, until he came to the 'floor [fire], where the fiend lay and slept. Ever was Arthur void of fear; that was manifest therein, wondrous though it seem; for Arthur might there have hewed the giant in pieces, slain the 'monster [wretch] where he lay and slept; then would not Arthur no whit touch 'him' in [his] sleep, lest he in 'future [other] days should hear upbraiding.

[1] heo?

MS. Cott. Calig. A. IX.	MS. Cott. Otho, C. XIII.
up-bræid iherde.	vpbreid ihorede.
Þa cleopede Arður anan :'	Þo cleopede Arthur anon :'
aðeleſt kingen.	baldeſt alre kinge.
Ariſ ariſ feond-ſcaðe :' [f. 152. c. 1.]	Aris aris feond-ſcaþe :'
to þine fæie-ſiðe.	to þine feayſiþe.
nu wit ſcullen delen :'	nou we ſolle deale :'
þene dæd of mire maȝē.	þan deaþ of mine mowe.
Ær þe king hæfde :'	Her þe king hadde þat word :'
þæs ful iſæide.	ibroht to eande.
þe eotend up a-ſturte :'	þe eatant vp a-ſtorte :' [f. 122. c. 1.]
& igrap hiſ mucle clubbe.	and igrop his mchele[1] club.
and wende mid þan duntē :'	and wende mid þan dunte :'
Arður al to-driuen.	Arthur al to-driue.
ah Arður bræid heȝe :'	ac Arthur breid heȝe :'
hiſ ſceld buuen hiſ hælme.	his ſeald boue his healme.
and þe eotend ſmat þer an ouenan :'	and þe eatant ſmot ouenan :'
þat al he gon to-ſcenen.	þat al he gan .. ſeane.
And Arður him ſwende to :'	And Arthur him ..einde to :'
an hiȝende mid his sweorde.	an hiȝenge m.. his ſweorde.
and þen chin him of-ſwipte :'	and þane ch.. a-ſwipte :'
mid alle þan cheuele.	mid alle þan cheuele.
and ſturte[2] him biaſten ane treo :'	and ſtorte bi-hinde an treo :'
þe þer ſtod aneouſte.	þat ſtot þar aneweſt.

Then called Arthur anon, 'noblest of [boldest of all] kings: "Arise, [arise] fiend-monster, to thy destruction! Now we shall avenge the death of my relative!" Ere the king had 'this fully said [the words brought to end], the giant up started, and grasped his mickle club, and weened with the blow to dash Arthur all in pieces; but Arthur drew his shield high above his helm; and the giant smote 'thereon' above, so that all it gan to shiver. And Arthur struck at him in haste with his sword, and smote off 'him' the chin, with all the hair, and started 'him' behind a tree, that there stood near; and the giant smote after quickly, and hit

[1] mochele?

[2] ſturten, *pr. m., but* n *erased.*

MS. Cott. Calig. A. IX.	MS. Cott. Otho, C. XIII.
and þe eotend ſmat after biliue :'	and þe eatant ſmot after bliue .
& noht hine ne hutte.	and noht hine ne hitte.
ah he þat treo ſmat :'	ac he þat treo ſmot :'
ꝥ al his clubbe to-draf.	þat al his clubbe to-brac.
And Arður aneouſte :'	And Arthur aneweſt :'
þat treo bieorn abute.	þat treo bi-vrne aboute.
and ſwa Arður & þe ſeucke :'	and ſo Arthur an þe ſcuke :'
biurnen hit þreie a-buten.	bi-vrne hit þrieſ.
Þa weſ þe eotend heui ſwiðe :'	Þo was þe eatant ſwiþe heui :'
and Ardur[1] weſ ſwiftre.	and Arthur was ſwiftere.
and of-toc þene eotend :'	and of-tok þan eatant :'
and up ahof his gode brōd.	ād hefde vp his go.. brand.
and þat þih him of-ſmat :'	an. ... ... of-ſmot :'
& eotend adū wæt.	. . . . unde.
And Arður at-ſtod and biheold :'	And Arth.. ...... and bi-heold :'
þa gon to ſpekene þe ueond.	and . . . . . to greade.
Lauerd lauerd ȝef me grið :'	Louerd louerd ȝem[2] me griþ :'
wha iſ þat me fihteð wið. [c. 2.]	wo his þat me fihtiþ wiþ.
ne wende ich þat na man :'	ne wende ich þat no man :'
a þiſſere weorlde-richen.	in þiſſe worle-riche.
me mihte þuſ lehtliche :'	þat me mihte þus lihtliche :'
aleggen mid fehte.	alegge mid fihte.
bute hit Arður weore :'	bute hit Arthur were :'
aðeleſt alre Brutte.	baldeſt alre king.

him not, but he smote the tree, *so* that his club brake all in pieces. And Arthur quickly ran round about the tree; and so Arthur and the monster ran round it thrice 'about.' Then was the giant exceeding heavy, and Arthur was *the* swifter, and overtook the giant, and up heaved his good brand, and smote from him the thigh; and *the* giant 'down fell [fell to ground]. And Arthur stopt and beheld; 'then gan the fiend to speak [and *the fiend* gan to cry]: "Lord, lord, give me peace; who is *it* that fighteth with me? I weened not that any man in this worlds-realm [that] might me thus lightly defeat in fight, except it were Arthur, 'noblest [boldest] of

[1] *R.* Arður.

[2] ȝef?

MS. Cott. Calig. A. IX.	MS. Cott. Otho, C. XIII.
and neoðelef næs ich nauere :'	and noþeles nas ich neuere :'
of Ardure[1] afæred ſære.	of Arthur afered.
Þa him ſæide Ardur[1] :'	Þo ſaide Arthur to him :'
aðeleſt kingen.	
Ich æm Arður þe king :'	Ich ham Arthur þe king :'
Bruttene deorling.	
Tel me of þine cuñe :'	Telle of þine cunne :'
and whar beo heore beonſte.	war of þou hart iſpronge. [c. 2.]
and wha þe weore on uolde :'	
fader oðer moder ihalde.	
and of wulche lõde :'	
þu art iliðen hidere.	
and whi þu mine maȝe :'	and wi þou mine mowe :'
a-ualled hafuest mid morðe.	a-falled haueſt mid morþre.
Þa andſwarede þe feond :'	Þo anſwerede þe feond :'
þer he læi and biheold.	þar he laẏ and bi-held.
Al þiſ ich wulle don :'	Al þis ich wolle don :'
and þine treoðe under-fon.	and þine treuþe onderfon.
wið þat þu me lete liuien :'	þat ich mote libbe :'
and mine leomen hælen.	and mine leomes habbe.
Arður hine iwraððede :'	Arthur þo wreþþede :'
wunder ane ſwiðe.	wonderliche ſwiþe.
and he Beduer cleopede :'	and he Beduer cleopede :'

all kings; and nevertheless was I never of Arthur 'sore' afraid." Then said Arthur to him, 'noblest of kings': "I am Arthur the king, 'Britains darling.' Tell 'me' of thy race, 'and where is their habitation [whereof thou art sprung]; ' and who should be to thee father or mother accounted on earth; and from what land thou art hither arrived'; and why thou hast destroyed with murder my relative?" Then answered the fiend, where he lay and beheld: "All this I will do, and thy troth receive, on condition that 'thou let me [I may] live, and 'heal [have] my limbs." Arthur 'him [then] wrathed, wondrously much; and he called Beduer, his bold cham-

[1] *R.* Arðure.

MS. Cott. Calig. A. ix.	MS. Cott. Otho, C. xiii.
balde hiſ kempe.	balde his kempe.
Ga aneouſte Beduer :·	Go to þan wrecche Beduer :·
and hefd him binim her.	and hiſ heued ſmit of þer.
& fere hit forð mid þe :·	and nim hit forþ mid þe :·
adun of þiſſe munte.	adun of þan hulle.
Beduer aneouſte com :·	Beduer to him com :·
& hiſ hafued him binom.	and his heued him bi-nom.
& ſwa heo þeonene[1] ferden :·	and adun wende :·
adun to heore iferen.	to his ivereſ.
[2]	Þo ſat þe kīg adun :·
and hine gon to reſten. [f. 152ᵇ. c. 1.]	and hine gan reſte.
and þaſ word ſeide :·	and þes word ſaide :·
Arður þe ſele.	Arthur þe ſeale.
No uæht ich nauere neh[3] non :·	Ne faht ich neuere ſiht :·
uppen þiſſere uolden.	non vppe þiſ londe.
butē þa ich ſloh þene king Riun :·	bote þo ich ſloh þane king Run :·
uppen þan munte of Rauinite.	vppe þan monte of Rauin.
Seoððen heo uorð wenden :·	Þo iforþ[4] wende :·
& to þere uerde comen.	and to þare ferde wende[5].
þa þe þat hafd iſeȝe :·	þo hii þat heued iſeȝen :·
ſellic heom þuhte.	ſellich heom þohten.
whar weore under heuene :·	ware euere onder heauene :·
ſwulc hafed ikenned.	ſoch heued were ikenned.

pion: "Go 'near [to the wretch], Beduer, and 'take [smite] off 'from him here *the* [there his] head; and 'carry [take] it forth with thee, down from this 'mount [hill]." Beduer 'came near [to him], and deprived him of his head; and 'so they proceeded thence down to their [went down to his] companions. Then sate the king down, and gan him rest; and said these words Arthur the good: "Never fought I any *such* fight, upon this land, but when I slew the king Riun, upon the mount of Ravin!" 'Afterwards' they forth went, and came to the host; when that [they] the head saw, wondrous *it* seemed to them, where[ever] under heaven were such head

[1] þeone, *pr. m.* [2] *A line is here missing.* [3] ueht? [4] hii forþ? [5] come?

MS. Cott. Calig. A. ix.	MS. Cott. Otho, C. xiii.
Howel of Brutaine :'	Howel to þan kinge com :'
beh to þan kinge.	and Arthur of þan maide nom.
and þe king him feide :'	
al of þan maidene.	
Þa wef Howel fari :'	Þo was Howel fori :'
& forhful an heorte for þi.	and forþfol on heorte.
and nō al hif feren :'	and nam his cnihtes alle :'
and ferde to þan munte.	and wende to þan hulle.
þer þat Brutifce maide :'	þar Eleẏne þat made[1] :'
bibured læi on eorðe.	ibured was on eorþe.
He lette þer areren fone :'	He lette þar arere :'
ane chireche fwiðe faire.	ane chapel mære.
a feinte Marie nomē :'	in feinte Marie name :' [f. 122b. c. 1.]
drihtenef moder.	drihtene moder.
& feoððen he ȝæf nome þan hulle :'	and fuþþe þan hulle he name ȝef :'
ær he þonne wende.	are he þanne wende.
Æle[ine]. [Tumb]el. and hehte hine Æleine Tunbel :'	and hehte Eleẏne Tombel :'
nu hit hæhte Munt Seint Mẏhhel.	þat nou hatte Mont Seint Michel.
Þa wef Arðuref hired :'	Þo was Arthur his ferde :'
fellich ifomned.	clanliche igadered.
of Irlonde & of Scotlonde :'	of Irlond of Scotlond :'
þider weoren ifcriðene.	and of manẏ oþer londes.

begotten! Howel 'of Britanny' came to the king, and 'the king said to him all of the maiden [Arthur spake of the maid]. Then was Howel sorry, and sorrowful 'therefore' in heart; and took all his companions [knights], and fared to the 'mount [hill] where 'the British [Helen the] maid 'lay [was] buried in earth. He caused there to be areared 'soon' a 'church most fair [noble chapel], in Saint Marys name, *the* Lords mother; and afterwards he gave *a* name to the hill, ere he thence departed, and named 'it' Helens Tomb,—'now it [that now] hight Mount Saint Michel. Then was Arthurs [Arthur his] host 'numerously [wholly] collected; from Ireland, from Scot-

[1] *R.* maide.

MS. Cott. Calig. A. IX.	MS. Cott. Otho, C. XIII.
Þa lette þe king blauwen :'	Þo bleuwen hii bumes :'
bemē an hireden.	and forþ ward wende.
& wenden of Brutaine :'	
biſie men & kene.	
þurh ut Normandie :'	þorh vt Normandie :'
þæ hehte þa Neuſtrie. [c. 2.]	þat þo hehte Neuſtrie.
heo uerden þurh ut Frāce :'	hii wende þorh vt France :'
and folc heom after ferde.	
heo buȝen ut of Frace[1] :'	
into Burguine.	into Borgoẏne.
Hiſ hauwæres þer comen :'	Hiſ ſpiares come :'
and heolden hiſ iferen.	
& cudde þan kinge :'	and tolde to þan kinge :'
þer i þare cuðđe.	
þat Luces þe kaiſere :'	þat Luceſ þe caẏſere :'
and al hiſ Romaniſce here.	mid his Romaniſſe here.
þiderward heo comen :'	þiderward heom comen :'
fromward heore þeoden.	vt of hire londe.
& swa heo wolden fuſen :'	and ſo hii wolde wende :'
in touwward France.	in toward France.
and al þat[2] bi-winen :'	and al þat lond :'
and ſeoððen wenden hidere.	þat lond[3] bi-winne.
& Brutteſ alle aquellen :'	and ſuþþe þat lond bi-winne :'

land, 'thither were *they* come [and from many other lands]. Then 'caused the king *the* trumpets to be blown in *the* host [blew they trumpets], and marched 'from Britain, [forward], 'busy men and keen,' throughout Normandy, that then hight Neustrie. They proceeded throughout France, 'and *the* folk marched after them; they went out of France' into Burgundy. His spies 'there' came, and held his companions; and 'made known [told] to the king, 'there in the country,' that Luces the emperor, 'and all [with] his Romanish host, thitherward they came, out of their land; and so they would march in toward France; and all the land conquer; and afterwards

[1] *R.* France. [2] þat lond? [3] *Sic MS.*

MS. Cott. Calig. A. IX.	MS. Cott. Otho, C. XIII.
qͥcke þer beo heom funde.	þat Brutaine his ihote.
and Arður þene kene :'	
ibunde lede to Rome.	
Þa wes abolȝen :'	Þo was abolwe :'
baldeſt alre kingen.	baldeſt alre kinge.
and hehte a þan feldeſ :'	and hehte in þan feldes :'
ſlen alle hiſ teldeſ.	ſlean alle his teldes.
and þer he wikien wolde :'	and þare he bide wolde :'
þat he þat ſoðe wuſte.	þat he þat ſoþe wiſte.
whær he mihte þene kæiſere :'	ware he mihte þan cayſer :'
iwiſliche kepen.	wiſliche kepe.
Albe. Þat water[1] hehte Albe :'	þat water hatte Aube :'
þer lai þe king balde.	þar laý þe king balde.
An wiſ cniht þer com ride :'	On wis cniht com ride :'
to þaſ kinges uerde.	to þis kinges ferde.
þe wes al for-wunded :'	þat was al for-fohte :'
& hiſ folc aſelled ſwiðe.	and his men a-falled.
hafdē Romaniſce men :'	and þe Romaniſſe men :'
al hiſ lond bi-ræiued him.	his lond hadde bi-nome him. [c. 2.]
He talde þan kinge :'	He tolde þan kinge :'
neouwe tiðende.	neouwe tydinge.
whar lai þe kaiſere :'	war laý þe cayſer :'
and al hiſ Romaniſce here.	mid al hiſ Romaniſſe here.

'proceed hither, and kill all *the* Britons, quick that they found [conquer the land, that is named Britain], 'and Arthur the keen led bound to France.' Then was enraged *the* boldest of all kings, and ordered all his tents to be pitched in the fields; and there he would abide until he the sooth knew, where he might the emperor certainly intercept (*or* hostilely engage). The water hight Albe, where the bold king lay. A wise knight 'there' came riding to the kings host, who was all 'wounded [wearied in fight], and his 'folk [men] 'greatly' felled; [and] the Romanish men had bereaved him of 'all' his land. He told to the king new tiding, where the emperor lay, 'and [with] all his Romanish army, and where he 'might

[1] wate, *pr. m.*

MS. Cott. Calig. A. IX.	MS. Cott. Otho, C. XIII.
& whær he hine mihte iwinde[1] :'	and ware h. . . ne ſolde finde :'
ȝif he hine wolde wid[2] him fihten.	ȝef he f. . te wolde.
oðer grið makien :' [[f. 153, c. 1.]	
wið Romaniſce monnen.	
Ah lauerd Arður quað þe cniht :'	Ac louerd Arthur cwaþ þe . . . ht :'
ich þe wulle cuðen her riht.	ich þe wolle ſegge h. . r. ht.
þat betere þe iſ freondſcipe to habben :'	þat betere þe his ſet. . griþ :'
þene for to fihtē.	þane fihte him wiþ.
for aȝan þine tweie :'	for aȝen þine tweie :'
heo habbeoð twælue.	he habbeþ folle twalue.
ſwa feole kinges :'	. .
swa feole here-dringeſ.	.
Nis he in nare kuððe :'	Ne maẏ no man :'
þe hit þe maȝe icudðe.	mid mouþe ſoþliche ſegge.
for alle þan uolke :'	of haluendeal þan folke :'
þe uulieð þan kinge.	þat folweþ þan caẏſere.
wið uten þan Romleoden :'	wiþ houte Romleode :'
of hiſ aȝere þeoden.	of his owene þeode.
and wið ute þan uolke :'	and wiþ vt þan folke :'
þe ȝirneð þaſ kingeſ are.	þat ȝerneþ his ore.
Þa þe talen weoren alle italde :'	Þo þe tales weren itald :'
& Arður heo[3] hafden under-ſtonde.	and he ȝam hadde onderſtode.

[should] him find, if he 'him' would 'with him' fight, 'or make peace with *the* Romanish men.' "But, lord Arthur," quoth the knight, "I will 'shew [say] to thee here right, that better for thee is *it* to 'have friendship [set peace], than 'for' to fight [with him]; for against thy two 'they have [he hath full] twelve; 'so many kings, so many chieftains!' 'He is in no land who may it make known to thee, for all [May no man soothly say with mouth of *the* half-part] the folk, that followeth the emperor, without (besides) the Rome-people, of his own territory, and without the folk that yearn 'the kings [his] favor." When the tales were 'all' told, and 'Arthur [he] had them understood, 'then' called 'the king [he] forth-right his 'dear-

[1] iuinde? [2] wið? [3] heom?

MS. Cott. Calig. A. IX.	MS. Cott. Otho, C. XIII.
þa cleopede þe king forð rihteſ :'	he cleopede forþ rihteſ :'
hiſ deoreſte cnihteſ.	hiſ wiſeſte cnihteſ.
& radden heom bitwenen :'	and radde ȝam bi-twine :'
ēne caſtel to areren.	ane caſtel a-reare.
on uaſt þan wateren :'	. . . . re :'
þe Albe weſ ihaten.	þat Aube w.. .....
On ane ſwiðe feiere ſtude :'	.. ... ſwiþe faẏre ſtude :'
itimbred he weſ ful ſone.	.... he was ſone.
þer feng moni hond to :'	þar feng mani hond to :'
and[1] hiȝende he weſ ido.	an hiȝeng hit was ido.
for ȝif Arður miſ-ferde :'	for ȝef hii miſ-ferde :'
þēne he come to fihte.	wane hii come to fihte.
oðer hiſ uolc ueolle :'	
oðer ſetten to fleonne.	
þenne þohte he to at-ſtonden :'	þanne þohte he þare aſtonde :'
at þan caſtle ſtronge.	at þane caſtel ſtronge.
þa cleopede he eorleſ tweie :'	þo cleopede he eorles tweẏe :'
aðele men and wiſe.	wiſe weren beẏne.
heȝe men icunned :' [c. 2.]	
þan kinge ſwiðe deore. [Gerin :'	
Ger[in]. þæ an weſ of Chartreſ and hehte	þe on was of Chartreſ Gerin :'
muchel wiſdom wunede mid him.	moche wiſdom was in him.
Beof. þe oðer hehte Beof of[2] Oxene-uord :'	þe oþer was Beofs of Oxeneford :'

est [wisest] knights; and *they* counselled them between a castle to arear, beside the water that Albe was named. On a spot exceeding fair it was built 'full' soon; there helped many *a* hand; in haste (speedily) was it done; for if 'Arthur [they] mis-fared, when 'he [they] came to *the* fight, 'or his folk fell, or set to flight,' then thought he [there] to remain in the strong castle. Then called he earls twain, 'noble men and wise [wise *they* were both]; 'high men born, to the king exceeding dear'; the one was of Chartres, 'and hight' Gerin,—much wisdom 'dwelt with [was in] him;—the other 'hight [was] Beof of Oxford,—well wide sprang 'the earls [his]

[1] an?

[2] *Interlined by a later hand.*

MS. Cott. Calig. A. IX.	MS. Cott. Otho. C. XIII.
welle wide ſprong þaſ eorleſ word.	wele wide ſprang hiſ word.
Þe ȝet þe king cleopede Walwæin :	Þe ȝet þe king cleopede Waweyn : Wa[lwain].
þe weſ hiſ deoreſte mæi.	þat was his may deore. [[f. 123. c. 1.]
for Walwain cuðe Romaniſc :	for W.weyn couþe Bruttiſ :
Walwain cuðe Bruttiſc.	Waw....e couþe Romaniſ.
he weſ iued inne Rome :	he was iſed in .... :
wel feole wintre. [hende :	wel fale wynter.
Þe king nom þaſ þreo cnihtes	Þ. .... nam þis cnihtes hende :
and to þan kaiſere heō ſende.	and to þan cayſer ſende.
and hehte hine mid his ferde :	and hehte him mid his ferde :
faren aȝæin to Rome.	faren aȝein to Rome.
& þat he næuere into France :	þat he into France :
his ferde no ladde.	ferde ne ladde.
And ȝif þu þider wendeſt :	
and þine ferde ledeſt.	
þu ſcalt beon underuonge :	
to þine uæie-ſiðe.	
For Frāce iſ min aȝen :	For France his min owe londe :
and ich heo mid fehte biwon.	mid fiht ich hit bi-wō.
and ȝif þu nult bilauen :	and ȝef þou nelt bi-leue :
þat þider nult liðen.	þat þou nelt þider liþe.
fare wit to uihte :	wende we two to fihte :
and falle þe uor-cuðere.	and falle þe forcouþere.
and lete we þat folc wræcche :	an. .... þat .... folk :

fame. The yet the king called Walwain, who was his 'dearest [dear] relative; for Walwain understood 'Romanish [British]; Walwain understood 'British [Romanish]; he was nurtured in Rome well many winters. The king took these 'three' knights fair, and to the emperor them sent, and bade him with his army go back to Rome, 'and' that he 'never' into France 'his' host should lead. "'And if thou thither marchest, and leadest thine host, thou shalt be received to thy destruction!' For France is mine own [land], 'and' I won it with fight; and if thou wilt not relinquish, that [thou] wilt not hither come, go we two to *the* fight, and fall the worst; and let we the poor folk dwell in quiet. [For] whilom *the* Rome-people conquered [all]

MS. Cott. Calig. A. IX.	MS. Cott. Otho, C. XIII.
wunien an ære.	wonie . . . .
While Romleoden :'	For wile R..leode :'
iwunnen þa þeoden.	... an al þe þeode.
and ſeoððen heo þa þeoden :'	and .. ... ſuþþe :'
mid fehte for-loſeden.	hit loſede ... .
and ich heo mid feohte bi-won :'	and ich hit mid ....won :'
and mid fehte wule halden..	and mid ..... woſe h..de.
Forð þa cnihteſ wenden :'	Forþ .. ..s wende :'
godliche kempen. [f. 153b. c. 1.]	ſtalewor.. ......
þat[1]. Gerin & Beof þe hende :'	
and Walwain þe balde.	
iburned and ihelmed :'	.brunied and ....de :'
an hæȝen heore ſteden.	on heȝe hire ſtedes.
and ælc weiede an ſculdre :'	ech caſte on ſcoldre :'
ſceld ſwiðe godne.	ſeald ſwiþe godne.
heo beren on heore honde :'	hii bere on hire honde :'
gareſ ſwiðe ſtronge.	ſperes ſwiþe ſtronge.
Forð heo gunnen ride :'	
riche mē frō hirede.	
muchel of þere duȝeðe :'	and manȳ of þan ȝonge :'
þe mid Arðure wunede.	þat mid Arthur wonede.
mid Walwaine eoden :'	mid Waweȳn hii ȝeode :'
and æðmodliche hine beden.	and ȝeorne hine beade.
þat he wið Romleode :'	þat he wiþ Romleode :'

the land, and afterwards they losed 'the land [it] with fight; and I with fight it won, and with fight will hold." Forth the knights went, 'goodly [valiant] champions; 'that was, Gerin, and Beof the fair, and Walwain the bold,' cuirassed and helmeted on their noble steeds; 'and' each 'carried [cast] on *his* shoulder *a* shield exceeding good; they bare in their hands spears most strong. 'Forth they gan ride, noble men, from *the* host'; 'much [and many] of the 'folk [youth] that with Arthur dwelt, with Walwain [they] went, and earnestly prayed him, that he should raise some dispute with *the* Rome-folk:—"That we may with fight prove ourselves;

[1] þat weoren ?

MS. Cott. Calig. A. ix.	MS. Cott. Otho, C. xiii.
ſumme ſake arerde.	ſom ſake a-rerde.
Þat we maȝen mid fehte :	Þat we maȝe mid fihte :
fondien uſ ſeolue.	fondi ous seolue.
for hit iſ feole ȝere :	for hit his fale ȝere :
þat heore þrætteſ comen here.	þat hire þretes comen here. [c. 2.]
and heore beot makieð :	
þat heo uſ wulle bihafdi.	
Nu iſ hit muchel leod-ſcome :	Nou his hit moche ſame :
ȝif hit ſcal þuſ a-ligge.	ȝef hit ſal þus a-ligge.
bute þer ſum ſake beo :	bote þar som ſake beo :
ær we iwurðe ſæhte.	ar we worþen ſeahte.
ſcafteſ to-brokene :	
brunies to-torne.	
ſceldeſ to-ſcened :	
ſcalkes to-heouwen.	
sweordeſ ibaðede :	
i blode þan rede.	
Forð þa eorleſ wenden :	Forþ þeos eorles wende :
þurh æne wude muchelen.	in one brode weẏe.
and mærcoden enne wæi :	
þe ouer anne munte læi.	
þat heo bi-comen ſone :	þat hii come ſone :
to þan uolke of Rome.	to þan folk of Rome.
wurðliliche[1] iwepned :	richeliche i-wepnid :
wunden an[2] horſen.	ſeten vppe horſe.

for it is many years that (since) their threats came here; 'and their menace *they* make, that they will us behead.' Now is it much 'folk'-shame, if it thus shall allay, unless there be some strife ere we become reconciled; 'shafts broken in pieces, burnies torn, shields shivered, warriors hewed, *and* swords bathed in the red blood.'" Forth 'the [these] earls proceeded 'through a great wood [in a broad way], 'and marked a way that over a mount lay,' *so* that they came soon to the folk of Rome; 'worthily [richly] weaponed *they* 'rode on [set upon] *their* horses. There men might behold,

[1] wurðeliche?

[2] an an, *pr. m.*

MS. Cott. Calig. A. IX.	MS. Cott. Otho, C. XIII.
þer me mihte bi-halden :' [c. 2.]	þar me mihte bi-holde :'
þe mon þe bi-halues weore[1].	þe bi-halues were.
moni þuſendē :'	manẏ þouſendes :'
þraſten ut of telden.	þreſte vt of teldes.
al to bi-halden :'	for to bi-holde :'
þeoſ þreo cnihteſ balde.	þis þreo cnihtes bolde.
and bi-heolden heore ſteden :'	hii bi-heolde hire wedes :'
and bi-heolden heore iweden.	bi-heolde hire ſtedeſ.
& hercnede tidende :'	and hercnede tẏdingeſ :'
from Arðure þā kinge.	frā Arthur þan kinge.
and aneouſte forð rihteſ :'	and manẏe forþrihtes :'
fræinede þa cnihteſ.	axede þis cnihtes.
and ȝif þe king heom iſend hæfde :'	ȝef þe king ȝam hadde iſend :'
to þan kaiſere.	to þan caẏſere.
to ſpeken þan kæiſere wið :'	for ſpeke þan caiſer wiþ :'
and to ȝirnen hiſ grið.	and ȝeone[2] his griþ.
Ah for nauer nare ſpeche :'	Ac for neuere none ſpeche :'
þaſ þreo eorleſ riche.	þe þreo eorles riche.
nolden abidē :'	nolden abide :'
ær heo comen riden.	ear hii come ride.
forn to þaſ teldeſ deoren :'	anon to þe tealdes dore :'
þer inne wiſ þe kaiſere.	war ine waſ þe caiſere.
Adun heo gunnen lihtē :'	Adun hii gonne a-lihte :'

'the man' who were beside, many thousands throng out of *the* tents, 'all [for] to behold these three bold knights; 'and [they] beheld their 'steeds [weeds], 'and' beheld their 'weeds [steeds], and hearkened tidings from Arthur the king. And 'next [many] forthright 'questioned the [asked these] knights, 'and' if the king had sent them to the emperor, [for] to speak with the emperor, and to yearn his peace. But for never any speech 'these [the] three noble earls would abide, ere they came riding 'before [anon to] the tents door, wherein was the emperor. Down they gan alight, 'and de-

[1] *At first written* weoren, *but the* n *struck out*. [2] ȝeorne ?

MS. Cott. Calig. A. IX.	MS. Cott. Otho, C. XIII.
& bitahtē hore ſteden[1].	of hire gode ſtedes.
and ſwa heo iwepned mid alle :	and ſo iwepnid mid al :
wenden in to telde.	wende into telde.
forn to þan kaiſere :	to þan cayſere :
þe Luces we[2] ihate.	þat Luceſ his ihote.
Þer he ſæt an hiſ bedde :	Þar he ſat on his bedde :
heore ærnde heo him cudde.	hire herende hii him cudde.
ælc his ſaȝe ſæide :	
ſwa him ſel þuhte.	
& hehten hine wenden :	and hehte him wende :
aȝæin to hiſ londen.	aȝein to his londe.
þat he nauere mid unfriðe :	þat ne neuere mid ferde :
France no iſohte.	France ne ſohte.
Þa while þa þeos eorleſ þreo :	Þe wile þat þes eorles :
ſeiden heore erende.	hire earende ſaide.
aſet þe kaiſere :	sat þe caiſer :
ſwulc he akimed weore.	aſe he dombe were. [f. 123b. c. 1.]
and andſware nauer nan :	and anſwere neuere non :
no aȝæf þiſſē eorlen.	ne ȝaf to þeos eorles.
ah he luſtnede ȝeorne :	ac he luſte ȝeorne :
luðer on hiſ þohte.	luþer on his þonke.
Þa an-bælh Walwain : [f. 154. c. 1.]	Þo a-balh Ȝaweyn[3] :
ſwulc an iburſt þein.	and wreþþede him ſwiþe.

livered their [from their good] steeds; and so 'they' weaponed with all advanced into *the* tent, 'before [to] the emperor that Luces 'was [is] named. Where he sate on his bed their errand they to him made known; 'each said his say as to him seemed best,' and bade him go back to his land, *so* that he never *more* with 'hostility [army] should seek France. The while that these 'three' earls said their errand, the emperor sate as *if* he were dumb, and answer never any gave to these earls; but he listened eagerly, wicked in his thought. Then Walwain became angry, 'as a thane enraged

[1] *This line is added in the margin by a second hand.* [2] *R.* wes.
[3] *R.* Waweyn.

MS. Cott. Calig. A. ix.

and þaſ word ſæide :'
Walwain þe kene.
Luces þe riche :'
þu ært kæiſere of Rome.
we beoð Arðures men :'
aðeleſt Brutten.
He ſent þe hiſ ſonde :'
wið uten gretinge.
he hat þe faren to Rome :'
þa riche iſ þin aȝen.
let hine halden France :'
þe he biwon mid fehte.
and hald þu[1] richē :'
and þine Rom-leoden.
While þine aldrē :'
France ieoden[2].
mid fehte heo þer biwuñen :'
unimete wunnen.
swa ane while heo þer luuedē :'
and seoðen heo hit leofeden.
mid fehte Ardur[3] hit biwon :'
and he hit wule walden.
He iſ ure lauerd :'

MS. Cott. Otho, C. xiii.

and þeos word ſaide :'
Wawein þe kene.
Luceſ þe riche :'
caiſer of Rome.
we beoþ Aarthures men :
king .. Brutaẏne.
He ſendeþ þe his ſonde :'
wiþ oute gretẏnge.
he hot þe fare to Rome :'
þat his þin owe riche.
and let him holde France :'
þat he awō mid fihte.
and hold þou þine riche :'
and þine Romleode.
Wile þin eldre :'
France bi-ȝeode.
mid fihte hii bi-wonne :'
onimete winne.
ſo one wile hii leouede :'
and suþþe hii hit loſede.
mid fihte Arthur hit bi-wan :'
and mid fihte hit wole holde.

[and wrathed him greatly]; and said these words Walwain the keen: "Luces the mighty, 'thou art' emperor of Rome! We are Arthurs men 'noblest of Britons [king of Britain]. He sendeth to thee his messengers, without greeting; he bids thee march to Rome, that is thine own realm, [and] let him hold France, that he won with fight; and hold thou thy realm, and thy Rome-folk. Whilom thy ancestors invaded France; with fight they 'there' won immense possessions; so awhile they 'there' lived, and afterwards they it lost. With fight Arthur it won, and 'he' it will 'possess [hold]. 'He is our lord, we are his warriors'; he ordered

[1] þu þin ? [2] bi-eoden ? [3] *R.* Arður.

MS. Cott. Calig. A. IX.	MS. Cott. Otho, C. XIII.
we beoð hiſ leod-kempen.	
He us hæhte ſuggen :'	He ous hehte ſegge :'
ſoð to þe ſeoluẽ.	iht to þi seolue.
ȝif þu nult aȝen buȝen :'	bote þou aȝen wende :'
þe[1] bone he wule iwurðen.	þi bane he wole iworþe.
and ȝif þu nult aȝenwendẽ :'	and ȝef þou alles wolt :'
ah iwurðien þin iwillen.	in to France wende.
and þu wult þat kinelond :'	and þou wolt þat kinelond :'
bi-tellen to þire hond.	bi-telle to þin owe hond.
nu to-morȝen if þe dæi :'	nou to-morwe his þe dai :'
haue ȝif þu biȝete mæi.	habbe þat hit bi-ȝete maẏ.
Þæ andſwarede þe kaiſere :'	Þo anſwerede þe caiſer :'
mid grættere wræððe.	mid grettere wreþþe.
Nulle ich noht aȝein farẽ :'	Nolle ich noht aȝen fare :'
ah France ich wulle bi-tellen.	ac France ich wolle a-winne.
mine ældren hit heolden :'	
and ich hit wulle habben.	
Ah ȝif he wolde bi-cumen mi mon :'	Ac ȝef he wole bi-come mi man :'
& for lauerd me icnawen. [c. 2.]	and for louerd icnowe.
& treouliche me heren :'	
& me for hærre halden.	
griðien ich him wulle :'	griþie ich him wolle :'
& his gumen alle.	and his cnihteſ alle.
and lete halde Brutlond :'	and lete him holde Brutlond :' [c. 2.]

us to say 'sooth [right] to thyself, 'if [unless] thou 'wilt not' back march, thy bane he will be. And if thou wilt 'not back turn, but execute thy will [else march into France], and thou wilt win the kingdom to thine [own] hand, now to-morrow is the day, have *it* 'if thou *it* [that it] may obtain!" Then answered the emperor, with great wrath: "I will not back march, but France I will win; 'my ancestors it held, and I will it have.' But if he 'would [will] become my man, and acknowledge 'me' for lord, 'and truely serve me, and hold me for master,' I will make peace with him, and all his 'men [knights]; and let [him] hold

[1] þi?

MS. Cott. Calig. A. ix.	MS. Cott. Otho, C. xiii.
þæ Julius hafde in hiſ hōd.	þat Julius hadde wile an hond.
& oðere londes monie :'	and oþer londe. . .nie :'
þe Juliuſ hafde an honde.	þat Julius wile h....
þat he naueð nane rihte to :'	þat he na... no riht to :'
þæ riche þæh he walde.	þe londes þ.. .. .olde.
þa he ſcal alle leoſe :'	þat he ſal alle leoſe :'
buten he leoð makie.	bote he pais makie.
Þa andſwarede Walwain :'	Þo anſwerede Wawein :'
þæ weſ Arðureſ mæi.	þan caiſer þat ſpac to him.
Bel[in.] Bren[ne.] Belen & Brenne :'	Belӯn and Brenne :'
beieȝene þa ibroðere.	of wam we beoþ of-spronge.
Brutlond heo æhten :'	
and France heo biwunnen.	
and ſeoððen heo uerdē ſone :'	hii wende mid iſome :'
and biȝeten Rome.	and bi-wonne Rome.
and þer heo wuneden ſeoððe :'	and þar wonede :'
wel feole ȝere.	wel fale wintreſ.
þa þiſ weſ al iuare :'	
þa wes Brenneſ kæiſere.	
and walde Rō-leoden :'	
and alle þa þeoden.	
And Rome iſ ure icunde :'	And þus his Rome oure cunde :'
þa þu haldeſt an honde.	þar þou nou rixliſt.
and ȝif we mote libben :'	and ȝef we mote libbe :'

Britain, that Julius had [awhile] in 'his' hand, and many other lands, that Julius 'had in hand [awhile held], that he hath no right to, though he possess the 'realm [lands], that he shall all (wholly) lose, unless he make peace." Then answered Walwain, 'who was Arthurs relative [to the emperor that spake to him]: "Belin and Brenne, 'both the brothers [of whom we are descended], 'Britain they possessed, and France they conquered; and afterwards' they marched 'soon [together], and won Rome, and there 'they' dwelt 'afterwards' well many 'years [winters]. 'When this was all done, then was Brenne emperor, and ruled Rome, and all the people.' And [thus] is Rome our right, 'that thou holdest in hand [where thou now governest]; and

MS. Cott. Calig. A. ix.	MS. Cott. Otho, C. xiii.
we hit wulleð habbē.	we hit wolleþ habbe.
beute ȝif þu wulle icnawen beo :'	bote þou icnowe wolle :'
ꝥ Arður iſ king ouer þe.	þat Arthur .. .i louerd.
and ælche ȝere him ſendē :'	and eche .... him ſende :'
gæuel of þine londen.	gauel of þine londe.
and ȝif [1] gæſt him a leoð :'	
þu miht libben þa eð.	
Þa ſæt bi þan kaiſere :'	Þo ſat bi þan ..iſere :'
a cniht of hiſ cunne.	a cniht of his cunne.
Quencelin ihaten :'	....celӯn ihote :'
hæh mon inne Rome.	heh man ... Rome.
Þeſ cniht andſwar̄de :'	Þe cniht anſwer...
biuoren þan kaiſere. [f. 154b. c. 1.]	...... þan caiſere.
& þuſ him ſeide :'	and ... ... ſaide :'
þe cniht waſ uniſele.	þe cniht ... .
Cnihtes fareð eou aȝæin :'	Cnihtes wendeþ ȝ.. ....
and cuðeð eower kinge.	and ſeggeþ ȝoure kinge.
[2]	.. Bruttus beoþ bolde :'
at heo beoð unwræſte italde.	ac hii beoþ onwreaſt itold.
for æuere heo ȝelp makieð :'	for euere hii ȝelp makieþ :'
heore monſcipe iſ luttel.	hire mā̄ſipe his þe laſſe.
Mare he þohte to ſuggen :'	More he þohte to ſegge :'
þa Walwain bræid to ſweorden.	ac [3] breid to ſweorde.

if we may live, we will it have, unless thou wilt acknowledge that Arthur is 'king over thee [thy lord], and each year send him tribute of thy land; 'and if *thou* goest to him in amity, thou mayest live the quieter!'" Then sate by the emperor a knight of his kin, named Quencelin; noble man in Rome. 'This [The] knight answered before the emperor, and thus him said,—the knight was wicked:—"Knights, return you back, and 'make known [say] to your king, that *the* Britons are bold, but they are accounted worthless; for ever they make boast,—their honor is 'little [the less]!" More he thought to say, 'when [but] Walwain drew *his* sword, and 'smote him upon

[1] ȝif þu? [2] *A line is here wanting.* [3] ac Waweӯn?

MS. Cott. Calig. A. ix.	MS. Cott. Otho, C. xiii.
and ſmat hine ufenen þat hafde :'	and for-cleaf þat hefued atwo :'
þat he atweo hælde.	
& he hiȝenliche anan :'	and hii þanne gonne go :'
heolde to hiſ horſen.	and leope to horſe.
and heo up leopen :'	worþliche kempes :'
mid grimliche lechen.	
and þaſ word ſeide :'	and þes word ſaide :'
Walwain þe ſele.	Waweyn þe kene. [f. 124. c. 1.]
Swa me helpe þe ilke lauerd :'	So me helpe þe ilke louerd :'
þe ſcop þeſ daȝeſ lihte.	.. ſop þis daies lihte.
ȝiſ æuer aie iſ ſwa kene :'	... ...re his eny ſo kene :'
of eouwer moncunne.	of ..... mancūne.
þat uſ after kenne :'	þat ous after ..nne :'
ich hine wulle aquelle.	ich hine wole acwelle.
he ſcal beo to-ſwungen :'	he ſal beo to-ſwonge :'
mid brade mine sweorden.	mid mine brode ſweorde.
Efne þare ilke tale :'	Efne þar ilke tale :'
þa cleopede þe kaiſere.	þo ſaide þe caiſer.
Haldeð heom haldeð :'	Holdeþ ȝam holdeþ :'
alle heo ſculleð heongien.	hongi hii ſolleþ.
heȝe uppen treouwe :'	vppe heȝe trouwes :'
oðer mid horſen beon to-draȝene.	oþer mid horſe to-drawe.
Efne þiſſere ſæȝe :'	
þa þe kaiſere ſeide.	

the head, *so* that it fell [severed the head] in two; and 'he hastily anon ran to his horse; and they up leapt with grim countenance [they then gan go, and leapt to horse, *the* worthy champions]; and 'these words said Walwain the 'good [keen]: "So help me the same Lord, that formed the day-light, if ever any of your men is so keen, that after us *he* pursue, I will him kill; he shall be cut in pieces with my broad sword!" Even with the same speech then 'called [said] the emperor: "Hold them! hold! They 'all' shall hang upon high trees, or with horses be drawn in pieces!" 'Even with this saying that the emperor said,' 'the earls [These knights]

MS. Cott. Calig. A. ix.	MS. Cott. Otho, C. xiii.
þe eorleſ gunnen ridē :·	Þis cnihtes gonne ride :·
& ſpureden heore ſteden.	and ſporie hire hire[1] ſtedes.
heo ſcæken on heore honden :·	hii toke on hire honde :·
ſperen ſwiðe ſtronge.	ſperes ſwiþe long.
beren bi-foren breoſten :·	baren bi-vore breoſte :·
brade heore ſceldes. [c. 2.]	brode hire ſcealdeſ.
Aneouſte gunnen ride :·	
eorleſ ræȝe.	
and æuere þæ kaiſere :·	And euere þe caiſer :·
lude gon cleopie.	loude gan cleopie.
Nimeð heom ſlæh heom :·	Nimeþ ȝam ſcleaþ ȝam :·
iſcend heo uſ habbeoð.	iſcend ous ihabbeþ[2].
Þer me mihte ihere :·	Þar me mihte ihere :·
þe þer bihalueſ weore.	þat bi-halues were.
clupien þuſende :·	cleopie þ..ſend :·
of þan þeod-folke.	of þan Romleode.
Hider hider wepnen :·	....der wepne :·
wende we heom æfter.	wende .. ..er.
hider ure ſceldeſ :·	hider oure ....
þe ſcalkeſ atwēdeð.	.. cnihtes at-ſto....
Sone heom after wendē :·	.... heom wende af...
iwepnede kempen.	....nede cnihteſ.
þer ſixe þer ſeouene :·	þar .... þar ......
þer æhte þer niȝene.	þar eahte þar niȝene.

gan to ride, and spurred their steeds; they 'shook [took] in their hands spears exceeding long; bare their broad shields before breast. 'Soon gan to ride *the* bold earls,' and ever the emperor loud gan to call: "Seize them! slay them! They have us disgraced!" There men might hear, who were there beside, thousands of the 'people [Rome-folk] call: "Hither, hither, weapons! Go we after them! Hither our shields; the 'men [knights] will escape!" Soon after them went weaponed 'warriors [knights]; there six, there seven, there eight, there nine. And ever the

[1] *Sic MS.* [2] hii habbeþ?

MS. Cott. Calig. A. IX.	MS. Cott. Otho, C. XIII.
And æuere þa eorleſ :	A.. euere þe eorles :
arnde biliueſ.	earnde ſ.iþe.
and æuere umbe ſtunde :	
biſeȝen heom bi-hinde.	
and euere þa cnihteſ of Rome :	and þe cnihteſ of Rome :
after biliue come.	bliþe after come.
And þer com[1] aneouſte :	And þar com on cniht :
alre ſwiðeſt ærne.	alre ſwiþeſt earne.
& euere[2] cleopede :	and euere he cleopede :
kenlich ſwiðe.	kenliche ſwiþe.
Wendeð aȝæin cnihtes :	Wendeþ aȝein cnihtes :
and werieð eo[3] mid fihteſ.	and werieþ ȝou mid fihte.
hit iſ eo[3] muchel ſcome :	hit bis ȝou mochel ſeame : [c. 2.]
þat ȝe wulleð at-ſceken.	þat ȝeo fleon.
Walwain icneo þene reme :	Waweẏn icneu þone ream :
of þan Romaniſce mē.	of þan Romaniſſe men.
he wende hiſ ſtede :	he wende his ſtede :
& to him gon ride.	and to him gan ride.
& ſmat hine þurh mid þan ſpere :	and ſmot him þorh m.. þan ſpere :
swa he iſpited weore.	aſe he iſpeded were.
& bræid to him þat ſpere :	and breid to him þat ſpere :
þe gume iwat ſone.	þe cniht warþ dead ſone.
& þaſ word kende :	and þes word ſaide :
Walwaī þe kene. [f. 155. c. 1.]	Waweẏn þe kene.

earls rode quickly, and 'ever awhile looked behind them; and ever' the knights of Rome quick after came. And there came 'near [a knight], riding swiftest of all, and ever [he] called most keenly: "Turn again, knights, and defend you with fight! It is to you much shame, that ye 'will' fly." Walwain knew the shout of the Romanish men; he turned his steed, and to him gan ride; and smote him through with the spear, as *if* he were spitted, and drew to him the spear,—the 'man [knight] died soon,—and these words said Walwain the keen: "'Knight, thou rodest too fast; better

[1] com ane? [2] euere he? [3] eow?

MS. Cott. Calig. A. ix.	MS. Cott. Otho, C. xiii.
Cniht þu ride to ſwiðe :'	Li þou þare of lifue :'
betere þe weore at Rome.	for þou ride to ſwiþe.
Marcel hehte þe cniht :'	Marcel hehte þe cniht :' *Marcel.*
heȝere monnen.	of heȝere cunne.
Þa Walwain iſæh :'	
þat he to grunde bæh.	
ſone hiſ ſweord he ut abræid :'	Wawein his sweord vp breid :'
& ſmat of Marcele þat hefd.	and ſmot of Marceles hefd.
and þaſ word ſæide :'	and þus him þo ſaide :'
Walwain þe ſele.	Woweӯn þe kene.
Marcel far to helle :'	Marcel wend to helle :'
& tel heom þer ſpelles.	and tel ȝam þare ſpelles.
and wune þer to-ȝere :'	and wone þar to-ȝere :'
mid Quencelien þin iſere.	mid Gwencelӯn þine vere.
and haldeð þer unker rune :'	and holdeþ þare woure[1] roun :'
betere inc weoren inne Rome.	betere wou[2] were at Rome.
for þuſ we eou ſcullen techen :'	for þus we ſolle ȝou teche :'
ure Bruttiſce ſpeche.	Bruttiſſe ſpeche.
Gerin iſæh hu hit ferde :'	Gerӯn iſeh ſone :'
hu þe þe[3] Romaniſce lai þer dune.	ou þe Romain laӯ þar dun.
and hiſ horſ muneȝede :'	and his hors muneȝede :'

were *it* to thee (haddest thou been) at Rome [Lie thou there slain, for thou rodest too fast]!" Marcel hight the knight, of noble lineage. 'When Walwain saw that he fell to ground, soon' his sword 'he out [Wawein up] drew, and smote 'from Marcel the [off Marcels] head; and 'these words [thus him then] said Walwain the 'good [keen]: "Marcel, go to hell, and there tell them tales, and dwell there for ever, with Quencelin, thy companion; and hold there your communing,—better *it* were to you 'in [at] Rome; for thus we shall teach you 'our' British speech!" Gerin saw 'how it fared [soon], how 'that' the Romanish lay there down; and spurred his horse, and met another, and smote him through 'out' with his

[1] ȝoure? [2] ȝou? [3] *Superfluous?*

MS. Cott. Calig. A. IX.	MS. Cott. Otho, C. XIII.
and ænne oderne[1] imette. [ſpere :'	and an oþer imette.
and ſmat hine þurh ut mid hiſ	and ſmot hine þorh mid his spere :'
and þaſ word ſpilede.	and þes word ſaide.
Rid nu ſwa Romain :'	Rid nou ſo Romayn :'
and reoſ þe to hellen.	and reſ nou to helle.
and þuſ we ſcullen grundien :'	and þus we ſolle ȝou ſarui :'
ȝif godd us wule fulſten.	ȝef god ous wole fulſte.
niſ noht wurð þratte :'	nis noht worþ þreat :'
buten þer beo dede æt[2].	bote þar beo deade eak.
Boſ iſæh þe ohte mo :'	Beofs iſeh þe ohte man :'
hu hiſ iueren hafden idon.	ou his iveres hadde idon.
& hiſ horſ wende :'	and his hors wende :'
wunder ane swiðe.	wonderliche ſwiþe.
and mid alle hiſ mitte :'	and mid al his mihte :'
teh to ane cnihte. [[c. 2.]	teh to one cnihte. [[f. 124b. c. 1.]
& ſmat hine buuen þan ſcelde :'	and ſmot hine boue þan ſceald :'
þat to-barſt hiſ gode burne.	[3]
& þurh ut þene ſweore :'	þat þe ſpere deore :'
þe[4] ſwælt ful ſone.	roſ þorh þan ſwere.
And þuſ þe eorl cleopien agon :'	And he cleopie agan :'
kenliche on hiſ ferē.	kenliche to his fereſ.
Bruttef uſ wulleð ſcenden :'	Bruttuſ ous wolleþ ſÿnde :'
ȝif we heonne wendeð.	ȝef we hinne wendeþ.

spear; and these words 'spake [said]: "Ride now so, Roman, and sink 'thee [now] to hell; and thus we shall 'sink *you* [serve you], if God will us help! Threat is worth nought, unless there be deeds eke!" Beof saw, the brave man, how his comrades had done; and turned his horse wondrously quick, and with all his might advanced to a knight, and smote him above the shield, *so* that 'his good burny burst, and throughout the neck the spear drove full soon. And thus the earl [the good spear drove through the neck. And he] gan to call keenly to his companions: "*The* Britons will us destroy, if we hence go, unless we *the* better begin ere we hence

[1] oðerne? [2] æc? [3] *A line seems missing.* [4] þe ſpere?

MS. Cott. Calig. A. ix.	MS. Cott. Otho, C. xiii.
ȝif we hēne wendeð[1].	
bute we bet aginnen :'	bote we bet aginne :'
ær we heonene iwendē.	are we hēne wende.
Efne þere ſpeche :'	
þe þe eorl wēde[2].	
heo bi-wenden heom ſone :'	Þo tornden hii ſone :'
wunder ane ſwiðe.	wonderliche ſwiþe.
and ælc hiſ ſweord ſwiðe adroh :'	and ech his ſweord ſwiþe droh :'
and ælc hiſ Rumain of-ſloh.	and ech his Romaẏn of-ſloh.
& ſeoððen heore horſ wenden :'	and ſuþþe hire hors wende :'
& heore wæi heolden.	and hire waẏ helde.
And þæ Romaniſce men :'	And Romaniſſe men :'
riden eouere after heom.	riden euere after heom.
ofte heo heom on ſmiten :'	
ofte heo heom atwiten.	
ofte heo ſæiden heom to :'	ofte hii ſaide ȝam to :'
Abuggen ȝe ſcullen þa dede.	Abugge ȝe ſolle þe deade.
ah ne mihten heo þurh nane þinge :'	ac ne mihten hii mid none þing :'
heore nenne adun bringe.	none of ȝam adun bringe.
no nenne hærm þer dō heom :'	ne nanne harm ȝam don :'
i þan wiðer-happen.	in þan wiþer-happes.
Ah æuere umbe whilen :'	Ac euere bi eche wile :'
þe eorleſ aȝain wenden.	hii aȝen wende.
and ær heo to-tweinden :'	and ſmite on Rom-cnihtes :'

depart!" 'Even with the speech that the earl said, [Then] they turned 'them' soon, wondrously prompt; and each drew his sword quickly, and each slew his Roman; and afterwards their horses *they* turned, and held their way. And 'the' Romanish men rode ever after them; 'oft they smote on them, oft they them reproached'; oft they said to them: "Ye shall pay for the deed!" but they might not 'through [with] any thing any of them down bring, nor any harm 'there' do to them in the conflicts. But ever 'awhile the earls [by each while they] back turned, and 'ere they

[1] *Sic MS.; this line is evidently redundant, and therefore is not numbered.*
[2] kende? *Cf. l.* 26525.

MS. Cott. Calig. A. ix.	MS. Cott. Otho, C. xiii.
þe wurſe weſ Rom-leoden.	mid bitere hire duntes.
þuſ heo iuerden :'	þos hii ferde :'
fiftene milen.	fiftene mile.
þat heo comen to ane ſtude :'	þat hii come to one ſtude :'
vnder ane ueire wude.	onder one faire wode.
on uaſt þan caſtle :'	faſte bi þan caſtle :'
þer Arður lei uaſte. [f. 155b. c. 1.]	þar Arthur laẏ faſte.
þreo milen þer from :'	þreo mile þar fram :'
to þan wuden þrungen.	to þan wode þronge.
niȝe þuſende :'	niȝe þouſend :'
þe Arður þider ſenden.	þa Arthur þider ſende.
baldere Brutten :'	baldere Bruttus :'
þe bezſt þat lond cneowen.	þat beſt þat lond couþe.
heo wolden wite þat ſoðe :'	hii wolde witen to ſoþe :'
of Walwain þan kene.	of Waweẏn þan kene.
and of hiſ iueren :'	and of his i-veres :'
hu heo iuaren weoren.	ou hii i-faren were.
whaðer heo liue weoreren[1] :'	waþer hii weren on lifue :'
þa heo bi wæie læien.	oþer bi weie leȝe. [c. 2.]
þæſ cnihteſ ſiȝen þurh þene wude :'	þeos cnihtes ſiȝen .... þan wode :
wunder ane ſofte.	wonder..... ſofte.
uppē ane hullē :'	and come to ... hulle :'
and ȝeorne biheolden.	and ȝeorne bi-heolde.
Heo letten alle þa horſm̄ :'	Hii lette alle þe horſmen :'

separated, the worse was to *the* Rome-folk [smote on *the* Rome-knights, with their bitter strokes]. Thus they proceeded fifteen miles, until they came to a place under a fair wood, hard by the castle where Arthur lay fast. Three miles therefrom to the wood thronged nine thousand bold Britons, whom Arthur thither sent, who best knew the land; they would learn 'the [in] sooth, of Walwain the keen, and of his companions, how they had fared; whether they were alive, or 'they' lay by *the* way. These knights proceeded through the wood wondrously still, 'upon [and came to] a hill, and eagerly beheld. They caused all the horsemen to alight in the wood, and

[1] *R.* weoren.

MS. Cott. Calig. A. ix.		MS. Cott. Otho, C. xiii.
i þan wude alihten.		in þan wode a-lihte.
and rihten heore iwepnen :'		and rihte hire wepne :'
and alle heore iweden.		and alle hire wedes.
buten an hundred monnen :'		bote an hundred men :'
þe þer ſculdē bi-halden.		þat þar ſolde bi-holde.
and[1] ȝif heo on-ȝiten mihten :'		ȝef hii of-ȝete mihte :'
þurh æief cunneſ þīgen.		þorh eni cunnes þinge.
Þa iſeȝen heo feorren :'		Þo iſeȝen hii ferre :'
in ane uelde muchelen.		in one brode felde.
þreo cnihteſ ærnen :'	10	þreo cnihtes earnne :'
mid allen heore mainen.		mid alle hire mayne.
After þan þreom cnihten :'		After þ.. þreo cnihtes :'
þritti þer comen.		þr... ... come.
after þan þrittie :'		after þan þritti :'
heo iſeȝen þreo þuſende.		... þreo þouſend.
þer after comen þraſten :'		þar after comen þreaſte :'
þritto þuſen[2] anan.		þritti þouſend.
Romaniſce leoden :'		
mid ræue bihonged.		
And þa eorleſ bi-uoren heom :'		And euere þe eorleſ :'
aneuſte at-arnden.	21	bi þe ... earnede.
euere þene rihte wæi :'		..... þane ilke wai :'
þe touward þan wude lai.	[c.2.]	þ.. ..ward þe wode lai.
þer heore iueren :'		... hire i-veres :'
wel ihudde weoren.		w.. ....re.

get ready their weapons, and all their weeds (garments), except an hundred men, that there should look out, if they might descry through thing of any kind. Then saw they afar, in a 'great [broad] plain, three knights ride with all their main. After the three knights there came thirty; after the thirty they saw three thousand; thereafter came thronging thirty thousand 'anon, of Romanish folk, clad in armor'. And [ever] the earls 'before them' 'quickly [by the *way*] rode, ever the 'right [same] way that toward the wood lay, where their comrades were well hid. The earls rode to the

[1] *Superfluous?* [2] þuſend?

MS. Cott. Calig. A. IX.	MS. Cott. Otho, C. XIII.
Þa eorleſ ærden[1] to þan wuden :·	Þe eorles .... þan wode :·
þa Romaniſce after ridē.	þe .... after ride.
þa Brutteſ to-ræſden :·	þe B....... .. reſde :·
on heore iræſte ſteden.	vp.. ....des.
and ſmiten to a-uorenon :·	and ..ot a vore...
and feollen an hundred anan.	and fuld. an hundred a-non.
Þa wenden Rom-leoden :·	Þo wende Romleode :·
þat Arður come riden.	þat Arthur come ride.
and weoren afered feondliche [ſwiðe :·	and tornde þe rugges :·
and Brutteſ after heð.	and Bruttus ȝam after.
and floȝen of þan folke :·	and floȝen of þan folke :·
fiften hundred.	fiftene hundred.
Þa com heom to fulſte :·	Þo com ȝam to fulſte :·
of heoreȝe[2] uolke.	of hire owene folke. [f. 125. c. 1.]
þa Arður þider hafde iſend :·	þat Arthur hadde þider iſend :·
ſixtene þuſund.	ſixtene þouſend.
baldere Brutten :·	baldere Bruttuſ :·
mid burnen bihonged.	mid ſtele bi-honge.
Þa cō þer ride :·	Þo com ... .
þat waſ an eorl riche.	þat was .. ..
Petreiuſ. Peitreiuſ ihate :·	Petrius .....
heh mon of Rome.	... ... of Rome.
mid ſix þuſend kempen :·	mid ... . cnihtes :·

wood; the Romanish *men* rode after; the Britons attacked *them* [up] on their rested steeds, and smote in front, and felled an hundred anon. Then weened *the* Rome-folk that Arthur came riding, and 'were very greatly afraid [turned the backs]; and the Britons *pursued* after them, and slew of the folk fifteen hundred. Then came them to help sixteen thousand of their own folk, whom Arthur had thither sent, bold Britons, with 'burnies [steel] clad. Then came there riding *one* that was a rich earl, named Petreius, *a* noble man of Rome, with six thousand 'warriors [knights], to

1 ærnden?

2 heore aȝe?

MS. Cott. Calig. A. IX.	MS. Cott. Otho, C. XIII.
þan Romaniſce to helpẽ.	þan R.....ſce to helpe.
& mid muchelere ſtrengðe :'	and mid mochele ſtrengþe :'
leopen to þan Brutten.	leope to þan Bruttus.
and lut þer of-nomen :'	and feue hii þar nemen :'
ah monie heo of-floȝen.	and manẏe hii of-slowen.
Bruttеſ to wude hælden :'	Þe Bruttes floȝe .. þan wode :'
þe oðere after wendẽ.	þe ouþ.. ȝam af... ...de.
and þa Brutteſ auoten :'	and .. ..uttuſ .....
uaſte aȝæin ſtoden.	..ſte aȝan ....e.
and þa Romãiſce meu :'	
fuhten ridende.	
and Butteſ heom to heolden :'	
& heore horſ[1] floȝen.	... ...e hors floȝ :'
& moni þer nomen :'	
& in þene wude droȝen.	... . wode droȝe.
Þa iwarð[2] Petreius wrað :' [f. 156. c. 1.]	.. iwarþ Petrius war :'
þat hiſ wes þa wurſe þer.	... his was þe worſe þar.
and he mid hiſ uerde :'	... he mid his ferde :'
from þan wude wende.	fram þan .ode he wende.
and Brutteſ heom to buȝen :'	and Br..... ... to bowen :'
and bi-æften heom floȝẽ.	and .... ȝam flowen.

help the Romanish *forces*; and with great strength *they* leapt to the Britons, and few there [they] captured, 'but [and] many they slew. [The] Britons fled to [the] wood; the others pursued after [them]; and the Britons on foot firmly against *them* stood, 'and the Romanish men fought riding; and *the* Britons advanced to them,' and slew their horses, 'and many there took,' and in*to* the wood drew. Then was Petreius wrath, that his *force* was there the worse; and he with his host retreated from the wood; and *the* Britons followed them, and slew them behind. When

[1] *Added by a second hand.*

[2] *After these words the scribe, by inadvertence, has repeated the entire passage from l.* 26663. *inclusive, which repetition the second hand has afterwards cancelled, by drawing diagonal lines over it. It has not been thought necessary to print here the passage thus repeated, but the orthographical and other variations in it are worthy of notice, and will be pointed out in the Notes.*

MS. Cott. Calig. A. ix.	MS. Cott. Otho, C. xiii.
Þa Bruttuttes[1] weoren ut of wude :·	Þo .... weren vt of wo..
iȝein to þan felde.	..... ut to þan felde.
þa atstoden Rom-leoden :·	.. ..d Romleode :·
mid ræȝe ſtrenȝe.	mid heȝere ſtrengþe.
Þa bi-gon þat muchele fiht :·	Þo bi-gan þat ſtrange fiht :·
þer ueollen eorlles & moni god [cnih[2].	þar feol eorles and manẏ god cniht.
þer ueollen a dæi :·	þar follen a daẏ :·
fiften þuſend.	fiftene þouſend.
aðelere monnen :·	
ær hit weore æfen.	
Þer he findē mihte :·	Þar he mihte finde :·
þe hiſ main wolde fondien.	woſe his maẏn wolde fondie.
hond aȝan honde :· [c. 2.]	hond aȝen hond :·
ſtrongne aȝeī ſtr[ong.]	ſtrong aȝen ſtrong.
ſceld aȝein ſcelde :·	ſceald aȝen ſceald :·
ſcalkeſ þer ueollen.	cnihteſ þar folle.
Vrnen þa ſtreten :·	Vrne þe weyeſ :·
mid blode ſtræmen.	of blodie ſtremes. [c. 2.]
leien ȝeond þan ueldeſ :·	leiȝen oueral þe feldes :·
gold-faȝe ſceldeſ.	goldfawe ſcealdes.
al þene dæi longe :·	al þane daẏ lōg :·
heo heolden þat feht ſtronge.	durede þat fiht ſtrong.
Petreiuſ an hiſ halue :·	Petrius in his half :·
hiſ folc heold to-ſomne.	his folk heol[3] to-gadere.

the Britons were out of *the* wood, come [out] in the field, then withstood *the* Rome-folk with fierce strength. Then began the 'mickle [strong] fight!—there fell earls and many *a* good knight; there fell in *the* day (*or* died) fifteen thousand 'of noble men, ere it were even.' There might he find, who[so] would prove his strength, hand against hand, *the* strong against *the* strong, shield against shield, knights there fell! The paths ran with bloody streams; gold-colored shields lay over [all] the fields; all the day long 'they held [dured] the strong fight. Petreius on his side his folk held to-

[1] *R.* Bruttes. [2] cniht? [3] heold?

MS. Cott. Calig. A. IX.	MS. Cott. Otho, C. XIII.
þa iwræð[1] ſone :'	þo i-warþ it ſone :'
þat Bruttes hafden þat wurſe.	þat Bruttus hadde þat worſe.
Þat iſæh þe eorl heȝe :'	Þat iſeh Beofs :'
of Oxeneuorde.	eorl of Oxeneforde.
Beof wæs ihæten :'	
hæh Bruttiſc mon.	
þat a nare wiſē :'	þat in none wiſe :'
ne mihte hit iwurðen.	ne mihte hit iworþe.
þat Bruttes ne moſtē reoſen :'	þat hii ne moſte falle :'
buten heo ræd haueden.	bote ȝef hi read hadde.
Þa eorl þa cleopede :'	He cleopede to him cnihtes :'
cnihtes aðele.	þe beſte þat he wiſte.
of þan alre bezſtē :'	
of alle þan Brutten.	
and of þan kenneſten :'	and of þe alre kenneſt :'
þe þer quike weoren.	.at þare ine fiht we..
and tuhte hine ut a þan felde :'	..d wende ȝam vt in þa. .elde :'
aneouſte þere ferde.	a-neoweſt þan ferde.
and þus him iſeide :'	... þus him ſaide :'
an heorte him wes unneðe.	ſori on heorte.
Cnihtes hercnieð nu to me :'	Cnihtes hercneþ nou to me :'
drihten us helpe.	drihte ous helpe.
we beoð hidere icumen :'	we beoþ hider icome :'
and þiſ feht habbeoð under-numen.	and þis fiht habbeþ under-nome.

gether; then [it] soon happened, that *the* Britons had the worse. 'The noble earl of Oxford, *who* was named Beof [Beofs, earl of Oxford] '*a* noble British man,' saw that, that in no wise might it be, that '*the* Britons [they] should not fall, unless they had counsel. 'The earl then [He] called [to him] ' noble ' knights, 'of the best of all, of all the Britons [the best that he knew], and of the keenest [of all], that there were 'alive [in fight], and drew 'him [out] in the field, near the host; and thus him said,—in heart 'to him was uneasiness [sorry]:—" Knights, hearken now to me; *the* Lord us help! We are hither come, and have undertaken this fight, without

[1] iwarð ?

MS. Cott. Calig. A. ix.	MS. Cott. Otho, C. xiii.
buten Arðuref rede :·	boute Arthur his reade :·
þe if ure hexte.	þat his oure louerd.
Ȝif uf oht ilimpeð :·	Ȝef ous wel bi-falleþ :·
we him þa bet likieð.	we him þe bet cwemeþ.
and ȝef uf ilimpeð uuelen :· [f.156b. c.1.]	and ȝef ous bi-falt vuele :·
he uf wule hatiē.	he ous wole hatie.
Ah ȝif ȝe wulleð minne ræd :·	
þenne ride we al glad.	
we beoð þreo hundred cnihtes :·	We beoþ þreo hundred cnihtef :·
ihelmede þeines.	
ohte men and kene :·	ohte men and wihte.
aðele iborene.	
cuðeð eouwer cniht-fcipe :·	cuþeþ ȝoure cniht-fipe :·
we beoð of are cudðe.	we beoþ of one cunne.
rideð þenne ich ride :·	rideþ wane ich ride :·
and fulieð mine rede.	and folweþ mine reade.
Alle haldeð him to :·	Alle holdeþ him to :·
to þan cnihte þa ich do.	to þan cniht þat ich do.
ne nime ȝe nenne ftede :·	ne nime ȝeo none ftede :·
no nanef cnihtef iwede.	ne none cnihtef wede.
ah æuer ælc god cniht :·	ac euerech god cniht :· [f. 125b. c. 1.]
flæn æuere adun riht.	slea euere adun riht.
Æfne þan worde :·	Efne þan worde :·
þe þe cniht fæide of Oxene-uorde.	þat þe eorl faide.
to hif iueren bifiden :·	

'Arthurs [Arthur his] counsel, who is our 'chief [lord]. If to us 'good [well] befalleth, we shall please him the better, and if to us befalleth evil, he will hate us. 'But if ye will *do* my counsel, then shall we ride all merry.' We are three hundred knights, 'helmed thanes,' brave men and 'keen [active], 'nobly born'; shew *ye* your courage,—we are of one 'kith [kin],—ride *ye* when I ride, and follow my counsel. Advance *ye* all to him, to the knight that I do; take ye no steed, nor any knights weed, but every good knight slay ever downright!" Even with the words that the knight of Oxford [earl] said 'to his companions beside, then gan he to

MS. Cott. Calig. A. ix.	MS. Cott. Otho, C. xiii.
þa gon he to riden.	
æſne al ſwa swiðe :·	hii ride þo aſe ſwiþe :·
swa hund þene heort drivð.	so hond þan heort driueþ.
and hiſ iueren after :·	
mid allen heore mahten.	
þurh ut þene muchele uehte :·	
al þa cniht-weorede.	
fluᵹ an heore ſteden :·	
uolc heo þere aqualden.	
Wo[1] wæſ heom iboren :·	Welawo waſ ȝam ibore :·
þa iþan weie heom weoren biuoren.	þat in hire weẏ were bi-vore.
for alle heo hit to-treden :·	for al hii to-treade :·
mid horſen & mid ſteden.	mid hors and mid ſtede.
and ſwa aneouſte heo iwenden :·	and ſo aneweſt come :·
and Petreium iuengen.	and Petrium hii nome.
Beoſ[2] him bi-arnde :·	Beofs to him ſwapte :·
and mid ærmen bi-clupte. [c. 2.]	and mid harmes hine bi-clupte.
& bræid hine of hiſ ſtede :·	and breid hine of his ſtede :·
& to eorðe hine iſtræhte.	and to earþe hine ſette.
he wuſte him bihalueſ :·	he wiſte him bi-halues :·
balde hiſ cnihte[3].	buſie his cnih . . s.
Brutteſ adun ſloȝen :·	Cnihtes adun sloȝen :·
Petreiuſ heo droȝen.	. . . riuſ hii droȝen.

ride, even all [they rode then] as swift as hound driveth the hart, 'and his comrades after, with all their might, throughout the mickle fight, all the troop; *they* flew on their steeds; *the* folk they there killed.' Woe was to them born, that were in 'the [their] way before 'them,' for all they 'it' trod down, with horses and with steeds; and so 'they' came near, and Petreius [they] captured. Beof rode to him, and with arms [him] clasped, and drew him off his steed, and on earth him 'stretched [set]; he knew beside him *were* his 'bold [busy] knights. *The* 'Britons [knights] down

[1] welle, *pr. m.* [2] Beof? [3] cnihtes?

MS. Cott. Calig. A. IX.	MS. Cott. Otho, C. XIII.
and þa Rom-leoden :'	and þ. .omleode :'
ræhliche fuhten.	baldeliche f.....
and a þan laſte ne mihte mon wite :'	so þat at þan laſte :'
wha oðerne ſmite.	no man þare nuſte.
þer wef muchel blod gute :'	wo oþerne ſmite :'
balu wef on compe.	þar was mochel blod igote.
Þa iſæh Walwain :'	Þo iſeh Waweÿn iwis :'
þer he wes bihaluen.	þar he was bi-halues.
mid ſeouen hundred cnihten :'	mid ſoue hundred cnihtes :'
þider he gon hælden.	þider he gan wēde.
in hiſ wæiȝe ꝥ he funde :'	and in his weÿe þat he ſunde :'
al he hit aqualde.	alle he a-cwelde.
and ridende igrap Petreiun :'	and ridende he nam Petrius :'
on richen hiſ ſteden.	vppe his gode ſtede.
and ladde uorð Pet^{e}iun :'	
læð þeh hit weore him.	
þat heo to þan wude comen :'	and ladde him to þan wode :'
þer heo[1] wel w^{9}ten.	war he wel wiſte.
sikerliche to halden :'	sikerliche to holde :'
þene riche mon of Rome.	þane heȝe man of Rome.
and æft ut a þene ueld wendē :'	and eft vt wende :'
and bi-gonnen to fehten.	and bi-gan to fihte.
Þer me iſeon mihte :'	Þar me mihte i-fean :'

smote; Petreius they drew *along*; and the Rome-folk fought boldly; 'and [so that] at the last' man might not know [no man there knew] who smote other; there was much blood shed, 'mischief was in *the* conflict!' Then saw Walwain [truly], where he was beside; with seven hundred knights he gan thither move, [and] what he found in his way, all he it destroyed. And riding he took Petreius, on his good steed; and led 'forth Petreius [him], 'loath though it were to him, until they came' to the wood, where he well knew surely to hold the noble man of Rome; and eft out 'in the field' proceeded, and began to fight. There men might see sorrow 'enough

[1] he?

MS. Cott. Calig. A. IX.	MS. Cott. Otho, C. XIII.
sorȝen inoȝe.	manẏfold ſorewe.
ſceldeſ ſcenen :'	scealdes ſeanende :'
ſcalkeſ fallen.	cnihteſ fallende. [c. 2.]
halmeſ to-hælden :'	
hæhȝe men to-ſwelten.	
blodie ueldeſ :'	blodede feldes :'
falewede nebbeſ.	falewede nebbes.
Brutteſ heom to-ræſden :'	And Bruttus to ȝam reamde :'
þa fluȝen Rom-leoden.	and flowen Rom-leode.
Brutteſ heō floȝen :' [f.157.c.1.]	and Bruttus ȝam . . . . . .
and monie heo quic nomen.	. . . monẏe cwi. . . . . .
and þe dæi ende þæ :'	. . . . . daẏ ean. . . .
wa wes Rom-leoden wa.	. . . . . Romleode . . .
Þa bond men uaſte :'	. . . . faſte :'
kempen Romaniſce.	kemp. . . . maniſſe.
and lædden heom to þan wude :'	and leade ȝam . . þan wode :'
biuoren Walwaine.	bi-vore Waweẏne.
heom biwakeden a þere nihte :'	. . am bi-wakede al þane ni. . .
twenti hundred cnihten.	. . enti hundred cnihtes.
Þa hit dai wes amarȝen :'	Þo hit d. . was a morwe :'
duȝeðe gon ſturie.	þe . . . . . ga. . . . to ſtorie.
forð heo gunnen liðe :'	for. . . . .
to heore kine-lauerde.	to hire . . . . louerd.
and ſwulc lac him brohte :'	. . . ſw. . . . . . him b. . . . .
ꝥ leof hī wes to habben.	. . . le. . him was to . . . . .

[manyfold]! shields 'break [breaking]; knights 'fall [falling]; 'helms dropping; noble men dying'; bloody fields; paled faces! [And] *the* Britons rushed *towards* them; 'then [and] *the* Rome-folk fled; [and] *the* Britons them slew, and many they took alive; and when the day ended woe was to *the* Rome-folk, woe! Then bound men fast *the* Romanish knights, and led them to the wood, before Walwain; twenty hundred knights watched them 'in [all] the night. When it was day on *the* morrow, *the* folk gan to stir; forth they gan march to their sovereign, and brought him such offering, 'that [as] was lief to him to have. Then spake him Arthur thus:

MS. Cott. Calig. A. ix.	MS. Cott. Otho, C. xiii.
Þa spac Arður hĩ þuſ:	.. ſpac Arthur ...
Wulcume Petreiuſ.	..lcome Petrius.
nu iſ þe wulle teche :'	nou ..ſ þe wolle teche :'
Bruttiſce ſpæche.	Brutiſſe ſpeche.
Þu ȝulpe biforen þan kaiſeiſere[1] :'	Þou ....e bi-vore þin caiſere :'
þat þu me woldeſt a-quellen.	... þou me woldeſt a-cwe...
nimen mine caſtleſ alle :'	.... mine caſtles al..
and mine kine-riche.	... mine kinerich.
and muchel þe ſæl iwurðen :'	...che þou .at ha....
of þat þu wilnedeſt to habben.	.. þan þat þou wilnedeſt.
Ich wulle bitachẽ þe ful iwiſ:'	Ich wole bi-take þe foliwis :'
minne caſtel inne Pariſ.	mine caſtel .. Paris.
and þer þu ſcalt wunien :'	and þar þou ſalt wonie :'
swa þe beoð alre leoþeſt.	aſe þe his alre loþeſt.
ne ſcalt þu nauere mare :'	ne ſalt þou neuere more :'
þi lif þenne lede.	þi lif þanene leade.
Arþur þa cnihteſ nom :'	Arthur alle þe cnihtes nam :
þe þer iuongen weoren.	þat þar inome were.
þreo hundred rideref:'	þreo hundred rideref:'
he nom eke anã.	
þe alle weoren iueren :' [c. 2.]	
[2]	
cnihtes swiðe ohte :'	. . . . .hte :' [f. 126. c. 1.]

"Welcome, Petreius! Now is *one here* that will teach thee British speech. Thou boasted before the [thy] emperor, that thou wouldest me kill; take all my castles, and my kingdom; and much good should be to thee of that thou desiredest to have. I will give thee, full truly, my castle in Paris; and there thou shalt dwell, as to thee will be most loathsome of all; shalt thou nevermore thy life thence lead!" Arthur took [all] the knights, that there were captured; three hundred riders 'he took eke anon, who all were comrades,' knights most brave, and keen men in fight; and bade them

[1] *R.* kaiſere. [2] *A line seems wanting here by the break in the punctuation.*

MS. Cott. Calig. A. IX.	MS. Cott. Otho, C. XIII.
and kene men to uihte.	and . . . . .hte.
and hæhte heom amorȝen :'	and . . . . .rwe :'
monliche ariſen.	man . . . .
biden[1] Romaniſce men :'	. . . .
mid ſtronge rake-tehȝen.	. . . .
and lede Pet^eiuſ :'	. . . .
to þere borh of[2] Pariſ.	. . . .
Feouwer eorleſ he hæhte :'	. . . .
forð heō ibringen.	. . . .
Cador Borel :'	. . . .
Bedū and Richer.	. . . .
he hehte heō beō iuerē :'	. . . .
þat heo ſiker weoren.	. . . .
and cumen aȝain ſone :'	. . . .
to heore kine-lauerde.	. . . .
Þiſ weſ al þuſ iſpeken :'	. . . .
ah hit wes ſone under-ȝeten.	. . . .
Hæwæreſ foren :'	. . . .
ȝeond þaſ kingeſ ferden.	. . . . . . .rde.
& iherden ſuggen :'	and . . . .
ſoðere worden.	..þere wordes.
wuder Arður wolde ſenden :'	..... Arthur wolde ſen..
þæ cnihteſ þe he haſ[3] i benden.	þe cnihteſ þe he had.. in bende.
and þa hauwereſ forð rihte :'	and þe ſpia... forþriht :'

on *the* morrow manly arise, bind *the* Romanish men with strong chains, and lead Petreius to the burgh of Paris. Four earls he commanded to bring them forth; Cador, Borel, Beduer, and Richer; he ordered them to be companions, *so* that they were secure, and to come again (back) soon to their sovereign. This was all thus spoken, but it was soon known. Spies went over the kings host, and heard say sooth words, whither Arthur would send the knights that he had in bonds; and the spies forth-

[1] binden? [2] *Interlined by a second hand.* [3] hafde?

MS. Cott. Calig. A. ix.	MS. Cott. Otho, C. xiii.
wenden uorð bi nihte.	wende a.... al bi niht.
þat heo comẽ ſone :'	þat hii co.. ..ne :'
to þan kaiſere of Rome.	to þan caiſere of ....
and talden al heore tale :'	and tolde al hire ....
hu þaſ feouwer eorles ſculden uare....	þe four eorles ..... fare.
and forð lede Petreiuſ :'	and forþ ....trius :'
to þære burh of Pariſ.	to þan borh of Paris.
and al heo talden þene wæi :'	and al hii tolde þane waẏe :'
þe intowardeſ Pariſe læi.	þat in to Pariſ laẏ.
and whar me heõ kepen mihte :'	and war me heom kepe mihte :'
in ane ſlade deopen. [f. 157b. c. 1]	in one ſlade deope.
and biraiuien of heõ :'	and bi-nime of ȝam :'
Petreiun þene riche mon.	Petrius þane riche man.
& þa feouwer eorleſ ileggen :'	and þe eorles four awẏnne :'
& faſten heom binden.	and faſte ȝam bẏnde.
Luceſ þiſ iherden :'	Þis i-horde Luces :' [c. 2.]
þe kaiſer of Rome.	þe caẏſer of Rome.
and he leopt to wepne :'	
ſwulc hit a liun weore.	
and tẽ þuſend hehte :'	
kempẽ iþoȝene[1].	
to horſe & to wepnen :'	
aneouſte foren wenden.	

right proceeded 'forth [all] by night, until they came soon to the emperor of Rome, and told all their tale, how 'these [the] four earls should march, and lead forth Petreius to the burgh of Paris; and all they told the way that in to[wards] Paris lay, and where men might them intercept in a deep valley, and take from them Petreius the noble man, and the four earls conquer, and fast them bind. Luces heard this, the emperor of Rome, 'and he leapt to weapon as it were a lion; and ordered ten thousand chosen (?) knights to horse and to arms, quickly forwards to march.' [And] he called

[1] *This word is doubtful, and has been partly corrected on an erasure by a second hand.*

MS. Cott. Calig. A. ix.	MS. Cott. Otho, C. xiii.
He cleopede Sextoriuſ :'	And he cleo.... Sextorius :'
of Libie he weſ king of Turkie dux.	of Libie he was king and dux.
he ſende after Euander :'	he ſende after Euander :'
þe of Babiloine weſ icumen þer.	þat of Babẏlone was come þar.
he cleopede to þan ſenaturſ :'	he cleopede to þan senaturs :'
Bal Catel Carriuſ.	Balten Catel and Carius.
þeoſ weoren alle kine-borne :'	þes weren alle kinebore :'
& þeoſ weoreoren[1] alle icoren.	and .... weren alle icore.
aneouſte to riden :'	ſwiþe to riden :'
and Petreium[2] aredden.	and Petriuſ aredden.
Anan ſwa hit waſ euen :'	And hii an hiȝigge :'
forð heo iwenden.	forþ ȝam iwende.
heom ladden twelue :'	ȝam ladde twealf cnihtes :'
of þan leod-folke.	of þan ilke londe.
þa ſwiðe warre weoren :'	þat ſwiþe war weren :'
and þa weiȝeſ cuðen.	and þe weẏes couþe.
Þa riden Rom-leodē :'	Þo ride Romleode :'
riſeden burnen.	ruſede wepne.
quahten on hafden :'	ſetten an hire h..edes :'
helmeſ heȝen.	heȝe hire healmes.
ſeldeſ on rugge :'	
ræȝe Rom-leoden.	
Heo ferden alle nihte :'	... ...den al niht :'
neodliche ſwiðe.	faſt..... ..iþe.

Sextorius, of Lybia he was king, 'of Turkey [and] duke; he sent after Evander, who from Babylon was come there; he called to the Senators Bal, Catel [and] Carrius,—these were all of royal birth, and these were all chosen,—promptly to ride, and to liberate Petreius. 'Anon as it was even [And they in haste] forth they marched; twelve [knights] them led of the 'people [same land], that were exceeding wary, and knew the ways. When *the* Rome-folk rode, resounded 'burnies [weapons]; *they* set on [their] heads [their] high helms; 'shields on *their* backs,—*the* valiant Rome-folk.' They

[1] *R.* weoren.

[2] Petreiun, *pr. m.*

MS. Cott. Calig. A. ix.	MS. Cott. Otho, C. xiii.
þet heo comen in þe wai :'	þat hii come in þan waẏ :'
þa in to Pariſe lei. [c. 2.]	þat touward ..riſ laẏ.
þa weoren heo biuoren :'	þo weren hii bi-vore :'
and Brutteſ biaſten.	and Bruttus bi-hinde.
Ah wale þat hit nuſte :'	Ac wala wo þat hit nuſte :'
Cador þe kene.	Cador þe kene.
þat þa Rom-leoden :'	þat þe Rom-leode :'
heō for-riden hafueden.	ȝam for-ride hadde.
Heo comē in ænne wude :'	Hii comen in one wode :'
on ænne ſwiðe faire ſtude.	in one wel faire ſtude.
in ane dale deope :'	in one dale deope :'
diȝelen bihælueſ.	diȝele bi-halues.
ſweoren heom bitwænen :'	and ſeide ȝam bi-twine :'
þat þer heo wolden kepen.	þat þar hii wolde akepe.
þer heo leien ſtille :'	þare hi leȝen ſtille :'
ane lutle ſtunde.	one lutele ſtunde.
& hit agon daiȝen :'	and hit gan to daȝeȝe :'
and deor gunnen waȝeȝen.	and þe deor to pleoẏe.
þa comē Arðureſ men :'	þo comen Arthureſ men :' [f. 126b. c. 1.]
quecchen aft⁹ ſtreten.	faſte in þan weẏe.
riht þene ilke wæi :'	riht þane ilke way :'
þer þe oðer uerde læi.	.ar þe oþer ferde laẏ.
heo riden ſinginge :'	hii ..... ſingende :'
ſegges weoren blide[1].	þe cnihtes weren bolde.

marched all night, exceedingly fast, until they came in the way that 'into [toward] Paris lay; then were they before, and *the* Britons behind. But alas! that Cador the keen knew it not, that the Rome-folk had before-rode them! They came in a wood, in a spot 'exceeding [well] fair, in a deep dale, dark on *the* sides; '*they* swore [and said] between them, that there they would engage. There they lay still a little while; and it gan to dawn, and [the] beasts 'gan' to stir [play]. Then came Arthurs men 'advancing by [fast in the] way, right the same way where the other host lay; they rode singing,—[the] 'men [knights] were 'blithe [bold]! Neverthe-

[1] bliðe?

MS. Cott. Calig. A. IX.	MS. Cott. Otho, C. XIII.
Neoþeleſ Cador weſ þer :'	Noþeles Cador was þar :'
ſwiðe wis & ſwiðe war.	ſwiþe[1] and ſwiþe war.
he and Borel þe eorl riche :'	he and Borel þe riche :'
buȝen heõ to-gæderef.	wende ȝam to-gadere þar.
& nomen heom bitweonen :'	and nemen heom to honde :'
fif hundred cnihteſ.	fiftene hundred cnihtes.
and biuoren wenden :'	and bi-vore ...de :'
iwepnede kempen.	iwepnid under fealde.
Richer and Beduer :'	Richer and Beduer :'
wenden heom bafte þer.	wende ȝam bi-hinde þar.
and þa cnihteſ fereden :'	and þe cnihtes ladde :'
þa heo iuõgen hafden.	þat hii ifunde[2] hadde.
Petreium and hiſ iueren :'	Petrius and his iuere :'
þa iwunne weoren.	þat inome were.
Þa heo comen riden :'	Þo hii come ride :'
uppē Rom-leoden. [f. 158. c. 1.]	vppe Romleode.
& Rom-leoden ræſden to :'	and hii ȝam to-reaſde :'
mid ræȝere ſtrengðen.	[3]
and ſmiten a þan Brutten :'	and ...te to þan Bru....
mid ſwiðe bitele[4] dūteſ.	... hire bitere dun...
breken Bruttene trume :'	
balu weſ on folke.	...u þar was riue.

less Cador was there, most wise and most wary; he and Borel the 'earl' rich, advanced them together [there], and took between them five [them in hand fifteen] hundred knights, and marched before, weaponed 'champions [under shield]. Richer and Beduer came behind them there, and led the knights, whom they had captured, Petreius and his companions, who were taken. Then came they riding upon *the* Rome-folk; and 'the Rome-folk [they] rushed *towards* them 'with fierce strength,' and smote on the Britons with 'exceeding [their] bitter blows; 'brake *the* Britons ranks,'—

[1] ſwiþe wis

[2] ifonge?

[3] *A line seems to be omitted.*

[4] bitere?

MS. Cott. Calig. A. ix.	MS. Cott. Otho, C. xiii.
þe wude braſtlien gon :'	
beorneſ[1] þer feollē.	
Bruttef heom wið-ſtoden :'	.....uf ȝeam wiþ-ſtode :'
and ſtærcliche heom weoreden.	and ſtarcliche ȝam weorede.
Þat iherde Richer :'	Þat ihorde Richer :'
& þe eorl Beduer.	and þe eorl Beduer.
hu heore iueren :'	hou hire iueres :'
heom bouoren[2] fuhten.	ȝam bi-vore fohte.
Petreiun heo nomen :'	Petrius hii nemen :'
& heore inume allen.	and his iveref alle.
and mid þreo hudred[3] ſweinen :'	and mid þreo hundred ſweyneſ :'
in to wude ſenden.	ȝam to wode ſende.
And heom ſeolue fuſden :'	And hii ȝam ſeolue wende :'
to-ward heore iſæren.	touward hire i-vereſ.
and ſmiten a Rō-leoden :'	and ſmote on Romleode :'
mid raȝere ſtrengðen.	mid reȝere ſtrengþe.
þer wef moni dunt iȝeuen :'	þar was mani dunt iȝeue :'
and moni mon þer wef iſlaȝen.	and many man a-falled.
Þa underȝæt Euander :'	Þo onder-ȝeat Euander :'
þe heðene king wef ſwiðe war.	þe heaþene king þar. [c. 2.]
þat heore uolc gon waxen :'	. . . . gan wex :'
and Bruttef gunnen wonien.	. . . . wanien.
and buȝen heom to-ſomne :'	. . . .

mischief 'was among *the* folk [there was rife]—' the wood gan resound, warriors there fell!' *The* Britons withstood them, and strongly defended them*selves*. Richer heard that, and the earl Beduer, how their comrades before them fought. Petreius they took, and all 'their prisoners [his companions], and with three hundred swains sent [them] ' in 'to *the* wood. And [they] themselves advanced toward their comrades, and smote on *the* Rome-folk with fierce strength; there was many *a* blow given, and many *a* man there was slain [felled]. Then perceived Evander, 'who was *a* [the] heathen king most wary [there], that their folk gan wax, and *the* Britons gan wane;

[1] beonēſ, *pr. m.* [2] biuoren? [3] *R.* hundred.

MS. Cott. Calig. A. IX.	MS. Cott. Otho, C. XIII.	
his cnihteſ ſeleſte.	. . . .	
and uuenon þan Brutten :ʼ	. . . .	
ſwulc heo heom wolden abiten.	. . . .	
Brutteſ wokeden þa :ʼ	. . . .	
& heore wes þat wurſe. [c. 2.]	. . . .	
heo floȝen heo nomen :ʼ	. . . .	
al þat heo neh cōm.	. . . .	
Wa weſ Brutten þere :ʼ	. . . .	
butẽ Arðure.	. . . .	
heore hele[1] weſ to lutel þere :ʼ	. . . .	
at heȝere neode.	. . . .	
Þer weſ Borel of-ſlaȝen :ʼ	. . . .	Borel.
and idon of lif-daȝen.	. . . .	
Euander king hine aqualde :ʼ	. . . .	Euan[der.]
mid luðere his craſte.	. . . .	
and þreo Brutteſ eke :ʼ	. . . . Bruttus . . .	
heȝe men iborene.	. . . .	
Þer iſlaȝẽ weoren :ʼ	. . . .	
þreo hundred of heore iueren.	þreo h........ hire ivere.	
and monie quike nomen :ʼ	and man...... nemen :ʼ	
& narwe heõ ibūden.	and faſte he.. bunden.	
þa nꝰten heo godne ræd nanne :ʼ	þo hii nuſten :ʼ	
for alle heo wenden beon dede.	....ne read godne.	

and his best knights approached them together, and *advanced* upon the Britons, as *if* they would them bite. *The* Britons then were weakened, and theirs was the worse; they (the Romans) slew, they took all that they came nigh. Woe was there to *the* Britons, without Arthur! Their remedy was too little there, at *their* great need. There was Borel slain, and deprived of life-day. Evander *the* king him killed with his wicked craft, and three Britons eke, high men born. There were slain three hundred of their companions; and many *they* took alive, and fast them bound;—then knew they not any good counsel, 'for they all weened to be dead;' never-

[1] hel, pr. m.

MS. Cott. Calig. A. ix.	MS. Cott. Otho, C. xiii.
neoþeles heo fuhten :'	noþe... hii fohten :'
swa ohtliche swa heo mahte.	so hahtl..... .. hii mihten.
Þa wes ut ifaren :'	Þo was ... .wend :'
from Arðures ferden.	fram Arthur ... ...de.
þæ king of Peẏtouwe :'	þe king of P......
har mon iblowẽ.	.... man iblowe.
Guita[rd]. Guitard he hehte :'	
Gascuñe he ahte.	
he hæfde to iueren :'	h. .... i-vere :'
fif hundred rideren.	fif hundred rideres.
þreo hũdred scuhten :'	þreo hundred scuttes :'
kene men to uehten.	kene men to fihte.
and seouen hũdred auoten :'	and soue hundred a fote :'
þa fuse weorẽ to harmen.	þat wilde were to harme.
Heo weoren ifaren into þan londe :'	hii wende afor.ged in þat lond :'
fodder to biwinnen.	for to feche[1] mete hom.
æiþer uodder and mete :'	
to læden to heore ferde.	
Þa luden heo iherdẽ :'	Þane crẏ hii of-horde :'
of þan Rom-leoden. [f. 158b. c. 1.]	of þan Romleode.
heore dedẽ heo bi-lafden :'	hire pu... hii bi-lefde :' [f. 127. c 1.]
and þiderward gũnen liðen.	and þide..ard gonne ride.
stið imodede men & swifte :'	

theless they fought as bravely as they might. Then was (had) out marched from Arthurs host the king of Poitou, hardy man renowned; 'Guitard he hight; Gascony he possessed'; he had for companions five hundred riders, three hundred archers, keen men to fight, and seven hundred on foot that were 'prompt [wild] for harm. They were (had) gone in 'to' the land 'to obtain fodder [for to fetch meat home], 'both fodder and meat, to carry to their host.' The 'clamor [cry] they heard of the Rome-folk; their deeds they relinquished, and thitherward gan ride '*the* strong-mooded

[1] feche?

MS. Cott. Calig. A. IX.	MS. Cott. Otho, C. XIII.
ſlauþe bidæled.	
þat heo comen ſone :'	þat .ii come ſone :'
an neouſte þan fehte.	ane..... þan fihte.
Guitard and hiſ cnihteſ :'	Gwitard and his cnihtes :'
þer riht forð rihteſ.	þar anon forþ ......
igrippen heore ſceldeſ :'	igr.... ..re ſcealdeſ :'
swiðe balde cnihteſ.	. . . .
and alle þe ſcutten :'	. . . .
ſcuuen heom biſideſ.	. . . .
and þa men auoten :'	. . . .
to gunnē fuſen.	. . . .
and alle ſomed ſmiten on :'	. . . .
mid ſmarten heore dūtē.	. . . .
At þan uorme ſmællen :'	. . . .
Romaniſce veollen.	Roman.... ......
fiſtene hundred :'	..ſtene hun....
folden to grunden.	.... to ... grunde.
þer wes iſlæȝen Euander :'	þ.. was iſlawe Euander :' [*Eua*]*nder.*
þe king weſ ful ſturne ær.	... king was wel ſteorne.
Catelluſ of Rome :'	Catellus of Rome :'
forȝæt hiſ domeſ þære.	forȝe.. þare his domes.
Þæ aſtalden þer flem :'	
þat ær ſtaðel heoldē.	
þa ruggeſ to-wenden :'	Þo torne.. hii þe rugges :'
& fluȝen Rom-leoden.	and floȝen riht ſwiþe.

men and swift, of sloth devoid,' until they came soon near to the fight. Guitard and his knights there 'right [anon] forth-right grasped their shields, knights most bold; and all the archers pressed them beside; and the men on foot gan advance; and all together *they* on smote, with their smart blows. At the first onset *the* Romanish *men* fell; fifteen hundred to the ground; there was slain Evander, who was 'ere' king 'full [well] stern; Catellus of Rome forgot there his decrees! Then 'made *they* there flight, who ere held conflict'; 'the Rome-folk [they] turned the backs, and fled

MS. Cott. Calig. A. ix.	MS. Cott. Otho, C. xiii.
Bruttes heom after buȝen :'	and Bruttus ȝam after :'
& mid baluwe heom igrætten.	and mid balw. ȝam grette.
and swa monie heo þer nomen :'	and so man.. þar flowen :'
and swa monie heo þer floȝen.	and so man.. þar nome.
þat no mihte Bruttene uerde :'	þat ne mihte Bruttus :'
bi-ueolen no na[1] mare.	bi-valen no m...
And þa Romanisce men :'	And þe Romanisse me.
þe þer at-faren mihten. [c. 2.]	þat at-flowen were.
at-arnede ful sone :'	ear.de wel sone :'
to þā kaisere.	to þan cayse.. of Rome.
and talden him tidende :'	and tolde him tẏdinge :'
of Arðure þan kinge.	of Arthur þan kinge.
for heo wenden to soðe :'	for hii wende to soþe :'
þat Arður þider comen.	þat hit Arthur were.
þer wes auared swiðe :'	þo was aferde swiþe :'
þe kaisere & his ferde.	þe cays... ... ... ferde.
þe Bruttes islaȝē hafden :'	.. ..s islawe hadde :'
þat heom sel þuhtē.	... ..m god þohte.
aȝeinward heo buȝen þa :'	aȝen.... ... wende :'
mid baldere biȝete.	mid baldere bi-ȝeate.
and to þan stude wenden aȝæin :'	and to þan stude wende aȝein :' [c. 2.]
þer þat felt hafde ibeon.	þar þat fiht hadde ibeon.
and buredē þa dedē :'	and burede þe deade :'

[right quickly]. [And] *the* Britons 'pursued' after them, and greeted them with mischief; and so many there 'they' took, and so many there 'they' slew, that *the* Britons 'host' might not fell any more! And the Romanish men, that 'there might escape [were fled], rode 'full [well] soon to the emperor [of Rome], and told him tiding of Arthur the king;—for they weened in sooth, that Arthur 'thither were come [it were]; then was the emperor and his host greatly afraid, whom the Britons had slain,—that to them seemed good. Backward they (the Britons) 'then' went, with bold booty, and came again to the place where the fight had been, and buried the dead, 'and' the alive [they]

[1] *Superfluous?*

MS. Cott. Calig. A. ix.	MS. Cott. Otho, C. xiii.
and þa quike gunnen forð leden.	þe cwike i[1] gonne forþ leade.
And ſenden after Petreiun :'	And ſuþþe after P....um :'
þæ heo ær nomen.	þat hii raþer ne...
& after hiſ iueren :'	... after ..s ivere :'
þæ ær inumen weoren.	. . . . . d him . . . .
and ſenden heð alle fuliwiſ :'	. . . . ohte :'
into þære burȝe of Pariſ.	to þan . . . .
and þreo caſtles fulden :'	and þ . . . .
and faſte heom bicluſden.	. . . .
after Arðureſ heſte :'	..... Arthu. . . . .
aðeleſt kingen.	....re kinge.
Alle Brut-leoden :'	.... de :'
luueden Arðuren.	of Arthur . . . . . .
alle heom ſtod him æie to :'	
þ wuneden a þan ærde.	
ſwa dude þan kaiſere :'	... dude þan ....
of Ærður he hafde muchele kare.	
and alle Rom-leoden :'	... al his Roma...... ..re :'
of Arðure weoren a-færde.	
Þa wæſ mid ſoðe ifunde :'	Þat was ſoþ. .....
þat Mærlin ſæide whilen.	..t Merlÿn ſaide ....
þat ſculden for Ardure[2] :' [f. 159. c. 1.]	þat ſolde for Arthure :'
Rome ifullen afure.	...e alle fare.

gan forth lead. And 'they sent [then went] after Petreius, whom they previously captured, and after his companions, that were previously taken, and 'sent [brought] them all full truly 'in 'to the burgh of Paris; and filled three castles, and fast them inclosed, after Arthurs command, noblest [of all] kings. All the Britons 'loved Arthur [of Arthur had dread]; 'to all of them stood dread of him, that dwelt in the land'; so did it to the emperor, 'of Arthur he had mickle care;' and all 'the Rome-folk of Arthur were afraid [his Romanish host]. 'Then [That] was 'it in' sooth found, what Merlin whilom said, that Rome should for Arthur fall in fire (?), and the

[1] hii?

[2] R. Arðure.

MS. Cott. Calig. A. IX.	MS. Cott. Otho, C. XIII.
and þa wal of ſtanē :'	aud .. ..lles of ſtone :'
q'kien and fallen.	cwak.. ..d falle.
Þaſ ilke tacnige[1] ſculde beon :'	Þeos ilke ....de beon :'
of Luceſ þan kæiſeren.	of Luceſ þan ...ser.
& of þan ſenature :'	and of þan senaturs of Rome :'
þa mid him com̄ of Rome.	þat mid him þider come.
and of þan ſeoluē wiſen :'	
þæ þer gunnen reſen.	
þat Merlin i furn daȝen ſeide :'	þat Merlẏn .aide in vorne daȝe :'
al heo hit funden þere.	al hii ... ifunde þare.
ſwa heo duden ære :'	so ... ..de eare :'
and seoððen wel iwhare.	and suþþe wel ..are.
ær Arður iboren weore :'	ear Arthur ib.. were :'
Merlin al hit bodede.	al his hit bode..
Þe kaiſere iherde ſuggen :'	Þe caẏſer ihorde ſegge :'
ſoðere worden.	ſo...e wordes.
hu hiſ men weorē inunen[2] :'	hou his men were inome :'
and hu hiſ folc æc of-ſlaȝen.	and eake i-ſlawe.
Þa weorē in̄e hiſ ferde :'	Þo were in his ferde :'
feole valde ſorȝe.	falefold forewe.
summe mænden heore freond :'	somme mende hire frend :'
ſumme þrætteden heore ueond.	ſomme þrettede hire feond.
summe bonneden wepnen :'	
balu heom wes ȝeueðe.	

walls of stone quake and fall. This same token should be of Luces the emperor, and of the Senators [of Rome], who with him came 'from Rome [thither]; 'and in the same wise, they there gan fall;' what Merlin in fore-days said, all they it found there, as they did ere, and subsequently well everywhere; ere Arthur were born, 'Merlin it all [all it is] predicted. The emperor heard say sooth words, how his men were taken, and 'how his folk *was*' eke slain. Then were in his army manyfold sorrows; some lamented their friends; some threatened their enemies; 'some got ready *their* weapons,

[1] tacninge?

[2] *R.* inumen.

MS. Cott. Calig. A. ix.	MS. Cott. Otho, C. xiii.
Þa iſeh Luces :'	Þo iſeh Luces :' [f. 127b. c. 1.]
ꝥ luðere him ilimped wæſ.	þat luþer him bi-falle was.
for ælche dæi he loſede :'	for eche daẏ he leſede :'
of hiſ leod-folke.	of his leod-folke.
ah he herm iuredde :	
hiſ heȝe men he loſede.	
He iwærð ifered þa :	.. he iwarþ afere.. :'
wunder ane ſwiðe.	wonderliche ſwiþe.
aud nom him to ræde :'	..d nam him to reade :'
& to ſom rune.	. . . . . roune.
þat he wolde to Æuſt :' [c. 2.]	þat he .... Auſte :'
mid alle hiſ iuerde.	m.. alle his .....
forð bi Lengres he wolde uare :'	..rþ b. ....res . . . .
of Arðure he hafde muchele kare.	. . . .
Arður hafde hiſ hauwareſ :'	. . . .
an hirede þaſ kaiſereſ.	.. ....de þa. ....
and ſone duden him to witen :'	... ſone dude h.. .. ....
whuder he wolde wenden.	..der he wold. .....
Arður lette ſone :'	..thur lette ....
ſomnien hiſ ferde.	.... ferde.
stilleliche bi nihte :'	ſtilliche .. ..
hiſ cnihtes feleſte.	... no man hit nuſt.
and forð þe king wēde :'	... . þe king wende :'
mid ſele hiſ folke.	... . his folke.
An his riht honde :'	On ... .nde :'

—mischief was given to them!' Then saw Luces, that evil was befallen to him, for each day he lost of his people; 'but he *the* harm felt, his noble men he lost.' He became then afraid wondrously much, and betook him to counsel and to some communing, that he would *march* to Aust, with all his host; forth by Lengres he would proceed,—of Arthur he had mickle care! Arthur had his spies in *the* army of the emperor, and *they* soon caused him to know whither he (the emperor) would go. Arthur caused soon his host to be assembled, stilly by night his best knights [that no man should it know]; and forth the king marched, with his good folk. On his

MS. Cott. Calig. A. ix.	MS. Cott. Otho, C. xiii.
he lette Lengreſ ſtonde.	he lette Len.... ....de.
and i þæne wæi biforen ferde :/	In þane waẏ b. ....rde :/
þe Luceſ faren wolde.	þat Luces come ..lde.
Þa he com in ane dale :/	Þo he com in one dale :/
vnder ane dune.	vnder one doune.
þer he gō at-ſtonden :/	þar he gan at-ſtonde :/
kenneſt alre kīgen.	...neſt alre kinge.
þat dale iſ mid ſoðe :/	þæ dal. his mid ſoþe :/
Soſie ihaten.	Soſie iho..
Arður þer adū lihte :/	Arthur þar adun li...
and hæhte al hiſ duȝeðe.	an. hehte alle his cn.....
	þat hii an hiȝeng :/
	...en hire wepne.
græðien heom to fihte :/	and greiþede ȝam to fihte :/
ſwa ſcolden cnihteſ ohte.	ſo ſolde cnihtes ohte.
ꝥ whenne Rom-leoden :/	þat wane Romleode :/
þer comen riden.	þare come ride.
þat heo uengen heom on :/	þat hii ſette ȝam on :/
swa ohte cnihtes ſculden don.	aſe gode cnihtes ſolde don.
Alle þa ſweineſ :/	Alle þe swenes :/
& þa unwrærre[1] þeineſ.	and þe ..ſtrange[2] þeines.
& of þan ſmale uolke :/	and of þan ſmale folke :/ [c. 2.]
feole þuſunde.	fale þou..ndes.

right hand he let Lengres stand, 'and' proceeded forward in the way that Luces would 'pass [come]. When he came in a dale, under a down, there he gan halt, keenest of all kings;—the dale is in sooth named Sosie. Arthur there alighted down, and ordered all his people, [that they in haste should *get ready* their weapons, and] prepare them to fight, as brave knights should; *so* that when *the* Rome-folk there should come riding, that they should 'attack [set on] them, as 'brave [good] knights should do. All the swains, and the impotent thanes, and of the small (base) folk many thou-

[1] vnwræfte?

[2] *R.* onſtrange.

MS. Cott. Calig. A. ix.	MS. Cott. Otho, C. xiii.
þe king heom ſette in ane hulle :·	þe king he.. ..tte vp on an hulle :·
mid ſeole here-marken.	[f. 159^{b}. c. 1.] .id mony penſiles.
þat he dude for ȝepſcipe :·	þat he dude for ȝeapſipe :·
þer of he ȝelpen þohte.	þar of he ȝelpe þ....
al ſwa iwarð ſeoððe :·	. . . .
þer after ful ſone.	. . . .
Arður ten þuſend nom :·	. . . .
of aðelen hiſ cnihten.	. . . .
ſende a riht honde :·	. . . .
mid raue bihonge.	... . bi-honge.
he lette oðere ten þuſende :·	he let.. oþer ten þouſend :·
an hiſ lift honde.	an ... laft honde.
ten þuſēd biuoren :·	ten þouſend ..vore :·
ten þuſend biæften.	ten þouſend bi....e.
mid heom[1] ſeoluen heo[2] heoldē :·	mid him seolue he heold :·
sixtene þuſund.	ſixtene þouſend.
bi-halueſ he ſēde :·	bi-halues he ſende :·
in to ane wude hende.	in to an wode hende.
seouentene þuſēd :·	ſceouentene þouſend :·
ſelere cnihten.	boldere cnihtes.
wel iwepnede men :·	wel iwepnede men :·
þene wude to bi-witteȝen.	þane wode to witie.
þat heo mihte þider uare :·	þat hii mihte þider fare :·
ȝif him neod weore.	ȝef ... neod were.

sands, the king set them [up] on a hill, 'with many standards';—that he did for stratagem; thereof he thought to boast, as *it* afterwards happened, thereafter full soon. Arthur took ten thousand of his noble knights, *and* sent on *the* right hand, clad in armor; he caused other ten thousand *to march* on his left hand; ten thousand before; ten thousand behind; with himself he held sixteen thousand; aside he sent into a fair wood seventeen thousand 'good [bold] knights, well weaponed men, the wood to guard, *so* that they might fare thither, if to him were need. Then was of

[1] him?

[2] he?

MS. Cott. Calig. A. ix.	MS. Cott. Otho, C. xiii.
þa wes inne Glouceſtre :'	þo was ... Glouceſtre :'
an̄ eorl mid þan bezſte.	on eorl mid þan beſte.
Moruið weſ ihate :'	Morewiþ was ...te :'
mon ſwiðe kene.	man ſwiþe kene.
him he bi-tahte :'	.im he bi-tahte :'
þene wude & þa ferde.	þane wode and þane ferde.
And ȝif hit ilimpeð :'	þar ȝef hit bi-valleþ :'
ſwa wule þe liuiēde godd.	aſe god him seolf haueþ idiht.
þat heo ouer-cumē beon :'	þat hii ouer-come beone :'
and biginnen to fleō.	and ſette to fleonde.
ſetteð heom after :'	wendeþ ȝeom ..ter :'
mid allen æouwer mahten.	mid alle ȝure mihte.
and al þat ȝe of-take maȝē :'	and al ...... .f-take maye :'
doh hit of lif-daȝen.	. . . .
þa uatte & þa lene :'	þa fatte and ......
þa riche and þa hene.	þe riche and þe he..
For no beo in naũ nare leode[1] :'	For ne beoþ in none londe :'
no in none leode. [c. 2.]	.. in nauere .... [f. 128. c. 1.]
cnihteſ al ſwa ſele :'	....tes ....
ſwa beoð mid me ſeolue.	... .d mī .....
cnihteſ al ſwa ræȝe :'	....iȝe :'
cnihteſ al ſwa riche.	. . . .

Gloucester an earl with the best, Moruith *he* was named, *a* man exceeding keen; to him he committed the wood and the host.—" 'And [There] if it befalleth, as 'the living God will [God himself hath appointed], that they be overcome, and 'begin [set] to flee; pursue *ye* after them, with all your might, and all that ye may overtake, deprive it of life-day; the fat and the lean, the rich and the poor. For in 'never any [no] land, nor in [ever] any nation are knights all so good as are with myself; knights all so brave,

[1] *This line is written on an erasure, and the one which follows has been struck out by a second hand, but is required to complete the distich. The cause of error is the repetition of the word* leode, *for which probably we should read* þeode *in the first instance.*

MS. Cott. Calig. A. ix.	MS. Cott. Otho, C. xiii.
cnihtes al ſwa ſtronge :'	....teſ . . . .
in nauer ane londe.	.. ..e no.. .....
ȝe beoð under criſte :'	. . . .
cnihten alre kenneſt.	. . . .
and ich æm rihcheſt alre kinge :'	. . . .
vnder gode ſeolue.	. . . .
do we wel þaſ dede :'	. . . .
godd uſ wel ſpede.	. . . .
Cnihteſ þa andſwarede :'	. . . .
ſtilleliche under lufte.	. . . .
Alle we ſcullen wel don :'	. . . .
and alle we ſcullen to-uon.	. . . .
niðing wurðe þe cniht :'	. . . .
þe ne cuðe hiſ mahten her riht.	. . . .
Þa ſænde heo a ba ſiden :'	. . . .
al þa men auoten.	. . . .
þa lette he ſette up þene drake :'	. . . .
heremærkẽ unimake.	. . . .
bi-tæhte hine ane kinge :'	. . . .
þe wel hine cuðe halde.	. . . .
Angel kinge of Scotlonde :'	. . . .
þa uormeſte uerde heold an honde.	. . . .
Cador þe eorl of Cornwaille :'	. . . eorl . . . .
þa uerde heold baſten.	. . . . . had.. .. ..
Boſ hafde ane :'	. . . . de one :'

knights all so powerful, knights all so strong, in ever any land! Ye are under Christ knights keenest of all; and I am mightiest of all kings under God *himself*. Do we well this deed; God us well speed!" *The* knights then answered, stilly under heaven: "All we shall well do, and all we shall undertake; nithing be the knight, that sheweth not his might here right!" Then sent they on both sides, all the men on foot; then caused he the Dragon to be set up, *the* matchless standard; delivered it to a king who well could it hold. Angel, king of Scotland, held in hand (commanded) the foremost troop; Cador, the earl of Cornwall, held the troop behind;

MS. Cott. Calig. A. ix.	MS. Cott. Otho, C. xiii.
þe eorl of Oxen-uorde.	. . . . de.
Þe eorl of Chæstre Gerin :'	Þe . . . . . aryn :'
þa ueorðe uerde heold mid him.	þ . . . . de mid him.
Þa uerden uppen þere dune :'	Þe ferde . . . . þar doune :'
heold Escil kīg þe[1] Denisce.	heold þe ki.. of Denemarche.
Lot heold þa ane :'	Loth h.ald þar one :'
þe leof was þan kinge. [f. 160. c. 1.]	þat leof was þan kinge.
Howel of Brutaine :'	Howel of Brutayne :'
heold ane oðere.	.. held an oþer.
Walwain þe kene :'	Waweyn .. ..ne :'
wes bi þā kinge.	was bi þan kinge.
Kai wuste ane :'	... awiste one :'
stiward wæs þas kinges.	stiward was þe[2] kinges.
Beduer ane oðer :'	Beduer ... oþer :'
þe wes þes kinges birle.	þat was þe kinges borle.
Þe eorl of Flandres Howeldin :'	Þe eorl of Flandres Holdeyn :' [c. 2.]
ane uerde hefde mid him. [card[3] :'	one ferde ladde mid him.
Ane muchele uerde hefde Gui-	One mochele ferde[4] Gwitard :'
þe king of Gascunnes ærd.	king of Gascoyne.
Wigein eorl of Leicestre :'	Wygein eorl of Leycestre :'
and Jonatan eorl of Dorchestre.	... Jonathas eorl of Dorchestre.
heo wusten þa twa uerdē :'	..i wiste þe tweye ferdes :'
þe þer weoren auoten.	þat þar weren a fote.

Beof had one, the earl of Oxford; the earl of Chester, Gerin, the fourth troop held with him. The force upon the down held Æscil, king of Denmark. Lot held the one, who was dear to the king; Howel of Britanny held another. Walwain the keen was by the king. Kay commanded one, *who* was steward of the king; Beduer another, who was the kings cup-bearer. The earl of Flanders, Howeldin, 'had [led] a troop with him. A mickle troop had Gwitard, 'the' king of Gascony 'land'. Wigein, earl of Leicester, and Jonathas, earl of Dorchester, they commanded the two troops that there were on foot. The earl of Chester, Cursaleyn, and the earl of

[1] of?   [2] þes?   [3] *R.* Guitard.   [4] ferde hadde?

MS. Cott. Calig. A. IX.	MS. Cott. Otho, C. XIII.
Þe eorl of Chaſtre Curſelein :⁄	þe eorl .. Ceſtre Curſaleẏn :⁄
and eorl of Baðe þe hehte Urgein.	and þe .... of Baþe Vrgeẏn.
Ho[1] bi-wuſten ba þa uerden :⁄	hii bi-..... þare ferdes :⁄
þa weoren þær auoten[2].	þat were ... bi-halues.
þeoſ ſculdē a twa haluen :⁄	þat ſolde a two ......
halden to þan uehte.	holden to fihte.
to þiſſen twam eorlen :⁄	to ....eie eorles :⁄
þa ohte cnihteſ weoren.	þat ohte ....
hafden Arður treouðe :⁄	.. Arthur hii ......
þe eorleſ weoren treowe.	...... hire .....
þa weoren alle þa uerden iſette :⁄	.. ..e þe ....
alſe Arður ſel þuhte.	. . . . wille.
þa cleopede him to :⁄	þo .... ur :⁄
þe king of Brutaine.	
hiſ redȝiuen alle :⁄	his read . . . .
þa ræiȝeſt weoren to dome.	
& þuſ ſeide Arður anan :⁄	and þus ſaide . . . . .
to aðelen his monnen.	to his gode . . . . .
Hercneð nu touwardeſ me[3] :⁄	...cneþ nou toward ..
mine wineſ deore.	.... cnihtes deore.
iræſed ȝe habbeoð tweien :⁄ [c. 2.]	hi-...... .. habbeþ twie :⁄
to Romaniſ mounen.	to .... cnihteſ.

Bath, 'who hight' Urgein, they commanded both the troops that were there beside; these should on two sides advance to the fight, with these two earls, that brave knights were;—Arthur had troth the earls were true*. When all the troops were set 'as Arthur thought good [*after his* will], then called to him 'the king of Britain [Arthur] all his councillors, 'that were skilfullest in judgement'; and thus said Arthur anon to his 'noble [good] men: "Hearken now towards me, my dear 'friends [knights]; ye have twice attacked *the* Romanish 'men [knights], and twice they are overcome, and

[1] heo? [2] bi-halues? [3] *Interlined.*

* *The second text appears to vary, but is too much injured to be restored.*

MS. Cott. Calig. A. ix.	MS. Cott. Otho, C. xiii.
and twien heo beoð ouer-cumen :ʼ	and twie ... beoþ ouer-come :ʼ
and iflaȝen and inumen.	and ifla.e and inome.
for heo al mid wronge :ʼ	for he[1] al mid wronge :ʼ
wilneden of ure londe.	wilneþ of oure ...de.
and min heorte feið me :ʼ	and min heorte faiþ ....
þurh ure drihtē hehne. [men :ʼ	mid help of oure drihte.
þat ȝet heo fcullen beon ouercu-	þat ȝet hii folle beon ouer-come :ʼ
baðe iflæȝen and inumen.	boþe iflawe and i..me.
Ȝe habbeoð ouer-cumē Noreine :ʼ	Ȝe habbeþ ouer-come Noreine :ʼ
ȝe habbeoð ouercume Denene.	ȝe habbeþ ouer-come Denene.
Scotlond & Irlōd :ʼ	Scotlond and Irlond :ʼ
al iwunen to eouwer heond.	al a-wonne to ȝoure hond.
Normandie and France :ʼ	Normandie and France :ʼ
biwunnen mid fehte.	bi-wonne mid fihte.
þreo & þritti kinelond :ʼ	ich nou[2] in mine hond :ʼ
ich halde a mire aȝere hond.	þreo and þritti kinelond. [f. 128b. c. 1.]
þæ ȝe hit[3] under funnen :ʼ	þat ȝe onder fonne :ʼ
habbeoð me biwunnen.	habbeþ me bi-wonne.
And þif beoð þa for-cuðefte men :ʼ	And þis beoþ þe forcouþefte men :ʼ
of alle quike monnen.	of alle cwike manne.
hæðene leode :ʼ	heaþene houndes :ʼ
godd heo feondeð laðe.	god hii beoþ loþe.
ure drihten heo bi-læueð :ʼ	
and to Mahune heo tuhteð.	

slain, and captured, because they all with wrong covet our land. And my heart saith to me, 'through our high [with help of our] Lord, that yet they shall be overcome, both slain and captured. Ye have overcome Norwegians; ye have overcome Danes; Scotland and Ireland *ye have* all won to your hand; Normandy and France *ye have* conquered with fight. Three and thirty kingdoms I hold in mine 'own' hand, that ye have won for me under *the* sun! And these are the worst men of all men alive; heathen 'people [hounds]! To God they are loathsome; 'our Lord they desert, and to Mahoun they draw.' And Luces, the emperor, of Gods self hath

[1] hii? [2] holde nou? [3] *Superfluous?*

MS. Cott. Calig. A. IX.	MS. Cott. Otho, C. XIII.
& Lucef þe kæifere :'	And Luces þe caifere :'
of godd feolf naueð nane care.	of god seolf naueþ none ca..
þat hafueð to iueren :'	þat haueþ to i-vere :'
haðene hundef.	
goddef wiðer-iwīnen :'	god... wiþerwynnes.
we heom fcullen awelden.	
leggen heom to grunde :'	we fol.. .... legge to grunde :'
and uf feoluen beon ifūde.	an. ous seolf ifunde.
mid drihtenef willen :' [f. 160b. c. 1.]	mid ....tene wille :'
þe waldeð alle deden.	þat wal... ...le deades.
Þa andfwarede eorlef þare :'	Þo anfw..... ...les þare :'
Alle we beoð ȝarewe.	.... w. ....
to libben and to liggen :'	mid þ. . . . .
mid leouen vre kingē.	... ueft o... ... ..
Þa þaf ferde wes al idiht :'	.. .. was .. ..
þa wes hit dai-liht.	.. .. liht.
Luces at Lēgeref boȝede :'	and Lu... . . . . . tes :'
& al hif Rō-leode.	
he hehte hif men blawē :'	
hif guldene bemen.	
bonnien hif ferden :'	greiþed. ... ...de.
forð he wolde ridē.	
from Lengref to Aufte :'	*Aufte.*
swa læi hif weie rihte.	
Forð gunnen riden :'	And forþ . . . .

no care, who hath for companions 'heathen hounds,' Gods enemies; we shall 'them destroy, *and*' lay them to ground, and ourselves be safe, with *the* Lords will, that ruleth all deeds!" Then answered *the* earls there: "All we are ready, to live and to lie with our 'dear [dearest] king!" When this army was all prepared, then was it day-light; [and] Luces 'at Langres moved, and all his Rome-folk; he commanded his men to blow his golden trumpets,' 'get [got] ready his host, '*for* forth he would march from Lengres to Aust, as his way right lay.' [And] forth gan ride *the*

MS. Cott. Calig. A. IX.	MS. Cott. Otho, C. XIII.
Romaniſce leoden.	Romaniſſe leod.
þat heo ane mile comen :'	... ... mile come :'
neh Arðure.	neh ....
Þa iherde Rom-leodē :'	.. ihorde Romaniſſe :'
ræȝe tiðenden.	..... tẏdinge.
iſeȝen alle þa daleſ :'	hii ſeh.. .... dales :'
alle þa duneſ.	
alle þa hulleſ :'	alle þe hulles :'
mid helmeſ biþahte.	mi. helmes blikiende.
heȝe hare-marken :'	
hæleðeſ heom heolden.	
sixti þuſende :'	
þrauwen mid wīde.	
ſceldeſ blikien :'	
burnen ſcinen.	ſtede. leopinge.
palleſ gold-faȝe :'	palles gold-fa..
gumen ſwiðe ſturne.	cnihtes wereren[1] ſturne.
ſteden lepen :'	
ſturede þa eorðe.	
Þe keiſer iſah þæne king fare :'	.. caiſer iſeh þane king fare :'
þer he waſ bi wude ſcaȝe.	þar he was bi wode ſaẏe.
he Luceſ þa ſæide :'	Luces þo ſaide :'
þæ lauerd of Rome.	þe louerd of Rome.

Romanish people, until they came a mile near to Arthur. Then heard *the* 'Rome-folk [Romanish *men*] hard tidings; [they] saw all the dales, '*and* all the downs', *and* all the hills 'covered [glittering] with helms; 'high standards, warriors them held, sixty thousand waving with the wind;—shields glitter,' 'burnies shine [steeds leaping]; gold-colored vests, 'men most [knights were] stern; 'steeds leap,—the earth stirred!' The emperor saw the king fare, where he was by *the* wood-shaw; then said 'he' Luces, the lord of Rome, and spake with his 'men [knights], with loud voice:

[1] *R.* weren.

MS. Cott. Calig. A. IX.	MS. Cott. Otho, C. XIII.
& ſpac wið hiſ monnē :'	and ſpac wiþ his cnihtes :'
ludr[1] ſtefnen.	loudere ſtemne.
What beoð þeoſ ut-laȝen :' [c. 2.]	Wat beoþ þis vtlawes :'
þa þiſne wei uſ habbeoð for-uaren.	þat þiſne weẏ vs habbeþ forfare.
nime we ure wepnen :'	nime we oure wepne :'
& heom to wenden.	and heom to wende.
heo ſculleð beon iſlaȝene :'	hii ſollen beon iſlawe :'
and ſume quic iulaȝene.	oþer cwic i-ſl... [c. 2.]
alle heo ſculle beon dede :'	.... hii ....
mid wite fordēmde.	....
Efne þan worden :'	....
heo iuēgen heore wepnen.	....
Þa heo igæred weoren :'	....
mid gode heore wepnen.	....
þa ſpac Luces ſone :'	....
þæ lauerd of Rome.	....
Biliue we heom to :'	....
alle we ſcullen wel do.	....
Þer weoren icumen mid him :'	....
fif & twēti kingen.	....
heðene uolc alle :'	....
þa heolden of Rome.	....
eorleſ and dukes eke :'	....
of æſtene weorlde.	....

"What are these outlaws, that have preceded us *in* this way? Take we our weapons, and march *we* to them; they shall be slain, and some alive flayed; they all shall be dead, with torment destroyed!" Even with the words they seized their weapons. When they were arrayed with their good weapons, then spake soon Luces, the lord of Rome: "Quickly *advance* we to them; we all shall do well!" There were come with him five and twenty kings, heathen folk all, that held of Rome, earls and eke dukes, of *the* eastern world. "Lordings," quoth Luces then, "Mahoun be gracious

[1] lud, *pr. m. R.* ludere.

MS. Cott. Calig. A. ix.	MS. Cott. Otho, C. xiii.
Lauerdingeſ quæð Luceſ þa :´	. . . .
Mahun eou beo liðe.	. . . .
ȝe beoð kingeſ riche :´	. . . .
& hereð into Rome.	. . . .
Rome iſ mi rihte :´	. . . .
rihccheſt alre burȝe.	. . . .
and ich ah hæxſt to beon :´	. . . .
of alle quike mōnē.	. . . .
Ȝe iſeoð her on uolden :´	. . . .
þa ure iſau ſunden.	. . . .
heo þencheð to rixlien heȝe :´	. . . .
ouer ure riche.	. . . .
halden uſ for hænen :´	. . . .
heom ſeoluen riche iwurðen.	. . . .
Ah we heom ſcullen forbeoden :´	. . . .
mid baldere ſtrēgðen. [f. 161. c. 1.]	. . . .
for ure cun hæxſt waſ :´	. . . .
of alle quike monnen.	. . . .
and alle þa lond biwinnē :´	..d all. . . . .
þa heo on lokeden.	.e hii . . . .
and into Brutlonde :´	. . . . us þe . . . .
ferde Juliuſ þe ſtronge.	. . . . .rutlonde.
and bi-won him to hondeſ :´	
feole kinelondeſ.	
Nu wolden ure underlinggeſ :´	. . . . onderlin...
beon ouer uſ kinggeſ.	beon ouer ous kinges.

to you! Ye are powerful kings, and obey unto Rome. Rome is my right, richest of all burghs; and I ought to be highest of all men alive. Ye see here on *the* field *those* who are our foes; they think to rule highly over our realm; hold us for base, *and* themselves become rich. But we shall oppose them with bold strength; for our race was highest of all men alive, and won all the lands that they looked on; and Julius the strong marched into Britain, and won to his hands many kingdoms. Now would our underlings be kings over us, but they shall buy it with their bare backs

MS. Cott. Calig. A. ix.	MS. Cott. Otho, C. xiii.
ah heo hit ſcullen a-buggen :·	.. hii hit ſolle a-bugge :·
mid heore bare ruggen.	mid hire bare lifue.
no ſcullen heo nauere liðen :·	ne ſollen hii neuere wende :·
aȝæin to Brutaīe.	a-ȝen to Brutayne.
Æfne þan worde :·	Eafne þan worde :·
þa ſturede þa uerde.	þo wend. þe ferde.
bi þuſend & bi þuſēde :·	bi þouſend ..... þouſend :·
heo þrūggen to-ſomne.	hii þronge. ...-gaderes.
ælc king of hiſ folke :·	ech king of ... folke :·
ȝarkede ferde.	makede his fer..
Þa hit al waſ iſet :·	Þo hit was .. ifet :·
& ferden iſemed.	at þe caiſere ..... [f. 129. c. 1.]
þa weoren þar riht italde :·	.. .... þar on .....
fulle fiftene ferden.	... . ferde.
twein kingeſ þere :·	....re :·
æuere weoren iſere.	eu... ....
feouwer eorleſ and a duc :·	..... eorles ... .
dihtē heō to-gadere.	...... hom ....
and þe kæiſere him ſeolf :·	... .fer h.. .....
mid tē þuſēd kēpen.	... .fend ......
Þa gon þat folc ſturien :·	.. ... þat folk ſt....
þa eoðen [1] gon to dunien.	.. .. gan to dunie.
bemen þer bleowen :·	.... blewen :·
bonneden ferden.	banie hire ......
horneſ þer aqueðen :·	hornes þar acweþen :·

[lives]; never again shall they return to Britain!" Even with the words then moved the army; by thousands and by thousands they thronged together; each king prepared [made his] host of his folk. When it was all formed, and *the* army appointed [at the emperors *will*], then were there right told full fifteen hosts; two kings there were ever comrades; four earls and a duke disposed them together; and the emperor *by* himself, with ten thousand champions. When the folk gan to stir, the earth gan to din; trumpets there blew; [their] hosts were arrayed; horns there resounded with loud voice,

[1] *R.* eorðen.

MS. Cott. Calig. A. ix.	MS. Cott. Otho, C. xiii.
mid bæhȝere ſtefnen.	mid l..dere ſtemne.
ſixti þuſēde :'	ane[1] ſixti þouſend :'
bleowen to-ſomne.	bleouwen to-gadere.
Ma þer aqueðen :'	Mo þar acweþe :'
of Arðureſ iueren. [c. 2.]	of Arthur his iveres.
La Bat-[aille]. þene ſixti þuſende :'	
ſeggeſ mid horne.	
þa wolcne gon to dunien :'	þe wolkne gan to buuie :'
þa eoðe[2] gon to biuien.	þe eorþe gan to dunie.
To-ſomne heo heolden :'	To-gadere hii heolden :'
ſwulc heouene wolde uallen.	aſe heauene wolde falle.
ærſt heo lette fleon to :'	eareſt hii lette fleon to :'
feondliche swiðe.	
flan al ſwa þicke :'	flon ſwiþe þicke.
ſwa þe ſnau adun ualleð.	
ſtaneſ heo lettē ſeoððen :'	ſtones þar after :'
ſturnliche winden.	biterliche winde.
ſeoððen ſperen chrakeden :'	suþþe sealde ..raſtlȳ :
ſceldeſ braſtleden.	ſpeares ſtrange crakȳ.
helmes to-helden :'	healmes þar heolde :'
heȝe men uellen.	manȳ men þar f.lle.
burnen to-breken :'	brunies þar breke :'
blod ut ȝeoten.	blod þar gon ȝeote.
ueldeſ falewe wurðē :'	falewede feldes :'

sixty thousand blew together. More there sounded of 'Arthurs [Arthur his] companions 'than sixty thousand men with horns;' the welkin gan to 'din [tremble], the earth gan to 'tremble [din]! Together they charged as if heaven would fall! First they let fly, 'exceedingly quick' darts 'all as [exceedingly] thick 'as the snow down falleth'; stones 'they let' 'afterwards sternly [thereafter bitterly] wind *through the air*. Then 'cracked [shivered] spears; 'shivered [cracked strong] spears;—helms [there] rolled; noble men fell;—burnies [there] brake 'in pieces,' blood 'out flowed [there gan flow]; —*the* fields were discolored; standards fell! 'Wounded knights over all

[1] and?

[2] *R.* eorðe.

MS. Cott. Calig. A. IX.	MS. Cott. Otho, C. XIII.
feollen here[1]-mærken.	folle hire markes.
Wondrede ȝeond þat wald :'	
iwundede cnihteſ ouer al.	
ſixti hūdred þar weoren :'	an ſixti hundred were :'
to-tredene mid horſen.	to-treode mid þan ſtedes.
beorēſ þer ſwelten :	Cnihteſ þar aſwalten :'
blodeſ at-urnen.	blodes vt hurnen.
ſtræhten after ſtreteſ :'	vrnen in þan weẏes :'
blodie ſtremeſ.	blodie ſtremes.
balu weſ on uolke :'	wo þar was mid folke :'
þe burſt weſ vnimete.	þat fiht was onimete.
Swa al swa ſuggeð writen :'	For al ſo ſegge þe writes :'
þæ witeȝen idihten.	þat wittẏ men dihte.
þat wes þat þridde mæſte uiht :'	þis was þat þridde meſte fiht :' [c. 2.]
þe auere weſ here idiht.	þat euere here was idiht.
þeo at þan laſte :'	so þat at þan laſte :'
nuſte nan kempe.	þar no cniht nuſte.
whæ̃ he ſculde ſlæn on :'	wam he ſolde ſmite :'
and whā he ſculde ſparien.	ne wan he ſolde ſparie.
for no icneou na man oðer þere :'	for ne cnew no man oþer :'
for vnimete blode. [f. 161b. c. 1.]	for onimete ...de.
Þa hæf þat fiht of þan ſtudē :'	Þo heaf þat fiht .. .an ſtude :'
þer heo ær fuhten.	þar hi ear ...ten.
and bigunnen arumðe :'	and bi-gonne aſo... :'

wandered over the weald'; [and] sixty hundred 'there' were trodden to death by 'horses [the steeds]! Knights there perished; blood out ran;—flowed 'by [in the] paths bloody streams;—woe was [there] among *the* folk,—the 'harm [fight] was without bounds! 'So [For] all as say [the] writings that skilful [men] made, 'that [this] was the third greatest battle that ever here was fought, [so] that at the last no 'warrior [knight] knew 'on' whom he should smite, 'and [nor] whom he should spare; for no man knew other 'there,' for *the* quantity of blood! Then removed the fight from the place where they ere fought, and *they* began widely to rush

[1] heore, *pr. m., but* o *expuncted, ead. m.*

MS. Cott. Calig. A. ix.	MS. Cott. Otho, C. xiii.
ræſen to-ſomne.	reaſe to-gadere.
and neouwe ueht bi-gūnen[1] :'	and neuwe ſiht bi-gonne :'
narewe iþrungen.	narewe hi-þronge.
þer weoren Romleoden :'	þar werē Romleode :'
reouliche iladde.	rouliche ilad.
Þa comen þer kinges þreo :'	Þo comen þar kinges þreo :'
of hæðene londe.	of heaþene londe.
of Ethipe[2] weſ þe an :'	of Ethiope was þe on :'
þe oðer weſ an Aufrican.	þe oþer was of Affrican.
þe þridde weſ of Libie :'	þe þridde waſ of Libie :'
of hæðene leode.	of heaþene londe.
heo comen to þere uerde :'	hii comen to þan ferde :'
a þere æſt ænde.	at þan eaſt eande.
& þene ſceld-trume breken :'	and ſultrome breke :'
þe Brutteſ þer heolden.	þat Bruttuſſe hel.e.
and anā fælden :'	and anon f.lde :'
fiftene hundred.	fiftene hundred.
baldere þeinen :'	baldere Bruttus :'
of Arðureſ þeoden.	of Arthures ferde.
þa wenden Bruttes :'	þo wenden Bruttus :'
sone to þa ruggeſ.	sone to þe rugges.
Þa comen þer riden :'	Ac þo com þar ride :'
tweien eorleſ kene.	twei eorles kene.
þat waſ Beduer & Kæi :'	þat was Beduer and Kaẏ :'
Arðureſ birle and hiſ mæi.	Arthur his borle and his maẏ.

together; and *a* new conflict began, narrowly contested;—there were *the* Rome-people grievously treated! Then came there three kings, of heathen land; of Ethiopia was the one; the second was 'an African [of Africa]; the third was of Lybia, of heathen land. They came to the host at the east end, and brake 'the' body-of-troops that *the* Britons 'there' held, and anon felled fifteen hundred bold 'thanes [Britons] of Arthurs 'folk [army]; then *the* Britons turned the backs soon. But then came there riding two keen earls, that was, Beduer and Kay, 'Arthurs [Arthur his]

[1] biginnen, *pr. m.*

[2] Ethiope?

MS. Cott. Calig. A. IX.	MS. Cott. Otho, C. XIII.
heore Brutteſ heo iſehʒen :'	hire Bruttus iſeʒen[1] :'
mid brōden to-hawen.	mid brondes to-hewe.
Þer iwurðen to-burſten :'	Þar iworþen wraþeſt :'
eorleſ ſwiðe balden.	cnihteſ alre boldeſt.
mid ten þuſend cnihten :'	mid ten þouſend cnihtes :'
hælden to þan uihten.	heolde to þan fihte.
amidden þan þrunge :'	amidde þan þringe :'
þer heo þihkeſt weoren.	þar hii þeckeſt were.
and floʒen Romleoden :'	and floʒen Rōmleode :'
reouliche swiðen.	rouliche ſwiþe.
& ʒeōd þan uehte wenden :'	and oueral þan fihte wende :' [f.129b. c. 1.]
after heore iwillen.	after hire wille.
Þa weoren heo to þriſte :'	Þo weren hii to þriſte :'
and to ufele heom biwuſtē. [c. 2.]	and to vuele ʒam wuſte.
wala wa wala wa :'	wolawo wolawo :'
þat heo neoren war þa.	þat hii neoren war þo.
þat heo ne cuðen bi-witen heom :'	þat hii ne couþe bi-wittie heom :'
wið heore wiðer-iwinnen.	wiþ hire wiþ..-iwinne.
for heo weoren to kene :'	for hii were to k...
& to ær wene.	
and to ſwiðe fuhten :'	
and to ueor wendē.	and to forre wende.
and ſpradden to wide :'	a.. ſpradde to wide :'

cup-bearer and his relative; their Britons they saw hewed in pieces with swords. There became 'enraged [wrathest] *the* 'earls most bold [knights boldest of all], *and* with ten thousand knights pressed to the fight, amid the throng, where they were thickest, and slew *the* Rome-folk very grievously; and went over [all] the fight, after their will. Then were they too daring, and ruled them too evilly; alas! alas! that they were not then wary; that they could not guard them*selves* against their enemies! For they were too keen, 'and too presumptuous, and fought too rashly,' and too ar advanced, and spread too widely over the broad conflict. Then

[1] hii seʒen?

	MS. Cott. Calig. A. IX.	MS. Cott. Otho, C. XIII.
	ȝeoud þat feht brade.	and[1] þ.. fiht brode.
	Þa com þe kīg of Mede :'	Þo com þe kin. of Mede :'
Boccus.	þe muchele & þe brade.	Boccus þe mochele.
	heðene here-þrihng[2] :'	
	þer he hærm wrohte.	
	he ladde to iueren :'	he ladde to iveres :'
	twenti þuſend riderē.	twenti þouſend rideres.
	he heold on hiſ honde :'	he heold on his honde :'
	ænne gare ſwiðe ſtronge.	one ſpere ſtronge.
	Þene gare he uorð ſtrahte :'	Þane ſpere he forþ ſtrahte :'
	mid ſtrōgē hiſ maine.	mid ſtronge his mayn.
	and ſmat þene eorl Beduer :'	and ſmot þan eorl Beduer :'
	forn a þan breoſte.	a-forn neȝen þan breoſte.
	þat þa burne to-barſt ſone :'	þat his brunie to-barſt :'
	biuoren and bihinde.	bi-fore and bi-hinde.
	ā[3] opened weſ hiſ breoſte :'	and þat breoſt was iopenede :'
	þa blod com forð luke.	þat blod gan to wende.
Beduer.	Þer feol Beduer anan :'	Þar ful Beduer anon :'
	deð[4] uppen uolden.	dead vppe þan grunde.
	þer weſ ſarineſſe :'	þar was wowe :'
	forreȝen inoȝe.	and ſoriniſſe inowe.
	Þer Kai funde Beduer :'	Þo Keaẏ funde Beduer :'
	ded liggen him þer.	dead ligge him þar.

came the king of Media, 'the mickle and the broad [Boccus the mickle]; 'a heathen chief,—there he harm wrought';—he led for companions twenty thousand riders; he held in his hand a spear 'exceeding' strong. The spear he forth thrust with his strong might, and smote the earl Beduer before 'in [nigh] the breast, *so* that 'the [his] burny 'soon' burst, before and behind, and 'his [the] breast was opened; the blood 'came forth luke-*warm* [gan to flow]. There fell Beduer anon, dead upon [the] ground; there was 'misery [woe and] sorrow enow! 'There [Then] Kay found

[1] ouer? [2] here-þring? [3] ād? [4] ded?

MS. Cott. Calig. A. IX.	MS. Cott. Otho, C. XIII.	
& Kai þat lich wolde :'	and Kay þat lich wolde :'	
leden mid him feolue.	leade mid him seolue.	
mid twenti hūdred cnihten :'	mid twenti hundred cnihtes :'	
he hælde þer a-buten.	þ . .[1] he heold þare aboute.	
and feōdliche feuhten :'	and ſtranliche fohten :'	
& falden Rom-leodē.	and falde Romleode.	
& of Medie þer floȝen :' [f. 162. c. 1.]	and of Medie þar slowen :'	
moni hundred mōnen.	mani þouſend mannen.	
þat ueht wes ſtrōg ſwiðe :'	þat fiht was ſwiþe ſtrong :'	
and heo weoren þer to longe.	and hii weren þar to longe.	
Þa com þer liðen :'	Þo com þar riden :'	
a ſwiðe ladlic king an.	an king of mochel prude. .	
mid ſixti þuſēd monnen :	mid ſixti .... [c. 2.]	
fele of hiſ londen.	of his owe	
Setor þe kene :'	. . . . . . ihote :'	*Setor.*
þe com him from Libie.	... ...' ...ie.	
Þer þe king ſtronge :	Þis	
wid[2] Kæi him gon fehte.	. . þ Kaẏ	*Kæi.*
and forwundede Kai ſwiðe :'	and ....e :'	
inne ſtrongē þan fehte.	in	
to þan bare deðe :'	. . .n ba..	
reoulich weſ þa dede.	.... was þe	
Hiſ cnihteſ þer rihte :'	... .tes þar riht :'	

Beduer lie him dead there, and Kay would carry *away* the body with himself; with twenty hundred knights he approached thereabout, and strongly fought, and felled *the* Rome-folk, and slew there many thousand men of Media; the fight was exceeding strong, and they were thereat long. Then arrived [came riding] there a king most hateful [of great pride], with sixty thousand 'good' men of his [own] land; Setor the keen [named], who came him from Lybia. There the [this] strong king gan him fight with Kaẏ, and wounded Kaẏ sorely in the strong fight, to the bare death,—

[1] *Superfluous?*

[2] wið?

MS. Cott. Calig. A. IX.	MS. Cott. Otho, C. XIII.
hine ladden of þan uihte.	....de of þan fihte.
mid muchelere ſtrengðe :'	
þurh þat feht ſtræhten.	
wa weſ Arðure kinge :'	wo .as Arthur þan king :'
for þa tidīge.	for þan ilke týding.
Þæt iſeh þe riche þein :'	Þis iſeh þe bolde :'
Ridwaðelan weſ ihaten.	Ridwalþan ... ihote.
Beduerreſ ſuſter ſune :'	Beduer his ſoſter ſone :'
of heȝe Bruttes he weſ icume.	of heȝe Bruttus icome.
þat Boccus mid hiſ ſpere ſtronge :'	þat Boccus þe ſtronge :'
Bedvꝰ hafde iſtunge.	Beduer hadde of-ſtonge.
wa wæs hī on liue :'	wo was him .. liue :'
þa hiſ æm weſ an deðe.	þo he i-ſeh Beduer deade.
for he of alle monnē :'	for he of alle manne :'
mæſt hine lufede.	moſt hine louede.
He cleopede of hiſ cunne :'	He cleopede of his cunne :'
cnihteſ ſwiðe gode.	cnihteſ ſwiþe gode.
& of þan alre leofeſte :'	
þe he on liue wuſte.	
fif hundred bi tale :'	fif h..dred bi tale :'
fuſden to-ſomne.	wenden to fihte.
Riwaððlan þa ſæide :'	Þo ſaide Ridwalþan :'
riche mon of B[u]ttene.	to leſue his manne.
Cnihteſ ȝe beoð of mine cunne :'	[c. 2.]

grievous was the deed! His knights there right carried him from the fight; 'with mickle strength through the fight *they* pierced.' Woe was to Arthur [the] king for 'the [that] tiding! 'That [This] saw the 'rich [bold] 'thane,' *who* was named Ridwathlan, 'Beduers [Beduer his] sisters son, of noble Britons 'he was' descended, that Boccus 'with his [the] strong 'spear' had slain Beduer. Woe was to him alive, when 'his uncle was [he saw Beduer] dead; for he of all men most him loved. He called knights most good of his kindred, 'and of the dearest of all that he knew alive'; five hundred by tale advanced 'together [to *the* fight]. Then said Ridwathlan, 'noble man of Britain [to his dear men]: "'Knights, ye are of my kindred,

MS. Cott. Calig. A. ix.	MS. Cott. Otho, C. xiii.
cumeð hidere to me.	
and wreke we Beduer min æm :'	Wreke[1] wel Beduer :'
þa bezſt weſ of ure cūne.	
þa Buccuſ hafd of-ſtungen :'	þat Boccus of-sloh her.
mid hiſ ſpere ſtrongen.	
fuſe we alle to-somne :'	wende we alle to-gadere :'
& ure iſan feollen.	and ou.. fon fallen.
Æfne þan worde :'	Eafne þan worde :'
forð he iwende.	bliue hii forþ wende.
and alle mid him anan :'	
aðele hiſ iueren.	
and Buccuſ þene kīg icneowen :'	and Boccus hii icnewe :'
þer he waſ i compen.	war he was in fihte.
mid hiſ ſpere and mid hiſ ſcelde :'	mid his ſpere and mid his ſeald :'
monine king[2] he aqulde[3]. [ſone :'	manȳ cniht he leide in feld.
Riwæððlan braid ut hiſ ſweord	Ridwalþan his ſweord droh :'
and hī to sweinde.	and ſwipte to þan kinge.
and ſmat þane king a þene helm :'	
þat he a twa to-ueol.	
and æc þere burne-hod :'	and ſmot hine þorh þe brunie-hod :'
þat hit at þe toðen at-ſtod.	þat hit at þan t... ...... [f. 130. c. 1.]
and þe heðene king :'	... .. heaþe.. ....

come *ye* here to me, and ' avenge 'we [well] Beduer, ' mine uncle, who was best of our race,' whom Boccus 'hath slain [slew here] ' with his strong spear.' Go we all together, and fell our foes!" Even with the words 'he [they quickly] forth pushed, 'and all his noble companions with him anon'; and Boccus ' the king' [they] knew, where he was in *the* 'combat [fight]; with his spear and with his shield many *a* knight he 'killed [laid on *the* field]. Ridwathlan drew ' out' his sword ' soon,' and struck at 'him [the king], and smote 'the king on [him through] ' the helm, *so* that it severed in two, and eke ' the burny-hood, *so* that it (the sword) stopt at the teeth; and the heathen king fell to *the* ground, and his foul soul sank into hell!

[1] Wreke we? [2] cniht? [3] aqualde?

MS. Cott. Calig. A. ix.	MS. Cott. Otho, C. xiii.
hælde to grūde.	.... gru..
& hiſ fule ſaule :⸝	... ...le :⸝
ſæh in to helle.	f.. ....
Riwærðð lā þa ſeide :⸝	
ræh he waſ on mode.	
Boccuſ[1] nu þu haſſt aboht :⸝	Boccus n ....
Beduer þu floȝe.	Beduer .. ..
aud þi ſaule ſcal to-ȝere :⸝	
beon þaſ wurſe iuere.	
Æſne þan worde :⸝	..... þan worde :⸝
ſwulc hit þe wind weore.	aſe ... . were.
he þraſte to þan fihte :⸝	he þraſte to þan fih..
ſwa þode doð on felde.	aſe a þodde doþ in felde.
þen̄e he þat duſt heȝe :⸝	wan. þat douſt heȝe :⸝
aȝiueð from þere eorðe.	heneþ fram þan grunde.
al ſwa Riwaððlan :⸝ [f. 162b. c. 1.]	al ſo Ridwalþā :⸝
ræſde to hiſ feonden.	reaſde to his feondes.
Al heo hit floȝen :⸝	Al hii hit of-slawen :⸝
þat heo aneh comen.	þat hii neh come.
þe while þe heo mihte walden :⸝	þe wile hii miht welde :⸝
heðren kīewurðe wepnen.	hire kineworþe wepne.
neouren in al þan fihte :⸝	neore in al þan fihte :⸝
cnihteſ nane betere.	cnihteſ none betere.
þe while þat heom ilaſte :⸝	þe wile þat hit laſte :⸝

'Ridwathlan then said,—cruel he was in mood,'—"Boccus, now thou hast bought *dear*, *that* Beduer thou slew; 'and thy soul shall now be companion of the Worse!'" Even with the words, as *if* it were the wind, he pressed to the fight; as [a] whirlwind doth in *the* field, when 'it' heaveth the dust high from the 'earth [ground], all so Ridwathlan rushed on his enemies. All they it slew that they came nigh, the while 'that' they might wield their noble weapons; in all the fight were no knights better, the while

[1] Buccuſ, *pr. m.*

MS. Cott. Calig. A. IX.	MS. Cott. Otho, C. XIII.	
þat lif on heore breoſte.	þat lif in hir.	
Boccꝰ[1] þene king heo of-sloȝen :'	Boccus hii of-slow :'	
and a þuſend of hiſ cnihten.	..... þouſend of his cn.....	
þa wes Beduer awrækē :'	þo was Beduer a-wreke :'	
wel mid þan bezſten.	wel mid þan beſte.	
Þer weſ an oht eorl :'	Þar was an oht eorl :'	
aðeles cunnes.	Leaẏr̀ was ihote.	*Leir.*
Leir weſ ihaten :'	louerd of Boloẏne :'	
lauerd of Bulaine.	cniht mid þan beſte.	
he iſæh i þā fihte :'		
enne ueond fuſen.		
þat on admirail :'	he iſeh on admirel :'	*Amerel.*
of Babiloine he weſ ældere.	lau... .. ....loẏne.	
muchel uolc he aualde :'	moche folk .. ..:'	
uolde to grunde.	folde to grunde.	
And þe eorl þat bihædde :'	. . . .	
an heorte him weſ unneðe.	. . . .	
he bræid an hiſ breoſte :'	. . . .	
ænne ſceld bradne.	........eald.	
and he igrap an hiſ hōd :'	... he ig....	
a ſper þat weſ ſwiðe ſtrong.	an ſpere	
& hiſ horſ muneȝeden :'	..d his	
mid alle hiſ imaine.	mid	
and þene admiral hitte :'	... þane	

that the life [it] lasted 'them' in their breasts. Boccus 'the king' they slew, and a thousand of his knights; then was Beduer avenged well with the best! There was a brave earl, 'of noble race,' *who* was named Leir, lord of Boulogne; he beheld 'in the fight an enemy advance, that *was*' an admiral, of Babylon 'he was prince [lord]; much folk he felled down to *the* ground. And the earl that perceived; in heart was to him uneasiness; he drew to his breast a broad shield, and he grasped in his hand a spear that was most strong, and spurred his horse with all his main, and hit the admiral with a smart blow under the breast, that the burny gan to

[1] Buccus, *pr. m.*

	MS. Cott. Calig. A. ix.	MS. Cott. Otho, C. xiii.
	mid ſmærten ane dunte.	... ſmorte .. ..
	vnder þere breoſte :'	.nder þan breoſte :'
	þat þa burne gon to berſte.	þ.. þe brunie gan to berſte.
	þat him þer bæfte :'	
	þat ſper þurh ræhte.	þat þe ſpere þorh rof. [c. 2.]
	fulle ane ueðme :' [c. 2.]	
	þe ueond feol to grunde.	and he ful to grunde.
	Þat iſah ſone :'	Þiſ iſeh Getron :'
	þeoſ admirale ſone.	þat waſ ... .rale his ſone.
	Gecron iſ ihate :'	he .... eorle :'
	and hiſ ſpere grap anō.	mid alle ... .
	and ſmat Leir þene eorl ſære :'	and ſmot hine ....
	a þa lift ſide.	.. þan lift ſide.
	þurh ut þa heorte :'	....orte :'
	þe eorl adun halde.	þat he ....
Walwain.	Walwain þat bihedde :'	Waweẏn þat ......
	þer he weſ on uehte.	... he waſ in þan fih..
	and he hine iwraðede :'	
	wunder ane ſwiðe.	
Howel.	þat iſæh Howel :'	.nd Howel þe hende :'
	hæh mon of Bruttē.	þat was his ivere.
	and he þider halde :'	mid fiftene hundred cnihteſ :'
	mid fiftene hundred monnen.	hii heol.. to þan fihte.
	herde here-kenpen[1] :'	

burst, *so* that the spear pierced through 'there behind him full a fathom;' 'the wretch [and he] fell to *the* ground! 'That [This] saw 'soon the admirals son, *who* is named Gecron; and grasped his spear anon [Getron, who was the admiral his son; he *advanced to the* earl with all his might], and smote 'Leir the earl [him] sore on the left side, throughout the heart,—'the earl [*so* that he] down fell. Walwain perceived that, where he was in *the* fight; 'and he wrathed him wondrously much'; 'that saw Howel, noble man of Brittany, and he thither [and Howel the fair, who was his companion; they to the fight] advanced, with fifteen hundred 'men [knights]; 'hardy

[1] kempen?

MS. Cott. Calig. A. ix.	MS. Cott. Otho, C. xiii.	
mid Howele ſuſden.		
and Walwain heō uuenon :'	and Waweȳn ȝeom ouenon :'	
ſwiðe ſtið imoded mon.	ſwiþe moded man.	
he hefde to iferen :'		
ſif and twenti hundred.		
baldere Brutten :'		
þa bigunnē heo to fehten.		
Þer weoren Rom-leoden :'	Þa. w... Romleode :'	
reouliche iledde.	rouliche	
Howel heom kepte :'	Howel ȝam kepte :'	
Walwain heō imette.	...eȳn ȝam imette.	
þer weſ wunderlic grure :'	þar w.. .....rfolle crȳ :'	
þa welcnen aqueðē.	þe wolc.. ..weþe.	
þa eorðe gunnen to buuiē :'		
ſtaneſ þer burſten.		
urnen ſtremeſ of blode :'	ourne grete ſtremes :'	
of ærmen þan folke.	of Romaniſſe blodes.	
þat wel weſ unimete :'		
þa weoren Brutteſ werie.		
Kinard þe eorle of Strugul :'	Kinarþ þe eorl of Strogoȳlle :'	*Kinard.*
bileſde þene king Howel. [f. 163. c. 1.] [1]		
& inom mid him Labiꝰ :'	nam mid him Jabius :'	
Rimarc & Boclouiꝰ.	Rimarc and Boclouius.	

warriors with Howel went'; and Walwain before them man most 'stern' of mood; 'he had for comrades five and twenty hundred bold Britons,—then began they to fight!' There were *the* Rome-folk grievously treated; Howel them attacked, Walwain them met; there was wondrous cry, the welkin resounded; 'the earth gan to tremble, *the* stones there shivered!' [Great] streams of [Romanish] blood ran 'from the wretched folk, the slaughter was immense, then were *the* Britons weary!' Kinard, the earl of Striguil, left the king Howel, 'and' took with him 'Labius [Jabius],

[1] *A line is here missing.*

MS. Cott. Calig. A. IX.	MS. Cott. Otho, C. XIII.
Þiſ weorē þa keneſte men :'	Þes were þe kenneſte men :'
þat æi kīg ahte.	... eni king hadde.
þeoſ weoren on moncunne :'	
eorleſ main ſtronge.	
heo nalden for heore mucle mode :'	hii ....e for hire mo...... .... :'
fulien Howele þan gode.	folwẏ Howel þ.. go..
ah bi heom ſeoluen heo ſloȝen :'	.. .. ȝam seolf ſlowe :'
alle þe heo neh come.	al þ.. ... ... come.
Þat iſæh a riche mon :'	Þat iſeh a rich. ... :'
of þan Rom-leoden.	.. .an Romleode.
hu Kinard þe kene :'	ou Kinarþ þ. kene :'
heore uolc þer aqualde.	hire folk þar acwelde.
and þe cniht gon him alihten :'	and þe cniht gan him alihte :'
of leofuen hiſ ſteden.	of leoue hiſ ſtede.
and nom him on his honde :'	and nam him an hond :'
a ſpere imaked of ſtele.	a ſpere imaked of ſtele.
& bi-walede hine a blode :'	
& bi-haluef him eode.	and he bi-halues gan gon :'
ꝥ he com a þan ende :'	
þer fæht Kinard þe ſtronge.	þar faht Kinarþ þe ſtronge.
Kinardeſ burne he up ahof :'	Kinarþ his brunie he vp ahof :'
and he þene eorl þer of-ſloh.	and þane eorl he... ......[f. 136b. c. 1.]
Þa ȝeiden lude :'	Þo gradde loude :'
alle Rom-leode.	.. ..de.
and buȝen to þan Brutten :'	and tornde to ... .tus :'

Rimarc, and Boclovius. These were the keenest men that any king had; 'these were among men earls mighty strong!' They would not, for their mickle mood (pride), follow Howel the good, but by themselves 'they' slew all that they came nigh. That saw a powerful man of the Rome-people, how Kinard the keen killed there their folk; and the knight gan him alight from his dear steed, and took him in 'his' hand a spear made of steel, 'and bathed it in blood'; and he aside went [gan go], 'until he came to the spot' where Kinard the strong fought. 'Kinards [Kinard his] burny he up raised, and he the earl there slew. Then shouted loud all *the* Rome-

MS. Cott. Calig. A. ix.		MS. Cott. Otho, C. xiii.	
& heore trume brekē.		and hire tr....	
& feollen here-marken :'		... folle hehȝe ma....	
uolc adun helden.		þe buſie cnih...	
ſceldeſ þer ſcenden :'			
ſcalkeſ þer feollē.			
þer ueollen to grunde :'		... . to þan grunde :'	
fiftene þuſende.		....ſend.	
baldere Brutten :'		balder.	
balu þer weſ riue.		...re þar was riue.	
Swa ilaſte longe :'	[c. 2.]	.. ....te lange :'	
þat uiht ſwiðe ſtronge.		þat fih. ..... ſtrange.	
Walwain gon ȝeonge :'		Waweýne wende oueral :'	*Walw*[*ain*].
ȝeond þat wæl muchele.			
and ſomnede hiſ cnihteſ alle :'		an ſohte his cnihteſ :'	
þer he heom funde i fihte.		and gader..e alle.	
Aneouſte þer com ride :'		þat a-liue weren ..lefde :'	
Howel þe riche.	[anon :'	and Howel his	*Howel.*
heo ſomneden heore beire[1] uolc			
& forð heo gunnen fuſen.		al forthe gonne[2] wende.	
and riden to Rom-leoden :'		... riden to Romleode :'	
mid raȝere wraððen.		... strangere wreþþe.	
& faſtliche heom to buȝen :'		a... ...rle forſte come :'	

folk, and turned to the Britons, and brake their troops; and 'felled the standards [the busy knights felled the high standards], 'the folk down sank; shields there shivered, warriors there fell'; there fell to ground fifteen thousand bold Britons,—mischief there was rife! So lasted long the fight exceeding strong. Walwain gan pass over [all] 'the mickle slaughter,' and 'assembled all [sought] his knights, 'where he found them in *the* fight [and gathered all that were left alive]. 'There near came riding Howel the mighty; they assembled their fair (?) folk anon, and [and Howel, his companion; all] forth they gan wend, and rode to *the* Rome-folk with strong wrath, and 'quickly approached them [... first

[1] veire? *Perhaps superfluous?*

[2] hii gonne?

MS. Cott. Calig. A. IX.	MS. Cott. Otho, C. XIII.
and breken þere Freinſce trumen.	b.... hire ſul-trome.
Walwain. And Walwain forð rihte :'	And Waweẏn riht þer :'
þer he iſunde.	
Luces. Luceſ þene kaiſer :'	iſeh Luces þan caẏſer :'
leouien under ſcelde.	
& Walwain him to ſweinde :'	and Waweyn to him ſweinde :'
mid þe ſtelene ſweorde.	mid ſtelene ſweorde.
and þe kaiſere hine :'	and þe caẏſer him :'
þat com[1] weſ ſwi[2] ſturne.	þat gome was wel kene.
ſceld aȝein ſcelden :'	
ſciuren þer wunden.	
ſweord aȝein ſweorde :'	ſw..rd aȝein ..eord :'
ſweinde wel ilome.	ſweẏnde ..l ilome.
fur fleh of þe ſtelen :'	.at fur ſprang vt .. ..
þa ueond weoren abolȝen.	þe cnihtes wer. .....e.
Þer weſ uiht[3] ſwiðe ſtrōg :'	Þar was fih. ....ong :'
ſtureden al þa ferden.	aſtored w.. .. ..rde.
þe kaiſere wende :'	þe caẏſer wen..
Walwaī to ſcende.	Waweẏn to ſcende.
þat he mihte an uuere daȝe :'	þat he mihte þar after :'
ȝelpen uor þere deden.	ȝelpe for þe dede.
Ah Bruttef him þrungen to :'	Ac Bruttus heom þronge to :'
þræfliche ſwiðe.	wroþliche ſwiþe.

came], 'and' brake their 'French' ranks. And Walwain 'forth [there] right, 'there he found [saw] Luces the emperor 'live under shield'; and Walwain struck at him with 'the' steel sword, and the emperor *struck at* him, who was man exceeding 'stern [keen]; 'shield against shield, *the* pieces (?) there flew'; sword against sword clashed well often, [*so* that] fire 'flew from [sprang out of] the steel; the 'adversaries [knights] were enraged! There was fight most strong,—'all' the host [was] stirred! The emperor weened to destroy Walwain, that he might 'in after days [thereafter] boast for the deed. But *the* Britons thronged to*wards* them,

[1] gome? [2] ſwiþe? [3] viht, *sec. m.*

MS. Cott. Calig. A. ix.	MS. Cott. Otho, C. xiii.
& þa Romanisce men :' [f. 163ᵃ. c. 1.]	and þ. Romanisse men :'
arudden heore kæiseren.	hire caẏser a-redde.
and heo to-somne heolde :'	and hii to-gaderes heolden :'
swulc heouene wolde ualle.	ase heuene wolde f..... [c. 2.]
Alle þene dai-liht :'	.. ..t :'
heo heolden seoððen þat fiht.	hii h.... .... fihte.
ane lutle stūde :'	one ....
ær þe sunne eode to grunde.	... .. sonne ... .
Arður þa cleopede :'	. . . . [Ar]ður.
aðelest alre kinge.	....emne.
Nu we heō to alle :'	.. .. alle :'
mine cnihtes ohte.	mine ....
& godd seolf us fulste :'	and god sulf .. ..
ure feōd to afallene.	heom forto falle.
Æfne þan worden :'	.afne þan worde :'
þa bleou men þa bemen.	þo blewe men þe bumes.
fiftene þusend anan :'	fiften þousende :'
þraste to blauwen.	þraste to blowend.
hornes and bemen :'	hornes and bumes :'
þa eorðe gon beouien.	þe earþe gan to biuie.
for þan vnimete blase :'	for þan grete baste[1] :'
for þan mucle ibeote.	for þan grete drede.
Romleoden wenden :'	Romleode wende :'

most angrily, and the Romanish men liberated their emperor; and they charged together as if heaven would fall! All the day-light they held afterwards the fight, a little while ere the sun went to ground (set). Arthur then called,—'noblest of all kings [with loud voice]:—"Now *go* we all to them, my brave knights]! And God *himself* aid us 'our enemies [them for] to fell!" Even with the words then blew men the trumpets; fifteen thousand 'anon' thronged *together* to 'blow [blowing], horns and trumps; the earth gan to tremble for the great blast, for the 'mickle clamor [great dread]! *The* Rome-folk turned [the] backs to 'the fight [*the* Bri-

[1] blaste?

MS. Cott. Calig. A. ix.	MS. Cott. Otho, C. xiii.
rug to þan feohten.	þe rugges to Bruttus.
feollen here-marken :⁄	
heȝe men ſwulten.	
fluȝen þa þe mihten :⁄	floȝen hii þat mihte :⁄
þa ueie[1] þær feollen.	þe weẏes weren folle.
Muchel mō-flæht weſ þere :⁄	Moche man ...... was þare :⁄
	moche ..... moche care.
ne mihte hit na man tellen :⁄	ne maẏ no ... telle :⁄
	ine boke ne in ſpelle.
hu feole hundred monnen :⁄	of alle þan hundredes :⁄
to-heouwē þer weoren.	þat to-hewe were.
i þan mucle þrunge :⁄	in þan mochele þringe :⁄
i þan mon-flæhte.	of þan man-fleahte.
[Luce]s. Weſ þe kaiſere of-flæȝē :⁄	Was þe caẏſer of-slawe :⁄
a ſeolcuðe wiſē.	ſelcouþe wiſ.
þat nuſte hit nauer ſeoðen :⁄	... .uſte hit no man suþ..
na mon to ſugen.	.. ..uere none cuþþe.
of nauer nare cuðde[2] :⁄	... ... beon :⁄
wha þene kaiſere qualde.	þat . . . .
Bute þa þet feht waſ al idon :⁄	[c. 2.] Bote þo . . . .
and þat folc weſ al ibliſſed.	. . . .
þa funde men þene kaiſere :⁄	. . . .
of-ſtungen mid ane ſpere.	. . . .

tons]; 'standards fell,—noble men perished,'—'those [they] fled who might,—the 'fated there fell [ways were full]! Much man-slaughter was there [much *sorrow*, much care]; 'might it [may] no man tell [in book or in speech],'how many hundred men [of all the hundreds that] were there hewed in pieces in the mickle throng, 'in [of] the man-slaughter! The emperor was slain in strange manner, *so* that no man of ever any country afterwards ever knew it 'to say, who [*it should* be, that] killed the emperor. But when the fight was all done, and the folk was all in joy, then found men the emperor pierced through with a spear. Word came to Arthur, where he was

[1] ueien, *pr. m., but the last letter erased.*

[2] cuðde ?

MS. Cott. Calig. A. IX.	MS. Cott. Otho, C. XIII.
Word com to Arðure :'	. . . .
þer he weſ on telde.	. . . .
þat þe kaiſere weſ of-ſlaȝen :'	. . . .
and idon of lif-dæȝen.	. . . .
Arður lette ſlæn an teld :'	Arthur . . . . Arður.
a-midden ænnę bradne ueld.	amidde .ne br... ....
& þider iberen lette :'	and þider in lette ....
Luceſ þene kaiſere.	Luces þan caẏſere.
and lette hine bitillen :'	and lette hine helẏe :'
mid gold-faȝe pallen.	. . . . [£131.c.1.]
and biwitẽ hine þer lette :'	. . . .
þreo daȝeſ fulle.	. . . .
þe while he wurchen lette :'	. . . . tle :'
an werc ſwid[1] riche.	.. ..ork ſwi.. .....
ane cheſte longe :'	.ne ch... lange :'
and wreon heo al mid golde.	iwr... al mid golde.
And lette leggẽ þer inne :'	And letten do þar ine :'
Luceſ of Rome.	Luces of Rome.
ꝥ weſ a ſwiðe duhti mon :'	... was a doh.. man :'
þa while hiſ daȝeſ ilaſten.	wile ... dawes were.
Þa ȝet dude Arður mære :'	Ȝet dude A.thur more :'
aðeleſt alre Brutte.	hendeſt alre kinge.
Arður aſechen lette :'	he lette ſeche kinges :'

in *his* tent, that the emperor was slain, and deprived of life-day. Arthur caused a tent to be pitched, amidst a broad field, and thither [in] caused to be borne Luces the emperor, and caused him to be covered with gold-colored clothes; and caused him there to be watched three full days, the while he caused to be made a work exceeding rich, a long chest; 'and it to be' covered all with gold. And *he* caused to be laid therein Luces of Rome, who was a 'most' doughty man, 'the' while his days 'lasted [were]. 'The' yet did Arthur more, 'noblest [fairest] of all 'Britons; Arthur [kings; he] caused to be sought 'all the powerful *men*,' kings 'and' earls,

[1] ſwiðe ?

MS. Cott. Calig. A. ix.	MS. Cott. Otho, C. xiii.
alle þa riche.	
kingeſ and eorles :'	
and þa riccheſte beornes.	eorles and heredringges.
þa i þan fehte weoren i-ſlaȝen :'	þat in þan fihte weren iſlaȝe :'
and idon of lif-dæȝen.	and idon of lifdaȝe.
he lette heom burien :'	he lette ȝam burie :'
mid baldere pruten.	mid mochelere prude.
Buten þreo kingeſ he beren lette[1] :'	Bote þreo kinges he lette bere :'
to[2] Luceſ þan kaiſere.	Luces þan caẏſere.
and lette makien beren :'	and lette makie beres :'
riche and ſwiðe maren. [f. 164. c. 1.]	riche and ſwiþe meare.
and lette heom ſōe :'	and lette ȝam ſone :'
ſenden to Rome.	ſende to Rome.
And grette Rom-weren alle :'	And grette Rom-cnihtes :'
mid grætē ane huxe.	... his grim reases.
and ſeide þat he heom ſende :'	an. ..... þat he ȝam ſen..
þat gauel of hiſ londe.	... ga... of his londe.
and efte wolde heō alſwa :'	and ... he wolde al ſo :'
ſenden heom gretinge ma.	ſende gretinge mo.
ȝif heo ȝirnen woldē :'	ȝef hii ȝeorne wolde :'
of Arðureſ golden.	of Arthures golde.
and þer after wulle[3] ſone :'	And her after ſone :'
riden into Rome.	ich wolle come to Rome.
and tellen heom tiðinge :'	and telle ȝou tẏdinge :'

and 'the richest barons [chieftains], who in the fight were slain, and deprived of life-day; he caused them to be buried with great pomp. But he caused three kings to bear Luces the emperor, and caused *a* bier to be made, rich and exceeding lofty; and caused them soon to be sent to Rome. And greeted all the Rome-people with 'a great taunt [his grim assaults], and said that he sent them the tribute of his land, and eft [he] would also send 'them' more greeting, if they would yearn of Arthurs gold; and 'thereafter [hereafter] full soon 'ride into [I will come to] Rome, and tell

[1] lette bere? [2] *Superfluous?* [3] fulle?

MS. Cott. Calig. A. IX.	MS. Cott. Otho, C. XIII.
of Brutlondeſ[1] kinge.	of . . . . kinge.
and Rome walleſ rihten :'	and Rome . . . . . .
þe ȝare weoren to-fallen.	.. ȝare were .. ..
and ſwa ich wulle[2] aweldē :'	an. .. ich wolle a.....
þe wode Rom-leoden.	.. wode Romleode.
Al þiſ ȝelp weſ idel ido :'	.. .. was idon :'
for eoðer weiſ hit eode.	ac oþer .... hit eode.
al oðer hit itidde :'	.e leode he bi-lefde :'
þe leoden he bilæfden.	þorh luþer tidinge.
al þurh Modred iſ mæin[3] :'	al þorh Modred his maẏ :' [c. 2.]
for-cuðeſt alle monnen.	for..uþeſt manne.
A þā muchele ſihte :'	A þan mochele ſihte :'
Arður of his cnihteſ loſeſede[4].	Arthur loſede .. ..tes.
ſif and twēti þuſend :'	ſif and twenti þouſend :'
a uolden to-havwen.	he funde to-hewe.
of Brutten ſwiðe balde :'	of Bruttuſ ſwiþe bolde :'
biræued at liue.	bi-reafed of lifue.
Kæi weſ forwunded ſeore :'	Kaẏ w.. .....nded þare :'
wunder a[5] ſwiðe.	wonder on. .....
to Kinun he weſ ilad :'	.o Kẏnū he was il..

'them [you] tidings of *the* king of Britain, and Rome-walls repair, that were of yore fallen down;—"And so will I rule the fierce Rome-folk!" All this boast was 'idly' done, 'for [but] otherwise it fared, all other*wise* it happened:—the people he left [through wicked tiding], all through Modred his relative, wickedest of 'all' men! In the mickle fight Arthur lost of his knights, five and twenty thousand, hewed in pieces 'on the ground [he found], of Britons most bold, bereaved of life. Kay was wounded 'sore [there], wondrously much; to Kinun he was carried, and soon thereafter he was dead. He was buried there beside the

[1] Brutteſlondes, *pr. m.*
[2] wullen, *pr. m., but struck out by the same hand, and* awelden *added in the margin.*
[3] mæi? [4] *R.* loseede. [5] ane?

MS. Cott. Calig. A. IX.	MS. Cott. Otho, C. XIII.
and ſone þer after he wes ded.	.... ..ne þar after he w.. ...
bi-bured he wes þere :	hi-bured he was þare :
bi-halue þan caſtle.	bi-ſides þan caſtle.
imong heremiten[1] :	heremites a-mong :
þat wæſ þe riche mon. [c. 2.]	Kaẏ þat was þe riche man.
Kæi hehte þe eorl :	Keẏ hehte þe eorl :
Kinun þe caſtel.	Keẏnun þe caſtel.
Arður ȝæf him þene tun :	Arthur ȝef him þane toun :
and he þer to tumde[2].	wile he was on liue.
and ſette þer þene nome :	and he ſette þare þane nome :
after him ſeoluen.	after him ſeolue.
for Keiſes dæðe :	
Kain he hit hehte.	
nu and auere mare :	no. and eueremore :
ſwa hit hehte þere.	þ. nam. ...deþ þare.
Seoððen Beðuer weſ iſlæȝen :	Suþþe Beduer was of-slawe :
and idon of lif-dahȝen.	and ido of lifdaȝe.
Arður hine beren lette :	Arthur hine bere lette :
to Bæioſ his caſtle.	to Roios[3] his caſtle.
and biburied he weſ þere :	and þar he was ibured :
inne þere burȝe.	in þare borwe.
wið uten þan fuð ȝæte :	with houte .e suþȝeate :
in eorðe me hine ſette.	in eorþe hii .... ..ẏde.

castle, among hermits, [Kay,] who was the noble man. Kay hight the earl, Kinun the castle; Arthur gave him the town, 'and he thereat was entombed [while he was alive], and [he] set there the name after himself; 'for Kays death he named it Kain' (Caen); now and evermore 'so it hight [the name standeth] there. After Beduer was slain, and deprived of life-day, Arthur caused him to be borne to his castle Bæios (Bayeux), and there he was buried, in the burgh; without the south gate in earth 'men [they] him laid. Howeldin was 'floated [carried] forth into Flanders; and all

[1] heoren .... n, *pr. m.* [2] tumbede, *pr. m.* [3] Baios?

MS. Cott. Calig. A. ix.	MS. Cott. Otho, C. xiii.	
Howeldin iulut[1] weſ :·	Holdeyn ilad	
forð into Flandreſ.	forþ into Flandreſ.	
and alle hiſ bezſte cnihteſ :·	and ....e cnihtes :·	
þer flutten uorð rihteſ.	þar . . . .htes.	
in to þan eorldomen :·	in to þan	
þēne heo þer comen.	... hii her	
and alle þa dede :·	. . . .	
in eorðe me heom leide.	. . . . de.	
inne Teruane :·	in .....uane :·	
heo liggeoð alle clane.	. . . .	
Leir þene eorl me ladde :·	Leyr ... eorl me ladde :·	*Leir.*
in to Buluine.	in to Boloyne.	
& Arður þer æfter ſeoððe :·	And Arthur þar after :·	
wunede in ane londe.	on wile wonede. [f. 131b. c. 1.]	
inne Burguine :·		
þer him bezſt þuhte.		
þat lond he al biwuſte :·	þat lond he al wiſte :·	
and alle þe caſtles ſette.	and .. .. .ſette.	
and ſeide þat he wolde :·	and ſeide þat .. wolde :·	
him ſeolue ꝥ lond holde.	him ſeolf þ.. .... habbe.	
And ſeoððen he his beot makede :·	and þar in wonie :·	
a ſumere þat he wolde. [f. 164b. c. 1.]	...te ſomer come.	
faren into Rome :·	and þanne he wolde ſone :·	

his best knights there floated forth-right into the earldoms whence they 'there [here] came. And all the dead in earth men them laid; in Terouane they lie all clean. Leir, the earl, men carried into Boulogne; and Arthur 'then' thereafter dwelt 'in a land [awhile] 'in Burgundy, that to him seemed best'; the land he all ruled, and all the castles appointed; and said that he would himself 'hold [have] the land. 'And afterwards he made his threat, that he would in summer march into [and therein dwell until summer came, and then he would soon march to] Rome, 'and ac-

[1] *Written on an erasure by a second hand.*

MS. Cott. Calig. A. ix.	MS. Cott. Otho, C. xiii.
& ahnienien[1] al þa riche.	wende to Rome.
and beõ him ſeolf kaiſere :	and .... seolf caiſer :
þe Luces wuneden ære.	þe ..... wonede her.
And monie of Rom-leoden :	And m.... .. Romleode :
wolden þat hit ſwa eoden.	wolde ... . ȝeode.
for heo weoren adradde :	for hii weren adrad :
to heore bare deðe.	to hire bare deaþe.
þat monie þer awæi fluȝē :	and manẏe aweẏ wende :
and heore caſtlef bibuȝen.	and hire caſtlef lete ſtonde.
and mõie ſende ſonde :	and manie ſende ſonde :
to Arðure þan ſtronge.	to Arthur þan ſtronge.
and monie him ſpeken wið :	and ȝeoriſe[2] ſpeke him wiþ :
& ȝirnden Arðures grið.	and ȝornde Arthur his griþ.
and ſumme heo wolde :	and ſomme hii wolde :
aȝein Arðure halden.	...n Arthur ſtonde.
and halden wið him Rome :	and .....n wiþ him Rome :
& weren[3] þa leode.	and werie þe riche.
and neoðeles heo auered weoren :	and noþeles a-fered weren :
for heore uæie-ſiðen.	alle þat þar woned.n.
þat nuſten heo under criſte :	þat nuſten hii onder criſte :
nenne ræd godne.	godne read nãne.
Þa wef hit itimed þere :	Þo was hit iſunde :
þat Merlin ſaide while.	þat Merlin ſaide wile.

quire all the realm,' and himself be emperor where Luces ere dwelt. And many of *the* Rome-folk would that it so should be, for they were adread to their bare death, '*so* that [and] many away 'there' fled, and their castles 'abandoned [let stand]; and many sent messengers to Arthur the strong; and 'many [earnestly] spake with him, and yearned 'Arthurs [Arthur his] peace; and some they would against Arthur 'hold [stand], and hold Rome against him, and defend the realm. And nevertheless 'they' were afraid 'for their destruction [all that there dwelt], *so* that they knew not under Christ any good counsel. Then was it there 'come to pass [found], what

[1] ahnien ? [2] ȝeorne ? [3] werien ?

MS. Cott. Calig. A. IX.	MS. Cott. Otho, C. XIII.
Þ Rom walleſ ſculden :'	þ.. Rome walles ſolde :'
aȝein Ardure[1] to-uallen.	a.... Arthur to-falle.
þat waſ agan þære :'	... ... a-gon þare :'
bi þan kaiſere.	bi þan .....re.
þa ueol þer ine fehte :'	þat full . . . .
mid fifti þuſund monne.	mid ſixti þ...... .....
ruren þer to grunde :'	
riche Rom-leoden.	
Þa Arður wende to ſoðe :'	Þo A.... . . . .
to aȝein al Rome.	to w.... .. ....
& wunede inne Burguine :'	... ..nede ... .
richeſt alre kinge.	.... alre ...ge.
Þa com þer in ane tiden :' [c. 2.]	Þo ... ... ridinge :'
an oht mon riden.	
and brohte tidinge :'	and brohte Ar.... týdinge :'
Arðure þan kinge.	
from Moddrede hiſ ſuſter ſune :'	fram Modred hiſ .... [c. 2.] *Modred.*
Arðure he wes[2] wilcume.	. . . .
for he wende þat he brohte :'	. . . .
boden ſwiðe gode.	. . . .
Arður lai alle lōge niht :'	Arth.. ... .
and ſpac wið þene ȝeonge cniht.	..d ſpac wiþ ... . cniht.
swa nauer nulde he him ſugge :'	ac no weis he n.... ....e :'

Merlin said *ere*-while, that Rome-walls should fall down before Arthur; that was fulfilled there by the emperor, who fell there in *the* fight, with fifty thousand men; 'there sank to *the* ground *the* rich Rome-people!' Then Arthur weened in sooth to win all Rome, and dwelt in Burgundy, noblest of all kings. Then came there 'on a time a brave' man riding, and brought tiding to Arthur 'the king', from Modred, his sisters son; to Arthur he was welcome, for he weened that he brought news most good. Arthur lay all *the* night long, and spake with the young knight; 'so never

[1] *R.* Arðure. [2] we, *pr. m.*

MS. Cott. Calig. A. IX.	MS. Cott. Otho, C. XIII.
foð hu hit ferde.	here ou hit ferde.
Þa hit wes dæi a marȝen:	Þo .:. was dai . . orwe:
and duȝeðe gon sturið.	and .e doȝeþe gan to storie.
Arður þa up aras:	Arthur þo vp a-ros:
and strehte his ærmes.	and strahte mid harmes.
he aras up and adun sat:	he a-ros vp and adun sat:
swulc he weore swiðe seoc.	ase he were swiþe seak.
Þa axede hine an uæir cniht:	Þo axede him þe cniht:
Lauerd hu haueft þu iuaren to-[niht.	Louerd ou haueft þou fare to-niht.
Arður þa andswarede:	Arthur him answerede:
a mode him wes uneðe.	mid . . . . .ch. wordes.
To niht a mine slepe:	To niht in mine bedde:
þer ich læi on bure.	þar ich lay in boure.
me imætte a sweuen:	me imette a sweuen:
þer uore ich ful sari[1] æm.	þar fore ich sori ham.
Me imette þat mon me hof:	Me mette þat men me sette:
uppen are halle.	vppen one halle.
þa halle ich gon bi-striðe:	.e halle ich gan bi-st. . .
swulc ich wolde riden.	. . . . .h wolde ride.
Arður. alle þa lond þa ich ah:	a. . . . . .def þat ich had. .
alle ich þer ouer sah.	. . . . . .h ȝam iseh þare.
Walwain. and Walwain sat biuoren me:	and Wawein sat bi-vore me:

[but *in* no wise] would he say 'to him' 'sooth [here] how it fared. When it was day on *the* morrow, and [the] people gan to stir, Arthur then up arose, and stretched [with] 'his' arms; he arose up, and sate down, as *if* he were exceeding sick. Then asked him 'a fair [the] knight: "Lord, how hast thou fared to-night?" Arthur 'then [him] answered,—'in mind he was uneasy—[with mild words]: "To-night in my 'sleep [bed], where I lay in chamber, I dreamt a dream,—therefore I am 'full' sorry. I dreamt that men 'raised [set] me upon a hall; the hall I gan bestride, as *if* I would ride; all the lands that I 'possessed [had], all I there 'overlooked [them saw]. And Walwain sate before me; my sword he bare in hand.

[1] sa, *pr. m.*

MS. Cott. Calig. A. ix.	MS. Cott. Otho, C. xiii.	
mi ſweord he bar an honde.	min ſweord he bar an honde.	
Þa com Moddred farẽ þere :' [f. 165. c. 1.]	Þo com Modred wende þare :'	*Modred.*
mid unimete uolke.	mid onimete folke.	
he bar an hiſ honde :'	he bar on his	
ane wiax ſtronge.	.ne hax ſwiþe ſtr...	
he bigon to hewene :'	.. bi-gan to hewe :'	
hardliche ſwiðe.	.......he ſwiþ.	
and þa poſtes for-heou alle :'	... .s for-hew.	
þa heolden up þa halle.	þat ...... .ppe þan halle.	
Þer ich iſeh Wenheuer eke :'	Þar ... . eake :'	*Wenhauer.*
wimmonnen leofueſt me[1].	Gwenaẏfer þe cwene.	
al þere muche halle rof :'	al ..re mochele alle[2] rof :'	
mid hire honden[3] heo to-droh.	mid hire hond ȝeo to-droh. [f. 132. c. 1.]	
þa halle gon to hælden :'	þe halle gon to holle :'	
and ich hæld to grunden.	..d ich ful to grũde.	
þat mi riht ærm to-brac :'	.... .. riht arm to-br..	
þa ſeide Modred haue þat.	.o ſaide Modred h.ue þat.	
Adũ ueol þa halle :'	Adun ful þe halle :'	
& Walwain gõ to ualle.	... Waweẏn was of-falle.	
and feol a þere eorðe :'	... . þare eorþe :'	
hiſ ærmeſ brekeen beine.	his ar... ...ke beẏne.	
& ich igrap mi ſweord leofe :'	And ich ig... mẏ gode ſweord :'	
mid mire leoſt honde.	mid mine luft honde.	

Then approached Modred there, with innumerable folk; he bare in his hand a 'battle'-axe [most] strong; he began to hew exceeding hardily; and the posts all hewed in pieces, that held up the hall. There I saw Wenhaver 'eke [the queen], 'dearest of women to me'; all the mickle hall roof with her hand she drew down; the hall gan to tumble, and I tumbled to *the* ground, *so* that my right arm brake in pieces,—then said Modred, 'Have that!' Down fell the hall; and Walwain 'gan to fall [was fallen], and fell on the earth; his arms both brake. And I grasped my 'dear [good] sword with my left hand, and smote off Modred his head, *so* that it rolled

[1] me leofueſt? [2] halle? [3] hondeden, *pr. m.*

MS. Cott. Calig. A. IX.	MS. Cott. Otho, C. XIII.
and ſmæt of Modred iſ hafd:	and ſmot of Modred his hefd:
þat hit wond a þene ueld.	þat hit weſde a. ... felde.
And þa quene ich al to-ſnaðde:	And þe cwean. ... ..un .....
mid deore mine ſweorede.	
and ſeodðen[1] ich heo adum[2] ſette:	
in ane ſwarte putte.	in one ſ..... .....
And al mi uolc riche:	... al mi ....
ſette to fleme.	.... fleonde.
þat nuſte ich under criſte:	... ... criſte:
whar heo bicumen weoren.	war þat ... .re.
Butē mi ſeolf ich gond[3] atſtondē:	Bote mi seol. ... ... aſtonde:
uppen ane wolden.	vppe on. .....
& ich þer wondrien agon:	
wide ȝeōd þan moren.	
þer ich iſah gripeſ:	þar ich iſeh gri...
& griſliche fuȝeleſ. [c. 2.]	... wonderliche fo.....
Þa com an guldene leo:	Þo com a guldene ...
liðen ouer dune.	liþe ouer doune.
deoren ſwiðe hende:	
þa ure drihten make[4].	
þa leo me orn foren to:	þis leo ... an ſwiþe to:
and iueng me bi þan midle.	and nam bi þan midd..
& forð hire gun ȝeongen:	and forþ he me gan leode:

on the field. And the queen I 'cut all in pieces with my dear sword, and afterwards I' set 'her' down in a black pit. And all my good people set to flight, *so* that I knew not under Christ, where [that] they were gone. But myself I gan stand upon a weald, 'and I there gan to wander wide over the moors'; there I saw gripes, and 'grisly [wondrous] fowls! Then approached a golden lion over *the* down;—'a beast most fair, that our Lord made';—'the [this] lion ran 'towards [quickly to] me, and took 'me' by the middle, and forth 'gan her move [he gan me carry], and to the sea

[1] ſeoððen?
[2] *R.* adun.
[3] gon?
[4] makede?

MS. Cott. Calig. A. ix.	MS. Cott. Otho, C. xiii.
& to þere ſæ wende.	and to þare ſéé wende.
And ich iſæh þæ vðen :'	
i þere ſæ driuen.	
and þe leo i þan ulode :'	A. . .e leo in þan flode :'
iwende wið me[1] feolue.	. . . . . mid mi feolue.
þa wit i ſæ comen :'	þo . . . . . séé come :'
þa vðen me hire binomen.	þe beares me hire bi-nome.
cō þer an fiſc liðe :'	com þar a fiſc ſwemme :'
and feredē me to londe.	and brohte me to londe.
þa wes ich al wet :'	þo was ich al wet :'
& weri[2] of forȝen and ſeoc.	werý and ſwiþe ſeak.
þa gon ich iwakien :'	þ. gan ich to wakie :'
ſwiðe ich gon to quakien.	þo ga. ich to cwakie.
þa gon ich to biuien :'	
swulc ich al fur burne.	
And ſwa ich habbe al niht :'	And þus ich ha. . . al nih :'
of mine sweuenene[3] ſwiðe iþoht.	of mine ſweu. . . moche iþoht.
for ich what to iwiſſe :'	for ich wot al mid iwiſſe :'
agan iſ al mi bliſſe.	agon hiſ al min bliſſe. [c. 2.]
for a to mine liue :'	for auere to mine liſue :'
forȝen ich mot driȝe.	forewe ich mot drihe.
wale þat ich nabbe here :'	wele þat ich nadde her :'
Wēhauer mine quene.	mine cweane Gwenaýfer.

went. 'And I saw the waves drive in the sea'; and the lion in the flood went with myself. When we came in *the* sea, the waves took her from me; *but* there 'approached [came swimming] a fish, and brought me to land;—then was I all wet, 'and' weary 'from sorrow,' and [very] sick. When I gan to wake, 'greatly [then] gan I to quake; 'then gan I to tremble as if I all burnt with fire.' And 'so [thus] I have all night of my dream much thought; for I wot [all] with certainty, gone is all my bliss, for ever in my life sorrow I must endure! Alas! that I 'have [had] not here Wenhaver, my queen!" Then answered the knight: "Lord, thou hast

[1] wide mid, *pr. m.*   [2] were, *pr. m.*   [3] sweuene?

MS. Cott. Calig. A. ix.	MS. Cott. Otho, C. xiii.
Þa andſwarede þe cniht :	Þo anſwerede þe cniht :
Lauerd þu haueſt un-riht.	Louerd þou haueſt onriht.
ne ſculde me nauere ſweuen :	ne ſolde me neuere ſweuen :
mid forȝen arecchen.	to hame[1] teorne.
þu ært þe riccheſte mon :	þou hart þe richeſt man :
þa rixleoð on londē.	þat rixleþ in londe.
and þe alre wiſeſte :	
þe wuneð under weolcne. [f. 165b. c. 1.]	
Ȝif hit weore ilimpe :	Þeh hit w.re bi-falle :
ſwa nulle[2] hit ure drihte.	aſe nele hit oure drihte.
þat Modred þire ſuſter ſune :	þat Modred þin ſoſter ſone :
hafde þine quene inume.	hadde þin cweane inome.
and al þi kineliche lōd :	and al þine lond :
iſæt an hiſ aȝere hond.	..et o. ... owe hond.
þe þu hī bitahteſt :	þat þou hi.. ..-tahteſt :
þa þu to Rome þohteſt.	þo þou to Rom. ..hteſt.
and he hafde al þuſ ido :	
mid hiſ ſwikedome.	
þe ȝet þu mihteſt þe awreken :	ȝeot þou mihteſt þe awreke :
wurðliche mid wepnen.	..rþliche ſwiþe.
& æft þi lond halden :	and eft .in lond holde :
and walden þine leoden.	and alle ..ne leode.
and þine feond fallē :	and þine fon fal..

wrong; men should never *a* dream 'with sorrow interpret [turn to harm]. Thou art the mightiest man, that reigneth in land, 'and the wisest of all that dwelleth under heaven.' 'If [Though] it were befallen,—as will it not our Lord!—that Modred, thy sisters son, had taken thy queen, and set all thy 'royal' land in his own hand, that thou to him committedest, when thou thoughtest *to go* to Rome; 'and had he done all this with his treachery, the' yet thou mightest thee avenge 'with weapon [exceedingly] worthily, and eft thy land hold, and 'govern [all] thy people, and thine

[1] harme?

[2] wulle, *pr. m.*

MS. Cott. Calig. A. IX.	MS. Cott. Otho, C. XIII.
þe þe ufel unnen.	.leane to grunde.
and ſlæn heō alle clane :'	þat þar ne .. ..fde none :'
þet þer no bilanē nāe.	of þine wiþer-.....ſ.
Arður þa andſwarede :'	Aarthur þo anſw....e :'
aðeleſt alre kinge.	wiſeſt alre kinge.
Longe bið æuere :'	L..... .. beoþ euere :'
þat no wene ich nauere.	þat ne wen ich neuere.
þat æuere Moddred mi mæi :'	þat eu.re Modred mŷ meaŷ :'
[1]	þat man his me leoueſt.
wolde me biſwiken :'	wolde me bi-ſwike :'
for alle mine richen.	for al mine riche.
no Wenhauer mi quene :'	ne Gwenaŷfer min cwean :'
wakien on þonke.	.. al þat ich wene.
nulleþ hit biginne :'	nolleþ hii hit bi-gŷnne :'
for nane weorld-monne.	for none worle-þinge.
Æfne þan worde forð riht :'	Eafne þan worde forþriht :'
þa andſwarede þe cniht.	þo anſwerede þe cniht.
Ich ſugge þe ſoð leofe king :'	Ich wolle ſoþ ſegge king :'
for ich æm þin vnderling.	for ich ham þin onderling.
þus hafeð Modred idon :'	þos haueþ Modred idon :' [f. 132b. c. 1.]
þine quene he hafeð ifon.	þine cweane he haueþ inome.
and þi wūliche lond :'	and al Brutlond :'

'enemies [foes] fell, 'who did evil to thee, and slay them all clean, that there remain not one [clean to ground, that there should not remain one of thy adversaries]." Arthur then answered, 'noblest [wisest] of all kings: "*So* long *as* is ever, weened I that never, that ever Modred, my relative, who is man dearest to me, would betray me, for all my realm, nor Wenhaver, my queen, 'weaken in thought; [in all that I ween; they] would it not begin, for any worldly 'man [thing]!" Even with the words forth-right then answered the knight: "I [will] say 'thee' sooth, 'dear' king, for I am thy underling. Thus hath Modred done; thy queen he hath taken, and 'thy fair land [all Britain] set in his own hand. He is

[1] *A line is here wanting.*

MS. Cott. Calig. A. IX.	MS. Cott. Otho, C. XIII.
iſæt an hiſ aȝere hond.	iſet to his owene hond.
he iſ king & heo iſ que[1] ∴	he his his[2] king and ȝeo cweane ∴
of þine kume nis na wene. [c. 2.]	of þine keome niſ no wene.
for no weneð heo nauere to soðe ∴	for hii weneþ al to soþe ∴ [Rome.
þat þu cumen aȝain frō Rōe.	þat þou ne comeſt neuere fra
Ich æm þin aȝen mon ∴	Ich ham þin owe man ∴
& iſeh þisne swikedom.	ich ſeh þane ſwikedom.
and ich æm icumen to þe ſeoluen ∴	
soð þe to suggen.	
min hafued beo to wedde ∴	min heued ich legge to wed.. ∴
þat iſæid ich þe habbe.	ſoþ þat ich þe segge.
soð buten leſe ∴	
of leofen þire quene.	
& of Modrede þire ſuſter ſune ∴	
hu he hafueð Brutlōd þe binume.	
Þa sæt hit al ſtille ∴	Þo ſat hit al ſtille ∴
in Arðureſ halle.	in Arthur his halle.
þa wes þer særinæſſe ∴	þo was þar moche ſoriniſſe ∴
mid fele þan kinge.	mid .....r þ.n kinge.
þa weoren Bruttiſce men ∴	þo wer.. ..uttuſſe men ∴
swiðe vnbalde uorþæn.	ſwiþe onb..d for þan.
Þa umbe ſtunde ∴	Þo bi an ſtunde ∴
ſtefne þer sturede.	ſtemne þar ſtorede.

king, and she 'is' queen; of thy coming is *there* no expectation, for they ween 'not ever [all] in sooth, that thou [never] shalt come 'back' from Rome. I am thine own man, 'and [I] saw 'this [the] treason; 'and I am come to thyself, to say thee sooth.' My head 'be [I lay] in pledge, that I 'have said [say] thee sooth, 'without leasing, of thy loved queen, and of Modred, thy sisters son, how he hath taken Britain from thee.'" Then sate it all still in 'Arthurs [Arthur his] hall; then was there [much] sorrow with 'the good [Arthur the] king; then were *the* British men therefore exceedingly dispirited. Then after a while voices there stirred; wide men

[1] *R.* quene.

[2] *Sic MS.*

MS. Cott. Calig. A. ix.	MS. Cott. Otho, C. xiii.
wide me mihte iheren :·	wide me mihte ...re :·
Brutten iberen.	Bruttune beare.
and gūne to tellen :·	hii g..ne to telle :·
a feole cunne fpellen.	of fale cunn. ...le.
hu heo wolden for-deme :·	hou hii wolde ford.me :·
Modred & þa quene.	Mordred an. .. cweane.
and al ꝥ moncun for-don :·	and al þat ...... for-don :·
þe mid Modred heolden.	þat mid M...... .eolden.
Arður þa cleopede :·	Arthur þo fa...
hendeft alre Brutte.	hendeft alre Brutte.
Sitteð adun ftille :·	Sitteþ adun ftille :·
cnihtef inne halle.	cnihtes in halle.
and ich eou telle wulle :·	and ich ȝou telle wolle :·
fpellef vncuðe.	fpelles oncouþe.
Nu to-mærȝe þēne hit dæi bið :·	Nou to-morwe wane hit dai beoþ :·
& drihten hie fende.	and drihte hine fendeþ.
forð ich wulle buȝe :·	fo... .. wolle wende :·
in toward Bruttaine. [[f. 166.c. 1.]	into Brutayne.
and Moddred ich wulle fcaln[1] :·	and Modred ich wolle slean :·
& þa quen for-berne.	and for-bearne þe cweane.
and alle ich wulle for-don :·	
þa biluueden þen fwikedom.	
And her ich bileofuen wulle :·	And her ich wolle bi-leaue :·
me leofueft monne.	Howel þan eande.

might hear *the* Britons clamor, 'and [they] gan to tell in speeches of many kind, how they would destroy Modred and the queen, and slay all the people that held with Modred. Arthur then 'called [said], fairest of all Britons: "Sit *ye* down still, knights in hall, and I will you tell strange discourse. Now to-morrow, when it is day, and *the* Lord it sendeth, forth I will march 'in toward [into] Britain; and Modred I will slay, and burn the queen; 'and all I will destroy, that approved the treachery.' And here I will leave *the* dearest of men to me, Howel 'my loved relative [the fair], noblest

[1] fclean?

MS. Cott. Calig. A. IX.	MS. Cott. Otho, C. XIII.
Howel minne leofue mæi :	heheſt of mine cūne :
hexſt of mine cunne.	manne me leoueſt.
and half mine uerde :	and half mine ...de : [c. 2.]
ich bilæfuē a þiſſen ærde.	ich bi-leaue in þis ea...
to halden al þiſ kine-lond :	to holde al þis kinelon.
þa ich habbe a mire hond.	... ... habbe in mine hond.
& þenne þaſ þing beoð alle idone :	A... .ane þeos þinges beoþ idon :
aȝan ich wulle to Rome.	a-ȝen ich wolle toward R...
& mi wunliche lond bitatæche[1] :	and mi lond bi-tak.
Walwaine mine mæie.	.....n mine meaẏe.
and iuorþe mi[2] beot seodðe[3] :	
bi mine bare life.	
ſcullen alle mine feond :	ſolle a... .... fon :
wæi-ſið makeȝe.	þis ſwikedom ....ge[4].
Walwain. Þa ſtod hī up Walwain :	Þo ſtod vp Waweẏn :
þat weſ Arðureſ mæi.	þat was Arthures cun.
and þaſ word ſaide :	and þeos word ..... :
þe eorl weſ abolȝe.	þe cniht was ..ol..
Ældrihtē godd :	.. drihtene ...
domeſ waldend.	....ouere[5].
al middel-ærdeſ mund :	
whi iſ hit iwurðen.	
þat mi broðer Modred :	... .red :

of my kin; and half my army I *will* leave in this land, to maintain all this kingdom, that I have in my hand. And when these things are 'all' done, back I will *come* to[ward] Rome, and deliver my 'fair' land to Walwain my relation; 'and afterwards perform my threat, by my bare life'; all my 'enemies [foes] shall 'be destroyed [pay for this treachery]!" Then stood him up Walwain, who was Arthurs relative, and said these words,—the 'earl [knight] was incensed: "Almighty God! 'ruler of dooms [comforter of mankind], 'guardian of all middle-earth!' Why is it befallen, that my

[1] *R.* bitæche. [2] uoreni, *pr. m.* [3] feoððe?
[4] abugge? [5] mancunnes frouere?

MS. Cott. Calig. A. IX.	MS. Cott. Otho, C. XIII.
þis morð hafueð itimbred.	þis .... itimbred.
Ah to dæi ich at-ſake hine here :'	.. ..h hine ſake[1] :'
biuoren þiſſere duȝeðe.	bi-..... .is doȝeþe.
and ich hine for-demen wulle :'	and ich .... wolle :'
mid drihteneſ wille.	mid drihte... ....
mi ſeolf ich wulle hine an-hon :'	.. seolf ich wolle ....n :'
hexſt alre warien. [laȝe :'	
þa quene ich wulle mid goddes	and þe cwea.. ... ...[2]
al mid horſen to-draȝe. [[c. 2.]	
For ne beo ich nauere bliðe :'	for ne worþe ... . .liþe :'
þa wile a[3] beoð aliue.	ear come .. time.
and þat ich habbe minne æm :'	þat ich habbe min eam :'
awræke mid þan bezſte.	awreke mid þan ..ſte.
Bruttes þa andſwarede :'	Bruttus þo anſwe....
mid baldere ſtefne.	..d cwikere ſtem..
Al ure wepnen ſunden ȝarewe :'	Al o.... wepne his ȝare :'
nu to-marȝen we ſcullen uaren.	nou to-morewe we ſollen vare.
A marȝen þat hit dæi wes :'	A morwe þo hit dai was :'
& drihten hine ſenden.	and drihte hine ſende.
Arður[4] uorð him wende :'	Arthur him forþ wende :'
mid aðelen hiſ folke.	..d gode his cnihtes.
half he hit bilæfde :'	halue .. þare lefde :'

brother Modred this sin has wrought? But to-day I forsake him ʻhere,' before this assembly; and I will him destroy with *the* Lords will; myself I will him hang, ʻhighest of all wretches;' [and] the queen ʻI will, with Gods law', ʻdraw all in pieces with horses [destroy]. For may I never be blithe, ʻthe while I am alive [ere the time shall come], until I have avenged mine uncle with the best!." Then answered *the* Britons with ʻbold [quick] voice: "All our ʻweapons are [weapon is] ready; now to-morrow we shall march!" ¶ On *the* morrow when it was day, and *the* Lord it sent, Arthur forth him moved, with his good ʻfolk [knights]; half he ʻit [there] left, and

[1] asake? [2] cweane for-don? [3] ich? [4] *R.* Arður.

MS. Cott. Calig. A. ix.	MS. Cott. Otho, C. xiii.
& half hit forð ladde.	and halue he forþ ladde.
Forð he wende þurh þat lond :	Forþ he wende þorh þat l.nde :
þat he com to Whit-ſond.	þ.. .e com to Witſond.
ſcipen he hæfde ſone :	s...ſ he hadde ſone :
monie & wel idone.	manie and ... . [f. 133. c. 1.]
ah feowertene niht fulle :	ac fourtene niht .....
þere læi þa uerde.	... . ferde.
þeos wedereſ abiden :	weder a-....
windeſ bi-delde.	wyndes bi-dealed.
Nu waſ ſum for-cuð kempe :	... ..s ſom forcouþ cniht :
in Arðureſ ferde.	.. ...ures ferde.
anæn ſwa he demen iherde :	þat þo .. .. .eme :
of Modredeſ ðeðe[1].	of Modred ... ...
he nom[2] hiſ swein aneouſte :	he nam his ſw.yn one :
and ſende to þiſſen londe.	... ſende to londe.
and ſende word Wenhaueren :	..d ſende word Gwenayfer :
heou hit waſ iwurðen.	... ... was iworþe þar.
and hu Arður weſ on uore :	a.. ... Arthur was on vore :
mid muclere ferde.	m.. .....lere ferde.
and hu he wolde taken on :	
& al hu he wolde don.	
Þa quene com to Modred : [f. 166b. c. 1.]	Þe cwea.. ... .o Mod...
þat waſ hire leoſueſt monneſ.	... was ....

half 'it [he] forth led. Forth he marched through the land until he came to Whitsand; ships he had soon, many and excellent; but 'full' *a* fortnight there lay the host, abiding 'the' weather, deprived of wind (becalmed). Now was *there* some wicked knight in Arthurs army, 'anon as [who when] he heard *it* determined of Modreds death, he took [one] his swain 'quickly,' and sent to 'this' land; and sent word to Wenhaver, how it had [there] happened, and how Arthur was on *his* march, with *a* great host; 'and how he would take on, and all how he would do.' The queen came to Modred, who was to her dearest of men, and told him tiding of

[1] *R.* deðe.

[2] mon, *pr. m.*

MS. Cott. Calig. A. IX.	MS. Cott. Otho, C. XIII.
and talde hī tidende :'	... . tẏdinge :'
of Arðure þan kinge.	of ....nge.
hu he wolde taken an :'	ou wold. ....
& al hu he wolde don.	and al ou he ....
Modræd nom hiſ ſonde :'	..dred nam his .....
and ſende to Sex-lond.	... ...de to Saxlond.
after Childriche :'	....driche :' [Chi]ldric.
þe king wes swiðe riche.	þane .... þan riche.
and bæd hine cume to Brutaine :'	and b.. ....me to Brutlonde :'
þer of he bruke ſculde.	. . . . be ſolde.
Modræd bad Childriche :'	
þene ſtronge & þene riche.	
weide ſenden ſonde :'	
a feouwer half Sexlonde.	
and beoden þa cnihteſ alle :'	
þat heo biȝeten mihte.	
þat heo comen ſone :'	
to þiſſen kinedone[1].	
and he wolde Childriche :'	
ȝeouen of hiſ riche.	al . . . . hond.
al biȝeonde þerere[2] Humbre :'	aȝendalf[3] ....berlond :'
for he him ſcolde helpe.	
to fihten wið hiſ æme :'	

Arthur the king, how he would take on, and all how he would do. Modred took his messengers, and sent to Saxland, after Childrich, 'who was king most [the *strong and* the] powerful; and bade him come to Britain,— thereof he should have possession. 'Modred bade Childrich, the strong and the rich, to send messengers wide, on *the* four sides of Saxland, and bid all the knights that they might get, that they should come soon to this kingdom;' 'and he would to Childrich give *part* of his realm, all beyond the Humber; [all *in his own* hand possess half Northumberland.] 'because he should him help to fight against his uncle king Arthur.' Childrich

[1] *R.* kinedome.
[2] þere?
[3] aȝen half?

MS. Cott. Calig. A. ix.	MS. Cott. Otho, C. xiii.
Arðuren kinge.	
Childrich beh ſōe :'	Cheldrich ... .
in to Brutlonde[1].	.. to Brutlonde.
Þa Modred hafde hiſ ferde :'	Þ . . . .
iſomned of monnen.	. . . . . . his cnihtes.
þa weoren þere italde :'	.. weren þar .....
ſixti þuſende.	..... .ouſend.
here-kempen harde :'	
of heðene uolke.	
þa heo weoren icumen hidere :'	þat were h.... ... me :'
for Arduref[2] hærme.	for Arthur his arme.
Modred to helpen :'	....ed to helpe :'
forcuðeſt monnen.	forcouþeſt .....
Þa þe uerde weſ iſome :'	Þo þe ferde ..s igadered :'
of ælche mon-cunne.	of alle m.. ..nne.
þa heo weoren þer on hepe :' [c. 2.]	þo were þar to heape :'
an hunddred þuſende.	an hundred þouſend.
heðene and criſtene :'	heaþen. ..d ....e :'
mid Modrede kinge.	mid Modred. ... .
Whitſond. Arður lai at Whit-ſond :'	Arthur lay at ......nd :'
feouwertene niht him þuhte to lōg.	fourte niht h. him þohte to long.
and al Modred wuſte :'	and al Modred wiſte :' [c. 2.]
wat Arður þær wolde.	þat Arthur þare wolde.
ælche dai him comen ſonde :'	for eche dai him com ſonde :'

proceeded soon into Britain. When Modred had assembled his 'host of men [knights], then were there told sixty thousand 'hardy warriors of heathen folk,' 'when they [that] were come hither, for 'Arthurs [Arthur his] harm, *and* to help Modred, wickedest of men! When the army was gathered of 'each [all] people, then were 'they' there in *a* heap an hundred thousand, heathens and christians, with Modred [*the*] king. Arthur lay at Whitsand; *a* fortnight seemed to him too long; and Modred knew all 'what [that] Arthur there would; [for] each day came messengers to him from the kings army.

[1] Bruttlonde, *pr. m.* [2] *R.* Arðuref.

MS. Cott. Calig. A. IX.	MS. Cott. Otho, C. XIII.
from þaſ kingeſ hirede.	fram þan kingeſ ferde.
Þa ilomp hit an one time :'	Þo bi-fallet[1] in on tyme :'
muchel rein him gon rine.	moche .... hit gan ryne.
& þæ wind him gon wende :'	an. .. .. gan wende :'
& ſtod of þan æſt ende.	and .... eaſt eande.
and Arður him ot ſcipe fuſde :'	and Arthur to ſipe wende wende[2] :'
mid alle his uerde.	mid alle his cnihteſ.
and hehte þat hiſ ſcip-men :'	and hehte þat his ſipmen :'
brohten hine to Romerel.	brohte hine at Romelan. *Romerel.*
þer he þohte up wende :'	þar he þohte vp wende :'
in to þiſſen londe.	into þiſſe londe.
Þæ he to þere hauene com :'	Þo he to þar hauene com :'
Moddred him weſ auornon.	M..red was aforn.ȝeon.
aſe þe dæi gon lihte :'	al ſo þe day gan li..te :'
heo bigunnen to fihten.	hii bi-gonne to fihte.
alle þene longe dæi :'	al þane lang. day :'
moni mon þer ded læi.	mani man þar dead lay.
ſumme hi fuhten a londe :'	somme hi fohte a londe :'
summe bi þan ſtronde.	somme bi ſéé ſtr..de.
summe heo letten ut of ſcipen :'	
ſcerpe garen ſcriþen.	
Walwain bi-foren wende :'	Waweyn wende bi-...e :'
and þene wæi rumde.	and þane way rumde.
& ſloh þer a-neuſte :'	

Then befell it on a time, much rain it gan to rain, and the wind it gan to turn, and stood from the east end. And Arthur proceeded to ship (embarked) with all his 'host [knights], and ordered that his shipmen should bring him to Romney, where he thought to come up into this land. When he came to the haven, Modred was opposite to 'him'; as the day gan light, they began to fight, all the day long; many *a* man dead there lay! Some they fought on land, some by 'the [sea] strand; 'some they let fly sharp spears out of *the* ships.' Walwain went before, and cleared the way; and 'slew

[1] bi-falle hit? [2] *Sic MS.*

MS. Cott. Calig. A. IX.	MS. Cott. Otho, C. XIII.
þeineſ elleouene.	
he ſloh Childricheſ ſune :'	and he ſloh Cheldrich his ſo.. :'
þe was þer mid hiſ fader icume.	þat was mid þan fa... come.
To reſte eode þa ſunne :'	To raſte ȝeode .. ...e :'
wæ weſ þa monnen. [f. 167. c. 1.]	wo was þo þ. .....
Walwain. þer weſ Walwain aſlæȝe :'	þar was Waweẏn of-slawe :'
& idon of life-daȝe.	and idon of lif-daȝe.
þurh an eorle Sexiſne :'	þorh one eorl Sexiſne :'
ſæri wurðe hiſ ſaule.	sori w..þe his ſaule.
Þa weſ Arður ſæri :'	Þo was ..thur sori :'
& ſorhful an heorte forþi.	and forþfolle .. .eorte.
& þaſ word bodede :'	and þeos wo.... ...de :'
riccheſt alre Brutte.	richeſt alre Brut...
Nu ich ileoſed habbe :'	Nou ich i-lore habbe :'
mine ſweineſ leoſe.	Waweẏn þat ich louede.
ich wuſte bi mine sweuene :'	ich wiſte wel bi min ſweuen :'
whæt sorȝen me weoren ȝeueðe.	þat forþwe me was ȝeuen.
i-ſlaȝen iſ Angel þe king :'	i-ſlawe his Angel þe king :' [f. 133b. c. 1.]
þe weſ min aȝen deorling.	þat was min owe deorling.
& Walwaine mi[1] ſuſter ſune :'	and Wawein mi ſoſte[2] ſone :'
wa iſ me þat ich waſ mon iboren.	wo his me for þare leore.
up nu of ſcipen biliue :'	vp nou of ſipe bliue :'
mine beorneſ ohte.	mine cnih..s ohte.

there soon eleven thanes;' he slew 'Childrichs [Childrich his] son, who was come 'there' with 'his [the] father. To rest went the sun; woe was [then] to the men! There was Walwain slain, and deprived of life-day, through a Saxish earl,—sorry be his soul! Then was Arthur sorry, and sorrowful 'therefore' in heart; and these words said, mightiest of all Britons: "Now I have lost 'my loved swains [Walwain that I loved]! I knew [well] by my dream, 'what [that] sorrow 'were [was] given to me! Slain is Angel the king, who was mine own darling, and Walwain, my sisters son,—woe is me 'that I was born man [for the loss]! Up now from ship, quickly, my brave knights!" Even with the words sixty thousand

[1] *Interlined by second hand.*

[2] *R.* ſoſter.

MS. Cott. Calig. A. ix.	MS. Cott. Otho, C. xiii.
Æfne þā worde :'	Eafne þan worde :'
wenden to fihte.	...de to ..hte.
ſixti þuſend anon :'	sixti þou.... ....:'
ſelere kēpē.	baldere Bruttus.
and breken Modredeſ trume :'	and breke Modred his trome :'
and wel neh him ſeolue weſ inome.	and wel neh him seolf was inome.
Modred bi-gon to fleon :'	Modred gan to fleonde :'
& hiſ folc after teon.	and his folk after.
flnȝen ueōdliche :'	
feldeſ beoueden eke.	
ȝurrē þa ſtaneſ :'	
mid þan blod-ſtremeſ.	
Þer weore al þat fiht i-don :'	Þar was al þat fiht idon :'
ah þat niht to raðe cō.	ac þe niht to raþe com.
ȝif þa niht neore :'	ȝef þat niht neore :'
iſlaȝē hi weoren alle.	aſlaȝen alle hii were.
þe niht heom to-delde :'	
ȝeond ſladeſ & ȝeon[1] dunen.	
and Modred ſwa vorð[2] com :'	[c. 2.] and Mod..d ſo forþ com :'
þat he weſ at Lūdene.	þa. he was at Londen.
Iherden þa burh-werē :'	Hi-horde þe borh-men :'
hu hit waſ al ifaren.	al ou hit was ifaren.
and warnden him inȝeong :'	and wornde him .in-gonde :'

'good warriors [bold Britons], pressed anon to *the* fight, and brake 'Modreds [Modred his] ranks, and well nigh himself was taken. Modred 'be'gan to flee, and his folk 'to follow' after; '*they* fled exceedingly, *the* fields eke trembled; the stones jar with the blood-streams!' There 'would have been [was] all the fight ended, but the night came too soon; if the night had not been, they all would have been slain! 'The night separated them over slades and over downs'; and Modred came so *far* forth, that he was at London. The burgh-men heard how it had all fared, and denied him

[1] ȝeond?

[2] worð, *pr. m.*

MS. Cott. Calig. A. IX.	MS. Cott. Otho, C. XIII.
& alle hiſ folke.	and alle his folke.
Modr[ed.] Modred þeone wende :'	Modred þanne wende :'
toward Winchaſtre.	in to Wẏnc.eſtre.
and heo hine underuengen :'	and hii him onder.....
mid alle hiſ monnen.	mid alle his manne.
And Arður after wende :'	An. ..thur after forþ riht :'
mid alle hiſ mahte.	mid alle his mihte.
þat he com to Wincheſtre :'	þat he ..m to Wẏncheſtre :'
mid muchelre uerde.	mid alle his ...de.
& þa burh al biræd :'	... þe borh al b-ir...
& Modred þer inne abeod.	... Modred þar ine ab...
Þa Modred iſæh :'	.. ..dred iſeh :'
ꝥ Arður hī[1] weſ ſwa neh.	þat Arthur was ſo neh.
ofte he hine biþohte :'	ofte he hine bi-þohte :'
wæt he don mahte.	wat he don mihte.
Þa a þere ilke niht :'	..d he in þan ilke niht :'
he hehte hiſ cnihtes alle.	he h.... alle hiſ cnihtes.
mid alle heore iwepnen :'	mid alle .... ..pne :'
ut of burhȝe wendē.	vt of borewe wen..
and ſæide þat he weolde :'	..d ſaide þat he wolde :'
mid fihte þer at-ſtonden.	mid ...te þar at-ſtonde.
He bi-hehte þere burȝe-were :'	
auer mare freo laȝe.	

entry, and all his folk. Modred thence went 'toward [into] Winchester; and they him received, with all his men. And Arthur 'pursued [forth-right] after, with all his might, until he came to Winchester, with 'a mickle [all his] host, and the burgh all besieged; and Modred therein abode. When Modred saw, that Arthur was so nigh 'to him', oft he bethought him what he might do. 'Then [and he] on the same night, he ordered all his knights, with all their weapons, to march out of *the* burgh; and said that he would with fight there make a stand.\ 'He promised the burghmen free law ever-

[1] hit, *pr. m., but* t *expuncted.*

MS. Cott. Calig. A. IX.	MS. Cott. Otho, C. XIII.
wið þan þa heo him heolpen :/	
at heȝere neoden.	
Þa hit wes dæi-liht :/	Þo hit was daẏ-liht :/
ȝaru[1] þa wes heore fiht.	þo was ȝaru hire fiht.
Arður þat bi-hedde :/	Arthur þat bi-hedde :/
þe king wes abolȝe.	king[2] was abo... [c. 2.]
he lette bemen blawen :/	.. .. blowe bumes :/
and beonnen men to fihtē.	... . fihte.
he hehte alle his þeines :/ [f. 167ᵇ. c. 1.]	he hehte al.. ... .eynes :/
& aðele his cnihte.	and alle his ....
fon somed to fihtē :/	healpe him at þan .....:/
and his ueod[3] auallen.	... his feondes fa...
and þe burh alle for-don :/	... .. borh al for-don :/
and þat burh-folc ahon.	a.. ... . al an-hond[4].
Heo to-gadere stopen :/	h.. ..-gadere stopen :/
and sturliche fuhten.	and hardeliche foht.n.
Modred þa þohte :/	Modred þo þohte :/
what he don mihte.	... .e don mihte.
& he dude þere :/	and he d.de þare :/
alse he dude elles whare.	ase he dude w.. ...re.
swikedom mid þan mæste :/	s....... mid þan meste :/
for auere he dude unwrſte.	for .... onwreste.

more, on condition that they should help him at *his* great need.' When it was day-light, then ready was their fight. Arthur that perceived,—the king was enraged;—he caused trumpets to be blown, and men to be assembled to battle; he commanded all his thanes, and [all] his 'noble' knights, 'together to take *the* [to help him at the] fight, and fell his enemies, and the burgh all to destroy, and hang [all] the burgh-folk. They stept together, and 'sternly [hardily] fought. Modred then thought what he might do; and he did there as he did 'else where [well every where], treachery with the most! For ever he did wickedly; he betrayed his comrades before

[1] *Apparently written at first* sari.
[2] þe king?
[3] *R.* ueond.
[4] an-hon?

MS. Cott. Calig. A. IX.	MS. Cott. Otho, C. XIII.
he biſwac[1] hiſ iueren :	.. .. .feres :
biuoren Wincheſtren.	bi-vore ....
and lette hī to cleopien :	.nd cleopede ... ..
hiſ leofeſte cnihteſ anan.	..s leueſte cnih...
and hiſ leoueſte freōd alle :	
of allen hiſ folke.	
and bi-ſtal from þan fihte :	... .al fram þan .....
þe feōd hine aȝe.	.. ....d hine teahte.
and þat folc gode lette :	an. .... gode folk :
al þer for-wurðe.	alle ... .
Fuhten alle dæi :	.....n alle lange ...
wenden þat heore laūd þer læi.	..... .at hire louerd ... ...
and weore heom aneouſte :	... were ȝeom ....
at muchelere neode.	at mochelere neo..
Þa heold he þene wai :	.. .. heold þane waẏ :
þat touward Hamtone lai.	... .rd Hamtone l..
and heolde touward hauene :	and .... .o þan haue..
forcuðeſt hæleðe.	for....... ..re cnihte.
and nom alle þa ſcipen :	a.. ... .es :
þa þer oht weore.	þat þar .oht were.
and þa ſteormen alle :	and þe ſteorme. alle :
to þan ſcipen neodde.	to þan ſipes neo..
and ferden into Cornwalen :	and wen.. .... Cornwal..
forcuðeſt kingē a þan daȝen.	onwreſt. ..... in þane daȝe.

Winchester, and 'caused' his dearest knights 'to be' called to him 'anon, and his dearest friends all, of all his folk'; and stole away from the fight,—the fiend him 'have [instructed]!—and let the good folk all there perish. *They* fought all day [long]; *they* weened that their lord there lay, and were near them at *their* great need. Then bent he the way that toward Hampton lay; and bent toward *the* haven,—wickedest of [all] men,—and took all the ships that there good were, and all the steersmen, to *the* need of the ships; and proceeded into Cornwall,—wickedest of kings in those

[1] *At first written* biſpac.

MS. Cott. Calig. A. ix.	MS. Cott. Otho, C. xiii.
And Arður Wincheſtre :'	And Arthur Wýncheſtre :'
þa burh bilai wel faſte.	.. ..rh bi-laý faſte.
& al þ moncun of-floh :' [c. 2.]	and .. ... mancun of-al..
þer weſ forȝē inoh.	... ..s forewe inoh.
þa ȝeonge and þa alde :'	.. .. þan holde :'
alle he aqualde.	alle he a..alde.
Þa þat folc wes al ded :'	Þo þat folk was al dead :' [f. 134. c. 1.]
þa burh al for-ſwelde.	þe toun he for-ſwealde.
þa lette he mid alle :'	þo lette he mid alle :'
to-breken þa walles alle.	to-breke þe walles alle.
Þa weſ hit itimed þere :'	Þo was i-funde þare :'
þat M⁹lin ſeide while.	þat Merlýn ſaide wile.
Ærm wurðeſt þu Winchæſtre :'	Wýncheſtre wo þe comeþ to :'
þæ eorðe þe ſcal forſwalȝe.	þe corþe þe ſal for-ſwolȝe.
swa Merlin ſæide :'	so Merlýn ſaýde :'
þe witeȝe wes mære.	þat wiſeſt waſ of manne.
Þa qne læi inne Eouwerwic :'	Þe cweane laý at Euerwich :'
næſ heo næuere ſwa ſarlic.	na. ȝeo neuere so ſorlich.
þ weſ Wenhauer þa quene :'	
ſærȝeſt wimmonne.	
Heo iherde ſuggē :'	Ȝeo ihorde ſegge :'
soððere worden.	soþere wordes.
hu ofte Modred flah :'	ou lome Modred fl..
and hu Arður hine bibah.	.nd ou Arthur h... .....

Wenhauer.

days! And Arthur besieged 'well' firmly Winchester the burgh; and slew all the people,—there was sorrow enow,—the young and the old, all he killed. When the folk was all dead, *and* the 'burgh all [town he] burnt, then caused he withal all the walls to be broken in pieces. Then was it there 'come to pass [found], that Merlin whilom said: "'Wretched shalt thou be [Woe cometh to thee], Winchester! the earth shall thee swallow!" So Merlin said, who was '*a* great prophet [wisest of men]. The queen lay 'in [at] York; never was she so sorrowful; 'that was Wenhaver the queen, most miserable of women!' She heard say sooth words, how often Modred fled, and how Arthur him pursued; woe was to her the while, that she

MS. Cott. Calig. A. IX.	MS. Cott. Otho, C. XIII.
wa wes hire þere while :'	wo was hire .. ....
þat heo weſ on life.	... ȝeo was on .....
Ut of Eouerwike :'	.. .. wike :'
bi nihte heo iwende.	bi niht ... .
& touward Karliun tuhte :'	and toward .... droh :'
swa ſwiðe ſwa heo mahte.	ſoſwiþe ſo ... mihte.
	for ȝeo nolde Ar..ur more iſe :'
	for al þan ..orle-riche.
þider heo brohten bi nihte :'	to Cayrl... ... com bi nihte :'
of hire cnihten tweiȝe.	mid twey. .ire cnihteſ.
and me hire hafd bi-wefde :'	and þare me hire hodede :'
mid ane hali rifte.	an. ..nechene makede.
and heo wes þer munechene :'	
kare-fulleſt wife.	
Þa nuſten men of þere quene :'	And .. no man nuſte :'
war heo bicumen weore.	war ȝeo bi-come were.
no feole ȝere ſeoððe :'	ne of hire eande :'
nuſte hit mon to ſoðe.	ne can no boc telle.
whaðer heo weore on deðe :' [f. 168. c. 1.]	in woche wiſe ȝeo was dead :'
[1]	and ou ȝeo hinne .ende.
þa heo here ſeolf weore :'	
iſunken in þe watere.	
Modred. Modred wes i Cornwale :'	Modred was in Co..wale :'

was alive! Out of York she went by night, and toward Kaerleon drew, as quickly as she might; 'thither she brought by night [for she would not see Arthur more, for all the worlds-realm; to Kaerleon she came by night, with] two of her knights; and [there] men 'covered her head with a holy veil, and she was there *a* nun [hooded her, and made *her* a nun]; 'woman most wretched!' 'Then men knew not of the queen, [And then no man knew] where she were gone, nor 'many years afterwards man knew it in sooth, whether she were dead, or *whether* she herself were sunk in the water [of her end can any book tell, in what wise she was dead, and how she hence departed]. Modred was in Cornwall, and gathered many knights;

[1] *A line is here wanting.*

MS. Cott. Calig. A. IX.	MS. Cott. Otho, C. XIII.
& ſomnede cnihteſ feole.	... gadere cnihtes fale.
to Irlonde he ſende :'	to Irlonde he ſende his ſonde :'
a-neoſte hiſ ſōde.	and to Scotlonde.
to Sex-londe he ſende :'	to Saxlonde he ſende :'
aneouſte hiſ ſonde.	after cnihtes hende.
to Scotlonde he ſende :'	
aneouſte hiſ ſonde. [anan :'	
he hehten heom to cume alle	
þat wolde lond habbē.	þat wolde awinne to hire hond :'
oðer ſeoluer oðer gold :'	feo seoluer oþer lond. [c. 2.]
oder[1] ahte oder[1] lond.	
on ælchere wiſen :'	
he warnede hine ſeoluē.	
swa deð ælc witer mon :'	
þa neode cumeð uuenan.	
Arður þat[2] iherde :'	Arthur þis ihorde :'
wraðeſt kinge.	wroþeſt alre kinge.
þat Modred wæſ i Coꝛwale :'	þat Modred was in Cornwale :'
mid muchele monweorede.	mid mochele manferde.
& þer wolde abiden :'	and þar wolde abide :'
þat Arður come riden.	þat Arthur come ride.
Arður ſende ſōde :'	Arthur ſende ſonde :'
ȝeond al hiſ kine-londe.	into al his kinelonde.

to Ireland he sent his messengers 'quickly [and to Scotland]; to Saxland he sent 'his messengers quickly [after knights fair]; 'to Scotland he sent his messengers quickly; he ordered them all to come anon,' that would 'have land, or silver, or gold, or possessions [win to their hand fee, silver], or land; 'in each wise he warned himself (each individual);—so doth each prudent man upon whom cometh need.' Arthur that heard, wrathest of [all] kings, that Modred was in Cornwall with *a* mickle army, and there would abide until Arthur approached. Arthur sent messengers 'over [into] all his kingdom, and bade all 'to come that was alive in land, that to fight

[1] oðer?

[2] *At first written* wane he.

MS. Cott. Calig. A. IX.	MS. Cott. Otho, C. XIII.
and to cumē alle hehte :'	and bad alle þe cnihtes :
þat quic weſ on londe.	þat lond wolden holde.
þa to uihte[1] oht weorē :'	þat hi alle ſone :'.
wepnen to beren.	to him seolue come.
	bote he were ſwike :'
	and mid Modred heolde.
	þaie he habbe nolde :'
	þeh hii comen wolde.
& wah ſwa hit for-ſete :'	wo ſe for-feate :'
þat þe kīg hete.	þis þat[2] king hæte.
þe king hine wolde a folden :'	þe king hine wolde slean :'
quid[3] al for-bernen.	oþer cwik al for-bearne.
Hit læc toward hirede :'	Hit wende to þan kinge :'
folc v̄imete.	folk onimete.
ridinde & ganninde :'	ridende and .ohinge :'
swa þe rim[4] falled[5] adune.	aſe þe ren falleþ.
Arður for to Cor̄wale :'	...... to Cornwale wende :'
mid unite[6] ferde.	... ...mete ...de.
Modred þat iherde :'	Modred ... .e :'
& him toȝeineſ heolde. [c. 2.]	and him to-ȝea.es ...lde.
mid vnimete folke :'	mid onimete ..lke :'
þer weore mōie uæie.	þar were manie fæẏe.
uppen þere Tanbre :'	vppe þar T..mbre :'

were good, weapons to bear [the knights that would hold land, that they all should come soon to himself, unless he were traitor, and with Modred held; those he would not have, though they would come]; 'and' whoso 'it [this] neglected, that the king commanded, the king would him [slay, or] all consume alive 'in *the* land.' Innumerable folk it came 'toward *the* host [to the king], riding and on foot, as the rain 'down' falleth! Arthur marched to Cornwall, with *an* immense army. Modred heard that, and advanced against him with innumerable folk,—there were many fated! Upon the Tambre they came together; the place hight Camelford, ever-

[1] *This and the preceding word are on an erasure.* [2] þat þe? [3] *R.* quic. [4] rein? [5] falleð? [6] *R.* unimete.

MS. Cott. Calig. A. IX.	MS. Cott. Otho, C. XIII.	
heo tuhten to-gadere.	icome[1] to-gaderes.	
þe ſtude hatte Camelford :ˊ	þe ſtude hatte Camelford :ˊ	Cam[el-ford.]
euer mare ilaſt þat ilke weorde.	euere more i-laſt þat word.	
And at Camelforde wes iſomned :ˊ	And[2] Camelford were mid Arthur :ˊ	
ſixti þuſend.	ſixti þouſend manne.	
& ma þuſend þer to :ˊ	and mo þouſendes ȝite :ˊ	
Modred wes heore ælder.	in Modred his ſyde.	
Þa þiderward gon ride :ˊ	Þo þiderward gan ride :ˊ	
Arður þe riche.	Arthur þe riche.	
mid unimete folke :ˊ	mid onimete folke :ˊ	
uæie þah hit weore.	of cnihtes wel bolde.	
Uppe þere Tambre :ˊ	Vppen þar Tambre :ˊ	Tam[bre.]
heo tuhte to-ſomne.	hii ſmite to-gadere.	
heuē here-marken :ˊ		
halden to-gadere[3].		
luken ſweord longe :ˊ	drowen ſweorde longe :ˊ	
leidē o þe helmen.	and ſmiten on þe healmes.	[f. 134b. c. 1.]
fur ut[4] ſprengen :ˊ	þat þe fur vt ſprong :ˊ	
ſperen braſtlien.	þe ſwippes were bitere.	
ſceldeſ gōnē ſcanen :ˊ		
ſcafteſ to-breken.		
þer faht al to-ſomne :ˊ		
folc vnimete.		

more lasted the 'same' word. And at Camelford 'was assembled [were with Arthur] sixty thousand [men], and more thousands 'thereto; Modred was their chief [yet, on Modred his side]. Then thitherward gan ride Arthur the mighty, with innumerable folk,—'fated though it were! [of knights well bold.] Upon the Tambre they encountered together; 'elevated *their* standards; advanced together'; drew *their* long swords, [and] smote on the helms; [*so* that the] fire out sprang; 'spears splintered; shields gan shiver; shafts brake in pieces [the strokes were bitter]! 'There fought all together innumerable folk!' Tambre was in flood

[1] hii come? [2] And at? [3] to-godere, *pr. m.* [4] for up, *pr. m.*

MS. Cott. Calig. A. ix.	MS. Cott. Otho, C. xiii.
Tambre weſ on flode :'	Tambre was on flode :'
mid vnimete blode.	mid onimete blode.
mon i þan fihte non þer ne mihte :'	ne mihte man in þan fihte :'
ikeñe[1] nenne kempe.	icnowe nanne kempe.
no wha dude wurſe no wha bet :'	wo dude wors ne wo dude bet :'
swa þat wiðe weſ imenged.	ſo þat weder was imenged.
for ælc ſloh adun riht :'	for ech sloh adun riht :'
weore he ſwein weore he cniht.	were he ſweyn were he cniht.
Þer wes Modred of-ſlaȝe :'	Þar was Modred of-ſlaȝe :'
and idon of lif-daȝe.	and idon of lifdaȝe.
[2]	and alle his cnihtes :'
in þan fihte.	iſlaȝe in þan fihte.
Þer weoren of-ſlaȝe :'	Þar weren of-ſlaȝe :'
alle þa ſnelle.	alle þe ſnelle.
Arduref[3] hered-men :'	Arthures hiredmen :'
heȝe[4]	heiȝe and lowe.
and þa Brutteſ alle :'	and þe Bruttes alle :'
of Arðureſ borde.	of Arthur his borde.
and alle hiſ ſoſterliges :'	and alle hi. ſoſterlin..s :'
of feole kinericheſ. [f. 168b. c. 1.]	of ....ne riche.
And Arður forwunded :'	And ...... him seolf for-w.....
mid wal-ſpere brade.	mid one ſpere brode.
fiftene he hafde :'	... tene he hadde :'

(flooded) with blood to excess; 'there' might 'no [not] man in the fight know any warrior, 'nor' who did worse, 'nor' who [did] better, so was the 'conflict [storm] mingled! For each slew downright, were he swain, were he knight. There was Modred slain, and deprived of life-day, and all his knights slain in the fight. There were slain all the brave, Arthurs warriors, high and low, and all the Britons of 'Arthurs [Arthur his] board, and all his dependants, of many 'kingdoms [a kingdom]. And Arthur [himself] wounded with [a] broad 'slaughter'-spear; fifteen dreadful

[1] ikeñen, *pr. m.*
[2] *A line and more is here missing.*
[3] *R.* Arðureſ.
[4] *A portion of a line seems here again to be wanting.*

MS. Cott. Calig. A. ix.	MS. Cott. Otho, C. xiii.
feondliche wunden.	feond..che wond..
mon mihte i þare laſten :'	man mihte in þan leaſte :'
twa glouen iþraſte.	two gloues þreaſte.
Þa naſ þer na mare :'	Þo naſ þar na more :'
i þan fehte to laue.	ileued in þan fihte.
of twa hundred þuſend monnen :'	of two hundred þouſend manne :'
þa þer leien to-hauwē.	þat þar laẏ to-hewe.
buten Arður þe king ane :'	bote Arthur þe king :'
& of hiſ cnihteſ tweien.	and twei of hiſ cnihtes.
Arður wes for-wunded :'	ARthur was for-wonded :' [Ar]ður.
wunder ane ſwiðe.	wonderliche ſwiþe.
þer[1] to him com a cnaue :'	þar com a ȝong cnaue :'
þe wes of hiſ cunne.	þat was of his cunne.
he weſ Cadoreſ ſune :'	he was Cador his ſone :' [c. 2.]
þe eorleſ of Corwaile[2].	eorl of Cornwale.
Conſtantin hehte þe cnaue :'	Conſtantin he hehte :' [Con]stantin.
he weſ þan kinge deore.	þe king hine louede.
Arður him lokede on :'	Þe king to him bi-heold :'
þer he lai on folden.	
and þas word ſeide :'	and þeos word ſaide.
mid sorhfulle heorte.	
Coſtætin þu art wilcume :'	Conſtantin þou hart wilcome :'
þu weore Cadoreſ ſone.	þou were Cador ..s ſ.ne.

wounds he had; in the least one might thrust two gloves! Then was there no more remained in the fight, of two hundred thousand men that there lay hewed in pieces, except Arthur the king 'alone,' and two of his knights. Arthur was wounded wondrously much. There came 'to him' a [young] lad, who was of his kindred; he was 'Cadors [Cador his] son, 'the' earl of Cornwall; Constantine 'the lad [he] hight, 'he was dear to the king [the king him loved]. 'Arthur looked on [The king beheld] him, 'where he lay on *the* ground,' and said these words, 'with sorrowful heart:' "Constantine, thou art welcome; thou wert Cadors [Cador his]

[1] þeo, *pr. m.*

[2] *R.* Cornwaile.

MS. Cott. Calig. A. IX.	MS. Cott. Otho, C. XIII.
ich þe bitache here :'	ich þe bi-take here :'
mine kineriche.	mine kineriche.
and wite mine Bruttes :'	and wite mine Bruttus :'
a to þines lifes.	wel bi þine liue.
and hald heom alle þa laȝen :'	
þa habbeoð iſtonden a mine daȝen.	
and alle þa laȝen gode :'	
þa bi Vðeres daȝen ſtode.	
And ich wulle uaren to Aualū :'	And ich wolle wende to Auelun :'
to uaireſt alre maidene.	
to Argante þere quene :'	to Argant þare cweane.
aluen ſwiðe ſceone.	
& heo ſlal[1] mine wunden :'	and ȝeo ſal mine wondes :'
makien alle iſunde.	m..... al iſunde.
al hal me makien :' [c. 2.]	al ... .ie :'
mid haleweiȝe drēchen.	mid halewei.. .....
And seoðe ich cumen wulle :'	.nd ſuþþe ich .... .ȝen :'
to mine kineriche.	to mine ....
and wunien mid Brutten :'	
mid muchelere wunne.	
Æfne þan worden :'	Eafne þan ....
þer com of ſe wenden.	..r com of ſéé wende.
þat wes an ſceort bat liðen :'	a lu.. ſort bot :'
ſceouen mid yðen.	wandri mid þ.. beres.

son. I give thee here my kingdom, and defend *thou* my Britons 'ever in [well by] thy life, 'and maintain them all the laws that have stood in my days, and all the good laws that in Uthers days stood.' And I will fare to Avalun, 'to *the* fairest of all maidens,' to Argante the queen, '*an* elf most fair,' and she shall make my wounds all sound; make me all whole with healing draughts. And afterwards I will come [again] to my kingdom, 'and dwell with *the* Britons with mickle joy'." Even with the words there approached from *the* sea 'that was' a [little] short boat, floating

[1] *R.* ſcal.

MS. Cott. Calig. A. ix.	MS. Cott. Otho, C. xiii.
and twa wimmē þer inne :'	and two wimm.. ...ine :'
wunderliche idihte.	wonderliche igẏnned.
and heo nomen Arður anā :'	... .men Arthur anon :'
and aneouſte[1] hine nereden.	an. .. þan bote bere.
and ſofte hine adun leiden :'	and hine ſoht. .dun leẏde :'
& forð gunnen hine[2] liðen.	and forþ ... gan wende.
Þa weſ hit iwurðen :'	Þo was ... ..onde :'
þat M^{9}lin ſeide whilen.	þat Merlẏn ſaide wile.
þat weore unimete care :'	þat ſolde beon mochel care :'
of Arðureſ forð-fare.	after Arthures forþ-fare.
Brutteſ ileueð ȝete :'	Brutt.. ileueþ ȝete :'
þat he bon on liue.	þat he be. on liue.
and wunnien in Aualun :'	and w.nie in Auailun :'
mid faireſt alre aluen.	mid ....eſte alre cwene.
and lokieð euere B^{u}tteſ ȝete :'	
whan Arður cumē liðe.	
Niſ nauer þe mon iborē :'	Nas neuere þe man ibore :'
of nauer nane burde icoren.	ne of womman icore.
þe cunne of þan ſoðe :'	þat conne of þan ſoþe :'
of Arðure ſugen mare.	of Arthur ſegge more.
Bute while weſ an witeȝe :'	Bote wile was a witti :' [f. 135. c. 1.]
Mærlin ihate.	Merlin ihote.
he bodede mid worde :'	he ſaide mid wordes :'

with the waves; and two women therein, wondrously formed; and they took Arthur anon, and bare him 'quickly [to the boat], and laid him softly down, and forth they gan depart. Then was it accomplished that Merlin whilom said, that mickle care (sorrow) should be 'of [after] Arthurs departure. *The* Britons believe yet that he is alive, and dwelleth in Avalun with *the* fairest of all 'elves [queens]; 'and *the* Britons ever yet expect when Arthur shall return.' Was never the man born, [nor] of 'ever any lady [woman] chosen, that knoweth of the sooth, to say more of Arthur. But whilom was a sage hight Merlin; he said with words,—his

[1] *This word has been altered, on an erasure.*
[2] heo gunnen? *See ll.* 25635. 26827. etc.

MS. Cott. Calig. A. ix.	MS. Cott. Otho, C. xiii.
hiſ quiðeſ weoren ſoðe.	his ſaȝeſ were ſoþe.
þat an Arður ſculde ȝete :'	þat Arthur ſolde ȝite :'
cum Anglen to fulſte.	come Brutteſ ... for to healpe.
Coſtantin þuſ leouede on londe :'	CONſtantin nam þis lond :'
& Brutteſ hine lufede.	and Bruttus hine louede.
and ſwiðe deore heom he wes :'	
and wrðeliche[1] heo hine heolden.	[f. 169. c. 1.]
Nu hæfuede Modred ſunen tweie[2] :'	Nou hadde Modred twei ſones :'
an maine[3] ſwiðe ſtronge.	of mayne hii weren ſtronge.
heo iſiȝen hu hit ferde here :'	hii ſehȝe ou hit ferde here :'
of Ardure[4] þan kaiſere.	of Arthur þan caiſere.
and hu heore fader wes of-ſlaȝe :'	and ou hire fader was of-slaȝe :'
& idon of lif-daȝen.	and idon of lif-daȝe.
& hu Brutteſ to-dreued weoren :'	and ou Brutt[9] to-dreued were :'
mid feole cunne burſten.	on ma.. cunneſ wiſe.
Þa ilke tweie broðeren :'	
ſpeken heō bi-tweohnen[5].	Hii ſpe.. ... bi-twine :'
and ſomneden þa cnihteſ alle :'	
ſeleſt þa heō þuhte.	
þa weoren wide to-floȝen[6] :'	
ut of þan wiðer-uehte.	
and ſomneden uerde :'	and ſomne[7] ſe....

sayings were sooth,—that 'an' Arthur should yet come [*here* for] to help *the* 'English [Britons]. Constantine 'thus lived in [took this] land, and Britons him loved; 'and exceeding dear he was to them, and worthily they him esteemed.' Now had Modred two sons, of might 'most [they were] strong; they saw how it fared here of Arthur the caiser, and how their father was slain, and deprived of lifeday, and how *the* Britons were oppressed 'with many kind of evils [in many kind of wise]. 'The same two brothers [They] spake them between, 'and assembled all the knights that seemed to them best, who had widely fled out of the battle'; and as-

[1] wunderliche, *pr. m.* [2] tweien, *pr. m.* [3] and main, *pr. m.* [4] *R.* Arðure. [5] bi-tweohxen, *pr. m.* [6] to-floȝe, *pr. m.* [7] ſomnede?

MS. Cott. Calig. A. IX.	MS. Cott. Otho, C. XIII.
wide ȝeōd þan arde.	
and þuhten to ſlan Coſtantin ∵	and þohte ſlean Con....tin ∵
and al hiſ lōd binimen him.	and al his lond b. .... him.
Þat iherde ſugge Coſtantin ∵	Þat ihorde Conſta....
þe king weſ abolȝen.	þe king was abolw.
and ſende hiſ ſonde ∵	... ſende his ſonde ∵
wide ȝeond hiſ londe.	ouer.. his londe.
and hirede[1] hehte cume ∵	and hehten comen alle ∵
þan kingge to helpe.	.ane king to helpe.
Siȝen toward hirede ∵	Wende toward ferde ∵
ȝeonglingeſ ſnelle.	ȝonglenges ſnelle.
þritti þuſend anan ∵	þrit.. þouſend anon ∵
ſom̄ed comen þraſten.	þraſte to þan kẏnge.
and þe þe[2] king forð rihteſ ∵	and þe king forþrihteſ ∵
makeden hom cnihteſ.	makede ȝam cnihtes.
Þa oðere cnihteſ þer comen ∵	Oþer cnihteſ þar comē ∵
þa at þan ſehte ar weoren.	þat hear at fihte weren.
þa hafde he to-ſomne ∵	.. hadde he to-gadere ∵
ſixti þuſende.	ſixti ......d.
Þat iherde bodien ∵	Þis ihorden beie ∵
beien Moddredeſ ſunen.	......es ſones tweie.
and nomen heō to rade ∵ [c. 2.]	... . heom .. ....
and to ſom̄ rune.	... . .oune.

sembled *a* host 'wide over the land,' and thought to slay Constantine, and take from him all his land. Constantine heard 'say' that,—the king was enraged,—and sent his messengers 'wide over [over all] his land, and bade 'forces [all] come, to help the king. Marched toward *the* host active youths; thirty thousand anon 'came together crowding [crowded to the king]; and the king forth-right made them knights. 'When' *the* other knights there came, that ere at 'the' fight were, then had he together sixty thousand *men*. Both Modreds sons [twain] heard 'that [this] 'said', and betook them to counsel and to some communing, that the one would

[1] herede, *pr. m.*

[2] *Sic MS.*

MS. Cott. Calig. A. ix.	MS. Cott. Otho, C. xiii.
þat þe an liðen wolde :'	. . . .
in to Lundene.	....dene. [c. 2.]
and þe oder[1] liðen wolde :'	and þe oþer wende ſolde :'
in to Winchaſtre.	in to Wÿncheſtre.
and þer heo wolden abiden :'	and þar hii wolde a-bide :'
þat þe king comen riden.	þat þe king come ride.
and wolden wið him fehten :'	and wolde mid him fihte :'
mid allen heore mehten.	mid al hire mihte.
Al[2] þæ hit com to neode :'	Ac þo hit com to neode :'
oðer weiſ hit eode.	al oþer weies hit ȝeode.
Coſtcantin[3] gon liðe :'	Conſtantin gan wende :'
touward Lūdenne.	toward Londene.
Þat iherden bodien :'	Þat ihorde ſegge :'
þeo þa burh[4] biwuſten.	þat þe borh bi-wiſte.
hælden to-ſomne :'	
to heore huſtinge.	
heo nomen heom to rade :'	nomen heom to reade :'
and to ſom rune.	and to ſom roune.
þat heo wolden halden alle :'	þat hii wolde holde :'
mid Coſtantin þan kinge.	mid Conſtantin þan .....
and for-ſaken Modredeſ ſune :'	and Modred his ſon.. ... ...e :'
þæ þat morð wrohte.	þat þane morþre ....e.
Modredeſ ſune flah :'	Modred hiſ ....

go into London, and the other 'would [should] go into Winchester; and there they would abide until the king came riding, and would with him fight, with all their might. But when it came to need, [all] otherwise it happened! Constantine gan march toward London. 'They' who guarded the burgh heard that said; '*they* met together at their husting; they' betook them to counsel and to some communing, that they 'all' would hold with Constantine the king, and forsake 'Modreds [Modred his] son, who wrought the perdition. 'Modreds [Modred his] son fled, and 'in' to a 'min-

[1] oðer ? [2] Ah ? [3] *R.* Coſtantin.
[4] *Altered on erasure by a second hand.*

MS. Cott. Calig. A. ix.	MS. Cott. Otho, C. xiii.
and in to ane muneſtere teh.	and to one ..erche ...
And Conſtantin him after wende :'	... Conſtantẏn after .....
and þer[1] hine icæhte.	..d þare hine kah..
þe king mid hiſ ſweorde :'	.. ...g mid his ſwerde :'
þat hefd him of-ſwipte.	... . of-swipte.
And þuſ þe king wordede :'	
wræð on hiſ þonke.	
Liȝe þer þu laðe mon :'	
leof þu beo þā sucke[2].	
slæð heð aneouſte :'	
al ꝥ ȝe findeð þere.	
mine wiðer-iwinnen :'	
weorpeð heom to grūden.	
þiſ ſlaht weſ ſone idon :'	þis ..ht was ſone idon :'
for moni mon þer wenden to.	for ..ni naȝen ſtode.
Seoððē lette Coſtantin :'	
þe[3] king weſ on londe. [f. 169b. c. 1.]	
blawen hiſ bemen :'	
and bonnien hiſ hiſ[4] ferden.	
and wende riht þene wai :'	Suþþe he nam þane way :'
þe touward Winchæſtre lai.	þ.. ...... Euerwike laẏ.
and forð ladde mid hī :'	and for. ... ... .ad :'

ster [church] drew. And Constantine 'went' after him, and there him caught; the king with his sword struck from him the head. 'And thus the king spake, wrath in his thought: "Lie there, thou hateful man, be thou dear to the Fiend!—Slay *ye* them quickly, all that ye here find, mine enemies cast *ye* them to ground!"' This slaughter was soon done, for many 'a man there helped [nigh stood]. Afterwards 'caused Constantine, who was king in *the* land, his trumpets to be blown, and his host to be assembled; and' 'marched right [he took] the way that toward 'Winchester [York] lay; and led forth with him the Britons of London, and

[1] þane, *pr. m.*
[2] scucke?
[3] þed, *pr. m.*
[4] *Sic MS.*

MS. Cott. Calig. A. IX.	MS. Cott. Otho, C. XIII.
þa Bruttes of Lundene.	þe Bruttus . . . .
and to Winchæstre comen :·	and . . . .
and a-neouste binnen wenden.	. . . .
[Meleo]n. þat isæh Meleon :·	. . . .
þe wes Modredes sone.	. . . .
and from his iueren cherde :·	. . . .
and fleh to are chirche.	. . . .
and forð riht anan wende :·	. . . .
forn to ane wesde.	. . . .
Costantin braid ut his sweorde :·	. . . .
& þat hafde him of-swipte.	. . . .
þat seint Anfibales[1] weofd :·	. . . .
iwrað þer of a blode.	. . . .
and seoðen he lette slen :·	. . . .
alle Melaeones mē.	. . . .
Þeo wes Costantin king here :·	. . . .
of þessere kine-riche.	. . . .
þa bigūnen blissen :·	. . . .
in Brutene to wunien.	. . . . Brutayne. [f. 135b. c. 1.]
her wæs grið her wes frið :·	
and freoȝ laȝen mid folke.	
and ful wel heoden[2] þa ilke laȝen :·	here were þe ilke lawes :·
þat stoden on Arðures daȝen.	þat stode bi Arthur his daȝes.

to Winchester came, and 'speedily' entered within. Melion saw that, who was Modreds son, and turned from his companions, and fled to a church, and forth-right anon went before an altar. Constantine drew out his sword, and struck from him the head, *so* that Saint Amphibals altar was covered thereof in blood; and afterwards he caused all Melions men to be slain. Then was Constantine king here of this kingdom; then began bliss in Britain to dwell; 'here was peace, here was concord, and free laws with *the* folk;' 'and full well [here were] the same laws maintained, that stood in 'Arthurs [Arthur his] days. But the same lasted too little while;

[1] Anfibilales, *pr. m.*

[2] heolden?

MS. Cott. Calig. A. ix.	MS. Cott. Otho, C. xiii.
Ah þat ilke i-laſte :/	Ac þat ilke ilaſte :/
to lutele while.	to lutele wile.
for no ilaſt he buten feouwer ȝer :/	for he ne la.de bote four ȝer :/
hiſ feõd hine aqualde.	þat hef[1] fon hine a-cwelde.
and hiſ folc hine uerede :/	and his men him brohte :/
in to Stan-henge.	riht to Ston-henge.
and þer hine leide :/	and þare hine leide :/
bi leofen hiſ aldren.	bi le.fue his ealdre.
Seoððen weſ Conan :/	SEoþþe was Conan :/
ihouē her to kinge. [c. 2.]	i-houe her to kinge.
þat weſ þe for-cuðeſte mon :/	þat was þe worſte man :/
þet ſunne here ſcean on.	.at þe ſonne auer ſon[2].
Coſtantineſ ſuſtꝰ sune :/	Conſtantines ſo.... ..ne :/
hiſ æm he biſwac to deðe.	his eam he du.. ... ..þe.
for he hefde[3] rihte :/	for þat he had.. .....:/
to þiſſere kineriche.	to þiſſe kin..iche.
Conan mid attere :/	C.... ... ..ter :/
hiſ æmeſ ſune aqualde.	his eames ....de.
He bigon un-frið :/	He ne heol.. ... .
if mē[4] him fuhten wið.	hi[5] owene men h.. ....
and he gon ſechien :/	
to hiſ twam ſuſterē.	
alc burh[6] i þan londe :/	ech borh in þan .....

Conan.

for he (the king) lasted not but four years,—[that] his foes him killed; and his 'folk [men] brought him 'into [right to] Stonehenge, and there laid him by his dear ancestors. Afterwards was Conan raised here to *be* king; that was the 'wickedest [worst] man, that [the] sun 'here [ever] shone on; Constantines sisters son; his uncle he 'betrayed [put] to death, for [that] he had right to this kingdom. Conan with poison his uncles sons killed. He 'began strife [held not peace], his [own] men fought with him, 'and he gan seek to his two sisters'; each burgh in the land went

[1] his? [2] ſon on? [3] hafde, *pr. m.*
[4] *Added by a second hand in the margin.* [5] his? [6] *On an erasure.*

MS. Cott. Calig. A. IX.	MS. Cott. Otho, C. XIII.
ferde al to ſconde.	...de to ſconde.
aſtured wes al þaſ þeode :/	
ſtrongliche swiðe.	
Six ȝere ilaſte :/	Six ȝer. .....
þaſ særineſſe on londe.	..s ſorineſſe in londe.
þa veol þe kīg of horſe :/	.. .. .e king of horſe :/
and fæi-ſið makede.	and ..edede his daȝes.
wel weſ al þiſ folke :/	wel ..s al þis folke :/
for hiſ fæie-ſiðe.	.or ... .
Þa þiſ weſ al ido þuſ :/	.. ..s ..s al þ.. ...
Vortiporuſ. þa i-warð king Uortiporus.	. . . .
Þeo comen Sexiſce men :/	. . . .
seilen to londe.	. . . .
and muchelne harm wrohten :/	. . . .
biȝeonde þere Hunbren.	. . . .
ſloȝen & nomen :/	. . . .
al þat heo neh comen.	. . . .
And Uortiporuſ þe hende[1] :/	. . . .
ſende after genge.	. . . .
and ferede heom ouenon :/	. . . .
and feold Sexiſce men.	. . . .
and moīe þuſend ſente :/	. . . .
to þare ſe g^{u}nde.	.. .... féé grunde. [c. 2.]
and þuſ he[2] heom a-ferde :/	þus he ȝam forferde :/

'all' to destruction; 'all this people was stirred very strongly.' Six years lasted this sorrow in *the* land; then fell the king from *his* horse,—well was all this folk for his death! When this was all done thus, then Vortiporus became king. Then came Saxish men sailing to *the* land, and mickle harm wrought beyond the Humber; *they* slew and captured all that they came nigh. And Vortiporus the fair sent after forces, and marched against them, and felled *the* Saxish men, and sent many thousands to the sea-ground; 'and' thus he them 'terrified [destroyed], and drove from [his] land, *so*

[1] hen, *pr. m.*

[2] he he, *pr. m.*

MS. Cott. Calig. A. IX.	MS. Cott. Otho, C. XIII.
and flemde of londe. [[f. 170. c. 1.]	and of his londe fleemde.
þat næuer ſeodðen[1] bi hiſ daȝen :'	þat neuere ȝet bi his daiȝe :'
ne luſten heom hider uaren.	ne luſte ȝam hider fare.
Hiſ daȝeſ ilaſte ſeueu ȝere :'	His daȝeſ w..e ſoue ȝer :'
and ſeoððen he deiȝede.	and ſuþþe he de.de her.
And ſeòdðen[1] nom þaſ riche :'	þo nam þes riche :'
Malgus þe reȝe.	Malg[9] þe kene. Malgus.
þat waſ þe faireſte mon :'	þat was þe faireſt man :'
wið uten Adam & Abſolon.	wiþ vte Abſalon and Adam.
ſwa alſe þe boc uſ ſuggeð :'	aſe bokeſ segeþ :'
þa æuere iboren weore.	þa. .uere ibore were.
þeſ lette hiſ hired dihte :'	
al wið ote[2] cnihten.	
þuhten alle þeſ[3] ſweineſ :'	
ſwulche heo weoren þeineſ.	
haueden alle hiſ hired-cnafe :'	
ælcheſ godeſ ſweines laȝe. [mon :'	
ne durſte nauere nan vn-hende	Ne dorſte nō on-hende man :'
þaſ kingeſ huſ iſechen.	þes kingeſ londe ſeche.
He biwun þa londeſ alle :'	
þa ſtoden him an honde.	
þa weſ al þaſ Bruttene :'	Nou was eaſt þis lond :'

that never 'afterwards [yet] in his days *it* listed them to come hither. His days 'lasted [were] seven years, and then he died [here]. 'And afterwards [Then] Malgus the keen took this realm, who was the fairest man, without (except) Adam and Absalon, 'so' as 'the book [books] us say, that ever was born. 'This *king* caused his court to be furnished all with brave knights; all the swains seemed as if they were thanes, all his attendants had *the* manners of each good swain;' durst 'never any [no] uncourteous man seek the kings 'house [land]. 'He won all the lands that stood to him in hand.' 'Then [Now] was [eft] all this 'Britain [land]

[1] feoððen? [2] ute, *pr. m.* *We should probably read* ohte. [3] þe?

MS. Cott. Calig. A. IX.	MS. Cott. Otho, C. XIII.
afeolled mid bliſſe.	ifulled mid bliſſe.
þa bleden uorð comen :·	.. bledes forþ come :·
ȝeond al þiſ kinedomen.	ouer .. ... kinedome.
Þe king ne rohte of æhte :·	Þe king of ..efur ne rohte :·
ah al he hit ȝaf his cnihten.	ac al .. hit ȝaf his cnihtes.
no mihte no mon ſugge :·	ne ..... no man ſegge :·
of wundere na mare.	of mur.. no more.
þene weſ mid þan kinge :·	þan was mid ... kinge :·
buten[1] of ane þinge.	bote of one þin..
he luuede þane ſūne :·	he louede þe ſunne :·
þe lað iſ[2] ure drihtene.	þat loh his oure drihte.
þa wifmen heo[3] for-ſoken :·	þe wimmen he for-ſo..
to mare ſunne heo[3] token.	and to wepmen he tok.
wapmon luuede wapmon :·	we.men louede wepmen :·
wifmen heō laðe weoren.	wifm.. .am loþe were.
swa þat monie þuſende :· [c. 2.]	
wenden of þiſſē lond.	
wifmen ſwiðe feire :·	
ferden to oðere þeoden.	
for mucchel ſcome heon[4] þuhte :·	
þat wepmen heom ne rohte. 21	
Þurh ut alle cunneſ þinge :·	Þorh vt alle ...... þing :·
þiſ ilke weſ a god kinge.	was þes ilke god ....

filled with bliss; the fruits came forth over all this kingdom. The king cared not for 'wealth [treasure], but all he it gave to his knights; might no man of 'wonder (*i. e.* of what was deserving of admiration) [mirth] say any more than was with the king, except of one thing,—he loved the sin that is loath*some* to our Lord; the women he forsook, '*and* to great sin [and to men] he took; men loved men, women were 'to them' hateful; 'so that many thousands of women most fair went from this land, *and* fared to other countries; for great shame *it* seemed to them, that men cared not for them.' Throughout all kind of thing this 'same was 'a' good king,

[1] bu, *pr. m.*

[2] *Interlined by a second hand.*

[3] he?

[4] *R.* heom.

MS. Cott. Calig. A. IX.	MS. Cott. Otho, C. XIII.	
butē of þere ſunne :'	bote of þare ſunne :'	
þat ich iſeid habbe.	þat ich i-ſaid habbe.	
Þa com an of hiſ cunne :'	Þo com on of his cunne :'	
Carric weſ ihaten.	Carich was ihote.	*Carr*[*ic*].
and nom[1] þiſne kinedom :'	and nam þiſne kined..	
and mid ſeorȝen wunede þer on.	and mid ſorwe won... ... on.	
ſnel cniht weſ Carric :'	ſtrong cniht	
ah he neſ noht iſeli.	ac he nas	
þat weſ for unleoden :'	... .as for	
ſpilden al hiſ þeoden.	. . . .	
Þeoſ kīg weſ aðel Bruttiſc mon :'	. . . .	[f. 136. c. 1.]
hux and hoker me warp him on.	. . . .	
heo[2] for-lætte Carriches :'	. . . .	
& Kinric hine cleopede.	. . . .	*Kin*[*ric*].
and ȝet on ſeole bocken :'	. . . .	
hiſ nome me ſwa writeð.	. . . .	
Folc hine gunnē hænen :'	. . . .	
folc hine gunne hatien.	. . . .	
and hoker loð ſungen :'	. . . .	
bi laðen þan kingen.	. . . .	
Þa bigon weorre :'	. . . .	
ouer al þiſſen arde.	. . . .	
and Sexiſce men ſone :'	. . . .	

except of the sin that I have said. Then came one of his kindred, *who* was named Carric, and took this kingdom, and with sorrow dwelt therein; a 'brave [strong] knight was Carric, but he was not prosperous, that was because foreigners destroyed all his nation. This king was *a* noble British man; derision and contempt men threw on him; they renounced *the name* of Carric, and called him Kinric; and yet in many books men so write his name. Folk gan him abase, folk gan him hate, and sung contemptuous songs of the odious king. Then began war over all this country; and Saxish men soon sailed to *the* land, and took *their* station speedily beyond

[1] mon, *pr. m.*

[2] he, *pr. m.*

MS. Cott. Calig. A. ix.	MS. Cott. Otho, C. xiii.
seiledē to londe.	. . . .
and herberȝe token a-neouweſte :·	. . . .
bi-ȝeonde þere Humbre.	. . . .
and þe king wæilien agon :·	. . . .
wide ȝeon[1] þaſ þeoden.	. . . .
læð he weſ al folke :·	. . . .
þa him on lokede.	. . . .
Þa wes in Aufrike :·	. . . .
a king swiðe riche. [f. 170b. c. 1.]	. . . .
he weſ an Aufrican :·	. . . .
[Anſt]er. Anſter ihaten.	. . . .
he hafde ſonen tweien :·	. . . .
ſnelle cnihteſ beien.	. . . .
[Gur]mund. Gurmūd hehte þe eldere :·	. . . .
[Geri]on. & Gerion hehte þe ȝeongere.	. . . .
Þe alde king deȝede :·	. . . .
hiſ daȝeſ weoren aȝeōgen.	. . . .
he bitahte hiſ ſune Gurmunde :·	. . . .
ſelen hiſ riche.	. . . .
Ah Gurmūd hit for-hoȝede :·	. . . .
and habbe he heo nolde.	. . . .
and þohte[2] al oðer :·	. . . .
and ȝef heo hiſ broder.	. . . .
and ſeiden þat he nolde :·	. . . .

the Humber; and the king gan live in exile wide over this nation; hateful he was to all folk that on him looked. Then was in Africa a king exceeding powerful; he was an African, named Anster; he had two sons, brave knights both; Gurmund hight the elder, and Gerion hight the younger. The old king died,—his days were passed,—he gave his son Gurmund his good realm. But Gurmund despised it, and have it he would not, and thought all *an*other *thing*, and gave it to his brother; and said that he would not possess any realm, unless he it won with weapon and

[1] ȝeond?

[2] þohten, *pr. m., but* n *erased.*

MS. Cott. Calig. A. ix.	MS. Cott. Otho, C. xiii.
aȝen nane riche.	. . . .
bute he heo biwūne :/	. . . .
mid wepnen and mid monnen.	. . . .
ah mid compe he wolde :/	. . . .
aȝen kineriche.	. . . .
oðer nauermare :/	. . . .
nolde he habbe nane.	. . . .
Gurmund waſ kempe :/	. . . .
i-coſtned on mæine.	. . . .
and he weſ þe ſtrongeſte mō :/	. . . .
þæ æi mon lokede on.	. . . .
He bi-gon to ſende :/	. . . .
ȝeond al þan londe.	. . . .
in to Babilonie :/	. . . .
in to Macedonie.	. . . .
in[1] Turkie :/	. . . .
in to Ꝑſie.	. . . .
in to Nubie :/	. . . .
in to Arrabie.	. . . .
& bad alle þe ȝeonglingeſ :/	. . . .
ȝeond þa hæðene londeſ.	. . . .
þat heo heom biȝeten :/	. . . . bi-ȝeate :/ [c. 2.]
wurðliche wepnen.	worþ..... .....
and he heom forð rihteſ :/	and he wolde ....
wolden makien cnihteſ.	.am makie ....

with men, but with battle he would possess *a* kingdom, or nevermore would he have one! Gurmund was *a* champion approved in might, and he was the strongest man that any man looked on. He began to send over all the land, into Babylonia, into Macedonia, into Turkey, into Persia, into Nubia, into Arabia; and bade all the youths over the heathen lands, that they should procure to them worthy weapons, and he would forth-right make them knights, and afterwards go [forth] 'with them',

[1] in to?

MS. Cott. Calig. A. IX.	MS. Cott. Otho, C. XIII.
and ſeodðen[1] mid heō wenden :'	... suþþe gon forþ :'
and fonden whar he mihten. [c. 2.]	
mid ſtrongen[2] kēpen :'	
biwinnen kineriche.	... .nne kinerichеſ.
Hit halde touward Aufrike :'	... .ward Affrike :'
of feole[3] kuneriche.	.. ..he.
monieſ richeſ monneſ ſune :'	
monie haſðene[4] gume.	
comen to Gurmunde :'	and co... .. ..
þan hæðene þringe.	þan heaþ... kinge.
Þa þiſ ferde weſ iſomned :'	Þo hii were to-....re icome :'
and his folc arimed.	... mani one .....de.
þa weoren þer italde :'	þo weren þar itold :'
cnihteſ swiðe balde.	....þe bold.
an hundred and ſixti þuſēd :'	an hun.... ... .i þouſend :'
freoliche[5] iwapned.	mid ... gode .epne.
wið utē heorē ſcutten :'	
þa biuoren ſcolden ſcuuen.	
wið uten þan cᵃftmonnen :'	
þe comē to Gurmūde.	
Forð heo iuuſden :'	Gormund ....nde :'
vnimete uerden.	mid onimete ferde.
to þare ſe wenden :'	to þare ſéé wende :'

and 'seek where he might' win kingdoms, 'with *his* strong warriors.' It (the host) came toward Africa from many *a* kingdom, '*the* son of many *a* mighty man, many *a* heathen person,' [and] came to Gurmund, the heathen 'chief [king]. When 'this host was assembled, and his folk [they were come together, and many *a* one] numbered, then were there told, knights most bold, an hundred and sixty thousand, 'freely weaponed [with *their* good weapons], 'without their archers, that before should press, and without the craftmen, that came to Gurmund'. Forth 'they [Gurmund] marched, [with] innumerable host; to the sea *they* came, then had they

[1] feoððen? [2] ſtrongere, *pr. m.* [3] *Added by a later hand.*
[4] haðene? [5] feoliche, *pr. m.*

MS. Cott. Calig. A. IX.	MS. Cott. Otho, C. XIII.
þa heo wīd hafden.	..t ... wind hadde.
in to fcipe haldenden[1] :'	into ....nde :'
haðene kempen.	heaþene kempes.
Seouentene þer forē :'	..uentene þar were :'
þat kingef funen weoren.	kin... fones riche.
þer weoren twenti and æhtē :'	eahte and ....ti eorlene fones :'
of eorlene ftreone.	
fuipten[2] from londe :'	to þan fipes .....
feouen hundred fcipene.	soue hundred .....
a formefte flocke[3] :'	
wið uten þa feoliende.	
Forð flet mid vðe :'	w...e fram þan lon..
folc vnimete.	
þa æit-lōdef[4] allē :'	... ...es alle :'
þa heo biforen funden.	þat hii ...... f....
alle heo eoden an hōde :'	and al Gormūd ....
þan kīge Gurmunde.	.. his owene hond.
moniane kinge he faht wið :'	ma.. kynge .. ..aht wiþ :'
and alle heo ȝirnden hif grið. [f. 171. c. 1.]	and .... hii ȝornde his griþ.
& alle þe lōdef he biwon :'	and .... þe londes he bi-won :'
þat he lokede on.	... he mid eȝe lokede on.

fair wind; into ship embarked *the* heathen warriors. Seventeen there 'went [were], 'that were' kings sons [mighty]; 'there were' eight and twenty of earls 'offspring swept (?) from *the* land [sons to the ships *went*]; seven hundred ships 'in *the* foremost flock, without the *ships* following!' 'Forth floated with *the* waves innumerable folk; [from the land went; and *they* took] all the islands that they before *them* found, 'all they went in hand (submitted) to the king Gurmund [and all Gurmund took in his own hand]. Many *a* king he fought with, and they all yearned his peace; and all the lands he won that he [with eye] looked on. And then at the end he came to Ire-

[1] haldeden?

[2] *This word is doubtful, and has been badly corrected by a second hand, on an erasure.*

[3] folke, *pr. m.*

[4] æit-lōddef, *pr. m.*

MS. Cott. Calig. A. IX.	MS. Cott. Otho, C. XIII.
And þa a þan endede[1] :	And þo at þan heande :
he com to Irlonde.	he com to Irlonde.
and þat lōd he al biwon :	þat lond he al .. won :
and aqualden þa leoden.	and acwelde þe leode.
and wes icleoped king þere :	and was icleopid king :
of þan kinelonde.	þare of þan kinelonde.
& seodðen[2] he gon wende :	And suþþe he gan wende :
in to þiſſen londe.	in to þiſſe londe.
ſeil heo droȝen to hune :	ſailes drowe manẏ gome :
and comen to Suð-hamtune.	and come .. Suþ-hamtone. [f. 136b. c. 1.]
Þa wunede bi-ȝeonde þere Hunbre :	Þo won... bi Norþhumbre :
of Hengeſtes cunne.	of Hen...tes cunne.
in þan norð ende :	
drenches ſume ſixe.	
heo iherden tiðinde :	hii ho... .....ge :
of Gurmund þan kinge.	of Gormund ... ...ge.
ofte heo heom biþohte :	ofte hii ȝa. ......
what heo don mihten.	wat idon[3] m....
hu heo mihten biswiken :	.. ... mihte bi.....
Karic of his richen.	...... in his rich.
and Bruttes alle aq̄llen :	.... ruttu. .... acwelle :
mid luðerē heore craften.	mid hire luþer cr.....
Sexiſce men ſenden ſonde :	SAxiſſe men ſende ...de :
to Karic þan king.	to Carich þane ki.ge.

land, 'and' the land he all conquered, and killed the people, and was called king there of the kingdom. And afterwards he gan proceed into this land; sails 'they [many *a* man] drew ' to *the* top-mast,' and came to Southampton. Then dwelt 'beyond the Humber [by Northumber*land*], of Hengists kindred, 'in the north end, some six chieftains'; they heard *the* tiding of Gurmund the king; oft they them bethought what they might do,—how they might betray Carric 'of [in] his kingdom, and kill all *the* Britons with their wicked craft. *The* Saxish men sent messengers to Carric the

[1] ende? [2] seoððen? [3] hii don?

MS. Cott. Calig. A. IX.	MS. Cott. Otho, C. XIII.
and ſeidē þat heo wolden :'	and ſaide þa. ... ...de :'
wið hine grið iwurchen.	wiþ him g... .....
leofere heom weore :'	leouere ȝam were :'
to here Karic.	Ca.... his men beon.
þene Gurmunde[1] :'	þane .... þan ſtronge :'
þan vncuðe kinge.	kin. of oþer lande.
ȝef he heom wolde gridien[2] :'	
þat heo moſten liuien.	
& and[3] aȝeuen heom þat lond :'	ȝef he ȝa. wolde ȝeue þat lond :'
þat while Uortigerne þe king.	þ.. Vortiger hadde wile a. ....
Hengeſte bitahte[4] :'	
þa he nom[5] hiſ dohter leoue.	
and heo him wolden ſenden :' [c. 2.]	
gauel of þan londe.	
halden hine for hehne king :'	
Karic heore deorling.	
& þiſ heo him to-ȝeornden :'	
mid ȝiſlen to iſoðien.	
And Karic heom ilefde :'	Carich ilefuede hire le....
al heore leoſinge.	
and þis grið ȝette :'	and his griþ ȝam ȝette :'
and dai heom ſette.	and one dai ȝam ſette.
Þa weſ Karic biſwiken :'	.. was Carich bi-..ike :'

king, and said that they would make peace with him;—liefer to them *it* were, to 'obey Carric [be Carric his men], than Gurmund, the 'foreign king [the strong, king of other land], if he would ' grant them peace, that they might live, and ' give them the land that whilom Vortiger ' the king ' gave to Hengist [had in hand], ' when he took his loved daughter; and they would him send tribute of the land, hold him for supreme king, Carric their darling; and this they entreated him with hostages to confirm. And ' Carric ' them ' believed, ' all ' their leasing, and granted 'this [them his] peace, and appointed them [a] day. Then was Carric betrayed all with

[1] *Part of a line seems wanting.* [2] griðien? [3] *Sic MS.*
[4] bitatte, *pr. m.* [5] mon, *pr. m.*

MS. Cott. Calig. A. IX.	MS. Cott. Otho, C. XIII.
al mid heore craften.	a. mid hire craft..
Ka[ric.] Karic auer ſeoðen[1] :'	...... euere ſuþþe :'
Kin[eric.] Kineric he hehtē.	Kenrich .. ..
al mid hoker worden :'	al mid hoker worde. :'
þe king heo for-huſten.	.. king hii forh...de.
Karic ileouede to ſoðe :'	C.rich ilefde to ſoþe :'
Sexiſce monne lare.	Saxi... manneſ lore.
Vnder þan worden :'	Vnder þa. wordes :'
heo letten writ makien.	hii lette writ makie.
& ſenden heore ſonden :'	and ſende hire ſonde :'
to Gurmunt þen kinge.	to king Gormunde.
and þuſ þa word ſeiden :'	..d þus þat writ ſaide :'
þa a þan writ ſtodē.	þat Saxiſſe men ſende.
Hail ſeo þu Gurgmund[2] :'	Haẏl beo þou Gormund :'
hal ſeo þu heðene king.	
heil seo þi duȝeðe :'	
hail þine drihtliche men.	and alle þine cnihtes.
We ſunden men Sexiſce :'	We beoþ Saxiſſe men :'
ſeleſt of þan kunne.	icome of þine cunne.
þa Hengeſt of Sex-londe :'	þat Hengeſt of Sax-..... [c. 2.]
hider mid hī brohte.	. . . .
wunieð inne B^{u}taine :'	. . . .
bi norðe þere Humbre.	. . . .

their craft! Carric ever since Kinric he hight; all with contemptuous words the king they derided. Carric believed in sooth *the* Saxish mens statement. During the words they caused *a* writ to be made, and sent their messengers to 'Gurmund the king [king Gurmund]; and thus the 'words [writ] said, that 'in the writ stood [*the* Saxish men sent]: "Hail be thou, Gurmund, 'hail be thou, heathen king; 'hail be thy folk, hail thy noble men [and all thy knights]! We are Saxish men, '*the* best of the [descended of thy] kindred, that Hengist from Saxland brought hither with him; *we* dwell in Britain, by north of the Humber. Thou art heathen king,

[1] ſeiden, *pr. m.*

[2] *R.* Gurmund.

MS. Cott. Calig. A. IX.	MS. Cott. Otho, C. XIII.
þu art heðene king :'	. . . .
we heðene kēpen.	. . . .
Karic iſ criſtine mon :'	. . . .
he iſ us lað forðan.	. . . .
and ȝif þu wult al þiſ lond :' [f. 171b. c. 1.]	. . . .
nimen to þire aȝere hond.	. . . .
we wulleð mid þe uehten :'	. . . .
mid fullere[1] ſtrenðen.	. . . .
and Caric of-flæn :'	. . . .
and alle hiſ cnihteſ ſian.	. . . .
& ſetten al þiſ kine-lond :'	. . . .
a þire aȝere hond[2].	. . . .
ȝif þu hit wult us aȝiuen :'	. . . .
we þe wulleð ȝeldē.	. . . .
ſixti hundred punden :'	. . . .
to alcheſ ȝereſ firſten.	. . . .
& we wulleð þīe men bi-cumen :'	. . . .
to ȝiſlen fullē þe ure ſunen.	. . . .
And ȝif hit þi wille weore :'	. . . .
þat þu hider woldeſt wende.	. . . .
þaſ forwarde makien :'	. . . .
and þaſ ſpechen uæſtniē.	. . . .
we wulleð ouer al :'	. . . .
atlien to þe ſeluen.	. . . .

we *are* heathen warriors. Carric is *a* Christian man; he is to us therefore hateful; and if thou wilt take all this land to thine own hand, we will with thee fight, with *our* full strength, and slay Carric, and all his knights drive *away*, and set all this kingdom in thine own hand. If thou wilt give it to us, we will yield thee sixty hundred pounds, at *the* space of each year; and we will become thy men; our sons deliver to thee as hostages. And if it were thy will, that thou hither wouldest wend, this covenant to make, and this speech to confirm, we will over all *things* come to thyself;

[1] fillere, *pr. m.*

[2] *Added by a later hand.*

MS. Cott. Calig. A. IX.	MS. Cott. Otho, C. XIII.
a watere and a londe :'	. . . .
halden þe uor kinge.	. . . .
Þa bi-gon to ſpekene :'	. . . .
Gurmund þe kene.	. . . .
Ȝarkieð mine ſcipē biliue :'	. . . .
forð ic wulle liðe.	. . . .
Seileſ heo up droȝen :'	. . . .
forð heo gunnen ſiȝen.	. . . .
luken rapes longe :'	. . . .
liðen forð mid uðen.	. . . .
and ſwa heo gunnen wenden :'	. . . .
to Norð-humbre londe.	. . . .
and ſpeken wið Sexiſce men :'	. . . .
and ſæhte iwurðen.	. . . .
and ſworen þat heo wolden :'	. . . .
heore forward halden.	. . . .
Þa weoren heo al an :'	. . . .
Gurmūd and Sexeſce men. [c. 2.]	. . . .
þa ſomnedē heo uerde :'	. . . .
vnimete an ærde.	. . . .
& ferde touward Karriche :'	. . . .
þan kinge of þiſſere riche.	. . . .
and æuere heo ſungen mid hokere :'	. . . .
of Kinriche þan kinge.	. . . .
Caric hiſ Bruttes gadere :'	. . . .

and on water and on land hold thee for king." Then began to speak Gurmund the keen: "Make ready my ships quickly; forth I will go!" Sails they up drew, forth they gan voyage, pull *the* long ropes, *and* sail forth with *the* waves; and so they gan proceed to Northumberland, and spake with *the* Saxish men, and became friends, and swore that they would their covenant hold. When they were all one, Gurmund and *the* Saxish men, then assembled they forces innumerable in *the* land, and marched toward Carric, the king of this kingdom; and ever they sung with contempt of Kinric the king. Carric gathered his Britons, and summoned them toge-

MS. Cott. Calig. A. ix. | MS. Cott. Otho, C. xiii.

and beide heom to-ſomne.
and him to wende :
al þat waſ on londe.
for rihtere neode :
nuſten heo red betere[1].
Caric muchel folc hafde :
and ferde vnimete.
& ofte he com to compe :
to Gurmunde kinge.
and ofte he him ſaht wið :
and neuere no ȝirde[2] hiſ grið.
and for heo hokerede him on :
he iwarð swiðe kene mon.
& ȝif he hafde genge :
efne wið Gurmunde.
Gurmund weore ſone iſlaȝen :
hiſ folc idon of liſ-daȝen.
Ah æuere a[3] þan ende :
wæx Gurmundes genge.
and æuere a þan ende :
feol Carricheſ genge.
Gurmund draf Carriche : *Gurmund.*
wide ȝeond þaſ riche.

ther; and all that was on land went to him, for *downright* need,—they knew not better counsel. Carric had mickle folk, and *an* immense host; and oft he came to battle, to king Gurmund, and oft he fought with him, and never yearned his peace, and because they despised him, he became *a* man most keen; and if he had *had an* army even (equal) with Gurmund, Gurmund were (would have been) soon slain, *and* his folk deprived of life-day. But ever in the end waxed Gurmunds forces, and ever in the end fell Carrics forces. Gurmund drove Carric wide over this realm; and

[1] betere red ?   [2] ȝirnde ?   [3] *Inserted by a second hand.*

MS. Cott. Calig. A. ix.	MS. Cott. Otho, C. xiii.
and Carric at Cherincheſtre :	. . . .
biclufde hi[1] ful faſte.	. . . .
and moni dæi þer biuoren :	. . . .
he lette þider fuſen.	. . . .
al þat he hafde ihaldē :	. . . .
þat corn of þiſſen londe. [f. 172. c. 1.]	. . . .
and þa walleſ faſtnede :	. . . .
wunder ane ſtronge.	. . . .
Gurmund þet i-herde :	. . . .
and þider he gon ride.	. . . .
and bi-læi Chirencheſtre :	. . . .
wið utene ſwiðe faſte.	. . . .
And Gurmund al þiſ kinelond :	. . . .
walde to hiſ aȝere hond.	. . . .
burȝeſ he for-barnde :	. . . .
tuneſ he for-swelde.	. . . .
Brutteſ he aqualde :	. . . .
balu weſ on londe.	. . . .
munekes he for-pinede :	. . . .
on mani are wiſe. [men :	. . . .
þa riche wif he lette hiſ hired-	. . . .
makien to horen.	. . . .
p⁹ofteſ he alle of-ſlæh :	. . . .

Carric inclosed him at Cirencester full strongly; and many *a* day therebefore he *had* caused to be thither carried all that he had possessed of the corn of this land, and fastened the walls wondrously strong. Gurmund that heard, and thither he gan ride, and belay Cirencester without, exceeding fast. And Gurmund possessed all this kingdom in his own hand; *the* burghs he burnt, *the* towns he consumed, *the* Britons he killed,—destruction was in *the* land! Monks he tormented in many a wise; the rich women he let his followers make whores; all *the* priests he slew,

[1] hine?

MS. Cott. Calig. A. ix.	MS. Cott. Otho, C. xiii.
alle þa chirchen he to-droh.	: . . . .
clærkes he aqualde :'	. . . .
alle þa he funde.	. . . .
ichecele[1] he lette ſeoðe :'	. . . .
alle þa cnihteſ :'	. . . .
he lette hon forð rihteſ.	. . . .
al þiſ lond for-ferde :'	. . . .
a ueole cunne wiſe.	. . . .
Wulc wræcche folc ſwa mihte :'	. . . .
fleh ut of þeode.	. . . .
ſun[2] hit to Waleſ wēde :'	. . . .
ſum to Cornwale.	. . . .
ſum in to Neuſtrie :'	. . . .
þe hatte nu Normandie.	. . . .
ſum fleh bi-ȝeonden ſæ :'	. . . .
in to Bruttaine.	. . . .
and gunnen wunien ſeoððe :'	. . . .
æn þet lond heht Armoriche.	. . . .
& sūme heo fluȝen to Irlonde :'	. . . .
for þan æie of Gurmunde.	. . . .
and þer wuneden þeouwe :'	. . . .

all the churches he down drew; *the* clerks he killed, all that he found; each child he caused afterwards *to be put to death, and* all the knights he caused to be hung forth-right;—all this land *he* destroyed in many kind of wise. What (such) wretched folk as might, fled out of *the* country; some it went to Wales, some to Cornwall, some into Neustrie, that now hight Normandy; some fled beyond sea into Bretagne, and gan to dwell afterwards in the land called Armoriche; and some they fled to Ireland, for the awe of Gurmund, and there dwelled slaves in servitude, they and all

[1] *A later hand has written* children *in the margin opposite. Perhaps we should read* iche child. *The sense is incomplete, from the deficiency of the line that ought to follow the present one.*

[2] *R.* ſum.

MS. Cott. Calig. A. ix.	MS. Cott. Otho, C. xiii.
inne þraldome. [c. 2.]	. . . .
heo and al heore cun :'	. . . .
and her ne come nauere aȝen.	. . . .
And þuſ lofede Bruttef :'	. . . .
al þas kine-londeſ. [cheſtre :'	. . . .
And Gurmund bi[1] bilæi Chiren-	. . . .
abuten ſwiðe uaſte.	. . . .
and Caric weſ wið innen :'	. . . .
and moni of hiſ mōnen.	. . . .
wa wæs þan leoden :'	. . . .
þe þa weoren on liuen.	. . . .
Hit waſ in ane dæie :'	. . . .
þat Gurmund mid hiſ duȝeðe[2].	. . . .
dringeſ heðene :'	. . . .
riden a ſlatinge.	. . . .
Þa com þer an gume riden :'	. . . .
to Gurmunde kingen.	. . . .
Iſemb[erd]. he weſ ihaten Iſemberd :'	. . . .
inne France wes hiſ ærd.	. . . .
he wes Louweifes ſune :'	. . . .
þaſ kinges of þere þeode.	. . . .
hiſ fader hine hafuede ut idriuen :'.	. . . .
of al his kinerichen.	. . . .
þat no moſte he neouwar wunie :'.	. . . .

their kin, and here came never again. And thus lost *the* Britons all these kingdoms! And Gurmund belay Cirencester about, exceeding firmly; and Carric was within, and many of his men; woe was to the people that then were alive! It was on a day, that Gurmund with his folk,—heathen thanes,—rode a-hunting. Then came there a man riding to Gurmund *the* king; he was named Isemberd, in France was his *native* land; he was Louises son, the king of the country. His father had driven him out of all his kingdom, *so* that he might no where dwell in all his sovereignty; and he

[1] *Superfluous?*

[2] diȝeðe, *pr. m.*

MS. Cott. Calig. A. ix.	MS. Cott. Otho, C. xiii.
on al his onwalde.	. . . .
and he fleh to þiſſen londe :'	. . . .
to Gurmude[1] kinge.	. . . .
He hafde to iueren :'	. . . .
twa þuſend rideren.	. . . .
and Gurmunddeſ mon he[2] bicō[3] :'.	. . . .
ne mihte he na wurſe don.	. . . .
for criſt ſeolue he for-ſoc :'	. . . .
and to þan wurſen he tohc.	. . . .
and þer fore[4] he criſtindom :'	. . . .
and heðeſcipe nom him on.	. . . .
And ſwa heo uoren beien :'	. . . .
mid mucle heore uerde. [f. 172b. c. 1.]	. . . .
and bi-leien Chiřcheſtre :'	. . . .
an elche halue wel faſte.	. . . .
Wel ofte Karicheſ men :'	. . . .
comen ut of burhȝen.	. . . .
and ræſden an Gurmunde :'	. . . .
mid ræȝere ſtrenðe.	. . . .
and floȝen of hiſ folke :'	. . . .
feole þuſende.	. . . .
& ſenden heom to helle :'	. . . .
heðene hundeſ alle.	. . . .

fled to this land to Gurmund *the* king. He had for companions two thousand riders, and he became Gurmunds man; he might no worse do, for Christ *himself* he forsook, and to the Worse he took, and there he deserted (?) Christendom, and heathenism took on him. And so they marched both, with their mickle host, and belay Cirencester on each side well firmly. Well oft Carrics men came out of *the* burgh, and rushed on Gurmund with fierce strength, and slew of his folk many thousands, and sent them to hell,—heathen hounds all! Carric was *a* knight most good, and ex-

[1] *R.* Gurmunde.
[2] heo, *pr. m., but* o *expuncted.*
[3] bicom, *pr. m.*
[4] for-lete?

MS. Cott. Calig. A. IX.	MS. Cott. Otho, C. XIII.
Karic wes swiðe goud cniht :'	. . . .
and swiðe wel he heold his fiht.	. . . .
and faste he heold Chircheſtre[1] :'	. . . .
mid ſtrengðe þan mæſte.	. . . .
þat ne mihte Gurmund :'	. . . .
næuere mæren hiſ ferde.	. . . .
ar he lette heom mid ginnen :'	. . . .
biſwiken wið innen.	. . . .
Gurmund caſtleſ makede :'	. . . .
abuten Chirencheſtre.	. . . .
þreo he bitahte :'	. . . .
þreom heðene cnihte.	. . . .
him ſeoluen he heol þat ane :'	. . . .
Iſembard þat oðer.	. . . .
Gurmund makede ænne tur :'	. . . .
þer inne he bulde ænne bur.	. . . .
þer inne he pleoȝede hiſ plaȝen :'	. . . .
þa me luuede a þeon daȝen.	. . . .
þer inne he hafde hiſ maumet :'	. . . .
þa he heold for hiſ god.	. . . .
Hit i-lomp on ane dæiȝe :'	. . . .
þat Gurmūd mid hiſ duȝeðe.	. . . .
weoren swiðe bliðe :'	. . . .
and druncken of wine.	. . . .

ceeding well he maintained his fight, and fast he held Cirencester, with strength the most, *so* that Gurmund might never mar his host, ere he caused them with stratagem to be betrayed within. Gurmund made castles about Cirencester; three he committed to three heathen knights, himself he held the one, Isemberd the other. Gurmund made a tower, therein he built a chamber; therein he played his play, that men loved in those days, therein he had his mawmet, that he held for his god. It befell on a day, that Gurmund with his folk were exceeding blithe, and drunk with

[1] Chirencheſtre?

MS. Cott. Calig. A. ix.	MS. Cott. Otho, C. xiii.
Þa com þer an heðene mon :·	. . . .
awaried wurðen he forþan. [c. 2.]	. . . .
and aſkede tidende :·	. . . .
Gurmunde þe kĩge.	. . . .
Seie me lauerd Gurmund :·	. . . .
þu art ſwiðe riche king.	. . . .
heou longe wult þu beoȝie :·	. . . .
abuten þiſſere burȝe.	. . . .
what wult þu ȝiuen me :·	. . . .
ȝif ich þe burh ȝiuen þe.	. . . .
and al þat iſ wið inne :·	. . . .
to don þine iwille.	. . . .
þat noht no bið to leue :·	. . . .
al þu hit ſlat[1] aȝe.	. . . .
Þa andſwarede[2] Gurmūd :·	. . . .
þe riche heðene king.	. . . .
Ich ȝiue þe ane eorldō[3] :·	. . . .
anere to aȝe.	. . . .
wið þat þu a-neoſte :·	. . . .
þe burh me bi-tache.	. . . .
Þiſ forward weſ imaked anan :·	. . . .
lut mē hit wuſte.	. . . .
Þat[4] þeſ heðene cniht :·	. . . .

wine. Then came there a heathen man,—cursed therefore be he,—and asked tiding of Gurmund the king.—"Say me, lord Gurmund,—thou art king very powerful,—how long wilt thou lay about this burgh? What wilt thou give me, if I give thee the burgh, and all that is within, to do thy will, that nought shall be left, *for* all thou shalt possess?" Then answered Gurmund, the mighty heathen king: "I *will* give thee an earldom, ever to possess, on condition that thou quickly deliver me the burgh." This agreement was made anon,—few men it knew. Then this heathen knight up arose forth-right, and sought nets woven (?) exceeding nar-

[1] ſalt? [2] andſwade, *pr. m.* [3] eorldon, *pr. m.* [4] Þa?

MS. Cott. Calig. A. IX.	MS. Cott. Otho, C. XIII.
up araſ forð rit[1].	. . . .
& netteſ bi-ſohte :'	. . . .
ibroidē ſwiðe narewe.	. . . .
and þa tolen þer to :'	. . . .
& cuht heom ſwiðe narewe.	. . . .
þer biforen he gon ȝeoten :'	. . . .
draf and chaf and atē.	. . . .
þuſ he hit gon dihten :'	. . . .
and ſparewen þerto liht.	. . . .
and he a þan uorme drahte :'	. . . .
ſwið[2] monie he ilahte.	. . . .
and he from þan grunde :'	. . . .
nom[3] heō mid iſunde.	. . . .
þat alle heore whingen :'	. . . .
noht awemmed neoren[4].	. . . .
þa bi-ſohte he nute-ſcalen :'	. . . .
and lette þe curneleſ ut draȝen.	. . . .
& tinder nom :' [[f. 173. c. 1.]	. . . .
and lette i þan ſcalen don.	. . . .
& foren to þære nihte :'	. . . .
fur þer on brohte.	. . . .
and to þan ſparewen uoten :'	. . . .
uaſte heom icnutten.	. . . .
þeoſ he lette forð wendē :'	. . . .

row, and the tools thereto, and cut them very narrow; there before he gan pour draff and chaff and oats. Thus gan he it dight; and sparrows thereto alighted, and he at the first draught very many he caught; and he took them in safety from the ground, so that all their wings were not injured. Then sought he nut-shells, and caused the kernels to be drawn out; and took tinder, and caused *it* to be put in the shells, and before the night brought fire therein, and fast knotted them to the sparrows feet. These he let go forth, very many sparrows; the sparrows took their

[1] riht? [2] ſwi, *pr. m.* [3] inom, *pr. m.* [4] weoren, *pr. m.*

MS. Cott. Calig. A. IX.	MS. Cott. Otho, C. XIII.
swiðe ueole ſparewen.	. . . .
þa ſparwen heore flut nomen :'	. . . .
& fluȝen to heore innen.	. . . .
ȝeond þare burȝen :'	. . . .
þær heo ar wuneȝende weoren.	. . . .
i þan eouefen[1] he[2] grupen :'	. . . .
ſwa heo duden in þen muȝen.	. . . .
Anan swa þet fur wes hat :'	. . . .
swa þe ſparewe innere[3] crap.	. . . .
þe wīd com mid þere nihte :'	. . . .
and þat fur awehte.	. . . .
and þa burh a feole ſtuden :'	. . . .
gon hure[4] to bernen.	. . . .
an æſt halue an weſt halue :'	. . . .
wa wes Brutten þere.	. . . .
þenne heo wenden beon ſikere :'	. . . .
and fluȝen in ane ende[5].	. . . .
þēne araſ þat fur anan :'	. . . .
biuoren and bihinden.	. . . .
Gurmund lette blawen :'	. . . .
horneſ & bemen.	. . . .
fiften þuſende :'	. . . .
þarſten to blaſe.	. . . .

flight, and flew to their holes over the burgh, where they ere were inhabiting; in the eaves they clung, so they did in the mows. Anon as the fire was hot, as the sparrows inner crept, the wind came with the night, and the fire kindled, and the burgh in many places gan her to burn; in *the* east side *and* in *the* west side,—woe was to *the* Britons there, when they weened to be sure; and *they* fled in*to* one end. Then arose the fire anon, before and behind. Gurmund caused horns and trumpets to be blown; fifteen thousand thronged to *the* blast. *The* Britons burn, *the* Britons gan

[1] ouefen, *pr. m.* [2] heo? [3] innene, *pr. m.* [4] hire?

[5] *Probably here and just above a line may be missing, but the punctuation of the MS. has been kept.*

MS. Cott. Calig. A. ix.	MS. Cott. Otho, C. xiii.
Bruttes for-burnen :'	. . . .
Bruttes gunnen irnen.	. . . .
heo leopen ut of walle :'	. . . .
and me heom ſloh alle.	. . . .
Neſ hit nohwhar iſeid :'	. . . .
no a bocken irad.	. . . .
þat æi folc ſwa feire :'	. . . .
swa for-fare weore[1].	. . . .
swa weſ Caric and hiſ genge :' [c. 2.]	. . . .
þe king weſ of Bruttene.	. . . .
Þa burh born alle niht :'	. . . .
þe brune wes vnimete.	. . . .
þat feht weſ ſone idon :'	. . . .
þat fur heom eoden ouenon.	. . . .
And Carrich king him iſah :'	. . . .
þat he ouꝰcume wæs.	. . . .
þe king him gō crepen :'	. . . .
an heonden and a futen.	. . . .
swulc he mid unſunde :'	. . . .
al uorwunded weore.	. . . .
and ſwa he swiðe ſtille :'	. . . .
biſtal from his duȝeðe.	. . . .
and weſt him gon wēden :'	. . . .
into þe Walſce londen.	. . . .

to run; they leapt out of *the* walls, and men slew them all. No where is it said, nor in books read, that any folk so fair so were destroyed, as was Carric and his army, who was king of Britain! The burgh burnt all night, the burning was boundless! The fight was soon finished, the fire spread over them. And Carric, *the* king, him*self* saw, that he was overcome; the king gan him creep on hands and on feet, as if he were all mortally wounded; and so he most stilly stole from his people, and west*ward* gan him move into the Welsh land; and *in* this wise he went out of this land.

[1] *Added by a later hand.*

MS. Cott. Calig. A. ix.	MS. Cott. Otho, C. xiii.
& þaſ waiȝeſ he wende :'	. . . .
ut of þiſſe londe.	. . . .
And nuſte nauere na man :'	. . . .
whar Karic him bicom.	. . . .
buten æneſ an ane tide :'	. . . .
an cniht þer com ride.	. . . .
& seide Gurmunde :'	. . . .
of Kariche tidende.	. . . .
þat he in Irlonde :'	. . . .
ſōnede genge.	. . . .
and wolde mid fehte :'	. . . .
æft faren hidere.	. . . .
Ah nuſte nauere na[1] man :'	. . . .
to whan þe þret him bi-com.	. . . .
And þuſ wes Chirencheſtre :'	. . . .
and his londeſ aweſte.	. . . .
and Gurmūd ihouen to kinge :'	. . . .
of al þiſſe kinelonde.	. . . .
for þenne þe burh weſ biwunnen :'	. . . .
mid ſwulcheſ cunneſ ginnen.	. . . .
and[2] ſparewen þat beren þat fur :'	. . . .
& ſparewen heo forbarnden[3]. [f.173b. c.1.]	. . . .
And feole-wintere feoððen :'	. . . .

And knew never any man where Carric him became, except once on a time a knight there came riding, and said tiding to Gurmund of Carric, that he in Ireland assembled forces, and would with fight eft fare hither. But knew never any man to what *issue* the threat it became. And thus was Cirencester and his lands wasted, and Gurmund raised to *be* king of all this kingdom; for then the burgh was won with stratagem of such kind, with sparrows that bare the fire, and sparrows it consumed. And many winters afterwards, the folk that there dwelt called it Sparrow-chester, in

[1] na na, *pr. m.* [2] mid? [3] forbanden, *pr. m.*

MS. Cott. Calig. A. ix.	MS. Cott. Otho, C. xiii.
þ[1] folc þa þer wunede.	. . . .
cleopeden heo Sparewencheſtre :	. . . .
in heore leod-ſpellen.	. . . .
and ȝet hit duðe[2] ſūme men :	. . . .
to imuȝen þe alde deden.	. . . .
And þuſ weſ þa riche burh :	. . . .
mid reouðen[3] fordemed.	. . . .
and Gurmund weſ on londe :	. . . .
iheouen her to kinge.	. . . .
and Gurmund weſ an heðene mon :	. . . .
and for-dude þane criſtindom.	. . . .
Þa þis weſ al þuſ ifare :	. . . .
þæ wes her forȝe and muchel care.	. . . .
Gurmund falde þa mūſtreſ :	. . . .
and an-heng alle þa munkeſ.	. . . .
of cnihten he carf þe lippes :	. . . .
of madenen þa tittes.	. . . .
preoſteſ he blende :	. . . .
al þiſ folc he ſcēde.	. . . .
ælcne bilefued mon :	. . . .
he lette bi-limien.	. . . .
and þuſ he gon to taken on :	. . . .
and fordude al þiſne criſtindom.	. . . .

their popular speech; and yet *so* do some men *call* it, to commemorate the old deeds. And thus was the rich burgh lamentably destroyed, and Gurmund was in *the* land raised here to *be* king; and Gurmund was an heathen man, and destroyed the Christendom. When this was all thus transacted, then was here sorrow and mickle care. Gurmund felled the minsters, and hung up all the monks; from knights he cut the lips, from maidens the teats; *the* priests he blinded; all this folk he injured; each remaining man he caused to be dismembered; and thus he gan to take on, and destroyed all this Christendom. And afterwards he went to London, to a

[1] þa, *pr. m., but the* a *expuncted by the rubricator.* [2] dude, *pr. m.*
[3] reoude, *pr. m.*

MS. Cott. Calig. A. ix.	MS. Cott. Otho, C. xiii.
And ſeoððen he uor to Ludene[1] :'	. . . .
to ane muchele huſtinge.	. . . .
þider gunnen ſiȝe :'	. . . .
alle Sex-leode.	. . . .
þa wuneden i þiſſen londe :'	. . . .
mid Gurmumde[2] kīge.	. . . .
and hiſ men bicome :'	. . . .
moie[3] and vniuoȝe.	. . . .
heom[4] heold for-ward :'	. . . .
and aȝef heom ſone al þiſ ærd.	. . . .
of him to heoldenne :'	. . . .
and habben hine for kinge.	. . . .
And þe king hehte :'	. . . .
al þan[5] hine lufede. [c. 2.]	. . . .
þat whar swa heo mihten finde :'	. . . .
Bruttes i þiſſen londe.	. . . .
þat hine[6] anan ſloȝen :'	. . . .
oðer mid horſen to-droȝen.	. . . .
buten he libben wolden :'	. . . .
his lif in þraldome.	. . . .
and for-ſakē godeſ mæſſe :'	. . . .
and luuien hædeneſſe[7].	. . . .
þenne moſte he libben :'	. . . .

mickle husting; thither gan arrive all *the* Saxon people that dwelt in this land, with Gurmund the king, and became his men, many and without number; *he* held covenant with them, and gave them soon all this realm to hold of him, and have him for king. And the king bade all that loved him, that wheresoever they might find Britons in this land, that *they* should slay him anon, or with horses draw in pieces, unless he would live his life in thraldom, and forsake Gods mass, and love heathenism; then might he

[1] *R.* Lundene. [2] *R.* Gurmunde. [3] *R.* monie.
[4] *The sense requires us to read* he heom.
[5] þat? [6] hene, *pr. m.* [7] hæðeneſſe?

MS. Cott. Calig. A. IX.	MS. Cott. Otho, C. XIII.
þeou a þiſſe londe.	. . . .
Biſidē Allemaine iſ a lond :·	. . . .
Angleſ. Angleſ ihaten.	. . . .
þer weoren iborne :·	. . . .
þa ilke þe weorn icorne.	. . . .
þa Gurmund an hond :·	. . . .
bitahte al þiſ kinelond.	. . . .
alſe he heom a forward hædde :·	. . . .
ȝif he hit biwunne.	. . . .
al hiſ biheſte :·	. . . .
he heom bilaſte.	. . . .
Of Englen heo comen :·	. . . .
and þer of heo nomen nomen.	. . . .
and letten heom cleopien ful iwiſ :·	. . . .
þat folc þat wes Ænglis. [lond :·	. . . .
Anglelond. & þiſ lond heo cleopeden Ængle-	. . . .
for hit weſ al on heore honde.	. . . .
Seodðe[1] æreſt Brutteſ :·	. . . .
bæhȝen to þiſſen londe.	. . . .
Brutaine hit weſ ihaten :·	. . . .
of Brutten nom taken.	. . . .
a þat þiſ folc com :·	. . . .
þa þiſne nome him binon[2].	. . . .
And moniee[3] of þan burȝen :·	. . . .

live *a* slave in this land! Beside Alemaine is a land named Angles; there were born the same that were chosen, to whom Gurmund gave all this kingdom in hand, as he had *promised* to them in covenant, if he should it win. All his promise he fulfilled to them. Of Engles they came, and thereof they took name, and caused them*selves* to be called, full truly, the folk that was English; and this land they called Engle-land, for it was all in their hand. After first *the* Britons came to this land, Britain it was named, of Britons took name, until this folk came that this name took from it. And many of the burghs, and many of the towns, and many of

[1] seoððe? [2] *R.* binom. [3] *R.* monie.

MS. Cott. Calig. A. ix.	MS. Cott. Otho, C. xiii.
and monie of þan tuuen.	. . . .
and monie of þan londen :/	. . . .
and of þan hamen[1].	. . . .
heo binomen heore namen :/ [f. 174. c. 1.]	. . . .
al for Bruttene ſceome[2].	. . . .
and nomẽ[2] al þiſ lond :/	. . . .
and ſetten hit al an heore hond.	. . . .
for Gurmund hit heom al ȝette :/	. . . .
& and[3] him ſeolf aȝein wende.	. . . .
Þa comen heo to Lundene :/	. . . .
to þan muchele huſtinge.	. . . .
and wolden ane king makien :/	. . . .
to þiſſere kineriche.	. . . .
Þa ne mihtte heom iwurðe :/	. . . .
wha[4] þiſ lond ſcolde[5] aȝen[4].	. . . .
and to-weude mid alle :/	. . . .
a muchelere wraððe.	. . . .
and fiſ kingeſ a-neouſte :/	. . . . *Hic diuiditur terra.*
heo makede[6] in þiſſe londe.	. . . .
And ælc nom of oðere :/	. . . .
al þat heo mihten.	. . . .
ane while un-ſome :/	. . . .
and an oðere while iſahte.	. . . .

the lands, and of the dwellings, they deprived of their names, all for disgrace of *the* Britons; and took all this land, and set it all in their hand, for Gurmund granted it all to them, and himself went away. Then came they to London, to the mickle husting, and would make a king to this kingdom. Then they might not agree who should possess this land, and differed withal in great wrath, and five kings quickly they made in this land. And each took from other all that they might, one while at enmity, and another while in

1 heomen, *pr. m.*
2 *Sic MS.*
3 ſcol, *pr. m.*
4 *On an erasure, by second hand.*
5 *By second hand, on erasure.*
6 make, *pr. m.*

MS. Cott. Calig. A. ix.	MS. Cott. Otho, C. xiii.
and þuſ heo wuneden here :'	. . . .
an hundred and fif ȝere.	. . . .
þat neuere com here criſtindon :'	. . . .
icud i þiſſen londe.	. . . .
no belle i-rungen :'	. . . .
no maſſe iſunge.	. . . .
na chrche[1] þer neſ ihaleȝed :'	. . . .
no child þer neſ iſuleȝed.	. . . .
Þa weſ inne Rome :'	. . . .
a p̃pe of godeſ dome.	. . . .
Gregorius papa. Gregori weſ ihate :'	. . . .
godd seolf hine lufede.	. . . .
Þa wes hit in ane ſtunden :'	. . . .
þat þe pape wolde wenden.	. . . .
þat he wolde[2]	. . . .
an ane of hiſ neoden. [c. 2.]	. . . .
Þa com he in are ſtrete :'	. . . .
þat ſtrahte to Rome.	. . . .
þa iſah he leden :'	. . . .
of Engliſce leoden.	. . . .
þreo swiðe fæire men :'	. . . .
faſte ibunden.	. . . .
heo ſcolden beon iſeolde :'	. . . .
and þa paneȝes weoren italde.	. . . .

amity; and thus they dwelt here an hundred and five years, *so* that never Christendom came here *to be* known in this land, nor bell rung, nor mass sung, nor church was there hallowed, nor child was there baptised! Then was in Rome a pope of Gods doom, *who* was named Gregory; God *himself* loved him. Then was it in a time, that the pope would go, that he might *speed* on one of his needs. When he came in a street that stretched to Rome, then saw he led three exceeding fair men of *the* English nation, fast bound; they should be sold, and the pennies were told. Then asked

[1] *R.* chirche.

[2] *A verb is here wanting. Perhaps we should read* wolde ſpeden.

MS. Cott. Calig. A. ix.	MS. Cott. Otho, C. xiii.
Þa fræinede þa pape an an :'	. . . .
of feiȝere þan mōnen.	. . . .
whonnene heo weorē :'	. . . .
& hu heo þare comen.	. . . .
and of wulche ſtronde :'	. . . .
heo iſt°ned[1] weoren.	. . . .
Þæ andſwarede þe an :'	. . . .
þat weſ a ſwiðe fair mon.	. . . .
We beoð heðene[2] men :'	. . . .
& hider beoð iladde.	. . . .
and we weoren ut iſalde :'	. . . .
of Āglene londe.	. . . .
and fulluht we to þe[3] ȝeorneð :'	. . . .
ȝef þu uſ wult ifreoiȝen.	. . . .
Þa[4] ſeiden men Angliſce :'	. . . .
aðele ibor̄ne.	. . . .
Þa reouſede Gregori :'	. . . .
godd hine luuede.	. . . .
and þas andſware ſaide :'	. . . .
þe pape wes iſele.	. . . .
Iwiſ ȝe beod[5] Ængliſce :'	. . . .
englen ilicheſt.	. . . .
of alle þan folke :'	. . . .
þa wunieð uppen uolde.	. . . .

the pope anon of the fair men, whence they were, and how they came there, and in what shore they were begotten. Then answered the one, who was an exceeding fair man: "We are heathen men, and hither are led, and we were out sold of *the* land of Angles; and baptism we *will* yearn of thee, if thou wilt us free." Thus said *the* English men, nobly born. Then Gregory felt pity,—God him loved,—and said this answer,—the pope was good: "Truly ye are English, to angels most like; of all the folk that dwell upon earth your kin is *the* fairest, of all men alive!" The pope

[1] iſtreoned? [2] heðe, *pr. m.* [3] *Interlined by a second hand.*
[4] þat? þus? [5] beoð?

MS. Cott. Calig. A. ix.	MS. Cott. Otho, C. xiii.
eouwer cun iſ feȝereſt :'	. . . .
of alle quike monnen.	. . . .
Þe pͦpe heom freinede :'	. . . .
of feole tidĩde.	. . . .
of laȝen and of londen :'	. . . .
and of þiſſere leodene kinge.	. . . .
and heo him al ſeiden :'	. . . .
soð þat heo wuſten. [f. 174b. c. 1.]	. . . .
And he heom ureoiȝẽ lette :'	. . . .
and fulluht on ſette.	. . . .
and charde aȝein ſone :'	. . . .
eft into Rome.	. . . .
anne cardinal cleopede :'	. . . .
i-coren of hiſ uolke.	. . . .
[*Aus*]*tinus.* Auſtin weſ ihoten :'	. . . .
aðeleſt clærken.	. . . .
þe pape him ſeide :'	. . . .
in hiſ ſom rune.	. . . .
Auſtin þu ſcalt wende :'	. . . .
mid ſoð-fæſte þonke.	. . . .
in to Engle-londe :'	. . . .
[*Æthel*]-*bertus Rex.* to Æðelberte kinge.	. . . .
& beode þer godeſ godd-ſpel :'	. . . .
þe ſcal ſpede ful wel.	. . . .
And ich þe feouwerti bi-tæche :'	. . . .
wel gode clærkeſ.	. . . .

asked them of many tiding, of *their* law, and of *their* land, and of *the* king of this people; and they said to him all *the* sooth that they wist. And he caused them to be freed, and set baptism on *them*, and turned again soon eft into Rome. *He* called a chosen cardinal of his folk, *who* was named Austin, noblest of clerks; the pope said to him, in some of his communing:—"Austin, thou shalt go, with soothfast thought, into England, to Æthelbert the king, and preach there Gods gospel; *it* shall speed to thee full well. And I give thee forty well good clerks; now to-morrow

MS. Cott. Calig. A. ix.	MS. Cott. Otho, C. xiii.
nu to-marȝen bið þe dæi :'	. . . .
þa þu ſcalt do þe i þene wæi.	... þou ſalt ... ... .aẏ. [f. 139. c. 1.]
Forð ferde Auſtí :'	Forþ fer.. ......
and hiſ clærkeſ mid him.	..d his cleare... ......
þat him weſ ful iwil :'	
at Tanette he com hider in.	
& swa he up iſ iwend :'	and ſo forþ .. .end :'
þat he com into Kent.	þat he ... ... land.
Swa he uorð to Cantuare-buri :'	
þer him þuhte swiðe muri.	
þer he funde Aðelbert :'	he wē.. ... ...ge :'
þat king weſ a þan ærd.	Adelbert . . . . .
Aðelberde he talde tidende :'	
of þan heoueneliche kinge.	
he ſeide him þat godd-ſpel :'	. . . . . . þare god ....
and þe king him luſte ſwiðe wel.	. . . . it horde . . . . .
wel he þat larſpelundre nom[1] :'	.... .e þe ſpeche ....m :'
an-eouſte he ȝirnde criſtindom. [c. 2.]	and ȝornde ..iſtendom.
iuulȝed iward Adelberd[2] king :'	i-folled .... ..elbert þe king :'
and al hiſ duȝeðe mid him.	a.. ... ..s cnihtes mid him.
and anan he gon to wurche :'	... anon he gan wirche :' [c. 2.]
ane swiðe feire chirche.	... . .aire chirche.

.... quingesimo.......... ...ii°. Maii, ...e. xiiij° an........... ... iii. quinqua.......... ....tus ab Augus....... ...iſit seruus ...um et alioſ pl....... ....onacoſ predi......... ....gliam, an ....tuſ Anglorum...... ...n circiter ol°.

shall be the day, that thou shalt put thee in the way." Forth went Austin, and his clerks with him; 'that was to him *the* full will; at Thanet he came hither in', and so he 'up is gone [forth went], that he came 'into Kent [in*to* the land]. 'So he proceeded to Canterbury; there *it* seemed to him most pleasant;' 'there he found Æthelbert, who was king in the land [he went to the king Adelbert . . . .]. 'To Æthelbert he told tidings of the heavenly king'; he said to him the gospel, and the king 'listened to him [heard it] exceeding well; well he received the 'preacher, [speech, and] 'quickly' yearned Christendom. Baptised was Æthelbert the king, and all his 'people [knights] with him; and anon he gan to make a church exceeding fair, in *the* Holy 'Trinitys [Trinity his] name,

[1] larſpelunde mon, *pr. m.*

[2] iwarð Aðelberd ?

MS. Cott. Calig. A. ix.	MS. Cott. Otho, C. xiii.
a ſeinte t'netðeſ[1] nome :'	in ſeinte ...nete his name :
wel weſ þan kinge þeruore.	wel .as þan kinge.
Þa iwende ſeint Auſtin vorð :'	Þo wen.. ſeint Auſtin forþ :'
æſt and weſt and ſuð and norð.	riht .aſt and ſuþþe norþ.
and ſeoððe þurh ut Englelond :'	and ſuþþe þorh al Eangelond
& turnde hit to godeſ hond.	and tornde hit to Godes hon(
clærkeſ he lerde :'	cleorekes he learede :'
chirrecheſ he ārerde.	.nihteſ[2] he arerde.
seoke mē he helde :'	seake ... he healde :'
þur[3] halindeſ mihte.	þorh gode.·..hte.
And swa he droh ſuð-ward :'	And ſo he droh ...eſtre :'
þat he com to Dorcheſtre.	ſuþ to Rou......
þer he funde þa wurſte men :'	.ar he funde þe ..... men :'
þa on londe wuneden.	þat were in ... londe.
he talde heō godes leore :'	
and duden him to ſcare.	
he tahten heom criſtindom :'	he bead ȝam ... criſtendom :'
and heo grennedē hī hon[4].	and ... ..ennede ȝam[5] an.
Þer ſtod ſeint[6] Auſtin :'	Þar ....t Auſtin :'
and hiſ clærkes mid him.	and his .... mid him.
and ſpekē of criſt godeſ ſune :'	and ..ac of criſt godes ſ.ne :'

—well was the king 'therefore'! Then proceeded Saint Austin forth, 'east and west, and south and [right east, and then] north; and afterwards 'throughout [through all] England, and turned it to Gods hand. Clerks he instructed, churches he areared; sick men he healed through '*the* Saviours [Gods] might. And so he drew 'southward, *so* that he came to Dorchester [thereafter south to Rochester]; there he found the worst men that 'dwelt [were] in [the] land; 'he told them Gods lore, and *they* had him in derision'; he 'taught [proffered] them Christendom, and they grinned at him. Where Saint Austin stood, and his clerks with him, and spake of Christ, Gods son, as was ere 'their [his] custom,'there [and] they 'approached

[1] ſeinte ðeſ, *pr. m.* [2] chirches? [3] þurh?
[4] *This line is added in the margin by a later hand.*
[5] hine? [6] ſein, *pr. m.*

MS. Cott. Calig. A. IX.	MS. Cott. Otho, C. XIII.
al ſwa weſ ær heore iwune.	aſe ear was his wone.
þer heo iwurðen to :'	and hii to him wende :'
to wraðere hele.	to wroþere heale.
and nomen taileſ of rehȝen :'	and nemen rohȝe taẏl..
[1]	.ani ..... to rouþe..
and hangede on hiſ cape :'	and honge.. ... .is cope :'
an elchere halue.	in euereche halue.
and bi-halueſ urnen :'	
and wurpen hine mid banen.	
and seoððe ȝeiden him on :'	and ſuþþe ȝ.... hine on :'
mid ȝeomerliche ſtanen. [f. 175. c. 1.]	mid hire foule ſcornes.
& swa heo hine gunnen ſende :'	þus hi hine ſẏnde :'
an[2] driuen hine ut of þan ende.	and driuen of þan eande.
Seint Auſtin heo weorē lað :'	Seint Auſtẏn ȝam was loþ :'
and he iwrað swiðe wrað.	and he iwarþ ſwiþe wroþ.
and he ſiſ milen iwēde :'	and ſiſ mile wende :'
from Dorcheſtre.	fram Roucef...
and cō to ane munte :'	and com to one hille :'
þer[3] muchel weſ & hende.	... dude god his wille.
þer he lai on cneowe ibede :'	
and cleopede auere touward gode.	.e gradde toward god.
þat he hine awreke :'	þat he hine awreke :'
a þan a-warriede uolke.	of þan luþer folke. [f. 139b. c. 1.]

[went to him], to *their* injury (*or* curse); and took tails of rays (fish), [to sorrow of many *a* man,] and hanged on his cope, on each side. 'And *they* ran beside, and threw at him with *the* bones'; and afterwards attacked him with 'grievous stones; and so [their foul scorns; thus] they 'gan him shame [him shamed], and drove 'him' 'out of [from] the place. 'To' Saint Austin 'they were [was to them] odious, and he became exceeding wroth; and 'he' proceeded five miles from 'Dorchester [Rochester], and came to a 'mount, that was mickle and fair; there he lay on *his* knees in prayer, and called ever [hill, *and* did God his will; he cried] toward God, that he should him avenge of the 'cursed [wicked] folk, who had

[1] *A line appears to be wanting here.* [2] and? [3] þe?

MS. Cott. Calig. A. ix.	MS. Cott. Otho, C. xiii.
þa hine iſend hafden :'	.... ..ne iſend hadde :'
mid heore ſcaðe deden.	[1]
Vre drihte hine iherde :'	an. ..... hine ihord :'
in to þere heouene[2].	
and hiſ wreche ſende :'	and dude ..che wreche.
an wræſtliche[3] þan folke.	
þa þe rihȝē taileſ :'	
hangede a þan clarkes.	
þa taileſ heō comen on :'	þat taẏle. ȝam com an :'
þer uoren heo maȝen iteled beon.	and alle ... ...les beren.
iſcend weſ þat mon-cun :'	i-fend was al þ.. mancun :'
muggleſ heo hafden.	for moggles ihafden[4].
and īne hirede ælcheſ :'	and amang þe king. his cnihtes :'
men cleopeð heom muglinges.	me cleope.. heom moglẏnges[5].
and euer elc freo mon :'	
ful telleð heom on.	
& Engliſce freom̄ :'	and m.nẏ an hende man :'
in uncuðe londen.	.. .. þe londe.
for þan ilke dede :'	for þane ....
heo habbeoð neb rede.	... habbeþ neb read..
and monieſ godeſ monneſ ſune :'	.... ..nie gode mannes ....
in vncuðe londe.	for fram ȝam won..
þe nauere ne cō þer neh :' [c. 2.]	... ne come noht þar ...

dishonored him with their evil deeds. 'Our [and *the*] Lord heard him, 'into the heaven,' and 'sent his vengeance on the wretched folk [did such vengeance], that 'hanged the rays tails on the clerks. The' tails came on them,—'therefore they may be tailed [and all they bare tails]! Disgraced was [all] the race, [for] muggles they had; and 'in each company [among the king his knights] men 'call [called] them mugglings, 'and every free man speaketh foul of them;' and 'English freemen [many a fair man] in foreign lands for the same deed they have *a* red face, and many *a* good mans son,'in strange lands [*who* far from them dwelt], who came 'never [not]

[1] *A line seems wanting here.* [2] heoue, *pr. m.* [3] wræccliche? [4] hii hafden? [5] *R.* moglynges.

MS. Cott. Calig. A. ix.	MS. Cott. Otho, C. xiii.
iſ icleoped cued[1].	icleopid hii beoþ c...
Auſtin him wunede :'	Auſtin him woned.
vnder ane munede.	..der þare munede.
and hiſ clarkes mid him eke :'	
þeo comen of Rome.	
cleopede to drihtene :'	... .pede to drihte :'
þe ſcop daȝes lihte.	.. .. nihtes.
særimod and ſorhfulle :'	
heom ſceomeden wel ſære.	and weren aſcam... ſore :'
þat þat vni-wraſte moncun :'	for þan owreaſte[2] deade.
heom iſcend hafden.	
þa wolde he þer after ſone :'	þo þohte he þar after ſone :'
wenden to Rome.	wenden aiȝen to Rome.
and menen to Gregorie :'	and mene .. Gregorie :'
þan holi appoſtolie.	þan holẏe pope.
hu Dorcheſtre ſeten :'	
hine gunnen greten.	
Al ſwa he wes al ȝaȝeou[3] :'	Alſe he ....
& wolde hiſ wei uareren[4].	... he wolde forþ f...
a þere ilke nihte :'	in .... .lke nihte :'
þa at-eoden hī ure drihte.	þar com to him oure drihte.
and nemnede hī hiſ rihte[5] nome :'	and cleopede him his riht name :'

there nigh, 'is [they are] called base. Austin him tarried under 'a [the] mount, 'and his clerks with him eke, that came from Rome'; [they] called to *the* Lord, who formed '*the* day-light [*day and* night]; 'unhappy and sorrowful', '*it* shamed them [and *were* ashamed] 'well' sore, 'that [for] the wicked 'folk [deed.] 'had them dishonored.' Then 'would [thought] he thereafter soon, to go [back] to Rome, and complain to Gregory, the holy 'apostle [pope], 'how *the* Dorchester inhabitants gan him greet'. As he was all ready, and [he] would 'fare his way [forth fare], on the same night 'then [there] came to him our Lord, and 'named [called] him his right name,—

[1] cueð, *sec. m.* [2] onwreaſte? [3] ȝareou? [4] *R.* uaren.
[5] rihtete, *pr. m., but the last two letters expuncted.*

MS. Cott. Calig. A. ix.	MS. Cott. Otho, C. xiii.
welle uain weſ he þer uore.	wele glad was he þar vore.
Whæt þencheſt þu Auſtin :·	Wat þencheſt Auſtin :·
what þencheſt þu leof min.	wat woldeſt þou leof min.
woldeſt þu þuſ ſone :·	woldeſt þou þus ſone :·
faren aȝein to Rome.	wende aȝen to Rome.
No ſcalt þu noht ȝete :·	
fuſen of londe.	
þu ært ſwiðe leof me :·	. . . hart ſwiþe leof me :·
and ich wulle wuniē mid þe.	. . . . . . wolle wonie mid þe.
and þu ſcalt irædliche :· 10	
in to hefne-riche.	
heofne iſ þe al ȝaru :·	heo. . . . his þe al ȝare :·
þider ſcal þi ſaulen uaren.	þider ſal þin ſaule fare.
þuſ ſpac ure drihten :·	. . . . [c. 2.]
wið Auſtin hiſ cnihten.	. . . .
þa þe Auſtin under-ȝæt :·	. . . .
whæt ure drihten hæden iſæid.	. . . .
and he iſah ure drihte :· [[f. 175b. c. 1.].	. . . .
þe þuſ him bihehte.	. . . .
and ure drihten waht to heofene :·	. . . .
and Auſtin a cneowe heolde. 21	. . . .
adun to þere uolde :·	. . . .
þer he iſeh ure drihten ſtonde.	. . . .
weopende he cleopede :·	. . . .
to heuenliche kinge.	. . . .

well glad was he therefore!—"What thinkest thou, Austin, what 'thinkest [wouldest] thou, my beloved? Wouldest thou thus soon go back to Rome? 'Not yet shalt thou leave *the* land;' thou art most dear to me, and I will remain with thee, 'and thou shalt readily *come* into heavens realm'; heaven is for thee all prepared, thither shall thy soul repair." Thus spake our Lord with Austin, his knight. When that Austin understood what our Lord had said, and he saw our Lord, who thus him commanded;—and our Lord rose to heaven, and Austin bent on knees down to the ground, where he saw our Lord stand;—weeping he called to *the*

MS. Cott. Calig. A. ix.	MS. Cott. Otho, C. xiii.
ȝeorne he bad are :'	. . . .
to þan almihtie gode.	. . . .
ær he mid alle ueolle :'	. . . .
adun to þere uolde.	. . . .
A þan ilke ſtunde[1] :'	. . . .
þer ſtod ure drihten.	. . . .
þer he pihte hiſ ſtæf :'	. . . .
him ſeolf he cneoulede þer neh.	. . . .
and hiſ iueren he ſeide lar-ſpel :'	. . . .
and hit likede him[2] ful wel.	. . . .
Þa he iſaid hauede :'	. . . .
þa ſæȝen of ure drihten.	. . . .
hiſ ſtaf he nom an honde :'	. . . .
& wolde to hiſ inne ȝeonge.	. . . .
Up he læc þene ſtaf :'	. . . .
þat water þer after leop.	. . . .
þe ueȝereſte welleſ ſtræm :'	. . . .
þe irneð on uolden.	. . . .
ær neſ þer na tun :'	. . . .
no wunende na man.	. . . .
Sone uolc gadere :'	. . . .
to Auſtin þan gode.	. . . .
and al bi hiſ læuen :'	. . . .

heavenly king; earnestly he prayed *for* grace to the Almighty God, ere he fell with *them* all down to the earth. On the same spot where our Lord stood, there he fixed his staff; himself he kneeled there nigh, and to his companions he said discourse, and it liked to them exceeding well. When he had said the sayings of our Lord, his staff he took in hand, and would go to his dwelling. Up he took the staff, the water leapt thereafter, the fairest wells stream that runneth on earth! Previously no residence was there, nor any man dwelling. Soon *the* folk gathered to Austin the good, and all by his leave thither gan arrive; and began there to build

[1] ſtude?

[2] heom?

MS. Cott. Calig. A. ix.	MS. Cott. Otho. C. xiii.
þider gunnen liðen.	. . . .
and bigunnen þer to bulden :·	. . . .
bi þā watere þa waſ hende.	. . . .
Moī mon þer uætte hele :·	. . . .
Cernel. þene ſtude he cleopede Cernele.	. . . .
cerno cerniſ :·	..... cernis :·
þat iſ Latin ful iwiſ.	
cerno an Engliſc leodē :·	ich ... .glis.
ich iſeo swa hit iſ iqueðen. [c. 2.]	
el iſ Ebreowiſc :·	
þat iſ godd ful iwiſ.	
þene tun he cheopede[1] Cernel :·	
ich iſeo drihten iwildel.	
to þiſſere weorlde longe :·	
þe nome þer ſcal ſtonde.	
al ſe hit iſ iqueðen :·	
after godeſ leoden.	
þene ſtude to iwurðien :·	
þer ſtod ure drihten.	
and hiſ engleſ mid him :·	
þa he ſpac wið Auſtin.	
Auſtin wēde wide :·	Auſtin w.... ....
ȝeond Englene-londe.	ȝeond Eangl... .....
he fullehtede kingge :·	.. follede kinge.

by the water that was fair. Many *a* man there obtained health; the place he called Cernel. Cerno, cernis, that is Latin full surely; cerno, in *the* English 'language,' I see, 'as it is spoken; el is Hebrewish, that is, God, full truly; the territory he called Cernel, I see God, every deal; the name there shall stand to this worlds end, as it is declared after Gods language, to honor the spot where our Lord stood, and his angels with him, when he spake with Austin.' Austin proceeded wide over England; he baptised kings, 'and their chieftains'; he baptised earls, 'he baptised barons';

[1] *R.* cleopede.

MS. Cott. Calig. A. IX.	MS. Cott. Otho, C. XIII.
and heore here-dringeſ.	
he fullehtede eorles :'	.. .. eorles.
he fullehtede beorneſ.	
he fullehtede Engliſce men :'	he fo.... .... men :'
he fullehtede Sexiſce men.	he fol.... .... men.
and ſette an godeſ honde :'	he to.. .. .. hond :'
al þat waſ on londe.	al þ.. ... .nd.
Þa weſ he ful bliðe-mod :'	
þat folc he hafde ibliſſed.	
Norð in Engle-londe :'	Nor. .. ..
Brutteſ hæfden an honde.	Bruttus had.. .. ..
muchel del of lōde :'	
and caſtleſ swiðe strōge.	
Þa Bruttes naldē :'	Þe Bruttus nold.
þā Enliſce[1] buȝen.	... Eangleſſe bouwe.
imong heom munekes weoren :'	..... heom monekes w....
muchelere weorede.	wel manẏ corn...
Seint Auſtin funde :'	SEint Auſtin funde :' [f. 140. c. 1.] *Auguſtin.*
inne þiſſe londe.	ine þiſſe londe.
seouen biſcopes to iwiſſe :'	soue biſſopes to iwiſſe :'
singende maſſe.	ſingende maſſe.
and enne ærchebiſcop :'	and on archebiſſop :'
þe at Karliun at-ſto[2].	þat at Cairlẏon at-....
and at Bangor weſ a munecclif :'	.. Bangor was on abbeẏ :'

he baptised English men, he baptised Saxish men, 'and [he] set in Gods hand all that was in *the* land.' 'Then was he of full blithe mood, *that* he had rendered the folk joyful.' North in England *the* Britons had in hand '*a* great deal of land, and castles most strong.' The Britons would not submit to the English; among them were monks, '*a* mickle multitude [well many chosen]. Saint Austin found in this land seven bishops, in certainty, singing mass, and one archbishop, who at Kaerleon was stationed; and at Bangor was an abbey [filled] with 'innumerable' monks.

[1] *R.* Engliſce. [2] at-ſtod?

MS. Cott. Calig. A. IX.	MS. Cott. Otho, C. XIII.
mid muneken uniuoȝe. [f. 176. c. 1.]	ifulled wid monekes.
Dionot hæhte heore abbeod :	Dyonoth hehte þe abbod :
he weſ of heȝe monnen.	he was of heȝe cu . ne.
he hæfden on ſeuen hepen :	he hadde in ſoue abbayes :
sixtene hundred muneken.	sixtene hundred monakes.
and ȝet ma þer to :	
munekeſ ſwiðe balde.	
and of Bruttiſce ſtreonen :	of Bruttus ſtreone :
ſtiðe imodede men.	ſwiþe modi men.
Writen ſende Auſtī :	Writeſ ſende Auſtī :
to þan ſeouen biſcopen.	to þis ſoue biſſopes.
and hehte heom comen sone :	and hehte heom come ſone :
and speken wið him ſeolue.	and ſpeke wiþ him seolue.
& don him herſumneſſe :	and do. ... horſumniſſe :
and þ͛h him singen maſſe.	and þo.. ... ſinge maſſe.
for he hauede an honde :	for h . . . .
þa hehneſſe of þiſſen londe.	... hehniſſe .. ..
he waſ icleopped legat :	.. was i-c...... .....
of þiſſen londe he wæſ primat.	.. ...ſe lō.. .. ..
& þas þinges weoren idone :	
þurh þene pape of Rome.	
Þas biſcopes reiȝe weoren :	... ...ſopes ....
and andſwere aȝeuen.	... answere .....
Ne beo we nawit under him :	.. .. noht o..... ...
þe iſ ihaten Auſtī.	... ... iho.. ......

Dionot hight 'their [the] abbat; he was of high race; he had in seven 'companies [abbies] sixteen hundred monks, ' and yet more thereto, monks most bold, and' of 'British [Britons] progeny, 'stiff-minded [exceeding bold] men. Austin sent writs to the seven to 'the [these] seven bishops, and bade them come soon, and speak with himself, and do to him obedience, and through him sing mass; for he had in *his* hand the *superior* dignity of this land; he was called legate, of this land he was primate; ' and these things were done through the pope of Rome.' These bishops were stern, and answer gave: "We are no whit under him, who is named Austin,

MS. Cott. Calig. A. ix.	MS. Cott. Otho, C. xiii.
ah we beo on londe :'	
heȝe men and ſtronge.	
and habbeoð ure irihte :'	. . . . . . oure rihtes :'
of ure arche-biſcpe[1].	of . . . . .rchebiſſop.
þe wuneð iñe Karliun :'	þat woneþ in Cairl...
godd clarc and wel idon.	god cleark and wel ....
þa haueð hiſ cantel-cape on :'	... ...eþ his cant.. ....
of Gregorie þan pape.	.. ..ri þe pope.
and mid wurðſcipe mucle :'	... ... mochele worſipe :'
haldeð hiſ wike.	....s wike.
For no ſcal hit nauere iwurðen :'	
a þiſſere worlde-richen. [c. 2.]	
þat we auere buȝen :'	Her vore ..... .e[2] bouwe :'
Auſtine þan uncuðen.	Auſtin þ.. oncouþe.
for he iſ ure fulle ifa :'	
& his iferen al swa.	
for Auſtin iſ iboȝen hidere :'	for Auſtin his .ider icome :'
into þiſſen londe.	in to þiſſe ...de.
and haueð i-fulleȝed þene king :'	and haueþ ifolled þane king :'
Cantuarē aðeling.	Cantelburi his aþe.... [c. 2.]
Aðelbert ihaten :'	
heh inne Anglene.	
and he hafueð ifunden here :'	and .. haueþ ifunde ...
hundes heðene.	heaþene hundes.

'but we are in land high men and strong', and have our rights of our archbishop, who dwelleth in Kaerleon, good clerk and excellent, who hath his cantel-cope 'on,' of Gregory the pope, and with mickle worship holdeth his see. 'For never shall it be, in this worlds realm, that ever we [Herefore we will not] bow to Austin the stranger, 'for he is our full foe, and his companions also;' for Austin is come hither into this land, and hath baptised the king, 'of Kentish men *the* [Canterbury his] atheling, 'named Æthelbert, noble among *the* Angles'; and he hath found here heathen

[1] arche-biſcope?

[2] nolle we?

	MS. Cott. Calig. A. ix.	MS. Cott. Otho, C. xiii.
	þa comen of Sexlonde :·	þat .id Gormund come :·
	mid Gurmumde[1] þan kinge.	
	þeo he alle fullehteð :·	woche .. alle folȝeþ.
	and to gode ſuſeoð.	
	þeo haldeoð ure kinelond :·	hii holdeþ oure ...elonde :·
	mid unrihte on heore hond.	mid onriht in hi.. ...d.
	Criſtine we beoð alle :·	Criſtene we beoþ ....
	and of criſtine cunne.	... of criſtene cunne.
Anno.......	and ure elderne swa weoren :·	... . ealdrene ſo were :·
...*elbertus* *R*.......	agan iſ þreo hundred ȝeren.	.... .. .reo hundred ȝer.
rum, To..	& heo beoð neowene icumen :·	... ... neawene icome :·
...*rom*.....	& criſtindō habbeoð under-numen.	... .dom habbeþ i-....
...*sor r*....	and Auſtī heom ſullehteð :·	... Auſtin ȝam fol...
filius s......	and to gode ſuſeoð.	... .d fouſeþ.
Aðelb.....	For þan we hine hatiȝen wulleð[2] :·	For ... . hine wolleþ :·
	& herē h...	and ne...e louie nolleþ.
	nauere to ure liue :·	
	no ſcullen we him wurðen liðe.	
	þæs tiðende come :·	þeos tydinges come :·
	to Auſtine ſone.	to Auſtin ſone.
	hu þe biſcopeſ hine ſcenden :·	hou þis balde biſſopes :·
	& wulc andſweore him ſenden.	... ſende hokere wor...

hounds, that came 'from Saxlond' with Gurmund 'the king', all of whom he baptiseth, 'and to God sendeth', 'who [they] hold our kingdom in their hand with un-right. Christians we are all, and of Christian kin, and our elders so were, agone is three hundred years; and they are newly come, and Christendom have accepted, and Austin them baptiseth, and to God sendeth. Therefore we will him hate, and never will 'obey [love]; 'never in our lives shall we be friendly to him.'" These tidings came soon to Austin, how 'the [these bold] bishops 'him abased, and' 'what answer

[1] *R.* Gurmunde.

[2] *A second hand has needlessly altered this to* nulleð, *and also supplied in the margin the next line, which has been partly cut off by the binder. The words wanting are* hine nulleð.

MS. Cott. Calig. A. IX.	MS. Cott. Otho, C. XIII.
and hu Bruttiſce clerekes :'	
him ſeiden hokeres.	
Þa wes he ſari-mod :'	Þo was he ſo.. mod :'
and ſorhful an heorten.	... ſorhfolle on h..rte.
and ſuſe him gon ſone :'	ſone ... agan wende :'
and ferde to þan kinge.	
and mænde to ....[1]berte :' [f. 176b. c. 1.]	and mende to þan kinge.
þan kinge of Æſt-Angle.	
hu Bruttiſſce biſcopes :'	ou Bruttuſſe biſſop..
hine grætte mid huxes.	..ne grette mid h....
and hu heo uorhoȝeden :'	
to halden hine for herre.	
Þe king hine iwraðede :'	.e kĩg hine wreaþþede :'
wunder ane sweðe.	wonderliche ſwiþe.
and ſaide þat he wolde :'	and ſaide þat he wolde :'
aq̄llen heom a londe.	a-cwelle him[2] in londe.
and ſwe[3] he[4] dude seoððe :'	and ſo .e dude ſuþþe :'
þer after ful sone.	þar after wel ſone.
Aðelbert wes inne Kintte :'	Adelbert was in londe :' [Aðel]-bertus.
king of þan londe.	king ſwiþe ſtronge.
þa hafde he enne mæi :'	þis ...g hadde anne mai :'
Æluric wes ihaten.	...rich was ihote.
inne Norð-humberlonde :'	... ...þhumber lo...

[contemptuous words] sent to him, 'and how *the* British clerks said derision of him.' Then was he afflicted, and sorrowful in heart; 'and' gan him move soon, 'and fared to the king', and complained to 'Æthelbert,' the king 'of East Angles', how *the* British bishops greeted him with scorns, 'and how they despised to hold him for superior.' The king wrathed him wondrously much, and said that he would kill them in *the* land; and so he did afterwards, thereafter 'full [well] soon. Æthelbert was in 'Kent [land] king 'of the land [most strong]; 'then' had 'he [this king] a relative *who* was named 'Æluric [Alfrich], in Northumberland, wickedest of all kings

[1] *Here is an erasure of four letters; apparently* þane.
[2] ȝam?
[3] ſwa?
[4] *Interlined by a second hand.*

MS. Cott. Calig. A. IX.	MS. Cott. Otho, C. XIII.
furcuðest alre kinge.	......est alre kinge.
he radde al þa redes :'	.. .. reades :'
þat dede weoren þa biscopes.	þat de... .... .. biss....
þat heo weoren alle of-slaȝen :'	
and idon of lif-daȝen.	
Nu nuste noht Bruttes þere :'	Nou n . . . .
þat balu heom wes ȝiueðe.	none[1] . . . .
Aðelb⁹t sende sonde :'	.... sende sonde :' [f.140b.c.1.]
wide ȝeond his londe.	.ueral h.. londe.
[Ælu]ric. Æluric sende sode[2] :'	and Alfrich e...[3]
ȝeōd Norh-humberlonde.	oueral his þeode.
heo sōneden uerde :'	
mucle on arde.	
& wolden þa Bruttes al for-don :'	hii þo.te þe Bruttus al fordo. :'
þa clærkes fordemen.	þe clearekes for-deme.
Heo uoren to Leir-chæstre :'	... wende to Leyceſtre :'
and þa burh bileien uaste.	... þe borh bi-leye .....
heo wusten þer inne Brochinal :'	... wisten þar ine ....
þat wæs a Bruttisc eorl.	þat was a Bru.... ....
cniht mid þan bezsten :'	cniht mid þa. .....
wunede inne Leir-chastre.	..nede in Leyces...
Bruchinal ut wende :'	.... vt wende :'

he devised all the counsels, that dead were (should be) the bishops, 'that they were all slain, and deprived of life-day.' Now knew not *the* Britons there, that mischief was given to them. Æthelbert sent messengers 'wide over [over all] his land; 'Æluric sent messengers over Northumberland [and Alfrich eke, over all his territory]; 'they assembled *a* mickle host in *the* land,' 'and would [they thought] all to destroy the Britons, *and* the clerks put to death. They marched to Leicester, and belay the burgh strongly; they knew Brochinal *to be* therein, who was a British earl, knight with the best, *who* dwelt in Leicester. Brochinal issued out, and made

[1] *The second text differs here. Perhaps we might read,* Nou nuste þe Bruttes :' none read gode. *Cf.* l. 25763, *et alibi.*

[2] *R.* sonde.

[3] eake?

MS. Cott. Calig. A. IX.	MS. Cott. Otho, C. XIII.
and ȝarewede hiſ ferde. [c. 2.]	an. .... his ferde.
and wende him ut to uihteſ :'	an. .... fihtes :'
wid Alðelberteſ[1] cnihteſ.	wiþ Ad...... ... cnihtes.
and ſone weſ him ouer-cumen :'	and ſ... him was ouer-come :'
and alle his Brutteſ weoren inumen.	and his Bruttus were inome.
& and[2] swa heo gunnen þraſten :'	and ſo hii ..-gonne þreſte :'
into Leirchæſtren.	in .. ..eſt..
floȝe & nomen :'	sl...n and nomen :'
al þat heo neh comen.	.. ... hii n.. comen.
and ſeiden þat heo wolden :'	and ſa... þat hii wolde :'
in to Waleſ wenden.	into Wales wende.
& flæn al þa Brutteſ :'	and flean alle þe Br.....
þa þer weoren bihalueſ.	þat þare were bi-h.....
Æluric luuede murie :'	
inne Leir-chaſtre.	
Vnder þan ilke þinge :'	.nder þane þinge.
comen to þan Æluric[3] kinge.	..ue tẏdinge þare come.
munekeſ and eremite :'	monekes heremites :'
& canuneſ white.	and canones wite.
briſcopes[4] and clærckes :'	biſſopes clearekes :'
and preoſtes mid godeſ mærkeſ.	preoſtes mid godeſ markes.
and feolen to hiſ foten :'	and to þis kinges feot fulle :'
and his grið ȝeornden.	and his gr.. .ornde.

ready his force, and went him out to *the* fight, with Æthelberts knights, and soon was him*self* overcome, and 'all' his Britons were captured; and so they gan throng into Leicester, *they* slew and took all that they came nigh; and said that they would march into Wales, and slay all the Britons that were there beside. 'Æluric lived merrily in Leicester.' During the 'same' things came 'to Æluric the king [there new tidings;] monks 'and' hermits, and canons white, bishops 'and' clerks, 'and' priests with Gods marks; and fell to 'his [this kings] feet, and yearned his peace, and prayed

[1] wið Aðelberteſ?

[2] *Sic MS.*

[3] Æluric þan?

[4] *R.* biſcopes.

MS. Cott. Calig. A. ix.	MS. Cott. Otho, C. xiii.
and bedē hine for godeſ leoue :'	and beode for god.. ..ue :'
leten heō beon on londe.	þat hii moſte libbe .. ..
and ho[1] him wolden foren bidden :'	... ... wolde to god for h..
to þan heȝen kingen.	. . . .
Þa andſwarede :'	Þo ȝam ....
for-cuðenſt[2] kinge.	..rcuþeſt alre .....
Luſteð nuðe alle :'	
whæt ich sugge wulle.	
wendeð ut a þan felde :'	.....þ vt in ... .
mid eower mon-werede.	... ..le ....
and ich eou wulle word ſenden :'	... ... ou wolle word ſende :' [c. 2.]
hu hit ſcal iwurðen.	ou ȝou ſal iworþe.
and mine ræd-ȝiuē :'	
reden me wulleð.	
Vt wenden munekeſ :' [f. 177. c. 1.]	
& þa maſſe-preoſtes.	
vt wenden clærkeſ :'	
vt wenden canones.	
alle ut wenden :'	Alle hii vt wende :
þa þer icumen weoren.	þat þider icome were.
þeſ kingeſ grið to wilnien :'	þes kinges gr.þ ſeche :'
for lufe of godd ſeolfne.	for loue of god seolue.
wið uten þere burȝe :'	
an ane uelde brade.	

'him' for Gods love, 'to let them be [that they might live] in land, and they would pray for him to [God] the high king. Then answered [them] *the* wickedest [of all] kings: "'Listen now all, what I will say;' go *ye* out in the field with [all] your assemblage, and I will send you word how it shall be [to you], 'and *what* my councillors will advise me." Out went *the* monks and the mass-priests; out went clerks, out went canons;' out [they] all went that were there come, to 'desire [seek] the kings peace, for love of Gods self; 'without the burgh, on a broad field, was soon assem-

[1] *Interlined by a second hand.*

[2] *R.* for-cuðeſt.

MS. Cott. Calig. A. ix.	MS. Cott. Otho, C. xiii.
weſ iſomēd þat folc ſone :'	
sorȝe heom weſ ȝefðe.	
Aluric nom to rede :'	Alfrich nam to reade :
þeh na nam[1] hine ne[2] bede.	þeh noma[3] h... ne bede.
þat he al þaf[4] wolde :'	þat he wolde .. þis folk :'
feollen to þan grunde.	falle to grunde.
He ſende forð rihteſ :'	He ſende ..rþrihtes :'
fif hundred cnihteſ.	fif hūdred cnihtes.
and niȝen hundred mid heō[5] :'	and manẏ hundred mid heom :'
balde men afoten.	bolde men a fote.
mid mucle wi-axen :'	mid mochele giſharmes :'
a þene ueld wenden.	hii wende in to þan felde.
and and[6] unrihteſ ſloȝen :'	and adun rihtes slowen :'
al þat heo neh comen.	al þat hii neh comen.
Heo ualden to grunde :'	Hii fulde to þan grunde :'
fiftene hundred.	fift... hundred. xv. c. & lxv.
and fife and ſixti anan :'	and fif and f.... .non :'
ſelere monnen.	of ....
boc-ilerede men :'	
balu weſ on uolken.	
Þiſ ſone wes itald :'	..s ſone ... .
wide & ſide.	...e and ſide.
Þa weoren on londe :'	... .
þreo heȝe men italde.	þreo mē ....

bled the folk,—sorrow was given to them.' 'Æluric [Alfrich] took counsel, though no man him asked, that he would fell all this folk to 'the' ground. He sent forth-right five hundred knights, and 'nine [many] hundred bold men on foot with them; with huge battle-axes [they] proceeded in[to] the field, and slew 'with un-right [downright] all that they came nigh. They felled to [the] ground fifteen hundred and five and sixty anon of good men, —'book-learned men,—mischief was among *the* folk!' This was soon told far and wide. Then were in *the* land three men esteemed noble, and all

[1] *R.* man. [2] *Interlined.* [3] *R.* no man.
[4] þaſ uolc? [5] heon, *pr. m.* [6] mid?

	MS. Cott. Calig. A. IX.	MS. Cott. Otho, C. XIII.
	and al þa Bruttes anan :	... .ttus ....
	halden to þan ilken.	.... ilke.
Baldric.	Baldric þe kene :	Ba..... .. ....
	eorl of Cornwale.	...l of Corn....
	swa hehte þe an :	
	heh mon on londen.	
	he heold Deuene-scire :	.. ..nisse ...
	al an his honde.	.. ..
Desse.	alse þet watre[1] Desse :	ase þat ...er Desse :
	wendeð into þere sæ. [c. 2.]	wendeþ into þare séé.
	Bruttes þat lond heolden :	Bruttus þat lond heolde :
	wel swiðe longe.	wel sw... longe.
Aðelst[an].	a þ Aðestan[2] þe stronge :	fort. ....ronge :
	þe king of þissen londe.	
	heom binom þas londes alle :	
	and drof heð ouer Tambre.	dr... ....bre.
	þat nauere heo þas kine-þeode :	þat neuer. ... ... kinelond :
	seoððen no walde.	ne w.... .. hire hond.
	Inne Norð Wales wes a king :	In. ....es was a king :
Cadw[an].	Cadwan þe kene.	Cadigan ihote.
	of Suð Wales Margadud :	of Suþwales Ma.gadud :
	mōnen alre uæȝerest.	cniht alre fayrest.
	al þat lōd sele :	al þat londe seale :

the Britons anon drew to the same. Baldric the keen, earl of Cornwall; 'so hight the one, noble man in land;' he held all Devonshire in his hand, as the water Desse (Exe) floweth into the sea. *The* Britons held the land exceeding long, until 'that' Athelstan the strong, 'the king of this land, took from them all these lands, and' drove them over *the* Tambre, *so* that they never 'afterwards' possessed [in their hand] this kingdom. In North Wales was a king, 'Cadwan the keen [named Cadigan]; of South Wales *was* Margadud, 'fairest of all men [knight fairest of all]; *they held* all the

[1] wate, *pr. m.*

[2] *R.* Aðelstan.

MS. Cott. Calig. A. ix.	MS. Cott. Otho, C. xiii.
into Sæuernerne[1].	into . . . . [f. 141. c. 1.]
frō þan ufere ende :'	. . . .
þat wendeð in to þare fæi.	. . . .
Inne Maluerne :'	. . . .
aneoufte Seuarne.	. . . .
Margadud king wunede :'	. . . . *Mar[ga-dud].*
mid swiðe mucle uolke.	. . . .
and Aðelftan him lað to :'	. . . .
þe kīg of þiffere leode.	. . . .
and heom heold swa[2] harde :'	. . . .
& mid hærme heō igrette.	. . . .
and dreof heom mid hiſ wepnen :'	. . . .
ut ouer Weȝen.	. . . .
and þat lond binom heō :'	. . . .
þat lið þer bi-twixen.	. . . .
Seuerne and Weȝe :'	. . . .
no walden heo hit feodðen[3].	. . . .
Margadud & Baldric :'	. . . .
& Cadwan þe balde.	. . . .
fomneden ferde :'	. . . .
of folke unimete.	. . . .
and foren uppen Aluriche :'	. . . .
þan kinge of Norð-humbre.	. . . .
and hardliche wið him fuhten :'	. . . .

good land into Severn, from the upper end, that floweth into the sea. In Malvern, near Severn, Margadud *the* king dwelt, with very mickle folk; and Athelstan to him advanced, the king of this nation, and held them exceeding hard, and greeted them with harm, and drove them with his weapons out over *the* Wye, and took from them the land that lieth there betwixt; *the* Severn and Wye, they possessed it not afterwards. Margadud and Baldric and Cadwan the bold assembled *a* host of innumerable folk, and marched upon Æluric, the king of Northumberland, and hardily

[1] Sæuerne? [2] swiþe? [3] feoððen?

MS. Cott. Calig. A. ix.	MS. Cott. Otho, C. xiii.
and hiſ ferde feldē.	. . . .
þer iwarð ſone :'	. . . .
for-wunded ful ſære. [f. 177b. c. 1.]	. . . .
þe king of Norð-humbre :'	. . . .
þat comp wes vnimete.	. . . .
þer weſ Baldric eorl anan :'	. . . .
mid bronden to-heouwen.	. . . .
i þā cōpe þer ueollen :'	. . . .
ten þuſend cnihten.	. . . .
þurh ſteleſ biten :'	. . . .
baldere Brutten.	. . . .
Angliſce & Sexiſce :'	. . . .
ſeouentene þuſēd.	. . . .
mid machen weoren to-heowen :'	. . . .
þa hep wes þa laſſen.	. . . .
Æluric him uorð heolde :'	. . . .
in to Norð-hūbre.	. . . .
for-wunded swiðe ſare :'	. . . .
sorhful weſ his duȝeðe.	. . . .
Comen i þiſſen londe :'	. . . .
to ane huſtinge.	. . . .
Cadwā and Margadud :'	. . . .
and heore mon-weorede.	. . . .
buȝen uorh mid heom :'	. . . .
al Brut-leoden.	. . . .

with him fought, and felled his forces. There soon was wounded full sore the king of Northumber*land*,—the conflict was unmeasured,—there was Baldric *the* earl anon hewed in pieces with swords; in the battle there fell ten thousand knights through blows of steel, bold Britons; of English and Saxish seventeen thousand were hewed in pieces with weapons, —the heap was the less! Æluric him forth moved into Northumber*land*, wounded exceeding sore; sorrowful was his folk. Cadwan and Margadud and their forces came to a husting in this land; marched forth with them all *the* Britons; to Leicester *they* proceeded, and took the burgh. Then bade

MS. Cott. Calig. A. IX.	MS. Cott. Otho, C. XIII.
to Leircheſtre forẽ :'	. . . .
and þa burh nomen.	. . . .
Þa hehten heo an hiȝinge :'	. . . .
cumen to huſtinge.	. . . .
al þat wolde libben :'	. . . .
inne þiſſere leoden.	. . . .
Þer com̄ Ængliſce :'	. . . .
þer comen Sexiſe.	. . . .
þer heo makeden to kinge :'	. . . .
Cadwan þene kene.	. . . .
al hit him aloðede :'	. . . .
þat he on lokede.	. . . .
Þa weoren Ælurichef wunden :'	. . . .
inne Norhhumbre.	. . . .
alle iheled :'	. . . .
ah þe helðe waſ neoðered[1].	. . . .
for lurre of hiſ monnen :'	. . . .
and for hiſ leodene uallen.	. . . .
Æluric iherde :' [c. 2.]	. . . .
from þeſ kingeſ hirede.	. . . .
feole tidende :'	. . . .
of Cadwane kinge.	. . . .
þratteſ unimete :'	. . . .
of alre laðeſt monne.	. . . .
Æluric ſende ſōde :'	. . . .

they come to husting in haste all that would live in this nation. There came English, there came Saxish; there they made king Cadwan the keen; all it to him bowed, that he on looked. Then were Ælurics wounds all healed in Northumber*land*, but the health was diminished for *the* loss of his men, and for his peoples fall. Æluric heard from the kings host frequent tiding of Cadwan *the* king; threats unbounded of *the* most hateful of all men. Æluric sent messengers into Scotland and into *the* North land,

[1] *Partly altered by a second hand, on erasure.*

MS. Cott. Calig. A. IX.	MS. Cott. Otho, C. XIII.
into Scotlonde.	. . . .
and into Norð londe :'	. . . .
þer he cnihteſ mihte uinden.	. . . .
and after al þan uolke :'	. . . .
þe þer cumen mihte.	. . . .
and bad heom heore helpeſ :'	. . . .
to heȝere neodeſ.	. . . .
Cadwan gadere uerde :'	. . . .
ȝeond alle þiſſen ærde.	. . . .
and al of Wæliſce londe :'	. . . .
comen to hiſ honden.	. . . .
and heolde hine forð ſeoððen :'	. . . .
toward Norð-humbren.	. . . .
Æluric. Aluric þiſ iherden :'	. . . .
and him toȝæineſ wenden.	. . . .
þat naſ heom bi-tweounen :'	. . . .
buten bare twa milen.	. . . .
fuſden þa uerden :'	. . . .
swulc heo wolden uehten.	. . . .
þa iſæȝen eorleſ :'	. . . .
þa iſeȝen beorneſ.	. . . .
biſcopeſ þa iſeȝen :'	. . . .
and boc-ilarede men.	. . . .
ȝif heo to-gaðe[1] comen :'	. . . .
& mid wepnen on-floȝen.	. . . .

where he knights might find, and after all the folk that there might come; and prayed them *for* their help, at *his* great need. Cadwan gathered forces over all this country, and all of Welsh land came to his hand; and *he* marched him forth afterwards toward Northumber*land*. Æluric this heard; and against him moved, *so* that *there* was between them but barely two miles; the hosts advanced as if they would fight. Then saw earls, then saw barons, then saw bishops and book-learned men, *that* if they came together, and on-smote with weapon, that there should fall many *a* man dead.

[1] to-gadere?

MS. Cott. Calig. A. ix.	MS. Cott. Otho, C. xiii.
þat þær ſculde ualle :'	. . . .
moni beor[1] fæie.	. . . .
Ofte heo biþohten :'	. . . .
what heo don mahten.	. . . .
heo ſetten grið heo ſette frið :'	. . . .
to aneſ dæiȝeſ firſte.	. . . .
heo ſpeken heom to-ſomne :'	. . . .
& ſpileden bitweonen.	. . . .
þat heo wolden alle :' [f. 178. c. 1.]	. . . .
þa kingeſ ſehtnie.	. . . .
Þer iwurðen ſahte :'	. . . .
þa kinges beie tweien.	. . . .
sæhte and ſome :'	. . . .
heo cuſten wel ilome.	. . . .
þaſ kīgeſ wel ilomen :'	. . . .
mid luue heō icuſten.	. . . .
eorl cuſte oðer :'	. . . .
swulc hit weore hiſ broðer.	. . . .
sweineſ þer ploȝeden :'	. . . .
bliſſe wes mid þeinen.	. . . .
Æluric wes kīg on londe :'	. . . .
bi norðen þere Humbre.	. . . .
and Cadwan weſ king sele :'	. . . .
a ſuð half þere Humbre.	. . . .

Oft they bethought what they might do; they set peace, they set amity to a days space; they spake them together, and discoursed between, that they all would reconcile the kings. There became reconciled the kings both twain; reconciled and united they kissed well often; these kings well often with love them kissed; earl kissed other, as if it were his brother; swains there played, bliss was with *the* thanes! Æluric was king in land by north of the Humber, and Cadwan was good king on *the* south half of the Humber; bliss was among *the* hosts with the bold kings. Was

[1] beorn?

MS. Cott. Calig. A. IX. | MS. Cott. Otho, C. XIII.

bliſſe wes on hireden :
mid balden þan kingen.
Næf hit iſæid næuere :
an sæȝe no on leoðe.
þat mare luue weore ifunden :
bi-tweone twei kingen.
for þat þe an hafden :
ꝥ heo hafden beien.
þe an heold þene oðer :
deorluker þene broder[1].
Beien heo wifes nomen :
ofte heo to-gadere comen.
þa þe wifes iwedded weoren :
on ane time to bedde heo eoden.
æiðer mid his lufe wende :
twoward heore wife. [sunen :
he[2] ſtreoneden tweien suen[3]
beien an ane timen.
beien an ane dæie :
heo weoren afte iborne.
to-gadere heo weoren ibredde :
to-gadere heo weoren iuedde.
þa children wuxen :
and wel iðoȝen. [c. 2.]
wel wes heore aldren :

it never said in saw nor in song, that more love were found between two kings; for that the one had, that had they both; the one held the other more dear than *his* brother. Both they took wives, *and* oft they came together; when the wives were wedded, in one time they went to bed; either went with his love toward their wives; they begat two sons, both in one time; both in one day they were eft born; together they were bred, together they were fed. The children waxed, and well thrived; well was

[1] broðer? [2] heo? [3] *Superfluous?*

MS. Cott. Calig. A. ix.	MS. Cott. Otho, C. xiii.
[1]	. . . .
For to uæſtnen þa luuen :'	. . . .
of leofuen[2] heore uæderen.	. . . .
to-ſomne me heom tahte :'	. . . .
to-somne me heom tuhte.	. . . .
beien heo weredē :'	. . . .
aneſ kunneſ iweden.	. . . .
al swa dudē þa children :'	. . . .
swa ær duden þa aldren.	. . . .
swa mouchel luue heolden :'	. . . .
þat ſellic þuhte monnen.	. . . .
And þuſ heo wuneden here :'	. . . .
wel feole ȝere[3].	. . . .
þat þæ children weorē :'	. . . .
muchele iwaxen.	. . . .
riden uppen ſteden :'	. . . .
and luueden cnihteſ iweden.	. . . .
heore maineſ heo uondeden :'	. . . .
wel ueole ſiðen.	. . . .
heore armeſ weore ſtronge :'	. . . .
heo breken ſcafteſ longe.	. . . .
mid longe ſweorden heo ſmitten :'	. . . .
þa ȝifē ſmærte biten.	. . . .
Heore uadereſ þa comen :'	. . . .

to their parents. For to confirm the love of their loved fathers, together men taught them, together men instructed them; both they weared weeds of one kind; all so did the children as ere did the parents, so mickle love *they* held, that marvellous *it* seemed to men. And thus they dwelt here well many years, until the children were waxed mickle; *they* rode upon steeds, and loved knights weeds, their strength they proved well many times; their arms were strong, they brake shafts long; with long swords they smote, that gave smart blows. Their fathers then came with

[1] *A line would seem to be here deficient.*

[2] *Written at first* leofeuen, *but* e *expuncted.*

[3] ȝeren, *pr. m.*

MS. Cott. Calig. A. ix.	MS. Cott. Otho, C. xiii.
mid mucle faȝerneſſē.	. . . .
inne Bruttaine :'	. . . .
mid muclere bliſſe.	. . . .
þa ȝet þat lond-riche :'	. . . .
hehte Armoriche.	. . . .
þa ȝunge men me dubbede :	. . . .
beiȝene to cnihte.	. . . .
Wið an luttel ȝeren :'	. . . .
þa uaðeſ[1] dede weoren.	. . . .
and þa twa childrē :'	. . . .
weoren ihouen to kingen.	. . . .
æiðer heold hiſ icunden :'	. . . .
swa duden ær heore ældren.	. . . .
Þæ weſ inne Cantware-buri :'	. . . .
þa burh weſ þa swiðe muri. [f. 178b. c. 1.]	. . . .
an ærche-biſcop :'	. . . .
þe wes mon ſwiðe god.	. . . .
he for-bað[2] þā kingen :'	. . . .
kine-helm to nimene[3].	. . . .
a þat hin[4] ſeolf comen :'	. . . .
and ſetten hine an heore hafden.	. . . .
Þat bod weſ ihalden :'	. . . .
a þaſ ærchebiſcopeſ onwaldē.	. . . .
and Cadwadðal[5] hiſ lond haueden :'.	. . . .

much fairness, with much bliss *into* Bretagne,—the yet the country hight Armoriche,—the young men both were dubbed knights. Within a few years the fathers were dead, and the two children were raised to *be* kings; either held his territory as ere did their parents. Then was in Canterbury, —the burgh was then most prosperous,—an archbishop, who was *a* man exceeding good; he forbade the kings to assume *the* crown, until that *he* came himself, and set it on their heads. The command was obeyed on the archbishops authority, and Cadwalan had his land on this side the Hum-

[1] uaderes?
[2] for-bad?
[3] nimenen, *pr. m.*
[4] him?
[5] Cadwalðan?

MS. Cott. Calig. A. ix.	MS. Cott. Otho, C. xiii.
a þiſ hælue þere Hūbre.	. . . .
and Edwine al bi-ȝeonde :'	. . . .
touward þan norð ende.	. . . .
kingeſ heo weoren ihouene :'	. . . .
& kingeſ iſworene.	. . . .
ah for-bode wes þa crune :'	. . . .
an ure drihteneſ nome.	. . . .
Cadwalan þohte :'	. . . .
þe weſ Cadwaneſ sune.	. . . .
ofte he hine bi-þohte :'	. . . .
what he don mahte.	. . . .
seoððen heore faderef beiene :'	. . . .
forð weoren ifarene.	. . . .
Næfde þa fehtneſſe ilaſt :'	. . . .
buten ſeouen ȝere uriſt.	. . . .
Cadwalan hefde :'	. . . .
caſtleſ swiðe monieȝe.	. . . .
and þe riche-dom ſtod :'	. . . .
mære on Cadðwalaneſ hond.	. . . .
Cadwaðlan gō liðe :'	. . . .
in to Lōdene.	. . . .
he ſende men gode :'	. . . .
aftꝰ þan erchebiſcope.	. . . .
and hehte ful ſone :'	. . . .
þat he to Lundene come.	. . . .
þa he to Lundene com :'	. . . .

ber, and Edwine all beyond, toward the north end; kings they were raised, and kings sworn; but forbidden was the crown, in our Lords name. Cadwalan thought,—who was Cadwans son,—oft he him bethought what he might do, after both their fathers were forth departed (dead). The concord had not lasted but *the* space of seven years; Cadwalan had very many castles, and the sovereignty stood more in Cadwalans hand. Cadwalan gan proceed into London; he sent good men after the archbishop, and ordered that he should come to London full soon. When he came to

MS. Cott. Calig. A. IX.	MS. Cott. Otho, C. XIII.
iqueme[1] hit wes þan kingen.	. . . .
þe king auotē eode :' [c. 2.]	. . . .
to-ȝeineſ þan erche-biſcope.	and to þan kinge ȝeode. [f. 142. c. 1.]
wið uten hiſ halle dure :'	þo he com to boures dore :'
and ſæide þu art wilcume.	þe king ſaẏde welcome.
& leofliche hine bihedde :'	and loueliche him ſpac wiþ :'
& lauerd hine cleopede.	and cleope hine loūd.
He aȝaf ure drihten :'	
ælchere irihten.	
he ſpac of feire lære :'	
& al of godeſ are.	
hiſ ſpechen weorē gode :'	
wið þan ærche-biſcope.	
þe king hine bi-þohte :'	þe king þe archebiſſop bi-ſohte :'
feire & ſwiðe ofte.	faẏre and ſwiþe ofte.
þat he on hiſ icunde :'	þat he in his cunde :'
king hine makede.	king hine makede.
To ane iſette dæiȝe :'	To one iſet daẏe :'
þat folc þær i-ſomnede.	þat folk was igadered.
þer mæ[2] Cadwaðlan ſone :'	þar me Cadwalþan ſone :'
makede to kinge.	makede to kinge.
muchel weſ þa bliſſe :'	moche was þe b....e :'
þat wæſ in þære burȝe.	þat was in þan borwe.

London, it was to the king acceptable; 'the king went on foot towards the archbishop, without his hall-door, and [. . . . . . and to the king went; when he came to *the* chambers door, the king] said, "'Thou art' welcome!" and lovingly him 'viewed [spake with], and called him lord. 'He gave to our Lord each right; he spake of fair lore, and all of Gods favor; his speeches were good with the archbishop.' The king besought 'him [the archbishop], fair and very often, that he in his territory should make him king. At a set day the folk 'there assembled [was gathered]; there men soon made Cadwalan king; much was the bliss that was in the burgh!

iquemen, *pr. m.*

[2] me?

MS. Cott. Calig. A. IX.	MS. Cott. Otho, C. XIII.
Of þiſſe uare-coſte :/	Of þiſſe farecoſte :/
Adwine na þing nꝰte.	Edwӯn noþing nuſte.
at[1] sone swa he hit wiſte :/	and ſo ſone ſo he h.. wiſte :/
wrað he weſ an heorte.	wroþ he was in h..te.
and ſeide auere wið and wið :/	
ich wulle makien un-frið.	
and al ic wulle aquellen :/	a.. ſayde he wold.. .cwelle :/
þat ich quike uinde.	. . . .
of Cadwaðlaneſ uolke :/	. . . .
ualſeſt alre mōne.	. . . .
Uerde he god[2] gaderen :/	. . . .
of feole þuſend monnen.	. . . .
he hehde ituht to herie :/	. . . .
a þaſ half þare Humbre.	. . . .
Eoden heom to ræde :/	. . . .
cnihteſ swiðe gode.	. . . .
alle þa wiſeſte men :/	. . . .
þa weore inne londe. [f. 179.c. 1.]	. . . .
heo lerdē Edwiðne[3] king :/	. . . .
þe weſ heore lauerd[4].	. . . .
þat he ſende hiſ ſōde :/	. . . .
to Cadwaðlane kīge.	. . . .
& biſohte hine uæire :/	. . . .
alſe his leofe broðe .	. . . .

Edwine knew nothing of this proceeding, and as soon as he it knew, he was wrath in heart, and said 'ever against and against: "I will make war, and all' 'I will [he would] kill, that I find alive of Cadwalans folk, falsest of all men!" *A* host he gan to gather of many thousand men; he had drawn *them* to ravage on this side of the Humber. Knights exceeding good betook them to counsel, all the wisest men that were in *the* land; they advised king Edwine, who was their lord, that he should send his messengers to Cadwalan *the* king, and beseech him fair, as his dear bro-

[1] ah? and? [2] gon? [3] Edwine?
[4] lauer, *pr. m.* [5] broðere?

MS. Cott. Calig. A. ix.	MS. Cott. Otho, C. xiii.
and for þere muchele luue :	. . . .
þa heolde heore aldren.	. . . .
þat hine letten kĩg beon :	. . . .
and hiſ kine-halm avon.	. . . .
and he wolde aȝeĩ wenden :	. . . .
heom[1] to hiſ folke.	. . . .
ouer þere Humbre :	. . . .
and grið þær halden.	. . . . holde. [c. 2.]
and ner[2] æft a-ȝen teon :	and neuere eft aȝen teon :
wið þan he moſte king beon.	wiþ þan þa[3] moſte king beon.
ihouen[4] and ihalden :	
þurh þene heȝe godd.	
and he wolden bi hiſ liuen :	and he wolde bi his liue :
Cadwalain luuien.	Cadwalþan louie.
and beon ȝaru to his neode :	and beo ȝare to his neode :
an ælchere þeode.	in euereche þeode.
Þis iherde Cadwalan :	Þis ihorde Cadwalþan :
þe king weſ bi suððen.	þat king was bi suþe.
and he andſwarede[5] :	and he anſwerede :
mid aðelere ſpeche.	mid mildere ſpeche.
Nu ich iherd habbe :	Nou ich ihorde habbe :
[6]	wordes wiſe.
	of Edwine his biſockne :
þe iſ mi broðe[7] deore.	þat his min broþer deore.

ther, and for the mickle love that their parents held, that *he* should let him be king, and receive his crown, and he would *then* march back, home to his folk, over the Humber, and there hold peace, and never eft again return, on condition that he might be king 'elevated and held, through the high God'; and he would by his life love Cadwalan, and be ready at his need in every land. Cadwalan heard this, who was king by *the* south; and he answered with 'good [mild] speech: "Now I have heard [words wise of Edwine his beseeching,] who is my dear brother, I will me ad-

1 hom? 2 neuer? 3 þat he? 4 ihæuen, *pr. m.* 5 andſweredere, *pr. m.* 6 *Two lines are missing here.* 7 broðere?

MS. Cott. Calig. A. ix.	MS. Cott. Otho, C. xiii.
ich me bi-ræde wulle :'	ich me bi-readen wolle :'
of swulchere neode.	of socchere neode.
and after ane lutel daʒē :'	and after lutel furſte :'
him andſware ʒeuē.	him anſwere ſende.
whaðer he hit wolde iūne :'	waþer þat ich hit wolle :'
oðer him for-beode.	oþer þat ich noll . .
hu ſwa hiſ riche men :'	
ræden hī wolden.	
Þe dæi weſ iſat :'	. . . . . was iſet :'
at[1] lutel mon weſ þe bet.	. . . . .e bet.
Þa þiſ al weſ iwurðen :' [c. 2.]	Þo . . . .
þa comen heo to ane uorde[2].	. . . .
Duglas þa water weſ ihaten :'	. . . .
þer heo tou-wenden[2].	. . . .
þer weſ þa motinge :'	. . . .
bituxe þan twam kinge.	. . . .
Ædwine biſohte :'	. . . .
mid alle þat he mahte.	. . . .
þat Cadwalan hī þolede :'	. . . .
kine-helm to beberene.	. . . .
and he hine wolde luuien :'	. . . .
a to hiſ liuen.	. . . .
Riche men eoden to ræde :'	. . . .

vise of such need, and after a 'few days [little time], answer him 'give" [send],—whether 'he would it grant, or deny him, [that I will it, or that I will not."] 'howso his noble men would him counsel.' The day was appointed, but one was little the better! When this all was done, then came they to a ford; Duglas the water was named; thereto they moved; there was the meeting betwixt the two kings. Edwine besought, with all *the persuasion* that he might, that Cadwalan should suffer him to wear crown, and he would him love ever in his life. Noble men went to coun-

[1] ah?

[2] *The greater part of these two lines is written on an erasure, but by the original hand.*

MS. Cott. Calig. A. ix.	MS. Cott. Otho, C. xiii.
of swulchere neode.	. . . .
summe hit gonnen ræden :/	. . . .
summe to for-beoden.	. . . .
sūme þer heolden wel to :/	. . . .
summe nolden hit no.	. . . .
Þa while þa cnihteſ wiſe :/	. . . .
þa ſpechen ſculden rihte.	. . . .
þe king in are medewe :/	. . . .
alihte of hiſ ſtede.	. . . .
þā kinge luſte ſlepe :/	. . . .
þa riche weoren at rede.	þe riche weren at reade. [f. 142b. c. 1.]
Com þer a b^{r}-cnihte :/	Com þar a bour-cniht :/
	and ſat adun forþ riht.
he weſ þeſ kingeſ ſuſter ſune :/	he was þe kinges ſoſter ſone :/
Bri[en]. Brien hehte hiſ nome.	Brian hehte his name.
he nom[1] hiſ lauerdeſ hefd :/	he nam þan kẏnges hefd :/
þe leof him weſ on uolke.	
in hiſ bærm he hit læide :/	and leẏde vppe his lappe.
& hiſ lockeſ he to-ſcædde[2].	
Þe king him gon to ſlæpen :/	Þe king him gan ſleape :/
and Brien gon to wepen.	and Brian gan wepe.
urnen þa tereſ :/	vrne þe teares :/
uppen þeſ kīgeſ leoreſ.	vppe þe kīg his leores.
and þe king awoc of ſlepen :/	and þe king of-frihte :/

sel of such need; some gan it advise, some to forbid; some there held well to (consented), some would it not. The while the wise knights should right the speeches, the king alighted from his steed in a meadow; the king *it* list to sleep, while *the* nobles were at counsel. There came a chamber-knight, and sate down forth-right; he was the kings sisters son, Brian hight his name; he took 'his lords [the kings] head, ' who was dear to him among folk', [and] ' he' laid ' it' 'in [upon] his lap, ' and his locks he divided.' The king gan him to sleep, and Brian gan to weep; the tears ran upon the 'kings [king his] features; and the king [was frightened, and] awoke from

[1] inom, *pr. m.*

[2] ſtæbde, *pr. m.*

MS. Cott. Calig. A. ix.	MS. Cott. Otho, C. xiii.
wete weoren his wongen.	and a-wok of ſleape.
he grapede[1] an his nebbe :'	he gropede on hiſ nebbe :'
he wende þat hit bledde. [f. 179b. c. 1.]	he wende þat hit bledde.
and biſæh uppen Brien :'	and biheold Brian :'
mid braden hiſ lechen.	
Þa iſah he of Brien :'	
hiſ teres ut luken.	
ſære gon þe kempe :'	
wepen ouer[2] kinge.	þat weop ſwiþe sore.
Þa axede þe king anan :'	Þo axede þe king anon :'
Cadwalan ihaten.	Cadwalþan .....
Whæt iſ þe leofe mæi :'	.at his þe leoue ...
þat þu ſwa wepeſt to-dæi.	. . . .
þu ært ihalden kene gume :'	. . . .
haueſt þu nu quene þeouwes inume..	. . . .
ſæiȝe me biliue :'	. . . .
hu þe beon on ſiðe.	. . . .
B[r]ien þa andſwerede :'	. . . .
cniht mid þan bezſte.	. . . .
Nu we maȝen wepen :'	. . . .
and[3] wanliche i-beren.	. . . .
halden uſ for hæne :'	. . . .
þer we weoren heȝe.	. . . .
nu þu wult under-uon :'	. . . .

sleep, 'wet were his cheeks'; he felt on his face, he weened that it bled; and 'looked upon [beheld] Brian, 'with his broad glances. Then saw he from Brian his tears out leap;' 'sore gan the warrior weep over the king [who wept exceeding sore]. Then asked the king anon, named Cadwalan: "What is to thee, dear cousin, that thou so weepest to-day? Thou art esteemed keen man; hast thou now taken a ladys manners? Say to me quickly, how is to thee in fortune?" Brian then answered, knight with the best: "Now we may weep with rueful cries; account us for vile where we were noble! Now thou wilt undertake what never was ere done, two

[1] gapede, *pr. m.* [2] ouer þan? [3] mid?

MS. Cott. Calig. A. ix.	MS. Cott. Otho, C. xiii.
þat nauer ær neſ idon.	. . . .
tweien kinges halden ⸵	. . . .
kine-helmeſ on lōden.	. . . .
nuðe we scullen wepē ⸵	. . . .
þæ ær richen weoren.	. . . .
for wurðſcipe ualleð adune ⸵	. . . .
þer weſ ær wunne.	. . . .
Cadwadlā þiſ iherde ⸵	. . . .
þe king weſ on londe.	. . . .
and iwærð him abolȝe[1] ⸵	. . . . . . .bolwe ⸵ [c. 2.]
bitter ane swiðe.	biterliche ſwiþe.
and a-neouſte ſende sonde ⸵	and ſende his ſonde ⸵
to Edwine kinge.	to Edwin þan kinge.
and hehte hine hihȝenliche ⸵	and hehten him hiȝenliche ⸵
uaren of hiſ riche. [quiken liuen ⸵	wende vt his riche.
For ne ſcal he nauere bi mine	For ne ſal he bi mine liue ⸵
kine-helme broken.	kinchealm brouke.
and ȝif he hit wul auon ⸵ [c. 2.]	and ȝef he hit ȝeorneþ ⸵
ich hit wulle wernen.	ich him ſal werne.
and ic hine biræuien wulle ⸵	and ich him bi-reaue wolle ⸵
at hiſ baren liue[2].	of his bare liue.
& nimen al Norð-humberlond ⸵	and nime al Norþhumberlond ⸵
to mire aȝære hond.	to min owene hond.
and walden al hiſ riche ⸵	and habbe ... riche ⸵

kings to hold crowns in land! Now we shall weep that ere were noble, for worship falleth down, where ere was weal!" Cadwalan heard this, who was king in land, and became him enraged very bitterly, and 'quickly' sent [his] messengers to Edwine [the] king, and bade him hastily to go 'from [out *of*] his realm:—"For never shall he, by my 'quick' life *a* crown enjoy; and if he it 'will take [yearneth], I will 'it [him] forbid, and I will him bereave of his bare life, and seize all Northumberland to mine own hand, and 'possess [have] 'all' his realm, and he shall become abject!"

[1] aboȝe, *pr. m.*

[2] liuen, *pr. m.*

MS. Cott. Calig. A. IX.	MS. Cott. Otho, C. XIII.
and he ſcal wurðen hene.	and he ſal worþe wrecche.
þaſ tidende me brohten :·	þeos tẏdinge me brohte :·
to Adwine kinge.	to Edwẏn þan kinge.
& he iwræð abolȝen :·	and .. was a-bolwe :·
wunder ane swiðe[1].	
swa bið a bar wilde.	aſe þe ... wilde.
þenne he bið[2] in holte :·	wāne he his .....
biſtōden mid hunden.	. . . . . . .unde..
and þas andſware kende :·	. . . .
wraðeſt alre kingen.	. . . .
Swa me helpen drihten :·	. . . .
þa ſcop þaſ dæiȝeſ lihten.	. . . .
and þa halidomeſ alle :·	. . . .
þa wunieð inne Rome.	. . . .
kīe-helm ich wulle bruke :·	. . . .
& he hit ſcal abugge.	. . . .
and þer uore ibiden :·	. . . .
bittereſt alre balewen.	. . . .
he ſcal habben paþeſ weſte :·	. . . .
and wilderneſſe inoȝe.	. . . .
and moni mod-ſorhȝe :·	. . . .
hiſ monſcipe ſcal ualle.	. . . .
Al ſwa hit ilomp ſuððe :·	. . . .
þær æft⁹ ful ſone.	. . . .

These tidings men brought to Edwine [the] king, and he was incensed 'wondrously much,' as is 'a [the] wild boar, when he is in *the* wood surrounded by hounds; and this answer delivered *the* wrathest of all kings: "So help me *the* Lord that shaped the day-light, and all the halidomes that are in Rome, crown I will enjoy, and he shall buy it *dear*, and abide therefore *the* bitterest of all ills! He shall have wasted paths, and wilderness enow, and many mind-sorrow,—his honor shall fall!" All so it happened subsequently, thereafter full soon. Either threatened other greatly, and thrust

[1] *This line seems from the second text and punctuation to be superfluous.*
[2] bit, *pr. m.*

	MS. Cott. Calig. A. IX.	MS. Cott. Otho, C. XIII.
	Æiðer þratte oðer ſwiðe :′	. . . .
	and þruſte mid worde.	. . . .
	& swa heo to-delden :′	. . . .
	dæd heo bi-hehten.	. . . .
	Ædwine weſ kempe :′	. . . .
	hiſ men weoren kene.	. . . .
Cadwalan.	Cadwaðlan weſ cniht god :′	. . . .
	and he hafde muchel mod.	........de mochel mod. [f. 143. c. 1.]
Edwin.	Edwine wende ouer Humbre :′	Edwŷn wende ouer Humbre :′
	and Caðwaðlan to Lundene. [f. 180. c. 1.]	and Cadwalþan to Londene.
	þaſ kingeſ weoren wraðe :′	þeos kinges weren wroþe :′
	þa aræs þa weore.	þo a-ros þe werre.
	heo riden ād heo arnden :′	hii riden and hii hearde[1] :′
	heo herȝede and heo barnde.	hii nome hii barnde.
	heo floȝen & heo nomen :′	hii flowen and nomen :′
	al þat heo neh comē.	al þat hii neh comen.
	wa wes þan beondeſ :′	wo were þan bondes :′
	þa on lōde wuneden.	þat in londe wonede.
	Cadwalan weſ inne Lundene :′	Cadwalþan was in Londene :′
	and ſomnede hiſ leoden.	and gaderede his ferde.
	wide he ſende ſōde :′	wide he ſende his ſonde :′
	ȝeond feole kine-londe.	.... fale cune londe.
	he hafde on hiſ ferde :′	he hadd. ..-gadere :′
	fifti þuſende.	fifti ....

with words; and so they separated, deeds they promised. Edwine was *a* warrior; his men were keen; Cadwalan was knight good, and he had mickle mood. Edwine passed over *the* Humber, and Cadwalan *went* to London; these kings were wrath,—then arose the war. They rode and they ran, they 'harried and [took,] they burnt, they slew and 'they' took all that they came nigh; woe 'was to [were] the peasants that dwelt in *the* land! Cadwalan was in London, and 'assembled [gathered] his 'people [host]; wide he sent [his] messengers over 'many *a* kingdom [lands of many kind]; he had 'in his army [together] fifty thousand noble warriors, for harm most

[1] hearnde?

MS. Cott. Calig. A. IX.	MS. Cott. Otho, C. XIII.
here-kempen heȝe :'	. . . .
to hermen ſwiðe kene.	. . . .
Adwine bi norðe :'	. . . .
hiſ writen nom aneonſte.	. . . .
and ſende in to Denene[1] :'	. . . .
to Galwaðe & to Scotlond :'	. . . .
þat ſtod on Edwineſ hond.	. . . .
he ſomnede uerde :'	. . . .
ȝeond alle hiſ ærde.	. . . .
þat he iſõned hafde :'	. . . .
ſixti þuſende.	. . . .
cnihteſ swiðe kene :'	. . . .
wode to uihte.	. . . .
Cadwaðlan gon liðe :'	. . . .
ut of Lundenne.	. . . .
touward Norð-humbre :'	. . . .
hærmeſ he wrohte.	. . . .
he for ouer Humbre :'	. . . .
hiȝenliche swiðe.	. . . .
and bigon to weſten þat lond :'	. . . .
þat ſtod on Edwineſ hond.	. . . .
Þa wes Edwine king :'	. . . .
ærhðen bideled.	. . . .
and he forð rihteſ :'	. . . .
spac wið hiſ cnihteſ.	ſaide forþrihtes. [c. 2.]

keen. Edwine by *the* north took his writs speedily, and sent into Denmark, to Galloway, and to Scotland, that stood in Edwines hand; he assembled forces over all his territory, *so* that he had collected sixty thousand knights most keen, *and* mad for fight. Cadwalan gan march out of London toward Northumber*land*,—harms he wrought; he passed over *the* Humber very hastily, and began to waste the land that stood in Edwines hand. Then was king Edwine void of fear, and he spake [said] forth-right

[1] Denene anon, *pr. m., but* anon *struck out. A line apparently is missing here.*

MS. Cott. Calig. A. ix.	MS. Cott. Otho, C. xiii.
Wurðe for niðing þe mon :·	For niþing worþe þe mon :·
þe nule hīe ſturien. [c. 2.]	þat nele him seolue heolpe.
habben bareſ heorte :·	
and remeſ brede.	
cuðen þan kinge :·	teache þan kinge :·
þat we quiken ſũde.	þat he cwik ouſ finde.
He lette blawen bemen :·	He lette blowe bumeſ :·
and bonnien hiſ uerden.	and banni his ferde.
forð he gon wende :·	forþ he gan wende :·
þat he com to þan ende.	þat he com to þan eande.
þer þe king Cadwaðlan :·	þar þe king Cadwalþan :·
wunede on cumelan.	wonede on comelan.
To-gadere gunnen reſen :·	To-gadere hii gonne rease :·
þeineſ riche.	cnihtes ſwiþe riche.
breken ſperen longe :·	breaken ſpeareſ lange :·
ſceldes braſtleden an honde.	ſcealdes braſtelende[1].
heouwen heȝe helmeſ :·	hewen heȝe healmes :·
ſcænden þa brunieſ.	faulſede brunieſ.
feollen ærm kempeſ :·	..mtede ſadeles :·
æmteden ſadeleſ.	and folle ....e cnihtes.
drem weſ on uolke :·	.. þar was ....orlich[2] :·
þa eorðe gon to dunien.	.. ..rþe gan .. ..nie.
urnen þa brockeſ :·	vr... . . . . . .

with his knights: "Be the man *accounted* for nithing, that will not him [self] 'stir [help]; 'have boars heart, and ravens cunning,' to teach the king, that 'we are [he find us] alive!" He caused trumpets to be blown, and his army to be assembled; forth he gan march, until he came to the spot where the king Cadwalan dwelt in covert (?). Together [they] gan rush 'thanes [knights most] noble; brake long spears, shields shivered 'in hand'; high helms are hewed, failed 'the' cuirasses; 'wretched warriors fell, *and* saddles *were* emptied [saddles *were* emptied, and fell wretched knights]! [There] was clamor among *the* folk; the earth gan to din; the brooks ran

[1] braſtelede?

[2] *The second text differs here, but is too imperfect to be supplied.*

MS. Cott. Calig. A. ix.	MS. Cott. Otho, C. xiii.
of reden blodeſ.	of þan r . . . . .
feollen þa folckeſ[1] :'	. . . . e þe flockes :'
falewede nebbeſ.	....ebbeſ.
Bruttef gunnen breoðen :'	.ruttus go.... ..oþe :'
balu weſ on uolken.	wo ... .
Þuf heo gunnen delen :'	Þus hii . . . . . .
þene dæi longe.	..... .aẏ lange.
riht to þan euening :'	. . . . g :'
þa fleh Cadwalan þe king.	þo . . . .
and Edwine him aft' gende :'	. . . .
mid allen his imihten.	. . . .
Alle niht Cadwalan :'	. . . .
flah mid hiſ cnihten.	fleaþ . . . . . .
nefden he of hiſ ferde :'	. . . . . he forþ[2] :'
buten fiſ hundred cnihten.	.... .undred ......
heo fluȝen to Scotlonde :'	... . .o Scotlōde :'
forhen heom com on honde.	. . . . nde.
And Edwine after an-non :'	. . . . on.
mid fiftene þuſend monnen.	mid . . . . e :'
baldere þeineſ :'	bal..... . . . . .
heore beot weſ iuorðed.	. . . .
Fulede[3] þere uerde :' [f. 180b. c. 1.]	...ede þ... .....
folc unimete.	. . . .
from dæiȝe to daȝe :'	. . . .

with red blood; the peoples fell, faces became pale; *the* Britons gan to be broken,—mischief [woe] was among *the* folk! Thus they gan deal *all* the day long, right to the evening; then fled Cadwalan the king; and Edwine pursued after him with all his might. All night Cadwalan fled with his knights; he had not of his host but five hundred knights; they fled to Scotland,—sorrow came them to hand! And Edwine *followed* after anon, with fifteen thousand men, bold thanes; their threat was accomplished! Innumerable folk followed the army; from day to day the king they gan drive;

[1] fockeſ, *pr. m.*

[2] *The second text appears to differ.*

[3] fuleden, *pr. m.*

MS. Cott. Calig. A. IX.	MS. Cott. Otho, C. XIII.
þene king heo gūnen driuen.	. . . .
soð iſ on þan ſpellē :'	. . . .
heo þohten hine aquellen.	hii þohte hine a-cwelle. [f. 143ᵃ. c. 1.]
Cadwaddlan flæl[1] to þere ſæ :'	Cadwalþan fleah to þare ſéé :'
ſcipē he þer funde.	and ſipes þare he funde.
þa ſcipen heo gūnen hure :'	þe ſipes he gan hure :'
mid ahten swiðe deore.	mid ȝeftes ſwiþe deore.
into Irlonde :'	and in to Irlonde :'
þa ſcipē gunnen wende.	þe ſipes gonne wende.
hauene heo þer nomen :'	hauene þar nemen :'
iſund þa ſcipen comen.	and to londe ȝeoden.
Þa ahte Irlond :'	Þo hadde Irlond :'
a kĩg þat weſ swiðe ſtrong.	a king þat was ſwiþe ſtrōg.
he hehte Gille Patric :'	he was icleoped Gillopart :'
god kĩg i þan rich.	he was god cniht and hard.
he underfeng Cadwadlan :'	he vnderfeng Cadwalþan :'
faire mid hiſ coſſē.	faire mid his coſſes.
and ȝaf him wickinge :'	and ȝef him wikeninge :'
ȝeond Irlonde.	oueral his londe.
[Cadw]adlan. Lette we nu beon Cadwaðlan :'	Leate we ... beon Cadw...þan :'
and ga we to Edwine aȝan.	and .... to Edw... ..an.
Edwīene[2] in þiſſen londe :'	Edw... in . . . . .
a-marden þaſ leoden.	. . . . . . leode.

sooth is in the sayings, they thought him to kill. Cadwalan fled to the sea, [and] ships he there found; the ships 'they [he] gan hire with 'treasure [gifts] most precious, [and] into Ireland the ships gan wend; haven there they took, 'in safety the ships came [and went to land]. Then 'possessed [had] Ireland a king that was most strong; he 'hight Gille Patric, good king in the realm [was named Gillopart, he was good knight and hardy]; he received Cadwalan courteously with his kisses, and gave him dwelling over 'Ireland [all his land]. Let us leave now Cadwalan, and go we to Edwine again. Edwine in this land destroyed this people; burghs he

[1] *R.* flæh.

[2] *R.* Edwine.

MS. Cott. Calig. A. IX.	MS. Cott. Otho, C. XIII.
burȝes he barnde :'	...... he barnde :'
caſtleſ he ualde.	caſt... .. ...de.
hiſ here wrohte on londe :'	his f.... dude .. ..
harmes vniuoȝe.	.earmes ..... ſtrong.
al Cadwaðlanes lond :'	. . . . . . lond :'
he walde to hiſ aȝere hond.	h . . . . . hond.
Þa comen hauweres :'	. . . .
to hirede[1] þaſ kinges.	. . . .
and ſeiden tidende :'	. . . .
Edwine kinge.	. . . .
wa wrðe heom for[2] þon :'	. . . .
þat heo iboren weore.	. . . . ibore . .
saȝen heo hĩ ſæiden :'	. . . .
of ane mæidenne.	. . . .
ꝥ weſ Brienneſ ſuſter hende :'	þat w... . . . . . .
ueireſt wifmonne.	. . . . man.
heo wunede i Winchæſtre :' [c. 2.]	... .de in . . . .
inne þã caſtle.	. . . . . . longe.
And Edwine mid his ferde :'	. . . . . . his f....
þiderward wende.	. . . .
sone swa he þider com :'	ſo ſone . . . .
mid ſtrenðe he heo nom.	. . . .
laddẽ heo to Eouuerwic anan :'	. . . .
cnihteſ swiðe wel idon.	. . . .

burnt, castles he felled; his army 'wrought [did] harms 'innumerable [most strong] in *the* land; all Cadwalans land he possessed in his own hand. Then came spies to the kings host, and said tidings to Edwine *the* king,—woe worth them therefore, that they *ever* were born!—sayings they said to him of a maiden, who was Brians comely sister, fairest of women; she dwelt in Winchester, in the castle. And Edwine with his host thitherward marched; as soon *as* he thither came, with strength he her took; knights exceeding good anon led her to York; to chamber men

[1] hire, *pr. m.*

[2] *Added by a second hand in margin.*

MS. Cott. Calig. A. ix.	MS. Cott. Otho, C. xiii.
to bure me ladde :'	. . . .
to þaſ kingeſ bedde.	. . . . bedde. [c. 2.]
Þe king dude vnwiſdom :'	Þe king dude .....dom :'
þat he þat ilke maide nom.	þat he þat ilke maẏ nom.
for þe wifmon a :'	for þe wifman eueremo :'
was þeſ ilke kingeſ iua.	was Edwẏnes fo.
Þa wunede i þā hirede :'	Þo was mid þan kinge :'
an clarc þe com from Spaine.	a cleark þat com fram Spaẏne.
Pelluz weſ ihaten :'	Peluz was ihote :'
of heȝere laren.	of ſwiþe heȝe lore.
feole crafteſ he cuðe :'	he couþe of þan crafte :'
þa he iſah in þā lufte.	to lokie in þā lufte.
on ſterren and on ſūne :'	in ſonne and in ſteorres :'
and on þare ſæ brade.	and in þan ſee brode.
inſiht he cuðe :'	inſiht he couþe :'
a winde and a mone.	of wind. and of mone.
of þan uiſce þer he wlæt :'	of þan fiſſe þa. .. fleot :'
and of wurmen þer heo crepe.	and of þan .... þare[1] creop.
Cadwaðlan in Irlonde :'	Cadw...... .. ..londe :'
gadere genge.	gadere ......
and to ſcipe flutte :'	. . . .
mid muchelre uerde.	. . . .
Pelluz swiðe ueorre :'	. . . .
iſah on þan ſterre.	. . . .

her led, to the kings bed. The king did un-wisdom, *in* that he took the same maid, for the woman ever[more] was 'the same kings [Edwyns] foe. Then 'dwelt in the court [was with the king] a clerk that came from Spain, *who* was named Pelluz, of [exceeding] high lore; 'many crafts [of the craft] he knew, 'that he beheld [to look] in the sky, 'on *the* stars [in sun] and 'on *the* sun [in stars], and 'on [in] the broad sea; he knew *the* history of *the* wind and of *the* moon; of the fish where he swam, and of *the* worms where they crept. Cadwalan in Ireland gathered forces, and to ship moved with *a* mickle host. Pelluz very far *off* beheld in the stars, that *an* army would

[1] þare hii?

MS. Cott. Calig. A. ix.	MS. Cott. Otho, C. xiii.
þat ferde cumen wolde :/	. . . .
uppen Ædwine kinge.	. . . .
and Pelluz hine lerde[1] :/	. . . .
hu he þas leoden mihtte :/	. . . .
alre bezst bi-witen.	. . . .
Ba bi londen and bi scipen :/	. . . .
Cadwaðlan and his men.	. . . .
ofte gunnen fusen :/	. . . .
to cumen to þissen londen. [f.181.c.1.]	. . . .
biuorē wes æuere Edwine[2] :/	. . . .
and þa hafne heom for-warnde.	. . . .
þurh Pelluces lare :/	. . . .
ne mihtē heo cumen here.	. . . .
Wa wes Cadwalan :/	. . . .
þat he wes on liuen.	. . . .
for he bigon þene swikedom :/	. . . .
uppen his sweord broðeren.	. . . .
and þer uore him self hafde :/	. . . .
hærm þene meste.	. . . .
Cadwalan him to cleopede :/	.... cleopede :/ [f. 144.c.1.]
his bezste cnihtes alle.	his beste cnihtes alle.
and seide þat he wolde :/	and saide þat he wolde :/
wende to Brutaine.	to Brutaẏne wende.
and þene king iseon :/	and þane king he wolde i-sen :/

come upon Edwine *the* king; and Pelluz instructed him how he might best of all defend this country. Both by land and by ships Cadwalan and his men oft gan move, to come to this land; before was Edwine ever, and prohibited them the haven; through Pelluzes lore they might not come here. Woe was Cadwalan, that he was alive, for he began the treachery upon his sworn brother, and therefore had himself harm the most! Cadwalan called to him all his best knights, and said that he would go to Bretagne, and [he would] see the king, who was named Salomon; in

[1] *A line seems here omitted.*

[2] Edwune, *pr. m.*

MS. Cott. Calig. A. IX.	MS. Cott. Otho, C. XIII.
þe Salemon wes ihaten.	... Salomon was .hot..
an heorte him weore þe selere :·	.. .. him likede þ. ..ler :·
for heo weoren isibbe.	... ...e sibbe.
heo weoren of ane cunne :·	hii w... of ... ...e :·
þa kinges beiȝe tweien.	þe kinge. boþe t..ẏne.
Bruttes heo weoren beine :·	
ah swiðe heo weoren un-balde.	
Cadwaðlan to scipen com :·	Cadwalþan .. .ipe com :·
and seh forð mid uðen.	and wende forþ ..d .þe.
and seilede after vðe :·	and saile.. .. wilde séé :·
unsel him wes on mode.	forþ.. . . . . . .
to ane æit-londe heo bicomen :·	to on ẏllond he .....
þat stōdeð bi Gernemuðe.	... stond bi Ȝernem...
likede swa heom likede :·	...de ou him likede :·
þer heo gūnen wikie.	þar he ... ..kie.
þer heo abiden wederes :·	þar h. ibade ....re :·
for þe wind heom stod to-ȝæines.	for þ. ...d him .. ...
Þa iwarð þe kīg þere :·	... .warþ . . . . .
isæcled ful swiðe.	þorh . . . . . .
and hafde þat uuel hate :·	. . . .
binumen hin[1] wes þa hele. [c. 2.]	. . . .
Þa niȝē dæȝes weoren aȝeong :·	. . . .

heart *it* 'were [would like] him the better, for they were related; they were of one kin, both the kings twain; 'Britons they were both, but much they were disheartened.' Cadwalan came to ship, and went forth with *the* waves, and sailed 'along *the* waves [on *the* wild sea],—sorrow was to him in mind;—to an island 'they [he] came, that standeth by Yarmouth*; liked 'as them [how him] liked, there they [he] gan dwell; there 'they [he] abode *the* weather, for the wind stood against 'them [him]. Then became the king there full greatly disordered, and had the evil heat (fever),—the health was from him taken. When nine days were passed, the king

[1] *R.* him.

* *See Notes.*

MS. Cott. Calig. A. ix.	MS. Cott. Otho, C. xiii.
þe kīg weſ swiðe unſtrong.	. . . .
þa wes he wræccheliche of-luſt :'	. . . . a luſt :'
aftꝰ deoreſ flæſce.	. . . .
Brien hiſ mæi he cleopede :'	Brian his ... .de :'
and ſone hit hī cudde. [anan :'	and ſone hit . . . . .
þat buten he hafde deoreſ flaſc	bote ich habbe deor.. .... anon :'
dæd he moſte þolien.	deaþ ich mot .....
Ofte wes Briene wa :'	Ofte was Brian wo :'
and neouuere wurſe þene þa.	... neuere worſe þan þo.
hundes nom Brien :'	hundes nom Brian :'
and hired-men wel idon.	and hired-men wel idon.
ȝeond wudes & ȝeond feldeſ :'	oueral wodes and feldeſ :'
heo uerden bilifes.	[1]
þurh naneſ cunneſ gīne :'	ne mihte he noþing finde :'
no mihten heo deor iwīne.	þorh none cunnes þinge.
nouþer heort no hinde :'	noþer heorte .. hinde :'
no mihte heo nauere ifinde.	ne mihte .. .. finde.
þe king ſende hiſ ſonde :	þe king ſende his ſonde :' [c. 2.]
after Brien þa weſ to longe.	to Brian þat was ſo longe.
Leof was þe king Briene :'	
wa wes him on liue.	
ofte[2] he hine biðohte :'	Brian him bi-þohte :'
what he don mahte.	wat he don mihte.

was very weak; then was he miserably desirous after deers flesh. Brian his relative he called, and soon made it known to him, 'that' unless 'he had [I have] deers flesh anon, death 'he [I] must suffer. Oft was Brian woe, and never worse than then! Brian took hounds and attendants good; over [all] woods and 'over' fields they fared quickly; through no kind of 'stratagem [thing,] 'might they deer procure [nothing might he find]; neither hart nor hind might they ever find. The king sent his messengers 'after [to] Brian, who was 'too [so] long. 'Dear was the king to Brian, woe was to him alive'; 'oft he [Brian] bethought him, what he might do, and

[1] *A line appears to be missing.* [2] efte, *pr. m.*

MS. Cott. Calig. A. ix.	MS. Cott. Otho, C. xiii.
and biþohten him enne ræd :/	and bi-þohte of one read :/
seoððen he[1] þohten him ſwi[2] god.	þat tornde to mochel god.
hė igrap a nail ſax :/	he igrop an nailſex :/
ſelliche kene and wel iwhæt.	wel i-wet and kene.
and feng him ſeolue swa neh :/	and feng him seolue ſo neh :/
þat he nom hiſ aȝe þeh.	þat he cutte his owe þeh.
for unimete neode :/	for onimete neode :/
þer of he makede brede.	þar of he makede breade.
he bredde heo an hiȝinge :/	he hit ....de an hiȝenge :/
and brohte heo þan kinge.	and ....t þan kinge.
Hail ſeo þu Cadwaðlan :/	Hayl .. ..u Cadwalþan :/
þu ært mi kine-lauerd. [f. 181b. c. 1.]	þou ... min kinelouerd.
ich habbe þe here i-broht :/	ich ...be þe her ibroht :/
breden alre deoreſt.	bread. alre deoreſt.
þat ich auere an æi borde :/	þat ich euere on borde :/
beren bi-uoren kinge.	bere bi-vore kinge.
held me to and æt her of ſone :/	... her of ſone :/
þin hele heo ſcal iwurðen.	þin eale ... ...l worþe.
Þe king ſæt on hiſ bedde :/	Þe king ſat on his bedde :/
hiſ beorneſ hine biheolde.	and cnihtes him ...eolde.
of þere brede he æt :/	.f þare b...... ...t :/
ſone þer after him wes þæ bet.	. . . .

bethought 'him' of a counsel, 'afterwards it seemed to him most [that turned to mickle] good; he grasped a nail-knife, 'wondrous' keen and well whetted, and touched himself so nigh, that he 'took [cut] his own thigh; for extreme need he made thereof roast *meat*; he roasted it in haste, and brought it to the king.—"Hail be thou, Cadwalan, thou art my sovereign! I have brought thee here roast *meat* dearest of all, that I ever on 'any' board bare before king. 'Approach to me, and' eat hereof soon; thy cure it shall be." The king sate on his bed, 'his barons [and knights] him beheld; of the roast *meat* he ate, *and* soon thereafter *it* was

[1] hit? [2] ſwiðe?

MS. Cott. Calig. A. IX.	MS. Cott. Otho, C. XIII.
Þe king him gō to sweten :'	Þe . . . .
þat ufel hine gon for-leten.	. . . .
wið innen þan fif nihte :'	. . . . niht :'
þe king iwræð[1] fere forð riht.	þe k.. . . . .orþriht.
swa næuer þe king n^{9}te :'	
whæt he inoted hafde.	
Þe king iwræð[1] al uere :'	his fo.. ....þe :'
his folc iwarð bliðe.	þo he tornde ..ife.
wind heom com on wille :'	..nd ȝam com to wille :'
heo wunden up feiles to coppe.	and hii .. ſipe wende.
scipen gūnen liðen :'	sailes hii droȝe :'
leod-ſcopeſ fungē.	and ...en mid þan wedere.
Ba weoren ſehte :'	..... .eoren glade :'
sæ & þa ſūne.	hire . . . . unge.
wind and þa wide ſe :'	
ba eke iſome.	
flod ferede þa ſcipen :'	
scopes þer ſungen.	
At Ridelæt he com alond :'	At Ridelet .. ... alond :'
þer wes bliſſe & muche ſong.	þar was bliſſe ... mochel ſong.
bitwixe Dinan & þere sæ :'	bi .wix Di... ... . ſee :'
ȝet hit iſ iſene.	ȝet hit his i-ſene. [f. 144b. c. 1.]

to him the better. The king gan him to sweat, the evil gan him leave; within the five nights the king became whole forth-right; 'so *that* never the king knew what he had used.' 'The king became all whole [When he turned to life], his folk was blithe; wind came to them at will, 'they wound up sails to *the* top; the ships gan voyage, *the* minstrels sung [and they went to ship; sails they *up* drew, and voyaged with the weather; *minstrels* were glad, their *songs they* sung]. 'Both were calm, *the* sea and the sun; *the* wind and the wide sea both eke together; *the* flood bare the ships; *the* minstrels there sung.' At Ridelet he came ashore,—there was bliss and much song,—betwixt Dinan and the sea; yet it is seen. So

[1] iwarð ?

MS. Cott. Calig. A. ix.	MS. Cott. Otho, C. xiii.
Sone swa he þer com :'	So ſone ſo he þar com :'
feire he wes under-uon.	he was faire onderfon.
þa kinges weoren bliðe :'	þes kinges weren bliþe :'
beiene to-gaderes.	boþe to gadere.
Þer wūede þe king :'	Þar wonede þe king :'
al þene winter a ſkenting.	al þan ilke winter.
þer after com leinten :' [c. 2.]	þar after com leinte :'
and dæȝeſ gunnen longen.	and daȝes gonne longẏ.
þer heo gunnen somnien :'	þar hii gonne ſomni :'
scipen uniuoȝen.	ſipes onifoȝe.
folc unimete :'	mid folk ſwiþe kene :'
grunden an uolde.	þe ſipes he fulde.
Þuſ dude Cadwalan :'	Þus dude Cadwalþan :'
and Peluz hit w^9te anan.	ac Peluz .... .iſte anon.
þurh hiſ dweomer-cræften :'	þorh þan . . . . te :'
þe wunede in þan lufte.	for loki in þan l....
and al þat he auunde :'	..d al þat he afunde :'
in þan lufte & bi þan grunde.	. . . . . and bi grunde.
þurh ælches cunneſ þing :'	þorh a... cunnes þinge :'
he warnede æūre Ædwine king.	he warnede þan kinge.
and dude hī al to witē :'	and dude him al to iwite :'
of þare uerde & of þan ſcipen.	of ..n ferde and of þa. .....
Cadwaðlan weſ in Brutaine :'	Cadwalþan was in Brutaẏne :'
mid Salemone þā kinge.	and Salomon þan kinge.

soon [as] he there came, he was courteously received; 'the [these] kings were blithe, both together. There remained the king all 'the [that] winter 'in amusement'; thereafter came Lent, and *the* days gan to lengthen; there they gan assemble numerous ships, with folk 'innumerable filled to *the* bottom [most keen the ships he filled]. Thus did Cadwalan; and Pelluz it knew anon through 'his [the] magic-craft 'that dwelt [for looking] in the sky; and all that he found in the sky and by 'the' ground, through each kind of thing he warned 'ever Edwine' [the] king, and caused him all to know, of the forces and of the ships. Cadwalan was in Britain with Salomon the king, who was his aunts son, and much him loved; and heard

MS. Cott. Calig. A. ix.	MS. Cott. Otho, C. xiii.
þe wes hiſ moddrie ſune :	þat was … ….ie ſone :
and muchel hine lufede.	an. . . . .
& þat iherde suggē :	. . . .
wel feole siðen.	. . . .
þat Pelluz þe hende :	. . . .
þe com ut of Spaine.	. . . . ne.
war̄ede Edwine þene king :	w . . . . . . king :
æuer þurh alle þing.	. . . . þing.
of feole cunne þinge :	of ..le cu.ne þinges :
þat him weoren to cumēe.	þat him to coming were.
Caðwaðlan þan gode :	Cadwalþan þe gode :
wa wes on mode.	wo was him in mo.e.
and ofte ſpæc wið Brien :	and ofte ſpac wiþ Bria.. :
þe weſ his deoreſte mon.	… was hiſ deore m..
and nomen heom to rede :	… ….n heom to reade :
and to ſom rune.	a.. .. … roune.
þat alle þa while :	þat al þa. ..le :
þe Pelluz weore alife.	þat Pell.. …. ….e.
no mihte Cadwaðlan :	ne mihte Cadwalþan : [c. 2.]
comen to þiſſē londe.	come to ….. londe.
mid nauere nare liſſe :	mid neuere none …..
þat Edwine hit nuſte.	þat Edwin hit nuſte.
Briē bonnede hiſ fare : [f. 182. c. 1.]	Brian hadde moche care : *Brien.*
Brien hafde mucle care.	..d he bannede … fare.
nom him an honde :	… him aſe h…. ….

that say, well many times, that Pelluz the fair, who came out of Spain, warned Edwine the king ever through all things, of many kind of things that were to 'come [coming] to him. Cadwalan the good woe was [to him] in mood; and oft *he* spake with Brian, who was his 'dearest [dear] man; and *they* betook them to counsel, and to some communing, that all the while that Pelluz were alive, Cadwalan might not come to this land with ever any ease; *so* that Edwine knew it not. Brian 'made ready his voyage, Brian had mickle care [had much care, and he made ready his journey]; *he* took to him 'in hand [as ……] of silver and of gold, ' treasures

	MS. Cott. Calig. A. IX.	MS. Cott. Otho, C. XIII.
	of feoluer and o[1] golde.	of ... luer and of .....
	maðmes unimete[2] :'	
	moniare cunne.	
	nom he tunnen gode :'	and he nam tonnes ....
	and þa æhte dude þer inne.	and þat catel dude ... ine.
	To þære fæ he wende :'	To þare féé he wende :'
	and feilede mid vðe.	and . . . . . . uþe.
	he hafde on hiſ uore :'	he hadde .. .. re :'
	wintunnen inoȝe.	win-tonnes i....
	on sæ and on londe :'	.. féé and in londe :'
	hiſ win he he[3] lette fonden.	his ... he lette fondi.
	and on alle wiſſen he toc him on :'	and in eche wiſe he tok .....
	swulc he[4] weore a chepmon.	aſe he were a chep...
Barbefleod.	In he wende at Barbefleot :'	.. he w..... t Barb.....
Suð-hamtone.	and at Suð-hamtune up a-leop.	and a. ....amt... vt leo..
	þer he ut draȝen lette :'	. . . . lette :'
	win of hiſ tunne.	. . . .
	and hendeliche hit delde :'	and . . . .
	alle þare duȝeðe.	. . . .
	þa him abuten weore :'	. . . .
	riche and henen.	. . . .
	and alle luuede þene chapmon :'	. . . .
	þa hī lokede on.	. . . . an
	Vnbe[5] seouennihten :'	Bi an fe..... te :'

infinite of many a kind'; [and] he took 'good' tuns, and the goods placed therein. To the sea he went, and sailed with *the* waves; he had in his voyage wine-tuns enow; on sea and on land he let his wine be proved, and in all wise he took him on as if he were a merchant. In he went at Barbefleot, and at Southampton 'up [out] leapt; there he caused to be out drawn *the* wine from his tuns, and courteously dealt it to all the people that were about him, rich and poor; and all loved the merchant who looked on him. After

[1] of? [2] uninete, *pr. m.* [3] *Sic MS.*
[4] hin, *pr. m.* [5] vmbe?

MS. Cott. Calig. A. IX.	MS. Cott. Otho, C. XIII.
he ſpac wið hiſ cnihten.	he ſpac wiþ his ......s.
alle weoren hiſ iueren :'	alle weren his ....s :'
swulc heo chapmen weoren.	ſo aſe hii chepmen ..re.
and[1] eorð-huſ heo huredē :'	an eorþ-hus hii hurede :'
ſtið biwaled on eorðen.	þat was wel bi-walled.
heo cluſeden þer wið innen :'	hii cluſden þar wiþ ine :'
alle heore win-tunnen.	alle hire wẏntonnen.
heo ſcuptē heore lauerde :'	hii makede hire louerd :'
ænne nome neowe.	ane name neuwe.
heo hahten hine Kinebord[2] :'	hii he.te hine Kinebord :'
ut of Spainiſce ard.	vt of Spaẏnes eorþ.
He ſaiden he wenden wolde :' [c. 2.]	Hii ſaide þat hii wenden .....
wide ȝeond þiſſen londe.	. . . . [f. 145. c. 1.]
& fondien wher he mihte :'	. . . .
hiſ win ſullen on wille.	. . . .
Forð he wende bi nihte :'	. . . .
mid one of hiſ cnihte.	. . . .
forð he gon liðe :'	. . . .
in to Lundene.	. . . .
and aneouſte gunnen wende :'	. . . .
on-faſt Weſtmuſtre.	. . . .
and fraineden tiðinde :'	. . . .
of Edwine kinge.	. . . .
Sone men him talde :'	. . . .

[a] se'nnight he spake with his knights; all his companions were as if they were merchants; an earth-house they hired, ʻstrongly walled in earth [that was well walled], they closed there within all their wine-tuns; they ʻshaped [made] to their lord a new name, they named him Kinebord, out of ʻSpanish [Spains] land. ʻHe [They] said ʻhe [that they] would journey wide over this land, and seek where he might sell his wine at will. Forth he went by night with one of his knights; forth he gan proceed into London, and speedily gan wend near Westminster, and asked tidings of Edwine the king. Men soon him told *the* sooth that they found, that the

[1] ane?

[2] kinelord, *pr. m.*

MS. Cott. Calig. A. IX.	MS. Cott. Otho, C. XIII.
soð þat heo funde.	. . . .
þat þe king in Eouerwic wnede[1] :'	. . . .
mid allen his folke.	. . . .
mid muchere bliſſe :'	. . . .
mē he hafde inoȝe.	. . . .
Brien gon to farene :'	. . . .
uorð mid ane iuere.	. . . .
ut of Lūdene :'	. . . .
derneliche he liðede.	. . . .
þene wæi touward Eouuerwike :'	. . . .
wrað on hiſ mode.	. . . .
þa he iuaren hafde :'	. . . .
fulle seouen nihte.	. . . .
þa imette he enne pilegrim :'	. . . .
pic bar an honde.	. . . .
hiȝēdliche þe com :'	. . . .
from þaſ kingges hirede.	. . . .
Brien hine gon fræine :'	. . . .
of hiſ fare-coſte.	. . . .
þe pillegim hine talde :'	. . . .
al þat he wolde.	. . . .
Wið him warſte Brien :'	. . . .
al hiſ iweden.	. . . .
and æiþer gon liðe :'	. . . .
þider him to lꝰte.	. . . .

king dwelt in York, with all his folk, with much bliss,—men he had enow. Brian gan to fare forth with one companion; out of London secretly he travelled the way toward York, wrath in his mood. When he had journeyed full seven nights, then met he a pilgrim, *who* bare a pick in hand, who came hastily from the kings court. Brian gan ask him of his business; the pilgrim him told all that he would. Brian changed with him all his clothes, and either gan proceed thither *it* list to him. Brian found

[1] *At first written* winede, *but* i *expuncted.*

MS. Cott. Calig. A. IX.	MS. Cott. Otho, C. XIII.
Brien enne ſmið funde :'	. . . .
þe wel cuðe ſmiðie.	. . . .
and ſaide þat he weſ peleg[i]m :'	. . . .
ah pic nefden he nan mid him.	. . . .
þene þridde dæi þer bi-fore :'	. . . .
at his inne he weſ forlore. [f. 182b. c. 1.]	. . . .
Hiſ foreward he makede :'	. . . .
þe ſmið gō to ſmiðeȝe.	. . . .
ane pic ſwiðe lōg :'	. . . .
swiðe muchel an[1] swiðe ſtrong.	. . . .
swe[2] ſcarp weſ[3] þe pic :'	. . . .
þe ſtaf wes swiðe ſellic.	. . . .
Þene ſtaf he nō an honde :'	. . . .
and ferde ouer þan londe.	. . . .
þat he com ſone liðe[4] :'	. . . .
to þaſ kingeſ hirede.	. . . .
Brien eode upward :'	. . . .
Brian eode dūward.	. . . .
ne mihte he iheren :'	. . . .
word of hiſ ſuſter nan.	. . . .
no he uraini ne durſte :'	. . . .
for þeſ kingeſ folke.	. . . .
Þa hit wes dai a marȝe :'	. . . .
þat drihten hine ſende.	. . . .

a smith, who well could forge, and said that he was *a* pilgrim, but he had not any pick with him; the third day there-before it was lost at his dwelling. His agreement he made; the smith gan to forge a pick exceeding long, very mickle and very strong; most sharp was the pick, the staf was very marvellous! He took the staf in hand, and fared over the land, until he arrived soon at the kings court. Brian went upward, Brian went downward; he might not hear any word of his sister, nor durst he inquire, for the kings folk. When it was day on *the* morrow, that *the* Lord it sent,

[1] and?

[2] swiðe?

[3] ſcap we, *pr. m.*

[4] *This line is on an erasure.*

MS. Cott. Calig. A. IX.	MS. Cott. Otho, C. XIII.
þe king lette feden alle :	. . . .
þa neode hafden.	. . . .
alle þe blæðe :	. . . .
þe wuneden on þe b̃ȝe.	. . . .
me heom hehtte on-neouſte :	. . . .
cume to þan caſtele.	. . . .
bi þuſend and bi þuſ̃de :	. . . .
þræſten gunnen binward.	. . . .
Brien wenden binne :	. . . .
mid oðer wrecche monnen.	. . . .
hiſ læteſ weoren alle :	. . . .
ſwulc he lome weore.	. . . .
alle hiſ hateren weoren to-toren :	. . . .
naſ he noht to þan iboren.	. . . .
þe an hine putte hiderward :	. . . .
and þe oðer hine putte ȝeõdward.	. . . .
uncuð him weſ swiðe :	. . . .
swulc craft on folcke.	. . . .
hiſ pic he heold bi-ſiden :	. . . .
and ſat imong þan oðeren. [c. 2.]	. . . .
þe king him gon to þeinen :	. . . .
mid alle hiſ here-cuihten[1].	. . . .
þæ quene bar to drinkẽ :	. . . .

the king caused all to be fed that had need; all the poor that dwelt in the burgh, men bade them come quickly to the castle; by thousands and by thousands *they* gan thrust withinward. Brian went within with other wretched men; his looks were all as if he were lame; all his garments were torn in pieces,—he was not born to that. The one pushed him hitherward, and the other pushed him overward; very strange to him was such craft among folk; his pick he held by *his* side, and sate among the others. The king gan him to serve, with all his attendants; the queen bare to drink,

[1] hired-cnihten?

MS. Cott. Calig. A. ix.	MS. Cott. Otho, C. xiii.	
& alle hire bur-lutlen.	. . . .	
Þa i-lomp hit feoððe :'	. . . .	
þe[1] after ful sone.	. . . .	
þat Galarne þat maiden :'	. . . .	*Galarne.*
com hire ȝeongẽ.	. . . .	
bolle heo hafde an honden :'	. . . .	
þer mide heo bar to dringen[2].	. . . .	
þa ifæh heo Brien þer :'	. . . .	
deore hire broðren[3].	. . . .	
on wræcchef mõnef liche :'	. . . .	
þeh he weoren riche.	. . . .	
Anan swa þat maidẽ hine i-fæh :'	. . . .	
fone heo him to bæh.	. . . .	
and droh of hire uingre :'	. . . .	
an of hire ringe.	. . . .	
and falde him an honde :'	. . . .	
ænne rĩg of rede golde.	. . . .	
and þuf fæide Galerne :'	. . . .	
þat god-fulle maide.	. . . .	
Haue þif gold wræcche :'	. . . .	
godd þe wurðe milde.	. . . .	
and buȝe þe þer mide hateren :'	. . . .	
þat wið chele þe maȝen werien.	. . . .	

and all her maidens. Then befell it eft, thereafter full soon, that Galarne the maiden approached her; *a* bowl she had in hand, therewith she bare to drink; then saw she Brian there, her dear brother, in form of *a* poor man, though he were rich. Anon as the maiden saw him, soon she advanced to him, and drew from her finger one of her rings, and delivered to him in hand a ring of red gold; and thus said Galarne, the goodly maid: "Have this gold, poor *man*, God be mild to thee, and buy thee therewith garments, that against *the* cold may protect thee." Then wist he in sooth,

[1] *R.* þer.

[2] drinken?

[3] *Altered by a second hand to* broðrer, *apparently intended for* broðer; *but compare ll.* 30523. 30824.

MS. Cott. Calig. A. IX.	MS. Cott. Otho, C. XIII.
Þa wuſte he to foðe :'	. . . .
þat hiſ suſter icneou hine.	. . . .
& þaſ word ſeide :'	. . . .
Brien þe ſele.	. . . .
For-ȝelde hit þe drihten :'	. . . .
þe ſop þaſ daȝes lihten.	. . . .
þat þu þiſſen lome monne :'	. . . .
ȝiue of þine golde.	. . . .
Ymong þan wrecche uolke :'	. . . .
þat maiden heo hudde.	. . . .
bitwxē[1] twam widewen[2] :' [f. 183. c. 1.]	. . . .
þat maidē iwarð an ſelden.	. . . .
and ſpæc wið here broðren :'	. . . .
þa bet hire wef on heorten.	. . . .
and talden him tiðende :'	. . . .
al of þaſ kingeſ hirede.	. . . .
and heo bī tahte Pelluz :'	. . . .
þene clarc þe com from Spæine.	. . . .
and he lokien agon :'	. . . .
in læðeſt alre monne.	. . . .
Þa heo to-gadere hafden iſpeken :'	. . . .
sone heo gunen to-delen.	. . . .
for naũ neoðer nalde :'	. . . .

that his sister him knew; and said these words Brian the good: "*The* Lord reward it to thee, who formed the daylight, that thou givest of thy gold to this lame man!" Among the poor folk the maiden hid her; betwixt two windows the maid was in seat (seated), and spake with her brother,—the better *it* was to her in heart,—and told him tidings all of the kings court; and she shewed him Pelluz, the clerk that came from Spain; and he (Brian) gan to look at *the* most hateful of all men. When they had spoken together, soon they gan separate, for ever either would not •

[1] bitwixen?

[2] windewen?

MS. Cott. Calig. A. IX.	MS. Cott. Otho, C. XIII.
for hiſ æfne wiht[1] of golde.	. . . .
þat þe king hit wꝰſtẽ :·	. . . .
þat heo to-gaderen weoren.	. . . .
for sone heo weoren for-don ba :·	. . . .
oðer of-ſlaȝẽ oðer an-hon.	. . . .
Þat folc hafden alle iȝeten :·	. . . .
and ariſen from heore ſeten.	. . . .
dremedẽ drunkene men :·	. . . .
dune weſ on folke.	. . . .
Pelluz wes aneoſte :·	. . . .
and ȝemde þene nap.	. . . .
Briẽ him atlede to :·	. . . .
for he hafde him ful wa ido.	. . . .
hiſ pic he nom an honden :·	. . . .
& helede hine under capen.	. . . .
swa longe he gon atlen :·	. . . .
þat he com him baften.	. . . .
and imong al þan þrũge :·	. . . .
þærſten hĩ i þan ruge.	. . . .
þat he brac ut bi-foren :·	. . . .
under hiſ breoſtẽ.	. . . .
And forð he bi-wafde :·	. . . .
þene pic he bilæfde. [c. 2.]	. . . .

for his even weight of gold, that the king it knew, that they were together, for soon they should be both destroyed, either slain, or up hung. The folk had all eaten, and arose from their seats; clamored *the* drunken men, din was among *the* folk. Pelluz was near, and took care of the cup. Brian approached to him, for he had done him full woe; his pick he took in hand, and concealed it under *his* cape; so long he gan approach, that he came behind him, and among all the throng thrust him in the back, *so* that it (the weapon) brake out before, under his breast. And forth he departed, the pick he left, and forth *went* among the folk; then was he all

[1] wit, *pr. m.*

MS. Cott. Calig. A. ix.	MS. Cott. Otho, C. xiii.
and forð imðg þan uolke :'	. . . .
þa weſ he al fere.	. . . .
and wende him a-neoſte :'	. . . .
of þaſ kingeſ hirede.	. . . .
æuere forð þene wæi :'	. . . .
suð riht alſe he læi.	. . . .
þa he þuſ hafde idon :'	. . . .
to Axcetre he bi-com.	. . . .
þer he funde forð rihteſ :'	. . . .
monie of hiſ cnihteſ.	. . . .
and freiðden ȝeorne :'	. . . .
of hiſ leod-kinge.	. . . .
And Brien heom gon tellen :'	. . . .
þat wil-ſpelleſ weoren.	. . . .
and ſeiden þat Cadwaðlan :'	. . . .
cumen wolde anan.	. . . .
mid swa muchele uerde :'	. . . .
of feole cunne ærde.	. . . .
þat ne durſte Edwine king :'	. . . .
cumen to-ȝæineſ him naðing.	. . . .
no in nauer nare burȝe :'	. . . . . borewe :' [f. 146. c. 1.]
ne durſte he him ibide.	ne . . . . him abide.
þat iherde Deuene :'	þat . . . . de Deueneſ :'
and þa men of Deorcheſtre.	and . . . . . of Dorſete.
and þan Cornwælſcen[1] :'	and þe . . rnwalſe :'

safe; and turned him quickly from the kings court, ever forth the way south right as it lay. When he had done thus, to Exeter he came; there he found forth-right many of his knights, and *they* asked eagerly of his sovereign. And Brian gan tell them welcome speeches that were, and said that Cadwalan would come anon, with so mickle forces of many kind of land, that Edwine *the* king durst not come against him any thing, nor in ever any burgh durst he him abide. That heard *the* Devons, and the men of 'Dorchester [Dorset], and the Cornwalish *men*,—well was them alive!

[1] Cornwæiſcen, *pr. m.*

MS. Cott. Calig. A. ix.	MS. Cott. Otho, C. xiii.
wel heom wes on liuen.	wel was heo. on liue.
Brien sende his sende[1] :'	Brian sende his sonde :'
ouer sæ to Brutlonde.	ouer séé to Brut-londe.
and dude þan kinge to witen :'	and dude þan kīge to wite :'
aiðer bi worden and bi writen[2].	boþe bi wor... and bi ..ite.
of alle his dedē :'	of alle his deade :'
and þat Pelluz wes on deðē.	..d ou P..... was[3] deaþ..
and bad hine an hihȝende :'	. . . . hiȝen..
comen to þissen londe.	. . . .
& þe king duden swa :'	. . . .
swa swiðe swa he mæhte.	. . . .
And Brien sende sonde :'	. . . .
in to Suð-hātune. [f. 183b. c. 1.]	. . . .
and longien him to lette :'	. . . .
his maðmes leoue.	. . . .
& alle þa beornes anan :'	. . . .
þe buȝen him tò wolden.	. . . .
comen aneouste :'	. . . .
in to Exchæstre.	. . . .
and stið imodede men :'	. . . .
þa burh gunnen walden.	. . . .
Cadwalan þat iherde :'	. . . .
þe king wes ful bliðe.	. . . .

Brian sent his messengers over sea to Bretagne, and caused the king to know, 'either [both] by word and by writ, of all his deeds, and 'that [how] Pelluz was dead; and bade him in haste come to this land; and the king did so, as quickly as he might. And Brian sent messengers into Southampton, and caused to be brought to him his dear treasures; and all the men anon that would come to him, came quickly into Exeter, and stiff minded men gan possess the burgh. Cadwalan heard that, the king was full

[1] sonde?
[2] *Part of this and the next line are on an erasure, but by first hand.*
[3] was on?

MS. Cott. Calig. A. ix.	MS. Cott. Otho, C. xiii.
and ĩne Brutaine :'	. . . .
bonnede ferde.	. . . .
þat he þreo hundred hauede :'	. . . .
hæȝere ſcipene.	. . . .
and al he hafden þer to :'	. . . .
þat heom bihouede[1].	. . . .
And þe king[2] Salomon :'	. . . .
wide gon sende.	. . . .
and forð he gon liðen :'	. . . .
mid hiſ Brutleoden.	. . . .
þat iſ to iwitene :'	. . . .
mid twa hundred ſcipene.	. . . . pes.
to helpen hiſ cunne :'	. . . .
Cadwaðlan kinge.	Cadwalþan .....
Weder ſtod an wille :'	..der ſtod at .....
wind mid þã bezſte.	.... mid þan beſ..
heo rihten heore loueſ :'	... . hire loues :'
and up droȝen ſeiles.	a.. .... ſaẏles.
liðen ouer ſæ ſtræm :'	
swa ſel þuhte heom.	
Þa comen he[3] to Totteneſ :'	and comen .. ..nas :'
beien þa kinges.	boþe þe kinges.
Selemon þe ſele :'	Salamon þe ſeale :' [c. 2.]
and Cadwalã þæ kene.	and Cadwalþan þe kene.
þat lond-folc wes bliðe :'	þat lond-folk was bliþe :'

blithe, and in Bretagne assembled *an* army, *so* that he had three hundred noble ships: and all he had thereto that behoved them. And the king Salomon gan send wide, and forth he gan proceed with his Britons, that is to wit, with two hundred ships, to help his kinsman, Cadwalan *the* king. *The* weather stood at will, wind with the best; they righted their loofs, and drew up sails, '*and* voyaged over *the* sea-stream, as to them seemed good.' Then [and] came 'they' to Totnes, both the kings, Salomon the good, and Cadwalan the keen; the land-folk was blithe for their sovereigns! Then

[1] bihoueden, *pr. m.* [2] kin, *pr. m.* [3] heo?

MS. Cott. Calig. A. IX.	MS. Cott. Otho, C. XIII.	
for heore leod-kinge.	for hire leod-kinges.	
Þa wes in Æſt-londe :᾽	Þo was in Eſtlōd :᾽	
a kīg þe hehte Penda.	on king þat hehte Penda.	[Pe]nda.
he biwuſte[1] a þan daȝē :᾽	he bi-wuſte a þan dawe :᾽	
þat folc of Merchene laȝen.	þat .... of Marchene lawe.	
and he lufde Edwine :᾽ [c. 2.]	and he louede Edwȳn :᾽	
Edwine lufde hine.	wonderliche ſwiþe.	
and euere he wolde redē :᾽	and euere he wolde reade :᾽	
Edwine to hiſ neoden.	Edwȳn to his neode.	
And Pēda iherde ſuggen :᾽	And Penda i-horde ſegge :᾽	
ſoðere worden.	ſoþere wordes.	
þat Brien heold Excheſtre :᾽	þat Brian heold Exceſtre :᾽	
biclufed wið innen faſte.	.....ſed ſwiþe faſte.	
and þe king Pēda :᾽	and .. ...g Penda :᾽	
wide gon ſende þa.	wide ... . þo.	
and sumede[2] u͛de :᾽	and	
and forð him fuſen[3].	... forþ	
& wenden to Exchaſtre :᾽	. . . .	
mid vnimete genge.	. . . .	
and bilæi uul faſte :᾽	. . . .	
þa burh of Excheſtre.	. . . .	
Brien þe wihte :᾽	. . . .	
mid twa hundred cnihte.	. . . .	
wes þer wið innen :᾽	. . . .	
and þa burh wereden.	... .h werede.	

was in East-land a king that hight Penda; he governed in those days the folk of Mercian law; and he loved Edwine, 'Edwine loved him [wondrously much]; and ever he would counsel Edwine at his need. And Penda heard say sooth words, that Brian held Exeter inclosed 'within [exceeding] fast; and the king Penda then gan send wide, and assembled *a* host, and forth him marched, and proceeded to Exeter with innumerable forces, and besieged well strongly the burgh of Exeter. Brian the brave with two hundred knights was there within, and defended the burgh. The tiding

[1] iwuſte, *pr. m.* [2] sumnede? [3] fuſde?

MS. Cott. Calig. A. ix.	MS. Cott. Otho, C. xiii.
Sone þa tidende icumen wes :·	.... tẏdinge ....
to þære hauene of Totenes.	.o þare haue.. .. ..as.
to Caðwalane kinge :·	to Cadw..... .inge :·
hu Brien wes bi-þrūgen.	ou Bri.. ... .onge.
he lette blawen bemē :·	
and bonnien his ferden.	
& ferde æuere þene wæi :·	he wol.. .... þane waẏ :·
þæ touward Excheſtre lai.	þat toward Exceſtre laẏ.
and delde a þreo ulockes :·	and dealde on þreo flockes :·
his duhtie cnihtes.	his ſtaleworþe cnihtes.
and þus cleopiē a-gon :·	and þus clepie agon :·
þe king wes abolȝen.	þe ki.. was a-bolwe.
Æuer ælc god cniht :·	Euer ech. god cniht :·
faren heom to forð riht.	
for we beoð cnihtes gode :·	
mid wēpnen[1] wel idihte.	mid wepnes him dihte.
arude we Brien :·	and a-reade we Brian :·
þe is min ibore mon.	þat his min . leoue man. [f. 146b. c. 1.]
For ȝif heo nimeð Brien :·	For ȝef heo nimeþ Brian :·
heo hine wulleð aquelen.	he[2] hine wolle a-cwelle.
and feoððen[3] heo wulleð hine a-hon :· [f. 184. c. 1.]	and suþþe he[2] wole him a-hon :·
and alle his i-feren for-don.	and alle his veres for-don.
& us þer after sone :·	and ous þar after suþþe :·

was come soon to the haven of Totnes, to Cadwalan *the* king, how Brian was bestad; 'he caused trumpets to be blown, and his host to assemble', 'and marched ever [he would go] the way that toward Exeter lay, and divided his 'doughty [stalworth] knights in three troops; and thus *he* gan call,—the king was angry:—"Every good knight 'march to them forthright, for we are knights good', with weapons 'well provided; [provide him; and] succour we Brian, who is my 'man born [dear man]. For if they take Brian, they will him kill, and afterwards they will him hang, and all his companions destroy, and us thereafter 'soon [next], with all their might."

[1] *R.* wepnen. [2] heo? hii? [3] feoððen?

MS. Cott. Calig. A. ix.	MS. Cott. Otho, C. xiii.
mid alle heore imæhte[1].	bi al hire mihte.
To heo gunnen riden :'	To hii gonne r...
gæreſ heo letten gliden[2].	ſperes hii lette glide.
breken bræde[3] weiȝeſ :'	breken brode weẏes :'
bruſtleden[4] ſcafteſ.	braſtlede ſcealdes.
gold-uaȝe ſceldeſ :'	
ſcanden bilifes.	
feollen þa cnihtes :'	falewede nebbes :'
faleweden nebbes.	folle þe cnihtes.
ȝeond þan feldeſ wide :'	
swulten men uæiȝe.	
blod orn in þe weiȝe :'	blod þar orn in waẏe :'
ſtͬameſ swiðe brade.	ſtremes ſwiþe brode.
þer neorē eorleſ :'	þare neren eorles :'
no wurðer þene cheorleſ.	.. worþere þane che.....
þer weoren þa of-ſlæȝene :'	.are ..... of-slaw :'
seouen þuſend fulle.	.... .ulle.
Marcchiſce monnen :'	. . . .
þa þer icumen weoren.	. . . .
þa falden heo adune :'	. . . .
heremarken uaȝe.	. . . .
heo wurpen ſceldeſ ſone :'	. . . .
dunede þa eorðe.	. . . .
þa ſette to fleme :'	. . . .

Forward they gan ride, spears they let glide; brake *the* broad clubs, splintered 'shafts [shields]; 'gold-hued shields shivered quickly'; fell the knights, paled faces; 'over the fields wide perished *the* fated men'; blood ran [there] in 'the' way, streams exceeding broad; there were earls no worthier than churls! There were 'then' slain full seven thousand of Mercian men, who there were come; then felled they down *the* variegated standards; they threw *away* shields soon, the earth dinned! Then set to

[1] imæh, *pr. m.*

[2] riden, *pr. m.*

[3] bæde, *pr. m.*

[4] brutleden, *pr. m.*

MS. Cott. Calig. A. IX.	MS. Cott. Otho, C. XIII.
alre ȝeomereſt folke.	. . . .
and Cadwalan after heom ∻	. . . .
mid allen hiſ imahten.	. . . .
& mid hiſ aȝene honden ∻	. . . . da ∻
nō þene king Pendan.	m.. ... .nde.
he wes Mærwaleſ fader ∻	
Mildburȝe aldeuader.	
Pendan heo nomen ∻	Þus h . . . . ng ∻
and duden hine i benden.	and dude ....nde.
wið innen Exceſt[e] ∻	wiþ ine ....
and biwuſten hine wel faſte.	... ..-witede hine fa...
Swa ſellic hit ferde ∻	.. .. hit ferde ∻
i alle þan uahte.	in ....hte.
þat naſ Pēdan þe king ∻ [c. 2.]	þat nas ..... þe king ∻
amarred naneſ kunneſ þīg.	iwemmed þ... ..... cunnes þing.
and Cadwalan hine biwuſte ∻	and Cadwalþan hine bi-wiſte ∻
wel þurh alle cuſte.	wel mid þan beſte.
and fæire heo hine nedde ∻	and faire hine ..edde ∻
and faire he eode to bedde.	and faire hine be..edde.
Þa weoren agan ſeouen nih[1] ∻	Þo weren agon fe...e niht ∻
þa nom Pendan enne cniht.	þo nam Penda .ne cniht.
þe weſ ſwiðe wiſ mon ∻ .	þat was ſwiþe .iſ man ∻
and wel cuðe ſpeken.	and wel couþe of ſpeche. [c. 2.]
and cleopede hine to rade ∻	

flight *the* folk most miserable of all, and Cadwalan *pursued* after them with all his might; and with his own hand took the king Penda,—'he was Mærwals father, Mildburgs grandfather.' 'Penda [Thus the king] they took, and put him in bonds, within Exeter, and guarded him well fast. So strangely it happened in all the fight, that Penda the king was not harmed [through] any kind of thing; and Cadwalan him kept well 'through all manner [with the best], and fairly 'he' him fed, and fair 'he went to bed [him bedded]. When seven nights were gone, then took Penda a knight, who was *an* exceeding wise man, and well could 'speak [of speech], 'and called him to

[1] niht?

MS. Cott. Calig. A. ix.	MS. Cott. Otho, C. xiii.
and ſeide him of hiſ neode.	
and ȝeorne hĩe biſohte :'	and .... bi-ſohte :'
for lufe of ure drihte.	for lou.. .. .... drihte.
þat he ſpeke wid[1] Cadwalan[2] :'	þat he ſpe.. ... Cadwalþan :'
þe weſ hiſ kine-lauerd.	þat was ..s kine-louerd.
þat he hine griðede :'	þat he hi.. griþie wolde :'
þurh þene godd heȝe.	for loue o. god ſeolue.
and he wolde bi-cumen hiſ mon :'	and he wolde bi-come his man :'
hiſ mon-ſcipe hæhȝen.	his manſ...e heȝi.
dæiȝeſ and nihteſ :'	daȝes and nihtes :'
he and al hiſ cnihtes.	he and a. his cnihtes.
þe cniht him forð wende :'	.. cniht .... forþ wen..
to Cadwalane kinge.	.. ....aþ... þan .....
þer he hine imette :'	... . .mette :'
and fæire hine igrette.	... . .grette.
and dude alſe god mon :'	. . . .
ſel him wurðe for þan.	. . . .
for a is on treowe monnen :'	. . . .
treouðe ihalden.	. . . .
Al ſwa[3] þu Cadwalan :'	. . . .
þu art mi kine-lauerd.	. . . .
þe ibundene king Penda :'	. . . .
hider me gon ſende.	. . . .
& ȝerneð þine ære :'	. . . .

counsel, and said to him of his need'; and earnestly besought him, for love of our Lord, that he should speak with Cadwalan, who was his sovereign, that he him would set free, 'through the high God [for love of Gods self]; and he would become his man, his honor exalt, by day and night, he and all his knights. The knight forth him went to Cadwalan *the* king; there he him met, and fair he him greeted, and did as *a* good man,—prosperity be to him therefore!—for ever is truth held by true men.—"Hail be thou, Cadwalan, thou art my sovereign! The bounden king Penda hither gan send me, and yearneth thy mercy, now and evermore. And he

[1] wið? mid?   [2] Cadwalane, *pr. m.*   [3] Hal ſeo? *Cf. l.* 29031.

MS. Cott. Calig. A. IX.	MS. Cott. Otho, C. XIII.
nu and auere mære.	. . . .
and he wulle þi mon bi-cume ∴	. . . .
and to ȝiſle ſcollē þe hiſ ſune. [f. 184b. c. 1.]	. . . .
and of þe hiſ kine-lond halden ∴	. . . .
and for lauerd þe ikenne.	. . . .
& on ælchere þeode ∴	. . . .
beon ȝaru to þine neode.	. . . .
he wule beō þi mon icoren ∴	. . . .
aȝein ælcne mon iboren.	. . . .
Þa andſwærien agon ∴	. . . .
mid aðelen hiſ worden.	. . . .
Cadwalan þe kene ∴	. . . .
þe king of Suð-londe.	. . . .
Ȝif Penda wolde halde ∴	. . . .
ꝥ he me bi-hateð to don.	. . . . . hoteþ . . . . .
and bitechen me hiſ ſune ∴	. . . . .i-take me hiſ . . . .
his gold and hiſ gærſume.	. . . . . .d and his ga. . . . .
& treouwe mon auere beon ∴	. . . min trewe . . . . beon ∴
& neouwar min herm iſeon.	and noh. . . mine harm iſeon.
& likede ſwa him likede ∴	
næue[1] me bi-ſwike.	
ich me biræden wolde ∴	ich me bi-readen wolle ∴
of ſwulchere neode.	. . . . . . eode. [f. 147. c. 1.]
Þer anan forð riht ∴	Þar . . . . .iht ∴
andſwarede þe gode cniht.	anſwerede . . . . .e cniht.

will become thy man, and for hostage deliver thee his son; and hold of thee his kingdom, and for lord acknowledge thee, and in each country be ready at thy need; he will be thy chosen man against each man born." Then gan answer with his good words Cadwalan the keen, the king of South-land: "If Penda would hold what he promiseth me to do, and deliver me his son, his gold and his treasure, and be ever [my] true man, and nowhere see my harm, 'and like so him should like, never me betray', I would [will] counsel me of such need." There anon forth-right answered the good

[1] *R.* næuere.

MS. Cott. Calig. A. IX.	MS. Cott. Otho, C. XIII.
La swa ic aūre mote iþeon :'	So ich euere .... iþeon :'
ich wulle his an barh beon.	ich wolle here .. borh beon.
and habbeon to iueren :'	and habbe to ivere :'
an hōdret[1] riderē.	an hundred ridearef.
uppē alle ure londe :'	vp al oure lond :'
uppen ſeoluer and uppen golde.	vppe ſeoluer and vppe gold.
And swa ich bide are :'	And ſo ich ibide ore :'
ȝet he wulle mare.	ȝet he wole ....
ane ſuſter he haueð hende :'	... ..ſter he haueþ .....
in þan æſt ende.	.. .. eande.
nis nan ſeirure wifmon :'	þe for . . . . mon :'
þa whit sunne ſcineð on.	. . . ne . . . .
þe king of France Leouwis :'	. . .ing . . . . . .
ȝirneð hire ful iwiſ.	. . . .
and he wulle hire to morȝeue :'	. . . .
þene Manſ bitæchen. [c. 2.]	. . . .
and habben[2] heo to quene :'	. . . .
þat mæiden Helene.	. . . .
And ich ſuggen þe to ſoðe :'	. . . .
þæh ich þi broder weore.	. . . .
æuere þe iſ selere :'	. . . .
þi ſulf þat þu heo habbe.	. . . .
þurh hire þu miht biwinnen :'	. . . .
lufe of hire cunnen.	. . . .

knight: "'La!' so may I ever thrive, I will be 'his [here] one surety, and have for companions an hundred riders; upon *penalty of* all our land, upon silver and upon gold. And so pray I for mercy, yet will he *do* more. A sister fair he hath in the East end; 'is none fairer [the *fairest*] woman the white sun shineth on;—the king of France, Louis, desireth her full truly, and he will give her for nuptial-gift the Mans, and have her for queen,—the maiden Helen. And I say thee in sooth, though I were thy brother, ever thee is (will be) the better, that thou have her thyself; through her thou mightest obtain *the* love of her kindred, and win all thy kingdom to thine own hand,

[1] *Corrected by a second hand, on an erasure.* [2] habeben, *pr. m.*

MS. Cott. Calig. A. ix.	MS. Cott. Otho, C. xiii.
and iwinnen al þi kine-lond :'	. . . .
to þire aȝere hond.	. . . .
and wunien on londe :'	. . . .
and walde þine riche.	. . . .
Þa andſwarede Cadwalan :'	.. ..rede ....n :'
þe king weſ on londen.	þ.. waſ ..... londe.
Hit iſ on mine rede :'	
to don þat þu bede.	
Ȝif þu miht under criſte :'	Ȝef þ. .... .nder criſte :'
þiſ forward me ileſte.	þes .... me holde.
ich þe ȝeuē to hure :'	ich .. .. hure :'
al Deuene-ſcire.	al Deu.........
al for Heleine lufe :'	.. for Elene loue :'
hiȝendliche let heo cume.	loke ſwiþe þat ȝeo come.
Þe cniht him gon wende :'	Þe cniht him gon wende :'
mid muchelere genge.	mid mochelere genge.
to þan caſtle of Deoure :'	to þane caſtle of Douere :'
on þere ſæ oure.	þat ſtond vp þar oure.
he nom þer Helene :'	he nam þare Eleẏne :' [c.2.]
wunderliche &[1] fæire.	
and forð he heo ladde :'	and to Londene ladde.
in to Wichæſtre[2].	
þer wes muchel bliſſe :'	þat was mochel bliſſe :'
burh-men weoren bliðe.	to alle þan folke.

and dwell in *the* land, and rule thy realm." Then answered Cadwalan, who was king in *the* land: "'It is in my counsel to do that thou biddest.' If thou mightest under Christ hold me this covenant, I give thee for reward all Devonshire; all for Helens love,—'let her speedily [look quickly that she] come!" 'The knight gan him wend with *a* mickle retinue to the castle of Dover,'on [that standeth upon] the 'sea'-shore; he took there Helen,'wondrously fair,' and 'forth he her' led 'into Winchester [to London]; 'there [that] was mickle bliss, '*the* burgh-men were blithe [to all the folk]! There

[1] *Superfluous?*

[2] *This line is on an erasure, but by first hand.*

MS. Cott. Calig. A. IX.	MS. Cott. Otho, C. XIII.
Þer þe king Cadwalan :'	Þar þe king Cadwalþan :'
com him to-ȝeineſ heom.	com to-ȝenes ȝam.
he weddede þat þat[1] mæidē :'	he þat maide weddede :'
& nom heo to hiſ bedden.	and nam hire to his bedde.
þe[2] wes wif-ðīg riche :'	þar waſ mid iwiſſe :'
and vnimete bliſſe.	onimete bliſſe.
Þa hit weſ dæi a marȝen :'	Þo hit was daẏ a morwe :'
& duȝeðe gunnen ſturien. [f. 185. c. 1.]	
& þe king iuæſtned hafde :'	
alle hiſ forwarde.	and þe forewardeſ ifaſtned were.
þa nom he muchele genge :'	þo nam he cnihtes hende :'
and after Penda[3] ſende.	and after Penda ſendc.
þer he weſ ful faſte :'	ware he was wel faſte :'
in þan caſtle of Æxchæſtre.	in þan caſtle of Exceſtre.
and mid muche lufe hine hehte :'	and mid mochele loue :'
cumen to Lundēne.	hehte him come to Londene.
Penda to Lundene com :'	Penda to Londene com :'
he weſ ahtliche under-uō.	he waſ faire onderſon.
and Cadwalan þe kene :'	and Cadwalþan þe kene :'
mid lufe hine cuſte.	mid .... hine cuſte.
and Penda bicom hiſ mon þer :'	and Pen.. ..com his man :'
hiſ monſcipe weſ þe mare.	his ...ſipe was þe mo.
þa weoren Lundeniſce men :'	þo ..ren Londeniſſe men :'

the king Cadwalan came 'him' against them; he wedded the 'maiden [maid], and took her to his bed; there was 'wedding rich, and [with truth] bliss without bounds! When it was day in *the* morning, and '*the* folk gan to stir, and' the 'king had confirmed all his covenant [covenants were confirmed], then took he '*a* mickle troop [knights good], and sent after Penda, where he was 'full [well] fast, in the castle of Exeter; and with much love bade him come to London. Penda came to London; he was 'nobly [fairly] received, and Cadwalan the keen with love him kissed; and Penda 'there' became his man,—his honor was the more;—then were Londonish

[1] *Sic MS.* [2] þer? [3] Pende, *pr. m.*

	MS. Cott. Calig. A. IX.	MS. Cott. Otho, C. XIII.
	bliðeſt arle[1] leoden.	....eſt alre leode.
	Þa wes hit ſeodðe[2] :'	Þo was hit suþþe :'
	þer after noht lõge.	þar after noht lon..
	Cadwalan gan liðe :'	Cadwalþan gan wen..
	wide ȝeond þiſ londe.	oueral þis londe.
	alle þa hine lufeden :'	and alle þat him louede :'
	he heom gon griþien.	he ȝam gan griþie.
	alle þa him heoldē wið :'	and alle þat ne heolde him wiþ :'
	he bi-nom heore lif.	he bi-nam .am þat lif.
	and heore leoden :'	
	and al þat heo leof hafden.	
	and hiȝendliche gon wende :'	and hiȝendliche gan wende :'
	touward þere Humbre.	in to Norþ-humbre.
	and gon þat lond weſten :'	and þat lond gan weſte :'
	mid hærmen þan mæſten.	mid harme þan meſte. •
Edwine.	Þat iherde Edwine :'	Þat ihorde Edwŷn :'
	and alle þat luueden hine.	and al þat louede him. [f. 147b. c. 1.]
	swiðe heo gunnen dreden :'	ſwiþe he gan drede :'
	of Cadwalaneſ deden.	of Cadwalþanes deades.
Anno gr... M. Sanctus Ed... rex Norð... a paganiſ [Pen]da & Ced... bello occ[isus.]	Edwine nom hiſ ſonde :'	Edwŷn nam his ſonde :'
	and ſenden to Sexlonde. [c. 2.]	and ſende to Saxlonde.
	he ſende in to Denene :'	he ſende into Dene[3] :'
	he ſende in to Noreine.	and into Norene.
	in to Welliſce londe :'	in to Walſelonde :'

men blithest of all people. Then was it eft, not long thereafter, Cadwalan gan journey 'wide over [over all] this land, [and] all that him loved, he gan them free (*or* grant peace), [and] all that held 'against [not with] him, he took away 'their [from them the] life, ' and their people, and all that they had dear;' and hastily gan march 'toward the Humber [into Northumber-*land*], and gan waste the land with the most harm. That heard Edwine, and all that him loved; greatly 'they [he] gan dread of Cadwalans deeds. Edwine took his messengers, and sent to Saxland; he sent into Denmark, 'he sent [and] into Norway; into Welsh-land, into Scotland; into Orkney,

[1] *R.* alre. [2] ſeoððe? [3] Denene?

MS. Cott. Calig. A. IX.	MS. Cott. Otho, C. XIII.
in to Scotlonde.	in to Scotlonde.
in to Orcaneiȝe :'	in to Orcaneẏe :'
in to Galwaiȝe.	in to Galeweẏe.
in to Iſlonde :'	in to Iſlonde :'
in to Friſlonde.	in to Friſlonde.
in to Gutlonde :'	
þer gumen weoren kene.	
he bed heō cumen ſone :'	and bad ȝam come ſone :'
mid wepnen wel idone.	mid wepne wel idone.
to driuen ut þa Bruttes :'	to driue vt þe Bruttus :'
þe biſie weoren to harmeſ.	þat buſie were to harmes.
and þenne he Bruttes hæfden :'	and wane he Bruttuſ hadde :'
mid bronden to-hæuwen.	mid bronde to-hewe.
he wolde al þiſ kine-lond :'	he wolde al þis kinelond :'
setten an heore hond.	ſette on hire hond.
bute þat he icleoped weore :'	bote þat he icleopid were :'
king of þan londe.	king of þan londe.
he wolde þere duȝeðen :'	he wolde to þan cnihtes :'
þiſ lond al to-dalen.	al þis lond to-deale.
Ah he ful lutel wuſte :'	Ac he wel lute wiſte :'
what ilomp ſeoððe.	wat bi-ful after.
Comē touward londe :'	Þare come t. ... king Edwẏn :'
touward Edwine kinge.	
bi ſæ & bi londe :'	
ſeole cūne leoden.	of ma.. ...neſ londe.
þer comen ſeouen kinges :'	þar comen ſ..... ...ges :'

into Galloway; into Iceland, into Friesland; 'into Gothland, where warriors were keen'; 'he [and] bade them come soon, with weapons good, to drive out the Britons that were busy to harm; and when he had hewed in pieces with swords *the* Britons, he would set all this kingdom in their hand; except that he should be called king of the land, he would to the 'people [knights] distribute all this land. But he 'full [well] little wist what befell afterwards! [There] came 'toward land,' 'toward [to] Edwine [the] king, 'by sea and by land,' 'people of many kind [*folk* from many kind of land]; there came seven kings, and six sons of kings, seventeen earls, and

MS. Cott. Calig. A. ix.	MS. Cott. Otho, C. xiii.
and ſix ſunen kingeſ.	[1]
seouentene eorleſ :'	souentene eorl...
and ſixti þuſend beornneſ.	... ſixti þouſend cnihtes.
Næſ he boren nauere :'	N.. he ibore neuere :'
in nauer nare burhȝe.	in none borewe.
þe mihte in æi ſpelle :'	þa. ...te in enẏ ſpelle :'
þat oðer uolc telle.	þat o... folk telle.
naſ hit nauere iſæid :'	nas hit neuere iſeid :'
no on bocken irad.	no in boke irad.
þat æuer ær weore :'	þat euere eni king :'
æi swa muchel ferde.	ſo moche folk welde.
æuere in Ængelonde :'	in his owe honde :'
þurh ænie king to-gadere.	here in Engelonde.
Edwine gon to uarene :' [f. 185b. c. 1.]	Edwẏn forþ wende :'
mid mucle hiſ ferde.	mid mochele his ferde.
and Cadwalan after wende :'	and Cadwalþan after wende :'
mid unimete folke.	mid onimete folke.
þe ſtude hehte Hædfeld[2] :'	þe ſtude hatte Aþel-feld :'
þer heo at-ſtoden under ſcelde.	þar hii a-ſtode vnder ſceald.
twelf milen iſ þe wald :'	twealf mile his þ. ..... [c. 2.]
þe iſ ihaten Heð-feld.	... his ſo hote.
Edwine an hiſ ende :'	Edw... .. ... eande :'
hiſ teldeſ alle ſette.	his teldeſ al.. .....
hiſ marken & hiſ mare :'	

sixty thousand knights. Was he never born, in 'ever' any burgh, that might in any speech the other folk tell; never was it said, nor in book read, that ever 'previously any so mickle host were ever together in England through any king [any king possessed so much folk in his own hand here in England]! Edwine 'gan to march [forth went], with his mickle army; and Cadwalan after pursued, with innumerable folk. The place hight 'Heathfield [Athel-field], where they fought under shield; twelve miles is the weald, that is named 'Heathfield [so]. Edwine on his side his tents all set, 'his stand-

[1] *A line appears to be missing here.*

[2] Hæðfeld?

MS. Cott. Calig. A. ix.	MS. Cott. Otho, C. xiii.
and eke his mon-weorede.	
and Cadwalan þe kene :'	and Cadwalþan þe k...
him com to-ʒaineſ ſone.	him com to-ʒeines ſon..
þer ſuſden to-ſomne :'	... þar reaſde to-gadere :'
uerden unimete.	m.. folk onimete.
Heo fuhten feondliche :'	Hii fohten feondeliche :'
feollen þa uaiʒe.	follen þe feÿe.
brokeſ þer urnen :'	brokes þar ..ne :'
mid unimete ſtremen.	
of bloden þan rede :'	of þan blod reade.
þe baln weſ unimete.	
helmeſ þer gullen :'	h...... .....llen :'
beorneſ þer ueollē.	cnihtes ... .
ſceldes gunnen ſcenen :'	
ſcalkeſ gunnen swelten.	
at þan forme reſe :'	. . . . for.. . . .
fifti þuſende.	..... þo...nd.
baldere beornen :'	. . . .
heore beot wes þæ laſſe.	. . . .
þer wes Edwineſ ferde :'	. . . .
ʒeoumereſt alre uolke.	. . . .
& Edwine him ſeolf anan :'	. . . .
ærmeſt alre kingen.	. . . .
þer weſ Edwine of-ſlaʒen :'	. . . .
and hiſ sunen tweien.	. . . .
þer feollen ſeouen kinges :'	. . . .

ards and his limits, and eke his forces'; and Cadwalan the keen came against him soon; [they] there rushed together 'hosts [with folk] without number! They fought fiercely, the fated fell; *the* brooks there ran 'with immense streams' of the red blood;—'the mischief was boundless!' Helms there resounded, knights there fell; 'shields gan shiver, warriors gan perish;' at the first assault fifty thousand bold men,—their threatening was the less! There was Edwines host most piteous of all folk; and Edwine himself anon most wretched of all kings; there was Edwine slain, and his sons twain; there fell seven kings, and six sons of kings; his earls, his barons,

MS. Cott. Calig. A. IX.	MS. Cott. Otho, C. XIII.
and ſix ſunen kinges.	. . . .
his eorleſ hiſ beornes :'	. . . .
hiſ cnihtes hiſ cheorleſ.	. . . .
þer wes þe swein & þe cnaue :' [c. 2.]	. . . .
beinen of are laȝe.	. . . .
nefden heo nane are :'	. . . .
of þan laſſe no of þan mare.	. . . .
ah al þa ferde weſ of-ſlaȝen :'	. . . .
and idon of lif-daȝen.	. . . .
Of þan fehte[1] fleh a gume :'	. . . . a gom.
Edwines ȝūgeſte ſune.	. . . . son..
wellen henden wes þe mō :'	. . . .
Oſric ihaten.	. . . . ihote.
nefde he to iueren :'	. . . .
biten[2] an hundred riderē.	.... one hundred ....
Þeoſ to wuden wenden :'	Þeos to wode .....
and þer gunnen wunien.	... þare gonne wonie.
and barnden Cadwalaneſ lond :'	and barnde Cadwalþanes lond :'
and eoden him luðere an hond.	and ȝeode him to harme an hond.
& hiſ folc floȝen :'	and hiſ folk flowe :'
a feole cunneſ wiſſen.	in fale cunne wiſe.
Þat iherde Cadwalā :'	Þat ihorde Cadwalþan :'
þe king wes on londen.	þat king was in londe.
hu Oſric Edwineſ ſune :'	. . . . [f. 148. c. 1.]
dude ut-laȝen wune.	. . . .

his knights, his churls; there was the swain and the lad both of one law (equal); they had no mercy of the less nor of the great, but all the host was slain, and deprived of life-day. From the fight fled a man, Edwines youngest son; well fair was the man, *he was* named Osric; he had for companions only a hundred riders. These went to *the* wood, and there gan to dwell, and burnt Cadwalans land, and went to him 'evil [to harm] in hand; and slew his folk, in many kind of wise. Cadwalan heard that, who was king in *the* land, how Osric, Edwines son, did *the* usage of out-

[1] *Added by a later hand in the margin.*

[2] *R.* buten.

MS. Cott. Calig. A. IX.	MS. Cott. Otho, C. XIII.
Cadwalan muchel uolc nom :'	. . . .
and lette heom to wuden gan.	. . . .
and Ofric heo funden :'	. . . .
& wið hī fehten.	. . . .
þer heo Ofric floȝen :'	. . . .
and alle hiſ iueren.	. . . .
Nu weſ þe king Cadwalan :'	. . . .
bliðeſt alre kempen.	. . . .
nu weſ icleoped Cadwalan :'	. . . .
king ouer Anglen.	. . . .
Penda weſ king under hī :'	. . . .
and ma þa iqueme weorē him.	. . . .
Cadwalan aquald hefde :'	. . . .
of Edwineſ cunne.	. . . .
al þat þer weſ hende :'	. . . .
wið utē ane mōne.	. . . .
he weſ ihaten Oſwald :'	. . . .
under drihtene bald.	. . . .
he weſ of Edwineſ cunne :' [f. 186. c. 1.].	. . . .
& him leofueſt monne.	. . . .
& he wes hex[1] monnen :'	. . . .
of Edwineſ cūnen.	. . . .
Oſwald nom on hiſ hond :'	. . . .
al to-gadere Edwineſ lond.	. . . .

laws. Cadwalan took mickle folk, and caused them to go to *the* wood, and Osric they found, and fought with him; there they slew Osric, and all his comrades. Now was the king Cadwalan blithest of all warriors; now was Cadwalan called king over *the* Angles. Penda was king under him, and more that were acceptable to him. Cadwalan had killed of Edwines kindred all that there was fair, without (except) one man,—he was named Oswald, under *the* Lord *he was* bold,—he was of Edwines kin, and dearest to him of men, and he was highest of the men of Edwines kin. Oswald took in his hand Edwines land altogether; earls and warriors all

[1] hexſt?

MS. Cott. Calig. A. IX.	MS. Cott. Otho, C. XIII.
eorleſ and kempen :	. . . .
hiſ men al bicomen.	. . . .
me heold hine kīg hæhne :	. . . .
biȝeonde þere Humbre.	. . . .
Þat iherde Cadwalan :	. . . .
and þuſ quað to hiſ eorlen.	. . . .
Somnie we nu ferde :	. . . .
ȝeōd alle mine ærde.	. . . .
nu ich mi lōd habben bi-tald :	. . . .
nu hauið[1] hit Oſwald.	. . . .
ah þer uore him ſcal ileoten :	. . . .
bittereſt alre baluwen.	. . . .
for þan kinelonde :	. . . .
ich hine aquelle wulle.	. . . .
and al hiſ ferde :	. . . .
fallen to grunde.	. . . .
and al þat he of com :	. . . .
ich hit wulle for-don.	. . . .
and ſwa me ſcal him tache :	. . . .
to waldē kineriche. [mod :	. . . .
aleggen ich wulle hiſ muchele	. . . .
monnen he iſ me laðeſt.	. . . .
Cadwalan ſomnede uerde :	. . . .
mucle in þiſſen ærde.	. . . .

became his men; men held him *for* chief king beyond the Humber. Cadwalan heard that, and thus quoth to his earls: "Assemble we now *an* army over all my territory; now I have conquered my land, now hath *obtained* it Oswald, but therefore shall be decreed to him *the* bitterest of all evils! For the kingdom I will kill him, and all his host fell to *the* ground, and all *the race* that he comes of, I will it destroy; and so shall men teach him to possess *a* kingdom! Depress I will his mickle mood; he is to me most hateful of men!" Cadwalan assembled *a* great host in this land, and marched

[1] aðneð, *pr. m.*

MS. Cott. Calig. A. ix.	MS. Cott. Otho, C. xiii.
& ferde touward þere Humbre :'	. . . .
ȝaru al to fehte.	. . . .
Oſwald þiſ iherde :'	. . . .
þaſ heȝes godeſ icorne.	. . . .
and nom him al hiſ ferde :'	. . . .
þa[1] hafde in hiſ ærde.	. . . .
and for-ſoc þat feht ſone :'	. . . .
for-ſaken him weoren laðe.	. . . .
and ferde æuere forðward[2] :' [c. 2.]	. . . .
& Cadwalan him after wende :'	. . . .
ah of-taken he hine ne mahte.	. . . .
þa weſ Cadwalan adred :'	. . . .
for wið Scotten he weſ iuæid.	. . . .
for he þat norðerne uolc hæuede :'	. . . .
ineouðered ful ſwiðe.	. . . .
& nom him to rede :'	. . . .
of ſwulchere neode.	. . . .
þat he aȝain wolde :'	. . . .
for þer he kare hafde.	. . . .
and bi-teche Penda :'	. . . .
þe weſ hiſ under-kinge.	. . . .
folc and hiſ ferde :'	. . . .
to flemen of arde.	. . . .

toward the Humber, all ready to *the* fight. Oswald this heard, *the* chosen of *the* high God, and took to him all his forces that he had in his territory, and forsook soon the battle,—to forsake *it* were loath to him!—and marched ever forward; and Cadwalan pursued after him, but he might not overtake him. Then was Cadwalan adread, for with *the* Scots he was at enmity, because he had full greatly injured (*or* humbled) the northern folk; and betook him to counsel of such need, that he would *turn* back, for there he had care, and deliver to Penda, who was his under-king, *his* folk and his host, to expel from *the* country Edwines relative Oswald, and

[1] þa he?

[2] *The corresponding line is here deficient.*

MS. Cott. Calig. A. ix.	MS. Cott. Otho, C. xiii.
Edwineſ mæi Oſwald :'	. . . .
and driuen hine of londe.	. . . .
And al Cadwalan ſpede[1] :'	. . . .
swa he iſpeken hafde.	. . . .
aȝæn he gon wende :	. . . .
in to þiſſe londe.	. . . .
and in þan norð ende :	. . . .
ſette þene king Penda.	. . . .
to fleomē Oſwalde :'	. . . .
ut of þiſſen londe.	. . . .
Oſwald þat iherde :'	. . . .
þat Cadwalan chærde.	. . . .
and þer wunede Penda :'	. . . .
to driuen hine of londe.	. . . .
þa waſ þæ king Oſwald :'	. . . .
an hiſ þonke ſwiðe bald.	. . . .
and aȝæin him gon wēde :'	. . . .
muchele hiſ ferde.	. . . .
to-ȝeines þan kinge Penda :'	. . . .
to fleomen hine þenne.	. . . .
Penda hine bi-þohte :'	. . . .
swiken hu he mahte.	. . . .
he ſende to Oſwalde :'	. . . .
þē norðerne kinge.	. . . .
& ſeide þat he wolde :'	. . . .

drive him from *the* land. And all Cadwalan sped, as he had spoken; back he gan march into this land, and in the north end set the king Penda, to expel Oswald out of this land. Oswald that heard, that Cadwalan returned, and there remained Penda, to drive him from *the* land; then was the king Oswald exceeding bold in his thought, and gan march against him *with* his mickle host, against the king Penda, to expel him thence. Penda bethought him how he might deceive; he sent to Oswald, the northern king, and said that he would work amity, and speak with him

[1] ſped, *pr. m.*

MS. Cott. Calig. A. ix.	MS. Cott. Otho, C. xiii.
ſahtneſſe wurche. [f. 186b. c. 1.]	. . . .
and timliche him ſpeken wið :'	. . . .
& makeȝen ſehtneſſe and grið.	. . . .
and beon ſaht and ſome :'	. . . .
swulc heo weoren broðeren.	. . . .
and faren of þan ende :'	. . . .
to Cadwalane kinge.	. . . .
and leten þene kīg Oſwald :'	. . . .
habben hiſ riche and hiſ lond.	. . . .
Þene dæi and þe ſtude[1] heo ſetten :'	. . . .
ſæhneſſe[2] to makien.	. . . .
and þer aft[9] ful ſone :'	. . . .
heo cumen to-ſomne.	. . . .
Oſwald com muchel biforen :'	. . . .
he weſ to godeſ hond icoren.	. . . .
þe ſtuden hehte Houē-feld :'	. . . .
þer Oſwald ſette hiſ teld.	. . . .
he lette ſone arere :'	. . . .
a muchel croſ[3] and mare.	. . . .
ād hehten al hiſ ferde :'	. . . .
fallen on heore cneowen.	. . . .
and bidden þane al-mihti godd :'	. . . .
þurh hiſ milde mihti[4] mod.	. . . .

timely, and make concord and peace, and be friends and allies, as if they were brothers; and go from the place to Cadwalan *the* king, and let the king Oswald have his realm and his land. They set the day and the place to make amity, and thereafter full soon they came together. Oswald came much before,—he was chosen to Gods hand;—the place hight Hevenfield, where Oswald set his tent; he caused soon to be areared a mickle cross and tall, and bade all his army fall on their knees, and pray the Almighty God, through his mild mood, that he should give them grace of

[1] ſtunde, *pr. m.* [2] ſæhtneſſe? [3] croft, *pr. m.*
[4] *Probably a superfluous repetition.*

MS. Cott. Calig. A. ix.	MS. Cott. Otho, C. xiii.
þat he heom ʒiue mildze :/	. . . .
of heore miſde[1].	. . . .
and ʒif Penda þat grið breke :/	. . . .
þat ure drihten hit awreke.	. . . .
þa weren iended þaſ beden :/	. . . .
þa cō him Penda riden.	. . . .
and word[2] ſeide :/	. . . .
ſwikeleſt alre kinge.	. . . .
Oſwald þu art wilcume :/	. . . .
wunne þe iſ ʒeueðe.	. . . .
hafue þu al þi kine-lond :/	. . . .
al[3] nim þi ſeoluer and þi gold.	. . . .
nim an hundred hunden :/ [c. 2.]	. . . .
nim an hundred haueken.	. . . .
nī an hundred ſteden :/	. . . .
nim gold-fah i-wede.	. . . .
and ſend þas gretinge :/	. . . .
to Cadwaðlan kinge.	. . . .
and þuſ þu maht him wið :/	. . . .
makien þe ſahtneſſe and grið.	. . . .
& ich wulle a þine ſtude beon :/	. . . .
þat þa lufe ſcal wel iþeon.	. . . .
& ʒet ich þe ſuggen wulle :/	. . . .
ane ſunder rune.	. . . .

their misdeeds, and if Penda should break the peace, that our Lord should avenge it. When these prayers were ended, then came him riding Penda, and said these words,—most deceitful of all kings:—"Oswald, thou art welcome; joy is given to thee! Have thou all thy kingdom; but take thy silver and thy gold, take an hundred hounds, take an hundred hawks, take an hundred steeds, take gold-dyed weeds, and send this greeting to Cadwalan *the* king; and thus thou mayest with him make to thee reconciliation and peace, and I will be in thy place, that the love shall well thrive. And yet I will say thee a different counsel, how thou mightest take on,

[1] miſdede? [2] þas word? [3] ah?

MS. Cott. Calig. A. ix. | MS. Cott. Otho, C. xiii.

hu þu mihte ſon on :'
ꝥ hit ne burð nauere undō.
and cleope mid þe tweien :'
þat þine treowe men beon beien.
& ich wulle tweien to me :'
þa wel ſcullen reden.
Þa rad forð a þan felde :'
falſeſt alre kinge.
and Oſwald rad a þene feld :'
næfde he ſper ne nænne ſceld.
Penda hiſ sweord ut a-droh :'
and he Oſwald of-ſloh.
þis weſ seint Oſwald :'
þe am̃ðered[1] weſ aquald.
and Penda gon to ſleonne :'
mid alle hiſ ferde.
Þat iſehȝen forð rihteſ :'
Oſwaldeſ cnihtes.
and after heom ſettē :'
mid allen heore mihten.
mucchel del heo ſloȝen :'
of þan mon-weorede.
and þe king Penda :'
uneðe gon anwende[2].

that it be not ever undone; and call with thee twain that are thy true men both, and I will *call* twain to me, that well shall counsel." Then rode forth in the field *the* falsest of all kings; and Oswald rode in the field,—he had not spear nor any shield. Penda drew out his sword, and he slew Oswald,—this was Saint Oswald, who was killed in murther,—and Penda gan to flee, with all his army. Oswalds knights saw that forth-right, and after them set, with all their might; great part they slew of the multitude, and the king Penda with difficulty gan depart; and nevertheless he escaped

[1] a murðe? *Cf. l.* 31450.

[2] awende?

MS. Cott. Calig. A. ix.	MS. Cott. Otho, C. xiii.
and neoðelef he at-ræd :'	. . . .
þe feĭt Ofwald bifwac. [f. 187. c. 1.]	. . . .
Penda com to þiffen londe :'	. . . .
to Cadwaðlan kinge.	. . . .
and talde al þan kinge :'	. . . .
hu he iuarē hafden.	. . . .
hit likede wel þan kinge :'	. . . .
buten for ane þinge.	. . . .
hit of-þuhte him ful fone :'	. . . .
for þan swikedome.	. . . .
Nu hafde Ofwald :'	. . . .
þe a morðe wef aquald.	. . . .
ænne ælpine broðer :'	. . . .
nes þer nan oðer.	. . . .
he wef icleoped Ofwi :'	. . . . . id Ofwŷ :' [f. 149. c. 1.]
þe wes a fwiðe duhti mon.	. . . . . wiþe dohti.
þa þringef norðerne :'	þe . . . . norþerne :'
makeden hĭe to kinge.	make. . . .ne to king.
for wa wef heom on life :'	
for heore lauerdes deðe.	
Ofwi nom to hif hōd :'	Ofwŷ nā . . .is hond :'
al hif broðer[1] kine-lond.	al his broþer . . .elond.
Ofwi hafde emes[2] funē :'	Ofwŷ hadde .amef fones :'
þe weorē swiðe prute gumen.	þat were fwiþe proute gomes.

who Saint Oswald deceived. Penda came to this land, to Cadwalan *the* king, and told all to the king, how he had fared; it liked well to the king, but for one thing; it repented him full soon for the treachery. Now had Oswald, who in murther was killed, an only brother,—there was no other; he was called Oswy, who was an exceeding doughty man; the northern chiefs made him king, 'for woe was to them in life, for their lords death.' Oswy took in his hand all his brothers kingdom. Oswy had uncles sons, who were men exceeding proud, 'and more of his kindred, who were

[1] broðe, *pr. m.* [2] *At first written* ennes.

MS. Cott. Calig. A. ix.	MS. Cott. Otho, C. xiii.
and ma of hiſ cunne :	
þa weoren mod-fulle.	
heo hafden muchele onde :	hii hadde mochel onde :
to þan kīe-londe.	for þan kinelonde.
and makeden mucchel un-frið :	and lutel heolden his griþ :
and ofte fuhten him wið.	ac lome ifohten him wiþ.
and þohten hine aquellen :	and þohten hine a-cwelle :
for hiſ kine-londen.	for his kinelonde.
Ah Oſwi weſ cniht ſturne :	Ac Oſwẏ was cniht ſteorne :
þat he þer cudde.	þat he þare cudde.
alle þa him beren onde :	al þat him bere onde :
he draf of þan londe.	he drof ȝam of londe.
hiȝendliche he heō quehte :	hiȝenliche heom cwehte :
ouer þere Humbre.	ouer þare Humbre.
þat neſ þer nan to laue : [c. 2.]	þat nas ... . ileued :
of þan þe him weoren laðe.	of þan þ.. .... ..þe were.
And heo gunnen wendē :	And hii . onne wende :
to þā kinge Pendan.	to Penda þan kinge.
and mendē heom to Pendan :	. nd me . den to þan .....
of Oſwẏ þan kinge.	
þat he heō idriuen ut hafde :	. . . . iſlemid were.
of al heore icunde.	
and heo bi-fohten Penda :	. . . . Penda :
þene king of Æſt-lōde.	king o. ....de.

aspiring'; they had mickle envy 'to [for] the kingdom, and 'made mickle enmity, and [little held his peace, but] oft fought with him, and thought to kill him for his kingdom. But Oswy was *a* stern knight, that he there shewed; all that bare envy to him he drove [them] from 'the' land; speedily 'he' chased them over the Humber, *so* that there was none remained of those that were hateful to him. And they gan wend to the king Penda, and complained them to 'Penda [the king] 'of Oswy the king', 'that he had driven them out of all their territory [*how they* were driven out]; and they besought Penda, the king of East-land, that he would help them to

MS. Cott. Calig. A. IX.	MS. Cott. Otho, C. XIII.
þat[1] heom fulſte :'	þat he ȝam w.... ..lſte :'
Oſwẏ to for-uarne.	Oſwẏ to . . . . . .
and heo woldē bicumen hiſ men :'	.nd hii wolde .... men :'
and hiſ monſcipe heȝen.	his mon.... .....
ȝif he wolde Oſwẏ don[2] :'	
oðer flæn oðer a-hon.	
Þa andſwerede Penda :'	.o anſwere Pen..
þe king of Æſt-londe.	.. .... of Eaſtlonde.
At me nabbe ȝe nenne ræde :'	.. ..be ȝe nanne ....
for ich æm wið Oſwi iuæid.	.... .ch ham þare ....d.
for ich Oſwald aqualde :'	for ich Oſwald .....
wihteſte alre kinge.	þane wittẏe .....
and Oſwẏ hiſ broðer iſ oht cniht :'	and his broþer ....
and arð heortę na wiht.	... cniht ſwiþe dohti. [c. 2.]
ȝif he me mihte cacchē :'	ȝef he me mihte cache :'
he me wolde quellen.	he me wolde acwelle.
Ah fareð to Cadwalane :'	Ac wendeþ to Cadwalþan :'
þe king iſ on londe.	þat king his in lond.
and ȝif he me wulle ſende :'	and ȝef he me wole ſende :'
þat folc of hiſ londe.	þat folk of þan eande.
vt of Corwale[3] :'	vt of Cornwale :'
cnihteſ icudde.	cnihtes icoren.
and of Waliſce londe :'	
mid ſeolure[4] and mid golde.	

destroy Oswy, and they would become his men, and exalt his honor, ' if he would kill Oswy, either slay either hang.' Then answered Penda, the king of East-land: "At me ye have no counsel, for I am at enmity with Oswy, for I Oswald killed, 'the bravest of all kings [the wise *king*]; and Oswy his brother is *a* knight 'brave [most doughty], ' and no whit timid in heart'; if he might me catch, he would me kill. But go *ye* to Cadwalan, who is king in *the* land; and if he will me send the folk of 'his land [the territory], out of Cornwall, 'proved [chosen] knights, ' and of Welsh land, with silver

[1] þat he? [2] for-don? [3] *R.* Cornwale. [4] ſeoluer?

MS. Cott. Calig. A. ix.	MS. Cott. Otho, C. xiii.
þeñe wlle ich Oſwẏ anan :'	þan wolle ich Oſwẏ :'
mid ærmðen igreten.	mid mochele harm grete.
driuē hīe of londe :'	driue him of londe :'
leoden to ſconde.	his folk to moche ſconde.
oðer ſlan hine mid egge :' [f. 187ᵇ. c. 1.]	
laðeſt alle[1] ginge.	
Þaſ cnihtes gunnen wende :'	Þeos cnihtes gonne wende :'
to Cadwaðlane kinge.	to Cadwalþan þan kinge.
To Cadwaðlane heo come :'	TO Cadwalþan hii come :'
mid falſæn dome.	mid falſe hire domes.
þan kingen heo toldē :'	þan kinge hii tolden :'
al þat heo wolden.	al þat hii wolden.
Hit ilomp an ane time :'	Hit was in Witſontime :'
to þan White-ſune tide.	þe king to Londene ȝeode.
þat þe king hehte of londen :'	and hehte alle his cnihtes :'
comen al to Lunden.	comen þider forþrihtes.
alle þe wolden his grið :'	
and wið þan kinge habben frið.	
Þider comen kinges :'	
and æc here-þrīges.	
þider comen eorles :'	þider wende eorles :'
þider comen beorneſ.	
biſcpes[2] þider comen :'	biſſopes and cnihtes.

and with gold,' then will I greet Oswy anon with [much] harm; drive him from land, to [much] disgrace of [his] folk, 'either slay him with weapon, most hateful of all persons!'" These knights gan wend to Cadwalan [the] king. To Cadwalan they came, with [their] false sentence; the king they told all that they would. It 'befel on a time, at the Whitson-tide, that the king [was at Whitson-time, the king to London went, and] ordered all 'of *the* land to come to London [his knights to come thither forth-right]; 'all that would *have* his peace, and with the king have concord. Thither came kings, and eke chieftains'; thither 'came [went the] earls, 'thither came barons'; bishops 'thither came, and book-learned men

[1] alre?

[2] *R.* biſcopes.

MS. Cott. Calig. A. IX.	MS. Cott. Otho, C. XIII.
and boc-ilerede mē.	
riche and pene :ʼ	
þider heo comen alle.	
alchef cunnef leoden :ʼ	of alle cunnes leode :ʼ
þa þene king lufedē.	þat þan king louede.
& þe king a þan daiȝe :ʼ	And þe king in þan daie :ʼ
his crune bar an hæfde.	his croune bar on hefde.
þer wes muchel bliſſe :ʼ	þar was moche bliſſe :ʼ
mid balde þā kinge.	mid bolde þan kinge.
for þe king wef swiðe treowe mon :ʼ	
hiſ treouþe wel he iheold.	
Þa þaſ leoden alle :ʼ	Þo þis folk alle :ʼ
iliðen weoren to-ſomē.	icome weren to-gadere.
þa ſtod him up Penda :ʼ	þo ſtot[1] him vp Penda :ʼ
biuore Cadwaðlane kinge.	to-vore þan heȝe kinge.
and þuſ he gon tellen :ʼ	and þus be-gan telle :ʼ
on falſe hiſ ſpellen.	of falſe his ſpelle.
Lauerd we beoð icumen :ʼ	Louerd king we beoþ icome :ʼ
alſe þu hafeſt i-queðen.	aſe þou haueſt i-hote.
alle þine men iborne :ʼ	alle þine men i-core :ʼ
Engliſce and Bruttiſce. [c. 2.]	Eangleſſe and Bruttiſſe.
eorleſ & beorneſ :ʼ	
cnihteſ & clærckeſ.	
and we þine kingeſ :ʼ	and we þine kingeſ :ʼ
þa beoð þine underlingeſ.	þat beoþ þine onderlinges. [f. 149b. c. 1.]

[and knights]; 'the rich and the poor, thither they came all,' of 'each [all] kind of people that loved the king. And the king in those days bare his crown on head; there was much bliss with the bold king, 'for the king was man most true, his truth he well held.' When this folk all were come together, then stood him up Penda before 'Cadwalan the [the high] king, and thus 'he gan [began] tell, in his false speech: "Lord [king], we are come as thou hast bade, all thy men born, English and British, 'earls and barons, knights and clerks'; and we thy kings, who are thy underlings,

[1] ſtod ?

MS. Cott. Calig. A. ix.

Ah Oſwẏ ſeiðe[1] æuere :'
ꝥ nulle he come nauere.
no þine heſte iuorðen :'
ah bi-hateð hærm to don.
nert[2] þu noht swa modi :'
swa him iſ Oſwẏ.
he for-hoȝeð ful iwis :'
to iſechen þine hiredeſ.
Ah ȝif þu wult me lenen :'
& þine læue iunnen.
and þu me wulle fulſten :'
and ferde bi-tæchen.
and ſwa muchel of þine garſume :'
god ſwa þe þunche.
ich wulle uorð aneouſte :'
and faren ouer Humbre.
& Oſwẏ þer makien :'
ærmeſt alre kingen.
no ſcal he mid ſtrenðe :'
þene ſtude uinde.
þat ich hine nulle :'
þe an honde fulle.
oðer quic oðer ded :'

MS. Cott. Otho, C. xiii.

Ac Oſwẏ ſaiþ euere :'
þat he neole come neuere.
ne þine heſtes onderfon :'
ne nohware þe god don.
nart þou noht ſo modi :'
ſo him his Oſwẏ.
and he for-hoȝeþ foliwis :'
for do þine heſtes.
Ac ȝef þou me wolt lene :'
mid þine gode wille.
and þou me wolt fulſte :'
and ferde bi-take.
and ſo moche of þine gariſome :'
so þe god þincheþ.
ich wolle an hiȝenge :'
faren ouer Humbre.
and Oſwẏ þar makẏe :'
harmeſt alre kinge.
ne ſal he mid non ſtrengþe :'
kinelond holde.
þat ich hine nolle :'
þe an honde fulle.
oþer cwik oþer dead :'

But Oswy saith ever, that he will not ever come, nor perform thy commands, 'but promiseth to do harm [nor anywhere do thee good]; thou art not so proud as Oswy is him*self*, [and] he despiseth full truly 'to seek thy court [for to do thy orders]. But if thou wouldest me permit, 'and grant thy leave [with thy good will], and thou wouldest me assist, and forces deliver, and so much of thy treasure as to thee good seemeth, I will speedily '*march* forth, and' pass over *the* Humber, and make Oswy there *the* most wretched of all kings; he shall not with [any] strength 'find the spot [hold kingdom], that I shall not deliver him to thee in hand, either alive or dead,—

[1] ſeide, *pr. m.*

[2] ner, *pr. m.*

MS. Cott. Calig. A. IX.	MS. Cott. Otho, C. XIII.
þat me þuncheð god ræd.	þis me þincheþ god read.
& ȝif þu þiſ nult don :'	
þu ſcalt wurſe under-fon.	
for Oſwẏ iſ a ſwulc mon :'	
þine ſcome he wulle don.	
Þa andſwarede :'	Þo anſwerede Cadwalþan :'
Cadwalan þe kene.	þat was a king treowe.
Penda ich hit þe ſugge ouer al :'	Penda ich þe ſegge :'
Oſwẏ haueð for-wal.	and wel ich wene.
oðer he lið ibedde :'	þat Oſwi his ſwiþe on-hol :'
ibunden mid uféle.	and in bedde ligge[1].
oðer uncuðe leoden :'	oþer oncouþe leode :'
icumen beoð to hiſ þeoden. [f. 188. c. 1.]	icome beoþ to his londe.
for nulle he nauere icnawẽ :'	for ne maẏ ich hit ileue :'
þat he nolde him to cumen.	þat he nolde to me liþe.
þa ich hehte alle cumen :'	
mid griðe mid friðe and mid lufe.	
Ah Penda ga þider ut anan :'	Ac Penda go þou vt anon :'
ich wulle wið mine eorlen.	[2]
mine rune[3] halden :'	and ich wolle of þiſſe þinge :'
and mĩne red finden.	make rouninge.
wheðer ich þe ȝettẽ wullen :'	waþer ich þe aleane wolle :'

'that [this] seemeth to me good counsel. 'And if thou wilt not do this, thou shalt receive worse, for Oswy is such a man, thy shame he will do.'" Then answered Cadwalan 'the keen [who was a king true]: "Penda, I say 'it' to thee 'over all', [and well I ween, that] Oswy 'hath sickness, or he [is exceeding sick, and] lieth in bed, 'bound with sickness,' or *else* foreign people are come to his land; for 'he will never acknowledge [I may not it believe], that he would not 'him*self* [to me] come, 'when I bade all to come, with peace, with concord, and with love.' But, Penda, go 'thither [thou] out anon, [and] I will 'hold my communing with my earls [make communing of this thing], 'and find my counsel,' whether I will grant

[1] liggeð? [2] *A line is here apparently missing.* [3] rine, *pr. m.*

MS. Cott. Calig. A. ix.	MS. Cott. Otho, C. xiii.
þa þing þe þu bede.	þat þing þat þou ȝeorneſt.
and ich wulle after Ofwine ſenden :'	and ich wolle after Ofwẏ ſende :'
aðele mine ſonde.	cwikkliche mine ſonde. [c. 2.]
and haten hine hiȝindliche :'	and ....ȝenliche :'
cumen to mine riche.	come .. .... riche.
þider ut eode Peda[1] :'	Vt wende . . . . .
an eorl wes his iuere.	
and Cadwaðlan wef þer inne :'	Cadwalþan abod . . . .
mid swiðe feole monne[2].	
þuſ him ſpac Cadwaðlan :'	and þus him ſaide ... walþan :'
þe king wef of Englen.	þat king w.. in Engelond.
Ȝe beoð mie men alle :'	Ȝe beoþ .... men alle :'
þa beoð a þiſſe mote.	þat beoþ in þiſ.. alle.
and ȝe habbeoð alle iherd :'	and alle ȝeo habbeþ ihord :'
whæt Penda king hafueð iſeid.	wat king Penda haueþ iſeid.
and hu he wulle taken on :'	and ou he wole taken an :'
and Ofwi king al fordon.	and Ofwẏ þane king for-don.
ȝif ic him lenen wulle :'	ȝef ich him leane wolle :'
mine leodē to vulſte.	of mine folke to healpe.
and ic wulle þat ȝe me reden :'	and ich wolle þat ȝe me reade :'
of wlchere dedē[3].	of ſochere neode.
þa ich lete Ofwi for-do :'	waþer ich Ofwẏ for-do :'

thee the thing that thou 'prayest [yearnest]; and I will send after Oswy 'my good [quickly my] messengers, and order him hastily to come to my realm." 'Thither' out went Penda, 'an earl was his companion; and' Cadwalan 'was [abode] therein, 'with very many men'. 'Thus spake [and thus said] him Cadwalan, who was king 'of *the* Engles [in England]: "Ye are all my men, that are in this 'meeting [hall], and ye have all heard what king Penda hath said, and how he will take on, and Oswy [the] king 'all' destroy, if I will him lend [of] my folk to help; and I will that ye me counsel of such need, whether I 'let Oswy be destroyed [destroy Oswy],

[1] *R.* Penda. [2] nomne, *pr. m.*

[3] *This and the next line are written in the margin by a second hand. For* wlchere deden, *the original hand would probably have written* ſwulchere neode.

MS. Cott. Calig. A. IX.	MS. Cott. Otho, C. XIII.
þa ich lete hine cumen[1] me to.	oþer lete hine come me to.
& ȝif he for mire ſonde :'	and ȝef .. .. : mine ſonde :'
for-ſakeð hider to cumene.	forſakeþ . . . . londe.
mine here ich lete feoððen :'	ich wolle mid mine cnihtes :'
hine hene makien.	al hiſ folk fa...
Þa iwærð abolȝen :'	Þo iwarþ abolwe :'
a Weliſc king in þe hepē.	a .alſe k..... þan heape.
he weſ ihaten Margadud :' [c. 2.]	. . . . Margadud :'
mōnen wurðe him ȝeomeriſt.	.... him ȝomereſt.
for auere he Ængliſce men :'	... .e he Eangliſſe men :'
bi-hehte hærm þene meſte.	... .arme gan grete.
Marg[a-dud]. Þus ſeide Mærgadud :'	. . . . . . Margadud :'
of Suð-Waleſ he weſ duc.	.. ..les was duke.
Her nu me Cadwaðlan :'	. . . . . . nou Cadwalþ..
whæt ich þe wulle cuðe.	... ... þe wolle reade.
þu haueſt þine willen iſeid :'	... . þine wille iſei.
ah þiſ niſ noht god red.	. . . . god read.
Hit oſ swiðe ȝare :'	Hit h.. ...... ȝare :'
þat Bruttes[2] comen here.	þat Bruttu. ....re.
and mid hī ure ældre :'	and mid him ou.. ..dre :'
þe Bruttes weorē aðele.	þat cnihtes w... .....
and þiſ lond ieodē :'	. . . . [f. 150. c. 1.]
Bruttiſce leoden.	. . . .

or let him come to me; and if he refuseth hither to come, for my messengers, I will 'cause afterwards my host to make him abject [with my knights all his folk fell]." Then became enraged a Welsh king in the assemblage; he was named Margadud,—of men be he *the* most afflicted,—for ever he 'vowed to English men harm the most [gan greet English men with harm]! Thus said Margadud,—of South-Wales he was duke: "Hear me now, Cadwalan, what I will thee 'shew [advise]; thou hast said thy will, but it is not good counsel. It is very long ago, *that* Brutus came here, and with him our ancestors, who were 'Britons [knights] noble, and *the* British people

[1] þa ich lete cumē hine lete cumen, *pr. m.*

[2] Brutus?

MS. Cott. Calig. A. IX.	MS. Cott. Otho, C. XIII.
and longe hit walden :'	. . . .
after heore willen.	. . . .
þa while þa hit wes on heore hond :'.	. . . .
hit weſ ihaten Brut-lond.	. . . .
Nu nabbe we of þan londe :'	. . . .
buten þene weſt ende.	. . . .
þa Brutteſ hafden iwuned here :'	. . . .
wel feole wintre.	. . . .
Þa comen Engliſce men :'	. . . .
mid heore ufele craften.	. . . .
heo weore wiȝel-fulle :'	. . . .
and þiſ lond al biwunne.	. . . .
and biſwiken heore laũd ſonẽ[1] :'	. . . .
and alle hiſ leoden.	. . . .
& ȝiuenen heore kinge :'	. . . .
ane heðene quene.	. . . .
þa comen of Sex-londe :'	. . . .
þa leoden uſ beoð laðe.	. . . .
þurh þere quene :'	. . . .
ure cun aqualden here.	. . . .
and swa habbeoð Engliſce men :'	. . . .
ure icundẽ at-heolden.	. . . .
þet we nauere seoððen :' [f. 188b. c. 1.].	. . . .
bi-ſechen hit no mihten.	. . . .

conquered this land, and long possessed it, after their will; the while that it was in their hand, it was named Britain. Now have we not of the land but the west end; the Britons have inhabited here well many winters. Then came English men, with their evil crafts; they were guileful, and won all this land; and betrayed their lord soon, and all his people, and gave their king a heathen queen, that came from Saxland,—the people are hateful to us,—*and* through the queen killed here our race; and so have English men our territory withheld, that we never since might it obtain.

[1] ſone?

MS. Cott. Calig. A. ix.	MS. Cott. Otho, C. xiii.
Penda king is Englisc :'	. . . .
and Ofwẏ al ſwa ful iwiſ.	. . . .
let þu þa hundes :'	. . . .
hannen to-gadereſ.	. . . .
eiðer freten oðer :'	. . . .
swa hund deð his broðer.	. . . .
and leten heore whelpes :'	. . . .
whæruen heom bi-ſides.	. . . .
elc oðer quelle :'	. . . .
þat þer nan quic no leue.	. . . .
And ȝif Ofwẏ cumeð bufē :'	. . . .
and þat feht maȝen ouer-cumen.	. . . .
we him ſculleð to luken :'	. . . .
and neouðer hine aleggen.	. . . .
lond and hiſ leoden :'	. . . .
and hiſ laȝen uallen.	. . . .
and ȝif Penda bið buuen :'	. . . .
& þat cōp maȝen ouer-cumen.	. . . .
þin aȝe mō iſ Penda :'	. . . .
mid alle hiſ kinelonda.	. . . .
þenne haueſt þu Englisc lond :'	. . . .
to þire aȝere hond.	. . . .
and alle þine wurðſcipe :'	. . . .
þuſ þu miht biwīnen.	. . . .
& libben a þin lif :'	. . . .

King Penda is English, and Oswy also, full truly; let thou the hounds perish together, either gnaw other, as hound doth his brother; and let their whelps roll beside them, *and* each other kill, *so* that there may remain none alive! And if Oswy come above (have the superiority), and *in* the fight may overcome, we shall advance to him, and lay him low, *his* land and his people, and abolish his laws; and if Penda be above, and *in* the combat may overcome, thine own man is Penda, with all his kingdom. Then will thou have *the* English land in thine own hand, and all thy worship; thus thou mayest conquer, and live in thy life as to thee is liefest

MS. Cott. Calig. A. ix.	MS. Cott. Otho, C. xiii.
swa þe arle[1] leofeſt bið.	. . . .
no findeſt þu nauer mare mon:	. . . .
þa þe durre hatē on.	. . . .
Þa andſwarede a mō:	. . . .
þe bald wes on hiredē.	. . . .
Luſt nu me Cadwaðlan:	. . . .
luſt me ane ſtūden.	. . . .
nis þar nan betere red:	. . . .
þene Margadud haueð iſed.	. . . .
& ȝif þat[2] nult don:	. . . .
þu ſcalt wurſe afon.	. . . .
& alle þine leoden:	. . . .
þa later þu hafueſt to neodē. [c. 2.]	. . . .
Efne þiſſere ſaȝe:	. . . .
þa þe Brut ſæide.	. . . .
þa wes icleoped Pēda:	. . . .
& cō into hirede.	. . . .
ād Cadwaðlā hī ȝette:	. . . .
al þat he wolde.	. . . .
Þa wes Penda bliðe:	. . . .
& igladed ſwiðe.	. . . .
Penda & his cnihtes:	. . . .
to horſen forð rihtes.	. . . .

of all; thou wilt nevermore find *a* man, that dare anger thee." Then answered a man, who was bold in *the* assembly; "Listen to me now, Cadwalan, listen me a while; there is no better counsel than Margadud hath said; and if thou wilt not that do, thou shalt receive worse, and all thy people the later thou wilt have at need!" Even with this speech that the Briton said, then was Penda called, and came into *the* assemblage; and Cadwalan granted him all that he would. Then was Penda blithe, and exceedingly rejoiced. Penda and his knights *went* to horse forth-right,

[1] alre?

[2] þu þat?

MS. Cott. Calig. A. IX.	MS. Cott. Otho, C. XIII.
and aneouſten gunnen wendē :'	. . . .
toward Norh-humberlonden.	. . . .
& Oſwi iherdē ſuggen :'	. . . .
þat Penda hine ſohte.	. . . .
& ȝarecode hiſ ferdē :'	. . . .
& fuſde toȝæineſ Pendan.	. . . .
ſaht heo bi-gūnen :'	. . . .
ræȝe heo weoren beien.	. . . .
feondliche heo fuhtē :'	. . . .
uæiden heo weoren.	. . . .
vnimete feollē :'	. . . .
fæie men on folden.	. . . .
Þa hit wes uppen non :'	. . . .
þa ſunne gon to nipen.	. . . .
þer wes Oſwẏ of-ſlaȝen :'	. . . .
& idon of lif-daȝen.	. . . .
& hiſ sune & hiſ æm :'	. . . .
& eorleſ ſume uiuē.	. . . .
þer weoren niȝe þuſude[1] :'	. . . .
ðrīges norðerne.	. . . .
iſlaȝen i þan dæiȝe :'	. . . .
þa duȝeðe weſ þa laſſe.	. . . .
& þe king Penda :'	. . . .
sære weſ iwunded þa.	. . . .

and quickly gan proceed toward Northumberland. And Oswy heard say, that Penda him sought, and made ready his forces, and marched against Penda. Battle they began, stern they were both; fiercely they fought, enemies they were; men innumerable fell dead on *the* earth! When it was afternoon, the sun gan to set; there was Oswy slain, and deprived of life-day; and his son, and his uncle, and earls some five; there were nine thousand northern warriors slain in the day,—the people was the less! And the king Penda was sore wounded then, and thence gan wend, east-

[1] *R.* þuſunde.

MS. Cott. Calig. A. ix.		MS. Cott. Otho, C. xiii.
& þonene gon wende :’		. . . .
æſt to hiſ londe.		. . . .
Oſwẏ hæfden æn̄e ſune :’		. . . .
Oſric weſ hiſ nome.		. . . .
he weſ ane ſtūde :’		. . . .
mid Cadwaðlane kinge.		. . . .
in hiſ hrede[1] iued :’		. . . .
& deorliche ifoſtred.		. . . .
Oſric biſohte Cadwalan :’		. . . .
swa mō ſcal hiſ laūde[2] don.		. . . .
þat he moſte beon hiſ mon :’	[f. 189. c. 1.]	. . . .
& hiſ fader lōd habbeon.		. . . .
Cadwaðlan hī ȝet :’		. . . .
al þat he ȝirde[3].		. . . .
he bitahte hī an hond :’		. . . .
al hiſ fader kinelōd.		. . . .
hehte hine hit habben :’		. . . .
& halde mid wunne.		. . . .
God king weſ Cadwaðlan :’		. . . .
swa him weſ icunden.		. . . .
he wes king hire :’		. . . .
feouen and feouwerti ȝere.		. . . .
Þa uerde he to Lundē :’		. . . .
to gladien þa leoden.		. . . .

ward to his land. Oswy had a son, Osric was his name; he was a while with Cadwalan the king, fed in his court, and dearly fostered. Osric besought Cadwalan, as men shall do his lord, that he might be his man, and have his fathers land. Cadwalan granted him all that he asked; he delivered him in hand all his fathers kingdom; bade him have it, and hold with joy. Good king was Cadwalan, as was to him by nature; he was king here seven and forty years. Then went he to London, to gladden

[1] *R.* hirede. [2] *At first* lau'ede, *but* e *expuncted.* [3] ȝirnde ?

MS. Cott. Calig. A. ix.	MS. Cott. Otho, C. xiii.
and heold ane metſunge :'	. . . .
mid þan uolke of Lundene.	. . . .
he æt of ane uiſce :'	. . . .
urecliche swiðe.	. . . .
ær þe uiſc i-eten weore :'	. . . .
i-uueled[1] waſ þe kig[2].	. . . .
seouen niht & āne dæi :'	. . . .
þe kĩg a þan ufele læi.	. . . .
neſ þer nan oðer red :'	. . . .
seoððen wes þe king ded.	. . . .
heo bureden hine in Lunden :'	. . . .
særi weoren þa leoden.	. . . .
Enne ſune hafde Cadwaðlan :'	. . . .
Cadwaðlader. Cadwalader ihaten.	. . . .
he wes Penda ſuſter ſune :'	. . . .
al of kingen icume.	. . . .
þeoſ feng to hiſ riche :'	. . . .
after hiſ fader daiȝe.	. . . .
Swiðe leoflic weſ þe mon :'	. . . .
his leoden hine luueden.	. . . .
he wes swiðe god cniht :'	. . . .
and swiðe ſturne inne fiht.	. . . .
æh an his daȝen ilompen :'	. . . .
reoðen on leoden.	. . . .

the people, and held a feast with the folk of London; he ate of a fish very voraciously, ere the fish were eaten, the king was disordered. Seven nights and a day the king lay in the sickness; there was no other counsel, then was the king dead; they buried him in London,—sorry were the people! A son had Cadwalan, named Cadwalader; he was Pendas sisters son, all of kings descended; this *son* took to his realm, after his fathers day. Very amiable was the man, his people him loved; he was exceeding good knight, and most stern in fight; but in his days befell sorrow in *the* nation. First

[1] i-ufeueled, *pr. m.*

[2] *R.* king.

MS. Cott. Calig. A. IX.	MS. Cott. Otho, C. XIII.
Ærſt aſwond þat corn here :·	. . . .
ȝeond al þaſ kineriche.	. . . .
þer aftꝰ hit weſ ſwa deore :·	. . . .
& al folc gon to deȝen. [c. 3]	. . . .
swa þat þu mihteſ fare :·	. . . .
fulle ſeouen nihte.	. . . .
ꝥ no mihteſt þu þurh nene chep :·	. . . .
finde neouwer na bred.	. . . .
an b͠ȝe and on londe :·	. . . .
leoden weoren ȝeoumere.	. . . .
no nan uolc on londe :·	. . . .
þat of-fingred neſ fære.	. . . .
Þa þat weſ idriuuen[1] :·	. . . .
longe ȝeond þaſ leoden.	. . . .
þa com þer an oðer forȝe :·	. . . .
þer after ful ſone.	. . . .
þat quale com on orue :·	. . . .
vnimete swiðe.	. . . .
þer cheorl draf hiſ fulȝe :·	. . . .
i-oxned swiðe fæire.	. . . .
oðer while he brohte ham :·	. . . .
halue his oxen.	. . . .
oðer brohte enne :·	. . . .
þe oðer no brohte nenne.	. . . .

failed here the corn, over all this kingdom; thereafter it was so dear, and all folk gan to die; so that thou mightest journey full *a* se'nnight, that thou mightest not through any purchase find nowhere any bread,—in burgh and in land *the* people were doleful,—nor any folk in *the* land, that was not sorely a-hungered! When that had long driven over this nation, then came there another sorrow, thereafter full soon; the murrain came on cattle, exceeding much; where *the* churl drove his plow, oxened most fair, other while he brought home *only* half his oxen; *the* one brought one, the other brought none; and so it lasted well long in *the* land! There-

[1] idriuen?

MS. Cott. Calig. A. IX.	MS. Cott. Otho, C. XIII.
and ſwa hit on leode :/	. . . .
ilaſte wel longe.	. . . .
þer after sone :/	. . . .
forȝen vnimete.	. . . .
comen to folke :/	. . . .
ȝeond al þas kine-þeode.	. . . .
uppen þan monē :/	. . . .
morð weſ iwurðen.	. . . .
quelē þa eorleſ :/	. . . .
quelen þa beorneſ.	. . . .
quelen þa þeineſ :/	. . . .
quelen þa ſweineſ.	. . . .
quelen þa lareden :/	. . . .
quelen þa leouweden.	. . . .
quelan þa ældren :/	. . . .
quelen þa ȝeongerē.	. . . .
q̄læn þa wifmen :/	. . . .
quelen þa wāclen.	. . . .
þat no mihte on þan ende :/	. . . .
þat folc on þan londe.	. . . .
buriē þa dede :/	. . . .
swiðe heo gunnen deȝe.	. . . .
þat ofte ī þan putte :/	. . . .
þer me þene dede iſette.	. . . .
þer deiȝede þe quike :/	. . . .
uppen þen dede.	. . . .
And ſwa hit ilōp wide :/ [f. 189b. c. 1.].	. . . .

after soon infinite sorrow came to *the* folk, over all this kingdom, upon the men was mortality inflicted; died the earls, died the barons; died the thanes, died the swains; died the clergy, died the laymen; died the elder, died the younger; died the women, died the weaklings (children); *so* that the folk in the land might not at the end bury the dead; quickly they gan die, *so* that often in the pit where men set the dead, there died *also* the quick upon the dead! And so it befell wide over *the* English nation. The

MS. Cott. Calig. A. ix.	MS. Cott. Otho, C. xiii.
ȝeond Æuglene þeode.	. . . .
ꝥ folc ut of londe :'	. . . .
flah on ælche ænde.	. . . .
monie hundred tunē :'	. . . .
bi-læued weoren of monnē.	. . . .
þat lut me uinde mihte :'	. . . .
mē uaren ȝeond londe.	. . . .
Wa wæs Cadwalader :'	. . . .
þe king weſ on londe.	. . . .
for ſcome he ne mihte fleon :'	. . . .
no for hærme her beon.	. . . .
Neoðeleſ he hine biþohte :'	. . . .
hu he faren mahte.	. . . .
he nom his maðmeſ alle :'	. . . .
and hiſ mon[1] deore.	. . . .
& bah ſuð ouer ſæ :'	. . . .
into Brutaine.	. . . .
and nom þe[2] wickige :'	. . . .
mid Alaine þan kinge.	. . . .
þe wæs ſune Salemonnes :'	. . . .
þaſ fele kingeſ.	. . . .
þe ſwiðe lufede Cadwaðlan :'	. . . .
þe while hiſ daiȝeſ ilaſte.	. . . .
Þær Alæin þe king :'	. . . .
Cadwaladꝰ under-ueng.	. . . .

folk fled out of *the* land in each end; many hundred towns were deserted by men, *so* that one might find few men going over *the* land. Woe was Cadwalader, who was king in *the* land; for shame he might not flee, nor for harm be here. Nevertheless he bethought him how he might depart; he took all his treasures, and his dear men, and passed south*ward* over sea into Britanny, and took there dwelling with Alain the king, who was son of Salomon the good king, who loved greatly Cadwalan, the while his days lasted. There Alain the king received Cadwalader, and found him in the

[1] men? [2] þer?

MS. Cott. Calig. A. IX.	MS. Cott. Otho, C. XIII.
& funde him ĩ þã londe :'	. . . funde him in þan londe :' [f. 151. c. 2.]
al þat he wolde.	al þat he wolde.
þurh elleouen ȝere :'	folle eolleue ȝear :'
þe king wunede þere.	Cadwaladre wonede þar.
& elleouen ȝere :'	and al þan ilke time :'
þe forhȝe wunede here.	þe wowe waſ here.
þat wes hunger and hette :'	her was honger and . . te :'
nefede[1] þat folc nen̄e mete.	nadde þat folk no . e mete.
& þe qualm muchele :'	. . . .
þe wes on moncunne.	. . . .
Þat folc flah in to wudē :'	Þat folk was to wode iflowe :'
& wuneden in þe cluden.	and wonede ine ſtokkeſ.
leien in þa ſtan-graffen :'	leien in greaues :'
& liueden bi deorē.	and leuede afe . eares.
heo luueden[2] bi wuden :'	hii leouede bi wor . . .
heo lufeden[3] bi wurten. [c. 2.]	and bi many wedes.
bi moren and bi rote :'	. . moreſ and bi roteſ :'
naſ þer nan oðer boten.	naſ . . r non oþer bote.
þa elleue[4] ȝer weoren :'	þo eol . . . . ȝear were a-gon :'
on faſt aȝeongē.	. . . .
þa funne gon to ſcine :'	. . . .
þe rein bi-gon to rine.	. . . .
þe qual' gon to ſtunte :'	þo a-ſtunte þ[5] cwaolm.
men gunnē to ſturien.	þo gonne þat folk ſtorie :'

land all that he would; 'through [full] eleven years the king remained there, and 'eleven years [all that time] the calamity remained here,—'that [here] was hunger and drought (?),—the folk had no meat,—and the mickle mortality that was among *the* people. The folk fled into woods, and dwelt in the cliffs, lay in 'the' stone-pits, and lived 'by [as] wild animals; they lived by 'trees, they lived by herbs [herbs, and by many weeds]; by berries and by roots,—there was no other remedy! When eleven years were nearly gone, the sun gan to shine, the rain began to rain; the mortality gan to stint, 'men [the folk] gan to stir; out of woods they drew,

[1] *Partly corrected on erasure.*
[2] liueden?
[3] lifeden?
[4] elle, *pr. m.*
[5] *R.* þe.

MS. Cott. Calig. A. ix.	MS. Cott. Otho, C. xiii.
ut of wude heo droȝen :'	and vt of wode drawe.
and wuneden in tunen.	and wo . ede in tounes :'
Heo ſpeken to-ſomne :'	and ſ . . . e to-gaderes.
& ſpileden bi-tweonen.	. . . .
and nomen heore ſonde :'	and nemen hire ſonde :'
and ſende ī to Sex-londe.	and ſende to Saxlonde.
and cudden heore cunne :'	and dude hi . . cunne wite :'
of heore quale-ſiðe.	of hire . . . . . wowe.
& hu heo iſaren hafden :'	. . . .
elleue ȝeren.	. . . .
& hu þat uſel weſ at-ſtunt :'	. . . . was a . . .
& hu þa tuneſ ibuld.	. . . . en ibuld.
and hu þer wes fæiȝer lond :'	. . . . . . riche.
inoh ſeoluer and gold.	. . . . . . luer and . . . .
& beden heom cumen ſwiðe :'	. . d bede an hiȝēg . . . .
hider to heore icunde.	come to hire cun . .
for þa Bruttes þa ær weoren here :'	. . . .
æuere heo weoren fleme.	. . . .
no durſte heo næuere mængen :'	for ne dorſte neuere þe Bruttuſ :'
imong Engliſce monnen.	. . . . . . Eangliſ.
no nawhit heo nuſten :'	ne now . ht hii . . ſte :'
of heore uare-coſten.	of hire fare-coſte.
þat weoren heore ſonden :'	. . . weren hire ſonde :'
iſēd to Sexlondenden[1].	. . . ſende to Saxlonde.

and dwelt in *the* towns. They [and] spake together, and discoursed between; and took their messengers, and sent into Saxland, and made known to their kindred of their mortality, and how they had fared eleven years, and how the sickness was abated, and how the towns *were* built, and how there was fair land, silver and gold enow. And bade them come quickly hither to their territory; for the Britons that ere were here, ever they were expelled; they durst not ever mingle among English men; nor knew they (the Britons) aught of their proceeding, that their messengers were sent to Sax-

[1] *R.* Sex-londen.

MS. Cott. Calig. A. IX.	MS. Cott. Otho, C. XIII.
Þa heȝe Sexiſce men :'	.. heȝe Sax... men :'
iherden þaſ ſonden.	ihorde þe ſonde.
þa fuſden touward ſæ :'	þo fuſde toward ſéé :' [f. 151b. c. 1.]
fifti þuſende.	fifti þouſend.
baldere beornen :'	baldere cnihteſ :'
mid ſcelden and mid burnen.	mid ſcealde and mid brunies.
mid wifen and mid children :'	mid wifmen and mid children :'
to þiſſē londe wenden.	gonne to þis lond wende.
Mid þan formeſte ſwipen :' [f. 190. c. 1.]	Mid þan forme ſwipe :'
her comen þreo hūdred ſcipen.	here comen þreo hundred ſipes.
ſiȝen after seoððe :'	þare comen .. ter ſuþþe :'
ſixti to-somne.	ſixti to-gadere.
bi ſixe bi ſeouene :'	bi ſixe bi ſouene :'
bi tene bi eolleue.	bi teon bi eollouene.
bi twelue bi twenti :'	bi twealue bi twenti :'
bi þritti bi feowerti.	bi þritti bi four..
Aðelſtan. Mid heom com Æðelſtan :'	Mid heom com Adelſ...
þe ædele[1] ut of Sexen.	.. gode vt of Saxlonde.
inne Lundene hine crunedē :'	...... dene hii hene croune..
& houen hine to kingen.	and houe hine to kinge.
Edward. Edward þe king þeſne biȝat :'	Eadward þe king hine biȝet :'
on are chiueſe.	bi one cheueſe.
þiſ weſ þe formeſte Engliſce mon :'	þiſ waſ þe forſte Eangliſſe man :'
þe al Ængle-lond biwon.	... Eangelond al awan.

land. The noble Saxish men heard 'these [the] messengers; then marched towards *the* sea fifty thousand bold men, with shields and with burnies; with wives and with children to this land *they* 'went [gan wend]. With the foremost sweep here came three hundred ships; then [there] followed after*wards* sixty together, by six, by seven, by ten, by eleven, by twelve, by twenty, by thirty, by forty. With them came Athelstan the noble, out of Saxland; in London *they* crowned him, and raised him to *be* king. Edward the king begat 'this *man* [him] on a concubine; this was the first English man, that acquired all England; he was crowned and anointed, this

[1] æðele?

MS. Cott. Calig. A. ix.	MS. Cott. Otho, C. xiii.	
he weſ icruned and ieled :'	h . was i-crouned and iheled :'	
þiſ lond weſ al hiſ aȝen.	þis lond was al his owe.	
and seoððen he wuneden here :'	and suþþe he wonede here	
ſixtene ȝere.	ſixtene ȝere.	
Hit ilomp inne frimdæȝen :'	Hit h . . . . ne daȝen :'	
feor her bi-æften.	. . . . after.	
þat her weſ an heh mon :'	þ . . her waſ . . . . man :'	
Inne weſ ihaten.	. . . . . . ih . . .	*Inne.*
Þe king wende to Rome :'	. . . wende . . .	
to þan heȝe dome.	. . . . . þon pope.	
and he Peteres weofed þere :'	. . . .	
wunliche iſohte.	. . . .	
brohte þer to lake :'	. . . . . his lok :'	
hiſ maðmeſ leofe.	ȝefteſ	
Þa ȝet he dude mare :'	And ȝet he dude m . . .	
to Peteres are.	. . Peter his are.	
of æū elche huſe :'	of eu . . . houſe :'	
þat huſbonde wunede.	. . . hoſeb . nde were.	
& hiſ biweddede wif weore :'	. . . .	
on þere ilke wike.	. . . .	
ðe king eñe peni ȝette :'	þe . . . . one . eny ȝeaf :'	
to Peteres huſe.	to Peter his houſe.	
Inne weſ þe uormeſte mon :'	Ine waſ þe forſte man :'	
þe Petereſ peni bigō.	þat Peter hiſ peny bi-gan.	
Þa Inne king weſ hī ded :'	Þo Ine ki . . waſ dead :'	
and hiſ laȝen weoren aleid.	and . . . law . . a-lead.	[c. 2.]

land was all his own; and afterwards he dwelt here sixteen years. It happened in early days, far (long) hereafter, that here was a noble man, *who* was named Inne (Ina). The king went to Rome, to the 'high power [pope], and there he gladly sought Peters altar; *he* brought there for offering his precious 'treasures [gifts]. The yet he did more for Peters honor; of every house that husbandman inhabited, and his wedded wife were in the same dwelling, the king granted a penny to 'Peters [Peter his] house. Inne was the first man that began 'Peters [Peter his] penny. When Inne *the* king was dead, and his laws were done away, then ceased

Anno gratie dccc°c. xx°. iiij°. Rex Anglorum Edwardus ſenior obiit. Cui filius suus Eðelſtanus ſuccedens, et ab Aldelmo, Dorobernis archiepiscopo, Rex conſecratur. Eo anno rex Eðelſtanus ſororem suam Sihtricem (sic), Norð humbrorum regi, in conjugem dedit. Tercio anno Eðelſtani regis, Sihtricus, Rex Norð humbrorum, obiit, cuius regnum Rex Eðeſtanus suo imperio adiecit, omnesque Reges prelio uicit et fugauit. Rex Aðelſtanus obiit, qui ſolus per

MS. Cott. Calig. A. IX.	MS. Cott. Otho, C. XIII.
þa afeol þat feoh here ∻ [c. 2.]	þo . . . . þare ∻
fif and ſixti ȝere.	fif a . . . .
a þet Aðelſtan com liðen ∻	for . . þat A . . . . .
in to þiſſen londen.	. . to þiſſe l . . . .
& hafden iwuned here ∻	. . . . . oned here ∻
fulle fiftene ȝere.	. . . .
þe king hiſ fet cuſte ∻	. . . .
and faire hine igrette.	. . . .
& eft þat ilke feoh ȝete ∻	. . . .
þat Inne king dude ære.	. . . .
& ſwa hit hafeð iſtonde ∻	. . . .
æuer feoððe a þiſſe londe.	. . . .
drihtē wat[1] hu longe ∻	. . . .
þeo laȝen ſcullen ilæſte.	. . . .
þa tiden[2] comen ſone ∻	. . . .
to Cadwaðlader kinge.	. . . .
into Brutaine ∻	. . . .
þer þar he wunede.	. . . .
mid Alaine kinge ∻	. . . .
þe weſ of hiſ cunne.	. . . .
me dude him to under-ſtonde[3] ∻	. . . .
of al þiſſe londe.	. . . .
hu Aðelſtan her com liðen ∻	. . . .
ut of Sex-londen.	. . . .
and hu he al Angle-lond ∻	. . . .

the tribute here five and sixty years, until that Athelstan arrived into this land, and had dwelt here full fifteen years. The king kissed his (the popes) feet, and greeted him fair, and eft the same tribute granted, that Inne *the* king did ere; and so it hath stood ever since in this land,—*the* Lord knoweth how long the law shall last! The tidings came soon to Cadwalader *the* king, into Britanny, there where he dwelt with Alain *the* king, who was of his kin; men caused him to understand of all this land, how Athelstan here arrived out of Saxland, and how he set all England in his own

[1] what, *pr. m.* [2] *R.* tidende. [3] unde-ſtonde, *pr. m.*

MS. Cott. Calig. A. IX.	MS. Cott. Otho, C. XIII.
ſette on hiſ aȝere hōd.	. . . .
and hu he ſette moting :´	. . . .
& hu he ſette huſting.	. . . .
and hu he ſette ſciren :´	. . . .
and makede frið of deoren.	. . . .
& hu he ſette halimot :´	. . . .
& hu he ſette hundred.	. . . .
and þa nomen of þan tunen :´	. . . .
on Sexiſce runen.	. . . .
& ȝilden he gon rere :´	. . . .
mucle & ſwiðe mære.	. . . .
& þa chirchen he gon dihten :´	. . . .
aft̃ Sexiſce irihten.	. . . .
and Sexiſ[1] he gan kennen :´	. . Saxiſſe h. . . . .
þa nomen of þā monnen.	þe names of . . . .
and al me him talde :´	and al me h.. . . .
þe tiden[2] of þiſſe londe.	.. tydinge . . . . .
Wa weſ Cadwaledere :´ [f. 190b. c. 1.]	.. was Cad. . . . .
þat he weſ on liue.	. . . waſ . . . .
leofere him weore on deðe :´	. . . .
þeone quic on life.	. . . .
ſæri wes hiſ heorte :´	. . . .
and ſorhful wes hiſ duȝeðe.	. . . .
Wið hiſ freond he ſpac ofte[3] :´	. . . .

totam Angliam primus regum Anglorum regnauit, et coronam por[tauit.] Cui frater ſuuſ Ed[mun]dus ſucceſſit, anno g[ratie] dcccc°. xi.

hand; and how he set mooting, and how he set husting, and how he set shires, and made chaces of deer; and how he set halimot, and how he set hundred; and the names of the towns in Saxish speech; and *how* he gan rear guilds, great and very ample, and the churches he gan make, after *the* Saxish manner; and *in* Saxish he gan speak the names of the men;—and men told him all the tidings of this land. Woe was Cadwalader, that he was alive; liefer *it* were to him *to be* dead, than quick in life; sorry was his heart, and sorrowful was his folk! With his friends he

[1] Sexiſce? [2] *R.* tidende. [3] *A line appears to be missing here.*

MS. Cott. Calig. A. ix.	MS. Cott. Otho, C. xiii.
hu he faren mihte :'	. . . .
and iwennen[1] hiſ rihte.	. . . .
and wulchere wiſe he mihte :'	. . . .
wið Aðelſtane fihte.	. . . .
& i-winnen hiſ[2] cunde :'	. . . .
æft to hiſ hōde.	. . . .
þa Aðeſtan[3] and hiſ cnihteſ :'	. . . .
eke heolde mid unrihte.	. . . .
Sume him radde to uehten :'	. . . .
summe wrið[4] to wurchen.	. . . .
þat he moſten of Aðelſtā :'	. . . .
halden hiſ lond and beon hiſ mō.	. . . .
Vnder þiſſē uare-coſte :'	. . . .
he ſūnede ferde.	. . . .
of alle þane mōne :'	. . . .
þat he bi-ȝeten mihte.	. . . .
& ſomnede alle þa ſcipen :'	. . . .
þa bi þare ſæ fluten.	. . . .
and þohte mid ſtrengðe :'	. . . .
ſteppē to londe.	. . . .
Þa þe ȝaru weſ þa uerde :'	. . . .
& þaſ[5] ſcipen ibone.	. . . .
com þe wī[6] surðerne :'	. . . .

spake oft, how he might go, and obtain his right, and *in* what way he might fight with Athelstan, and win his territory eft in his hand, that Athelstan and his knights eke held with unright. Some counselled him to fight, some to make peace, that he might of Athelstan hold his land, and be his man. Amidst this proceeding he assembled forces of all the men that he might procure, and assembled all the ships that by *the* sea floated, and thought with strength to step to *the* land. When that the host was ready, and these ships prepared, the wind *became* southern, that

[1] iwinnen? [2] hiſn, *pr. m.* [3] *R.* Aðelſtan.
[4] frið? [5] þa? [6] wind?

MS. Cott. Calig. A. ix.	MS. Cott. Otho, C. xiii.
þa ſæt an heore wille.	. . . .
Þa ſæide þe king :'	. . . .
Nu to ſcipe an hiȝing. [wenden.	. . . .
And þe kīg in to chirche gon	. . . .
godeſ werk to worchen.	. . . .
and maſſe þer iherden :'	. . . .
of mære ane þreoſte.	. . . .
¶ Þe king læi on cneouwen :'	. . . .
and cleopede to criſtin.	. . . .
& bed ure drihten :'	. . . .
þe walt alle deden. [c. 2.]	. . . .
þat he from him ſelue :'	. . . .
taken him ſende.	. . . .
ȝif hit weore iqueme :'	. . . .
þan heouenliche deme.	. . . .
wheðer he ſcolde liðen :'	. . . .
þe he ſcolde bi-lauen. [goden :'	. . . .
Þe while þe he ſpac touward	. . . .
þa gon he to ſlepen.	. . . .
þa gon he to ſlūme[1] :'	. . . .
ſelehðe him wes ȝiueðe.	. . . .
of ſeoluen[2] ure drihten :'	. . . .
þe ſcop þiſ dæȝes lihte.	. . . .
Þeñe þe kīg imætte :'	. . . .

Cadwalader.

set at their will. Then said the king: "Now to ship in haste!" And the king gan wend into church, to work Gods work, and there heard mass of a chief priest. The king lay on *his* knees, and called to Christ, and prayed our Lord who rules all deeds, that he should send him *a* token from himself, if it were pleasing to the heavenly judge, whether he should go, or *whether* he should stay. The while that he spake toward God, then gan he to sleep; then gan he to slumber,—happiness was given to him from our Lord *himself*, who formed the day-light. Then dreamt the king,

[1] *Altered by a second hand on an erasure.*

[2] ſeoluenen, *pr. m.*

MS. Cott. Calig. A. ix.	MS. Cott. Otho, C. xiii.
a cneouwen he ſlepte.	. . . .
þat him com bi-foren gon :'	. . . .
a wunder ane fair mon.	. . . .
& þaſ word kende :'	. . . .
to Bruttene[1] kinge.	. . . .
Awake Cadwaladꝰ :'	. . . .
criſt þe haueð deore.	. . . .
and ȝarke þine uore :'	. . . .
and far ſwide[2] to Rome.	. . . .
þu uindeſt ænne pape :'	. . . .
preoſt mid þan bezſte.	. . . .
he þe ſcal[3] ſcriuen :'	. . . .
of þine weorld-liſen.	. . . .
þat þine ſunen alle :'	. . . .
ſcullen þe from falle.	. . . .
and þu ſcalt wurðe clene :'	. . . .
al þurh godeſ dome.	. . . .
of alle þine miſdede :'	. . . .
þurh mihte of ure drihte.	. . . .
And feodðen[4] þu ſcalt iwiten :'	. . . .
and faren to heoſne-richen.	. . . .
for no moſt þu nauere mære :'	. . . .
Ængle-lond aȝe.	. . . .
ah Alemainiſce men :'	. . . .

on knees while he slept, that a wondrous fair man gan come before him, and spake these words to *the* king of Britain: "Awake, Cadwalader, Christ hath thee dear! And make ready thy voyage, and go quickly to Rome; thou wilt find *there* a pope, priest with the best; he shall thee shrive of thy worldly life, *so* that all thy sins shall fall from thee, and thou shalt become clean, all through Gods doom, of all thy misdeeds, through might of our Lord. And afterwards thou shalt die, and go to heaven; for nevermore must thou possess England, but Allemainish men shall have England;

[1] Brutte, *pr. m.*
[2] ſwiðe?
[3] *Added in margin by a later hand.*
[4] feoððen?

MS. Cott. Calig. A. ix.	MS. Cott. Otho, C. xiii.
Ænglē ſcullen aȝen.	. . . .
and næuermære Bʳttiſce men :'	. . . .
brukē hit ne motē.	. . . .
ær cume þe time :' [f. 191. c. 1.]	. . . .
þe iqueðen wes while.	. . . .
þat Mᵉrlin þe witeȝe :'	. . . .
bodede mid worde.	. . . .
Þenne ſculle Bruttes ſone :'	. . . .
buȝen to Rome.	. . . .
and dʳȝen ut þine baneſ alle :'	. . . .
of þene marme-ſtane.	. . . .
and mid bliſſen heom uerien :'	. . . .
uorð mid heom ſeoluen.	. . . .
in ſeoluere and in golde :'	. . . .
in to Brutlonde.	. . . .
Þenne ſculle Brutteſ anā :'	. . . .
balde iwurðen.	. . . .
al þat heo bi-ginneð to done :'	. . . .
iwurðeð after heore wille.	. . . .
þenne[1] ſcullen i Bruttene :'	. . . .
bliſſen wurðen riue.	. . . .
waſtmeſ and wedereſ ſele :'	. . . .
after heore i-wille.	. . . .
Þa awoc Cadwalader :'	. . . .

and nevermore may British men possess it, ere the time come that was whilom declared, that Merlin the prophet foretold with words. Then shall *the* Britons soon come to Rome, and draw out all thy bones, from the marble stone, and carry them with bliss forth with themselves, in silver and in gold, into Britain. Then shall *the* Britons anon become bold; all that they begin to do, shall be after their will; then shall in Britain bliss become rife; fruits and weathers prosperous, after their will!" Then awoke Cadwalader,—wondrous *it* seemed to him,—strongly he was alarmed,

[1] *At first* þeonne, *but* o *expuncted.*

MS. Cott. Calig. A. ix.	MS. Cott. Otho, C. xiii.
wurder[1] him þuhte.	. . . .
ſtrōgliche he weſ auæred :⁄	. . . .
ladliche[2] of-furhte.	. . . .
to wulche þinge hit iteon wolde :⁄	. . . .
þat him weſ itacned þere.	. . . .
Ofte he he[3] lette runen :⁄	. . . .
ofte he lette ræde.	. . . .
and ſeowede hit þan kinge :⁄	. . . .
þe wunede ī þan londe.	. . . .
þe inēned wes Alain :⁄	. . . .
Cadwalader nexte mæi.	. . . .
Þe king ſende hiſ ſonde :⁄	. . . .
ȝeond al hiſ londe.	. . . .
and lette beoden alle :⁄	. . . .
þa bocareſ wiſe.	. . . .
and taldē heō þa tacnige[4] :⁄	. . . .
of Cadwalader kīge.	. . . .
Þær heo gunnen ræde :⁄	. . . .
þer heo gunnen rune. [c. 2.]	. . . .
& radden him to taken on :⁄ [don.	. . . .
al ſwa godd him hafde itakned to.	. . . .
Þer he bi-lafde :⁄	. . . .
hiſ ſcipen and his leode.	. . . .
hiſ wæi and hiſ iwille :⁄	. . . .

terribly frightened, to what thing it would come, that was there to him betokened. Oft he caused communing, oft he caused counsel; and shewed it to the king that dwelt in the land, who was named Alain, Cadwaladers nearest relative. The king sent his messengers over all his land, and caused all the wise scholars to be summoned; and told them the tokening of king Cadwalader. There they gan counsel, there they gan commune, and advised him to take on as God had signified to him to do. There he left his ships and his people; his way and his will. He called to

[1] wunder? [2] laðliche? [3] *Sic MS.* [4] tacninge?

MS. Cott. Calig. A. IX.	MS. Cott. Otho, C. XIII.
he cleopede heom to ſtille.	. . . .
Ẏuni and Iuore :	. . . .
beiȝen heo weoren him deore.	. . . .
Ẏuor weſ hiſ ſtep-ſune :	. . . .
and Ẏuni hiſ ſuſter ſune.	. . . .
beien heo weoren him leofe :	. . . .
beine heo weoren him deore.	. . . .
heo weoren cnihteſ beien :	. . . .
and ſwiðe wel idihte.	. . . .
þꝰ ſpac Cadwalader :	. . . .
þe king weſ of Bruttene.	. . . .
Ẏuor and Ẏuni beiene :	. . . .
ȝet ſenden of mine leode.	. . . .
hercnieð mine lare :	. . . .
no ſcal hit eou reouwe nauere.	. . . .
Of heouene me beoð icume :	. . . .
hiȝe godeſ tacne.	. . . .
þat ich ſcal faren to Rome :	. . . .
to þā pape wel idone.	. . . .
þe pape hatte Sergiuſ :	. . . .
he weteð Petereſ hus.	. . . .
me and mine wiue :	. . . .
he ſcal bletſeiȝen & ſcriue.	. . . .
& þer we ſcullen ure daȝeſ ba :	. . . .
driuē to þan ende.	. . . .

them stilly Yuni and Ivor; both they were to him dear. Yvor was his step-son, and Yuni his sisters son; both they were beloved by him, both they were to him dear; they were knights both, and exceeding well dight. Thus spake Cadwalader, who was king of Britain; "Yvor and Yuni, both ye are of my nation; hearken my advice; ye shall never rue it! From heaven are come to me tokens of *the* high God, that I shall fare to Rome, to the good pope;—the pope hight Sergius, he ruleth Peters house;—me and my wife he shall bless and shrive, and there we shall both drive our days to the end; *so* long *as it* ever be, ye see me never eft. But

MS. Cott. Calig. A. ix. | MS. Cott. Otho, C. xiii.

longe bið auer :·
no ifeo ȝe me æft næuere. [lond :·
Ah here[1] ich bi-tache inc Walifc
þat ȝet ftond a mire hond.
and nimeð þaf muchele uerde :·
and fareð to þan londe.
and haldeð hit on wunne :·
þa wile ȝe maȝen hit werie. [f. 191b. c. 1.]
and ich inc halfi[2] beien :·
þurh þan heouē kinge.
þat unker æiðer oðer :·
luuie swa hif broðer.
and habbeoð þat lond auer mære :·
tou æure liuef ende.
& brukeð hit on wunne :·
& eouwer bernen[3] alle.
Ẏuni hit wes itacned me :·
alfe ȝe fcullen nu ifeo.
for Merlin þe wife :·
hit feide mid worde.
al of mine ford-fare[4] :·
& of mire unimete care.
and Sibillie þa wife :·
a bocken hit ifette.

here I give to you *the* Welsh land, that yet standeth in my hand; and take *ye* this mickle host, and go to the land, and hold it in joy, the while ye may it defend. And I you adjure both, through the king of heaven, that either of you love *the* other as his brother; and have *ye* the land evermore to your lives end, and possess it in joy, and all your children. Yuni, it was betokened to me, as ye shall now see; for Merlin the wise said it with words, all of my death, and of my excessive care; and Sibillie the wise set it in book, that I shall fulfill my Lords will. Each go now his way,

[1] auere, *pr. m.*
[2] halfin, *pr. m.*
[3] bernnen, *pr. m.*
[4] forð-fare?

MS. Cott. Calig. A. IX.	MS. Cott. Otho, C. XIII.	
þat ich ſcal iuullen :'	. . . .	
mineſ drihteſ wille.	. . . .	
Alc faren nu hiſ wæi :'	. . . .	
and habbeoð alle godne dæi.	. . . .	
Cadwalader fuſde :'	. . . .	
þat he cō to Rome.	. . . .	
þer he Sergiuſ fūde :'	. . . .	*[Serg]iuſ.*
þene iſelie pape.	. . . .	
he ſcraf Cadwalader :'	. . . .	
þe king wes of Bruttenne.	. . . .	
Ne wunede þe king þer :'	. . . .	
bute uifte half ȝere.	. . . .	*....dccc° xl. [Sergi]uſ papa se....ſ ix.*
þa com him ufel on :'	. . . .	
ſwa godd hit wolde habben idon.	. . . .	
elleoue daȝeſ biforen Maiȝe :'	. . . .	
he ferde of þiſſe liue.	. . . .	
and hiſ ſaule ſende :'	. . . .	
to þan heouenlicche kinge.	. . . .	
Hiſ ban beoð ilokē faſte :'	. . . .	
i guldene cheſte.	. . . .	
and þer heo ſcullen wunie :'	. . . .	
þat þa daȝeſ beon icumene[1].	. . . .	
þa Merlin ine iuurn daȝen :' [c. 2.]	. . . .	
vaſtnede mid worden.	. . . .	
Ga we nu to Ẏuni aȝan :'	. . . .	

and have all good-day!" Cadwalader proceeded until he came to Rome; there he found Sergius, the good pope; he shrove Cadwalader, who was king of Britain. The king remained there but the fifth half year; then came on him sickness, as God would have it done; eleven days before May he departed from this life, and sent his soul to the heavenly king. His bones are locked fast in *a* golden chest, and there they shall remain until the days are come, that Merlin in old days fixed with words. Go we now to Yuni again, and to Ivor, his cousin. They assembled forces

[1] icume, *pr. m.*

MS. Cott. Calig. A. ix.	MS. Cott. Otho, C. xiii.
& to Iuore hiſ wedde-broðere.	. . . .
Heo ſomneden ferde :	. . . .
wide ȝeond þan ærde.	. . . .
forð heo gunnen fuſen :'	. . . .
mid fif hundred ſcipenen.	. . . .
neſ hit nawit longe :	. . . .
þat heo ne comen to Waliſce londe.	. . . .
Al þaſ Bruttes weoren to-driuen :'.	. . . .
ȝeond cludeſ & ȝeond cliuenen.	. . . .
ȝeond chirchen & ȝeond munec-	. . . .
ȝeond wudeſ & ȝeōd liðen. [cliuen :'.	. . . .
Sone me heom ſaiden :'	. . . .
þat iſiȝen weoren to londe.	. . . .
mid Iuore & Yuni :'	. . . .
ten ſiðen fifti.	. . . .
scipen brade-fulle :'	. . . .
of Brutten swiðe balde.	. . . .
Þæſ Brutteſ on ælc ende :'	. . . .
foren to Waliſce londe.	. . . .
and heore laȝen leofeden :	. . . .
& heore leodene-þæuwen.	. . . .
and ȝet wunied[1] þære :'	. . . .
swa heo doð auere mære.	. . . .
& Ængliſce kingeſ :'	. . . .

wide over the country; forth they gan voyage, with five hundred ships; it was no whit long, before they arrived at *the* Welsh land. All the Britons were dispersed, over rocks and over cliffs, over churches and over monasteries, over woods and over mountains. Men soon said to them, that ten times fifty ships, brimful of Britons exceeding bold, were come to *the* land with Ivor and Yuni. These Britons on each side moved to *the* Welsh land, and lived in their laws, and their popular manners; and yet *they* dwell there, as they shall do evermore. And *the* English

[1] wunieð ?

MS. Cott. Calig. A. IX.	MS. Cott. Otho, C. XIII.
walden þas londes.	. . . .
& Bruttes hit lofedenden[1] :'	. . . .
þif lond and þas leodē[2].	. . . .
þat næuere seoððen mære :'	. . . .
kinges neoren[3] here.	. . . .
Þa ȝet ne com þæs ilke dæi :'	. . . .
beo heonne uorð alſe hit mæi.	. . . .
iwurðe þet iwurðe :'	. . . .
iwurðe Godes wille. 9	. . . .
Amen.	. . . .

kings ruled these lands, and *the* Britons it lost, this land and this nation; *so* that nevermore afterwards kings were *they* here. The yet (hitherto) this same day came not, be *it* henceforth as it may; happen what happen, happen Gods will! Amen.

[1] *R.* lofeden.

[2] *Added by a later hand in the margin.*

[3] neouren, *pr. m.*

NOTES.

VOL. I.

P. 3. *v.* 55.—This form of proem seems to have been adopted from writers of the Saxon period. Compare the Preface of Alfred to the translation of Boethius *De Consolatione*, ed. Cardale, 8° 1829.

P. 4. *v.* 72.—Here commences Wace, after a short Introduction of nine lines.

Ibid. v. 80. *Paris Alixandre.*—The additional appellative of *Alixandre* does not appear in Waces *Brut*, and was probably derived by Laȝamon from Dictys Cretensis or Dares Phrygius, the popular middle-age writers on the destruction of Troy.

Ibid. v. 98. *tuenti gode scipen.*—So also in the French text of Wace, and in the inedited portion of Robert of Brunnes Chronicle, MS. Inner Temple, No.511.7. f.5. Geoffrey of Monmouth does not state the number of ships, but in the Basingwerk copy of the Welsh version of his history it is stated at *twenty-eight*. See Roberts's *Chronicle of the Kings of Britain*, 4to. Lond. 1811. p. 1.

P. 6. *v.* 109. *Nas ȝet Rome bi-wonnen.*—In Wace the passage stands thus:

> Ni ert de Rome uncore nule chose,
> Nene fut il puis de bien grant pose.—*MS. Cott. Vit. A.* x. *f.* 19. *c.* 1.

which is rendered by Robert of Brunne,

> Of Rome th[t] ilke tyme was noght,
> Ne long after was it wroght.—*f.* 5[b].

P. 8. *v.* 169. *luf-þing hire biheite.*—In Wace "et ele li fu *creanteé*," vol. i. p. 4. ed. Le Roux de Lincy, 8vo. Rouen, 1836. The term *luf-þing* appears here equivalent to that of *luf-tacen*, love-token, used in Beowulf, l. 3722.

P. 10. *v.* 219. *Albe Lingoe.*—"Albam super Tyberim," Geoffrey, lib. i. c. 3. ed. fol. 1587. "Albe Longue," Wace. The same story is found in Nennius, p. 8. ed. Stevenson, 8vo. 1838, and is founded on classical authority. See Virgil, *Æn.* v. 597. 848.

P. 11. v. 230. *þene mahum.*—Is here, apparently, in the singular, but in Wace a plural form is used,—" les Deus de Troie," MS. Cott., and so also in Robert of Brunne.

The morn *thai* were agayn alle prest
At the castelle of Lauion,
& wild not duelle in Albe his toun.
He ne wist, no was certayn,
In what manere *thai* com agayn.—*f.* 5ᵇ. *c.* 2.

The whole passage is wanting in Geoffrey of Monmouth. Compare Virgil, *Æn.* iii. 148. The term *mahum* or *mahun* is immediately borrowed from the *Mahom, Mahum,* of the French romances of the 12th century, by which title is designed Mahomet, the supposed Saracen deity. In English writers of a later æra it assumes the form of *Mahoun.* See the fabulous history, attributed to Turpin, *De vita Caroli Magni et Rolandi,* cap. 4. edit. Ciampi, 8°. Flor. 1822, and Michels edition of the *Roman de Mahomet,* 8°. 1831.

P. 12. *v.* 270. *dweomerlakes song.*—Wace has the terms *sorcisseurs* and *sages devineors,* which are equivalent to the *magi* of Geoffrey. The same story occurs in Nennius, who adds, that the magician (for he only speaks of one) was killed by Ascanius, p. 8. ed. Stev.

P. 15. *v.* 331. *þere quene cun Heleine.*—A singular mistake of the English versifier, who has evidently confounded Helenus, son of Priam, with Helena, the wife of Paris. The author of the later text has partly seen the error, and awkwardly endeavours to rectify it by substituting *dohter* for *sune.* In Wace the passage is clear enough :—

Tute la lignée Eleni,
Un de filz al rei Priami.—*MS. Cott. f.* 20. *c.* 1.

Geoffrey of Monmouth tells us, that Helenus and his lineage were brought from Troy by *Pyrrhus,* and kept by him in a state of servitude to avenge his fathers death, lib. i. c. 3. So also in the Anglo-Norman metrical Brut, MS. Reg. 13 A. xxi., which proves the anonymous writer of the earlier portion not to have abridged Wace, but to have made an independent version from the Latin. It is very evident, that here, as elsewhere, the compiler of the British history has borrowed from the Æneid, in which it is related, that Helenus, after the death of Pyrrhus, reigned over part of Epirus, and received Æneas as he voyaged towards Italy. Compare *Æn.* iii. 295. 334.

P. 16. *v.* 364. *seoue þusund.*—So also the text of Wace in MS. Cott., but in the printed edition by M. Le Roux de Lincy it is *six,* vol. i. p. 10.

P. 17. *v.* 377. of *þriti ȝeren.*—His age is not expressed in Wace.

Ibid. v. 378. *Assaracus.*—This name appears to have been borrowed from Virgil, *Æn.* i. 288. etc.

P. 19. *v.* 430. *seoue þusend.*—Here and in *v.* 463, the numbers expressed are additions of Laȝamon, as elsewhere frequently will be observed.

P. 24. *v.* 542. *Achalon.*—Under this name perhaps the river Achelous in Epirus is meant. Roberts, in his edition of the Welsh version attributed to Tysilio, p. 8, wishes to prove it the river Acheron in Thesprotia.

P. 26. *v.* 599. *Sparatin.*—Apparently intended for Sparta; at least this is certainly the interpretation given by the anonymous author of the Latin metrical version of Geoffrey in MS. Cott. Jul. D. XI., who writes,

> Brutus ab Enea quartus, casu parricida,
> Exulat, Italiam fugiens, *Lacedemona* querit;
> Pandrasus est ibi rex, sub quo captiva tenetur
> Progenies Eleni, etc.—*fol.* 2.

P. 27. *v.* 628. *Grickisce fure.*—Wace only says,

> Li altre unt feu apparaillé.—*MS. Cott. f.* 21. *c.* 2.

but in Geoffrey we read, "Græco igne atque calidarum aquarum aspergine," lib. i. c. 7. The assault is described in the French paraphrast at greater length than in the English version. On the *Greek fire* see the authorities quoted by Warton, *Hist. Engl. Poetry*, vol. i. p. 161. ed. 1840.

P. 28. *v.* 649.—Wace adds, that only three entries were left to the dyke, all of which were well guarded, vol. i. p. 17.

P. 30. *v.* 684. *bi þone toppe.*—In Wace thus:

> Puis est coru mult fierement,
> Si prist par le *tup* un prison,
> Anacletus aveit à non.—*MS. Cott. f.* 21[b]. *c.* 1.

which is translated by Robert of Brunne,

> Brutus toke hym be the *toppe*,
> & seid, "Hedeles salle thou hoppe,
> But thou do as I the saye!"—*f.* 7. *c.* 2.

Le Roux de Lincys printed text is here very corrupt, vol. i. p. 19.

P. 31. *v.* 711. *þonne men gað to bedde.*—In Wace,

> ——— apres cel hure,
> Ke l'em apele *cocheure.*—*MS. Cott. ibid.*

The *number* of the guards is an addition of the English poet.

P. 32. *v.* 747.—The sudden transition here would raise some suspicion of an *hiatus* in the MS., or of an error occasioned by the versifier having inadvertently united into one the verbal directions given by Brutus to Anacletus, and the speech uttered afterwards by the latter to the kings guards. In Wace the narrative is at greater length, and supplies the portion of the narrative here wanting. Brutus concludes by saying, that when the guards are brought by persuasion to the spot where he designs to lie in ambush, he will rise and seize them. Anacletus assents to the proposal, and swears to execute it. At night Brutus assembles his forces, and stations them in a valley, concealed in three different places. When all is prepared, Anacletus takes leave, and speeds toward the guards, as if he were flying from an enemy. They inquire the cause, and also what has become of the kings brother. Anacletus replies, he has left him in the wood, on account of the heavy fetters with which he was loaded, and prays them to follow him. The guards believe him, and follow, etc., vol. i. pp. 20. 21. The moral reflexion shortly afterwards is an insertion by Laȝamon, who often indulges in similar additions to his original.

P. 32. *v.* 772. *on feowre.*—Geoffrey, Wace, and Robert of Brunne all agree in reading *three.*

P. 35. *v.* 818. *þærmes heo droȝen.*—So in Wace,

> Espandue meinte cervele,
> *E perçée meinte boele.—MS. Cott. f.* 22. *c.* 2.

and elsewhere, in describing the battle of the Britons with Octa,

> Perçent ventres, perçent curailles,
> *Traient buels, traient entrailles.—f.* 76. *c.* 2.

The speech of Brutus, on capturing the king, is an addition by Laȝamon.

P. 37. *vv.* 850–886.—In Wace this passage occupies only eight lines, vol. i. p. 24.

P. 42. *v.* 979. *ȝif we heom ilefed.*—Wace has here a proverbial expression omitted by the English versifier.

> Mult est fol ki el en espeire,
> Ja ne deit l'em mal fait creire;
> James ne crerrai lor manaie,—
> *De vielz peché novele plaie.—MS. Cott. f.* 22b. *c.* 2.

From *v.* 993 to the end of the speech, is added by Laȝamon.

P. 44. *v.* 1022.—The threats here used are only generally intimated by Wace, vol. i. p. 28, who in this instance departs from the narrative of Geoffrey, in which the king is stated to have been treated with great respect. Thus also in the Anglo-Norman version of MS. Reg. 13 A. xxi.

> Cest conseil unt otrié,
> Le Rei de Grèce unt demandée.

> Entr' els l'aseent hautement,
> Sur un falestol d' argent;
> Entur lui seent li baron,
> Nul d' els ne dit oil ne nun.—*f.* 42. *c.* 1.

P. 45. *vv.* 1051–2.—Similar sententious additions by Laȝamon constantly occur, who omits here the praise bestowed on Brutus by the king. —Compare Wace, vol. i. p. 28.

P. 46. *v.* 1080. bi *þan sæ flode.*—It is singular that the author of the Anglo-Norman Brut in MS. Reg. 13 A. xxi. should here, of his own authority, fix the spot where the ships were assembled at *Miceine,* whence, he says, Helen was ravished, and which he proceeds immediately to identify with Messina in Sicily.

> Cil qui meinent en Seizille
> Entr' els l' apelent *Meschine*;
> Iloc si curt un braz de mer,
> Le Far l'ai oi numer.—*f.* 42. *c.* 1.

In the description of Ignogens departure from her native land there is a degree of pathos in this text far superior to Waces brief narrative.

P. 47. *v.* 1091.—Laȝamon omits some lines here on the liberality of Pandrasus to the followers of Brutus, which are in Wace, vol. i. p. 30, and also in Robert of Brunne.

Ibid. v. 1103. *sixtene siðe tuenti scipen.*—In Geoffrey and Wace the number of ships is three hundred and twenty-four.

P. 48. *v.* 1113. *Tweiȝe dawes & tua niht.*—Robert of Brunne agrees with the text; but the printed edition of Wace and MS. Cott. read, "Dous jorz et *une* nuit," which agrees with Geoffrey, and is more correct.

Ibid. v. 1115. *þen oðer dai.*—So Wace, " al *secund* jor," but the author of the later English text has altered it to *þridde*, supposing naturally that *two* days had already passed.

Ibid. v. 1117. *Logice.*—Roberts, p. 15, conjectures that *Leucadia* is here meant, and Le Roux de Lincy supposes it to be *Lycia*; but neither of these opinions seems very probable.

P. 50. *v.* 1177.—In Wace Brutus enters the temple alone, and his speech is given only in general terms. The promise to build the goddess a temple occurs subsequent to his dream, vol. i. pp. 32. 34.

P. 53. *vv.* 1235–1240.—These lines, descriptive of Britain, are not in Laȝamons original.

P. 54. *v.* 1275. *þritti dawes.*—This is the correct text, as proved by Geoffrey and Robert of Brunne. In the printed edition of Wace, vol. i.

p. 34, the faulty reading of *trois jors* is adopted. It is remarkable that this voyage of Brutus is related nearly in the same terms in Nennius, (from whom Geoffrey must have borrowed it,) but is there told of the expedition of the Scythians from Egypt to Spain, p. 13, ed. Stevenson, and p. 53, ed. Gunn, 8vo. 1819. In Robert of Brunnes Chronicle, the passage of Wace is thus given:

> Into the see of Aufrike
> Thei com, & passed a grete strike
> A lough of water of Salins,
> & other louhes of Filistyns;
> The grete louh of Rusciciodan,
> Betuex the hilles of Dazardan.—*f.* 9. *c.* 2.

Roberts, in No. IV. of his Appendix to the Welsh version, argues that the whole narrative is founded on a real voyage of a colony of Grecian origin, who settled in Britain, and geographically such as in a rude state of navigation must have been pursued, pp. 259, 260.

P. 54. *v.* 1279. *lac of Siluius.*—In Nennius and Geoffrey, "ad *lacum Salinarum*," which Wace has misunderstood, in rendering it "le *lac des Salins*;" and this has been further corrupted in the English version. M. de Roux de Lincy is greatly in error in supposing that the ruins of Selinuntium are referred to, vol. i. p. 35. In Alfreds translation of Orosius, the same spot is designated "þone *sealtan mere*," lib. i. c. 1, and is described in the Latin original as lying to the west of the province of Tripoli. See, in regard to the prevalence of salt lakes in this country, the quotations from Rennel and Shaw in Gunns Nennius, p. 123.

Ibid. v. 1280. *þen lac of Philisteus.*—Another error of Laȝamon, occasioned by an inaccurate copy of his original, or by negligence. In Wace it is "les auteus as Philistins," vol. i. p. 35, and in Nennius and Geoffrey "aras Philistinorum," although in the printed text of the latter, ed. 1587, it appears in the more correct form of "Philænorum." These altars were mounds of earth which marked the limit of the kingdom of Carthage on the east. They are situated to the south-east of the greater Syrtis, between Tripoli and Cyrene. For the legend which gave rise to the name see Sallust, *De Bello Jug.* p. 126. edit. Delph. 4to. 1674, and Valerius Maximus, lib. v. c. 6.

Ibid. v. 1281. *Ruscikadan.*—The ruins of this city still exist at the mouth of the Lessaf, in the immediate vicinity of Stora, the nearest port to Constantine on the coast of Algiers.

Ibid. v. 1282. *mountaine of Azare.*—In Nennius and Geoffrey "*montes Azariæ*" or "*Azaræ*," but some copies of the former read falsely "montana

Syriæ." In Orosius, lib. i. p. 31. ed. 4to. 1738, "*montes Uzarae.*" The situation of these mountains was to the south of Algiers; probably the same with or a branch of Mount Atlas.

P. 55. *v.* 1299. *Maluan.*—Still called the Muluia. It flows from Mount Atlas into the Mediterranean, and separates the territory of Algiers from Morocco. D'Anville and others confound it with the river *Mulucha.* See Pliny, *Nat. Hist.* lib. v. c. i. p. 892, ed. Lond. 1826, and Mela, lib. i. c. 7.

Ibid. v. 1300. *Muritanie.*—So also in Geoffrey, which proves that the reading *maritima* in some copies of Nennius is erroneous.

P. 56. *v.* 1317. *of marmon stane.*—Robert of Brunne says,

A *piler of bras* ther thei fonde.—*f.* 9[b]. *c.* 1.

Ibid. v. 1322. *merminnen.*—In Wace, vol. i. p. 37, the passage respecting the mermaids is longer than in Laȝamon, and in the inedited portion of Robert of Brunnes Chronicle, it appears thus:

Ther fand thei sakers th[t] mery song,
Th[t] drecched tham ferly long.
In the west see es ther wonyng,
As womenne mery thei syng;
& tho th[t] listen to ther song,
Out of ther weie thei turne wrong,
Or thei forget ther schippe to stere,
For ther song th[t] thei here.
So ere tho nykeres fast aboute
To bring schipmenne ther it is doute,
To some suelhu to turne or steke,
Or ageyn roches breke.—*f.* 9[b]. *c.* 1.

P. 57. *vv.* 1338–1341.—These lines are not in Wace.

P. 58. *v.* 1364. *Atenor.*—A corrupt reading for *Antenor.* According to classic authority, Antenor migrated to Italy, and established himself near the mouth of the Po, where he built the town of Padua. See Virgil, *Æn.* i. 242. Livy, lib. i. c. 1.

P. 59. *v.* 1396. *Armoriche.*—Geoffrey only says, "Deinde venerunt ad *Aquitaniam,*" lib. i. c. 12, and so also MS. Reg. 13 A. xxi. f. 43, Robert of Brunne, f. 9[b], and the Welsh version ascribed to Tysilio. Laȝamon closely follows the text of Wace. Of course, by *Britain* is meant Britanny. Pliny testifies that *Aremorica* was the ancient name of the Aquitanian territory. See *Nat. Hist.* lib. iv. c. 31, 8°. 1826.

P. 60. *v.* 1402. *seoue niht & enne dæi.*—In Wace "*set* jorz," MS. Cott., which corresponds with Geoffrey and Robert of Brunne. In Le Roux de Lincys printed text, i. 39, the line is faulty.

P. 60. *v.* 1420. *Numbert.*—*Imbertus*, Geoffrey, which name Roberts informs us is not even now uncommon in France, p. 21.

P. 61. *v.* 1425. *fif hundred.*—In Geoffrey, Wace, and Robert of Brunne, *two* hundred.

P. 63. *v.* 1475. *stiward.*—In Wace, *sergant*, in Geoffrey, *nuncius*. The lines 1486–1509 are amplified from a single line of the French text.

P. 64. *v.* 1510. *ȝunge folc.*—Wace has *ringaille*. See Le Roux de Lincys note, i. 42, which, however, is far from satisfactory as to the etymology.

P. 66. *v.* 1556. *twa hundred.*—The number of men slain by Corineus, as well as the imprecation uttered against the smith, are additions by Laȝamon.

P. 67. *vv.* 1576–1581.—In Wace the speech is more diffuse, which is but seldom the case. See Le Roux de Lincys edition, vol. i. p. 43.

Ibid. v. 1584. *þein.*—"Un des *reals*," Wace, MS. Cott.; "quidam *consul*," Geoffrey. His name in the best MS. copies of Geoffrey is *Suhardus*, which is confirmed by the MSS. of Wace and Robert of Brunne reading *Suart* or *Suard*, yet Le Roux de Lincys text exhibits the corrupt form of *Suchars*. Throughout his edition the proper names are thus disguised and misrepresented.

P. 68. *v.* 1602–1605.—Instead of these lines Wace has here a simile, comparing Corineus to a lion among a flock of sheep, which Laȝamon has transposed to *v.* 1545, merely changing the lion into a *wolf*, the latter of which animals was doubtless more familiar to himself and his readers.

P. 69. *v.* 1622. *dusse pers.*—See the remarks of Le Roux de Lincy in his analysis annexed to vol. ii. of Wace, part 3. § 2. pp. 98–103. He treats the subject, however, as if Wace were the original author of the passage, instead of being merely the versifier of Geoffrey, lib. i. c. 13.

P. 70. *v.* 1649. *castel.*—Here occur in the French text some lines relative to the origin of the town of Tours, which are omitted by Laȝamon. In Geoffrey it is stated in the following singular manner: "At dum tali cæde totius fere Aquitaniæ partes affecisset, venit ad locum ubi nunc est civitas Turonorum, quam, *ut Homerus testatur*, ipse postmodum construxit," lib. i. c. 14, (corrected by a fine MS. of the 12th century, which formerly belonged to Margan-abbey, MS. Reg. 13 D. ii.). Le Roux de Lincy views the passage, "comme le résultat du souvenir laissé par l'Iliade et l'Odyssée," *Dissert.* pl. 3. § 2. p. 97, whilst the author of "Britannia after the Romans," 4to. Lond. 1836, Introd. p. xxix. believes it to refer to some forged Homeric poems, expressly fabricated to support the fiction of the *Brut*! All mention of Homer is judiciously omitted by Wace and his subsequent imitators, and in the Welsh versions called *Brut Tysilio* and *Brut Gruffudd ab Arthur*, this sentence is not to be found. In the miserably corrupt and interpolated copy of Basingwerke abbey, said to have been written by Guttyn Owain in the middle of the 15th century, and which, critically speaking, is not worth a straw, the passage appears as quoted above from the Latin, and Roberts in his translation boldly substitutes for *Homer* the name of *Cæsar*, but in what part of Cæsars writings he finds the fact referred to, he neglects to tell us.

P. 70. *v*. 1656. & *of alle þon londen*.—Geoffrey and Wace speak in general terms of the forces assembled, but in the anonymous metrical chronicle in MS. Reg. 13 A. xxi. the names of the peoples are enumerated:

Il nus assaudrunt veirement,
Kar li reis repaire od mult grant gent,
Franceis, Flamans, Alemans,
Angevins, Manseis, e Normans;
Mult amenat beles compaines
Par ces valeis et par plaines.—*f*. 43b. *c*. 2.

P. 71. *v*. 1664. *a tweolfa*.—This is also the correct text of Wace, yet the printed edition, vol. i. p. 47, exhibits the false reading *deus*.

Ibid. *v*. 1669. *þreo þusende*.—In Wace "pres de *dous* mille," and in Brunne "*two* thousand or mo."

Ibid. *v*. 1672. *bi niðinges beard*.—From a comparison of the expression here with the parallel passages in vol. ii. p. 21, vol. iii. p. 220, it is evident that they all allude to the opprobrium incurred by those who from any act of cowardice or recreant behaviour were called *Nithings*; a term considered so disgraceful among the English, that the fear alone of it was sufficient to cause them at once to assemble at the military summons of their sovereign. See the Saxon Chronicle, a°. 1088, and the parallel passages in William of Malmesbury, p. 68. edit. 1596, and Matthew Paris, p. 15. edit. 1640. This epithet was undoubtedly derived from the Northmen, and in Icelandic *Nidingr* has exactly the same application. Consult Haldorsons Lexicon, *in voce*. In other instances the term was applied in the general sense of *wicked man, wretch*. See *Leges Inæ*, p. 27. ed. Wilkins, fol. 1721, the Glossaries of Ihre and Du Cange, and *vv*. 690. 4551. 18065, of Laȝamon. The term *culvertage* used by the Normans, seems to have been nearly synonymous, as proved by the instances given by Matthew Paris, sub a°. 1213, p. 233.

P. 72. *v.* 1697.—This simile is not in Wace.

P. 73. *v.* 1713. *enne mæi.*—" Un *nies*," Wace.

Ibid. v. 1719. *monie hundred.*—"*set vint*," Wace, MS. Cott.; "*seus cent*," edit. i. 49; "*sexcentos*," Geoffrey, lib. i. c. 15.

Ibid. v. 1730.—It is remarkable that this tradition of the death and burial of Turnus should have been perpetuated on the spot, and the fact most clearly acquits Geoffrey of being the inventor. In the inedited prose Chronicle of Gulielmus, surnamed Armoricus or Brito, from the land of his birth, composed about the middle of the 13th century, (and which is chiefly an abridgement of the *Gesta Regis Philippi* by Rignoldus or Rinotus, from A.D. 1184 to A.D. 1223,) among the additions of Brito himself, we meet with the following curious passage: "Pugnaverunt [Brutus and his followers] cum Gallis super ripam Ligeris, ibique interfectus est Turnus, et honorifice in pyramide nobilissima tumulatus, *quæ ibi usque ad hodiernum diem ostenditur*, non procul a Turonis civitate; et sic ab eodem Turno fundacionem et nomen accepit civitas Turonica." *MS. Cott. Vesp. D.* IV. *f.* 6[b]. See also Seldens notes to Draytons *Poly-olbion*, p. 20. fol. 1612.

P. 76. *v.* 1786. *Æt Dertemuðe i Totenes.*—In Wace, "A Toteneis en Dertemue," which his editor falsely interprets, Totness at the mouth of the river Dart, vol. i. p. 51. Robert of Gloucester thus renders the passage:

> Hii come here to Engeland, to the hauene of Totteneis,
> To the on ende of Engeland, as in the west south,
> A lute bi northe Cornewaile, as in an hauene mouth.—*MS. Cott. Calig.* A. xi. *f.* 7.

Totnes in Wace and Laȝamon evidently means the *district*, and Dartmouth the *port*. See Camdens *Britannia*, vol. i. p. 161. ed. 1772.

P. 77. *v.* 1807. *þe heihste.*—This expression may refer to his stature as well as to his strength. Wace has, "Pur sa *force* e pur sa *vigur*," MS. Cott., but in the printed text, "Por sa force e por sa *grandor*." Geoffrey tells us he was twelve cubits in height, which is increased by Robert of Gloucester to "an twenti vet." See Le Roux de Lincys remarks on Gogmagog, *Analyse*, pt. iii. § 3. p. 106.

P. 79. v. 1864.—Compare the description of this wrestling match in Wace, vol. i. pp. 53–57. Laȝamon introduces some highly poetical lines, *vv.* 1880–1891, which are not in his original. In order to show the superiority of our old poet, the corresponding passage in the inedited portion of Robert of Brunnes Chronicle is annexed.

> Gogmagog the Troiens toke;
> Brutus sayd, th[t] thei suld loke,

Whethir he were stranger or Corineus;
A place to play ordaynd Brutus.
Corrineus was wele o grante,
For to wristle w[t] the geante.
On o felde fast bi the see,
The wristelyng was set to be;
Alle thei ʒede, ʒenge & olde,
Th[t] wristelyng for to beholde.
Corrineus vpstirt first,
& w[t] a cloth his body girt;
Streit in the flank did hym lace,
He com & stode forth in the place;
& Gogmagog ros vp sone,
He had hym dight, & was alle bone.
The first pulle so hard was sette,
Th[t] ther brestes togidere mette;
Ouer bakkes handes the[i] cast,
Syde to syde was set fulle fast.
Ther was turne set to turne,
Th[t] waikest was, behoued scurn;
Forset befor, forset behynd,
W[t] krokes ilkon other bynd.
Oft about ilk other threwe,
The stem stode whan thei blewe;
Thei handeled bothe sore ther nekkes,
Chynnes, chokes, gaf hard chekkes;
Ther teth gnaisted, w[t] nese snore,
Hurteld hedes set fulle sore.
Ilk other pulled, ilk other schoke,
W[t] fete in fouche ilk other toke;
W[t] trip, forset, ilk other to gyle,
In list & writhyng thei fraist vmwhile;
Ilk other fro the erth did vp rise,
W[t] strength more than w[t] quantise.
Gogmagog proued his strength;
Twelf elbous he was o length;
In armes Corrineus he lauht,
& on̄ hym drow so strong a drauht,
Th[t] *thre* ribbes brak in his side,
& had nere cast hym th[t] tide.
Than was Corrineus oschamede,
Th[t] he was for geant lamede;
He recouerde his strength for tene,
Of scathe he wild hym nomore mene.
Alle w[t] ire the geant he hent,
In his armes so hym went,
Th[t] Gogmagog began to suoune,
& bare w[t] (*sic*) the bank doun.

> Doun of the roche he lete hym falle,
> The name ʒit *Faleise* men calle.
> Are he com doun was fleshe & bone
> Alle to-ryuen fro stone to stone;
> A grete (*sic*) ther he lay dede;
> The water of his blode was rede.—*f.* 11b. *c.* 1.

This is probably the earliest *technical* description of a wrestling match extant, and is written, if not with poetical feeling, yet with the spirit of an amateur. The author had probably often witnessed these trials of skill among the Lincolnshire men.

P. 81. *v.* 1902. *feower*.—Wace has *treis*, MS. Cott., which agrees with Geoffrey, Robert of Brunne, and Robert of Gloucester, but in Waces printed text it is erroneously "*une* coste."

P. 82. *v.* 1928. *Geomagoges lupe*.—Wace only says,

> La feleise out le non, e a,
> Del geant ki si trebucha.—*f.* 27. c. 1.

but in Geoffrey we read, "Locus autem ille a precipitatione gigantis nomen adeptus *Lam Goemagot*, id est, saltus Goemagot, usque in presentem diem vocatur," lib. i. c. 16. In Camdens time, the rock from which the giant was supposed to have fallen, was called the *Haw*. See his *Britannia*, vol. i. p. 160. ed. Gibson; and so also Drayton, in his *Poly-olbion*, p. 12. ed. 1622,

> Upon that loftie place at Plimmouth, call'd the *Hoe*,
> Those mightie wrastlers met.

Ibid. v. 1930.—After this line is an interpolated passage of twenty-two verses in one of the later MSS. of Wace, inserted in the printed edition, vol. i. p. 57, but which forms no part of his genuine text.

P. 84. *v.* 1976.—Here occurs another interpolation of four lines in the printed text of Wace, vol. i. p. 59, which is omitted in MS. Cott., as well as in Laʒamon and Robert of Brunne. It is to the effect, that Gurmund died in France, having previously established the laws still held by the English in the time of the writer. Compare Wace, vol. ii. pp. 247–249, and Laʒamon, vol. iii. p. 179.

P. 87. *v.* 2049.—The passage here inserted in Geoffrey of Monmouth, relative to the dispute between Lud and his brother Nennius, for the narrative of which he refers to "Gildas historiographus," and of which no trace has hitherto been discovered, is omitted by Wace and his English paraphrasts. The lines which follow in Laʒamon relative to the change of the name of the city differ from the printed text of Wace, vol. i. p. 61, as also from MS. Cott. f. 27b, but correspond sufficiently well with a

MS. in the Bibliothèque du Roi, marked 73 Cangé, written early in the 13th century, which would seem to preserve here a text similar to that used by Laȝamon for his work. Compare the very similar passage at p. 303, and Wace, vol. i. p. 182.

P. 88. *v.* 2070. In the MS. Cangé 73, and in MS. Cott. are inserted four lines relative to Heli, priest of the Jews, and to the capture of the ark by the Philistines. They also occur in Geoffrey, lib. i. c. 18, and are borrowed from Nennius, p. 9. ed. Stevenson. They are not, however, in the common copies of Wace, and are omitted also by Robert of Brunne.

Ibid. vv. 2083–2090.—Added by Laȝamon to his original.

P. 89. *v.* 2091.—Here begins the second book of Geoffrey.

Ibid. v. 2111. *þat suð lond.*—Geoffrey says, "mediam partem insulæ," lib. ii. c. i., and Wace only

.... la region,
Qui de son non *Logres* out à non.

According to Fordun, Locrins share, called Loegria, comprehended the entire south division, from Totnes to the junction of the Trent with the Humber, lib. ii. c. 6. See also Higden, *Polychron.* p. 194, ed. Gale.

P. 90. *vv.* 2119, 2120.—These two lines are not in Wace, who on the other hand has some verses omitted by Laȝamon:

E Chamber ad à sa part prise
La terre *ke Saverne devise,*
Devers le north, e quant il l'out prise,
De son non l'apela Cambrie.
Grant paleis [*i fist*] *e grant sales:*
Mais ore ad nun Cambrie Gwales.
Cambrie out non Gwales apres
Pur la reine Gualaes;
Pur memorie del dux Gualon,
Out Guales primes icest non.
Guales fut de mult grant poissance,
Si fut de lui grant reparlance.—MS. Cott. f. 27[b]. *c.* 2.

Compare the printed text, vol. i. p. 64, and vol. ii. p. 298. The etymology thus assigned to the name of Wales is taken from the conclusion of Geoffrey of Monmouths work, lib. xii. c. 19. We are informed further on by Laȝamon, p. 115, that the *Galoes* mentioned here was the youngest and fairest daughter of king Ebrauc; a piece of intelligence which occurs neither in Wace nor Geoffrey, except by inference. It may be found, however, in Higdens verses on the etymology of *Wallia*, p. 187.

Ibid. v. 2130. *Scotland.*—In Wace it is designated as "une terre qui ert *boscaine.*"

P. 90. *vv.* 2133–2136.—These lines are not in Wace. The discrepancy in speaking of the position of Cambers territory, Wace calling it *north*, and Laȝamon *west* of the Severn, is accounted for by the different locality of the writers. Compare Fordun, lib. ii. c. 6, and Higden, p. 194.

P. 91. *v.* 2141. *seouentene ȝere.*—In Wace no time is mentioned, and in Geoffrey the indefinite term *diu* is used, but in MS. Reg. 13 A. xxi. the period is stated to have been "*deus* auz," and the arrival of Humber to have taken place in the third.

P. 93. *v.* 2191. *he ferde ouer Scotte water.*—The reading of the Cotton MS. of Wace is "Humbre passa *Escoce uuatre*," f. 28. c. 1, in which it agrees with MS. Harl. 6508, and a MS. in the library of St. Geneviève. Le Roux de Lincys printed text has erroneously "*Escoce et Gatre*," which he absurdly supposes to mean *Waterford* in Ireland! The allusion is undoubtedly to the Frith of Forth, otherwise called the *Scotte-wattre* and *Scottis-se*, and in Fordun, "*mare Scoticum*," lib. ii. c. 2, and "*vadum Scoticum*," lib. iii. c. 2. In the Saxon Chronicle, a°. 1072, the writer, describing the conquerors expedition into Scotland, states that he "his landfyrde æt þam *Gewæde* inn lædde," p. 277, where MS. Cott. Tib. B. iv. reads, "ofer ꝥ *Wæð*." Ingram translates it by *Tweed*, but is clearly mistaken, as is manifest by the Annals of Waverley rendering the same passage "exercitum suum per terram apud *Scodwade* introduxit," ap. Gale, vol. ii. p. 131. We know also that William passed the Frith of Forth, and concluded the treaty with Malcolm at Abernethy, in Perthshire. See the *Chron. de Mailros*, a°. 1072. It must not, however, be concealed that the etymology of Tweed seems to be from the Saxon ꝥ *wæð*, and the same root is visible in *Scottiswath*, the ancient name given to the Solway Frith, which by many writers has been confounded with the Frith of Forth. See, in addition to what is here remarked, the passages quoted by Jamieson, in v. *Scotte-watre*. I do not find in Bosworths Saxon Dictionary either *wæð* or *gewæð*, both of which ought to have been noticed.

P. 95. *v.* 2251. *hond-fæst.*—It would here appear that the ancient northern custom of betrothing previous to marriage by the ceremony of joining hands was in usage in the West of England in the 13th century. In Scotland it existed to a very late period, as we learn from Pennants Tour, pt. i. p. 91. 4to. 1772, and from the instances of the word quoted by Jamieson, in v. "To *hand-fast*, to betroth by joining hands." In England also the term at least remained to a comparatively modern period, as appears from Palgraves "*Esclarcissement de la langue Françoyse*," B. iii. f. 12ᵇ. 8°. 1530, where we find "*Une fiansayles*, an assuryng or *hand-fastynge* of folkes to be maryed." See Ihres *Glossar. Suegothicum*, tom. i. pp. 435, 781. The line is not in Wace.

P. 98. *vv.* 2311–2316.—In Geoffrey, Corineus merely shakes his axe, as if about to strike, and in Wace he approaches only in a threatening attitude, vol. i. p. 68. The additional lines in Laȝamon constitute one of those graphic touches with which he so often improves on his original.

P. 100. *vv.* 2361–2379.—The whole of the narrative respecting Æstrild is greatly amplified by the English poet, and these lines are entirely of his own invention. Compare the printed text of Wace, vol. i. p. 68. Perhaps we have here the earliest instance of the use of the term *whales-bone*.

P. 102. *v.* 2404. *Abren.*—The folio edition of Geoffrey reads *Sabren*, with MS. Reg. 13 D. ii. and so does Robert of Brunne.

Sabren it hight, white so glas.—*f.* 13. *c.* 2.

P. 104. *v.* 2472. *Stoure.*—This river rises in the most northerly part of Dorsetshire, and after its entrance into Hampshire, flows into the Avon opposite Christchurch.

P. 106. *v.* 2498, etc. *Auren.*—Laȝamon has here strictly adhered to the text of Wace, as we find it in the Cotton MS.

Puis fut l'ewe u ele fut jetée,
Del nom Abren *Avren* apelee;
Avren, ke de Abren son nom prent,
A *Criste-cherche* en mer descent.—*f.* 28[b].

It is very evident that by Auren or Avren the river *Avon* is intended, which, after being joined by the *Stour*, falls into the sea at Christchurch. So far all is intelligible enough, but in the printed text of Wace for *Criste-cherche* is absurdly read *Circecestre*, which the editor at once declares to be Cirencester in Gloucestershire, and interprets Avren to be the Severn. The latter error, however, is of ancient date, and is found in the text of Geoffrey, who writes, "Jubet enim Estrildem et filiam ejus Sabren præcipitari in fluvium qui nunc *Sabrina* dicitur. Unde contigit quod usque in hunc diem appellatum est flumen Britannica lingua *Sabren* [*Havren*], quod per corruptionem nominis alia lingua Sabrina vocatur," lib. ii. c. 5. He is followed in this by the Welsh translations, by the anonymous author of the metrical Anglo-Norman Brut, in MS. Reg. 13 A. xxi. f. 45[b]. c. 1, by Robert of Gloucester, vol. i. p. 27, and by Robert of Brunne:—

Scho did take faire Estrilde,
& Sabren, th[t] was hir childe,
& did tham in a water cast,
The name for tham is rotefast.
Seuerne it hate for the child Sabren,
For th[t] childe the name we ken.—*f.* 13[b]. c. 1.

The mistake appears to have arisen from confounding the Hampshire *Avon* with the river of the same name in Warwickshire, into which flows a second *Stour*, and which falls into the *Severn* at Tewksbury. The above legend is perpetuated also by Drayton in his *Poly-olbion*, p. 90.

P. 106. *v.* 2512, 2513.—This passage is not in Wace, and seems to have been a common place among the early English and French writers. See the eulogium on the Conqueror in the Saxon Chronicle, a°. 1087, p. 295. and on Henry I., a°. 1135, p. 364. So also in Benoit St. Mores Chronicle of Normandy, MS. Harl. 1717. ff. 55ᵇ. 56. from William of Jumieges, ap. Du Chesne, p. 232. ed. 1619. See also a Note in my edition of the Romance of *Havelok*, p. 184. printed for the Roxburghe Club, 4to. 1828.

Ibid. *v.* 2516. *niȝen dawæs.*—The *nine days* are added by Laȝamon, and do not appear in any other writer.

P. 108. *v.* 2561.—After this line in some copies of Wace, as also in Geoffrey and Robert of Brunne, is inserted a notice of Saul being at that time king of the Jews, and Euristheus of the Greeks, which was omitted, apparently, in the text used by Laȝamon.

P. 109. *v.* 2583. *mid teonen he wes i-funden.*—"Ceo fut *contre son destorber*," MS. Cott. In the sixth line following, where Laȝamon has *hinde*, Wace writes "Ne sai si *bisse* u *cerf* sui," and Geoffrey only says, "dum venationem exerceret." This is a short but sufficient specimen of the manner in which the three texts often vary.

P. 110. *v.* 2607.—Here again in some copies of Wace is an addition relative to the prophet Saul and the poet Homer, which in Geoffrey comes in previously, lib. ii. c. 6. immediately after the accession of Madan.

P. 111. *vv.* 2624–2629.—Not in Wace.

P. 112. *v.* 2640.—Compare the French text, vol. i. p. 74, in which the *Flamans* and *Tiois* (Germans) are specified.

Ibid. *v.* 2653.—After this line a further insertion appears in some copies of Wace, referring to the reign and actions of David, etc. The passage is omitted by Robert of Brunne, as by Laȝamon, but will be found in Geoffrey, lib. ii. c. 7.

P. 113. *v.* 2665. *Adud.*—This should be *Aclud* (or more correctly, *Alclud*), but in MSS. of the 12th and 13th centuries *cl* is often mistaken by the copyists for *d*, and *vice versa*. The etymology is given by Bede, lib. i. c. 12. It is the ancient name of Dunbarton, the capital of the kingdom of Strathcluyd. Consult Camdens *Britannia*, vol. ii. p. 279. edit. Gibson, and Chalmers's *Caledonia*, vol. ii. p. 29. 1810. vol. iii. p. 856. 4to, 1824. Those who suppose it to be Aldburgh, or Aldborough, on the Ouse, in Yorkshire, are mistaken. See Higden, p. 199.

P. 113. *vv.* 2668–2673.—Wace instead of these lines has the following :

> Cele ke out le non de *Ebraic*
> Fut puis apelé *Eborac*;
> *Franceis* le nom si corumpirent
> E de Eborac *Everwike* firent.—*MS. Cott. f.* 29. *c.* 2.

and so also Robert of Brunne,

> In the north he made a cite ;
> Kaer Ebrauk he called th^t^ toun ;
> Another, Aklud opon Breton.
> *Kaer Ebrauk* first men spak,
> Sithen men calde it *Eborak* ;
> Frankys spech is not so like,
> For *Eborak* thei calde it *Everwyk*.—*f.* 13^b^. *c.* 2.

The intimation added by Laȝamon of the subsequent change in the pronunciation of the name by the *Northern men*, is remarkable, and, could the fact be chronologically established, might perhaps assist in determining the date of his work. In the Saxon Chronicle it is written *Eoferwic* from the year 1100 to 1123, *Eferwic* in 1125, and *Euorwic* in 1138. The same forms occur in Henry of Huntingdon and Simeon of Durham ; but in Hoveden, who wrote in the beginning of Johns reign, it is *Eworwic*. The Pipe Rolls I have been able to consult do not assist in the inquiry ; for in the 29 Hen. II. I find it written *Euerwiche*, and in the 4 John, *Euerwic*. A very slight change in pronouncing the *v* as *u* would produce the altered form. In the interpolated copy of Robert of Gloucester in the College of Arms, of the 14th century, are these lines inserted :

> And suth me clefeth *Euerwicke* this ilke toun y-wis,
> And *York* also, thorgh light speche, y-hote also hit is.—*ed. Hearne*, *p.* 27.

The name of the city was undoubtedly derived from the river *Eure* (written *Your* in Drayton), on which it stands. See Drakes *Eboracum*, *pp.* 3, 6. *fol.* 1736.

Ibid. v. 2678. *Maidene castel.*—In Geoffrey this castle, built upon mount Agned, "quod nunc *Castellum Puellarum* dicitur, et *Montem dolorosum*," is clearly distinguished from *Alclud* ; yet by an obscurity in the text of Wace they have been by some confounded together. Robert of Brunnes version is curious :

> *Aklud* he called *Maydens toun*,
> *Kaer-lauerok* is now the renoun ;

Maydens castelle bi th[e] day,
W[t] maydens had he ther his play.—*f.* 13[b]. *c.* 2.

The editor of Wace writes a confused and ill-advised note on the passage, vol. i. p. 75. There can be no doubt, however, that by *Agned* and the *Castellum Puellarum* is meant Edinburgh. See Macphersons *Geographical Illustrations of Scottish History*, 4to, 1796. in vv. *Edinburgh* and *Puellarum*, Chalmers's *Caledonia*, vol. ii. pp. 29, 536. and MS. Reg. 13 A. xxi. f. 45[b]. c. 2.

P. 114. *v.* 2693.—Laȝamon contents himself here with transcribing the names of Ebraucs children literally from Wace, of which names numerous unimportant orthographical variations occur in the French MSS.

P. 115. *v.* 2719. & *Anoþer wes alre best itowen.*—A few lines above she is called *Andor*, which should probably be *Anaor*, as in Geoffrey. Wace and Robert of Brunne have *Anor*. This line is one of Waces additions to Geoffrey, and in one MS. are four other lines inserted, which are not in Laȝamon. See the printed edition, vol. i. p. 77.

P. 116. *v.* 2751. *þider.*—In Wace it is not stated that Ebraucs sons accompanied their sisters to Lombardy, but simply that they prepared an expedition to Germany. Geoffrey says they had assistance from Sylvius Albanus, lib. ii. c. 8.

P. 118. *v.* 2779. *Kaer Leil.*—In MS. Cott. *Karlium*; but *Carlisle* and *Caerleon* are frequently confounded. The commendatory couplet is an addition by Laȝamon. In the metrical version of MS. Reg. 13 A. xxi. is added,

Icist fist *Bacecestre*,
E la cité de *Porecestre*;
Puis si fist citez plusurs,
E les clost de riche murs.—*f.* 46. *c.* 1.

P. 119. *v.* 2798.—After this line Robert of Brunne has a passage borrowed from Peter Langtoft, which concludes thus:

Leyl lygges at Karlele, thus the story spak,
Brutus lygges at ȝork, besides Ebrak.—*f.* 14. *c.* 2.

P. 120. *v.* 2822. *Cestesburi castel.*—In Wace,

Cist fist Wyncestre e Cantorberie,
E le chastel de *Cesteberie*,
Ke est al mont de *Paladur*.—*MS. Cott. f.* 30. *c.* 1.

which Robert of Brunne thus translates:

He mad Wynchester & Cantirbyre,
& the castelle of *Chastirschire*;
One spak ther & prophecied,
Aquile; men sais he lied.—*f.* 14. *c.* 2.

Geoffrey has, "atque oppidum montis Paladur, quod nunc Sephton dicitur. Ibi tunc *aquila locuta est,*" etc., lib. ii. c. 9. MS. Reg. 13 D. ii. Following his authority, writers of a later period have generally fixed the locality at Shaftsbury. See Camdens *Britannia*, vol. i. p. 173, and Seldens Notes on Drayton, p. 35. Both in this place and in lib. xii. c. 18, where these prophecies are again referred to, (and where the printed edition 1587 has *qui* falsely for *quæ* of the best MSS.,) it is clear that Geoffrey intended to speak of an *eagle*, endowed with a prophetic voice. Roberts, however, p. 39, will have it, that the word *eryr* in the Welsh *original* (as he pleases to call it) is a corruption for *aerur*, and that one of the priests of the tower or temple on the hill was intended. However improbable this may be, it is certain that Leland has converted the eagle into a prophet named *Aquila*, and under that name he is admitted into the *Bibliotheca Britannica* of Tanner! What the prophecy was, we are left in the dark; for Geoffrey writes, " cujus sermones, si veros esse arbitrarer, sicut cetera, memoriæ tradere non diffugerem." It is not a little provoking to find a man who had admitted so many incredible stories into his history, should here be so fastidious! Fordun quotes some Latin verses, ascribed to Gildas, in reference to this prophecy, lib. iii. c. 22, which relate to an alliance between the Britons and the Scots, and the restoration of the name of Britain. Wace owns he knew not what the eagle said, and Laȝamon adds, that the bird betokened the death of Rudhudibras. Leland says of Aquilas prophecies, " Qualia tamen ea fuerint, *cum non, quod ego sciam, extent, prorsus ignoro.*" In the Royal MS. 15 C. xvi. f. 182[a], of the 14th century, I find the "*Prophecia Aquile*" appended to a copy of Geoffrey, and composed in a style resembling the prophecies of Merlin. It occupies rather more than two folio columns, and commences, "Arbor fertilis a primo trunco decisa, ad spacium trium jugerum a radice propria separabitur," etc. In MS. Cott. Claud. B. vii. f. 230[b]. c. 2. occurs also part of a prophecy ascribed to *Aquila*, relative to the future glory of Cambria; and in MS. Arundel 57. f. 4[b], are *Versus Gylde de prophecia Aquile*, with an exposition. I need only add, that some copies of Wace convert the *eagle* into an *angel*, and so also in the metrical Chronicle of John Hardyng.

P. 120. *v*. 2836.—Previous to this line are some lines in several MSS. of Wace, relative to Solomon, etc. See edition, vol. i. p. 79.

P. 121. *vv*. 2847-2851.—Wace and Geoffrey only speak in general terms of the formation of Bladuds baths, and instead of the lines in Laȝamon the former has a passage relative to the derivation of the name of Bath from its founder. The popular local traditions no doubt furnished the addition in the English text, and to the same source we are indebted for the variations given by later writers of the same story. In the French metrical Brut, MS. Reg. 13 A. xxi. we read,

Icist fit fâire Kairbadum,
E les chauz bainz qui dedenz sunt;
Cist out tut-dis en sa mance
Od sei l'art de nigromance;
Pur co les bainz atemprat
Od le suffre que mis i ad;
Maistre esteit de fisike,
De astronomie e de musike.—*f.* 46. *c.* 1.

and in Robert of Brunne,

The hate bathe he did mak
For mykille gode to mans sak;
He did ley, ther it springes,
Tunnes of bras, quante thinges,
Th^t makes the water euer hote,
What is ther in no man wote, *etc.*—*f.* 14. *c.* 2.

Another authority, however, has peeped into the *tuns*, (the use of which word might make some suspect that we should read *tunne* for *cunne* in Laȝamons text,) and tells us what was the composition within,

Two *tunne* ther beth of bras,
And other two imaked of glas;
Seue saltes ther buth inne
And other thing imaked with ginne;
Quick brimston in other also,
With wilde fur imaked therto;
Sal gemme and sal petre,
Sal armonac ther is eke;
Sal abrod, and sal alkyn,
Sal gemme is mengd with him;
Sal comin, and sal almetre briȝt,
That brenneth bothe day and niȝt, *etc.*

See the remainder of this curious metrical fragment in Seldens Notes to Drayton, p. 52. He says he took them "*ex antiq. sched.*" but I have found the original inserted in the Cotton copy of Robert of Gloucester, Calig. A. xi. f. 12. written in a hand of the beginning of the 14th century, from which Seldens quotation has been materially corrected. Compare also Robert of Gloucesters account, vol. i. p. 28.

P. 121. *v.* 2860.—It is worthy of notice that Geoffrey here adds a marvellous circumstance omitted by Wace. "In cujus [*scil.* Minervæ] æde inextinguibiles posuit ignes, *qui nunquam deficiebant in favillas, sed ex quo tabescere incipiebant, in saxeos globos vertebantur,*" lib. ii. c. 10. This passage is copied, with slight variation, from Solinus, cap. 35; but it is, nevertheless, found in the Welsh translation attributed to Tysilio, p. 40. These *saxei globi* are evidently the same as the *stan cunne* of our text.

P. 122. *vv.* 2868–2895.—The narrative of Bladuds flight is here given at much greater length than in the French original.

P. 123. *vv.* 2902–3780.—The whole of this narrative of King Leir and his daughters has been printed in Thorpes *Analecta*, pp. 143–170, 8vo, 1834; a volume which may be recommended to all those who wish to study the gradual formation of the English language. Camden in his *Remaines*, p. 306, ed. 1674, tells the same story of Ina, king of the West Saxons, but does not give any precise authority for it.

P. 123. *v.* 2915. *Leirchestre.*—Geoffrey and Wace add, that the city was built on the river Soar. The allusion made by Wace to the early prosperity and subsequent decay of Leicester, is an addition to Geoffrey, and refers probably to the destruction of the city in the year 1173, by William Rufus, on account of the rebellion of Robert, earl of Leicester. See Nichols's *History of Leicestershire*, vol. i. pt. i. p. 72, pt. ii. pp. 356, 358.

P. 124. *v.* 2930. *Gornoille.*—Geoffrey has *Gonorilla* and MS. Reg. 13 A. xxi. *Gonorille*. By later writers this form was rendered the popular one. *Ragau* is right, and the more modern *Regan*, even to the time of Shakspere, is a corruption.

P. 124. *v.* 2967.—The sarcasm thus levelled against women in general, is an addition of our English poet.

P. 129. *v.* 3053.—In Robert of Brunne, the reply of Cordeille is in these terms:

> Right as thou has, so ert thou worthi;
> So mykelle luf to the ouh I.—*f.* 14*b*. *c.* 2.

P. 130. *v.* 3069.—In the original this couplet is as follows:

> Li peres fut de mult graut ire,
> De maltalent devint tut pers.—*MS. Cott. f.* 30*b*. *c.* 2.

which his editor renders, "Leir devint *bleu* [read *noir*] de colère."

P. 133. *vv.* 3147–3234.—The whole of this is comprised by Wace in twenty-four lines, vol. i. p. 88. Instead of a letter, as in Laȝamon, Leir sends a message in general terms.

P. 139. *v.* 3274. *feowerti.*—In Geoffrey and Robert of Gloucester the number is *sixty*, and in the printed text of Wace *fifty*, but the MS. Cott. and MS. Reg. 13 A. xxi. agree with Laȝamon.

P. 141. *vv.* 3325–3370.—This conversation of Maglaunus and Gornoille, with her subsequent proceedings, and the wailings of the old king, as also the speeches of Regau and Hemeri, are all poetical additions of Laȝamon, and do not occur in his original.

P. 143. *v.* 3369. *Hemeri.*—In Wace, *Hennin*, and so in Robert of Gloucester. Geoffrey has *Henuinus*, MS. Reg. 13 D. ii.

P. 145. *vv.* 3411–3441.—Here again the inventive powers of the English poet are called forth, as in the French text we find simply two lines:

'Chartif,' dist il, 'mar i vinc,
Si vil fu là, plus vil sui çà.'—*f.* 31[b]. *c.* 1.

So also his judgement is exercised in p. 147, in retrenching the common-place reproaches against Fortune, which Wace causes him to utter. The version of this part of the narrative by the anonymous author in MS. Reg. 13 A. xxi. f. 47. is much superior to Wace.

*P.*149. *v.* 3499.—In Geoffrey and the anonymous Anglo-Norman metrical Brut the king has two attendants; but in Wace no number is specified.

Ibid. v. 3503.—In the Cott. MS. of Wace,

A un port en *Kaleis* arriva.—*f.* 32. *c.* 1.

Other copies read *Chaus*, *Chain*, etc., all of which are intended to designate *Calais*, the *Karicia* of Geoffrey, which in Robert of Gloucester is rendered by *Caric.*

Ibid. vv. 3516–3597.—Considerably amplified from the French text.

P. 154. *vv.* 3630-3643.—Supplied by Laȝamon. This is one of the many passages which are valuable from the incidental illustrations they afford of the state of manners at the end of the 12th and beginning of the 13th century. The proclamation of Leir, p. 155, and the speech of Aganippus, p. 156, are also so much amplified, as to present a completely new text. Wace merely states in brief, that Aganippus assembled a large navy, and sent Leir back to Britain, accompanied by his youngest daughter.

P. 158. *v.* 3725. *al swa þe bac tellet.*—The authority here meant is, of course, Wace. Geoffrey adds, lib. ii. c. 14, that the place of sepulture was in a subterranean vault beneath the bed of the river Soar, built by Leir in honor of Janus. This passage is literally rendered in the metrical English Brut of the 14th century, preserved in the University library at Göttingen. See what is said by Gibson on the subject of this temple, in his additions to the *Britannia*, vol. i. p. 415, and Nichols's *Leicestershire*, vol. i. pt. i. p. 5, pt. ii. p. 355.

P. 159. *vv.* 3734–3754.—Not in Wace; and the same may be stated of *vv.* 3832–3841.

P. 164. *v.* 3867. *Margan.*—In Wace, according to the Cott. MS.,

De Margan ot *Margan* cest nun,
Unkes n'i out altre achesun.—*f.* 33. *c.* 2.

which Robert of Brunne translates,

> Thorgh th^t has it name nowe;
> *Clon-morgan* is now the name,
> For Morgan died in th^t same.—*f.* 16. *c.* 2.

And in the Welsh translation of Geoffrey, ascribed to Tysilio, it is added that he was slain at Maesmawr, in Glamorganshire, nearly on the spot where the monastery of Margan stood, p. 45. Le Roux de Lincy misprints the name *Marge*, and then in a note refers the locality to *Margate*, in Kent!!!

P. 165. *v.* 3882. *þritti.*—This seems to contradict what is said above in line 3872. Geoffrey and Wace read *thirty-three*, but Robert of Brunne has *thirty*. The MSS. of Robert of Gloucester have both numbers. Previous to this line is inserted a passage in some copies of Wace, relative to Ezechias, king of Juda, edit. vol. i. p. 101., but it does not appear in the Cotton MS.

P. 167. *vv.* 3914–3923.—The dates of the reigns of these five kings are not given by Wace; and on the other hand, Laȝamon omits to state that Lago was nephew of Gurgustius, and Kinemark son of Sisillius.

P. 168. *vv.* 3957–3983.—In Wace this passage is comprised in four lines, vol. i. p. 103.

P. 170. *v.* 3992. *Judon.*—The MSS. present here an unusual degree of variation. In the printed text of Geoffrey, *Widen*; in the Welsh translation, *Widon*; in the Cotton MS. of Wace, *Ludon*, (which Le Roux de Lincy misprints *Luclon*); and in MS. Harl. 6508, *Juden*. The Royal MS., 13 D. ii. of Geoffrey, and Robert of Brunne read as in Laȝamon. Lord Buckhurst, in his tragedy of *Ferrex and Porrex*, corrupts it further into *Videna*.

P. 172. v. 4033.—In Wace and Geoffrey there is no notice whatever of the death of the queen Judon; but it is singular that the Welsh have preserved the tradition, that the partisans of her son put her into a sack, and threw her alive into the Thames. See Roberts, p. 46. This affords us a proof, which is elsewhere corroborated, that Laȝamon had access to other authorities than those named by him in his preface, or else, from his proximity to Wales, was well acquainted with its national legends.

Ibid. v. 4046. *feowere.*—*Five* in Geoffrey, Wace, and Robert of Brunne; but only four kings are subsequently named.

P. 173. *v.* 4057. *Logres.*—So also in MS. Cott., but the printed text of Wace has here and elsewhere *Londres*. By *Logres* is understood *England*, as distinguished from Wales, Cornwall, and Scotland. See Note in my edition of *Syr Gawayne*, etc., p. 320.

P. 174. *v.* 4079. *Donwallo Molinus.*—Called in the Welsh copies, Dyfnwall Moelmyd. We are informed, that in the 38th Triad he is named son of Prydain, and elsewhere son of Cyrdon; Roberts, p. 47. The name of his father is Clydno in the Welsh version, and Diocenis, in MS. Reg. 13 A. xxi.

Ibid. v. 4082.—See Note on the romance of *Havelok*, v. 9.

Ibid. vv. 4092–4105.—In Wace the passage is thus:

> Puis volt Escoce e Guales prendre,
> Mes li rois se voldreit defendre;
> Contre lui unt fait aliance,
> Par serment e par fiance.—*MS. Cott. f.* 34. *e.* 1.

In the English text it would appear as if the hostile kings had made a feigned treaty of peace with Donwallo, previous to their invading his territories. Moreover, it is not stated in the French text that Donwallo marched to Wales, but only manifested an inclination to conquer it.

P. 176. *vv.* 4122–4155.—All omitted in Wace; but the latter adds, that Dunwallo had a force of 30,000 men.

P. 178. *v.* 4179. *six hundred.*—"*Set* cenz," Wace.

P. 181. *vv.* 4247–4249.—These lines are not in Wace. The testimony is valuable, if dependence may be placed on it, as to the existence of several written accounts of the reign of Dunwallo previous to the 13th century.

P. 182. *v.* 4264. *burje.*—The words of Wace are, edit. vol. i. p. 109,

> Que tuit li *temple* et les cités
> Eussent si grant dignités, *etc.*

which agrees with the text of Geoffrey, lib. ii. c. 17., who here and elsewhere, lib. iii. c. 5, refers to *Gildas* as his authority for the laws themselves, which he states were translated out of Latin into Saxon by king Alfred. His words are copied by many subsequent compilers, and often appealed to by the Welsh writers; but the laws themselves, did they ever exist, are nowhere to be found. In the collection of Welsh laws edited by Wotton, it is stated, p. 155, that the laws of Molmutius were abrogated by Howel Dda, except those relating to the measurement of land, which were retained. The statement respecting any Saxon translation of these laws, is a mere figment; yet it is true that regulations establishing the churches as sanctuaries or places of refuge were made by Ina and Alfred, and were continued by their successors. Consult Wilkins's *Leges Anglo-Saxonicæ*, pp. 15, 34, &c. fol. 1721.

P. 183. *v.* 4286.—In Wace,

Lez le temple *Seint Concorde.*—*f.* 34*b*. *c.* 1.

and in Geoffrey, "prope templum Concordiæ;" which Mr. Jones tells us stood where Blackwall is now situated. See Roberts, p. 49. The mention of a gold coffin or shroud is an addition of the English writer.

Ibid. v. 4288.—Here commences the third book of Geoffrey.

Ibid. v. 4292.—There is no mention of the quarrel and reconciliation of the brothers in Wace; but we find it in Geoffrey, which would cause us to suspect the loss of some lines in the French text.

Ibid. v. 4306.—In Robert of Brunnes version of this passage, he introduces some curious prefatory lines, which are worth quoting.

So thei held it fyue ȝere,
In pes & in faire manere;
Bot contek & covetise
Out of the North wille algate rise.
For thus men said be old dawe,
& ȝit it is a comon sawe,
Sothron dere gos northward,
& northern were to the south is hard;
Bot northern dere & southron were
Non dredes other, thei thei com not nere;
Bot northern were th[t] is to doute,
& southren dere the north dos loute.—*f.* 17*b*. *c.* 1.

P. 185. *v.* 4350. *Cheflon.*—The name of this prince and of his territory varies greatly. In Geoffrey, MS. Reg. 13 D. ii., we read "*Cheulfo*, duci *Morianorum*," but in the edition of 1517. it is "*Chenulfo*, duci *Maurorum*," and *Moranorum*, ed. 1587. In Robert of Brunne, and Wace, MS. Cott., it is *Cenflo*, but in the printed text *Cesio*. Roberts, p. 50, recognises the *Morini* in the name of the country (as in Geoffrey, lib. iv. c. 7.), and Le Roux de Lincy, with his usual geographical skill, determines it to be *Savoy*! There can be no doubt, however, that *Moray*, in Scotland, is here intended. The notice of this chieftains death is an addition by Laȝamon.

P. 186. *v.* 4372. *Alfinge.*—So also in Wace, but Geoffrey reads *Elsingii*; and in the Welsh version ascribed to Tysilio, p. 50, (by a mis-translation probably of the editor,) Elsing is made the name of the king of Norways daughter. In the metrical Latin version, MS. Cott. Jul. D. xi. f. 12., it is *Elsinus*.

P. 188. *v.* 4404.—This name is supplied by Laȝamon, and is not found in Wace or Geoffrey, or elsewhere.

Pp. 189. 190. *vv.* 4430–4439. 4448–4457.—Not in Wace, whose narrative here is very brief throughout.

P. 191. *v.* 4482. ***Delgan.***—This name again is not to be found in the French original, nor elsewhere.

Pp. 192. 194. *vv.* 4506–4525. 4549–4557. 4560–4573.—Not in Wace.

Pp. 195–199. *vv.* 4583–4602. 4611–4632. 4636–4682.—Not in Wace, who contents himself with a short narrative. Compare edit. vol. i. p. 120.

P. 196. *v.* 4606. *to þisse londe.*—Wace says, "en *Engleterre*," and Geoffrey, more circumstantially, "in *Northumbriam.*" So also in MS. Reg. 13 A. xxi.

En l'ewe de Tine est arivé.—*f.* 48. *c.* 2.

P. 200. *v.* 4693. ***feower hundred.***—In Wace, "od grant navie."

P. 202. *v.* 4734. ***Kalatere.***—On the authority of Camden (preceded however by earlier writers, as Higden, ap. Gale, pp. 199, 214), ***Britannia***, vol. ii. p. 116, this has generally been supposed to be the forest of ***Gualtres***, in the north riding of Yorkshire; but the narrative here, and at p. 283, evidently obliges us to place it in Scotland, and there in truth we find it, in Perthshire. The modern appellation is ***Torwood.*** It may be added, that from the antient name of this forest, as variously spelt and pronounced, the thanes of *Cawdor* derive their name. See Macphersons ***Illustrations***, in vv. *Calatria, Coiladar.*

Ibid. v. 4751. *sixti þusende.*—In Wace the estimate is only 15,000.

P. 204. *v.* 4782. ***þreo þusund punden.***—No sum is named in the French text.

P. 205. *v.* 4808.—Wace omits mention of the laws, but Geoffrey has, "leges quas pater invenerat, confirmavit....Maxime autem indixit, ut civitates et viæ quæ ad civitatem ducebant, eandem pacem quam Dunwallo statuerat, haberent. Sed de viis orta est discordia, quia nesciebatur quibus terminis diffinitæ essent." lib. iii. c. 5. And this is assigned as the cause for the establishment of the four great roads.

P. 206. *v.* 4829. ***Toteneis.***—So also in the Cotton MS. of Wace. In Geoffrey we only have, "a *Cornubico* mari." The printed text of Wace is here, as usual, corrupt, and the note of the editor absurd. Vol. i. p. 127. After copying Geoffrey, Higden adds the following correction of his statement: "Verius tamen, secundum alios, incipit in Cornubia, tendensque per Devoniam, et Somersete, juxta Tetteburiam, supra Cotteswold, juxta Coventriam, usque Leicestriam procedit, indeque per vasta plana versus Newark progrediens diutius, apud Lincolniam terminatur." p. 196.

P. 206. *v.* 4834. *Suð-hamtone.*—"Del port de *Hamtone,*" Wace, and "ad portum *Hamonis,*" Geoffrey; yet this plain text is in the Welsh version converted into *Northampton*, and the sapient commentators will needs have it mean *Yarmouth* in Norfolk! See Roberts, p. 52. This was the Irmin street of the Romans.

Ibid. v. 4835. *þe þridde.*—Wace and Geoffrey mention *two* others, which of course were the *Watling* and *Ikenild* streets. With regard to these four roads and the directions they took, consult Gales Essay, in vol. vi. of Lelands Itinerary, and his Letter to Hearne, at the end of Lelands *Collectanea*, vol. vi. p. 273, Pegges paper in the *Bibl. Top. Brit.*, vol. iv. no. 24, and Nichols's *Leicestershire*, vol. i. pp. cxlvii–cliv.

P. 208. *v.* 4877–8.—These lines are omitted in Wace, and Geoffrey tells us, that Brennus, having *failed* in his application to the other princes of Gaul, proceeded to the duke of Burgundy (*ducem Allobrogum*). Laȝamon adds Britanny to his dominions.

P. 209. *vv.* 4907–4934.—In Wace only a few lines of narrative.

P. 213. *vv.* 4993–4998.—Laȝamon seems here to have misunderstood his original. Wace does not say that the mother of the hostile brothers *previously* put on tattered clothes to excite pity, but that *after* she had embraced her son, she tore her dress down to the girdle, and showed her naked bosom, imploring him to remember the breasts he had sucked. The address in the French text is perhaps more touching and natural than in the English version. Compare the printed edition, vol. i. p. 132. The mothers speech of reconciliation, vv. 5091–5102, is entirely an addition by Laȝamon.

Pp. 217. 218. *vv.* 5107–5120. 5123–5132.—These lines are not in Wace.

P. 219. *v.* 5140. *feower.*—In Wace, "*plusors* reis."

Pp. 219. 220. *vv.* 5149–5158. 5169–5246.—The whole of this in Wace is comprised in eighteen lines, vol. i. p. 138.

P. 224. *v.* 5255. *Mungiu.*—Corrupted from *Mons Jovis*. It is the pass of the Great St. Bernard, a mountain of the Pennine Alps, on the frontiers of Piedmont. It was by this road the French army under Bonaparte entered into Italy in 1800.

Ibid. v. 5259. *Taurins and Iuorie.*—*Turin* and *Ivrea*, cities of Piedmont.

Ibid. v. 5261. *Versæus.*—The Cott. MS. of Wace reads *Verceles*. It is easy to recognise *Vercelli*.

P. 224. *v.* 5263. *Taurim.*—The river *Taro*, which rises at the foot of the Apennines, and falls into the Po, thirteen miles below Cremona.

Ibid. v. 5264. *Bardun.*—Wace reads, "E puis passerent *Mont Bardon.*" By this name are designated the mountains on which stand the town and citadel of Bardi, in Lombardy, within the limits of the Duchy of Parma, and a principality of the *Val di Taro*. The editor of Wace makes a very weak conjecture on the locality.

Ibid. v. 5266. *Salome.*—I do not find any such place, and the word itself seems to be an error arising from the corrupted text of Wace. The Cotton MS. has,

> Tuscane unt conquise e robée,
> Une terre *de salutée.*—*f.* 38[b]. *c.* 1.

but in the printed text is, "Une tère *dès aloée*," which the editor explains, "*très louée, très bonne.*"

P. 225. *vv.* 5291–5475.—In Wace, as usual, this passage is comprised in a brief narrative of thirty-four lines, without speeches or ornament, vol. i. p. 140. The amount of the promised tribute is due to the invention of Laȝamon, as well as the odd introduction of *Tervagant* and *Dagon* as the gods of the Romans. With regard to the former deity, see Ritsons note in *Anc. Metr. Rom.* vol. iii. p. 257. Laȝamon is, perhaps, the earliest existing English author who has used this term, which must have been borrowed from the Anglo-Norman writers.

P. 233. *vv.* 5484–5489.—Not in Wace, although the narrative very properly requires these lines.

P. 234. *vv.* 5494–5500.—In Wace,

> Si unt pris de lur chevalers
> Ne sai quanz cenz ne quanz millers.—*MS. Cott. f.* 39. *c.* 1.

P. 236. *vv.* 5542–5569.—Wace has only two lines for the whole of this:

> Cels de France e cels de Burgoigne
> Mena Brenne en sa besoigne.—*Ibid.*

P. 237. *vv.* 5575–5577.—In the French text is no mention of Godlac, nor of the Danes.

P. 239. *vv.* 5604–5640.—Wace has only four lines, stating that peasants were employed as guides to show the shortest route to the enemy, vol. i. p. 144.

P. 240. *v.* 5649.—In the French original are here introduced some lines, injudiciously omitted by the English paraphrast,

> Beals fu li tens, cum en esté,
> Bele la nuit, li air sanz orrée,
> La lune clere [*read* bien] cler raya.—*MS. Cott. f.* 39. *c.* 2.

In the description of the attack there is considerable variation. Compare Waces printed text, vol. i. p. 146.

P. 242. *v.* 5685.—Wace is here more minute,

> Perieres, troies e multons,
> E engins de plusors façons.
> Firent fere, e al mur hurter,
> Pur le mur freindre e enfundrer.—*MS. Cott. f.* 39[b]. *c.* 1.

Ibid. v. 5692. *grund-hat læd.*—No doubt this is the meaning of the word *plumées* or *plomées* used in the original, which Le Roux de Lincy erroneously interprets *balle de plomb.*

P. 245. *vv.* 5748–5771.—Wace simply says, that the people within Rome waited until a certain day, when they knew the earls would arrive with their forces from *Puille* and Lombardy, and then made a sally. Vol. i. p. 148.

P. 247. *v.* 5804.—The jest in the original is passed over; perhaps with judgment.

> Nus vus frum vostre sang beivre,
> Pur espa[r]nier l'ewe de Teyvre.—*f.* 40. *c.* 1.

P. 248. *vv.* 5812–5911.—Throughout this description of the battle Laȝamon varies much and unusually from the French text. Compare Wace, vol. i. pp. 149–152.

P. 252. *vv.* 5926–5973.—The whole of this is supplied by the English poet, and is a curious instance of amplification. Laȝamons text is to Wace, what the latters is to Geoffrey. It is remarkable, that in Geoffrey we have a reference to the "*Romanæ historiæ,*" for the rest of the acts of Brennus, lib. iii. c. 10. Compare Livy, lib. v. c. 38–43.

P. 255. *vv.* 5986–5997.—These lines are also supplementary, and not in the French text.

P. 256. *v.* 6006. *Kair-Lion.*—Caerleon on Usk, in Monmouthshire. Wace, and after him Laȝamon, speaks of it as being in Glamorganshire.

Ibid. vv. 6008–6017.—Wace states it shortly thus: "Long time after the death of Brennes, it befell, that the Romans held England in their hands, and took great pains to maintain themselves in it." He proceeds

P. 2[illegible] [illegible] *three* or *four* legions stationed in Britain, Apen[illegible] [illegible] 6666 men, etc. Vol. i. p. 153.

[illegible] [illegible]—In Robert of Brunnes version of Wace, B[illegible] [illegible] lines:

> *Long* man called tille now late
> *After* Belyn, Belyns gate;
> *Thorgh* schort langage, I told ar how,
> *Billingesgate* men calle it now.—*f.* 22. *c.* 2.

P. [illegible] *vv.* 6070–6071.—Not in Wace.

Ibid. v. 6083.—Wace says, more explicitly,

> *Li cors fu ars, la cendre prise,*
> Si fu en un baril d'or mise.—*f.* 41. *c.* 1.

P. 260. *v.* 6092. *Bertruc.*—The Welsh MSS. read *Varv-trwch*, which is interpreted *Grim-beard*; but in the Latin metrical text, MS. Cott. Jul. D. xi., it is rendered "Gorguandus barbæ rubeæ," f. 14[b].

P. 261. *vv.* 6120–6176.—In Wace this is all comprised in nine lines, vol. i. p. 157. Neither Wace nor Geoffrey states that the king of Denmark was Gudlacs son.

P. 266. *vv.* 6237–6254.—Wace merely says in six lines, that Gurguint was unwilling to receive them into his territories, but sent them to Ireland. He omits the name given to this people by Geoffrey, who says, "Ut igitur Gurguint Barbtruc et ipsos ex Hispania venisse, et *Basclenses* esse vocatos," etc. MS. Reg. 13 D. ii., where the printed text falsely has *Barclenses*. The Basques or Biscayners are probably intended. See, on the probability of this tradition, Turners *History of England during the Middle Ages*, vol. i. p. 276. edit. 1830, and Gunns Notes on Nennius, p. 115. 8vo. 1819.

P. 267. *vv.* 6267–6278.—Wace, following Geoffrey, says they had wandered in the sea "*an et demi.*" The rest of this curious passage is wholly an addition of Laȝamon, in the place of which Wace has others, giving a description of the state of Ireland, when first colonised. Vol. i. p. 160.

P. 268. *vv.* 6294–6299.—This testimony to the reputation of Marcia proceeds from the English poet; but the account which follows of the *Myrcenelage* is taken closely from Wace and Geoffrey. Robert of Brunne in his version judiciously omits Alfreds name, and writes,

> In the Bretons tyme, as I wene,
> Thei called th[t] law *Marciene*;
> Fro kyng to kyng th[t] lawe men wrote,
> * * [*A line wanting.*] * * *

> *Marchenlawe* the Inglis it callede,
> In auht schires th' lawe men halde;
> Gloucester, Wircester, Herford, Werwik,
> Oxenford, Schropschire, Chester, Staford.—*f.* 23. *c.* 1.

So also in Brompton, in Twisdens *Decem Scriptores*, col. 956. fol. 1652. Roberts seems to consider it very possible that Alfred caused these Welsh laws to be translated into Saxon by Asser; but it is scarcely necessary to add, that there is not an iota of evidence in the Saxon laws themselves of the fact; and the whole account of Marcia is probably fabulous. The absurdity of deriving the *Myrcenelage* from the name of the British queen is sufficiently obvious. See Higden, p. 202.

P. 270. *vv.* 6345–6.—Not in Wace.

P. 271. *v.* 6351. *Rummarus.*—So also in Wace, but in Geoffroy, *Kimarus*, in Robert of Brunne, *Kymare*, and in the Welsh MSS. *Cynvarch*.

Ibid. v. 6356.—Geoffrey supplies the name,—" quem ex *Tangustela* concubina genuerat," lib. iii. c. 14.

P. 272. *vv.* 6391–6394.—Wace only says, " E à gaster la comença."

P. 274. *vv.* 6419–6428.—In the French original,

> Si dist l'um ceo, en vérité,
> Ne sai coment il fu prové,
> Ke Morpidus plus conquist,
> E o sa mein plus en occist,
> Ke ne fist tote l'asemblée
> De la gent k'il out amenée.—*MS. Cott. f.* 42. *c.* 2.

There is nothing said by Wace about burying the dead.

P. 275. *vv.* 6461–6510.—Wace dilates very considerably the combat of Morpidus with the sea-monster, and improves on his original. See Le Roux de Lincys edition, vol. i. p. 166. It is curious to compare the Latin, French, and English texts here, to mark how one circumstance is invented after another by succeeding writers. Geoffrey says the monster swallowed the king "velut pisciculum," but adds not a word of the creatures death, and Laȝamon only mentions it casually, and subsequently to the combat. Wace, however, has several lines to express the death of the monster from the wounds it had received.

P. 282. *vv.* 6611–6646.—The narrative here receives some embellishment; for in the original it is merely said, that Argal, after an absence of five years, met his brother in the wood of Calatere, begged forgiveness, and was forgiven. The account which ensues of the homage enforced by Elidur to his brother, is told by Laȝamon with the same degree of latitude.

Compare Wace, vol. i. pp. 170–172. See, as to the wood of Calatere, a previous note, p. 324.

P. 288. *v.* 6768.—Geoffrey says, that the king from this act of grace towards his brother was surnamed *Pius*, and Wace introduces here some lines to the same purpose, omitted by Laȝamon.

P. 289. *v.* 6784.—Wace omits to mention the burial-place of Argal, which by Geoffrey is stated to have been "in urbe *Kaerleir*," lib. iii. c. 17, which is rendered *Carlisle* by the author of the anonymous metrical Brut in MS. Reg. 13 A. xxi. f. 51. c. 2. as also by Langtoft, Robert of Brunne, and the Welsh version.

P. 292. *v.* 6852.—Robert of Brunne has the following addition, out of Langtoft,

> In *Aldburghe* castel was he laid,
> *Elud* th^t^ time the name was said.—*f.* 24. *c.* 2.

Aldborough, in the West Riding of Yorkshire, is meant, which, according to some authorities, was the British *Alclud*. See Drakes *Eboracum*, p. 3, and a previous note, p. 315.

Ibid. vv. 6857–6860.—These lines are not in Wace, nor does the name of this king occur in any other writer I have consulted. On the other hand, there is a passage in the French text in praise of Margan or Morgan, which is passed over by Laȝamon, but Wace has no notice of the duration of his reign.

P. 293. *v.* 6878.—In Wace is added,

> *Sis anz* mena sa tyrannie,
> Sa cruelté e sa folie.—*MS. Cott. f.* 43^b^. *c.* 2.

and so also in Geoffrey and Robert of Brunne, but in the printed text of the former, vol. i. p. 175, it is erroneously "*sept ans*."

P. 294. *v.* 6903. *seouen ȝere.*—No time is mentioned in Wace.

Ibid. v. 6908. *Rime.*—In the Cotton *MS. Rimo*, but in other copies and in Geoffrey, *Runo*; in Welsh, *Rhun*.

P. 295. *v.* 6916.—An addition of Laȝamon, not found elsewhere, as well as the lines 6921–6926. If these and numerous similar instances are not mere *inventions* on the part of the English writer, it results that he must have had access to other British authorities than those used by Geoffrey.

P. 296. *v.* 6953. *feouwer ȝere.*—In Wace only, "Mes *poi de tens* regnerent," f. 44. c. 1.

P. 297. *vv.* 6967–6972.—Not in Wace.

P. 298. *vv.* 6991–6996.—The statement that Cap was *son* of Bledon, and

Sillius *son* of Oein, rests solely on the *dictum* of Laȝamon, who (perhaps for the sake of a rhyme) has given a bad character to Oein, not in his original.

P. 298. *vv.* 6999–7012.—Compare the corresponding lines in Wace, vol. i. p. 178. Robert of Brunne thus translates them, and names the king *Blegabret*,

> Th[t] was a syngere of the get;
> Of song & of mynstralcie,
> Of alle men gaf him maistrie;
> The note he couth of alle laies,
> & mynstralcie alle the saies;
> He couth so mykelle musik and chyme,
> Th[t] the pupille said in his tyme,
> He was god of fithelers,
> Of jugelours & sangesters;
> For he was euer glad & gamen
> Fele in seruise held he samen.—*f.* 24[b]. *c.* 2.

P. 299. *v.* 7018. *Arkinaus.*—Wace has *Archinal*, and Brunne *Archmaul*; the Welsh copies *Arthmal*, and Geoffrey *Arthmail*. The term of his reign is mentioned by Laȝamon only.

P. 300. *vv.* 7039–7040. 7042. 7045–6.—Lines not in Wace.

P. 301. *v.* 7053. *Eligille.*—Wace and Geoffrey state him to be the *son* of Capor. In the printed French text we have the corrupt reading *Nennius*, although the editor might by collating Geoffrey, here and elsewhere, have established the correct name. The Welsh copies read *Manogan*, which is justified by Roberts, on account of *Beli Maur* (the *Heli* of the text) being called in an old Welsh poem, son of *Mynogon*, and in Nennius, "Belinus, filius *Minocanni*," p. 17. edit. Stev. The period of his reign is omitted in the French and Latin texts.

Ibid. *vv.* 7061–7063.—Not in Wace. Robert of Brunne adds, out of Langtoft,

> A noble man and a wys,
> He died, & at *Castre* lys.—*f.* 25. *c.* 1.

Ibid. *v.* 7064. *þreo snelle sunen.*—In the Welsh version, *four* sons are mentioned, namely Lludd, *Llefelys*, Caswallon, and Nyniaw, and a passage is inserted respecting the marriage of the second to a daughter of the king of France. See Roberts, p. 66. Then follows an interpolation of the three calamities of Britain, evidently inserted by the translator.

P. 302. *vv.* 7081–7084. 7092–3. 7095–6.—All omitted in Wace.

P. 303. *vv*. 7115–7118.—In Wace thus,

> Puis vindrent Norman e Franceis,
> Ki ne seurent parler Engleis;
> De Lundene nomer ne seurent,
> Einz distrent, si cum dire peurent;
> *Lundene* nut *Lundres* nomée, *etc.*—*MS. Cott. f.* 44ᵇ. *c.* 1.

Compare Geoffrey, lib. iii. c. 20, and vol. i. p. 87. of Laȝamon.

P. 307. *v*. 7195.—Here commences the fourth book of Geoffrey: "Interea contigit, *ut in Romanis reperitur historiis*, Julium Cæsarem, subjugata Gallia, ad littus Rutenorum venisse," *etc.* Wace opens in a different manner,

> Seisante anz einz ke Jhesu Crist
> De la sainte Virgine nasquist,
> A cel tens est Cesar meuz, *etc.*—*f.* 45. *c.* 1.

So also Bede, lib. i. c. 2. from Orosius.

Ibid. vv. 7203–7214.—Not in Wace.

P. 308. *vv*. 7219–7224.—These lines are an addition by Laȝamon, and are curious.

Ibid. vv. 7229–7235.—In Wace the order of Cæsars conquests is stated differently,

> Primerement conquist *Burgoine*,
> E puis *Averne* e *Gascoigne*,
> *Peytou*, *Normendie*, e *Bretaine*;
> Puis prist son tur vers *Alemaine*.
> Par plusors lius fesait chastels,
> E citez e recetz novels;
> Mult espleitout ben sa bosoine
> En *Flandres* vint e *Boloine*.—*MS. Cott. f.* 45. *c.* 1.

Compare the printed text, vol. i. p. 186.

P. 309. *v*. 7240. *Flaundre lond.*—Geoffrey says, "ad littus Rutenorum," which by the anonymous author of the Anglo-Norman metrical Brut, *MS. Reg.* 13 A. xxi. f. 51ᵇ. c. 2. is rendered *Witsand*. Bede says, "venit ad *Morinos*, unde in Britanniam proximus et brevissimus transitus est," lib. i. c. 2., which is taken from Cæsar himself, *De Bello Gall.* lib. iv. c. 21. It is certain, that Cæsar embarked from Witsand, a port situated between Calais and Boulogne, and which as late as the 15th century continued to be the direct place of transit between France and England. See the treatise of Du Fresne annexed to the "Portus Iccius" of Somner, 12mo. Oxon. 1694.

Pp. 310. 311. *vv*. 7263. 7265. 7282–7285. 7300–7301.—Not in Wace, and instead of *vv*. 7288–7200, are some lines in the French text, to the effect that Rome had become of greater power than in former times, and it was right that the Britons should restore what they had taken away. See edit. vol. i. p. 188.

P. 314. *vv.* 7359–7377.—This part of the letter differs from Wace, who enlarges on the Britons determination to live and die free, vol. i. p. 190. Compare Nennius, p. 16. ed. Stevenson.

P. 315. *vv.* 7378–7391.—Wace only states, that when Cæsar had read the letter, he became aware that it would be necessary for him to cross the Channel.

Ibid. v. 7392. *sixti scipen.*—Wace has "*quatre vint,*" which he borrowed probably from Bede, lib. i. c. 2. or from Cæsar himself, *De Bello Gallico*, lib. iv. c. 22. But in Nennius we find a statement as in Laȝamon: "Tunc Cæsar...... *iratus est valde*, et venit ad Brittaniam cum *sexaginta* ciulis." p. 17.

P. 316. *v.* 7415. *Douere.*—It is clear that Wace intends by *Dover* to express the "*Dorobellum* oppidum" of Geoffrey, lib. iv. c. 3. In MS. Reg. 13 A. xxi. it is rendered,

> En *Dorobelle*, la grant cité;
> Issi out nun à icel tens
> Doint l'apelent nos parenzs.—*f.* 52. *c.* 2.

Geoffrey, however, seems to have borrowed here from Nennius, and the text of the latter is unfortunately corrupted in this passage. See Stevensons edition, p. 17. and Gunns note, p. 125. who supposes *Deal* to be meant. In all probability the real landing-place of Cæsar was between Walmer Castle and Sandwich.

P. 317. *v.* 7424. *Belan.*—In Wace, *Belins*, called by Geoffrey "*Belinus*, princeps militiæ." Nennius appears to mention him as the "proconsul regis," but confounds him with Beli Maur, or Cassibelaunus.

P. 318. *vv.* 7450–7453.—These lines are not in Wace, nor in any other authority I have seen.

P. 320. *vv.* 7492–7495.—Not in Wace.

Ibid. v. 7497. *fader.*—This is an error probably of the scribe, which is corrected in the second text. Androgeus and Tennancius were the sons of Lud, and nephews of Nennius and Cassibelaunus, according to the genealogy of the *Brut*. The conflict is described in Wace at greater length, and with more energy than in the English paraphrase. See Le Roux de Lincys edition, vol. i. p. 195.

P. 323. *v.* 7561.—It is remarkable, that Laȝamon should here omit the notice of the death of the tribune Labienus, whose head is severed from his body by a blow from the sword of Nennius. See Wace, vol. i. p. 198. The name of Labienus was probably borrowed by Geoffrey from Bede, lib. i. c. 2. who had it from Orosius, lib. vi. c. 9. But the person meant was *Quintus Laberius Durus*, who was killed on the *second* landing of Cæsar in Britain. *De Bell. Gall.* lib. v. c. 15. See Stevensons note on Bede, p. 13. edit. 1838. as to the place of his burial.

P. 323. *vv.* 7570–7585.—Not in Wace, nor elsewhere.

P. 324. *v.* 7595. *Flandre.*—So also in Wace, but Geoffrey has, "*in Galliam,*" and so Bede, from Orosius.

Pp. 325. 326. *vv.* 7622–7625. 7643–4. 7649–7650.—Not in Wace.

P. 328. *vv.* 7683–7694.—Not in Wace, but the previous passage respecting Cæsar is fuller than in Laȝamon.

P. 329. *vv.* 7711–7756.—The whole of this is added by Laȝamon, dilated from the French text. Compare Geoffrey, lib. iv. c. 5.

P. 331. *v.* 7768. *Oberes.*—Geoffrey writes, "turrim quam in loco, quæ *Odnea* vocatur, construxerat," lib. iv. c. 7. This is the *Tour d'Ordre* or *Old Man* of Boulogne, said to have been built for a light-house by Caligula, and by popular tradition transferred to Cæsar. We owe to Wace the description of this tower, which is curiously improved on by Laȝamon. Compare the French text, vol. i. p. 203, and a Dissertation by Montfaucon, inserted in the *Mem. de l'Académie des Inscriptions*, tom. vi. p. 586. 4to. 1729, in which an account is given of the ultimate fate of the tower It remains to be noted, that the term of *thirteen months* in the English paraphrase, v. 7771, is *two years* in Wace and Geoffrey, and *three* in Nennius. The superior chronological accuracy of Laȝamon is here apparent, since Cæsars first expedition took place B.C. 55, and the second in the following year.

P. 333. *vv.* 7805–6.—An addition by Laȝamon. It is singular that nothing should be said by Wace or our English writer of the military forces collected on this occasion by Cæsar. Geoffrey says, "cum *innumerabili multitudine militum* mare ingressus est," lib. iv. c. 7. which the anonymous author of the metrical Anglo-Norman Brut, in MS. Reg. 13 A. xxi. renders in the following curious lines.

Il out od sei Moridiens,
E Pincenaos e Indiens;
Il out od sei les Macedons,
E d'Affrike les barons;
De Arabie e de Romanie,
E tuz icels de Hungrie;
Il out od sei les Burgoignons,
E tuz icels delà les mons.—*f.* 54. *c.* 1.

Instead of the grave and sober narrative of history we are carried at once into the regions of romance! Could the popular legends respecting Cæsars expedition have had any share in this account?

P. 334. *v*. 7821.—Wace merely says, he knew not who conveyed the information to the Britons.

Ibid. vv. 7833–7840. *sæ lithende men*.—Laȝamons description of these stakes is more minute and accurate than in the French text. Cæsar only speaks of them as being pointed, and concealed by the water. *De B. G.* lib. v. c. 18. Nennius calls them "*sudes ferreas*, et semen bellicosum, id est *Cetilou*," which, according to Roberts, is derived from the British *coethawl*, a stake. Bede has nearly the same words as Cæsar, but adds, that vestiges of the stakes remained in his time, and were about the thickness of a mans thigh, bound round with *lead*, lib. i. c. 2. Then comes Geoffrey, and evidently having Bede before him, writes, "palis *ferreis* atque *plumbatis*, instar femoris grossis," which the anonymous Anglo-Norman Brut, so often quoted, renders very remarkably,

> L'ewe de Tamise fust ben palé,
> Les pels treben aceré;
> Les chefs de suis sunt acerez,
> Icels de suz treben plumez;
> Si com disent li paisant,
> En cel ewe, que tant est grant,
> Uncore pout l'em asez trover
> Ben grant trunçuns de ces peus.—*f*. 53[d]. *c*. 2.

P. 335. *vv*. 7855–6.—Not in Wace. Bede says, that *forty* ships were destroyed, lib. i. c. 2.

Pp. 336. 337. *vv*. 7869–7886. 7889–7928.—Not in Wace.

P. 339. *vv*. 7943–7996.—This is related differently from Wace, who only states, that Cæsar, on perceiving the force of the Britons to be superior to his own, drew up his men in order, gave a final assault to the enemy, and made good his retreat to the ships that remained, into which he enters himself last of all, and they run before the wind to Boulogne. Vol. i. p. 207.

Pp. 341–350. *vv*. 7999–8194.—Wace states in comparatively few lines, that Cassibelaunus, rejoiced at his double victory over Cæsar, resolves to celebrate a high feast of thanksgiving and sacrifice to the gods. He summons all his people to come to London. They assemble with their families, dressed richly, to celebrate the festival, and each made a fitting sacrifice. Forty thousand kine, thirty thousand hinds, and one hundred thousand sheep, besides a marvellous quantity of fowls, were offered. After the feast, they turned their thoughts to pleasure; the knights began to joust together, and the bachelors to fence, throw the stone or dart, and leap. Then follows in *fourteen* lines the episode of *Hirelgas* and *Evelin*. See vol. i. pp. 208–210. The additional details in the English text are wholly due to the invention of Laȝamon, who perhaps here as elsewhere, may have been assisted by some floating popular traditions.

P. 347. *vv.* 8127–8134.—The corresponding lines in the inedited portion of the Chronicle of Robert of Brunne are,

> Mynstrals bigan to glewe & ryme,
> As ther custom was th[t] tyme;
> Knyghtes & squyers mad burdis,
> In ther quantise of purpur and bis;
> & other bachelers skirmed fast,
> Wristled, skipped, stones kast.
> In felde & toun at ilk a way,
> Ilkon plaied th[t] he couth play.—*f.* 29. *c.* 1.

P. 350. *v.* 8215.—The conjectural reading is supported by the French text,

> Si dist, ke pas ne le menra,
> Kar francs home est, e sa *curt* a.—*f.* 48[b]. *c.* 2.

P. 351. *vv.* 8233–8240.—Not in Wace.

Pp. 352. 353. *vv.* 8249–8276.—In Wace only *five* lines, vol. i. p. 211.

P. 355. *vv.* 8313–8318.—Not in Wace.

Pp. 356–360. *vv.* 8355–8442.—The story is here again much dilated from the brief narrative of Wace, and with considerable variation. The author of the later English text has not thought proper to repeat the story.

P. 361. *vv.* 8459–8474.—Not in Wace.

P. 362. *v.* 8504. *Cenan.*—Wace gives the name *Scenan*, and Robert of Brunne, *Senna*, which the Welsh copies represent by *Cynan*; but in Geoffrey it appears under the Romanised form of *Scævam*. Why the author of the second English text should have substituted *Madan*, is not very obvious.

P. 363. *v.* 8524. *Douere.*—So MS. Cott. and other copies of Wace, yet Le Roux de Lincy has thought proper in his edition, vol. i. p. 218. to insert a false reading, which assigns *Romney* as the landing-place of Cæsar. Geoffrey has, "in *Rutupi* portum," respecting which see Somners "Treatise of the Roman ports in Kent," 12mo. Oxf. 1693.

P. 364. *vv.* 8538–8556.—Wace has no mention of this castle, and says, generally, that Fame conveyed to the king the news of the Romans arrival.

P. 366. *vv.* 8591–8620.—There is no speech assigned to Androgeus in

Wace, but one somewhat similar is given to Cæsar. The number of Cæsars troops is not mentioned, and those of Androgeus are estimated at five thousand.

P. 369. *v.* 8674. *muchel and unifoh.*—Geoffrey says of the battle, "Concidunt in utraque parte vulnerati, quemadmodum in autumno arborum folia," lib. iv. c. 9; which is copied by Robert of Gloucester, vol. i. p. 56. Wace only speaks in general terms.

P. 371. *vv.* 8700–8717.—Not in Wace, who merely says, they defended themselves so well as to get the better of the Romans. Robert of Brunne writes,

> For ilke man tok a tre to stalle,
> Trostere than a castelle walle.—*f.* 30[b]. *c.* 2.

But in Wace it is Cæsar, who surrounds the Britons with trunks of trees to prevent escape, vol. i. p. 222.

P. 372. *vv.* 8742–8753.—An addition by Laȝamon.

P. 376. *v.* 8836.—In one MS. of Wace are some lines here interpolated, which certainly do not form part of the genuine text, although the editor has admitted them into it, vol. i. p. 227. They are of no moment, except that M. Le Roux de Lincy takes occasion to infer from them, that Androgeus is the same person as the *Mandrubatius* mentioned in Cæsar, *De Bello Gall.* lib. v. c. 20.

P. 380. *vv.* 8914–8933.—Wace has only the two following lines:

> Cesar par tant se paia,
> E ceo qu'il quist li otria.—*MS. Cott. f.* 51[b]. *c.* 1.

P. 381. *vv.* 8942–8948.—A curious addition on the part of Laȝamon, as no such generosity in Cæsar is mentioned by Geoffrey or Wace.

P. 382. *v.* 8971.—The Cotton MS. of Wace and two others cited by his editor have here four lines omitted in Laȝamon, relative to the building of Exeter by Julius Cæsar; and the passage is also found in Robert of Brunne.

P. 383. *vv.* 8976–8991.—Nothing is said in Wace in regard to any power or command possessed by Androgeus, and some error seems to have crept into the text, either from a misconception of the English paraphrast, or a blunder of the scribe, for Wace writes,

> *Cassibellan* set anz vesqui,
> Puis ke Cesar de lui parti;
> Treu reddant vesqui set anz,
> Ne sai s'il ont femme u enfanz.—*f.* 51[b]. *c.* 2.

P. 383. *vv.* 8992–9033.—The whole of this is an amplification of four lines in Wace, who merely says that Tenuancius of Cornwall was elected king after Cassibelan. The period of his reign is not mentioned either by Wace or Geoffrey, but in the anonymous Anglo-Norman Brut in MS. Reg. 13 A. xxi. we read,

> *Trente* anz pleners e alques plus
> Regnat dan Tenuacius;
> Icil refist plusurs citez,
> Ki chaeit erent d'antiquitez.—*f.* 56[b]. c. 1.

P. 385. *vv.* 9040–9061.—Another addition by Laȝamon. The lines also which follow, respecting the birth of Jesus Christ, and the prophecy of Taliesin, are very considerably amplified from the French text. See the printed edit. vol. i. p. 231. It may be remarked, moreover, that in Geoffrey there is no mention whatever of Taliesin, or his prophecy, which Wace must have collected from the Welsh traditions.

P. 387. *v.* 9089. *twa and twenti ȝere.*—Wace says, after Geoffrey, "*Dis* anz fu reis, e puis fina," *f.* 52; and so Robert of Brunne.—Compare *v.* 9183.

P. 391. *vv.* 9184–5. *inne Eowuerwike.*—Laȝamon states this of himself, and I do not find it in any other authority. In the French and English prose Bruts, it is said he was buried at *London*. MS. Harl. 200. f. 14. MS. Harl. 24. ca. 39.

P. 392. *vv.* 9202–9207.—Not in Wace.

P. 394. *v.* 9242–9247.—Wace does not say that the city was *then* destroyed by Claudius, but *subsequently*,

> Porcestre fu cité nomée,
> Mès arse fu *puis* e guastée.—*f.* 52. c. 1.

P. 395. *v.* 9265. *Haumund.*—So also in Wace, but in Geoffrey he is named *Lælius Hamo*, MS. Reg. 13 D. ii., which in edit. 1587 is falsely printed *Leuis Hamo*.

P. 396. *v.* 9300. *al Brutisc.*—Laȝamon omits to tell us how he acquired a knowledge of the British tongue, but, according to Geoffrey and Wace, he learnt it of the hostages at Rome. The English poet much improves on his original in describing the stratagem of Hamun. The circumstantial account also of the kings death, *vv.* 9308–9321, is entirely due to Laȝamon, and does not elsewhere appear.

P. 398. *v.* 9342. *niȝen thusende.*—The numbers here and in the next page, as also frequently in other passages, are supplied by Laȝamon.

P. 400. *vv.* 9371–9381.—In Wace, Arviragus smites off the head of Hamun with his sword. There can be no doubt, that the spot intended by

Geoffrey and his copiers was *Southampton*; yet Roberts, in his notes on the Welsh version, p. 85, would place it at Northampton, on the river Nen, and Le Roux de Lincy, by an unpardonable error, transfers it to *Hampton*, in *New Hampshire*, *America*!!!

Pp. 402. 404. *vv.* 9438–9455. 9470–9533.—These lines are either wanting in Wace, or the sense is expressed in a brief narrative. Vol. i. p. 240.

P. 407. *vv.* 9538–9541. 9548–9549.—Not in Wace. With regard to the name of the daughter of Claudius, in Geoffrey it is *Genuissa*, but Ponticus Virunnius in his abbreviation of this writer, p. 105, cites a work of Gildas, in which she was named *Juvenissa*, and, according to the same writer, p. 93, Gildas lived about that period.

Ibid. *vv.* 9554–9559.—Bede (copying Orosius) and Nennius only state, that Claudius subdued the Orkneys, without any mention of Arviragus. Geoffrey says, "auxilio Arviragi usus," which phrase, as translated by Wace, is interpreted by Laȝamon, that Arviragus accompanied the emperor, and shared in the conquest. Thus is fiction developed by degrees! The *number* of the islands is also an addition by Laȝamon.

P. 408. *vv.* 9580–9585.—Not a word of this appears in the French text. Geoffrey states, that the town was built by Claudius at the *suggestion* of Arviragus.

P. 409. *vv.* 9598–9628.—Here again we are indebted to Laȝamon for a story which is not met with elsewhere. Geoffrey and Wace only say, that according to some, the name of the city was derived from *Gloi*, whom Claudius had begat there, but they add not a word respecting his mother. In Nennius, p. 40, we also find the foundation of the city attributed to *Gloui*, who is made the ancestor of Vortigern in the fourth degree.

P. 412. *vv.* 9658–9673.—Not in Wace. Laȝamon, however, has fallen into an error, in supposing that Arviragus refused to yield tribute to Rome after the death of Claudius. In Geoffrey it is stated expressly, lib. iv. c. 16, that Vespasian was sent by Claudius to Britain; but this circumstance having been omitted by Wace, the English paraphrast has too hastily concluded, that Vespasian himself was emperor at the period. This is a sufficient proof, that the Latin text was never consulted. The lines which follow, from *v.* 9674 to *v.* 9774, are an amplification of eighteen lines in the French text, vol. i. p. 243.

P. 416. *v.* 9755. *Æxechæstre.*—Geoffrey writes, "Nactus deinde tellurem, *Kaer Penhuelgoit*, quæ nunc *Exonia* vocatur, obsessurus, eandem adivit," lib. iv. c. 16. MS. Reg. 13 D. ii. In the editions it is erroneously printed *Oxonia*, and such must have been the reading of some early MSS., for in Robert of Brunnes Chronicle we read

> Tille *Oxenford* thei gan alle ride,
> To take the toun in the euentide;
> *Karpenhuelgoit*, opon Bretoun,
> Onne Inglisse, *Oxenford* the toun.—*f.* 33ᵇ. *c.* 2.

See Gales note on Nennius, p. 138.

P. 418. *vv.* 9808–9865.—Not in Wace.

P. 422. *v.* 9893.—Here occurs in Geoffrey a long eulogium on Arviragus, with a reference to Juvenal, Sat. iv., and a notice of his being buried at Gloucester; all of which is omitted by Wace. It is curious to remark how this passage has been misunderstood by the monkish rhymer, Robert of Brunne.

> Gode kyng he was, we find in boke;
> A boke men calle it *Juuenal*;
> *Of stories it spekes alle;*
> At Gloucester it sais he lies,
> & the quene, dame Genuys.—*f.* 34. *c.* 1.

Ibid. vv. 9898–9909.—Not in Wace.

P. 425. *vv.* 9962–9969.—Laȝamon here almost literally translates his French original, and Geoffrey writes in similar terms. Previous, however, to the latter, William of Malmesbury had noticed a monument at *Carlisle*, which would appear to be the same with that mentioned in the text. He calls it "triclinium lapideum, fornicibus concameratum," and says, that in the front was the inscription MARII VICTORIAE. *De Gest. Pontif.* lib. iii. pref. Fordun gives a still more minute description of the monument, but omits the inscription, and calls Marius a *Roman general*, lib. ii. capp. 30, 31, for which he is taken to task by Higden, p. 216. Later writers fix the site of this memorial on *Stanmore*, where *Reicross* afterwards stood, and give the inscription very differently. See Ushers *Antiquitates*, p. 303, and Camdens *Britannia*, vol. ii. pp. 123, 177.

Ibid. vv. 9978–10073.—The whole of this only occupies fourteen lines in Wace, vol. i. p. 246. The name of the Irish king, *Gille Caor*, with the notice of the introduction of the Irish language into Scotland, are curious additions by Laȝamon. See on the subject of these Picts, Usher, p. 302, and Chalmers, vol. i. p. 225.

P. 430. *v.* 10079.—Robert of Brunne adds in his Chronicle the following lines, out of Langtoft:

> Marius kyng in his lyf here
> Lyued nyne & fourty yere,

> & biried is at *Salesbiri*,
> Th[t] stands onne a playn fulle miri.—*f.* 34. *c.* 2.

So also of his successor the same writer adds,

> Ten ȝere he regned wele and riche,
> He lies biried at *Norwich*.—*ib.*

Compare Langtoft, MS. Cott. Jul. A. v. f. 14[b].

P. 431. *vv.* 10114–10123.—Wace only says, that Eleutherius heard Jesus Christ spoken of, and the miracles he did; without a word about Peter.

P. 433. *vv.* 10172–3.—Not in Wace.

P. 434. *vv.* 10178–10189. These lines are curious, and are amplified from the following passage in Wace:

> Les temples u li deu esteient,
> Ke li paien einceis creeient,
> *Unt sanctifiez e mundez.—MS. Cott. f.* 54. *c.* 1.

It must be observed, that Wace converts the *flamines* and *archiflamines* of Geoffrey into bishops and archbishops, and so also in the Welsh version. Robert of Brunne renders the lines in a singular manner:

> In th[e] lond were temples olde,
> Auht & tuenty grete, men tolde;
> The Latyn sais the temple flamyns,
> Som of *Makoun*, & of *Appolyns*;
> Som of *Diane*, som of *Berit*;
> Two archeflamyns were ther ȝit;
> At London was the archeflamé,
> & at Ȝork the tother se;
> The tother flamyns in the lond ware,
> Als the bisshop sees now ar.—*f.* 34[b]. *c.* 2.

P. 435. *vv.* 10204–10207. 10214–10229.—These lines are not in Wace.

P. 436. *v.* 10223.—Geoffrey has here a passage which Wace has thought proper to omit: "Confirmatione vero facta, reversi sunt in Britanniam, compluribus aliis comitati, *etc.* Eorum nomina et actus *in libro reperiuntur, quem Gildas de Victoria Aurelii Ambrosii inscripsit*," lib. iv. c. 20.

VOL. II.

P. 1. *vv.* 10230–10243.—Not in Wace or Geoffrey, whose fifth book commences about this place.

P. 2. *v.* 10254. *an hundred ȝere and sixti.*—In Wace, as in Geoffrey, the date of the kings death is given A.D. 156. The MSS. of Nennius read A.D. 164 or 167, as the date of his baptism. See Ushers *Antiquitates*, pp. 19–21. ed. 1687.

P. 3. *v.* 10270.—Wace and Geoffrey state that two legions were sent under Severus into Britain.

Ibid. *vv.* 10278–10307.—The whole of this passage is founded on four lines of Wace, who says, that by promises and gifts Severus succeeded in bringing a part of the Britons over to him, by whose aid he vanquished the remainder. Vol. i. p. 251.

P. 5. *v.* 10327. *Dæire.*—Robert of Brunne writes:

> In a cuntre men did grete schame,
> *Deire* was than the name;
> Fro Scotland vnto Thrilwalle,
> *Peihtlond* thei told it alle.—*f.* 35. *c.* 1.

P. 6. *v.* 10354. *scid wal.*—Wace has " un *palis.*" See Bedes account of it, lib. i. c. 5. The verses that follow, 10356–10363, are not in the French text.

P. 7. *v.* 10375. *Cise.*—So also in the text of Wace, MS. Cott., but two lines are here omitted in the printed edition. See Forduns remark on *Scythia*, lib. ii. c. 30, and Nennius, p. 28, " *Scythicam* vallem."

P. 9. *vv.* 10424–10441.—Amplified from the original, which merely states, that at the entreaties of the Romans, his body was interred at York with great honor.

P. 12. *vv.* 10478–10483.—Not in Wace.

Ibid. *vv.* 10494–10541.—In Wace, as in Geoffrey, Carausius is represented as making a short statement to the Roman *Senate*, but there is no speech, nor is it easy to divine whence Laȝamon has borrowed the name of *Cyrian*. Compare Bede, lib. i. c. 6.

Pp. 15–17. *vv.* 10564–10595. 10610–10617.—Not in Wace, who dilates on the ravages committed by Carausius *previously* to his arrival in Britain. Vol. i. p. 257.

P. 19. *vv.* 10642–10644. 10646.—Not in Wace. What authority Laȝamon had for fixing the battle near York, I am ignorant. The line in the French text, "Carais ad le rei occist," is only meant to express generally, that he was killed in the battle; but Laȝamon has understood it literally, as if he had been slain by the usurper himself.

P. 20. *v.* 10668. *twa ferden.*—Wace and Geoffrey have *three* legions, but Robert of Brunne agrees with Laȝamon.

P. 23. *vv.* 10742–10755.—Wace only says here, he sent messengers "par tut," but afterwards adds,

Al comand Asclepiadot
Vindrent Waleis e Escot;
De tutes parz Breton vindrent
Od tute cil ke lur part tindrent.—*MS. Cott. f.* 56. *c.* 1.

P. 25. *v.* 10798. *Scottene king.*—Geoffrey says, "venerunt *Venedoti*," i. e. the men of North Wales, and Wace names both the Scottish and Welsh forces. The verses which follow, 10802–10821, are an addition by Laȝamon, who has also invented the name of the king of Scotland, or derived it from some authority not now extant.

P. 27. *v.* 10839. *Galli.*—In Wace *Nengallum*, MS. Cott., and *Nantigal* in the anonymous Anglo-Norman Brut, MS. Reg. 13 A. xxi. f. 59[b]. c. 2. Geoffrey has "Britannice *Nantgallun*, Saxonice vero *Gallabroc*," MS. Reg. 13 D. ii. The supposed locality still bears the name of *Walbrook*.

P. 28. *vv.* 10862–3.—Not in Wace, and this addition seems to have been suggested to Laȝamon by the erroneous reading of *Glouchæstre*, v. 10856, which, although supported by the printed text of Wace, vol. i. p. 264, and by the Welsh version, is in the best MSS. *Colecestre*; and that the latter is the correct reading we know from Geoffrey, lib. v. c. 6, and it is confirmed by MS. Reg. 13 A. xxi. f. 24.

Ibid. vv. 10870–10909.—The whole of this passage is founded on an error. Wace only says that Maximian was sent into the west to destroy all the Christians dwelling beyond Mount Giu (the Great St. Bernard), and that the persecution extended into every country. In Britain is then noticed the martyrdom of Alban, Julius, and Aaron. Laȝamon has inferred that Maximian came himself to *Britain*, and has constructed his narrative on that mistaken notion.

Pp. 30. 31. *vv.* 10919–10920. 10934–5.—Not in Wace.

P. 31. *v.* 10940.—In Wace and Geoffrey it is more specifically mentioned, that he had subdued *Spain* to the Roman power.

P. 32. *vv.* 10954–10999.—The substance of this, briefly narrated in sixteen lines, is in Wace, vol. i. p. 266.

P. 34. *vv.* 11016–11029.—Not in Wace. It is hardly necessary to note, that Eutropius and Bede speak of Helena only as *concubine* to Constantius, lib. i. c. 8.

P. 36. *vv.* 11062–11077.—Not in Wace.

P. 37. *v.* 11078. *thrittene ȝere.*—Wace says, "*Unze* anz, un poi plus aveit," and so Geoffrey, who fixes the death of Constantius at York; but according to Nennius it took place at Caer Sergeint, near Caernarvon, where his tomb remained, and where later historians state his body to have been found in the reign of Edward the First. See Gunns note, p. 98, and Stevensons, p. 20.

P. 40. *vv.* 11140–11145.—Not in Wace or Geoffrey, who merely state that Maxentius was deprived of his kingdom. The mention also of Helena being at Rome, v. 11148, is introduced by Laȝamon, in the same manner as the account of her going to Rome is engrafted by Wace on the original Latin text.

Ibid. *v.* 11153. *bitæhte Rome.*—This is a misinterpretation of the French text, which only says that they were made of senatorial dignity, vol. i. p. 270.

P. 41. *vv.* 11170–11173. 11176–7.—Not in Wace.

P. 42. *v.* 11194. *Walsce lond.*—Geoffrey says, "dux *Gewisseorum*," which in the Welsh translation is rendered "earl of *Erging* and *Euas*," which Roberts informs us are two small districts of Monmouthshire, p. 97. We learn, however, from Bede, lib. iii. c. 7. that the West Saxons anciently bore the name of *Gewissæ*; probably from Gewis, the great grandfather of Cerdic.

Pp. 43. 44. *vv.* 11214–11221. 11226–7. 11232–11235.—Not in Wace. The forces brought over by Trahern are stated in the French text to be *two* legions, but in Geoffrey, *three.*

P. 44. *v.* 11251.—Wace has here (out of Geoffrey) two lines, designating the field of battle, which are omitted by Laȝamon,

> En un champ ki out non *Maisure*
> Fu la bataille entr'els mult dure.—*MS. Cott. f.* 57*b*. *c.* 1.

The editors note, vol. i. p. 271, is very faulty. It is remarkable that these lines should also be omitted by Robert of Brunne. According to the Welsh copies the spot was named *Maes Urien*, i. e. the field of battle of Urien.

P. 45. *vv.* 11256. 11264–11267. 11274–11277.—Not in Wace, who omits again the locality of the battle as given by Geoffrey;—"in provincia quæ *Westmarialandia* [Westmoreland] vocata fuit, dimicavit." lib. v. c. 8.

P. 46. *vv.* 11290–11295.—Not in Wace.

P. 47. *vv.* 11302–11339.—The whole of this is due to the invention of Laȝamon. Wace merely says, in four lines, that Octaves secretly prayed the friends he had left in Britain to put Trahern to death.

P. 48. *vv.* 11342–11345. 11348–9.—Not in Wace.

Ibid. vv. 11350–11369.—The name of this earl is solely found in Laȝamon, and the narrative is altered and amplified. Geoffrey only says, "comes oppidi municipii," and Wace, "*un quens*." Compare the printed text, vol. i. p. 273. The duration of Traherns reign, v. 11382, is also unnoticed in the French text, and Geoffrey writes in general terms "usque in dies Valentiniani et Gratiani," but Langtoft fixes it at *thirty-two* years.

P. 50. *vv.* 11396–11401.—Not in Wace.

P. 51. *v.* 11415.—The Conan here named was *Conan Meriadoc*, the kings nephew.

P. 52. *vv.* 11424–11459.—These lines are due to Laȝamon alone, in which it must be confessed he has shewn a sad ignorance and disregard of history and chronology; although in a narrative of this kind we ought not to expect much accuracy in either. He supposes, apparently, that Constantine and Helena survived to the time of Gratian and Valentinian, and were then king and queen of Jerusalem!—errors so extravagant as to exceed even those of the Latin Brut. According to the best historical evidence, Constantine came to the empire A.D. 306, and died A.D. 337. His mother Helena died, aged eighty, A. D. 326. Gratian and Valentinian junior became joint emperors, A.D. 374. and the accession of *Maximus* as tyrant of Britain, (for whom Nennius and Geoffrey falsely substitute *Maximian*) took place A.D. 382.

P. 54. *vv.* 11484–11517.—This is comprised in Wace in six lines, which merely state that Conan, by the kings leave, sent his son Maurice to seek Maximian at Rome. There is no mention of *Orien* elsewhere, but the Welsh copies call the kings daughter *Helen*.

P. 56. *vv.* 11536–11617.—In Wace this occupies only four lines.

P. 60. *vv.* 11626–11633. 11636–11639.—Not in Wace. In Geoffrey, lib. v. capp. 10. 11. are some details relating to the arrival of Maximian, which are omitted by the French versifier.

P. 61. *vv.* 11646–11657.—These lines also are not in Wace. The town referred to is *Conisburgh*, halfway between Doncaster and Rotherham, in the West Riding of Yorkshire. Laȝamon commits an error in placing it in Scotland. See Camden, vol. ii. p. 82. It was here that Hengist was at a subsequent period taken prisoner.

P. 62. *v.* 11675. *fif ȝere.*—In the printed text of Wace and MS. Cott. we read "en *treis* anz," but Geoffrey has "emenso *quinquennio*," and with this agrees the metrical Anglo-Norman Brut in MS. Reg. 13 A. xxi. f. 62. c. 2.

P. 63. *vv.* 11690–11695. 11704–5. 11710–11721.—Not in Wace.

P. 64. *v.* 11735.—The death of Humbold is not noticed by Wace, but occurs in Geoffrey.

P. 65. *vv.* 11742–11755.—In Wace and Geoffrey this passage is inserted subsequently. The latter has "iverunt *Redonum*," which Wace renders, "D'iloc sunt à Resnes alé." In the printed text the line is given falsely, vol. i. p. 281.

P. 66. *vv.* 11766–11769.—Not in Wace.

Pp. 67. 68. *vv.* 11786–11807. 11825–11838.—These passages must be taken together, and contain considerable variations from the French and Latin texts. In the latter, after the capture of *Rheims*, Maximian sends to England, and orders 100,000 workmen to be sent over, and 30,000 knights, who might defend the people. There is no mention of *Aðionard* (*Dionot*) in this transaction, nor any notice of *women* to be sent, and indeed there ought not to be, since the application for them properly comes in afterwards, and proceeds from *Conan*. See with regard to this expedition of Conan [Cynan Meiriadog] the remarks in Lobineau, *Hist. de Bretagne*, tom. i. p. 6. fol. 1707, in the *Cambro-Briton*, vol. i. p. 87, 8vo, 1819, and in "Britannia after the Romans," p. 17, 4to, 1836. See also the curious passage in Nennius, p. 20. ed. Stev. on the limits of the territory granted by Maximian to the Britons.

P. 69. *v.* 11848. *Luveine.*—For *Lovaine* some copies of Wace read *Alemaigne*, as in Geoffrey. Other MSS. add, that Maximian made Treves the capital of his kingdom.

Pp. 69. 70. *vv.* 11852–11856. 11867–11884.—Wace only speaks of the deaths of Caradoc and Maurice incidentally, as preceding the departure of Maximian from England. To the kingdom of Cornwall, which was the heritage of Caradoc, succeeded Dionot, his younger brother, to whom Maximian committed the custody of Britain.

P. 70. *vv.* 11859–11862.—Wace says, on the contrary,

L'un en chaça, e l'autre occist.—*MS. Cott. f.* 59. *c.* 2.

Compare Geoffrey, lib. v. c. 14, where it is remarkable that he borrows the very words of Gildas, p. 21. edit. Stevenson.

P. 71. *vv.* 11897–11914.—Not in Wace.

Ibid. v. 11924.—In the original he requests also to have *vavasors* daughters sent to him, as wives for his principal men, and peasants daughters for the inferior classes. The lines which follow in Laȝamon, 11925–11936, are an addition of his own.

P. 73. *vv.* 11945–11954.—Wace says that Dionot assembled 11,000 maidens of gentle birth, and 60,000 of lower degree.

P. 74. *v.* 11960. *seouen and twenti scepen.*—The number of ships is not mentioned in Wace.

P. 75. *vv.* 11981–11984. 12001–12010.—Not in Wace, whose description of the tempest, vol. i. p. 285, should be compared with the English version. As to the name of *Oriene*, v. 12004, and v. 12099. of the earlier English text, it would appear to be a mistake for *Ursele*. The error would seem to have arisen from the previous introduction of the name *Oriene*, as the daughter of Octaves, pp. 55. 59.

P. 76. *vv.* 12011–12116.—The narrative of Laȝamon differs so much here from his original, that it will be best to give a version of the corresponding passage in the French text.—" Many of the ships were destroyed by the storm, and many of the maidens drowned. Some of them, who escaped, and arrived among pagans, were slain, sold, or reduced to slavery. Eleven thousand were taken to Cologne, and there beheaded. Ursele was among the number. They were martyrs, and are saints, and the people of the country celebrate their festival. Many of them met with the fleet of Ivains and Melga, roving on the sea. Ivains was king of Hungary, and Melga of Scythia [falsely printed *Escoce* in Le Roux de Lincys edition, vol. i. p. 287]. They put to death many of the maidens, because they refused to cohabit with them." Vol. i. pp. 286–288. It will be remarked that Laȝamon omits designedly all mention of the *Cologne legend*, and attributes the death of Ursula to the pagan Melga, with the addition of circumstances which take away all her pretensions to a crown of virginity. Geoffrey also has nothing of this legend, but adds a circumstance unnoticed by Wace, " Erat autem Guanius rex Hunnorum, Melga vero Pictorum, *quos asciverat sibi Gratianus, miseratque in Germaniam, ut eos qui Maximiano faverent, inquietarent,*" lib. vi. c. 16. The scene of the slaughter of the maidens he places " in barbaras insulas," which in Robert of Brunne is converted into *Barbary*, and the pagan kings called by him *Saracens!* See, on the subject of this legend, the collections of Usher, *Antiquitat.* pp. 108. 331.

P. 82. *vv.* 12149–12180.—Not in Wace, who says only,

> E il lur tramist Gratian;
> Un chevaler mult succurable,
> De dous legions conestable.—*MS. Cott. f.* 60. *c.* 1.

It is evident that Laȝamon has here again fallen into error, and supposed this Gratian to be the same with the emperor, who, he tells us previously, had been put in bonds by Maximian. This is quite contrary to history, which informs us that Gratian was slain by one of the generals of Maximus, A.D. 383. On the other hand, this Gratian dispatched to Britain is identified by Geoffrey with the *Gratianus Municeps*, who in A.D. 407. became emperor in Britain, and was slain after a reign of a few months. Yet this is equally at variance with true chronology, since Maximian (or more truly Maximus) was slain A.D. 388, a period of nineteen years before the appearance of Gratian Municeps in Britain. But it is useless to discuss further such contradictions in a work which properly belongs to a cycle of fiction.

P. 83. *vv.* 12187–12236.—Much of this proceeds from the invention of the English paraphrast, since Wace only states that the relatives and friends of Valentinian, with the assistance of Theodosian [Theodosius], took Maximian by force at *Aquileia*, and put him to death. Those of his British forces who escape join their comrades in Armorica. In this brief narrative it is curious to remark, that he corrects Geoffrey, who says, that Maximian was slain at *Rome*; a tradition which, apparently, must have been popular, since we meet with it again in Laȝamon.

P. 86. *v.* 12239.—Here begins the sixth book of Geoffrey.

Ibid. vv. 12253–12336.—We have in this passage a singular example of the mode in which Laȝamon has engrafted his own inventions, or perhaps traditions gleaned from unknown sources, on the short narrative of the original writers. The account Geoffrey gives of this circumstance is comprised in a single line, "caterviis factis, plebs in eum irruerent et interficerent," lib. vi. c. i. Wace adds, that the people tore his body to pieces like enraged mastiffs. MS. Cott. f. 60. c. 1. The anachronism in the English text of introducing *Saxon* names before the settlement of the Saxons in England will not fail to strike the reader.

P. 91. *vv.* 12360. 12364–5.—Not in Wace.

P. 93. *vv.* 12401–12406. 12417–12420.—In the French text it is briefly stated that a single legion was sent, and no mention is made of the commanders name, nor do I elsewhere find it. See Turners remarks on this event, who fixes its chronology to the year 399. *Hist. of Anglo-Saxons*, vol. i. pp. 169–172. ed. 1836. It is certain, from a passage in Claudian, *De Bello Getico*, that the legion then sent to Britain had returned to Italy, and was at the battle of Pollentia early in the year 403.

P. 93. *vv*. 12422–12426.—Compare Bede, lib. i. c. 12. § 29. 30. ed. Stevenson.

P. 94. *vv*. 12433–12529.—Wace only notices that a meeting was held, but does not say where. Vol. i. p. 292. Instead of *Phebus*, v. 12461, he says, "un sage home i out," and the speech is much amplified in the English version. In Geoffrey, lib. vi. c. 2, the speech is given to Guethelinus, bishop of London.

P. 99. *v*. 12544. *Brattes bilafden*.—According to Bede, the Romans finally quitted Britain A.D. 410. See Turner, vol. i. p. 180.

P. 101. *vv*. 12590–5.—Not in Wace. It is remarkable that Geoffrey in the description of this assault of the wall copies the exact words of Bede, lib. i. c. 12. § 31, who borrows them from Gildas, § 19.

Ibid. *v*. 12609.—Wace says, "ont envoyé as senators," but in Geoffrey (as in Bede and Gildas) the Britons are stated to have addressed themselves to Aetius, who was consul with Symmachus, A.D. 446. See Turners remarks, *loc. cit*.

Pp. 103. 104. *vv*. 12640–12655. 12662–12697.—Not in Wace; who merely says, that Guencelin passed to Armorica by the advice of the assembled bishops.

P. 106. *vv*. 12724–12735.—Not in Wace.

P. 109. *v*. 12795.—In the Cotton MS. and several other copies of Wace six lines are here added from Geoffrey, intimating that the archbishop bestowed his solemn benediction on Constantine.

Pp. 110. 111. *vv*. 12815–12822. 12832–12841.—Not in Wace.

Ibid. *vv*. 12842–12879.—All that Wace has on the subject is comprised in four lines:

> Ke vus frai jeo lung plait
> Tant unt erré e tant fait,
> La male gent unt vencue,
> Ke la terre aveit confundue.—*MS. Cott. f.* 62. c. 1.

P. 113. *vv*. 12881. *Selechæstre*.—Geoffrey has *Silcestrium*, MS. Reg. 13 D. ii., but Wace *Cirecestre*, as in the later English text, which is also found in Alfred of Beverley, Higden, and others. Robert of Gloucester reads *Cicestre*.

P. 114. *v.* 12893. *of Bruttene*.—Wace on the contrary says, "Ke de gentilz *Romains* fu née," and so Geoffrey. In Robert of Brunne it is oddly translated,

> Wife he toke auenant and gode,
> Sibbe the bisshop of Romeyns blode.—*f.* 42. *c.* 1.

Ibid. vv. 12910–12911.—The similarity of the corresponding lines in Robert of Brunne, who wrote near 130 years afterwards, is remarkable.

> The tother sone hight Aurelius,
> His to-name was Ambrosius.—*f.* 42. *c.* 1.

P. 115. *v.* 12927. *twælf*.—So the best MSS. of Wace, but the printed text has *deus*. Geoffrey reads *decem*, and with him agree the anonymous metrical Brut, MS. Reg. 13 A. xxi., Robert of Brunne, and one of the Welsh copies.

Ibid. vv. 12931–12953.—There is nothing of this in the French text, which only says,

> Un traitor, un mal felon,
> Ki longement l'aveit servi,
> Puis l'out, ne sai pur quei, hai.—*f.* 62. *c.* 1.

The name of the traitor is found only in Laȝamon.

P. 117. *v.* 12967.—In one manuscript copy of Wace are two lines attributing the murder of the king to Vortigern, vol. i. p. 305; and Robert of Brunne appears to have used a similar copy, for he writes,

> Priuely the fame ȝede,
> Th[t] Vortiger gart do th[t] dede.
> Vortiger was of the Walsherie,
> An earle th[t] lufed tricherie, *etc.*—*f.* 42. *c.* 2.

P. 118. *vv.* 12995. *Aurelien Ambrosiam*.—Wace only says, "Un des dous aveient choisi," and Geoffrey, "alii itaque acclamabant Aurelium Ambrosium, alii Uther Pendragonem, alii ceteros ex generatione propinquos," lib. vi. c. 6.

Ibid. vv. 13002–13014.—In Wace, Vortigerns speech is in favor of making the monk Constant king, and offering to take the sin of such a proceeding on himself. The barons consent, although it seemed to them a horrible thing to do.

P. 119. *vv.* 13021–13024.—Geoffrey calls him "consul *Gewisseorum*."

Wace only says,

> Un fort home, en Gwales maneit,
> Riches fu, e queus esteit.—*f.* 62. *c.* 2.

See a previous note, p. 344.

P. 120. *vv.* 13043–13062.—Not in Wace.

P. 121. *vv.* 13067–13070. 13075–13088.—Not in Wace, who says briefly, that Constant swore to all that was required of him.

P. 122. *vv.* 13097–13242.—All this is comprised in eight lines of the French original, by comparing which, vol. i. p. 307, the curious additions of Laȝamon will be obvious. There is nothing said in the former of any stratagem used to carry off Constanz from the monastery, but simply that Vortigern brought him away, put royal garments on him, and conducted him to London. The anachronism relative to St. Benedict, v. 13159, who lived a century after the time of Vortigern, is to be laid to the charge of the English writer.

P. 129. *v.* 13243. *i þere ilke wike.*—Wace and Geoffrey merely say, that the archbishop had died previously.

P. 131. *vv.* 13319–13328.—In Wace, the enumeration of the enemies is much briefer,—

> Ke semblé sunt li *Daneis*,
> E de *Norwege* les Noreis.—*f.* 62[b]. *c.* 2.

The allusion to *Russia* at this early period (which does not occur in Wace) is of interest. We know from Fitzstephen, that in the reign of Henry II. foreign merchants brought furs from Russia to London as articles of commerce, so that by the commencement of the 13th century, when Laȝamon wrote, some general knowledge of this remote country must have been diffused.

P. 134. *v.* 13377. *threo hundred.*—In Wace no number is given, but in Geoffrey it is said *one hundred* Picts were invited.

Pp. 135–142. *vv.* 13381–13420. 13423–13432. 13453–13464. 13511–13516. 13537–13556. 13562–13590.—Not in Wace.

P. 142. *v.* 13564. *Gille Callæt.*—This name is remarkable, supposing it to have been gleaned from any tradition. It does not appear in history.

P. 144. *vv.* 13593–13718.—This is told in Wace in thirteen lines. The Picts present the kings head to Vortigern, and desire him to assume the sovereignty. He pretends great grief, assembles the people of London [falsely printed *Rome*], and causes the traitors to be executed; edit. vol. i. p. 313.

P. 150. *vv.* 13739–13740.—Not in Wace.

P. 151. *vv.* 13777–13784.—No such intention is mentioned in Wace or Geoffrey.

P. 152. *v.* 13789. *inne þere Temese.*—The Cotton MS. reads, "A *Sandwis*, un port, ariverent," and so does the MS. du Roi, 73 Cangé. Geoffrey has only "in *partes Cantiæ*," but the Saxon Chronicle and other authorities state, that Hengist and Horsa landed at *Ebsfleet*, in Thanet. Compare Gildas, p. 30, Nennius, p. 24, Bede, lib. i. c. 15, and Turners *Hist. of Anglo Saxons*, vol. i. p. 254.

Ibid. *vv.* 13793–13800.—Not in Wace, nor is the number of the Saxons elsewhere mentioned. Turner seems to think, that in the present instance Laȝamons statement must be near the truth.

P. 153. *vv.* 13821–13840.—Wace only says, the king looked at the two brothers, who were taller and fairer than the rest, and inquired from what land they came.

P. 154. 155. *vv.* 13849–13866. 13873–13882.—In Geoffrey, "*Saxonica tellus* nos edidit, una e *Germaniæ* regionibus," and in Nennius, "a *Germania*." Wace has, "De *Saissoigne*, dist il, venom." The lines which follow in Laȝamon seem to have been erroneously translated by him, or, at least, with not sufficient precision. Wace does not say, that the youth were assembled at periods of fifteen years, but that all those of *fifteen years of age* and upwards were collected, and the strongest among them chosen to settle elsewhere. See on this subject, Gunns note to Nennius, p. 149.

P. 156. *v.* 13889.—In Wace Hengist says, that they have come to Britain under guidance of their god *Mercury*, on hearing which, the king inquires respecting their faith; and so also in Geoffrey.

P. 157. *vv.* 13909–13912.—Geoffrey only names *Saturnus*, *Jupiter*, *Mercurius*, and *Frea*; to which Wace adds *Phebus*. Both notice that Mercurius was the same with Woden; a circumstance that Laȝamon has overlooked. The versification of this passage in the metrical Latin Brut composed in the 13th century is curious:

> Respondens Engistus ait, Nos numina celi,
> Cum *Jove Junonem* colimus, cum *Pallade Martem*,
> *Saturnumque* senem, satiros, fanesque (*sic*) laresque,
> Innumerosque alios; preponimus omnibus illis
> *Mercurium*.—*MS. Cott. Jul. D.* XI. *f.* 30[b].

The additional names in the English version of *Appollin* and *Tervagant* were in all probability borrowed from the Anglo-Norman writers of the 12th century. See the *Chanson de Roland*, edited by M. Michel, 8vo, Par.

1837. In the *Roman de Lancelot*, written by Walter Map in the 12th century, a Saracen is made to say to Joseph of Arimathæa, "Nous ne avons que *quatre* dieux, *Mahom, Tervagant, Apolin, et Jupin*," vol. ii. f. xlvi. ed. 1533. See a previous note, p. 326.

P. 158. *vv.* 13929–13930. 13933–13936.—Not in Wace.—See Turner, *Hist. Anglo-Sax.*, vol. i. p. 216.

P. 159. *vv.* 13961–13966.—Not in Wace.

P. 160. *vv.* 13971–14016.—The first portion of this passage is comprised by Wace in two lines:

Sempres fu la curt respleiné
De mut gent bachelerie.—*MS. Cott. f.* 64[b]. *c.* 1.

He then proceeds to state, that the Picts soon after passed the Humber with a great force, and burnt and destroyed the country. The king was informed of it, and marches against them with the Saxons and Britons. Vol. i. p. 322.

P. 163. *vv.* 14039–14048. 14051–14060.—Not in Wace. With regard to the territory bestowed on Hengist, Nennius says it was the *Isle of Thanet*, p. 24. ed. Stevenson, but Geoffrey writes, "in *Lindeseia* regione," in Lincolnshire, MS. Reg. 13 D. ii.

Pp. 166–169. *vv.* 14105–14124. 14143–14146. 14189–14194.—Not in Wace.

P. 170. *vv.* 14201–14230.—Wace has only four lines on the subject.

P. 171. *vv.* 14241–14246.—These lines are curious, if they can be depended on. In the Cotton MS. of Wace they do not occur, but in the printed text, vol. i. p. 327, are some lines which seem to countenance the statement:

Premièrement ot nom *Wancastre* [*Thuancastre*],
Or l'apèlent pluisor *Lancastre*.

The site is placed by Camden at Caster, six miles from Great Grimsby, in Lincolnshire, vol. i. p. 431; but others, with more probability, place it at Tong, near Milton, in Kent. See Lambards *Perambulation of Kent*, 4to. 1596. p. 243, and Hasteds *Hist. of Kent*, vol. ii. p. 601.

P. 172. *vv.* 14249–14254.—Geoffrey and Wace only say, that eighteen ships arrived, filled with men. In Nennius the number is stated to be *sixteen* or *seventeen*, as the MSS. vary, p. 28. ed. Stev.

P. 173. *vv.* 14279–14282.—Not in Wace.

P. 174. *v.* 14317.—The name of the interpreter is not given in Geoffrey, but Wace borrowed it from the text of Nennius, p. 28. In some copies of the French text are added the following lines:

> Brez ert, et bons latiniers;
> Co fu li primers des Bretuns,
> Ki solt le language as Saissons.—*MS. Cott. f.* 65*b*. *c.* 1.

Robert of Brunne has mistaken *Brez* for a proper name, and renders the passage,

> A knight ther langage lerid in ȝouthe;
> *Ebrez* hight th^t knight, born Bretoun,
> Th^t lerid the langage of Sessoun, *etc.*—*f.* 45*b*. *c.* 1.

P. 175. *vv.* 14339–14342.—Not in Wace.

P. 176. *vv.* 14353–14356.—Compare the corresponding lines in Robert of Gloucester, vol. i. p. 118. In addition to the notes of Selden on Draytons *Poly-olbion*, p. 153, and of M. Le Roux de Lincy on the printed text of Wace, vol. i. p. 331, see Gaimar, MS. Reg. 13 A. xxi. f. 134. c. 1; an article in the *Foreign Quarterly Review* [by Thomas Wright], No. 32, Jan. 1836, p. 391; another in the *Athenæum*, for December, 1836; Bosworths Preface to his Anglo-Saxon Dictionary, p. liv.; and a note of M. Michel, in his *Rapport* to the Minister of Public Instruction, p. 61. 4to. Paris, 1839.

P. 178. *vv.* 14393–6.—Not a word about *London* occurs in Nennius, Geoffrey or Wace; and with regard to *Kent*, they state it was previously made the condition of Rowenas nuptials.

P. 179. *vv.* 14413–14422.—Wace only says, the kings sons hated and abandoned him, on account of the Pagans. Their mother was then dead.

Ibid. vv. 14423—14443.—These lines are not in Wace, in whose text at this place there seems to be some defect, from the abrupt introduction of the speech of Hengist. In one of the MSS. the scribe has endeavoured to remedy the hiatus, but very awkwardly. See the printed edition, vol. i. p. 334.

P. 181. *v.* 14469. *wed-broðer*.—Nennius writes, "filium meum, cum *fratrueli* suo," p. 29, and Geoffrey, "filium meum Octam, cum *fratre* suo Ebissa." Wace in the first instance calls Ebissa *cousin* of Hengist, and afterwards *nephew*. In the Saxon Chronicle, a°. 656, the term *wed-brother* signifies a *brother by baptism*, pledged at the font together.

Ibid. v. 14472. *norð ende*.—Wace has "vers *Escoce*," and Geoffrey "juxta murum inter Deiram et Scotiam;" which he borrows from Nennius.

Pp. 181. 182. *vv.* 14480–14483. 14490–14501.—Not in Wace.

Pp. 183. *vv.* 14508–14527.—Geoffrey and Wace also fix the number of ships at 300, but do not give the number of the adventurers, except in general terms. In Nennius, p. 29, the number of ships is reduced to *forty*. Geoffrey adds, that Cerdic came with Octa and Ebissa, lib. vi. c. 13. Compare the Saxon Chronicle, a°. 495.

P. 185. *vv.* 14568–14591.—Not in Wace, and the rest of the speech is comprised in a brief narrative of six lines. The kings reply is given in two lines, simply to the effect that he would not give up his mercenaries, since they had served him well. The lines which follow in Laȝamon, 14608–14625, are entirely due to his own invention.

P. 188. *vv.* 14628–14637.—Not in Wace.

P. 189. *vv.* 14650–14749.—Laȝamon has here greatly dilated his original, and, by an error, has confounded together the first two conflicts between the Britons and Saxons. Wace states, that Vortimer conquered the Saxons four times: first on the river *Derwent*; secondly, near *Epiford*, at a ferry; thirdly, on the sea-coast; and lastly, in the Isle of *Thanet*. It is certain, however, that he was ignorant of the localities, for he speaks of the Saxons flying from *beyond the Humber* to Kent. The order of the battles is the same in Geoffrey, and in the text of Nennius, as printed by Gale, but in the emended edition by Stevenson, p. 35, the *first* conflict is assigned to the Isle of Thanet; the *second*, on the Derwent, conjectured to be the *Darent*, in Kent, and the same with the battle of *Crayford*, placed in the Saxon Chronicle under the year 457; the *third*, at *Episford*, supposed to be near Aylesford, on the Medway, in Kent, assigned by the Saxon Chronicle to A.D. 455; and the *fourth*, at a place called *Lapis Tituli*, opposite the French coast, which is conjectured to be *Stonar*, in the Isle of Thanet, or *Folkestone*, in Kent. See the notes of Gunn and Stevenson, and Turners *Anglo-Saxons*, vol. i. p. 262. ed. 1836. In the later Chroniclers these names are much corrupted.

P. 191. *v.* 14711.—Bede says, lib. i. c. 15, that the monument of Horsa still existed in his time, in the eastern part of Kent, the site of which is supposed to be *Horsted*. See Hasteds Kent, vol. ii. p. 177, and *Archæologia*, vol. ii. p. 107.

P. 193. *vv.* 14748–14771.—Wace tells us briefly, that the Saxons sent to Vortigern, praying him to intercede with Vortimer, that they might depart out of the land in peace.

P. 194. *vv.* 14792–14797.—Not in Wace.

P. 195. *vv.* 14806–14815.—With regard to this mission of Germanus, bishop of Auxerre, and Lupus, bishop of Troyes, who were sent by the Gallic Synod (some say by pope Celestine,) to combat the Pelagian heresy in Britain, A.D. 429, a gross anachronism has been committed. Germanus came over a second time in 447, and died the following year. It is therefore probable, that to this second arrival the narrative of Nennius must refer, p. 24, although even then it is impossible to reconcile the date with the fables told of the Saints intercourse with Vortigern. Geoffrey has borrowed from Nennius (to whom he refers under the name of *Gildas*), but by associating Lupus with Germanus, he confounds the *first* arrival of the bishop of Auxerre with the *second*, lib. vi. c. 13. Then comes Wace, who increases the difficulties, by placing the mission of these bishops in the time of Vortimer [A.D. 464–468], and by way of heaping absurdity on absurdity, names the pope who sent them *Romanus*, whereas the only pope of that name who appears on the list, usurped the See from Sept. 897 to Feb. 898! Laȝamon, of course, copies these errors, and invents some additional circumstances. See on this subject Bede, lib. i. c. 17, Usher, pp. 204–206, and Lingards *Antiquities of the Anglo-Saxon Church*, vol. i. p. 6. 8vo. 1806. The name of the bishop of Troyes is given correctly in Geoffrey, *Lupus*, which in Wace takes the form of *Lous* or *Leous*, and thence the *Leois* of Laȝamon, and *Loys* of Robert of Brunne.

Pp. 195. 198. *vv.* 14816–14879. 14884–14891.—Not in Wace.

P. 199. *vv.* 14902–15027.—Instead of this long and curious detail, Wace has only two lines,

Rowen, cum mal marastre,
Fist envenimer son filastre.—*MS. Cott. f.* 66[b]. *c.* 1.

Nennius is wholly silent as to the cause of Vortimers death, and Geoffrey says, that Rowena, "ascitis universis veneficiis, dedit illi per quendam familiarem suum [*chamberlain*, MS. Reg. 13 A. xxi. f. 67[b]. c. 1.] *venenum potare*, quem innumerabilibus donariis corrumperat," lib. vi. c. 14. It is difficult to conceive that Laȝamon should here have departed so much from his original, unless he borrowed from some popular tradition of the treachery practised.

P. 206. *v.* 15057. *an chæsten.*—Geoffrey writes, "jussit sibi *pyramidem* fieri *æream*;" a circumstance omitted by Wace. The locality indicated in *vv.* 15070–1, is an addition by Laȝamon.

P. 207. *v.* 15089. *an hundred ridæren.*—"*petit de gent*," Wace; "cum *paucis*," Geoffrey.

P. 208. *vv.* 15102–15105.—In Geoffrey and Wace the number of ships is not given, but the forces are stated to amount to 30,000. The Welsh version ascribed to Tysilio (if any dependence can be placed on the printed text) estimates the ships at sixty sail, and the author of the anonymous Anglo-Norman Brut says,

Nefs amenat plus que *treis cent.*—*f.* 68. *c.* 1.

The place of landing occurs only in Laȝamon.

P. 209. *vv.* 15136–15159.—In Wace only two lines;—that the Britons should retain such a number of men as they chose, and the rest should go away.

P. 210. *vv*. 15168–15183.—Not in Wace.

P. 211. *v*. 15184. *ænne isetne dæi*.—According both to Wace and Geoffrey, the meeting was fixed to take place on the calends of May.

Ibid. vv. 15190–1.—These two lines are an addition by Laȝamon, and in all probability the allusion is to *Allington*, about four miles from Ambresbury, the ancient name of which was *Ellen-dune* (Sax. Chron. aº. 823.), "that is," says Gibson, out of Brian Twynes Collections, "*Ellenge* doune, or a place naked, desolate or wild." See Camdens *Britannia*, vol. i. p. 200. Others refer the name of Ellendune to Wilton. In either case Laȝamon is mistaken as to the site of Stonehenge.

P. 212. *vv*. 15192–15209.—In Wace thus:—the king required that Hengist should come accompanied by only a few followers, which he granted, and asked in return, that no arms should be borne, for fear of an affray. Vol. i. p. 344.

P. 213. *vv*. 15220–15247.—Not in Wace, except as above cited.

P. 215. *v*. 15270. *feouwer hundred and fife*.—The number of the slain is stated in Wace and Geoffrey to amount to 460; but in Alfred of Beverley, in the anonymous Anglo-Norman Brut, in Robert of Brunne, and in the Welsh copies, the number is 360. Nennius reduces the number to 300. In the printed edition of Geoffrey, 1587, is an interpolation by a later hand (borrowed from lib. viii. c. 9.), that the bodies of the slain were buried by St. Eldad in the cemetery of the convent of Ambresbury, not far from *Kaercaradauc* or Salisbury, lib. vi. c. 15.

P. 216. *vv*. 15290–15293. 15298–15301.—The details here given are due to the invention of Laȝamon. Geoffrey only says, that Eldol seized a stake (*palum*), which he found by chance, and Wace expressly writes,

> Tint un grand *pel* en sun poin destre;
> A sez pez l'out gisant trové,
> *Ne sai ki la l'out aporté*.—*MS. Cott. f.* 67*b*. *c*. 1.

Ibid. v. 15306. *þreo and fifti*.—In Wace and Geoffrey the number is *seventy*; in Robert of Brunne "*seventi* and *ten*."

P. 217. *vv*. 15312—15321.—Not in Wace.

P. 218. *vv*. 15350–15382.—Most of the circumstances here related appear to be due to the imagination of the English writer; at all events, they are not to be found elsewhere. Wace tells us, that Vortigern granted the Saxons the provinces of Sussex, Essex, and Middlesex, in fee, which corresponds with the text of Nennius, as edited by Gunn. But it is singular that Wace here should differ from the Latin of Geoffrey, which he usually copies closely, and in which it is stated, that pursuant to the compact with Vortigern, the Saxons took possession of the cities of London, York, Lincoln, and Winchester, and slaughtered the people like sheep. See the judicious remarks of Turner on these exaggerated statements, in his *Anglo-Saxons*, vol. i. p. 264. The truth appears to be, that Hengist never extended his conquests beyond the boundaries of Kent.

P. 220. *vv.* 15389–15391. 15394–5.—Not in Wace.

Ibid. vv. 15400–15471.—The corresponding lines to these in the French text, vol. i. p. 349, merely state, that Vortigern assembled his *sortisséors*, and sought from them counsel how to defend himself. They advise him to build a tower, so strong as to be impregnable. He then chose a spot whereon to build it, and fixed on the hill of *Reir* for that purpose. To prosecute the work the best masons are employed. Vol. i. p. 354. Geoffrey tells the story in nearly the same terms, which he appears to have borrowed from Nennius, p. 31. The hill of *Reir*, *Rir*, *Erir* or *Heriri*, is believed to be Snowdon in Caernarvonshire, on which still remain the traces of a building, called by popular tradition *Dinas Emris*, i. e. the fortress of Ambrosius. See Gunns Notes, p. 164.

P. 224. *vv.* 15478–9. 15488–15493.—Not in Wace.

P. 225. *vv.* 15506–15509. 15512–15519.—These lines are not in the French original, nor is the name of *Joram* there mentioned. The reply relative to the child is given as proceeding from the whole body of sorcerers, and not from their chief, as in Laȝamon.

P. 227. *v.* 15551.—Nennius fixes the spot where Merlin was found at a place called *Campus Ellecti*, which is supposed by Roberts, with some probability, to be the village called in Welsh *Bassaleg*, in Monmouthshire. See *Cambrian Popular Antiquities*, 8vo. 1815. p. 58, and Stevensons Notes on Nennius, p. 31.

P. 229. *vv.* 15596–15657.—In Wace this passage is given thus: The messengers of the king, hearing these words, inquired of the neighbours concerning Merlin, and are told that his mother, daughter of the king of Demetia, a part of Wales, was a nun in the town, and that she knew not by whom her son had been begotten. They then go to the provost (whose name is not mentioned), and order him to send the boy and his mother to the king, which is done.—With this narrative Geoffrey agrees, but adds, that Merlins mother was a nun "in ecclesia *Sancti Petri*."

P. 232. *vv.* 15662–15665.—Not in Wace.

P. 232. *vv*. 15668–15681.—In the French text there is no question put to the lady respecting her parentage, nor does the name of *Conaan*, as her father, occur elsewhere. Nennius causes Merlin to say, that he is the son of a *Roman consul*, which can scarcely be reconciled with Geoffreys story. In the French *Roman de Merlin*, composed in prose by Walter Map before the close of the 12th century, his mother is represented as the daughter "d'ung preudhomme moult riche," f. ii. ed. 4to. 1498.

P. 233. *vv*. 15696–15705,—Not in Wace.

P. 234. *vv*. 15710–15711. 15714–15715.—Wace is not so circumstantial, but only says, as rendered by Robert of Brunne,

> Bot th[e] thing am I wele ograunt,
> Th[t] I was of elde auenaunt;
> *One* com to my bed I wist,
> W[t] force he me halsed & kist;
> Als a *man* I him felte,
> & als a man he me welte.—*f*. 48. *c*. 2.

The Latin text of Geoffrey, "quidam in specie *pulcherrimi juvenis*," comes nearer to Laȝamons version. See also Robert of Gloucester, vol. i. p. 129.

P. 235. *vv*. 15742–15771.—This is expressed in Wace by four lines, merely signifying, that the king caused Magant, a wise clerk, to be summoned, and inquired if what the nun had stated could be true. Then follows the account of the *incubi*, for which circumstance Geoffrey quotes the authority of Apuleius *de Deo Socratis*, but this is omitted by the French translator. The lines 15776–7. 15786–7. 15790–1. are added by the English paraphrast, and were probably gleaned from the popular belief. Robert of Brunne renders the passage very closely, with the exception of the following lines,

> Thise spirites do women schame;
> *Incubi demones* is called ther name.
> *Fendes in bedde, so thei sayn*
> *Th[t] many women haf forlayn.*—*f*. 48. *c*. 2.

Compare Robert of Gloucester, vol. i. p. 130, who has *elvene* instead of *incubi*. The curious passage in Geoffreys metrical *Vita Merlini*, p. 31. edit. 1837, should be consulted on this branch of popular fiction, and in the legend of St. Margaret, composed probably about the year 1200, a fiend speaks thus: "ƿe liuieð bi þe lufte . alre mestendel . edie meiden . ant hure ƿeies beoð abuuen ƿið þe ƿindes . & beoð aƿakere to ƿurchen al ꝥ ƿa . ꝥ ƿe eauer mahen moncun . & meast riht rihtƿise men ant meidenes as þu art." MS. Reg. 17 A. xxvii. f. 50[b].

P. 238. *vv*. 15814–15821.—Not in Wace.

P. 240. *vv*. 15854–15857. 15864–15875.—Not in Wace, nor does he mention the *number* of Jorams companions.

P. 241. *v.* 15890. *Joram.*—Here and subsequently, instead of Joram singly, the whole body of *diviners* are spoken of by Wace, Geoffrey and Nennius.

Ibid. *vv.* 15896–15959.—Laȝamon seems in this passage to have been led into error by misunderstanding the French text, which reads,

> De sus ta tur, el fundement,
> Ad un *estanc* grant e parfunt.—*MS. Cott. f.* 69. *c.* 1.

This "*water pol,*" as Robert of Gloucester renders it, being emptied, the two dragons are found at the bottom, sleeping in two *hollow stones*. This account is perfectly similar to that given by Geoffrey, and differs in some particulars from the earlier narrative of Nennius, p. 32. See Gunns note in his edition, p. 166. Laȝamons narrative is here much amplified. Compare Wace, vol. i. p. 359.

P. 244. *v.* 15960.—Here commences the seventh book of Geoffrey, which is prefaced by a short introduction, and a prologue addressed to Alexander, bishop of Lincoln.

P. 245. *vv.* 15970–16003.—Not in Wace, who mentions the combat of the dragons in general terms, and does not state the issue of it. In Geoffrey, the white dragon at first prevails, but is at length compelled to retreat; and in Robert of Brunne, the white kills the red, and dies itself, "for wo," the fourth day after; f. 49.

P. 246. *vv.* 16004–16039.—Laȝamon here departs wholly from his French original, in which the king inquires only what the dragons signify. In reply to this question Geoffrey inserts the long series of prophecies which occupy the remainder of his seventh book, but Wace dismisses them with the following brief notice:

> Dunc deist Merlin les prophecies
> Ke vus, co crei, oï avez
> Des reis ki avenir esteient,
> Ki la tere tenir deveient.
> Ne voil sun livre translater,
> Quant jo n'el sai enterpreter.—*MS. Cott. f.* 69. *c.* 2.

The king then asks respecting his death, etc. In Robert of Brunne the corresponding passage is as follows:

> Merlyn said than many thinges
> What in th^e^ lond suld tide of kynges,
> Th^t^ in Blase boke is writen;
> Tho th^t^ it haf, thei it witen;
> & in Tholomer, & ser Auntayn:
> Thise had Merlyn bokes playn.

Thise thre wrote his prophecies,
& were maistres at sere parties.
Som haf tham mykille in hande,
Th[t] can not tham understande.
I say for me, I haf no witte,
To open the knottis that Merlyn knytte.
Non may say more than he has said,
Ne nouht therto may be laid.—*MS. Cott. f.* 49. c. 2.

The allusions here are to the French prose *Prophecies de Merlin*, in which *Blaise*, *Tholomer* and *Anthoine* play a conspicuous part. They form the third volume of the printed *Roman de Merlin*, 1498. See also "Galfridi de Monemuta Vita Merlini," p. lxv. 8vo. Par. 1837.

P. 248. *v*. 16040.—Here begins the eighth book of Geoffrey.

Pp. 249–251. *vv*. 16069. 16128–16131.—Not in Wace.

P. 252. *v*. 16135. *vnimete ferde*.—The number of their forces is not given by Wace, but Geoffrey says it amounted to 10,000.

P. 253. *vv*. 16168–16172.—Nennius relates that Vortigern retreated to a castle bearing his own name, in North Wales, near the river *Tivy*, but Geoffrey calls the castle *Genoreu*, and places it in the district of Erging, on the Wye, lib. viii. c. 2. Camden would locate this *Caer Guortigern* in Radnorshire, vol. ii. p. 2, but there can be no doubt that the spot intended is *Gennarew*, in the hundred of Wormelow, Herefordshire, three miles from Monmouth. It is also, in my belief, certain, that the *Cloarcius* of Geoffrey the *Clouart* of Wace, and *Cloard* of Laȝamon, are all intended, although disguised by a blunder of the first transcriber, who changed *d* into *ci* or *cl*, —an easy transmutation,—for mount *Doward*, situated in the same hundred, and not far from Gennarew. There existed on this hill in the last century the marks of ancient fortifications, and the bones of a gigantic person (which a sanguine Welsh antiquary might take to be those of Vortigern) were found in a vaulted structure. See Gibsons Additions to Camden, vol. ii. p. 494.

P. 256. *v*. 16231.—In the ancient legend of St. Germanus, quoted by Nennius, the death of Vortigern is attributed to the prayers of the Saint, p. 38. ed. Stev. In this and other circumstances of the history of Vortigern, it is impossible not to be struck with the similarity of the incidents to those related of Gerontius, a British officer attached to Constantine; and Sharon Turner has conjectured, with great probability, that Geoffrey may have confounded Gerontius, who died in Spain, with Vortigern in England. See *Hist. of the Anglo-Saxons*, vol. i. p. 178. note [59].

Ibid. *vv*. 16234–16239.—In Wace the mention of Aldolf occurs previously, and it is stated that he joined Aurelius, previous to the destruction of Vortigern. See vol. i. p. 365, and compare Geoffrey, lib. viii. c. 2. Neither has any notice of his being made "steward." Shortly after, Geoffrey inserts a laboured panegyric on Aurelius, which is omitted by Wace.

P. 257. *vv.* 16272–16288.—In Wace this is expressed in two lines:

A tuz pramist restorement,
Si il repeirout seinement.—*MS. Cott. f.* 70. *c.* 2.

P. 260. *vv.* 16331–16346.—Not in Wace.

P. 261. *vv.* 16355–16366.—Wace only says, he chose 3000 of the forces he had brought from Armorica, to act as cavalry. Of the Britons he made two companies, one division of whom [the men of North Wales, according to Geoffrey] was stationed on the hills, the other [the men of South Wales] was sent to guard the wood. The mention of *Scots* by Laȝamon seems to be an error, for Wace had previously stated that they had taken the part of Hengist.

P. 264. *vv.* 16425–16428.—In Wace only,

Paiens lur fals deus apelouent.—*f.* 71. *c.* 1.

Ibid. *v.* 16434. *Kunigges-burh.*—Conisburgh, on the river Don, in the West Riding of Yorkshire. See a previous note, p. 346. The remains of a castle still exist, to which Hengist is said to have retired, and Gibson, in his Additions to Camden, states, that an agger used to be pointed out as the burial-place of the Saxon. *Britannia*, vol. ii. pp. 75. 82. 215.

P. 265. *vv.* 16447–16460.—Not in Wace.

P. 266. *v.* 16474.—These were the 3000 Armorican horse, as previously stated by Wace and Geoffrey.

P. 267. *vv.* 16493–16500. 16509–16512.—These details of the combat are not in Wace. It is observable, that Laȝamon has rendered "nasal" (*nasale cassidis*, Geoffrey), by "burne hode."

P. 268. *vv.* 16525–16562.—In Wace this is told very differently and briefly. "Knights," said Eldolf, "God be praised, I have accomplished my desire! We have vanquished the man who has done us so much injury. Kill this rabid dog, who had no pity upon us. This man was the chief of the war," etc. Hengist is then put in chains and delivered to the king. Vol. i. p. 374.

P. 270. *v.* 16573. *Eouuerwic.*—So also in Wace; but Geoffrey states, that Octa fled to *York* and Eosa to *Alcluid* (Dunbarton).

P. 272. *v.* 16612. *an hali biscop.*—Geoffrey tells us he was bishop of Gloucester, and he is recognised as such by the Welsh biographers. His speech is very much amplified in Laȝamon from the text of Wace, vol. i. p. 376.

P. 276. *v*. 16722. *after heðene laȝen*.—So also Wace; but in Geoffrey more circumstantially, "jussit eum sepeliri, et *cumulum terræ super corpus ejus*, pagano more, opponi," lib. viii. c. 7. See my note on Wartons *Hist. Engl. Poetry*, Diss. I. p. xi. edit. 1840.

P. 277. *vv*. 16733–16736. 16743–16768.—Not in Wace, who simply states, that Octa resolved to sue for mercy, and, with the consent of his relatives, issue from the city, to carry this into effect. Laȝamons ideas of the humiliation of the Saxons seem to have proceeded much further than those of his original author.

P. 279. *vv*. 16789–16800.—Wace merely has,

> Trestut li deu nus unt failli,
> U nus solum aver fiance;
> Tis deus est de greinur puissance.—*MS. Cott. f.* 72. *c*. 1.

and does not add a word as to the offer of the Saxons to embrace the Christian faith. On the deities named, see a previous note, p. 352. In addition, we have here *Didon* and *Mamilon*, two personages who do not seem to have figured elsewhere in the mythological cycle of the north.

P. 280. *vv*. 16819–16826.—Not in Wace; nor is the condition afterwards expressed in *vv*. 16839–16844, at all mentioned by him.

P. 282. *vv*. 16851–16854. 16859–16884.—Not in Wace, who, instead of the latter part of the bishops speech, has mention of the mercy shown by the Jews to the conquered Gabaonites, vol. i. p. 380.

P. 283. *v*. 16887. *þreo and fifti*.—The number of hostages is not given in the French text, nor the quantity of land bestowed. Geoffrey has "regionem juxta *Scotiam*," which the author of the Anglo-Norman Brut, in MS. Reg. 13 A. xxi., renders,

> *Catenes* lur ad le rei baillé
> U il se sunt tuz herbergé.—*f*. 71[b]. *c*. 2.

P. 284. *vv*. 16909–16942.—There is no speech in Wace, who states, in general terms, that the king restored to his people their lands and rights, commanded the monasteries to be rebuilt which had been destroyed, and appointed sheriffs and officers to receive his rents. Vol. i. p. 381.

P. 287. *vv*. 16975–17113.—This is all comprised in Wace in eighteen lines, vol. i. p. 383. With regard to the spot where Merlin was found, *v*. 17024, Geoffrey writes, "invenerunt eum in natione *Gewisseorum*, ad fontem *Galabes*, quem solitus fuit frequentare," lib. viii. c. 10. Waces text reads,

A *Labenes*, une fonteine,
Ki en Guales ert, bien loingtaine,
Ne sai u, kar unc ne fui.—MS. Cott. f. 72[b]. c. 2.

In the Welsh version of Geoffrey, ascribed to Tysilio, the well is placed in *Ewias*, and by the Wynnstay MS. in *Lower Guent*. Roberts notes, that Ewias is the name of a common in the hundred of *Gwent-uch-coed*, or Gwent above the wood, *i. e.* Upper Guent, near which is *Clydach*, which he wishes to identify with *Galabes*, p. 127.

P. 295. *vv.* 17156–17171.—Not in Wace.

P. 297. *vv.* 17214–17239.—Not in Wace, who has instead four lines, which state, that the stones had been carried by giants from Africa into Ireland. After this follows the passage relative to their medicinal virtue, which occurs in Laȝamon higher up. Wace adds also, that the Britons were chiefly induced to bring over the stones, by this representation of their wonderful properties. Vol. i. p. 387.

P. 299. *vv.* 17268–17291.—Not in Wace.

P. 301. *vv.* 17314. 17316–17333.—The oath is supplied by Laȝamon, as is also the threat to invade and conquer Britain.

P. 303. *vv.* 17352–17365.—Not in Wace.

P. 304. *v.* 17374. *to þan hulle.*—"ad *Killaraum* montem," Geoffrey, lib. viii. c. 12. The MSS. of Wace read *Kilomar* or *Killemar*, and the anonymous Anglo-Norman Brut, in MS. Reg., *Gillaraus*. Giraldus Cambrensis writes with more precision, "in Kyldarensi planitie, non procul a castro Nasensi (Naas)." *Top. Hibern.* dist. ii. c. 18. See Ushers *Antiquitates*, p. 242. Camden and Roberts assign the locality to *Killair*, in the county of Meath, but more recently the Rev. W. D. Conybeare, in a very ingenious geological argument, drawn from the substance of the inner circle of stones at Stonehenge, would refer them back to Kildare. See the *Gentlemans Magazine* for November, 1833. p. 454.

Ibid. vv. 17384–17387.—Not in Wace, who, instead of the speech which follows from Merlin, merely causes him to ask, in four lines, if they have force enough to remove the stones, vol. i. p. 389.

P. 305. *vv.* 17412–17435.—Wace comprehends this passage in eight lines. Compare Geoffrey, lib. viii. c. 12.

Pp. 308. 309. *vv.* 17460–17473. 17488–17493.—Not in Wace.

P. 309. *vv.* 17496–7.—Instead of these two lines, the French text here makes mention of the erection of the stones by Merlin, and adds four lines on the name of Stonehenge, which are omitted by Laȝamon. Vol. i. p. 391.

In Geoffrey, the erection of the monument takes place *after* the arrival of the king, and by his order. Those who wish to see how the same event is related in the *Roman de Merlin*, may consult vol. i. f. xlviii. edit. 1498. Robert of Brunnes version of this story is printed by Hearne in the Appendix to his Preface to "Peter Langtofts Chronicle," p. clxxxviii. He has twice printed erroneously *quirisoun* for *coniurisoun*, not understanding the contraction used in the MS.

P. 310. *v.* 17513. *Passent.*—He is mentioned in Nennius, who says of him, "qui regnavit in duabus regionibus, Buelt et Guorthigirniaun, post mortem patris sui, largiente Ambrosio illi, qui fuit rex inter omnes reges Brittanicæ gentis." p. 39. ed. Stev.

Ibid. v. 17523. *fif hundred monnen.*—Wace does not mention the number of Pascents companions on his arrival in Germany; and instead of the "muchel volc" collected there, says, "Mes n'ont mie grant compaignie." Geoffrey, however, agrees here with Laȝamon, lib. viii. c. 13.

P. 311. *vv.* 17540–17563.—In Wace this occupies only two lines, in general terms, vol. ii. p. 2.

P. 313. *vv.* 17579. 17583.—St. Davids in Pembrokeshire. See Camden, vol. ii. p. 33.

Ibid. vv. 17588–17603.—Instead of this speech Wace briefly states, that the king Ambrosius lay ill at Winchester.

P. 315. *vv.* 17622–17627. 17632–3. 17640–17645.—Not in Wace.

P. 316. *v.* 17653. *an hundrad pund.*—In the French text Pascent agrees to give £1000.

Ibid. v. 17661.—Wace has here six additional lines, in which it is mentioned, that Appas was well skilled in medicine, and could speak many languages, but that he was faithless and treacherous, vol. ii. p. 4. In Geoffrey he is named *Eopa*.

Ibid. v. 17664. *tweien iueren.*—No companions are mentioned in the original.

P. 317. *vv.* 17669–17717.—Instead of this long narrative it is simply stated by Wace, in six lines, that Appas went to the Court as a physician, spoke to the king, and promised to cure him in a short time, if the king would place himself in his hands, vol. ii. p. 5.

P. 319. *vv.* 17724–17843.—The entire story is amplified with much art from the brief account in Wace, which barely occupies a page. The poisonous qualities ascribed by Laȝamon to *scamony*, do not, in reality, belong to it, and the statement must have arisen from an ignorance of its real nature, since, as it was supplied to Europe from the East, in all probability it could have been but little known, even to physicians, at that early period. *Canel* (cinnamon) and *gingiver* (ginger) are often mentioned in the English poetry of the 13th and 14th centuries.

P. 324. *vv.* 17849–17859.—There is only one line in the French original which corresponds to these:

A Meneve out Yreis trovez.—*MS. Cott. f.* 74[b]. *c.* 1.

The next four lines are inserted by Laȝamon, with the intention probably of rendering the appearance of the comet more marvellous. Roberts supposes, p. 131, that the comet of A.D. 504, noticed in the list appended to Sir Edward Sherburnes edition of Manilius, fol. Lond. 1675, and which is reported to have been "crowned with a dragon," may be the one here alluded to.

P. 327. *vv.* 17906–17913.—This is a curious instance of paraphrastic translation. The French text reads,

E Merlin mult se contrubla
Dol out al quor, mot ne suna.—*f.* 74[b]. *c.* 2.

P. 328. *vv.* 17929–17935.—Not in Wace, who afterwards interposes three lines, on the grief of Uther at his brothers death.

P. 330. *v.* 17980. *a dohter.*—Wace adds,

Ki vers Escoce ert mariée.—*f.* 75. *c.* 1.

It does not clearly appear who is intended here. The only daughter of Uther mentioned by Geoffrey and his followers, is *Anna*, who was married to Loth, king of Lothian (see Laȝamon, vol. ii. p. 385.), and the romance writers do not even acknowledge her to be Uthers daughter, but the daughter of Ygerne by Gorlois, or by Howel. The Welsh writers state, that this Anna was the wife of Amwn Ddu, king of Graweg in Llydaw, by whom she had *Saint* Samson. Owens *Cambrian Biography*, pp. 7. 10.

Ibid. v. 17997.—In Wace, Uther causes his forces to rest during the night, and arm in the morning to assault the city, vol. ii. p. 8.

P. 331. *vv.* 18005–18021.—Not in Wace.

P. 332. *vv.* 18022–18121.—This long passage is comprised in fifteen lines of the French text, vol. ii. p. 8, and the amusing details of Laȝamon, as well as the dramatic structure of the narrative, are entirely wanting. Wace merely states, that the Irish armed themselves, and came out to battle; they fought fiercely, but were quickly conquered. Their king and Pascent were slain (he does not state by whom), and those who remained alive fled to the sea, and escaped in their ships. The naked and unprotected state of the Irish is elsewhere more than once alluded to, (see Laȝamon, vol. ii. pp. 303. 515. etc.,) and is fully corroborated by the testimony of contemporary writers. Giraldus Cambrensis, writing from his own personal observation, says, "Nudi et inermes ad bella procedunt; habent enim arma pro onere, inermes vero dimicare pro audacia reputant et honore." *Top. Hibern.* dist. iii. c. 10. A passage also in Graftons Chronicle, vol. ii. p. 168. ed. 1807. (copied by Hall), deserves notice, from its close correspondence with the text of Laȝamon. Speaking of the battle of Stoke in the reign of Henry the Seventh, he states, "Of the other side the Irishe men, although they fought hardily, and stucke to it valiantly, yet because they were, *after the maner of theyr countrie, almost naked, without harnesse or armure,* they were striken downe and slain like dull and brute beastes." To a comparatively recent period they went with the legs and feet bare, as appears from many authorities. See Planches *History of Costume*, pp. 360–370. It would appear also from the passage in Laȝamon, p. 332, that although they may have worn the *truis* or breeches (as in an illuminated copy of Giraldus, in the possession of Sir Thomas Phillipps, Bart.), yet that it was put off on going into battle. It is remarkable too, that Laȝamon should, here and at p. 515, arm them with battle-axes, spears, and skeins or knives, which corresponds accurately with the accounts of Giraldus, Froissart and Monstrelet. Of these weapons the axe was the most formidable, the use of which the Irish borrowed from the Northmen. Compare the description of the Welshmen in the verses of Guilielmus Brito quoted by Camden, in *Remains*, p. 14. ed. 8vo. Lond. 1674, and Higden, *Polychron.* p. 188.

P. 336. *v.* 18128. *þreo cnihtes.*—Wace says, "En eir encontra *un* message," who told him how Uther was dead, and buried by the bishops, according to his desire, in the "karole as jaianz."

Pp. 338. 340. *vv.* 18174–18205. 18220–18223.—Not in Wace.

P. 341. *v.* 18231.—After this is an interpolation of sixteen lines in one of the later MSS. of Wace, but inserted in the text by the editor, vol. ii. p. 11.

P. 341. *vv.* 18236–7.—There is an error here, repeated in pp. 350, 351. 386. 388. 395. 397. 398. 477, which has been occasioned by the confusion made between the names of *Ebissa* and *Eosa*. In Geoffrey, Octa "cum *fratruele* suo," *Ebissa*, are stated to have come to England together, lib. vi. c. 13. (which is copied from Nennius, p. 29, ed. Stev.), and the latter is never again mentioned, but in his place *Eosa*, called the *cognatus* of Octa, is introduced, lib. viii. c. 6, and they continue together till their death. Wace adopts the name of *Ebissa* until the death of Aurelius Ambrosius, and then substitutes *Eossa*, with whom agree Robert of Brunne and Robert of Gloucester. The author of the metrical Brut in MS. Reg. 13 A. xxi. reads *Eosa* for *Ebissa* throughout, and so does the Welsh version attributed to Tysilio. He is called however *Ebissa* at his death both by Robert of Brunne and the metrical Brut. Laȝamon therefore finding *Ebissa* mentioned at first, and *Eosa* mentioned subsequently in the French text, concluded they were *two* different persons, and continues, without any authority, so to consider them. It is remarkable, that in the genealogy of the Kentish kings appended to Nennius, p. 50, it is stated, "Hengist genuit *Octha*; [Octha] genuit *Ossa*."

P. 342. *vv.* 18254–18263.—Not in Wace.

Ibid. vv. 18264–18275.—In Laȝamons original this is expressed in two lines:

La gent que Pascent out amené,
Ke de Uther ert eschapé.—*MS. Cott. f.* 75[b]. *c.* 1.

Pp. 343. 345. *vv.* 18278–18281. 18332–18335.—Not in Wace.

P. 345. *v.* 18336. *Dunian.*—The MSS. of Wace read *Danien*, which is a corruption of Geoffreys *Damen*.—In the metrical Anglo-Norman version of MS. Reg. 13 A. xxi., its author gives us some additions of his own, which are curious:

Icel mont à cel dé
Diamned esteit apelée,
Mes nus, qui el pais manum,
Windegates ore l'apelum.
El souverain est un coudrei,
E al milieu un grant perrei;
Desuz si curt un russellet,
Ke nus apelom *Coquet.*—*f.* 74[b]. *c.* 1.

The locality is here removed from York to Northumberland, in which latter county, about six miles from Rothbury, in Morpeth wood, *Wind Gates* lies. The author of the *Scalachronica* mentions also the same tradition, as appears by the extracts made from his work by Leland, *Collectanea*, vol. ii. p. 510.

P. 346. *vv.* 18362–18377.—In Wace the king is merely said to ask the earls advice.

P. 350. *v.* 18453.—Wace introduces a simile here of a lion falling on a flock of sheep, and slaying indiscriminately the rams, ewes, and lambs, vol. ii. p. 16.

Ibid. vv. 18458–18475.—Not in Wace, but he has some lines instead relative to the flight of those who escaped from the battle.

P. 352. *v.* 18496. *an Æster.*—Wace adds, that the king had appointed Easter day for his coronation, and so also Geoffrey.

P. 354. *v.* 18535. *Igærne.*—According to the Welsh authorities, *Eigr*, daughter of Amlawdd the Great, who was a prince of North Britain.

Pp. 354. 355. *vv*. 18544–18549. 18560–1. 18572–3. 18578–9.—Not in Wace.

P. 355. *vv*. 18580–18601.—Wace has only four lines, to the effect that the earl would not return, and held at nought the menaces of the king. Vol. ii. p. 20. (where for *S'il* we should read *Cil*).

P. 357. *v*. 18610. *Tintaieol*.—Remains of the castle still exist on a lofty crag almost surrounded by the sea, in the parish of *Dundagell* or Tintagel, hundred of Lesnewth. See *Paroch. Hist. of Cornwall*, by Davies Gilbert, vol. i. pp. 324. 340. It is very frequently mentioned in the Arthurian romances, and its construction ascribed to giants. See the Romances of *Tristan*, vol. ii. p. 94. 12mo, 1835.

Pp. 357. 358. *vv*. 18616–18635. 18645. 18649–18655.—Not in Wace.

P. 358. *v*. 18646. *ane oðere castle*.—In the Cottonian MS. of Wace are here two lines omitted in the printed edition.

> *Dimilioc* ert apelez
> Le chastel u il est alez.—*f*. 77. *c*. 1.

and it is named in Geoffrey, and in the anonymous Brut, MS. Reg. 13 A. xxi. f. 75. c. 2.

P. 359. *vv*. 18666–18671.—Not in Wace.

P. 360. *v*. 18677. *Tambreis*.—The river Camel, which falls into the Bristol channel at Padstow. See a subsequent note on vol. iii. p. 140.

Ibid. *v*. 18693.—Wace adds, that the earl would not yield because he expected succour from the king of Ireland, vol. ii. p. 22.

P. 361. *vv*. 18707–18711.—In the French text we have only "un sien baron privé." Geoffrey calls him Ulfin de *Ricaradoch*, which in the Welsh version appears in the form of *Caer Caradoc*, i. e. Salisbury.

Ibid. *v*. 18721.—In Wace the kings passion for Ygerne is expressed much more forcibly and more at length, vol. ii. p. 23.

P. 362. *vv*. 18742–18761.—Not in Wace.

P. 363. *vv*. 18762–18909.—Instead of this long and curious narrative, we find in Wace only seven lines, thus briefly expressed: "Consult Merlin, who has arrived among the host, and who is skilled in many arts; if he is unable to counsel you, we know not how to help you." The king, by the advice of Ulfin, caused Merlin to be sought and brought to him. He shewed to him all his desire, *etc*. Vol. ii. p. 23. So also Geoffrey, lib. viii. c. 19. Compare the *Roman de Merlin*, vol. i. f. lviii[b].

P. 367. *vv*. 18856–18869.—This highly poetical passage relative to Arthurs future greatness seems to bear reference to the prophecy in Geoffrey, "In ore populorum celebrabitur, et *actus ejus cibus erit narrantibus*," lib. vii. c. 3. p. 49, but no doubt the popular traditions were also called in aid by the English writer. It is certain from this and several other passages that Laȝamon was acquainted with the prophecies attributed to Merlin, but there is no direct proof that he derived them from Geoffrey of Monmouth; on the contrary he would appear from many circumstances not to have consulted the *Historia Britonum*. It is not improbable, however, that he may have read the Prophecies in an Anglo-Norman version, similar to that inserted in the Durham copy of Wace, and in the anonymous translation partly preserved in MS. Harl. 1605.

Pp. 370–372. *vv.* 18921–18931. 18967–18981.—Not in Wace.

P. 373. *vv.* 18982–3.—The French text is here rather more in detail, vol. ii. p. 25. From this passage the author or scribe of the Anglo-Norman metrical Brut in the Royal MS. 13 A. xxi. has adopted wholly the text of Wace.

Ibid. vv. 18990–19053.—All this is omitted in the text of Wace, which in three lines relates that the king was well received by those who believed they recognised their lord, vol. ii. 26. In the MS. Reg. 13 A. xxi. are some lines previously inserted, which approach nearer to the paraphrase of Laȝamon and the text of Geoffrey.

Al chastel si sunt venut,
Un poi devant qu'anuté fut,
Li porters vit li duc venir,
Mult tost li veit la porte overir.
Ben quidat que co fust li sire;
Si n'el osat contredire.
En Tintagol, *etc.*—*f.* 75[b]. c. 1.

P. 376. *vv.* 19064–19067.—Not in Wace.

Ibid. v. 19071. *þa cnihtes.*—In the printed text of Wace we have "Li gent al *duc*," which is nonsense. We should read "Les gentz le *rei*," as in the best MSS.

Ibid. vv. 19074–19121.—Not in Wace. The subsequent assault is told by him in seven lines, which in the English poem extends to v. 19157.

P. 381. *vv.* 19176–19181.—Not in Wace, who makes the king say, that he left the castle for dread of some treason, without letting any one know it, vol. ii. p. 27.

Ibid. vv. 19190–19195.—Instead of these lines Wace writes, with more feeling,

Igerne ad cel conseil loé,
Ki tut tens ont le rei duté;
E li reis l'at dunc enbracé,
Si l'ad al departir beisé.—*MS. Cott. f.* 78. *c.* 1.

P. 382. *vv*. 19206-19218.—This is altogether different from the French text, which states, that the king inquired how the castle had been taken and the earl slain, and pretended to be angry at the death of Gorlois. He then returns to Tintagel, and summons those within. Vol. ii. p. 29. So also in Robert of Brunne.

P. 383. *vv*. 19220–19225. 19230–19237.—Not in Wace.

P. 384. *vv*. 19254–19269.—This curious passage is not in Wace, who contents himself with stating,

> Ertur ont nun; de sa bunté
> Ad grant parole puis esté.—*f.* 78. *c*. 2.

It will be remarked that the *elves* in Laȝamon bear a greater affinity to the *fays of romance* than to the *popular fairies*, between whom there is a marked difference. On this subject Keightleys amusing work on the *Fairy Mythology* may be consulted, who remarks, that in the romances of Arthur and his Round Table the fairies appear but seldom, but are exhibited in all their brilliancy and power in those of Charlemagne and his Paladins, vol. i. p. 49. It may perhaps admit of a question, whether Laȝamon derived his elves, who presided at the birth of Arthur, from the French romances, or from ancient British or Armorican traditions. Similar narratives are to be found in the romances of *Guillaume au Court nez*, and *Ogier le Danois*, as also in the later compilations of *Huon de Bordeaux* and *Isaie le Triste*, the comparison of which with the lines of our old English poet would be highly interesting in a work expressly on the subject, but can here only be briefly alluded to. It is almost certain that the French received their knowledge of these *fays* from the Northern mythology, in which the attendance of certain *norns* or fairies at the birth of a child was recognised; but we also find the same belief existing in Britanny, as appears by the ancient romance of *Brun de la Montagne*, quoted by M. Le Roux de Lincy in his interesting work entitled *Livre des Legendes*, *Introduction*, 8vo, Par. 1836, which may be read with advantage, on the subject of *fairy-lore*, pp. 175–186.

P. 385. *v*. 19275.—In one of the later MSS. of Wace is an interpolated couplet here, mentioning the birth of Walwain, son of Loth, and so also in Robert of Brunne, f. 57.

Ibid. *v*. 19287. *seoue ȝere*.—Wace says "*longement*," and Geoffrey, "*multis diebus*." The next four lines are an addition by Laȝamon.

P. 386. *vv*. 19298–19355.—Here again the invention of the English poet is exercised. In the French text we only read, that Octa and Eosa, partly by promise and partly by bribe, corrupted the guard placed over them, and fled together to their native country, vol. ii. p. 31.

P. 389. *vv.* 19376–7.—Wace says, in general terms, they robbed and burnt the country.

P. 392. *vv.* 19436–19441.—Not in Wace.

Ibid. v. 19449. *Verolam.*—St. Albans, in Hertfordshire.

P. 393. *vv.* 19472–19507.—Not in Wace.

P. 395. *vv.* 19520–19559.—This speech, as well as the lines on the battle, are additions by Laȝamon.

P. 397. *vv.* 19562–3. 19566–19585.—Not in Wace. This notice of the popular songs is of interest; but the passage is illustrative not of the British but of the Anglo-Saxon period.

P. 399. *vv.* 19622–19625.—Instead of this repetition Wace has some lines omitted by the English paraphrast, and which are necessary to complete the narrative. He writes, that the king wished to pursue the fugitive Saxons, but by the advice of his barons was persuaded to remain in the city (*Verolam*, and not *Winchester*, as in the English text) until he should recover his health. He dismisses his army, and only retains with him his household. Vol. ii. p. 36.

P. 400. *vv.* 19626–19815.—The entire narrative of Uthers death by poison is greatly amplified and improved from the original, which occupies in the printed edition little more than two pages, vol. ii. pp. 36–38.

P. 408. *v.* 19826.—Here commences the ninth book of Geoffrey.

Ibid. vv. 19832–19927.—The whole of this narrative proceeds from Laȝamon, and is singularly at variance with the text of Wace, who only states in four lines,

> Ertur, le filȝ Uther, manderent,
> A *Cilcestre* le coronerent;
> Juvencels esteit de quinz anz,
> De su eage forz e granz.—*MS. Cott. f.* 79[b]. *c.* 1.

The Royal MS. reads *Cicestre*, and so does Robert of Brunne, but the printed edition of Wace, *Circestre*, as in the later English text. William of Worcester in his Itinerary fixes it at *Cirencester*, and says Arthur was crowned in the chapel of St. Cecilia, p. 299, 8vo, 1778. Geoffrey, however, has "in civitatem *Cilcestriæ*."

P. 412. *v.* 19928. *houen to kinge.*—Geoffrey tells us, that Arthur was crowned by the archbishop Dubricius, or Brice, lib. ix. c. 1.

P. 413. *vv.* 19942–19951.—Not in Wace, whose eulogium of Arthur, vol. ii. p. 39, should be compared with that of the English poet.

P. 414. *vv*. 19964–19979.—Wace says nothing of this meeting at London, nor of the oath taken by Arthurs knights.

P. 416. *vv*. 20018–20021.—Not in Wace. Geoffrey mentions previously that Colgrim had arrived from Germany, and had subdued all the northern part of Britain, from the Humber to Caithness, lib. ix. c. 1.

P. 418. *v*. 20047. *Scotleode*.—Roberts asserts, p. 139, that this is the first time the *Scoti* are mentioned in Geoffrey; but this is not true, since they are mentioned lib. iv. c. 17. lib. vi. c. 1. lib. viii. c. 3. etc.

Ibid. *v*. 20068. *Duglas*.—The river Douglas, near Wigan, in Lancashire. See Higdens *Polychron*. ap. Gale, p. 225, and Whitakers Manchester, vol. ii. p. 36. Nennius places the battle or battles of Arthur on the Duglas *second* in the series of his engagements against the Saxons.

P. 419. *vv*. 20082–20175.—This spirited and curious detail of the conflict is entirely supplied by Laȝamon.

Pp. 423. 424. *vv*. 20182–20185. 20187. 20192–3. 20210–20219.—Not in Wace.

P. 424. *v*. 20198. *Childric*.—The *Cheldric* of Geoffrey and Wace is generally supposed to be the *Cerdic* of the Saxon chroniclers; but Roberts, p. 139, rejects this notion, and conjectures, without probability, that under the names of Baldulf, Colgrim, and Cledric, the three sons of Ella are designated.

P. 425. *v*. 20229. *seoue milen*.—Wace has "*cinc* leues," Robert of Brunne, "*fyue* myle," and Geoffrey, "spatio *decem* miliariorum ab urbe."

Ibid. *vv*. 20236–20269.—The narrative here again is quite new, and due to Laȝamon alone. In Wace we read simply,

> Mes *acuns*, k'is vit enbuscher,
> Le curut al rei a conter.—*MS. Cott. f.* 80. *c*. 1.

Arthur summons Cador to his counsel, and gives him the command of *six* hundred (so the best MSS. read, and Geoffrey, but in the printed edition we have "*set*") knights, and three thousand footmen, with which force he surprises Baldulf, vol. ii. p. 42.

P. 427. *v*. 20279. *niȝen hundred*.—Wace says, more than half Baldulfs forces, and was prevented only by the approach of night from slaughtering the remainder.

Ibid. *vv*. 20286–20294.—Not in Wace.

P. 428. *v*. 20306. *Crosse*.—In the French text we read,

Se fist par mi la barbe rere,
E le chef par mi ensement,
E un des gernuns sulement,
Bien sembla *lecchEor* u *fol*.—*MS. Cott. f.* 80. *c.* 2.

Geoffreys words are "cultum *joculatoris*," and in Robert of Brunne he is called "a *folted knaue*." In the English romance of Ipomedon we have some lines so closely resembling those of Wace, that they (or at least the French original, from which it is translated) must have borrowed from the *Brut*. See Webers *Metr. Romances*, vol. ii. p. 340.

P. 429. *vv.* 20313–20326.—Not in Wace.

P. 430. *vv.* 20339–20406.—Laȝamon here again draws on his imagination, for Wace merely tells us that news came to Arthurs tents of the arrival of Cheldric in Scotland with six hundred ships. The kings friends advise him to retreat to London, where he would be able to collect a greater force. Vol. ii. p. 44.

P. 433. *vv.* 20411–20442.—Instead of these lines we only have in the French text,

Dunc veissez terre mellée,
Chastels guarnir, gent effrée.—*f.* 80[b]. *c.* 1.

P. 434. *v.* 20445. *Hoele his mæie.*—Geoffrey writes, "Erat autem Hoelus filius sororis Arturi, ex Budicio [falsely printed *Dubricio* in the editions], rege Armoricanorum Britonum generatus," lib. ix. c. 2; and Wace calls him Arthurs nephew, and son of his sister. The Welsh writers make him son of Emyr Llydaw of Britanny. See *Cambr. Biogr.* p. 185, and Introduction to *Syr Gawayne*, p. xii. *n*, and a previous note, p. 366.

P. 435. *vv.* 20469–20510.—Wace only tells us, in six lines, that the barons and relatives of his lineage quickly got ready, and prepared their ships, the number of which is not stated. The army consisted of 12,000 knights, without foot-soldiers and archers. Geoffrey says, "*quindecim* milibus armatorum."

P. 437. *v.* 20511. *Hamtone.*—The Welsh version ascribed to Tysilio absurdly reads *Northampton*.

Pp. 437–439. *vv.* 20513–20550. 20561–20566. 20571–20576.—Not in Wace.

P. 440. *vv.* 20587–20640.—All this is additional matter, for the French text merely states, in two lines, that Arthurs host fell upon the Saxons unawares.

P. 443. *vv.* 20647–20657. 20661–2.—Not in Wace.

P. 444. *v.* 20670. *þat æuere weore æi fiht.*—Wace makes a similar remark, and Geoffrey estimates the number of slain on the part of the Saxons at 6000 men. Laȝamon subsequently increases the amount to 40,000 and 60,000.

P. 444. *vv.* 20679–20714.—Not a word respecting this castle of Cheldric occurs in the original, nor is any further detail given, after describing the battle, than that the Saxons fled to the wood of *Calidon*, and made it their place of retreat. This is placed by Nennius the *seventh* in order of Arthurs victories, and he says it was called in British *Cat Coit Celidon*, *i. e.* battle of the wood. Carte and other writers have supposed the locality to be in Cumberland (see notes of Stevenson and Gunn on Nennius), but the narrative of Geoffrey would, with more probability, fix it in Lincolnshire, into which county formerly extended the forest which spread over parts of the shires of Nottingham, Derby, Rutland and Northampton. I am able however to quote an additional authority, Robert of Brunne, who being a native of Lincolnshire, is intitled to consideration in traditionary matters relating to this district. In the portion of his Chronicle still inedited he writes,

> A wod beside hight *Calidoun*,
> *That now men calle Fiskertoun*;
> Bi the water side the wod was set;
> Ther in had thei grete recet.—*f.* 59. *c.* 2.

He probably means *Fiskarton*, a village in Lawress wapentake, and about four and a half miles from Lincoln.

P. 446. *v.* 20718.—Not in Wace.

Ibid. *vv.* 20731–20918.—The whole of this long narrative is comprised by Wace in fourteen lines, simply stating, that the Saxons took counsel to hold a parley with Arthur, and offer to yield up their arms and garments, retaining only their ships; to give hostages to keep thenceforth the peace, and to pay an annual tribute, provided they might be allowed to depart. Arthur grants these terms, and they embark. Vol. ii. p. 48.

P. 451. *vv.* 20840–20870.—These lines present by no means an unfavorable specimen of Laȝamons poetical talent; and the comparison of Childrics submissive conduct when hemmed in by his opponents to that of the fox when reduced to extremity by the hunters, is not inaptly introduced. We have here also, perhaps, one of the earliest existing descriptions of the fox-chase, which although at present the most prominent among English field-sports, does not seem to have held the same rank in the more manly diversions of our ancestors. It is alluded to in the curious old English poem of the *Hule and Nightingale*, p. 30, ed. Stevenson, 4to, 1838, and more at length in the romance of *Syr Gawayne and the Grene Knyȝt*, st. xxiii. xxiv. xxxi. edited by me for the Bannatyne Club in 1839. See notes, *ibid.* p. 323. In the treatise called "The Mayster of the Game," compiled for the use of Henry the Fifth when prince, the subject of unearthing the fox is thus mentioned, cap. viii.: "Whanne he [the fox] seethe that he may not dure, than he gooth to the erthe, wher he may next eny fynde, the whiche he knowethe wel; and thanne may men digge hym out, and take hym, so that he be in esy digging, but not amonge roches." MS. Cott. Vesp. B. XII. f. 42ᵇ.

P. 456. *vv.* 20961–21010.—These remarkable lines are added by Laȝamon in amplification of his original, and contain a vivid and probably faithful picture of the excesses committed by the Saxon ravagers.

P. 457. *vv.* 20993–20998.—This passage may bring to mind the cruel retaliation inflicted by the sons of Ragnar Lodbrog on Ella, king of Northumbria, in revenge for their fathers death. See the *Chronicon P. Olai*, ap. Langebek, *Scriptt. rerum Danicarum*, vol. i. p. 111. fol. Hafn. 1772.

P. 458. *vv.* 21013–21020.—Geoffrey says in general terms, that the Saxons depopulated the country to the Severn sea, lib. ix. c. 3, and Wace names only Devonshire, Somersetshire and Dorsetshire. The ignorance shown by his editor in regard to the first of these counties, is really extraordinary. See the printed edition, vol. ii. p. 50.

P. 459. *vv.* 21027–21030. 21047–21056.—Not in Wace.

P. 460. *vv.* 21063–21110.—Wace only says, in two lines, that Arthur caused the hostages to be hung forthwith, vol. ii. p. 51.

P. 462. *v.* 21115. *Clud.*—An abbreviated form of *Alclud*, already explained to be *Dunbarton*.

P. 463. *v.* 21119. *Bade.*—Carte is decidedly in error, *Hist. Engl.* vol. i. p. 204, in supposing that the scene of this battle was at *Mount Badon*, in Berkshire, and not at Lansdown-hill, near Bath. Compare Gildas, p. 34. ed. Stevenson, Ushers *Antiquitates*, p. 254, and Camden, vol. i. p. 188. The date of this battle, on account of the obscurity of the passages in Gildas and Bede, in which it is mentioned, has given rise to some controversy. The most probable opinion seems in favour of the year 520. See Stevensons Preface to Gildas, p. ix.

Ibid. *v.* 21125.—Not in Wace.

Ibid. *vv.* 21131–21134.—These curious lines are not in the French text, and were probably added by Laȝamon from some tradition connected with *Weland*, the magician-smith, whose traditionary fame is discussed at length in a treatise intitled, "Véland le Forgeron," published by G. B. Depping and

Fr. Michel, 8vo. Par. 1833. At any rate this notice is a valuable addition to our scanty knowledge of the mythological lore introduced into England from Scandinavia.

P. 464. *v.* 21137. *Calibeorne.*—On this famous sword of Arthur see the Romances of *Tristan*, edited by M. Michel, vol. i. p. lxxxv.; Wartons *History of English Poetry*, vol. i. p. 126. edit. 1840; and Notes on *Syr Gawayne*, p. 343. In the Welsh versions of the *Brut* this sword is termed *Caledvwlch*, or *hard cleft*, in allusion, as Roberts supposes, to the fable of its having been fixed in a rock. "Geoffrey alone," adds Roberts, "calls the sword Caliburn, i. e. *caled-vwrn*, the hard mass, *i. e.* well tempered and massive." In the *Roman de Merlin*, vol. i. f. lxxxii'., *Escalibort* is interpreted "ung nom en Ebrieu, qui vault au tant à dire en François comme *trencher fer* et *acier*;" and in the same manner in the English Morte Arthur it is explained *cut steel*, vol. i. p. 48, on which see Southeys note. Another name is *Brounstele*, which occurs in a romance in the MS. *Red Book of Bath*.

Ibid. v. 21139. *Avalun.*—See the authorities quoted in a subsequent note on Arthurs fabled transportation to this fairy island, after the battle of Camlan.

Ibid. vv. 21147–8. *Goswhit.*—Here we have, no doubt, a traditionary name not handed down by Geoffrey or Wace. Of course *Goswhit*, i. e. Goose-white, must be taken as the interpretation of a British epithet. In the French text is a peculiarity passed over by Laȝamon,

D'or fu tut li nassels devant.—*MS. Cott. f.* 81'. c. 1.

Ibid. vv. 21151–21156.—The signification of *Pridwen* in Welsh is said to be the *fair form*, or *that which is white*, in allusion probably to the figure of the Virgin said to be painted on it. Roberts would regard this passage as an interpolation, because it suited not his views, yet it is as ancient as any of the other traditions respecting Arthur. Nennius says, he bore the figure of the Virgin "super hŭmeros suos," at the battle of Castle Guinnion, p. 48, but William of Malmesbury transfers the battle to Badon hill, where he says Arthur was assisted by the image of the Divine Mother "quam *armis suis* insuerat," lib. i. f. 4. edit. 1596. There is a later legend on the subject, preserved in MS. Bodl. 622, and MS. Cott. Cleop. D. VIII., and inserted in an abbreviated form in John of Glastonburys Chronicle, vol. i. p. 77. 8vo. 1726.

Ibid. v. 21158. *Ron.*—This word signifies *spear* in Welsh, and hence Geoffrey has been accused of not understanding its meaning, and making it a proper name. The Welsh texts add an epithet to it, signifying *commanding* or *tall*, Roberts, p. 142. The printed text of Wace is very corrupt here. Laȝamon tells us subsequently, p. 576, that Arthurs spear had (like his helm) belonged previously to Uther, and was fabricated by a smith of Caermarthen, named Griffin, a personage unknown to the chroniclers.

P. 464. *v.* 21159. *al his iweden.*—The corresponding lines describing Arthurs armour in the inedited portion of Robert of Brunnes Chronicle, are curious enough to deserve being quoted at length.

Himself was armed fynly wele
W[t] gode chambres of iren & stele;
& a hauberk th[t] non was suilk,
Aboūen an acton mad of silk;
& gird w[t] *Calaburn*, the gode bronde,
A better com neuer in kynges honde.
Ten fote long was the blade,
In *Ramseie* the merk is made;
Fro the hilte to the pomelle
Tuelue inche grete, th[t] tyme as felle;
The brede of the blade seuen inche & more,
I trow th[t] wild smyte sore.
Arthure luffed it wele inouh,
Misshapped him neuer whan he it drouh.
His helme was gode, non better on molde,
The naselle befor was alle of golde;
The bendeles of gold burnyst bright,
A dragon aboun, selcouth in sight.
About his nek hang his schelde,
Pridwen it hight, many it behelde;
Ther one was purtreid, next him bi,
The image [of] our suete Lady.
His lance grete, he cald it *Ron*,
W[t] iren befor, suilk was non.—*f.* 59[b]. *c.* 2.

Ibid. vv. 21161–21168.—Not in Wace, who has instead some lines to the effect, that Arthur caused his troops to advance slowly and in perfect order. The Saxons, on their approach, withdraw to a neighbouring hill, where they prepare for defence. The Britons follow them, and are then addressed by Arthur, vol. ii. p. 54. In Geoffrey the address of Arthur precedes his putting on his armour, and he is seconded by the archbishop Dubricius, who promises the Britons absolution of all their sins, should they die in the conflict. In Geoffrey also the conflict occupies two days, lib. ix. c. 4.

P. 466. *vv.* 21206–21216.—Not in Wace.

P. 467. *vv.* 21217–21235.—This passage in the French text occupies only two lines:

Ne sai quel de Saisnes ateinst,
E jus à la terre l'enpeinst.—*f.* 81[b]. *c.* 1.

P. 468. *vv.* 21250–21256.—Not in Wace.

Ibid. *vv.* 21257–21260.—Nennius says, that Arthur killed with his own hand in that battle 960 men, p. 49. ed. Stev. In Geoffrey the number is diminished to 470, which Wace further reduces to 400. Robert of Brunne renders the lines,

Fyue hundreth he slouh more alone
Than his oste did ilk one.—*f.* 60. *c.* 2.

P. 469. *vv.* 21261–21456.—This long and highly poetic narrative is due to the invention of our English poet; for in his original, the conclusion of the battle, the death of Baldulf and Colgrim, and the flight of Cheldric, are described in four lines, vol. ii. p. 57.

P. 477. *vv.* 21461–21484.—All that Wace says is, that Arthur sent Cador after the fugitives, with 10,000 of his best men. The account which follows in Laȝamon, *vv.* 21485–21642, of the stratagem used by the Britons, and the defeat and death of Cheldric, is so greatly amplified and altered from the French text, as to present the appearance of an independent narrative. In Wace it occupies only thirty-five lines, vol. ii. p. 57.

P. 483. *v.* 21609. *Teinnewic.*—The ships of Cheldric had been left at Dartmouth (p. 456), to which port, or one near it, the fugitive Saxons would naturally direct their flight. Geoffrey, however, writes, "insulam *Tanet* lacero agmine ingrediuntur," to which place being followed by Cador, their chief is killed, and the rest submit, and give hostages. Wace, being apparently aware of the absurdity of bringing the Saxons from Bath to the isle of Thanet, where their ships were *not*, conducts them into Devonshire, and fixes the scene of the battle at Teignmouth, at that period called *Teignwick*, not many miles from the spot at which they had landed. Laȝamon and Robert of Brunne follow Waces authority, and it is far from improbable, that some local tradition might have existed at the period, of a conflict having taken place on the spot. The printed text of Wace is here, as in so many other passages, deplorably inaccurate.

P. 485. *vv.* 21647–21652.—Not in Wace.

P. 486. *vv.* 21671–21726.—Wace only says in three lines,

Ertur solt qu'il se resemblouent,
Encontre lui se rallouent;
Jesque Mareif les siwi.—*MS. Cott. f.* 82. *c.* 2.

They hear of his approach, and fly to the lake of *Limonoi*, or Lomond, in Dunbartonshire, the marvellous traditions respecting which seem to have been borrowed by Geoffrey from the tract "*De Mirabilibus Britanniæ*," which is often found appended to Nennius. See also Alfred of Beverley, p. 7.

P. 489. *vv.* 21739-21748.—These additional particulars of the wonders of the lake are added by Laȝamon.

P. 491. *v.* 21783. *an imetliche broc*.—This is the *Levin wattyr* of later writers. See Nennius, p. 56, and Macphersons *Geographical Illustrations*, in voce.

Ibid. *vv.* 21797–21810.—Not in Wace.

P. 492. *v.* 21813. *twalf milen*.—Wace says, "assés près d'Artus." His name in the printed edition is given *Diramaurus*, contrary to the readings of the best MSS. and the text of Geoffrey.

P. 493. *vv.* 21827–21854.—In the French original it is only stated in general terms, that Gillomar fled back to Ireland, and that Arthur returned to the lake where he had left the Scots; without any mention of Howel, vol. ii. p. 62. Then follows immediately the submission of the Scots by their bishops and women, but no number of the former is given, as in Laȝamon. The whole is much amplified in the English paraphrase.

P. 497. *vv.* 21937–21956.—In Wace this passage is represented by a single line,

Lur humages prist, sis leissa.—*MS. Cott. f.* 83. *c.* 1.

P. 500. *vv.* 21994–21996.—The measure given in the original is *twenty* feet long and *twenty* broad, and so also in Geoffrey, and in the tract *De Mirabilibus*, from which he seems to have borrowed. In the latter this water is called *Finnaun Guur Helic*, and placed "in regione *Cinlipluc*." ap. Nenn. p. 57. Giraldus Cambrensis mentions a similar lake on the hill called *Arthurs Chair*, in Gower, Carmarthenshire. Compare Alfred of Beverley, p. 7.

Ibid. *v.* 21998.—Not in Wace. Here as elsewhere, the disposition of the English writer to refer every marvellous occurrence to the agency of evil spirits or elves, is worthy observation.

P. 501. *v.* 22015. *i þissen londes ænde*.—Wace says, "De juste Saverne en Guales sit," MS. Reg. 13 A. xxi. f. 80ᵇ. c. 1, and so also Geoffrey, who adds, "quod pagenses *Linligwan* appellant," lib. ix. c. 7. This is also borrowed from the tract *De Mirabilibus*, on which the editor notes, that the name is probably a corruption of the Welsh *Aber-linn-llivan*. In the latter part of the description of this lake, Laȝamon has either inadvertently omitted a part of his original, or some lines of his text are missing. The latter supposition seems most probable. Compare Wace, vol. ii. p. 66, and the Latin authorities cited above.

P. 503. *vv.* 22067–22074.—Not in Wace.

P. 504. *v.* 22089.—In the original it is said, that Arthur remained at York till the feast of the Nativity.

Ibid. vv. 22099–22114.—Wace only writes, that Arthur caused his chaplain to be invested with the archbishopric, in order to maintain and restore the churches and monasteries destroyed by the pagans. Geoffrey has in addition, that archbishop Sampson and the other ministers of religion had been previously expelled by the heathen Saxons, lib. ix. c. 8.

P. 505. *vv.* 22115–22116. 22119–22126.—Not in Wace.

P. 506. *vv.* 22137–22140.—Not in Wace. The severity of the law against treachery of the tenants to their lord, is here and elsewhere strongly marked.

Ibid. v. 22143.—In the French text and Geoffrey, as well as in the French romances of the 12th century, the second name is given, more correctly, *Anguscl* or *Auguscl*. The Welsh authors call them sons of Cynvarch, a chieftain of the Northumbrian Britons, by Nevyn, daughter of Brychan, and name them Aron, Llew, and Urien.

Ibid. vv. 22145–22207.—Instead of this long interlocutory passage, Wace merely tells us, that the brothers had held, by right of their ancestors, the territory northward from the Humber, during the time of peace. Arthur restored to them their lands and heritages. To Urien, the eldest, he gave *Moray*, and commanded that he should be called king of it; to Angusel he gave *Scotland* in fee; and to Loth, who had married Arthurs sister, he gave all *Leonais*, and other fees. Geoffrey reads, "ad consulatum *Lodenesiæ*," MS. Reg., which is explained to be the ancient province of Lothian. Roberts, in commenting on the division above made, says, that the second portion seems to have included all the south-western counties of Scotland; the third, the south-eastern counties to Grahams dyke; and the first, the territory beyond it, p. 146.

P. 509. *v.* 22203. *mi suster.*—According to Geoffrey and his followers her name was *Anna*. See Laȝamon, vol. ii. p. 385, and notes, p. 366. In Wace no mention is here made of Modred, but there is in Geoffrey, lib. ix. c. 9. The romance authorities say, that although Modred passed as the nephew of Arthur, yet he was in reality his bastard son by Loths wife. Robert of Brunne renders the passage thus:

Sir Loth, th[t] wedded Anne;
Wawan, ther sone, at Rome was than,

To norise, as the romance sais;
He hight Wawan the curtais.—*f.* 62. *c.* 1.

P. 509. *vv.* 22213–22224.—Wace states briefly in five lines, that after Arthur had settled his kingdom and established his laws, he took Guenever to wife. He says nothing of any meeting at London, or of Arthurs going into Cornwall. With regard to the personal attractions of queen Guenever (called by the Welsh *Gwenhyfar*, daughter to Goyfran the Hero), see my Notes to *Syr Gawayne*, p. 311. 4to. Lond. 1839.

P. 510. *vv.* 22245–22248.—Not in Wace.

P. 511. *vv.* 22251–22298.—The French text merely states, that Arthur caused his navy to be got ready, and said he would go and conquer Ireland, vol. ii. p. 70. The details in Laȝamon are always valuable.

Pp. 513. 514. *vv.* 22305–22316. 22321–2.—Not in Wace.

P. 515. *vv.* 22355–22464.—Wace does not say that Arthur captured the Irish king with his own hand, but his text has been understood too literally by the English paraphrast. The whole of what follows is the invention of Laȝamon, since in Wace we have only four lines, stating that Gillomar did homage to Arthur, and gave hostages to hold his lands in *treuage*. Even Giraldus admits that the Irish princes were tributary to Arthur, *De Top. Hibern.* dist. iii. c. 8. ed. Francof. 1602.

P. 520. *vv.* 22471–22524.—Here again we are indebted to Laȝamon for a very curious narrative, to be found nowhere else. Wace tells the story in two lines, and Geoffrey is equally brief. The names of *Ælcus* and *Escol* do not exist in historians.

P. 523. *vv.* 22525–22678.—The whole of this is comprised by Wace in twenty lines, vol. ii. p. 72. Geoffrey is still more brief, lib. ix. c. 10, and only mentions the first two of these island or northern kings.

P. 524. *v.* 22565. *Doldanim.*—The name in Geoffrey is *Doldanius*, in Wace *Duldainet* or *Doldain*, and in Robert of Brunne *Doldan*.

P. 526. *v.* 22616. *Winet-londe.*—The MSS. of Wace read *Wineland*, *Venelande*, *Guenelande*, etc., and Robert of Brunne *Wentland*. In Geoffrey the name does not occur. M. Le Roux de Lincy conjectures it to have been *Vinland*, and refers to Wheatons *History of the Northmen*, p. 25; but according to that writer, the country so named was part of the continent of North America, and cannot be the territory here intended. With greater probability we may refer *Winet-lond* to the tract of land on the south shore of the Baltic, between the rivers Oder and Vistula, inhabited by the Wends, which in Wulfstans account of his voyage to king Alfred is named

Weonod-land. It forms at present part of the territories of Prussia. See on the Wends (who are supposed of Sarmatian origin) an article in the *Cambro-Briton*, vol. iii. p. 478. *Winet-lond* is referred to again by Laȝamon, *v.* 22788.

P. 529. *vv.* 22679–22718.—Laȝamon continues here to borrow from his own stores, for in his French original we have only three lines to tell us of Arthurs return to England, vol. ii. p. 73.

P. 531. *v.* 22721. *twelf ȝere.*—So also in the best MSS. of Wace and Geoffrey; but Le Roux de Lincy, in the corrupt text he has given us of the former, prints *trente et deus.*

Ibid. vv. 22735–22974.—This long narrative on the origin of the Round Table, is perhaps one of the most remarkable and curious instances which occur of the additional matter engrafted by Laȝamon on the text of Wace. In the latter we have a few introductory lines on the fame of Arthur, which is stated to have caused every knight of reputation to repair to his court, and enter his service. He then adds,

> Pur les nobles baners [*r.* barons] qu'il out,
> Dun[t] chescun meldere estre quidout,
> Chescun se teneit à meillor,
> Ne nuls ne saveit le peor,
> Fist reis Ertur la Runde Table,
> Dun[t] Bretun dient meint fable.—*MS. Cott. f.* 84[b]. *c.* 2.

He proceeds to say, that at this table all sat as equals, and none could sit higher than another. This tradition respecting the Round Table wholly rests with Wace, for Geoffrey is perfectly silent respecting it, which is the more extraordinary, since there is no reason to doubt the assertion of the former, that the Britons had many marvellous stories about its institution. These stories must consequently have existed in the early part of the twelfth century, and, of course, previous to the composition of the French romances in prose and verse on the subject. It is by no means improbable, that in the narrative of the English poet one of these popular traditions on the foundation of the Round Table may have been preserved, since it would appear hardly credible that the whole should be a mere invention of the writer. See on this subject a note in *Syr Gawayne*, p. 353, and the *Itinerarium* of William de Worcestre, p. 311. 8vo. 1778.

P. 542. *vv.* 22975–22996.—The corresponding lines in Wace are well known from having been so often cited by writers on the origin of romance, but deserve to be compared with Laȝamons version. See the printed edition, vol. ii. p. 76. Robert of Brunne, who again translated or paraphrased the French text (and whose work was finished in the year 1338), renders the above passage, in the inedited portion of his Chronicle, in the following remarkable manner:

In th^{t} tuelue ȝeres tyme
Felle auentours, th^{t} men rede of ryme.
In th^{t} tyme wer herd and sene,
Th^{t} som say th^{t} neuer had bene.
Of Arthure is said many selcouth,
In diuers landes north and south,
Th^{t} man haldes now for fable,
Be thei neuer so trew no stable.
Not alle is sothe, no alle lie,
Ne alle wisdom, ne alle folie;
Ther is of him no thing said,
Th^{t} ne it may to gode laid.
More than other was his dedis,
Th^{t} men of him so mykelle redis.
Geffrey Arthur of Menimu,
Wrote his dedis th^{t} wer of pru,
& blames bothe Gildas and Bede,
Whi of him thei wild not rede;
Sithen he was pris of alle kynges
Thei wild not write his praysynges;
& more wirschip of hym was
Than of any th^{t} spekes Gildas,
Or of any th^{t} Bede wrote,
Saue holy men th^{t} we wote.
In alle londes wrote men of Arthoure,
His noble dedis of honoure;
In France men wrote, & ȝit write:
Here haf we of him bot lite.
Tille domes day men salle spelle,
Of Arthure dedis talk & telle.—*f.* 62^{b}. c. 2.

P. 543. *vv.* 23001–23004.—Wace writes thus:

N'esteit pas tenu par curteis,
Escot, ne Bretun, ne Franceis,
Norman, Angevin, ne Flemenc,
Ne Burgoinnum ne Loherenc, *etc.*—*MS. Cott. f.* 84^{b}. c. 2.

But in the Royal MS. 13 A. xxi. the last two lines are omitted, and may be an interpolation. In the French text also the entire paragraph, vv. 23001–23012, precedes the passage relative to the marvellous stories told of Arthur by the *conteors* and *fableors*, and instead of vv. 23013–23026 of the English text, we have in Wace some lines to the effect, that many came from various lands to seek honour and wealth at Arthurs court, and to see his nobles. He was beloved by the poor and honored by the rich. Foreign kings feared him for his prowess, and envied him for his liberality. Vol. ii. p. 76.

P. 544. *vv.* 23027–23080.—Supplied by Laȝamon; but the latter portion is only an anticipation of what is stated by Wace after the death of Arthur, and repeated in the English paraphrase, vol. iii. p. 144. The part which relates to Merlins prophecy of Arthur would appear to be a poetical paraphrase of a passage in Geoffrey, lib. vii. c. 3, which had previously been noticed by Laȝamon. See a previous note, p. 370.

P. 546. *v.* 23064. *þer Walwain wes for-faren.*—Laȝamon here alludes to the fatal battle between Arthur and Modred, which took place on the river Camlan, but he is wrong in assigning the death of Walwain to that locality. His memory must here have played the truant, for he subsequently, vol. iii. p. 132, rightly fixes the event at the spot where Arthur first landed. See Introduction to *Syr Gawayne*, 4to, 1839, p. xxii.

Ibid. v. 23070. *Argante.*—Whence this name has been derived I am at a loss to conceive; for in all the extant authorities of the twelfth century which mention her, she is called *Morgen*, *Morganis*, *Morgana*, or *Morgain*. Gervase of Tilbury adds the epithet *fatata*, fay, or fairy, which has been overlooked by Keightley, *Fairy Mythology*, vol. i. p. 12, and Taylor, Note to new edition of Warton, vol. i. p. (34). It would appear that *Argant* was an Armoric name, and borne by the daughter of Constantin, (see Lobineaus *Hist. de Bretagne*, vol. i. fol. par. 1707,) but this will not explain why it is here applied to the fairy sister of Arthur. Price writes, "The Persian *Mergian* and *Urganda* have unquestionably furnished Italian poetry with its *Morgana* and *Urgana*." Pref. p. (34). This seems, however, rather an unguarded assertion; for although on D'Herbelots authority Mergian has been received as the prototype of Morgana, (which requires further proof,) yet I find no trace of the name of Urganda in the Persian or Arabic writers. It is nevertheless very remarkable to meet with a name allied to the *Urganda Desconecida* of the cycle of Amadis in the work of an English writer at the beginning of the thirteenth century, and it would be desirable to have some better explanation of it than I am able to offer. Compare Laȝamon, vol. iii. p. 144.

P. 547. *vv.* 23087–23246.—The narrative is much briefer in Wace, and differently arranged, vol. ii. pp. 77–79.

P. 551. *v.* 23181. *Riculf.*—This name occurs in Walsingham, *Ypod. Neustr.* p. 418, ed. Camd., borne by a Norman.

P. 554. *vv.* 23259–23270.—These lines are not in the French text. It must be remarked that the mention of Walwain as having come from Rome to join Arthur in Norway, is entirely due to Wace, apparently founded upon some misconception of Geoffreys text, who says only, that at that time Walwain was committed by his uncle, at the age of twelve years, to the care of pope Sulpicius, from whom he received knighthood. See Introduction to *Syr Gawayne*, pp. xii. xiii.

P. 556. *vv.* 23305–23354.—In Wace this passage occupies only six lines, stating in general terms the submission of Æscil, vol. ii. p. 81.

P. 558. *vv.* 23355–23396.—The French text gives us in the place of this curious enumeration of Arthurs forces only three or four lines, to the effect that he caused to be selected from Denmark a great number—" ne sai quanz cens ne quanz millers "—to lead with him into France; which was done without delay. Vol. ii. p. 81.

P. 562. *vv.* 23433–4.—Wace does not state the amount of the tribute, but says it was transmitted to the emperor, whose name is given by Geoffrey as *Leo*, lib. ix. c. 11. In a recent manuscript copy of Wace here occur four lines, evidently and absurdly interpolated, which refer to Julius Cæsar, the conqueror of Britain, as the emperor alluded to, and these lines are admitted most injudiciously by the editor into the text, vol. ii. p. 82.

Ibid. vv. 23439–23462.—This narrative is quite opposed to that of Wace, who does not say a word of any application to Rome for assistance, but merely that Frolle assembled all the forces in the pay of Rome that were in his province, and marched with them to attack Arthur. The description of the battle is then dismissed in four lines; but some others are added, relative to the French who joined the army of Arthur, and which Laȝamon has passed over without notice. See *ibid.*

P. 568. *vv.* 23573–23630.—In the French text we have merely eight lines, stating that Frolle saw the starving condition of the people, and resolved to put his own life in peril rather than that all Paris should perish. Vol. ii. p. 86.

P. 571. *vv.* 23649–23880.—This long and curious detail is almost entirely due to Laȝamon. Wace has only eight lines as an equivalent, saying that the challenge was accepted, and hostages given on both sides for its fulfilment. The two warriors enter armed into the island assigned for the combat. *ibid.*

P. 573. *v.* 23703–4.—Robert of Brunne in translating Wace, writes,

> The bataile suld be in a playne,
> Bituex two waters, Marne & Seyne.—*f.* 64. c. 1.

The readers of romance lore will not fail to recognise an imitation of this combat in the similar one between Roland and Oliver on an island in the middle of the river Rhone, near Vienna. See the *Roman de Guerin de*

Montglave, f. xxxviii'. 4to, Par. 1518, and MS. Reg. 20 B. xix. f. 28'. Le Roux de Lincy is mistaken in asserting that this combat of Arthur and Frollo is not to be found in the romances of the Round Table, since it is in the *Lancelot du Lac*, tom. ii. f. 64'. edit. 4to, 1513. *Froille* is also mentioned in the *Roman de Merlin*, vol. ii. f. ix. as a duke of Germany and ally of king Claudas.

P. 582. *vv.* 23929–23930.—Laȝamon seems to have here misunderstood his original author, who writes,

> De sun cheval l'ad loin porté,
> Tant cum hanste li ad dure.—*MS. Cott. f.* 86'. *c.* 2.

Pp. 584. 585. *vv.* 23970–23972. 23991–24030.—Not in Wace.

P. 587. *v.* 24046.—After this line Wace adds two others, omitted by Laȝamon,

> A Paris lunges sojorna,
> Bailliz assist, pois ordena.—*f.* 87. *c.* 1.

P. 589. *vv.* 24087–24100.—Wace has only two lines,

> Les altres parties de France
> Cumquist Ertur par grant puissance.—*f.* 87. *c.* 2.

In Geoffrey we read, "Emensis iterum novem annis, cum *totius Galliæ partes* potestati suæ submisisset, venit iterum Arturus Parisios, tenuitque ibidem curiam," *etc.* lib. ix. c. 11.

P. 590. *vv.* 24111–24124.—Not in Wace.

P. 591. *vv.* 24135–24138.—Robert of Brunnes translation of the original passage is rendered curious by his own additions:

> Many selcouth be tyme seres
> Betid Arthur tho uyen ȝeres:
> Many proude man lowe he brouht,
> To many a felon wo he wrouht.
> *Ther haf men bokes alle his life,*
> *Ther er his meruailes kid fulle rife;*
> *Th' we of him here alle rede,*
> *Ther er thei writen, ilka dede.*
> *Thise grete bokes so faire langage,*
> *Writen and spoken on France vsage,*
> *Th' neuer was writen thorgh Inglis man;*
> *Suilk stile to speke no kynde can.*
> *Bot France men wrote in prose,*
> *Als he did him to alose.*—*f.* 65. *c.* 1.

This is, perhaps, the most direct testimony extant of the priority of the romances written in French to those composed in English on the exploits of the Round Table.

P. 592. *vv.* 24155–24186.—This passage is written more briefly, and in the narrative form in Wace, vol. ii. p. 92. Geoffrey only notices the grants to Kay and Beduer, and dismisses the rest in general terms. In the Cotton MS. two additional lines occur, which are probably an interpolation, as they are not noticed from any other MS. in the printed edition.

> *Flandres* duna à *Holdin*,
> *Le Mans* à *Borel*, sun cusin;
> *Buloigne* duna à *Liger*,
> E *Puintif* duna à *Richer*.—*f.* 87[b]. c. 1.

P. 593. *vv.* 24191–24194.—Not in Wace.

P. 594. *vv.* 24195–24214.—Wace only says, in four lines, that Arthur returned in the month of April to England, where he was joyfully received, vol. ii. p. 93.

P. 595. *vv.* 24229–24240.—Not in Wace, but the passage immediately preceding is given in a more dilated form in the French text; a circumstance so unusual as to deserve notice.

P. 597. *vv.* 24273–24278.—Not in Wace. It would be curious to ascertain what books these were to which Laȝamon in this passage refers. As to the ancient magnificence of Caerleon, see the Itinerary of Giraldus, translated by Sir R. C. Hoare, vol. i. p. 103. 4to. 1806.

Ibid. v. 24283. *seint Julien*.—In the place of this saint (called *Julius* by Geoffrey), M. Le Roux de Lincy in his edition of Wace gives us another named *Vulc* (!), although his own book, vol. i. p. 164, and the collation of any good MS. or of the Latin text might have taught him better.

P. 599. *v.* 24316.—In a late MS. of Wace, Bibl. du Roi, 7515[3.3] *fonds Colbert*, are here interpolated fourteen lines, not in the earlier MSS. nor in Laȝamon, detailing the names of the different peoples summoned by Arthur. See the printed edition, vol. ii. p. 96.

Ibid. v. 24324. *Angel*.—See previous note, p. 381.

Ibid. v. 24330.—Here in the MS. 7515[3.3] are four more lines interpolated, relative to Loth and his son Walwain, vol. ii. p. 97.

P. 600. *v.* 24332. *Cadwaðlan*.—In Geoffrey he is mentioned as "*Cadvallo Lavirh*, rex Venedotorum, qui nunc Norgualenses dicuntur," which Roberts renders, "Caswallon *Lawhir* (the long-handed,) lord of Gwynedd." Wace reads *Cadval*.

Ibid. v. 24335. *Glouchæstre*.—The printed Welsh translation ascribed to Tysilio reads *Worcester*, erroneously, instead of *Gloucester*, and omits the next name.

P. 600. *v.* 24336. *Winchastre.*—Geoffrey and several of the copies of Wace read *Worcester* here, but others agree with Laȝamon in reading *Winchester*.

Ibid. v. 24337. *Gurguint.*—He is omitted in Geoffrey and in some copies of Wace.

Ibid. vv. 24339–24341.—In Geoffrey and Wace Cursal is assigned to Chester, and Urgent (*Urbgennius*, Geoffrey) to Bath.

Ibid. v. 24343. *Ærnald.*—Called *Anaraut* in Geoffrey and Wace. In the Welsh version falsely named earl of *Shrewsbury*.

Ibid. v. 24345. *Balien of Silechæstre.*—The text of Geoffrey reads "*Galluc Saresberiensis,*" which is evidently erroneous, since Salisbury has previously occurred. Wace has *Balluc*, earl of *Silchester* or *Chichester*, for the MSS. vary, as is the case with the two English texts. The printed edition of Wace has the corrupt reading *Balduf*.

Ibid. v. 24346. *Wigein.*—Geoffrey and Wace read *Jugein*.

Ibid. vv. 24349–24358.—Several of the names here differ considerably from those in Geoffrey and Wace, and all are more or less corrupt: the MSS. also of the Latin and French texts present numerous variations, and it would be superfluous to note them down. It may however be remarked, that *Madoc* and *Traher* do not occur at all in Geoffrey or Wace, and that *Peredur mab Elidur* has been improperly considered as two persons. Roberts in his translation of the Welsh version has bestowed some pains on this list, p. 151, and may be referred to, together with the text of Geoffrey in MS. Reg. 13 D. ii. Robert of Brunne thus dismisses the dry catalogue of names :—

> Of ther childir it sais ther names,
> To neuen tham here it ne frames.
> Ther was Porsud sone, Donant,
> & ser Regin sone, Elant,
> & Cohel sone, hight Keneus,
> & Katelle sone, Katellus ;
> & other names, selcouth to telle,
> It is not on tham to duelle.
> Thise serued at the Round Table ;
> To rekne tham alle it is fable.—*f.* 65[b]. c. 2.

P. 601. *v.* 24372. *Lundene.*—Geoffrey and Wace add, that he was also legate of Rome, and could cure by the virtue of his prayers.

Ibid. v. 24374. *Cantware-buri.*—The see of London is *supposed* to have existed as an archbishopric from the period of the introduction of Christianity, under Lucius, to the advent of Augustine. See Godwin *de Præsulibus*, pp. 169, 171. fol. 1743.

P. 602. *v.* 24381. *Maluerus*.—Called *Malvasius* or *Malveisus* by Geoffrey and Wace.

Ibid. v. 24383. *Kinkailin of Frislonde*.—Not in Wace or Geoffrey. Robert of Brunne instead of this line supplies another, "*Kynmare*, kyng of *Wentland*," f. 66. c. 1, in reference to the passage at p. 527, but the name of the king is there different.

Ibid. v. 24386. *bi Norðe*.—Wace has, "ki ert reis de *Noreis*," which Laȝamon has not translated correctly.

P. 603. *vv.* 24411–12.—Not in Wace.

Ibid. vv. 24419–20.—In Wace other causes are assigned for their arrival, in six additional lines, omitted by Laȝamon. Vol. ii. p. 101.

P. 604. *vv.* 24427–24430.—Not in Wace. The passage that follows, extending from v. 24431 to v. 24442, is much enfeebled in the translation. Compare the printed edition, vol. ii. p. 102.

P. 605. *vv.* 24457–24468.—Wace only says, in four lines, that two archbishops led the king, each of whom sustained one of his arms.

P. 606. *vv.* 24483–24496.—Not in Wace.

P. 607. *vv.* 24513–24516.—On the contrary Wace tells us the queen was crowned in her chamber, and afterwards conducted to the nunnery (of St. Julius) to avoid the crowd. Vol. ii. p. 104.

P. 608. *vv.* 24519–24522.—Wace only says that they held white doves (*columbs*) in their hands. The editor chooses to print *cornelles* in his text, vol. ii. p. 105.

Ibid. v. 24536.—The French original has here several lines omitted by Laȝamon, which were thus rendered more than a century afterwards by Robert of Brunne:—

> Whan the procession was gone,
> The messe bigan son on one;
> Ther mot men se faire sumenyng
> Of the clerkis th[t] best couth syng;
> W[t] tribille, mene, & burdoun,
> Of many on was suete soun;
> Of tho th[t] songe hie & lowe,
> & tho th[t] couthe organes blowe.
> Inouh ther was of mynstralcie,
> & of songe faire melodie.

Ther mot men folk com & go
To the kirkes bothe, to & fro, *etc.*—*f.* 66[b]. *c.* 1.

P. 609. *vv.* 24559–24570.—In Geoffrey and Wace the king and queen change their crowns before they quit the monasteries, and the king then proceeds to his palace to dine, and the queen to hers.

P. 610. *v.* 24580.—So also in Geoffrey and Wace, but the latter adds, in reference to this custom in his own time,

E Bretun uncor la teneient,
Quant ensemble feste fasicent.—*MS. Cott. f.* 89[b]. *c.* 1.

In the Welsh version attributed to Tysilio (if rightly translated) Arthur and his queen dine together in the same hall, but in all probability there is some error.

P. 611. *vv.* 24597–24600.—Wace only says, "vestu d'ermine," and does not mention the gold rings.

P. 612. *vv.* 24609–10.—Not in Wace.

Ibid. vv. 24617–24622.—In the French text we read,

La reine i out ses servanz,
Ne vus sai dire quels ne quanz;
Richement e bele fu servie, *etc.*—*f.* 89[b]. *c.* 2.

P. 613. *vv.* 24635–24638.—Not in Wace.

Ibid. v. 24643.—Wace adds three lines of extravagant panegyric, omitted in the English paraphrase:—

Plus erent curteis e vaillant
Neis li povre paisant,
Ke chevalers en altres regnes:
E altre si erent les femmes.—*f.* 89[b]. *c.* 2.

He also says that no knight was to be seen of any estimation who wore not his arms and clothes of one color, and so also the ladies. Vol. ii. p. 110.

P. 615. *vv.* 24685–24694.—Not in Wace.

P. 616. *v.* 24718.—After this line several MSS. of Wace have an addition of no less than forty-four lines, descriptive of the music and games used at Arthurs feast. They are exceedingly curious, and have been quoted partially by myself in the Notes to *Havelok*, p. 200, and by M. Michel in the Glossary to *Tristan*, vol. ii. p. 219. The entire passage may be seen in Le Roux de Lincys edition, vol. ii. p. 111. It must, however, be observed that two of the oldest existing MSS. of Wace, namely, Cangé 27, in the Bibliothèque du Roi, and MS. Reg. 13 A. xxi. in the British Museum, wholly omit these lines, and so did doubtless the copy from which Laȝamon translated or paraphrased his work. It may become a question therefore, whether these lines really proceeded from the pen of Wace. Robert of Brunnes abbreviated version of them may be seen in Ellis's *Specimens of the early English Poets*, vol. i. p. 421, ed. 1811, but printed so incorrectly as to be often unintelligible.

P. 617. *v.* 24728.—The whole of this narrative, from v. 24549, is quoted by Ellis in the work above cited, vol. i. pp. 61–73, accompanied by the Latin and French corresponding texts, and the versions of Robert of Gloucester and Robert of Brunne. A portion also, from v. 24657 to v. 24680, is given by the Rev. J. Conybeare in his Essay on Anglo-Saxon metre, p. lxviii. inserted in the *Illustrations of Anglo-Saxon Poetry*, edited by his brother, 8vo, 1826. In some MSS. of Wace, but not the earliest, there are twenty additional lines relative to the gifts bestowed by Arthur, vol. ii. of the printed edition, p. 114. Robert of Brunne also has them, but they are not in the Royal or Cotton MSS. in the British Museum, nor in Cangé 27 nor Cangé 73, in the Bibliothèque du Roi at Paris. It must be further remarked, that the passage which occurs in Geoffrey here, lib. ix. c. 15, concerning the appointment of David as archbishop of Canterbury, and of several bishops, is wholly omitted by Wace, and consequently by his paraphrasts.

Ibid. vv. 24743–24749.—Wace only says they were old, hoary men, well attired, and bore olive branches in their hands. The latter circumstance is not noticed by Laȝamon.

P. 618. *vv.* 24771–24830.—In the French text, as in Geoffrey, the substance of this address is given in the form of a letter from the emperor to Arthur, vol. ii. p. 116. Laȝamon, as usual, departs greatly from a literal version of his original.

P. 621. *vv.* 24837–24846.—In Wace thus:

> Ke cil serrunt *deshonuré*
> Ki cel message unt aporté.
> Mult eussent as messagiers
> Dit ledenges e repruviers.—*f.* 91. *c.* 2.

Pp. 622. 623. *vv.* 24861–24870. 24878.—Not in Wace.

P. 623. *vv.* 24883–24886.—In Wace described thus:

> En une sue tur perrine,
> Ke l'em clamont *Tur Gigantine*.—*f.* 91. *c.* 2.

and in Geoffrey, "*Giganteam* turrim," which Roberts renders the "Tower of the Heroes."

P. 624. *v.* 24899, *etc.*—This speech of Cador and the reply of Walwain take place, in the French text, whilst they are ascending the steps of the tower, but in Robert of Brunne after the knights have entered, as in Laȝamon.

P. 626. *vv.* 24955–24964.—Compare this reply in Wace, vol. ii. p. 121, where it is worded rather differently.

P. 630. *vv.* 25037–25040.—Not in Wace.

P. 634. *v.* 25133.—Howel prefaces his speech in Wace by advising Arthur to summon his forces, pass the sea, seize on France, cross the Great St. Bernard, and take possession of Lombardy, vol. ii. p. 127.

Ibid. v. 25141. *Sibeli.*—Of these prophecies several Latin and French versions appear to have been in circulation in the 13th and 14th centuries, but I have been unable to find the precise passage referred to. In MS. Cott. Claud. B. VII. f. 213[b]. is the "Prophetia *Sibillæ* et Merlini vatis de Albania et Anglia, et eorum eventibus," in forty-four lines, part of which is quoted by Fordun, lib. iii. c. 22, 23, and in the same MS. follow eleven lines intitled, "*Sybilla* de eventibus regnorum et eorum regum ante finem mundi," which are printed by the Rev. Dr. Todd in his notes to "The Last Age of the Church. By John Wyclyffe." Dubl. 1840. p. xc. and where, in the first line, for *lenitas* he should have read and printed *levitas*. In the same MS. also, f. 219. and in Vesp. E. IV. f. 143. is a Latin copy of the predictions of the Tiburtine Sibyl, daughter of Priam, who is confounded here, as elsewhere, with the queen of Sheba. They are printed at the end of the preface of Gallæus to his edition of the *Oracula Sibyllina*, 4to, Amst. 1689; and in De la Rues *Essais sur les Bardes*, etc. tom. ii. pp. 280. 283, is a notice of an Anglo-Norman version of them. A Welsh translation also exists in the MS. Red Book of Hergest, in Jesus College, Oxford, and in the Hengwrt library.

P. 636. *v.* 25191.—The speech of Angusel in the French text is much more diffuse, and consists chiefly of invective against the Romans, vol. ii. pp. 129–132.

P. 637. *v.* 25209. *þreo þusend.*—The number in Geoffrey, in the best MSS. of Wace, and in Robert of Brunne, is *two* thousand; but in the French printed text it is, falsely, "*dix* mil," vol. ii. p. 132.

P. 638. *vv.* 25227–25230.—For *Peoile* Wace reads *Lohereyne*, and omits all notice of Lombardy and Britanny, France and Normandy.

P. 639. *vv.* 25245–25274.—Wace only says, that Arthur caused letters to be written and given to the messengers, whom he treated honorably. "To Rome," said he, "you may say, that I am lord of Britain. I hold France, and will continue to do so. They shall truly know that I will forthwith come to Rome, not to pay tribute, but to demand it." Vol. ii. p. 133.

VOL. III.

P. 1. *vv.* 25277–25282.—Not in Wace.

P. 2. *vv.* 25293–25326.—The speech of the legates extends in Wace to eight lines only, in eulogy of Arthur and his court, but in more moderate terms than in Laȝamon, vol. ii. p. 133.

P. 3. *v.* 25327.—Here commences the tenth book of Geoffrey. In Robert of Brunne the advice of the senators is expressed thus:—

Thei said to the Emperour alle aboute,
Wt force ȝe salle do him loute;
& if he com, we salle him thoute,
Reue him his renge, maugre his snoute.—*f.* 70. *c.* 2.

P. 5. *v.* 25371. *Mæptisas.*—Wace and Geoffrey read *Micipsa,* and in the following line, instead of *Meodras,* have the very different name of *Aliphatima* or *Alifantina.* Lower down, v. 25377, the same authorities read *Mustensar.*

P. 6. *v.* 25380. *þa bleomen.*—In Wace, "Affricans menat e *Mors.*" So in the early English legend of St. Margaret, MS. Reg. 17 A. xxvii. f. 45. "As heo biheold lokinde uppon hire riht half, þa seh ha hwer set an unsehen unwiht, muchele del blacere þen ever eni *blamon,* so grislich, ꝥ ne mahte hit namon lihtliche areachen."

Ibid. v. 25385. *Marces Lucas and Catel.*—Geoffrey gives the Roman names more at length, *Lucius Catellus, Marius Lepidus, Caius Metellus Cotta, Quintus Milvius Catulus,* and *Quintus Carutius.* They are blundered in Wace nearly as in Laȝamon, but are only in number *five,* whereas in the Welsh versions they are subdivided into *eleven* persons!

Ibid. v. 25395. *feouwer hundred þusende.*—The precise number in Wace is 400,180 cavalry, besides footmen, but in Geoffrey only 40,160.

P. 7. *v.* 25403. *auormest heruestes dæie.*—Wace says, "*entrant* Aust," and Geoffrey "*incipientibus* kalendis Augusti." Robert of Brunne renders the expression by "Lammas."

Ibid. vv. 25419–25424.—Wace omits all mention of Scotland and Man, and the numbers vary in different MSS. as is, indeed, almost everywhere the case.

P. 8. *vv.* 25434–25436.—For *Brutaine* the Royal and Cotton MSS. of Wace read *Maine,* the printed text *Auvergne,* and Robert of Brunne *Pikardie.* The notice of Loraine and Lovaine is an addition by Laȝamon. They altogether supply 80,000 men, in the French text.

Ibid. v. 25447. *fifti þusend.*—In Geoffrey and the best MSS. of Wace

60,000. The entire number of Arthurs cavalry is reckoned by the former at 183,200.

P. 9. *v.* 25462. *Barbe-fleote.*—Barfleur, a town of the department of La Manche, in Bretagne. Its port is now filled up.

Pp. 9—11. *vv.* 25467–8. 25485–25492. 25503–25516.—Not in Wace.

P. 12. *vv.* 25529–25546.—Instead of these lines we have in the French original a much longer and animated description, the latter part of which contains many curious nautical terms, the meaning of which Laȝamon may not have understood. See the whole passage in the printed edition, vol. ii. pp. 139–142. A portion of this passage was quoted from the Cotton MS. by M. Michel in his edition of *Tristan*, Gloss. in v. *Lof*, together with the corresponding lines in Robert of Brunne, furnished him by myself. As the latter version is yet inedited, the entire passage is here subjoined.

Ther mot men se maryners,
Many wight man in schippes sers,
Ropes to right, lynes to lay,
Bi bro, bi bankis to tache & tay;
Kables to knyt about ther mast,
The saile on ȝerd fest thei fast;
Ankres, ores, redy to hande,
Rothers, helmes, right to stande;
Boulyne to set, boulyne to hale,
Bordes, keuiles, stache to wale*.
Whan alle was redy in gode poynt,
Vnto the lond the schippes joynt.
Som stode in schippe & som on land,
Brigges, plankes, kest to the sand;
W[t] men, w[t] horses forto charge,
Galeis, cogges, schippes large;
Brouht in helmes, hauberkes & scheldes,
& alle th[t] men in bataile weldes;
Hors in to drawe, hors in to dryue;
Men hied in after, bilyue.
Whan alle were in, & mad ȝare,
& thei oñ ther way suld fare,
To tham oñ the lond thei spak to est,
& praied tham grete ther frendes best;
Oñ bothe parties was heuy chere,
Whan frendes departed lene and dere.
Whan alle were in, & was on flote,
Maryners dight tham to the note,
Ther takille forto dight & taile,
Vnto the wynd wele forto saile;
Ankers vpwond, saile drouh hie,
The wynd blow, ther schippes gon flie;

* Still preserved in the term *gun-wale*.

> & tho maistres, th^t were slie,
> Ilkone did ther maistrie.
> Som aforced the wyndas,
> Som the lofe, som the betas.
> The maister marynera stode bihynd,
> The schip to stere to the wynd.—*f.* 71. *c.* 1.

Wace concludes by praising the courage of the man who first made a ship, and trusted himself to the wind and waves, all of which Laȝamon overpasses.

P. 13. *vv.* 25557–25580.—Not in Wace, who relates the dream in the third person, and more briefly.

P. 16. *vv.* 25627–25634.—In Wace some are said to have interpreted the dream to have reference to a giant destined to be slain by Arthur, and others in other manners, but all gave it a favorable signification. Arthur says, he thinks it must refer to the war between himself and the emperor. Vol. ii. p. 144. Compare the *Roman de Merlin*, vol. ii. f. cxlii^b, and Malorys *Morte d'Arthur*, lib. v. c. 4. ed. 4to. 1817.

P. 18. *vv.* 25675–25692.—Not in Wace, who, as usual, relates the transaction in a narrative form.

P. 20. *v.* 25706.—In several copies of Wace two lines are here added, stating that the giants name was *Dinabruc*, and so also in Robert of Brunne, and a prose Latin chronicle of the 13th century, MS. Cott. Vespas. E. IV. f. 106. No name is given by Geoffrey.

Pp. 20. 21. *vv.* 25723–4. 25729–25730.—Not in Wace.

P. 21. *vv.* 25743–25762.—Not in Wace, who causes Arthur at first to give brief instructions to Beduer, to proceed to either hill, and when he had found the giant, to return, vol. ii. p. 147. This extends to v. 25802 of the English paraphrase.

P. 24. *v.* 25807. *up a-stah þene munt.*—In Wace he is previously obliged to enter a boat, and cross the water, on account of its being high tide. *ibid.*

Pp. 24. 26. *vv.* 25809–25824. 25855–25866.—Not in Wace.

P. 26. *vv.* 25869–25880.—In the French text this doubt expressed by the old women, whether Beduer were angel or mortal, is not found, and she addresses him in different terms. She afterwards relates her story, but in much fewer lines than in the English text. Vol. ii. pp. 148–151.

Pp. 27. 29. 30. *vv.* 25881–25892. 25943–25954. 25963–25996.—Not in Wace.

P. 32. *v.* 26005.—In Wace they leave their horses to the care of their esquires, at the foot of the hill.

P. 32. *vv.* 26010–26011.—Laȝamon has here, perhaps intentionally, departed from his original, in which it is stated, that the giant was found on the higher hill, apart from the one on which the old woman was stationed. Wace also relates, that the giant was not discovered asleep, but sitting by the fire, roasting one of the hogs, and having his beard and eyebrows smeared over with the fat. Vol. ii. p. 152. Robert of Brunnes version here is almost literal :—

> Be a mykille fire he sat,
> & roste suynes flesch fulle fat;
> Som rosted, & som was sothen,
> His bryne, his berde ther w[t] was brothen,
> & alle to-solied w[t] the spikke,—
> I trow th[t] sight was lothelik.—*f.* 72[b]. *c.* 1.

P. 33. *vv.* 26021–26044.—Not in Wace, who relates in three lines, that Arthur thought to surprise the giant, and take his club (*maçue*) from him, but he is perceived, and the giant starts up at his approach. Vol. ii. p. 153. The generosity attributed to Arthur, of not attacking the giant when asleep, is due to the invention of Laȝamon.

P. 34. *vv.* 26055–26104.—The remainder of the combat is differently described by Wace, vol. ii. p. 154. Compare the accounts in the *Roman de Merlin*, vol. ii. f. cxliiii, and Malorys *Morte d'Arthur*, lib. v. c. 5.

P. 37. *v.* 26122. *Rauinite.*—The MSS. of Wace read *Raive*, *Rara*, *Artane*, etc., which are corruptions of Geoffreys text, "in *Aravio* monte," lib. x. c. 3. The Welsh versions interpret it of Mount Snowdon. After this is inserted in Wace, vol. ii. p. 156, (as also in Geoffrey and the Welsh translation,) an account, in twenty-four lines, of the mantle of king *Riton*, which was trimmed with the beards of vanquished monarchs, and of his defeat by Arthur, who kept the mantle as a trophy; all of which, it is to be regretted, is omitted by Laȝamon. As this exploit has been celebrated in the ballad poetry of England (see Percys *Reliques*, vol. iii. p. 26. ed. 1775.), it may not be out of place to quote here the version made by Robert of Brunne, in the 14th century.

> He teld Beduer & syr Kay,
> Th[t] he had neuer so grete affray
> Of no geant bot of one,
> & th[t] geant hight Ritone.
> He did mykelle wonder & wo,
> & many kynges did he slo,
> & alle ther berdes he did of flo.
> A pane he maad of alle tho,
> & as a forrur he did tham tewe;
> Se, how Riton was a schrewe!

Th^t geant Riton sent his sond
To Arthure fro fer lond,
& said he suld mak him aferde,
Bot he flouh of his owen berde,
& sent it him tille his paene,
To mensk it ther it was wane.
& if he sent it blithely,
He suld do it most curteisy;
For he suld vrle his pane w^t alle
About w^t a filette smalle.
& if Arthur wild nouht
Do as Riton him besouht,
Redy him sone als he myght,
Fo[r] Riton wild w^t him fight;
& whilk of tham mot other slo,
His berde suld do of flo,
& haf the pane ilk a dele,
Ther w^t about vrle it wele.
Arthure vnto Riton went,
In bataile slouh Riton & schent,
& wan the pane & his berde;
Oñ the mounte de Rame he was conquerde.
Sithen fond Arthure non,
Bot Dinabrok, als was Riton,
Th^t euer did tille him in dede,
Th^t he had of so mykelle drede.—*f.* 73. *c.* 1.

Those who wish to know more respecting this redoubtable giant, may consult the *Roman de Merlin*, vol. ii. ff. cxxix., cxxxiv., and Malorys *Morte d'Arthur*, lib. i. c. 27, who notwithstanding, in lib. v. c. 5, ascribes the formation of the mantle embroidered with royal beards to the giant on St. Michaels mount. The story is also alluded to in a manuscript fragment of the Anglo-Norman metrical romance of Tristan, in the possession of the Rev. W. Sneyd; in the fabliau of the *Chevalier aux deux épées*, quoted by Le Roux de Lincy, vol. ii. p. 156; and in MS. Cott. Vespas. E. IV. f. 106. According to the Welsh authorities this giant was an historical personage, named *Rhitta Gawr*. See Owens *Cambrian Biography*, p. 292, and *Cambro-Briton*, vol. ii. p. 98.

P. 38. *v.* 26145. *Æleine Tumbel.*—This legend has been printed from Wace at length in the "Histoire pittoresque du Monte Saint Michel et de Tombelène. Par Maximilian Raoul." 8vo. Par. 1833. pp. 251–270; which work may be consulted on the subject. The same story is alluded to by Guillaume de Saint Pair, the metrical chronicler of the abbey, who wrote in the first half of the thirteenth [the abbé De la Rue, and after him Le Roux de Lincy, says the *twelfth*] century. See the unique copy of his poem in MS. Add. 10,289. Brit. Mus. f. 8^b.

P. 39. *vv*. 26169–26184.—Not in Wace.

P. 40. *v*. 26185. *Albe*.—The river Aube, which rises on the border of Burgundy, and flows through the province of Champagne, where it joins the Seine. The name is translated *Gwen* (*white*) in the Welsh version ascribed to Tysilio, on which Roberts's note is entirely wrong, p. 163.

Ibid. *vv*. 26187–26216.—Wace only states, briefly, that Arthur was informed by the peasants and by his spies, that the emperor was encamped near the place, and had with him such a marvellous army, that the earth could scarcely find them subsistence. Vol. ii. p. 160.

P. 43. *vv*. 26245–6.—The copies of Wace I have consulted, as well as the printed text, do not mention these acquirements of Walwain; but it is remarkable that Robert of Brunne, in his version of Wace, should have a similar line, which would induce a suspicion that the passage originally stood in the French text.

P. 45. *vv*. 26301–26306.—Added by Laȝamon. A recent MS. of Wace interpolates two lines, to the effect that the earls promised to do as required.

P. 47. *vv*. 26347–26360.—Instead of these lines Wace tells us, that each spoke what he pleased, and the emperor heard them, and replied accordingly. Vol. ii. p. 164.

P. 49. *vv*. 26401–26438.—Not in Wace.

P. 51. *v*. 26441. *Quencelin*.—In Wace called *Quintilian*, nephew of the emperor, and in Geoffrey, *Caius Quintilianus*.

P. 52. *vv*. 26461–26470. 26474–26476.—Not in Wace.

P. 54. *v*. 26517. *etc*.—In Wace the first Roman knight is killed by Gerin of Chartres; the second by Beos of Oxford; and the third by Walwain. Vol. ii. p. 167.

P. 56. *vv*. 26551–26556.—The speech assigned by Wace to Gerin is given by Laȝamon to Walwain, *vv*. 26527–8.

Ibid. *v*. 26567. *the eorl*.—It is Walwain who thus speaks, in the French original.

P. 58. *vv*. 26595–6.—Not in Wace, who has instead a passage of twenty lines (engrafted on Geoffrey) respecting a cousin of Marcel, who rides up to attack Walwain, and receives a blow which cuts off his arm. Vol. ii. p. 170. This addition is unnecessary, and only weakens the narrative; it is therefore very judiciously omitted by Laȝamon.

P. 58. *v.* 26603. *niȝe þusende.*—The number in Wace and Geoffrey is *six* thousand.

Ibid. vv. 26617–26624.—On the contrary Wace says they sat armed on their horses, to protect the messengers.

P. 59. *vv.* 26629–26642.—In the French text the flight of the earls is mentioned in very general terms.

P. 60. *vv.* 26649–26660.—Not in Wace.

Ibid. v. 26665. *six þusend.*—*Ten* thousand in Wace and Geoffrey.

P. 61. *vv.* 26673–26676.—Not in Wace.

Ibid. vv. 26681–26690.—Instead of these lines it is narrated in the French original, that Arthur being aware his messengers to the emperor had not returned, nor the force sent to meet them, summoned Ider, son of Nuz (Ederyn ap Nudd in the Welsh version), and despatched him with 5000 men in search of their comrades. When they arrived, they found Walwain and Beos of Oxford fighting desperately. Vol. ii. p. 173. The combat then commences afresh, and is described at length, as in Laȝamon.

Pp. 64, 65. *vv.* 26743–26748. 26753–26756. 26762–3.—Not in Wace.

P. 66. *vv.* 26789–26796.—Here again Laȝamon departs from his original; apparently with the intention of doing greater honor to Walwain. In Wace this hero is described as making an attack, assisted by Ider and Gerin of Chartres, and by their united efforts they succeed in reseating Beos of Oxford on his horse (from which he had fallen in struggling with Petreius,) and in taking Petreius prisoner. Vol. ii. p. 178.

P. 67. *vv.* 26821–26826.—Not in Wace.

P. 68. *vv.* 26831–26859.—In the French text the narrative is differently told. Arthur thanks his knights for the prisoners, and promises rewards. He then commits the prisoners to safe custody, and takes counsel to send them to Paris. He selects the force which is to conduct them thither, etc. Vol. ii. p. 180.

P. 70. *vv.* 26884–26891.—Not in Wace.

P. 71. *vv.* 26900–26905.—For *Sextorius* we should read *Sertorius*, as in Wace and Geoffrey, and the words "of Turkie" in the first text, are clearly an error of the transcriber. Instead of *Babiloine* Wace and Geoffrey have *Syria*, and in several MSS. of the former the names of the Roman senators are given thus, *Caricius*, *Catellus*, and *Wlteius*; whereas in Geoffrey there are only two persons, *Wlteius Catellus* and *Quintus Caru-*

tius. Laȝamon has here evidently been misled by a faulty copy of the French text.

P. 71. *vv*. 26917–26921.—Not in Wace.

P. 72. *vv*. 26928–26931.—Not in Wace, who adds briefly, that the Romans chose a fit place to make an embankment, and remained there till morning.

Ibid. vv. 26946–7.—Not in Wace, who only says, "Chevalchent alkes asseur." The number of men assigned by Laȝamon to Cador and Borel is, in the French text, given to Richer and Beduer.

P. 74. *v*. 26980.—Wace merely says, they delivered the prisoners to their esquires to guard.

Ibid. v. 26987.—In the French text are some lines added here, omitted by Laȝamon. Wace says, the Britons divided themselves into four companies; namely, Cador, with the Cornish men; Beduer, with the *Herupeis* (stated by Fauchet to be the inhabitants of the Ile de France); Borel, with the men of the province of Le Mans; and Richer, with his own people. Vol. ii. p. 183.

P. 75. *v*. 27008. *þreo Bruttes*.—Wace names *four*, besides Borel, and so also Geoffrey. According to the Welsh version, they were, Hirlas of Eliawn, Meyrik ap Cador, Halyduc of Tindagol, and Cei ap Ithel.

P. 76. *vv*. 27023–27028.—Gascony is not mentioned in the original, which states also the number of Guitards forces at 3000 knights, besides foragers and archers. The meaning of the term *foriers* (so clearly explained in *vv*. 27029–27032.) is quite unknown to the editor of Wace. See his note, vol. ii. p. 185.

P. 77. *v*. 27054. *fiftene hundred*.—"*Plus de cent*," says Wace; but in regard to numbers great license is always taken. Waces narrative of the encounter is more diffuse than in the English text.

P. 78. *v*. 27086. *bureden þa deden*.—Wace is a little more explanatory here. They sought, he says, for Borel, the earl of Mans, and found him lying in his blood, about to expire. Vol. ii. p. 187. (compared with MSS. Reg. and Cott.).

P. 79. *vv*. 27094–5.—Not in Wace, who tells us instead, that the newly captured prisoners were taken and presented to Arthur. His chieftains promise him future victory. Vol. ii. p. 187.

Ibid. vv. 27098–27123.—Not in Wace. The prophecy referred to would seem to be the same that is expressed in Geoffrey, lib. vii. c. 3, by the single line, "Timebit *Romulea domus* ipsius sævitiam."

P. 81. *v.* 27144. *Æust.*—Geoffrey tells us, Lucius Tiberius doubted whether he should risk a battle with Arthur, or retreat to *Autun* (part of ancient Burgundy, in the department of the Saone and Loire), and there await succours from the emperor *Leo*. The latter part is omitted by Wace, who throughout regards *Lucius* as the emperor, and in this he is followed by nearly the whole stream of writers on this fabulous portion of British history. See Wyntowns remarks on this subject, vol. i. p. 121.

Ibid. v. 27146. *Lengres.*—The town of Langres is in the department of Upper Marne, part of the ancient province of Champagne. Two lines are added by Wace, descriptive of its situation, which are passed over by Laȝamon.

P. 82. *v.* 27167. *Sosie.*—The MS. of Wace in the Bibliothèque du Roi, marked 73, Cangé, reads *Suison*. The spot is still indicated by a village bearing the name of *Val de Suson*, not far from Dijon, in the department of the Côte d'Or.

P. 83. *vv.* 27188–27197.—These lines are not in Wace, and only serve to confuse the account of the division of the troops which follows.

Ibid. v. 27200. *seouentene þusend.*—Wace states the number at 6666, which he borrows from Geoffrey, as constituting the force of a Roman legion. Vol. ii. p. 190.

P. 84. *vv.* 27222–27235.—Not in Wace.

P. 85. *vv.* 27244–27247.—Wace tells us (after Geoffrey), that Arthur had selected a legion of his best knights, among whom were those he had himself brought up, *i. e.* of the Round Table, and caused his Standard of the Dragon to be carried in the middle of them. The rest he divided into eight companies, part of horse and part of foot, to each of which companies two chieftains were assigned, whose names then follow, as in Laȝamon, but the latter has confused his narrative. With regard to the Dragon-Standard of Arthur, see the *Roman de Merlin*, vol. i. f. lxxxi^b^., and Wartons *Hist. Engl. Poetry*, vol. i. Diss. I. p. xv. note, edit. 1840.

P. 88. *vv.* 27308–9.—Not in Wace.

Ibid. v. 27312. *þreo & þritti kinelond.*—In the Royal and Cotton MSS. we find,

> Ke Bretaigne est en nostre tens
> Dame de *trente* regions.—*f.* 101^b^. *c.* 2.

The printed text reads *tantes*.

Ibid. vv. 27316–27326.—Instead of this passage are some lines in the original, speaking in contempt of the emperors forces, and comparing them to women. Vol. ii. p. 194.

P. 89. *v.* 27338.—Wace here takes occasion to insert eight lines in praise of Lucius, who, he says, was born in Spain, of a good Roman family; he was between thirty and forty years of age, and of great valor, on which account he had been made emperor. Vol. ii. p. 195. compared with MS. Cott. Robert of Brunne has also this addition, which is not to be found in the Latin of Geoffrey, and must have been borrowed from another source.

P. 90. *vv.* 27352–27365.—Not in Wace, who says, that when the emperor had learnt the proceedings of Arthur, he became aware that he must retreat or fight. Retreat he would not, so he summoned the kings, princes and dukes of his host, and addresses them. Vol. ii. p. 196. Laȝamon divides the speech into two portions, and places the first part last.

P. 91. *v.* 27389. *fif & twenti kingen.*—Wace reckons the number of the kings and other chieftains at *two hundred*, which in M. Le Roux de Lincys edition is absurdly extended to *cent mil*, vol. ii. p. 196.

P. 92. *vv.* 27414–27423.—Not in Wace.

P. 93. *vv.* 27426—27439.—The narrative differs here from the French original, in which we are told, that the pagans who held their fiefs of Rome were intermixed with the *Christians*, *i. e.* the Romans. They were divided by thirties, by forties, by fifties, etc. up to thousands, consisting both of foot and horse. They march into the valley to attack the Britons. Vol. ii. p. 198. In Geoffrey, the account differs more from Wace than from Laȝamon. He distributes the emperors army into twelve legions, of 6666 men each, and all on foot. To each of these leaders are assigned, whose names are given, lib. x. c. 8. The description of the battle is very spirited in Wace, and is, as usual, much paraphrased by the English poet.

Pp. 94–96. *vv.* 27446. 27448–27451. 27461–2. 27472–3. 27480–27483. 27498–27513.—Not in Wace.

P. 98. *vv.* 27546–7.—Here and in the next page, the numbers are supplied by Laȝamon.

P. 100. *v.* 27593. *Ridwaðelan.*—It is difficult to account for the change of name here. In Geoffrey and Wace it is *Hirelgas*, which, in the Welsh texts, is rendered *Hirlas*. Laȝamon must intentionally, I conceive, have departed from his usual guide.

Ibid. *v.* 27606. *fif hundred.*—*Three* hundred in Wace and Geoffrey.

P. 102. *vv.* 27633–27661.—In Geoffrey and Wace (who are followed by Robert of Brunne and Robert of Gloucester) the narrative is different, for Hirelgas is said to have prevented the corpse of Boccus from falling, by seizing and placing it on his own horse; and then taking it to the place where his uncle lay dead, he cuts it into pieces. Perhaps Laȝamon may have purposely omitted this savage piece of revenge. After this Hirelgas addresses his companions a second time, and renews the attack. Vol. ii. p. 206.

P. 103. *v.* 27662.—Previous to this line is an insertion in the French text of eight lines, relating the combat of Holdin, duke of the Flemings, with Alifantin, king of Spain, both of whom are slain. In some copies also (and among them the Cotton MS.), eight other lines are interpolated, in which Wichart or Guichart, duke of Poitiers, encounters and slays the king of Africa. Vol. ii. p. 207. The latter passage is not in Brunne, nor is it at all countenanced by Geoffrey.

Ibid. vv. 27665–27695.—This combat is dismissed by Wace in a very summary manner, as he tells us in four lines only, that the two opponents slew each other. The addition about Gecron, in the English text, seems to be due wholly to the invention of Laȝamon. Geoffrey merely says, that *Micipsa*, king of Babylon, was killed, but does not say by whom. He adds also to the number of the slain, on the side of the emperor, the senators Quintus Milvius and Marius Lepidus, who are omitted by Wace.

P. 104. *v.* 27696. *Walwain þat bihedde.*—The immediate cause of the advance of Walwain and Howel, with their forces, is passed over in the English paraphrase, whereas Geoffrey and Wace both state, that it arose from the flight of a body of troops commanded by the three earls, Urgent of Bath, Balluc or Galluc of Wiltshire (Salisbury, in Geoffrey), and Cursal of Chester; all of whom had been slain by the Romans. Wace then proceeds to eulogise the Breton soldiers who fought with Howel, and says they forced their way through the enemy to the emperors standard, which bore an eagle of gold on the top. Vol. ii. p. 208. All this is omitted by Laȝamon, who appears in his account of this battle to have deviated in an unusual manner from the French text.

P. 105. *vv.* 27724–27727.—The names here, as elsewhere, present many variations. The MS. of Geoffrey, Bibl. Reg. 13 D. ii. reads "*Chinmarcocus*, consul *Trigeriæ*;" and by *Trigeria*, Roberts understands *Triguier*, in Bretagne, p. 108. The French text has *Kinmarc de Triguel*, from which it is easy to perceive how Laȝamon obtained his *Strugul*, which was an ancient castle seated near the river Ystrigul (whence its name), in Monmouthshire, and which gave a title to the earls of Pembroke, and to the adjacent district. See Ellis's Introduction to Domesday, vol. i. p. 30, and Camden, vol. ii. p. 9.

P. 106. *v*. 27749.—Wace adds, that the three companions of Kinard (Kinmarc) were also slain, with 2000 of their followers.

P. 108. *v*. 27776.—In the French text some lines in praise of Walwains prowess are here inserted, which are thus rendered by Robert of Brunne,

> Wawayn was euer fresch & preste,
> Whan other ne myght, than was he beste;
> Was no helm w[t] stete so rank,
> Th[t] his suerd ne thorgh it sank.—*f*. 80. *c*. 1.

P. 109. *vv*. 27808–27825.—Arthurs address in Wace is fuller, and has more spirit and animation. His personal valor also, and the issue of the battle, are related in a long passage not translated by Laȝamon. He is described as a lion among a herd of cattle, and at each stroke of his sword Caliburn, a death ensues. He kills Sercor, king of Libya, and Politetes, king of Bithynia. The battle, however, continues for a long time doubtful, until the scale is turned by the appearance of Morvid, earl of Gloucester, and his reserve of 6666 knights, who descend from the heights and attack the Romans in their rear. A general flight and slaughter of the emperors army then ensue. See the French text, vol. ii. pp. 213–216.

P. 110. *vv*. 27834–27843.—So also in Wace and Geoffrey, but Peter Langtoft, and from him Robert of Brunne, add, that the general report assigned the emperors death to Walwain. This tradition has crept into some copies of the French prose romance of *Merlin*. See Introduction to *Syr Gawayne*, p. xv.

P. 111. *vv*. 27844–27863. 27874–27901.—Wace states in eight lines, that Arthur caused the corpse of the emperor to be placed honorably in a bier, and sent to Rome, with a message, that the Romans were to expect no other sort of tribute.

P. 113. *vv*. 27902–27907.—Not in Wace.

Ibid. *vv*. 27910–27925. *Kinun*.—The MSS. of Geoffrey read *Camum*, *Chanum*, *Kainum*, etc. which in the edition of Badius Ascencius, 1517, is falsely printed *Cadomum*. An ancient opinion (probably arising from the doubtful reading in the Latin *Brut*) appears to have fixed the locality at *Caen*, and is adopted by Guilielmus Brito, a writer of the 13th century. Wace, however (who as a native of Caen must have been intimately acquainted with the local traditions of the place), names the spot *Chinon*, a town in Touraine, distinguished for having been the place where Henry the Second died; and that this is the correct reading is proved by the abbé De la Rue, in his *Essais historiques sur la ville de Caen*, tom. i. p. 13. 12mo. 1820. Laȝamon follows Wace, but appears at the close of the passage to confound *Chinon* with *Caen*. The Welsh version states that Kay was conveyed to *Poitou*, and Robert of Gloucester says to *Anjou*; mistakes that might easily arise from the geographical position of Chinon, which stands at an angle formed by the three provinces of Touraine, Anjou, and Poitou.

P. 114. *v.* 27929. *Baios.*—Bayeux, in Normandy. Robert of Brunne adds more explicitly,

> Thei beried him at a kirk nam[ed] *Coukt*,
> W'out the gate, toward the souht.—*f.* 81. *c.* 2.

P. 115. *vv.* 27936–27945.—Wace only mentions *Holdin* or Howeldin as being buried at Terouane, and says nothing of his knights. The notice of Leir (Ligier) and his interment, is an addition by Wace to the original Latin text, founded probably on some local story.

P. 116. *vv.* 27957–27987.—Not in Wace.

P. 117. *vv.* 27992–28225.—This long passage affords us one of the most striking instances of amplification that occurs throughout the poem. The narrative of the dream, and the dramatic character given to the subsequent conversation between Arthur and the messenger, as well as the address of Arthur to his nobles, and the indignant speech of Walwain, are all due to the imagination of the English paraphrast, and fairly support his claim, in this and other instances, to the rank of an original writer. Wace has only thirty-four lines, vol. ii. p. 219, in which, after relating briefly the treason of Modred, he adds, that Arthur on receiving the news divided his army, and assigning one division to Hoel for the protection of France and Burgundy, resolved to return with the remainder to Britain. The lines extending from *v.* 28000 to *v.* 28095, were quoted by Sharon Turner, in his *History of England during the Middle Ages*, vol. v. p. 213. ed. 1830, who added an English version, in many respects faulty. Some remarks on it were sent by the editor of the present work to the *Gentlemans Magazine* for November, 1834. p. 485. It remains to be noticed, that Geoffrey commences his eleventh book immediately after the news of Modreds treason has reached Arthur, and prefixes to the first chapter a few lines, in which he states, that he is about to relate the contest of Arthur with his nephew, as he found it "in Britannico sermone," and as he had been informed (*audivit*) by Walter [archdeacon] of Oxford, "in multis historiis peritissimo." In the Welsh versions these lines are omitted, as they are also by Wace, in conformity with the spirit by which translations made at an early period were usually composed, that is to say, the translator invariably uses his own pleasure, in omitting all the prefatory and explanatory matter which he may find in his original.

P. 128. *v.* 28233. *Whit-sond.*—The editor of Wace gives us here the name of Whitsand in so corrupt a shape, as to make it difficult to recognise; and then, instead of correcting the error by the other MSS., renders it *Winchester*, although Wace is describing the place as a sea-port! This lamentable ignorance of English topography is shewn, I regret to say, throughout the work.

Ibid. vv. 28236–28257.—In the French text this is expressed in two lines, vol. ii. p. 221.

P. 129. *v.* 28274. *biȝeonde þere Humbre.*—Geoffrey and Wace state, that Modred not only bestowed on Cheldric the country from the Humber to Scotland, but also the territory which Hengist held in Kent.

P. 130. *vv.* 28280–28295.—Wace says, that Cheldric brought over with him 700 (800 Geoffrey) ships filled with men, and estimates the entire number of Modreds forces, pagan and Christian, at 60,000 (80,000, Geoffrey). Laȝamon seems to have appropriated the latter number to the pagans, and then, of his own accord, states 100,000 as the aggregate amount of the united host.

Ibid. vv. 28296–28305.—Not in Wace.

P. 131. *v.* 28309. *Romerel.*—We should here read *Romenel*, as in Wace, *i. e.* Romney. In Geoffrey the place of Arthurs landing is said to be, "in *Rutupi* portum," but the spot has been variously represented by later writers, as having been at *Dover, Sandwich, Southampton*, etc. See *Syr Gawayne*, Introduction, p. xxii.

Ibid. vv. 28322–28327.—Not in Wace, nor do I find any trace elsewhere of this exploit. But consult the work last cited, Introd. p. xxv.

P. 132. *vv.* 28332–3.—Not in Wace.

Ibid. vv. 28336–28353.—The French text notices briefly the death of Angusel (king of Scotland), and then proceeds to relate, that as soon as Arthurs forces (without specifying the number) secured a landing, the army of Modred was put to flight. Some lines then follow, suppressed by Laȝamon, stating that Modreds followers were unaccustomed to warfare, whereas Arthurs were veterans. Vol. ii. p. 223. The English poet perhaps thought this explanation might detract from the merit of the victory.

P. 134. *v.* 28376.—In several MSS. of Wace some lines are here introduced, touching the burial of Walwain. See MS. Reg. f. 100[b]. c. 2, MS. Cott. f. 106[a]. c. 2, and Introduction to *Syr Gawayne*, p. xxiv.

Ibid. vv. 28392–28407.—Not in Wace.

P. 137. *vv.* 28440–28455.—The French text states merely in two lines, that Arthur besieged and took Winchester. Then follow ten lines, omitted by Laȝamon, relative to the bestowal of the kingdom of Scotland on Ivain, son of Urien, nephew of Angusel. The Cotton MS. of Wace leaves out this passage, as it does also all mention of Southampton and the capture of Winchester; and in this respect, approaches more closely to the Latin text of Geoffrey than the other copies. The passage of Merlins prophecies alluded to by Laȝamon, occurs in Geoffrey, lib. vii. c. 4. p. 51. l. 11.

P. 138. *vv.* 28478–28485.—This passage is omitted in most of the MSS. of the French text, but is partly preserved in the MS. du Roi, 73. Cangé.

P. 139. *v.* 28492. *Scotlonde.*—Wace does not mention Scotland, but says that Modred sent for aid to the *Saracens* and pagans, to the Irish, Norwegians, Saxons and Danes. Vol. ii. p. 228.

P. 140. *vv.* 28514–28525.—Not in Wace.

Ibid. vv. 28532–28540.—Geoffrey says the battle took place "ad flumen *Cambula,*" which in various MSS. of Wace is read *Camblan, Cambre, Tanbre,* and *Tamble*; in Robert of Brunne *Tambre*; and in Robert of Gloucester *Camble*. The ancient British name was *Camlan*, as appears from a passage in the poem of Merlin, intitled *Afallenau*, quoted by Turner, *Hist. Anglo-Sax.* vol. iii. p. 554, and in the *Vita Merlini* of Geoffrey, p. 36. ed. 1837. It appears subsequently to have been called by the abbreviated forms of *Alan* and *Camel*, the latter of which it still retains. It rises about two miles to the north of Camelford, and flows into the sea below Padstow. See Lelands *Assertio Arthuri*, in the *Collectanea*, vol. v. p. 37. ed. 1774, and *Itinerary*, vol. vii. p. 114. ed. 1769, Camdens *Britannia*, vol. i. p. 154. ed. 1772, and Draytons *Poly-olbion*, p. 5. ed. 1622. Laȝamons testimony to the precise spot where the struggle took place is valuable, from its being probably the earliest now existing, and is confirmed, according to Leland and Camden, not only by the local traditions of Camelford (which stands at the head of the river, in the parish of Lanteglos), but by the discovery of bones and armour there. It is singular that Wace should be silent respecting the number of Modreds forces, yet the amount given by Laȝamon agrees with the text of Geoffrey, lib. xi. c. 2. It is further remarkable, that the Latin narrative of this last and most eventful of Arthurs battles should be abridged in an unusual manner by the French translator, who omits also all mention of the chiefs who fell on either side, as enumerated by Geoffrey. They occur, however, in Peter Langtoft, from whom Robert of Brunne copies the passage, fol. 83[b]. c. 2.

P. 142. *vv.* 28556–7.—Some Latin verses are quoted by Camden, vol. i.

p. 154 [from the anonymous metrical Brut, MS. Cott. Jul. D. xi. f. 58ª.], which speak in the same manner of the bloody conflict, and at the present time a point is locally called *Slaughter-bridge*, where the road crosses the stream.

P. 142. *vv.* 28576–28587.—These lines are added by Laȝamon, and display more of the marvellous than perhaps any other instance of his interpolations. Are we to ascribe them to his own imagination, or do they represent the popular and exaggerated stories of the deified Arthurs death? The tradition that only two of Arthurs knights survived at the last with him, seems to have been known to Walter Map, the author of the prose *Mort Artus*, who writes thus: "*Et ains heure de vespres s'atornerent tel, qu'il ne remeist d'une part ne d'autre home nul, que tuit ne furent ochis ou navré à mort, fors seulement iij, dont li uns fu li rois Artus, et li autres Lucans li boutelliers, et li tiers Gyfles. Et li rois estoit navrés à mort, si comme vus aves oi.*" MS. Add. 10,294. f. 93. col. 3. The same statement occurs in Malorys compilation, lib. xxi. cap. 4, except that the names of the surviving knights are given as Sir *Lucan* and Sir *Bedwere.* In the Welsh Triads *three* are said to have escaped from the battle of *Camlan*, namely, Morvran ab Tegid, in consequence of being so ugly, that everybody took him to be a demon out of hell; Sandde Bryd Angel, on account of his beauty, which caused him to be taken for an angel; and Glewlwyd Gavaelvawr, by reason of his great size and strength. *Cambro-Briton*, vol. ii. p. 385.

P. 143. *vv.* 28590–28651.—Waces statement is as follows: "Arthur caused himself to be carried to Avalon, to have his wounds cured. He is still there, and the Britons expect his return, as they say. Master Wace can say no more of his end than Merlin the prophet said of him, *viz.* that *his end should be doubtful* [alluding to the words *Et exitus ejus dubius erit*, in the Prophecies, lib. vii. c. 3. of Geoffrey, p. 49. l. 4. ed. 1587.]. The prophet spoke the truth, for people have doubted ever since, and will always continue to do so, whether he is dead or alive. He was carried into Avalon in the year from the incarnation 542 [falsely 642 in the printed French text], and it is to be regretted, he left no children. He delivered his kingdom to Cador, son of Constantine, his relation, and bade him be king until his return." *MSS. Cott. f.* 107ᵇ. *c.* 1., *Reg. f.* 101ª. *c.* 1. Robert of Brunne closely translates the above passage, but inserts, relative to the British tradition of Arthurs being alive, the following lines:

> Bot I say, thei trowe wrong,
> If he life, his lif is long;
> Bot the Bretons loude lie,
> He was so wonded, thᵗ him burd die.—*f.* 83ᵈ. c. 1.

It will be seen by a comparison of Wace with Laȝamons text, how greatly the latter here differs from his original, and it is impossible not to recognise in this and in the parallel passage, vol. ii. p. 546, the influence of British traditionary tales, derived from other and more ancient sources than Geoffrey of Monmouth. The narrative given by Laȝamon of Arthurs being carried away by two beautiful women in a boat, is certainly a remain of a very early but varied popular fiction. Thus, in the metrical *Vita Merlini*, (which embodies no inventions of the writer, but genuine Welsh legendary lore) we find the bard Taliesin relating to Merlin, that after the battle of Camlan Arthur was carried by them in a boat, steered by the skilful pilot Barinthus, to the Isle of Apples (*Avalon*), where he was received by *Morgen* and her eight sisters, and committed to the care of the eldest, who placed him in her chamber, and promised to cure the kings wounds, if he would remain with her and follow her directions, p. 37. ed. Michel, 8vo. Paris, 1837. The same tradition is alluded to in a more sober style by Giraldus Cambrensis, in his work intitled *Speculum Ecclesiæ*, dist. ii. cap. 9, and again, in his treatise *De Institutione Principis*, dist. i., both of which curious works, it is to be regretted, still remain, for the greater part, in manuscript. In these he states, that after the battle of *Kemelen*, Arthur, having been mortally wounded, was conveyed to Avalon, subsequently called Glastonbury, by a noble lady named *Morganis*, proprietress and patron of the district, who was related to Arthur, and by whose good offices his body was interred there. The archbishop then adds this remarkable sentence, "Propter hoc enim *fabulosi Britones* et eorum *cantores* fingere solebant, quod *Dea quædam phantastica*, scilicet *Morganis* dicta [called *Morgana fatata* by Gervase of Tilbury], corpus Arthuri in insulam detulit Avaloniam [*Damalim*, Gervase], ad ejus vulnera sanandum; quæ cum sanata fuerint, redibit rex fortis et potens ad Britones regendum, ut dicunt, sicut solet; propter quod ipsum expectant adhuc venturum, sicut Judæi Messiam suam," etc. *MS. Cott.* Tib. B. XIII. f. 21ᵇ. Compare Usher, *Britann. Eccles. Antiq.* p. 273. ed. Lond. 1687, and Leland, *Collectanea*, vol. iii. p. 12, and *Assertio Arthuri*, ibid. p. 44, with Turners matter of fact narrative, *Hist. Anglo-Sax.* vol. i. p. 291. ed. 1836. If we now turn to the French prose romances of the 12th century, we shall find the same tradition, but, as might be expected, with the addition of more marvellous circumstances. Walter Map, in his *Mort Artus*, thus relates the appearance of *Morgain* and her associates to the wounded monarch: "*Si vit venir parmi la mer une neif, qui toute estoit plaine de dames. Et quant eles vindrent à la rive de la mer, la dame d'eles, qui tenoit Morgain, la seror le roi Artu, par la main, commencha à apeler le roi Artu, qu'il entrast en la neif. Et sitost comme li rois vit Morgain, sa seror, il se leva isnelement de la terre, ou il se seoit, et entra en la neif, et i traist son cheval apres lui, et prinst ses armes.*" MS. Add. 10,294. f. 94. col. 2. The romance goes on to narrate, that the knight Gyfles, who alone remained with Arthur, sees him depart with great grief, and the next morning pursues his way to a hermitage, where he remains two days. On the third he goes to the *Noire Chapele*, on entering which he perceives two tombs, one of which was erected to the memory of Lucan, the kings butler, and on the other, which was marvellously rich, he reads the following inscription: "CHI GIST LI ROIS ARTUS, QUI PAR SA VALOR MIST EN SA SUBJECTION XII. ROIALMES." In the evening, the person whose duty it was to perform the service at the chapel, arrives, and informs Gyfles, that the corpse of Arthur had been buried there by a company of ladies, the third day previous; whom Gyfles at once concludes to be the same who carried away the king in a boat. It is singular, that neither here any more than in Geoffreys history, is a syllable added of Arthurs expected return. In Sir Thomas Malorys compilation, made in 1469, from the French romances of Rusticien de Pise and others (which are themselves compilations from the earlier texts), the story of Arthurs being carried away in "a lytyl barge wyth many fayr ladies in hit," occurs, lib. xxi. c. 5, with some variations, and in the next chapter he says, "Thus of Arthur I fynde neuer more wryton in bookes that ben auctorysed, nor more of the veray certente of his deth herde I neuer redde; but thus was he ledde aweye in a shyppe, wherin were thre quenes; that one was kyng Arthurs syster, Quene *Morgan la Fay*; the other was the Quene of North Gales; the thyrd was the Quene of the Waste Londes. Also there was Nynyue [Vyvianne], the chyef Lady of the Lake," etc. Vol. ii. p. 443.

This note having already extended to so great a length, I shall refer those who wish to pursue the subject further, in regard to the fairy *Morgain*, the isle of *Avalon*, Arthurs *return to the world*, and the *discovery of his tomb at Glastonbury*, in the reign of Henry the Second, to the following works: *Prophecies de Merlin*, f. v. col. 2. 4to. 1498; *Morte d'Arthur*, vol. ii. pp. 468. 492; *Syr Gawayne*, p. 325. 4to. 1839; Ushers *Antiquitates*, pp. 61. 272. fol. 1687; *Notices des Manuscrits de la Bibl. du Roi*, vol. viii. pt. 2. p. 306. 4to. 1810; Le Roux de Lincy, *Livre des Legendes*, Introd. p. 248. 8vo. 1836; Prices Preface to Warton, p. (65). ed. 1840; Keightleys *Fairy Mythology*, vol. i. p. 74. 12mo. 1828; Lydgates *Boccace*, book viii. c. 24; Lelands *Assertio Arthuri*, ap. *Collectan.* vol. v. pp. 42. 44. 8vo. 1774; Roberts's *Cambrian Popular Traditions*, p. 109. 8vo. 1815; Ways *Fabliaux*, vol. ii. p. 230. 8vo. 1815; Ritsons *Life of Arthur*, Pref. p. xxvii. and pp. 85. 98. 8vo. 1825; De la Rues *Essais sur les Bardes*, etc. vol. i. p. 73. 8vo. 1834; Turners *Hist. Anglo-Sax.* vol. iii. p. 599. 8vo. 1836; *Britannia after the Romans*, p. 100. 4to. 1836; Michels *Vita Merlini*, Introd. p. 1. note, 8vo. 1837; Stevensons Notes on the *Chronicon de Lanercost*, pp. 23. 373. 4to. 1839; and Professor Wards *Letter to Dean Lyttelton* MS. Add. 6271. f. 37. With respect to the name of *Argante*, v. 28612, see a previous note, p. 385.

P. 146. *vv.* 28650–1.—The prophecy referred to here occurs in the *Afallenau* of Merlin, which is printed in the *Myvyrian Archæology*, and is quoted by Turner, in his Vindication of the Welsh Bards, appended to his *Hist. Anglo-Sax.* vol. iii. p. 615.

Pp. 146–148. *vv.* 28652–5. 28672–28691. 28698–28703.—Not in Wace.

Ibid. *vv.* 28704–28753.—In Wace this is all comprised in twelve lines, in which the king is said to go first to Winchester, and afterwards to London. The name of one of Modreds sons is not given in the French text, nor by Geoffrey; nor does it occur in any of the works I have consulted.

P. 150. *vv.* 28756–28765.—Wace only says,

> Treis anz regna, puis fu oscis;
> Co fu damage à ses amis.—*MS. Reg.* 13 *A.* xxi. *f.* 101ᵈ. c. 2.

Geoffrey however states, that he was slain by Conan (*Cynan Wledig* in the Welsh version), and so say Peter Langtoft, Robert of Brunne, and Robert of Gloucester.

P. 151. *vv.* 28775–28779.—Wace and Geoffrey do not mention in what manner the "uncles sons" were put to death, and the latter merely says, "avunculum suum, qui post Constantinum regnare debuit, *inquietavit, atque in carcerem posuit,*" lib. xi. c. 5.

Ibid. *vv.* 28782–3.—Not in Wace nor Geoffrey, and must have been derived from some other source.

P. 152. *vv.* 28788–28793.—Geoffrey says he died "*secundo* regni sui anno," and Wace writes, "*Quatre* anz fu reis, e *poi plus*," MS. Reg. f. 102. c. 1. Neither mentions the occasion of his death.

Ibid. *v.* 28799.—Not in Wace.

P. 153. *vv.* 28812–28813.—Not in Wace. Geoffrey states he reigned *four* years.

Ibid. *vv.* 28820–28827.—Not in Wace.

Ibid. *vv.* 28828–9.—In the French text we read, "Les *illes* environ conquist," vol. ii. p. 235, and these are named by Robert of Gloucester, out of Geoffrey:

> As *Godlonde*, and *Orcadas*, and al so *Yrlonde*,
> *Northweye*, and *Denemarch*, and al so *Yslonde*.—vol. ii. p. 225.

P. 153. *vv*. 28830–28833.—Not in Wace.

P. 154. *vv*. 28840–28851.—Here again we have a notice derived from other sources than Geoffrey and Wace; the former of whom only writes, "Sodomitica peste volutatus," and the latter,

Mes une sole teche aveit male,
Dunt li Sodomite sunt pale.—*MS. Reg. f.* 102. c. 1.

In the Welsh version attributed to Tysilio, we have an interpolation not in Geoffrey, informing us, that Maelgwns death was occasioned by the sight of a *yellow spectre* through a hole over the door of a church at Rhos, in Creuddyn. Roberts explains the spectre to have been nothing more than the *yellow fever*, p. 173. Peter Langtoft fixes his decease at Winchester, as rendered by Robert of Brunne:

At *Winchestre*, at his bathyng,
Sodanly mad his endyng.—*f.* 84. c. 2.

P. 155. *vv*. 28864–28883.—Not in Wace or Geoffrey, nor have I been able to trace on what authority Laȝamon has made this singular statement. In the Latin the name is always *Careticus*, in the French *Caris* or *Certis*, and in the Welsh *Caredig*.

P. 156. *vv*. 28884–28907.—Wace does not mention either the name of Gurmunds father or of his brother, and Geoffrey has nothing whatever of this prelude to Gurmunds history. The former adds (which is omitted by Laȝamon), that Merlin prophesied of this African chieftain, as the "lus marins." He alludes to the passage, lib. vii. p. 49. l. 7, in Geoffrey, and in the *Vita Merlini*, p. 24. ed. Michel.

P. 157. *vv*. 28912–28935.—Instead of this amplification (which would have been much to Wartons taste in his theory of the influence of Eastern literature in Europe), Wace briefly relates, that Gurmund collected mariners and steersmen, with ships and barges, and an army of 150,000 warriors, without inferior followers. Vol. ii. p. 237.

P. 159. *vv*. 28952–28959.—Not in Wace.

P. 160. *vv*. 28976–28979.—Not in Wace, who on the contrary (as in Geoffrey) says, that the Saxons sent into Ireland, to invite Gurmund over. He accedes to their request, and sails to the coast of *Northumberland*. Vol. ii. p. 239. Compare *v*. 29075.

Ibid. *v*. 28983. *sume sixe*.—Wace speaks of the Saxons in general terms only, and does not specify any number. The passage which follows, *vv*. 28992–29023, is very paraphrastic of Waces single line, "As Bretons pes e triues pristrent," MS. Reg.; but he had previously stated, that the Saxons were accustomed to make war on the Britons, and claimed as their right *Thwaingcastre*, in Lindesey, and Kent, as descendants from Hengist. Afterwards follow some lines on the bad faith of the Saxons, but not applied particularly to any dealings with Carric, vol. ii. p. 238.

P. 163. *vv.* 29053–29057.—Not in Wace, who has merely a narrative of a dozen lines, in the place of this letter.

Pp. 164. 166. *vv.* 29086–29109. 29114–29119.—Not in Wace.

Ibid. vv. 29124–29160.—This account of the devastations committed by Gurmunds forces precedes, in Wace, the retreat of Carric to Cirencester. Laȝamon has here abridged rather than amplified the narrative of his original, which states, that the clergy deserted their abbeys and religious houses, and carried away with them the holy reliques of Saints. Robert of Brunne has some supplementary lines (derived from Peter Langtoft, and Geoffrey, lib. xi. c. 10.), which Wace has omitted:

Bisshoppes, abbote[s], that relikes had,
Whan thei fled, away tham lad;
& many in the erthe dalf,
Th^t men fynd now oñ many half, *etc.*
Theon, archbisshop of London,
To the wod fled, & was not fondon;
Ser Thadoke, the archbisshop of ȝork,
Lyued in kerres, as dos a stork.
Thei lyued w^t herbes of ryuere,
In w^t bestes at stedes sere.—*f.* 84. *c.* 1.

Wace does not mention either *Normandy* or *Ireland* as places of refuge, nor does Geoffrey, who closes his chapter with a promise to say more on the subject when he should translate his book, "*De Exulatione eorum.*"

Pp. 168. 169. *vv.* 29167–29170. 29183–4.—Not in Wace.

P. 169. *vv.* 29195–29202.—In Wace there are some lines not translated by Laȝamon, relative to the construction of military engines to assault the city, and the defence made by those within, vol. ii. p. 243. In some lines of Alexander Necham, quoted by Camden, *Britannia*, vol. i. p. 287, the siege is said to have lasted seven years.

P. 170. *vv.* 29211–29216.—The corresponding passage in the French text seems to have been misunderstood. Wace writes, that Gormund made *three* castles, one of which he committed to the charge of Isembart, another to his barons, and the third to the chiefs of the Saxons. Vol. ii. p. 243. Geoffrey is silent on the subject.

Ibid. vv. 29217–29222.—Wace only says of this tower,

Iloc estait, iloc giseit,
Iloc juout, iloc dormeit.—*f.* 103. *c.* 2.

Geoffrey does not mention it. In later times a mount of earth served to mark the traditionary site of this tower, which was called *Grismunds Tower* or *Grosmonds Tower*, a corruption, as supposed, of *Gurmunds Tower*. See William of Worcesters *Itinerarium*, p. 299. ed. Nasmith, and Lelands *Itinerary*, vol. v. p. 65.

P. 170. *vv.* 29223–29292.—This curious story is told much more briefly by Wace, who says nothing about the conference between Gurmund and a heathen knight, but writes only in general terms, "The city would have held out much longer, had it not been taken by stratagem. The besiegers set the city on fire by an unheard of piece of treachery, and you shall hear how it happened." Then follows the story of the sparrows. In Robert of Brunnes Chronicle the passage is thus rendered:

> The paiens w^t^out laid many lymes;
> Sparowes thei toke alle day bi tyme;
> After, nottes thei toke,
> Holed tham, kirnels out schoke;
> Did in the skellis fire & tunder,
> Bronston, flax; th^t^ was a wunder!
> The sparowes fleih at euen to rest,
> Tille houses ther the[i] wont to nest.
> In eues thei crepte, & in thak,
> In hay & in korn stak.
> The tundir, bronston, & fire hote,
> Kindled oñ lowe & vp smote, *etc.*
> & for it was w^t^ sparowes brent,
> Tho men th^t^ thorgh the cuntre went,
> On Inglis kald it *Sparowes toun*,
> Oñ Frankis, *Cité de Moshon*;
> For to mene the quantise,
> How sparowes brent it, on what wise.—*f.* 84^b^. c. 2.

Wace must have obtained this story from British traditions, since it is wholly omitted in Geoffreys History, as also by his abbreviators, Alfred of Beverley and Gervase of Tilbury, as well as by his later followers, Robert of Gloucester, Peter Langtoft, Higden, and others. Camden, in his notice of the place, vol. i. p. 287, expressly refers to the "British Annals" for it. It is found in the *Vita Merlini*, p. 24. l. 593:

> Idem Kaerkeii [*read* Kaerkerii] circumdabit obsidione,
> *Passeribusque* domos et mœnia trudet ad imum.

In case, however, any person should be disposed, with Mr. Wright, to take the authorship of this curious poem from Geoffrey, and assign it to a later period (see Michels edition, p. xcix.), the authority of Giraldus Cambrensis may be adduced, who in his *Topographia Hiberniæ*, composed in the year 1175, writes, "In Britannica legitur historia Gurmundum ab Africa in Hibernia advectum, et inde in Britanniam a Saxonibus ascitum, Circestriam obsidione cinxisse. Qua tandem capta, et *passerum, ut fertur, maleficio, igne succensa*, ignobili quoque tunc Britonum rege Kereditio [*read* Karetico] in Cambriam expulso, totius regni dominium in brevi obtinuisse." *dist.* iii. *c.* 39. *ap. Anglica, Hibernica*, etc. fol. Franc. 1602. p. 749. Compare Lelands *Collectanea*, vol. iv. p. 37, who seems to refer to the above passage. The same story is told also in the French and English prose compilations of the *Brut*, MS. Harl. 200. f. 36., MS. Harl. 24. f. 53. (but the city falsely called *Chichester*), as well as in the *Scala Cronica*, composed by Thomas de Gray, about 1362, ap. Leland, *Collectan.* vol. ii. p. 511; in an Epitome of Welsh History, by a member of the church of Llandaff, brought down to the year 1429, MS. Cott. Tit. D. XXII. f. 26ᵇ; in the interpolated copy of the Welsh Brut written by Guttyn Owain, ap. Roberts, p. 174. 1; and in the *Itinerarium* of William de Worcestre, pp. 279. 299. It would appear from a letter in the *Cambro-Briton*, vol. iii. p. 461, that a similar tradition had been ascribed to the town of *Wroxeter*.

P. 173. *vv.* 29293–29310.—In Wace we have only two lines, stating that the Britons attempted resistance, but were speedily overcome.

P. 174. *vv.* 29311–29334.—Geoffrey and Wace merely say, that Carric fled into Wales; indeed the latter confesses, "Ne sai dire que puis devint," vol. ii. p. 245.

P. 176. *vv.* 29352–29390.—Instead of these lines Wace has a passage intimating that Gurmund destroyed many ancient cities, castles, and religious houses, the ruins of which were still to be seen. Vol. ii. p. 246.

P. 178. *vv.* 29391–29421.—This passage corresponds pretty well with the French original, as it appears in the best MSS.; but the editor of the printed edition, by admitting several interpolated lines from MSS. of later date, has completely confused the sense, and constructed a miserable text, vol. ii. p. 247. Geoffrey says nothing on the subject. Robert of Brunne in this part of his Chronicle seems to have been perplexed by the various accounts given of the settlement of the Angles, and the origin of the name of *England*, which Britain then received. His narrative is very curious, and portions of it may not inaptly find a place here. He commences thus:

> A lynage out of the ildes did alie,
> Thᵗ longed vnto Saxonie.
> Men thei wer of grete honoure,
> & douhty for to stond in stoure.
> Anglis cald thei thᵗ kynde,
> To know where men mot it fynde.
> Gurmund the lond to tham it gaf,
> The tother Sessons he tham ouer-haf,

& mad tham souereyns to be,
& thei suld hold of him in fe.
In Northfolk was first ther wonyng,
Estangle it hight for ther comyng;
Anglis th^t^ cuntre first thei auht,
& of Anglis Estangle it lauht.
I fond in maistre *Wace* boke;
Of *Pers of Langtoft* also I toke;
& of *Gildas* ther to I laid,
Right as Pers therof said.

Then follows an account of the division of the kingdom by Gurmund into seven provinces, *viz.* Kent, Sussex, Middlesex, Wessex, Estangle, Merce, and the country beyond the Humber.

In *Gildas* boke thus I fond,
Th^t^ Gurmund departed the lond.

All this is in Langtoft, MS. Cott. Jul. A. v. f. 41^b^, who quotes *Gildas* as his authority; but what work is meant I know not, as there is nothing on the subject in the treatise of Nennius, which generally passes under the name of the former. After this Robert of Brunne proceeds to insert a passage relative to the state of the island under the Saxons, for which Bede is referred to, and then gives us a third statement founded on a curious legend, which I can find nowhere else.

Long after th^e^ writen I fond,
How a Breton chalanged th^e^ lond.
Engle the story sais he hight;
He brought a champion to fight.
Skardyng hight th^e^ champion,
Th^t^ com w^t^ Engle, the Breton.
Oñ alle the lond he set chalange,
His ancessours wild he venge,
& tak vengeance of the Englis,
Th^t^ chaced the Bretons out of this.
Alle the Englis Engle dred,
For the grete powere he led.
Engle sent vnto the barons,
& alle the kynges he mad somons,
To hold of him alle ther right,
Or he suld wyn it of tham thorgh fight,
Oither thorgh bataile playn in felde,
Or w^t^ champion staf & schelde.
Th^e^ Scardyng was ferly strong,
Als a geant grete & long;
Th^t^ non for drede durst auenture on him,
So was he stroug, mykille, & grim.
For drede of Engle & Skardyng
Thei made Engle chefe kyng.

For th^e Engle the lond thus wan,
England cald it ilk a man.
Whan Engle had the lond thorgh,
He gaf Skardyng Skarburgh;
To ward the north, bi the se side,
A hauen it is, schippes in to ride.
Flayn was his brother; *so sais a tale,*
Th^s Thomas mad of Kendale.
Maistre *Edmunde* sais, as me mones,
Th^t Engle had nien[ten] sonnes.
Th^e niented (*sic*) sone, after ther fader deuys,
Departed th^e lond in nienten partys.
Of tho parties fond I non writen,
Bot a partie th^t I kan witen;
The nientend partie was th^t thing
Th^t longed to Saynt Edmund the Kyng.
Th^e is th^t other skille I fond
Whi it is cald *Inglond.*
Bot of Inge sauh I neuer nouht,
In boke writen ne wrouht;
Bot lewed men ther of crie,
& maynten th^t ilk lie.—*ff.* 85. c. 1.—85^b. c. 1.

Robert of Brunne then returns to the text of Wace, and gives a translation of his narrative as it occurs in the printed edition, vol. ii. p. 248. It is to be regretted that so much obscurity should exist in those passages where Robert of Brunne notices writers and legends now almost or quite unknown. Who *Maister Edmund* is, whose story about Engle is above related, must perhaps ever remain in obscurity; but the name of *Kendale* will be recognised by all as one of the candidates for the authorship of Sir Tristrem, and who would seem to have written other romance tales, now lost. The concluding lines in the passage above quoted are worthy notice, as they prove that popular historic legends existed, and were recited, although they had never been committed to writing.

P. 179. *v.* 29422. *and him seolf aȝein wende.*—This is all that is said of Gurmunds subsequent history; and in Waces genuine text even this brief notice of his departure from England is omitted. But in the printed edition of his poem we are presented with near thirty interpolated lines, taken from a recent MS., respecting the proceedings of Gurmund in France, and his death there. See vol. ii. p. 248. This tradition, however, is at least as early as the time of Giraldus. Compare *Top. Hib.* dist. 3. c. 40.

Ibid. v. 29431. *fif kinges.*—Wace says, "*plusurs* reis," f. 103^b. c. 2, and Geoffrey, "*tribus* regibus subditi."

P. 180. *vv.* 29449–29512.—In the French text, as in Geoffrey, the story of Pope Gregory and the English children does not occur. Laȝamon, no doubt, borrowed it from Bede, lib. ii. cap. i. p. 96. ed. Stevenson. Compare Turner, *Hist. Anglo-Sax.*, vol. i. p. 335. The story is also in Robert of Brunne, and in the old English prose *Brut*. Wace merely says of Austins mission, in four lines, that he was a good clerk, and came to England accompanied by forty clerks. Vol. ii. p. 250.

P. 183.—The mutilated Latin notice in the margin is taken from Bede, lib. i. c. 23, and is meant to express the date of Austins mission, A.D. 596.

P. 184. *v.* 29533. *a seinte trineððes nome.*—This is a mistake. The church was originally dedicated to the *Saviour*, but on its third restoration by archbishop Lanfranc was named the church of the *Holy Trinity*, and is so called in Domesday book. In the year 1130 it is stated to have been again consecrated by archbishop Corboil, and the name of *Christchurch* resumed. See Somners and Batteleys *Antiquities of Canterbury*, pt. i. p. 87, pt. ii. pp. 13–21. fol. 1703.

Ibid. v. 29544.—I find *Dorchester* also in the Royal MS. of Wace, and in the MSS. at Paris, on which the printed edition is founded; and the accuracy of this reading is confirmed by the subsequent story relating to *Cernel*, the spot where *Cerne Abbas* now stands, and where, as Hutchins, the modern historian of the county, assures us, "this legend is still retained by the people, who imagine the posterity of those who abused Augustin still remain, and are distinguished by a remarkable elongation of the *os sterni*." *Hist. of Dorsetshire*, vol. iii. p. 308. ed. fol. 1813. But, on the other hand, the Cotton MS. of Wace reads *Rochester*, as in the later text of Laȝamon; and with this agree Robert of Brunne, the English prose *Brut*, the Welsh version of Geoffrey (which is misunderstood by Roberts), and the local traditions of Kent. In either case, however, Laȝamon has committed an error in writing *south-ward* instead of *west-ward*, or *north west-ward*. As to the legendary story which follows, Wace either derived it from a popular source, or from William of Malmesburys work, *De Gestis Pontificum*, in which the legend occurs very nearly in the same terms as in the French writer. See the *Scriptores post Bedam*, ed. Savile, 1596, fol. 142ᵇ. In quoting Malmesburys words, Hutchins has adopted the error of Du Cange; for not understanding the term "caudas *racharum*" (tails of *rays*), he corrects the reading into *vaccarum*, and translates it "tails of *cows* (!)" and this erroneous version has also found a place in the new *Monasticon*, vol. ii. p. 621. Geoffrey was either ignorant of the story, or omits it, as do his followers, Peter Langtoft and Robert of Gloucester. The Welsh version, however, has it, but the English translator has evidently misinterpreted the text, in rendering it "tails of *beasts*," p. 176. He adds the following note: "This seems to be the real origin of the fabulous tradition, that Kentish men were born with tails; and which in later times was revived, and said by the Papists to have happened to them at the time of the Reformation."—The lines 29587–29600 in Laȝamon are an addition of his own, and are worthy notice, from their affording proof, that at the commencement of the 13th century the origin of this legend was well known and recognised both at home and abroad. So also a century afterwards, Robert of Brunne, after relating the story, adds:

> Th^{e} holy man God bisouht,
> For thei him th^{t} vilanie wrouht,
> Th^{t} on tham & alle ther kynd
> Tailed alle men suld tham fynde.
> & God granted alle th^{t} he had [*read* bad],
> Alle th^{t} kynde tailes had.
> *For thei w^{t} tailes th^{t} gode man schamed,*
> *For tailes the Englis kynd is blamed;*
> *In many sere lond is said,*
> *Of tho tailes we haf vpbraid.*—*f.* 87^{b}. *c.* 1.

We meet with the same legend in the inedited Chronicle of Walter of Coventry, preserved in Corpus Christi College, Cambridge, compiled in the first half of the 13th century, and again in Fordun, the author of the *Scotichronicon*, soon after the middle of the 14th, lib. iii. cap. 33. His remarks on it are valuable, as illustrative of Laȝamon. After stating that St. Austins curse was carried into effect, he continues thus: "Vocatur autem hujusmodi cauda ab indigenis, patria lingua, *Mughel*, unde et villa in qua beato Augustino hujusmodi irrogata est injuria nomen sortita est *Muglington*, id est, *villa Muglingorum*, usque in præsentem diem." Vol. i. p. 138, edit. Goodall, fol. 1759. He says also, that a similar example was made by the saint of the people of Tamworth, in Mercia, who had insulted him, and concludes by relating a third instance, which befell, at a later period, the inhabitants of *Rochester*, who having cut off the tail of Thomas à Beckets horse, received his malediction, "unde et posteri eorum illic nati inventi sunt *caudati*." This latter legend would partly seem to explain why the tradition fixed itself in Kent as well as in Dorsetshire; but a better mode of accounting for it is the historic evidence of Augustines labours in the former county, and the very doubtful authority on which the saints travels into Dorsetshire rest. See Hutchins, *loc. cit.*, and the *Monasticon*, vol. ii. p. 621. In the English prose *Brut* the tradition is told with some additional particulars of a local nature, as follows: "Seynt Austine come to Rouchester, and there prechid Goddis worde. The paynims therfore hym scornede, and caste vppon hym reyghe tayles; and for more dispite they keste vppon hym guttis of reyghes and of other fysshe; where fore the good man seynt Austyne was sore anoyede and greuede, and prayed to God that alle the children that shulde be borne afterward in that citee of Rochester muste haue tayles. And whenne the kyng herde and wiste of this vengaunce that was falle thurghe seynt Austines powere, he lette make one howse in honour of God, where in wommen shulde haue hire children, at the brugges ende; in whiche hous women yette of the citee be delyuerede of childe." cap. xcviii. MS. Harl. 24. f. 54^{b}. It is unnecessary to point out additional instances in writers who have copied this story, although many exist. The reproachful term of *Kentish Long-tails* seems certainly to have arisen from the legend, and Fullers attempt to explain it otherwise is perfectly nugatory. See his *Worthies*, vol. i. p. 486, ed. 1811. Ray and Grose have only followed in his steps. Another foolish attempt to explain the proverb is in Fynes Morysons *Itinerary*, part 3. p. 53. fol. 1617, and an allusion to it may be found in the *Musarum Deliciæ*, by Sir J. Mennis, 12mo. 1655, p. 7. As early as the 12th century the epithet *caudatus* was applied to the English generally as a term of reproach, and continued to be so used by the French and Scotch down to the 16th century. Instances are very frequent in our old historians, and it will be sufficient to refer to Matthew Paris, sub a°. 1250; the Chronicon de Lanercost, a°. 1273 (the editor of which seems unacquainted with the story); the Chronicle of Rishanger, a°. 1292, MS. Cott. Claud. D. VI. f. 131^{b}; the romance of king Richard, ap. Weber, ll. 724. 2112; Robert of Brunnes printed Chronicle, p. 158; Forduns *Scotichronicon*, lib. ix. cap. 32; the *Vaux-de-Vire* of Olivier Basselin, a poet of the 14th century, pp. 173, 178, 266, 8vo, Caen, 1821; and Haenels *Catalogus Manuscriptorum*, p. 183. To these may be added Ducange, in voce *Caudatus*, and Grimms Introduction to *Reinhart Fuchs*, p. xcvi. 8vo, Berlin, 1834, who is mistaken, however, in supposing the term to bear reference to the *zopf-tracht* of the English.

P. 185. *v*. 29569. *fif milen*.—So also Robert of Brunne. Waces genuine text has "*cinc* lewes," but in the printed edition it is "*deus* loës." Malmesbury says, "quasi milliariis *tribus*." Cerne stands about seven and a half miles north-west from Dorchester.

P. 187. *vv*. 29605–29619.—Wace only says, Austin began to think of returning, on account of the disgrace he had suffered, but *à tant* God appeared to him, etc. Vol. ii. p. 253.

P. 190. *vv*. 29674–29682.—The same absurd etymology is found in William of Malmesbury and Walter of Coventry; the fountain also continued in after times to bear the name of St. Austin. See the *Monasticon*, vol. ii., and Hutchinson, *loc. cit.*

P. 191. *vv.* 29703–29706.—Wace only says, in the lands held by the Britons, who defended themselves from the *Engleis*, he found monks, clerks and abbats. Vol. ii. p. 256.

P. 192. *v.* 29722. *sixtene hundred.*—Wace has "pres de *deus mil* moines." Peter Langtoft reads 2100, and so also the Welsh translation of Geoffrey, exclusive of the priors and servants. Compare Geoffrey, lib. xi. c. 12.

Ibid. vv. 29741–29784.—The reply of the Welsh bishops is much amplified from the French text. Those who are curious on the subject may see it in the old Welsh language, with a translation, in Roberts, p. 177.

P. 195. *vv.* 29803–29806.—Not in Wace.

Ibid. v. 29810. *Aðelbert.*—Geoffrey names him *Edelfridus*, and the manuscript copies of Wace *Elfrid* and *Elfriz*. In Robert of Brunne he is called *Elfrid* and *Elfrik*. He is the *Ædilfrid* of Bede, lib. i. cap. 34.

P. 196. *vv.* 29812–29818.—Not in Wace.

Ibid. v. 29827. *Leir-chæstre.*—So also in Wace and Geoffrey, as in the Saxon Chronicle, a°. 607, *Legaceastre*, but the spot intended is *Chester*, about eight miles from Bangor. See Higden, p. 200, and Turner, *Hist. Anglo-Sax.*, vol. i. p. 330. The name of the Welsh chieftain (who was king of Powis) is spelt *Brocmail* in the Saxon Chronicle, and *Brochwel* in the Welsh version of Geoffrey. The variations of such names, from the similarity of *m, in, ni, ui*, and *iu*, in early MSS. are innumerable.

P. 197. *vv.* 29839–29848.—Not in Wace. The Saxon Chronicle states, that Brocmail escaped with fifty of his men, p. 30, ed. Ingram.

Ibid. vv. 29853–4.—Not in Wace, nor is it consistent with the narrative, to bring *bishops* from the monastery of Bangor.

P. 198. *vv.* 29861–29900.—Wace only says, in twelve lines, that the king and his people were cruel and fierce, and had no more pity than a lion among a flock of sheep. Of the suppliants they slew 2200. Vol. ii. p. 259. The number of the killed in Geoffrey and our historians is fixed at 1200.

P. 200. *vv.* 29921–2.—Not in Wace. See, as to Athelstans conquests, Turners *Hist. Anglo-Sax.*, vol. ii. p. 189.

Ibid. vv. 29927–29934.—The French text only states,

> Tut esteit lur desk'en Saverne,
> Ki liez le mont curt de Malverne.—*MS. Reg. f.* 105[b]. c. 1.

P. 201. *v*. 29940. *ut ouer Weȝen*.—So also Wace, "ultre *Waye*," MS. Reg.; but the editor of the French text, with his usual felicity, chooses to print "outre *Gales*"! The lines that follow, 29941–29944, are an addition by Laȝamon.

P. 202. *vv*. 29959–29970.—Not in Wace. With regard to the numbers slain, Geoffrey gives a total of 10,066 on the side of the Saxons, but says nothing of the loss on the part of the Britons, lib. xi. c. 13.

Ibid. *v*. 29971.—Here begins the twelfth and last book of Geoffrey.

P. 203. *v*. 29986. *Cadwan*.—The Welsh version calls him *Cadvan ap Jago*. The editor of Wace confounds him with his son *Cadwalan*.

Ibid. *vv*. 29989–29994.—Not in Wace.

P. 204. *vv*. 30011–30020.—This is entirely an amplification of what Wace leaves to be inferred.

P. 205. *vv*. 30039–30046.—Not in Wace.

Ibid. *vv*. 30047–30050.—Roberts translates the Welsh text here, "on condition that Edelfrid should retain the country beyond the Humber, and that Cadvan should have the *crown of London*" (i. e. the title of paramount sovereign of Britain), p. 180. There is no doubt some gross error. Compare Geoffrey, lib. xii. c. 1.

P. 206. *vv*. 30061–30073. *etc*.—Wace here departs in a singular manner from the text of Geoffrey, who tells us, that Edelfrid having driven his first wife out of Northumberland, took another: the former lady was pregnant at the time, and took refuge at the court of Cadvan. He endeavoured to reconcile Edelfrid to her, but without success; she therefore remained with Cadvan, and was delivered of a son, named Edwin, at the same time that the wife of Cadvan was brought to bed of Cadwalan. The youths were therefore brought up together, and when of age sent to Salomon, king of Armorica, to receive instruction in knightly exercises, lib. xii. c. 1. So also the Welsh translation, Robert of Gloucester, and Peter Langtoft; but the prose French and English *Bruts* follow Wace, as does Robert of Brunne. To contrast this account with the more genuine records of Saxon history, see Turner, vol. i. p. 346, whence it appears, that Edwin was not the son of Edelfrid, but of Ella, and legitimate heir to the kingdom of Deira.

P. 208. *vv*. 30113–30122.—Not in Wace, nor do I know whence Laȝamon obtained it.

P. 209. *vv.* 30127–30134.—Not in Wace.

Ibid. v. 30138.—Wace and Geoffrey say, that peace was only maintained for two years.

Ibid. vv. 30143–30212.—Instead of this long paraphrase, Wace tells us merely, that Cadwalan,

> Coruner se fist, quant il vout;
> Grant feste e grant curt teneit,
> E noblement se contineit.—*MS. Reg. f.* 106. *c.* 1.

Edwin therefore prayed him to be permitted the liberty of being crowned for his own share of territory beyond the Humber. Vol. ii. p. 265. So also in Geoffrey, lib. xii. c. 2.

P. 213. *v.* 30233. *Duglas.*—In Lancashire. The editor of Wace places it erroneously in Scotland in his *Glossaire-Index*. See a previous note, p. 373.

Ibid. vv. 30237–30242.—Not in Wace.

P. 214. *v.* 30257. *þes kinges suster sune.*—Wace calls him the kings *nephew*, and Robert of Brunne *cousin*. In Peter Langtoft he is named *Bryan fiz Amas*, and in the Welsh version, *Braint ap Nefyn* [Nevydd]. See Owens *Cambrian Biography*, p. 26.

P. 215. *vv.* 30281–30284.—Not in Wace.

P. 216. *vv.* 30305–30316.—The French text gives us the substance of the message; that Cadwalan refused Edwins prayer, that his barons objected to it, and that it was against law and right that two kings should wear a crown. Vol. ii. p. 268.

P. 217. *vv.* 20321–20323.—Not in Wace. The substance of Edwins speech, which follows, is very brief in Wace, and merely to the effect, that he would be crowned without leave. In return Cadwalan threatens to cut off his head. Vol. ii. p. 268.

P. 218. *vv.* 30348–9.—Not in Wace. Robert of Brunne writes, out of Langtoft,

> Edwyn theron was fulle brym;
> To *ȝork* he ȝede, & crouned him.—*f.* 90. *c.* 1.

Ibid. vv. 30358–30419.—The French text gives no such details, but only states that Cadwalan collected a great army, and passed the Humber into Northumberland. Edwin was too courageous to fly, and marched against and defeated his adversary. The whole is comprised in ten lines, vol. ii. p. 268.

P. 221. *vv.* 30425–6.—Not in Wace.

P. 221. *vv.* 30430–30454.—In Wace we have only four lines, saying, that Cadwalan was obliged to fly into Ireland, where he was honorably received by the king, vol. ii. p. 269. The kings name is not given elsewhere, and Laȝamon seems to have borrowed it from the Irish chief of the same name, said, in Geoffrey, to have been slain at the battle of Camelford, lib. xi. c. 2.

P. 223. *vv.* 30465–30488.—In Wace this passage is given very briefly and obscurely, and in the printed text is unintelligible. The Royal MS. reads,

> Serur Brien li fu endité,
> A *Wirecestre* l'ad trové,
> E à Everwic la fist mener,
> E en sa chambre la fist guarder:
> Ne sai ki li out amené.—*f.* 106[d]. *c.* 2.

So also in Robert of Brunne. The passage is founded on a sentence in Geoffrey, lib. xii. c. 7.

P. 224. *vv.* 30497–30500.—In the French text rather differently,

> Al curs des esteiles luisanz,
> E as vols des oisels volanz.—*Ibid.*

P. 226. *vv.* 30536–7.—Not in Wace.

Ibid. vv. 30543–30547.—Laȝamon seems to have committed here a geographical blunder, since in sailing from Ireland to Britanny there would be no possibility of passing by *Yarmouth*. Wace writes,

> Unt tant coru e tant siglé,
> En *Chernerin* sunt arivé,
> En un isle vers solail cuchant;
> Co quid ke d'iloc en avant,
> N'ad nul altre terre u gent remaigne,
> Entre Cornwaille e Bretaigne.—*MS. Reg. f.* 107. *c.* 1.

Other copies read *Gernerou* or *Gerneui*; in Peter Langtoft it is *Guarnet*, in Robert of Brunne *Gernet*, and in Robert of Gloucester, more correctly, *Gernesey*, from Geoffreys *Garnareia*.

Ibid. v. 30552. *þa niȝen daȝes, etc.*—Not in Wace. Geoffrey says the king was so grieved at the loss of his companions, that for three days and nights he refused food, and lay ill in bed. On the fourth day he desired some venison, etc., lib. xii. c. 4.

P. 227. *vv.* 30570–1.—Not in Wace.

P. 228. *vv.* 30586–30596.—Not in Wace, who modestly writes,

> Ne sai si li reis en gasta.—*f.* 107. *c.* 1.

Geoffrey, however, declares, that he not only eat the flesh, but was astonished to find more sweetness in it than in other meat!

P. 229. *vv.* 30598–30603.—Not in Wace. Geoffrey states, that the king recovered in *three* days.

Ibid. vv. 30609–30615.—Not in Wace. The allusions made here and elsewhere by Laȝamon to the minstrels or mariners songs, are worthy notice.

Ibid. v. 30616. *Ridelet.*—The correct reading would appear to be *Kidelet*, which, as Wace here tells us, was an ancient town of Britanny, situated between Dinan and the sea, and its ruins were still to be seen when he wrote. Vol. ii. p. 273. The same place is mentioned by Guillaume de Saint-Pair; but in the unique copy of his poem in MS., Add. 10,289, it is written *Ridalet*, f. 1[b], as in Laȝamon.

P. 230. *v.* 30621.—Geoffrey has here two chapters filled with the long speeches of Cadwalan and Salomon, which are judiciously omitted by Wace. It is worth while however to notice from the former the descent given to show the relationship of the two kings.

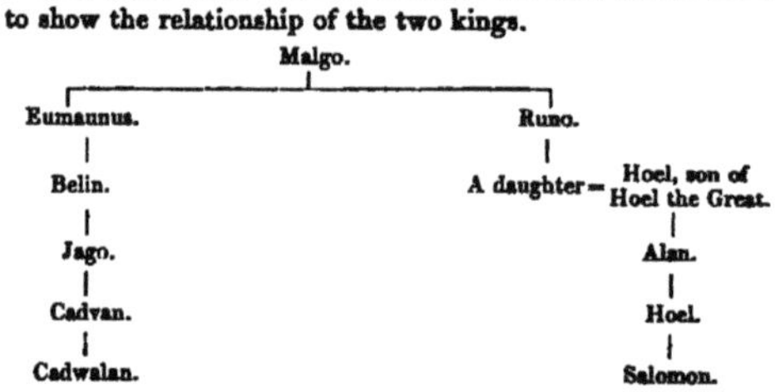

Ibid. vv. 30632–30653.—Not in Wace.

P. 231. *vv.* 30667–30789.—The whole narrative is told by Laȝamon so differently from that in the French text, that we must suppose he had recourse to other materials, or drew largely on his imagination. Wace merely states, that Brian embarked at *Barbefleot*, and arrived at Southampton. Not a word is said of his companions. He assumes the dress of a mendicant, and causes a pilgrims staff, with a long and sharp iron point, to be made for him. He then goes about seeking the court, and at length finds the king at York. There he mingles with the crowd of beggars and pilgrims, and is taken himself for one of the same class. The passage in Wace only occupies twenty lines. Vol. ii. p. 273.

P. 237. *v.* 30792. *Galarne.*—The name of Brians sister occurs nowhere else.

P. 237. *v.* 30795. *þer mide heo bar to drinken.*—In the original,

A la roine ewe queroit.—*f.* 107[b]. c. 1.

Ibid. vv. 30802–30821.—This is again an addition of a new character. Wace writes, that Brian made a sign to his sister not to recognise him. They withdraw from the crowd, embrace each other, and shed tears. She then tells about Pelluz, etc. Vol. ii. p. 275.

P. 238. *vv.* 30834–30845.—Not in Wace, who says that the magician was busy in passing to and fro among the beggars. *Ibid.*

P. 240. *v.* 30860. *wende him a-neoste.*—Wace writes, that he did not go away till night.

Ibid. vv. 30880–30883.—Not in Wace.

P. 241. *vv.* 30889–30903.—Not in Wace, who instead has four lines,

Brien ad as Bretons parlé,
Des plusurs seit la volunté;
Essecestre prist e saisi,
Tenir la volt, si la guarni.—*MS. Reg. f.* 107[b]. *c.* 2.

Peter Langtoft and Robert of Brunne read *Oxenford,* instead of *Exeter,* occasioned by errors in the Latin text, from the similarity of *Exonia* and *Oxonia.*

P. 242. *vv.* 30908–30931.—Wace only says, that king Salomon gave him 2000 knights, besides mariners and steersmen; but in Geoffrey and his imitators the force supplied by Salomon is stated at 10,000 men, lib. xii. c. 8. Not a word is said, either in the French or Latin texts, that Salomon accompanied Cadwalan to England, and Laȝamon must have been deceived by the general expression used by Wace,

A Toteneis en vindrent siglant.—*f.* 107[b]. *c.* 2.

P. 243. *vv.* 30932–30951.—Wace writes, that Edwin was grieved at the loss of his "bon devin," and sent Peanda, king of Mercia, with a great force, to assiege Exeter. Vol. ii. p. 277.

Ibid. v. 30953.—Not in Wace.

P. 244. *v.* 30964. *a þreo ulockes.*—Geoffrey and Wace separate Cadwalans army into *four* divisions.

Ibid. vv. 30966–30979.—Not in Wace.

P. 245. *vv.* 30980–31007.—In the French text the account of the battle is comprised in three lines, nor is it stated there or elsewhere, that Penda was captured by Cadwalan himself.

P. 246. *vv.* 31008-9.—Not in Wace. Mærwal was the third son of Penda, and reigned jointly with Wulfere, his second brother, in Mercia. He married Domneva, according to Gocelin, but, according to William of Malmesbury, Ermenberga, daughter of Ermenred, brother of Ercombert, king of Kent, and by her had three daughters, Mildritha, *Milburga*, and Milgitha, and a son, Merfin, who died in infancy. Of these, *Milburga* became the foundress and first abbess of the monastery of Wenlock in Shropshire, and died there about A.D. 680. Compare Lelands extracts from the *Vita Milburgæ*, in *Collectanea*, vol. iii. p. 169, Malmesbury, *De Gestis Reg. Angl.* ff. 14b. 50. 164. edit. 1596, and the *Monasticon*, vol. v. pp. 72, 75.

Ibid. *v.* 31012.—Not in Wace.

Ibid. *vv.* 31018–31147.—This long passage is an addition by Laȝamon, and it would be difficult to learn on what historical foundation it may rest. No mention, I believe, occurs elsewhere of a sister of Penda named Helen. As to the introduction of king Louis of France, a strange anachronism has been committed, unless we may suppose that Clovis II. was intended, who succeeded to the throne of Neustria and Burgundy, A.D. 638, and died in 656. He is said to have married a lady named Batilda, who was sold by *English pirates* to the mayor of his palace. See *L'Art de vérifier les dates*, tom. i. p. 546, ed. fol. 1783. All that Geoffrey tells us here is, that after Pendas capture he submitted himself to the victor, gave hostages, and promised to join Cadwalan against the Saxons, lib. xii. c. 8. Wace adds to this, that to ensure a firmer alliance, Cadwalan married a sister of Penda (see Geoffrey, lib. xii. c. 14.), and then, instead of the detailed narrative of Laȝamon, briefly subjoins, that Cadwalan gave thanks to the Britons for the labors and fatigues they had endured on his account. Vol. ii. p. 279. Compare Turner, *Hist. Anglo-Sax.*, vol. i. p. 361.

P. 252. *vv.* 31151–31157.—Not in Wace.

Ibid. *vv.* 31166–31209.—This passage is an amplification of six lines in the French text, which tell us, that Edwin assembled all the Saxon and English kings, but who were kings only in name, as they ruled over counties. Vol. ii. p. 280. Geoffreys words are "omnes *regulos* Anglorum." He states however subsequently, that assistance had arrived from the Orkneys.

P. 254. *vv.* 31214–31217. *Hædfeld.*—*Hatfield*, in the West Riding of Yorkshire. See Stevensons Bede, p. 151, and Turner, *Hist. Anglo-Sax.*, vol. i. p. 361. The name has been much corrupted by later writers. Geoffrey has it *Hevefeld*, Wace, *Elfelde*, Peter Langtoft, *Hontinfeld* and

Edenfeld, and Robert of Gloucester, *Hadvele*, but Robert of Brunne, more correctly, *Hatfelde*. The battle is fixed to the 12 Oct. A.D. 633, by Bede, lib. ii. c. 20. §. 146.

P. 254. *vv*. 31218–31255.—Wace gives no detailed description of this battle, but merely mentions that Edwin was slain, together with his son Osfrid and the king of Orcany [Godbold], who had come to his aid. He then speaks of the indiscriminate slaughter ordered by Cadwalan, which occurs in Geoffrey, lib. xii. c. 9, and Bede, lib. ii. c. 20. §. 147. It will be observed how greatly Laȝamon here deviates from his original. It need only be added, that both Bede and the Saxon Chronicle mention the death of Osfrid.

P. 256. *v*. 31257.—Laȝamon here again commits an error, being deceived by the ambiguous term *heir* in his original. In reality Osric was not the *son* of Edwin, but his *cousin*, and son of Ælfric, Edwins uncle. See the Saxon Chronicle, a°. 634, and Bede, lib. iii. c. 1. His name is falsely printed *Offris* in the edition of Wace, vol. ii. p. 281, and in Roberts's version of the Welsh Brut, p. 185. It is nowhere else stated, I believe, that he was present in the conflict at Hatfield.

Ibid. *vv*. 31260–31277.—Wace only says, that Cadwalan made war against Osric, and slew him, with two of his nephews. Geoffrey has in addition, that his ally Aidan, king of the Scots, was also killed. It would appear from Bede, that Osrics death took place near York, p. 156.

P. 257. *vv*. 31278–31293.—Not in Wace. Neither the French writer nor Geoffrey notice the relationship between Oswald and Edwin; but Robert of Brunne writes,

> Oswald was sib Edwyn before;
> Of *Acha*, his sister, born.—*f*. 92. *c*. 1.

which is taken from Bede, lib. iii. c. 6.

P. 258. *vv*. 31296–31353.—All this is amplified from eight lines of Wace, vol. ii. p. 281, who merely follows Geoffrey in saying, that Cadwalan drove Oswald towards Scotland, and then finding he could not overtake him, delivered a part of his forces to Penda, with orders to pursue the flying prince. It will readily be perceived how Geoffreys history here disagrees from, and falsifies the Saxon Annalists.

P. 260. *vv*. 31363–31380.—Not in Wace, nor elsewhere.

P. 261. *v*. 31383. *Houen-feld*.—In Bede, Geoffrey and Wace written *Hevefeld*, and interpreted "celestis campus." In all probability the site is marked by the modern village of *Bingfield*, in Tindale Ward, Northumberland, which is divided from Hallington (anciently Haledon) by a rivulet named *Erringburn*. This is the same with the *Denisesburna* of Bede, lib. iii. c. 1, on which he states Caedwalla or Cadwalan to have perished. See the Appendix to Smiths edition of Bede, p. 720.

P. 262. *vv.* 31393–31448.—This narrative is wholly due to Laȝamon, who seems to have mingled together the accounts of the battle at Hevenfield in A.D. 635, and the subsequent conflict at Maserfield, A.D. 642. At all events he has completely deserted his French guide, who, following Geoffrey, states a battle to have taken place in which Penda was defeated. He returns to Cadwalan and demands vengeance. They collect new forces, march into Northumberland, and after a hard-fought battle Oswald is killed by Penda. Vol. ii. pp. 282–3. Geoffrey names the place of Oswalds martyrdom *Burne*, which appears a misappropriation of the name of the rivulet on which Cadwalan was slain.

P. 264. *vv.* 31451–2.—Wace says, "*un des freres* Osewald." There were other brothers, but the eldest had been killed previously, and the rest were of no note. See the Saxon Chronicle, a°. 617.

Ibid. v. 31460.—Wace has here a passage omitted by Laȝamon, to the effect that Oswy, perceiving the enfeebled state of his kingdom and the power of Cadwalan, thought it better to submit than to declare war, and accordingly made gifts to Cadwalan, and did him homage for his territories. Thus was peace established and a long time preserved. Vol. ii. p. 284. Compare Geoffrey, lib. xii. c. 11.

Ibid. v. 31461. *emes sunen.*—In the French text we read "Osewy out *parenz* e *nevuz*," but Geoffrey expressly names *Alfrid* or *Edelfrid* the *brother* of Oswy, and *Oidilvald*, his nephew, son of Oswald. The latter, as we learn from Bede, lib. iii. c. 24, was actually in the hostile army of Penda; but the former is evidently the same as the eldest but illegitimate son of Oswy, who subsequently became king of Northumbria. In the Welsh version *two nephews* are mentioned, but their names are not given, p. 185.

P. 266. *vv.* 31495–31516.—In Wace we read only, that Penda replied he dared not break the peace without the consent of Cadwalan. Vol. ii. p. 285.

P. 267. *vv.* 31517–31522.—Not in Wace.

Ibid. vv. 31527–31544.—Amplified from two lines of the French original,

A Londres se fist corumer,
E tuz ses barons fist mander.—*MS. Reg. f.* 109. *c.* 1.

P. 268. *vv.* 31556–31558.—Added by Laȝamon, who omits, however, in his paraphrase of Pendas speech, an important part of it, in which he tells Cadwalan, that Oswy has sent to Saxony for forces of horse and foot, and was collecting an army in order to make war. Wace, vol. ii. p. 286.

P. 270. *vv.* 31590–31630.—This is very briefly narrated in the French text. *Ibid.*

P. 272. *vv.* 31634–31636.—Not in Wace.

Ibid. *vv.* 31639–31672.—In the French text the commencement of Margaduds speech dwells wholly, in general terms, on the hatred and treachery shown by the Saxons towards the Britons, and he therefore advises that they should be allowed to destroy one another. *Ibid.*

P. 274. *vv.* 31683–31710. This portion of the speech is not in Wace, who simply adds, that all the Britons approved what Margadud had said.

P. 276. *v.* 31726.—Wace states that, previous to the battle, Oswy in vain endeavoured to obtain peace by pecuniary offers, vol. ii. p. 288. So also in Geoffrey and Bede.

Ibid. *vv.* 31733–31762.—It is difficult to account for the erroneous narrative here given by Laȝamon, who not only departs from the text of Wace, but is totally at variance with Bede (whom he professes to have consulted), nor is his statement supported by any other authority. Wace relates in six lines that Penda was slain in the battle, with the greater part of his friends, and that subsequently his eldest son *Offris*, who had been brought up at the court of Cadwalan, obtained, and did homage for, his fathers territories. Vol. ii. p. 289. Geoffrey says the same, but fixes the scene of the conflict near the river Winwed (the Are, which flows past Leeds, in Yorkshire), and names the son of Penda *Wlfredus*, lib. xii. c. 13. His account is borrowed from Bede, lib. iii. c. 24, but not without the usual alterations. For the corruptions *Offriz* and *Wlfredus* we should read *Wulfere*, who succeeded to the Mercian throne after his fathers death. Laȝamon has not only changed the name to *Osric*, but has falsely represented him as the son of Oswy; whereas the latter monarch survived to the year 670, and was then succeeded by his son Ecgfrid. It only remains to be noted, that the battle in which Penda was slain took place A.D. 655. See Bede, *loc. cit.* and the Saxon Chronicle.

P. 277. *v.* 31766. *seouen and feowerti ȝere.*—Wace and Geoffrey say *forty-eight*. It must be recollected that, according to Bede, Cadwalan was killed many years before, namely, in A.D. 634. See Turner, vol. i. p. 363.

P. 277. *vv.* 31767–31780.—Not in Wace, nor do I know that this strange tradition of the cause of Cadwalans death exists anywhere else. But Geoffrey and Wace, vol. ii. p. 289, give us in its place a curious account of the deposition of the kings embalmed corpse within a brazen figure of a knight on horseback, which was placed over the west gate of London, where it long remained. A church was also founded near the spot in honor of St. Martin. This tale is copied by Peter Langtoft, Robert of Brunne, and Robert of Gloucester, and is found also in the Welsh version ascribed to Tysilio, in which reference is made to the prophecy of Merlin concerning the *equestrian in brass*, ap. Geoffrey, lib. vii. c. 3.

P. 278. *vv.* 31782–31784.—Geoffrey writes, "Mater ejus fuerat soror Peandæ; patre tantum eodem, matre vero diversa, ex nobili genere Gewisseorum edita fuerat." He adds, that this Cadwalader is called by Bede *Ædilvald juvenis*, lib. xii. c. 14. The whole of this is founded on the error of confounding *Cadwalader* with *Ceadwalla*, king of Wessex, the latter of whom was in reality the son of Cenwalch, king of Wessex, by *Sexburga, sister of Penda*. See Bede, lib. iii. c. 7, and lib. iv. c. 15. From the latter passage Geoffrey takes the phrases "*juvenis*" and "ex nobili genere Gewisseorum," and then crowns his error by confounding *Ædilvalch*, king of Sussex, with Ceadwalla, his destroyer!

Ibid. *vv.* 31787–31790.—Not in Wace.

P. 279. *v.* 31798. *fulle seouen nihte.*—Wace says *three days*.

Ibid. *vv.* 31807–31818.—Not in Wace, who has instead a few lines, stating that the people was compelled to subsist on fish, wild animals, roots, herbs, and leaves of trees, vol. ii. p. 290. Laȝamon transposes this passage further on, p. 282.

P. 280. *v.* 31824. *morð.*—The historical fact of this pestilence having ravaged the whole of Britain, and extended even to Ireland, is attested by Bede, lib. iii. c. 27, who assigns it to the year 664. See also the Saxon Chronicle, aº. 664.

P. 281. *vv.* 31853–31858.—Not in Wace.

Ibid. *v.* 31863. *sune Salemonnes.*—Alan was not the *son* but *nephew* of Salomon, according to Geoffrey and his followers.

P. 282. *vv.* 31887–31916.—Much amplified and altered from thirteen lines of Wace, vol. ii. p. 292.

P. 284. *vv.* 31919–31932.—Wace only writes,

> Cil vindrent mult espessement,
> Od grant compaines et sovent.—*MS. Reg. f.* 110. *e.* 2.

Then follow twenty-six lines, which are omitted by Laȝamon, chiefly relating to the change of the language from British to Saxon, and the introduction of Saxon customs. Geoffrey says the Saxons landed "in partes Northumbriæ," and took possession of the desolated provinces from Albany to Cornwall. The Welsh version absurdly reads *Norway* for Albany, which Roberts more absurdly defends, and is of opinion there were places in the highlands called Norway and Denmark! p. 188.

P. 284. *vv.* 31933–4.—Wace only says, "A cel tens ert Adelstan reis," when speaking in general terms of the Saxon occupation of Britain. Laȝamon here, as elsewhere, has been deceived by the looseness of the expression (which is borrowed from the conclusion of Geoffrey, lib. xii. c. 19), and certainly displays a remarkable ignorance of the Saxon annals, by bringing Athelstan into Britain in the seventh century, when he might have easily informed himself, that he did not ascend the throne till the year 924. The notice of his illegitimate birth is accurate, and the ladys name was Egwina, the daughter of a shepherd. See Turner, vol. ii. p. 176. It must be observed that this notice, as well as the passage respecting Edward and Ina, is engrafted by Wace on the text of Geoffrey.

P. 285. *vv.* 31943–4.—Not in Wace. Athelstan reigned till the year 941.

Ibid. v. 31946. *feor her bi-æften.*—The expression *bi-æften* seems to have been an error of the scribe for *biforan*, unless *hereafter* bears reference to the return of the Britons, which is not improbable.

Ibid. vv. 31947–31980.—Laȝamon has altered considerably the narrative of Wace, who only says, that Edward (the Elder) went to Rome, and renewed the grant of Peters pence, originally made by his ancestor *Ina*; on which he briefly remarks, without any mention of Athelstan,

> Le air apres l'out rendu,
> Le don al pere unt bien tenu.—*MS. Reg. f.* 110. *e.* 2.

Wace here evidently confounds Edward (who never was at Rome) with Ethelwulph, and Laȝamon commits the same error in sending Athelstan there. The faulty chronology of the latter in allowing only 65 years from the death of Ina (A.D. 727–8) to the reign of Athelstan, will not escape remark. His concluding lines in speaking of the *Romescot* are worthy attention, as they appear to allude to a threatened discontinuance of the payment, and this will suit extremely well the period of Johns reign, at which it is probable Laȝamons work was composed. We read in Robert of Gloucester, under the year 1205, when speaking of the election of Peres de la Roche to the bishopric of Winchester:

> þo þis Peris was ichose. he wende uor þis cas
> To Rome, & of þe pope. þere isacred was.
> Fram Rome he brozte an heste. þ[t] me here nome,
> *Petres peni* of ech hous. þat smoke out of come.
> Ac þe king and heyemen *wiþ-sede it ilome*,
> War þoru þe king add þe worse grace at Rome.—*MS. Cott. Calig. A.* xi. *f.* 139.

With regard to the origin of the *Rome-scot* see Turner, vol. i. p. 399, and Lingards *Antiq. of the Anglo-Saxon Church*, vol. i. p. 140.

P. 286. *vv.* 31981–32045.—A strange amplification of six lines in the French text, stating, that when Cadwalader heard the pestilence had ceased, he wished to return to Britain, and made preparations for his voyage. Vol. ii. p. 295.

P. 289. *vv.* 32056–32067.—Wace merely says, he heard a voice from heaven.

P. 291. *vv.* 32092–3.—Allusion seems here to be made to the prophecy recorded in the seventh book of Geoffrey, c. 3. p. 50. l. 12. So also we read in the abbreviated chronicle of Welsh affairs in MS. Cott. Titus D. xxii. f. 28[b]. "Bardi enim Kambrenses istam opinionem, quam in *libris suis autenticis* habeant scriptam, firmiter tenent, quod cum ossa beati Kadwaladri a terra suscitarentur, Britones pristinæ potestati, quam habuerunt per promissionem angeli, restaurarentur."

Ibid. vv. 32102–32109.—Not in Wace.

P. 292. *v.* 32121. *nexte mæi.*—Wace only says, "son bon ami."

Ibid. vv. 32128–32131.—In the French text and Geoffrey we are told, that Alan and his wise men consulted various *estories* to see if the vision seen by Cadwalader accorded with the prophecies of Merlin, those of *Aquila* "le bon devin" (see previous Note, p. 317), and of *Sibilla*. Langtoft makes a curious blunder here, by converting the Latin name of the place where "Aquila" prophesied (*Seftonia*), into "*Sophon* les prophez," which Robert of Brunne renders "the sawes of Sophonie." Thus the *eagle* is first converted into a prophet of that name, and Shaftesbury afterwards, by the same process, is turned into a second prophet! To the former notice respecting the prophecies of *Aquila* I may here add, that in the Welsh version of Geoffrey, MS. Cott. Cleop. B. v. (of the close of the thirteenth century) these prophecies are inserted, and are the same as the Latin text in the Royal MS. 15. c. xvi. They are printed in the *Cambrian Register* for 1796, vol. ii. p. 33, where the MS. is falsely ascribed to the reign of Richard the First.

P. 293. *v.* 32138. *step-sune.*—Geoffrey and the Welsh authorities call Ivor the *son*, and Ini the *nephew* of Alan, but Wace omits the relationship of the latter, and of the former says, "*fiz de sa uxur,*" which expression seems to have misled Laȝamon.

Ibid. vv. 32146–32187.—Wace gives the kings speech in *four* lines, in which he merely tells them to pass over to Britain, and be sovereigns of the people. Vol. ii. p. 296.

P. 294. *v.* 32182. *Sibillie.*—See a previous note, p. 393.

P. 295. *v.* 32195. *uifte half ȝere.*—If the "fifth half year" be taken according to the Saxon mode of numeration, it will mean four years and a half. In Wace the period is expressed in general terms,

N'aveit *gueres* à Rome esté.—*MS. Reg. f.* 110[b]. *c.* 2.

Geoffrey passes it over thus: "inopino languore correptus," which he borrows from Bede, who writes, "Etenim illo perveniens [Ceadwalla], pontificatum agente Sergio, baptizatus est die sancto sabbati paschalis [the Saturday before Easter], anno ab incarnatione Domini sexcentesimo octuagesimo nono; et in albis adhuc positus [*i. e.* until the first Sunday after Easter], languore correptus, duodecimo kalendarum Maiarum [20 April] die solutus a carne." lib. v. c. 7. Guttyn Owains interpolated copy of the Welsh version of Geoffrey states, that Cadwalader lived at Rome five years. Roberts, p. 189.

Ibid. v. 32198. *elleoue daȝes biforen maiȝe.*—So also in Wace, but by error, for Geoffrey literally copies the date given by Bede. In the printed text of the French writer, vol. ii. p. 297, some lines follow, which assign the date to 17 April, A.D. 600, and in the Royal MS. Brit. Mus. it is fixed to 19 April, A.D. 699 (as in Robert of Brunne), both of which dates require correction. The author of the *Cambrian Biography* extends the life of Cadwalader to A.D. 703. Compare Turner, vol. i. p. 381. It will be perceived, that Geoffrey continues to confound him with the king of Wessex up to the period of his death, and the Welsh versions implicitly follow in his path, with the usual blunders of transcription.

Ibid. vv. 32202–32207.—An addition by Laȝamon.

P. 296. *vv.* 32213. 32223–32225.—Wace only says, with a great fleet and army.

Ibid. vv. 32216–32241.—Instead of these lines Wace concludes his history in the following manner: "The remains of the Britons, whom we now call Welsh, who are seated towards the north, were under their subjection [*i. e.* of Ivor and Ini], but never afterwards had they sufficient power to gain possession of *Logres* [Britain]. They are all changed and degenerated from the nobility, the honor, the manners, and the life of their ancestors!" Vol. ii. p. 298. He then adds the derivation of the name of Wales from Duke Gualon, or queen Galaes (see a previous note, p. 311, and Giraldus Cambrensis, *Cambr. Descriptio*, c. 7. p. 887, fol. 1602), and terminates his work by adding the date of its completion, A.D. 1155. Geoffreys narrative is nearly to the same purpose, but he introduces the passage about the Saxons and Athelstan, which Wace has previously noticed. See note, p. 433. Turner admits the expedition of Ivor and Ini into the page of genuine history, on the authority of the Welsh chronicles, and even goes so far as to specify the battles in which they were engaged, but, I confess, I entertain considerable doubts as to this statement, and am much inclined to believe that in the *Ini* of Geoffrey and the Welsh annalists we see a distorted image of the Saxon king *Ina*, the son of Ceadwalla. The last four lines of Laȝamon are similar to the couplet of Robert of Gloucester, in allusion to the same event,

——— & that me ssal ȝut ysey,
At vpe Godes wylle yt ys, wanne yt ssal be!—p. 256.

GLOSSARIAL REMARKS AND EMENDATIONS.

VOL. I.

v. 1. The phrases *on leoden* and *in londe* are used in the same indefinite manner as *on duȝeðe*, *on folke*, *on eorðe*, *on worle* [*on worulde*, Sax. Chron. a°. 655], etc. In the present instance the more general signification would seem preferable, as in vv. 2218. 3718. 15819, etc. Compare also vv. 4071. 11093.

v. 4. (*second text*) *driste*.—This might be supposed a mere error of the scribe, but other examples of such an unorganic change of letters would induce me to refer it to that law of pronunciation by which *h*, *ch*, ȝ and *s* were affected and interchanged. The instances which occur are chiefly in the later text of the poem, in which we have *ristnesse*, v. 14, *mistie*, v. 57, *nost*, vv. 538. 1327, *nowist*, v. 1446, *foste*, v. 8821, and *fast*, v. 22725, for *rihtnesse*, *mihtie*, etc.; and in the first text we meet with the similar forms of *doster*, v. 2982, *þuste*, v. 5268, *miste*, v. 18690, and *diste*, v. 25907. That this interchange of letters existed before the Conquest, we have evidence in Domesday-book, where we find the names *Brictuoldus* and *Bristuoldus*, *Brictuuard* and *Bristuuard*, etc. In the same record the town of *Brihthelmestone* is written *Bristelmestune*, and for the isle of *Wiht* (*Vecta*) we find *Wist* in Alfred of Beverley, p. 5. *ed.* Hearne. Similar forms often occur in a very curious volume of English poetry, about the time of Henry III., preserved in Trinity College, Cambridge, marked B. 14. 39, and at a rather later period, in the Cambridge copy of the Romance of Kyng Horn (Gg. 4. 27. *Publ. Libr.*) we have *miste* and *doster* for *mihte* and *dohter*; and in all the copies *furste* rhymes to *huerte*, v. 885. Thus Robert of Brunne rhymes together *first* and *girt*, and numerous other examples might be produced. Even in the sixteenth century I find *thowst* for *thought*, in a letter from John Wallop to Wolsey (dated 12 March, 1526), in MS. Cott. Vesp. F. I. f. 69. In Ohd. [Old High German] this interchange likewise occurs, as *trust* for *truht*, while *st* occasionally takes the place of *þ*. See Grimms *Deutsche Grammatik*, vol. ii. pp. 208, 211. The converse of such a change is sometimes found, as *ærht* for *ærst* in the first text of Laȝamon, v. 5537, and similar forms in Mhd. [Middle High German] are pointed out by Grimm, vol. i. p. 416, vol. ii. p. 212. Hence, perhaps, may be explained the forms of *most* and *moht*, both used for the past tense of the verb *moy*, as also the numerous class of words in Old French which elide the *s* before *t*.

v. 7. *Seuarne staþe*.—So in the Saxon Chronicle, a°. 894, "þa of-foron hie þone here hindan æt Butdigingtune, *on Sæfern staðe*."

v. 10. (*sec. t.*) *heo*.—No doubt an error for *he*, yet the same fault occurs elsewhere in this text, and very frequently in the earlier text, which has, however, in some instances been corrected by a second hand. See vol. i. pp. 40. 149. 264. 299. and vol. iii. p. 169. Analogous forms are met with of þeo for þe, etc. In the Laud MS. of the Saxon Chronicle, written between 1122 and 1154, the same errors are found.

v. 14. (*sec. t.*) *ristnesse*.—I regard this word as the representative of A.-S. *gerecednys*, which is closely connected with *gerihtnes*, in the same manner as *recan* is with *rihtan*. Literally translated, it would mean "correction," "righting."

v. 17. *Englene*.—Although rendered as an adjective, it is in reality the *gen. pl.* of the noun, as in the similar cases of *Francene*, *Scottene*, *Denemarkene*, *Bruttene*, *Denene*, etc. The adjectival forms in Laȝamon, like the A.-Saxon, end in *isc*, as *Englisce*, *Welsce*, *Frenchisce* or *Freinsce*, *Densce*, etc. Ingram remarks on the Sax. Chron. a°. 1066, that the term *English* began about this time to be substituted for *Angles*, and *French* to assume the form of *Frencyscan*; but this is only correct thus far, that the adjective, with *folk* expressed or understood, was occasionally used instead of the noun.

v. 38. (*sec. t.*)—These are the only instances throughout the poem of the interchange between *f* and *h*, yet the converse occurs several times, as *fihtie*, *fihtene*, first text, vv. 5877. 25914, for *fiftie*, *fiftene*, and *swihte*, *sohtere*, *sohte*, second text, vv. 5902. 16109. 18775, for *swifte*, *softere*, *softe*. So in Kyng Horn, *softe* rhymes to *douter*, in MS. Laud. 108, and in Arthour and Merlin, *gift* rhymes to *vnright*, p. 87. ed. 1838. The same rule obtains in Ohd. between *f* and *h* or *ch*. See Grimm, vol. ii. p. 211. Hence also the common interchange between *gh*, *f* and *w*, still retained in our provincial dialects, and even in conversation.

v. 42. *hoe*.—For *heo*, acc. s. fem., since *hoe* is of the same gender as in A.-Saxon.

v. 44. *þes heȝes*.—We have here, probably by error, the indefinite form of the adjective, instead of the definite, according to the usual rules of A.-S. grammar.

v. 50. *boc-felle*.—So in the Early English Legend of St. Margaret, in MS. Reg. 17 A. xxvii. f. 55[b], "hire bone wes þes, ȝ ich hit write on *boc-felle*."

vv. 58, 59. The punctuation here is imperfect, and would seem to indicate the omission of a line. The second text, however, omits the corresponding verse.

v. 59. *leornia*.—The use of *a* final for *e* will often be remarked, and occurs also in the later copies of the Saxon Chronicle.

v. 68. (*sec. t.*) *lousange*.—This word, which means song of praise, or hymn, would appear to be a mistake of the compiler of the later text, or else an error of the scribe. In MS. Reg. 17 A. xxvii., written in the early part of the thirteenth century, hymn is expressed by *loft-song*, ff. 9ᵇ. 52ᵇ.

v. 69. (*sec. t.*) *þan*.—May be incorrectly written for *þe*, as in v. 9670, or for *in þan*, as in v. 12004.

v. 87. *ermden*.—*d* for ð, as often elsewhere.

v. 91. *bern* may be either sing. or pl. as in A.-Sax. Wace has it, "ne fil ne fille plus."

v. 101. The final *d* is often dropt after *n*, particularly when preceding *þ*, as also after the consonants *l* and *r*.

v. 109. *bi-wonnen*.—This has been translated as if connected with the German *be-wohnen*, to inhabit, but it would be probably better to take the word in its usual sense of "got possession of," or "conquered," as referring to Arthurs occupation of the city at a subsequent period. Cf. v. 24434.

v. 111. *driht-folcke*.—The word *driht* was considered here and elsewhere as an abbreviation of *drihtliche*, from the comparison of vv. 854. 1388. 2561. 8273. 14715; but on reconsideration it appears to be the same as the compound *driht-folc* in Cædmon, p. 179, and *druht-folc* in Old Saxon, *Heliand*, p. 29, and signifies "people," generally. In the translation therefore "good" should be omitted.

v. 112. *iwalken*.—The primary meaning is *tossed*, from the A.-S. *wealcan*, to roll; but the modern verb *to walk* is thence derived, as pointed out by Somner and Skinner. The participle is here in the *strong* form, and so is the preterite *weolken*, v. 12040, where the later text assumes the *weak* form *walkede*, as in Mhd. *walgte*, from *welgen*. See Ziemann, *Mittelhochdeutsches Wörterbuch*, 8vo, 1838.

v. 119. *monscipe*.—This word does not occur in Bosworths A.-S. Dictionary, although it is difficult to suppose that it did not exist among the A.-Saxons. It is used very frequently in both texts of Laȝamon, and its usual meaning undoubtedly is *honor, worship, dignity*. The synonyms are *mensca*, v. 2535, and *maňþe*, v. 6234, and in the French text of Wace, *los, dignité*. In the later text we have the adverb *mansipliche*, honorably, v. 20743.

v. 120. *gersume*.—Better, perhaps, if translated "treasure," but see v. 352, where the later text reads *ȝeftes*.

v. 128. In the French original, "*rices* et *manans*." The term *ric, riche* in A.-Saxon and Early English not only means *wealthy*, but very frequently *powerful, mighty, noble*. This is the case also in the Scandinavian and Teutonic languages, as well as in Old French.

v. 131. *godd*.—The first hand wrote *godde*, but the *e* has subsequently been erased.

v. 139. See for this A.-S. phrase, Cædmon, pp. 8. 99. 308, and Sax. Chron. a°. 959. It is not unusual in Middle English, and we find it even as late as the close of the seventeenth century. See Jamiesons *Popular Ballads*, vol. ii. p. 286.

v. 146. The word *daye* means, as in A.-S., the period of a mans life, and in v. 5997, *liue* of the first text is replaced by *dawes* in the second. The phrase continued to a late period.

v. 151. *leodena.*—There is some difficulty in determining whether this is *gen. sing.* or *plur.*, but most probably the latter, and of the fem. gender, as in A.-S. and Isl. Compare vv. 892. 2463. 2493. 3691. 14829. 19277. In A.-S. the usual forms are *s.* leod, *g.* e, *pl.* leode, *g.* a, *d.* um, but Bosworth in his Supplement gives us also the *weak* form of leoda, *g.* an. In Laȝamon two declensions seem confounded, as well as genders, for we meet with, *sing. n.* leoden (?), *g.* leodes, *d.* leode -n, *a.* leode -n; *plur. n.* leode -n -ne, leodes, *g.* leodene, *d.* leodene, *a*, leoden -e, leodes. In Ohd. and Mhd. we find *n. s.* liut, *g.* liutes, *acc.* liut, liuten, *n. pl.* liuti, liute, *d.* liuten, but in modern German and Dutch the word is only declined in the plural (as, generally, in Laȝamon), G. *leute*, D. *lieden*. The Middle English forms are *lede* and *ledes*. In compound words *leod* is often found in Laȝamon undeclined, as in A.-S., but sometimes takes a final *e*, or *en*.

vv. 154, 155. Insert the half-pause ;' after *iholen*, and substitute a point for ;' in the following line. The faulty punctuation exists in the MS. It may here be as well to state, that in commencing the work, the editor proposed to follow the punctuation of the MS. in every case, but on proceeding further the errors of the scribe became so frequent and so obvious in this respect, that it was resolved to adopt an uniform punctuation throughout, of half-pause and full-pause. In every instance therefore in which this rule has not been observed, the reader is requested to attribute it, either to the non-correction of the transcript for the press, or to a typographical oversight.

v. 159. *heiȝen.*—Here and in other places the adjective is used in the masc. or neuter instead of the fem. termination. Cf. vv. 1211. 1821. 3210. 3610. etc.

v. 171. The meaning of *teone* appears to be,—first, *injury* or *mischief*, and secondly, *anger* or *grief*. In the former sense many instances occur in Bosworths Dictionary, but of the latter not one, although we find the verb *teonan*, to anger. In later writers the first of these significations appears to have become obsolete.

v. 175. *heȝe men.*—Would be more literally rendered "noble men," or "mighty men."

v. 197. Correct the translation thus, "*it* displeased to his friends," since *hit* is the nom. case, and *of-þuhten*, 3 p. s. pa. t. with the pleonastic *n*. With regard to the meaning of this verb, in A.-S., see Beowulf, l. 4059, Cædm. p. 279, and Sax. Chron. a°. 1127. In Middle English it has the sense of *repent*, as often in Laȝamon.

v. 229. *hir.*—Incorrectly, for *hire*.

v. 230. *Mahum* is borrowed from the A.-Norman, and is used constantly in their romance-poems of the twelfth century.

vv. 239. 240. In the MSS. of both texts these two lines are joined as one. Perhaps a line is missing.

v. 255. *feir.*—There is some inaccuracy here, since *feir* can scarcely be considered a past participle. I would prefer omitting it (as sanctioned by the second text), or reading, *þa þis child was feir and muchel*, as in v. 4072.

v. 257. The nouns *mawe, maȝe, moȝe, mowe* are used only in reference to a *female* relation, and represent the A.-S. *mage -an*, or *mæg -e*, fem., whereas in speaking of a *male* relative, (sometimes in a limited sense, as "cousin," or "nephew,") the nouns *mæi, mey, may, mai*, pl. *mæȝes, meies, meyes*, are constantly made use of, and represent the A.-S. *mæg -es*, masc. This distinction, although liable to be confounded, is clearly marked in many passages of Early and Middle English writers, of which three instances are cited below.

ȝ tu þe ane hauest ouergan þi feder & ti moder, *meies* ba & *mehen*, & al þe ende ȝ tu & heo of beoð ierdet.—*Leg. of St. Margaret*, MS. Reg. 17 A. xxvii. f. 50.

Nou nis offered of þe. þi *mei* ne þi *mowe*,
Heo weriet þe weden þat heir were þin owene.
MS. Trin. Coll. Cambr., B. 14. 39. f. 44[b].

He lith and roteth lowe,
He ne haueth that be his owe,
Of aytle ne of londe;
Ne nowther *mey* ne *mowe*,
That ther doren a throwe,
Bi hem sitten ne stonde.
Sawe of Seint Bede, MS. Digb. 86. f. 129.

v. 266. (*sec. t.*) *Dele* the conjecture on *wid*, since in the manuscript of the later text ð is never used as a final letter, but always þ. The same correction is necessary in several other places.

v. 279. þeo.—Is the feminine article, corresponding to the Frisic *thiu*, and is used for the A.-S. *seo* in a copy of Ælfrics translation of Genesis, in the Public Library, Cambridge, Ii. 1. 33, the date of which is supposed to be midway between the later Anglo-Saxon and Laȝamon. It occurs also in the "Grave-song" of the twelfth century, in Thorpes *Analecta*, p. 142, and in the Fragment of the Address of the Soul to the Body, recently re-edited, with an English version, by Mr. Singer, 8vo, 1845. At a later period we find the same article in *Kyng Alisaunder*. Cf. Rasks Grammar, p. 56, who seems too hastily to pronounce it an error.

v. 288. The meaning would be rendered more obvious, if this line had been rendered, "arrive at (attain to) honor." In the original French text it is, "puis à grant honor *venra*." The principal use of the auxiliary verbs *comen* and *gon*, before infinitives of verbs of motion, appears to be to give a past sense to the second verb. In the later text of Laȝamon, the simple verb is sometimes substituted, as in v. 5826. The same forms are found in Old Saxon and in A.-Saxon. See Kembles note on *Beowulf*, l. 646, who remarks, that in modern German similar phrases are expressed by the infinitive and part. past; and this is the case also in Mhd., as appears from Beneckes Glossary to Hartmanns *Iwein*, v. *Kume*. In English this use of *gon* was retained as late as the sixteenth century.

v. 289. þo is an error of the MS. for þa.

v. 298. *feie.*—Is employed by Laȝamon in a double signification, first that of *dead* or *slain*, and secondly, *fated to die*. Of the former meaning the present is an example, as also vv. 655. 1711. 1715. etc. Of the latter sense there are numerous instances, as vv. 517. 629. 1290. etc. In A.-S. *fæg* is generally found to express the second meaning. Hence is formed the adjectives *unfæge*, Beow. v. 1140, and *unfæglic*, Boeth. xxxvi. 4. The word is common to all the Northern dialects, and is preserved in the Scottish *fey*.

v. 304. Compare v. 3731. In Wace it is expressed, "qui à *male hore* li mena." *Fæi-sið* is compounded from *fæi* and *sið*, and is synonymous with *deaþ-siþ*, vv. 6348. 6566.

v. 307. This error of *heo* for *heom* occurs no less than nineteen times in the first volume, and frequently afterwards.

v. 310. An instance of the double dative, which often occurs (as in A.-S.) either with a pronoun and noun, or with two nouns.

v. 312. (*sec. t.*) *stregþe.*—The omission of the *n* in many words, particularly before the letters *g* and *d*, seems to indicate an Anglo-Norman pronunciation; at all events we find many similar instances in poems written in that language.

v. 315. In Laȝamon *þurh* and *þurh ut* govern both the *acc.* and *dat.*; in A.-S. only the *acc.*

v. 317. Literally, "woe was *to him* alive." In this and many similar phrases, the pronoun has been rendered in the nominative case. It may here also be remarked, with regard to *on liue*, *an liue*, *a-liue*, etc. (Germ. *am leben*), alive, that it is always an *adverb*, compounded, like many others, of a noun in the dative case and a preposition. Hence will appear the great error of all our lexicographers, who invariably consider *alive* as an adjective, Lat. *vivus*, whereas the real adjective in A.-Saxon and Early and Middle English answering to *vivus*, is *cwic*, *quick*, as still retained in the Creed.

v. 336. (*sec. t.*) *heþ.*—It is a peculiarity of the later text of Laȝamon, (and sometimes of the earlier,) to substitute þ for *h*, both at the end and in the middle of words. Thus we find such forms as *heþ*, *þorþ*, *fleþ*, *sloþ*, *iseþ*, *neþ*, *holþ*, etc., and *cniþt*, *miþtie*, *soþte*, *heþte*, *heþliche*, *noþt*, *foþten*, etc. The converse change of *h* for þ or *ht* is sometimes found in both texts.

v. 366. (*sec. t.*) ...*kete.*—On a closer inspection of the MS. it appears to read ...*kere*, but it is not easy to supply the words wanting.

v. 383. *Troien* is a noun in the dat. sing., and the version must be corrected, "was born of Troy."

v. 389. *duȝeðe.*—In A.-S. this word often, but, I think, not always, [See Sax. Chron. a°. 627] means *people of rank* or *consideration*. See Kembles Gloss to Beowulf, v. *dugan*. In Laȝamon, however, its sense is by no means so limited, and it signifies *people* in general. Its equivalents in the second text are, *leode*, *men*, *cnihtes*, *folk*, vv. 3005. 3401. 3664. 4281. etc. In v. 4945 it has, like *leod*, the meaning of *country*, *kingdom*, and in v. 19754 *on duȝeðe* is equivalent to *in the world*. Sometimes it is joined to *cnihtes*, as *duȝeðe-cnihtes*, vv. 10166. 20832, but in these instances, as in *leod-cnihtes*, v. 7459, the words *duȝeðe* and *leod* seem scarcely to have any force, except to generalise. Two passages remain to be noticed, in which this word has a different acceptation, v. 10428, where it means *good*, *benefit*, and v. 20851, where it signifies *power*. The adverbial form also, *duȝeðlice*, occurs, v. 16844. In writers of the fourteenth century, *douthe* has the same general sense of *folk* or *people*. See Glossary to *Syr Gawayne*, in voce, and the *Romance of Alexander*, MS. Ashmole, 44. ff. 28ᵇ. 36.

v. 396. *tidende.*—In the French original, "solum lur *lei*." Other instances of the use of this word in the same sense occur in vv. 2052. 5139. 13854. etc. Elsewhere it expresses the French term *nouvelles*. Thus, in the Chronicle of the Dukes of Normandy, by Benoît de Sainte More, speaking of the defeat of Costentins forces by the French, he says,

> Franceis lor funt oïr *noveles*,
> Qu'il lor espandent les cerveles.
> *MS. Harl.* 1717. *f.* 202. *col.* 1.

Compare Laȝamon, v. 18425.

v. 404. *wale* in the first text is an error of the press for *walc*, as in vv. 2542. 6225, and should be translated "conflict." Thus in the Sax. Chron. a°. 1100, "togeanes þan he manega *gewealc* and *gewinn* hæfde." The later text reads *wale*, slaughter (?), both here and in v. 2542. The error of writing *wind* for *win* is repeated in both texts, vv. 2542. 6225; and from the same cause—a vicious pronunciation—we have *wind-ræsen*, v. 9244, *runden* for *runnen*, v. 1349, *and* for *an*, vv. 7110. 16789, etc., *iwand* for *iwan*, v. 7706, *wundliche* for *wunliche*, v. 10000, and *gond* for *gon*, v. 28058, which may find a parallel in the vulgarism of *gownd* for *gown*.

v. 405. Instead of "calamity," the compound *wiðer-hap* would seem to convey the idea of "contest" or "strife." Compare vv. 573. 9269. 26590. It is not found in A.-S., but must be referred to the Suio-G. *happ*, casus, Swed. *hap*.

v. 418. *nomen* and *makeden* are governed by *þat*, as well as *on-feng*, and the translation ought to read thus, "should take the knight Brutus, and make him Duke, and 'he' their homage should receive." In the original text of Wace the act is represented as really done, and not merely contemplated, "Par son conseil ..... firent," etc.

v. 421. (*sec. t.*) The word deficient is *onderfange*. Cf. v. 14915.

v. 436. *smale mon-kun*.—In the original, *chaitifs*.

v. 437. *þea* for *þa*, as again vv. 581. 2020. 3019, and so *wea* for *wa*, v. 2063.

v. 448. *weorldes scome*.—This phrase was retained in Middle English. See an extract from the Vernon MS. in Warton, *Hist. Engl. Poetr.* vol. iii. p. 15. ed. 1824.

v. 457. *kuþies* is an error for *kuþie* (see v. 5098), and *meʒes* would be more correctly rendered "brethren," as vv. 860. (*sec. t.*) 1064.

v. 470. *þeowedomes* seems to be in the gen. sing. and governed of *iþolien*, as in A.-S. But in Cædmon, p. 135, we have *þeowdom* þolian. Cf. v. 3439.

v. 480. *griðe* and *friðe*.—See the Sax. Chron. a°. 1009, and Ihre, *Gloss. Suio-Goth.* in v. *Grid*. The Norman *pais*, substituted in the later text, is also found in the Sax. Chron. a°. 1135.

v. 490. *wroþer hele*.—This expression has not been found in any A.-Saxon writer, but seems to have been formed in the same manner as *godere hele* (see Laʒamon, v. 3597, Ihre, v. *Hel*, Beneckes Gloss. to Iwein, v. *Heil*, and Robert of Gloucester, p. 368), and signifies the opposite of that phrase, namely *misfortune, injury*, or *destruction*. It was evidently not originally a compound word, as appears by the position of the pronoun, but afterwards became so. It occurs again in both texts of Laʒamon, v. 29556, and is found in the Legend of St. Juliane, composed probably about or soon after the year 1200, MS. Reg. 17 A. xxvii. f. 58[b] (where, by error of the scribe, it is written *wraðel heale*). At the end of the thirteenth century the phrase came into general use, as appears by the instances in Robert of Gloucester, pp. 143. 164, and Robert of Brunne, pp. 104. 201. 221. Chaucer does not use this expression, yet it survived till the sixteenth century, as may be seen in the *Squyr of Lowe Degre*, ap. Ritson, vol. iii. p. 157.

v. 495. *leoden king* should be joined by a hyphen, and be translated "sovereign."

v. 503. *ifusten* is an irregular form for *ifusden*, as *þretete* is for *þretede* in the next line of the second text.

v. 507. (*sec. t.*) *freondes* is probably an error for *feondes*.

v. 509. Literally, "with stratagem of any kind." Cf. vv. 1710. 1717. 2621. 3949. etc. The same freedom of translation has been taken elsewhere. In phrases of this description we often find the genitival termination *s* dropt.

v. 516. *biliggen*.—In Wace, *assegera*; and it might be better rendered by "besiege."

v. 531. *þruppe*.—In the original, *trépas*, which is explained by Roquefort, "passage d'un lieu à un autre; gorge de montagne." In A.-S. *þrop* is said by Somner to signify "a place where many ways meet," but he does not cite his authority.

v. 532. Correct the translation, "The king came riding, with," etc. *Him* is here reflective or paragogic, as is often the case after verbs of motion, and some few others. The same practice obtained in Old Saxon and A.-Saxon, and is found extensively used in Early and Middle English. See Kembles Note on Beowulf, l. 51. Rasks Grammar, p. 95. Schmellers Notes on the *Heliand*, p. 170, and Macphersons General rules on the construction of *Wyntouns Chronicle*, 8°. 1795.

vv. 534, 563. (*sec. t.*) *him* is probably an error for *ham*, the more usual form, but it occurs elsewhere.

v. 552. (*sec. t.*) *Dele* the conjecture on *fleþ*, and see remark on v. 336.

v. 566. *iwenden*.—Another instance of the pleonastic verbal *n*, on which some remarks will elsewhere be made. Throughout the first volume the instances of this anomaly are pointed out at the foot of the pages where they occur.

v. 575. *fallen* is the infinitive, and governed by *mihte*, which will render it necessary to read "to fall" in the translation, instead of "fell."

v. 579. I refer *heora* to the Greeks, and *feon-ðewes* (more correctly *feond-þewes*) to their evil or hostile conduct towards Brutus and his party. In Cædmon we find *freoðo-þeawas*, loving manners; and Laȝamon uses the compounds *feond-slæhtes*, v. 16456, and *feond-ræse*, v. 23960, the latter of which is also in Cædmon, p. 55.

v. 596. There is a peculiarity in *heihte* being originally written *heih*, which deserves notice, since the same error occurs in v. 837, and so in regard to *hehte*, *hæhte*, vv. 1700. 6092. 10752. 13905, and *imæhte*, v. 30979. The cause appears to be the undefined sound of *ht*, *th* and *h*, which caused the *t* to be frequently suppressed, as in *þoh*, *wroh*, *noh*, *i-broh*, *cnih*, *rih*, *flh*, *nih*, *feh*, etc., for *þoht*, *wroht*, etc. See remark on v. 336.

ibid. *eulne* would seem to be a provincial form of the A.-S. *hwilcne*, *gehwilcne*, which elsewhere in Laȝamon is written *iwil*, vv. 18956. 25664. 25880. 29682. In Ohd. we have *eohuelih*, and in the nom. c. *eogalih*, *eo hwelih*, *gihuuelih*, *giuuelih*, etc. See Graffs *Althochdeutscher Sprachschatz*, i. 519. iv. 1214. 1215, and Grimms *Deutsche Grammatik*, iii. 52.

v. 611. *beth* for *bet*, as in vv. 744. 971. 1361, and so ȝeð for ȝet, v. 1959, þeð for þet, v. 3786, etc. In three of these instances *th* is used for ð, as it is in a few other cases in the early text; namely, *mith*, i. 126, *sothscipe*, i. 128, and *bithæchen*, ii. 59, and also in the later text, ii. 196. 240. 596. 609. iii. 17. Both texts almost invariably have the proper name *Uther* written with *th*, so that it may not altogether be ascribed to the carelessness of the scribe. In the Saxon Chronicle (if we may trust Ingrams text) *th* first appears in the year 1137, p. 368, and in the *Promptorium* we find *th* clearly distinguished from þ.

v. 612. *hende* perhaps may refer to *castle*, and not to *cnihten*. Elsewhere this epithet is applied to burgh, hill, wood, water, etc., as well as to man, woman, lion, clothes, body, etc., and seems to express both fairness in appearance, and mental qualities. In some instances it is written *hendi*, vv. 4833. 4899. 5523. etc., whence it would appear to be connected with the A.-S. *gehend*, whence also the modern adjective *handy* is derived.

v. 617. The verb is understood, and the translation should be corrected, "*marched* to the castle, together with his army." This is not an unusual construction. See the Sax. Chron. a°. 1114. p. 335, and the Legend of St. Juliane, in MS. Reg. 17 A. xxvii. f. 64[b]. The same ellipsis of a verb of motion takes place after the verbs *would* and *should*. Compare vv. 1526. 1703. 1771. etc., and Sax. Chron. p. 334.

v. 623. *ræmden.*—Is here and elsewhere, vv. 682. 1678. 4128. 9338. etc., in the sense of "rushed" or "assaulted," of which signification no example is found in A.-S. Dictionaries. It seems however connected with the A.-S. *aræman*, erigere, Teut. *ramen*, collimare, and Provençal *aramir*, attaquer. See Wachter and Raynouard.

v. 630. *blod-gute.*—Is considered a compound, as *blod-gyte* in A.-S., yet in the later text I find it written *blod ȝote*, as if a distinct noun and past participle. See vol. ii. pp. 379. 419. iii. 66.

v. 633. (*sec. t.*) *Dele* the conjectural reading. See remark on v. 266.

v. 635. *fael.*—Compare v. 5190. It appears the same with A.-S. *fyll*. See Kembles Beowulf, v. *feallan*, and Thorpes *Analecta*.

v. 641. *þreateð* seems an error for *þreatede*.

v. 649. *feiede.*—This is the only instance of the use of this verb. It seems to be the same as A.-S. *fegan*, to join, part. *fegde*. See *Cod. Exon*. p. 479.

v. 710. *þeon* is for *þon*, as in some few other cases.

v. 727. *quale-huse.*—Synonymous with *cwalm-hus*, in MS. Reg. 17 A. xxvii. f. 39[b].

v. 731. *derne* is here probably an adverb, and should be rendered "secretly."

v. 734. *on sele.*—A.-S. *on salum*. Cædm. p. 184. *Elene*, v. 194. *ed. Grimm*. In some few passages, v. 15228. etc., it appears to signify "in amity."

vv. 735-6. Transpose the marks of punctuation, which are faulty in the MS. A line perhaps is wanting here.

v. 751. *lease* is an adjective. Read, "but they all were 'false [leasings], for," etc.

v. 757. *bache.*—In Geoffrey, "convallem," and in Wace, "valée." The same word recurs at vv. 2596. 5644. (where the later text reads *slade*) and in the pl. *bæchen*, v. 21776. It is not inserted in A.-S. Dictionaries, yet it ought to be there, as is evident from the legend of king Kenelm, slain a°. 819 in the *Cow-dale* at Clent, on the borders of Staffordshire; the A.-Saxon verses on which run thus:—

At Clent in *Cu-bache*,
Kenelm kine-bearn,
Liþ under þorne,
Heafode bireavod:

of which the Latin interpretation is,

In Clent, sub spina, jacet in *Convalle* Bovina,
Vertice privatus, Kenelmus fraude necatus.

Compare Wallingford's Chronicle, MS. Cott. Jul. D. VII. f. 14[b]. Higden, p. 253. Bromton, col. 777, and Lelands *Collectanea*, vol. i. p. 213. Hence may be corrected Stevensons addition to Boucher, in v. *Barn*.

v. 769. *bi-wiste.*—Means properly, "kept watch over," or "took charge of."

v. 790. *hiue.*—In the original, "*Haltement* mon cor sonerai." In the MS. it is doubtful whether the third letter be *u* or *n*, and the word does not occur again throughout the poem. I have considered it as connected with the old French *hu*, *hui*, *huye*, which is found also in the Chronicle of Robert of Brunne:—

The Scots, the Walsh, w[t] alle ther here,
Com w[t] grete noys & *hu*.—*f.* 36[b]. *c.* 2.

See Roqueforts Glossary, in v. *Hu*, and Michels Gloss to *Tristan*, in v. *Hui*. Hence the English "*hue* and cry."

v. 793. *blonken.*—See Kembles Glossary to Beowulf, vol. i. in v. *blonca*.

v. 807. Literally, "from his horse he threw *himself*."

v. 814. *feiðe.*—We should probably read þe *fæi*, as elsewhere.

v. 816. *hæp.*—The translation here and in vv. 5911. 18335. may be erroneous; since by a comparison with v. 16308 and the text of Wace, vol. i. p. 369, *hæp* would seem to signify *multitude*, *host*, as in A.-S. So, in the legend of Elene, "*heáp* was gescyrted, *agmen* erat imminutum," l. 141. *ed. Grimm*. See also Kilian, v. *Hoop*. Yet in vv. 3857. 4894, in a similar form of expression, *hap* or *heppe* certainly means *fortune*, from the Isl. *happ*.

v. 839. *þær* or *vær* appear errors for *wæl*, the slaughtered bodies, met with frequently in other passages.

v. 846. (*sec. t.*) *adealde.*—The pronoun *he* is often represented by *a* in the later text, vv. 1383. 2869. 2954. 3948. etc., and is so found in Robert of Gloucester, and in the modern provincial dialects, arising from an imperfect pronunciation.

v. 865. *runan.*—Incorrectly, for *runes* or *runan*. In the translation, read "say to me [myself]."

v. 867. *leod king* should be united by a hyphen, and the version be, "this monarch," instead of "*the* king of this land."

v. 889. The construction of this line is the same in both texts, and in the translation the words "Some were agreeable to it," with the brackets following, should be omitted. The final *a* is written improperly for *e*, as frequently elsewhere; an error that A.-Saxon MSS. are not wholly free from.

v. 909. *þe*.—Contracted from A.-S. *oþþe*, as *þat* is, in the sense of until, from *oþþæt*.

v. 910. *wel idon*.—In the French text of Wace, "*saives hom*." This phrase is very frequently used, and is applied to inanimate as well as animate objects. Its general signification is *excellent* either for qualities of the mind, or for strength and appearance. In the early German and Dutch writers the same phrase is found, written *wol getan*, *wel gedan*. See the *Tristan* of Godfr. v. Strasburg, l. 45. Hartmanns *Iwein*, l. 6271. *Wigalois*, l. 1014, and Clignetts Notes to *Bydragen tot de Oude Nederlandsche Letterkunde*, 8°. 1819. p. 215. Compare also "*gedon* man," in Sax. Chron. a°. 1087. p. 293.

v. 912. The translation should be, "well he shewed it," or "made it known." Compare vv. 1625. 4992. 8925. etc. *Cudde* is often used in the pa. t. for *cuðde*, as also in A.-Saxon.

v. 919. *ȝe* is superfluous, and should be omitted.

v. 941. The compiler of the later text seems to have misunderstood the passage, unless it be a mere error of the scribe.

v. 954. *fondia* is an error of the scribe for *fondien*. Cf. v. 6614. etc. The French text reads,

> Puis allons *querre* mansions,
> Par aliènes *régions*.—*vol.* i. *p.* 26.

v. 964. *ifead*.—Compare vv. 9837 and 14459, for the latter of which the French text has *hais*. The same participle occurs at a later period in *Sir Perceval*, v. 1440, as *fade*. It is connected with the Low Lat. *faidum*, and A.-Norman *faidu*, hostility.

v. 969. *biwiȝelien*.—See *Diversions of Purley*, p. 548. ed. 1840. Junius and Skinner are certainly in error as to the etymology of *beguile*.

v. 977. *maðe*.—In the French original, *manaie*, which is explained by Roquefort, *puissance*, *protection*, *pouvoir*. The word occurs again in the later text, v. 6234, as synonymous to *mon-scip*.

v. 978. *bicheorreþ*.—This verb signifies not only to deceive, but to injure or harm.

v. 982. *wonien* is for *wanien*, to cut off, diminish. Both forms occur in A.-S.

v. 989. Literally, "if it is approved by you": *eow* is dat. pl.

v. 996. *bursten* is dat. sing. as in v. 1347 and elsewhere, and should be so rendered. In the same line *hora* is an incorrect form of *heora*, but *hore* is found in other compositions of the same age, as also *hom* for *heom*.

v. 1002. *wælde.*—This word was supposed to have some connection with A.-S. *wæled*, Matth. xv. 22, but it would rather appear to be an error of the scribe for *wædle*, and should be translated "poverty."

v. 1026. *vitan* is here for the more regular form *witen*, A.-S. *witum*. The adj. *droflic* does not occur again, nor is it to be found in A.-S. dictionaries.

v. 1027. *heo* is for *he*, as elsewhere.

v. 1051. (*sec. t.*) A verb appears wanting here.

v. 1058. *Brutan* is an error for *Brutum*.

v. 1084. *loðen.*—This word signifies *harm* or *mischief*, and would be better, perhaps, so translated. The same remark may apply to *laððe* and *laðe*, vv. 2328. 18680.

v. 1088. Read with a hyphen *grund-fulled*, thoroughly filled; *Fr.* "bien chargiées." So also *grund-ladene*, v. 1106.

v. 1107. *þat beste.*—Probably a mistake for *þa beste*.

v. 1112.—There is some obscurity in this line, and the compiler of the second text seems to have departed from the original. From a comparison with v. 1781, the meaning of the latter would seem to be, "that teameth, *or* produceth the wild *fish*"; in poetical language, "the monsters of the deep." In support of this interpretation, it may be remarked, that *wilde* is used in A.-S. to signify *wild animals* in a general sense.

v. 1124. *wnnen.*—The letter *w* here, as in other instances, has the power of *wu*. This is not unusual in MSS. of the thirteenth century.

v. 1132. A line is wanting in the earlier text.

v. 1140. *þe Wrse.*—So in Ulphilas the Devil is called *Unhultha*, and in Mœso-Gothic *Skamm*; in Old French he was named *Malfé*, or *Ennémi* (see Michels note on *Eustache le Moine*, p. 88); and in the Early English Legends in MS. Reg. 17 A. xxvii. ff. 41b. 45b, he has the epithets of *Gra* and *Þurs*.

v. 1150. *weoxen.*—*Dele* the query on this word.

v. 1153. *weoren iwoned.*—In the French original, "venoient."

v. 1195. *lates.*—See Bosworths A.-S. Dictionary, vv. *wlitan* and *wlite*, the Glossaries to *Syr Gawayne*, vv. *Lait*, *Lote*, and to the *Hule and Niȝtengale*, vv. *Lete*, *Ilete*, ed. Stevenson, 1838. Compare also the Legend of St. Margaret, MS. Reg.

17 A. xxvii. f. 48, and Laȝamon, vv. 12278. 14330. 15971. 18543. 30777. We meet with the same word in Middle English.

> Sir Cador of Cornewayle to the Kyng carppes,
> Lughe one hym luffly, w[t] lykande *lates*.
> *Morte Arthure*, MS. Linc. A. i. 17. f. 56.
>
> With a dragone engowschede, dredfulle to schewe,
> Deuorande a dolphyne with dolefulle *lates*.—*Ib.* f. 75.

A cognate form is *leches* or *lechen*, which is often met with.

v. 1207. *þurh-gengen*.—This word should be rendered "to get possession of," as it is synonymous with *þurh-teon* in A.-S., and *thorh-reche*, Kyng Horn, v. 1291. The pa. t. *þurh-eoden* occurs at v. 5217.

v. 1210. *huren*.—Instead of "honor" in the version, read "serve." The more regular form is *hæren*, or *herien*.

v. 1212. The regular punctuation is here interrupted, yet nothing appears to be wanting.

v. 1223. (*sec. t.*) *sulfe*.—The reading is very doubtful, from the injured state of the manuscript, but on looking at it again, the word seems to be *false*. Two lines in this passage are deficient in the text, as shown by the punctuation.

v. 1245. *teman*.—The sense of this verb here is established by the reading of the second text, as also in v. 7174 compared with vv. 9135. 24816. In A.-S. and the cognate dialects it seems to have no such meaning.

v. 1250. The translation was made on the supposition that *weldan* governs the gen. c. as in A.-S., but this does not appear, from numerous other passages, to be the case. The same phrase occurs v. 32233, where *londes* is certainly acc. pl.

v. 1253. *þe* for *þa*, as in many other instances. See remark on v. 1860.

v. 1265. *teman*.—This word was supposed to be connected with the A.-S. *tea-man*, advocare, appellare, but a subsequent passage, v. 16800, satisfies me that this is wrong, and that in both instances *teman to* signifies *to worship*, and in a primary sense *to approach to*.

v. 1267. Perhaps we should read *an onlicnesse*, as in vv. 1141. 21155, yet in A.-S. we have *gelicnes*.

v. 1273. *water* appears an error of the scribe, which is corrected by the later text.

v. 1295. *wreche*.—Instead of "poor," the meaning would be better expressed by "low" or "mean." Paraphrased we should read, "the lowest man in the train of Brutus was clothed with gold and precious stuffs." Cf. v. 19156.

v. 1301. In reality *þat ilke* means "the same," and is constantly used, as in

A.-S., to express what modern grammarians call the demonstrative pronoun, *that*; whilst *þat* in the second text is the neuter article, *the*. Indeed, throughout the poem I have found no instance of this *demonstrative pronoun*; and although I am aware some of our best scholars in A.-Saxon and Early English have sanctioned its use in their versions, yet I am at a loss for any examples which ought not properly to be translated by the definite article.

v. 1313. *bunnen*.—In Old French, *bones*, *bondes*. See Michels Notes to his Preface to *Tristan*, p. lxxxv, and Du Cange, v. *Bonna*.

v. 1321. *stond* is an error for *stod*.

v. 1322. *mereminnen*.—Instead of "mermen" here and further on, the translation should be "mermaids." See Graff, *Althd. Sprachsch.* ii. col. 774, and the Legend of St. Katherine, MS. Reg. 17 A. xxvii. f. 26ᵇ. A curious description of the mermaid, contemporary with the poem of Laȝamon, is printed in the *Reliquiæ Antiquæ*, vol. i. p. 221. In modern German there is a distinction made between *meer-mann* and *meer-weib*. We find in *Beowulf* the term *mere-wif*, l. 3037, but it there means a marine female monster.

v. 1331. This line has been mistranslated, and should stand thus, "it hath *the* form of the Worse, full surely," which corresponds closely to the text of Wace, "*Figure* porte de *diable*." The author of the later version seems to have wholly misunderstood the meaning of the words.

v. 1341. (*sec. t.*) *bieres*.—This word occurs again, v. 4596, but has not been met with in A.-S. It is no doubt the same with the Isl. *bara*, Old Germ. *bäre*, Dut. *baar*, wave or billow. Perhaps the *bar* of a harbour is hence derived.

v. 1350. *wil-spel*.—Cf. vv. 17641. 30871. This compound is not in the A.-S. dictionaries, but I find it in the Old Saxon *Heliand*, pp. 15. 16. etc., "*uuil-spel*, nunciatum quid ex optato."

v. 1373. The first text reads literally, "large bones."

v. 1386. *driht-folke*.—See remark on v. 111.

v. 1414. *at*.—Preserved as a Scottish idiom in the present day. So also in the Sax. Chron. aº. 1096. p. 314.

v. 1427. *þat eard*.—A mistake, doubtless, for *þan eard*.

v. 1447. *hit bileuen*.—Literally, "leave it."

v. 1459. (*sec. t.*) *Corineus his*.—This is the general mode in the later text of expressing the genitive case by the aid of a pronoun, and it is the more worthy of notice, because, according to many writers, such a form is stated to be a corruption of the A.-S. genitival termination, which only began at the close of the sixteenth century. See on this subject an article in the *Critical Review* for 1777, vol. xliii. p. 10, and the acute observations of Lodge and Hare, in the *Cambridge*

Philological Museum, vol. ii. The former says truly, "It does not follow that because one form of expression has been incorrectly derived from another, that therefore that form is absurd. The connexion between two forms may be a fiction, though the existence of both may be real," p. 245. The correctness of this view is confirmed beyond all doubt by the later text of Laȝamon.

v. 1490. *farcost*.—It may also be rendered *proceeding*, and elsewhere, *business*. Cf. vv. 25562. 30173. 30735. 31914. It does not occur in A.-S., but seems connected with the Swedish *far-kost*, the instrument by which a journey is made. See Ihre, in voce.

v. 1497. *sum*.—The meaning is not clear, and I suspect some error. It is possible there may be a connection with the Ohd. *alsam*. See *Wigalois*, v. 4942.

v. 1534. *a dai*.—Cf. v. 26693. So in the Legend of St. Margaret, "ah as he wende *adei* his wei, he seh þeos seli meiden," etc., MS. Reg. 17 A. xxvii. f. 38ᵇ.

v. 1538. *a-wei*.—Perhaps an error of the scribe for *a-wæc*, as in the later text.

v. 1545. *rimie*.—I have taken this to be the same as the A.-S. *hremig*, Old Sax. *hruomig*. It occurs again v. 20123. (where the MS. reads *ruuie*), and in both instances the later text explains it by "wild," "mad."

v. 1562. *wa wrðe*.—Literally, "woe be ever to the smith!" In regard to this phrase see Schmellers Glossary to the *Heliand*, p. 131. It continued to be used extensively in Middle English, and existed to the end of the sixteenth century or later. In the same line, *þene* acc. appears to be an error for the dat. *þen*, *þone*.

v. 1565. *bearn*.—For "knight" substitute "warrior" in the translation.

v. 1570. *to fleonne*.—This is the future infinitive, which after *to* becomes a sort of noun, and in Middle English is very commonly changed into a verbal substantive in *ing*; a corruption which exists even in the poem before us, in both texts, as in v. 5561. etc.

v. 1589. *ridearen*.—More correctly, *rideren*. This is the proper term for *knights* or *horsemen*, as distinguished from those on foot. Compare the Sax. Chron. ann. 1086. 1089.

v. 1591. *ohtliche*.—See remarks on this word in the *Gents. Mag.* for Dec. 1834, p. 591.

v. 1595. *guð*.—In A.-S. is only found in the sense of *war*, but in Gothic we have *goth*, goodly. Hence also the adj. *guðfull*, v. 2956.

v. 1604. *þeond*.—Other instances occur in both texts of the improper interchange between ȝ and þ, as *ȝa*, v. 775, *duðeðe*, v. 6075, *ȝree*, v. 3444, *worȝ*, v. 2965. etc.

v. 1629. *at* is probably an error for *æð*. Cf. v. 2300.

v. 1653. See remarks on vv. 288. 532.

v. 1665. *to.*—If both texts did not unite in this reading, one might suspect the omission of a verb after *to*. It may perhaps be an error for *tuȝen, toȝen,* pa. t. pl.

v. 1671. *stal.*—In A.-Norman, *estal*. See Roquefort.

v. 1672. *beard.*—Instead of "nithings gesture," read "nithings taunt" or "upbraiding," and the same correction is required at p. 21. vol. ii. The translation was made on the supposition that *beard* was connected with the Germ. *gebährde,* Old Sax. *andbâri,* gestus, habitus; but on reconsideration, the word appears to be derived from the same source as the Suio-Goth. *brigda,* exprobrare, *brigd,* contumelia, Dan. *breider, bebreider,* Swed. *bräda,* A.-Sax. *up-gebredan,* to upbraid. See Ihre, v. *brigda.*

v. 1705. *cofliche.*—A.-S. *cafliche.* It is preserved in Middle English. Thus in a fragment of an alliterative Life of Alexander, "The king was full curtais, and *coflich* hym grannts." *MS. Greaves,* 60. f. 5.

v. 1707. For *ȝan fengen* we should probably read *an-fengen* or *gan fengen.*

v. 1711. Translate, "many *a* knight [knights] slain!"

v. 1713. *haihte.*—We probably should read *þe haihte,* and both texts will then agree.

v. 1736. So in the Sax. Chron., "gewrecan hire tionan," a°. 921.

v. 1740. *bil ibeat.*—The translation is conjectural, as the phrase does not again occur. Compare *bil-geslehtes,* Sax. Chron. a°. 938. p. 144.

v. 1746. *michelene.*—This may be an error for the usual form *muchelen,* which is elsewhere (vv. 3981. 5256.) joined to *ferde,* although the latter is a feminine substantive, and is often found with the same adjective in dat. fem., vv. 1527. 2637. etc.

v. 1793. *weoren at-stonden.*—Correct the translation thus, "where they had tarried."

v. 1798. *wil-daȝes.*—Cf. *Cod. Exon.* p. 29. l. 7. ed. Thorpe.

v. 1799. For *walden* we should read *waldende*: see remark on v. 101.

v. 1805.—The words *alre lauerd* have been translated, as if *alre* were the representative of the A.-S. *ealdor,* as in *ealdor-þegn, ealdor-man,* etc., instead of being the gen. pl. of *al,* A.-S. *ealra.* The correct version is, "lord of them all."

v. 1820. *hudlese.*—Lye and Bosworth have *hydels,* latibulum, from the Rushworth Gloss, but their references are inaccurate. In the Wycliffite version of Matth. vi. 4. we find *in hidles,* where the A.-S. reads *on diglum.*

v. 1834. *tuȝen*.—The meaning is "drew or pulled up," rather than "carried." Robert of Brunne in the same passage has "up-drouh."

v. 1845. *fluȝen* is here used transitively, as in A.-S. Levit. xxvi. 8.

v. 1860. *dendæ*.—We find *æ* substituted for final *e* in some other instances, as *baluæ, ilkæ, unæledæ, caræ, hæ*, etc., and similar examples may be found in the Sax. Chron. ann. 1066. 1085. 1116. 1137, and in A.-S. charters as early as the ninth century. The same obtained in Old Saxon; see the *Heliand*, Elench. Orthogr. p. 183.

v. 1865. *fusde hine sulfne*.—In Wace, "se rembraça, esterchi soi."

v. 1880. *luten*.—Translate thus, "Oft they stooped [fell] down."

v. 1884. *laches*.—Has the same meaning as *lates*, of which perhaps it is an orthographical variation. It occurs also in the Early English poem of the *Hule and Niȝtengale*, v. 1138, which is explained by the editor, erroneously, *tricks, frauds*. In v. 22752 of Laȝamon, it appears to refer to the *thoughts*.

v. 1886. *gristbatinge*.—This noun is found in A.-S. Matth. viii. 12, and it is used by Trevisa in the fourteenth century. The verb *grispatien* is found in the Legend of St. Juliane, MS. Reg. 17 A. xxvii. f. 68.

v. 1889. *iburste*.—This word should be rendered "incensed," as appears from vv. 22284. 26360.

v. 1894. *wiȝeleden*.—Probably a mistake for *wiȝelen*.

v. 1896. A line is here wanting in the earlier text.

v. 1897. *þudde*.—From A.-S. *þydan*, and preserved in the Scot. *thud*. See Jamieson, in voce.

v. 1899. *frommard*.—It is again so written (as pronounced) in v. 6439. In the like manner we have *uppard* for upward in MS. Reg. 17 A. xxvii. f. 68.

v. 1904. *mende*.—Literally, "complained," A.-S. mænan.

v. 1914. *him*.—Apparently an error for the acc. *hine*. In this text *him* is only used for the dat. sing.

v. 1916. (*sec. t.*) *anoppe*.—In A.-S. *an-uppen*. See Matth. xxi. 7.

v. 1970. (*sec. t.*) *turne* is probably the contracted (or strong) form of the past tense *turnede*, in the same manner as *wone* for *wonede*, *cleope* for *cleopede*, *somne* for *somnede*, *answere* for *answerede*, *gadere* for *gaderede*, etc., all of which occur in the later text, and similar forms are found nearly two centuries later, in the Wycliffite Bible. In the earlier text also we meet with *ȝæreke, luue, wune, make, cleope, dune*, etc., written by the first hand, but subsequently corrected in some passages to *ȝarekede, isnede, wunede, makede, cleopede, dunede*. We have also the forms *gadere, answare, help*, etc. left uncorrected.

v. 1984. *herraden*.—Perhaps a mistake for *heora raden*.

v. 2027. *þe burh*.—Here and in several other instances *þe* is used before a feminine noun. In the line following *he* is probably an error for *heo*.

v. 2029. *wel idon*.—In the original, "*bien faite*." See remarks on v. 910.

v. 2038.—*heo* is the acc. s. fem., and not nom. pl. The translation should be, "and Trinovant named it." Cf. v. 2056.

v. 2087.—*eiȝe* signifies here rather the *fear of punishment* than *threats*. Hence the English *awe*. Cf. Sax. Chron. a°. 1135. Yet in Ohd. I find *aigi, egi*, disciplina, Graff, *Althochd. Sprachs*. th. i. col. 103. The phrase might therefore perhaps be rendered "wholesome discipline." Elsewhere *æie* occasionally means "anger," as in vv. 4733. 16099. etc., and in the Legend of St. Katherine, v. 1502, edit. Morton. *Heste*, in the second text, is singular, and should be so translated.

v. 2091.—The name of *Brutus* seems omitted in the earlier text, by error of the scribe.

v. 2097. *bi-burien*.—More correctly, *bi-bureden*. Cf. v. 7627.

v. 2124. *me* is used in Laȝamon as *man* or *mon* in A.-S., and as *on* in French. The same form occurs in the Sax. Chron. a°. 1137, and often afterwards, and in the semi-Saxon poem of the Grave, in Thorpes *Analecta*, p. 142.

v. 2126. *bi-swac*.—Here and elsewhere this verb certainly means "to destroy," although in other passages the more usual sense "to deceive or betray" is retained. In A.-S. and the cognate dialects it occurs only in the latter sense, yet in Cædmon we have the adj. *swic*, destructive, p. 120.

v. 2134. (*sec. t.*) *Locrin* is an error of the scribe for *Albanac*.

v. 2159. *here* seems used in this place and in v. 8245 for the A.-S. *hergað*. See Sax. Chron. a°. 894. p. 117.

v. 2168. A hyphen should perhaps be supplied in *wode burȝe*, and it would be equivalent to *wudu-bearwe*, wood-grove, in the Exeter MS. p. 208. In the later text, *borewe* means burgh.

v. 2174.—Correct the translation thus, "the land [fight] into Britain, to Locrin," etc.

v. 2191. *Scotte*.—Is the gen. pl. A.-S. *Scotta*, and should be so rendered. See remark on v. 17.

v. 2209. *mucle an*.—We should probably read *muclan* (*muchelen*), and omit the article in the translation. Cf. v. 2162.

v. 2210. *iherȝed.*—Instead of "made war," it rather means "ravaged" or "harried."

v. 2221. *fæi.*—Throughout Laȝamon it never has the sense of *cattle*, as in Old and Middle English. See Kembles Gloss. to *Beowulf*, v. *feoh*.

v. 2245. *þa* is the article, not the adverb. Read "the yet (still) lived."

v. 2251. *hond-fæst.*—In addition to what I have said on this word at p. 312, may be added, that it occurs in the Latin-English dictionary of the fifteenth century, called *Medulla Grammatice*, under "*Subarro*, to handfast." MS. Eccles. Cant. D. 2.

v. 2252. *hired monnen.*—Should be printed with a hyphen. In A.-S. *hired-man* means *domestic*, as it does often in Laȝamon, but in other passages it means *attendant*, *courtier*, and sometimes *people*. It is synonymous with *hired-gume* and *hired-cniht*.

v. 2271. *ebure.*—A.-S. *æber*, notorious.

v. 2272. *geueðe.*—Is an adjective; in Old Saxon *gibiþig*, and in A.-S. *gifeðe*. See Schmellers Gloss. to the *Heliand*, in voce, and Grimms note on the *Andreas*, v. 489. 8vo. 1840.

v. 2282. *monine.*—Is probably the A.-S. acc. *monigne*. Cf. v. 3412. The query should be omitted.

v. 2283. The second text has "onsets," in the plural.

vv. 2298–9. Correct thus, "and thou 'repayest [wouldst repay] my great labor with injury; *thou* desertest my fair," etc.

v. 2301. *alþeodisc.*—The later version has the curious reading "elvish," as a term of reproach. This adj. only occurs once more in the poem, v. 21131, where it is used in its usual signification.

v. 2321. A line appears to be here wanting in the first text.

v. 2328. *þeos* is erroneously considered as the gen. absolute, and the line should be rendered, "that this enmity should be."

v. 2337. *huiȝe.*—Cf. vv. 3033. 4910, and see the remarks in the *Gents. Mag.* Dec. 1834. p. 593.

v. 2353. *hirede.*—Instead of "court" perhaps "assembly" would be here the better signification, but the word is used very variously to express a collective number of persons.

v. 2366. *dude.*—Literally, "should place."

v. 2369. *ponewæs.*—The mark of interrogation in the translation may be removed, since the sense is clear from vv. 14684. 29460. So also in *Apollonius*, "twa hund *gildenra pænega*," p. 27.

v. 2382. (*sec. t.*) ȝe.—The usual form is *ȝeo*.

v. 2419. *tuhlen*.—More correctly, *tuhtlen*. See vv. 2720. 22238. It does not occur in A.-S. in the sense it bears in Laȝamon, of *manners, qualities*, or *habits*.

v. 2446. *cuðe folk*.—Might be rendered better, "familiar folk." In the original French it is "parens." In the Legend of St. Katherine, p. 43, is a similar passage, "& se feole cuðe men, ba & *utcumene*," rendered by the editor, "so many men, both *natives* and foreigners."

v. 2463. *þisse*.—Probably an error for *þistere*.

v. 2499. Translate, "the 'maiden [maid] Abren."

v. 2521. (*sec. t.*) Literally, "well *it* was to the folk."

v. 2533. *Malui* here and below, are errors of the scribe for *Malin*.

v. 2579. (*sec. t.*) *for-hedde*.—I take this to be the same as *for-hæfde*, from *for-habban*.

v. 2607. *bi-swac*.—See remark on v. 2126.

v. 2638. *herȝeden*.—Translate, "and they 'ravaged [conquered] France." See remark on v. 2210.

v. 2647. (*sec. t.*) *ȝet* is an error probably for *ȝede*.

v. 2666. (*sec. t.*) *þoþir* is probably a mistake of the scribe for *þe oþer*.

v. 2673. (*sec. t.*) *cleope* is the pa. tense, and should be so rendered. See remark on v. 1970.

v. 2722. *þeo* is for the relative *þe*. After this, one or more lines appear to be wanting here in the first text. In the second also the disturbed punctuation would indicate some omission.

v. 2725. (*sec. t.*) *ihedde*.—Perhaps we ought to read *bihedde*. Cf. v. 18010. The translation rests on the supposition that the word is derived from A.-S. *behawian*, but on a reconsideration of those passages in which the preterite *bi-hedde* occurs, I would rather take the A.-S. *hedan*, Dutch *behoeden*, Germ. *behüten*, to take heed, as the root. The word should in this case be rendered, "well heeded *or* taken care of." The text of Wace reads, "Totes furent bien *conraées*."

vv. 2736. 2739. The second text reads "are" in both instances.

v. 2742. (*sec. t.*) This line and the next should form only one.

v. 2753. *witen*.—For "advise" the translation perhaps should be "defend." Cf. v. 5279.

v. 2759. (*sec. t.*) See remark on v. 1805.

v. 2765. *heore* is no doubt a mistake for the adverb *here*, and should be so rendered.

v. 2805. (*sec. t.*) Literally, "possessed the realm." The version is too free.

v. 2815. *aðelede.*—The primary sense of this verb would seem to be *nobly treated* or *honored*, but in other passages it appears to mean, *comforted* or *gladdened*. See vv. 2333. 3605. 6650. 22496. It does not occur in A.-S.

v. 2918. *seh.*—For "fell" read "came."

v. 2959. *þeus.*—Incorrectly, for *þus*.

v. 2960. *on æðelen.*—Mr. Thorpe translates the phrase, "among his nobility." I have been guided by the examples of the word in vv. 7030. 8995. etc.

vv. 2962. 2975. 3047. *þeo* is an error in the MS. for *þu*, as is also *þeou*, v. 2978, and *þeu*, v. 3342.

v. 2965. *worȝ.*—See remark on v. 1604.

v. 2988. *þira* (*þire*) is no doubt right, since *greting* is a feminine noun.

v. 2991. *leuoste.*—Apparently an error for *loueste*; as *seð* for *soð* in the next page. It must be remarked that throughout many leaves the MS. of the earlier text is written very incorrectly; and a new hand commences from fol. 16ᵇ. col. 2. It has not been thought worth while to point out all the orthographical inaccuracies.

v. 3002. We should supply *oðer* in the first text.

v. 3007. There is some deficiency in the MS. and we should probably read,

Þa answærde Regau :
mid ræstfulle worden.

v. 3011. Correct as follows, "as is to me thy one limb, 'more than mine own life'!"

v. 3028. The meaning of this line is assumed, partly from the corresponding line of the later text, and partly from the circumstance, that *of soðe* is not, like *to soðe*, an adverbial form (as Mr. Thorpe has understood it), nor is it ever so used. *ȝær* means "well," and is found prefixed to the same adjective in vv. 5639. 14539. 18547. Cf. Cædmon, p. 196. l. 14.

v. 3033. *hiue.*—See remark on v. 3237. The adjective *leaf-fulne* literally means "belief-ful," "faithful," but the modern *lawful* stands in its place, and is, in fact, the same word.

v. 3051. *ibide*, "expect" or "have," appears to be from A.-S. *bidan*, *abidan*, and not from *biddan*, to pray, although in the phrase *bidde* or *beden are*, vv. 5526. 12379, the latter verb is certainly used.

v. 3054. *velden* is an error for *weldende*.

v. 3062. *þeo* appears superfluous.

v. 3064. In the original, "Ce quida, qu'ele *escherniest*—Ou par *vilté* de lui le mest."

vv. 3069. 3071. *iwer*ðe.—Literally, "became," but the ellipsis in the second instance scarcely admits of its being so rendered.

v. 3072. *suþe*.—Incorrectly, for *swiþe*.

v. 3079. *herne* is an incorrect form of *hercne*, arising from the slurred pronunciation of *c*. It occurs again, vv. 3381. 3541.

v. 3090. *woldes*.—This omission of the final *t* is not unusual even in A.-S. manuscripts.

v. 3095–3098.—Laȝamon has here fallen into error, since Gornoille was married to the king of Scots, and her sister Regau to the duke of Cornwall.

v. 3097. *Scottene*.—Is the gen. plur. as elsewhere. The translation should be, "the king of Scots." See remark on v. 17.

v. 3100. *waldinge*.—The correct reading should be *waldende*, in both texts. The first text affords an instance of the part. pres. having been confounded with the verbal noun in *ing*.

v. 3115. *mod-kare*.—Cf. *Beowulf*, v. 3553.

v. 3125. *sande*.—For "message" in the translation, read "messengers." In Wace, "*messages* envoia." *Sonde* is used by Laȝamon in both numbers, and in vv. 3161. 31627. it certainly means "message"; and this appears to have been the original signification, since we find *sandes-man* used to express "messenger," both in A.-S. and Early English.

v. 3135. *feor* is incorrectly written, instead of *for*. There are many other instances of *eo* used for *o*.

ibid. *liðende men*.—This phrase means "travellers" in general, either by sea or land. See v. 4138. Thorpe renders it "mariners," but in A.-S. this would I believe be expressed by *sæ-liðende men*, as it is in Laȝamon, v. 7821.

v. 3153. *Frauncene*.—See remark on v. 17.

v. 3160. *wel-deda*.—This was taken to be the gen. pl. A.-S. *wel-dæda*, Ps. lxxvii. 14; but from v. 24160 it appears to be dat. s. fem., and that the preposition *for* has been accidentally omitted.

v. 3167. *Dele* the conjecture on *twam*: in v. 3237. *twain* is an error of the scribe.

v. 3171. *for-husce*.—The verb is not in A.-S. dictionaries, but only the noun *husc*, reproach.

v. 3174. *unaleleda*.—This is, no doubt, a mistake for *unaðelede*, and it should be rendered "dishonored."

vv. 3177–8. See the same phrase of *land* and *leode* in the *Legend of St. Andrew*, v.

2643. ed. Kemble, and in the verses on Edward the Confessor, in the Sax. Chron. a°. 1065. p. 256. In Early and Middle English it often occurs as *lond and lede*, or *lond and lith*, in which passages *lede* or *lith* is often used in a secondary sense, as *possessions*; see the instances quoted in my Examination of Singers Remarks on the Glossary to *Havelok*, p. 19. In Mhd. the same phrase is found. Cf. *Tristan*, l. 13934. *Iwein*, l. 7715.

v. 3185. *biwiten*.—For "deliver her to," translate, "keep her for."

v. 3187. *seoluen*.—"sole clothes," *i.e.* her own clothes, and nothing more; "her clothes alone." See similar phrases, vv. 11835. 12592.

v. 3197. (*sec. t.*) *welde-king*.—There appears some error here. Perhaps we may read *holde king*, as in v. 3223, or *weoreld-king*, as in v. 6328.

v. 3202. *þeos* is the article, gen. s. neut. and governed of *wilnede*, as in A.-S.

v. 3237. (*sec. t.*) The pa. pa. *izine* is wanting after *hadde*.

vv. 3255. 3296. This is an adverbial phrase, with the noun in the gen. case. See the Exeter MS. p. 207, the A.-S. Gospels, Mark, iv. 27, Sax. Chron. a°. 1137, and Grimms remarks, *D. G.* vol. iii. p. 133. A similar phrase is, *wintres ne sumeres*, v. 2861. The translation should be, "*by* day and *by* night."

v. 3256. Supply a hyphen here and elsewhere in *hired cinhtes*. Although this orthography is probably only an error of the scribe, yet we meet with the same form in the Saxon Chronicle, in the Bodleian MS. of *Kyng Horn*, in the Romance of *Havelok*, and in other places. It may be a question, if this has arisen from a simple metathesis of letters, as in other cases, or from some analogy between the Teutonic *chint*, *chinth*, child, and *chnit*, boy, lad, knight. See Graff, *Alth. Sprachsch.* th. iv. col. 455, and Ziemann, *Mittelh. Wörterbuch*, in v. *Kint*.

v. 3282. *æðelene*.—It is possible that this rather difficult word may here be equivalent to "people" (dat. pl.), as it may also in v. 5482. It certainly bears that sense in v. 7852. as in Middle English. See Gloss. to *Syr Gawayne*, in voce.

v. 3288. *monne* is gen. pl., consequently the literal version should be "of men." This remark may apply to many other passages.

v. 3290. *felle*, *fele*.—In the *Gents. Mag.* for Dec. 1834, p. 592, I conjectured that this was the same as *fere*, sound, Isl. *faer*, since the letters *l* and *r* are elsewhere interchanged in the MS. On second thoughts, however, I think *felle* is probably the A.-S. *fæle*, true, steady, used with a latitude of signification.

v. 3294. *nan*.—No doubt, an error for *anan*.

v. 3301. *Andd*.—Read *And*. The second *d* only serves in the MS. to fill up the superfluous space at the end of the line. This is a common expedient of the ancient scribes, who often in such cases *expunct* the superfluous letter or letters many similar instances occur in the MS.

v. 3304. *bletheliche.*—Is explained by Thorpe, in the *Analecta*, "bashfully, clownishly," as if from a Scandinavian root, and akin to the Scot. *blait.* This is, however, a mistake, as the sense is here certain from other passages. See also the A.-S. Gospels, Luke, xix. 6. (where the adverb occurs with the same verb, *fengan*) and the Early English legends in MS. Reg. 17 A. xxvii. ff. 3. 54b. 56.

v. 3305. (*sec. t.*) *come* is an error of my transcriber for *conne*, which escaped me in passing the sheets through the press. The translation should be corrected, "and render us [only] ingratitude for our good-deed."

v. 3317. *bermen.*—See Gloss. to *Havelok*, in v. *Bermen*, and in A.-S. Jos. iii. 3. 15.

v. 3326. *spiche.*—Incorrectly, for *speche.*

v. 3332. (*sec. t.*) *hii hereþ* is, no doubt, a mistake for *hi-hereþ* (*i hereþ*). The words "they hear" must therefore be omitted, and the mark ' transposed before "the."

v. 3339. *ac.*—We should read *æc.*

v. 3355. *þai* is an error for *þa.* Cf. v. 7873. Bosworth only gives the sense *to sing* to the A.-S. verb *geddian*, and so in Thorpes *Analecta*, but in *Beowulf*, v. 1253, it is rendered *spake* by Kemble, and is often so used in Laȝamon.

vv. 3398. 3399. (*sec. t.*) The last words of these lines were, doubtless, *souþe* and *in dede.*

v. 3410. *laichen.*—More properly *lechen*, as in many other passages. See remark on v. 1884.

v. 3411. It would be better to render this line, "Alas! weal, Alas!" Cf. v. 3456.

v. 3428. A line is wanting in the earlier text.

v. 3432. *Scotte.*—Instead of *Scottelonde*, as queried at the bottom of the page, we should read *Scotten*, d. pl. [A.-S. *Scottum*], to the Scots, as in vv. 12128. 16249. 16255.

v. 3435. *wurden.*—Meant, no doubt, for *wurðian*, A.-S. *weorðian.*

v. 3455. Notwithstanding the remarks in the *Gent. Mag.* Dec. 1834. p. 591, on the supposition that *ærnu* is the same with A.-S. *earg*, Middle English *erwe*, I am now inclined to believe, that *ærnu* is an error in the MS. for *ærm*, as in v. 6608 and often elsewhere, and should be rendered "wretched."

v. 3499. *alpie.*—In the Sax. Chron. a°. 1085, *ælpig*, contracted from *ænlipig.*

v. 3513. *iradmon.*—A mistake for *hired-mon.* Cf. v. 2350.

v. 3526. See remark on v. 2027.

v. 3546. *hengest.*—See Kembles Gloss. to *Beowulf*, vol. i. in v. *blanca*.

v. 3552. (*sec. t.*) *hoten.*—The marginal query applies to both texts. Cf. v. 2819.

v. 3562. *heose* is a faulty orthography of *huse*.

v. 3566. *baid* is probably an error for *bed*, and both texts will then read alike.

v. 3571. (*sec. t.*) *feche hit.*—The MS. reads thus, but we should probably correct it, *seche hit at*.

v. 3575. (*sec. t.*) *hol.*—Incorrectly, for *holde*.

v. 3583. *eastreore.*—This word is not unusual in Old French writers in the sense I have given to it. See Roquefort, in v. *Estre*, and compare Robert of Brunne, pp. 89. 212.

v. 3585. *hine* appears to be an error for *hit*.

v. 3588. *fainen.*—A.-S. *fægnian*, which governs the genitive case.

v. 3590. The translation would be clearer thus, "No man ever may know it, but that he," etc. *i. e.* Let no man know otherwise, than that Leir is newly arrived.

v. 3597. *godere hæle.*—See remark on v. 490. The phrase means "advantage," or "benefit."

v. 3598. *þas.*—Translate "this," not "the."

v. 3605. *iaðeled.*—See remark on v. 2815.

v. 3610. *æȝene* is for *hæȝene*. See remark on v. 159.

v. 3633. *an hirede.*—Might be here more correctly translated "among *the* folk," as in other instances. Cf. v. 8219.

v. 3635. *þeden.*—Instead of *weren*, we should read *ȝeden*, and the translation would then be, "there went pipes among." Cf. v. 5110.

v. 3640. A line is missing in the first text, and the MS. continues to exhibit great faults in orthography.

v. 3657. *swal.*—The same form occurs in v. 5435, and similar ones are *swalleð*, *swalden*, *swahte*, *to-swadde*, etc., all of which, although errors of orthography, arise from a provincial pronunciation still existing.

v. 3659. (*sec. t.*) *þus.*—A mistake for *þis*?

v. 3660. *o.*—An error for *ei* or *ai*. Cf. vv. 2392. 11324.

vv. 3662–3. The translation of these two lines is conjectural, and far from satisfactory; but there appears to be some error in the MS.

v. 3666. This phrase is used very frequently by the Middle English poetical writers.

v. 3741. *heriȝen*.—To harry or ravage. See remark on v. 2638. *Werri* in the later text, and *werre* in v. 3756, although not found in this sense in A.-S. dictionaries, would seem to claim a place, since the verbs *to war* and *worry* are thence derived. In Ohd. we have *werren*, and its cognates are found in other languages. In the Sax. Chron. a°. 1135. p. 365. we should probably read, "toc to *werrien* him," instead of *wessen*, translated so absurdly by Ingram, "took to Wessington!"

v. 3742. *wolde* has the verb *to go* understood after it. See remark on v. 617.

v. 3751. *æðelen*.—May mean "territories" here.

v. 3783. *þat broþeran*.—A mistake probably for *þa broþeran*.

v. 3796. *hirede*.—May be better rendered "court," and so v. 3964.

v. 3803. *mon*.—Perhaps an error for pl. *men*, but the same form occurs in vv. 13721. 31858.

v. 3820. *gadere*.—See remarks on v. 1970.

v. 3837. *bi-cherrest*.—See remarks on v. 978.

v. 3840. *abuggen*.—In Middle and later English is written *abeye, abie, abye*, and although explained in the Glossaries to *suffer* or *atone for*, means properly to *buy dear*, to *pay for*. See the note on Æthelbirhts Laws, vol. i. p. 11. ed. Thorpe, 8vo, 1840. The phrase occurs at length in Laȝamon, v. 4799.

v. 3880. *iweren*.—For the conjecture *heo weren*, substitute *hi weren*, and so elsewhere in similar cases. In general the first text has *heo* for the plural pronoun, but *hi* is occasionally found.

v. 3920. *King Marke*.—This is clearly an error of the scribe for *Kinemark*, and need not have been noticed in the translation. Geoffrey has *Kinmarcus*, and the best copies of Wace, *Kinmarc*.

v. 3942. *swuk*.—Incorrectly, for *swuch*.

v. 3944. *sule*.—Perhaps we should read *sulde*.

v. 3962. *gled* and *kime* are faults of the scribe for *glad* and *kume*. Several others of the same kind have not been noticed.

v. 3965. (*sec. t.*) *cniþte* is gen. pl. after the superlative.

v. 3966. *þat* is an error for *þan*, dat. s. governed of *iquemed*.

v. 3980. *to-clipede*.—In all probability, the later text represents the genuine reading of the earlier one, and all that is wanted, is to supply *mid* in the line following.

v. 3993. *on-mære.*—Probably a mistake for *mære.*

v. 4006. (*sec. t.*) *strike.*—This sense of the verb is retained in Middle English. See Examination of Remarks on Gloss. to *Havelok*, p. 22.

v. 4015. A closer version would be as follows, "and all divided [him], one limb from an other." Cf. v. 4227.

v. 4027. *on leode.*—"Among the people," or "in the land." See remark on v. 1.

v. 4033. Hyphens may seem to be required in *sa* (*sæ*) *grunde*, *see grund*, and similar compounds, but an objection arises to uniting composites of this kind, from the nouns being often of different genders, and the article preceding agreeing with the former of them. Examples of this are obvious in *sæ brimme*, *sæ flode*, *sæ grunde*, *sæ oure*, *sæ stræm*, and *sæ stronde*, all of which are preceded by the *fem.* article, yet the nouns *brim*, *flod*, *grund*, *ofer*, *stream* and *strond* are of the *masc.* or *neut.* gender in A.-Saxon.

v. 4036. *reæmes.*—See remark on v. 623.

v. 4042. The meaning of *hete* in this phrase is very doubtful, nor does the French text of Wace render any assistance. It occurs again in vv. 8752. 20441. 20728. 21893. 31875, and has been variously translated. On the whole I think it generally includes the idea of *hatred* and *strife*. Compare the second text, v. 9914. The only other instance of the phrase that has occurred, is in the Legend of St. Katherine, MS. Reg. 17 A. xxvii. f. 36, where we read, "Hihentlice iher ham, heouenlic lauerd; aflei from ham al uuel, worre ant weane baðe, & untidi wederes, *hunger ant euch hete*, þe heanið ham ant harmið." In the edition of this Legend by Mr. Morton, the phrase is rendered, "hunger and every *heat*, that depresses and harms them." In Bede, lib. ii. cap 12, the sentence "hostium vitabam *insidias*," is rendered by the Saxon translator, "ȝ ic me his *hete* berh & wearnode." Ed. Smith, p. 513. See also Grimms note to v. 78 of *Andreas and Elene*, 8vo, 1840.

v. 4062. *rahere.*—In Wace, "plus fort."

v. 4108. *Scot* is here for *Scotte*, gen. pl., and the line should be rendered, "with a great army of *Scots*." Cf. v. 2191.

v. 4111. *wal.*—Translate, "the slaughter [heap] was the more!" See remark on v. 816.

v. 4113. Instead of "harried," read, "here slew."

v. 4132. On a closer inspection of the MS. the first hand appears to have written *Sndðen*, and subsequently the second hand has erased the final *n*, and interlined the letters *e* and *i*, so as to make *Sendiðe*.

v. 4134. *alne.*—For *alcne*; the *c* being elided after *l*, as in *stær*, *starliche*, etc. See remark on v. 3079.

v. 4137. *ær* is for *hær*.

v. 4144. *þene* is, no doubt, an error for *þan*, dat. pl. *swerd* occurs again v. 30523 connected with *broþer*, and in both passages it appears to mean "sworn"; although there is some difficulty in supposing this a participle in the *weak* form, from *swerian*.

v. 4152. *somenede*.—For "summoned" read "assembled."

v. 4155. (*sec. t.*) *Brutus* is occasionally written in the later text for *Bruttes* (see v. 3767), so that here and elsewhere the translation should perhaps be "Britons." The first text should certainly so be rendered in this passage.

v. 4181. *wiðe*.—The same as *wiȝe*, by the interchange of ð and ȝ. See vv. 4728. 28561.

vv. 4190. 4193. *ore*.—An incorrect form of *oure* or *ure*.

v. 4236. *twinseden*.—"Retreated" or "separated"? The word does not elsewhere occur, and its derivation is doubtful.

v. 4242. *for-wonde* would seem to be a mistake for *for-wonded*.

v. 4253. *ieode*.—Read, "since *the* Britons conquered [had] it." Cf. Sax. Chron. a°. 921, and the parallel passage in v. 31647.

v. 4259. *heo* is for *he*.

v. 4268. *huse*.—It is possible this may be the A.-S. *husian*, in an active sense. In Wace, "r' alast."

v. 4312. *þeo*.—For "they" read "who."

v. 4318. *mainde*.—This is incorrectly translated. It comes from A.-S. *mængan*, to mingle, and hence the common Middle English term *to brew bale*. Cf. v. 5016.

vv. 4332. 4336. 4348. *erat, erat, eær, har*.—Incorrect forms of *eært* or *ært*.

v. 4374. We should no doubt read, *þes londes king*. (Cf. v. 1417.) The preceding line is also incorrectly written.

v. 4424. *þeos*.—Is gen. s. masc.; for "this" read "the."

v. 4463. (*sec. t.*) *nomen* seems to be an error for *nom*.

v. 4469. (*sec. t.*) *on walle* is here probably a mistake for *on-walde*, and the reading of both texts will consequently be the same.

v. 4472. *heo* is wanting before the verb.

v. 4479. *Norweine* is apparently the gen. pl., but in the Sax. Chron. a°. 1066. the form is *Norrena*. See remark on v. 17.

v. 4487. (*sec. t.*) *loue*.—See remark on v. 1970.

v. 4489. *weis.*—Incorrectly, for *wes.*

v. 4525. *dranches.*—See Notes on *Havelok*, v. 31.

v. 4567. A line is deficient in the first text.

v. 4576. *on weðere.*—Incorrectly, for *on wiðere.*

v. 4577. *sæ* is feminine, so for *he* we must read *heo*, or for *he wraðede* substitute *iwraðede.*

v. 4579. The interpretation of this line and of v. 11978 I feel very doubtful about, and the text of Wace offers no assistance.

v. 4590. *weht.*—Incorrectly, for *whet.*

v. 4592. A line is here wanting in the later text.

v. 4602. *swulche* is probably an error for *wulche* or *whuche.*

v. 4607. (*sec. t.*) *þis* is used in the later text for the more regular form of the article, *þes*, gen. c. sing.

v. 4645. *Denemarkene* is the gen. pl. here and v. 5053, and expresses properly the people of Denmark. See remark on v. 17.

v. 4681. *Dele* the conjecture on *a*, and correct the translation thus, "On me [and now] do thy 'mercy [will]."

v. 4690. *kinge* is an error for *þinges.*

v. 4721. *ibiden* is here in the sense of "have," as often elsewhere. See remark on v. 3051.

v. 4729. *folkede* is, perhaps, a mistake for *flokede.*

v. 4738. *graneden.*—This verb has been doubtfully translated here and in another passage, v. 5199, as if it were connected with the Germ. *grenzen*, *Swed. graensa*, but it may perhaps be referred to the A.-S. *ge-reonian*, to conspire, Old Dutch *graenen*, to assemble in a body. In v. 23909 it appears synonymous with *muneȝi*, to urge or manage.

v. 4749. The second text reads "him" for "them."

v. 4766. *eorlene.*—See Kembles Gloss. to *Beowulf*, in v. *eorl*, and Prices note on Warton, vol. ii. p. 70.

v. 4775. *leoðien.*—This verb occurs in the same sense in MS. Reg. 17 A. xxvii. f. 27; A.-S. *liðian.*

vv. 4843. 4846. 4872. In all these instances *þeos* is the article, gen. s. masc., and not the pronoun, but there is considerable difficulty in making the distinction.

v. 4893. *swiðe hende.*—In Wace, "de grant afaitement." See remark on v. 612.

v. 4899. *hande craftes.*—Although rendered "handicrafts" on the authority of the later text, and the evident connection there is between *hend* and *hendi* [Cf. v. 5523], yet the earlier version may simply mean "fair crafts."

v. 4910. *haȝe.*—See remark on v. 3237.

v. 4943. The construction of the first text differs a little from that of the second, and should be rendered, "bliss was in the court, or among the people, when Brennes took this maid; with much worship he dwelt," etc.

v. 4945. *duweðe.*—See remark on v. 389.

v. 4984. *forð warð.*—An error for *forðward.*

v. 4986. Some omission is evident, but the grammatical construction is also faulty, and difficult to understand.

v. 5015. *a* has been translated as an interjection, but it is, in all probability, a preposition, and the sense is, "On what *thing* wilt thou."

v. 5018. Instead of "mayest thou expect," it would be better to read, "wilt thou have." See remark on v. 3051.

vv. 5027. 5029. *lou, leo.*—Horne Tooke would no doubt cite these instances as proofs of the derivation of *lo*! from the imperative of *to look*. See *Div. of Purley*, p. 264. ed. 1840. In further confirmation of this may be adduced the Early English Rule of Nuns, MS. Cott. Cleop. C. vi. f. 7, where *lo* occurs, and in the later copy, Nero A. xiv. *loki.*

v. 5054. *idrecched.*—"Distressed" or "injured," from A.-S. *drecan*. In v. 4521 the same p. pa. occurs as *i-draht*, A.-S. *gedreht.*

v. 5113. Read, "Thus [There] became Brennes."

vv. 5114. 5175. *whit* is an irregular form of *wiþ*, as in a few other instances, but this preposition is very variously spelt.

v. 5134. (*sec. t.*) The *e* in *hiere* is expuncted in the MS.

v. 5154. (*sec. t.*) *þar* is an error in the MS. for *þan.*

v. 5161. The same phrase occurs in the Sax. Chron. a°. 1052. p. 235.

v. 5178. *beiden* may be the past tense of *beien*, A.-S. *begean*, and equivalent to *droȝen* in the later text. It was supposed at first to be the Germ. *beide*, both, but no other instance is found of such a form. Yet it may be, after all, an error of the scribe for *beiene*. Cf. v. 5222.

v. 5190. *cumene* is, no doubt, an error for *gumene*, and the line should be rendered, "there was destruction of men!"

v. 5192. *ȝ deden.*—We should probably read *þan deden*. Cf. v. 1759.

v. 5196. *breoðeð.*—Compare vv. 5807. 30415. It appears to be connected with the A.-S. *breotan, abreoþan.*

v. 5197. (*sec. t.*) *Dele* the conjecture on *oncuþe*, since the dual form of the pronoun is never used in the later text; the compiler of which seems to have here made an error, arising from similarity of sound.

v. 5199. *greine.*—See remark on v. 4738.

v. 5233. Whether *leoden* or *londen* be right in this line, we must correct *þat* into *þan.*

v. 5234. *leoueden.*—Literally "loved" or "approved"; Germ. *beloben.*

v. 5253. *walde.*—For "one realm" read "any weald."

v. 5319. Literally "*the* son of each baron." A similar liberty has elsewhere been taken in translating.

v. 5361. *gereden.*—"made them ready" or "arrayed them." A.-S. *gerian, gyrian.*

v. 5389. *forn at* is equivalent to the A.-S. *at-foren.*

v. 5446. *on fore.*—The second text has here led me into error, and the translation should be, "come here in journey [before *me*] the highest," etc. Cf. vv. 5858. 28248.

v. 5447. *hæxete.*—Incorrectly, for *hæxte.*

v. 5486. (*sec. t.*) *comen* is probably an error for *come*, since the practice of *nunnation* is not apparent in this text.

v. 5489. *þon.*—We must read *þa þe*, or else, with the later text, substitute *stod* for *hafde.*

v. 5534. *fondien.*—For "engage" substitute "prove."

v. 5561. *flæinde.*—See remark on v. 1570.

v. 5610. *londen.*—Apparently an error for *londes.*

v. 5630. *fon on.*—Should be rendered "attack." Compare v. 1707. The A.-S. version of Josh. x. 9. reads "Josue him þa *feng on* mid gefeohte," for which the early Wycliffite version has, "*felle on him* feerlich," (*irruit*, Vulg.).

v. 5639. See remark on v. 3028.

v. 5640. *ham iwurden.*—See two other instances of the same idiom in vol. iii. vv. 25323. 29427. So also in the Sax. Chron. a°. 1103. p. 324, "swa swa him and þam cynge geweard," as was agreed between him and the king.

v. 5655. *þa þe.*—Perhaps *þe* may be the relative, and be rendered "when that."

v. 5667. The verb seems to be omitted by accident.

v. 5668. *þene dæi.*—In the acc. case absolute. See Kembles note on *Beowulf*, v. 108. vol. ii.

v. 5695. *strales.*—This is the only instance of the use of this word, which in A.-S. means "arrows" or "missiles."

v. 5714. *waritreo.*—The same term is applied to the Cross, in the poem of *Cristes throwynge*, in MS. Coll. Jes. Oxon. 29. f. 224[b]. It is from the A.-S. *warg*, cursed, and *treow*, tree. The Cross is also called *warg-rod* in A.-S.

v. 5716. *þan* is a mistake of the scribe for *þa*.

v. 5732. *þat weoren.*—The same idiom as in German, *Es waren*. Similar instances occur in the Legend of St. Katherine, pp. 17. 30. ed. Morton. Cf. v. 14811.

v. 5741. *swiðe for þeonne.*—The French text has "pièce avoit ja," and the translation should probably be thus corrected, "The earls 'who should them defend,' Gabius and Prosenna, [they] were gone 'very' far thence into Lumbardy, 'into the country,' after forces," etc. The conjecture also as to the division of the verses in the early text is erroneous, and I have little doubt they should be read thus:

Þa eorles weoren iwende ∴
swiðe for þeonne.
þe heom wite solden ∴
Gabius and Prosenna.
into Lumbardie ∴
in to þon leode.
efter monkunne ∴
þe heom mihten fulsten.

or

þe mid heom sculden fihten.

v. 5788. *fusden.*—This is an error for *fuhten*, or is used transitively, as in vv. 1511. 6881. and elsewhere, but in the latter case we must read *heom* for *heo*.

v. 5819. *na wiht ane mile.*—The meaning seems to be, that the conversation lasted only as long as a man might ride a mile. A similar phrase is met with in *Ipomydon*, v. 1465:

He had not slepyd but a while,
Not the space of a mile.

and in *Florice and Blancheflour*, p. 101 (corrected by the MS.):

Hire cussing laste a mile,
And that hem thouȝt litel while.

v. 5835. *scare.*—This is, apparently, the French *escar*, *eschar*, disgrace, derision, contempt, used by Wace and by Hue de Tabarie. See vv. 20746. 29548. and Roqueforts Glossary.

v. 5856. *ore tounen.*—*Ore* is, probably, an error for *heore*, as *howre* in the later text is for *hire*. The orthography of *tounen* for *teonen* is also very irregular, as again *toune*, v. 6013.

v. 5866. Wace reads,

> Cil ont parmi trancié lor lances,
> *Et lasquiés lor connissances*;

evidently meaning by the last word the badges or distinctions on the shields.

v. 5911. *hap.*—See remark on v. 816.

v. 5931. *monie.*—Should properly be *monies*, "of many kind," as in v. 1710, but, as before remarked, the final *s* is often omitted by the scribe.

v. 5950. (*sec. t.*) *wepne.*—This appears, on consideration, an error for *ȝerne*, or some similar word, and the translation for both texts will then be the same.

vv. 5955–6. *þes* and *þis* are forms of the article, gen. sing. In many other passages the same correction may be made.

v. 6055. *leoue.*—See remark on v. 1970.

v. 6070. *drunken.*—Probably an error for *drinken*.

v. 6094. *wiþer.*—The conjectural reading, *witer*, is confirmed by vv. 9600. 16033. 19638. etc., and by the compound *unwitter*, v. 16023. The word does not occur in the A.-S. Dictionaries, except in the form of *witol*, yet we have it in the Sax. Chron. aº. 1067. p. 267. It is identical with the Isl. *vitr*, and exists in the Early and Middle English *witerliche*, *witterly*, Dan. and Swed. *vitterlega*. In the same line for *wes þer* we should probably read *þes wes*.

v. 6096. *sahte and sibbe.*—Sax. Chron. aº. 1140. p. 372, "*sib and sahte* sculde ben betwyx heom."

v. 6097. *unstronge.*—This word here and in v. 7095 seems to have the sense of "bad" or "ill-disposed," yet there is no authority in A.-S. for such an interpretation. In the second instance it may also mean "poor" or "base," as in v. 10474.

v. 6138. *eorneð and earne.*—The distinction seems to be here observed, which Rask has pointed out, *Gramm.* p. li, between the A.-S. verbs *yrnan* to run, and *ærnan* to make or let run, *i. e.* to ride; and so also in vv. 8129. 24695. The strong verb *yrnan* appears to be expressed in the texts of Laȝamon by *eornen*, *urnen*, *eorne*, *érne*, and the weak verb *ærnan* by *ærnen*, *herne*, *earne*, *earnne*, *erne*. In several instances, however, the two verbs have been confounded. Cf. vv. 13683. 14666. Perhaps some light may be hence thrown on the law of Alfred, "Of Church-frith," in which occurs the expression "gif hie fah-mon *geierne* [*geyrne*] oþþe *gearne*"? Price translates it, "if a fah-man *flee* to or *reach* one (a church)," and Thorpe, p. 64, conjectures that the words "oþþe gearne" were originally a gloss. The use of such a gloss appears quite unnecessary, nor do I see how *gearne* can be rendered by *reach*. May we not translate it, "if a fah-man *flee to* or *ride* to one"?

v. 6146. *sealled*.—Compare the Early English Rule of Nuns, MS. Cott. Nero A. xiv. f. 65b. "Hwon hit so bivalleð ðet me *asaileð* buruhwes oðer castles, þeo ðet beoð wiðinnen heldeð schaldinde water ut," etc.

v. 6162. *Denemarkene*.—See remark on v. 17.

v. 6165. *þan burȝen*.—This noun is generally used in the first text with the feminine article.

v. 6167. *awalde*.—Perhaps we should read *acwalde*, as in the later text. Cf. v. 21631.

v. 6186. *ibone*.—The meaning of this word here and elsewhere appears to be, "prepared." The same phrase occurs in *Havelok*, and is incorrectly explained in the Glossary. Robert of Brunne also has *wel bone*, for "very ready." It is from the Suio-Goth. *bo-a*, to prepare, make ready, p. p. *boen*, Isl. *buinn*. Ihre quotes the same expression, "Hus aero *wael boin*," the house was *well prepared*. See also Jamieson, in v. *Bayne*.

v. 6266. *steowien*.—There is no such verb in the A.-S. Dictionaries, but it appears to be the same with the Goth. *stausjan*, *stojan*, judicare. See Zahns Glossary to Ulphilas. The French text reads, "sis *justicioit*." In the Early English Legend of St. Katherine, the verb *stew* means "to stop" or "check," and is referred by the editor to the Germ. *stehen*.

v. 6275. (*sec. t.*) The second text may perhaps be translated, "though their lemman saw;" and the conjectural reading is then unnecessary.

v. 6331. *he* is, apparently, a mistake for ȝe or ȝeo.

v. 6358. *wandliche*.—This word does not occur again, and although translated "unstable," on the authority of "*wandeliche*, mutabilis," in Scherzius, yet I think it probable it is an error of the scribe for *wunliche*, fair, goodly; an adjective often employed, and which in v. 10000 is written *wundliche*.

v. 6361. *þeawe*.—This is the only instance in the poem of the word being applied to bodily qualities, nor has any other passage of an earlier date than the sixteenth century been found, in which it is so used. In modern Scotch I find the adj. *thowles*, feeble.

v. 6364. *kenschipe*.—For "authority" in the translation, read "courage."

v. 6369. *wamed*.—This word should have been rendered "wrathful," from A.-S. *weamod*.

v. 6375. *glad*.—In the French, "sans ire."

v. 6451. *agaste*.—Tooke and the lexicographers derive this word from *agaze*, but very unsatisfactorily, since the Goth. *us-geisjan* supplies at once the etymology. It does not occur in A.-Saxon, but is used in Early and Middle English.

v. 6502. *itase.*—A.-Sax. *getæse*, meet, convenient.

v. 6505. *deaf.*—In A.-S. *dyfde*, and in the Early English Legend of St. Margaret, *def* and *defde*, MS. Reg. 17 A. xxvii. ff. 51. 55.

v. 6508. *weoðede.*—Apparently from the A.-S. *waðan*, pa. t. *wæðde*, to drive.

v. 6516. *halden* is probably an error for *hælden*, and the translation should be corrected, "he shall fall the sooner."

v. 6538. For *a mete rū-hende* read *a mete-rum hende*. Wace has, "Unkes en lui n'ont *desmesure*." In the translation, 'most' should be omitted.

v. 6548. *Argal his.*—It is rare to find this form in the earlier text. See remark on v. 1459. It will be observed that the second text here, as in some few other instances, has the regular A.-S. genitive.

v. 6555. *what* is an error of the scribe for *wha*, as again, v. 6661.

v. 6556. *wræcche mon.*—Wace has, "les nobles homes *abaissoit*." The A.-S. term includes the ideas both of abasement and poverty.

v. 6590. *þan leoden.*—No doubt, an error for *þa leoden*. In the translation, *fondede* had better be rendered "sought."

v. 6614. *fondien.*—Read "seek" instead of "try," in the translation, and for "whether" read "where."

v. 6621. *atlichen.*—Apparently from A.-S. *atelic*, deformis, or *liccetan*, simulare.

v. 6630. *on comelan.*—The translation of this difficult phrase here and elsewhere is purely conjectural, nor have I, after much time spent on it, been able to trace any satisfactory etymon. The other passages in which the phrase is found are vv. 10601. 11009. 20273. (where the second text reads *in teldes*, and the original of Wace has *el buschement*) 20905. and 30400.

v. 6652. *aðelede.*—See remark on v. 2815.

v. 6659. *duȝeliche.*—Incorrectly, for *diȝeliche*.

v. 6667. *hine braeid sæc.*—So, in the Sax. Chron. a°. 1003. "þa gebrǽde he hine seocne."

v. 6725. *þringe.*—Is here equivalent to *thane*, as appears from v. 6739. Elsewhere we find the terms *here-þringes*, *here-dringes*, warriors, which in v. 24736 is used for the French *contes*.

v. 6729. *wræð.*—The sense is determined by the later text, but I find no equivalent A.-S. verb. It appears to be the Goth. *wraton*, ire, iter facere.

v. 6750. *derne.*—We may hence correct Ingrams translation of "*derne sprece,*" in the Sax. Chron. p. 335, and for "on an interesting subject," read "in private conversation."

v. 6752. *earne.*—See remark on v. 6138.

v. 6767. *him.*—This form is very rarely used in the early text for the acc. *hine.* It shows, however, the period at which the change took place to the modern form.

v. 6788. *aðelen.*—See remarks on vv. 2960. 3282.

v. 6823. *þesne.*—Translate, "all this [the] south end."

v. 6887. (*sec. t.*) *hehteste* is incorrectly written for *hehest*e, as in vv. 2325. 8092.

v. 6895. *braid.*—In Wace, "Bien *sembla* as bons ancissors." This sense of the word does not occur in A.-S. Dictionaries, but is found in the cognate Islandic verb *bregda,* and is preserved in the modern Scottish idiom. See Ihre, in v. *Braa,* and Jamieson, v. *Brade.*

v. 6901. *at.*—The usual form in this text is *ah,* and *at* is an error here and in vv. 6953. 7673. etc.

v. 6929. *duȝeðen.*—In the French original we have

> Et tut perde sa *joventé*
> En beivre e en iveresce,

which would induce the suspicion that *duȝeðen* is here an error in the MS. for *ȝuȝeðe,* youth, and *weoren* be 3 pers. sing. It has, however, been rendered in conformity with the signification the word bears in v. 20851.

v. 6934. *greiðe.*—Better, if written *griðe.* See Jamieson, v. *graith.*

v. 6958. *hehde.*—The same irregular form occurs in v. 7430.

v. 6986. *and* is probably a mistake for *an.* We might render *blað-fest* better, perhaps, "rightful," or "prosperous." Cf. v. 10100.

v. 6990. *custi.*—In Wace, "large de doner."

v. 7002. *corun.*—The MSS. of Wace read *corun, choron,* etc. It is certainly an instrument of music, as is evident not only by the context, but by a passage cited from the *Estoire de Troie la Grant* by Roquefort, *De la Poésie Françoise,* p. 130, which if M. Le Roux de Lincy had seen, he would not have hazarded the erroneous interpretation of "chœur, chanson en chœur." In the Supplement to the *Glossaire de la Langue Romane* it is made synonymous with the *coruth* (named *chorus* by the Latin middle-age writers), and explained, "Sorte d'instrument à vent." Ellis interprets it, "a sort of trumpet." *Early Engl. Poetr.* vol. i. p. 48.

v. 7027. *a wiht.*—The MS. has *awiht,* and this seems correct. It should be translated; "aught," *i. e.* of any account. Cf. v. 26737, where the French text reads *bens*. See the Sax. Chron. a°. 1087. p. 295. In A.-Saxon *aht* is opposed to *naht*, and both are found in the modern Lancashire dialect, as "*nout* that's *owt*," naught that's good. For the power of *a* in this and similar words, see Kembles Gloss. on *Beowulf*, in *á*. In the later text *fore* seems the same as Suio-Goth. *för*, bonus, Isl. *fær*.

v. 7033. (*sec. t.*) A noun seems to be wanting after the adjective *onsworede*, and if supplied, both texts would agree.

v. 7079. *ȝeht*.—Incorrectly, for *ȝet*.

v. 7081. *ser*.—No doubt, an error for *ses*.

v. 7084. Correct the translation, "in 'this [its] history."

v. 7095. *unstronge*.—See remark on v. 6097.

v. 7125. *þene* is, apparently, an error for *þa*, acc. pl.

v. 7165. *an hond*.—This phrase, in connexion with various verbs, is often used in the sense of "speedily," "soon," or "now," in the same manner as the modern German *in die hand*. Cf. vol. ii. pp. 96. 106. 251. 264. Hence perhaps may be explained a line in the Early English Poem of *The Grave* in Thorpes *Analecta*, p. 142, which is not understood or wrongly interpreted by Conybeare and Guest.

v. 7182. *on some*.—For "together" read "in concord." Cf. v. 9514. etc.

v. 7185. *warðe*.—Incorrectly, for *wraðe*, as in several other instances.

v. 7224. *ealde*.—This would seem an error for *helle*. Cf. v. 9159.

v. 7239. *þe sunne*.—Elsewhere the feminine article is used, but I have already remarked the occurrence of *þe* with feminine nouns. See remark on v. 2027.

vv. 7254. 7262. 7342. *Bruttes, Bruttis*.—Incorrectly, for *Brutus*.

v. 7265. *cuððed*.—Incorrectly, probably, for *cuððeð*.

v. 7334. (*sec. t.*) *host*.—This, if not an error of the scribe, is a singular instance of contraction.

v. 7348. *weore*.—The letter erased is the pleonastic *n*, as again vv. 17963. 18154.

v. 7359. *bileiuen*.—Correct "'wilt' believe" into "'wilt' leave."

v. 7447. *Norð Walene*.—Is the gen. pl. See Sax. Chron. a°. 607, and remark on v. 17.

v. 7448. *mode*.—We should read *modi*.

v. 7480. In the translation, for "hew" read "hewed," and for "resound" read "resounded."

v. 7487. *aslod*.—See remark on v. 317.

v. 7489. (sec. t.) *leperede*.—So in the Legend of St. Katherine, "*liðerede* al o blode," p. 83, explained erroneously by the editor.

v. 7495. *feond*.—The "enemy" here alluded to is Cæsar.

v. 7505. (sec. t.) *starliche*.—See remark on v. 4134.

v. 7524. *blakede*.—"Blenched" or "became pale." Cf. v. 19799.

v. 7526. *ne na brað*.—There is some error here, which renders the sense obscure. The particle *ne* is, probably, redundant.

v. 7615. A line is wanting in the later text.

v. 7623. *bi-gon*.—For "inlaid" read "covered." See *Rychard Coer de Lion*, v. 2656. ap. Weber, and a poem in the *Reliquiæ Antiquæ*, vol. ii. p. 19.

v. 7644. This line should be rendered, "threatened *the* host of each land."

v. 7675. *bliðere*.—In the A.-S. Orosius, ii. 5, this adjective is used in the cognate sense of *effeminate*, and it seems to be allied with the Isl. *bleyta*, *blautr*, Scot. *blate*, pusillanimous.

vv. 7706–7708. This passage is obscure, and perhaps for *him* we should read *heom*. The French text seems to countenance this, in reading, "Et assés plus lor a promis." vol. i. p. 202. There is some difficulty also in *iwan*.

v. 7735. *ʒifuen witen* seems equivalent here to the phrase *are witan*, to confer honor, in Bede, lib. ii. c. 20. p. 521. *ed. Smith.*

v. 7739. *answare*.—See remarks on v. 1970.

vv. 7780. 7782. 8012.—In these passages, and indeed generally, the word *cniht* means simply *man*, as in A.-S., but the term *knight* has been usually retained for reasons which have influenced the principle on which the translation has been made. The same may be said of some few other words.

v. 7798. (sec. t.) For *tou* read *ton*, which is evidently *rhythmi gratia*, as in some other instances, vv. 16687. 19025. 21900. 22524.

v. 7812. *after*.—Literally "through" or "along," as in the Teutonic.

v. 7842. *af*.—Incorrectly, for *of*.

v. 7854. *rameden*.—May also be rendered "shouted." Cf. v. 5795. This and the preceding verbs are in the past tense.

v. 7855. *wandre*.—Apparently the same with the Early and Middle English *wondreth*, misfortune, or damage, from the Isl. *vandraedi*, Suio-G. *wandraede*, discrimen, maxima difficultas.

v. 7859. *lof*.—This nautical term occurs several times in Laȝamon, and always as a substantive, applied to some part of the ship, the agency of which was used to alter its course. It is used in a similar manner by Wace, in the *Brut*, vol. ii. p. 141, and in Douces fragment of the *Roman de Tristan*, v. 1594. See Michels edition, in Gloss. v. *Lof*. The term is also preserved in modern German, Swedish, Dutch, Spanish, and English, but signifies only, when used as a substantive, the *weather-gage*, and is more usually employed as a verb, "to get the weather-gage," or "bear up to the wind." From Falconers *Marine Dictionary* we also learn, that this word *loof* is applied to "the after-part of a ships bow," and so, in the *Dialogues on Marine Affairs*, written by Capt. Nathaniel Butler in 1634, we read, "The *loofe* is counted that part aloft which lyes right before the chesse-trees," etc. MS. *Sloane*, 758. f. 50[b]. Matthew of Paris, when speaking of the expedition of Hubert de Burgh against Eustache le Moine, says, "Perrexerunt igitur audacter, obliquando tamen *dracenam*, id est, *loof*, acsi vellent adire Calesiam." *Hist. Maj.* ed. Wats, p. 260. ed. 1684; and Otterbourne at a later period writes, "sed providentia probitateque naucleri obliquantis *dracenam* subito, navemque girantis," etc. The latter passage is quoted by DuCange in his Supplement, and he explains *dracena* by *gubernaculum*. Robert of Brunne retains the term *lofe* in his translation of Wace, quoted previously in the "Notes," p. 395; and in the Household Account of the 19 Edw. II., in the library of the Society of Antiquaries, No. 122. *p. 51*, I find the following entry, "Paié à Alisandre de Hanworthe, burgeis de Lynne, par i. mast novelle de rouge sapyn, de c. pees longe, un *loffe*, une verge, et une bowespret, *apertenant à dit mast*, pris vi[li]. xvii[s]. vii[d]." In order to illustrate further this term, I shall adduce three passages, the second of which has never been in print:

That noble schyp was al withoute,
With clothys of gold spred aboute,
And her *loof*, and her wyndas
Off asure forsothe it was.

Rychard Coer de Lion, v. 69.

Then he tron on tho tres, & thay her tramme reechen;
Cachen vp the crossayl, cables thay casten;
Wiȝt at the wyndas weren her ankres,
Sprude spak to the sprete, the spare bawe-lyne;
Gederen to the gyde-ropes, the grete cloth falles;
Thay layden in on ladde borde, & the *lofe* wynnes;
The blythe brethe at her bak, the bosum he fyndes;
He swenges me thys swete schip swefte fro the hauen.

MS. Cott. Nero A. x. f. 84.

The winde blowes out of the west, thou gentle mariner, a,
Look to the *looffe* wel, beware the lee still,
For deadly roches doe now appeare, a.

Pammelia, No. 55. 4to. 1609.

v. 7909. *icunde*.—Means territory acquired by heritage, as in several other passages. So in the Sax. Chron. a°. 1087. p. 295. "Normandige ⁊ land wæs his *gecynde*," which is translated properly by Gibson, "jure hereditario." Cf. vv. 20459. 25047.

v. 7911. This line should be translated, "hateth you so greatly."

v. 7936. *feollen*.—Correct thus, "and 'Rome-men fell [*the* Romanish felled]."

v. 7947. (sec. t.) *nihtes*.—Apparently, here and in v. 7977, an error for *nihte*.

v. 7953. *leode*.—Incorrectly, for *lude*.

v. 7957. *fæʒeden*.—Apparently connected with Isl. *faegia*, Mhd. *fegen*, to clean or polish.

v. 8013. (sec. t.) *bi* appears an error for *beo*.

v. 8038. *imunten*.—Had better be rendered "purposed."

v. 8039. *to-ʒere* has not been found in the A.-S. Dictionaries, although it would seem to claim a place there. It is used by Laʒamon frequently in the sense of "now," "presently," and so also in the Middle English Romance of *Ipomydon*, v. 271, and in Chaucer, *Cant. Tales*, v. 5750, which is erroneously explained by Tyrwhitt.

v. 8067. *vnder-nomen*.—For "understood," translate "accepted."

v. 8077. *cure*.—"the best choice," *i. e.* the most chosen. *Cure* is elsewhere often used, and always as a noun. In A.-S. the verb only is found.

v. 8084. *þeckene*.—This appears the same with the A.-S. *þæcele*, *þecele*, lamp, light.

v. 8086. *iboned*.—I have considered this word cognate with Sw. *bonad*, amictus, Isl. *bunadur*, vestitus, habitus, but it should probably be rendered "adorned." Cf. v. 25788.

v. 8088. *hæhliche*.—Not "high," but "nobly," "royally."

v. 8094. *aððeles*.—Incorrectly, for *aððele* (*æðele*).

v. 8118. *ʒifueðe* is here a noun, but elsewhere an adverb. It should be rendered "wealth."

v. 8129. *ærnen*.—See remark on v. 6138.

v. 8144. (sec. t.) *sceremigge* is written for *sceremingge*, or for the inf. *sceremi*.

vv. 8152–4. Correct the translation thus, "and 'with the [his] staff struck violently, 'and smote' 'Herigal on the [upon Ergals] ribs, so that the staff [it] brake in *the* middle. Then quoth," etc.

v. 8212. *slæ ne na*.—Perhaps we should read *slæn na*, as the double negative seems unnecessary.

v. 8219. *herede*.—Incorrectly, for *hirede*. In Wace, *curt*.

v. 8227. *him seide.*—Is used reflectively, as *iwarð him*, just above, and in the translation "to" should be omitted. See remark on v. 1653.

v. 8238. *ane.*—From the reading of the later text, we might suppose this a mistake for *ayene*.

v. 8245. *here.*—See remark on v. 2159.

v. 8264. *mid ærhðe.*—"With fear," *i. e.* out of fear, influenced by fear.

v. 8289. *ah to don.*—Literally, "ought to do." In the French text it is "doit sofrir."

v. 8303. After "indited," in the translation, add, "and thus it spake forth [sooth] right."

v. 8313. *& þu.*—I do not find in the early text any other instance of *and* or *an* used to express *if*, but in the later text we have two examples, vv. 3524. 10608. In Robert of Gloucester, Robert of Brunne, and Chaucer, *and* or *an* frequently occurs in the sense of *if*, and so also in the *Paston Letters*, vol. iii. p. 212. In later times it generally took the form of *an*, and the Scottish poets used it in a similar manner. See the quotations in Jamieson, in v. *An*, Chalmers Gloss. to Lyndsays Works, and Tookes *Divers. of Purley*, p. 53. ed. 1840.

vv. 8322–4.—In the translation, for "love" read "have loved," and for "make" read "have made."

v. 8341. The paragraph apparently should begin with *Seoððen*, and the translation be, "After that *or* since we had thee overcome, and thy folk slain and captured, now is Cassibelaune," etc. Compare v. 8826.

v. 8357. *þa king.*—Irregularly, for *þe king*.

v. 8417. *iwarð him.*—Became. In the translation, "to him" should be omitted. See remarks on vv. 1653. 8227.

v. 8428. *atwaie wond.*—Perhaps for *awaie wond*, or simply, *al-wond*.

v. 8520. *sa.*—Incorrectly, for *se*.

v. 8542. *ærnen.*—"riding"? See remark on v. 6138.

vv. 8548. 8554. In the translation, read, "that are [is] hateful," and after "sooth" add, "that I say [to thee] here."

v. 8585. *slade.*—In the French, *valée*.

v. 8622. *bi-diemden.*—Perhaps we should render the line, "and awaited [abiding] their while": *wille* is used for *wile* in v. 4190, but I find no other instance of the verb *bi-diemen*, and we may possibly read *idemden*, as in v. 10441.

v. 8663. *heom to.*—The verb is probably understood, as in v. 27386 and elsewhere, and the conjectural reading unnecessary.

v. 8669. Translate, "When the folk would flee."

v. 8675.—For "Britains king," read "*the* Britons king"; and so elsewhere. It is the gen. pl.

v. 8697. (*sec. t.*) This line seems redundant, or otherwise an additional line is wanting.

v. 8717. Literally, "*it* was 'altogether [little] the better for 'them [him]."

v. 8723. (*sec. t.*) *meþ* might also be translated "mead."

v. 8727. *for-rad* seems to have here a stronger signification than that which it bears in A.-S. Compare vv. 12098. 12115. 14867. In all these passages it may perhaps be rendered "injured," or "destroyed," as it certainly must in v. 25505.

v. 8745. *ær-dæden* should be rendered "offences." So in A.-Sax. Luke, ch. xxiii. v. 41. wyt bi uncer *ær-dædum* onfoð.

v. 8752. *hæte.*—See remark on v. 4042.

v. 8795. The original reading *riht is* would appear to be the better one.

v. 8798. *nolde* appears an error for *wolde.*

v. 8816. *ȝif* is wanting in the earlier text.

v. 8849. The second *and* is here redundant, and the translation should be corrected thus, "fell to his feet, 'and sought the ground.'"

v. 8881. *wurde.*—Incorrectly, for *worde.*

v. 8911. *þeo.*—Incorrectly, for *þa.*

v. 8948. Translate, "all 'ready [done]."

v. 8959. *forlorne.*—Should be rendered "set aside" or "broken."

v. 8982. The paragraph in the first text should begin with this line, and the translation be corrected thus, "Cassibelaune, 'who was king of this land,' he lived never after but seven years; when his end-day came," etc. In the second text, vv. 8982–3 are, by error, made to bear reference to Androgeus.

v. 9072. *wunne* may also be rendered "joy."

v. 9073. *walden.*—Incorrectly, for *waldend.*

v. 9121. *leod-runen.*—In v. 15499 this word means incantations, as it does also in A.-S., but here it seems to denote popular rumors, and should be so rendered. In v. 14553 the later text reads, *deorne runing.*

v. 9245. In the later text *to-drese* is not an error for *to-rese* (Cf. v. 15483), but rom the A.-S. *dreosan*, to fall. It would appear doubtful if hyphens are necessary, but we have elsewhere the pa. t. *to-ræs.*

v. 9269. *wiðer-happes.*—See remark on v. 405.

v. 9282. (*sec. t.*) *seine.*—A.-S. *segen*, Cædm. p. 188. Bede, lib. iii. c. 11. p. 535. Dutch *sein*, Fr. en-*seine*.

v. 9306. *haȝen* is for *aȝen*, "own," and the translation must be corrected.

v. 9339. *remden.*—See remark on v. 623.

v. 9419. *freche.*—This word would be better rendered "bold," from A.-S. *frec*, M.-Goth. *fræck*. See Gloss. to *Beowulf*, and Ihre.

v. 9435. *biþrungen.*—Only the simple verb *þringan* is in Bosworths Dictionary, but in Otfrid is the same participle, *bithwungan*. See Schilters *Thesaurus*, in voce. It is found elsewhere in Early English.

v. 9454. *sceld-trome.*—This term is common in Middle English, and was preserved so late as the sixteenth century, under the form of *schiltron*, which Holinshed explains, "round battailes, in forme of a circle." It probably means the same as the Latin military term *testudo*.

v. 9469. In the translation read, "and with the [to these] knights."

v. 9476. *me bi-uoren.*—Correct the version, "the emperor before me won."

v. 9479. *nut* or *init* has been translated as if connected with A.-S. *genikt*, abundance, but it had better be regarded as an adjective, and rendered "useful" or "needful," A.-S. *nyt*.

v. 9600. *witer.*—"witty" *or* "prudent." See remark on v. 6094.

v. 9670. (*sec. t.*) *þan* is, no doubt, an error for *þe*.

v. 9710. In the translation, for "these tidings" read "this tiding."

v. 9726. *þere leodene king.*—See remark on v. 151.

v. 9744. *lof.*—See remarks on v. 7859.

v. 9739. *atliche.*—Incorrectly, for *ahtliche*.

v. 9798. *to-stopen.*—The translation is conjectural, and instead of being a participle, it may be the pa. t. of *to-steppan* (as *to-stepen*, v. 17406), and the lines be rendered, "boldly advanced with steels edge."

v. 9811. *her men* (so written in the MS.) should have been printed *hermen* (for *hærmen*), and the translation be corrected thus, "'sorry was her heart, filled with harm.'"

v. 9823. *seon men.*—It thus appears in the MS., but perhaps we ought to read *seoumen*, for *sceomen*, and the translation may then be amended, "if from shame he will be clean."

vv. 9837. 9843. *iuæid, iued.*—Better, if rendered "at enmity." See remark on v. 964.

v. 9846. *Fore.*—Literally, "proceeding." Cf. vv. 10118. 15578.

v. 9925. (*sec. t.*) *eye* is probably an error for *eay*, unless it be a contracted form, as *æi*, *ei*, in the earlier text.

v. 9929. *blæðe.*—Other instances of this word occur in vv. 16762. 18737. 23620. 30768. It is probably connected with the A.-S. *bleate*, deletus, Goth. *blautgan*, delere. See Kembles Gloss. to *Beowulf*, v. 5643. See also Wachter, in v. *Beleiden*. Cf. v. 7675.

v. 9934. *ærnde.*—For "ran" translate "rode," and see remarks on v. 6138.

v. 9945. The phrase "comen to hirede," here and in similar cases, seems to mean "to assemble together." See remark on v. 2353, and Sax. Chron. a°. 1095: p. 313, where the same phrase occurs.

v. 9965. *fæhtes* is used improperly for *fæhte*, as in a few other passages.

v. 9970. (*sec. t.*) *þane* appears an error for *þe*.

v. 10000. *wundliche* is incorrectly written for *wunliche*.

v. 10023. *caðel.*—See Kilian, *Etymologicum*, in v. *Kateylen*.

v. 10030. Translate, "They gan soon to plough."

v. 10039. *græilichen.*—This is either a contracted form of *græiðlichen*, (as in numerous other instances where ð is elided,) or an error of the scribe in omitting the letter ð.

v. 10055. *heore wæi.*—The later text reads "away."

v. 10097. *Bruttes* is an error for *Brutus*. See remark on v. 7254.

v. 10100. *blæðfæst.*—See remark on v. 6986.

v. 10106. (*sec. t.*) *þissere* must be a mistake for *þisne*.

v. 10124. The literal construction is, "Then *it* longed to the king."

v. 10134. For *þa* we should read *þan*.

v. 10163. The later text reads "exceeding well."

v. 10201. *dihten* is followed here by a dative case, as also in v. 11155.

VOL. II.

v. 10233. *muchere.*—There is no necessity for a conjectural reading, since the forms of *muchere* and *mochelere* are both used; *muchele* would be incorrect, as *winne* is a fem. noun.

v. 10237. *folc.*—Elsewhere *folc* is neuter, as in A.-S.

v. 10246. For *þat,* the second text has *þo,* "when."

v. 10275. *a-bæileden.*—This word does not occur again, but it seems to be connected with A.-S. *abælian,* or *abylgean,* for I find the noun *bæligniss,* injury, from the same root.

v. 10328. *Scotte wærð.*—Perhaps we should read *Scotte-wað,* and the Solway Frith or Frith of Forth be alluded to. See Note on vol. i. p. 93. v. 2191. Or, supposing *wærð* to be the A.-S. *waroð,* shore, coast, the text may stand as *it is,* but the translation be corrected.

v. 10329. *seoððe* is an irregular form of *suð.*

v. 10365. The later text reads, "thus made."

v. 10413. *aforen on.*—"before," *i. e.* in front of. Cf. vv. 26647. 28313. In the last instance Wace has "contre lui."

v. 10447. (*sec. t.*) *and* appears to be an error for *ac.*

v. 10474. *unstrong cniht.*—Wace has, "asses ert de *bas parage,*" and Bede, "*genere* quidam *infimus,*" lib. i. c. 6.

v. 10538. *bi tehten.*—Should have been rendered, "gave" or "committed."

v. 10569. *bi-bozen.*—For "come to," read "left" or "abandoned." Cf. vv. 12252. 27965.

v. 10601. *comela.*—See remark on v. 6630.

v. 10659. *Scotte.*—"the Scots." Cf. v. 12128.

v. 10703. *bærde.*—Instead of "gesture" this word should be rendered "upbraiding" or "reproach." See remark on v. 1672.

v. 10706. *Bruttene.*—This is not an adjective, but gen. pl. of the noun. See remarks on v. 17. The translation here and in p. 24 requires correction.

v. 10748. Perhaps we should here read *West,* but see remark on v. 15468.

v. 10761. For *goðliche* we should probably read *godliche,* and supply the pronoun *hine.*

v. 10903. *and* appears superfluous here. For *ancrist* or *ancreos* Geoffrey has *cives*, and the Cotton MS. of Wace, *citeins*. In the printed edition it is *crestien*, and a similar reading would appear to have been the cause of the error in Laȝamon.

v. 10943. *derf*.—Instead of "hardy," perhaps "cruel" or some similar epithet would be more appropriate. This adj. is not in A.-S., but is found in the Northern dialects. See Jamieson, in voce.

v. 11024. *heo* is here for *he*, as in other passages.

v. 11043. *weorld-seli*.—The same compound, "*woruld-gesalig*," occurs in Thorpes *Analecta*.

v. 11046. *luueden* would be better rendered "honored," A.-S. *lofian*.

v. 11075. *bihoȝeden*.—Means literally, "cared for," or "looked to."

v. 11087. *kingen* is gen. pl., and *king*, in the second text, is the contracted form, and not the nom. case. Cf. v. 26082.

v. 11108. *menden*.—Should be rendered "complained," as elsewhere, and so in the later text, v. 11138.

v. 11168. *Þeo* in the early text is for *þa*, as often elsewhere, and the translation should read, "When the Jews sought it, etc., then was she," etc.

v. 11259. *iscipen*.—Has been translated as a participle, but is probably a noun and preposition, *i scipen*, in ships.

v. 11296. *Norweoȝen*.—A noun, not an adjective. Cf. v. 12011.

v. 11329. *bi-winnen*.—Apparently a mistake for *bi-nimen*.

v. 11378. The same apposition of terms occurs in the Sax. Chron. a°. 1087. p. 293, "*rice* menn ne *heane*."

v. 11396. *mid carte*.—"With *a* cart," *i.e.* in a cart or carriage, A.-S. *cræt*.

v. 11420. *i Cornwale*.—Here, as elsewhere, *i* or *in* stands for *of*. See particularly v. 16975.

v. 11638. The hyphens in *faiir-lac* and *fair-lock* should be omitted, and in the translation, for "presents" we should read "fair present." Cf. v. 17749.

v. 11648. *ende*.—For "world" in the translation read "land."

v. 11704. *clond*.—Suio-G. *kland*, infamia. See Ihre. Hence perhaps the Fr. *esclandre*.

v. 11710. In the version, insert [then] before "hight," and for "run" read "ran."

v. 11715. *prude*.—Correct the translation, "assumed 'there' much pomp."

v. 11791. *aŏ-neow.*—A.-S. *edneowe,* renovatus.

v. 11824. *heo* in the text is probably an error for *he,* and the translation then will be, "well he it held."

vv. 11831–2. Better, if translated, "and should place folk of each craft in sundry (separate) ships."

v. 11835. *þa seoluen.*—"the shipmen alone." See remark on v. 3187.

v. 11848. *Liuieine.*—Incorrectly, for *Luueine.*

v. 11876. *þisei.*—The conjectural emendation should have been *þisserr.* See vv. 7130. 11266.

v. 11879. *mare.*—May here mean "elder."

v. 11917. (*sec. t.*) *here-word.*—Synonymous with A.-S. *here-lof.*

v. 11960. *scepen.*—Incorrectly, for *scipen.*

v. 11978. Cf. v. 4579, and note.

v. 11980. For "gan weep," the second text has, "there wept."

v. 11983. *to-driuen.*—Should have been translated "dispersed." Cf. v. 32216.

v. 11986. (*sec. t.*) *er* is evidently an error for *euere.*

v. 11993. *cleopien.*—There is clearly some error here, and the marginal conjecture does not seem so probable, as if we should follow the later text, and read *on heo cleopeden.*

v. 12007.—The verb wanting is probably *weolken.* Cf. v. 12040.

v. 12023. *in* signifies "of" in both texts, as in vv. 11420. 27206. [Cf. Sax. Chron. a°. 1140.], and should be so rendered. Wace has, "rois *de* Hongrie," and "*de* Scyse sire," for which the printed edition falsely reads, "*d'Escoce.*"

v. 12047. *Forŏ wit nu.*—The verb *go* is understood after *forŏ,* as in several other passages. It is supplied in the later text, v. 16117. The translation should be printed "Forth *go* we."

v. 12062. For *nuwe him to* substitute *nu we him to,* as in the MS., and *dele* the conjectural reading. The phrase is repeated in vv. 27386. 27808.

v. 12075. *þan dæȝen.*—Is plural (A.-S. *a þam dagum,* Luc. i. 25), and should be rendered "those days": *ilke* is, apparently, understood in both texts.

vv. 12098. 12115. *for-radde.*—See remark on v. 8727.

v. 12101. (*sec. t.*) *hedde.*—Erroneously, no doubt, for *bi-hedde.* Compare the later text, v. 25900.

v. 12120. *cnihte.*—It should be *cnihten,* dat. pl., but the same irregular form occurs in a few instances elsewhere.

v. 12211. For "nothing" the second text has "nought."

v. 12278. *lades.*—Incorrectly, for *lates*; see remark on v. 1195.

v. 12304. *an slæting.*—See the Sax. Chron. a°. 1088. p. 300, and *Kyng Alisaunder*, v. 200. ap. Weber.

v. 12335. *gadelinges.*—In A.-S. only means "companions," but here is a term of reproach, and so also in Early and Middle English. See *Reliq. Antiquæ*, i. 180, Wrights *Polit. Songs*, p. 237, and Webers Glossary.

v. 12348. *cheorlene.*—gen. pl. In the translation, for "churlish hand," read "*the* hand of churls."

v. 12393. *Bi vfelen iwurhten.*—"For evil deeds," *i. e.* undeservedly. In A.-S. *butan gewyrhtum*, John xv. 25. Cf. v. 24189.

vv. 12484. 12491. (*sec. t.*) *oure.*—Incorrectly, for *ȝoure.*

v. 12497. *ibiden are.*—See remark on v. 3051.

v. 12517. *cæppen.*—This word occurs again in the singular *keppe*, v. 19949. It is derived from the Isl. *kappi*, heros, athleta, and is synonymous with *kemp*, champion. Probably the vulgar term *chap* is hence borrowed.

v. 12612. *arædde.*—Instead of "rule," might be better rendered "free." Cf. v. 12878.

v. 12711. *an hond.*—See remark on v. 7165.

v. 12752. *scere.*—Two similar instances of the use of this word occur in the Sax. Chron. a°. 963. Lye quotes these passages improperly under the verb *sciran*, and in Bosworth they are wholly omitted.

v. 12754. This line is very obscure.

v. 12801. (*sec. t.*) *ende.*—Incorrectly, for *hende.*

v. 12805. *ibon.*—Should perhaps be rendered "prepared." See remarks on v. 6186.

vv. 12828. 12832. *wuden*, *straten* and *walden* are plurals.

v. 12847. *ræȝe* is, perhaps, an error for *ræȝere*, dat. sing. fem.

v. 12860. Correct the translation thus, "'and bade the guides to ride before [that guides should ride] to the waters."

v. 12871. *kinga.*—Improperly, for *kinge.*

v. 12874. *seole.*—Incorrectly, for *soule.*

v. 12887. *Bruttene.*—See remarks on v. 17.

v. 12959. (*sec. t.*) The verb is omitted.

v. 12968. (*sec. t.*) For *coman* we should read with the MS. *com in*, "came in."

v. 12991. *heu*.—Incorrectly, for *hou*.

v. 13036. *spæc-huse*.—The French text has *parlur*.

v. 13043. *ælde* is, probably, a mistake for *ældre*.

v. 13088. *uorien*.—From A.-S. *forðian*, either by contraction or by omission.

v. 13091. (*sec. t.*) *alles*.—Correct the version, "how it 'all [altogether] were."

v. 13107. *weien* appears to be an error for *waȝes*, walls. Cf. v. 13144.

v. 13182. *anwolde*.—Properly, "power" or "authority." Cf. Sax. Chron. aº. 1106. p. 329.

v. 13203. Translate thus, "'The Britons knew not at all [None there knew] what."

v. 13258. *on þonke*.—"In will," or "grateful."

v. 13321. *Densemonne*.—Danes, gen. pl. See remarks on v. 17.

v. 13362. In Wace, "de grant feinted."

v. 13386. Translate, "'for [and] I will."

v. 13499. *biwiten*.—Literally, "keep."

v. 13504. *whær* is the contracted form of A.-S. *hwæðre*, and kept its ground in Middle English till the fifteenth century. In like manner we have *þær* for *þyðer* in the Sax. Chron. aº. 1127. p. 356.

v. 13592. The later text has "the head."

v. 13656. *scipinge*.—The verb *scipien*, to reward, occurs v. 20012, but I do not find it in A.-Saxon.

v. 13703. (*sec. t.*) *liþe*.—Another instance of the change of ȝ into þ.

v. 13767. (*sec. t.*) *an hond*.—See remark on v. 7165.

v. 13769. *cost*.—Cf. v. 18166, where the later text has *read*, and see the Glossary to *Syr Gawayne*, in voce. Hence is formed the adverb *nedescost*, necessarily, in Chaucer, *Cant. Tales*, v. 1479, which is so misinterpreted by Urry and Tyrwhitt. See also MS. Cott. Dom. viii. f. 161b.

v. 13785. *vnder þan*.—In the French, *entre tant*.

v. 13816. The usual sense of *spilede* in Laȝamon is "spake," A.-S. *spellian*, but it here seems to have a different meaning, apparently from A.-S. *spilian* (omitted by Bosworth), scurrilibus jocis vacare; cognate with the Dutch *speelen*, Germ. *spielen*, etc.

v. 13854. *tiðende*.—Here signifies "customs." Cf. v. 14325.

v. 13881. *luste* is an error of the scribe for *lufte*.

v. 13886. *alc an*.—Here and in v. 14593 we should read *ælcan*, dat. sing.

v. 13904. *weoli*.—Signifies "bounteous," from A.-S. *welig*.

v. 13935. This line would be more correct if written, *Monen heo ȝifuen*, but similar inaccuracies are not unfrequent.

v. 13966. *bi-liueð*.—Incorrectly, for *bi-leueð*.

v. 14002. *iuæld*.—There is some error in this word, or we must supply the word *habbeð*.

v. 14058. *londes* is probably an error for *londe*.

v. 14122. *Bruttes* is gen. sing. and refers to Aldroein. The line should be rendered, "the noble Briton." Cf. v. 21146.

v. 14151. *hiren*.—Incorrectly, for *heren*.

v. 14187. *anes* seems a mistake for *an*, or else we must read *bules*. It is singular that *bul* is not in A.-S., although found in the kindred dialects.

v. 14252. Correct the translation thus, "eighteen great ships." In Wace we have, "Vindrent *dixhuit* nés cargiés," i. 327.

v. 14262. *gistninge*.—I do not find this noun in A.-S., but it is common in Early and Middle English.

v. 14282. *hetten* may be an error for *letten*, as in the later text.

v. 14294. *ibon*.—See remark on v. 6186.

v. 14304. *farrest*.—Incorrectly, for *fairest*.

v. 14310. *kime* is an error for *kume*; cf. v. 14827; yet in A.-S. we have *cyme*. In the later text *comes* is used irregularly, as in v. 4373.

v. 14394. *mærȝeue*.—For "ample" read "nuptial," as in vol. iii. p. 249. The error arose from the incorrect form *mærȝeue*, compared with the Sax. Chron. a°. 1125, "micele *gife* and *mære*." Wace has *doaire*. With regard to the *morgangifu*, see Bosworths A.-S. Dictionary, in voce.

vv. 14405–8. In the MS. these four lines are punctuated so as to form only two, with final rhyme.

v. 14431. The expression "all that knew of book" refers to the *Clergy*, and not to the *Christians*.

v. 14469. *wed-broðer*.—See the Note in p. 354. The term occurs also in the Laud MS. of *Kyng Horn*, No. 108.

He tok wit him another,
That was Hornes *wed-brother*.

v. 14482. *þræt.*—A.-S. *þearft*, Cædm. p. 130. In the later text, v. 18650, it takes the form of *þeort*, and in Middle English, *thurt*. In Barbour it is spelt *thurst* (see remark on v. 4), which is quite misunderstood by Jamieson.

v. 14539. *ȝer witele.*—See remark on v. 3028.

v. 14585. *lusie.*—For "praise" substitute "worship."

v. 14618. *bidden* appears to be governed by *wulleð*, so that the translation may read thus, "greet; 'and will pray Christ [be Christ now] that is Gods son, '*to be*' to us in help!"

v. 14630. *king.*—Incorrectly, for *kinges*.

v. 14692. *þare* seems a mistake for *þan*, as *water* is always neuter.

v. 14722. The verb *at-stonden* also means *to stand out, to resist*, as in *Beowulf*, v. 1776. So in the Early English Rule of Nuns, "*etstondeð* one ȝean þe ueonde, *resistite diabolo*." MS. Cott. Nero A. xiv. f. 66.

v. 14745. *æchere* is an error for *ælchere*, as written elsewhere in the early text.

v. 14790. *king* is omitted by the scribe, as is manifest from the rhyme.

vv. 14809. 14874. *make* and *answare*. See remarks on v. 1970.

v. 14841. *sel.*—In the translation, "'prosperously'" has been accidentally omitted. Cf. v. 5058.

v. 14867. *uor-radde.*—See remark on v. 8727.

vv. 14937. 16273.—*Brutene.*—gen. pl. Britons; but there is much difficulty in distinguishing it from *Bruttene*, gen. s. Britain.

v. 14981. (*sec. t.*) *smere* appears to be superfluous, and without meaning.

v. 15044. *hir.*—Incorrectly, for *here*.

v. 15050. *soluer.*—Incorrectly, for *seoluer*.

v. 15079. *kenedom* for *kinedom*.

v. 15174. *iwrað* for *iwarð*, as in some other instances.

v. 15208. Perhaps this should be rendered, "that they should not disagree." See remark on v. 5640.

v. 15233. *bi-swac* is certainly the right reading, and the translation of both texts should correspond.

v. 15263. *lift.*—This is the earliest instance that has occurred of the use of this word, which is not found in A.-Saxon, but is evidently borrowed from the Belg. *lufte*, Fries. *leeft*. See Outzen, *Gloss. der friesischen Sprache*, 4to. 1837, and an article in the *Quarterly Review* for Feb. 1836, p. 376. It occurs in several other passages, but in v. 21244 we have the A.-S. form *swiðren*.

v. 15279. *iþeuen*.—A.-S. *geþafian*, to permit.

v. 15332. *burhȝes*.—In Wace, *forteleces*. Here and in some other passages *burh* means a fortified place, as in A.-S.

v. 15343. *halidom*.—This word is always used by Laȝamon in the sense of "relique" (except that in the later text it stands once for "rood," v. 22101), but it has other meanings in A.-Saxon. See the Sax. Chron. pp. 287. 363. 371, and Bosworth.

v. 15373. *ferden* is incorrectly written for *fereden*, or perhaps we should read *for-ferden*.

v. 15409. The later texts read "with honor."

v. 15468. The *West-Wealas*, according to Florence of Worcester, were the inhabitants of Cornwall. See the Sax. Chron. ann. 813. 835. It would seem, however, from this and another passage in Laȝamon, v. 17632, that by the *West Welsh*, he understood the counties bordering on St. Georges Channel. If the reading *West* is to be admitted in v. 10748, the inhabitants of Cornwall are there separately spoken of.

v. 15482. *aredden*.—Literally, "restored."

v. 15509. *weien-laten*.—In Ælfrics Glossary we have *wege-læton*, trivium, and in the A.-S. Gloss in Mones *Quellen und Forschungen*, etc. 8°. p. 427, is *wegge-læte*, compitalia. The word is still preserved in the later Wycliffite version of the Scriptures, Gen. xxxviii. 14, II. Kings, i. 20, where the Vulgate reads *in bivio itineris* and *compitis*.

v. 15571. *whu*.—Incorrectly, for *whi*.

v. 15695. *for* appears to be superfluous.

v. 15703. *wunsele*.—Compare *winsel* in Cædmon, p. 270, and *Beowulf*, l. 1383. 1536.

v. 15723. *uncuðe*.—In the translation, for "unusual" read "uncomfortable," which is still the provincial meaning of *uncuðe*.

v. 15734. *unwiht*.—In Early English *unwiht* is often used for the Devil. See MS. Reg. 17 A. xxvii. ff. 1. 5b. 51b. etc.

v. 15736. See remark on v. 3051.

v. 15757. Perhaps *leod-spelle* may here mean magical spells, in the same sense as *leod-rune* elsewhere.

v. 15851. The conjectural reading should be *þe*, not *þi*.

v. 15885. *wolden to grunde.*—A phrase often repeated, in which *wolden* seems used adverbially, and it may be rendered "down to the ground." Cf. v. 23984 (*sec. t.*).

v. 15942. *midderniht.*—This form of the dat. sing. occurs twice elsewhere (*midre-niht*, Exeter Book, p. 54), but we have *middel-niht*, v. 20607, as in *Beowulf*, l. 5561. In Mhd. it is *mitter naht*, Wigolais, v. 267. Germ. *mitternacht*.

vv. 15946–7. It is doubtful if the hyphens before the infinitives should be used, but see remark on v. 9245.

v. 15961. *ilær.*—A.-S. *gelær*. The word is still preserved in the dialect of the western counties, and also in Hampshire and Wiltshire.

v. 15971. *lates.*—"gestures" or "looks." See remark on v. 1195.

v. 16007. Literally, "dearest of men to me."

v. 16026. *tacned* is probably for *tacneð*, and both texts will then agree.

v. 16034. (*sec. t.*) *wost.*—Perhaps an error for *woldest*, but in v. 18747 we have *sost* for *soldest*.

v. 16062. Correct the translation, "from Britanny [of *the* Britons] arrived."

v. 16099. *swenien.*—In the MS. it appears to be written *swenien*, but as the *s* and *n* are sometimes not easily distinguished, the verb has been considered as connected with the A.-S. *swindan*, Ohd. *suinen*, Low Germ. *swinnen*, Swed. *swinna*, decrescere, minui, consumere. The corresponding lines in Wace are,

> Comme sangler fiers en bataille
> Les traitors *devorera*.

v. 16099. *eiȝe.*—Should be rendered "anger." See remark on v. 2087.

v. 16101. *witen.*—In two former instances, vv. 1026. 1046, this word has been translated in the plural, as it ought probably to be here and in v. 16535, as in A.-S. to *þam witum* gelædd, ad supplicium ducta, Gen. xxxviii. 25, but in v. 16603 it is in the singular, and of the fem. gender, as in Frankish, whereas in A.-S. *wite* is neuter. Its meaning is usually "punishment," "torture" or "death," but in v. 20462 the original French text reads *honie*, which connects *wite* there with *the* Ohd. and Mœs.-Goth. *eduuit*, opprobrium.

v. 16109. (*sec. t.*) *sohtere.*—See remarks on v. 38.

v. 16111. *to hirede* here and in some other passages seems to be used adverbially, meaning *in a host*, or *all together*. Cf. v. 25416.

v. 16116. The verb is understood, and should have been printed in Italics.

v. 16133. *heo* is an error for *heom*.

v. **16139.** This line is very obscure and requires some correction. Perhaps for *wræc we* may read *wræh* (Cædm. p. 83), and translate, "all it covered the plains."

v. **16219.** *slælden*.—Cf. v. 6147.

v. **16234.** Translate, "the noble [strong] earl."

v. **16303.** *cnaue*.—In the translation, for "knave" read "child." In Wace,

> *Enfès* est, qui's a à garder.

v. **16308.** In the original thus:

> Rien ne valt *li gent* que on maine,
> Qui a foible et fol chavetaine.

See remark on v. 816.

vv. **16328–9.** *ferde* is fem. gend., to which *heo* and *hire* may refer; and if so, the foot-note is unnecessary, and the passage should be rendered, "'where it was in field,' but otherwise [it] was disposed 'to it' ere," etc.

v. **16372.** *hær wude*.—The same expression is used by Wyntown and Douglas, and in the latter it is a translation of Virgils *immanem silvam*. Jamieson derives it from A.-S. *haer*, hair, but it is more likely from A.-S. *har*, hoar, grey. See Cædm. p. 185, and Boeth. ed. Rawl. p. 155. Compare also the phrase "holtis *hair*" quoted by Jamieson, in v. *Hair*.

v. 16457. *hom*.—Incorrectly, for *heom*, and again, v. 21177.

v. 16500. See the same phrase in the Sax. Chron. a°. 959, which is falsely translated by Ingram.

v. 16525. *cleope*.—See remarks on v. 1970.

v. 16548. *iuræinned*.—Perhaps an error of the scribe for *iuræmmed*, "done," from A.-S. *gefremman*, to perform.

v. 16572. *buȝeȝen*.—Incorrectly, for *buȝen*.

v. 16584. A hyphen is required in *drihte-folke*. See remarks on v. 111.

v. 16594. *non* must here, as in Swedish and Danish, signify the repast taken at noon, "nooning."

v. 16621. *haued* is for *haueð*, 3 p. s. pr. t.

v. 16631. *þe* seems an error for *þa*, then, or for *and*, as the later text.

v. 16687. (*sec. t.*) *ton*.—See remark on v. 7798.

v. 16701. *to-swadde*.—See remark on v. 3657.

v. 16703. *tarueden*.—A.-S. *torfian*, jactare; "*torfedon* toward þan weofode." Sax. Chron. p. 185.

v. 16717. *swored.*—Incorrectly, for *sweord.*

v. 16762. *blaðe.*—See remark on v. 9929.

vv. 16789. 16799. 16861. *an hond.*—See remark on v. 7165.

v. 16800. *temden.*—See remark on v. 1245.

v. 16868. *ræhliche.*—Should be rendered "sternly" or "fiercely."

v. 16914. for *þus* we should probably read *þas.*

v. 16949. *stronge.*—Perhaps for *strongnien.* Cf. v. 5981.

v. 16963. *eerstowe.*—A.-S. *leger-stow.* In the French, *cemeterie.*

v. 17037. Correct the translation thus, "noblest of all kings, greeteth thee; 'all this vast land standeth in king Aurelies hand,'—[and] 'he' beseecheth," etc.

v. 17093. Correct thus, "for the coming of ever any man that came to him."

v. 17103. *cwðlæhte.*—The only instance hitherto known of this verb in A.-S. is given by Somner, and admitted on his authority into Lye and Bosworth.

v. 17113. *wlæt.*—A.-S. *wlitan,* to behold, Mœs.-G. *wlita,* circumspicere.

v. 17119. Correct, "to understand of the worlds 'course [duration]." Cf. v. 17167.

v. 17129. *iscire.*—"inquire." Such appears the sense of this verb here, although in two other passages, vv. 16822. 18417, it means simply "to speak." I find in A.-S. dictionaries no corresponding sense of the verb *scirian,* but it is remarkable, that the Bodleian MS. of Boethius, cap. 39. § 12. (p. 134. ed. Rawl.) reads *scyrian* instead of *spyrian,* as the Cotton MS.

v. 17304. *to þan anes.*—"For the nonce," for the purpose. Cf. v. 21506. Here we have clearly the derivation of the phrase which has puzzled so many etymologists. See Prices note on Wartons *Hist. of Engl. Poetr.* vol. iii. p. 75. ed. 1840, and my Glossary to *Syr Gawayne,* in v. *Nonez.*

v. 17317. *baluwenen.*—Incorrectly, for *baluwen,* but this duplication of the final syllable *en* is found in some other instances.

v. 17401. "All clean," means altogether, every one.

v. 17409. *syȝe.*—Had better be rendered "success."

v. 17485. *werf.*—In Wace, "*feste* tint, si se corona," but I can find no authority in A.-S. or the kindred dialects for such a signification.

v. 17501. *heȝe wurðede.*—Should have been printed *he ȝewurðede,* which is an error for *he iwurðede.*

v. 17547. Translate, "be 'thither' my companion."

v. 17602. *wunseles.*—Mansions or "wine-halls." See remark on v. 15703.

v. 17618. *feore.*—Used again in vv. 30601. 30604, and also in the contrary sense, *unfere,* v. 6780. It occurs in the Sax. Chron. a°. 1016. p. 195. "*y* ælc mann þe *feor* wære, forð gewende," where the Cotton MS. Tib. B. iv. reads *fére.* Ingram mistakes the sense, in rendering it "however *distant,*" and the word is therefore excluded from Bosworths Dictionary, although he has *un-fere,* from the Sax. Chron. a°. 1055.

v. 17651. We should probably read *Appas he.*

v. 17653. A line is here wanting in the later text.

vv. 17659. 17739. *mainde.*—Translate "mingled." See remark on v. 4318.

v. 17723. (*sec. t.*) *soch* may be an error of the scribe for *swike.* Cf. v. 17693.

v. 17773. *on sweuete.*—Cf. vv. 17802. 25581. The sense is always the same, "in slumber" or "deep sleep." The editor of the Legend of St. Katherine, p. 77, seems mistaken in rendering the expression "in *dream.*"

v. 17809. *beouste.*—This word should have been printed *beonste.* It appears here to be an error of the scribe, but in v. 26090 the same word occurs in the sense of "habitation"; probably from A.-S. *byan.*

v. 17854. *azeineden.*—Should have been printed *azen-ieden,* "returned."

vv. 17874–6. Translate, "at the gleams end was a dragon fair; from the dragons mouth," etc.

v. 17883. Correct thus, "bright exceedingly [enow]."

v. 17946. (*sec. t.*) *morelikt* seems a mistake for *morewelikt.*

v. 18010. *bihedde.*—See remark on v. 2725.

v. 18023. *him* is here reflective, and the line should be rendered, "where Uther he came." See remarks on v. 532.

18026. The hyphens in *to-bilive, to-blive* are inserted erroneously, and in the following line *and* is not redundant, as conjectured. The verb of motion is understood here, as in vv. 18026. 27808.

v. 18061. *an eornest.*—This may also be translated, "in earnest," as in A.-S. Matth. v. 18. The phrase is literally, "that *it* was to the Britons," etc.

v. 18069. *isih.*—3 p. sing. pr. t.; in the translation, for "saw" read "seeth."

v. 18111. *arnde.*—"rode." See remarks on v. 6138.

v. 18159. *icunde.*—See remark on v. 7909.

v. 18187. (*sec. t.*) *varen.*—Incorrectly, for *varende.*

v. 18206. (*sec. t.*) In the translation, read "dragons [like to the dragon, all of red gold]."

v. 18214. *hire-marke.*—More correctly, *here-marke.* Cf. v. 18869.

v. 18250. *bi heore liue.*—The later text here would seem to point out the true derivation of the adverb *beliue* or *bliue*, respecting which some futile conjectures may be found in Jamiesons Glossary, in v. *Belyve*.

v. 18275. (*sec. t.*) *beoþ* for *beþ*, according to the usual forms of the later text. See remarks on v. 336.

v. 18335. *hælp.*—Incorrectly, for *hæp.* See remark on v. 316, and correct the translation.

v. 18356. *wel idon.*—In Wace, "saiges et cortois." See remark on v. 910.

v. 18367. *on.*—Would be better rendered, "favor." See the article in the *Quarterly Review* for Feb. 1836, p. 372.

v. 18417. *scire.*—Is here used in its usual sense of "speak," but see remark on v. 17129.

v. 18451. Cf. v. 818, and note.

v. 18533. (*sec. t.*) *þare.*—This is the fem. article, but in A.-S. *mete* is masc. gen. and so also elsewhere in both texts of Laȝamon, which would induce one to suppose *þare* a mistake for *þane*. In the later text, *hire* is always the form of the pronoun, gen. pl.

v. 18650. Correct the translation, "needed not the knights, by day or night, but to guard," etc.

v. 18707. *hende.*—See remarks on v. 612.

v. 18715. For *iderued* we should probably read *idreued.* Cf. v. 171.

v. 18764. So also in a poem written in 1264,

> Sire Simond de Mountfort hath *suore bi ys chynne.*
> Wrights *Political Songs*, p. 70.

v. 18789. (*sec. t.*) *scoue* is an error of the scribe for *seoue*.

v. 18869. *mærk* is elsewhere used (as in A.-S.) by itself, vv. 19099. 19125. 31220, yet it is probable that *heore marken* and *hire marke* are here compounds, and should be written *here-mærken, here-marke.* See v. 27469, where the same error occurs, and has been corrected in the early text, and compare vv. 18214. 21568.

v. 18934. The later text reads, "one such craft."

v. 18936. *gareres* appears an error for *cheres*: Fr. *chere*, Flem. *cierre*, vultus.

v. 18956. *iwil del.*—See remark on v. 596.

vv. 19023. 19035. *monne* and *wifmonne* are gen. pl. governed by the superlative, but in the later text the regular form seems often to give way to the nominative sing.

v. 19047. (*sec. t.*) *eod.*—Incorrectly, for *eode.*

v. 19141. *isohten.*—The conjectural reading is unnecessary.

v. 19167. *an skentting.*—The same expression occurs again, v. 30625, where it simply means "amusement," and where Wace has, "à grant joie." The word has not been found in A.-S., which seems surprising, since in the Early English poem of the *Hule and Niȝtengale,* we not only meet with the noun several times, but also the verb *skente,* to make merry. It would seem to be connected with the Swedish *skanta,* lascivire. See Ihre, *Swenskt Dialect Lexicon,* 4to. Ups. 1766.

v. 19192. *hateð me.*—This use of the pronoun continued down to the seventeenth century. See instances in Nares, in v. *Me.*

v. 19210. Translate, "then were in Britain joys enow," etc.

v. 19297. *oder* is for *oðer.*

v. 19300. *of-læien.*—In Wace, "de longhes gardes anuiés." In the *Kings Quhair,* a similar phrase occurs in *wery for-lyin,* st. 11.

v. 19368. *sa.*—Incorrectly, for *sæ.*

v. 19396. (*sec. t.*) *alle scines.*—Incorrectly, here and in v. 24496, for *alles cines,* but written according to pronunciation. Similar instances are not unusual in poems of the thirteenth century.

v. 19412. *lætten.*—Translate thus, "and thought very contemptuously [much derision] of Loth." A.-S. *lættan,* putare.

v. 19425. *wurede.*—An error, probably, for *wundede.*

v. 19453. *imonnen.*—Incorrectly, for *monnen.*

vv. 19479. 19576. etc. *Vder.*—Incorrectly, for *Vðer.*

v. 19514. *her* is an unusual form of the gen. pl. *heore.*

v. 19580. *itah* is written for *itaht* (as in many other instances *h* is used for final *ht*), and might be rendered literally, "taught."

vv. 19609–19611. (*sec. t.*) The punctuation here is faulty, and should be made uniform.

vv. 19641. 19662. *monnes* appears here and in v. 28253 to be the gen. pl. (instead of the usual form *monnen,* A.-S. *monna*); and perhaps these are among the earliest instances of the termination of the gen. pl. in *s,* which in modern English is so absurdly followed by an apostrophe.

v. 19799. The verb *blakien* also signifies "to become pale," but here it stands expressly for Waces "noircist."

v. 19801. *swelten.*—In the translation, for "burst" read "die."

v. 19876. *flæmen.*—Literally, "put to flight."

v. 19944. *ber-cnihtes.*—Incorrectly, for *bur-cnihtes.*

v. 19989. *iuæid.*—See remarks on v. 964.

v. 20032. Translate, "In those days," and cf. v. 12075.

v. 20058. *ualden* is an error for *fallen.*

v. 20093. *arkredðe.*—Incorrectly, for *arhreððe,* which elsewhere has the form of *ærkðe.*

v. 20123. *runie.*—See remark on v. 1545.

v. 20165. *floc* is a provincial form of the A.-S. *flyg*; in Mhd. *vluc.*

v. 20233. Insert in the translation the words, "ere the king were aware," after "Arthur."

v. 20249. *aðelest.*—The later text reads "wisest."

v. 20273. *on comele.*—See remark on v. 6630.

v. 20319. *culde.*—The translation is conjectural, as the word has not been traced elsewhere.

v. 20375. *hude.*—Is, in all probability, the same with the A.-S. *hude, hyde,* Dan. and Sw. *hud,* Dut. *huid,* all of which are feminine nouns. It means either "skin," or "hide of land." In either case, it is used with a certain latitude of expression.

v. 20441. *hæte.*—See remarks on v. 4062.

v. 20459. *icunde.*—In Wace, "heritage." Cf. v. 7909.

v. 20504. *deh.*—A form of *deð* or *doð,* as *beh* for *beoð, soh* for *soð, lah* for *loð,* etc. In v. 21482 we have *doh.*

v. 20532. *beorkes.*—The meaning is very doubtful. The French text gives no assistance, and the word does not occur again.

v. 20572. Translate, "yet had it not"; *heo* in the previous line was overlooked.

v. 20635. *uten.*—This is perhaps among the latest instances of the use of the A.-S. *utan,* which is defined "a verbal conjunction, used with the infinitive, to express a desire or intention." Thus in Gen. xxxiii. 12. *Uton faran,* Mark xiv. 42. *Uton gan,* let us go, etc.

v. 20678. *dunede.*—For "became dun," I would read "dinned" or "resounded," as in vv. 21230. 27441. The former translation was made on a supposition that *dunede* here (A.-S. *dunnian*) was synonymous with *falewede,* as used in vv. 16414. 18318. Compare the disputed line in the A.-S. Ode on the Victory of Athelstan, "*feld dennade* [*dunnade*?] secga swate." See Prices note on the passage, in Wartons *Hist. Engl. Poetr.* vol. i. p. lxxi. ed. 1840.

v. 20665. (*sec. t.*) *þare* is, no doubt, a mistake for *þan*, since *wode* is masc. elsewhere in both texts, as in A.-S.

v. 20697. *ho.*—Incorrectly, for *heo.*

v. 20700. (*sec. t.*) *þare* is an error for *þan* or *þe*. Cf. vv. 4211. 8127.

vv. 20704. 21826. *gr*[u]*den* is an error in the MS. for *g*[u]*nden*.

v. 20712. *holme.*—Its meaning in A.-S. as also still in Scotland is a river-island, or spot surrounded by water.

vv. 20715-16. Correct the translation, "*the* Britons (*lit.* folk of Britons) all surrounded the woods."

v. 20728. *hete* would here seem to have the sense of *thirst* or *drought*. In Wace we read "Qu'il ne *burent* ne ne mangierent." In v. 21875 it might also bear this meaning, but in other passages certainly not. See remarks on v. 4042.

v. 20746. *scare.*—See remark on v. 5835.

v. 20830. *sad.*—Consult the note on *wiges sæd* in the poem on Athelstans victory, *Hist. Engl. Poetr.* vol. i. p. lxxii. ed. 1840. In the Shropshire dialect *saded* is still used in the same sense of "satiated."

v. 20856. *stefenen* is the dat. sing. fem.

v. 20863. *uirste* is the superl. of *feor*. In the Sax. Chron. a°. 1131. p. 362, the comp. *firrer* is found, which Ingram entirely misinterprets.

v. 20886. (*sec. t.*) *ine* is, no doubt, an error for *hinene*.

v. 20905. *comela.*—See remark on v. 6630.

v. 20935. "board" is here used for "ship" (as in A.-S.); hence the phrase "on *board*."

v. 20957. *ulozen.*—For "drove off," translate "flayed." The verb in the early text is from A.-S. *flean, flog*, and in the later text is replaced by *hilden*, A.-S. *behyldan*, excoriare.

v. 20958. (*sec. t.*) *þar* is an error for *þe* or *þa*. Cf. v. 1940.

v. 20960. *biwusten* here may be better rendered "took charge of."

v. 20968. *clibben*, incorrectly, for *clubben*.

vv. 21011-21315. The portion of the poem comprehended in these lines has been printed by Mr. Guest, in his "History of English Rhythms," 8vo, Lond. 1838. vol. ii. pp. 114-122, accompanied by a translation, the variations of which from my own will be seen by comparison; but the more important I deem it right to point out.

v. 21016. Here and elsewhere Guest translates the neuter article by the pronoun *that*, and this practice is authorized by our A.-Saxon scholars, yet I can find no ground for such a license.

v. 21022. *heo* is for *he*, and *blawen* 3 pers. sing. with the pleonastic *n*. Guest, however, renders the line in the plural, and consequently is forced to render *his* falsely in the next line but one by *their*.

v. 21029. (*sec. t.*) *broc*.—This is the modern term *brag*, the meaning of which was originally the same with *threat*. Gawin Douglas writes it *braik*. The verb in Mhd. is *brogen*, which is connected with A.-S. *bregan*, *broga*, etc.

v. 21037. *riche*.—"place" or "territory," acc. sing. fem. In the same sense *riche* is used in the Sax. Chron. a°. 1102. p. 323. Cf. v. 30955. Guest has, as I judge, erroneously, considered *riche* to be here an adjective in the nom. case plural.

v. 21072. *dede* is dat. sing. fem.

v. 21128. *isemed*.—For "it all beseemed," translate "disposed it all." Compare the same phrase in vv. 24103. 27431. It is the A.-S. *geseman*.

v. 21130. *ibroide*.—Guest is certainly mistaken in translating this word "wide-spread." It means properly "interwoven." Cf. vv. 23764. 29252. This is also the sense of *gebroiden* in the Sax. Chron. a°. 1104. p. 325, which is rendered by Matthew of Westminster, "mirabiliter *implicati*." Lye and Bosworth translate it improperly "placed," and Ingram "described." In the Early English poem of the *Hule and Niȝtengale*, occurs *broiden* for braided.

v. 21179. *wunderliche*.—Translate, "marvellously."

v. 21214. *ifaied*.—Compare v. 14459, and remarks on v. 964. Guest has rendered it "fey-men."

v. 21221. *orl*.—Incorrectly, for *eorl*, and again, v. 24400.

v. 21225. *raeie*.—Guest is greatly in error in connecting this adjective with the Middle English noun *ray*, king. It is of very frequent occurrence, and is the same with A.-S. *reþe*.

v. 21228. The same expression is in Cædmon, p. 146. l. 16.

v. 21235. *to-chan*.—A.-S. *to-cinan*, diffindere.

v. 21263. *maste*.—For "beech-*wood*" in the translation, read "oak-grove." In the Laws of Ina, § 49, *masten* occurs in the same sense, vol. i. p. 132. ed. Thorpe.

v. 21269. *læc*.—The meaning of this word seems clear, as confirmed by v. 28522, and it would seem to be a strong form of the preterite from A.-S. *lecan*, which is only found in compounds. Guest translates it as if from A.-S. *lacan*, ludere.

v. **21301.** *gat* is here of the fem. gender, as in A.-S. and the kindred dialects; but in A.-S. the word is used to express both sexes. The pronoun is used first in the masc. gender and then in the fem., one of which must be wrong. In the later text, the masculine form is used in both instances. It would be better perhaps to correct *he* into *heo*, and translate, "where 'she [he] guards the hill; high upon *the* hill *she* fighteth with horns, when the wild wolf approaches to·wards 'her [him]."

v. **21308.** *imane.*—Literally, "fellowship."

v. **21325.** *bi-georede.*—Translate "begird," instead of "armed."

v. **21412.** The meaning of this line is very obscure.

v. **21434.** *liš.*—For "lie" read "lieth."

v. **21493.** Translate thus, "[and] quickly 'he' proceeded full surely," etc.

v. **21505.** *waȝen.*—A.-S. *wæcg*, a wedge; in Lancashire still pronounced *weigh*. Cf. v. 21596.

v. **21506.** *to þan ane.*—See remarks on v. 17304.

v. **21568.** *heore-mærken.*—See remark on v. 18869.

v. **21602.** *liðerlic*, incorrectly, for *lxðerlic*.

v. **21709.** *wrasts* is probably an error for *þrasts*.

v. **21725.** *cliseden.*—A.-S. *glisian*, Isl. *glaesa*, Germ. *gleisen*, to glisten.

v. **21746.** *nikeres.*—This passage is quoted in the additions to Bouchers Glossary, in v. *Auld Nick*. Consult also Keightleys *Fairy Mythology*, on the *Necks*, vol. i. pp. 235. 257. edit. 1828. The word is found in Robert of Brunne, as synonymous with *mermaids* (see Notes on v. 1322), and in the *Promptorium Parvulorum*, compiled in 1440, the term *Nykyr* is still retained, and explained *Sirenæ*.

v. **21773.** *walleð of.*—This would seem to be an error for *walleð i*, to express, with the later text, the words of Wace, "*dedens caoient*," vol. ii. p. 60.

v. **21807.** *leicien* is erroneous, for *leien*.

v. **21886.** *on sið.*—Instead of "in affliction," the phrase *on sið* may be rendered "in journey." In the A.-S. Laws of Alfred, ed. Thorpe, vol. i. p. 81, "ælc hwele mon þe *on siðe* wære" is rendered, "every one who was of the party."

v. **21893.** Wace here has, "De *faim* muerent et de *mesaise*." See remarks on vv. 4042. 20728.

v. **21935.** *lumen.*—Here and in v. 23390 incorrectly written for *limen* or *leomen*.

v. **21985.** *mire* appears an error for *mine*, since *worden* is dat. pl. and neut. gend.

v. 22071. A hyphen is wanted in *ær-witte*. In this compound *ær* appears to be the same as A.-S. *or*, in such forms as *or-mod*, *or-wen*, etc. Compare *ær-sæ*, v. 27537, and see Prices note in Warton, p. lxxx. ed. 1840.

v. 22077. *suggen* is an error for *sungen*.

v. 22087. *forð*.—Cf. v. 18556, and see remark on v. 617.

v. 22112. In Wace,

> Por les iglises maintenir,
> Et por les *mostiers* restorer.

v. 22124. The sense of this line is doubtful, and a plummet-mark in the margin of the MS. would indicate some error.

v. 22130. (*sec. t.*) Part of a line is here wanting.

v. 22132. *bi-wæised*.—Has been considered an error for *bi-ræised*, which is of constant occurrence, but it may possibly be connected with A.-S. *bewæfed*, covered, and, metaphorically, oppressed. Cf. v. 130.

v. 22155. *icunde*.—In Wace,

> Artus lor a lor fiés randus,
> Et lor *eritages* creus.

See remark on v. 7909.

v. 22162. We should certainly read *a fulturne*, and the brackets in the translation are unnecessary.

v. 22178. *Muræine*.—Hitherto the forms of this word in the earlier text have been *Muraine*, *Moraine*, *Mureine*, *Muriene*, *Muriane*, *Muræine*, but at this part of the MS. another hand is distinctly visible, which has substituted the *f* or *s* (ɛ) for *n*. The same diversity occurs in the French manuscripts, between *Murif* and *Murain*. Geoffrey has *Morianorum*.

v. 22202. I do not understand this line, or the meaning of *bæd*. Is *it the* A.-S. *beada*, a counsellor or persuader?

v. 22287. *ruokeden*.—For "got ready" read "rocked" or "rolled." Geoffrey of Vinesauf says, "*Rotantur* loricæ, ne rubigine squalescunt," which was done by rolling the mail in sand. See the Glossary to *Syr Gawayne*, in v. *Rokked*.

v. 22340. (*sec. t.*) *hire* is here a noun, and has the same meaning as in v. 7831. This form is still retained in the provincial dialect of the west of England. The foot-note is therefore superfluous, and the translation should be corrected to "covered with iron."

v. 22497. *to cnihte dubben*.—In the Sax. Chron. a°. 1086, the phrase is "*dubbade* to ridere."

v. 22511. This form of phrase is very common in A.-S. For "as" the later text reads "how."

v. 22606. For *ȝiueles* we should probably read *gaueles*, and the translation would be "as thing of tribute."

v. 22616. *Winent-londe.*—So in the MS. but incorrectly, for *Winet-londe*, as in v. 22648.

v. 22760. (*sec. t.*) *wyde.*—There appears some error here. Cf. v. 14283.

v. 22762. *laflen.*—A.-S. *læfel*, a bowl, Gen. xliv. 2. The word has not been found in later English.

v. 22806. (*sec. t.*) Part of a line is omitted.

v. 22836. (*sec. t.*) *luggen.*—Incorrectly, for *liggen*.

v. 22848. (*sec. t.*) *sire.*—Is no doubt the same as *scire* in the earlier text, v. 18417, and elsewhere.

v. 22946. *idiht.*—The sense would be clearer, if rendered "placed." Perhaps *bi ane* does not mean "seated separately," but "equal."

v. 22981. *writen* may be singular, and refer to Laȝamons own work.

v. 23008. *oht.*—See remarks on v. 7027.

vv. 23034. 23040. 23052. I have already observed, and now again repeat, that *þas*, *þeos*, *þis* and *þes*, are, in lines of this construction, the definite article, genitive case.

v. 23071. *haleweie.*—Means properly *balsam* or *balm*, but may have been used for any sweet medicinal drink. See Mortons Glossary to the "Legend of St. Katherine," and Ways note to the *Promptorium*, in v. *Haliwey*. To the passages quoted by these writers, add one from the Early English *Rule of Nuns*, MS. Cott. Tit. D. xviii. f. 44, and another in the *Land of Cokaygne*, MS. Harl. 913. f. 4b. The derivation of the word I take to be from the A.-S. *hæl*, healing, and *hwæg*, whey.

v. 23106. *aðem.*—In Wace, "serourge," and in Robert of Brunne, "my *mouh*."

v. 23176. (*sec. t.*) *seoluere* is an error of the scribe for *seolue here*.

v. 23332. (*sec. t.*) *for-lede* may be meant for *forþ-lede*.

v. 23345. (*sec. t.*) *sleþþe.*—In the A.-Saxon Psalter in Trin. Coll. Cambridge, Ps. cii. v. 13, *figmentum* is rendered *slyðe*-mod.

v. 23346. *laðe.*—Incorrectly, for *laðe*.

v. 23425. *worlde* is used for "age," as the Latin *sæculum*, Fr. *siècle*.

v. 23440. *an uest.*—Translate "quickly," instead of "the nearest way."

v. 23492. *ȝeoumereden.*—For "murmured," I would read "groaned."

v. 23532. The verb *dihten* has such an indefinite signification, and is applied so variously, as to make it often a matter of difficulty to translate. Here it appears to mean "to put in order," *i. e.* to secure or render strong against the expected attack.

v. 23554. *mōnien.*—This is a misprint for *mōmen,* which is an error in the MS. for *mōnen.*

v. 23593. *þere.*—This, if not an error for *þe,* should be rendered "there."

v. 23627. The hyphens in *to-dælen* and *to-dihten* should, perhaps, be omitted.

v. 23635. The construction seems to require the verb in the infinitive, and we should probably read *iwiten.*

v. 23654. *bitelen.*—This verb seems connected with the A.-S. *getalan,* to dispute, Suio-Goth. *tala,* Mhd. *teilen.*

v. 23670. (*sec. t.*) *swindene.*—Apparently from A.-S. *swindan,* to be enervated, to languish.

v. 23761. *cheisil.*—A.-Norm. *chainsil,* etoffe de lin, ou de chanvre. See Michels note on the *Roman de la Violette,* p. 122. Other instances of its use are in *Kyng Alisaunder,* v. 279; *Sevyn Sages,* v. 1814.

v. 23762. *pallene* had better, probably, be considered an adjective, and translated "purple." Cf. Sax. Chron. a°. 1074.

v. 23764. *ibroiden.*—"interwoven," *i. e.* chain-mail. See remark on v. 21130.

v. 23868. (*sec. t.*) *onseale.*—Perhaps the conjectural reading is unnecessary. Cf. v. 26446. The word might be rendered "unlucky," A.-S. *ungesælig.*

v. 23871. *aite.*—The small islands in the Thames near Eton are still called *aits.* See also Todds Johnson, v. *Ait.* Skinner and Ash suppose it a contracted form of *islet,* but erroneously.

v. 23899. *stel-boȝe.*—This I now regard as a compound, and the meaning to be "stirrup," equivalent to the Germ. *steigbrigel.* Yet *bowe* seems used for "saddle," in the "Souls Address to the Body," l. 188. *ed.* Singer.

v. 23909. *græneden.*—See remark on v. 4738.

v. 23921. *muneȝeden.*—For "made ready," translate "spurred."

v. 23933. *puinden, pungde.*—In Wace, "pognoit." Hence A.-Norm. *punian,* to pound. In *Kyng Horn,* v. 1083. MS. Laud reads, "He *pugde* hym ofer the brigge."

vv. 23935–6. Wace has, "Jà fust li bataille finée."

v. 23939. *kept.*—Seems to mean here, "intercepted" or "encountered." Cf. vv. 26184. 27714, and see Jamieson in v. *Kep,* who gives examples of both senses, and Glossary to *Syr Gawayne,* v. *Kepe.*

v. 23941. (*sec. t.*) *þare* is an error for *þane.*

v. 23954. *ileired.*—Literally, "covered," as in v. 4213.

v. 24080. *kingen.*—Incorrectly, for *kinges.*

v. 24180. *bruc* governs the genitive here and in v. 19775, as in A.-Saxon, but elsewhere is followed by the accusative.

v. 24198. *eode of time.*—A phrase of frequent occurrence in Early and Middle English. See Ritsons *Ancient Songs*, p. 31, *Sevyn Sages*, v. 2703, and *Gawan and the Grene Knyȝt*, v. 1049. It is purely A.-Saxon, "þæs þe lencten *on tun* geliden wæs," ap. Lye. Cf. v. 24242.

v. 24244. *reche.*—Incorrectly, for *riche.*

v. 24278. *sunde.*—Apparently an error for *beo*, 3 p. sing. subj.

v. 24332. *Cadwaðlan.*—The conjectural reading is unnecessary, and in the translation, "Cadwal" should be substituted for "Cadwalan." Wace has *Cadual*, and Geoffrey *Cadwallo.*

v. 24334. *biwunnen.*—Should have been rendered "taken possession of." In Wace we read, "Et ostex *saisir* et *porprandre*," vol. ii. p. 102.

v. 24471. *weȝe.*—Perhaps a mistake for *weiden* (cf. v. 21869), but see remarks on v. 1970.

v. 24512. I am not quite satisfied about the meaning of this line. In the early text "their" is almost always represented by *heore*, and not by *hire*, which is the fem. pronoun. In the translation, the parenthetical words should be omitted, since "sought" means "came to," and *quene* is acc. sing. In Wace, "Fist à la feste *à soi venir*."

v. 24573. *Bruttes.*—For "Brutus" translate, "*the* Britons."

v. 24600. For *iriuen* read *irinen*, as in the MS.; A.-S. *gehrinen*, adorned; and correct the translation.

v. 24601. *sunde.*—Should be rendered "viands," as in v. 25990. A.-S. *sand*, ferculum. Wace has "escueles."

v. 24625. See this phrase in the Sax. Chron. a°. 1125 and a°. 1127. It is common in Middle English.

v. 24647. *on* may be superfluous, and *iqueðen* the past part., "had all declared," as in the next page.

v. 24653. *fah.*—See Gloss. to *Beowulf*, in v. *fáh.*

v. 24655. *unþuhtle.*—Means any bad usage, custom or habit.

v. 24657. *Ænglene* is a noun gen. pl., not an adjective.

v. 24668. *idiht.*—For "formed" read "conditioned." In Wace it is,

> Ne jà chevalier n'i eust,
> *De quel parage que il fust.*—vol. ii. p. 110.

Conybeare avoids the difficulty, by reading "ne were he nought so well *dight*." *Introd. Ess.* p. lxviii.

v. 24678. *biwitene.*—In Wace, "plus castement en vivoient." Cf. v. 24863. Conybeare quite mistakes the sense, in rendering the line, "and then were the better (people) wise."

v. 24770. *waldoð.*—Incorrectly, for *weldeð.*

v. 24922. *lute* in the early text is an adjective. Translate thus, "'few men well [little *a* man may] speed."

v. 24942. For "tales" the later text has "speech."

v. 24948. *a-swunden.*—Should be rendered here "asleep." In Wace, "Pièce avons esté *endormi.*" Cf. v. 19317.

v. 24990. *ȝet* is the dual form of the pronoun, and here improperly used for *ȝe.*

ibid. irad.—"Of good counsel" would be better than "well skilled." A.-S. *geræd*, prudens. Wace has,

> Tostans vous ai trové *féels*,
> En *afaires* et en *conseils.*—vol. ii. p. 122.

v. 25018. *oscunnen.*—A.-S. *ascunian*, odi. Cf. v. 4066.

vv. 25033–4.—The early text is faulty, as appears by the corresponding line of Wace, "Tréu leur fist à force randre," the sense of which is correctly given in the later version. It would appear that the scribe of the first text had been misled by the phrase *eode an hond*, which means either "to advance quickly," or "to submit." See the A.-Sax. *Orosius*, p. 196, and the *Hule and Niȝtengale*, p. 60.

v. 25047. *rihte icunde.*—That is to say, "right heritage." Wace writes, "Tréu volent par *heritage.*" This seems the proper meaning of *icunde* in many passages. See remark on v. 7909.

v. 25099. (*sec. t.*) *balnesse.*—Incorrectly, for *baldnesse.*

vv. 25118. 25152. *Bruttene* is gen. pl. "Britons."

v. 25131. The first text has "his" for "these."

vv. 25178. 25207. *lede* would appear an error for *lende*, but in Wace is, "Jeo manrai."

v. 25194. *awreken.*—I would rather translate this word "reject," from the A.-S. *wracian*, Plat. *wraken*, Swed. *wräka*, of the same meaning.

v. 25235. *iniðered.*—Wace has "honi."

v. 25247. The later text reads "all" instead of "still."

v. 25254. *mondes.*—In the MS. this word was originally written *monðes*, which is a mistake for *modes.* See *mod-sorg*, in Cædmon, p. 47.

VOL. III.

v. 25332. The early text reads "held" for "went to" of the later version.

v. 25333. Correct the translation thus, "ere they might agree what they would do," and see remark on v. 5640.

v. 25359. *ahsien.*—Instead of "possess," read "obtain."

v. 25456. (*sec. t.*) *men* is, apparently, an error for *man*.

v. 25466. *selcuðe.*—In Wace, "mervillos."

v. 25529. *beide.*—In v. 29089 this verb has the meaning of "summoned," and such perhaps may be the sense here.

vv. 25545–6. Translate thus, "sails there *they* hoisted, ropes there *they* righted; weather *they had* 'best [fairest] of all."

v. 25556. *idræcched.*—For "frightened" it would be better to substitute "disturbed"; Wace has, "s'esperi."

v. 25562. *fare-coste.*—Literally, "business" or "matter." See remark on v. 1490.

v. 25572. (*sec. t.*) *weldene.*—Incorrectly, for *weldende*, as *bernene* is for *bernende*, v. 25593.

v. 25578. Translate, "prosperity 'be [is] given."

v. 25594. *swelde.*—Should be rendered "consumed." Wace reads, "de ses eles flame jetoit."

v. 25595. *feure.*—Incorrectly, for *fure*.

v. 25618. *lim-mele.*—The A.-S. adverb *mælum* continued to be used in composition as late as the end of the fourteenth century or later. It is still retained in *piece-meal*.

v. 25658. *reordi.*—The meaning of this word is not so obvious. In Wace the expression is, "mult corporus."

v. 25664. *iwidel.*—See remarks on v. 596. *ewelde* appears, on consideration, an error for *awalt* (cf. v. 25880), and if so, the translation should read, "the land he 'wasted [wasteth] wide, etc., 'the land he destroyeth [he it wasteth] in every part."

v. 25689. *þe* is for *þene*, acc. sing., as in some other passages.

v. 25706. For *mare na* we should perhaps read *na mare*.

v. 25786. *þu* appears an error for *þe*.

v. 25788. *ibon.*—Cf. v. 8086.

v. 25812. *irust.*—We should, no doubt, read *ibrust.* Cf. vv. 3639. 14296. It appears the same with the Barb. Lat. *brusdus, brustus.*

v. 25832. *hit* is probably omitted before *weore.*

v. 25872. *ihaneked.*—Perhaps connected with Isl. *hank,* vinculum.

v. 25887. *þare halle wah.*—It would appear as if *þare* were gen. sing. fem. to agree with *halle,* but *hilewoþ* in the second text causes me to suspect some error, and I should prefer reading *þa hele-wah,* the "roof-wall." We have the plural *hele-wages* in the fragment of the Semi-Saxon poem in Thorpes *Analecta,* p. 142, and in the coeval poem printed by Singer, *helewowes,* l. 239. In a French and English poem of the thirteenth century, preserved in MS. Trin. Coll. Cambr. B. 14. 39. f. 122ᵇ. I find,

> Et pluis pur lever le meisere.
> And more to rere vppe the *helewoghes.*

v. 25894. Translate, "noblest of [of noble] race."

v. 25911. *mon-radene.*—Is used here in quite an unusual sense.

v. 25916. *mone.*—For "force" read "intercourse," since *mone* or *imone* appears to be the A.-S. *gemana,* Dan. *gemeene,* copula, consortium.

v. 25932. *ihæd.*—Perhaps *ilæd* is the correct reading.

v. 25951.—I do not understand *hire* in this line, and there appears some deficiency.

v. 25976. (*sec. t.*) The conjecture on *bin* may be omitted, since the *n* is added for the rhythm, as in the parallel cases of *ton* and *son.* See remark on v. 7798.

v. 25983. We should read *of þan* or *þa,* and render this line and the next, "knew not of the tidings, that should come to his swiving."

v. 25984. *wife-þinge.*—The translation was made from a supposition that this word was the A.-S. *wif-þegn,* but this is wrong, since it is certainly A.-S. *wif-þing,* res cum muliere, coitus; but in another passage, v. 31128, it means simply "wedding."

v. 25989. *biwaled.*—In Wace, "soilliés de cendre."

v. 26016. Translate, "so keen, that should come near them" (Arthur and the giant).

v. 26056.—The word *cheuele* has been translated "hair," supposing it to be the Fr. *cheveul* (see Roquefort), but on reconsideration it had better be rendered "jowl" or "jaw," from A.-S. *ceafl.* In Wace we read, "Les deus *sorcils* li entama." In the *Reliq. Antiq.* vol. i. p. 220, we have *chaueles.*

v. 26072. We should read *þe eotend.*

v. 26082. Translate, "of all 'Britons [kings]." In the next page *Bruttene* is also gen. pl.

v. 26088. *beoste.*—See remark on v. 17809.

v. 26107. *aneouste.*—May be rendered "quickly," as also in vv. 26325. 26773. 27768.

v. 26125. *þa þe* is probably an error for *þa þeo*, and both texts will then correspond. *þeo* occurs for *hii* elsewhere, cf. vv. 6420. 25699.

v. 26130. (*sec. t.*) *som* is here used in an unusual sense.

v. 26162. *heolden.*—Incorrectly, for *holden*. The translation should be amended thus, "and his faithful companions."

v. 26184. *kepen.*—See remark on v. 23939.

v. 26198. *hine* is evidently superfluous, and should be omitted also in the translation.

v. 26212. For "emperor" the first text reads "king."

v. 26233. *at-stonden.*—May also mean "resist" or "stand out."

v. 26242. See Notes to *Havelok*, v. 959, for other examples of this phrase.

v. 26354. *akimed.*—In the "Legend of St. Katherine," p. 69, *ikimet* or *bikimet* occurs in the same sense, and is misunderstood by the editor. Has this word any connection with the Shropshire provincialism *kimit*, disordered in the brain? See Hartshornes Glossary, *in voce*, 8vo, 1841.

v. 26421. *isome.*—Translate, "with concord;" A.-S. *som.*

v. 26433. *beute.*—Incorrectly, for *bute.*

v. 26446. *unisele.*—The sense of *bad* occurs also in the *Hule and Niȝtengale*, v. 1002, but the word may perhaps here be rendered "unlucky." Cf. v. 23868.

v. 26450. *at.*—The regular form in the early text is *ah*, but *at* is occasionally used; perhaps erroneously, for *ac.*

v. 26467. *kenne.*—No other instance of the verb in this sense has been found. The alliteration forbids us to read *renne.*

v. 26508. (*sec. t.*) *bliþe* is probably an error for *bliue.*

v. 26539. *to-ȝere.*—Instead of "for ever," read "now."

v. 26546. Should have been rendered, "how 'that' the 'Romanish *man* [Roman] lay.

v. 26553. *grundien.*—Literally, "fell *you* to the ground;" A.-S. *agrynden.*

v. 26566. *swælt.*—There is some error here. We may either read *þe spere walt*, or *þat he swælt.*

v. 26569. *scenden.*—Should be here translated "reproach."

v. 26611. *liue.*—We should, no doubt, read *on liue.*

v. 26636. In Wace, "gens *armées.*"

v. 26648. For *feollen* we should, perhaps, read *feolden.*

v. 26681. The later text reads "aware" instead of "wrath," and it is not improbable that *wrað* in the first text may be an error for *war.*

ibid. From this line the scribe has inadvertently repeated the passage from v. 26663 inclusive, and it is not uninstructive to remark the variations made by one and the same hand in transcribing the same lines. In the re-transcription occur, vv. 26663–4. *ihaten* and *hæh*; v. 26667. *muchelic strenðe*; v. 26669. *lute heo þer nomen*; v. 26670. *heo þer slogen*; v. 26671. *heolden*; v. 26672. *þa oðere after*; v. 26674. *uæsten agan* (but the second hand has struck out the final *n* in *uæsten*); v. 26675. *men* is omitted; v. 26676. *fuhte*; v. 26678. *hors*, by the original hand; v. 26679. *monie*; v. 26680. *iþene*; v. 26681. *iwrað.* It would hence seem that little reliance can be placed on the *verbatim et literatim* accuracy of the transcribers of the thirteenth century, or, what is more probable, that the language was then in such a state of fluctuation, as to render such variations a matter of no moment.

v. 26688. For *igein* we should perhaps read *igan*, "gone."

v. 26690. *ræge strenge.*—Incorrectly, for *rægere strengðe*, as in many other passages.

v. 26727. The second text has "them" instead of "him."

vv. 26807–10. Although rendered as participles, it will be seen that the first two verbs are in the infinitive mood, and the last two in the past tense.

v. 26897. *iþogene* is no doubt for *itogen.* Cf. vv. 10099. 19903.

v. 26917. *riseden burnen.*—Perhaps this line may be rendered, "*they* rubbed *their* burnies." Cf. v. 22287, and "garas *hryseden*," in *Leg. of St. Andrew*, v. 254. *ed.* Kemble.

v. 26935. *digelen* appears here to be used adverbially, and we should then read, "secretly aside."

v. 27021. *har mon iblowen.*—*har* is for *hard*, with the final *d* elided, as in other cases, cf. v. 4166. The translation of *iblowen* is conjectural.

vv. 27078–82. Correct the translation as follows, "'there [then] was the emperor and his host greatly afraid. The Britons had slain *as many* as to them seemed good; backward they 'then' went" etc.

v. 27109. I am doubtful of the meaning of *afare*, and Wace here lends no assistance. The later text reads *al forfare* (by error printed *alle fare*), "all be destroyed."

v. 27114. *senature*.—Incorrectly, for *senature*.

v. 27222. *beo*.—This form is rarely used in the indicative for *beoð* or *beon*.

v. 27257. We should, no doubt, read, *þe Denisce king*. The conjecture is unnecessary, and the translation will stand thus, "Æscil the Danish king [the king of Denmark]. Lot held the one [there one], who" etc.

vv. 27280–85. Correct thus, "beside; these [that] should on two sides advance to 'the' fight; to these two earls, who were brave knights, Arthur had troth;—the earls were true."

v. 27301. The first text reads "coveted."

v. 27378. *sculle*.—Incorrectly, for *scullen*.

v. 27412. *biwinnen* is, probably, a mistake for *biwunnen*.

vv. 27462–3. Literally, "Then cracked spears, shivered shields [shields gan shiver, strong spears crack]; helms" etc.

v. 27469. (*sec. t.*) *hire-markes*.—See remark on v. 18869.

v. 27475. For *at-urnen* we should perhaps read *at urnen*; but cf. vv. 18267. 19119.

v. 27537. *ær-wene*.—See remark on v. 22071.

v. 27557. *þa* and *þat* before *blod* is apparently the relative pronoun (for *blod* is neut. gend.), and should be rendered, "opened, *so* that blood" etc.

v. 27573. *þer to longe*.—Translate, "there too long."

v. 27578. *Setor*.—He is previously named *Sextorius*, and in Wace *Sertorius*, whence it is clear, that the reading should be *Sextor* or *Sertor*.

v. 27731. *main strong*.—A hyphen should be inserted. In A.-S. *mægen* is compounded with many other adjectives.

v. 27754. *& feollen*.—*&* is superfluous, and has led to a misconstruction. The passage should be rendered, "*the* [high] standards fell, the folk [busy knights] down sank." *Cf.* v. 27822.

v. 27770. *Dele* the conjecture on *beire*, which is the gen. pl., A.-S. *begra*. The translation should therefore be corrected, "they assembled anon *the* folk of them both."

v. 27775. *þere* is the article gen. pl.; translate, "brake *the* ranks of the French [their ranks]."

v. 27785. *sciuren*.—In Wace, "Des escus volent les *asteles* (*morceaux*)." The mark of interrogation in the translation is unnecessary.

v. 27796. The first text reads "towards him."

vv. 27827–9. Two lines appear to be wanting in the early text.

v. 27852. *bitillen.*—No other instance of this verb occurs, and I am tempted to read *bikelen.*

v. 27875. *Dele* the conjecture on *to,* since *þan kaisere* is in the dative case, and correct the translation thus, "he caused *the* three kings to be borne to Luces the emperor, and caused biers to be made." The three kings alluded to are those mentioned in p. 96.

v. 27888. Instead of *fulle,* as conjectured, we should perhaps read *ich wolle.*

v. 27901. *alle* is probably an error for *alre.*

v. 27919. Perhaps for *tunde* we should read *tende.* Cf. vv. 1245. 7174, and the translation may then be, "and he thereto proceeded."

v. 27937. *flutten.*—In A.-S. this verb has no other sense than to float on the water. Hence *to flit.*

v. 27959. *þe* is, apparently, a mistake for *þer.*

v. 28068. *þa leo.*—In A.-S. the gender of *leo* does not appear to be fixed, but in all the cognate dialects it is masculine. In the early text, the feminine pronoun *hire* is twice used in reference to it, but the later text has *he* in the first instance.

v. 28123. *þat no wenstich.*—Translate, "that should I ween."

v. 28199. For *wæi-sið* we should no doubt read *wei-sið.*

v. 28219. *a beoð.*—For *a* we should read *heo,* and translate, "while she is alive." Guenever is referred to.

v. 28358. *ȝurren.*—For "jar" in the translation, read "jarred" or "whirred," from A.-S. *gyrran.* Cf. "strengas *gurron,*" in *Leg. of St. Andrew,* v. 748.

v. 28499. *warnede.*—Should have been rendered "protected," and the words in parenthesis omitted.

v. 28574. *fosterlinges.*—The knights of Arthurs Round Table are more particularly here alluded to.

v. 28617. *halewei3e.*—See remarks on v. 23071.

v. 28637. *bon.*—Incorrectly, for *beon* or *beo.*

v. 28651. *Anglen.*—This is evidently an error for *Brutten.* It should not have been followed in the translation.

v. 28779. *æmes sune.*—In Wace, "Les deus fils son oncle ocist."

v. 28840. *þane sunne.*—This noun is feminine in v. 28854, as in A.-S., therefore we should perhaps read here *þa sunne.*

v. 28950. *haldenden.*—*halden* would be the correct reading, not *haldeden.*

vv. 28956–62.—A misapprehension has arisen here, in consequence of the line of the later text, *wende fram þan londe,* having been considered the collateral of v. 28960, whereas it corresponds with v. 28956. The passage should be thus printed :—

þer weoren twenti and æhtē ∵	eahte and ....ti eorlene sones ∵
of eorlene streone.	to þan sipes .....
suipten from londe ∵	soue hundred .....
seouen hundred scipen.	w...e fram þan lon..

and the translation should be thus corrected: "'there were' eight and twenty of earls 'offspring [sons]; seven hundred ships 'swept [proceeded] from *the* land, 'in the foremost flock, without the *ships* following! Forth floated with *the* waves *the* innumerable folk'; all the islands" etc.

v. 28978. *hune.*—From the Fr. *hune,* mast-top. See Lescallier, *Vocabulaire des termes de Marine,* 4to. Par. 1799.

v. 29138. In Wace, "*Enfans* en bras esboeler." *MS. Cott.*

v. 29230. *of* seems to be wanting, before *Gurmunde.*

v. 29252. *Dele* the mark of interrogation after "woven," and see remarks on v. 21130.

v. 29254. *cuht.*—The MS. has *tuht,* which will require "drew" in the translation instead of "cut."

v. 29280. *muȝen.*—In Wace, "Es *tas de blé* et es buisons."

v. 29348. *imuȝen.*—Perhaps an error for *imuniȝen.* Cf. vv. 2033. 24027.

v. 29519. The marginal Latin note has been half cut away by the binder, as in some other instances, and is very incorrectly written. It is borrowed from Bede, lib. i. cap. xxiii.

v. 29556. *wraðere hele.*—See remarks on v. 490.

v. 29563. The meaning of *ȝeiden* is doubtful. It has here been taken for A.-S. *geode* (*geyde,* Sax. Chron. a°. 617) from *gegangen,* to approach with hostile intention. At the same time, I strongly suspect that *stanen* in v. 29564 may be a mistake for *scornen,* in which case *ȝeide* might bear the sense of *shouted,* as it does in v. 27750.

v. 29573. A line in the later text is wanting.

v. 29586. *iteled.*—Should have been rendered "reproached" or "derided"; A.-S. *tælan.* In addition to what has been said in the illustrative Notes, p. 420, respecting this legend of *longtails,* see the Latin narrative in the *Reliquiæ Antiquæ,* vol. ii. p. 230.

v. 29749. *cantel-cape.*—See the Sax. Chron. a°. 1070.

v. 29795. The letters erased are *Aðel*, part of the name of *Aðelberte*.

v. 29802. *sweðe*.—Incorrectly, for *swiðe*.

v. 29812. *furcuðest*.—Error of the scribe, for *forcuðest*.

v. 29893. *and and unrihtes*.—Instead of reading *mid unrihte*, we ought, no doubt, to read *and adun rihtes*, so that both the texts will agree.

v. 29930. *sai*.—Incorrectly, for *sæ*.

v. 30066. *twoward*.—Incorrectly, for *toward*.

v. 30163. *bi-þohte*.—We should certainly read *bi-sohte*, as in the later text.

v. 30177. *wið and wið*.—For "against and against" substitute "again and again," and compare v. 20747.

v. 30256. This line is missing in the early text.

v. 30284. *on siðe*.—In Wace, "Porquoi es tu *si commun*?"

v. 30400. *on cumelan*.—See remark on v. 6630.

v. 30523. Compare v. 4144.

v. 30537. *un-balde*.—"disheartened" or "enfeebled."

vv. 30583–9–96. It would be better to translate *brede* by the general term "meat," although there can be no doubt that this noun was immediately derived from the A.-S. *brædan*, to roast.

v. 30603. *inoted*.—From A.-S. *notian*, frui.

v. 30625. *a skenting*.—See remarks on v. 19167.

v. 30668. (*sec. t.*) The words wanting are probably *he wolde*.

v. 30731. *pic*.—In Wace, *bordon à pélerin*.

v. 30778. *hateren*.—See Ways note on the *Promptorium Parv.* in v. *Hatyr*.

v. 30882. For *þan* we should read *þa*.

vv. 30974–6. (*sec. t.*) In all probability the singular pronoun is intended to be used throughout, in which case *heo* in the first instance is an error for *he*, for the plural form in this text is always *hii*.

v. 31082. *bide are*.—See remark on v. 3051.

v. 31156. *leoden*.—This word seems here to be used in its secondary signification of *possessions*. See remarks on v. 3177.

v. 31304. *bi-tald*.—The meaning appears to be, "although I have now conquered the land, by the defeat of Edwine, yet this Oswald hath seized on it."

v. 31516. *ginge* is probably an error for *kinge*. Cf. v. 31576.

v. 31566. *kiredes*.—Incorrectly, for *hirede*.

v. 31590. *for-wal*.—In Wace, *enfermité*. The word has not been found elsewhere.

v. 31627. *sonde* is here dat. sing. fem., and should be translated "message," as in v. 3161. See remark on v. 3125.

vv. 31653–7. The paragraph is wrongly marked, and commences with v. 31655. The translation should read thus, "it was named Britain; now have we not of the land but the west end. When *the* Britons had inhabited here well many winters, then came" etc.

v. 31663. *ȝiuenen* is an error for *ȝiuen*.

v. 31676. *hannen*.—Apparently A.-S. *hynan*, to injure, Germ. *höhnen*. In Wace,

> Laissiez l'un à l'autre *estrangler*,
> Et l'un à l'autre *defoler*.—vol. ii. p. 287.

v. 31685. *luken*.—The verb here implies motion, as connected with A.-S. *alucan* or *lucan* (cf. v. 30274). If *to-luken* is to be taken together, it should then be rendered, "tear in pieces," which seems inappropriate, being followed by *aleggen*.

v. 31697. *a* may be the adverb "ever." Cf. v. 6236.

v. 31700. *haten on*.—Has been considered equivalent to A.-S. *onhætan*.

v. 31734. *nipen*.—A.-S. *hnipan*, concidere.

v. 31765. *hire*.—Incorrectly, for *here*.

v. 31769. *metsunge*.—See the Sax. Chron. aº. 994. p. 170.

v. 31804. *of-fingred*.—See Taylor's note to the *Diversions of Purley*, p. xlvii. ed. 1840, and to the examples there cited add one in *Reliq. Antiq.* vol. ii. p. 276.

v. 31809. *þat quale*.—In A.-S. *cwale* appears to be feminine, as in Dutch. *þat* is probably here not the neuter article, but should be rendered, "*so* that."

v. 31875. *hette*.—See remarks on v. 4042.

v. 31885. *moren*.—In A.-S. we have *moran*, mulberries, and in the *Hule and Niȝtengale*, v. 1326, *more* is equivalent to *root*.

v. 31981. *tiden*.—Incorrectly, for *tidende*.

v. 31984. *þar*.—Perhaps we should read *þat*.

v. 32037. *þas* is probably a mistake for *þa*, and again, v. 32216.

v. 32047. *cristin*.—Incorrectly, for *cristen*.

v. 32155. *weteð.*—Incorrectly, for *witeð.*

v. 32160. *halsi.*—See Prices note on *Pierce Plowman*, ap. Warton, vol. ii. p. 66. ed. 1840.

v. 32181. *care.*—"care" or "sorrow."

v. 32213. *scipenen.*—Perhaps an error for *scipen*, as *cliuenen* is for *cliuen*, v. 32217.

v. 32228. *leofeden.*—Should probably be rendered "loved," but the more regular form of this verb is *luueden* or *lufeden.*

ADDENDUM.

v. 3055 (sec. *t.*) *hoþt* is, no doubt, formed by the same analogy as *noþt*, and *a fest* should be printed *afest* (*auest*, v. 5043). The sense will be then "while thou hast aught." For this correction the Editor is indebted to Mr. Thorpe. The usual forms in the earlier text are *oht, aht, awiht* (vv. 7027. 17169.) and *noht, no wiht, na wiht*; whilst the later text has *oht* always (except in the above instance) and generally *noht* or *noþt*, but *no wiþt*, v. 3182. On the A.-S. forms see Rasks Grammar, p. 61, and remark on v. 7027.

GLOSSARY.

To those forms which occur in both texts a dot · is prefixed, and those found only in the later text are included in brackets. Such words as appear faulty are marked with an obelisc †, but forms clearly erroneous are often omitted. The abbreviations commonly used are, f. *feminine,* m. *masculine,* n. *neuter;* g. *genitive,* d. *dative,* acc. *accusative;* pr. *present tense singular;* imp. *imperative mood;* p. *past tense singular;* pl. *plural;* sb. *subjunctive;* p.pr. *participle present;* pp. *participle past;* a. *adjective;* ad. *adverb;* ppn. *preposition.—As the vowels* a, æ, e, ea, eo, o *and* u *are frequently interchanged, several forms are generally entered under one.*

·a, *art. a,* i. 3, 12, 51, 57, 107. ii. 510, 612. iii. 21, 106 *et passim.* v. an.

[a], *he,* i. 59, 122, 125. ii. 369; †a, †ha, *she, her,* i. 135. iii. 127; *they,* i. 228, 238, 149. iii. 127.

·a, *ppn. in, on, to, at,* i. 49, 82, 97, 214. ii. 546. iii. 6, 12, 15, 29, 87; †æ, i. 132, 326. In the later text it is replaced generally by *in,* but also by *an, on, o, of.* It is used frequently with a noun to form adverbs, as, ·a-bedde, ii. 234, 312; ·a-dai, a-dæi [a-day], i. 65. ii. 224, 401. iii. 62; a-foten, a-uote-n [a-fote], i. 252. ii. 15, 637. iii. 7; a-fure, iii. 79; a-hond, ii. 78; a-life, a-liue [a-liſue], i. 64. ii. 78. iii. 231; ·a-lond-e, i. 6, 24. ii. 412. iii. 19, 229; a-niht, i. 241. *v.* an, on.

a, *ever,* i. 163, 191. ii. 54, 60. iii. 121; †æ, i. 54; †aȝe, ii. 633.

abac, abake, ·a-back, *ad. back,* i. 277. ii. 571.

·a-bacward, *backward,* ii. 419.

abad, abed, *v.* abiden.

a-bæileden, *p. pl. harmed,* ii. 3.

abbe, abbeþ, *v.* habbe.

abbed, abbeod, ·abbod, *abbot,* ii. 119, 124, 125. iii. 192; *d.* abbede [abbod], ii. 123, 126.

[abbey] *abbey,* iii. 191; *pl.* [abbayes], iii. 192.

abed, *p. prayed,* i. 188. *v.* beoden, bidde.

abeh, *v.* abuȝe.

abeod, *v.* abiden.

abeoten, *v.* abute.

abiden [abide], *to abide, await, sustain,* i. 67. ii. 206. iii. 46; *imp.* ·abid, ii. 484; *pl.* ·abideð, ii. 119; *p.* abad, abed, abeod [abod, a-baod, a-bide], i. 68, 132, 242, 322. ii. 124, 228, 493. iii. 134, 226; *pl.* abiden, iii. 226; *p.pr.* [abidende, abidinge], i. 367. ii. 424. *v.* ibide.

a-biggen, *to buy,* i. 393. *v.* abugge.

abiten, *to bite,* iii. 75; *pr.* ·abiteð, ii. 471. *v.* biten.

ablenden, *to blind,* ii. 189. *v.* blende.

abod, *v.* abiden.

·abolȝe, abolȝen, abolwen [abolwe], *pp. enraged,* i. 67, 72, 273. ii. 584. iii. 29, 108, 126. *v.* bælh, on-bolȝen.

a-borst, *v.* an-burste, iburst.

aboue, abouwe, *v.* abuȝe.

abræc, *p. brake,* i. 150; *pp.* abroken, i. 31; *pl.* abrokene, iii. 29. *v.* breken.

abræid, *p. drew,* iii. 55. *v.* bræid.

·abugge, abuggen, *to pay for, buy dear,* i. 348. ii. 128, 638. iii. 57, 217; *pr. sb.* ·abugge, ii. 520; *p.* ·abohte, ii. 61, 88; *pp.* aboht, ii. 97. iii. 102. *v.* bugge, and *Glossar. Rem.* p. 463.

aburhȝen (?), *to save*, ii. 427.

abute-n, abeoten [a-boute], *ad. about*, i. 27, 242. ii. 100, 170. iii. 22, 26, 168.

ˑabute, abuten, abouten, †ibuten [aboute], *ppn. about*, i. 28. ii. 273, 277, 372. iii. 35, 171.

abuȝe [aboue, abouwe], *to submit*, i. 172. ii. 4, 367, 545; *p.* abeh, *retreated*, i. 223. *v.* buȝe.

ac, *v.* æc, ah.

a-chaped, *v.* ascapede.

acwelle-n, acwelde, *v.* aquelle.

acweþe-n, *v.* aqueðen.

a-dai, a-dæi, *v.* a.

adde, *v.* habbe.

†adefed, *pp. destroyed*, ii. 460.

admirail, admiral [admirel], *chief*, iii. 103; *g.* ˑadmirale, iii. 104.

adonward, *v.* adunward.

ˑadrede, adreden, *to dread*, i. 372. ii. 335, 540; *pr.pl.* ˑadredeð, ii. 124; *pp.* ˑadrad, adræd, ˑadred, i. 380. ii. 32, 132. iii. 116; *pl.* adradde, adredde [adrad], i. 323. ii. 581. iii. 116. *v.* drede, of-dred.

[adrenche], *to drown*, i. 64; *p.* ˑadrengte, a-drente [a-dreint, †adreind], *drenched, drowned*, i. 93, 109. iii. 19; *pl.* adrenten [a-dreinte], ii. 456, 484. *v.* adronc, drenchen.

a-dreþt, *v.* idraht.

adroh, *p. drew*, i. 319, 360. ii. 266. iii. 57. *v.* draȝen.

adronc, *p. was drowned, sunk*, i. 93; *pl.* a-dronken, adruncke, adrunken [adrongke, ha-drongke, adronke], i. 105, 335, 343. ii. 422; *pp.* adronken, adrunken [a-dronke], i. 94, 105. *v.* drenchen.

ˑadun, a-dune [a-doune, ha-dun], *ad. down*, i. 24, 52. ii. 402. iii. 19. *v.* dune.

aduneward [adun], *ppn. down*, i. 81.

ˑadun riht, ˑadun rihtes, *downright*, ii. 351. iii. 64, 199. *v.* dunrih.

ˑadunward, adonward [dunward], *ad. downward*, i. 396. ii. 214.

æ, *f. river, stream*, i. 60; *d.* i. 60.

æc, ac, ec, ˑeke, æke [eak-e, eck, bec, heke], *also, eke*, i. 26, 119, 142, 159, 341, 383. ii. 69, 70, 71. iii. 19, 80.

æche, æchere, *v.* ælc.

æchen [eche], *to increase*, ii. 121.

ædie, eædi, ˑeadi, ˑedi [edie], *blessed, beautiful*, i. 100, 283. ii. 269, 385.

ædmeden, aðmeden [edmode], *mercy, humility*, i. 427. ii. 494; *d.* ædmeden, æð-moden, i. 283. ii. 581.

ædmode, *v.* edmode.

ædwit, *reproach*, i. 248.

æfen, æuen, auen, eauen, euen [beue], *evening*, i. 48, 245. ii. 397. iii. 62, 71; *d.* eue [beue], ii. 319.

æfer, æfre, æuer-e, auer-e, ˑeuere, eæuere, eeuer, efer, eouere [efre, †er], *ever, continually*, i. 24, 54, 279, 308. ii. 75, 150, 563. iii. 7, 26, 31, 57, 95; longe bið æuere, ii. 366, 367, 450, 550. iii. 123, 294.

æfne, ˑefne [eafne], *ad. even*, ii. 158. iii. 29, 52, 93; æfne alse, ii. 360; an hæfne, i. 279.

æfne [efne], *a. equal*, iii. 165; *d.* iii. 239; *pl.* ii. 540.

æft, afte, ˑeft, efte [eaft, heft], *afterwards, eft, forthwith*, i. 138, 324. ii. 207. iii. 66, 153, 206, 286; eft seoððen [eft suþþe], *eftsoons*, iii. 15.

æfter, eafter [hafter], *ppn. after, along, by*, i. 2, 17, 67. ii. 151, 549. iii. 52.

æfterlinges, *underlings, inferiors*, ii. 378.

†æh, *but*, iii. 278. *v.* ah.

æh, ah, *v.* aȝæn.

æh-senen, æh-seone, eæh-sene [ehscene], *d. eyesight*, i. 131, 351, 414.

æht-e, ˑaht, ahte [hahte], *brave, good, strong*, i. 184, 196, 301, 327, 347. ii. 98, 113, 268; *d.* æhte, i. 227; *pl.* æhte [hahte], i. 202. ii. 111; *d.* ahte, ii. 98; *comp.* ahtere, i. 185, 320. *v.* oht.

æhte, ahte, *v.* ah, aȝæn.

æhte-n, ahte-n [hæhte, heahte], *f. treasure, wealth, goods*, i. 36, 56, 152, 153, 375. ii. 41, 139. iii. 4; *d.* æhte, ahte, i. 5,

254. ii.18. iii.154; *pl.* æhte-n, ahte-n, **aihte,** aȝte [hahte, heahte, heaþte, **heaþtes**, hehte, heþte], i.37,44,46,64, **94.** ii.81,91,370,402,552,636. iii.139, **232**; *d.* æhten, ahten [hahte, heaþten], i. **56.** ii.337,638. iii.222.

æhte-n [eahte, ehte], *eight*, i.167. iii. **53, 159.**

æhtene, *eighteen*, ii.172.

æhȝere, *v.* aȝe.

æi-e, ai-e, ei, *any*, i.101,182,282,308, **366.** ii.47,79,108. iii.8,52,106; *g.* **æies,** aiȝes, ii.226,288,612. iii.23,59. *d.* æi-e, ai, ii.48,199,205,531. iii.228, **254**; *pl.* æi, ii.79.

æie, eie, eiȝe, eȝe [eaye, eye], *m. awe, dread, anger*, i.80,202,235,389. ii.63,252, **329**,624. iii.79; *d.* æie, æiȝe, eiȝe [eye, heye, heiȝe], i.88,353,414. ii.250,362, **484.** iii.167. See *Glossar. Rem.* p.455.

æielese, *pl. void of dread*, ii.391.

æie-leste [heye-leste], *d. absence of dread*, ii.386.

æine, æni, ænie [eni, eny, heni], *any*, i.22, 157,284,354. ii.64,113,540. iii.254. *v.* æi.

æit-e, *d. island*, ii.580,586.

æiðer, ˙aiðer, eiðer, eiþer, *either of two, both*, i.80,167,307. ii.245. iii.76,241, 274; anere eiþer, i.184.

æit-lond, ˙eit-lond, ˙eyt-lond [illond, yllond], *n. island*, i.48,76,87,309. ii.192, 573; *d.* æit-londe, ait-londe, eit-londe [ilond, illond, ylond, yllond-e], i.43, 76,313. ii.76,192,580. iii.226; *pl.* æit-londes, æit-lond [eyllondes, yllond, yllondes], i.408. ii.489,523. iii.159; *g.* eit-londe [eitlond], i.91; *d.* æit-londe [yllond], ii.489.

æiwær, æwher, *everywhere*, ii.134,323. *v.* eower, iwære.

æiȝes-ful, *powerful*, ii.329.

ælc, alc, alch, elc, elche, æche [ech, ecche], *each*, i.77,85,106. ii.123,197,538,614. iii.7,151,295; *g.* ælches, ælcches, alches, elches, elcches [eche], i.226,326,329, 344,423. ii.300,329,361,379,389. iii. 163. *d.* ælche-n, alche, elche-n [eche], i.73,106,257,298,423. ii.153,168. iii. 51; *d.f.* ælchere, alchere, æchere, elcher, elchere [echere], i.27,57,73,98. ii.192, 452,640. iii.139,185,210; *acc.m.* ælcne, ælchene, ælkene, alcne [ech, echne, echene], i.3,176,182,342. ii.15,183, 357,560. iii.176; *acc.f.* ælche, alche [eche], i.184,204,227,302; ˙ælcan, †alken [ech], *each one*, i.182. ii.125; *d.* ælcan, alc an, elc ane [ech one], ii. 156,186,592.

æld, ald-e, olde [hold-e], *old*, i.14,125, 127,137,270,304. ii.50,361,398,623. iii.30; *d.* alden-e, ii.160,501; *acc.* ælden, ald-e [halde, holde], i.144,304,390. ii.623; *pl.* ælde, alde-n [holde], i.300. ii.120,590. iii.137,176; *d.* ælden, alde-n, elde, ˙holde, olden [eolde], i.123,289. ii.40,168,341,413; *comp.* æ ldre, aldre, eældre, eldere [eldre, heldre, heoldre], i.139,162,167,170,183. ii.168. iii.156; *pl.* i.159,350; *sup.* ældest-e, aldest-e, eldust [eldest, ˙heldest-e, huldest], i.89, 115,296. ii.527,554,558.

æld-e, ald [ealde, heolde], *f. age*, ii.37,57, 590. iii.28; *d.* ældde, alde, halde [helde, heolde], i.127,134. ii.37,391.

ældede [holdede], *p. aged*, i.124.

ælder-e, alder-e, aldre [eldere, eldre], *chief, chieftain*, i.132,134. ii.83,270, 311,355,378,562. iii.103,141; *d.* æld-re, ii.299.

ældere, ælderen, ælderne, ældre, ældren, alderen, aldren, elderne [ealdrene, eldre, heldre, eoldre], *pl. ancestors, parents, elders*, i.310,311,314,405. ii.97,420, 465,481,619,650. iii.48,194,207,280; *g.* ælderen, ælderne, ældre, ealdren, eoldrene [eldre, eldrene, hilderne], i.13,254. ii.168,357,509,610; *d.* alderen, aldren, eldren [ealdre, eldre, heldre], i.244,294. ii.396. iii.151.

ældrihten, *the Almighty*, iii. 126.

ælles, ·alles, elles [helles], *else, otherwise*, i.38,101. ii.82,185,218,266. iii.49; elles whare, iii. 135.

ælmes-monnes, almes-monnes, *g.pl. alms-mens*, ii. 400,401. See *Glossar. Rem.* p. 495.

ælpi, *single, only*, ii.92; *d.* ·alpi, alpie, i.149. ii. 134; *acc.m.* ælpine, iii. 264. *v.* æpi.

æluene, *v.* alfe.

æm, eam, am, em [ham], *1 p. pr. am*, i. 20, 136, 148, 312. ii. 55. iii. 29. *v.* beon.

æm, æem, ·hem, eam [heam, héém], *uncle*, i. 347, 376, 379, 383. ii. 41, 48, 53. iii. 100; *g.* æmes, emes, eames [hemes, hem his], i. 11, 375. ii. 56. iii. 264; *d.* æme, eame [eam, heam], i. 379, 385. iii. 10; *pl.* æmmes [heames], ii. 40.

æmteden [emtede], *p. pl. emptied*, iii. 220.

†æn [a], *ppn. on*, i. 344, 430. iii. 167. *v.* a, an.

ænde, ende [eande, hende], *f. end, close, place, land*, i. 11. ii. 130, 364. iii, 273; *d.* ænde-n, ·ende, enden [eande, heande, hende], i. 84, 118. ii. 92, 154, 542. iii. 11, 96, 160, 266; *pl.* endes, i. 334; an ænde, on ende [a þan ende], *at last*, i. 293. ii. 234.

ændede, ende, ·endede [eandede, hendede], *p. ended, died*, i. 255, 349. ii. 256, 303. iii. 67; *pp.* iended [ihended], i. 371. ii. 540. iii. 262.

ændswere, ænsware, andsware, andswere, andsweore, answare, enswere [answere], *answer*, i. 126, 168, 188. ii. 79, 143. iii. 47, 194, 217. *v.* andswærien.

æne, ane [one, alone], *alone, singly*, i. 126, 276, 375. ii. 19, 580, 628. iii. 3, 19, 143.

ænes [ene], *once*, ii. 435. iii. 175; to þan anes, to þan ane, *for the nonce*, ii. 301, 479. See *Glossar. Rem.* p. 492.

ænglen, englenne [eanglene], *g.pl. angels*, i. 387. iii. 14; *d.* ænglen, englen [englene], ii. 591. iii. 181. *v.* engles.

ænglis, engliac, englis, *English*, i. 269. iii. 178, 274; *d.* iii. 180, 190. *pl.* ængliace, angliace, engliace [eangleace, engles, englisce], i. 84, 304. iii. 181, 186, 191; *d.* iii. 191, 283.

ænne, *v.* an.

æoure, æouwer, *v.* eou.

†ær, *here*, i. 176. ii. 624. *v.* her.

ær, *ever*, ii. 175.

ær, ære, ar, eær, eære, ·eare [are, ear, er, ere, hare, hear, héér, her, here], *before, first, previously, ere*, i. 16, 28, 67, 168, 177, 189, 238, 282, 402. ii. 116, 542. iii. 45, 80, 116, 127, 147; *comp.* ærer, arer [ere, hear], *previously, ere*, ii. 308, 527. iii. 4; *sup.* ·ærest, ærst, eærast, eærst, ærrust [earest, erest, herest], i. 2, 112, 151, 181, 186, 269, 382. ii. 174, 443, 533. iii. 5, 94.

ærchebiscop [archebissop], ii. 103, 504. iii. 191; *g.* ærchebiscopes [archebissopes], ii. 103; *d.* ærche-biscope, arche-biscope, erche-biscope, iii. 193, 209, 210; *pl.* ærchebiscopes [archebissopes], i. 435. ii. 601.

ær-dæden [erdede], *d.pl. offences*, i. 373.

ærd-e, ard, *earth, land*, ii. 138, 146. iii. 168, 177; *d.* ærd, ærde-n, ard-e, eard, earde, eærd, eærde, erde, i. 61, 69, 116, 117, 168, 177, 212, 316. ii. 7, 20. iii. 86, 155, 233, 258. *v.* erþ.

ære, are [ore], *mercy, favor*, i. 126, 182, 227. ii. 92, 199. iii. 41, 44; *d.* i. 176. iii. 210, 285.

æremite, armite [heremite], *hermit*, ii. 363, 364, 365; *d.* ii. 370; *pl.* heremiten, eremite [heremites], iii. 114, 197.

ærendrake, erendrake [herendrake, herindrake], *messenger*, i. 28, 354. ii. 622.

-ærhest, *v.* arð.

ærhscipe [harþsipe, ȝearsipe], *d. difficulty, fear*, ii. 93, 378.

ærhðe-n, ærhþen, arhredðe [arhþe], *d. dread, fear*, i. 353. ii. 377, 419, 486, 566. iii. 33.

ærien [herie], *to plough*, i. 427.

ærm, *wretched, poor*, i. 282. iii. 27, 137; *d. acc.* ærmen, ii. 575. iii. 105; *pl.* ærm,

ærmen, ii. 494. iii. 220; *sup.* ærmest [harmest], ii. 199, 444. iii. 269.

ærm [arm], *arm*, iii. 119; *pl.* ærmes, armes, earmes [harmes], i. 79, 81. iii. 207; *d.* ærmen, armen [harmes], i. 95. iii. 268.

ærme, *v.* harm.

ærmi [harmi], *to arm*, ii. 217; *p.* [armede], i. 369.

ærming, *sorrow*, ii. 275.

ærmliche, *miserably*, i. 402.

ærmliche, armliche, *d. piteous, grievous*, ii. 447; *d. pl.* i. 26, 45. ii. 262.

ærmðe-n, *harm, misery*, ii. 252, 514; *d.* ærmðe-n, ærmþe, ermden, i. 5, 31, 361. ii. 434, 445. iii. 267.

ærn [erne], *eagle*, i. 120; *pl.* ærnes, arnes [hearnes], ii. 489, 490, 498.

ærnde, arunde, erende, ernde [earende, herende], *errand*, i. 61, 188, 312, 429. ii. 621, 640. iii. 3, 47.

ærne-n, eærne, ernen [earne, earnne, erne, ernne, herne], *to ride, to run*, i. 70, 288, 347, 364. ii. 144, 189, 223, 231, 467, 615. iii. 54, 59; *pr. pl.* ærneð [erneþ], ii. 161; *imp. pl.* ærneð, †eærne, [herneþ], i. 262. ii. 264; *p.* ærnde, arnde [earnde, hearnde, hernde, hernede], i. 277, 396, 399, 423. ii. 217, 335, 467. iii. 78; *pl.* ærnde-n, arnde-n [earnde, ernden, hearnde, hernde], i. 175. ii. 93, 99, 112, 147. iii. 54, 60, 78, 218. *v.* eorne, and *Glossar. Rem.* p. 470.

iærned, *pp. earned*, ii. 591.

ært, eart, ˈart, eært, †eær, †erǽt, †erat, ert [hart, hert, †har], *2 p. pr. art*, i. 41, 61, 64, 95, 131, 165, 185, 209, 265. ii. 108, 372. iii. 26. *v.* beon.

†ærun, *wretched*, i. 147. *v.* ærm.

ær-wene, *pl. presumptuous*, iii. 97.

ær-witte, *unwise*, ii. 503. See *Glossar. Rem.* p. 500.

æst [east], *d. east*, iii. 96, 131.

æst [east], *ad. eastward*, ii. 553. iii. 14.

æstene, *d. eastern*, iii. 91.

æstre, æster-e [easter], *Easter*, ii. 352, 591, 594.

†æt, †eæt, *v.* at.

†æt, †at, *but*, i. 294, 327, 405, 409. ii. 11. iii. 51. *v.* ah.

æten, eten [eate-n, heote], *to eat*, ii. 138, 367, 545; *pr. pl.* eteþ [heteþ], i. 144; *imp.* æt, iii. 228; *p.* æt [eat, hate, heat], i. 372. ii. 516, 542. iii. 31, 228; *pl.* æten [eote-n, heten], i. 166. ii. 137, 173, 567; *pp.* iæten, ieten, iȝeten [iheote, iȝeate, iȝeote], i. 285. ii. 201, 285, 615. iii. 278.

æð-e, eð [eþere, heþ], *easy, easier*, i. 69, 95, 232, 349. ii. 515, 562. iii. 51.

æð, að, oað [hoþ, oh, oþ], *m. oath*, i. 28, 30, 185. ii. 415, 416, 621; *d.* æðen [oþe], i. 181. ii. 378; *pl.* æðes, aiðes, aðes, aððes [oþes], i. 99, 175, 220. ii. 388; *d.* aðen [oþes], i. 220. *v.* aȝe.

æðel, aðel, *n. land, territory*, i. 202. ii. 258, 262, 424; *pl.* æðeles, ii. 336.

æðele-n, aðelan, aðele-n, aððelen [aþele], *d. dignity, honor, virtue, power* [A.-S. *æðelo*, nobilitas], i. 159, 300. ii. 18, 21; *d.* i. 9, 124, 125, 289, 395. ii. 453; *pl.* æðelene, aðelen-e, i. 184, 383. ii. 115.

æðel-e, æððele, aðel-e, *noble, good*, i. 3, 29, 124, 237, 256, 278, 428, 431. ii. 58, 256, 284; *g.* aðele-n, aðeles, i. 114. ii. 166, 269, 464. iii. 103; *d.* æðelen, aðele-n, i. 1, 3. ii. 353, 611. iii. 10; *d. f.* æðelere, i. 141, 369. iii. 212; *pl.* æðele, †æðela, †æðelæn, aðele, aðelene, i. 2, 33, 207. ii. 17, 97, 236. iii. 42, 63; *comp.* aðelere, ii. 488; *d.* aðelen, ii. 618. iii. 83; *sup.* æðelest-e, aðelest e, i. 110, 288. ii. 269, 383. iii. 7, 18.

æðelene, *v.* aðeles.

iæðelien, *to honor, comfort*, ii. 521; *p.* æðelede, aðelede, i. 119, 283; *pp.* iæðeled, iaðeled, i. 153. ii. 558.

æðelinge, *v.* aðeling.

æðmodliche, *earnestly*, iii. 44.

æuen, *v.* æfen.

æuen-time, auen-time [eue-time], *d. eventime*, ii. 112, 325.

æuer, *v.* æfer.

æuer-ælc, euer-ælc, euer-alc, †æuereuche [eueruch], *every*, i.101,196. ii.147. iii.2; *g.* æuerælches, æuereuelches [eueruche], ii.490,541; *d.* æuerælche, euere elchen, æuer ælche, æuer alche, euer ælche [euereche, eueruche], i.73,250,368. ii.15. iii.11,285; *d. f.* æuer alchere, i. 251; *acc. m.* æuerælcne, æuer-alcne, æuerelcne, æuer alche [euerechne, euer-eche], i.187,257,329,332,424; æuerre wulcne, *acc. whosoever*, ii.216.

æuer mare, æuer-e mare, æuere æuere [euermore], *evermore*, i.82. iii.114, 134,248; æuer seoððe, æuer seoððen, æuer seoðen [euere suþþe], *ever since*, i.429. iii.162,286.

æure, æuwer, *v.* eou.

æx, eax [ax, hax], *axe*, i.99,196,276. iii. 119; *d.* æxe, eaxe [axe], i.98. ii.287; *d.pl.* axen, ˑaxes, i.319. ii.468,515.

æxe, æxede, *v.* axien.

æxle, *v.* exle.

æȝen, æȝere, *v.* aȝe.

†æȝene, *noble*, i.153. *v.* heh.

æȝene [eȝene], *pl. eyes*, ii.109; *d.* æȝen, æȝene-n, eȝan, ˑeȝen, ˑeȝene, eȝenen, hæȝene [ehene, ehȝe, heȝe, heȝene], i.80, 166,244,283,309,415. ii.119,244,291, 327,499,561,594. iii.15.

æȝenede, *v.* ahnien.

afallene, auallen, afeollen, *to fell, put down, destroy*, ii.425. iii.109,135; 2 *p. pr. sb.* afeollen, iii.19; 3 *p.* aualle, ii. 420; *p.* afelde, aualde [afulde], i.81. ii. 420,535. iii.103; *pl.* afelden [afulde], i.178. ii.456; *pp.* ˑafalled, afelled, auel-led, aualled, auelde [afulde, afulled], i. 88,163,200. ii.39,68,96,256. iii.36,40, 74. *v.* fallen.

[afare], *pp. gone*, ii.141. *v.* fære.

afde, afden, *v.* habbe.

afeat, *v.* of-hæt.

afeng, aueng, *p. took, received*, ii.68,232, 510; *pl.* afængen, afengen [afenge], i. 280. ii.590. *v.* fengen.

afeoh, *v.* afon.

afeol, *p. ceased*, iii.286; *pp.* afallen [afalle, avalle], *fallen*, i.48. ii.101,244,285.

afeolled, afulled, auulled, *pp. filled*, i.264, 418. ii.79,252,567. iii.74,154. *v.* iual-len.

ˑaferde, auerde, *p. frightened*, iii.15,152; *pp.* afered, aferde, afeared, auered, ˑafered, auared, auered [afared, aferde], i.130,168,389. ii.107,521,561,567. iii. 36,78,79,81,116. *v.* of-færed.

afest, auest, *v.* habbe.

ˑafinde, afinden, *to find*, ii.240. iii.22; *p.* ˑafunde, auunde, ii.226. iii.230. *v.* finde.

afemde, *p. banished*, i.361; *pp.* afemed, *driven away*, i.357.

[aflowe, afloȝe], *pp. fled*, ii.376,445,477. *v.* fleon.

afon, afo, auon, *to receive, take, under-take*, i.372. ii.201,320,372,386,524, 527. iii.212; *imp.* afeoh, ii.168; 2 *p. pr. sb.* afo, ii.186. *v.* fon, on-fon.

aforen on, aforn eȝen, a-uoren on, auorn on [afornon, aforn ȝeon, aforn neȝe-n], *ad. before, in front*, ii.9,353,584. iii.60, 98,131. *v.* forn.

a-foten, *v.* a, an.

afulde, afulled, *v.* afallene.

afulled, auulled, *v.* afeolled.

agan, ˑagon [ago], *pp. passed, gone*, i.15, 152,153. ii.567. iii.117,194. *v.* gan.

agaste, *p. terrified*, i.275.

agge, *v.* egge.

ˑagriseð, *pr. alarmeth*, ii.132,501; *p.* agras [agros], ii.74.

agunnen [a-gynne], *to begin*, ii.363; *p.* agan, ˑagon [again], i.288. ii.198,466. iii.13,25,31,241; *pl.* agunnen [agonne], ii.459,589; *pr. sb. pl.* aginnen [aginne], iii.57. *v.* gan.

ˑah [ac], *but*, i.7,11,18 *et passim*.

ah, *v.* aȝen.

ah, *pr. ought*, i.354. iii.92; 2 *p.* aȝest, ii. 276; *pl.* aȝen, i.262; *p.* æhte, ahte [hahte], ii.528,632; 2 *p.* ahtest [haht-est], i.314; *pl.* ahten [hahte], i.262. ii.631.

ahæf, ·ahof, an-hof, *p. heaved, raised,* i.98, 321. ii.275, 484, 584. iii.35, 106. *v.* hæhuen.

ahne, *v.* aʒe.

ahnien, iahnien [ohni], *to obtain, conquer,* i.159. ii.632. iii.5,116; *p.* ahnede, iahnede, æʒenede [ohnede, hoþnode, hoþʒenede], i.105,174. ii.70,85; *pl.* ahneden, ii.91; *pp.* iahned, i.82. *v.* ohni.

ahof, *v.* ahæf.

·ahon, ·a-ho, *to hang,* i.350,353. ii.392, 452. iii.135. *v.* an-hon, hon.

a-hond, *v.* a, an.

aht, *aught, anything,* ii.75. *v.* awiht, oht.

ahtest, *v.* ah.

ahtliche, ·ahliche, †atliche [hahliche, hahtliche, haþliche], *bravely, nobly,* i. 34,68,157,242,415. ii.214,459,479. iii. 76,251. *v.* ohtliche.

ahʒene, ahʒere, *v.* aʒe.

aihte, *v.* æhte.

aiðea, *v.* æð.

[akende], *p. descried, knew,* i.309. iii.8. *v.* kenne.

akepe, *v.* kepe.

akimed, *pp. dumb* (?), iii.47.

·al, alle, *ad. wholly, altogether,* i.19. ii.10. iii.20,40; al an, *all one,* i.e. *united,* iii. 164. It is prefixed to many verbs compounded with the prep. *to.*

·al, *all,* i.7,13,22. ii.16. iii.6,39; *g.* [alles], ii.391,691; *d.* ·alle, allen [al, halle], i. 7,29,207. ii.28. iii.7,31,68,131; *d. f.* alre [allere], i.258,294. ii.516,640; *pl.* al, ·alle, allen, i.15,17,25,228,288. ii. 4,7,8,15. iii.38,74,89,127; *g.* ·alre, i. 76,117,223,264. ii.59,136. iii.10,12, 54; †aldre, i.178; *d.* ·alle, allen, i.16, 288. ii.115. iii.22,63.

alæten, *to lead away,* ii.243.

[alaski], *to assuage, lessen,* i.377.

alaðed, *pp. loathed,* iii.29. *v.* at-laðed.

alder-mon, *chieftain,* i.60.

aldeuader, *grandfather,* iii.246.

aldre, *v.* al, ælder.

·ale, *d. ale,* ii.604.

[aleane], *to grant,* iii.270; *pr.* [aleneþ], ii. 585; *pr. sb.* [aleone], i.187. *v.* lanen.

aleggen, ·aligge [alegge], *to allay, put down,* i.329. ii.77. iii.35,45,258, *to lay,* iii.274; *pr. sb.* [alegge], iii.19; *p.* alæid [alay, aleide], i.304. ii.623; *pp.* aleid [alead], iii.285. *v.* legge.

alemainisce, almainnisce [alemanisse], *pl. German,* i.233. iii.290.

[alende], *p. lay,* ii.254.

a-leop, *p. leapt,* iii.232. *v.* lepen.

alesen [alese], *to loose, save,* i.46, 390; *p.* alisden, ii.41.

[alfe], alue, *elf,* ii.385; *d.* aluen, iii.144; *pl.* alfene, aluen [aluene], ii.384, 500; *g.* æluene, aluen, ii.489. iii.145.

a-life, a-lifue, *v.* a, an, on.

a-ligge, *v.* aleggen.

alihten [alihte], *to alight,* iii.46,59; *imp. pl.* [a-liþteþ], i.250; *p.* alihte, ii.463. iii.214. *v.* lihten.

[a-liþede], *p. dismembered,* iii.29.

aliðen, *to abate, allay,* ii.77.

aliðene, *pp. pl. passed,* i.169. *v.* liðe.

·alles [halles], *wholly, altogether,* i.21, 130,150. ii.291,411.

allunge, *wholly,* i.375. ii.34, 224, 364, 401.

[almest], *almost,* ii.387.

·al-mihti, almiten, *almighty,* i.3. ii.495. iii.261; *d.* almihtie, almihten [al-mihti], ii.279. iii.189.

a-lomp, *p. befell,* ii.333. *v.* ilimpe.

a-lond, *v.* a, an.

a-loþed, *v.* at-laðed.

aloðede, *p. submitted,* iii.203.

alre, *v.* al.

alreforwarde, *first of all,* i.40.

·alse, ·al so, al swa, al swo [ase, †has], *as, so, also, thus, as if,* i.4,20,30,32,215, 261,284,427. ii.10,42,61,70,101,130. iii.2,3,102; [al son], ii.374, 496, 523;

alse þeah [alse þoh], i.80,284,376; al swa swiðe [ase swiþe], iii.65. *v.* swa.

alþeodene, *foreign*, i.98.

alðeodisc, alþeodisc, *foreign*, i.4,97.

alue, aluen, *v.* alfe.

aluisc [aluis], *elvish*, ii.463; *d.* [haluis], ii.463.

a-lust, *v.* of-lust.

amadde, *pp. pl. mad*, i.189.

amærre, amarre-n [amorre], *to destroy, mar*, i.228. ii.349,393; *p.* amærde, a-merde-n [amorde], i.81,163. ii.64,514. iii.19,222; *pl.* amærden, amerden, i.184, 303; *pp.* amærred, amarred, ii.498. iii. 246. *v.* mæren.

a-mærwe, a-marwe-n, a-marewen, a-mærȝe, a-marȝe-n, a-morȝen [a-morwe, a-morewe, a-morȝe], i.36,37,72,273, 324. ii.224,351,416. iii.69,127,235. *v.* a.

a-mang, a-mong, *v.* imong.

·amidde, amidden, *ad. in the midst, amidst*, i.3,68,206,277. ii.331.

amidden [a-midde], *ppn. amidst*, i.426. i.169. iii.111.

·ampulle, *vessel, phial*, ii.203; *pl.* amp-pullen [ampulles], ii.406.

amurðered (?), amurðerd, *pp. murdered*, ii.252. iii.263.

·an, *in, on, at, of*, i.22. ii.6,21,43. iii.8, 24,62,81,96,279; generally replaced by *in* or *on* in the later text. It is often used adverbially, as, an deðe [deade], *dead*, iii.100; an foten [a-fote], *on foot*, i.22. ii.127; an hæfne, *evenly*, i.279; an heh [an heþ], *on high*, i.37; ·an hond, *soon, now*, ii.106,151,264, 279,501; an liue [a lifue, a-liue, on lifue, on liue], *alive*, i.10,59. ii.25,111, 592; an lond [a-lond, on londe], *on shore, in land*, i.76. iii.11. *v.* a, on.

†·an, *and*, i.2,3,157,232. ii.127. iii.6, 17,31.

·an [on, one, hone], *a, one*, i.1,24,58,127, 297,300,386. ii.606. iii.155,168; *g.* anes, ænnes, ennes, onnes [on, one, ones], i.67,77,370. ii.14. iii.205; *g.f.* ære, i.121; *d.* ·ane, anne, †ane, ane, ·one [an, on, hon], i.13,84,95,275,314. ii.12,19,77,535. iii.27,124,180; *d.f.* are, hare, i.1,3,8,50,151. ii.10. iii.24,64; *acc.* ·an, ·ane, †ana, æne, ænne, ·anne, enne [on, one], i.10,17,24,28,50,110, 256,289,360. ii.50,576. iii.45,86,237, 249; bitter ane, iii.216; wunder ane, wonder one, i.109. ii.6,16,619. iii.24, 36. *v.* a.

an, *v.* iunne.

an-an, anæn, an-non [anon], *anon, forth-with*, i.71. iii.128, 181,221; anan se, *when*, i.271.

an-bælh [a-balh], *p. became angry*, iii.47. *v.* bælh.

an-burste, an-bursten [a-borst], *pp.* ii.639. iii.25. *v.* iburst.

†ancrist, ankeres [ancreos], *pl. anchorites*, ii.30. iii.12.

and [an], *if* (?), i.150,355; ·and ȝef [and ȝif], i.146,157. See *Gloss. Rem.* p.478.

andswærien, andswerie, *to answer*, ii.518. iii.248; *p.* andswere, andswarede, and-swerede, andswerde, answare, answærde, answarede, ansuerede, answerede, an-swere, enswærde, enswerede, i.36,40, 127,128,266,287,330,362. ii.33,223. iii.36,49,127,266; *pl.* ansuereden, and-swarede [answerede], i.38. iii.85,127. *v.* ændswere.

†ane, *in*, i.161. *v.* an.

·aneh [neh], *ad. nigh*, i.163,222,262. iii. 102. *v.* neh.

a-neoste, aneouste, a-neouweste, aneuste, an-oueste, on-oueste, *ad. quickly*, i.415. ii.478. iii.17,59,71,139,156,269. *v.* on-uest.

aneoste-n, ·aneouste, aneuste, an-neoste [anewest, anewiest], *ad. near, nigh*, ii. 239,341,583. iii.22,25,34,37,65,136, 372. *v.* on-feste.

aneosten, aneouste, an-neouste, aneow-

este, aneuste, aneweste [a-newest, a-neowest], *ppn. nigh, near* [A.-S. *on neawiste*, Bed. 3,13. Jos. ix. 16], i. 121, 149. ii. 306, 592. iii. 21, 23, 24, 32, 63, 77, 201. *v.* on-fest.

an-fest, *ppn. near*, ii. 271. *v.* on-fest.

an-fon, *pp. gained*, i. 376. *v.* afon, on-fon.

angel [hangel], *angel*, iii. 26.

an-hebben, *to sustain*, ii. 102.

[**an-hewen**], *p.pl. fought*, i. 65. *v.* hæuwen.

an-hof, *v.* ahæf.

·**an-hon**, an-ho, an-hongen [an-honge], *to hang*, i. 31, 287, 360, 427. ii. 73, 125, 527. iii. 3; *p.* an-heng, iii. 176; *pl.* an-henge [an-hong], ii. 456, 631; *pp.* ·an-hon, anhongen [†an-on, an-honge], i. 43, 44, 88, 244. ii. 43. iii. 239. *v.* a-hon, hon.

an-inne, *ppn. within*, i. 239.

aniðeri [a-neoþeri], *to put down, abase*, ii. 197; *pp.* [aneþered], ii. 638. *v.* neoðerien.

ankeres, *v.* ancrist.

anlicnes [anlicnesse, anlicne, anlichnisse], *image*, i. 50, 54. ii. 464; *pl.* i. 434. *v.* on-licnes.

an-long, *ppn. along*, i. 7. *v.* on-longen.

[**anoppe**], *ad. above*, i. 81. *v.* oppe.

·**an oðer**, on oðer, on oþer, *otherwise*, i. 31, 122, 311. ii. 87, 162, 302. *v.* oðer.

an-ouenan, an-ufene, an-uuenan, *ad. above, upon*, ii. 224, 264. iii. 34. *v.* ouenan.

an-slogen, *v.* on-slogen.

·**ant**, *and*, i. 5, 19.

[**anued**], *pp. annoyed*, i. 96.

an-uest, an-veste, *quickly*, i. 341. ii. 562. *v.* on-uest.

·**anwalde**, ·anwolde, onwalde-n, onwolden [†onwalle, onwolde], *d. power, sovereignty*, i. 190, 360. ii. 126, 159, 457, 595, 633. iii. 169, 208.

†**anwende**, *v.* at-wende.

anȝæt [anȝete], *p. understood*, ii. 234. *v.* of-ȝiten.

appostolie, *d. pope*, iii. 187.

aquelle-n [acwelle-n], *to kill*, i. 64, 245, 395. ii. 250, 549. iii. 52, 160, 266; *p.* acualde, aqualde-n, aquelde, aquelle [acwelde], i. 2, 67, 171. ii. 399, 418. iii. 37, 106, 266; *pl.* aqualde-n [acwelde-n, cwelde], i. 241, 263. ii. 42. iii. 151; *pp.* aquald, aqueald [acweld, acwelled], i. 42, 376. ii. 287, 427, 460. iii. 257. *v.* quelle.

aqueðen [acweþe-n], *p. resounded, sounded*, ii. 583. iii. 93, 94, 105.

aræde, aredde, *v.* aredden.

arædden, aredden, *p.pl. restored, righted*, ii. 224.

aræhte [a-rahte], *p. delivered*, ii. 14; *pl.* aræhten [a-rehte], *bestowed*, i. 410.

aræhten, *v.* arecchen.

aræren, ·arere, areren [arære], *to arear, rise up*, i. 86, 424, 435. ii. 223, 285. iii. 38, 42; *pr.pl.* arereð, ii. 542; *p.* ·ararde, ii. 171. iii. 45; *pl.* arærden, ararden [arerde], i. 408. ii. 91; *pp.* arære d, areræd [arered], i. 87, 244. ii. 68, 99. *v.* ræren.

aras, *v.* arisen.

archen [arche], *d. f. ark*, i. 2, 382.

are, *v.* an.

a-reade, *v.* aredien.

[**arecche**], *to touch*, iii. 33.

arecchen, *to interpret*, iii. 122; *p.pl.* aræhten [a-reht], iii. 16. *v.* ræcchen.

·**aredden** [a-readde], *to free, rid, deliver*, i. 46. iii. 71; *pr.sb.* ·aredde, i. 362; *pl.* a-rædde [a-redde], ii. 101; *p.* ·aredde, i. 36; *pl.* aredden, areden, arudden [a-redde], i. 338. ii. 113. iii. 109.

arede, *to tell*, ii. 531. *v.* ræde.

[**aredi**], *a. ready*, i. 340. ii. 328.

aredien, *to help, succour*, ii. 557; *pr.pl.sb.* arude [a-reade], iii. 244.

a-reht, *v.* arecchen.

areppen, *to touch*, iii. 33.

arewen [arewe], *arow, in rank*, i. 234.

arhþe, arhredðe, *v.* ærhðe.

a-riht, *aright*, ii. 315. *v.* riht, rihte.

arimen, *to number*, iii. 6; *pp.* arimed, iii. 158.

arisen [a-rise], *to arise*, i. 53. ii. 210; *pr.* ariseð [ariseh], i. 400; *imp.* ·aris, iii. 34; *p.* arses, †arseste, aras, ·arise, ·aros, i. 18, 86, 172, 286, 402. ii. 11. iii. 31; *pl.* ·arisen [arise], i. 84. ii. 229. iii. 239.

arne, *v.* urnen.

[aron], *pp. passed, run*, i. 15.

arð [eserȝh], *timid*, i. 185. iii. 266; *sup.* ærhest [ȝearþhest], ii. 489.

arumðe, *widely*, iii. 95.

arunde, *v.* ærnde.

arwe [arewe], *arrow*, i. 105; *pl.* arwen, arewen [harwe], ii. 100.

[ascamed], *pp. ashamed*, iii. 187. *v.* scomien.

[ascapede], *p. escaped*, i. 68; *pp.* [a-chaped], ii. 342, *v.* scapie.

a-sceken [a-sake], *pp. gone*, ii. 380. *v.* at-sceken, scecky.

ase, *v.* alse.

asechen, *to seek*, iii. 111. *v.* at-sechen, sechen.

aseingde [aseint], *p. sank*, iii. 19.

aseles. *v.* hasles.

[asende], *to destroy*, ii. 333. *v.* scende.

[a-sende], *p.pl. sent*, i. 343. *v.* senden.

aset, *p. sat*, iii. 47. *v.* sitten.

askede, *p. asked*, iii. 171. *v.* axien.

aslæn, aslan, *to slay*, ii. 512, 525, 549; 2*p.p.* asloȝe [aslowe], i. 186. ii. 620; 3*p.* asloð, asloȝ [a-sloh], i. 108, 319. ii. 514; *pl.* asloȝen [a-slowe], i. 426. ii. 456; *pp.* aslæȝe-n [aslaȝe-n], ii. 495. iii. 132, 133. *v.* of-slæn, slæn.

asoken, *v.* at-sechen.

[aspide], *p. aspied, watched*, ii. 404.

a-stæh [a-steh], *p. ascended*, iii. 24; *pl.* a-stiȝen [asteȝe], i. 370. *v.* stide.

astalden, astalleden, *p.pl. made, established*, i. 381, 382. iii. 77; *pp.* ·a-stald, a-stalled, astolled, i. 298, 346, 358. ii. 79, 577, 590. *v.* on-stalde.

[a-steorte], *to escape*, i. 182; *p.* a-sturte [a-storte], *started*, iii. 34. *v.* at-sterte.

·astod, *p. stood*, i. 277; *pl.* [astode], *withstood*, i. 181; *p.pr.* [astonde], *existing* iii. 15. *v.* at-stonde.

·astronomie, *astronomy*, ii. 598.

[a-stunte], *p. ceased*, iii. 282. *v.* at-stunt, stunte.

astured [astored], *pp. stirred, troubled*, iii. 3, 108, 152. *v.* sturie.

a-sturte, *v.* a-steorte.

aswalten, *v.* swelten.

a-swike, 1*p.pr.pl. cease (we)*, ii. 33; *imp.pl.* a-swikeð [Fr. *laissez*], ii. 217; *p.* aswac, ii. 251.

·aswint, *pr. faileth*, ii. 328; *p.* aswond, iii. 279; *pp.* aswunden [aswonde, aswounde], *asleep, inert*, ii. 387, 398, 511, 624, 626.

[a-swipte], *p. struck off*, iii. 34. *v.* of-swipte.

at, †æt, †eæt [hat], *at, in, of*, i. 17, 70, 182, 219. ii. 220, 528. iii. 2, 101.

at-ærnden, at-arnede, at-arnden [at-hourne, at-earnede], *p.pl. rode forth, fled*, ii. 378. iii. 59, 78. *v.* ærne, corne.

at-bræc, at-breac [at-brac], *p. escaped*, i. 57, 68.

atcropene, *pp.pl. crept away*, i. 241.

aten [ote], *pl. oats*, ii. 604. iii. 172.

at-eoden, *p. came to*, iii. 187.

at-fallen, æt-fallen, *pp. fallen, departed*, i. 181, 383.

at-faren, *to escape*, iii. 78.

at-fengen, *p.pl. received*, ii. 219.

at-fleh, *p. escaped*, i. 222; *pl.* at-flowen, i. 105; *pp.* [at-flowen], iii. 78.

at-foren, *ppn. before*, i. 95, 133, 288. ii. 202.

at-hælde, at-halden, æt-halden [at-holde], *to retain, withhold, maintain*, i. 391. ii. 32, 153, 159, 416; *p.* ·at-heold, i. 33; *pl.* at-heolden, iii. 273: *pp.* at-halden, ·at-holde, ii. 96, 590, 619.

at-hourne, *v.* at-ærnden.

at-laðed [a-loþed], *pp. hateful*, i. 96.

at-leden, attlede [at-leade, at-lede], *to withhold, carry off*, i. 136, 198.

atlen, atlien, *to approach, go, come*, iii. 32, 163, 239; *p.* atlede, iii. 239.

†atliche, *v.* ahliche.

atlichen, *to disguise* (?), i. 282.

atlinge [hatling], *d. estimation*, iii. 22.

atoȝene [a-towen], *pp.pl. treated*, ii. 80, 622.

at-ræd, *p. escaped*, iii. 264.

at-ran, *p. smote*, i. 66, 323.

at-sake [†sake], *pr. forsake*, iii. 127; *p.pl.* at-soken [asoken], *denied*, i. 260.

at-sceken, *to fly*, iii. 54. *v.* a-sceken.

at-sechen, *to seek*, ii. 132. *v.* asechen.

at-somne, *together*, ii. 592.

at-sterte, at-sturte, æt-sturte [atstorte, a-storte], *p. escaped, started back*, i. 98, 182. ii. 117. *v.* a-steorte.

·**at-stonde**, at-stonden [astonde], *to abide, remain*, i. 112. ii. 220, 311, 566. iii. 24, 82, 120; *p.* ·at-stod [astod], ii. 257, 474, 585. iii. 33, 101; *pp.* ·at-stonde, at-stonden, i. 76, 305, 313. ii. 167, 262, 409, 567.

at-stonden [at-stonde, astonde], *to resist, withstand*, ii. 192, 438, 470. iii. 134; *p.* atstoden, iii. 62. *v.* astod.

at-stunt, *pp. abated, ceased*, iii. 283. *v.* a-stunte.

atteliche, *d. hideous, dismal*, ii. 489.

atter [hatter], *n. poison*, ii. 203, 320; *d.* attere, attre [hatter], i. 109. ii. 250, 406. iii. 151.

atterne [hatterne], *poisonous* [A.-S. *ætrene*], ii. 249.

†at-urnen, æt-urnen, *p.pl. ran out, fled*, ii. 342. iii. 95. *v.* eorne.

a-twa, a-twam, a-tweo [a-two], *in two, apart*, i. 68, 92, 171. ii. 225. iii. 52.

atwailden [awilde], *to manage*, i. 142. *v.* awalden.

·**at-wende**, atwinden, *to escape, depart*, i. 158, 426. ii. 257. iii. 263; *pr.pl.* atwendeð, iii. 53; *p.* æt-wende, at-wand, at-wond [at-wende], i. 5, 92, 181. ii. 338; *pl.* at-wenden [at-wende], ii. 397; *pp.* at-wunden [at-wonde], ii. 113.

·**atwite**, *to reproach*, ii. 169; *pr.* atwit, ii. 629; *pl.* [atwiteþ], ii. 629; *p.pl.* atwiten [atwite], ii. 398. iii. 57.

[atyr], *d. attire*, i. 139.

a þat, a þet, *until*, i. 206, 257. ii. 171, 394. iii. 178, 286. *v.* þat.

aðel, *prince, chieftain*, i. 430.

aðele, *nobly*, iii. 64, 181. *v.* æðel.

aðeles, *pl. men, folk*, i. 335; *d. acc.* æðelene, aðelene, i. 139, 233.

·**aðeling**, *noble*, ii. 113. iii. 193; *pl.* aðelinges, i. 229; *d.* æðelinge, i. 37.

aðelmod, *noble-minded* (?), ii. 554. *v.* að-mode.

[aþenche], *to repent*, i. 374; *pr.* [a-þincheþ], i. 143. *v.* of-þincheþ.

aþeostrede, *p. was extinguished*, i. 121.

aðmode, *mild*, iii. 14; *d.pl.* ii. 558. *v.* edmod.

að-neowe, *ready*, ii. 67.

[a-þohte], *p. seemed*, ii. 128. *v.* þincheð.

[a-þreu], *p. threw, leapt*, i. 35.

aðum, oðem [oþom], *son-in-law*, i. 154. ii. 390. *brother-in-law*, ii. 547; *d.* aðume [oþom], i. 139. ii. 553.

†auaren, *pp. afraid*, ii. 60. *v.* aferde.

auen, *v.* æfen.

†auerst, *speedily* (?), i. 374.

†aulchere, *d.f. each*, i. 275. *v.* ælc.

a-uormest, a-uoremeste [formest], *first, before, foremost*, ii. 349, 612. iii. 7.

[a-vorre], *far*, ii. 325. *v.* feor.

awæi, awæie, †atwaie, a-wai, †awi [awei, awey, away], *away*, i. 275, 359, 360, 428. ii. 242. iii. 116.

awæiward, awæwardes, ·a-weiward, *away*, i. 378. ii. 477, 515.

awælȝed [*i*wellid], *pp. enriched*, ii. 531.

awæmmen, *to injure, corrupt*, ii. 470; *pp.* awæmmed, awemmed [a-wemmid, *i*-wemmed, *i*-wemmid], i. 94, 272, 435. ii. 422. iii. 172, 246.

a-waht, *v.* awehten.

awakien [a-wakie], *to awake, stir*, ii. 327; *p.* ·awoc [a-wok], i. 53, 368. iii. 13, 14, 214; a-wachede, *arose*, i. 113. *v.* iwakien.

awalden, awelden, awilden, [awelde, a-wilde], *to subdue, destroy, manage, wield, win, possess*, i.174,185,243. ii.297. iii.89,113; *pr.* ·awalt[weldeþ], ii.568,574. iii.27; *pl.* awalde [awelde], i.338; *p.* awælde, awalde, ·awelde, i.70,199,263. ii.484,563,631; *pl.* awelden, i.252; *pp.* a-wald [a-wild], i.177. ii.79. *v.* on-walden, wælden,

awariede, *p. cursed*, ii.159; *pl.* awarieden [awarede], i.108; *pp.* awaried, iii.171; *d.* awarriede, iii.185.

·awede, aweden, *to rage, go mad*, i.276. ii.501; *pp. pl.* ·awedde [awed], i.110, 189. ii.396.

awehte, *p. kindled*, iii.173.

·awehten, aweihten, *p.pl. awakened, aroused*, i.35. ii.322; *pp.* a-waht [a-weht], i.193.

†aweies, *v.* wæi.

awelde-n, *v.* awalden.

awend [iwende], *pp. gone, changed*, i.84. ii.342,376. *v.* wende.

aweste, *p. wasted*, i.275. ii.45. iii.175; *pl.* a-wæsten, ii.456; *pp.* ·awest, i.91,94,356. *v.* westen.

awiht, *aught*, i.299. ii.295. *v.* aht, oht.

awild, awilde-n, *v.* awalden, atwailden.

·awinne, awinnen [awynne], *to win, gain, conquer*, i.28,93,177. ii.99,363. iii.49, 70; 2 *p.p.* [awonne], i.336; 3 *p.* ·awan, awon, i.70,307. ii.48,458,629. iii.48; *pl.* [awonne], i.202,314. ii.631; *pp.* [a-wonne], i.91. ii.28,325,530,594. iii.88. *v.* biwinne, iwinne.

[awiste], *p. took charge of, commanded*, iii.86. *v.* wite.

a-wiðer, *ad. contrary, opposite*, ii.78,475.

awoc, awok, *v.* awakien.

[awondrede], *p. astonished*, ii.245; *pp.* awundred [awondred], ii.245,619. *v.* wondrede.

awræht [a-wreþt], *pp. wrested*, ii.222.

awræken, awrake-n, awreken, o-wreken [a-wreke], *to avenge*, i.155,188,246. ii.39,181,481. ii.624. iii.122; *p.* ·awreke, iii.185,262; *pp.* awræke, awræken [a-wreke], iii.103,127. *v.* wreken.

awraððed, *pp. became wrath*, ii.621. *v.* wrað.

awreken [a-wreke], *to reject*, ii.636.

awundred, *v.* awondrede.

awurðe, *pr.sb. happen, turn*, iii.14; *pp.* awurðe, *prepared*, ii.604. *v.* wurðe.

awurðede, *p. honored*, i.406. *v.* wurðien.

axe, *asking*, i.45.

axen [axe], *d.pl. ashes*, iii.32.

axien [axi], *to ask*, i.307,351. ii.287. iii.13; 2*p.pr.* axest, i.313; 3*p.* ·axeð, i.630; *imp.* æxe, ii.243; *p.* æxede, ·axede [hax-ede], i.213,261. ii.36,174. iii.46,118; *pl.* axeden [axede], i.149,229. ii.88; *p. pr.* [axinge], ii.595.

azæin, azæn, azan, azein, azeines [azan, azen, azenest], *ppn. against*, i.71. ii.60, 255,388,521. iii.41,61,62,248. *v.* to-zæines.

a-zæin, azæn, azain, azan, ·azein, ·azen [aze, azeo, a-zeon, zein], *ad. back, again*, i.11, 16,146,189,236,263,401. ii.17,175,306, 550. iii.7,49,260. *v.* on-zean.

azæn, aze, azen [owe, oze], *to have, possess, own*, i.168,177. ii.66,355,363,370. iii.171,290; *pr.* æh, ah [haht, ozeþ], i.130, 147. ii.139; *pl.* azæð, azen [oweþ], ii.633. iii.3; *pl.* azæð, azen [oweþ], ii.633. iii.3; *pr. sb.* aze, iii.136; *p.* æhte, ahte, †ah, †aute, ohte [hahte], i.94,107,174,301, 352. ii.28,139,178,216. iii.11,106,118; *pl.* æhten, ahten, i.2. ii.9,632. iii.50.

aze, *d. oath*, i.181. *v.* æð.

aze, azen-e, ahne [owe, owene, oze, ozen-e], *own*, i.11,82,148,209,352. ii.137,148. iii.43,48; *d.* ahzene, azen-e, azne [owe, owene, howene, hozene, oze, ozene], i. 15,124,331,351. ii.32,169; *d.f.* æhzere, æzere, ahzere, azære, azere, azre, awere, i.14,70,174,194,273. ii.55,169,431, 511. iii.124; *acc.* aze, azeine, azene, aw-ene [owe, owene, ozene], i.4,14,83,128.

iii.228; *pl.* æȝen, aȝene, †haȝen [owene], i.73, 293, 396, 397. ii.336. iii.151.

†aȝe, *pl. noble*, i.280. *v.* hæh.

aȝein, aȝeinnen, *to win, gain*, ii.99. iii.117.

aȝeinward, ·aȝenward [aȝeward], *back*, i.71, 233. iii.78. *v.* on-ȝeinward.

aȝen-ieden, *p. returned*, ii.325.

aȝen-stonde, *to withstand*, i.157; *p.pl.* aȝen-stoden, i.252.

aȝeong-e, aȝeongen, aȝonge, aȝonged, *pp. passed*, ii.567, 594, 596. iii.156, 226, 282. *v.* ȝeonge.

aȝeuen, aȝiuen, *to give*, i.200. ii.333. iii.161, 163; 1 *p.pr.* aȝeuen, ii.285; *pl.* aȝeueð [aȝiueþ], i.230; *pr.sb.* aȝeue-n [aȝeoue], i.201. ii.383; *imp.* aȝef, aȝif, ii.496, 507; *p.* aȝæf, aȝaf, aȝef, ii.286, 504. iii.47; *pl.* aȝeuen, iii.192. *v.* ȝeuen.

†aȝiueð [heueþ], *pr. heaveth*, iii.102. *v.* ahæf.

aȝte, *v.* æhte.

ba, baðe, †boa, ·boðe, *both*, i.13, 62, 88, 110, 184, 418. ii.189, 289. iii.85, 88, 229; ba twa, ba tueie, †bo twa [boþe two], i.101, 110, 128, 148. ii.380. *v.* beie.

bac, *v.* boc.

bac-warde [bac-ward], *the rearward*, ii.577.

bad, *v.* beode, beoden.

badien, *to rest, dwell*, iii.17; *pr.pl.* badieð, ii.489.

bæch, *valley*, i.110; *d.* bache, bæche, i.33, 240, *d.pl.* bæcchen, ii.490. See *Glossar. Rem.* p. 446.

bæcnien, *to summon*, ii.497.

bæd, *v.* beode, beoden.

bæd, (?), ii.509.

bæfte, *ad. behind*, ii.321.

bæfte-n, bafte-n, *ppn. behind, after*, i.370. ii.249, 482. iii.73, 104, 239. *v.* bi-æften.

bæh, bah, bæhȝen, *v.* buȝe.

bæl, *evil*, ii.294.

bælh, *p. was enraged*, ii.239. *v.* abolȝe, anbælh.

bær, bar [bor], *boar*, i.72. ii.250. iii.25, 469; *g.* bares, beres, i.30. ii.512. iii.220; *d.* bare [bore], ii.88, 89.

bærd [beord], *beard*, ii.23, 428.

bærde, beard [beorde], *d. reproach, taunt*, i.71. ii.21. See *Glossar. Rem.* p. 453.

bære [bere], *d. litter*, ii.394; *pl.* beren [beres], *biers*, iii.112.

bærm, *bosom*, iii.214; *d.* barme, ii.87.

bærn-e, bearn, bern, *child*, i.5, 8, 47, 96, 214, 294. ii.248. iii.13; *d.* bearne, ii.232; *pl.* beærn, bearn, bern, bernen, i.217, 244. iii.294; *g.* bernenne, i.247; *d.* bearnen, bernen, i.125, 344. *v.* bearn.

bærnen, berne-n, beornen [bearne], *to burn*, i.121. ii.223, 255. iii.15; *pr.pl.* berneþ [bearneþ], ii.161; *imp.pl.* ·berneð, bearneð, i.262; *p.* ·barnde, born, ii.255. iii.223; *pl.* ·barnde, barnden, burnen, i.117, 195, 402. ii.81. iii.218; *p.pr.* bærninde, barninge, berninde, berninge [bearnende, bernende], i.345. ii.605. iii.15, 22. *v.* for-bærnen.

bærn-les, *childless*, i.383.

bæȝes, baiȝes, *v.* beh.

bald-e, †bælde [bold-e], *bold*, i.270. ii.260. iii.21, 257; *d.* balde-n [bolde], i.317, 410. iii.268; *d.f.* ·baldere, i.331. ii.8. iii.78; *acc.m.* ·balde, baldne, i.281. iii.37; *pl.* balde-n [bold-e], i.251. iii.2, 6, 97; *g.* ·baldere, ii.212. iii.58, 96; *d.* balde-n [bolde], ii.62, 555. iii.113; *sup.* ·baldest, iii.7, 40, 97.

baldeliche [boldeliche], *boldly*, i.249. ii.412.

balden [boldi, boldie], *to embolden*, i.187, 403; *p.* balde [baldede], ii.260; *pl.* belden [boldede], i.368; *pp.* ibalded [iboldeð, †onbalded], ii.4, 385, 474.

[baldsipe], *boldness*, ii.626.

bale, ·balu, bælu, balew, ballu, balluw, balwe, *mischief, death, woe, sorrow*, i.62, 110, 194, 214, 247, 314. ii.11, 91, 316, 320, 379, 395, 444. iii.72, 95; *d.* balewe, †baluæ, baluen, baluwe, balwe [balue, balw], i.13,14,69,93. iii.78; *g.pl.* balewen, baluwen, baluwene, †baluwenen, i.413. ii.248,461. iii.217,301.

bale-siðe, *d. destruction*, i.25; *pl.* bale-siðes, i.28.

·balles, *pl. balls*, ii.307,616.

[†balnesse], *d. boldness*, ii.633.

balu, *a. dire, baleful*, i.253; *d.pl.* balu [balou], ii.5,632. iii.29.

balufulle, *baleful*, ii.207,626.

ban, *bone*, i.323; *d.* bane [bone], ii.576; *pl.* ban, banes [bones], i.68,79,81. ii.457. iii.29,295; *d.* ban, banen [bones], iii.22,185.

bane, *v.* bone.

bannen, beonnen, bonien, bonnen, bonnien [banie, banni, bannien, banny], *to assemble, get ready, summon*, i.339,344. ii.221,446,497,547,594. iii.89,93,135; *imp.* bonne, ii.306; *pl.* banneð, bonnieð [bannieþ], i.250,365; *p.* ·bannede, beonnede, ·bonnede, i.75,201,242,260, 324. ii.271. iii.231; *pl.* beonneden, bonneden [bannede], ii.378,512,513. iii.80; *pp.* ibonned [ibanned], i.415. ii.424.

bare [bar], *bare, naked*, i.145; *d.* i.300. ii.452. iii.9; *pl.* ii.303; *d.* i.213.

bar-fot [bareuot], *bare-footed*, i.377.

barh, *v.* borh.

barst, *v.* berste.

[barun], *baron*, ii.285; *g.* ·barunes, i.226. *v.* beorn.

bat, bæt, *m. boat*, ii.557,580; *d. pl.* baten, ii.193. *v.* bot.

bat, *v.* biten.

·baðe, *d. bath*, i.121; *d.pl.* baðen [baþe], i.121.

·baðie, baðien, *to bathe, refresh*, i.151,284. ii.300; *pr.pl.* badieð, ii.296; *p.* ·baðede, ii.289; *pp.* †ibaððed, ii.127; *pl.* ibaðede, iii.45.

battes, *v.* botten.

bead-e, bed, *v.* beode, beoden.

beam [bem], *beam, ray*, i.121; *d.pl.* bæmen [bemes], ii.326.

bear, *v.* bere.

beard, *v.* bærde.

beare, beares, *v.* ibere.

[beares, beres, hieres], *pl. waves*, i.57,196. iii.121,144. See *Glossar. Rem.* p. 451.

bearn, bern, *man*, i.66,67,326; *pl.* bernes, burnes, i.346. ii.214. *v.* bærn.

bearne, *v.* bærnen.

ibeat, *pp. struck* (?), i.74.

beberene, *to wear*, iii.213. *v.* bere.

·bed, †baid, *n. bed*, i.151. ii.375; *d.* ·bedde, bedden, †bædde, i.31,285. ii.372. iii.251.

bed, bedden, bede, *v.* beoden.

beddien [beddie], *to put to bed*, i.284; *p.* [beddede], iii.246.

·bede, *d. prayer*, iii.185; *pl.* bede, beden, †beoden [bedes], ii.306,402,404. iii.262. *v.* bod.

beh, *jewel*, ii.608; *pl.* bæȝes, baiȝes, behȝes [beȝes], i.253,317. ii.485.

beh, *v.* buȝen.

beide-n, *v.* beode, beoden.

·beie, beien, bæien, beiene, ·beine, beinen, beiȝe, beiȝen, ·beiȝene, beieȝene [bei, beye, beyne], *both*, i.44,107,184,214,235,242, 245,347. ii.10,195. iii.50,147,206,226, 256,293; *g.* ·beire [A.-S. *begra*], i.225. iii.107.

beien, *to bow, bend*, i.45; *imp.* bei, i.216; *pl.* beiden (?), *went*, i.220. *v.* abuȝe, buȝe.

beienliche, *d.pl. mild*, i.210.

belle, *bell*, iii.180; *pl.* bellen [belles], ii.285, 606.

bem, bemes, *v.* beam.

bemen, beomen [bemes, beomes, beumes, bumes], *pl. trumpets*, i.190,217,250, 339. ii.377,379,497. iii.39,93,109; *g.* bemene, i.154. ii.412.

·benche, *d. bench*, i.150. ii.202,636; *pl.* benche [benches], ii.623.

bende, *d. band, circlet*, ii.617.

·bende, benden, ·bendes, †bænde, *bonds, fetters*, ii.497,558; *d.* i.25,203,334. ii.70,350.

[bendhuse], *d. prison*, i.45.

be-niþe, *v.* bi-neoðe.

beode, *v.* bodien.

·beode, beoden [beade, bede-n], *to summon, assemble, gather*, i.212. ii.189, 276, 308, 392, 513. iii.292; *imp.* †beoð [bead], ii.314; *p.* bæd, ·bad, beide [bed], ii.63,83,94,344. iii.12,165; *pl.* buden, beiden, i.69,219,220. ii.21,93; *pl.sb.* boden [bede], i.225; *pp.* ibede, i-boden [ibode], ii.349,505.

beoden, *v.* boden.

beoden [bedden], *to ask, pray, proffer*, i.354. iii.11; *2p.pr.* beodest [bedest], ii.519; *pr.sb.* ·bede, iii.199,271; *p.* ·bad, bæd, ·bead, bed, bedde, ·bede, i.168,188, 208. ii.60,119,276,407. iii.189,199,289, 366; *pl.* ·bede-n [beade, beide, beode], i.427. ii.39,44,92,497,581. iii.44,198. *v.* abed, biddo.

beoden, *to bid, order*, iii.129; *pr.* beodeð, ·biddeþ, ii.571; *pl.* ii.124; *imp.* ·bide, bede, i.187. ii.637; *pl.* ·biddeð, biddeh, i.176. ii.381; *p.* bæd, ·bad, bed, beden [bead-e], i.104,115,136,203,385,403. ii.112,128,355. iii.253; *pl.* ·beden, biden [bede], i.29,428,429. iii.283.

beoh, beoþ, *v.* buȝe.

beomen, beomes, *v.* bemen.

·beon, ·beo [bean, be], *to be*, i.21,30,61, 185. ii.91,193,328,420. iii.20,52; *1p.pr.* ·beon, beo, i.168. ii.55,140,361. iii. 127; *2p.* beost, bist, i.129,186,419. ii. 53,230; *3p.* ·beoð, ·beð, bið, biðe, buð, buh, i.31,34,42,142,147,155,177,179, 243,245,263,300,351. ii.67,133,174, 358,394. iii.68,128,183,274; *pl.* ·beoð, beoh, ·beð, bið, ·buð, buh, buoð, ·beon, ·beo [be], i.20,31,34,38,40,61,64,129, 134,144,151,176,179,186,190,196,197, 214,217,227,254,261. ii.17,67,116,135, 154,167,229,349,626. iii.7,29,48,84; *imp.* ·beo [be], i.53,64,142,283. ii.12, 54; *pl.* ·beoð, beo ȝe, i.338. ii.381; *pr.sb.* ·beo, beon, i.1,3,34,56,144,148,287. ii. 237,471. iii.14,56,145,215; *pl.* beon [beone, beo, be], i.40,179,363. ii.208, 213. iii.84; *pp.* ·ibeon [ibeo, beon, beo], i.355,376. ii.121,143,346. iii.78.

beon wurðe, *to have*, ii.361,415. *v.* beo.

[ibeon], *pp. stationed*, ii.567. *v.* beo.

beondes [bondes], *d. peasants*, iii.218.

beone, *v.* bone.

beonnen, beonnede, *v.* bannen.

beonste, *habitation* (?), ii.323. iii.36.

beord, *v.* bærd, bord.

beorde, *v.* bærde.

·beore, *bear*, iii.15,16.

beore, *d. beer*, i.347. ii.141.

beore-n, *v.* bere.

beorkes, *pl.* (?), ii.438.

beorkeð [borkeþ], *pr.pl. bark*, ii.472.

beorn, †beor, *man, warrior, baron*, i.345. ii.552. iii.205; *d.* beorne, ii.285; *pl.* ·beornes, †beornnes, i.72,118,368. ii. 368,404. iii.112,191,204; *g.d.* beornen, †beornnen, †bornen, i.136,361. ii.424, 601,640. iii.13,255.

beornen, *v.* bærnen.

[beor-time], *d. birth*, ii.86.

beorȝen, *v.* berhȝe.

·beot, ibeot, *threat, boast*, ii.260,459,472, 486,572,625. iii.45,115,126,221,255; *d.* ibeote, i.328. iii.109.

beoteden, *p.pl. threatened*, ii.437.

†beote-n, *ppn. but, except*, i.144,355. *v.* bote.

beoð, *v.* beon.

beouien, biuien, buuien [biuie, buuie], *to tremble, agitate*, ii.566,639. iii.94,105, 109,121; *p.pl.* beoueden, iii.133.

beoweden [beoude], *p.pl. bent, bowed*, ii. 513. *v.* buwen.

beoȝie, *to lay, remain*, iii.171.

·bere, beren, iberen, berne [beare, biere], *to bear, carry, conceive*, i.22. ii.340,560, 590. iii.111,112; *pr.pl.* bereð, ii.155; *pr.sb.* ·bere, beere [biere], i.106. ii.485; *1p.p.* beren [bere], iii.228; *3p.* ·bar, bear, ber, iber, ibær, i.4,50,77,212,214.

ii.194,203. iii.24; *pl.* beren, beoren, beorn [baren, beare, bere, beore], i.314. ii.160,406,533,606,608,611. iii.53,265; *pp.* boren, ·ibore-n [bore], i.13,15,46. ii.348,612. iii.26,244,254. *pl.* iborene, iborenne, iborne [ibore-n], i.114,227, 231. ii.174. iii.64.

ibere, iberen [beare, beares], *pl. cries* [A.-S. *gebærum*], ii.98,206,337,566,639. iii. 25,125.

bere, beres, *v.* bære.

beres, *v.* bær, beares.

ibereð, *pr. acteth,* ii.458. *v.* bere.

berhȝe [borewe], *d. mount, hill,* ii.89; *d. pl.* beorȝen [borewe], ii.451.

bermannen, ·bermen [ber-manne], *pl. porters,* i.141,346; *d.* bermonnen, ii.533.

bern, *v.* bærn.

berninde, *v.* bærnen.

·berste, *to burst,* iii.104; *p.* [barst], i.62, 81; *pl.* bursten, *shivered,* iii.105; *pp.* i-birsted [bursted, ibursted], ii.371,492.

·bet, †bæt [†beð], *better,* i.30,32,57. ii. 137,222. iii.142; *comp.* ·betere, beteren, i.159,227,377; *sup.* ·best, beȝst, i.23. iii.58; *d.* ·beste, bæȝsten, beȝste-n, i.30, 260. ii.64. iii.8,32.

beten, bæten, *to repair, amend,* i.253. ii. 590. iii.31; *p.* bette, abat, i.28,121.

beð, *v.* beon.

·bi, *ppn. by,* i.20, *et passim.*

bi-æften, biaften, *ppn. behind,* ii.281. iii. 34,61; *ad.* i.323. iii.72,285.

bi ane [bi one], *equal* (?), *separate* (?), ii.541.

bi-arnde, *p. rode to,* iii.65. *v.* ærnen.

bi-bæh, bibah, *p. passed by, put to flight* (?), i.350. iii.137; *pl.* bibuȝen, *abandoned, avoided,* ii.86. iii.116; *pp.* biboȝen, ii. 15. *v.* buȝe.

bi-berh, *p. warded off,* i.62.

bi-burien, *to bury,* ii.10; *p.* bi-buriȝede, bi-burede, i.73. iii.28; *pl.* †bi-burien, bi-burden, bi-burȝeden, i.89,325. ii.206; *pp.* bi-bured, bi-buried, bi-buride, ii.27, 271. iii.38,114. *v.* burien.

bi-charren [bi-cheorre, bi-chorre], *to deceive, beguile,* i.41,228. ii.461; *2 p.pr.* bi-cherrest [bi-chorrest], i.163; *pl.* bi-charreð [bi-cheorreþ], i.42. ii.237; *pp.* bi-schærred, i.340. *v.* cheorre.

·bi-clupte, *p. embraced,* iii.65. *v.* clup-pede.

bi-clusen [bi-cluse], *to inclose,* ii.204; *imp. pl.* bi-cluseð, ii.381; *p.* ·bi-clusde [bi-clusede], i.416. ii.357,358. iii.166; *pl.* bi-clusden [bi-clusede], ii.277. iii.79; *pp.* ·bi-clused [bi-closed], i.370. ii.84. 254,357. iii.243. *v.* clusden.

bi-cumen, bi-comen [bi-come], *to become, befall, come,* i.230,362. ii.496; *imp.* bi-cum [bi-com], i.287; *p.* bi-com, bi-comen, bi-cumen [bi-come], i.110, 202. ii.27,188,520,544. iii.251; *pl.* ·bi-come, ·bi-comen, i.5,88,233. ii.498. iii.45; *pp.* bi-cumen [bi-come, i-come], i.215,265. ii.46. iii.138.

bi-cwaþ, *v.* bi-queð.

bidælde, bi-dæled, bidaled, bi-delde, ·bi-deled [bi-dealed, bi-deled], *pp. deprived of, bereft,* ii.3,78,137,303,445,566,570. iii.33,77,128. *v.* dæle.

·bidde, bidden, *to pray, ask,* i.146,227. ii. 87,105,187,574. iii.198; *1 p.pr.* ·bidde, ·bide, ibidde, ibide, ibedde [bid], i.126, 136,197,283. ii.235,443. iii.249; *3 p.* biddeð, i.3. ii.281; *pl.* biddeð, i.21,45, 231,265. ii.404,495; *imp.* bide [bid], i. 187; *p.pr.* biddinde [biddinge], ii.278. *v.* beoden, ibide.

[bidding], *request,* ii.200.

·ibide, ibiden [bide], *to abide, await, expect, have,* i.153,201. ii.119,301,420, 432,624. iii.40,240; *1 p.pr.* ·ibide, i-biden, i.129,141,412. ii.275,560. iii. 249; *2 p.* ·ibidest [bidest], i.214. ii.248. iii.27; *pl.* biden, ibiden, ii.97,387; *p.* ibæd, ibad [ibude], i.415. ii.130,226. iii.226; *pl.* biden, ii.105; *pp.* ibiden [i-bede], i.145,267,343,413. *v.* abiden.

bide-n, *v.* beoden.

†bi-diemden, *p. pl. awaited*, i. 367. *v.* **i-demden.**

bi-driuene, *pp. pl. driven about*, i. 265.

bieh, *v.* **buȝe**,

bieorn [bi-vrne], *p. ran round*, iii. 35; *pl.* **biurnen** [bi-vrne], iii. 35; *pp.* bi-urnan [bi-vrne], *surrounded*, i. 52. *v.* ærne, eorne.

bi-eode, *v.* bi-gæð.

bieres, *v.* beares.

[**bi-falle**, bi-valle], *to happen, befall*, i. 192, 232; *pr.* [bi-falleþ, bi-valleþ, bi-falt], i. 143, 248. ii. 282. iii. 23, 64; *p.* [bi-falle, bi-ful, bi-fulle], i. 77. ii. 164, 333. iii. 131, 253; *pp.* bi-uallen [bi-falle, bi-valle], i. 307. iii. 21, 81.

bi-feng [bi-fenge], *p. took possession of*, i. 36; *pp.* bifeong, biuonge, *covered, encircled*, ii. 617. iii. 24. *v.* fengen.

bifledde [bifloȝede], *p. flowed by*, iii. 21.

bi-foren, biuoren [bi-fore, bi-vore], *ppn. before*, i. 32, 79. ii. 19. iii. 29; *ad.* i. 19. iii. 21, 83.

bi-gæð, *pr. surroundeth*, ii. 42; *p.* ·bi-eode, *went round, approached*, i. 14, 51; *pp.* ·bi-gon, *covered, encompassed*, ii. 406, 464, 611.

bi-georede, *pp. armed, gird*, ii. 471. *v.* gereden.

bigge, *v.* bugge.

·**biginne**, †bigunen [bi-gynne], *to begin*, i. 227. iii. 123; *pr. pl.* bi-ginneð, iii. 291; *pr. pl. sb.* bi-ginnen, iii. 84; *imp. pl.* ·bi-ginneð, i. 246; *p.* bi-gon [bi-gan], iii. 22, 133, 268; *pl.* bi-gunne-n, bi-gonnen [bi-gonne, bi-gan], i. 159, 170. iii. 66, 95.

bigolen, *p. pl. enchanted*, ii. 384.

bihædde, ·bi-hedde, *p. perceived*, ii. 375. iii. 103, 135.

bi-hælues, bi-halues, ·bi-halue, *ppn. beside*, i. 240, 397. ii. 420. iii. 65, 114.

bi-hæluen, bi-hælues, bi-halfues, ·bi-halues, bi-haluen [bi þar halue], *ad. beside, apart, aside*, i. 25, 43, 340, 349, 360. ii. 22, 58, 89. iii. 66.

bihæste [bi-heste], *behest*, i. 54. iii. 178; *d.* ii. 363.

bi-hæten, bihaten [bi-hote], *to promise*, i. 281. ii. 47, 348; 1 *p. pr.* bi-hate [bi-hote], ii. 316; 3 *p.* bi-hateð, ii. 442; 1 *p. pl.* bi-hate [bi-hote], ii. 347; 2 *p.* bi-hateð [bi-hoteþ], i. 231. ii. 96; 1 *p. p.* bi-hate [bi-hote], i. 209; 2 *p.* bi-hætest, bi-hete [bi-hehtes, bi-heate], i. 420. ii. 370; 3 *p.* bi-hæhte, bi-hætte, bi-habte, ·bi-hehte, bi-hehten, bi-heihte, biheite, biheyte, bi-hihte [be-hehte, bi-heþte], i. 7, 8, 52, 54, 76, 108, 208, 233, 359. ii. 18, 62, 71, 349; *pl.* bi-hæihten, bi-hæten, bi-hehten [bi-hehte], i. 69, 220. iii. 218.

bihafdi, *to behead*, iii. 45.

bi-halden [bi-holde], *to behold*, i. 122. ii. 464; *pr.* bi-haldeð [bi-holdeþ], ii. 471; *imp.* bi-hald [be-hold], iii. 22; *pl.* bi-haldeð, ii. 306; *p.* ·bi-heold, ·bi-heolde [bi-hald, bi-held-e, †bieolde], i. 3, 21, 52, 85. ii. 173. iii. 26, 36; *pl.* bi-heolden, bi-hulden [bi-heolde, bi-helde], i. 244. iii. 46.

·**bi-hedde**, *p. offered*, ii. 80, *tended*, iii. 28; *pp. pl.* ·bi-hedde [†ihedde], *beseen*, i. 115. ii. 331.

bihehte, *p. commanded*, iii. 188.

bi-hehte, bi-heþte, bi-hihte, *v.* bi-hæten.

bi-hinden [bi-hinde], *ppn.* iii. 34; *ad. behind*, i. 19. ii. 331.

bi-hon, *to clothe*, i. 239; *pp.* bi-hangen, ·bi-honge, bi-hongen, bi-honged, i. 155. ii. 421, 577, 603, 605. iii. 60.

bi-hote, *v.* bi-hæten.

bihoue [bi-hofe, †bi-ofþe], *d. f. behoof*, i. 45, 187, 194.

·**bi-houeð** [bi-oueþ], *pr. behoveth*, i. 40. ii. 28. iii. 6; *p.* ·bi-houede, bi-heouede, bi-hofede [bi-hofde, bi-ofde], i. 28, 46, 139, 251, 333. iii. 242.

bihoȝeden, *p. pl. cared for*, ii. 37, 304.

bi-hulden, *v.* bi-halden.

bil, *falchion* (?), i. 74.

[bi-lad, bi-ladde], *pp. circumstanced, bestad*, i.372. *v.* laden.

bilæde, *p. encompassed*, ii.170. *v.* legge.

bi-læfen, bi-læfuen, bi-læue, bi-læuen, bi-lafuen, bi-lauen, bi-leauen [bi-lefue, bi-leue, bleuen], *to remain, dwell, be*, i.45,50,254. ii.154,155,392,406. iii.32,289; *p. pl.* bi-læfden, bi-lefden [bi-lefde, blefde], i.172. ii.101,591; *pp.* bilefued, iii.176. *v.* læuen.

bi-læi, bi-lai, bi-læien, *v.* bi-liggen.

bi-læue-n, bilæiuen, bi-laiuen, bi-laue-n, bi-leæfue, bi-leafuen, †bi-leofuen, bi-lefen, bi-lefuen, bi-leuen [bi-leafue, bi-leaue, bi-lefue, bi-leue, bleue], *to leave, relinquish, remain*, i.62,95,128,144,185, 300,314,333,352,365. ii.42,341,438, 519. iii.7,43,125; *1 p. pr.* bilæfuen [bi-leaue], iii.26; *2 p.* bi-leafest [bi-leuest], i.97; *3 p.* bilæueð, ii.387; *imp.* ·bi-lef, ii. 294,493; *pl.* bi-læueð [bi-leueþ, bleueþ], i.232. ii.622; *2 p. p.* bi-læfdes [bi-lefuedest], i.362; *3 p.* bilæfde-n, bi-lafde, bi-leæfde, ·bi-lefde, bi-lefden [bi-leofde, bi-leuede, blefde], i.17,69,109, 137,270,271,323,391. ii.358,513. iii. 113,127,292; *pl.* bi-læfden, bi-lafden, bi-leæfden, ·bi-lefden [bi-lefde, blefden], i.436. ii.16,107,440,445,454. iii. 76; *pp.* bilæfued, bilæiued, bilæued, bilefed, ·bi-leued [bi-leaued, bi-leffed, bi-lefued], i.140,295,342. ii.108,377, 450,472. iii.281; *pl.* bilafde, ii.440.

bilaste, *p. fulfilled*, iii.178.

bi-leaf, ·bi-lef, *imp. believe*, i.185; *pr. pl.* †bi-liueð [bi-lefeþ], ii.156,160; *p.* [bi-lefde], i.121. *v.* ileue.

[bi-lefue, bilefues, bi-leue], *pl. creeds*, ii. 156,158,159. ii.279. *v.* ilæfe.

bi-leouede, *v.* biluuien.

·bilife, bilifes, ·biliue, biliues, ·bliue [blifue, blife, bliuen], *quickly*, i.178,194,219, 229,338. ii.77,169,331,423. iii.17,22, 54,227,245.

·bi-liggen [bi-ligge], *to besiege*, i.22,240. ii.204; *p.* bi-læi, ·bi-lai, bi-læie [bi-lay], i.371,402,416. ii.360. iii.127; *pl.* bi-læie-n, bi-leien [bi-leie-n, bi-leye, bi-leye], i.242,407. ii.343,360,446,631 iii.196; *pp.* bi-læien [bi-leye], ii.485.

bi-limien, *to dismember*, iii.176.

biluuien, *to approve*, i.39; *1 p. pr.* bi-luuie, ii.571; *3 p.* bi-loueð, i.41; *pl.* biluuieð, i.265. ii.448; *p.* bi-leouede, bi-lufde, bi-lufeden, i.221. ii.196,576, 432; *pl.* bi-luuede-n [bi-lefde], i.17, 43,99. ii.54. iii.125. *v.* luuien.

bi-nam, bi-nom, bi-nomen, *v.* bi-nimen.

·binde, binden, ibinden, *to bind*, i.105. ii. 275,350; *imp. pl.* bindeð, i.311; *p.* ·bond, i.33. ii.270; *pl.* ·bunden, ibunden [bunde], i.426. ii.49. iii.75; *pp.* ibunden [ibunde], i.45,239,334. ii.218. iii.247.

·bi-neoðe, bi-neoðen [be-niþe], *ppn. beneath*, i.56. ii.203.

bi-neoðen, bi-noðen [bi-neoþe], *ad. beneath*, i.160,419. iii.15.

bi-nimen [bi-nime], *to deprive of, take from*, i.18,157,375. iii.70,147; *2 p. pr.* ·bi-nimest [bi-nemest], ii.125,620; *imp.* binim, iii.37; *p.* ·bi-nam, ·bi-nom, ii.216,245. iii.37; *pl.* ·bi-nomen [bi-nome, bi-neome], i.10,144. ii.402. iii. 121; *pp.* ·bi-nome, bi-nomen, bi-nume-n, i.149,171,361. iii.40,124,226.

binne, *ppn. within*, i.10,86.

binne, binnen, *ad. within*, i.252,402. ii.24. iii.236.

binward, *ad. within*, iii.236.

bi-pechen [bi-peche], *to deceive*, i.226.

bi-queð [bi-cwaþ], *p. bequeathed*, i.392. ii.30; *pp.* bi-queðe, ii.548.

bi-ræd, *v.* bi-ride.

bi-ræde-n [bi-reade-n], *to counsel, advise*, ii.623. iii.213,248. *v.* ræde.

bi-ræiuie, biræuien, biraiuien [bi-reaue, bi-refe], *to bereave, rob*, i.392. iii.70, 216; *p.* bi-ræuede, i.375; *pl.* biræueden, bi-ræiueden [bi-refde], i.375. ii.

220,402; *pp.* biræfued, bi-ræiued, bi-ræued [bi-reafed, bi-reifed, bi-ralfed, bi-reiued, bi-reued], i.48,123,145,228. ii. 13,78,215,303. iii.40,113.

bi-redien, *to make ready*, i.179.

·bi-ride, biriden, *to ride round, besiege*, ii. 23,343,631; *p.* biræd, iii.133.

bi-riseð, *pr. becometh, befitteth* [A.-S. *riseð*], i.419.

birle [borle], *cup-bearer*, ii.592,611. iii. 20,86; *pl.* birles [borles], i.141. ii.354, 538; *d.* birlen, ii.413.

birouwen [bi-rowe], *to row round*, ii.459.

ibirsted, *v.* berste.

bi-sæh, bi-sah, ·bi-seh, *p. looked, beheld*, i.209. ii.361. iii.26,215; *pl.* bi-sehȝen, biseȝen, ii.482. iii.54; *imp.* ·bi-sih, bi-siȝ [bi-seh], ii.248,592. *v.* iseon.

biscop [bissop], ii.1,129; *pl.* biscopes [bissopes], i.436. ii.195. iii.16; *d.* biscopen [bissopes], ii.196. iii.192.

biscop-stole [bissopes stol], *episcopal see*, ii.598; *d.* ii.340.

bi-sechen, bi-secchen [bi-seche], *to beseech, seek, obtain*, i.148. ii.87. iii.273; *pr.* ·bi-secheð, ii.290; *imp. pl.* bi-secheð, ii.97; *pr.* biseohte, ·bi-sohte, bi-soðte, i.281. ii.481. iii.172,211; *pl.* bi-sohten [bi-sohte], i.427. iii.265; *pp.* ·bi-soht, ii. 97. iii.7.

bisemar, bisemære, bismar [bismare], *disgrace*, i.140,188,215; *d.* bisemare, ·bismare, ii.38,429.

bisi, bisie [busi, busie], *busy, active*, i.93, 120,136. iii.18; *pl.* i.273,338. ii.3,437, 552. iii.18,253; *sup.* bisegæste, ii.12.

bi-siden, ·bi-sides [bi-side], *ppn. beside*, ii. 227. iii.33,77,178.

bi-siden, ·bi-sides [bi-side, bi his side], *ad. apart, aside*, i.221,234. ii.87,213. iii.236.

bi-sih, bi-siȝ, *v.* bi-sæh.

bisilichen [busiliche], *busily*, i.191.

·bisne [bysne], *d. pattern, example*, i.2, 4. ii.634; *pl.* bisnen, i.181.

[bisockne], *d. beseeching*, iii.212.

bi-sohte, bi-soðte, bi-soht, *v.* bi-sechen.

bispræddе, *p. bespread*, ii.268.

bissop, *v.* biscop.

bist, *v.* beon.

bi-stelene [bi-stelen], *to steal, steal away*, i.416; *p.* ·bi-stal, ii.321. iii.136,174; *pp.* bi-stole [bi-stele], ii.375.

bi-stonde-n, *pp. surrounded*, ii.295,574. iii.217.

bi-striden, *to bestride*, iii.118.

bi-swæt [bi-swat], *pp. covered with sweat*, i.397.

·bi-swike, bi-swiken, *to deceive, betray*, i. 32,343. ii.18. iii.122,248; 2 *p. pr.* ·bi-swikest, i.145; 3 *p.* bi-swikeð, i.190. ii.211; *p.* ·bi-swac, bi-swæc, bi-swak, bi-swake [bi-swoc, bi-swoch, bi-swok], i.144. ii.140,198,213. iii.136,151; *destroyed*, i.90,92,110. ii.262,307,320, 328; *pl.* biswiken, iii.273; *pp.* biswiken [bi-swike], ii.295. iii.161; *pl.* bi-swikene, *destroyed*, i.91. *v.* swike, and *Glossar. Rem.* p.455.

bitacnieð [bi-tocneþ, bi-tokeneþ], *pr. betokeneth, betoken*, ii.246,247.

bi-tæche-n, bi-tache-n, bi-taken, bi-thæchen, ·bi-teche, bi-techen [bi-take], *to deliver, give*, i.150,226,230,266,352. ii. 50,51,55,59,168,447,516. iii.126,259; 1 *p. pr.* bi-tæche, bi-tache, ·bi-take, ·bi-teche, i.128,151,362. ii.553. iii.144; 2 *p.* bi-tachest [bi-takest], ii.52,169; 3 *p.* bi-tæcheð, bi-thecheð, bi-tachet [bi-takeþ], i.143,254. ii.175; *imp.* bitæc, bitec, bi-tæch [bi-tak], ii.68,282,370; *pl.* [bi-techeþ], i.311; 2 *p. p.* bitahtest, iii. 122; 3 *p.* bitæht-e, bi-tæhten, ·bi-tahte, †bitætte, ·bi-tehte, bi-tehten [bi-toc, bi-tock, bi-tok], i.11,64,311,410. ii.14, 43,109,176,504,520,587. iii.9,85,156; *pl.* bi-tæhten, ·bi-tahte, bi-tahten [bi-toke], i.233. ii.11,27,41,383,462,587. iii.47; *pp.* bi-tæht, bitaht [bi-take], ii. 29,67,169,534; *provided*, ii.136. *v.* itæchen.

bite, *d. wound,* ii. 47; *pl.* biten [bites], *blows,* iii. 207; *d.* i. 27. ii. 473. iii. 202.

†bitele, *bitter* (?), ii. 395. iii. 73. *v.* bittere.

·bi-tellen, bi-tele-n [bi-telle], *to win, contest* (?), *prove,* i. 328, 337, 414. ii. 349, 487, 570, 574, 636. iii. 49; 1 *p. pr. sb.* bi-telle, ii. 240; *p.* bi-talden, ii. 570; *pp.* bi-tald, ii. 335. iii. 258.

biten [bite], *to eat,* ii. 218, 421; *pr. pl.* ·biteð, ii. 423; *p.* bat [bot], i. 321; *pl.* biten, *smote,* i. 76.

·bi-teon [†beo-teo], *to bestow, employ,* i. 389. ii. 72, 119; *pp.* bitoȝen [bi-toȝe], ii. 411, 554. *v.* teon.

[bitere, biterliche], *bitterly,* ii. 145, 262. iii. 94, 216.

biðe, *v.* beon.

bi-þæht [bi-þehte], *pp. arrayed,* ii. 382; *pl.* biþahte, bi-þehte, *covered, clad,* ii. 515, 617. iii. 90.

·bi-ðenche, bi-þenchen, *to think, reflect,* ii. 106, 531, 612; *imp.* biðenc [bi-þench], i. 214, 352. ii. 106; *pl.* bi-ðenche, ·bi-ðencheð, i. 337, 387. ii. 396; *p.* ·bi-þohte, bi-ðoðte, bi-þoute, bi-þouhte, i. 29, 44, 80, 85, 384. ii. 3. iii. 134; *pl.* ·biþohte, bi-ðohten, biþohten, bi-þoðten, i. 243, 334. ii. 86. iii. 160, 205; *pp.* ·bi-ðoht, bi-þouht, i. 106, 327, 376. *v.* þenche.

bi-ðrungen, bi-þrungen [bi-þronge, bi-þrongen], *pp. pressed, oppressed,* i. 376, 402. ii. 436. iii. 244.

bitillen, *to cover,* iii. 111.

bi-toc, bi-toke, *v.* bi-tæche.

bi-tocneþ, bi-tokeneþ, *v.* bi-tacnieð.

bi-toȝen, *v.* bi-teon.

bittere [bitere], *pl. bitter,* i. 27. ii. 468. iii. 58; bitter ane, iii. 216; *sup.* bitterest [biterest], i. 413. ii. 406.

[bi-tuneþ], *imp. pl. close ye,* ii. 381; *p. pl.* bi-tunden [bi-tunde], *inclosed,* i. 183. ii. 270, 358, 423; *pp.* bituned [bi-tunde], ii. 254, 358, 371, 623.

bi-tuȝen, *p. pl. tugged,* i. 322.

bitwænen, bi-twenen, bi-tweohnen, bi-tweone-n, bi-tweonnen, bi-twiȝe, bi-tueiȝen, bi-twune [bi-twine], *ppn. between,* i. 12, 34, 184, 381. ii. 11, 455, 542. iii. 30, 72, 146, 204.

bi-twixe-n, bi-twexen, bi-tuxe [bi-twixte], *ppn. between,* i. 213. ii. 62, 570. iii. 215, 229.

bi-twixen, *ad. between,* iii. 201.

[bi-tyde], *to happen,* i. 95.

bi-urne, *v.* bi-eorn.

bi-ueolen [bi-valen], *to fell, beat down,* iii. 78. *v.* fallen.

biuien, *v.* beouien.

bi-wafde, *p. departed,* iii. 239.

biwakeden [bi-wakede], *p. pl. awoke,* i. 323; *watched,* iii. 67. *v.* iwakien.

bi-waled [bi-walled], *pp. walled,* ii. 357. iii. 233.

bi-walede, *p. bathed,* iii. 106; *pp.* bi-waled [bi-walewed], *besmeared,* iii. 52.

bi-wan, *v.* bi-winne.

biwat, *p. governed,* ii. 120. *v.* bi-witen.

·biwedded, *pp.* i. 192. ii. 35, 41. iii. 285.

bi-wefde, *p. covered,* iii. 138; *pp.* bi-weaned, bi-wæiued, *oppressed,* i. 6. ii. 505.

[bi-wende], *imp. pass thou,* i. 52; *p.* ·bi-went, ii. 334. iii. 57; *pl.* bi-wenden, *turned,* iii. 57. *v.* wende.

·bi-winne, bi-winnen, *to obtain, win, conquer,* i. 20, 21, 33, 342. ii. 16, 363, 635. iii. 39, 76; *pr.* bi-winneð, ii. 558; 1 *p. pl.* bi-winnen [bi-winne], i. 219; *pr. sb.* bi-wunne [bi-wonne], i. 318; *p.* ·bi-wan, ·bi-won, bi-wonne, bi-wun, i. 15, 55, 199, 307, 430. ii. 310, 458, 561, 628. iii. 153; *pl.* bi-wonnen, bi-wunne-n [bi-wonne], i. 87, 161, 310, 409. ii. 98, 108, 257, 630. iii. 48, 273, 630; *pp.* bi-wonnen, bi-wone, biwunne-n [bi-wonne], i. 4, 6, 9, 56, 224, 304. ii. 28, 44, 358. iii. 88. *v.* iwinne.

bi-witen, bi-witeȝen, bi-witten, bi-wittiȝen [bi-wete, bi-wite, bi-witie, bi-wittie], *to defend, guard, keep, take charge of, educate,* i. 110, 135, 187, 284. ii. 78, 94,

140,144,152,262,405,629. iii.83; *pr. pl.* bi-witeð [bi-witieþ], i.31; 3 *p.pr. sb.* bi-witen, ii.396; *p.* ·bi-wiste, ·bi-wuste, bi-wusten, i.10,33,200,305. ii. 115,492. iii.115,246; *pl.* bi-wusten [bi-wiste, bi-wuste, bi-witede (?)], i. 416. ii.149,456. iii.6,87,97,246; *pp.* bi-wite, bi-witen [*i*-wited], ii.396,437, 506,622; biwust, ii.444; *pl.* biwitene, ii.615. *v.* witen.

bi-wiȝelien, *to beguile*, i.42.

bi-won, bi-wonnen, *v.* bi-winne.

bi-wriȝen [bi-wreȝe], *pp. covered*, i.228, 335. *v.* wreon.

biwucched [*i*-wicched], *pp. bewitched*, ii. 597.

bi-wuste-n, *v.* bi-witen.

bi-ȝæt, biȝat, bi-ȝeat, *v.* bi-ȝete.

biȝæte, biȝate, bi-ȝete-n [bi-ȝeate, bi-ȝete], *d.f. booty*, i.26,70. ii.595. iii.78; *d.pl.* [bi-ȝetes], i.75.

biȝen, *v.* buȝe.

bi-ȝende, ·bi-ȝeonde, bi-ȝeonden, *ppn. beyond*, i.183. ii.413. iii.129,167,209.

[bi-ȝeode], *p. pl. conquered*, iii.48.

bi-ȝeonge [bi-ȝonge], *pp. encompassed*, ii. 573. *v.* ȝeonge.

·bi-ȝete-n, bi-ȝetene, bi-ȝeoten, bi-ȝite-n, ·biȝiten, bi-ȝutten, *to get, obtain, win, beget*, i.19,51,135,169,208,405,413. ii. 139,481,362,632. iii.4,49; *pr. pl.* ·bi-ȝeteð, biȝiteð, i.144. ii.448; *pr. sb.* bi-ȝate, ii.235; *pl.* biȝeten [bi-ȝeate], iii. 157; *p.* biȝæt, biȝat, ·bi-ȝeat, ·bi-ȝet, i.135, 207,411. ii.69,310,390,526. iii.284; *pl.* biȝæten, ·bi-ȝeten, bi-ȝetten [bi-ȝete, bi-ȝeote], i.36,116,304,314,407. ii.237, 389. iii.50; *pp.* bi-ȝæten, bi-ȝeten, bi-ȝite-n [bi-ȝeate, bi-ȝete], i.36,181,378. ii.170,380,472,528.

·blac, *black*, i.130. ii.411; *d.* blake, ii.318; *pl.* ·blake, i.80. ii.123.

iblæcched, *v.* blakien.

blæst, *blast*, ii.412; *d.* [blaste], iii.109.

blæð, *destitute, poor*, ii.362; *d.f.* bleðere, ii.570; *pl.* blæðe, blaðe, i.423. ii.278. iii.236; *comp.* bliðere, *cowardlier*, i.328.

blæð-fæst, blæð-fest, *worthy, glorious*, i. 298,430.

blæwen, blauwen, blawen, ·blowen [bloue, blouwe-n, blowe], *to blow* [A.-S. *blawan*], i.34,190,339,344. ii.377,497,529. iii.89,109,135; *imp.* blawe [blou], iii. 23; *pl.* blaweð [blouweþ], i.250. ii.502; *p.* bleou, ·bleu, i.35,75. ii.588; *pl.* ·bleouwen, bleowen, ·bleuwen, ·blewen [bleouen, blewe], i.217,219,251,417. ii. 223,502,606. iii.39,93,109; *pp.* iblowen [iblowe], *renowned* (?), iii.76.

blakien [blokie], *to blacken*, ii.407; *p.* blakede, *blenched*, i.321; *pp.* iblæcched, *blackened*, ii.318.

blancke, blonken, *d. horse, steed*; *pl.* blanken, blonken, i.250.

blase, *d. blast*, iii.109,173. *v.* blæst.

blase, *blaze*, i.121.

bledde [bleade], *p. bled, should bleed*, i.321. ii.495. iii.215.

bleden [bledes], *pl. fruits*, iii.154.

blefde, *v.* bi-læfen, bi-læue.

·bleinte, *p. blenched, drew back*, i.62.

blende, *p. blinded*, iii.176. *v.* ablenden.

·bleomen, *pl. negroes*, iii.6.

bleou, bleu, bleouwen, *v.* blæwen.

bleou [bloude], *p. blossomed* [A.-S. *blowan*], i.85.

·blessinge, *blessing*, ii.129.

bletseiȝen, *to bless*, iii.293.

bleue-n, *v.* bi-læfen, bi-læue.

blife, blifue, bliue-n, *v.* bilife.

blikien, *to shine*, iii.90; *p.pr.* blikiende, iii.90.

blisfulle [blisfolle], *d. joyful, blissful*, i. 258; *pl.* i.407.

·blisse, †blisse, *f. joy, bliss*, i.47,192,255. ii.40,89; *g.d.* ·blisse, blissen, i.11,408. ii.452. iii.14,291; *pl.* blissen [blisses], i.152,385. ii.594.

blissien, *to gladden*, ii.375; *pp.* ·iblissed, i.421. iii.110.

·bliðe, bliðen, *blithe, joyful*, i.70. ii.430. iii.127; *pl.* ii.40. iii.13,72,230; *comp.* bliðere, ii.256,436; *sup.* ·bliðest, iii.252.
bliðe-mod, *joyful*, iii.191.
bliðere, *v.* blæð.
·blod, *n. blood*, i.62. ii.239,584; *g.* blod [blodes], i.326; *d.* ·blode, bloden, †blodes [blod], iii.95,105,221,255; *pl.* ·blodes, iii.95.
[blodede], *pp. bloody*, iii.67.
blod-gute [blod-gote, blod-igote, blod-iȝote], *bloodshed* [A.-S. *blodgyte*], i.27. ii.379,419. iii.66.
·blodie, *pl. bloody*, iii.62,67,95.
blod-stremes, blode-stræmen, *d.pl. streams of blood*, iii.62,133.
blokie, *v.* blakien.
blonken, *v.* blancke.
blou, blowe-n, iblowen, *v.* blæwen.
bloude, *v.* bleou.
bluðeliche [bloþeliche], *blithely*, i.140. ii.176,248. iii.14; *comp.* bloþelokere, ii.436. *v.* bliðe.
·boc, bac [bock], *f. book*, i.2,3,158,302, 431. ii.178. iii.138; *d.* boc, bocke, ·boke, ii.27,444,494,634; *pl.* bæc, boc, ·bokes, i.2,3,4,310. ii.597. iii.153; *d.* bocken, boken, †beoken [boke], i.181,268. ii.30, 179. iii.155,174.
bocares, *pl. scholars*, iii.292.
boc-felle, *d. parchment*, i.3.
boc-ilærede, boc-ilarede, boc-ilerede, *pp. pl. book-learned*, ii.284,324. iii.16,199, 204.
boc-runen, *pl. letters*, i.192.
boc-spællen, boc-spelle [bok-spelle], *d. history, story*, ii.309,391.
boc-stauen, *pl. letters*, i.326.
bod, ·bode, ibeod [bede], *n. command, prayer*, i.201,363,406. ii.453,561. iii. 208; *d.* [bode], i.118. ii.519; *pl.* iboden, ibodes [bodes], ii.187,523.
boden, iboden, *v.* beode.
boden, beoden, *pl. messengers*, i.200. ii. 437; *tidings*, iii.117.
bodi, *body*, i.209. iii.24.
bodien [bodie], *to bid, say, proclaim*, i. 556,574. iii.147,148; *imp.* beode, iii. 182; *p.* ·bodede, iii.80,145,291; *pp.* ·i-boded, ii.544.
bohte, *v.* bugge.
boke, bokes, *v.* boc.
bold, *mansion*, i.302; *g.pl.* bolde, iii.27.
bold, boldeliche, *v.* bald, baldeliche.
boldi-e, boldede, ibolded, *v.* balden.
bole, *v.* bule.
·bolle, *bowl*, ii.174,202. iii.237; *d.* ii.612; *pl.* bollen [bolles], ii.406,534; *d.* [bole], ii.533.
ibon, iboned, *pp. adorned*, i.345. iii.23.
ibon, *prepared*, ii.110; *pl.* ibon, ibone, i. 264. ii.173. iii.288. See *Glossar. Rem.* p. 471.
boncke, *d. bench*, ii.636.
bond, *v.* binde.
bonde [bond], *churl*, ii.216.
bone, *v.* ban.
bone [bane], *bane, death*, i.247,322,326. ii.269. iii.49; *d.* bone, beone [bane], i.357. ii.240.
bone, *request*, ii.200.
bonnen, bonnien, bonnede, *v.* bannen.
bor, *v.* bær.
·bord, †beord, burd, *n. board, table*, ii. 170,539,540,544; *ship-board*, i.65. ii. 455; *shield*, i.396; *d.* ·borde, beorde, borden, *board, table*, i.140. ii.201,541. iii.142; *ship*, ii.455; *pl.* ·bordes, *tables*, ii.353; *ships*, ii.75; *shields*, i.221; *d.* borden, ·bordes, *tables*, ii.138,533; *shields*, i.180,358.
boren, iboren, *v.* bere.
borewe, *v.* berhȝe.
borh, borhmen, *v.* burh, burh-mon.
·borh, burh, barh, *surety, refuge*, ii.72,89, 264. iii.249.
borkeþ, *v.* beorkeð.
borle, *v.* birle.
borþone, *v.* burðene.
borwe, borȝ, *v.* burh, burȝen.

bosme [bosome], *d. bosom*, ii 203,499; *pl.* **bosmes**, *ships-holds*, i.335.

[bot], *boat*, ii.579; *d.* ·bote, ii.580. iii.145. *v.* bat.

bot, *v.* biten.

·bote, boten, *remedy*, i.325. ii.497. iii.282.

·bote, boten, ·bute, buten [bote þo, bote ȝef, boute], *ppn.* and *conj. except, but, without*, i.2,5,15,19,30,136,159,215. ii.471,572; iii.17,35,37,61,63,273.

boðe, *v.* ba.

botten [battes], *pl. clubs*, ii.479,483.

bou, boueð, *v.* buȝe.

bour, bour-cniht, bourward, *v.* bur, bur-cniht, burward.

bouwe, bouȝen, bowen, *v.* abuȝe, buȝe, buȝen.

·boȝe, bowe, *bow*, i.62,276; *d.* i.62.

boȝede, *p. dwelt, abode*, i.255; *pl.* boȝeden, i.377. *v.* buȝe.

iboȝen, *v.* buȝe.

brac, bræc, *v.* breken.

bradden, brædden, *v.* breden.

brade-fulle, *g.pl. brimful*, iii.296.

bræd, brad, ·brod, *broad*, i.56,326. ii.133, 170; *d.* brade [brode], i.193. ii.336. iii. 198; *acc.* bradne, brade, ·brode [brod-ne], i.217. ii.215,472,475. iii.98,102; *pl.* brede, brade [brode], i.179. ii.397. iii.53,245; *d.* braden, †breoden [brode], ii.536. iii.215.

bræd, ·bred, *bread*, ii.404. iii.279.

brede [brede], *d. breadth*, ii.500.

braeid, braid [breid], *p. feigned*, i.284; *resembled*, i.294.

·bræid, braid, ibræid, ·breid [breide, i-breid, braydl], *p. drew, dragged, raised, cast, caught*, i.62, 66, 80, 221, 321. ii. 215,268,361,421,467,472,584. iii.25, 51, 101, 103; *pl.* breoden, brudden [breiden], ii.214,430.

bræsten, *v.* breoste.

bræð, *p. breathed, delayed* (?), i.321.

brain [braȝen], *brain*, i.62.

brand, *v.* brond.

brastlien [brastly], *to resound*, i.74; *shiver*, iii.94,141; *p.pl.* brastleden, brustlede-n, †brusleden, brusteleden [brastlede], *shivered, splintered*, ii.397,419,422,552. iii.94,220,245.

breac, *v.* breken.

breade, *v.* brede.

brechen, *d. breech*, ii.277; *pl.* breches, ii. 332.

ibredde, *pp. pl. bred*, iii.206.

brede, *cunning*, iii.220.

brede [breade], *f. meat*, iii.228; *d.* iii.223; *pl.* [breades], iii.32; *g.* breden [breade], iii.228.

breden, *to spread*, ii.173; *p. pl.* bradden, brædden, ii.353,533.

breden [breade], *to roast*, iii.31; *p.* bredde, iii.228; *pl.* bradden [bradde], ii.457.

breid, *v.* braeid, bræid.

breken [breke, ibreke], *to break*, i.30. ii. 268,537; *imp. pl.* ·brekeð, i.262; *pr. sb.* bræke, ·breke, breken, i.206. ii.503. iii. 262; 2 *p. p.* ·breke, i.214; 3 *p.* bræc, ·brac, breac, i.66,111,150,172,231. ii. 33,291. iii.239; *pl.* ·breken, braken, brecon [breaken, breke], i.122,195. ii. 75,552. iii.96,220,245; *pp.* [broken, ibroke], i.31. iii.29. *v.* abræc.

breoden, *v.* bræid.

breorde, *d. top, rim*, ii.557.

·breoste [breost], *breast*, i.79,193. iii.98; *d.* ·breoste, breosten, broste, bræsten, i.14. ii.233,239,461. iii.98,104; *acc.* ·breoste, breosten, breste, i.277,397. ii.226; *d.pl.* bresten, i.170.

breost-þonke, *d. mind*, i.82.

breoðen [breoþe], *to be broken, destroyed* (?), i.247. iii.221; *pr. pl.* breoðeð [breþiþ], i.221.

breowen, bruwen [brouwen], *pl. eye-brows*, ii.347.

[breþ], *d. breath*, i.321.

breðeren, *v.* broðer.

·briht, *bright*, ii.326; *pl.* [brihte], ii.438.

·brimme, *d. shore*, i.191. ii.289.

bringe, *g.f. offering*, i.32.

·bringe, bringen, ibringen, *to bring*, i.32. ii.472. iii.57,69; *pr.s.* ibringeð, i.419; *imp. pl.* ·bringeð, i.232. ii.462; *p.* ·brohte, brouhte, broute [brofte, broþte], i.2,3,4,11,46. ii.207. iii.6,117; *pl.* ·brohte-n, broðten, brouhten, bruhten, i.84,388. ii.148. iii.8,67,131; *pp.* broht, ·ibroht [ibroþt, *hi*-broht], i.78,269. ii.528. iii.2.

[broc], *threat*, ii.459. *v. Glossar. Rem.* p.498.

·broc, *brook*, ii.26,491; *d.* broke [broc], ii.27; *pl.* brockes, ·brokes, iii.220,255.

·brockes, *pl. badgers*, ii.110.

brod, brodne, *v.* bræd.

brofte, brohte, ibroht, *v.* bringe.

ibroide, ibroiden [*hi*-brode], *pp. woven, embroidered*, ii.463,576. iii.172. *v. Glossar. Rem.* p.498.

broken, *v.* bruke.

·brond, †breond, ·brand, *sword*, i.216,321, 322. ii.214,267,367. iii.24,35; *d. pl.* bronden [bronde, brondes], iii.97,253.

broðer, ·broþer, broder, *brother*, i.9,17,18. iii.9,12,249; *g.* i.24; *d.* ·broðer, †broðren, broder, i.11. iii.156,238; *pl.* broðere-n, †broþeran, broðerne, broðren, breðren, breþren, ibroðere-n, ·broðeres, [broþers], i.89,117,161,165,167,183, 217,290,306,390. ii.10,86,251. iii.50, 146,161; *d.* broðere-n, broþeren, breðeren [broþeres, broþers], i.177,236,296. ii.41,188. iii.225.

broþte, ibroþt, *v.* bringe.

brouc, brouke, brouki, *v.* bruke.

brudden, *v.* bræid.

·brude, *f. bride*, ii.614; *d.* i.8. ii.186; *g. pl.* bruden, iii.27. *v.* burde.

·brugge, *bridge*, ii.383,457.

·ibrugged, *pp. bridged*, ii.469.

bruke, bruken-e, brukien, broken [brouke, brouki], *to enjoy, possess*, i.204. ii.185, 218,264,415,472,567,589. iii.216,291; *imp.* bruc [brouk-e], ii.407,478; *pl.* brukeð [broukeþ], ii.97. iii.294; *pr. sb.* bruke-n [brouc, brouke], ii.570,563.

brune, *burning*, i.352. iii.174.

·brunie, *burny, cuirass*, i.66,286. ii.463. iii.98,106; *pl.* ·brunies, i.72. ii.437. iii 45,94,220; *d.* [brunie, brunies], i.285. ii.463. *v.* burne.

ibrunied, *v.* iburned.

ibrusted, ibrust (?), *ppn. studded, embroidered, ornamented*, i.154. ii.174,605. iii.24.

brustlede-n, *v.* brastlien.

brutisce, bruttisc-e, brutunise [brutisse, bruttisse, bruttusse], *British*, i.83. iii. 38,63,68; *acc. m.* bruttiscne [bruttisc], ii.426; *pl.* ii.113. iii.2,124,195.

bruwen, *v.* breowen.

ibude, *abode*, ii.228.

bufen, *v.* buuen.

buh, *v.* beon.

buh, buhȝeð, buhȝen, *v.* buȝe.

bugge [bigge], *to buy*, i.151; *imp.* buȝe, iii. 237; *p.* ·bohte, *bought dear*, i.204. *v.* abugge.

buken, *d. pl. bellies*, ii.302.

·bulde, bulden, *to build*, i.112,272. ii.285. iii.190; *pp.* ibuld, iii.283.

bule [bole], *g. d. bulls, bull*, ii.169,170.

bumes, *v.* bemen.

bunden, ibunden, *v.* binde.

bunnen, *d. pl. bounds, limits*, i.56.

bur, *chamber*, iii.170; *g.* bures [boures], iii.27; *d.* ·bure, buren [boure], i.125, 132,253. ii.375,535. iii.27,118; *pl.* bures [boures], i.255. ii.255,581; *d.* bouren [boures], i.86.

bur-cniht-e [bour-cniht], *chamberlain*, ii. 372. iii.214; *d.* bur-cnihte [bourcniht], ii.405; *pl.* bur-cnihtes, †burh-cnihtes [bourcnihtes], ii.320,321,406; *d.* ii. 321,413.

burd, *v.* bord.

burde, *f. lady*, ii.385; *d.* burde-n [brude], iii.30,145; *g. pl.* burden, i.387. iii.29. *v.* brude.

iburred, *v.* **burien.**
burh, *v.* **borh.**
burh [**borh, borȝ**], *f. burgh, town, castle*, **i.10,86,258.** ii.171,596. iii.135,175; *g.* **burh, burhȝ-e**, i.303,403; *d.* ·**borh, burh, burhȝe**, burhe, burȝe, burȝe-n, **buruwe** [**borewe**, borhwe, borwe], i.13, **89,151, 227**,263,275,288. ii.34,204, **276,597.** iii.4,69,134,169,198; *acc.* **burh, burȝe-n**, burwe [borh, borȝ], i.10, **88,118,225**,258. ii.23,171,236,395. iii. **171**; *pl.* burhȝes [borewes], i.87; *g.* **burȝe, buriȝe** [borewes], i.423. iii.92; *d.* **burhȝes**, burȝen [borewes], i.304. ii. **625**; *acc.* burhȝen, burhȝes, burhwes, **burȝes**, burwes, burȝewes [borewes], i. **190, 201, 205, 224.** ii.20,222,250. iii. **166.**
burh-cnauen [borh-cnaues], *town-lads*, ii.**227.**
burh-folc, *n. town-folk*, i.416. ii.286. iii. **125.**
burh-mon [burh-man], *burgher*, ii.94; *pl.* **burh-men**, burmen [borhmen], ii.67, **71,145,423.** iii.250.
burh-walles [borh-walles], *pl. town-walls*, ii.**504.**
burh-weren, burȝe-were [borh-men], *pl. burghers*, iii.133,134.
burhȝate [borhȝate], *d. burgh-gate*, ii.317.
buri, burie, *burgh, castle*, i.151,242,421; *pl.* buri, i.201. *v.* burh.
burien [burie], *to bury*, iii.112,280; *p.* [burede], i.73; *p.pl.* bureden, buriden [burede], i.164; ii.2,408. iii.78; *pp.* **iburied** [ibured, *hi*-bured], i.256. ii.27. iii.28,114. *v.* bi-burien.
burinæsse [burinisse], *grave*, iii.26.
bur-lutlen, *pl. maidens*, iii.237.
burne, *f. cuirass*, i.286,396. ii.318,463. iii.98,104; *d.* i.216. iii.24; *pl.* burnen, burnan [burnes], i.72,213. ii.437,552. iii.94,284; *d.* i.285. ii.444. iii.60; burne-hode [brunie-hode], ii.267,475, 585.

·**iburned** [ibrunied], *pp. in armour, cuirassed*, ii.303. iii.44.
burnes, *v.* **bearn.**
·**burst**, *harm, loss*, i.68,265,294. iii.95; *d.* burste-n, burstan, i.43,57,282; *pl.* burstes, i.104,247,272. ii.409; *d.* bursten, iii.146.
iburst-e, *pp. enraged*, i.80. ii.512. iii.47. *v.* an-burste, to-bursten.
bursten, *v.* **berste.**
iburstled [ibrustled], *pp. bristled*, i.154. ii.250. *v.* ibrusted.
burðeine, *d. chamberlain*, ii.219; *pl.* †burh-þeines, ii.149; *d.* bur-þeinen, ii.413.
burðene [borþone], *burthen*, iii.31.
burward [bourward], *chamberlain*, ii.381.
burȝen, iburȝen [borwe, borȝe], *to save, shelter, be surety for*, i.182,371,426. ii. 469; *pp.* iborȝen, i.182. ii.502.
busi, busiliche, *v.* bisi, bisilichen.
bute-n, *v.* **bote.**
buð, *v.* **beon**, buȝe.
buuen [boue], *ppn. upon*, ii.260. iii.34,56.
buuen, buuenne, bufen [bofe, boue], *ad. above*, i.160. ii.245. iii.15,274.
buuien, *v.* **beouien.**
buȝe, buȝen [bouwe, bouȝen], *to go, pass, come, approach, retreat*, i.229,237,254, 331,426. ii.173,393,410,535. iii.49; *imp.* buh, buð [bou], ii.375,534; *pl.* buhȝeð [boueþ], ii.470; *pr.sb.* buȝe, ii.290; *p.* bæh, bah, ·beh, boȝede [beoh, beoþ, bieh], i.21,202,211,399. ii.22,117,131, 342,395,439,445,480. iii.38,89,237; *pl.* bæhȝen, biȝen, buhȝen, buȝen [bowen, bouwed], i.242,320. ii.22,61,270, 549. iii.61,73,78,178,621; *pp.* iboȝen, ibuȝen, ii.65,264,435,624. iii.193. *v.* abuȝe.
buȝen, buwen [bouwe, bowe], *to bow, submit, fall*, i.157,208,311,327,384. ii.588. iii.191; *pr.sb.* buȝe [bouwe], i.327; *pl.* buȝen [bouwe], iii.193; *p.* bæh, ·beh, i.410. ii.36,235,521. iii.55.

cables, *v.* kablen.

cacchen [cache], *to catch*, iii.266; *p.* ·cahte, *icæhte*, *ikahte* [kahte], i.194. ii. 515. iii.149; *pp.* icaht, ii.27.

cæppen, *fellows, men*, ii.97. *v.* keppe.

cærf, ·carf, kærf, *p. carved, cut*, i.171,206. ii.170. iii.176; *pl.* curuen [corue], ii. 495; *imp. pl.* ·keruečš, i.250,536.

caiser-e, cayser-e, *v.* kæisere.

cald, ·cold, *cold*, i.193. ii.405.

can, *v.* cunne.

·candel-liht, *candlelight*, ii.575.

·canele, *sweet cane*, ii.320.

[canoun], *canon*, ii.598; *pl.* ·canones, canunes [canounes], ii.494,598. iii.197, 198.

cantel-cape, *cope* [See *Sax. Chr.* a°. 1070], iii.193.

cape-n [cope], *cope, cape*, ii.122; *d.* i.332. iii.185.

cardinal, *cardinal*, iii.182.

·care, kare, *sorrow, distress*, i.232. ii.545. iii.145; *d.* i.5. iii.294.

carefule, karefulle [carfulle, karfolle], *pl. sorrowful, miserable*, i.13. ii.278,482; *sup.* kare-fullest, iii.138.

care-læse, ·careles, *pl. regardless*, ii.96, 401.

carte, *d. carriage*, ii.50.

[cast-e], *p. cast, threw*, i.81,286. iii.44; *pl.* [caste], i.172. ii.456; *pp.* [*i*cast], ii.257.

·castel, *m. castle*, i.9,70. iii.42,114; *g.* ·castles, i.72; *d.* castele, ·castle, i.26. iii. 27,236; *pl.* ·castles, i.17,190; *d.* castlen [castles], i.20.

castel-buri, *d. castle boundary*, i.286.

castelȝat [castel-ȝeate], *n. castle-gate*, ii. 359; *pl.* castel-ȝæten [castel-ȝeate], ii. 394.

caðel [catel], *chattels, goods*, i.427. ii.2. iii.232.

chæfles [choules], *pl. jaws*, i.277. *v.* cheuele.

chærre, cherre, *time, turn*, i.291,356.

chæs, *ichæs*, *v.* cheosen.

chæsten, ·cheste, *d. chest*, ii.206. iii.295.

chaf, *chaff*, iii.172.

[changede], *p. changed*, i.161.

[chapel], *chapel*, iii.38.

charren, *to turn, flee*, ii.469; *p.* chærde, charde, cherde, i.308. iii.150,182,306; *pp.* [*i*chord], ii.460.

cheap, chep, *value, purchase*, i.17. iii.279.

cheisil [cheiselne], *acc. linen*, ii.575. See *Glossar. Rem.* p.502.

chele, *d. cold*, iii.237.

cheorches, *v.* chirche.

·cheorl, *churl, man*, i.182. ii.90. iii.279; *d.* ·cheorle, ii.216; *pl.* ·cheorles, chærles [cherles], ii.42,71,86,456. iii.245; *g.* ·cheorlene, ii.90; *d.* cheorlen [cheorles], ii.480.

[cheorre], *to deceive*, i.228. *v.* bi-charren.

cheosen [cheose], *to choose*, ii.210; *p.* chæs, *ichæs*, i.171. ii.83,338; *pp.* *i*-chosen [*i*-chose, *hi*-chose], i.329. ii.89, 120.

·cheping, *market, purchase*, ii.275; *d.* cheping-e [chipinge], ii.275,501.

chepmon, *chapman*, iii.232; *pl.* chæpmen, chapmen [chepmen], ii.49,132. iii.233.

cherde, *v.* charren.

·cheuele, *d. jaw*, iii.34. *v.* chæfles.

cheues-boren [cheuis-bore], *pp. born of a concubine*, i.185.

cheuese, chiuese, *concubine*, i.17,271; *d.* chiuese [cheuese], iii.284.

[cheuetaine], *chieftain*, i.251.

chiden [chide], *to chide*, i.348.

·child-e, *n. child*, i.13,106,296; *g.* ·childes, i.10,411; *d.* ·childe [child], i.12,143; *pl.* ·children, childere, childre [childerne, childrene, childres], i.16,227,228,230, 233,244. iii.206; *g.* ·childrene, ii.227; *d.* children [childrene], ii.118.

child-haden [child-hode], *d. childhood*, ii. 429.

·chin, *chin*, i.388. ii.361; *d.* chinne, chin, ii.203,363.

ıirche, chireche, *f. church*, iii.38; *g.* [chirches], ii.607; *d.* chireche-n, ·chirche, chirchen, i.1. ii.606,607; *pl.* ·chirchen, chirechen, chiriches, chir-reches, churechen, churichen [cheorches, cherches, chirches], i.435. ii.197,257, 456,504,505. iii.167,296.

·hireche-grið [cherch-griþ], *church-peace*, ii.514.

:hiric-lond, *church-land*, ii.197.

:hiuere, *v.* cheuese.

ichord, *v.* charren.

ichosen, *v.* cheosen.

choules, *v.* chæfles.

chrakeden, *v.* craky.

†clæd, *cloth*, ii.537. *v.* claðe.

clæf, *v.* cleouieð.

clæne-n, clene [cleane], *a. clean*, i.268, 419. iii.290.

clæne, clane [cleane, clene], *ad. cleanly, wholly*; generally preceded by *al*; i.376. ii.121,126,576. iii.3.

clærc, clarc, clærk, clerc [cleark, cleorc, clerck], *clerk*, i.3,422. ii.30,598. iii.193; *d.* clærke [clearke], ii.206; *pl.* clærckes, clærekes, clærkes, clarckes, clarkes, clerekes [clearekes, clearkes, cleorekes, clerkes], ii.105,187,195,615. iii.16,184, 196,197; *d.* clæreken, clarkes [clerekes], ii.103. iii.186.

clæresipe [clercsipe], *clergy*, i.435.

[clanliche], *wholly*, iii.38.

iclansed, *pp. cleansed*, ii.27.

claðe, *d. cloth*, ii.318; *pl.* clað, claðes [cloþes], i.100,267. ii.121,282; *d.* clað-en, claðes [cloþes], i.135,137. ii.123.

cleark, cleorc, *v.* clærc.

clembe, clembin, clemde, *v.* climben.

cleopinge, *d. call*, ii.3.

cleouieð, *pr. cleaveth*, i.83,400; *p.* clæf, ii.474. *v.* to-clæf.

·clepie, clepien, clepian, ·cleopie, cleopien, clupien, *to call, name, proclaim, cry, speak*, i.37,75,87,106,253,267,441. ii. 50,430,495. iii.53,244; *pr.* clepeð, clipð, ·cleopeþ, i.224,304. ii.313; *pl.* cleopeð, clepiað, †clipieð [cleopieþ], i.90,123, 257,541. iii.186; *imp.* ·cleope, ii.59, 637; *p.* ·cleope, ·cleopede, cleopeden, ·clepede, †·clipede, clupede, cluppede, i.9,35,39,67,169,221,286,364,414. ii. 42,60,214,535. iii.176,190,210; *pl.* ·cleopede, cleopeden, clepeden, clupeden [clepede, †cleope], i.43,69,83,84,113, 205,251,304. ii.75,88,322,333; *pp.* ·*i*-cleoped, *i*-cleopped, *i*-cleped, †*i*-cliped [*i*-cleopid, *i*-clepid], i.82,89,90,113, 230,326. ii.134. iii.160,192,222; *pl.* *i*cleopede, i.69.

clif [clef, cleue], *n. cliff*, i.81,82; *d.* cliue [cleoue], i.81. ii.452; *pl.* cliues, †cliuen-en [cleues], i.33. ii.492. iii.296; *d.* [cleues], ii.451.

climben [clembe-n, clembin], *to climb*, i. 37,253. ii.470; *pr.* ·clembið, climbeþ, i.419. ii.451; *p.* cluombe, ii.476; *pl.* clumben [clemde-n], i.402. ii.581; *pp.* *i*clumben [*i*clemde], ii.476.

cliseden, *p.pl. glistened*, ii.488.

[cloke], *cloak*, ii.122.

clond, *disgrace*, ii.63.

·cloð, *cloth*, i.130. *v.* claðe.

[cloþi], *to clothe*, i.339; *pp.* [*i*cloþed], ii. 603.

[cloþing], *clothing*, i.135.

·clubbe [club], *club*, ii.216. iii.25; *d. pl.* clubben [clubbes], ii.456,479.

clude [chlud], *cliff, rock*, i.81. ii.489; *pl.* ·clude, cluden, ·cludes, i.33. ii.451,494, 496. iii.296; *d.* cluden, ·cludes [cloudes], i.371. ii.497. iii.282.

clumben, *v.* climben.

clupede, *v.* clepie.

†cluppede [cluppeþ], *imp. pl. embrace ye*, i.217; *p.* ·clupte [cluppte], i.213. ii. 234; *pl.* ·clupten, ii.365. *v.* bi-clupte.

·clusden, cluseden, *p.pl. closed*, i.416. iii. 233; *pp.* iclused, ii.111. *v.* bi-clusen.

·cnaue, *child, boy, lad*, i.13. ii.229,259. iii.2,143; *d.* cnafe, cnauen [cnauc], ii.

195,229; *pl.* cnauen, ·cnaues, ii.149, 227.

[cnaue-child], *boy-child*, ii.226.

icnawen [icnowe], *to acknowledge, know*, ii.620. iii.49,620; 1 *pr. pl.* ·cnoweð, icnawe, i.197. ii.229; *p.* cneou, icneo, icneow, icnwo [cnew, *i*-cneu, *i*-cnew], i.149,282,415. ii.291. iii.54,95; *pl.* cneowen, *i*-cneowen [cneowe, cnewe, *i*-cnewe-n], i.32,283. ii.76,89,373. iii. 101; *pp.* icnawen, icnowen [cnowe, icnowe, ichnowe], i.207,375,404. ii. 342,355,614. iii.51.

·cneo, cneowe [cnouwe, cnowe], *d. knee*, i.147,229. ii.174. iii.185; *pl.* ·cneon, cneouwen, cneowen, cnowen [cnouwes, cnowes], i.213. ii.105,116,506,521. iii.261,289.

cneoli [cneoly], *to kneel*, ii.415; *imp.* ·cneole, ii.592; *p.* cnelede, ·cneolede, cneoulede, i.52. ii.318. iii.189.

·cnif [knif], *knife*, i.160; ii.117; *pl.* ·cnifes, ·cniues, ii.87,332,534,535; *d.* cnifen, cniuen [cnifes], i.171. ii.220.

·cniht [cniþt], *m. man, knight*, i.15,18,30, 119. ii.244. iii.2,10,117; *g.* ·cnihtes, ii. 413. iii.64; *d.* ·cnihte, cnihten, †kincte [cniht, cniþt-e], i.1,146,293. ii.178. iii. 9,64,188; *pl.* ·cnihtes, cnihte [cniþtes], i.22,29. iii.1,6,8,135; *g.* cnihten, ·cnihtene, ·cnihtes [cniþten], i.142,349. ii.232,331,611. iii.6; *d.* cnihte-n, ·cnihtes [cniþtes, †cnittes], i.16,27,144, 169. ii.81. iii.97,138.

cniht-bærn, *boy-child*, ii.226.

·cniht-scipe, *manhood, courage*, i.162. ii. 572. iii.64.

cniht-weorede, *troop*, iii.65.

icnutten, *p. pl. knotted*, iii.172.

coc [cok], *cook*, ii.413; *pl.* ·cokes [cocus], i.141,346.

·cofliche, *boldly*, i.72.

·col, *coal*, i.100; *d.* cole, ii.318.

coluere, *v.* culueren.

·come, cume-n, cummen, kumen [comen], *to come*, i.27,49,128,187. ii.105,246. iii.4,140; *inf. fut.* ·to comene, to cumene [to comende, to coming], i.49. ii. 247,490,545. iii.231; 2 *p. pr.* cumes, i. 187; 3 *p.* cumeð [comeþ, comes], i.150, 171; iii.3; *pl.* cumeð, cumen [comeþ, come], i.232,246,262. iii.101; *imp. pl.* ·comeð, i.232; *pr. sb.* ·come, comen, cume-n, i.10. iii.17,33,78,124,145; *pl.* ·come [comen], i.22; *p.* ·com, i.1, 11. ii.2. iii.4,14; *pl.* ·come, ·comen, commen, ii.2,335. iii.1,7,15,121; often used with an infinitive, as com ærne [com earne], iii.54; com bugen [com bouwe], iii.26; ·com faren, ii. 315; com fusen [com fuse], i.246. iii.32; com gon, iii.290; com irnen, i. 245; com liðe-n [com liþe, com liþi], i.70,91. iii.120; com quecchen, i.65. iii.72; ·com ride-n, i.23. iii.60,110; [com scecky], i.65; com sceonen, ii. 144; com scriðen, ii.25; comen seilen, iii.12,152; [come sie], ii.184; com steppen [com stappe], ii.610; [comes strike], i.171; [com swemme], iii.121; com teon, i.369; comen þrasten [comes þreaste], iii.59,147; com wenden [com wende], ii.441. iii.144; com winden [com winde], iii.15; com ȝeongen [com ȝonge], i.386. iii.237; *pp.* ·icome, ·icomen, cumen, icume-n, icommen, icumme, i.86,150,152,154,212,213,411. ii.365,485,618. iii.26,100,131; *pl.* cumene, icumene [icome-n, *hi*-come], i. 20,365. ii.343,631.

comela, ·comelan, comele, comlen, cumelan, *d.* (?), i.282. ii.17,34, 427,454. iii.220. See *Glossar. Rem.* p.472.

comp, *n. conflict, fight*, i.185. ii.162,534. iii.202; *d.* compe-n, kompen, i.8,180, 336. ii.266. iii.101,202.

con, conne, *v.* cunne.

[conseil], *council, assembly*, i.98.

[contre], *d. country*, i.54.

'op, *top, head*, i.332; *d.* ·coppe, i.30. ii. 194. iii.229. *v.* toppe.

:oren, icoren, *v.* curen.

:oriun, *pipe*, i.298. *v. Glossar. Rem.* p.473.

'corn, *n. corn*, i.166. iii.279.

corue, *v.* cærf.

cossen [cosses], *d. kisses*, iii.222.

·cost, *course, hap*, ii.151,338; *d.* †costa, *state*, i.177.

i-costned, *pp. proved, tried*, ii.614. iii.157. *v.* þurh-costned.

·costninge, *d.f. cost*, ii.524.

couele, *v.* cule.

coupe, *v.* cuppe.

couþe, *v.* cunne.

couþe, couþi, *v.* cuðe.

couþliche, *v.* cuðliche.

craaftmonnen, *d.pl. craftmen*, iii.158.

cræft, ·craft, *craft, guile*, i.120. ii.30,384; *d.* cræfte, ·crafte, creæften, crefte, i.12, 171. ii.237. iii.75,224; *pl.* cræftes, craften, craftes, i.101,431. ii.625; *d.* craeften, craften, craæften [craftes], i. 57,243. ii.67,235. iii.162.

cræftie, ·crafti, *crafty*, ii.6,538.

[craky], *to crack*, iii.94; *p.pl.* crakeden, chrakeden [crakede], i.79. iii.94.

crepen, *to creep*, iii.174; *p.* crap, iii.173; *pl.* crepe, crupen [creop, crope-n], i. 241. ii.351,484,497. iii.224.

[cri, cry], *cry*, ii.75. iii.76,105.

·cristendom, ·cristindom, *christendom*, i. 431. ii.104,188. iii.184.

·cristine, cristin, *n. Christian*, ii.179,186; *d.* ·cristene, iii.194; *pl.* cristine [cristene], iii.194; *d.* cristene, iii.130.

cron [crane], *crane*, ii.422.

cros, *cross*, iii.261.

crosce, crosse, *fool* (?), ii.429; *d.* ii.428.

crucche, *d. crutch*, ii.394.

crune [croune], *crown*, i.181. ii.128. iii. 209; *head*, ii.123,316.

cruneden, *p.pl. crowned*, iii.284; *pp.* icruned [i-crouned], i.38. iii.285.

cuahte, *v.* quecchen.

cuchene, ·kuchene [kichene], *d. kitchen*, i.141. ii.611.

cudde, icud, *v.* cuðe.

cued, *base*, iii.187.

·culde, *p. struck* (?), ii.429.

cule [couele], *cowl*, ii.318.

culueren [coluere], *pl. doves*, ii.608.

cume [come], *coming, arrival*, i.186,283. ii.340; *g.* cume [comes], i.152,186. ii. 174; *d.* cume-n, kime, kume [come-n, †keome], i.169,233,316. ii.154,162, 196. iii.124. *v.* come.

cumelan, *v.* comela.

·cun, kun, *kin, kinsman, race, progeny, kind*, i.14,15,85,373. ii.149,388. iii.92, 126; *g.* ·cunne, ·cunnes, kinne, ·kinnes, cunnen, kunne-n, †kunnan, ·kunnes [kine], i.55,73,111,168,344. ii.100, 269,359. iii.23,27,125,207; *d.* ·cunne, cunnen, kunne [cun], i.18,86,172,359. ii.462. iii.10,55,257.

icunde [cunde], *heritage, territory, kind, nature, race* [See *Sax. Chr.* a°.1087], ii. 42,500. iii.50; *d.* ·cunde, cunden, ·icunde, icunden, ii.478,500,520,551, 605,630. iii.210,265,277; *acc.* ·cunde, icunde-n, ikunde [cund], i.86,211,384, 390. ii.2,178,258,285,630. iii.208,288.

·icunde, *a. rightful, by right* [cf. *Beow.* ll. 4390,5389], ii.337,507,551.

†cune-dom [kinedom], *kingdom*, i.260.

†cunes (?), i.195. ii.74.

cunne, *to be able, to know*, ii.633; 1*p.pr.* ·con, ·can, ii.132,539; 2*p.* [canest], ii. 346; 3*p.* ·can, con, i.139. ii.317. iii. 138; *pl.* cunne-n [conne, con], i.16,140, 239,311. ii.47,133,206,546; *pr.sb.* cunne [conne], ii.501. iii.145; *p* ·cuðe, ·cuþe, cuðen, ·couþe [cuþ], i.3,39,102, 120,208,298. ii.80,117. iii.9,43; *pl.* ·cuðe, cuðen, cuððen [couþe-n], i.12, 57,116,239,243. ii.179,287. iii.97.

icunned, *pp. born*, iii.42.

cunnes-mon, kunnes-mon [kinesman], i. 115,297; *pl.* cunnes-men, ii.36,160.

cuppe, *cup*, ii.203; *d.* [coupe], ii.612.

cure, *m. choice*, i.83,345,404. ii.45,58; *d.* i.263.

curen, icure, *p.pl. chose*, i.293. ii.57,118, 299; *pp.* coren, icoren, icorn, ikoren [i-core], *chosen, choice*, i.17,65,75,279. ii.58,115,120,261. iii.6,71,145; *pl.*·i-corene, icorne, icornne [icore-n], i.84, 227,363. ii.637. iii.178.

curneles, *kernels*, iii.172.

·curtel [cuertel], *kirtle*, i.213. ii.576.

curuen, *v.* cærf.

†cussede, cusseoð [cusseþ], *imp.pl. kiss ye*, i.217. ii.175; *p.*·custe, i.51. ii.176. iii. 251; *pl.* custen, icusten [custe], i.154. ii.156. iii.205.

·custe, *manner, quality*, ii.479. iii.246; *pl.* custe, custen, ·custes, ii.76,291,384, 414,429.

·custi, *liberal*, i.174,271,298. *v.* geue-custi, mete-custi.

cuðe, cuþe, *v.* cunne.

·cuðe, ·cuðen, †icudðe [couþe, couþi, couþie, cuþi], *to shew, make known, teach, tell* [A.-S. *cyðan*], i.49,75,303,316,365, 373. ii.89,165,223,634. iii.41,272; *pr.* ·cuðe, i.152. iii.18; *pl.* ·cuððed, i.310; *imp.* ·cuð, i.65. ii.236; *pl.*·cuðeð, iii.51, 64; *p.* ·cudde, cuððe, cuðe [cuþede], i. 39,104,191. ii.122,208,212. iii.265; *pl.* ·cudde, cudden, †cudðen, cuððen, i.44, 69,254,406,429. ii.322. iii.39,47; *pp.* ·cuð, coð, ·icud, icuð [couþ], *known, renowned*, i.8,32,103,117,134,163,181, 342,350. ii.259,267,342,528. iii.180; *pl.* cuðe, icudde [*hi*-cudde, icud], i.234, 274,391. ii.534,614. iii.266.

·cuðie, †kuðies [cuþþie], *pl. worthy*, i.20, 37,217.

cuðlæhte, *p. made friendship with*, ii.292.

·cuðliche [couþliche], *familiar*, i.419. ii. 402.

·cuðliche [couþliche], *familiarly*, i.31. ii. 29,365,367,373.

cuððe, *f. country, land, race, kith, kin*, i. 163; *d.* cuððe, †cuðde, †cudðen, †cuþ-ðe, kuððe, i.103,216. ii.17,160,4[illegible] 479,503. iii.39,41,64.

cutte, *p. cut*, i.349. iii.228.

cwakie, *v.* quakien.

cwalest, *v.* quelle.

cwal-huse, *v.* quale-huse.

cwaolm, *v.* qualm.

cwaþ, *v.* queð.

cweane, cwene, *v.* quene.

cwecche, cwehten, *v.* quecchen.

cwedsipe, *v.* qued-schipe.

cwelle, *v.* quelle.

cweme, icweme, *v.* queme.

cwic, cwik, cwicliche, *v.* quic, quicliche.

cwide, cwiddede, *v.* quide, quiddieð.

dæd, dæð, ·deað, ·deð, *m. death*, i.15,74, 105,109,291,359. ii.444. iii.34; *g.* dæðes [deþes], ii.226; *d.* dæðe-n, †dæd-þen, deaðe-n, ·deaþe, ·deðe, deðen, i. 12,74,93,278,403. ii.79,165,546. iii. 21,116; *pl.* dæðes, ii.322; used adverbially, on deaðe, on deðe-n, *dead*, i.14. iii.133,241.

dædliche, *pl. deadly*, i.364.

dæd-sih, dæd-sið [deaþ-siþ], *death*, i.271, 280.

dæi, ·dai [day], *day, term of life*, i.56,241. iii.49,67,221; *g.* dæies, dæiȝes, ·daies, dæȝes, ·daȝes [daiȝes], ii.198,345,356, 568. iii.52,205,217,289; used adverbially, i.10,138,140,230. ii.440. iii.247; *d.* dæie, dæiȝe-n, dæȝe, daie, ·daiȝe, dahȝen, ·daȝe, ·daye, ·dawe, deie [dai], i.5,7,17,88,165,233,269,271. ii.47, 126,490. iii.33,108,210,221; *pl.* dæies, dæiȝes, dæȝes, ·daȝes, ·daiȝes [dawes], i. 55,166,259,375,416. ii.382,616,633. iii.111,156,226,281; *g.* dæȝen, dawen-e [daiȝene], i.55,196. ii.481; *d.* dæȝen, daȝen-e, dæwen, dawen [daiȝe, daiȝes, daȝe, daȝes, dawe, dawes], i.102,153, 182,219,254. ii.79,177,509. iii.80,150, 153,243.

dæi-liht, ·dai-liht [day-liht], *day-light*, i. 241. ii.552. iii.21,89,109; *d.* dæi-lihte, dæies-lihten [dai-lihte], ii.123,401.

dæl-e, dal, ·dale, ·deal, del, *part*, i.45,83, 125,127,175,336,402. ii.320. iii.82, 191; *d.* dæle, dale [deale], i.89,90. ii. 401,519; *pl.* dæles, dæle [dales, deale], i.221. ii.463; *d.* dalen, ii.490.

dæle-n, dalen, delen [deale-n], *to deal, divide, separate*, i.131,173. ii.144,320, 369,475. iii.221,238; *avenge* (?), iii.34; *imp. pl.* †deled, ii.324; *p.* dælde, delde [dealde], i.36,207,392. ii.463,593. iii. 244; *pl.* dælden, dalden [dealde], i.161, 323; *pp.* idæld, idæled, ideled [idealed], i.134,331,358. ii.84,266,374,450. *v.* bidælde, to-dæle.

dælfen, deluen [dealue, delue], *to dig*, i. 248,394. ii.171,277; *p. pl.* dulfen [dolue], ii.500; *pp.* idoluen [idolue, *hi*-dolue], i.248. ii.224.

dærnen, dernen [deorne], *to conceal, hide*, i.284. ii.354; *p. pl.* dærnden, i.328.

dærst, *v.* der.

dæð, *v.* dæd, don.

dæȝen, daiȝen, daȝiȝen [daȝeie, daȝeȝe], *to dawn*, ii. 488,494. iii.72; *p.* ·daȝede, dawede, i.72,363. ii.395.

daiȝe-n, daiȝes, *v.* dæi.

·dale, *d. dale, valley*, iii.72; *pl.* ·dales, ii. 452. iii.70.

dale [dole], *d. dole*, ii.400.

darnscipe, *d. secrecy*, i.12.

dawe, daȝe, *v.* dæi.

dawede, daȝede, *v.* dæȝen.

deæd-e, ·dead-e, ded, *a. dead*, i.9,13,17, 170. ii.383. iii.131; *d.* dæde-n [deade], i.221,398; *acc. m.* deadne, ded-e [dead], i.341. iii.280; *pl.* dædde, dæden, deædde, ·deade, dede-n [dead], i. 5,28,36,180, 395. ii.10,161. iii.75,78,280; *d.* i.75.

deæf, *p. sunk*, i.277.

deal, del, *v.* dæl.

deale-n, delen, delde, ideled, idealed, *v.* dæle.

dealue, delue-n, *v.* dælfen.

deame, *v.* deme.

deap, *v.* deop.

deað, *v.* dæd, don.

deaþ-siþ, *v.* dæd-sih.

deauel, *v.* deouel.

dede [deade], *f. deed*, iii.56,57,85,99, 187; *d.* dæde, ·dede, deden, ·deade, i. 190,294. ii.461,510. iii.188; *pl.* dæden, dede-n [deade, deades, dedes], i.115, 207,280,299. ii.10,543. iii.89; *d.* ii. 146,160,561. iii.252.

deh, *v.* don.

deiȝen, deȝe-n [deaiȝe, deie, deiȝe], *to die*, i.13,109,131,272. ii.302. iii.279; *p.* dæide, ·deiȝede, deȝede [deaide, deide, deȝeade], i.182,305,383. ii.69. iii.153, 156; *pp.* idæied [dead], i.159,383.

[delaie], *d. delay*, ii.308.

·deme, *chief, ruler, judge*, i.16,411; *d.* iii. 289.

·deme, demen [deame], *to judge, resolve, deem, ordain*, i.303. ii.37,415,546,596. iii.128; *pr.* ·demeð, ii.545,574; *p.* ·demde, i.79,210. ii.119,324,506; *pl.* demden, demmeden, idemden [demde], i.173,223. ii.9,10; *pp.* idemed [idemid], i.20,131. ii.218,420.

denisce, densce [dense], *Danish*, i.263. iii.86; *pl.* densce [dense], i.260. ii.112; *d.* dænscæn [dense], ii.101.

denne, *d. den*, ii.501.

deodest, *v.* don.

[deolful], *doleful*, i.294; *d.* [deolfulle], ii.75.

·deop [deap], *deep*, i.28. ii.6,500; *d.* ·deope, deopen, iii.22,70; *pl.* ·deope, i.394; *d.* deopen, ii.490; *comp.* deopere, depre [deoppere], ii.241,242.

ideoped, *pp. deepened*, ii.224.

·deor, der, *n. beast, deer*, i.14,274,277. iii.14,227; *g.* deores, iii.227; *d.* ·deore [deor], i.275. ii.243; *pl.* ·deor [deores], i.48,61,85. ii.66,111. iii.72; *g.* deoren [deor-e], ii.451,452; *d.* deoren [deor, deores], i.48,109.

·deore, dure, *dear, precious*, i.8,95,147, 148,260. ii.464. iii.26,120,143,237; *d.* i.148. iii.120; *pl.* iii.42,87; *d.* iii.222; *comp.*deorluker, iii.206; *sup.*·deorest-e, i.382. ii.172,202. iii.42,228.

·deore, *dearly*, i.204.

deoren, *v.* dure.

deoreworþeste, deoreworþist, *v.* dure-wurðe.

·deor-frið, *deer-chase*, i.61.

deorliche, *dearly, carefully*, ii.369. iii.277.

·deorling[deorlyng], *darling*, i.269. ii.201. iii.14,602.

·deorne, derne, *secret, privy*, i.101,328. ii. 144,145; *d.* i.288. ii.92,194; *pl.* i.192. ii.164,400.

·deorne, derne, *secretly*, i.31. ii.361,362.

deorne, *v.* dærnen.

·deornliche, derneliche, dernliche [deorne-liche], *secretly*, i.12,187. ii.47,204. iii. 234.

deouel [deauel], *devil*, ii.317.

der, *v.* deor.

·der, 1*p.pr.* *dare*, i.283; 2*p.* dærst, ·darst, derst, ii.431,619; *pl.* durren [dorre-n], ii.206. iii.20; *pr.sb.* durre, ii.619. iii. 275; *p.* durste-n [dorste], i.16,67,108. ii.37. iii.13,101; *pl.* durste-n [dorste], i.307. ii.165. iii.283.

·derede, *p. harmed*, i.412.

dereworþe, *v.* durewurðe.

·derf, *cruel*, ii.31.

derfde, *p. distressed*, i.372; *pp.* †iderued, ii.361.

derne, derneliche, *v.* deorne, deornliche.

dernen, *v.* dærnen.

dert [þert], 2*p.pr.* *needest*, ii.540. *v.* þræt, þurfe.

dest, *v.* don.

deð, *v.* dæd, don.

dic, ·dich, *f. ditch, dike*, i.28,274. ii.6,94, 242; *d.* i.248. ii.224,244; *pl.* ·diches, i.394.

·dihte, dihten, idihte, *to rule, dispose, place, order, instruct, make, treat, furnish, dight, indite*, i.133,435. ii.35,40,304, 401,439,566,570. iii.153,172,287; *pr.* ·dihteð, i.308. ii.157; *p.* ·dihte, †diste [diht], i.139,183,308,392. ii.163,208, 235,505. iii.1,28,244; *pl.* dihten, idihten [dihte], ii.94,198,225. iii.93,95; *pp.* diht, ·idiht, i.292,311,315,354,422. ii.234,260,308,326,372,444,538,554. 624. iii.10,84,89,95; *pl.* idihte-n [i-diht-e], i.285. ii.304,373,592,622,639, iii.1,7,145,244,293.

disc [disce], *dish*, ii.402.

diȝelen [diȝele], *secretly* [A.-S. *on diglum*], iii.72.

diȝelliche, †duȝeliche [diȝenliche], *privily*, i.284. ii.141.

diȝelnesse [diȝelnisse], *d. secrecy*, i.101.

diȝenliche, *d. secret, privy*, i.18.

dobben, idobbed, *v.* dubben.

doh, *v.* don.

·dohter, douter, doȝter [doþter], *daughter*, i.7,10,15,45,94,128. iii.12,18; *d.* doch-ter, docter, ·dohter, dohtre, i.139,143, 146; *pl.* dohtere, ·dohtren [dohtres], i. 115,124,131. ii.607; *g.* dohter, dohter-en, dohtrenne[dohterne, dohtres], i.114. ii.548; *d.* dohtren [dohtre, dohtres], i. 124,131.

dohti, *v.* duhti.

idoluen, *v.* dælfen.

·dom, *judgement, sentence, decree, doom, will, power, realm*, i.43. ii.203,231,285; *d.* ·dome, i.226,269,382,393,404. ii.37, 98,206,546. iii.87,285; *acc.* ·dom-e, i. 182,223,413. ii.44,272,619; *pl.* ·domes, i.226,269,308,430. ii.250,262,450. iii. 14,77,267.

dombe, *v.* dumbe.

domes-dæi [domes-dai], *doomsday*, ii.236, 597.

·don, ·do, idon, *to do, place, put, make, cause*, i.16,72. ii.121,602. iii.3,111,269; *inf. fut.* done, donne, i.203. ii.349,376; 2 *p. pr.* ·dest [dost], ii.125, 496; 3 *p.* dæð, deð, deh, ·doð, ·doh [deaþ, deþ], i.20,29,400. ii.12,117,437,478,629. iii. 102,139; *pl.* ·doð, ·doh, duðe, do, i.61, 140,144. ii.106. iii.176; *imp. pl.* ·doð, ·doh, i.243. ii.242,536. iii.84; *2 p.p.* dedest, deodest [dudest], i.97. ii.34; *3 p.* ·dude, duden, idude, †idode [dede], i.19, 22,55,73,377. ii.218. iii.11,81,232; *pl.* ·duden, iduden [dude], i.46,72,153,156, 213. ii.111. iii.246; *p.pr.* [donde], i.250; *pp.* ·ido, ·idon [do], i.22,26,69. ii.104, 152. iii.56,75,113,133; *pl.* idone [idon], i.407. iii.126; idon, *good,* ii.626; ·wel idon, *excellent, brave, good,* i.39,86, 230,249,252,301,308,321,412,431. ii. 31,52,157,167,195,230,346,363,431, 597,615. iii.30,40,128,293. See *Glossar. Rem.* p. 448.

[dorcke], *dark,* i.323.

dore, *v.* dure.

dorre, dorste, *v.* der.

dosseperes, *v.* dusȝe-pers.

dost, doð, *v.* don.

doþter, *v.* dohter.

doþti, *v.* duhti.

dotie, *to doat,* i.140.

doune, *v.* dune.

doust, *v.* dust.

doȝeðe, *v.* duȝeðe.

idræcched, idracched, ·idrecched [idrecchid], *pp. injured, disturbed,* i.215. ii. 502. iii.13.

dræm, dream, ·drem, *m. joy, rejoicing, revel, clamor,* i.43,283,368. ii.173,609. iii.12,320; *pl.* dremen [dremes], ii.530, 538.

dræmden, *v.* dremen.

drænc, ·drench, drinc [dringe, dringke, drinke], *drink, draught,* i.55. ii.1,137, 175,249,402; *g.* drenches, ii.405; *d.* ·drenche, drenchen, drinchen, †drunken [drench, dringe, drinke], i.77,259, 295. ii.47,320,612. iii.144; *pl.* drinches [dringes], i.151; *g.* drencche, ii.405; *d.* drenchen, drenches, drencches [dringke], ii.138,404.

draf, *draff,* iii.172.

idraht [a-dreþt], *pp. afflicted,* i.193.

drahte, *d. draught,* iii.172.

·drake, *m. dragon,* ii.245,325,339. iii.15, 85; *g.* draken [drakes], ii.325; *pl.* draken [drakes], ii.243,340; *d.* ii.247.

draken-hefd [drake-heued], *dragons head,* ii.341.

dranches, *v.* dring.

draȝen [drawe], *to draw,* i.57,322. ii.14. iii.172; *imp. pl.* ·draȝeð, ii.536; *2 p. p.* [drohe], ii.248; *3 p.* ·droh [droþ], i.5, 112,122,319,406. ii.49. iii.31,138; *pl.* ·drowen, ·droȝen [drowe, droȝe], i.35, 58,78. ii.74,100,113,194,350. iii.12,65, 160,229; *pp.* idrawen, idraȝen [idraȝe], i.14. ii.342,381,630. *v.* adroh.

idrecched, *v.* idræcched.

dred [drede], *dread,* i.71; *d. acc.* ·drede, i.88. iii.109.

dred-e [drede], *dread,* i.71,88; *d.* ii.623.

dreden [drede], *to dread,* iii.252. *v.* adrede.

†idrefeð, *pp. disturbed,* i.8. *v.* to-drefed.

drem, dream, *v.* dræm.

dremen, dreomen, *to revel, clamor, resound, make a noise,* i.286,417. ii.143, 538,544; *1 pl. pr.* dreme, ii.142; *p. pl.* dræmden, ·dremden, dremeden [dremde], i.417. ii.1,58,138,164,201. iii.239.

drench, *v.* dræne.

drenchen, *to drown, be drowned,* i.64; *p.pl.* drengte, idrunken, i.343. ii.80. *v.* adrengte, adronc.

drenches, *v.* dring.

dreomen, *v.* dremen.

dreri, *v.* druri.

[drese], *to fall down,* i.394.

·drihte, drihten, ·drihtene, ·driste [driht], i.1,3,111,432,436. ii.2,270,450. iii.14, 88,122,125; *g.* drihtenes, drihttenes, drihtes [drihtene], ii.399,464. iii.38, 295; *d.* ·drihte, drihten-e, i.2. ii.319. iii.108,154,290.

drihte, *d. retinue,* i.5. ii.212.

dribt-folcke, driht-folke, *folk*, i. 59, 359. ii. 270. See *Glossar. Rem.* p. 439.

·drihtliche, ·drihliche [driþliche], *good, noble, lordly*, i. 7, 10, 37, 98, 127, 134, 144, 161, 265, 286. ii. 308, 476, 618; *d.* drihliche-n, i. 124, 125; *pl.* drihtliche, drihliche, i. 69, 111, 347, 353. ii. 593; *d.* i. 343.

driht-monnen, *d. followers, folk*, ii. 191.

drinc, *v.* drænc.

drinc-hail [dring-hail], *drink-health*, ii. 175, 176.

drinchen, drinken [dringe, dringke], *to drink*, i. 247. ii. 141, 175, 405; *pr. pl.* dringket [dringeþ], i. 146; *imp.* drinc, [dreng], ii. 176; *pl.* drinkeð [dringþ], ii. 175; *p.* dronc, ·drong, dronk [drang], i. 295. ii. 176, 203, 320; *pl.* drunken [drongen, drongke-n, dronke-n], ii. 138, 173, 201, 353, 407; *pp.* drunchen, drunke-n, *i*drunken [dronge, *i*dronke], i. 285, 347. ii. 138, 141, 320, 367. iii. 170.

dring, *thane, warrior*, ii. 106, 177; *servant*, ii. 287; *pl.* dringes, dringches, drunches, drenches, i. 193. ii. 7, 160, 181, 191. iii. 160, 168; *d.* dringen, ·dringes, i. 194. ii. 115. *v.* þringe.

dringe [þringe], *d. throng, company*, ii. 202. *v.* þringe.

dringe, drinke, *v.* dræne.

·driuen [driue], *to drive*, i. 41, 212. iii. 121; *pr. pl.* ·driueð, ii. 452; *imp.* ·drif, ii. 314; *pl.* ·driueð, iii. 65; *p.* dræf, draf, dreof, ·drof, i. 14, 68, 84, 335, 399. ii. 46, 335, 350. iii. 200, 201, 265; *pl.* ·driuen [driue], i. 71, 376. ii. 171. iii. 185; *pp.* *i*dreuen, ·*i*driuen [*i*dreue, *i*driue], i. 13, 265, 281, 376. ii. 39. iii. 19.

driȝe-n, *i*driȝen, drien, drigen [dreȝe-n, dreie, drihe], *to suffer, perform, do*, i. 16, 54, 265, 286. ii. 130, 168, 230. iii. 121.

·drof, *a. disturbed, grieved*, i. 44, 281.

drofliccn, *d. pl. grievous*, i. 44.

droh, droþ, drowen, droȝe, *v.* draȝen.

dronc, drunken, *i*drunken, *v.* drenchen, drinchen.

·drope, *drop*, i. 326.

druri [dreri], *dreary*, ii. 184.

dubben [dobben], *to dub*, ii. 521; *p.* dubbede, iii. 208; *pp.* *i*dubbed [*i*dobbed, *i*dobbid], ii. 398, 554.

duc, ·duk, ·dux [duck, duke], *m. duke*, i. 5, 12, 16, 20, 46, 138, 208, 273. ii. 42. iii. 5, 71; *d.* duc, ducke, duk-e, i. 90, 143, 210, 273. ii. 630; *pl.* dukes, iii. 91.

dude, *i*duden, *v.* don.

duhti [dohti, doþti], *doughty*, i. 176, 281. ii. 194, 542, 555. iii. 264; *pl.* duhti, duhtie, i. 309. ii. 627. iii. 244.

dulfen, *v.* dælfen.

dumbe [dombe], *dumb*, ii. 294. iii. 47.

·dun, dune [a-doune], *ad. down*, i. 292. ii. 173, 238. iii. 55. *v.* adun.

·dune [doune], *d. f. down*, i. 79, 112. ii. 263. iii. 82, 86; *pl.* dunes [dounes], ii. 452, 476. iii. 90; *d.* dunen, ii. 490. iii. 133.

·dune, dunen, *din, noise*, i. 43, 368. ii. 58, 244, 246, 441. iii. 239.

dunien [dunie], *to din, resound*, iii. 93, 290; *p.* ·dunede, ii. 444, 467. iii. 245. See *Glossar. Rem.* p. 496.

·dun-rihte, dunrih, *downright*, i. 260. iii. 16. *v.* adun riht.

·dunt, *m. blow*, i. 74, 349, 359. ii. 228, 265. iii. 74; *d.* dunten [dunte], iii. 34; *pl.* ·duntes, ii. 228, 533, 564; *d.* dunten, ·duntes, i. 35. iii. 72, 77.

·dunward, *downward*, ii. 123. iii. 235. *v.* adunward.

dure, *v.* deore.

dure, ·dore, i. 101. iii. 27; *d.* dure, †deoren [dore], i. 434. ii. 142. iii. 46; *pl.* duren, durren [dores], i. 100, 286, 417. ii. 395.

[durede], *p. dured*, iii. 62.

dureward [doreward], *door-keeper*, ii. 317.

durewurðe [dereworþe], *precious, costly*, i. 86. ii. 275; *pl.* i. 151; *sup.* [deoreworþeste, deoreworþist], i. 169, 382.

durewurðliche [deorworliche], *preciously, worthily*, ii. 210.

durre, durren, durste-n, *v.* der.

dusie, *pl. foolish*, i.281; *d.* dusien [dusie], i.119.

dust [doust], *n. dust*, iii.102; *d.* duste [douste], i.402.

dusȝe-pers [dosseperes], *the twelve peers of France*, i.69.

duðe, *v.* don.

[dutte], *p.pl. stopt*, ii.408.

duȝende, †duȝenede, *p.pr. brave*, i.176,179.

duȝeðe-cnihtes, *people*, i.433.

duȝeðe-kinge, *d. king*, iii.30.

duȝeðe-monnen, *d.pl. people*, ii.164.

duȝeðe-n, †duȝeða [doȝeðe], *f. folk, people*, i.77,156,180,182,259. ii.166,211, 310,338,575. iii.12,118,183; *d.* duȝeðe-n, duhȝeðe, duhþen, †duȝden [doȝeþe], i.120,127,324,341. ii.210,375, 378,495. iii.44,127,253; *power*, ii.451; on duȝeðe, *in the world*, ii.405; *acc.* duȝeðe-n, ·doȝeðe. duweðe, i.17,211,270, 273,385. ii.57,383,616; *benefit*, ii.10; *pl.* duȝeðen, i.421. ii.65. See *Glossar. Rem.* p. 443.

duȝeðlice, *fitly*, ii.281.

dweomer-cræften, *magic craft*, iii.230.

dweomerlakes, *g. magic, glamour*, i.12; *d.* dweomerlace, ii.47.

The greater part of the words beginning with the vowels e, ea, ei, *must be sought for under* a, æ.

†eælde, *d. hell*, i.308. *v.* helle.

eærne, earne, *v.* eorne.

eært [hart], *2 p.pr. art*, iii.26. *v.* beon.

eærȝh, *v.* arð.

eale, *v.* hele.

[†eande], *fair*, iii.125. *v.* hende.

eare, *v.* here.

earþe, *v.* eorðe.

eastresse, *pl. territories*, i.152.

eatand, eatant, *v.* eotend.

eauen, *v.* æfen.

ebreowisc, *a. Hebrew*, iii.190.

ebure [ebare], *manifest*, i.96.

[edmod], *mild*, ii.554; *acc.* [edmode], iii. 14; *d.pl.* ædmode, ii.518. *v.* ædmeden, aðmode.

egge, agge [hegge], *d. edge, weapon*, i.221, 239,418. iii.267; *d.pl.* [egges], i.23.

eille [eil], *a. evil* (?), i.139.

ieled [iheled], *pp. anointed*, iii.285.

elleoue-n, elleouene, elleue, eolleue, *eleven*, iii.132,282,284,295.

embe, *ppn. about*, i.280. *v.* umbe.

ende-dæi-e, *day of death*, i.158,383. *v.* dæi.

end-longe [on lengþe], *ad. along, in length*, ii.500.

engles, *pl. angels*, iii.190. *v.* ænglen.

eni, eny, *v.* æi.

answærde, enswerede, *v.* andswærien.

ieode-n, *p.pl. invaded hostilely, conquered*, iii.48,272.

·eode, eoden [ȝeode], *p. went, passed, happened*, i.6,35,90. ii.138,605,612. iii.7,22,44,106,116,132,148,267; *pl.* eoden, ·eode [ȝeode-n], i.98,217. ii.142, 440,612,630. iii.4,256; eode of tune [eode of toune], *was passed*, ii.594; eode to læue, *remained*, ii.553; eoden an honde, *submitted*, iii.159. *v.* gan.

eoldre, eoldrene, *v.* ældere.

eolleue, *v.* elleoue.

·eorl, *earl, man*, i.395. ii.90. iii.24,32,105; *g.* eorles, i.299; *d.* ·eorle [eorl], i.380. ii.57,72,218. iii.22; *acc.* ·eorl, eorle, iii. 26,132; *pl.* ·eorles, i.118,147. iii.3,16; *g.* ·eorlene [eorl], i.203. ii.269,611. iii. 159; *d.* eorlen [eorles], i.288. ii.118. iii.87.

eorldom, *earldom*, ii.57. iii.171; *pl.* ·eorldomes, i.306; *d.* eorldomen, iii.115.

·eorne, eornen, eærne, ernen [earne, erne, hearne, heorne], *to run*, i.70,288,347. ii.405,467,482,615; *fall*, i.397; *imp.pl.* eorneð, i.262; *p.* ·orn, ærne, i.193,213. ii.365,584. iii.120,245; *pl.* ·urnen [urne, hurnen, ourne, arne], i.57,195,216,287, 335. ii.63,74,109,124,263. iii.62,105,

185,215,255. *v.* ærne, irnen, urnen, and *Glossar. Rem.* p. 470.

eornest, *conflict, earnest* (?), ii. 266, 333; *d.* [ȝeorneste], ii. 265.

·eorðe, eorðen [earþe, erþe], *f. earth, ground*, i. 82. ii. 244, 456. iii. 94, 109; *d.* ·eorðe, eorðen, ærðe [earþe, eorþ, erþe], i. 173, 183, 284. ii. 110, 173, 384, 480. iii. 38, 65, 119, 233. *v.* ærd.

eorðe-itilie [erþe-tilie], *tillage*, i. 427.

eorðe-tilien [erþe-tilies], *pl. earth-tillers*, ii. 505.

·eorð-hus [erþhus], *cave*, i. 100. iii. 233; *d.* eorð-huse [erþhuse], i. 101, 102.

eorðlic, *earthly, mortal*, iii. 27; *d.pl.* eorð-liche [erþliche], ii. 607.

eoten, *v.* æten.

eotend-e, eotand [eatand-e, eatant], *m. giant*, i. 58, 79, 97. iii. 21, 28, 32; *pl.* eotandes, eotantes, eotendes, eotentes, eatendes [eatantes], i. 53, 76, 78, 82; *g.* eotinde [eatantes], ii. 296, 300.

eou, eow, ȝeow, †æu, †eo [ȝou, ou, ow, †wou], *acc. you*, i. 32, 142, 194, 197, 217, 232, 239, 319, 338. ii. 17, 118, 206. iii. 51, 54; *g.* eouwer-e, eower, eowre, eouer, eoure, æouwer, æoure, eoweore, †æure, †æuwer, †eore, †ore [ȝoure, ȝure, †our-e, †woure], i. 45, 155, 188, 217, 232, 247, 250, 267, 337. ii. 17, 96, 98, 135, 156, 159, 214, 396, 448, 477. iii. 51, 52, 55, 64, 84, 294; *d.* eow-e, eou, †oeu, ·ou, †eo [ȝou, iou, ou, hou, ow], i. 31, 32, 37, 42, 197, 232, 266, 338. ii. 17, 33, 128, 138, 154, 205, 284. iii. 2, 54, 55, 384.

eouesen, *d.pl. eaves*, iii. 173.

eower [ohwa], *anywhere*, i. 351. *v.* æiwer, ihwær.

ercne, *v.* harcnien.

ere, *v.* heer, her.

erendes-mon, *messenger*, ii. 622.

ermden, *v.* ærmðe.

erne-n, *v.* eorne.

erþe, erþliche, *v.* eorðe, eorðlic.

·essel, *bolt*, ii. 373.

†eðeliche [ydele], *idle*, ii. 625.

eþere, *v.* æð.

euhe, ewe, *v.* heowe.

eulne [euereine], *acc. m. every*, i. 26. *v.* æuer ælc.

euening, *d. evening*, iii. 221. *v.* æfen.

euerech, *v.* æuer ælc.

ewe, *v.* hæuwen.

exle, *d. shoulder*, i. 96; *d.pl.* æxle, ii. 332.

[eyr], *heir*, i. 383. ii. 548.

·eȝe, *d. eye*, i. 244. iii. 159. *v.* æȝene.

eȝe, eȝere, *v.* heȝe.

eȝe, *ad. high*, i. 44. *v.* hæh.

ifa, iua [fo, fon, i-fo], *foe*, ii. 240, 460. iii. 3, 193, 224; *d.* [fo], i. 329; *pl.* fan, ifan, iuan, feon, ·ifon, iuon, ·fon, i. 10, 34, 251, 329, 364, 372, 400. ii. 96, 249, 251, 420, 474. iii. 101; *d.* ifæn, i. 197.

faderlæs [faderles], *fatherless*, ii. 570; *pl.* faderlese, ii. 496.

fæc, *treacherous*, ii. 140.

fæchen [feche?], *to fetch, obtain*, ii. 301. iii. 76; *p.* fæhte, fætte, uætte [featte, vette], i. 275, 391. iii. 190.

fæder, ·fader, uader, *m. father*, i. 10, 13, 126, 135, 141. iii. 12, 36; *g.* ·fader, i. 18, 149, 271; *d.* fædere, ·fader, i. 96, 139. iii. 132; *pl.* uaderes [faderes], i. 244. iii. 207; *d.* faderen, uæderen, i. 244. iii. 207.

fæh, *a. colored, variegated*, ii. 613; *pl.* uaȝe, iii. 245. *v.* gold-fah.

fæht, faht, ·feht, ueht-e, feiht, feoht, *s. fight, battle*, i. 8, 73, 105, 178, 198, 247. ii. 360, 490, 552. iii. 16, 37, 65, 174, 259, 276; *g.* fehtes, i. 366; *d.* fæhte, fahte, feahten, fehte-n, uahte, uehte-n, feohte, i. 5, 10, 72, 95, 174, 178, 310. ii. 573, 628, 629. iii. 43, 76, 87, 99, 246; *pl.* fehtes, ii. 447. *v.* fiht.

fæhte, *v.* fæchen.

fæhten, fahten, feahten, fehte-n, uehten, *to fight*, i. 67, 189, 235, 240. ii. 18, 568. iii. 5, 99, 288; *pr.* fehteð, i. 361. ii. 470; *imp.* ueht, i. 157; *p.* fæht, fæhten, ·faht,

fahte, feaht, ·feht [faþt], i.68,186,320. ii.46,266. iii.37,106; *pl.* fæhten, fehten, feohte-n, feuhten, fuhte-n [fohte-n, †foste, foþte-n, ifohte-n, fuþten], i.8, 55,246,290,319,339,376,395. ii.44, 244. iii.19,61,99,265; *pp.* iuohten [ifohte], iii.19. *v.* fihte.

fæi, *v.* feoh.

fæie, ·feie, uæi, uæie [fæy], *a. fated, destined to die, slain, dead*, i.13,35,73,97, 105,200. ii.247,273,471,560. iii.141, 205; *d.* fæie, ii.344; *pl.* fæi, ·fæie, fæiȝe, faie, ·feie, uæie, uæiȝe, uaiȝe, ·ueie [fæye, feaye, feye], i.23,28,34,55,61,65,74, 177,179,339,395,414. ii.241,259,419, 431. iii.110,140,245,255,276. See *Glossar. Rem.* p.442.

ifæied, iuæid, iuaid, iued [i-feiþed, i-veiþed], *pp. hated, hateful, at enmity*, i.419. ii. 167,181,415,467. iii.259,266; *pl.* ifead, iuæiede, uæiden [i-veiþet], i.41,329. iii. 276. See *Glossar. Rem.* p.448.

fæien, *to curry a horse*, i.344.

fæiernesse, *fairness*, ii.597; *d.* feiȝernesse, feirnusse, faȝernessen, uæȝernesse [fairnisse], i.133,139. ii.531. iii.208.

fæie-scipe, *destruction*, ii.469.

fæie-sið, fæie-sih, faie-sið, feie-sið [fæisiðe, veisiþ], *death, destruction*, i.14,120,158. ii.444,474,567; *d.* fæie-siðe, fæi-siðe, uæie-siðe-n [feaysiþe, feisiþe, feye-siþe], ii.9,148,202,320. iii.34,43,116,152.

fæin, ·fain, fein, uæin, uain, *glad, fain*, i. 208,287,298. ii.60,106,202,208. iii. 188; *pl.* fæin, faihn, faine, uæine [vain], i.40,327. ii.105,210.

fæin, fain, *gladly*, i.293. ii.230.

fæir-e, fæiȝer, fæire, fære, faire, feier, feire, uæir, ueir [fair], *fair*, i.2,7,165,292,408, 409. ii.241,508. iii.26,38,118,174,283; *d.* fæire, fære, ·faire, feiere, feire, ueire [fayre], i.60. ii.298. iii.24,42,58,72,210; *acc.* fæier, fæire, feir-e, feiren, feiȝer [fair], i.204,205,268,292,331. ii.57. iii.183; *pl.* fæiere, fæire, feire [faire], ii.66,525. iii.154,180; *d.* feiȝere, uæiren, ii.210. iii.181; *comp.* feirure [fairere], i.102; *sup.* fæirest, ·fairest, faȝerest, feirust, uæȝerest, uæiȝerest, ueirest, ueȝerest [fayrest], i.174. ii.476,613. iii.2,27, 153,189,201,223; *pl.* færeste, feirest, ueieȝereste [fairest-e], i.426. ii.152. iii.2.

fæire, feire, ueire [faire, fayre, vaire], *fairly, courteously*, i.16,206,208,284. ii.164. iii.28,210,211,246.

fæit, fæt, *v.* fot.

fæl, fael, uæl, *slaughter, destruction*, i.27. 124,221.

fællen, *v.* fallen.

fære, ·fare, faren, †uæræ, uare, *proceeding, course, expedition, voyage*, i.174,175, 238. ii.100,247,333. iii.231; *d.* fære [fare], i.191. *v.* fore.

færedene, ferrædene [†verkedene], *pl. companies, forces*, i.173,257.

fære-n, færren, ·fare, ·faren, uæren, ·uaren, *to go, proceed, depart, act, fare, happen*, i.16,28,169,188,191,223,239,330. ii. 155. iii.19,21,43,90,144; *inf. fut.* farene, uarene, ii.343,577. iii.234,254; *pl. pr.* fare, iii.43; *imp.* ·fær, ·far, i.135, 186. ii.330,550. iii.22; *pl.* ·fareð, i.405. ii.155. iii.51; *p.* færde, ·ferde, uærde, ·uerde, i.14,32,101,146,188. ii.286. iii. 12,27,30,246; *pl.* færden, ·ferden, ·uerden, iuerden [ferde], i.54,117,191, 217. ii.598. iii.39,58; *p.* for, uor, iuor, fore, i.177,260,281. ii.310,509,561. iii.117,177,219; *pl.* foren, uoren [fore], i.5,236,514. ii.25. iii.1,69,196; *p. pr.* farinde [†varen], i.182. ii.338; *pp.* iuæred, iuered, i.375. ii.34,36; ·ifaren, ifarren, ·iuare-n [ifare, ivare, fare], i. 24,43,87,200,303,307,341. ii.2,141, 161,376,562. iii.7,30,50,58,176,209; *pl.* ifarenne [i-varen], i.234.

færliche [feorliche], *a. sudden, unexpected*, i.291; *g.* færliche, i.152.

færliche, *speedily*, ii.7.

færð [fare], *voyage*, i.56.

fæste-n, ·faste, fasten, feste, uæste, uaste, ueste, *firmly*, *securely*, *fast*, *vigorously*, i.321,400,402,408,416. ii.44,217,218. iii.25,61,70.

fæstie, faste, *v.* uæste.

fæstliche, ·fastliche, festliche [fasteliche], *quickly*, ii.466. iii.107; *firmly*, *stoutly*, ii.71,118,379,569; *violently*, *loudly*, i. 35.

fæstre, *v.* uæste.

fætte, *v.* fæcchen.

fæȝeden, faȝeden, *p.pl.* *burnished*, *dyed*, i.339. ii.263; *pp.* ifawed, ifayed [*i*-vowet], *stained*, i.177.

[failede], *p.* *failed*, i.124.

fainen, *to rejoice*, i.152; *p.* fainede, ii.493; *pl.* uæiniden, ii.365.

[fairsipe], *fairness*, i.133.

[fale], *ad.* (?), *much*, ii.326. *v.* fele.

falewe, *pl.* *discolored*, ii.350. iii.94.

·falewede, *p.* *became dun*, *paled*, *discolored*, ii.263; *pl.* ·falewede, faleweden, faluwede, i.177. ii.344,552. iii.94,245.

·falle, fallen, fællen, ualle-n, *to fall*, *happen*, i.25,34,249. ii.303. iii.94,109,290; *pr.* ·falleð, vælleð, i.60. ii.241; *pr.sb.* ·falle, iii.43; *p.* ·feol, ·ful, ueol, ueolle [fulle, folle], i.8,65,118,122,247,310. ii.9,106,224,564. iii.16,42,98,117,119, 188; *pl.* feolen, feolle-n, ·fulle-n, uellen, ueolen, ueollen, *iu*eolen, uullen [feol, folle-n, volle], i.25,35,65,92,147,194, 221,247. ii.191,303,468,474,552. iii. 62,94,220,255; *p.pr.* [fallende], iii.67; *pp.* feole, ii.155. *v.* bi-falle.

·fallen, uallen, fællen, fellen, feolen, feollen [falle, falli], *to fell*, *slay*, *abolish*, i. 13,24,179,235,240,247,366,367. ii.107, 394,395,535,551. iii.199,274; *pr.* felleð, i.278; *pl.* ·falleþ, feollen [fallen], ii.161, 265. iii.101; *imp.* fal, fel [ful], i.66,157; *pl.* fælleð, felleð [falleð], i.35. ii.441; *pr.sb.* falle, ueolle, i.253. iii.42; 2 *p.p.* feldest, i.373; 3*p.* fælde, falde-n, ualde, felde-n, feold, ·feolde, ·falde, i. 73,81, 158,170,174,395. ii. 266,312,588. iii. 152,223; *pl.* fælden, falden, ualden, fealden, felden, uelden, uelleden, feold-n [falde, feolde, falde-n], i.55,71,290, 320,339. ii.254,446,456,483. iii.96,99, 199,202; *pp.* *i*falled, ·*iu*alled, *i*felled, *i*feolled, *iu*æld [*i*falled], i.42,88,378. ii. 11,96,161,196,239,303,445. *v.* afall-ene.

·false, falsæn, *d.* *false*, iii.267,268; *sup.* ·falsest, ualsest, ii.256. iii.211,263.

falsie [fausie], *to fail*, *give way*, ii.584; *p.pl.* [faulsede], iii.220.

farcost, ·fare-coste, uare-coste-n, *d.* *proceeding*, *matter*, *journey*, i.63. iii.13,211, 283,288; *pl.* [farecostes], i.63. See *Glossar. Rem.* p. 452.

·fare, *multitude*, i.166; *provision*, ii.1.

fare, *v.* fære, færð.

faren, farinde, *v.* fære.

[faste bi], *pps.* *near*, i.1.

fastnede, *i*fastned, *v.* uæstnen.

fatte, *v.* uatte.

fausie, *v.* falsie.

*i*fawed, *i*fayed, *v.* fæȝeden.

feaht, feht, *v.* fæhten.

feaþer-hames, *v.* feðer-heomen.

feaye, *v.* fæie.

feden, ueden [feode, vede], *to feed*, *nurture*, i.138,381. ii.335,404; *p.* ·fedde, uedde [feodde], i.305. ii.233. iii.26,246; *pp.pl.* *iu*ædde, ·*iu*ed, *iu*edde [*i*fed], ii. 143,160. iii.43,206,277.

feie, *v.* fæie.

feiede, *p.* *strengthened*, i.28.

feier, feiȝer, *v.* fæir.

feiht, *v.* fæht.

fein, *v.* fæin.

feirnusse, feiȝernesse, *v.* fæiernesse.

*i*feiþed, *v.* *i*fæied.

feld, feldes, *v.* ueld, folden.

fele, †feola, feole, feollen, vele, uæle, ueole [fale, vale], *many*, i.6,18,25,55,75,104, 204,236. ii.41,515. iii.4,6,19,43,83,167,

218; feole-feld, feole-valde [falefold], *manifold*, i.181. iii.80.

felle [fele], *true*, i.139.

[felle], *pl.* *cruel*, i.226.

fellen, *v.* fallen.

fengen (?), *to attack*, i.73; *pl. sb.* uengen, iii. 82; *p.* ·feng, ifeng-e, iueng, *took, seized, won, struck, helped*, i.35,219,309. ii.525,538. iii.28,41,228,278; *pl.* fengen, ifengen, iuengen [fenge, venge], i. 36,358. ii.79,384,538. iii.65,91; fengen to, *partook*, i.28; *took possession*, i.161; fengen to-ȝæines, *attacked*, i.252; *pp.* iuongen, iii.68,73. *v.* under-fon.

fenger, *v.* finger.

fengen, *g.* *booty*, i.367; *d.* uenge, i.75.

·fenne, uenne, *d. fen*, ii.489; *pl.* fenes, ii. 335.

feode, *v.* feden.

feoh, fæi [feo], *n.* *tribute, money, fee, treasure*, i.94,189,207,391,413. ii.8,221. iii. 286; *d.* ·feo, i.147,329,331.

feoht, feohte-n, *v.* fæht, fæhten.

feol, feollen, feold, ifeolled, *v.* fællen, fallen.

feold, *v.* feld.

feolden, *v.* fallen, fulle.

feole, *v.* fele.

·feond, ueond, *m.* *fiend, enemy, monster*, i.11,81. ii.49. iii.17,34,103; *d.* ·feonde, feonden, i.120. iii.22,23; *pl.* ·feond, ·feonden, ·feondes, ifeonde, ueond, i.28, 55,77,240,421. ii.315,628. iii.80,108, 126,151; *d.* feonden [feondes], i.16,22. ii.314. iii.102.

·feondliche [feondeliche], *fierce, strong, terrible*, i.369; *pl.* ii.247,584. iii.15, 143.

feondliche, ueondliche [feondeliche], *strongly, fiercely, exceedingly, speedily*, i.5,8,62,162,178,246,319,322. ii.9,266, 422. iii.99,133,255.

feond-ræse [feond-ræses], *d.* *fierce assault*, ii.584. *v.* ræse.

·feond-scaðe, *monster*, iii.34.

feond-scipe, *enmity*, i.329. ii.542.

feond-slæhtes [sleahtes], *pl.* *great slaughter*, ii.265.

feon-ðewæs, *pl.* *evil conduct*, i.25.

feor, *v.* feour, fur.

feor, feorre-n, fer, ·for, ueor, ueorre [ferre, forre, vorre], *far, afar*, i.24,73,175,244. ii.139,253,295,325,329. iii.21,59,97, 224,285.

feore, *v.* fere.

feorh, feorð, forh [forþ], *forth*, i.146,148, 174,179.

feorlic, feorliche [feorlich, ferliche], *marvellous*, i.387. iii.13.

feorlic, feorliche [verlich], *wondrously, quickly*, ii.63,93. *v.* færliche.

feorme [ueorme], *feast*, ii.179.

ifeorne, *ad.* *before, previously*, ii.629. *v.* forn.

feorst, ferste, *v.* first.

·feorðe, ·ferþe, ueorðe, *fourth*, i.140,146, 278. ii.616. iii.86.

feour, feouwer, feowere, feor, ·four, fower, *four*, i.2,9,89,172,227. iii.6.

feouwertene, feowertene [fourtene, fourte], *fourteen*, iii.18,128,130.

feouwerti, feowerti, feuwerti [fourti], *forty*, i.151. iii.182,284.

feoȝelen, *v.* foȝel.

fer, *v.* feor.

·ferde, ·uerde, *f.* *host, army*, i.60,212,364. iii.12,89,130; *d.* ·ferde, ferden, uærde, uerde, iuerde, i.19,23,67,156,213. ii. 376. iii.37,63,76,81; *used adverbially*, on ferde, i.227; *acc.* færd-e, ferd, ·ferde, ferden, uærde-n, uerde-n, i.172,177, 189,226,416. ii.39,84,378. iii.7,84,86; *pl.* ·ferde, ferden, uerden [ferdene, ferdes, verde], i.24,58,250,257. ii.85,380,419. iii.86,255.

fere, uere, †feore, *a.* *whole, well*, ii.314. iii.229,240. See *Glossar. Rem.* p. 493.

ifered, *pp.* *afraid*, iii.81. *v.* aferde.

ferede-n, *v.* uerien.

fere-n, ifere-n, feres, *v.* iuere.

·ferlich, *wonder, marvel* [Midd. Engl. *ferly*], i.229.

ferrene [forne], *foreign*, i.141,227.

fest, *v.* on-fast, on-feste.

fet, *v.* fot.

[feþerbeddes], *pl. featherbeds*, ii.307.

feþeren [feþere], *pen*, i.3; *g.pl.* veðerene, *feathers*, ii.307.

feðer-heomen, feðer-home [feaþer-hames, feþer-hames], *pl. wings*, i.122. iii.26.

[feue, feuȝe], *few*, i.17,86. iii.61.

feye-siþe, *v.* fæie-sið.

fiede, *p. wrote* [A.-S. *fegan*], i.3.

·fif, uiue-n [fifue], *five*, i.61. ii.62,161. iii.27,276.

fifte, uifte [fifþe], *fifth*, i.278. iii.295.

·fiften-e, *fifteen*, i.14. iii.28,62.

·fifti, *fifty*, i.55. iii.8.

·fiht, uiht, ifiht [fiþt], *n. fight*, i.18,73, 105,185. iii.62,95,107,133; *g.* fihtes, ii. 33; *d.*·fihte, uihte-n, ifihte [A.-S. *gefeohte*, Gen. xiv. 9.], fuhte-n [fiþt, fiþte], i.26,58,74,93,161,239,248,273. ii.628. iii.6,8,97,100,102,142,219; *pl.* ·fihtes, uihtes [fihte], i.246. ii.246,448. iii.54,197.

·fihte-n, fuhten [fiþte], *to fight*, i.58,168, 240,246,369. iii.5,23,288; *pr.* ·fihteð [fihtiþ], i.362. iii.35. *v.* fæhten.

·finde, finden, ·ifinde, ifinden, uinde-n, iuinden, *to find*, i.52,127,265. ii.93,104, 339,536. iii.25,204,227; *2 p.pr.* ifindest, uindest, ·findest, iii.23,275,290; *3 p.* uindeð, ii.491; *pl.* findeð, iii.149; *pr.sb.* ifinde, uinde [finde], iii.29,211. *p.*·fond, fonde, fund, ·funde, ·ifunde, i. 2,6,69,263,276. ii.49,266. iii.25,98; *pl.* ·funde, funden, ifunden, uunden, iuunden [ifunde], i.12,55. ii.88,242. iii.4,21, 80,110; *pp.*·ifunde, ifunden, i.25,109. ii.67,229,449. iii.79,193; *provided*, i. 46. *v.* afinde.

finger [fenger], *finger*, ii.367; *d.* uingre, iii.237; *pl.* uingeres [fingres], ii.611; *d.* fingren [fingres], i.3.

first, uirst, urist, feorst [forst], *space of time, interval*, i.13. ii.86,192,251,313. iii.209; *d.*·firste, firsten, uirste-n, ferste [forste, furste], i.85,371. ii.85,240,300, 375,540. iii.163,213.

·fisc, uisc [fis, fisce], *m. fish*, i.53. ii.402, 500,597. iii.121,278; *d.* uisce [fisse], iii.224; *pl.*·fisces, fisches [fiscis], i.85. ii.471; *d.* fiscen, ii.489.

fiscære [fissare], *fisherman*, i.387.

fiðele, *d. fiddle*, i.298; *d.pl.* fiþelen [fiþele], i.155.

fiðelinge [fiþeling], *fiddling*, ii.530.

fla, ·flo [flon], *arrow, dart*, i.14,62; *pl.* flæn, flan, ·flon, i.77,78,276; *d.* ii.513. 515. iii.94.

flæh, flah, fleah, fleh, flei, *v.* fleon.

flæm, fleam, ·flem, ulem [fleom], *flight*, i.25,67,105,377,426. ii.46,588. iii.77; *d.* flæme, fleme [fleome], i.273,322. ii. 100,565. iii.120,245.

flæmen [fleomes], *fugitives*, i.254.

flæme-n, fleman, ·fleme, flemen, ·fleomen, ulemen [fleome], *to put to flight, drive out, expel*, i.67,280,350,356. ii. 71,410,547,551,562. iii.259,260; *inf. fut.* [†flende, †fleonde], i.273,322. ii. 100. iii.120; *p.* flæmde, flemde [flermde], ii.399. iii.153; *pl.* flæmden, flemden [flemde], i.14,280,293; *pp.* flæme, ·fleme, ii.230. iii.283; flemede, i-flæmde, iflæmed, iflemed, ·iflemid, i.58,282, 287,327,330. ii.46,96,196,222. iii.265.

flæs, flæsce, flæsc [fleas, fles], *flesh*, i.323. ii.402,604. iii.31,227; *d.* flæsce, iii.227; *d.pl.* flæsces [flesse], i.180.

flan [flean], *to flay*, i.274; iii.163; *p.pl.* uloȝen, ii.456; *pp.pl.* iulaȝene, iii.91.

·fleon [flen, fleo], *to fly, flee, put to flight*, i.67,80,122,339,428. ii.367. iii. 94; *inf. fut.* flænne, flenne, fleonen, fleonne-n, flonne-n, †flæinde, †·fleonde [†flende], i.67,198,237,290,398. ii.49, 191,422,469,489,585. iii.42,84; *pr.* fliȝeð, flihð, ·flicð, ulih [fleoþ, flieþ], *fleeth*, *flieth*, ii.452,472,473,483; *pl.* ·fleoð [fleð], *flee*, *fly*, i.251. ii.490; *imp.* ·fleo, flih, fliȝ [fle], *fly*, *flee*, i.131. ii. 249. iii.29; *p.* flæh, flah, ·fleh, fleih, flei [fleah, fleaþ, fleoh, fleoþ, fleþ, fleȝ], *fled*, i.24,58,68,69,194,263,398,399. ii. 22,191,311,469,484,515,584. iii.137, 150,221,222,224; *pl.* ·flowen, ·floȝen, fluwen, fluȝen [flowe, floȝe], i.24,35,63, 92,105,237,398. ii.5,38,163. iii.61,65, 67; *put to flight*, i.78,91; *p.* flah, fleh [fleah], *flew*, iii.16,108; *pl.* ·floȝen, †fluen, fluwen, fluȝen [floȝe], i.35,166. ii. 100,244,549,552. iii.15,65; *pp.* ·iflowe, ifloȝen, iuloȝen [*hi*-flowe, *i*-floȝe], *fled*, *flown*, i.203,254,327. ii.65,282,376,445, 477. *v.* aflowe.

fleote [flote], *fleet of ships*, i.91.

fleote, flet, *v.* uleoten.

fleoð, *pr.pl.* *flow*, ii.501.

fleoþ, fleþ, fleȝ, *v.* fleon.

fleȝen [fleie], *pl.* *flies*, i.166; *d.* fleoȝen [fleien], i.166.

flieð, flih, flihð, fliȝ, fliȝeð, *v.* fleon.

fliht, fliþt, *v.* fluht.

flit, *n.* *dispute*, ii.627.

flo, *v.* fla.

†floc, *flight*, ii.422.

floc, *host*, i.179,234; *d.* ·flocke, flokke, ulocke, i.169. ii.331,565,577. iii.159; *pl.* ·flockes, ulockes, ii.388,471. iii.244.

[flockeþ], *imp.pl.* *assemble ye*, i.250; *p.* [flockede], i.201. *v.* folkede.

·flod, ulod, *n.* *flood*, i.166. ii.583. iii.229; *d.* ·flode, ulode, i.2. iii.121; ·on flode, *flooded*, iii.142.

flom, *v.* flum.

·flor, *floor*, ii.535; *d.* ulore-n [flore], ii. 533,618.

flowen, floȝen, *i*flowe, *i*floȝen, fluwen, fluȝen, *v.* fleon.

fluht, flut [fliht, fliþt], *flight*, i.122. ii.475, 549. iii.173; *d.* fluhte [fliþte], i.122; *pl.* fluhtes [fliþtes], i.122.

flum [flom], *river*, i.24,55.

fluten, flutte, *v.* uleote.

fo, ifo, *v.* ifa.

fodder, uodder, *fodder*, iii.76.

fohte, ifohten, *v.* fæten.

fohȝel-cunne [foȝel-cunne], *d.* *volatiles*, i. 346.

[fol, fole], *fool*, i.61,96,278. ii.204.

folc, uolc [folck, folk], *n.* *folk*, *people*, i. 15,19,22,28. iii.7,74; *d.* folc, folck-e, ·folke, folken, uolke, i.5,15,23. ii.1. iii. 12,41,236; *pl.* folckes [†flockes], iii. 221; *g.* folc, folkene, uolke-n, ii.1,444, 494. iii.255.

folc-kinge, *d.* *sovereign*, i.388,405. ii.153. iii.19.

folden, uolde-n, *ground*, *earth*, *land*, i.92, 339,377. ii.501,583; *d.* ·folde, folden, uolde-n [felde, velde], i.81,97,149,229. ii.279,428,619. iii.37,92,140,188; *used adverbially*, on folde, ii.235; folde-n to grunde-n, ii.241,418,419,422. ii.585. iii.77,103. *v.* grunde.

[folie], *folly*, i.128.

folien, foluen, fulien [folwi, folȝen], *to follow*, i.43,176. ii.188,200. iii.106; *pr.* ·folweð, folleweð, uulieð, i.147. ii.33. iii.41; *pl.* fulieð, uulieð [folweþ], ii.196, 472; *imp.pl.* fulieð [folweþ], iii.64; *sb. pl.* fulien, ii.278; *p.* ·folȝede, folweden, fulede, †wolleȝede [folwede], i.5,63,129, 238. ii.439,599. iii.221; *pl.* fuleden, uuleden [folwede, folȝede], i.33. ii.418, 473; *p.pr.* feoliende, fuliende [folȝende], ii.565. iii.159.

foliwis, *v.* ful-iwis.

folkede, *p.* *assembled*, i.201.

folle, *v.* falle, fulle.

follede, *v.* fulwen.

folliche, *v.* fulliche.

folloft, folloht, *v.* fulluht.

foltome, *v.* fultume.

folwi, folwede, folȝede, folȝen, folȝende, *v.* folien.

folȝeþ, *v.* fulwen.

fon, ifon, *v.* ifa.

·fon, *i*fo, *i*fon, *to take, capture, receive*, i. 194,231,266,351. ii.66,67,134,275. iii. 135; fon on, *to attack, take on*, i.240. iii.263; 1 *pl. pr.* fo, vo, *go*, i.258. ii. 199; *pp.* ifon, *taken*, iii.123. *v.* vnder-fon.

fond, *v.* finde.

·fondien, fonden, †fondia [fondi, fondie], *to seek, prove, try*, i.41,79,125,282. ii. 225. iii.25,158,232; *pr.* ·fundeð, ii. 490; *imp.* ·fonde, ii.326; *p.* ·fondede, uondede, fundede, i.281. ii.188,325; *pl.* fondeden, uondeden, ii.259. iii.207; ·*i*fonded, *i*uonded [*i*-funde], ii.259,614, 628.

·for, ·uor, *ppn. for, of, at*, i.3. ii.63,157. iii.41,164; for gode [for god], *for fear or love of God*, ii.128,129; [for to], *unto*, iii.23; used before infinitives, with the omission of *to*, i.61,94. ii.60. iii.41.

·for, uor, *conj. for, because*, i.7,11. iii.10.

for, forre, *v.* feor.

for-ærnen, *to ride before*, ii.112. *v.* ærnen.

for-bæd, for-bed, *v.* for-beode.

for-bærnen, for-bearnen, ·forberne, for-bernen, for-brennen [for-bearne], *to burn, consume*, i.28,70,315,353. ii.166, 250,273. iii.125,140; 2 *p. pr.* for-bærnest, for-bernest [for-bearnest], i. 352. ii.362; 3 *p.* forberneð, ii.431; *imp. pl.* [for-beorneþ], i.262; *p.* ·for-barnde, for-barnden, uor-barnde, ii.166,504, 552; *pl.* for-barnden [for-barnde], i. 175. ii.456. iii.175; for-burnen, iii.174; *pp.* †for-bard, †for-berneð, †fur-barnde [for-barnd, for-berned], i.228. ii.230, 257,504. *v.* bærnen.

·for-bat, *p. bit through*, i.277.

for-beode-n, *to oppose, forbid, deny*, iii. 92,213,214; 1 *p. pr.* ·for-beode [for-bed], i.34. iii.23; *p.* for-bæd, for-bad, ·for-bed [for-bead], ii.126,440,590. iii. 33; *pp.* ·for-bode-n, i.61. iii.209.

for-berst [a two barst], *p. burst in two*, i.81.

·forbode, *d. prohibition*, i.62.

for-brennen, *v.* for-bærnen.

[for-carf], *p. severed*, i.349. *v.* cærf.

[for-cleaf], *p. severed*, iii.52. *v.* cleouieð.

for-cuð [forcouþ], *wicked*, iii.128; *pl.* for-cuðe, i.299; *comp.* forcuðere, uor-cuðere [forcouþere], ii.571. iii.43; *sup.* for-cuðest, for-cuððest-e, uor-cuðest-e [for-couþest, forcouþist], i.279. ii.38,86, 211,266,401,452. iii.9,88.

forde, *v.* uord.

·for-deme, for-demen, *to destroy*, i.147. ii. 471. iii.125,195; *pr.* †fordemed, *condemn*, ii.166; *pp.* ·for-demed, i.425. ii. 230,536. iii.91,176.

·for-do, ·for-don, uor-don, *to destroy*, i. 108,350. ii.104,217,283,639. iii.3,271; *inf. fut.* for-donne, ii.362,637; *p.* ·for-dude, uor-dude, i.424. ii.38. iii.176; *pl.* for-duden [for-dude], ii.408,444; *pp.* ·for-don, i.351. ii.272. iii.30; *pl.* for-done, ii.407.

[for-dreuen], *pp. driven about*, i.265.

for-drunkene [for-dronkene], *pp. pl. drunken*, ii.140.

for-dut, *fore-closeth*, ii.294.

fore, ·uore, *f. proceeding, movement, course, expedition, voyage, onset*, ii.147,228,238. iii.290; *d.* i.71,156,237,250. iii.21, 128,233,290. *v.* fære.

[fore], *good* (?), i.299.

foren, *forwards*, iii.70. *v.* forn.

·for-fare, for-faren, for-uaren, for-uarne, *to destroy, perish*, i.394. ii.53,104,217. iii.19,266; *inf. fut.* for-farene, ii.492; 2 *p. p.* for-ferdest, ii.275; 3 *p.* ·for-ferde, for-uerde, i.352,424. ii.86,458. iii.152, 167; *pl.* ·for-ferde, for-ferden, for-uerden [foruerde], i.310. ii.16,336. iii.11; for-foren, ii.92; *pp.* ·for-fare, for-faren, ·for-uare, for-uaren, i.124. ii.393,546, 568. iii.26,174; *pl.* ii.492,569.

[for-fohte], *pp. wearied in fight*, iii.40.

for-gonne, *inf. fut. to forsake*, ii.349; for-gan, *pp. lost*, ii.505.

forh, *v.* feorh, forð.

[for-hedde], *p. abandoned*, i.109. *v.* hedden.

for-hele, 2 *p. pr. sb. conceal*, i.186.

for-heou, **for-heow** [for-hew], *p. severed, hewed in pieces*, i.196. iii.119.

[for-hon], *to hang*, ii.73. *v.* hon.

[for-hongered], *pp. famished*, ii.567.

·**for-hoȝeð**, *pr. despiseth*, iii.269; 1 *p. p.* **for-howede** [for-hoȝede, for-oȝede], i. 134,148; 2 *p.* ·for-hoȝedest, ii.621; 3 *p.* **for-heowede**, for-hoȝede [for-owede], i.109. iii.156; *pl.* ·for-howede, for-**hoȝeden**, uorhoȝeden, i.173. ii.391. iii. 195.

for-husce, *p. despised*, i.134; *pl.* **for-husten**, iii.162.

forken, **furken** [forkes], *pl. the gallows*, i. 244. ii.462.

for-læiȝen, *p. pl. violated*, ii.219.

[†for-lede], *to lead forth* (?), ii.557.

[for-ledeþ], *pr. pl. lead astray*, i.57.

[for-leie], *pp. oppressed with watching*, ii. 386. *v.* of-læien.

for-leosen [for-lease], *to lose, destroy*, i. 404. ii.625; *pr. sb.* for-leose, ii.139; *p.* for-læs, for-leas [for-les, for-léés], i.10,71,110; *pl.* for-leoseden, for-losedem [for-losede], iii.11,44; *pp.* ·for-lore, ·for-loren, i.185. ii.48,75,266,506, 629. iii.235; *pl.* forlorene, forlorne [for-lore-n], i.382,465. ii.83,337,465.

for-leten, *to quit, leave*, i.57. iii.229; *p.* ·for-lette [for-let], i.288,322. ii.130, 267; *pl.* for-lætte, iii.155.

for-loren, *v.* for-leosen.

·**forme**, ·**uorme**, *first, former*, i.182,210. ii.635; *d.* iii.77,172,255; *pl.* i.251; *sup.* formest, feoremeste, feormeste, ·formeste, uormeste [forste], i.292. ii.466, 468,473,577,612. iii.85,159,284; *pl.* ii.332.

forn a, **foren an**, *ppn. before, in front of*, ii.584. iii.48; forn at, *before*, i.229. ii. 328,587; forn aȝein, forn aȝan [aforneȝen, a-forn neȝe-n], *against, opposite*, i. 369. ii.353,584; foren to, ·forn to [anon to], *towards, before, again*. [See *Sax. Chron.* a°.913], ii.103,354,374,421,472. iii.46,120,172.

forne, *v.* ferrene.

for-owede, for-oȝede, *v.* for-hoȝeð.

for-pinede, *tormented*, iii.166.

[for-radde], uor-radde, *p. betrayed*, ii.19; *pl.* for-radden, *destroyed*, iii.11; *pp.* ·for-rad, *injured*, i.372; *pl.* for-radde, ii.80.

forrest, *v.* uirste.

for-riden [for-ride], *p. pl. rode before*, iii.72.

·**for-sake**, **for-saken**, *to forsake, omit*, ii. 187,571. iii.148; *pr.* ·for-sakeð, iii.272; *p.* for-soc [for-soke], ii.30. iii.169; *pl.* for-soken [for-soke], ii.80,179.

for-sete [for-seate], *pr. neglect*, iii.140.

for-smat [for-smot], *p. severed*, i.68,349.

[forst], *ad. first*, i.87. ii.154.

forste, first, *v.* forme.

·**for-stod**, *p. hindered, opposed*, ii.422.

for-swælde, ·for-swelde [for-swealde], *p. was consumed, burnt*, ii.255. iii.137,166; *pl.* [for-swelde], i.434; *pp.* for-swæled, ii.257.

for-swalȝe [for-swolȝe], *to swallow up*, iii. 137.

[for-swore], *pp. forsworn, perjured*, i.177; *pl.* ·for-sworene, for-sworne, for-sworen, i.150,176,177. ii.465.

[fort, forte], *until*, i.71,206,229,323. ii. 144,394. iii.17,21,200; [forte þat], ii. 55,171. *v.* þat.

·**forð**, **forh**, **uorð**, **uorh**, *forth, forward*, i.22,28,186. ii.2,33,77. iii.13,202; vorð & vorð, ii.264; forð aȝein, i.11; forð mid [forþ mede], i.27,183,306; ·forð riht, forð rihte, forh riht-e, forð rihten, ·forð rihtes, †feorh rihtes [forh-rihtes], i.65,179,186,300,324,398,433. ii.17,141,340,533. iii.8,18,20,69. See *Glossar. Rem.* p.446.

for ðan, ·**for þan**, **uor þeen**, **for þon**, *therefore, on that account*, i.42,148,303. ii. 574. iii.124,163,194.

forðe, *ppn. beyond, more than*, i.128.

iforðed, ifurðed, iuorðed, iuorððed, *pp. ended, completed*, i.371. ii.7,540,554. iii.221.

forþere, *v.* furðer.

·forð-fare, *d. departure, death*, i.106,256. ii.545. iii.145,294.

forð-faren, uorð-uaren [forþ-fare], *pp. dead*, ii.53,550.

for ði, ·for þi, *therefore*, i.315. ii.530. iii. 38,132.

·forðward [forþwardes], *forward*, i.229. ii.116. iii.39.

forð-ȝelden, *to yield, repay*, ii.10; 2 *p.pr.* forȝeldest, i.97; *pr.sb.* for-ȝelde, iii.238.

for-uaren [forfare], *pp. gone before*, iii.91.

for-wal, *sickness*, iii.270.

·forward, †feoreward, ·foreward-e, †forwærde, *covenant, agreement*, i.41,59,95, 184,200. ii.241,569. iii.171,234; *d.* ·forewarde, i.231; *pl.* [forewardes], iii. 251.

forwarde, *pl. foremost*, i.251. *v.* forðward.

for-werie, *v.* uor-werien.

for whan, for wan, *wherefore, on which account*, i.113,256,425. ii.629.

for-worht, *pp. injured*, ii.275.

for-wundede [for-wondede], *p. wounded*, ii.191,245. iii.99; *pp.*†for-wonde, ·forwonded, for-wunded, uorwunded, i.181. ii.546. iii.40,142,174; *pl.* i.203.

for-wurnen [for-werne], *to forbid, prohibit*, i.148. ii.426; *p.* for-warnde, iii. 225.

for-wurðe-n [for-worþi], *to die, perish, destroy*, ii.268,271,274,286,447. iii. 136; 1 *p.pr.* for-wurðe [for-worþi], i. 374; *pr.sb.* for-wurðe [for-worþi], ii. 394; *p.pl.* for-worðen, for-wurðen, i. 75. ii.443,484. *v.* to-wurðen.

forȝæt [for-ȝet], *p. forgot*, iii.25,77; *pl.* ·forȝeten [for-ȝiete], i.235,391. ii.1.

forȝifuen, *to forgive*, i.330; *p.* for-ȝef, i. 182.

·fosterlinges, *foster-children*, iii.142.

foster-moder, *v.* uoster-moder.

fostred, ifostred, *v.* uostredde.

·fot, *foot*, i.434. ii.63,518; *d.s.* or *pl.* ·fote, foten, uote-n, †futen [feot-e, fot], i.22, 25,213,245,315,377,395,434. ii.196, 218,497,576. iii.172,174,197; *pl.* fet, ·fet, vet, uoten, ii.241,279. iii.286; *g.* foten [fote], ii.500; *d.* feit [feot], i.150, 250. *v.* a-foten.

foþer, *v.* uoðere.

foþten, *v.* fehten.

foule, *v.* ful.

[fouruald], *fourfold*, i.58.

fouseþ, *v.* fuse.

fox, *v.* uox.

·foȝel, fuȝel [fowel], *fowl*, i.120,309. ii. 423,473,597; *g.* fuȝeles [foweles], i.122; *pl.* fuȝeles, uoȝeles [foweles, foȝeles], i. 85. ii.451,490. iii.120; *d.* feoȝelen, ii. 489.

fræine, fræinien, uraini, *to ask, question*, ii.293. iii.13,234,235; 2 *p.pr.* fræinest, ii.247,293; 2 *p.p.* fræinedest, ii.247; 3 *p.* freinede, i.309. iii.182; *pl.* fræinede-n, fraineden, freineden, i.282. ii.88,174. iii.46,233,240; *p.pr.* †frainige, ii.595.

fram, *v.* from.

·framward, fromward, †fromwarð, †frommard, *ppn. from off, out of*, i.80,274, 389,401. iii.39.

freche [frech], *fresh*, i.402.

[ifrede], *to feel*, i.88; *p.* iuredde, iii.81.

freliche, *v.* freolic.

fremmen, uremmen, *to perform, frame*, ii. 543,586.

frenchis, frennsce [frence], *s. French*, i. 3,137; *pl.* freinsce, frensce [frence, frense], i.69,74,75. ii.71. iii.108; *d.* freinscan, frensca [frense], i.73.

frend, *v.* freond.

·freo, *free*, i.135. ii.385,568. iii.27,134; *pl.* fre, ·freo, freoȝ, i.16,44,222,314. iii. 150.

freodomes, *pl. freedoms*, ii.509.

freoien, freoiȝen, ifreoiȝen, ureoiȝen, *to set*

free, i.38,45,239,379. iii.181,182; *pr.sb.* ifreoie, i.21,40; *p.* freode-n, i.263,435; *pp.* ifreoied, iuroeid, ii.197,453.

eolic, ·freoliche [freliche], *freely*, i.9, 204,232,236. ii.390. iii.158.

reoliche, *a.* *goodly*, i.344.

freom [fram], *ppn.* *from*, ii.472.

'reomen, *pl.* *freemen*, ii.390. iii.186; *g.s.* freo-monnes, ii.228.

freond [frend], *friend*, i.31,157. ii.175; *d.* freonde [freond], ii.175; *pl.* freond, ifreond-e, ·frend, ·freondes [frendes, frende], i.24,30,69,84,232,329,390. ii. 58. iii.80; *g.* freondene, ii.199; *d.* freond-e, freonden-e, frende [freondes], i.9,29,165,421. iii.287.

freondscipe-n, freonscipe [†fronsipe], *f.* *friendship*, i.45,226. ii.558. iii.41; *d.* i. 21,330. ii.221.

ifreoured, ifrouered, *v.* uroefrien.

frescipe, freoscipe [fresipe, freosipe], *freedom*, i.20,21,318. ii.17; *d.* i.16.

freten, *to gnaw*, *eat*, iii.274; *p.pl.* freten, i.166.

freuerede, ifreuered, *v.* uroefrien.

fridæi [friday], *Friday*, ii.158.

†frimdæʒen, *d. pl.* *early days*, iii.285. *v.* furn.

frið, *concord*, *amity*, i.108. ii.210. iii.150; *d.* friðe, friþe, i.9,21,106,165. ii.531. iii.270.

frið, *chase*, *park*, iii.287; *d.* friðe, i.61.

from [fram], *ppn.* *from*, i.2. *et pass.*

frommard, fromward, *v.* framward.

froure [frouere], *comfort*, i.387. iii.14; *g.* ·frouere, ii.570; *d.* frofre, frouer-e, ·froure, i.9. ii.323,413,496.

frum, *a.* *first*, i.369.

frume [forme], *beginning*, ii.130.

†fruðien, *to grant peace*, ii.280.

fuhte, fuhten, *v.* fæhten, fiht.

ful, fulde, fulle, *v.* fallen.

ful, uul, uule, ·fulle, uulle [folle, †fole], *ad.* *full*, *well*, i.6. ii.37,77. iii.10,243; *fully*, iii.34,41,93.

ful, fulle [folle], *fully*, iii.34,41,104.

fulde, *v.* fallen.

ful-e, *foul*, iii.102,186; *pl.* [foule], iii.185.

fule, *fouly*, ii.506.

fulien, fulede, *v.* folien.

ful-iwis [foliwis], *full truly*, *certainly*, i. 56,192,304,353. ii.12,76. iii.68,178. *v.* iwis.

fulle, *d.* *full*, i.18; *d.f.* fullere, iii.163; *acc. m.* fulne, i.276; *pl.* fulle [folle], ii. 196. iii.110.

·fulle, iuullen, *to fulfill*, *fill*, *complete*, ii. 558. iii.295; *pr.* [fulþ], ii.175; *p.* ·fulde, i.5,177,202; *pl.* feolde-n, fulden [fulde], ii.254,406,437. iii.79; *pp.* fulled, ifulled, iuulled [*hi*-fulled], i.156,296. ii.79,174, 434,534,406. iii.192.

fullehtede, *v.* fulwen.

†ifullen, *to fall* (?), iii.79. *v.* falle.

fulliche [folliche], *fully*, ii.167.

fulluht, fulleht [folloft, folloht], *baptism*, i.2,3,410,433. iii.181.

·fulste, vulste, *d.* *aid*, *help*, i.74,322. ii. 466.

·fulste, fulsten, *to help*, *aid*, i.207,237, 381. ii.637. iii.60,146; *pr. pl.* ·fulsteð, i.374; *pr.sb.* ·fulste, fulsten, uulsten, i.3. ii.396,468,575. iii.109; *p.* ·fulste, i.49; *pl.* fulsten [fulste], i.236.

fultume [foltome], *d.* *aid*, *assistance*, i.18. ii.187,264,443.

fulwen, *to baptise*, i.102; *pr.* fullehteð [folʒeþ], iii.194; *p.* fullehtede [follede], iii.190; *pp.* ifuleʒed, ifulleʒed, iuulʒed [*i*-folled], i.102. ii.283. iii.180,183, 193.

fund, ifunden, *v.* finde.

fundede, ifunde, fundeð, *v.* fondien.

·fur, *n.* *fire*, i.51. ii.255,582. iii.173; *g.* fures, ii.245; ·fure, furen, i.273. ii.142, iii.15,21,32; afure (?), iii.79.

†fur-burondes [furbondes], *pl.* *firebrands*, iii.15.

furene [furie], *pl.* *fiery*, ii.245,367.

furken, *v.* forken.

furn, iuurn [vorne], *d. pl. old, ancient* [cf. *Cædm*. p. 170], ii. 619, 634. iii. 80, 285, 295. *v.* iuurn.

furste, *v.* first.

ifurðed, *v.* iforðed.

furðer [forþere], *further*, i. 208. ii. 79.

fuse, *pl. prompt, ready*, i. 187. iii. 76.

·fuse, ·fusen, ifusen [fusi], *to proceed, come, go, pass, advance, depart, rush, drive, chase, hurl, launch, despatch, send, rear, carry, prepare*, i. 88, 140, 141, 148, 162, 276. ii. 141, 273, 368, 462, 498, 505, 551. iii. 23, 25, 39, 166, 188; *pr.* fuseð, fuseoð [fouseþ], ii. 481. iii. 194; *pl.* fuse-n, i. 144. ii. 465. iii. 101; *imp.* fus, iii. 23; *pl.* fuseð [fouseþ], i. 32. ii. 396, 441; *pr. sb.* fuse-n [fouse], ii. 314. iii. 23; *p.* ·fusde, fusden, fusede, ifusede, *i*-uusde, i. 47, 64, 71, 79, 81, 130, 164, 212, 319, 322, 333, 369. ii. 12, 256, 584. iii. 31, 131, 243; *pl.* ·fusden, uusden, ifusden, ifusten, iuusden [fusde], i. 22, 47, 55, 293, 338, 341, 421. ii. 534. iii. 74, 100, 158, 255.

fustes, *v.* uustes.

fuþten, *v.* fæhten.

fuȝel, *v.* foȝel.

·gadelinges, *pl. men of base degree*, ii. 90.

gædere, gaderen [gaderi], *to gather, collect*, ii. 540. iii. 9, 211; *p.* ·gadere, gædere, gæderede, ·gaderede, i. 63, 103, 162, 163, 394. ii. 7, 310, 312. iii. 4, 164, 189, 218, 224; *pl.* ·gadere, igaderen [gaderede], i. 172, 223, 233. ii. 93; *pp.* igadere, ·i-gadered [*hi*-gadered], i. 79, 364. ii. 359, 592. iii. 6, 218.

gæinde, ·geinde, *p. approached, voyaged, retreated*, i. 68, 195. ii. 24; *pl.* gengden [geinde], *went*, ii. 112.

gære, ·gare [gar], *dart, spear, weapon*, i. 216. ii. 213. iii. 24, 98; *d.* gæren, ii. 147; *pl.* gæres, ·gares, garen, i. 74, 78, 242. ii. 397, 565. iii. 44, 245.

igæred, *v.* gereden.

gæren, *gear* (?), ii. 148.

gærsume, gærsumme, garisum-e, garsume, garsumme, gersume [garisom-e], *s. treasure*, i. 16, 38, 40, 55, 112, 151, 189, 194, 226, 280. ii. 16, 62, 221, 338; *d.* gæirsume, gærsume, garisume, garsume [garesome, garisom-e], i. 6, 173. ii. 16, 221. iii. 269.

gæst, gast, ·goet, *m. spirit, ghost*, i. 387, 294. ii. 585.

gæt, *v.* gat.

gæuel, ·gauel [gauil], *s. tribute*, i. 260, 261, 378, 413, 420. ii. 96, 557, 630. iii. 51.

galdere, *d. magic*, ii. 384.

·galieð, *pr. pl. give tongue, yelp*, ii. 452.

·game, *play*, ii. 176, 240. *v.* gome.

gan [go, gon], *to go, pass, happen*, i. 14, 26, 102. ii. 400; *inf. fut.* ganne [gon], ii. 512; 2 *p. pr.* gæst, iii. 51; 3 *p.* geð [geoþ, goþ], i. 308. ii. 571; *pl.* gað, ga [goþ, go], i. 31, 248. iii. 222; *imp.* ga, iga [go], iii. 22, 37; *pl.* gað [goþ], ii. 305; *p. pr.* ganninde [goinde, goinge], i. 67. ii. 270, 331. iii. 9, 140; *pp.* igan, *i*-gon [igo, *hi*-go], i. 87. ii. 237, 427, 507.

gan, *v.* gon.

gar-e, *v.* gære.

†gareres [cheres], *appearance* (?), ii. 371.

garesom, garisom, *v.* gærsume.

igastliche, *terribly*, ii. 325.

gat [got], *goat*, ii. 471; *d.* gat [got], ii. 470; *pl.* gæt [geat], iii. 19; *g.* gaten [gotes], ii. 471.

gate, *v.* ȝæt.

gauil, *v.* gæuel.

gef, *v.* ȝeuen.

gengden, *v.* gæinde.

·genge, *f. host, retinue, forces, folk*, ii. 207; iii. 165, 175, 207; *d.* i. 262. ii. 40, 467, 579. iii. 152, 250.

gereden, *p. pl. made ready, arrayed*, i. 228, 417, 421. ii. 65; *pp. pl.* igæred-e, igarede, igerede [igered], *arrayed, ready, clad*, i. 267, 358. ii. 100, 369. iii. 91.

gersume, *v.* gærsume.

geseles, *v.* gisles.

geð, *v.* gan.

geue-custi, *liberal*, i.207.

gildene, *v.* guldene.

[gile], *guile*, ii.262; *d.* [gyle], i.195.

gimmen, *v.* ȝimme.

ginge, *d.* *young*, ii.544. *v.* ȝung.

gingiuere, *ginger*, ii.320.

·ginne [gynne], *d.* *stratagem*, i.121. ii. 366. iii.227; *d.* ·ginne, ginnen [gynne], i.22,56,142. ii.339. iii.170; *pl.* ginnes, i.339; *d.* ginnen [ginne], i.57.

[gisarme], *battle-axe*, i.67,96,98; *d.pl.* [gisharmes], iii.199.

·gisles, geseles, *pl.* *hostages*, i.204,227,232. *v.* ȝisle.

gistninge [gystninge], *d.* *banquet*, ii.172.

giues [gyues], *pl.* *fetters*, ii.218.

·glad, glæd, gled, *glad*, *merry*, i.169,299, 400. ii.355. iii.188; *mild*, *calm*, i.211, 272; *pl.* glæde, glad-e [glade], ii.90, 244. iii.64; *comp.* [gladdere], i.102.

gladien [gladi, gladie], *to gladden*, i.32. ii.286,375. iii.277; *pr.* gladieð, ii.175; *p.* ·gladede, i.188; *pp.* ·igladed [glad], ii.398,558. iii.275.

·gladliche, *gladly*, ii.513.

[gladnisse], *gladness*, ii.89.

glad-scipe, *f.* *joy*, i.358; *d.* ii.294.

glæd, glad, *v.* gliden.

glæs-fat, *n.* *glass vessel*, ii.319.

glæuest, *skilfullest*, ii.256.

gleden [gleade, glodes], *pl.* *embers*, ii.245, 367. iii.31; *d.* gleden, ii.456.

gleo, *n.* *music*, i.298.

gleo-cræften, *d.pl.* *arts of music*, i.299.

gleo-dreme [gle-dremes], *d.* *glee-sound*, i.77.

·gleomen [glemen], *pl.* *gleemen*, *minstrels*, i.298. ii.367,382,538. iii.13; *g.* [gleo-menne], i.218.

gleowen, gleowien, *to chant*, *play*, ii.382, 429.

·glide, gliden, *to glide*, *fall*, *fly*, i.34,74, 102. ii.109. iii.245; *pr.* glit, ii.502; *p.* glæd, glad [glod], ii.284,395; *pl.* ·gliden [glide], ii.109,618; *pp.* [igliden], i. 390.

[glissenede], *p.* *glistened*, ii.488.

glitene, *p.* *glittered*, ii.234.

glod, *v.* gliden.

glouen [gloues], *pl.* *gloves*, iii.143.

·god, godd, *m.* *God*, i.3,7,228. iii.56; *g.* ·godes, goddes, i.391. ii.102; *d.* gode-n, godde, godd [god], i.230,431. ii.103. iii.185,289; *pl.* ·godes, ii.156; *d.* goden [god, godes], i.343. ii.157.

·god, †goud, *good*, i.15,231. iii.10,170; *g.* godes [gode], iii.186; *d.* ·gode, godene, i.261. iii.106; *d.f.* godere, i.151,153; *acc.m.* ·godne, †goudne, ·god-e, i.3,140, 150,288,354. ii.98. iii.22,35,75,295; *pl.* ·gode, i.23. iii.7,210; *g.* godere, i.243; *d.* ·gode, goden-e, i.16,29. ii.212,394.

·god-cunde, godd-cunde, *holy*, i.432. ii. 627.

godd-spel, *n.* *gospel*, iii.182,183.

gode, *ad.* (?) *well*, i.388.

godene, *g.pl.* *goods*, i.423; *d.* goden [gode], ii.403; *acc.* [godes], i.38,45,402. ii.160.

god-ful, god-fulle, *goodly*, ii.290. iii.237; *d.* i.145; *pl.* ii.403; *d.* ii.236.

godliche, *a.* *goodly*, i.262; *acc.m.* god-licne, i.374; *pl.* godliche, gudliche, i. 37. ii.17. iii.44; *d.* ·godliche, godlichen, i.197,228. ii.557.

godliche, †goðliche, *ad.* *well*, ii.24,367.

godnæsse, godnesse [godnisse], *d.* *good-ness*, i.294. ii.353.

goiude, *v.* gan.

gold, *n.* *gold*, i.203,346; *g.* goldes, i.259; *d.* ·golde, golden, i.6. iii.1,26.

goldene, *v.* guldene.

gold-fah, gold-faȝe, gold-uaȝe [gold-fawe], *pl.* *gold-colored*, i.417. ii.471. iii.62,90, 111,248,262. *v.* fæh.

gome, *v.* gume.

gomede, *p.* *gamed*, i.195.

gome-n [game], *game*, i.299,349,400. ii. 112,203,356,458,545; *d.* gome-n, go-mene [game], i.129,392,400. ii.177,

294,616; *pl.* gomenes, gomen, gomes [game], ii.173,461,616.

gomenfulle, *d.pl. sportful*, ii.476.

gon, *v.* gan.

˙gon, ˙gan, gun, igon [*i*-gan], *p. began*, i. 2,145. ii.336. iii.14,25,120,287; *pl.* gunne-n [gonne], i.256,335. iii.7,16, 52,125,155. *v.* agunnen.

gost, *v.* gæst.

got, *v.* gat.

igote, *v.* ȝeoten.

goð, *v.* gan.

[grace], *grace, favor*, i.282.

gradde, grædde, *v.* greade.

græiðen, græiðien [greiþi], *to get ready, prepare, serve*, i.344. ii.300,331,395. iii. 82; *pr.* græiðeð [greiþeþ], ii.625; *imp. pl.*[greiþeh], i.319; *p.* ˙greiðede, græið-eden, i. 46, 188, 392; *pl.* greiðeden [greiþede], i.79,340,416,421. ii.270; *pp.* ˙igreiþed, i.88,381; *pl.* igreþede [*i*-greiþed], i.46.

græmende, *v.* gromien.

græneden, *v.* greine.

græp, grap, igreap, *v.* igripen.

græs, ˙gras, *s. grass*, i.166. ii.594; gras-bæd, *ground*, ii.564; *d.* gras-bedde [grase], ii.585.

græten, ˙grete, greten, igræten, igraten, igreten [igrete, *hi*-grete], *to greet, accost*, i.134,354. ii.131,290,295,437,485, 505. iii.187,267; *pr.* græteð, ˙greteð, gretet, igræteð [grette], i.134,149. ii. 12,17,629; *imp.* gret, i.186; *p.* grætte, græten, gratte, gret, ˙grette, igrætte, *i*-gratte, ˙igrette, i.7,19,132,133,188,275, 283,379. ii.201,284,292,317,410. iii. 112, 201, 247; *pl.* grætte-n, ˙gretten, igrætten, igretten [grette, igrette], i.16, 202. ii.31,123,153,564. iii.195.

græten, *d. great*, iii.112; *d.f.* grættere, grætere, greatere [grettere], i.25. ii.628. iii.49; *acc.* græte, greatne, ˙grete[gret], i.97,205. ii.617. iii.31; *pl.* grate[grete], iii.2,105; *d.* græten, greate, ˙grete, i. 14, 379. iii.2, 31; *comp.* [gretter], i. 379.

[gram-e], *pl. angry, fierce*, i.221. ii.618. *v.* grim.

˙grame, grome, *anger, grief*, i.61,159,162, 328; *d.* i.20,148. ii.425,458.

gramie, gramede, *v.* gromien.

[gramþene], *d. great, violent*, i.349.

graneden, *v.* greine.

granein [gronie], *to groan*, iii.13.

[granti, granty], *to grant*, ii.167,573; *p.* [grantede, grantete], i.204. ii.522.

grapede [gropede], *p. felt*, iii.215. *v.* *i*-gripen.

gratte, igratte, *v.* græten.

grauen [˙graue], *to engrave*, i.424; *pp.* igrauen [igraued], i.326. ii.464.

[greade], *to cry, proclaim*, i.154. iii.35; *p.* grædde [gradde], i.368. iii.106,185.

[greaues], *pl. pits*, iii.182.

[gredinge], *cry*, ii.567.

greine [grenne], *pr. pl. approach* (?), *urge* (?), i.221; *p. pl.* graeneden, graneden [greinede], i.202. ii.582. *v. Glossar. Rem.* p. 466.

greiþi, *v.* græiðen.

greiðlicre [griþliche], *d.f. peaceful*, i.19; *d.pl.* †græilichen, i.428. *v.* grið.

igremid, *v.* gromien.

˙grene, *green*, ii.169,613.

grenne, *v.* greine.

grenneden [grennede], *p.pl. grinned*, iii.184.

grepe-n, igrepe, *v.* igripen.

greten, igrete, *v.* græten.

igreþede, *v.* græiðen.

˙gretinge, *greeting*, i.192. iii.112; *d.* gret-inge, ˙gretinge [gretynge], i.151,312. iii.48.

greu, *p. grew*, i.85; *pl.* greowen [growe], i.370.

grickisce, *d. Greek*, i.27; *pl.* grickisca, i.34.

˙grim, *angry*, ii.228; *d. acc.* grimme, i.97, 392; *d.f.* grimmere, ii.344; *pl.* grimme [grim], ii.245; *d.* ˙grim, grime, grim-me-n, i.23,29,221. ii.215. iii.112.

grimliche, *d. angry*, i.349. iii.52.
grimliche, *grimly, angrily*, i.81. ii.241,244.
·**gripel**, *covetous*, i.313.
gripen, *pl. gripes, grasps*, ii.215,247.
igripen, *to grasp, catch*, ii.479; *pr.* igripeð [gripeþ], iii.18; *p.* græp, grap, igræp, igreap, igrap [grop, igrop], i.62,81,276, 360,583. iii.25,104; *pl.* ·gripen, igripen, igrippen, grupen [grepe-n, igrepe], i. 194. ii.143,332,467. iii.77,173; *pp.* igripen, ii.269.
gripes, *pl. griffons*, iii.120.
grisliche, *grisly*, iii.120.
gristbat, gristbatinge, *gnashing of teeth*, i. 80,221.
·**grið**, *peace, protection*, i.60,172,181,235. ii.485,558. iii.35,41,150,159,262; *d.* ·griðe, griðen, i.21,27. ii.2,193, 296, 585. iii.270; griðe and friðe, ii. 50.
grið-ful [griþ-fol], *peaceful*, i.391. ii.12, 547; *pl.* griðfulle [griþfolle], i.373. ii. 82,555.
griðien [griþie, †greþie], *to make peace, protect, set free*, i.38,236,239. ii.17, 333,496. iii.49,161,247,252; 2 *p.pr.sb.* ·griðie, ii.529; *p.* ·griðede, †*hi*greðede, i.157. iii.247; *pp.* igriðed [i-greþid], ii.342.
griðliche, *peaceably*, i.6.
grome, *v.* grame.
gromien [gramie], *to anger*, ii.637; *pr.* gromeð [grameð], ii.629; *p.* gromede [gramede], i.196. ii.151,241,354; *p.pr.* gromiende, græmende, i.261. ii.564; *pp.* [igremid], i.130.
gronie, *v.* granein.
grop, igrop, *v.* igripen.
gropede, *v.* grapede.
grouen [groue], *d. pl. groves*, i.20.
grund [grunde], *m. ground, bottom, cause*, i.97,135,216; *d.* ·grunde, grunden, †gronde, i.97,135,202,216,332. ii.27, 241,479. iii.30,77; grunden an uolde, iii.230. *v.* folden.
grund-fulled, *pp. thoroughly filled*, i.46; grund-hat, *quite hot, boiling*, i.242; grund-ladene [grund-lade], *full laden*, i.47,264.
grundien, *to sink*, iii.56.
grundliche [grundeliche], *a. great*, ii.238.
grundliche, *ad. exceedingly*, i.74,417.
grupen, *v.* igripen.
grure, *cry*, iii.105.
igrure, *pl. terrible*, i.35.
gudliche, *v.* godliche.
·**guldene** [gildene, goldene], *golden*, ii.174. iii.20; *d.* i.181. ii.612. iii.295; *pl.* i. 100. ii.339. iii.89; *d.* ii.533.
gullen [ȝelle], *to resound*, ii.263; *p.pl.* gullen [ȝolle-n], i.193,221,319,418. ii. 344,397,564. iii.255.
·**gult**, *guilt*, i.182. ii.355; *d.* gulte [gult], i.374.
gume, ·gome, i.152,162,192,364,392,411. ii.267. iii.54,256; *pl.* gumen [gomes], i.76,188,197,200,225. ii.152,547. iii. 90,264; *g.* gumene, gumenen-e, gomenen, i.198. ii.85,86,239,300,355; *d.* gumen [gomes], i.298. ii.137,265.
gunne-n, *v.* gon.
gurde, *p. struck*, i.68.
gurdle [gurdel], *d. girdle*, i.56,81.
†**gurede**, *p. made ready*, ii.254. *v.* gereden.
guð, *d. good*, i.68. *v.* god.
†**guðde**, *p. made known*, i.191. *v.* cuðe.
guðfulle, †gudfulle, *a. goodly*, i.125,193; *d. pl.* ii.56.
guðinge, *d. gain* (?), ii.609.
guðliche, *ad. goodly*, i.5. *v.* godliche.
[**guyse**], *d. fashion*, ii.400.
[**igynned**], *pp. formed*, iii.145.

Many words written with an aspirate are entered under the vowel which follows.

†**ha**, *nom. pl. they*, i.141,228,238; *acc.* i. 135. *v.* a.
·**habbe-n**, habbeon, *to have, possess*, i.7, 25,30,287. ii.396,632. iii.249; *inf.fut.* †hæbbene [habbe], ii.3; 1 *p.pr.* ·habbe, habben, hæbbe [abbe], i.20,136,145.

ii.121; *2 p.* ·hauest, hafuest, hafest, hafst, hæfuest, hæuest, hafust [afest, auest], i.96,129,184,214,355. ii.156, 448,497. iii.29,36,102,268; *3p.* ·haueð, hafueð, ·hafeð, ·hafð, hæfð, hæfueð, hæueð, †hauėt, hauið [aueþ, habbeþ, abbeþ], i.57,64,82,140,143,184,361. ii.56,67,196,247,398. iii.18,29,123, 258; *pl.* ·habbeð, habbeoð, †·habbet [abbeþ, haueþ], i.16,20,40,41,42,45, 56,265,328. ii.13,96,143,227. iii.2,19, 53,87; *imp.* hafe, hafue-n, ·haue, i.134. ii.108. iii.23,30,262; *pl.* habbeoð, iii. 294; *pr. sb.* ·habbe, iii.23,49; *pl.* ii. 107; *1 p.p.* hæuede [hadde], i.147. ii. 234; *3p.* hauede-n, heuede, hefde, ·hafde, hæfde-n, hæfuede, hæfede, hæuede, hafeden, hafuede, hefuede, hafte, hefte, hedde, †hæhuede, †hæhde, †hædde, †hæden, †hehde-n, †hehte [afde, hadde, adde], i.6,9,10,11,14,18,23,66,131, 155,165,173,203,206,279,282,296, 297,317,364. ii.15,72,84,146,158,198, 204,318,342,530,532,611. iii.7,10, 34,41,86,146,178,188,211,253; *pl.* hauede-n, hafueden, hæfde-n, ·hafden, hefden [hafde, afden, hadde-n, adde-n], i.2,4,48,56,82,88,111,133,144,215, 222,247. ii.90,345,374,506. iii.17,40, 56,63,72,153,253; *pp.* ·ihaued [i-hafd, hi-hafd], i.113,192,265. ii.97,186,217.

had, ·hod, *hood*, ii.123,130,475. iii.101; *d.* hade, ·hode [hod], ii.128,267.

ihaded, ihadded [hoded, ihoded], *pp.* *hooded*, ii.231,494; *pl.* ihade, ihodede [hodede], i.334. ii.103.

hæbben, hebben [hebbe], *to raise, heave*, i.384. ii.127,142,305,307,377,550, 619; *imp. pl.* [hebbeþ], ii.305.

†ihæd [ilad], *pp. led*, iii.29.

hæf, *v.* hæhuen.

hæfd-bon, hæued-bæn [hefd-bon, heued-bon], *n. skull*, i.62,277.

hæfd-e, hæfed, hæfued, hæhued, hæued, hafd-e, hafed, hafued, ·heaued, ·hefd, hefde, ·hefued, ·heued, *n. head*, i.25,51, 68,164,242,286,288,321,369. ii.34, 259,347,372,535. iii.24,27,37,52,55, 124,214; *d.* hæfde, hafde, hæuede, ·hefde, i.345. ii.145,576,584. iii.24, 268; *pl.* hæfden, hafden, hafdes, haueden [hefdes, heuedes], i.35,80,319. ii.142, 190. iii.71.

hæfd-men, *chiefs*, ii.252.

hæfnen, *v.* heouene.

hæh, hæhȝe, hæȝe, hah, ·heh, ·hehȝe, heih, hey, heȝe [heþ, heȝ, eȝe], *a. noble, elevated, tall, high, loud*, i.6,10,24,35,42, 49,70,81,86,98,102,108,254,302,321. ii.1,41,103,129,421,443,464,473,577, 611,637. iii.18,21,27,60,63,104,212, 285; *g.* hæhes, hæȝes, hahȝes, heȝes [heh, eȝe], i.3,94. ii.221,499. iii.259; *d.* hæhȝe-n, hæȝan, hæȝe-n, †æȝene, haȝe, hehȝen, heie, heiȝen, ·heȝe, heȝen [hehȝe, heh, eȝe], i.8,17,52,77,95,153,249, 296,445. ii.21,104,114,511. iii.2,18, 28,285; *d. f.* hæhere, hæhȝere, hæȝere, hahȝere, haiȝere, haȝere, †hehære, heȝere [eȝere, hehȝere], i.10,17,93,105,262, 274,280,296,330,360. ii.334,486,635. iii.55,75,94; *acc. m.* hæhne, hahne, ·hehne [heh, heȝe, eȝe], i.49,345,370. ii.5,169,591,607,610. iii.24,258; *pl.* hæhȝe, hæȝe-n, hah, haihe, haȝe, heȝe, ·heȝe, heȝen [hehȝe, eȝe], i.24,37,39, 332,431. ii.38,107,310. iii.67,71,81, 142,220; *g.* hæhre, hæȝere, hehere, heȝere, hehȝe, heȝe, ii.519,607,611. iii. 55,219,242; *d.* hæȝe-n, ·heȝe [eȝe], i. 22,86. iii.44,100; *comp.* herre [hehere], i.334. ii.101,532; *sup.* hæhst-e, hæheste, hahste, heihste, heȝest, hæxst, hæxt, haxst, haxte, hexst, ·hexste, hext, ·hexte [hehest, hehteste], i.64,77,155, 387. ii.28,51,408,417,435,556,592, 611. iii.2,64,92,126,127; *d.* hehste [heheste], ii.41; *pl.* hæhste-n, hæhȝeste, hehste, †hahst, hæxte, †hæxete, haxte [heheste, hehteste, hexste, hexte], i.98,

108,232,244,293,345. ii.91,181,494, 532,601,637; *d.* hæhste, †hæsten, hæxte-n, hexten [hehest, hehiste, hehtest, hexste], i.178,329. ii.33,114,453,557, 640.

hæh, hæhȝe, haȝe, ·hehȝe, heiȝe, ·heȝe, heȝen [heh], *ad. high, highly, nobly,* i.122,209, 231,259,362. ii.267,377,396,472. iii. 16,34,92,102.

hæhliche, ·hahliche, ·hehliche, heihliche [heþliche, heȝeliche], *highly, nobly, greatly, loudly,* i.35,46,80,345,358. ii. 4,168,303,575,621.

hæhte, hahte, ·hatte, hatten [hote], 1*p.pr. am named,* i.198,265,311. ii.57,528; 2*p.* hattes, i.354. ii.275; 3*p.* hæhte, ·hatte, hatten, hehten [hette], i.93,165, 198, 425. ii. 66,157,360. iii. 18,141, 167; *pl.* hatað [hoteþ], i.90; *p.* hæhte, haihte, ·hatte, ·hehte, heihte, heȝte [heþte], *hight, was named,* i.9,24,48, 50,59,73,124,167,170,269,278. ii.106. iii. 40, 55, 60, 192; *transitive,* hæhte, hahte, ·hehte, †heoten [hote], *named,* i.90,113,410. ii.425. iii.38; *pl.* hæhten, hahten, hehten, ihæhten [hehte, heote], i.87,113,410. ii.171. iii.233; *pp.* haten, ihæten, ihate-n, †ihoaten, ·ihote, ·ihoten [hote, *hi*-hote], i.1,2,10,11,24, 84,134,174,256,298. ii.38,150. iii.9, 47,60,63,84,254; *pl.* ihatene, i.434. *v.* haten.

hæhte, *v.* æhte, haten.

hæhtnesse, hæitnesse, *v.* hæðenisse.

hæhuen, *to raise, heave, remove,* ii.59; *p.* hæf, ·heaf, hof [hafde, hefde, heof], i. 81,98,288,321. ii.267. iii.35,95,118; *pl.* hefuen, heouen, heuen, ·houen, huuen [houe], i.289,385. ii.21,46,188,412, 483,551. iii.141,284; *pp.* iheouen, ·ihoue, ihouen [*hi*-houe], ii.150,253, 554. iii.151,175,209. *v.* ahæf.

hæhȝen, hæien, hæȝen, heien, heȝen [hehȝi, heȝe, heȝi], *to exalt, honor, elevate,* i.230, 232,255,266. ii.197,414,449. iii.247, 266; *p.* hæhȝede, heȝede, i.279,303; *pp.* ihæȝed [*hi*-heȝed], i.53. ii.165.

hæil, hæl, ·hail, hal, heil, ihal [hayl, hol, *i*-hol], *a. whole, hale, sound,* i.35,53,112, 149,283. ii.12,54,201,319. iii.144,162, 228; hal and hæil, ii.98.

hæiȝede [hiȝede], *p. hastened,* i.202. ii.256; *pl.* hiȝeden [hiȝede], i.98.

hælde-n, halde-n, ihalden [heolde, holde], *to hold, maintain, perform, accept, account, esteem,* i.59,60,124,231,234,327, 403,421. ii.13,185,297. iii.48,85,92,116, 148,270; *inf. fut.* haldene, heoldenne, i.421. iii.177; 2 *p.pr.* haldest, halst [holdest], i.315. ii.362. iii.50; 3 *p.* ·halt, haldet, haldeð, i.140,156,387. ii.175. iii.193; *pl.* haldeð, haldeh, haldeoð [holdeþ], i.45,176,313. iii.194; *imp.* hald, ·halt [hold], i.141. ii.361. iii.48; *pl.* hældeð, haldeð [holdeþ], ii.206. iii. 52; *p.* ·held, ·heold-e, heolden, iheold, †hold, huld-e, huold [helde, †heol], i. 10,18,134,145,167,203,268,279,292, 422. ii.618. iii.49,62,83,170,201,206, 268; *pl.* heolde, ·heolden, hulden [†eolde, helde], i.98,280. ii.566. iii.30,57,125, 146,212; *pp.* ihælden, ihalde-n, iholden [iholde], i.117,381,392. ii.65,233,398, 543. iii.18,36,166,208,212.

hælden, halden [holde-n], *to move, proceed, come, approach, encounter, pursue, flee,* ii.263,467. iii.66,87; *imp.* held, iii.228; *pl.* haldeð [holdeþ], i.194. ii. 422. iii.64; *p.* hæld-e, hald-e, ·heold-e [†heol], i.193,194,199,261,369,378. ii.263,423. iii.99,104,136,140,202; *pl.* hælden, halden, helde-n, ·heolde-n [held], i.177,194. ii.23,427,437,473, 481,565,615. iii.61,81,94,97,109,148, 159; *pp.* ihælde, ii.431.

hælden, halden, helden [holle], *to fall, heel, sink, submit, bend, retreat,* i.278, 335. ii.33,438. iii.119; 2 *p.pr.* halst, ii. 347; *p.* hælde, halde, healde, heolde, helden [helde], i.66,105,167,193,277.

ii.148,176,334,535,584. iii.52,104,119, 188; *pl.* hælden, halden, helden, heolden [heolde], i.349. ii.266,397,474. iii. 94,107; *pp.* ihalden [iholden], ii. 399. *v.* to-hælden.

hæle, *v.* hele.

hæle [helye], *to conceal, cover*, ii.213. iii. 111; *p.* ·helede, ii.463,576. iii.239; *pp.* ihæled, ·iheled [*hi*-heled, ieled], i.179. ii.348,515. iii.24.

hælen, helen [heale, hele], *to heal, remedy*, ii.318,546. iii.36; *pr.sb.* hæle [heale], ii.240; *p.* helde [healde], iii.184; *pp.* ihaled, iheled, ii.319,203.

hælend, *Saviour*, i.390; *g.* halindes, helindes, i.435. iii.184.

hæleð, *warrior, man*, ii.75,348; *pl.* hæleðes, haleðes, heleðes, i.31,58,75. ii. 173,462. iii.90,155; *g.* hæleðe-n, i.132. iii.136.

hælf, hælue, ·half, ·halue [alf, alue, †elf], *f. half, side*, i.74,112,143,276,340,369. ii.162,372,579. iii.126,279; *d.* hælue, ·halue, haluen, helue-n [half, alue], i. 71.251. ii.163,427,452,609,612. iii.62; *pl.* half-e, ·halue, ii.519. iii.129; *d.* hælue, ·halue, haluen, i.418. ii.9. iii.87; hælue-suster, i.359; uifte half ȝere, iii.295; *used adverbially* (?), i.57,369.

hælle, *v.* helle.

hælm, *v.* helm.

†hælp, †help, *host*, ii.24,259,345. *v.* hæp.

hælp, ·help [healp], *help*, ii.101,263,446; *g.* helpes, iii.204; *d.* hælpen, ·helpe, i. 29. ii.492.

hæluen-dale, halfendæl, haluendæle, haluendæl [halfendale, halfendel, haluendeal, haluendel], *the half part*, i.142, 302. ii.119,312,313,587. iii.41.

hælȝeden, *v.* halȝien.

hænde [hendi], *good, handy*, i.209. *v.* hende.

hændeliche, ·hendeliche, hendiliche, *courteously, fairly*, i.52. ii.160. iii.232. *v.* hendeliche.

hændest, *nearest*, ii.160.

hæne, hene, *poor, base, abject* [cf. A.-Sax. *Bede*, iii.5. *Deut.* i.17], ii.31,221,279. iii.217,272; *d.* hæne, hene, hehne, i. 134. ii.160,180,398,451; *pl.* hæne, hæhne, ·hene, haines (?), i.22,108,216. ii.38,50,169,414,507. iii.84,268; *d.* hæne-n, henen, ii.323. iii.92,215,232.

hænen, *to abase, oppress, harm, revile*, i.i. 155; *p.* hænde, henede, i.293. ii.4,179; *pl.* henden [hénde, hiende], ii.150,195.

hængest, *steed*, i.151.

hæp, hep [heap, heop], *multitude, host, assemblage, heap*, i.35,175,252. ii.4. 259,345. iii.202; *d.* hæpe, ·hepe, hepen [heape], i.250,361. ii.532,607. iii. 130,272; *d. pl.* hepen, iii.192. See *Glossar. Rem.* p.447.

hær, †here [ore], *hoar, hoary*, ii.261. iii. 26. See *Glossar. Rem.* p.491.

hærberwen, hærberȝe, *v.* herberwe.

hærcnede, *v.* harcnien.

hærd, heard, ·herd, †har, ·hard, *hard, hardy*, i.67,177,233,348,371. ii.37,356,371; *g.d.pl.* hærde, harde, herde, ii.426,565. iii.104,130; *comp.* hærdere [hardiere], i.185; *sup.* hardest [hardieste, ardieste], i.178. ii.181; hærd-iheorted, ii.75.

hærde, harde [herde], *ad. hard, hardly*, i. 376. iii.201.

hærdeliche, hærdliche, ·hardeliche, hardliche, †harliche, herdeliche [heardliche], *hardily, strongly*, i.65,74,177,249,319, 417. ii.164,275,303,344,475,564. iii. 119,135.

hærdsumnesse, herdsumnesse, hersumnesce, hersumnesse [horsomnesse, horsumnisse], *homage, obedience*, i.168,185. ii.33. iii.192.

hær-e, *v.* her.

hære, ihærde-n, *v.* here.

hæren, hærien, here-n, ihere, huren [herie], [iheren, ihiere], *to serve, obey, worship*, i. 52,59,101,169,208,327,392,406. ii.153, 157,167,187,258,281,295,368,378,

619. iii. 30,49,161; *pr.pl.* hæreð, hereð, heoreð [herieþ], i.404. ii.157. iii.92; *pl. sb.* heren, ii.205; *p.* herde, herede, i.207. ii.164,532 *pl.* hærden, hereden, i.236,317. ii.496.

hæren, ihærde-n, *v.* ·ihere.

hære-scrud, *war-clothing, armour,* i.216. ii.537.

hærm, herm, heærm, ·harm, *harm,* i.92, 347,426,430. ii.622. iii.57,152,248; *d.* hærme, ·harme, harmen, hermen [arme], i.91,175,272,418. ii.496. iii.18,76,130, 219; *pl.* hærmes, ·harmes, hermes, i. 140,163,262. ii.311. iii.219; *g.* hærm-ene, i.172; *d.* hærmen, ·harmes, i.91. ii.495. iii.258,495.

hærmde, *v.* haremi.

hærre [herre], *lord, master, superior,* i.231, 315. ii.619; *d.* hærre-n, †harre, †herra, ·herre, i.59,83,208,232,306,327. ii. 33,141. iii.49,195.

hærsume [horsom], *pl. obedient,* ii.390. *v.* hærdsumnesse.

hærtes, *v.* heort.

hærȝien, heriȝen, herie, *to ravage, devastate, harry,* i.159,216. iii.211; *pr.pl.* hærȝieð, ii.161; *p.* hærȝede, herȝede, i.70,163, 218,423; *pl.* hærȝede, herȝeden, i.111. ii.81,315; *pp.* iherȝed, i.94.

hæt-e, hætte, *v.* haten.

hæte, hete, †hette [hate], *hatred, strife,* i.172. ii.434,446; *drought* (?), iii.282; *d.* hæte, hete [hate], i.373. ii.495. See *Glossar. Rem.* p. 464.

hæðe, *d. heath,* ii.110.

hæðene, *v.* heðene.

hæued, *v.* hæfd.

hæuekes, hafekes, ·hauekes, *pl. hawks,* i. 138. ii.423,517,525; *g.* haueken, iii. 262; *d.* hafueken, haueken, ·hauekes, i.208. ii.161,613. iii.262.

hæuene, hafne, ·hauene, *haven,* i.316. ii. 192. iii.222,225; *d.f.* hæuene, hafene, ·hauene, i.60,399. ii.431. iii.244; *pl.* hafuenes, ii.588.

hæawen, hewene [ewe, hewe], *to hew,* ii. 287. iii.119; *p.pl.* heowen, heouwen, heuwen [hewen], i.319,417. ii.223,344. iii.220.

hæwares, hæweres, hauwæres, hauwares, hauweres, hawres, haures, *pl. spies,* i. 60,63. iii.39,69,81,223.

hæxst, hæxt, hæȝe, *v.* hæh.

ihæȝed, hæȝen, *v.* hæhȝen.

hafde, *v.* hæhuen.

hafde, ihafd, hafe, hafest, hafeð, hafuede, hafuest, hafueð, *etc.* *v.* habbe.

hafed, hafued, *v.* hæfd.

hafekes, hafueken, *v.* hæuekes.

hafene, hafuenes, *v.* hæuene.

hafter, *v.* æfter.

hah, hahne, hahȝere, *v.* hæh.

hahliche, *d. great,* iii.18; *sup.* hahlukest [hehlokest], ii.613. *v.* hæh.

habliche, hahtliche, *v.* ahtliche.

haht, hahte, *v.* æht, ah, aȝen.

hahten, *v.* haten.

hahȝel, haȝel [hawel], *hail,* ii.74,437,531.

haihte, *v.* hæhte, haten.

[hail], *health,* ii.174.

hailede [haillede, haylede], *p. drank health,* ii.202,355.

hailinge, *d. salutation,* ii.180.

hal, ihal, *v.* hæil.

halde, *v.* æld.

halde [held, heolde], *p. poured,* i.51. ii. 203.

halde-n, ihalden, *v.* hælde, hælden.

hale, hele [heal], *remedy, cure,* ii.162,320. iii.75. *v.* hælen.

·halede, helden, *p. pulled, drew* [Dutch, *haalen*], ii.276. iii.27; *pl.* halden, iii. 200.

haleweie, haleweiȝe [halewei], *balsam,* ii. 546. iii.144. See *Glossar. Rem.* p. 501.

·halidom, *m. relique,* ii.218,340,504,517, 522,597; *pl.* ·halidomes [halydomes], ii.218,340,414,518. iii.217; *d.* hali-domen [halidomes], ii.494.

hali-e, †heolie [holie, holy], *holy,* i.387,

432. ii.40,103,552,581; *d.* hali, holi [holye], iii.138,187.

halimot, *assembly*, iii.287.

halinesse [holinesse, holynisse], *holy rites*, i.77,343.

·halle, *f. hall*, iii.118,119; *g.d.* ·halle [alle], i.228. ii.142,405. iii.119; *pl.* hallen, ·halles, i.48,154,253,302. ii.255,286, 581; *d.* i.86.

halle-dure [halle-dore], *d. f. hall-door*, ii. 457. iii.210.

halle-wah [hilewoþ], *roof-wall* (?), iii.27. See *Glossar. Rem.* p. 506.

[halmes], *pl. alms*, ii.402.

halpen, *v.* helpe.

halsien, *to deprecate* (?), ii.129; 1 *p.pr.* halsi, *adjure*, iii.294.

halst, halt, *v.* hælde.

halwende, *p.pr. healing*, i.121.

halȝen [halwe], *pl. hallows, saints*, i.431. ii.396; *d.* halhȝen [halwes], ii.75.

halȝien [halȝi], *to hallow*, ii.309; *p.* haleȝede [halwede], ii.518; *pl.* hælȝeden, halȝeden [halȝede], i.434. ii.518; *pp.* ihaleȝed, iii.180.

ham, *acc. pl. them*, i.142. *v.* heom.

ham, *v.* æm.

ham, ·hom, †heom, *home, dwelling, town*, i.112,233,429. ii.393,548. iii.7,212; *d.* hame, i.103,182; *pl.* hames [homes], i.427. ii.396,431,457; *d.* hamen [homes], ii.119. iii.179.

·hamward, †heomward, *homeward*, ii.286. 550.

han, *to have*, i.61. *v.* habbe.

hand, *f. hand*, i.277; *d.* hande, i.158. *v.* hond.

[hand], *and*, i.277.

handli, hanlie, *v.* hondlien.

·ihaneked, *pp. hung, twisted* [Swed. *hank*, a band], iii.26.

hangen, *to hang*, i.244; *p.* hongede, ii.123; *pl.* hangede [hongede], iii.185. *v.* hon.

hannen, *to perish*, iii.274. See *Glossar. Rem.* p. 513.

hap, *fortune*, i.164,206. ii.75; *d.* happe [heppe], i.164. ii.340. *v.* wiðer-happen.

harcnien [hercnie, hercny], *to hearken*, i. 49,401; *imp.* hærcne, ·hercne [ercne, herkne], i.114,130,148,185,379. ii.52, 636; *pl.* hærcneð, ·hercneð, hercniaþ, hercnieð, i.65,329. ii.258. iii.63,87,293; *p.* hærcnede, ·hercnede, i.433. ii.527; *pl.* hærcneden, hercneden, hercnede, i. 227,401. iii.46.

harde [hardi], *to enharden, embolden*, i. 250.

harde, iharde, *v.* ihere.

hardeliche, *v.* hærdeliche.

hare, *v.* ær.

[haremi], *to harm*, i.27; *pr.* ihærmeð, ii. 185; *p.* hærmde, i.423; *pp.* ihærmed, iharmede [iharmid, *hi*-harmed], i.130. ii.247,442; *pl.* ihærmede, iharmede, ii. 498,570.

[harm], *harm*, i.247. ii.514; *d.* ærme [†arme, harm-e], i.43,57. ii.256,434, 469. iii.267; *pl.* [harmes], i.78,104,247. ii.460.

harmes, harmest, *v.* ærm.

harmi, *v.* ærmi.

harpe [hearpe], *harp*, i.209. ii.428; *d.* i. 298; *pl.* harpen [harpes], ii.201,538; *d.* i.155.

harpien [harpi], *to play on the harp*, ii. 429.

harpinge, harepinge [harping], *harping*, ii.530,594.

[harsun], *saddle-bow*, i.96.

hart, *v.* ært.

harþsipe, *v.* ærhscipe.

hasles [aseles], *pl. hasel-trees*, i.370.

haste, *v.* heste.

hat, *hot*, iii.173; *pl.* hate [hote], i.242.

hat, hate, *v.* æt, æten.

hate, *n. heat, fever*, iii.226; *d.* [hate], *hatred*, i.355. *v.* hæte.

haten [hote], *to order, bid*, ii.560. iii.271; 1 *p.pr.* hæten, hate [hote], ii.265,560; 2 *p.* hatest, i.231; 3 *p.* hateð [hoteþ], i.

155, 217. ii. 622; 1 *p.pl.* haten, ii. 59; 3*p.* **hateð**, ii. 108; *imp.* hat, heot [hot], ii. 585, 586; *pl.* hateð, ii. 323, 381; *p.* **hæhte, hæt**, hætte, hahte, haihte, hat, ·hehte, hehten, heihte, ·hete, †hihte [hæte, heahte, het, heþte, hot], i. 19, 36, 57, 87, 105, 121, 142, 180, 264, 275, 393. ii. 144, 189, 204, 309, 504, 588, 618. iii. 9, 17, 20, 33, 140; *pl.* hahten, ·hehten [hehte], ii. 173, 550. iii. 47, 203; *pp.* [i-hote], iii. 268.

haten [hote], *to promise*, ii. 560; *p.* †hædde, iii. 178.

haten, ihate, *v.* hæhte.

haten on, *to anger* (?) [A.-S. *on-hæten* ?], iii. 275.

hateren, *pl. garments*, iii. 236, 287.

hatien, hatiȝen [hatie], *to hate*, ii. 190, 198. iii. 64, 155, 194; *pr.pl.* hateð, ·hatieð, ii. 165, 180; *p.* ·hatede, i. 108. ii. 38; *pl.* hateden, i. 293.

haþliche, *v.* ahtliche.

hatinge, *d. hatred*, i. 355.

hatte-n, hattes, *v.* hæhte.

hauwares, hauweres, hawres, *v.* hæwares.

hawel, haȝel, *v.* habȝel.

hax, *v.* æx.

haxst, *v.* hæh.

haȝe, haȝere, *v.* hæh.

haȝen, *v.* aȝe.

·**he**, *he*, i. 1, 2, *et pass.*; he Luces, iii. 90; †hæ, ii. 548.

†**he**, *pl. they*, i. 21, 44, 55, 71, 75. *v.* heo.

hea, *tall* [see *Sax. Chron.* a°. 1086], i. 14. *v.* hæh.

heaf, *v.* hæhuen.

heahte, *v.* haten.

heahte, heaþtes, heaþten, *v.* æhte.

heal, *v.* hale.

heale, *v.* hælen.

healm, *v.* helm.

healp, *v.* hælp.

healpe, *v.* helpe.

heam, heem, *v.* æm.

heande, *v.* ænde, hende.

heap, *v.* hæp.

hear, *v.* ær.

heard, *v.* hærd.

heare, *v.* here.

hearne, hearnde, *v.* ærne, eorne.

hearnes, *v.* ærn.

hearpe, *v.* harpe.

heat, *v.* æten.

heaþene, *v.* heðene.

heaued, *v.* hæfd.

heauene, *v.* heouene.

heck, *v.* æc.

[†**hedde**], *p. offered*, ii. 80; *pl.* hedden, *beheld*, ii. 322; *pp.* [†ihedde], i. 115. *v.* bihædde, and *Glossar. Rem.* pp. 457, 484.

heder, *v.* hider.

[**heer**, her], *hair*, i. 300. ii. 495; *d.* [héére, ere], ii. 621. iii. 25.

heer, *v.* ær.

hefd, hefued, *v.* hæfd.

hefd-e, *v.* hæfd.

hefde-n, hefte, *v.* ahæf, habbe, hæhuen.

hefenliche, *v.* heoueneliche.

hefeȝere, *v.* heui.

hefne-riche, *v.* heouene.

heft, *v.* æft.

hefuen, *v.* hæhuen.

heh, hehest, hehste, hehteste, hehȝe-n, hehȝere, heih, heiȝen, *v.* hæh.

hehde, hehte, *v.* habbe.

hehne, *v.* hæh, hæne.

hehnesse [hehnisse], *f. dignity*, iii. 192.

[**hehseht**], *d. eyesight*, i. 351.

hehte-n, heihte, *v.* hæhte, haten.

hehȝi, heien, *v.* hæhȝen.

heie, *v.* heye.

heihliche, *v.* hæhliche.

heil, *v.* hæil.

heiȝe, *v.* æie.

heke, *v.* æc.

[**helare**], *Saviour*, i. 390. *v.* hælend.

held, *v.* halde.

helde, heldre, *v.* æld, ældere.

helde, helede, iheled, *v.* hæle, hælen.

helde-n, *v.* hælde, hælden, halede.

heldes, *pl. coverts*, ii.113.
·hele [eale], *f. health*, iii.226,228,296. iii. 190; *d.* hæle, hele, i.21,153. iii.185. *v.* wraðere-hele.
helfden, *p.pl. parted in halves*, i.335. *v.* hælf.
·helle, hellen, hælle, *d. hell*, i.81,390. ii. 159,438,476. iii.56,102.
helles, *v.* ælles.
·helm, hælm, halm [healm], *m. helmet*, i. 221,321. ii.464,474,584. iii.24,101; *d.* ·helme, hælme [healme], ii.476. iii.34; *pl.* ·helmes, helmen, hælmes, halmes [healmes], i.193,319. ii.344,437. iii. 71,94,141; *d.* helmen, ·helmes, i.323. iii.90.
ihelmed-e, *pp. helmed*, iii.44,64.
·helpe, helpen, halpen [healpe, heolpe, helpi], *to help, save*, i.30,196,245,281, 426. ii.205,330,635. iii.61,146,220; *inf. fut.* helpene, i.245; *imp.* help [†helpes], ii.108; *p.* help, ·hulpe [halp, holpe], i. 381,395. ii.254; *pl.* heolpen [holpe], i. 281. iii.135.
·helping [helpinge], *help*, ii.104,575.
helte, *v.* hilt.
helðe, *health*, iii.203.
helye, *v.* hæle.
hem, *v.* æm, heom.
·hem, *hem, edge*, i.213.
hende, *v.* ænde.
·hende, henden [heande, ende], *fair, courteous, skilled, good*, i.26,45,162,187, 208,279,297. ii.53,110,176,193,361, 366,539,576. iii.17,104,120,186,190; *d.* i.85,272. iii.12,83; *pl.* i.103,151. ii. 178. iii.43; *sup.* ·hendest, hændest, i. 124. ii.158,260,283,422,613. iii. 29, 125. See *Glossar. Rem.* p.445.
hendede, ihended, *v.* ændede.
·hendeliche, *d.pl. fair, courteous*, iii.29; *acc. m. s.* hendliche, *gentle*, i.348. *v.* hændeliche.
henden, henede, *v.* hænen.
·hendi, *skilled, handy, fair*, i.206,208. ii. 366. iii.17; *pl.* i.227. *v.* hænde, hende.
hene, *v.* hine.
heni, *v.* æine.
henne, hennen-e, ·heonene, heonne-n, hunne-n [hinene, hinne, hinnes], *hence*, i.67,91,143,192,248,249,254,304,411. ii.97,165,378,585. iii.26,56,57; heonne uorð, iii.297.
hente [†hende], *p. received, took*, ii.473.
†·heo, *he*, i.1,11,230. *v.* he, and *Glossar. Rem.* p. 438.
heo, †hoe [ȝeo, ȝe], *f. she*, i.3,7,8,9,13,49, 54,95, *et pass.*; *acc.* heo, †hoe [hire], i.3, 7,8,10,42. ii.41,122. iii.18,156.
heo [hi, hii], *pl. they*, i.2,5,12,14,21,22, *et pass.*
heof, *v.* ahæf, hæhuen.
heofene, heofne, *v.* heouene.
heokerliche, *v.* hokerliche.
heolde, *v.* hold.
heolde, heoldre, *v.* æld.
heolde-n, heoldenne, iheold, *v.* hælde, hælden, halde.
heolpe, *v.* helpe.
heolte, *v.* hilt.
·heom, hom, hem [ham, ȝam, hem], *d.pl. them*, i.2,12,18,20,24,105,142,242. ii. 1,4,465. iii.4,11,16,84,105; *acc.* heom, hom, †heo [ham, ȝam, †am, hem], i. 3,14,16,19,22,24,217. ii.57. iii.11,147.
heomelede, *p. humbled*, ii.42.
heond, *v.* hond.
heondleden, *v.* hondlien.
heongen, heongien, *v.* hangen.
heonne-n, *v.* henne.
heop, *v.* hæp.
heorde [hierde], *herd*, i.14.
iheorden, *v.* ihere.
heore, *v.* hore.
heore, heora, heoræ, heoren, here, hora, hore [hire, hure], *g. pl. their*, i.2,11, 18,22,43,80,104,161,166,178,180. ii. 7,11,536. iii.47,102.
heoreð, *v.* hæren.
heor-lockede [hor-ilocket], *pp. hoary-locked*, iii.25. *v.* hær.

heornes, *v.* horn.

heors, *v.* hors.

·heort, *m. hart*, iii.65,227; *pl.* †hærtes, ·heortes, i.62,346; *d.* heorten [heortes], i.14.

·heorte, *f. heart*, i.7,81. iii.88; *d.* ·heorte, heorten, herten [†horte], i.29,147. ii. 117,516. iii.38; *pl.* heorten [heortes], i.248.

·heorte-blod, *heart-blood*, ii.239.

heortne-graning, *heart-groaning*, ii.322.

heot, *v.* haten.

heote, iheote, *v.* æten, hæhte.

heou, heu, hu [hou, ou], *how*, i.24,221, 327,374. ii.118. iii.128,137; heu swa, hu swa, *howsoever*, iii.19,213.

heouen, iheouen, *v.* hæhuen.

heouene, heofne, †hæfnen [heauene, heuene], *f. heaven*, ii.461. iii.94,109,188; *d.* heofene, heouene, ·heuene, heuenen, †hæfenene, †hæuene [heauene], i.387. ii.396,476. iii.26,37,186,188; hefneriche, heofne-richen, *d.* iii.188,290; heouen-kinge, *d.* iii.294.

heoueneliche, heouenliche, hefenliche, heueneliche, ·heuenliche, *a. heavenly*, ii. 468,575; *d.* i.146. iii.183,289,295.

heowe, huȝe [euhe], *hue, color, feature*, i. 130. ii.235; *d.* heouwen, heowen, heuwe [hewe, ewe], ii.403,411,613.

heowen, heouwen, *v.* hæuwen.

heoȝede, *v.* hoȝede.

hep, *v.* hæp.

her, *v.* heer.

·her, hær, hære [ere, here], *here*, i.2,134, 165,166. ii.2,314. iii.3; her mid, i.228; hær of [her of], i.264,335; her on, i. 82; ·her riht, iii.41,85; ·her to, iii.3; her ute [here vte], ii.403.

her, herest, *v.* ær.

herberwe, herberȝe, herbeorwe, †herberia, hereberwe [herborwe], *camp, lodging, inn, station, place of refuge*, i.151. ii. 78,515,609. iii.17,156; *d.* hærbærwe, hærberwen, hærberȝe, herberwe, herberȝe [herborewe, herboreȝe, herborȝe], i. 323,340. ii.65,95,163; *pl.* herberȝe, ii.604.

hercnie, hercny, *v.* hærcnien.

herd-e, *v.* hærd, hærde.

herde, herede, *v.* hæren.

herden, *p. belonged*, ii.592; *pl.* herden, ii. 588.

herdes, *pl. domestics*, i.185. *v.* hird.

[herdling], *servant*, ii.106.

herd-swein, *domestic servant*, i.241.

here, *v.* hær.

here [eare], *haircloth*, ii.318; *d. pl.* heren [here], ii.403.

·ihere, ·iheren, †heren, ihæren, ·ihiren [*hi*-heren, ihire, *hi*-hire, hure, *i*-hure], *to hear*, i.34,56,129,148,286,325,431. ii.13,51,131,165. iii.53,125; 1 *p. pr.* ihere, ·ihire [hure], i.150. ii.362,528; 2 *p.* iherest, i.400; 3 *p.* [hiereþ], i.254; *imp. pl.* ihereð, i.329; *p.* herde, harde, iherde-n, ihærde-n, iherede, iharde, hirde, ihurde [horde, ihorde, ihorede, *hi*-horde, *hi*-herde], i.15,22,163,175, 189,242,275,276,284,328,368. ii.144, 174,344. iii.20,34,70,80,183; *pl.* ihærden, iherde-n, iheorden, ihurden [horde, ihorde-n, *hi*-horde-n], i.35, 227,237,256,340. ii.73. iii.16,90,133, 147; *pp.* ihærd-e, iherd, ihirde [ihord, *hi*-hord], i.188,361. ii.156,165,330. iii. 29,271.

·here, *d. devastation, ravage*, i.91,352.

·here, hære, heren, *army, host*, i.24,163. ii.479. iii.6,79,223; *d.* ·here, hære [heare], i.70,336. ii.181,629.

·hereburne, *cuirass, mail*, ii.584.

herede, *v.* hired.

·heredring, †here-þrihng, *warrior, chieftain*, i.366. iii.98; *d.* hære-dringe, ii. 279; *pl.* ·here-dringes, here-ðringes, here-þringes, ii.506,577,599. iii.3,41, 112,191,267; *d.* here-ðringen, here-þringen, here-ðringes [here-dringes], i. 220,433. ii.503,611. *v.* dring.

here-gumen, hære-gumen, *pl. warriors, soldiers*, ii.184,380; *d.* ii.426.
here-kempen, hære-kemppen, *pl. warriors*, ii.441,525,577,617. iii.104,130.
here-mærken, here-marken, hære-marken, †heore-mærken [†hire-marke, †hire-markes], *pl. standards*, ii.368,482. iii. 90,95,107,110,141,245; *d.* iii.83,85. *v.* hire-mærke, mærkes.
heremiten, *v.* ærmit.
heren, herie, ihere, *v.* hæren.
herende, *v.* ærnde.
here-toȝe, hertoȝe, hære-toȝe, *chieftain*, i. 251. ii.3; *d.* i.426.
·here-word, hære-word, *s. fame*, ii.72,614.
herie, heriȝen, *v.* ærien, hæren, hærȝien.
herien [herie], *to exalt, praise*, i.266. ii. 295; *p.* [hereȝede], i.51. *v.* hæren.
herindrake, *v.* ærendrake.
herm, hermen, *v.* hærm.
herne, *v.* ærne.
herre, *v.* hærre.
herre-feng, *booty*, ii.64.
hersumnesse, *v.* hærdsumnesse.
hert, *v.* ært.
herten, *v.* heorte.
heruestes, *g. harvests*, iii.7.
herȝede, *v.* hærȝien.
·heste, *command*, i.105. ii.187; *d.* iii.79; *pl.* heste, †haste [hestes], ii. 391. iii. 269.
het, hete, *v.* hæte, haten.
heten, *v.* æten.
heþ, *v.* æð, hæh.
[heþ-bore], *pp. high-born*, i.15.
·heðene, hæðene, haðene [heaþene], *a. heathen*, i.17,49. ii.104,177,199. iii.74, 273; *d.* ii.113,199. iii.96,130,158; *pl.* i.344. ii.106,179. iii.88,157,159,193; *d.* i.49. ii.342. iii.170; *used substantively*, i.434. ii.188. iii.130.
heðene-scipe, hæðene-scipe, †heðescipe [heaþensipe], *heathenism*, ii.80,197,279. iii.169; *d.* haðenescipe [heþensipe], ii. 80.
heðenesse, hæðenesse, †hæhtnesse, †hæðnesse [heaþennisse, heþennisse, heþnisse, †heinnisse], *f. heathenism*, i.49,121. ii. 107,272. iii.177.
heþliche, *v.* hæhliche.
heþte, *v.* æhte, hæhte, haten.
hette, *v.* hæhte.
heu, *v.* heou.
heue, *v.* æfen.
heued, *v.* hæfd.
[heuedling], *chieftain*, i.426.
[heuele], *d. injury*, i.14.
heuene, *v.* heouene.
heueneliche, *v.* heoueneliche.
[heueȝi], *to be heavy, to slumber*, ii.348.
·heui, *heavy*, iii.35; *d.f.* hefeȝere, i.118.
hewe, *v.* heowe.
hewene, heuwen, *v.* hæuwen.
hexst, hexte, *v.* hæh.
hey [heie], *hay*, ii.604.
heye, *v.* æie, hæh.
heye-leste, *v.* æie-leste.
heȝ, heȝe, heȝene, heȝere, *v.* æȝene, hæh.
heȝeliche, *v.* hæhliche.
heȝen, heȝi, *v.* hæhȝen.
heȝte, *v.* hæhte.
·hi, †i [hii], *pl. they*, i.2,12,14,16,21,89, 94,149,165. iii.131,133. *v.* heo.
hiden, *pl. hides*, ii.341; *g.* ·hidene, ii.284.
·hider, hidere, heder, *hither*, i.2,99. iii.5, 63.
hiderward, hiderwardes, *hitherwards*, i. 433. iii.236.
hiende, *v.* hænen.
hierde, *v.* heorde.
ihiere, hiren, *v.* hæren.
[hilden], *p. pl. flayed*, ii.456.
hilderne, *v.* ældere.
hile-woþ, *v.* halle-wah.
[hille], *d. hill*, iii.185. *v.* hulle.
hilt, *f. hilt*, i.277; *d.* hilte [helte, heolte], i.66. ii.622.
·him, *d. him*, i.3,6, *et pass.*
·hinde, *f. hind*, i.109. iii.227; *d.* ·hinde, i. 50; *pl.* hinden, ·hindes, i.62,346.

hindere, *d. subtle*, ii.12.

·**hine**, †**hene** [him, †ine], *acc. him*, i.4,7, 11,19,28,29,32,77. ii.8. iii.5,19,48,*et pass.*

hinen [**hine**], *pl. hinds, laborers*, i.16.

hinene, **hinne**, **hinnes**, *v.* henne.

hird-cniht, *attendant, courtier*, i.184; *pl.* ·**hired-cnihtes**, †**hered-cnihtes**, i.420. ii.136,204; *d.* hired-cnihten, †here-cnihten, hired-cnihtes, i.138. ii.544. iii. 236.

hird-folc, *folk, people*, i.275.

hird-iferen, *pl. courtiers*, i.283.

·**hire**, †**ire**, †**heore**, †**here**, *g.f. her*, i.7,9, 17,49,170,216. ii.31. iii.25; *d.* ·hire, †heore, †here [hure], i.4,9,10,109,139, 170. ii.41,73,357. iii.28; *acc.* [hire], i.10,40,49, *et pass.* *v.* heo.

hire, *g.pl. their*, ii.536,607. *v.* heore.

†**hire**, *here*, i.214. iii.277. *v.* her.

†**hire-n**, *to serve*, ii.167. iii.30. *v.* hæren.

ihire, **ihiren**, *v.* ihere.

hired, **hird**, *n. host, assemblage, court, retinue*, i.262,330. ii.4,119,180,220,414, 543,621. iii.5,38,147,153; *g.* hiredes, hirdes, hired, i.99,360. ii.4,639; *d.* hired, hirede-n, hirde, †herede, i.63,98, 100,143,351,361. ii.3,136,153,179, 429,494,532,557,637. iii.7,8,39,131, 147,186,206,224; *used adverbially*, to-hirede-n, *altogether, in assemblage*, ii. 251,392. iii.7.

hired-childeren, *pl. attendants*, ii.269.

hired-cnaue, *attendant, domestic*, i.241; *pl.* hired-cnafe, †heorede-cnauen, ii. 456. iii.153.

hired-gume, *courtier*, ii.88; *pl.* [hired-gomes], ii.380.

hired-mon, †**iradmon** [hired-man], *domestic, follower, courtier, soldier*, i.99, 149; *pl.* ·hired-men, hird-men, †·hered-men, i.109,111,193,209,293. ii.109, 157,338,397. iii.142,227; *g.* hirde-manne, i.188; *d.* hired-monnen, i.95, 186. ii.80,126,165.

hired-plæie, *court-play*, ii.181.

†**hire-mærke**, *standard*, ii.340; *d.* her-mærke, ii.340. *v.* here-mærken.

hiren, **ihiere**, *v.* hæren.

†**hire-ȝeonge**, *d. expedition*, ii.339.

hirten, *to comfort, hearten*, iii.29.

·**his** [is], *g. his*, i.1,4,130,136, *et pass.*

[**his**], *is*, i.20. ii.67,394, *et pass.* *v.* beon.

·**hit**, *it*, i.1,12, *et pass.*

·**hitte**, **ihitte**, ·**hutte**, *p. hit*, i.14,66. iii.35, 103.

hiue, *sound* (?), i.34. See *Glossar. Rem.* p. 447.

hiȝe, *a. high*, iii.293. *v.* hæh.

hiȝede, *v.* hæiȝede.

hiȝende, **hihȝende**, **hiȝing**, ·**hiȝinge**, †**hihinga** [hiȝeng-e], *d. haste*, i.34,100,234,398, 416. iii.34,42,228,241,289. *v.* hæiȝede.

·**hiȝendliche**, ·**hiȝenliche**, †**hiendliche**, †**hehȝenliche**, **hiȝindliche**, *speedily, hastily*, i.46,251,285,312. ii.103,392. iii. 52,216,271.

†**ho**, *they*, ii.406,445. iii.198. *v.* heo.

hod, *v.* had.

[**hodede**], *p. hooded, consecrated*, iii.138. *v.* ihaded.

hof, *v.* hæhuen.

hohfulle, *pl. anxious*, ii.165.

hohte, *v.* oht.

·**hoker**, *derision, contempt*, ii.301,391. iii. 155; *d.* ·hokere, ii.629. iii.164; *pl.* hokeres, iii.195.

·**hoker** [hokere], *pl. contemptuous*, ii.398, 487. iii.155,162.

hokerieð, *pr.pl. mock*, ii.237; *p.* hokerede, *reviled*, ii.195; *pl.* hokerede, *despised*, iii.165.

·**hokerliche**, **heokerliche**, *disdainfully, contemptuously*, i.428. ii.391.

hol, **ihol**, *v.* hæil.

·**hol**, *hole*, ii.452; *d.* ·hole, holle, ii.245, 452; *pl.* holȝes [holes], ii.451.

·**hold**, **holde**, *faithful*, i.169. ii.165; *pl.* ·holde, heolde-n, i.34. ii.232,280. iii. 39; *sup.* holdeste, ii.261.

holde, *v.* æld.
holde, *d. place of refuge*, i.164.
holde-n, iholden, *v.* hælde, hælden.
holdede, *v.* ældede.
holh [holþ], *a. hollow*, i.33.
holi, holy, *v.* hali.
holinesse, *v.* halinesse.
holle, *v.* hælden.
holme, *d. cliff*, ii.445,452. *v.* Ihre, *in voce.*
holpe, *v.* helpe.
holt, *wood*, i.370; *d.* ·holte, i.35,203. ii.421. iii.217.
holȝes, *v.* hol.
hom, homes, *v.* ham.
hom, *v.* heom.
hon, *to hang*, i.427. iii.167. *v.* an-hon.
honcuþe, huncuþe, *v.* uncuð.
hond, *v.* hund.
·hond, †heond, *f. hand*, i.8,11,161,205, 349. ii.217,220. iii.42,62; *d.* ·hond-e, honden, heond, heonde-n, i.8,50,87, 162,291. ii.55,121,560. iii.49,88,204, 237; *pl.* [hondes], ii.201; *d.* honden, hondes, heonden [honde, hond], i.66, 73,274,287,434. ii.608. iii.53,92,119; stod an honde, *was favorable*, ii.513; eoden an honde, *submitted*, iii.159. See *Glossar. Rem.* p. 474.
honderstonde, *v.* under-stonde.
hond-fæst, *pledge*, i.95.
hond-sæx, *hand-knife, dagger*, i.276.
hondlien, †hanlie [handli, handeli], *to handle*, i.57,209; *p. pl.* heondleden, i.417; *pp.* ihandled, ii.178.
hone, *v.* an.
·hongie, hongien, heongen, heongien [hangi, hongy], *to hang, suspend*, i.22, 243,427. ii.87,462. iii.52,167; *p.* ·heng, hing [honge], ii.87,233,347,464; *pl.* hengen, i.244,332,456; *pp.* ihon, i.88. ii.43. *v.* hangen, hon.
hongede, *v.* hangen.
honger, *v.* hunger.
honimete, *v.* unimete.
honte, hontes, *v.* hunte.

honti, *v.* huntien.
hontinge, *v.* huntinge.
[honure], *d. honor*, i.259.
honwines, *v.* unwines.
hope, *hope*, ii.157.
·hope, *imp. hope thou*, ii.328.
hopeni, *v.* oppenien.
·horde, *d. hoard, treasure*, i.230,259. ii.221.
horde, ihorde, ihorede, ihord, *v.* ihere.
hore, *v.* ure.
·hore, *whore*, i.299. ii.228; *d.* †heore, ii.80; *d. pl.* horen, iii.166.
hor-ilocket, *v.* heor-lockede.
horn, *beak of a ship*, i.193; *d.* horne, i.193.
·horn [horne], *horn*, ii.349. iii.23; *pl.* ·hornes, heornes, i.417. ii.382. iii.93, 109; *d.* ·horne, hornen [hornes], i.61. ii.451,470. iii.91,94.
·hors, *horse*, i.110. ii.473. iii.55; *d.* ·horse, horsen, heorse-n, i.22,270,358,424. ii.117,125,140,331. iii.52,275; *pl.* ·hors, heors, ·horses, i.38,151,228. ii.95,204, 556. iii.19; *d.* horsen [horse], i.44,77. ii.446. iii.6,45,52.
·horse-bere, *d. horse-litter*, ii.398.
hors-leden, *d. pl. horsemen*, ii.544.
·horsmen, *pl. horsemen*, iii.58.
horsom, *v.* hærsume.
horsumnesse, *v.* hærdsumnesse.
·hose, *hose*, ii.213; *d. pl.* hosen, ii.463, 576.
hosebonde, *v.* husbonde.
[†host], *askest* (?), i.313.
[hostage], *d. hostage*, i.380. ii.534; *pl.* [hostages], i.204. ii.454; *d.* [hostage], i.226.
hot, hote, ihote, *v.* hæhte, haten.
hote, *v.* hat, uten.
hoþ, *v.* æð.
hoþnode, hoþȝenede, *v.* ahnien.
hoþt, *v.* awiht, oht.
hou, *v.* eou, heou.
houndred, *v.* hund.

houre, *v.* ure.
hout, *v.* ut.
houen, **ihoue-n**, *v.* hæhuen.
howene, **hoȝene**, *v.* aȝe.
hoȝede, **heoȝede**, *p. purposed, thought*, ii.136,404. *v.* for-hoȝeð.
hu, *v.* heou.
·hude, *f. hide, skin*, i.52,130. ii.169; *d.* ii.170,431 (?).
[hude], *to hide*, ii.354; *p.* ·hudde, i.285, 366. ii.480. iii.123; *pl.* hudden, huden, †hudeden [hudde], ii.88,110,342; *pp.* ihud [*hi*-hud], i.335. ii.127; *pl.* ·ihudde, ii.252. iii.59.
hudlese [hudles], *pl. caverns, hiding-places*, i.77.
huie, **huiȝe**, **huȝe**, *oath*, i.99,128,209. *v.* aȝe.
·hul [hulle], *hill*, i.70,371. ii.299,470. iii.21; *d.* ·hul, ·hulle, hullen, i.240,370, 371. ii.470. iii.21,58; *pl.* ·hulles, i.221, 234. ii.113. iii.90; *d.* ·hulles [hulle], i.77. ii.470.
hulde-n, *v.* hælde.
huldest, *v.* æld.
hulpe, *v.* helpe.
huncuþe, *v.* uncuð.
hund [hond], *hound*, iii.65,274; *d.* ·hunde, ii.269; *pl.* ·hundes [houndes], i.72. ii.423. iii.89; *g. d.* hunden, ·hundes, i.61,139. ii.181,451. iii.217,262.
hund, ·**hundred**, **houndred** [undred], *hundred*, i.5,27,31,61; *pl.* [hundredes], iii.110; oðer half hundred, i.335. ii.183, 480.
hune, *mast-top*, iii.160.
hunger [honger], *hunger*, i.172,265. ii.358; *d.* huhgere, hungre [hongre, honger, hunger], i.373. ii.371,567,568,569.
hunne-n, *v.* henne.
hunte [honte], *hunter*, ii.472; *pl.* hunten [hontes, huntes], i.109. ii.451,452.
huntien [honti, hunti], *to hunt*, i.61,109; *pr. pl.* huntieð [honteþ], i.61; *p.* ·huntede, i.282. ii.88.
huntinge [hontinge, hontynge], *hunting*, i.282. ii.88,472.
huold, *v.* hælde.
ihurde-n, *v.* ihere.
·hure, *hire, reward*, iii.250.
·hure, *to hire*, iii.222; *p. pl.* hureden [hurede], iii.233.
hure, *i-hure*, *v.* ihere.
hure, *v.* heore, hire, ure.
huren, *v.* hæren.
hurnen, *v.* eorne, urnen.
hurte, *hurt, harm*, i.349; *pl.* hurtes, i.78.
†hurte-n, *d. heart*, i.275,335. *v.* heorte.
hûrten, *p. pl. dashed together*, i.80.
·hus, *house*, i.161. iii.153,293; *d.* huse, †heose [house], ii.115,623. iii.285; *pl.* ·hus, i.82.
husbonde [hosebonde], *husbandman*, iii.285.
huse, *to go* (?), i.182.
·husting-e, *assemblage, council, public meeting*, i.98,203,223. ii.50,56,57. iii.287; *d.* hustinge, hustingge [hustincge], i.37,218. ii.7,51,118. iii.148.
huuen, *v.* hæhuen.
hux, *derision, taunt*, iii.155; *d.* huxe, iii.112; *pl.* huxes, iii.195.
hux, *pl. scornful*, ii.487.
huȝe, *v.* heowe, huie.
hwulche [woche], *pl. such*, ii.306. *v.* whilc.

Most of the words commencing with i *are entered under the simpler forms of the consonant following.*

i, *v.* ich, hi.
i, **y** [in], *ppn. in, on*, i.6,15,60,139. ii.111. iii.27,82. *v.* a, an, in.
·ich, ·**ic**, †**ihc**, †**i** [hich], *I*, i.20,30,34,37, 95,125,145,192,269. ii.13,25,97,139, 361,636.
idel, *idly*, iii.113.
·idele, *d. pl. idle*, i.140.
idelnesse, **ydelnesse** [ydilnisse], *idleness*, ii.624,625.

ihwær, *v.* iwære.

ilche, *d.* *each*, i. 298; *acc. m.* ilchene [echne], i.302. *v.* ælc.

·ilke, *same*, i. 70, 121, 293, 309, 326; *g.* ii. 535. iii.224; *d.* ·ilke, ilken, ·ilca, ·ilka, i.6,23,73,132,222,225,245,256,423. ii. 96,154. iii.52,71; *acc.* i.55,242,431. iii. 59,224; *pl.* ·ilke, †ilkæ, i.296,351,429. iii. 146,150; *d.* i. 257. iii. 7, 186. See *Glossar. Rem.* p. 450.

·ille, *ad. ill*, i.231.

ilond, illond, yllond, *v.* æit-lond.

imaken [ymages], *pl. images*, ii. 339.

·in, *dwelling, lodging, place of resort*, i.151. ii. 172; *d.* inne [ine, hin, hinne], i. 142. ii. 78, 163, 173, 204, 515. iii. 189; *pl.* ·innes, ii.604; *d.* innen, innes [hinne], i. 339. ii.161,512. iii.173.

·in, inne, ·ine [hin], *ppn. in, on*, i.9,13,17, 269. ii.501. iii. 18,43,238,278,295; *of*, ii.51,76,77. iii.84,278. *v.* i.

·in, *ad. in*, i. 2, 24; *comp.* innere, *inward, inner*, iii.173.

inc, *dual, ye two*, iii.55; *g.* incker-e, unker, i.217,239. iii.55,294; *d.* inc, ii. 335. iii. 294; *acc.* inc, i. 217, 239. iii. 294; inc seluen, i. 30. *v.* ȝet.

·inoh, inohȝe, ·hinoh, ·inowe, inouwe, i-noȝe-n [i-noþ], *enough, enow*, i. 100, 108, 136,141,144,253,385. ii. 325,327, 389. iii. 137, 283. *v.* unifeie.

·insiht, *nature, history* (?), iii.224.

inȝeong [†in-gonde], *ingress*, iii. 133.

iou, *v.* eou.

ire [yr], *angry*, ii.356.

irene, ·yrene [hire, hyre, yre, hyrene], *a. iron*, i.66. ii.515; *pl.* i. 44, 334. ii. 282, 350.

irisce, irreisce [yrisse], *Irish*, ii. 112, 333.

irnen, *to run*, i. 245. ii. 405, 467. iii. 174; *pr.* irneð, iii.189. *v.* eorne, urnen.

is, *v.* he.

iwære, ·iwar, iwere, iwhær, iwhare, i-hwær [iware], *everywhere*, i. 12, 126, 435. ii. 86, 90, 151, 458. iii. 80. Generally preceded by *wel.* *v.* æiwær.

iwidel, iwil-del, *every deal, every bit*, ii. 371. iii.18,27,190. *v.* eulne.

iȝel, *yell*, ii. 322.

kablen [cables], *pl. cables*, i. 57.

kæisere, ·kaiser-e, keiser-e [caiser-e, cay-ser-e, kayser-e], *emperor*, i.313,319,332, 343,372,401. ii.621. iii.3,40,46,48,89, 90,110; *g.* kaiseres, iii.81; *d.* kæisere-n, kaiser-e, kaiseren, keisere [caiser-e, cayser-e, kayser-e], i. 234, 312, 326. ii. 606,620. iii.4,46,51,80; *acc.* kæiseren, iii.109.

·kalender, *calendar*, i.308.

·kempe, †kempa, †kimppe, *warrior, champion*, i.65,67,83,241,317. iii.35,37; *pl.* kempen, kempan, ·kempes, i.20,71, 212. ii.152,259,261. iii.30,44,53,60,67; *d.* i.19,104. ii.488. iii.158.

kende, ikende, *v.* kenne.

·kene, *keen, brave*, i. 11, 212. ii. 24, 55. iii. 5,10,40,228; *d.* ·kene, kenen, ii.567. iii. 58; *pl.* i. 23, 31. iii. 39; *sup.* ·kennest-e, i.169. ii.269,470. iii.2,82; *pl.* ·kenneste, i.55. ii.563. iii.106; *d.* kennesten [ken-nest], iii. 63.

·kenliche [keneliche], *keenly*, i. 67. ii.443, 446,470. iii. 54; *comp.* kenlukeste [ken-lokeste], iii. 8.

·kenne, kennen, ikenne-n, *to know, make known, tell, speak, acknowledge*, i.283, 346. ii.39,50,476,528,601. iii.142,248, 287; *p.* kende, ikende, kennede [a-kende], *spake*, ii.626. iii.54,290; *knew*, iii.8; *perceived*, i.70,309; *pp.* i-kenned, *named*, i.206.

†kenne, *pr. sb. pursue* (?), iii.52.

·kenneð, *pr. childeth*, ii. 237; *p.* kende, iii. 217; *pp.* ·ikenned, iii. 37.

kenscipe, kenschipe [kensipe], *d. courage*, i.271. ii.445,528.

kentise [kentisse], *d. Kentish*, i.318.

kent-wærre, *pl. the Kentish men*, i.356.

·kepe, kepen [akepe], *to keep, intercept, watch, have,* i. 226,249. iii.40,70,72; *pr.pl.* kepeð, i.230; kept, ·kepte, ii.583. iii.105.

keppe [kempe], *champion, warrior,* ii.413. *v.* kempe.

kine-ærde [kine-erþe], *kingdom,* ii.392.

kine-bearn, ·kine-bern, *n. royal child or progeny,* i.9,10,53. ii.381.

kineboren [kinebore], *pp. royally born, nobly born,* i.430; *pl.* kineborne [kine-bore], ii.166,506.

·kinedom, *m. kingdom,* i.119,174. ii.3; *d.* ·kinedome, kinedomen, ii.520. iii.154.

·kine-helm, kine-hælm, kine-halm [kine-healm], *crown,* i.288,345. ii.337,338, 605,610. iii.212,216; *pl.* kine-helmes, iii.216.

kine-lauerd, ·kine-louerd, *sovereign,* i.106, 419. ii.52,382,568. iii.2,247; *d.* kine-lauerde, kine-leouerde [kine-louerd], i. 282. iii.67,69.

kineliche, *royal,* ii.35,43,167. iii.122.

·kine-lond, *kingdom,* i.9. ii.4. iii.49,126; *d.* ·kine-londe, i.63,113. iii.160; *pl.* kine-londe, kine-londes, kinelond, ii.563. iii. 4,88,92,168.

·kine-riche, *kingdom,* i.26,123,151,171. iii.279; *d.f.* ·kine-riche, kine-richen, †kuneriche, i.113,124. ii.43,532. iii. 68,150,158; *pl.* ·kineriches, kineriche, iii.142,158.

·kine-stole, *throne,* i.192.

·kine-þeode, kine-þeoden, *kingdom,* i.125. ii.513,595. iii.200,280.

kinewurðe [kineworþe], *royal,* ii.35,135, 375,393,448; *pl.* i.255,367. ii.582. iii. 102.

·king, *king,* i.6,19,21. ii.2. iii.5,13; *g.* ·kinges [kynges, king his], i.3,10. ii.526; *d.* ·kinge, kingen, ·king, i.126,256. ii. 498. iii.8,17; *pl.* ·kinges, ·kinge, i.69, 180,227. iii.3,100,160,190; *g.* kingen, ·kingene, ·kinge, kinges, i.229,254. ii. 328,532. iii.7,34,79,109,159,254; *d.* kingen, ·kinges [kinge], i.177,180. ii. 127. iii.206.

koker, *quiver,* i.276.

la! *alas,* ii.225. iii.249.

lac [lake], *lake,* i.54.

lac [lock, lok], *n. gift, offering,* ii.60,320. iii.285; *d.* lake, iii.285.

lacnien, *v.* lechinien.

·lade, laden, læden, læiden, leaden, ledan, ·leden, ·leoden [leade, lede, leode], *to lead, carry, convey, take, bring,* i.16,32,36, 51,57,151,192,198,204,225,283. ii. 140,210,297,299,333,540,637. iii.3, 68,76,99,120; *pr. pl.* ledeð, leodeð [leadeþ], ii.159,404; *imp.* læden [leade], i.186; *pl.* ·ledeð, †ledde*ð*, i.197. ii.206; *p.* ·ladde, lædde, leadde, ledde, i.25,47, 62,96,239,268,280. ii.246. iii.9,66; *pl.* ·ladden, lædde-n, ledden [ladde, leade], i.48,197,290,341. ii.174,231,307. iii. 67; *pp.* ·ilad, ilæd, ilædden, ilead [ladde], *led, led away, carried, treated, circumstanced,* i.23,372. ii.81,230,244,351, 398. iii.113; *pl.* iladde, ilæd, iledde [*i*-lad], i.372. iii.96,105,181. *v.* alæten.

ladlich, ladlic [lodlich, loþliche], *bad, hateful, loathsome,* i.195,215,294,320. ii. 177,318. iii.14,99; *d.* ladliche, †leoð-lichen, i.171,320; *pl.* laðliche [loþ-liche], i.80. ii.98; *comp.* ladluker [loþ-lichere], ii.244.

ladliche-n, lædliche, laðliche, laðeliche [loþliche], *loathly, horribly, hostilely, fiercely,* i.80,96,252,339,389,395,417, 435. ii.26,76,561. iii.29,292.

læc, *p. took,* iii.189; *leapt,* ii.469; *came,* iii.140.

læche, *d. form,* i.122. *v.* liche.

læche, ·leche, *doctor, leech,* ii.317,320, 323,405.

læche-cræfte, ·lechecraft, *leech-craft,* i. 325. ii.205,370; *d. pl.* lache-crafte, ii. 321.

læches, leches, *looks, glances,* i.80. ii.332,

512,532; *d.* læchen, lechen, laichen, i. 145,349. ii.148,267,584. iii.52,215.

læd [leod], *lead*, i.242.

lædes-men [lodes-men], *pl. steersmen*, i. 266.

ilæfde-n, *v.* ileue.

læfdi, læuedi, lafdie, lauedi, ·leafdi, leiuedi [lafdi, leofdi], *f. lady*, i.51,53,105,121, 141,157. ii.40,231,232,385; *d.* lafuedi, leuedi [leafdi], i. 51, 269; *pl.* lafdies [leafdies], ii.616.

ilæfe, *belief*, i.126; *d.* lefuen, ii.281; *pl.* laue, ileuen, ii.159,279. *v.* bi-lefue.

læfful, *just, lawful*, ii.27; *acc. m.* leaf-fulne [laþ-folne], i.128.

læflen, *d. pl. bowls*, ii.533.

læh, *v.* læð, liȝe.

læi, læien, ilæien, læiȝe, *v.* ligge.

læide-n, ilæid, *v.* legge.

ilæiuen, *v.* ileue.

læn, *n. retribution, reward*, ii.268,275.

lænde [lende], *p. stationed*, i.84.

læne, lene, *pl. lean*, ii.392,403. iii.84.

læpen, *v.* lepen.

læpi [alpi], *a. only, single*, ii.134.

ilær, *empty*, ii.244.

lærde, ilæred, *v.* lere.

lære, lare, leore [lore], *f. instruction, advice, bidding, precept*, i.30,40,268. ii. 103. iii.162,184,225; *d.* lære, ·lare, laren, leore [lore], i.153,183,214. ii. 214,415,598. iii.214,224,293; *pl.* lære [lore], i.43.

lær-spel, lar-spæl, lar-spel [lor-spel], *n. discourse, doctrine*, i.433. ii.103. iii.189.

læs, *v.* leose.

læs, ·les, *false*, ii.226,383,542; *pl.* lese, lease, i.32. ii.240.

læsinge, læssingge, lasinge, ·lesing-e, lessinge, *f. lie, leasing*, i.126,128,130,148, 355. ii.226,239,240,377; *d.* læsing-e, læisinge, leosinge [lesing-e], i.126. ii. 131,204,226. iii.161; *pl.*[lesinge], i.32.

læsse, *v.* lasse.

ilæste-n, ilasten [*i*-laste, leste], *to last*, ii. 287,288,367,461. iii.286; *pr.* læstrð, i. læsteð, ·ilasteð [lasteþ, ilesteþ], i.83, 400,420; *p.* læste, ilæste, ·ilast-e, leaste, leste, ileste [laste], i.65,241,248,265, 279,303,360,380. ii.112,215,616. iii. 102,141,151; *pl.* ·ilaste, ilasten, ilæsten [lasten], i.123,268. ii.534,609. iii.153; *pp.* ·ilast, ilæste [ilaste], i.302. ii.609. iii.286.

ilæsten, lasten, ileste [ileaste, leste], *to perform, observe, hold, esteem, fulfill*, i. 231,420. ii.637. iii.250; 2 *p.pr.* leste, i. 125; *p.* ilæste, laste [ilaste], i.54,208, 421; *pp.* ilæst, ilest [ilast], i.47,379.

læten, *v.* lete, lette, letteð.

lætes, lates, ·letes, *pl. looks, glances*, ii.236, 245,354; *d.* læten, lates, loten, †lades, i.51. ii.87,175,232. See *Glosser. Rem.* p. 449.

læð, *v.* laðien.

læð, ·lað, læh, lah, leoð, ·loð [loh], *loathsome, odious, hateful*, i.11,18,147,170, 291,312,375,414. ii.317,413,505. iii. 29,39,66,154,185; *g.d.* læðe, laþe [loþe], i.45,242; *pl.* læðe, laið, laðe-n [loþe, loþ], i.27,44,161. ii.279. iii.11,88; *d.* læðe, laðen [loþe], i.22,390; *comp.* læðere, leoðere [loþere], i.37,170. ii.568; *sup.* læðest, læðust, laðest, laððest, †leadest, leoþest [loþest], i.24,131,147,195, 247,475. ii.361. iii.68,208,238; *pl.* ii. 465.

læðe, *v.* laððe.

lættere, later-e, *comp. worse, latter*, i.252, 356. iii.275.

lætting, lettinge [lette], *hindrance*, i.195, 384.

læue, leaf, leaue, lefe, ·leue [lefue], *leave*, i.54,156,191,208. ii.104,134,524. iii. 209; *d.* læue-n, laue [lefue], i.215. ii. 323. iii.189. *v.* to-læue.

læuen, leaue [lefuen], *to leave, remain*, i. 43,64. ii.307; *pr.sb.* leue, iii.274; *p.* læuede, lafde [leafde, lefde], i.33. ii.50, 513. iii.127; *pl.* læfden, lefden [lefde], i.

166,399; *pp.* ·ileued, ii.590. iii.143,265. *v.* bi-læfen.

læuerd, *v.* lauerd.

læwed, leouweden [lewed], *pp. laymen*, ii.612. iii.180.

læwen, *v.* laʒe.

lafdi, *v.* læfdi.

laft, *v.* lift.

lah, *v.* læð.

ilahte, *p. caught*, iii.172.

lahʒe, *v.* lehʒen.

lai, *v.* ligge.

laichen, *v.* læches.

laiden, *v.* legge.

laih, ley, ·loh [laʒe], *a. low, poor*, i.42. ii.536; *pl.* laʒe, loʒe [lowe], ii.506,537,541. iii.142; *d.* ii.540.

lake, *v.* lac.

lame, *v.* lome.

lande, *d. land*, i.184. *v.* lond.

lanen, lenen [leane, lene, leone], *to lend, give, grant*, i.136,156,266. ii.13. iii.269, 271; 1 *p. pr.* [leane], ii.636; *imp.* læn [lean], ii.54; *pr. sb.* læne, i.187; *p.* ·lende, i.10,169. *v.* aleane.

lang, *v.* ilong, long.

langede, *v.* longen.

[lappe], *d. bosom*, iii.214.

lare, *v.* lære.

ilared, lareden [leared], *pp. clergy, the learned*, in distinction to the *lewed* or laity, ii.612. *v.* lere.

larspelundre, *n. preacher*, iii.183. *v.* lær-spel.

·lasse, lassen, læsse, *less*, i.8,162,300. ii.374. iii.202; *d.* ii.149. iii.256; *pl.* læsse, lasse, ii.107; *d.* i.315; *sup.* lasten [leaste], iii.142.

·last-e, leste, *last*, i.160. ii.542,545. iii.66.

lasten, ilaste-n, *v.* ilæsten.

·late, *ad. at length*, i.130. ii.327.

[latemiste], *last*, ii.37.

latere, *v.* lættere.

lað, laðere, *v.* læð.

·lað, ilaðed, *v.* laðien.

lað, *n. harm*, ii.249. *v.* loðen.

·laðede, *p. brought*, ii.179.

lað-folne, *v.* læfful.

·laðien, *to come, go, pass*, i.284; *p.* læð, ·lað, i.194,208,272. ii.23,46,124. iii.201; *pp. pl.* ilaðede [ilaþed], ii.414.

laðliche, *v.* ladlich, ladliche.

lað-spæl, *evil tidings*, ii.449.

laððe [loþ], *f. enmity*, i.98; *d.* læðe, ii.360. *v.* lað.

laðunge [laþinge], *meeting*, i.218.

·latinier, *interpreter*, ii.174.

latten, *v.* lete.

laue, *v.* ilæfe, læue.

lauede, *p. bathed*, i.320.

lauedi, *v.* læfdi.

·lauerd, læuerd, lauard, †lauerred [louerd], *lord, master, husband*, i.12,30,39,50. ii.368,374. iii.19,24,35,277; *g.* lauerdes [louerdes, louerd his], i.101,152. ii.197, 199. iii.264; *d.* læuerde, lauerd-e [louerd], i.29,127. iii.49,233.

lauerdinges, †lauerdindes, lauerdþinges [louerdlinges], *pl. lordings, lordlings*, ii.104,127,196. iii.92.

lauerd-swike [louerd-swike], *traitor*, ii.506,622.

laues [loues], *pl. loaves*, ii.533.

laʒe, *v.* laih.

·laʒe, laʒen, læʒe [lawe], *f. law, custom, manner*, i.269. ii.185,195,227,490,537. iii.134,274,286; *d.* ·laʒe, laʒen [lawe], i.17. ii.78,131. iii.243,256; *pl.* læʒen, laʒe-n, læwen, lawen [lawe, lawes], i.50,88,182,219,254. ii.176,198,338,398, 474,509. iii.150,285; *d.* i.50,102,344. ii.177,197.

†ilaʒeð [loþe], *loathed, loath*, i.129. *v.* a-laðed.

leade-n, *v.* lade, ladden.

leaf, leaue, *v.* læue, læuen.

leaf [leues], *pl. leaves*, i.3.

leafdi, *v.* læfdi.

leafue, leauere, *v.* leof.

leahtren, lehtre [lihtre], *d. smile, laughter*, i.52,129.

leame, *v.* leome.
leane, *v.* lanen.
leape, *v.* lepen.
leared-e, *v.* ilared, lere.
learen [leore], *to teach*, ii.212.
leas, lease, *v.* leose.
lease, *v.* læs.
leaste, ileaste, *v.* ilæsten, lasse.
leatte, *v.* lete.
leches, lechen, *v.* læches.
lechinien, lacnien [lechni, lechnie], *to cure*, ii.271,394.
lede, ledde, *v.* lade.
leden, *people*, ii. 40, 567; iledene folc, ii. 155. *v.* leoden.
leerstowe, leirstowe, *d. cemetery*, ii. 287, 538.
lef, *v.* leof.
lefde, lefuede, *v.* leofuen.
ilefde, ilefede, *v.* ileue.
lefe, lefue, lefuen, *v.* læue, læuen.
lefliche, *v.* leofliche.
lefman, *v.* leofmon.
·legat, *legate*, ii.607. iii.192.
·legge, leggen, ileggen, *to lay, put*, i.302, 349,371.ii.442. iii.89; *to conquer*, iii.70; 1 *p.pr.pl.* leggen [legge], i.221; 3 *p.* leggeoð [leggeþ], ii.238; *imp.* leie [ley], i. 216; *pl.*·leggeð [legge], ii.148,206,324; *p.* ·læide, læiden, ·leide, laiden, leaide [leyde], i.3,24,30,269,326,435. ii.276. iii.19,29,31,115,214; *pl.* læiden, ·leid-e-n, laiden, i.86,183,335. ii.212,456, 622. iii.145,151; leiden after vðen, i. 415; ·leiden to-gadere, i.252; *pp.* ilæid, ·ileid, i.37,325. ii.31,263.
[legges], *pl. legs*, i.79. ii.463.
·legiun, *d. legion*, i.257; *pl.* legiuns [legions], i.257.
leh, *v.* liȝe.
lehtliche [lihtliche], *easily*, iii.35.
lehtre, *v.* leahtren.
lehȝen, lihȝen [lahȝe], *to laugh*, ii.518,574; *p.* ·loh [loþ], ii.134,203,450. iii.31; loȝen, lohȝen [lowe-n], ii.113,230,585.
lei, leie-n, ileien, leiȝe-n, *v.* ligge.
leide, ileid, *v.* legge.
[leieþ], *pr. belongeth*, ii.588. *v.* legge.
leinten [leinte], *Lent*, iii.230.
·ileired [ileyred], *pp. covered*, ii.179,396. ii.583.
leirstowe, *v.* leerstowe.
leite [lihte], *d. light, lightning*, iii.14,15. *v.* lihte.
·leitede, *p. glanced*, ii.354; *pl.* †leiteðen, i.80.
·leme, *v.* lim.
lemman, lemmon, *v.* leofmon.
lende, *v.* lanen.
·leng, lengre, ·lengere, *ad. longer*, i.21,294. ii.34,77; *a.* lengre, lengore [lengere], i. 68,71. *v.* longe.
ilenge, *to carry*, ii.324.
leo, leou, lou [lo], *lo!* i. 214,232. ii. 128, 465,481.
·leo, leon, liun [lion, lyon], *lion*, i.62,174. ii.216.iii.70,120,121; *pl.* [lyons], ii.481.
leod, *v.* læd.
leoda, *v.* leoðe.
†leode, *loudly*, i.339. *v.* lude.
leode-n, *v.* lade.
·leoden [leode], *f. people, nation, land, country*, i. 92, 207, 218, 317. ii.118. iii. 268; *g.* leodes, ledes [leod], i.296,404, 412; *d.*·leode, leoden, leoda, i.16,20,53, 82,135,137,138,150,155,165,171,196, 199,205,245,251,343,386,387,389,411. ii.30,63,114,238,404,451,559,614. iii. 10,14,96,201,203,268,280; *acc.*·leode, ·leoden, i.2,35,41,55,83,86,87,91,110, 161,174,182,239,269,292,355,495. ii. 16,38,166,514. iii.19,116,122,218,222, 277,279; *pl.* ·leode, leoden-e, leodes, i. 42,48,53,76,86,147,289,305. ii.86,264, 432. iii.88,90,270,278; *g.* leodena, leodene, leoden (?) [leod-e], i. 7,38,99,104, 124,306,362,415,430. ii. 196,468,613. iii.182,203,252; *d.* (?) leodene, i.32,430; *acc.* leoden-e, leodes [leode], i.4,9,48, 75,303,355. ii.176,632. iii.160; land

and leode-n, iii.12,19,274; See *Glossar. Rem.* pp. 440, 459; leode-ælder, i.58; leod-cnihtes, *pl.* i.318; leod-ferde-n, leode-ferde, *d.* i.36,212,242. ii.446; leod-folc [leod-folk], i.86,282,291; *d.* ·leod-folke, leode-folc, i.87,156,266,428. iii.9; leod-kempen, i.257. iii.49; ·leod-king, leode-king, ·leoden-king, ·leodene-king, i.22,37,91,104,128,157,230. ii.1, 245,317,390; *d.* ·leod-kinge, i.197,429. ii. 269; *d.pl.* leod-kinge [leod-kinges], iii. 243; leod-quide, *d.* i.123; ·leod-ronen, leod-runen, *pl.* i.389. ii.184,225; leod-scome, iii.45; leod-scopes, *pl.* ii. 542. iii. 229; leod-spelle, leod-spellen, *d.* ii. 236. iii.176; *pl.* [leod-spelles], ii.236; ·leod-swike, i.32. ii.116,212,241; leod-ðeauwe, leodene-þeauwen, *pl.* i.87. iii. 296; leod-þeines, *pl.* i.284; leod-wisen [leod-wise], *d.* i.303. ii.507.

leoden [leode], *acc. language* [A.-S. *leden*], i.100; *d.* iii.190.

leodisc-e [leodisse], *national, having reference to a people or country*, i.91,112. ii.118,195,209,529,614.

leodliche, *national*, ii.190,378.

·leof, leofe, ·leoue, ·lef, leue, *dear, loved, lief*, i.15,25,51,126,129,279. ii.36,329, 413,415. iii.29,86,188; *d.* leofen, leofuen, leouen, leue, †leuene [lefue, leofue, leoue], i.151,152. iii.89,106,124,152; *acc.* ·leof, leofe-n, leofue, ·leoue, i.45, 58. iii.12,119,126,161; *pl.* ·leof, ·leofe, leoue-n, leouie [lefue, leafue, leofue], i. 30,43,45,135,150,228. ii.450,556. iii. 132,285; *d.* leofen, leofuen, †leofenen, †leuen [leofe, lefue, leoue], ii.271,287, 390,440. iii.151,207; *comp.* ·leofere, ·leouere, ·leuere [leauere], i.20,126,207, 306. ii.566. iii.10,161; *sup.* leofest, ·leofuest, ·leofust, ·leouest, †leowost [leuest, lieuest], i.84,128,133,139,160, 184. ii.449,511. iii.123,257; *pl.* ·leofeste, leofuste, leoueste [leueste], i.153, 432. iii.100,136.

leofdi, *v.* læfdi.

leofede, *v.* leofuen.

leoflic, leofliche, *amiable, fair, lovely*, i. 85. iii.278; *d.* ·leofliche, ii.363; *pl.* leofliche, ii.269,390.

·leofliche, lefliche, luueliche [lofueliche, loueliche], *lovingly, willingly*, i.3,9,52, 94,132,269,283,337. ii.153,320,354. iii.210.

leofmon, leoue-mon, leuemon [leofman, lemman, lemmon], *mistress*, i.9,191, 198,204,267,271. ii.357; *d.* leof-monne [lefman], ii.186.

leoft, *v.* lift.

leofte, ·lufte, luften, *d. sky, heaven*, i.122, 176,431. ii.236,598. iii.14,85.

leofuen, leouien, liuien, luuien [lofuie], *to live*, i.266,294. ii.291,333,560,569. iii. 36,108,161; 1*p.pr.* leouie, liuie [leuie], i.194,384,404. ii.404,575; 3*p.* leoueð, luueðe [leueþ, liueþ], i.141,199; *pr.pl. sb.* luuien, ii.198; *p.* ·leofede, ·leuede, leouede, leouuede, ·liuede, luuede [lefde, lefuede, leued, lieuede, lifde, lifued-e, liuede], i.11,13,95,113,137,138,165, 191,292,295,301,387,391. ii.1,27,180. iii.146,197; *pl.* leoueden, liuede-n, luueden [lefuede, leouede, leuede, lifde, lifuede], i.48,183,296,337. ii.92,287, 288. iii.48,282; *p.pr.* liuiende, iii.84. *v.* libbe.

·leome [leame, leom], *gleam*, ii.325,326; *g.* leomen [leomes], ii.325; *pl.* leome, leomen [leames, leomes], ii.245,325, 330.

leome-mele, *v.* lim-mele.

leome-n, *v.* lim.

leone, *v.* lanen.

leonede, *p. leaned*, ii.24; *pl.* leoneden [leonede], ii.616.

leonge, *v.* longe.

leop-e, leopen, leopinge, ileope, *v.* lepen, lupe.

leore, *v.* lære, learen, lure.

leore, leorede, *v.* lere.

·leores, *pl. features*, i. 216; *d.* iii. 214.

leornien [leorni], *to learn*, i. 422; *pr. sb.* †leornia, i. 3; *p.* leornede, i. 268; *pp.* ileorned [*hii*-leornid], ii. 130.

·leose, leosen, leosien, ·losie, losien [lease], *to lose*, ii. 214, 231, 268, 420, 438, 625. iii. 50; *pr. pl.* ·leoseð [lesep], i. 338. ii. 448; *pr. pl. sb.* leosen [lese], i. 227; *p.* læs, ·leas, ·les, ·losede [leos, lesede], i. 28, 93, 295. ii. 106, 226, 295, 339, 390, 468. iii. 28; *pl.* ·losede, loseden, leoseden, i. 243. ii. 18. iii. 48, 168; *pp.* ileosed, ·ilosed, ·ilore, iloren, i. 206. ii. 38, 96, 337, 435, 505, 590. iii. 132.

leose-n, ·lose, *d. destruction, loss*, i. 166. ii. 389, 536, 558.

leosen, *to loosen, yield*, ii. 268.

leosinge, *v.* læsinge.

leoste, *v.* lest.

leoten, *v.* lot.

ileoten, *to befall*, iii. 258; *pp.* iloten [ilote], *allotted, chosen, befallen*, i. 334. ii. 173, 554.

leoð, leoðere, *v.* læð.

leoð-e, *amity, peace*, i. 405. iii. 51.

leoðe [liope], *refuge*, ii. 76.

leoðe, †leoda, *d. song*, i. 76. iii. 206; *pl.* leoðes, loð, *songs, spells*, i. 13. ii. 503. iii. 155.

leoðede, *p. hated*, i. 260.

leoðien, *to set free, loose, assuage*, i. 203. ii. 558; *imp.* leoðe, ii. 497; *p.* leoðede, ii. 77.

leoue, *v.* leof, lufe.

leouede, ileoued, ileouen, leouien, *v.* leofuen, ileue, luuien.

leouemon, *v.* leofmon.

leouweden, *v.* læwed.

lepen, læpen [leape], *to leap*, ii. 24, 615. iii. 90; *pr. pl.* leppeoð, ii. 501; *p.* ·leop, leoup, leopt, lep, leup, i. 62, 82, 241, 396, 398. ii. 58. iii. 70, 189; *pl.* ·leopen, leoppe-n, lupan [leope], i. 78, 80, 110. ii. 217, 228, 336. iii. 61, 174; *p. sb.* leope, ii. 622; *p. pr.* leopinge, iii. 90; *pp.* [ileope], ii. 622.

lere, *to teach, advise*, ii. 548; *pr. sb.* leare [leore], ii. 165; *p.* lærde, lerde [learede, leorede, lerede], i. 318, 367. ii. 258. iii. 184, 225; *pl.* lerden, lærde, larden [lerede], i. 162, 184. iii. 211; *pp.* ilæred [leared], i. 294. ii. 494, 612; *pl.* ilærede [learede], ii. 456.

les, lesede, *v.* leose.

lese, *d. lie*, iii. 124. *v.* læs.

lesewes, *v.* leswa.

lest, ·leste, leoste [last], *least*, i. 283. ii. 207. iii. 16, 29, 33. *v.* lasse.

leste, ileste, *v.* ilæsten.

leswa [lesewes], *pl. leasowe, meadows*, i. 85.

·lete, ·leten, læten, latten [lette], *to let, suffer, cause*, i. 57, 151, 176, 367. ii. 333. iii. 49, 198; 2 *p. pr.* ·lettest, †lepst [letest], ii. 248, 333; 1 *p. pl.* ·lete, lette, late [leate], i. 141. ii. 631. iii. 7, 141, 222; *imp.* ·let, †leten [leatte], iii. 14, 48, 274; *pl.* ·leteð, lete ȝe, i. 32, 34, 35, 243. ii. 324; 2 *p. pr. sb.* lete, late, i. 352. iii. 36; *p.* ·lette, leatte, i. 19, 25. iii. 6; *pl.* ·lette, letten [lete-n], i. 253. iii. 94, 116, 162; *pp.* ilet, i. 448.

leten, *to leave, let go*, ii. 631; 2 *p. pr.* letest, ii. 185; *imp.* let, ii. 125; *p.* lette, ii. 326, 493; *pl.* letten [leten], i. 59. ii. 194; *pp.* ilete [*hi*-lete], ii. 372.

letes, *v.* lætes.

[lepered], *p. bathed, lathered*, i. 320.

lette, *p. esteemed*, ii. 533; *pl.* læten [leten], ii. 391.

lette, lettinge, *v.* lætting.

letteð, *pr. hindereth*, ii. 500; *p. pl.* lætten [lette], *impeded*, i. 57.

[lettre], *pl. letters*, i. 192.

leue, *v.* leof.

·ileue, ileuen, ilæiuen, ileouen [ilefue, ilifue, lifue], *to believe*, i. 126, 176, 245, 314, 362. ii. 280, 519, 545; 1 *p. pr.* ·ileue, ileuen, i. 148, 176, 186; 2 *p.* ·ileuest, i. 342; *pl.* ilefeð, ileoueð [ileuep], i. 42. ii. 156, 159; *imp.* ilef, i. 216; *p.* ilæfde, ·ilefde, ilefede, ileuede, ileouede [ilefuede], i. 101, 126, 162. ii. 204, 318, 383.

iii.161,162; *pl.* ilæfden, ·ilefde, i.388. ii.546. *v.* bi-leaf.

ileued, *v.* læuen.

leued-e, *v.* leofuen.

leuedi, *v.* læfdi.

leuemon, *v.* leofmon.

ileuen, *v.* ilæfe.

leues, *v.* leaf.

leup, *v.* lepen.

ley, *v.* laih.

leyde, *v.* legge.

leye, ileye, leʒe-n, *v.* ligge.

leʒe, leʒede, *v.* liʒe.

li, lien, *v.* ligge.

·libbe, libben, †libba, *to live*, i.20,38,155. 250,261. iii.50; *inf. fut.* libbenne, ii. 66; 1*p.pr.* ·libbe, i.95,404; 3*p.* [libbeþ], i.138; *pl.* [libbeþ], ii.198; *pr.sb.* ·libbe, i.134; *p.pr.* [libbende], i.49. *v.* leofuen.

lic, ·lich, *s.* *body, corpse*, i.164,285. ii.10. iii.99; *d.* ·liche, lichen, ii.318,428.

·licame, likame [lycame], *body*, i.214. ii. 36,206,568; *d.* i.326. ii.329.

·liche [iliche], *d. form*, i.49,122. iii.237.

·iliche, ilike, *a. like*, ii.109,296. iii.6; *pl.* ii.339,403; *sup.* ilicchest, iii.181.

·iliche, *ad. alike, like manner*, ii.50.

lich-raste, *d.f. burial-place*, ii.298.

licnesse, *image*, i.54. *v.* anlicnes.

licoriʒ, *liquorice*, ii.320.

lieuest, *v.* leof.

·lif, *s. life*, i.22,30,160. iii.68,103,252; *g.* ·lifes, ·liues, ·lifues, i.10,103,378; *d.* life-n, ·liue, liuen, †iliue, †leuen [lifue], i.16,29,119,153,186,333,403. ii.295, 503. iii.9,33,126,212; *pl.* liue [lifue], i.426; *g.* liues, iii.294; *d.* liue [lifue], i.266. iii.93,194. *v.* on.

[lifdaʒes], *pl. life-days, term of life*, i. 123; *d.* lif-dæʒen, ·lif-daʒe, lif-daʒen, lif-dahʒen, life-daʒe [lif-daiʒe, lif-daʒes], i. 123. ii.46,65,393,445. iii.111,114,132.

lifde, lifuede, *v.* leofuen.

·lift, leoft, ·luft [laft], *left (hand)*, ii.215, 280, 605, 608. iii. 83,104,119. See *Glossar. Rem.* p.488.

·ligge-n, †leggen [†luggen], *to lie, lie down, die*, i.61,80,220,285. ii.167,359,536. iii.89; 1*p. pr.* †legge [ligge], ii.167; 3*p.* ·liđ [liggeþ], i.385. ii.270,371; *pl.* ·liggeđ, liggeođ, ligeđ, †leggeđ, i.40, 178,230. ii.47,107,348. iii.115; *imp.* liʒ-e, lien [li, ly], ii.335,476. iii.55,149; *pr. sb.* ligge, ii.321; *p.* læi, læie, læiʒe, ·lai, leai, lei, leie [lay, leye], i.17,28,52, 214,292,416. ii.300,511,567. iii.7,14, 28,33,70,72; *pl.* læien, laien, ·leie-n, leiin, ·leye, ·leʒen [lay, ley, leyen, leiʒe-n, leʒe], i.70,112,139,179,191,229,367, 418. ii.494,534,592. iii.58,62,72,143; *p. pr.* ·liggende, ·ligginde, i.17,228. ii. 462; *pp.* ilæien, ileien [ileye], ii.386, 625; ·libben ođer liggen, i.250. *v.* bi-liggen.

liht [liþt], *a. light, bright*, i.309; *pl.* ·lihte, ii.329; *light, not heavy*, i.252; *active*, ii.406.

·lihte, lihten, *light of day*, ii.396. iii.52, 187,217,238,289.

lihte, *pl. lights, lungs*, i.277.

·lihte, *to lighten, dawn*, iii.131; *p.* ·lihte, *lighted*, iii.15.

lihten, *to alight*, iii.46; *imp. pl.* lihteđ, i. 250; *p.* ·lihte [liþte], i.34,82; *pl.* ·lihten, liht [lihte], i.229. iii.21,172. *v.* alihten.

lihtliche, *v.* lehtliche.

lihtre, *v.* leahtren.

lihʒen, *v.* lehʒen.

likame, *v.* licame.

ilike, *v.* iliche.

ilike, *pleasing*, ii.208.

[likie], *to like, please*, ii.370; *pr. pl.* likieđ, iii.64; *p.* ·likede, i.373. ii.103,173. iii. 226,248; likien swa me liken [likie ou me likie], ii.522.

lim, ·lime [leme], *limb*, i.127,171,180; *pl.* ·leome, leomen, ·leomes, leme, limen, limene, ·limes, †lumen [lime], i.30,110, 127. ii.229,234,394,449,513,560. iii.

16,29; *d.* i.22,119. ii.23,392,635. iii. 33.

lim, *lime*, ii.239; *d.* ·lime [lyme], ii.226, 239.

lim-mele [leome-mele], *piecemeal*, iii.16.

ilimpe-n, *to befall, happen*, i.192. ii.66, 598; *pr.* ilimpeð, ilimppeð, ilimpð, i-lumppeð, i.143,248. ii.282,448. iii.23, 84; *p.* ilomp, ilompen, i.17,77,118. ii. 137,164. iii.131,170; *pl.* ilompen, iii. 278; *pp.* ilimped, ilimpe-n, ilumpen, i. 307,348,355. ii.448. iii.81,122.

linnene, *d. linen*, ii.517.

lioþe, *v.* leoðe.

lippes, *pl. lips*, iii.176; *d.* lippes [lippe], i. 214,349.

lire, *d.f. lyre*, i.298.

lisse, *d.f. bliss, ease*, i.138,141. iii.231.

liste, *f. stratagem*, ii.297; *d.* ·liste, ii.324, 363,558.

liste-n, *d.f. joy, good-will*, ii.122,149, 511.

lið, *respite*, i.222.

·liðe, iliðe, *gracious, mild, calm, pleasant, obedient*, i.1,3,205,209,309. ii.33,66, 508,522,594. iii.92; *pl.* i.155,427. ii. 36,197. iii.194.

·liðe-n [liþi], *to go, come, march, move, pass, arrive, journey, voyage*, i.2,13,41, 51,57,78,88,91,137,154,243. ii.60,83, 184,289,432,469. iii.16,43,67,76,164, 229; 1*p.pr.pl.* liðe, i.338; *imp.pl.* liðeð, i.217; 2*p.pr.sb.* liðen, iii.23; *pl.* liðen, ii.440; 2*p.p.* liðe, i.215; 3*p.* liðde, liðede, lidðe, i.85,96,138,164. iii.234; *pl.* ·liðede, liðeden, liðden, †lidðen, lið-ðeden, liðe-n, liððen, i.54,73,76,77, 110,236,246,319,357. ii.93,126,359, 418,455. iii.6,242; *p.pr.* liðende, lið-inde, i.40,133,176. ii.90; *pp.* iliðe-n, i.356. ii.21,460. iii.36; *pl.* iliðen-e, iliðenned, i.288. ii.268,301.

liðen, *pl. mountains*, iii.296.

liðere, liðerlic [luþerlich], *evilly, wickedly*, i.182,483.

liðfulle [liþfolle], *d.pl. gracious*, i.54.

liþt, *v.* liht.

liþte, *v.* lihten.

litul, *v.* lutel.

liun, *v.* leo.

liue-n, *v.* lif.

liuere [liure], *liver*, i.277.

liuien, liuiende, *v.* leofuen.

liȝe-n, luȝen [leȝe, †liþe], *to lie, speak false, deceive*, i.128,132. ii.148,204,347,447, 541; *pr.pl.* liȝeð, ii.542; *p.* leh, ·leh, ii.116,317; *pl.* [leȝede], ii.542.

lo, *v.* leo.

lock, *v.* lac.

·lockes [lokes], *pl. locks of hair*, ii.350, 495. iii.214.

locun [lokes], *pl. locks of doors*, i.252.

·lod-cniht, *guide*, iii.21.

lodes-men, *v.* laedes-men.

lodlich, *v.* ladlich.

lof, *praise*, i.358,375. ii.285,339.

·lof, *loof of a ship*, i.335,415; *pl.* lofes, ·loues, ii.455. iii.242. See *Glossar. Rem.* p.476.

lofe, lofue, *v.* lufe.

loft-songe [louesange], *d. lofty song, song of praise*, i.4. ii.188. See *Glossar. Rem.* p.439.

lofueliche, *v.* leofliche.

lofuie, lofde, lofuede, *v.* leofuen, louien.

loh, *v.* læð, laih, lehȝen.

lok, *v.* lac, luken.

†loken, *d. sheep-fold*, ii.471.

iloken, *v.* luken.

lokes, *v.* lockes, locun.

lokien [loke, loki, lokie], *to look*, ii.520,598. iii.224,230,238; 1*p.pr.pl.* lokien, ii.33; 3*p.* lokieð [lokeþ], ii.546. iii.145; *imp.* loca, loka, ·loke [lok], i.153,214. ii.66; *p.* ·lokede, i.96,307. ii.173. iii.143; *pl.* ·lokede, lokeden, i.16. ii.224. iii.2,92; *pp.* ·iloked, *selected*, i.225.

·ilome, ilomen [lome, *hi*-lome], *often*, i. 355. ii.62,267,289,439,542. iii.108, 205,265.

lome [lame], *lame*, ii. 394. iii. 236; *d.* lome, lomme [lame], ii. 394. iii. 238.
ilomp, ilompen, *v.* ilimpe.
·lond, *n. land, country*, i. 4, 6, 12, 48. iii. 39, 58; *g.* ·londes, i. 22, 389. ii. 479; *d.* ·londe, londen, i. 6, 14, 157. ii. 398. iii. 1, 225; *acc.* ·londe, i. 2, 18. iii. 153; *pl.* londes, lond, ·londe, i. 176, 222. iii. 50, 92, 118, 159; *d.* ·londe-n, ·londes, i. 70. ii. 132, 532. iii. 6, 17, 186.
†leond-cnihtes, *pl. people*, ii. 414.
lond-folc [lond-folk], *people*, i. 22. ii. 512. iii. 242.
lond-gauel, *tribute*, i. 319, 332.
·lond-riche, *realm*, iii. 15, 208.
lond-sorȝe, *d. f. evil, sorrow*, ii. 562.
lond-tilien, *pl. laborers*, ii. 197.
long, *tall*, i. 271; *acc.* ·long-e, longne [lang-e], i. 13, 160. ii. 170, 386. iii. 62, 111, 131; *pl.* longe-n [lange], i. 334. iii. 141; *d.* iii. 8, 207.
·ilong [lang], *ad. on account of, owing to* [A.-S. *gelang*], ii. 225, 241.
·longe, *d. f. duration, end*, ii. 225, 239, 295, 503. iii. 190.
·longe, leonge [lang-e, leng], *ad. long time*, i. 150, 177, 213, 295. ii. 590. iii. 99, 107.
longen [longy], *to be long*, iii. 230.
longen [longye], *to long for, desire*, ii. 365; 1 *p. pr.* [langy], ii. 370; 3 *p.* longeð [langeþ], ii. 238. iii. 361; *p.* longede [langede], i. 431.
[longene], *pl. lungs*, i. 277.
longi, longien, *to bring*, ii. 322. iii. 241.
lore, *v.* lære.
ilore-n, *v.* leose.
lor-spel, *v.* lær-spel.
lose, losie-n, *v.* leose.
[lot], *lot*, ii. 155; *pl.* loten, leoten [lotes], i. 12, 13. ii. 155, 225.
ilote-n, *v.* ileoten.
loten, *v.* lætes.
loð, loþ, *v.* læð, laððe, lehȝen, leoðe.
loðen, *d. evil, death*, i. 46. *v.* lað.
loþliche, *v.* ladlich, ladliche.
lotie, *v.* lutie.
lou, *v.* leo.
loude, *v.* lude.
loue, louie, louede, iloued, *v.* luuien, lufe.
loueliche, *v.* leofliche.
louerd, *v.* lauerd.
louerdlinges, *v.* lauerdinges.
[louerdsipe], *lordship*, i. 226.
louke, *v.* luken.
loues, *v.* laues, lof.
loue-sange, *v.* loft-songe.
lowe, loȝe, *v.* laih.
lowen, loȝen, *v.* lehȝen.
lude [loude], *d. clamor, noise, cry*, i. 109; *acc.* lude-n, ii. 440, 466; *pl.* luden, iii. 76.
lude [loude, †looude], *loudly*, i. 37, 75, 251. ii. 113. iii. 53; lude and stille, i. 156. ii. 135, 362.
·ludere [loudere], *d. f. loud*, i. 40. ii. 450. iii. 91.
luding [loudinge], *f. clamor*, ii. 623; *acc.* ludinge [luding], ii. 22.
lufe, luue [loue], *f. love*, i. 18, 88. iii. 206, 262; *d.* lufe, luue-n, †leofe, †leoue, ·lofe [lofue, loue], i. 10, 34, 53, 89, 259, 410. ii. 318, 368. iii. 198; *acc.* lufe, luue-n, †leoue, i. 226, 329. iii. 207, 249.
luft, *v.* lift.
lufte-n, *v.* leofte.
luf-þing, *love-token*, i. 8.
luke, *luke-warm*, iii. 98.
luken [louke], *to lock*, ii. 22; *p.* læc [lok], ii. 217; *pp.* iloken, iii. 295.
luken, *to draw, move quickly*, ii. 274. iii. 164, 215; *p. pl.* luken, ii. 552, 621. iii. 141. See *Glossar. Rem.* p. 513.
ilumped, ilumpen, *v.* ilimpe.
lupan, *v.* lepen.
lupe [leope], *leap*, i. 82.
·lure, *loss, mischief, destruction*, i. 42, 68, 404; *d.* ·lure, lurre [leore], i. 28, 41, 339. iii. 132, 203; *acc.* ·lure, luren, i. 68, 324. ii. 44, 357, 629.
·lust, *silence*, ii. 58.

·luste, lusten, *p. it listed, pleased,* iii.153, 214,234.

lusten [luste], *to listen,* i.39,431. ii.95, 165; *imp.* ·lust, ii.32,142,637. iii.275; *pl.* lusteð, i.37. ii.58. iii.196; *p.* ·luste, lustnede, iii.47,183; *pl.* lusten [luste], ii.229,633; *pp.* ·i-lustned, ii.634.

lut, ·lute, *a. few,* i.11,85,166,172. ii.65, 133,344,615. iii.61,281; *little,* ii.509. [lute], *ad. little,* ii.625.

·lutel, luttel, *a. little,* i.70. iii.51,75,389; *d.* ·lutel-e, i.15. iii.151; *acc.* ·lutel-e, ·lutelne, luttelne, lutle, litul [leitel], i. 85,147,270,348,400. iii.72,109; *pl.* ·lutle, lutlen, luttel [lutelle], ii.114,117. iii.30,208.

·lutel, lutlen [lute], *ad. little, by degrees,* i.152,265,329. ii.49. iii.253.

·luðer-e, *wicked, evil,* i.168,275,291,397. ii.12,89,200,624. iii.47; *d.* ii.92,202, 468. iii.75,185; *pl.* luðere [luþer], i.57, 101,184,279,625. ii.114,465,485. iii. 11; *d.* luðere-n [luþer], i.57,92. ii.485. iii.160.

luðere [luþer, luþre], *ad. evilly,* i.118. iii. 81; luðere an hond, ii.511. iii.256.

luþerlich, *v.* liðere.

lutie [lotie], *to stoop, bow,* ii.479; *pr.pl.* †luted, ii.106; *p.pl.* luten, i.30.

lutlien, *to lessen,* i.377.

luue, *v.* lufe.

luuede, *v.* leofuen.

luueliche, *v.* leofliche.

luuien, *v.* leofuen.

luuien, †luuisen [lofuie-n, loueie, louie], *to love,* i.129,130,384. ii.47,135,197, 347,507. iii.212; *to approve, praise, worship, obey,* i.54,432. ii.146. iii.194; 1 *p. pr.* leouie, luuie [lofuie, louie], i. 194,209,343. ii.180; luuest, †leuest [louest], i.127. ii.362; 3 *p.* leouet [loueþ], i.148; *pl.* luuieð [lofuieþ, louieþ], i.43,90,210,228. ii.29,157,176, 448; *imp.* leoue, i.216; *pr. sb.* luuie [louie], i.125. ii.186. iii.294; *p.* lufede, lufde, ·luuede, lufode, leoue, leouede, ·louede [lofde, lofuede, loue], i.7,12,77, 128,177,191,205,258,268,297,410. ii. 36,37,51,289,338,378. iii.100,154,243; *pl.* lufede-n, luuede-n, leofden, leofeden, leouede-n, loueden [lofde, lofuede, louede, †leuede], i.9,54,88,148,161,209, 223,259,355,391. ii.36,188,285. iii.79, 149,232,252,268,296; *pp.* ileoued, †ilofeð, iluued [iloued, †ileued], i.8, 191. ii.146,154. *v.* biluuien.

luȝen, *v.* liȝe.

ma [mo], *more,* i.5. ii.77. iii.94. *v.* mære.

machunes, machunnes [machuns], *pl. machines,* ii.223; *d.* ii.224.

madmes, *v.* maðmes.

mæche, *d. weapon,* i.320; *d. pl.* machen, mechen, i.8. iii.202.

mæh [meh], *p. urined,* ii.319.

mæhte, mahte-n, imæhte, imahten, mehten, *d. might,* i.290,423. ii.181,556. iii. 65,84,134,148,245; *acc.* mahte-n, i. 326. ii.48,296. iii.85; *pl.* mæhte, mæhten, i.137. iii.30. *v.* mihte.

mæhte-n, *v.* mæi.

mæhti, *mighty,* i.120. ii.157; *pl.* i.280. ii. 517. *v.* mihti.

mæi, mæie, mai, maȝe-n, mæȝen [mai, may, mawe], 1 *p.pr. may, might,* i.42,51,65, 127,135,192. ii.66,140,420,633; 2 *p.* ·miht, †mith, maht [miþt], i.67,126,150, 325. ii.131. iii.22,262; 3 *p.* mæi, mæie, maie, ·maȝe, maȝen, mai, †mei [may, mawe], i.32,39,329,366. ii.124,572. iii. 29,41,49,274; *pl.* ·maȝen, ·maȝe, †mæȝen, mawen, †mæwen, muwen, muȝen, †mah [mawe, maye], i.32,40,43,57, 194,227,265,406. ii.97,107,142,213, 328,420,427,476. iii.45,186,294; 1 *p.p.* mihte, i.51; 2 *p.* ·mihtest, ·mihtes, miht, ii.48,363. iii.122,249,279; 3 *p.* ·mihte, mihten, †miðte, mæhte, mahte [miþte, miþt], i.18,22,26,44,88,324,391. ii.79. iii.4,134,227,241; *pl.* ·mihten, ·mihte,

mæhten, mahte [miht, miþte], i.51,71. ii.88,155,205,277,387. iii.17,46,76, 102,273.

mæi, mæie [may, meay, mey], *male relative, cousin, nephew*, i.163,347. ii.399, 426,626. iii.9,20,43,123; *d.* mæie [may, meaye, meye], i.164,372. ii.585. iii. 126; *acc.* mæi, †mæin [mai, may, mey], i.73,162,350. iii.113,195; *pl.* mæies, mæȝes, ·meies [meyes], i.20,45,161, 217. ii.450,534. See *Glossar. Rem.* p. 441.

mæide, *v.* maide.

mæiden, maiden, meiden, *s. maiden, maid*, i.7,130,137. iii.28,249; *g.* mæidenes, ·maidenes, i.136,386. ii.510; *d.* mæidene, mæidenne, maidene [maiden], i.106, 131,407. ii.176. iii.28,30,223; *pl.* mæidenes, maidenes, mæidene, ·maidene [maydenes], i.94. ii.456; *g.* maidene-n [maydene], ii.510. iii.18,144; *d.* madenen, maidenen [maidenes, maydene], i. 116. ii.72. iii.176.

mæin, *v.* main.

mæinen [mene], *to say, tell*, ii.39,259.

mæl, ·mele, *meal, feast*, i.345,346. ii.402.

imæne, ·imene, *ad. among, in common*, ii. 35,144,178.

mænen, mainen, menen [mene], *to complain*, i.139,354. ii.39. iii.187; 1 *p. pr.* mæne [mene], i.354; *p.* mænde, ·mende, i.81,103. iii.195; *pl.* mænden, ·menden [mende], i.336. ii.38,141. iii.265.

mængen, ·menge, mengen [mengi], *to trouble, mingle, brew*, i.145,214. iii.283; *p.* mæinde, mæingde, ·meinde, mengde-n [meingde, meynde], i.184. ii.177, 226,316,320,634. iii.273; *pp.* imænged, ·imenged [imeng], ii.214. iii.142.

mær [mer], *boundary, limit*, i.90; *pl.* mare, iii.254.

mærcoden, *v.* markede.

mære, ·mere, *lake*, ii.489,498,499,501; *g.* mære, ii.499; *d.* mære-n, ·mere, ii.490, 491.

·mære, ·mare [mere], *great, chief, powerful, spacious, tall*, i.49,53,86,174. ii. 557. iii.38,137; *d.* mære, mare, meren, mern, i.1,18. ii.608. iii.256,289; *acc.* mære-n, mare, i.51. ii.171,183,192, 621; *pl.* mære, maren [meare], i.85. ii. 128,597. iii.112,287.

mære, mare-n, ·more, *ad. more, chiefly*, i. 127,128,260. ii.517. iii.51.

mære, mare [more], *greater*, i.7,235. iii. 206; *elder*, ii.70; *d.* iii.154; *pl.* [more], ii.107.

mæren, *to mar, injure, kill*, iii.170; *p.* mærde, i.81; *pl.* merden [morde], ii.515. *v.* amærre.

mærken, mærkes, *v.* marke.

mærliche, *exceedingly*, i.113.

mærȝen [morewe, morwe], *morrow, morning*, i.37,241. *v.* a-mærwe, to-mærȝe.

mærȝeue, *v.* morȝeue.

mæsse, ·masse, *mass*, ii.353,609. iii.180, 191; masse-preostes, *pl.* iii.198.

mæst, meæst [mast], *mast*, i.196; *pl.* ·mastes, i.47.

mæst, ·mest [most], *most, chiefly*, i.398. iii.100.

mæste [maste], *d. oak-grove*, ii.469.

mæste, mast, ·mest-e, ·mesten, *sup. most, greatest*, i.91,173,336,423. ii.148. iii. 95,170,272; *eldest*, ii.57; *d.* i.108,175, 418.

mæte, ·mete [meate], *meat, food*, i.19,28, 190,259. ii.234,533. iii.2,76; *d.* mete, i.77. ii.540; *pl.* ·metes, i.151; mæte-cun, i.40; mete-burdes [mete-bordes], *pl.* i. 154.

mæðe [meþe], *d. power*, i.42.

imætte, ·imette [mette], *p. dreamt*, i.54. iii.13,16,118,289.

imætte, *v.* mete.

mæȝes, *v.* mæi.

mah, *valiant*, ii.42.

mahimet, maumet, *idol*, ii.186. iii.170.

maht, mahte-n, imahten, *v.* mæhte, mæi.

[mahþe], *dignity*, i.266.

·mahum, ·mahun, *idol*, i.11; *d.* i.345; *pl.* mahun [mahunes], i.434.

mai, *v.* mæi.

·maide, mæide [mayde], *n. maid*, i.12,132, 136. ii.510. iii.28,237; *g.* [mayden], ii. 510; *d.* [maide, mayde], iii.28,38. *v.* mæiden.

maide-child, *n. girl*, ii.177.

main [mayn], *might, strength*, i.66. ii.15, 176. iii.62; *d.* mæine, ·main, ·maine, · mainen, imaine [mayn-e], i.79,81,271, 397. ii.421,582. iii.23,59,98,103; *pl.* maines, iii.207; mæin-clubbe, ii.216; main-stronge, *pl.* iii.106.

imainede [imained], *pp. strong*, iii.24.

[mainliche], *strongly, violently*, i.25,35, 81,424. ii.191.

·makie, makien, makian, ·maken, make-ȝe-n [make, maki, makye], *to make*, i. 16,27,51,151,239,244. ii.62,82. iii.112, 126,261,269,270; *inf.fut.* makiene, ii. 62; *pr.pl.* ·makieð, ii.625. iii.51; *imp.pl.* makieð [makeþ], i.250. ii.98,109; *pr.sb.* ·makie, i.251. ii.540; *pl.* makien [makie], i.41; *p.* make, ·makede, makode, i.2,19, 76,134. ii.195. iii.93,120; *pl.* ·makede, makeden [*hi*-makede], i.18,82,165. ii. 16. iii.179,203; *pp.* ·imaked [imakid, *hi*-makede], i.10,49,86,423. ii.172,507. iii.106; *pl.* imakede [imaked], i.423. ii. 507.

·male, *coffer, mail*, i.150.

man, manne-n, *v.* mon.

man-cwalm, *v.* mon-qualm.

imane [imone], *d. fellowship*, ii.471.

[manede], *manhood*, ii.614.

[manere], *d. manner*, ii.373.

man-ferde, *v.* mon-uerde.

[manie], *multitude*, ii.418. *v.* moni.

manliche, *v.* monliche.

mansipe, *v.* monsipe.

[mansipliche], *honorably*, ii.447. *v.* monscipe.

man-sleahte, *v.* mon-slæht.

man-swore, *v.* mon-sware.

·mantel, *mantle*, ii.193; *d.* mantle [mantel], ii.215.

[manyfold], *manifold*, iii.67.

marcchisce, *pl. Mercian*, iii.245.

mare, *v.* mære.

·marke, marken, marce, *standard, ensign*, ii.377; *mark, sign*, i.180. ii.29; *g.* mærken [marke], ii.379; *pl.* marken, mark, iii.254; *marks (of gold)*, ii.517; *d.* mærkes [markes], iii.197.

markede, *p. directed*, i.240; *pl.* mærcoden, *marked*, iii.45.

marme-stan, *marble*, i.325; *d.* ·marme-stane, marmon-stane [marbre-stone], i.49,56. iii.291.

martir, *d. martyr*, ii.597.

·martirdom, *martyrdom*, i.431.

·martrede, *p. martyred*, ii.29.

marȝe-n, *v.* a-mærwe, to-mærȝe.

maðmes, maðmas, maħmes, madmes, *pl. treasures, riches*, i.38,45,136,230,345. ii.163,205,517. iii.232,241.

maumet, *v.* mahimet.

mawe, maȝe [mowe, moȝe], *f. female relative, niece*, i.12. ii.510. iii.18,28,36; *d.* maȝen [mowe], iii.34. *v.* mæi.

mawe-n, maȝe-n, *v.* mæi.

may, *v.* mæi.

[may], *n. maid*, iii.224.

·me, *d.acc. me*, i.30,32, *et pass.*

·me, *men, they*, used as the Fr. *on*, with a verb singular, i.46,90,190. iii.46,114, 115,155. *v.* mon.

meare, *v.* mære.

meay, *v.* mæi.

mechen, *v.* mæche.

·mede, †meda, *reward*, i.126. ii.55,66,316; *d.* i.329. ii.190.

mede [meþ], *mead*, i.295,372.

medewe, *d.f. meadow*, iii.214; *pl.* medewen, medewan, meduwen, ·medewes, i. 82,85,205. ii.596.

meh, *v.* mæh.

mehten, *v.* mæhte.

meies, *v.* mæi.

meinde, meingde, *v.* mængen.

mele, *v.* mæl.

men, menne, mennene, *v.* mon.

mene-n, *v.* mæinen, mænen.

menge-n, mengi, *v.* mængen.

·mensce, †mensca, menske, *d.f.* *honor*, i. 107,113,142. ii.*523*.

meowen [mewen], *p. pl.* *mowed*, i. 82, 427.

mere, *v.* mære.

merminnen [mereminne, mereminnes], *pl.* *mermaids*, i. *56, 57*. See *Glossar. Rem.* p. 451.

mest, mesten, *v.* mæst-e.

[mete], *d.* *moderation* (?), i. 279.

·mete, ·imete, imeten, *to meet, encounter, seek*, ii. 261, 336, 381; *pr.* ·imeteð, ii. 469; *pl.* ·imeteð, imetteð, i.316. ii.423; *p.* imætte, ·imette [*hi*-mette], i.193, 288. ii.*25*,201. iii. *56*,105; *pl.* ·imette, imetten [mette-n, *hi*-mette], i.61,202. ii.336, 402, 419, *564*.

·imete, *a.* *moderate*, i. 281.

·mete-custi [mete-cousti], *liberal*, i.*15*. ii. 384, 390, 413, *554*.

imeten [imete], *pp.* *measured*, ii.500.

mete-rum, *moderation* (?), i. 279.

imetliche, *small*, ii.491.

meþ, *v.* mede.

meþe, *v.* mæðe.

meðegie, *to tame*, ii.638.

metsunge, *feast*, iii. 278.

mette, imette, *v.* imætte, mete.

mey, meyes, *v.* mæi.

meynde, *v.* mængen.

mewen, *v.* meowen.

mi, *v.* min.

michelere, *v.* muchel.

·mid, *ppn.* *with*, i. *5*, 10, 44, *et passim*; †mið, i.274; mide, i.120. ii.296. iii.28; [†mede], i.183, 306.

middelærd, *world*, ii.41; *g.* middel-ærdes, middel-eærdes, midelarde [middelerþes, middilerþe, middilerþes], i.307, 313. iii. 14, 126; *d.* middel-ærde, midden-erde [middilerþe, middilherþe], i.386. ii.41, 319, 489, 619.

midewinteres [midewynteres], *g.* *midwinters*, ii.539.

mid-festen, *d.* *mid-feast*, ii.*511*.

midle [middel], *d.* *middle*, ii.474. iii.120.

·midlest-e [middel, middil], *a.* *middle in age*, i.90, 301. ii.114.

·mid-niht [mid-niþt], *f.* *midnight*, i.72, 241, 246; *d.* ·mid-nihte, middel-niht, midder-niht-e [mid-niht], i.324. ii.243, 321, 440, 441. iii.20.

·mihte, *f.* *might*, ii.296. iii.7; *d.* mihten, imihte-n, †mitte [miht-e, miþte], i. 17, 30, 230. ii. *257*, 638. iii. *56*, 221; *pl.* [mihtes], i.137. ii.*554*. *v.* mæhte.

miht-e, mihten, *v.* mæi.

[mihti, miþti-e, †mistie], *mighty*, ii. 3, 68, 120. ii.*157*; *pl.* i.280. *v.* mæhti.

·milc, *f.* *milk*, i.*50*, *51*.

·milce, †milcea, mildce, mildze, milzce, milze [milse], *grace, mercy, favor*, i. 146, 282, 376. ii.36, 87, 198, 281, 447, *495*. iii.262. *v.* imilȝe.

milc-whit [milc-wit], *milk-white*, ii.243.

milde, *mild, gracious*, ii. 87, *195*. iii. 237, 261; *d.f.* ·mildere, ii.120; *d. pl.* milden [milde], i.*51*.

·mildeliche, mildelichen, *mildly*, i.217, 283, 377. ii.46, 88.

mild-heorte, *mild-hearted*, ii.280.

mildliche [mildeliche], *a.* *mild*, i.210, 376.

mild-scipe, *d.* *mildness*, ii.294.

·mile, *mile*, i. 248. iii. 90; *d.f.* ii. 88; *pl.* ·mile, milen, iii.28, *58*, 204.

†mils-liðe, *merciful* (?), ii.197.

milzce, *v.* milce.

imilze [milce], *imp.* *have mercy*, ii.279, 281.

·min, ·mi, *mine, my*, i.30, 97, *265*. ii.14, 78. iii.29, 49, 121; *g.* mines, i.152. iii.*295*; *g.f.* mire, i.358. ii.499; *d.* ·mine [mi, min], i.29, 30, 32, 127. ii.*25*; *d.f.* mire, i.22, 30, *45*. ii.14, 29; *acc.* ·mine, minne, ·min, ·mi, i.30, 34, *45*, 97, *356*. ii.*55*. iii. 14, 23, 30, 68, 101, 126; *pl.* ·mine, i.29, 34,

37.ii.25; *d.*·mine, minen, min, i.20,125. ii.26.
miniȝi, *v.* munien.
·misbode [misbod], *wrong, ill-rule,* ii.38, 129.
·misdede, misdeden, *d.pl. misdeeds,* ii.347.
[mis-do], *to act ill,* ii.520.
·mis-ferde, *p. mis-fared, wandered,* iii.42; *pl.* [misferde], i.267. iii.42.
[mislerede], *p. miscounselled,* i.184.
misliche, *variously,* i.267.
[mis-reade], *pr.sb. may miscounsel,* ii.124; *pl.* mis-ræden, ii.124.
[mis-spene], *pr.sb. destroy* (?), ii.139.
†miste, *p. might,* ii.360. *v.* mæi.
·miste, *p. missed,* ii.365.
mistie, *v.* mihti.
miþt-e, *v.* mæi, mihte.
miþti, *v.* mihti.
mo, *v.* ma.
moche, mochel, mochelere, mochere, mochul, *v.* muche, muchel.
·mod, *mood, mind, pride,* i.145,188,375. ii.194,619,638. iii.10,218; *g.*·modes, ii.639; *d.* ·mode, moden, †moda, i.1,8,28, 174,191. ii.157,481. iii.106,226.
·moddri, *aunt,* i.160; *g.* ·moddrie, iii.231.
imoded [moded], *pp. minded,* iii.33,105; *pl.* imodede, ii.408. iii.76,192,241.
·moder, *f. mother,* i.10,13,17. ii.10,43. iii.29; *g.d.* i.18,214. ii.10,36.
modfulne, *acc. m. proud,* ii.591; *pl.* modfulle, ii.265.
·modi [modie], *moody, proud,* i.318. ii.540,573. iii.192,269; *pl.* i.356. iii.192.
mod-kare [mod-care], *sorrow of mind,* i.132. ii.148; *d.* mod-kære [mod-care], ii.194.
mod-sorhȝe, *sorrow of mind,* iii.217; *d.* mod-sorȝe, i.370.
moggles, *v.* muggles.
moht, *v.* mot.
·mon, ·man, i.3,15,29,55,302. ii.3,11,13, 228. iii.2,8,66; *g.* monnes, ·mannes, i.45,67. iii.158,186; *d.* monne-n, mon, ·manne, ·man, i.4,106,142,272,404. ii.126,230. iii.9,238; *pl.* ·men, i.8,23,24. ii.17. iii.2,8,18,150; mon (?), ii.149,155, 162. iii.281; *g.* ·monne, monnen-e, monnes [manne-n, mannene, mannes, men, menne], i.28,75,102,123,166,183, 271. ii.1,14,289,374. iii.9,14,59,93,125, 162,257; *d.* monne-n, ·mannen, ·men, †imonnen [manne, mannes, menne, mennene], i.5,15,16,27,75,94,116,216, 246,432. ii.392,571,574. iii.9,54,88.
mon [me, men], *they,* ii.201,344. iii.30, 118; *one,* iii.213. *v.* me.
monaki, *v.* munekien.
·mon-cun, ·mon-kun [mancun, mankun], *n. mankind, people, multitude,* i.19,223. ii.282,375,417,552,592. iii.17,125,137, 186; *g.* moncunnes, i.387; *d.* moncunne-n, monkunne, monkinne [mancunne, mankunde], i.94,246,289,387,389. ii.198. iii.52,106,130.
mon-drem [mannes-drem], *clamor of men,* ii.583.
·mone [imone], *sexual intercourse,* iii.28.
·mone, *m. moon,* ii.325,461; *d.* ·mone, monen, i.389. ii.158. iii.224; monedæi [moneday], ii.158.
imone, *a. common, universal,* i.42.
monek, *v.* munec.
moneð, *month,* i.308; *pl.* monðes, i.332.
imong, ymong, †imæg, mong [a-mang, a-mong], *ppn. among, amidst,* i.94. ii.4, 69,92,123,202,206,320. iii.12,114, 186,238.
imong, †imagge [a-mang, a-mong], *ad. in the mean time, whilst,* i.218. ii.338, 530,594.
imonge, *d. business, transaction,* ii.28.
·moni, monie [mani, many], *many,* i.15. ii.94. iii.42,131,158; *g.* monies, ·monie [mani], i.73,253. ii.221,237. iii.158, 186; *d.* moni [mani-e], i.144,321; *acc.* ·moni, monine [mani, many], i.18,97, 145. ii.237. iii.101,166; *pl.* moni, monie-n, monieȝe [mani-e, many-e, mo-

nye], i.20,24,28,181,194,237. ii.8. iii. 46,61,67,116,209; moni ænne, monienne [mani on, many an], *acc.* i.281, 390. ii.237,570; *g.* moniannes, moniennes, moni anes [maniane, mani one], i.322. ii.39,418,616. iii.186; *d.f.* mani are, moni are, i.24. ii.199. iii.166,232; *d.* moni ane [mani an-e], i.24,218. ii. 39. iii.159.

imonien, *v.* munien.

monliche [manliche], *bravely, manly,* iii. 69.

mon-qualm [man-cwalm], *mortality,* i. 166,172.

·mon-radene, mon-raddene, mon-ræidene, mon-redne [manradene], *acc. homage, fealty,* i.18,204,266. ii.34,134,528,586.

mon-radene [manradene], *acc. carnal intercourse,* iii.28.

monscipe, monschipe [mansipe, monsipe], *f. honor, dignity, power,* i. 8,15,16,33, 107,137,163,266,378. ii.625. iii.51,247, 265; *d.* i.6,19,36,133,164,204,214. ii. 140,447. See *Glossar. Rem.* p. 489.

mon-slæht, *manslaughter,* iii.110; *d.* mon-slæhte [man-sleahte], iii.110.

mon-sware, ·man-swore, *perjured,* i.177. ii.506.

montaine [montayne], *d. mountain,* i.54. iii.18.

mon-uerde, mon-uerede, monne-uerde [man-ferde], *forces, people, host,* ii.22, 23,265,297; *d.* mon-uerde, mon-uerede, mon-ueorde [man-ferde], i.203. ii.212, 257,292. iii.139.

mon-weorede, †mon-weore, *f. army, assemblage,* ii.23,587,615. iii.202,255; *d.* mon-weorede, mon-werede, ii.432, 439,508,588. iii.139,198,263.

morde, *v.* mæren.

more, *d. moor,* ii.536; *pl.* ·mores, i.205; *d.* moren, iii.120.

more, *v.* mære.

moren [mores], *d.pl. roots,* iii.282. Still used in the western dialects.

morewe, morwe, morȝe-n, *v.* a-mærwe, mærȝen, to-mærȝe.

mornede, morȝnede, *v.* murnede.

morð [morþre], *mortality, calamity, murder,* iii.127,148,280; *d.* morðe [morþre], ii. 405,456. iii.36,264.

morð-gomene, *murder, destruction,* ii.539.

morð-spelle [morþre-spelle], *d. murder,* ii.401.

moruenne [mor-fenne, *d. moor-fen,* ii.422.

morȝen-liht [†moreliht], *d. morning light, dawn,* ii.328.

morȝeue, †mærȝeue, *nuptial gift,* ii.178. iii.249. See *Glossar. Rem.* p. 487.

·mot, moht [mote], 1*p. pr. may, might, must,* i.148,163,353. ii.66,139. iii.36, 121,249; 2*p.* ·mote, i.191. ii.410; 3*p.* ·mot, ·mote, mohte, i.38,45,102,133, 153. ii.25,155,622; *pl.* moten, ·mote, i.21,365. ii.132,141,305,506. iii.50; 2*p.p.* ·most, mostes, must, i.374,420. ii.161,246,363,410. iii.290; 3*p.* ·moste, mosten, i.168,286,294,422. ii.193,199. iii.168,288; *pl.* mosten [moste, most], ii.155,450. iii.63,161.

mote, *d. meeting,* ii.113. iii.271.

·motest, 2*p. pr. speakest,* i.61; 1*p. pl.* motegen, ii.213.

·moting, motinge [motyng], *meeting, mooting, speech, transaction,* i.279. ii.206. iii.213,287; *d.* [motinge], ii.28,338.

mouþ, *v.* muð.

mowe, moȝe, *v.* mawe.

muche [moche], *great, mickle, big, tall,* i. 7,12,47,227,259. ii.6,170,227,552. iii. 4,210,229; *g.* muche, iii.119; *d.* muche-n [moche], ii.38,56,130,145,181,246. iii.251,267; *d.f.* muchere [mochere], i. 157,312,353. ii.435. iii.234; *acc. m.* muchene [moche], i.15,163. ii.56,621. iii.103.

muchel-e, mucle [mochel-e], *great, big, mickle, tall, spacious,* i.19,24,27,49,120, 173,184,427. ii.254,483. iii.4,17,21, 45,98,131,210; *g.* mucheles [mochele],

ii. 516. iii. 119; *d.* muchele-n, muchle, †muchela, muccle, mucle-n, mucla-n, †muclæn, mochelen, †michelene [mochel-e], i. 20,23,56,74,91,93,109,133, 188,224,240,248,405. ii.130,246,565. iii. 5,22,59,110,139,254,267; *d.f.* muchelere, mucheire, muchelure, muclere, ·mochelere, miçhelere, i.5,23, 156, 157, 164, 210, 262. ii. 196, 201. iii.61, 128, 136,224; *acc.m.* muchelne, muchele-n, muchel, mucchel, mucle-n [mochel-e], i.15,169,372. ii.44,83,216,252. iii.19, 45, 263; *acc.f.* muchele, mucle [mochel-e], i. 15,18. iii. 79, 86, 231; *acc. n.* muchel-e, ·mochel, i.10,184. ii. 56. iii. 21; *pl.* muchele, mucle [mochele], iii. 31,207,287; *d.* iii.8,199.

muchel-e, mucle, mochul [mochel-e, moche], *ad. greatly, much,* i.136,185, 265,422. iii.231.

muggles [moggles], *pl. ray-fish,* iii.186.

muglinges [moglynges], *pl. a term of reproach, applied to those who wore the tails of ray-fish,* iii.186. See *Notes,* p. 420.

munchene, ·munechene, *nun,* ii. 231. iii. 138.

mund, *protector, guardian, protection,* iii. 14,126; *d.* ·munde, ii.13, 554.

munden [mundes], *pl. palms of the hand,* ii. 500.

munec [monek], *monk,* ii. 114, 122; *pl.* munekes, munkes [monekes], ii. 123,128. iii.166,176,191; *g.* muneckes [monekene], ii. 316; *d.* muneken [monekes], iii.192.

munec-child, *young monk,* ii.129.

munec-claðes, *pl. monks habit,* ii.118; *d.* munec-claðen [monekes cloþes], ii.123.

munecclif, *monastery,* iii.191; *pl.* munec-cliuen, iii.296.

·munede, *d.f. mount,* ii.260. iii.187.

munekien [monaki], *to make a monk,* ii.114.

munien, imunen, imunnen, †imuȝen, imonien, munegie [imune, munéȝi, †miniȝi], *to commemorate, remember, remind,* i.86,118,343. ii.259,586. iii.176; *to manage,* i.174; *p.* ·muneȝede-n, *wyrd, chastised,* ii. 273. iii. 55; *pl.* muneȝedet [muneþede], ii.582.

munster, munstre, *minster,* ii. 120,597; *d.* munestere, munstere, munstre, ·munestre, ii.120,124,149,231; *pl.* munstres [munestres], ii.597. iii.176.

munt [mont, mount, †mund], *mount, hill,* i.240,370. ii.253,345. iii.18,24; *d.* ·munte, munten [monte], i.113. ii.222, 470. iii. 18, 37, 222, 345; *pl.* munten, ·muntes [montes], i.19,85,241. ii.491; *d.* munten [mountes], i.20,77. ii.111.

imunten, *p. purposed,* i. 343.

·muri-e [merie, mury], *merry, pleasant, prosperous,* i. 1,56,119,346,428. ii. 63, 208,211,268. iii. 183; *pl.* ·murie, i. 432. ii.609; *d.* ii.397; *comp.* murgre, ii.627; *sup.* [muriest], iii.17.

·murie, *ad. merrily,* ii.530. iii.197.

murne, *pl. mournful,* ii. 253.

murnede, ·mornede, morȝnede, *p. mourned,* i. 132, 145. ii. 177; *pp.* imurned, ii. 138; *p.pr.* murnende, ii. 338.

·murhðe, ·murðe, murehðe, †murhȝe [murþe, murthe], *f. mirth,* i. 76, 218. ii. 113, 292, 597; *d.* murhðe, †murȝeþe [murþe, murthe], i.292,382. ii.196.

murðren, *to murder,* ii.479; *p.* murðde, i. 171.

·must, *wine-must,* i.372.

·muð [mouþ-e], *mouth,* i.166. iii.41,334; *d.* ·muðe, muðen [muhþe, mouþe], i. 166,217,244,274; *pl.* ·muðes, ii.196.

muwen, muȝen, *v.* mæi.

muȝen, *d. pl. mows, stacks,* iii.173.

na, †næ, ·no, *a. no,* i. 5, 139, 144, 298. ii. 129,244. iii.3,6,10,279. *v.* nan.

na, no [ne], *not,* i. 130, 266. ii. 250. iii. 4, 24,47; na ne, i.396; na þe ma [no þe mo], i. 197; na mare [na more, no more], i.82. ii.293. iii.20.

na, †næ, no, †neo [ne], *nor, neither*, i.8, 413. ii.133,147,290,356,392,431. iii.57, 138. *v.* ne.

·nabbe, 1 *p.pr. have not*, i.336. ii.139. iii. 18; 2 *p.* ·nauest, i.141; 3 *p.* ·naueð, nafð [nafeþ], i.32,135. ii.337. iii.50; 1 *p. pl.* nabbet, nabbe [nabbeþ], i.42. iii.273; 2 *p.* ·nabbe, nabben, ii.387. iii.266; 3 *p.* nabbeoð [nabbeþ], ii.378; *imp.* naue, ii. 108; *pr.sb.* nabbe, iii.18; *pl.* nabben, ii. 107; 1 *p.p.* [nadde], i. 342; 2 *p.* nefdest, ii. 228; 3 *p.* nefde-n, næfde, neafde, næuede, nauede, neuede, nefede, ·nafde [nadde], i. 5,24,192,209,270,317,322, 411. ii.12,46,72,337. iii.9,28,221; *pl.* nefden, nefde, næfden, næueden [nafde, nadde], i.10,118,184. ii.90,171. *v.* habbe.

næfer, næuere, næure, *v.* neuere.

næh, *a. near by relationship*, ii.2.

næh, næhi, *v.* neh.

næi [nai, nay], *nay*, ii.124,356.

næm, *v.* nime.

næm [nam], 1 *p. pr. am not*, ii. 167; 2 *p.* nært, ·nert [nart], ii.145,228. iii.269; 3 *p.* ·nis, i.144,304. ii.156. iii.14; 1 *p p.* ·nas, i.147; 2 *p.* ·nere, i. 65; 3 *p.* næs, nes, ·nas, neas, i.6,15,24,26. ii.61. iii. 6, 9, 29, 30; *pl.* neoren, ·neore, ·nere, nære [neren], i.23,48,408. ii.381. iii.1, 8,297,345; *p.sb.* ·neore, neoren, ·nere, nær-e, †neora [ner], i. 26,65,66,272, 340,376,396. ii.48,66,122,566. iii.21, 33; *pl.* ·neoren [nere], i. 399. ii.164. iii. 1,21.

næne, nænne, *v.* nan.

næstieð [nestleþ], *pr.pl. nestle*, ii.489.

næt, nat [not], 1 *p.pr. know not*, i.113,266. ii.109,354; 2 *p.* nast [nost], i.97. ii. 347; 3 *p.* nat [not], ii.368.

næxte [nexste], *ppn. nearest*, i.329.

naht, *not*, i.261. *v.* nawiht.

nahtes, 2 *p.pr. oughtest not*, ii.228. *v.* a-ȝen.

nailes [nayles], *pl. finger-nails*, ii.495.

nail-sax [nailsex], *nail-knife*, iii.228.

·nakede [nakid], *pp. naked*, i.30, 267. ii. 278,333.

nalde, nalden, *v.* nulle.

nam, *v.* næm, nime.

name, *v.* nome.

†nan [non], *ad. anon*, i.140. ii.348. *v.* an-an.

nan-e [non, no], *a. no, none, no one*, i.26. ii. 102. iii. 9,13,26,33; *g.* nanes, nænes, nane [none], ii.228,238. iii.9,64,246; *d.* nane, næne, ·none, i.265. ii.93. iii. 6,9,14,84; *d.f.* nare, i.186,372. ii.393, 431. iii.30,46,63; *acc. m.* ·nanne, næn-ne, nenne, nan, ·non, nonne [none], i. 7,24,32,241,349. iii.37,47,57,64,75, 142,263; *acc.f.* nane [none], iii. 9,89, 157; *pl.* nane, nanne [none], i.136. iii. 102; nanes weies [none weies], *noways*, ii.43,115.

·nap, *m. cup*, ii.175. iii.239.

[nappi], *to slumber*, i.52.

·narewe, *d. narrow*, i.234; *pl.* iii.172.

·narewe, ·narwe, nearew, *ad. narrowly*, i. 372,402. ii.436. iii.96; *firmly*, iii.75.

nart, nas, *v.* næm.

nast, nat, *v.* næt.

·naþeles, neoþelas, neoðeles, neðelas, no-ðelas, noðeles, ·noþeles, *nevertheless*, i. 7,17,71,81,343,370. iii.4,15,36,73.

naþing, naðing, naððing [noþing], *ad. nothing*, i.128,144. ii.502. iii.240.

naue, nauede, naueð, *v.* nabbe.

nawer, neouwar, neouwer, neower, neo-whær, nowhar, nowher, nohwhar [no-hware, nohwere, noþware], *nowhere*, i. 32,140,358. ii.79,146,179,577. iii.168, 174,248,279.

na whon [non], *not at all*, ii.127.

nawiht, nawhit, na wiðt, nawit, †nauyt, no whit, ·no wiht, nowit [noht, noþt, no wiþt, †nowist], *nought, no whit, not*, i.13,21,62,81,135,139,145,185,243. ii.229,243,339,561. iii.16,21,22,283, 296. *v.* noht.

[naȝen, neȝen], *ppn. nigh*, iii.98,149. *v.* aforen on.

·ne [no], *not*, the usual negative prefix to verbs, i.16,18,21; *neither, nor*, i.34,366. ii.7,51,75. *v.* na.

neafde, *v.* nabbe.

neas, *v.* næm.

neawene, *v.* neowene.

·neb, *face*, i.349. ii. 407, 502. iii. 186; *d.* ·nebbe, i.192. ii.495. iii.215; *pl.* ·nebbes, i.177. ii.552. iii.67,221,245.

·necke, *d. neck*, i.30.

nedden, *p.pl. oppressed*, i.172.

ned-e, *v.* neod-e.

nedðer, *v.* neoðere, niðer.

nefde, nefede, *v.* nabbe.

·neh, næh, næhi, nehi, neih, nieh, nih [neþ], *ppn. nigh, near*, i. 6, 84, 122, 180, 212, 213. ii.36,130,420. iii.33,90.

·neh, neih [neþ], *ad. nigh*, i. 67, 68, 164, 262. ii.21,75,148; neh þan, *nearly*, ii. 495, 515. *v.* aneh, naȝen.

·nehlehte, nehlæhten [nehleþte], *p. pl. nighed*, i.224. ii.147,463,587.

nelle, nelt, *v.* nulle.

neme-n, *v.* nime.

nemnen, *i*nemnen, ·nemni [nemny], *to name*, i.87,114,123. ii.27,601; *pr.* nemneð, ii. 190; *p.* ·nemnede, †næmde, i.256,303. ii.140,232. iii.187; *pl.* nemneden [nemnede], i. 86, 269, 303; *pp.* inemned [*i*nemnid], i.100,115,206,258. iii.292.

nenne, *v.* nan.

†neo, *v.* na.

·neod-e, ned, *f. need, necessity*, i.19,225. iii.19, 33, 83, 139; *d.* ·neode, neoden, neodde, †neodes [neod], i.23, 51, 225, 231. ii.167,294. iii.23,75,135,136,204; *acc.* ·neode [nede], i.406. ii.128; *d.pl.* neoden, iii.180.

·neode, nede [neod], *ad. needs, of necessity*, i.45,353.

[neod-fol], *poor*, ii.575.

neodliche, neodeliche, *forcibly, earnestly, exceedingly*, ii. 229,305. iii.71.

neofer, *v.* neuere.

neol, *v.* nulle.

neor [ner], *ppn. near*, i.379.

neor [ner], *ad. near*, i.276. ii.229.

neore, neoren, *v.* næm.

neose [nose], *nose*, i.349. ii.536; *d.* i.166.

neote, *v.* nute.

neoðeles, *v.* naþeles.

neoðer [noþer], *nor, neither*, ii.277.

neoðer, neouþer, nouðer, nouþer [noþer], *neither* (*of two*), i.297,372. ii.387,423, 537. iii.227,238.

neoðere, neouðer, †nedðer, *ad. beneath, low*, i.84,172. iii.274. *v.* niðer.

†neoðerien, *p. pl. oppressed*, i.219; *pp.* neoðered, *i*neouðered, *i*niþered, *diminished, abased*, i.435. ii.638. iii.205. *v.* aniðeri.

neotsume, *fruitful*, i.15.

neouere, *v.* neuere.

·neowe, ·neouwe, ·niwe [neuwe, newe], *new*, i.113. ii.548. iii.40,96,233; *pl.* i. 87,315,365. ii.431,548,617.

neowene, neouwen, neow [neawene, newene], *newly* [A.-S. *neowan*], i.152,365. ii.444. iii.194.

neowenliche [neuwenliche], *newly*, ii.132.

neower, neouwer, neowhær, *v.* nawer.

ner, *v.* neor.

†ner, *never*, iii.212.

nere, nert, nes, *v.* næm.

nestleþ, *v.* næstieð.

nete [niete], *pl. cattle*, i.16.

neþ, *v.* neh.

neðelas, *v.* naþeles.

nettes, *pl. nets*, iii.172.

·neuere, næuere, næure, ·nauer-e, næfer, neofer, neouere, neouuere, *never*, i.84, 110,131,224. ii. 239, 394, 563. iii.4,9, 23,43,227; næuer-mære, nauere-mære, nauere-mare [neuere-more], iii.68,290, 297.

neuwe, *v.* neowe.

newene, *v.* neowene.

[nexst], *ad. nearest, latest*, i.214.

nexte [nexste], *a. nearest*, ii.536,592. iii. 292; *d.* nexte-n, ii.294,536.

neȝen, *v.* aforen on, naȝen.

nieh, nih, *v.* neh.

niete, *v.* nete.

nihen, *v.* niȝe.

·**niht**, †·nih [niþte], *night*, i.36,71. ii.225. iii.133,174,246; *g. abs.* ·nihtes [niþtes], i.138,140. iii.247; *d.f.* nihte, nihten, ·niht [niþt-e], i.71,88,100,238,323. ii. 425. iii.17,67,133; *pl.* niht-e, nihten [niþt, nihtes], i.166. ii.225,633. iii.279; *g.* nihte [niþt], i.192; *d.* ·nihte, ·nihtes [niht, niþte], i.188,339. ii.154. iii.229.

·**nikeres**, *water-spirits*, ii.489. See *Glossar. Rem.* p.499.

·**nime-n**, *to take, capture*, i.42,62,128. iii. 3,68,216; *inf. fut.* nimene, iii.208; *pr.* ·nimeð, i.278; 1*p. pl.* ·nime, i.178. iii. 91; 3*p.* ·nimeð, iii.244; *imp.* ·nim, ii. 125. iii.262; *pl.* ·nimeð, ·nime ȝe [nemeþ], ii.206,214. iii.53,64; 1*p. pl. pr. sb.* nimen, i.228; 1*p. p.* ·nam, i.148; 2*p.* nome [néme], i.215; 3*p.* ·nam, næm, ·nom, inom, i.2,3,4,190,213,286,325. ii.632. iii.8,28,81,105; *pl.* ·nomen [nome, neme-n, neome-n], i.28,54,78, 163,164,219,286. ii.91,206,332,550. iii.61,73,222; *p. sb.* nome [neme], i.302. ii.212; *pl.* nomen, i.18; *pp.* ·inome-n, inume-n, i.9,229,316,355. ii.133,242, 350. iii.18,80,122,133. *v.* bi-nimen.

nipen, *to sink, decline*, iii.276.

nis, *v.* næm.

·**nið**, *d.pl. bad, evil*, i.303.

[**niþe**], *d. strife, enmity*, i.167.

niðer, *ad. down, beneath*, i.349. ii.68,89, 495. *v.* neoðere.

iniþered, *v.* aniðeri, neoðerien.

niðfulne, *acc. m. wicked*, i.436.

·**niðing** [niþinc], *coward, wretch*, i.30. ii. 333. iii.85,220; *g.* ·niðinges, i.71. ii. 21; *pl.* niðinges, i.194,247. See *Notes*, p. 9.

niþt-e, *v.* niht.

niwe, *v.* neowe.

·**niȝe**, niȝen, ·niȝene, nihen, *nine*, i.51,219. iii.53,58,199.

niȝentene [neȝentene], *nineteen*, i.78.

no, *v.* na, nan, ne.

·**noht**, ·noh [noþt, †nost], *ad. nought, nothing, not*, i.10,16,23,26,46,128,145, 269. ii.179,214,519. iii.8,31,49,155, 186,269; nohtes, ii.159. *v.* nawiht.

nohware, nohwere, nohwhar, *v.* nawer.

noked [nokede], *pp. cornered*, ii.500.

nolde-n, nolle, nolleþ, *v.* nulle.

nom, inom, inome-n, *v.* nime.

[**inome**], *fame*, i.133.

nome, †noma [name], *m. name*, i.59,83, 258. iii.190; *d.* nome-n [name], i.49, 432. iii.38,184; *acc.* nome-n, †noma, ·name, i.11,82,86,284. iii.86,114,178, 233; *pl.* nomen, nome, †noma, namen [names, name], i.76,87,114,225. ii.10. iii.179,287.

·**non**, *noon*, ii.163,271. iii.276; *d.* none [non], ii.291.

non-e, nonne, *v.* nan.

nonne, *v.* nunne.

[**nonnerie**], *nunnery*, ii.231.

noreinisce, norenisce, noreniasce, nornisce [norweniasse], *pl. Norwegian*, ii.112,551, 553,555.

·**norð**, *ad. northward*, i.112. iii.184.

norð, norh, norðe-n, *a. north*, ii.150. iii. 160,162,205; *comp.* norður [norþer], i.113.

·**norþerne**, *northern*, iii.259; *pl.* i.113. iii. 264.

nose, *v.* nese.

nost, not, *v.* næt.

[**note**], *pl. notes*, i.298.

inoted, *pp. used* (?), iii.229.

noðelas, noþeles, *v.* naþeles.

noþer, nouðer, *v.* neoðer.

noþing, *v.* naþing.

noþt, no whit, no wiht, no wiþt, *v.* nawiht, noht.

noþware, nowhar, nowher, *v.* nawer.

·nu, ·nou, nuðe, nuþe [nouþe], *now*, i.3, 6,150,215. iii.7,18,198.

[nuel], *ad. prone*, ii.279.

nulle [nolle, †nole, †neolle, nelle, nele], 1*p.pr. will not*, i.62,95,176,261,311. ii.122. iii.49,122,269; 2*p.* nult, ·nelt [neol], i.21,147,418. iii.48,49,270; 3*p.* nulle, nule, ·nolle [nele, neole], i.148,200,353,406. iii.3,269,270; *pl.* nulleð, nulle, nole [nolleþ, nelleþ, nolle, nole], i.14,16,46,64,159,313. ii.26, 107,141; 2*p.pr.sb.* nulle [nolle], ii.524; 1*p.p.* nolde, nalde, *would not*, i.360, 361; 2*p.* ·noldest, naldest, i.215. ii.365; 3*p.* ·nolde, nalde, nælde, nulde, i.30,333,350. ii.15. iii.11,33,117; *pl.* ·nolden, ·nolde, nalden, nælden, nulde-n, i.118,236,428,433. ii.17,72,299,537. iii.46,106,191.

ɩnume, *pl. prisoners*, iii.74. *v.* nime.

nunne [nonne], *nun*, ii.231,232; *pl.* nunnen [nonnes], ii.597.

·nuste, nusten, 1*p.p. knew not*, i.152. iii.120; 3*p.* ·nuste, nusten [nust], i.101, 357. ii.84. iii.20,66,81; *pl.* ·nusten [nuste], ii.91,116. iii.21,75,116. *v.* witen.

nut [init], *useful, needful* (?), i.404; nuttes, ii.137.

·nute, nuten [neote], *pr. pl. know not*, i.197. iii.18; *pr.sb.* ·nute, i.152. *v.* witen.

nutene, *pl. cattle*, i.15.

nute-scalen, *pl. nut-shells*, iii.172.

†o, *any* (?), i.155. *v.* æi.

·o [on], *ppn. on, in*, i.162,214,223,277, 305,313. ii.193. iii.12,141. *v.* a, on.

oað, *v.* æð.

oc [hock], *p. ached*, i.286. ii.34.

ocht, *v.* oht.

oeu, *v.* eou.

·of [oue], *ppn. of, from, by, in*, i.14,20. ii.39,65,562. iii.1,65,237,265.

of, *ad. off*, i.216.

of-ærne, of-ærnen [of-herne], *to overtake*, ii.125,142; *pp.* [of-vrne], *fled*, ii.342. *v.* ærne, eorne.

of-dred, *pp. adread, afraid*, i.359; *pl.* of-dredde, i.323. *v.* adrede.

ofer, ·ouer, *ppn. over*, i.16,261,402. ii.215. iii.2,12.

of-færed, of-fered, *pp. afraid*, i.224. ii.224,561. *v.* aferde.

[of-falle], *pp. fallen*, iii.119. *v.* afeol.

of-fingred, *pp. a-hungered*, iii.279. See *Glossar. Rem.* p.513.

offreden, *p. pl. offered*, i.345.

[of-frihte], *p. was frightened*, iii.214; *pp.* of-furhte, iii.292.

of-fulled, *pp. filled*, ii.434. *v.* afeolled.

of-hæt [†afeat], *pp. over-heated*, i.397.

of-herne, *v.* of-ærne.

[of-kende], *p. perceived*, i.70. *v.* kenne.

of-læien, *pp. oppressed with watching*, ii.386. *v.* for-leie.

·of-liue, *ad. dead, slain*, i.292,386. iii.55.

·of-longed [of-langet], *pp. desirous*, ii.366, 375.

of-lust [a-lust], *pp. desirous* [A.-S. *of-lyst*], iii.227.

†of-nomen, *p.pl. captured*, iii.61. *v.* nime.

†of-sended, *imp.pl. send ye*, ii.324; *pr.sb.* ·of-sende, ii.235.

of-slæn, of-slean, *to slay*, i.30. iii.163; 2*p.p.* [of-sloȝe], ii.620; 3*p.* of-slæh, ·of-sloh [of-sloþ, of-sloȝe], i.108,223, 274. ii.150,216,276,620. iii.16,57,106, 166; *pl.* ·of-sloh, ·of-sloȝen [of-slawe, of-slowe-n, of-sloȝe], i.55,73,175,263. ii.20,162. iii.61,103; *struck off*, ii.26; *pp.* of-slæwen, †of-sclawen, of-slawen, of-slæȝen, ·of-slaȝe, of-slaȝen, of-sloȝen [of-slawe, of-slaȝe, of-sleie], i.4,14,24, 41,48,349,425. ii.9,20,64,185. iii.80, 110,114,133,142; *pl.* of-slæȝene, of-slaȝene [of-slaw-e, of-slaȝe], ii.257,450, 571. iii.245. *v.* aslæn, slæn.

of-smat [of-smot], *p. struck off*, iii.35.

[of-spronge], *pp. sprung from, descended*, iii.50.

of-stinge, *pr.sb. slay*, i.214; *p.* ·of-stong, *pierced, stabbed*, ii.19,117; *pp.* of-stungen [of-stonge], ii.52. iii.100,101,110. *v.* stong.

·of-swipte, *p. struck off, took off*, i.349. ii. 26,176,275. iii.34,149. *v.* a-swipte, swippen.

·of-take, of-taken, *to overtake*, iii.84,259; *p.* of-toc [of-tock, of-tok], i.164. ii.334, 484. iii.35; *pl.* of-token [of-toke], ii.79.

·ofte [hofte], *often*, i.27,143. ii.61,289. iii.4.

of-þincheð, of-þuncheð, *pr. repenteth, grieveth*, i.143. ii.143; *p.* of-þuhte-n, of-þouhte [of-þohte], i.7,9. ii.453. iii. 264. *v.* aþenche.

of-ʒiten [of-ʒete], *to perceive*, iii.23,59; *pr.sb.* of-ʒite [of-ʒete], iii.23. *v.* on-ʒiten.

oh, *v.* æð.

ohni, ohnede, *v.* ahnien.

·oht [ohte, hoþt], *aught, anything* [A.-S. *owiht*], i.129,281. ii.75,147,295,543. iii.4,22,136,140. *v.* aht, awiht.

·oht-e, ocht, *good, brave, worthy*, i.207, 301. ii.110,113,159,346,349,382. iii. 56,103,117; *acc. m.* ·oht, ·ohte, ohtne [hohte], ii.268,357,440,560; *pl.* ·oht-e [hoþte], i.29,202,251. ii.331,614. iii. 7; *g.* ohtere, ii.331; *d.* †ote, iii.153; *v.* æht.

ohte, *v.* aʒen.

ohtliche, ohliche, *bravely, boldly*, i.34,68, 242,338. ii.214,479. iii.76. *v.* ahtliche.

oht-scipen, *acc. bravery*, ii.614.

ohwa, *v.* eower.

olde, *v.* æld.

olifantes [holifantes], *g. elephants*, ii.576.

on, *with compounds*, *v.* un ——.

·on, onne [o, an, in], *ppn. on, in, to, at, of, upon*, i.1,2,22,52,76,141,173,286. ii. 122,134. iii.32,104,289; *used to form adverbs*, on daie, i.37; on deaðe, on deðe-n, i.14. iii.138,287; on hond [an hond], i.11,21; on leode-n, i.1,4. ii. 272; on life, ·on liue, on liuen, on liues [on lifue, a-lifue, a-liue], i.10,14,59. ii.55,339,356,411. iii.2,18,25,58; on-londe [a-lond], i.76; ·on slepe, on slepen [on sleape], ii.234. iii.33; on wille [at wille, to wille], iii.17,229. *v.* a, an, o.

·on, hon [an], *ad. on, in*, i.6,14. iii.2,3, 184.

on, one, onnes, *v.* an, æne.

[onbold], *timid*, i.342. *v.* vnbalde.

on-bolʒen, *pp. enraged*, i.72. *v.* abolʒe.

on-buʒen, *p. pl. submitted*, i.263. *v.* buʒe.

·onde [honde], *envy, hatred*, ii.532,608. iii.265; *d.* i.167.

onder, *with compounds*, *v.* under ——.

[onderʒete], *to perceive*, iii.23. *v.* underʒæt.

oneþe, *v.* un-æðe.

on-fest, on-fast, on-uæst, on uast, *ppn. near, nigh*, i.1,121,234. ii.168,253,307, 405. iii.42,58,233. *v.* aneosten, an-fest.

on-feste, on-fast, on-uast, on-uest, *ad. near, nigh*, i.72,179. ii.261. iii.282. *v.* aneoste.

on-fon, *to receive, take, accept, commence*, i.46. ii.249,466; *imp.* on-fo, i.152; *p.* on-feng-e [afeng], i.7,50,208,271,288. ii.8; *pl.* on-fengen [on-fenge], i.73,386. *v.* afon.

[onfrendes], *pl. enemies*, i.364; *d.* onfreondes, i.240. ii.314.

[on-hol], *sick*, iii.270. *v.* un-hal.

on-licnes, onlicnesse, *image*, i.49,54. ii. 464. *v.* anlicnes.

[onlikede], *p. disliked*, i.138.

on-longen [in langes], *ppn. along*, ii.402. *v.* an-long.

†on-mære, (?), i.170.

·on-neode, *d.f. misfortune*, i.14.

onneþe, *v.* un-æðe, un-eðe.

onseale, *v.* unisele.

[onseli], *ad. exceedingly*, i.162. *v.* uniseli.

on-sloʒen, on-slowen [on-sloʒe, on-slowe, an-sloʒen], *p.pl. fought*, i.65,74,180. ii. 191,303,379,419. *v.* slæn.

on-sohte, on-soðte, *p. attacked, pursued*, i.241,360. ii.257.

on-stalde, *p. fixed, set*, i.304. *v.* astalden.

on-uest, on-ueste, on-ueste, on-uaste, on-west, on-neouste [vaste], *ad. quickly*, i.62,155,159,193,347,401. ii.22,481, 525. iii.236. *v.* aneoste, an-uest.

onwalde, onwolden, *v.* anwalde.

on-walden, *to win*, i.243. *v.* awalden.

on-ȝean, on-ȝein, *ad. back, again*, i. 68, 80, 236. *v.* aȝein.

on-ȝeinward, *against*, i.71. *v.* aȝeinward.

on-ȝiten, *to perceive, descry*, iii.59. *v.* of-ȝiten.

oppe, *ppn. upon*, i.295. *v.* anoppe.

oppenien [hopeni], *to open*, ii.394; *p.* openede [hopenede], ii.226; *pl.* openeden [hopenede], i.246; *pp.* opened [*i*-openede], iii.98.

orchærd [horechard], *orchard*, ii.116.

·ord [hord], *point, weapon*, i.366. ii.335, 422; *d.* ·orde [horde], i.221, 319. ii. 583; *pl.* ·ordes, ii.443; *d.* orden [ordes], i.319,371.

ord [orde], *beginning*, ii.236, 542.

ore, *v.* ære, hær, ure.

·orf [horf], *n. cattle*, ii.217,456,514,552; *d.* orue, iii.279.

†orl, *earl*, ii.467; *pl.* †orles, i.244. *v.* eorl.

orn, *v.* eorne.

oscuneden, *p.pr. hated*, i.178; *pr.sb.* oscunnen, ii.629. *v.* scunien.

ote, *v.* æten.

oþ, *v.* æð.

oðem, oþom, *v.* aðum.

oðer, ·oþer, *or, either*, i. 26, 39, 284, 342, 353,384. ii.314. iii.26,36,52,139,266.

oðer, *ad. otherwise*, ii.87. iii.113. *v.* an oðer.

oðer [oþer], *other, second*, i.48,124,278, 358.ii.114,339,446.iii.9,42,72,96,279; *d.* oðere, oþere [oþer], i.253. ii.101; *acc. m.* oðer, oðerne, oðren [oþer, oþerne], i.24,165,190,206,261. ii.45,193. iii. 66; *pl.* oðere, ·oþer, ouþer, i.304. ii.46, 100. iii.61,83; *g.* oðere [oþre], ii.396; *d.* oðere-n, oðren, oðer [oþere], i.115, 300. iii.236.

oðer-weis-e, oðer-weiis, oðere-weis, †eoðer-weis [oþer-weies], *ad. otherwise*, i.194,434,435. ii.363.

ou, *v.* heou, eou.

oue, *v.* of.

·ouenan, ·ouenon, *ppn. upon, over, above, towards* [A.-S. *ufenan*], i.396. ii.287, 334,350,590. iii.105,152,174. *v.* anouenan, ufenan.

·ouenan, ·ouen on, *ad. upon*, ii.93,316. iii. 34. *v.* ufenan.

ouer-bræd, *pp. overspread*, ii.375.

ouer-cumen [ouer-come], *to overcome, win*, iii.84.274; 2 *p.p.* ·ouer-come, i.185; 3 *p.* ·ouer-com, i.425; *pl.* ouer-comen [ouer-come], i. 84; *pp.* ·ouer-come, ouer-comen, ouer-cume-n, ouer-cumme, i.81,82,310,425. ii.582. iii.88; *pl.* ouer-cumene [ouer-come], ii.266.

·ouere, *upper*, i.55. *v.* ufere.

ouer-gan, *to overcome*, i.329.

ouer-sitten [ouer-sitte], *to inhabit*, i.343.

ouer-spræden [ouer-sprede], *to overspread*, ii.169; *pp.* [ouer-sprad], ii.375.

oure, *v.* ure.

·oure [ofre], *d. shore*, i.366. iii.250.

ous, *v.* us.

out, *v.* ut.

ow, *v.* eou.

owe, owene, oȝe, oȝen, *v.* aȝe.

owe, oweþ, oȝe, oȝeþ, *v.* aȝen.

o-wreken, *v.* awræken.

oxen, *pl. oxen*, iii.279.

ioxned, *pp. furnished with oxen*, iii.279.

[paide], *p. pleased*, ii.14; *pp.* [ipaid], i. 99,138.

[pais], *peace*, i.21. ii.15; *d.* [paise], i.106, 296,427.

[paisi], *to reconcile*, i.377; *imp.* [paise], i. 374.

[paisinge], *peace*, ii.61.

·pal, peal, *pall, cloth, garment*, i.38,55. ii. 608,611; *d.*·palle, pallen, pælle, ii.375, 382,617. iii.111; *pl.* ·palles, pælles, i. 100,253. ii.609. iii.90; *d.* palle-n, pellen [palles], i.154,228. ii.557,605.

·pallene, *a. purple* [A.-S. *pællen*], ii.576.

·panewes, paneȝes, ponewæs, *pl. pennies*, i.100. ii.190. iii.180.

pape [pope], *Pope*, i.432. iii.180,192; *d.* pape-n [pope], i.432. ii.195,199. iii. 193.

paradis, *paradise*, ii.591.

[parc], *park*, i.61.

[passi], *to pass*, i.57.

paðes, ·paþes, †pædes, *pl. paths*, i.48. ii. 302. iii.217.

peal, *v.* pal.

pelegrim, pilegrim, pillegrim, *pilgrim*, iii. 234,235.

peni, *penny*, iii.285; *pl.* peniȝes, i.151. *v.* panewes.

[pensiles], *d. pl. standards*, iii.83.

peytisce [peytesse], *belonging to Poitou*, i.66.

pic, *pick, pike*, iii.234,235,239.

pic-forcken [pic-forken], *d.pl. pitchforks*, ii.483.

pihte, *p. fixed*, i.277. iii.189; *pp.* [ipiht], i.277.

·pine, *pain, sorrow*, i.106. ii.191.

pipen, *pl. pipes*, i.154,218. ii.530.

[piping], *piping*, i.218.

plæie, pleien [pleoye-n], *to play*, i.347,358. ii.269,429,615,616. iii.72; *p.* plaȝede, pleoȝede, pleuwede [pleoyde], i.297. ii. 302. iii.170; *pl.* pleouweden, pleoweden, pleoden, ploȝede-n [pleoide-n, pleoyde, pleyde], i.76,347. ii.227,615. iii.205.

plæȝe, pleiȝe, pleowe, ploȝe [pleay, pleoi], *game, play*, i.97,349. ii.451,489; *d.* plæȝe, plaȝe [plawe, pley], ii.227,231; *acc.* plaȝen, iii.170; *pl.* plæȝes [playes], ii.616.

plaȝe-iueren [pleiueres], *pl. playmates*, ii. 230.

·pliht-e, *harm, danger*, i.166,170,315,347. ii.108,446; *d.* i.405. ii.131,355.

plihten [plihte], *to pledge, plight*, ii.121; *p.* plihte, ii.125; *pl.* plihten, plicten [plihte], i.236,280. ii.18,316; *pp.* [i-pliȝt], i.95; *pl.* iplihte, ii.132.

plihtliche, *pl. grievous, dangerous*, ii.566.

pole, *d. pool*, ii.489.

[pore], *poor*, ii.221; *d.* [poure], i.275; *pl.* pouere [pore], ii.531.

[porses], *pl. purses*, i.253.

porz, *pl. ports*, ii.603.

·postes, postles, *posts*, i.56. iii.119.

prelat, *prelate*, ii.607.

·preost [prest], *priest*, i.1. ii.178,504; *d.* preoste, iii.289; *pl.* ·preostes [prestes], i.435. ii.494. iii.166,176,197.

pret, *d. wily*, i.5; *d. pl.* præt, i.226.

primat, *primate*, iii.192.

[prisune], *d. prison*, i.48.

processiun [processions], *d. procession*, ii. 340.

·prude, prute, *f. pride, pomp*, ii.64, 391; *d.* ·prude, pruden, prute-n, i.328,357. ii.173,516,640. iii.112.

prut [prout], *proud*, i.376; *d.* prute, i. 328; *pl.* prute [proute], i.347. ii.547. iii.264; *sup.* pruttest [protest], ii.452.

puinden [pungde], *p. struck*, ii.583.

[pulte], *p. put*, i.321; *pp.* [i-pult], ii.27.

·pund-e, punden, *pl. pounds*, i.380. ii.97, 316; *g.* pund-e, punden[pound], i.151, 204. ii.517,529; *d.* punden [punde], i. 218.

purpras, ·purpres, *pl. purples*, i.100,253.

put, *pit, grave*, ii.244; *d.* putte, iii.120, 280; *d. pl.* ·puttes, ii.110.

putte [put], *p. pushed, put*, ii.334. iii. 236.

quæð, quað, *v.* queð.

quahten, *v.* quecchen.

quakien [cwakie], *to quake*, ii.244,327. iii.80,121.

quale, *murrain*, iii.279.

quale-huse [cwal-huse], *d. torture-house*, i.31,160.

quale-siðe, *d. mortality*, iii.283.

qualm [cwaolm], *mortality, plague*, iii.282.

·quarterne, *prison*, ii.386; *d.* i.31,43,160.

quecchen [cwecche], *to move, go, come, chase, escape, shake*, i.35,65,141,199. iii.25,72; *pr.* quecche𝔡 [cwecheþ], i. 194; *p.* quehte, cuahte [cwehte], i.164. ii.421. iii.265; *pl.* quahten, quehten [cwehten], i.310. ii.582,612. iii.71; *pp.* quehten, i.384.

qued-schipe [cwedsipe], *evil*, i.216.

quelen, quelæn, quelan, *p.pl. died*, iii.280.

quelle-n [cwelle], *to kill*, i.28,38,216, 356. ii.14,400. iii.266,274; 2 *p.pr.* quellest [cwellest, cwalest], i.419. ii. 316; *p.* qualde, ii.312. iii.110; *pl.* qualden [cwelden], i.74,241; *pp.* iquald [icwelled], ii.31. *v.* aquelle.

queme, iqueme [icweme], *a. pleasing, acceptable*, i.6,38,103,144,409. ii.282. iii. 11,210; *pl.* iqueme, iii.257.

queme, iquemen [cweme, icweme], *to please*, i.15,306. ii.131,139,167; 1 *p.pr.* iqueme, ii.316; 2 *p.* iquemest, ii.316; *pl.* [cwemeþ], iii.64; *p.* iquemde, icwemde [cwemde], i.128,207. ii.164, 617. iii.10; *pp.* iquemed [icwemid], i. 40,130,169. ii.270.

quen-e [cwean-e, cwene], *f. queen, woman*, i.3,9,109,194. ii.609. iii.10,25,123,125, 137; *g.* quene [cwene], i.15. iii.214; *d.* quen-e [cweane, cwene, cwiene], i.4, 7,90,187. ii.610. iii.273; *pl.* quene, quenen [cweanes, cwenes], ii.112,616; *g.* [cwene], iii.145.

queð, iqueð, quæð, quað [cwaþ], *p. quoth, said*, i.30,40,96,264,321,348. ii.164. iii.14,18,92; *pl.* queðen [cwaþ], i.38. ii.496; *pp.* iqueðe-n [icweþe], *said, declared, proclaimed*, i.390. ii.76,108,297, 572,634. iii.190,291; *bade*, iii.268; *pl.* iqueðene, i.43.

iqueðe-n, *saying, speech*, ii.151,613.

quic, quike [cwic, cwik], *alive, living*, i. 2,164,241. iii.140,211,269,274; *g.* quikes [cwic], iii.22; *d.* quiken, iii.216; *d.f.* quickere [cwickere], ii.88,240,447. iii.127; *acc. m.* quicne, ii.17; *pl.* quic, quicke-n, quike-n, cwike [cwic, cwik-e], i.26,28,166,172. ii.399,496. iii.39,63, 67,91,220; *d.* quike [cwike], iii.88,92.

quicliche [cwicliche, cwikliche], *quickly*, i.157,200. iii.271.

quiddieð, *pr.pl. tell, say*, iii.3; 2 *p.p.* quiddest, i.419; 3 *p.* quidde, ii.596; *pl.* quiddeden [cwiddede], ii.151; *pp.* iquidded, ii.151.

quide-n [cwide], *f. testament*, ii.197,551; *pl.* quides, †quiðes [cwides], *speeches, words*, i.38,43,390,406,419,420. ii.129, 262,614,634. iii.146. *v.* leod-quide.

raccheoð, *v.* rehchen.

[rack], *p. drove*, i.397.

rad, *v.* ride.

radde-n, irad, *v.* ræde, ræden, rede.

radful, redesful [redful], *prudent, wise*, i. 6,279; *d.* radfulle [readfulle], i.123,225; *pl.* rad-fulle [readfolle], i.393; *d.* radfulle, red-fulle [red-folle], i.225. ii.557; *sup.* rad-fulleste [readfulleste], i.244.

radliche, irædliche, iradliche, *promptly, quickly*, ii.56. iii.15,188.

ræcchen, *to tell, explain*, ii.164. iii.16; *p.* ræhte, ii.634; *pl.* ræhten, ii.634; *pp.* iraht, ii.27. *v.* arecchen.

ræche, ræcche, *v.* rehchen.

ræchen, *to reach, pierce*, ii.475; *p.* ræhte, rehte [reahte], ii.576. iii.104; *pl.* ·rehten, *proceeded*, ii.257. iii.17.

ræd, *v.* ride.

ræd, rad, †rað, ·read, †ræad, ·red, *counsel*, i.26,30,70,132,141,150,177,188. ii. 35,60. iii.22,63,75,228,272; *hap, lot, remedy*, i.166,325,348,412. ii.2,35,205; *d.* ræde-n, †ræide, ·reade, rade, ·rede [read], i.16,17,19,75,127,183,186,188, 225. ii.43,114,141,347,424. iii.21,64,

147,228,266; *pl.* rædes, ræddes, ·redes, †ræden [reades], i.6,84,88,143,202,225. ii.200,626. iii.196; *g.* rædes [reades], ii.78; *d.* reden [reades, redes], i.16,39; rede and rune [reade and roune], ii.593.

ræd-e, redde, rede, reod-e [read-e, red], *red, ruddy,* i.150,216,221. ii.243,245, 411,556. iii.186; *d.* ræde-n, ·reade, ·rede, reden [reode], i.50,229,329. ii. 202. iii.221,255; *pl.* ræde [rede], i.80.

ræde-n, reden [reade-n], *to advise, counsel, tell,* i.99,317,374. ii.235,531,562, 619. iii.198,243,292; ræden him ræde [reade him read], ii.51; *pr.pl.* rædeð, radeð, ·readeþ, ·redeð, i.38,42,187. ii. 124,628,632; *imp.* ræd me ræd [read me read], ii.361; *imp.pl.* rædeð [redeþ], ii.221; *2 pr.sb.* raden [reade], ii. 327; *2 pl.* reden [reade], iii.271; *p.* ·radde, redde, i.18,58,395. ii.417. iii. 20,196; *pl.* rædden, ·radden, redden [radde, raden], i.188,203,285. ii.7,126, 235,383. iii.4,42,292; *pp.* iræd [irad], ii.60,335. *v.* arede, bi-ræde.

ræden, raden [reade, rede], *to read,* i.135, 192; *pr.* [redeþ], i.3; *sb.* rede, i.3; *p.* ·radde, i.1; *pp.* ·irad, ii.92,628. iii.174, 254.

rædi, †ræd [readi, redi], *ready,* i.368. ii. 89,419; *pl.* [redi], i.369. ii.635.

ræf [reaf], *garment,* ii.575; *d.* ræue, raue, i.151,239. iii.59,83.

ræf, *spoil,* i.367.

ræflac, *rapine,* i.272,424; *d.* ræflac, raflake, i.172. ii.526.

ræftres [refteres, reftres], *pl. rafters,* i. 334,335.

ræh, ræie, ræȝe, ·reh, rehȝ, reȝe, †reht, *bold, keen, fierce, strong, powerful, skilful,* i.174,272,317,375,404. ii.150,177,361, 453,467,481,619,628. iii.21,102,153; *d.* raȝe-n, †raien, †ræhæm, i.320. ii.627, 634. iii.2; *d.f.* ræhere, ræhȝere, ræiȝere, ræȝere, raȝere, ·rehȝere [rehere, reȝere], i.339. ii.39,40,112,360,547,564. iii. 62,73,74,107; *acc.m.* ræhne, i.165; *pl.* ræhȝe, ræie, ræihe, ræiȝe, ræȝe, reiȝe, i. 366,393,417. ii.100,126,263,410,488, 602,625. iii.53,84,90,192,276; *acc.* †ræhðen [reȝe], i.234; *comp.* ræhere [reȝere], i.173; *sup.* ræhȝest-e, ræiȝest [reȝest], ii.31,132. iii.87.

ræhliche, rehliche, *boldly, sternly,* i.360. ii.577. iii.66; *quickly,* i.397; *exceedingly,* ii.282.

ræhscipe, *boldness,* ii.626.

ræhte-n, *v.* ræcchen, ræchen.

ræin, ·rein [reyn, ren], *rain,* i.166. ii.74, 405. iii.140; *d.* [reyne], ii.405.

ræm, reme [ream], *shout, noise,* ii.46,75. iii.54; *d.* reme, ii.583; *pl.* reæmes, *contests,* i.172.

ræmen [remen], *to encounter, rush,* i.176; *p.* ræmde [remde], i.29; *pl.* ræmden, ·remden [reamde], i.27,67,71,398. iii. 67. See *Glossar. Rem.* p. 446.

ræmen, *to hang,* ii.278.

ræmien [remi], *to roar, shout,* iii.32; *p.* [remede], ii.46; *pl.* rameden, ·remden, i.247,335.

ræode [reode], *d. reed,* ii.489.

ræren, rere [reare], *to rear,* ii.223,307. iii. 287; *2p.pr.sb.* [reare], ii.222; *p.* rærde, ii.505; *pl.* rærden [rerden], i.47. *v.* aræren.

ræse-n, rese [rease], *d. onset, attack,* i. 369. ii.22,473. iii.255; *acc.* reas, i.97; *pl.* ræsses [reases, reses], i.97. ii.431; *d.* ræsen, ·reses [rease, reases], i.23,221. ii.254,529,632. iii.15,29,112.

ræse-n, ræisen, reosen [rease, rese-n], *to attack, assault, rush on,* i.43,176,278, 369. ii.421,430. iii.96,220; *p.* ræsde, rasde-n [reasde, réésde, resde, resede], i.33,66,246,275,277,320,349,396. ii. 24. iii.102; *pl.* ræsden, ·resden [reasde, reaseden, resde], i.71,338,398. ii.20, 23,100,393,564. iii.67,73,169,255; *pp.* iræsed, iii.87. *v.* rusien.

ræsten, resten [reaste, reste], *to rest,* ii.

65,304,375. iii.17,37; *pr.* resteð [reste], ii.363; *pl.* resteð, ii.481; *p.* ·reste, i. 149,153; *pl.* ræsten [reste], ii.88; *pp.pl.* *iræste*, iii.60.

rætfulle, *d. pl.* *prudent*, i.127.

ræðe, *v.* raðe.

ræueres, *pl.* *robbers*, ii.164.

ræuinge [reuing], *d.* *robbing*, ii.15; *d.f.* ræuing-e [reuing], i.112.

ræuðen, *v.* reoðe.

ræȝe, *v.* ræh.

iraht, *v.* ræcchen.

rakeden [rakede], *p.pl.* *rushed*, ii.333.

·rake-teȝe, *chain*, ii. 278, 279, 536; *pl.* [raketeies], ii.278; *d.* rake-tehȝen, iii.69.

rap [rop], *rope*, ii.429; *pl.* rapes [ropes, ropis], i.47,194. iii.13,164.

ras [ros], *p.* *arose*, i.66,402; *pl.* [rese], i. 84. *v.* arisen.

raste, *v.* reste, lich-raste.

·raðe, ræðe-n, *quickly*, *soon*, i.185,234. ii. 27,145,361,434. iii.7,17; ·to raðe, iii. 133; swa raðe swa, ii.640; *comp.* ræðer, ·raðer [raþir], i.150,198,269,278. ii.33, 485; *previously*, i.168,190,269. ii.401. iii.79.

raxlede, *p.* *vociferated*, iii.32.

raȝe, raȝere, *v.* ræh.

read, reade-n, *v.* ræde, ræden.

[readde], *p.* *freed*, ii.422. *v.* areadde.

readfolle, readfulle, red-folle, redful, redesful, *v.* radful.

readi, redi, *v.* rædi.

reaf, *v.* ræf.

reahte, *v.* ræchen.

ream, *v.* ræm.

reamde, remde, *v.* ræmen.

reare, *v.* ræren.

rease, reasde, *v.* ræse.

reaste, *v.* ræsten.

reaue, *v.* reue.

reche, *v.* rehchen.

red-e, redde, *v.* ræd.

rede-n, *to rule*, *govern*, ii.286,330; *p.* ræd-de-n [radde], i.300,410. *v.* ræde, ræden.

[refe], *to deprive*, *rob*, *ravage*, i.375; *p.* ræuede, i.172; *pl.* ræfden [refden], ii. 16; *pp.* *i*-ræued [irefed], i.48. ii.13. *v.* bi-ræiuie.

reh, rehȝ, rehȝere, *v.* ræh.

rehchen [reche], *to reck*, *care*, i.118. ii. 332; 1 *p.pr.* ræoche, ræche, ·recche [rech], i.134,136. ii.290,318; 2 *p.* reh-chest [recchest], i.185; 1 *p.pl.* ·recche, recchen [reche], i.196. ii.482; 3 *p.* rac-cheoð, ii.403; *p.* ·rohte, rohten, ii.54, 73. iii.154; *pl.* ·rohte, rohten, i.267. ii. 153,253. iii.154.

rehte-n, *v.* ræchen.

rehtten, *v.* rihte.

rehȝen, rihȝen [rohȝe], *d.pl.* *ray-fish*, iii. 185,186.

rein, *v.* ræin.

reinede, *v.* rine.

remes, *g.* *ravens*, iii.220.

remi, remede, *v.* ræmien.

rendden, *p.pl.* *were rent*, i.335.

reod-e, *v.* ræd.

·reode, *pl.* *reeds*, ii.423.

reolic, reoulich [roulich], *grievous*, *pitiable*, *rueful*, ii.207,322. iii.99; *d.* [rouliche], iii.26; *pl.* reoliche, reuliche [rouþliche], ii.145,206; *d.* reoliche-n, reouliche [reuliche], ii.268,337. iii.25.

reoliche, reouliche [reuliche, rouliche], *grievously*, *piteously*, *miserably*, ii.80, 387,622. iii.96,105.

reordi, *loathsome*, iii.17.

reordien, *to speak*, ii.507.

reosede, ·reousede [rousede], *p.* *felt pity*, *was moved*, ii.497,507. iii.181.

reosen, resen [reose, rese], *to fall down*, *sink*, i.394. ii.224,244,368,564,586, 633. iii.63,80; *pr.* reoseð, ii.241; *imp.* reos [res], iii.56; *p.* [rees], ii.226. *v.* ræse, rusien, to-reosen.

reoðe-n, reouðe-n [rouþe], *sorrow*, *pity*, *mischief*, ii.28,99,117,434,490,497, 567. iii.278; *d.* reoðe, reouðe, reouþe, reowðe, ·rouðe [reuþe], i.159. ii.80,99,

423,626; *used adverbially*, mid reouðen, mid ræuðen, *lamentably*, iii.11,176.

reouwe-n [reuwe, ruwe], *to rue, repent*, ii.185,248. iii.293.

·repen, *p.pl. reaped*, i.418.

rerden, *v.* ræren.

res, rese-n, *v.* reosen.

resde, resede, *v.* ræse.

rese, *v.* ras.

reste [raste], *d. rest*, iii.132.

·reue [reaue], *reeve, magistrate*, ii.229,230; *d.* ii.229; *pl.* reuen, †reuwen [reues], i.225,332. ii.42,286.

reuliche, *v.* reolic, reoliche.

reȝe, reȝere, *v.* ræh.

·ribbes, *pl. ribs*, i.68; *d.* ribben [ribbe, ribbes], i.68,81,348. ii.34,314.

·riche, ricche, *rich, noble, powerful*, i.6, 17,354. ii.430,627. iii.2,5,48,66,70; *g.* riches, iii.158; *d.* ·riche, richen, i.23, 95,183,337. iii.66; *d.f.* richere [riche], i.33,314. ii.40; *acc.m.* ·richne, richene, i.281,395. ii.577; *pl.* ·riche, richen, i. 22,108,110. ii.50. iii.46,84,214; *d.* i. 219. ii.274; *comp.* ·richere, ricchere, i. 173,422. ii.596,607; *sup.* ricchest, rihchest [richest], ii.370,607. iii.85, 92,122; *pl.* i.244. iii.112.

·riche, *f. realm, territory*, i.26. iii.48; *d.* ·riche, richen, i.230. ii.592. iii.92,123; *acc.* ·riche, richen, i.107,119,230. ii.66, 459. iii.48,116,156; *pl.* richen, i.337.

·riche-dom, ricchedom, *sovereignty, wealth, abundance*, i.141,279,346. ii.598,607. iii.209; *d.* ·riche-dom, ·riche-dome, i. 255,325. ii.85,544,612; *pl.* [riche-domes], i.100,311.

·richeliche, riche, *richly*, i.115. ii.387. iii. 45.

riches, *pl. riches*, i.345.

·ride-n, *to ride*, i.19,23. iii.44,53; *imp.* ·rid, iii.56; *pl.* ·rideð, i.232. iii.64; *p.* rad, ræd [rod], i.309,421. ii.124,395. iii.21,263; *pl.* ·riden [ride, †reoden], i.234,399. ii.64. iii.57,107; *p.pr.* ·ridende, ridinde [ridingge], i.67,252. iii.66,140; *pp.* iriden, †iridenen [*hii*-riden], ii.373,394,622. *v.* bi-ride.

·ridere, *horseman, knight*, i.396; *pl.* rideren, ridearen, ·rideres, ridæres [ridares], i.68,234. ii.15,410. iii.98; *g.* rideren, ridæren, ridern-e, ·rideres, i.367. ii.172, 207,445. iii.68,76.

rife, *v.* riue.

rifte, *d. veil*, iii.138.

rigge, *v.* rug.

[rihfolle], *rightful*, i.430.

·riht [†rih], *a. right*, ii.192,415. iii.59, 81,83,119; *d.f.* rihtere, iii.165; *acc.* ·rihtne, rihte, ·riht, i.208. ii.192. iii.187; *pl.* ·rihte, i.334. ii.410.

·riht, rihte, ·rihtes, rith [riþt, riþtes, †rih], *ad. right, straight*, i.32,59,112,134, 227,363. ii.18,227,425. iii.6,18,89. *v.* a-riht, forð.

·rihte, irihte, †rih [riht], *n. right, law, custom*, i.272,314,337. ii.413,568. iii. 50; *d.* rihten, irihten [rihte], ii.620. iii.210,287; *acc.* ·riht, rihte-n [riþt], i.88,106,405. ii.215,285,625. iii.151; *pl.* rihten, ·rihtes, irihte-n, i.337,414. ii.53,258,592,616. iii.193,210.

·rihte, rihten, *to repair, heal, restore*, i. 253,255,435. ii.286,308,394,566. iii. 113; *get ready*, iii.59; *govern, direct*, i.267. iii.214; *p.* rihten [rihte], ii.505. iii.242; *pl.* rihten, †rehtten [rihte], i. 47. ii.198. iii.13,21; *pp.* iriht [a-riht], ii.199; *pl.* irihte [i-riht], i.436.

·rihtwis, *just*, i.279,289; *pl.* riht-wise [riþt-wise], i.88.

rihtwisnesse, *justice*, i.279.

rihȝen, *v.* rehȝen.

·rime, *d. shore*, ii.12.

rimie, *furious*, i.66. ii.421.

rine [ryne], *to rain*, ii.405. iii.131,282; *p.* rinde [reinede], i.166.

irinen, *pp. adorned* [A.-S. *gehrinen*], ii. 611.

ring, *ring*, ii.617. iii.237; *d.* ·ringe, i.192;

pl. [ringes], i.156; *d.* ·ringes, ringe, ii. 611. iii.237.
ringen, *to ring*, ii.285; *p. pl.* ringeden [rongen], ii.606; *pp.* irungen, iii.180.
rinkas, *pl. warriors, men*, i.221.
rise, *d. bough*, i.32.
riseden [rusede], *p. pl. rubbed*, iii.71. See *Glossar. Rem.* p. 508.
[ristnesse], *history* (?), i.2.
riþt-wise, *v.* rihtwis.
·riue, rife, *prevalent, rife*, i.27,194. ii.419, 444. iii.73,107; *pl.* ii.184. iii.291.
rixlien [rixli, rixly], *to reign, govern*, ii. 250,387,547. iii. 92; 2 *p. pr.* rixlest [rixlist], i.314. iii.50; 3 *p.* ·rixleð, rixleoð, ii.250,633. iii.122; *p.* ·rixlede, i. 294. ii.220; *pl.* rixleden [rixlede], ii. 602.
rod, *v.* ride.
·rode, *rood*, ii.41,504; *d.* ii.41.
·rof, *roof*, i.123. iii.119.
[rof], *p. drove, pierced*, iii.56,104. *v.* torof, þurh-rof.
rohte-n, *v.* rehchen.
rohȝe, *v.* rehȝen.
[rollede], *p. pl. rolled*, ii.512.
romanisc-e [romanis, romanisse], *a. Roman*, i.225. iii.39,43; *pl.* i.249. iii.40, 54,67,87.
·rom-leode, rom-leoden, *pl. people of Rome*, i.241,335. ii.53,99; *d.* romleoden, rom-leodene, rom-leden [romleode, rom-lede], i.338,372,398. ii.92, 562. iii.53. *v.* leoden.
·rom-þeode, *people or territory of Rome*, i.386.
rom-wæren, rom-ware, *pl. people of Rome*, i.339. ii.585.
rom-wisen, *pl. wise men of Rome*, ii.41.
rongen, *v.* ringen.
rop, *v.* rap.
rop, *m. lamentation*, ii.98,206,434,497,567.
ros, *v.* ras.
rote [rotes], *d. pl. roots*, iii.282.
roþere, *v.* ruðeren.
rouliche, rouþliche, *v.* reolic, reoliche.
roun-e, *v.* run.
roune, rouni, rounede, *v.* rune.
rouning, *v.* runinge.
rousede, *v.* reosede.
[route], *herd, assemblage*, i.110; *d.* iii.7.
rouþe, *v.* reoðe.
rouwen [rowe], *to row*, i.333. *v.* birouwen.
rug [rugge], *back*, i.81. iii.110; *d.* ·rugge, ruggen, ·ruge, rigge, i.81,239,286,348, 393. ii.216,413. iii.31; *pl.* ·rugges, i. 24,398. iii.60,110; *d.* ruggen, iii.93.
rum, *room, space*, i.43.
rumen, *to leave, vacate, clear*, ii.18; *pr. sb.* ·rume, i.201; *p.* ·rumde, iii.131.
rumen, *to take, win, gain*, i.151; *imp.* irum, i.157; *pp.* irumed, rumede, i.222. ii.117.
·rumliche, *liberally*, i.104.
·run, rune-n, runan [roun-e], *acc. secret counsel, communing, discourse*, i.3,16, 18. ii.117,123,164,194,377,529. iii.4, 30,55,262,270; *d.* rune-n, †runen [roune], i.37,138,226. ii.165,383. iii. 81,287; *pl.* runen, †ronenen [roune], *letters, whisperings*, i.135. ii.165,227. iii.4. *v.* leod-runen.
†runden, *p. pl. ran*, i.57.
rune-n, runan [roune, rouni, rouny], *to commune, consult, advise, say*, i.99. ii. 288,388,623. iii.292; *p. pl.* runden [rounede-n], i.248,420. ii.126.
irungen, *v.* ringen.
runinge [rouning-e, †roning], *whispering, secret speech*, i.16. ii.164,634. iii.270; *d.* i.16,138. ii.117; *pl.* [rounings], ii. 164.
run-stauen, *pl. letters*, i.425.
ruokeden, *p. pl. rolled*, ii.512. See *Glossar. Rem.* p. 500.
·rupten, *p. pl. robbed*, ii.16. *v.* refe.
ruren, *p. pl. sank*, iii.117. *v.* reosen.
rusede, *v.* riseden.
rusien [rusie, rese], *to rush*, ii.421; *to fall*, ii.244,368. *v.* ræsen, reosen.

†irust, *v.* ibrust.

ruðeren [roþere], *pl. oxen, cattle,* i.346. iii.19.

ruwe, *v.* reouwe.

sa, †sæ [so], *so,* i.286. ii.394. *v.* swa.

·sad, †sað, *tired, sad,* i.398. ii.450.

sadde, *v.* scede.

sadele, *d. saddle,* i.276; *pl.* ·sadeles, iii.220.

·sadeli, sadelie, sadelien, *to saddle,* ii.140.204,412.

sæ, se, sea [see, séé], *f. sea,* i.6,54,399. ii.42,501. iii.12,15,21,229; *g.* i.309; *d.* sæ, †sa, †sæi, se [see, séé], i.47,55,106,149. ii.389. iii.121,158,200,201,224,389; sæ-brimme [séé-brimme], *d.* i.272. ii.191,424; sæ-cliua [se-cleue], *d.* i.79; *pl.* sæ-cliuen [séé-clunes], ii.358; sæ-fisce [séé-visce], *d.pl.* ii.524; sæ-flod-e, sæ-ulode [séé-flod-e], *d.* i.111,263,423. ii.549. iii.21; sæ-flot, i.193; sa-grunde, se-grunde [see-grunde], *d.* i.172. iii.152; sæ-men, sæ-monnen [see-men, séé-mannen], *pl.* i.50,57,415; sæ-oure, *d.* iii.250; sæ-rime [see-rime], *d.* i.265,274; sæ-side [see-syde], *d.* iii.18; sæ-stræm, sæ-stram, sæ-streme [séé-strem], i.152,309. iii.242; *pl.* sæ-strame, sæ-strames, sea-streames [séé-stremes], i.15,415. ii.73; sæ-strond-e [séé-strond-e], i.208,394. ii.94,458. iii.131; sæ-werie [séé-weri], *pl.* i.197,265. See *Glossar. Rem.* p.464.

sæc, *v.* suken.

sæc, seake, sec, seoc, seocke [seac, seak, seke], *sick, ill,* i.118,284,289. ii.34,312,385,407. iii.118; *d.* seocken [seake], ii.319,391; *acc.m.* sucne, ii.317; *pl.* seoke [seake], iii.184.

sæchen, ·sechen, sechien, isechen [seche], *to seek, go,* i.146,393. ii.112,132,272,301,466. iii.17,111,151,153,198; *pr.* isecheð [secheþ], ii.452; *pl.* i.197; *imp.* sæche, i.152; *pr. sb.* isechen [seche], i.343; *p.* ·sohte, isohte, ·soðte, isowte, i.23,360,368. ii.279,629. iii.47,276,285,629; *pl.* ·sohten, isohten, †i-scohten, †iseoðten [sohte], i.60,92,197,296,339. ii.124,192,564; *p.pr.* sechinde, sichinde [sechinge], i.59,310; *pp.* ·isoht, i.197,265,383. *v.* bi-sechen.

isæcled, *pp. disordered,* iii.226.

sæg, seg, *man,* i.340,342; *pl.* segges, ii.451,564,625. iii.72,94.

sæg, *saying,* i.189,190. *v.* sæȝe.

sæh, *v.* siȝen.

sæh, isæh, isæhȝen, *v.* iseon.

sæht [sat], *p. happened,* i.194. *v.* siȝe.

sæhte [sahte], *reconciliation, amity, peace,* i.420; *d.* sæhte, sahte-n, ·seahte, ·sehte, saihte, i.89,91,156,175,364,382,406. ii.47,53,209,213; *acc.* sæhte-n, saht [seþte], i.108,260,285; sæhte and sibbe, ii.53,59.

·sæhtnesse, sæhtnusse, sæhnesse, ·sahtnesse, sehtnesse [sahnesse, seahnisse, sehnesse], *f. amity, concord, reconciliation,* i.119,352,372,404,421. ii.29,378,448. iii.209,261; *d.* ii.381.

·sæhtne, sæhtnen, sæhtnie-n, sehtnie [sehni, sehtne], *to reconcile, make peace, calm,* i.352,361,374,377,379. iii.205; *imp.* sæhtne, i.374; *pp.* sæht, saht [i-sehte], i.218. iii.261; *pl.* sæht, sæhte-n, ·sahte, ·isahte, †swahte, ·sehte [seahte, isehte], i.183,217,306,406,421. ii.32,34,62,558. iii.45,179,205,229.

sæi, sæide, isæd, isæid, sæiȝe, *v.* seggen.

sæiles, *v.* seil.

sæilien, *v.* seilen.

sæl, sel, *happiness, prosperity, health,* i.68. ii.113,276,477,486,590; *d.* sæle, ·sele, selen [seale], i.56,428. ii.72,336,530,538; *amity,* ii.209,210.

sæl, ·sæle, isæle, sel, ·sele, isele [seale], *good, prosperous, well,* i.1,30,41,52,75,173,215,327. ii.14,73,105,197,252,334,491,598,626,636. iii.11,37,78,181,200,242; *g.* sele, iii.281; *d.* ·sele, selen, i.63. ii.

544,604. iii.81; *d.f.* selere, ii.485; *acc. m.* sele-n, seolne, i.355. ii.317. iii.156; *pl.* sæle, ·sele, selen [seale], i.17,29, 193,223,240,428. ii.67,214,372,439. iii. 7,84,99; *g.* sele, ·selere, i.183,346. ii. 331,427,488. iii.83,133,199; *d.* ·sele, selen, i.426. ii.520,529,635; *comp.* selere, selre, *better*, i.4. ii.465. iii.226, 249; *sup.* sælest, ·selest, selast, *best*, i. 39,40,110,168. ii.41,210,223; *pl.* selest-e, i.98. ii.383. iii.146. *v.* *iseli*.

sælde, *isælde*, *v.* seollen.

sællic, sælliche, *v.* sellic.

sær, sar [sor], *sorrow*, *harm*, *sore*, i.335, 341,354,361. ii.38,516; *d.* sare, seore [sore], i.97,293. ii.12,97.

sær-e, sar [sor], *a.* *sore*, *sorrowful*, i.28, 311,317. ii.123,334,518; *acc.m.* (?) sarne, ii.9; *pl.* sare [sore], ii.394; *comp.* sarure, i.7; *comp.* særȝest, iii.137.

·sære, sare, seore [sor-e], *sorely*, i.196, 336,341,348. ii.88,124,365. iii.3,104, 113,202.

særes, *pl.* *shears*, ii.170.

særi, sari [sori], *sorry*, *sorrowful*, i.8,44, 63. ii.75,105,339. iii.3,38,132; *d.* [sorie], i.44; *pl.* særi, sari [sori], i.331. ii.81,161,208. iii.278.

særiliche, særliche, *sorely*, *bitterly*, i.284, 290. ii.145.

særi-mod [sori-mod], *afflicted*, *unhappy*, iii.187,195.

særinæsse, særinesse, sarinesse, særnesse [sorinisse], *f.* *sorrow*, *misery*, i.401. iii. 98,124,152; *d.* ii.70,98,145.

særlic [sorlich], *sorrowful*, iii.137.

sæt, sætte, sæten, *v.* sitten.

sætnesse [sehnesse], *f.* *decree*, i.181.

sættele, ·setle, *d.* *seat*, *settle*, ii.273,353.

sætten, ·sette, setten, *to set*, *place*, *settle*, *appoint*, i.36,226. ii.133,312. iii.85, 163; *imp.* ·sete, i.157; *pl.* setteð, iii. 84; *p.* sætte-n, ·sette, setten, *isette*, i. 3,14. ii.164,412,502,589. iii.10,42,287; *pl.* sætten, ·sette, setten [seate, sote, *hi*-sote], i.172,334. ii.89,215,608. iii.84, 205; *pp.* *isæt-e*, ·*isat*, ·*iset*, ·*isette* [*i*-seat, *hi*-sette], i.82,108,244,371. ii. 68,84,90,210,403. iii.9,93,122,210, 213; *acc. m.* *isetne* [*iset*], ii.211.

sætterdæi [sateresdai], *Saturday*, ii.158.

sæxe, sexe, *d.* *knife*, *weapon*, i.171,214; *acc.* sax [sex], ii.212; *pl.* sæxes, sexes [seaxes, saxes], ii.214,268; *d.* sæxen [sexes], ii.220,252,515.

sæxte [sixte], *sixth*, ii.157.

sæȝe, *isæȝen*, *v.* *iseon*.

sæȝe, ·saȝe [saiȝe], *f.* *saying*, *saw*, *speech*, i.342. iii.47; *d.* sæȝe-n, ·saȝe, i.284. iii. 52,206; *pl.* sæȝen, saȝen, sawen [saȝes, sawes], i.32. iii.146,189,223. *v.* sæg.

sæȝel, *staff*, ii.87.

saf, *v.* scuuen.

safde, *v.* scæft.

saft, *v.* scæft.

sah, *v.* siȝen.

sah, *isah*, *v.* *iseon*.

[sahnede], *p.pl.* *were reconciled*, ii.558. *v.* sæhtne.

sahnesse, sahtnesse, *v.* sæhtnesse.

saht-e, saihte, *v.* sæhte.

saily, sayli, *v.* seilen.

·sake, *dispute*, *strife*, ii.537. iii.45.

sake, *v.* at-sake.

sal, salt, *v.* scal.

salde, *isalde*, *v.* seollen.

salmes [†phalmes], *pl.* *psalms*, ii.575.

salteriun, *psalter*, i.298.

saltne [salte], *a. acc. m.* *salt*, i.261.

same, *v.* scome.

samfast, *v.* swomefest.

samie, samede, *v.* scomien.

sande [sonde], *pl.* *messengers*, i.132. *v.* sonde, and *Glossar*. *Rem*. p.459.

sange, *v.* song.

isape, *v.* scop.

sar, *v.* sceren.

sar, sari, *v.* sær, særi.

[sareuy, sarui, saruy], *to serve*, i.169,208. ii.153,612. iii.56; *pr.pl.* [sarueþ], ii.205;

p. [sareuede, saruede], i.207,392. ii. 533; *pp.* [i-sareued], *deserved*, ii.591.
sarpe, *v.* scærpe.
sat, isat, *v.* sæt, sætten, sitten.
sateresdai, *v.* sætterdæi.
·saule, saulen, *f. soul*, iii.102,132,188; *d.* ·saule, †seole, i.4. ii.113,276,324; *pl.* ·saule, saulen, ii.344. iii.11; *d.* ii.477. iii.11.
sawes, saȝes, *v.* sæȝe.
saxes, *v.* sæxe.
saxisse, *v.* sexisce.
scæf, *v.* scuuen.
scæft, scaft [safde], *p. shaped*, ii.513.
scæft, ·scaft [saft], *spear, shaft*, i.277. ii. 467,576; *pl.* scæftes, scaftes, sceaftes, i.180,340. ii.419,582. iii.45,207; *d.* i. 347.
scæken, *p.pl. shook*, iii.53.
iscænd, *v.* scende.
iscængte, *v.* scenchen.
iscæpen, *v.* scop.
scærninge [†scornige], *d. scorn*, i.118.
scærpe, ·scarp, *sharp*, i.196. ii.367. iii. 235; *d.* scærpe-n, scearpe, i.98,319. ii. 498; *pl.* scærpe, scarpe, scerpe [sarpe], i.74,242. ii.565. iii.131; *d.* ii.515.
scæðe, scaþe [seaþe, seþe], *d.f. sheath*, i. 349. ii.552.
scæwede, scawede, scewede, sceoweden [sewede], *p. viewed*, i.60,86,205,309. ii.319.
scaf, *v.* scuuen.
scal [sal], 1*p.pr. shall*, i.374. ii.29. iii. 293; 2*p.* scalt, scælt, scelt, †sælt[salt], i.53,313,342. ii.54,66,82. iii.48,68; 3*p.* scal, scæl, scall, scel, †sæl, †swal [sal, sel], i.30,53,155,163,231,232, 254,379. ii.128,141. iii.23,45; *pl.* scullen, sculen, sculle, †sceollen, †sullen, †swullen, sculleð, sculeð, †sulled, †swulled [solle-n, solleþ], i.16,30,42, 61,176,178,179,227,228,230,231,266, 357,406,413. ii.10,92,109,378,394, 622. iii.23,52,57,88,91; 2 *p. pr. sb.* sculle, i.353; 1*p.p.* scolde, i.360; 2*p.* sculdest, †sule, i.168,315. ii.362; 3*p.* sculde-n, scolde-n, scholde, seolden, ·solde, sulde, i.88,148,159,183,201, 388. ii.5,18,27,39. iii.8,10; *pl.* sculden, scolden, ·solde-n, sulden, †swulden, i. 13,28,45,159,160,164,182,244,281, 428. ii.8,16,72. iii.21,59.
scalc, *man, warrior*, ii.379; *pl.* scalkas, scalkes, scælkes, scalken, i.80,180,201, 340,403. ii.397,437,481,569.
scale [scole, scele], *f. vessel*, i.50,229. ii. 202; *d.* i.50.
scalen, *pl. scales*, ii.471; *d. shells*, iii.172.
scamoiene [scamoine], *scamony*, ii.320.
scanden, *v.* scende.
scanen, scenen, *to shiver, break*, iii.67, 141,255; *p.pl.* scænden, scenden, scanden, i.221. ii.397,564. iii.107,220,245; *p.pr.* scanende, iii.67. *v.* to-scæne.
[scapie], *to escape*, i.35,92. *v.* ascapede.
scar, *v.* sceren.
scare, *d. disgrace*, i.249. ii.447. iii.184. See *Glossar. Rem.* p.469.
scarn, *scorn*, ii.301; *pl.* [scornes], ii.301. iii.185.
·scaðe, *monster, wretch, harm*, i.81. ii.16, 77,201,237. iii.19,27; scaðe-deden, *d.pl.* iii.186; scaðe-werc, i.66.
scean, *v.* scine.
sceap, *v.* scep.
scearpe, *v.* scærpe.
sceat-e, *v.* sceoten.
[scecky], *to go, pass*, i.65; *p.* scoc, ii.129. *v.* a-sceken.
scede [sadde], *p. was shed*, i.221,326.
sceld [sceald, seald], *shield*, i.216,321. ii. 576. iii.24,44,108; *d.* scelde [sceald, seald-e], i.359. iii.56,73,101; *pl.* sceldes, †sculdes, seeldes, seldes [scealdes, sealdes], i.178,179. iii.45,53,62,71; *g.* sceldes [seldes], ii.421; *d.* sceldes, scelden, schelden [scealde, scealdes, sealde], i.285,347. ii.372. iii.284.
sceld-trome, sceld-trume [soltrome, sul-

trome], *body of troops, disposed in a circle*, i.403. ii.261,265. iii.96,108.

scenc [senche], *draught*, ii.403,405; *d.* scenche-n, i.413. ii.541; *pl.* scenches, schenches, ii.138,404.

scenchen [senche], *to pour out*, ii.202; *pr.* scenccheð [sencheþ], ii.431; *pp.* *i*-scængte, *drenched*, i.347.

·scende, scenden, scanden [·sende, sinde, synde], *to shame, disgrace, dishonor, reproach*, i.131,141. ii.168,356,572. iii. 56,185; *p. pl.* scenden, iii.194; *pp.* *i*scænd, ·*i*scend [*i*send], i.96, 207. ii. 39,186,303,435. iii.53,186; *pl.* *i*scende [*i*send], i.428.

·scende, scenden, *i*scenden [sende], *to destroy, injure*, ii.269,333. iii.11,108; *pr.* scendeð [sendes], iii.19; *p.* scende, iii. 176. *v.* scanen.

sceone, scone [scene], *fair, beauteous, sheen*, i.97,131,218,412. ii.35,217,430; *d.* sceone, scone, i.146. ii.599. iii.144; *pl.* scone, ·scene, scen, i.89,314,412. ii. 406,501,607,615.

sceonien, *v.* scunien.

sceop, *v.* scop.

sceort [sort], *short*, iii.144; *pl.* scorte, i. 250.

sceoten, scotien [sceate, sceote], *to shoot, cast, thrust out*, i.14. ii.193,269,615; *p.* scæt, sceat, i.12,50,216; *pl.* scuten [sote-n], i.79,242. ii.100; *pp.* *i*scoten [*hi*-sote], i.276,334. *v.* sætten.

sceoteð, *pr.pl. trust* (?), i.42.

sceouen, *v.* scuuen.

scep [sceap], *pl. sheep*, iii.19; *d.* scheapen [séép], i.66.

·scere, *ad. quit, free* [See *Sax. Chron.* a°. 963], ii.108.

†sceremigge, *v.* scurmen.

sceren, schæren [seren], *to shear, shave*, ii.170,428; *p.* scar [sar], ii.316.

scerpe, *v.* scærpe.

scewede, sceoweden, *v.* scæwede.

scheldede, *p. armed*, i.201.

scid [sid], *broad* (?), ii.6.

scifren, sciuren, *pl. shivers, pieces*, i.193. iii.108.

scilden [silde], *to shield*, i.96. ii.87; *imp.* scild [sild], i.46; *p.* scilde, sceld*e*, i. 321,359. ii.422; *pr. sb.* *i*scilde [scilde], ii.574.

scine-n [scyne], *to shine*, ii.273,325. iii. 90,282; *pr.* scineð, iii.249; *p.* scæn, scean [son], ii.441. iii.151.

scip, schip [sip], *ship*, i.193,202,335. ii. 579; *g.* scipes [sipes], i.65; *d.* scipe-n, schipe-n [sipe], i.47,135,149,194,398. iii. 17, 131, 226; *pl.* scipe-n, scipes [sipes], i.5,76,111. iii.12,13,288; *g.* scipen-e [sipes], i.5,44,47,219,263. ii. 15. iii.19,128,159,242,284; *d.* scipe-n, scipene, schipen [sipe, sipes], i.94,200. ii.99,194. iii.131.

scip-ferde, scip-færde [sip-ferde], *navy, fleet, naval armament*, i.309. ii.8; *d.* i. 91. ii.523.

scip-ful [sipfol], *shipful*, ii.573.

scip-gumen, *pl. sailors*, i.194.

scipien, *to reward*, ii.416.

scipinge, *wages*, ii.146.

scip-men [sipmannen, sipmen], *pl. sailors*, i.46,57,194. iii.131; *d.* scipmen, scipmonnen, scipen-monnen, i.94. ii.69, 152.

sciren, *pl. shires*, iii.287.

sciren [sire], *to utter, speak, inquire*, ii. 281,536; *pr. sb.* ·scire, *i*scire, ii.293, 348. See *Glossar. Rem.* p.492.

sciuren, *v.* scifren.

†sckere [scere], *to depart, sheer off*, i.204.

sclæht, *v.* slæht.

scoiden [soide], *p. pl. shod*, ii.512; *pp.* *i*-scod, i.334.

scolde-n, *v.* scal.

scoldre, *v.* sculdre.

scole, *v.* scale.

·scole, *d. school*, i.422.

scome, sceome, scame [same, seame], *shame, disgrace, reproach*, i.61,97,148,

159,214,248. ii.80. iii.54,154; *d.* scome, sceome, scame-n [same], i.20,187,373. ii.38,458. iii.179,281.

scomeliche, *pl. shameful*, ii.435.

scomien [samie], *to shame*, ii.637; *pr.* scomeð [sameþ], ii.629; *p.* scomede [samede], i.207. ii.151; *pl.* sceomeden, iii.187.

·sconde [sonde], *d. shame, disgrace*, i.20, 249,300. ii.193,574. iii.267; *recreant*, ii.572; *destruction*, iii.152; *acc.* [sconde, sonde], ii.228. iii.19; *pl.* [scondes], *harms*, ii.409.

scondliche [sindliche], *d. shameful*, i.96.

scone, *v.* sceone.

sconke [soncke], *d. leg, shank*, ii.212; *pl.* sconken, i.79. ii.138,463,576; *d.* i.250.

scop, iscop [·sop, sceop], *p. shaped, formed*, ii.171,198,356,461,568. iii.52,187, 238; *pp.* iscæpen [isape], ii.240.

scopes, *pl. poets*, ii.367,530,545. iii.229. *v.* leod-scopes.

scopte, *v.* scupte.

scornes, *v.* scarn.

scotien, iscoten, *v.* sceoten.

scot-þeode, *Scotland*, ii.433.

scradieð, *imp. pl. cut ye*, i.250.

scrahten, *p. pl. drew*, i.415.

·scrift, *shrift*, ii.347; *d.* scrifte, ii.349.

scrinkin, *to shrink, die*, i.96.

scriðen, scriþen, *to go, come, march, pass*, ii.25,29,399. iii.131; *imp. pl.* scriðeð, ii.26; *p.* scrað, i.175; *pl.* scriðen, i-scriðen, i.358; *pp. pl.* iscriðene, iii.38.

·scriue, scriuen, *to shrive*, ii.347. iii.290; *pr. sb.* scriuen [scriue], ii.347.

·scrud [srud], *clothing*, i.39. ii.173; *pl.* scrud [srud], i.434; *d.* ·scrude, scruden, i.77,228. ii.640.

·scrude, scruden, *to clothe*, i.381. ii.141, 168,404,516; *pp.* iscrud, ii.127,143, 413; *pl.* iscrudde [i-scrud], i.358. ii. 160,403,613. iii.1.

scucke [scuke], *m. monster, fiend*, i.12,49, 291. iii.23,30,33; *d.* scucke, iii.149.

scufen, *v.* scuuen.

scuften [sufte], *to prevail*, i.176.

scuhten, *v.* scutten.

sculde-n, sculle-n, sculleð, *v.* scal.

sculdre [scoldre, soldre], *d. shoulder*, ii. 379. iii.44; *d. pl.* sculderen [soldre], ii.608.

scunien, sceonien, *to shun, hate*, ii.187, 198,209; *p.* scunede [sonede], i.132, 260. ii.198. *v.* oscunneden.

scupte [scopte, sipte], *p. shaped, made*, i. 83,425; *pl.* scupten [sipte], ii.220. iii. 233.

scurmen [†sceremigge], *to skirmish*, i.347; *p. pl.* skirmden, i.358.

scurte [seorte], *shirt*, ii.575.

scute, *shot*, i.62.

scuten, *v.* sceoten.

scutten, *pl. shooters, archers*, iii.77; *g.* scuhten [scuttes], iii.76; *d.* scutten, iii.158.

scuuen, sceouen [seue], *to shove, press, drive, move along*, ii.305,483. iii.158; *imp. pl.* [suueþ], ii.305; *p.* scæf, scaf [saf, sef], i.399. ii.513,580; *pl.* scufen, scuuen [souen], i.335. ii.454. iii.77.

seac, seak-e, *v.* sæc.

seacnesse, *v.* seocnesse.

†seælled, *imp. pl. assail ye* (?), i.262.

seah, *v.* iseon.

seahnisse, *v.* sæhtnesse.

seahte, *v.* sæhte, sæhtne.

sealde, *v.* sceld, selde.

seale, *v.* sæl.

sealþe, *v.* selehðe.

seame, *v.* scome.

isean, *v.* iseon.

seat-e, seæt, iseat, *v.* sætten, sitten.

seaþe, *v.* scæðe.

seaðen, *d. pl. graves*, i.36.

seaxes, *v.* sæxe.

sechen, isechen, sechien, *v.* sæchen.

ised, *v.* seggen.

see, séé, *v.* sæ.

séép, *v.* scep.

sef, *v.* scuuen.

segge, *pl.* *sayers, gleemen*, i.218.

·seggen, siggen, sugge-n, †seuggen, †sucgen, †suge-n [segge, †seg], *to say, tell*, i. 22, 42, 50, 128, 189, 196, 197, 256. ii. 138, 204, 347, 415. iii. 30, 49, 110, 117, 276; 1 *p. pr.* †sucge, †seuge, sugge [segge], i. 126, 135, 269. iii. 123, 249; 2 *p.* seist, i.127; 3 *p.* seið-e, ·saið [seggeþ], i.4. ii.12, 571. iii.269; *pl.* suggeð, †suggeð [seggeþ, †segeþ, segge], i.310. ii.166, 541, 597. iii.95, 153; *imp.* sæi, sæiȝe, saie, seie, seien [saie, sei, seiȝe], i.96, 127. iii.14, 23, 170, 215; *pl.* suggeð [seggeþ], i.37, 403. ii.356. iii.51; *pr. sb.* ·segge, sugge, i.4. ii.156. iii.18, 124; *p.* sæide, seaide, ·seide [saide, sayde], i.20, 29, 53. ii.29, 52, 120. iii.17, 25, 115, 210; *pl.* sæiden, saiden, seiden, iseiden [saide, sayde, seide], i.16, 63. ii.229, 495. iii.4, 16; *pp.* isæd, isæid, ·isaid, ·ised, ·iseid, i.177, 231. ii.51, 69. iii.3, 34, 124, 155, 189, 272, 275.

segges, *v.* sæg.

seh, *v.* siȝen.

seh, iseh, isehȝe-n, iseih, iseihȝe-n, *v.* iseon.

sehnesse, sehtnesse, *v.* sæhtnesse, sætnesse.

sehni, sehtne, sehtnie, *v.* sæhtne.

seht, sehten, *v.* siht.

sehte, isehte, *v.* sæhte, sæhtne.

·seil, *sail*, i.196; *d.* seile, ii.450; *pl.* sæiles, seiles, seil [sailes, sayles, seyles], i.47, 195, 335. ii.194, 455. iii.13, 160, 229; seil-clæð [seil-cloþ], *n.* *sail, sail-cloth*, i. 194; sæil-rapen, *d. pl.* *sail-ropes*, ii.305.

seilen, sæilien [saily, sayli, seili, seily], *to sail*, i.41, 199. ii.453. iii.152; *pr. pl.* sælieð, ii.249; *p.* ·seilede [sailede], i. 55. iii.226; *pl.* ·seileden, i.333. ii.74. iii.156.

[seine], *banner, ensign*, i.396.

·seint, seinte, *saint*, i.2. ii.295. iii.184, 264; *g.* iii.38, 184; *d.* ii.597.

sel, *v.* scal.

sel-e, isele, selere, *v.* sæl.

selcuð, selkuð, †selkeð, sælcuð, seolcuð-e, seolcuþ, seolkuð, sulcuð [selcouþ, selcuþ], *marvellous, strange*, i.13, 21, 120, 165, 166, 291, 321, 388, 424. ii.326, 472; *d.* ·selcuðe, selkuðe, seolcuðe [selcouþe], i.394. ii.15. iii.9, 110; *acc. m.* selcuðne, †seolcudne [selcouþe, selcuþ], ii.376, 604; *pl.* ·selcuðe, †salcuð, sælcuðe, seolcuðe [selcouþe, selcuþ], i.219, 274, 346, 389, 425. ii.152, 502, 591, 617; *d.* sælcuðe [selcouþe], ii.295; *comp.* [selcuþere], i.120.

selcuðlice, *wonderfully*, ii.4.

·selde [sealde], *seldom*, i.342. ii.328.

selde-n, *d.* *seat*, iii.31, 238.

seldes, *v.* sceld.

selehðe, seleȝehðe, seolðen [sealþe], *prosperity, happiness*, ii.328, 634. iii.14, 289; *d.* selþen [sealþe], iii.14.

iseli-e, *good, fortunate*, iii.155, 295; *d.* [seli], i.63; *pl.* [seli-e], i.47, 223. ii. 412, 427.

sellic, seollic [sellich], *wonder, marvel*, ii. 362, 399, 501, 544, 545.

sellic, ·sellich, sællic, †sællech, seollic, ·seollich, †seillich [†sellech, sullich], *marvellous, strange*, i.264, 274, 312, 424. ii. 8, 22, 77, 178, 296, 304, 332, 360, 413, 428, 490, 604. iii.14, 33, 37, 235; *d.* sellic, seollic, seollichen [sellich-e], ii.423, 504, 547, 600; *acc. m.* sellichne [selliche], ii.367; *pl.* selliche [sellich, sulliche], i.295. ii.152.

sellic, ·sellich, sælliche, selliche, seolliche, *strangely, marvellously*, i.336. ii.326, 428. iii.38, 228, 246.

seluere, *v.* seoluer.

isemeliche, *stilly*, ii.491.

semen, isemen [semi], *to beseem, befit*, i. 409, 435; *p.* semde, *confirmed*, i.181; *pp.* isemed, *settled, fixed*, ii.29, 465, 590. iii.93.

senaht, *n.* *senate*, iii.6.

·senaturs, *pl.* *senators*, iii.4; *d.* iii.71, 80.

senche, *v.* scenc, scenchen.

sende, isend, *v.* scende.

senden, *v.* sunde.

senden [sende], *to send,* iii.3,112; *pr.* ·sende, sent [sendeþ], iii.3,48,125; *pl.* ·sendeð, i.21; *imp.pl.* ·sendeð, sendiðe, i.176,246. ii.205; *pr.sb.* ·sende, isende, ii.214. iii.4; *p.* ·sende, senden, †seonde, sente, i.19,26,260,276. ii.354. iii.43, 58,127,152; *pl.* ·sende-n, †sænde, i.29, 234. iii.74,85,116; *pp.* ·isend, i.362. ii.197. iii.60; *pl.* ·isende, i.231.

senuwen, *pl. sinews,* i.277.

seo, *imp. be thou,* i.364. ii.12,54. iii.2,162; *pl. pr.* seon, seoð, *are,* ii.154; *pr. sb.* seo, si, ii.199. iii.163. *v.* beon, sunde.

seoc, seocke, seoke, *v.* sæc.

seocnesse [seacnesse], *d. sickness,* ii.386, 486.

seofue, *v.* seoue.

seoh, seohðe, *v.* soð.

seolcuð, seolkeð, *v.* selcuð.

·seolf, self, sulf, *self, same,* i.26,34,35,38, 90,135,169,182,254,312. ii.117,130, 170,350,432. iii.109,127,180,189,225, 249,255; *d.* seolfue, ·seolue, seoluen, seoluan, seolfen, seolfan, selue-n, seluan, †selua, suluen, †sculuen [silue], i.14, 19, 29, 36, 37, 83, 89, 109, 110, 116, 123, 125,160,239,270,282. ii.166,237,551. iii.29,80,99,114,163,289; *acc.* seolfne, sulfne, ·seolue, seoluen, seolfan, sulue-n [seolfe], i.22,79,96,215,317,327,355, 359,361,393,419. ii.326,430,529. iii. 25,29,139,169,198; *pl.* ·seolue, selue, sulue, ·seolf, sulf, i.141,247,255. ii.93. iii.6; *d.* seoluen [seolue, seolf], i.135. ii.101. iii.106; *acc.* seoluen, ·seolue, seluen, seoluan, i.79,221,247,338. ii. 69,97,185. iii.11,74,89.

seolke [solke], *d. silk,* i.194. ii.533.

seollen, ·sulle, sullen, *to deliver, sell, grant,* iii.163,233,248,269; *p.* sælde, salde [solde], i.318,427. ii.137,576. iii.237; *pl.* salden, ii.80,102; *pp.* isælde, isalde, iseolde, ii.75. iii.180,181.

seollic, seolliche, *v.* sellic.

seolne, *v.* sæl.

seolðen, *v.* selehðe.

·seoluer, †soluer, †suluer, *silver,* i.152. ii.206. iii.139; *d.* ·seoluer, seoluere, †seolure, seluere, i.75,77,187. ii.357. iii.1,291.

seoluerne, *a. pl. silver,* ii.534.

seomer, *v.* sumer.

·iseon, ·iseo, ·isen [ise, isée, isean, se], *to see, behold,* i.122,152,349,357. ii.119, 371,529; iii.66,138,225,248; *inf. fut.* iseonne, ii.501; 1*p.pr.* iseo [ise], i.309. iii.190; 2*p.* sihst, isihst, isixst [isext, †sehte, i-sihte], i.221. ii.370,498. iii. 19; 3*p.* iseoð, isiht, †isih, sið [sicþ, siht], i.179,187. ii.333,558; *pl.* iseoð [iseþ], ii.441. iii.92; *imp.pl.* iseo [se], ii.420. iii.294; 1*pr.sb.* iseo, seȝe [ise], i.336. ii.509; 3*p.* sæȝe [sehe], i.267; *pl.* iseon, ii.140; *p.* sæh, sah, isæh, isæih, ·isah, ·iseh, iseih [seh, seȝ, seȝe, seah, iseeh, isehȝe, iseþ], i.14, 24, 57, 60, 68, 85,144,194,199,324,348,370,372,396. ii.36,131,154,244,245,332,499,606. iii. 55,90,118,124,180; *pl.* ·iseȝen, ·isehȝen, isæhȝen, isæȝen, isaȝen, iseiȝen, iseoȝen, †isiȝen, sæȝe, iseȝe, ·seȝen [isehȝe, isehe-n, iseȝe, sehe-n, sehȝe-n], i.82, 229, 244, 274, 320, 426. ii.74, 77, 86, 109, 123, 140,146,189,192,329. iii.21, 37, 59, 97,146,204; *pp.* iseȝen, isæȝen, ·isene [isehȝe, hi-sehȝe, iseihȝe], i.282,407. ii.326,327,597. iii.23,229. *v.* bi-sæh.

seonden, *v.* sonde.

seondeð, 1*pr. pl. are,* iii.88. *v.* sunde.

seore, *v.* sær, sære.

seorful, seorhful, *v.* sorhful.

seorte, *v.* scurte.

seorwe, seorȝe, *v.* sorhȝe.

seoð, *v.* soð.

iseoð, *v.* seon.

seoððe-n, seoðe-n, seþen, seððen, †soððen, †seodðen, †suðden, †suoðen [seoþþe-n, siþþe, suþþe], *afterwards, since, then,* i.

7,9,15,19,58,83,86,130,167,255,347. ii.531. iii.11,12,15,37,48,94,148,184, 297. *v.* swuððen.

†seoðueðe [soueþe], *seventh*, ii.157.

seoue, seofue, ·soue, seouen-e, seuen [seue], *seven*, i.16,20,31,169,256. ii.241,330. iii.53,66,192.

·seoueniht, seouen-nihte-n [seouenihte, seoueniþt, soueniht-e, soueniþt], *seven-nights*, *a week*, i.101,189. ii.72,232, 253. ii.60. iii.28,232,246.

seouentene [sceouentene, souentene], *seventeen*, i.91. iii.83,202.

seowede, *p. shewed*, iii.292.

seowen [sewen], *p. pl. sowed*, i. 82, 428.

iseoȝen, *v.* iseon.

seren, *v.* sceren.

·seruise, *service*, i.344.

seruuinge, *f. service*, i.345; *d.* sereuunge, i.346.

set, sete, isete-n, *v.* sitten.

iset, sette, isette, *v.* sætten.

seten, *pl. inhabitants*, iii.187.

seten, *d.pl. seats*, iii.239.

iseþ, *v.* iseon.

seþe, *v.* scæðe.

seþen, seððen, *v.* seoððe.

seþte, *v.* sæhte.

setten, *to sit*, ii.539. iii.31. *v.* sitten.

seue, *v.* scuuen.

seue, *v.* seoue.

sewede, *v.* scæwede.

sewen, *v.* seowen.

sexe, *v.* sæxe.

sexisce, sæxisce, sexise [saxisse], *pl. Saxish*, *Saxon*, i.304. iii.152,155,160,203; *g.* iii.162; *d.* iii.287.

sexleoden, *d. Saxland*, *Saxony*, ii.209.

isext, *v.* iseon.

seȝe-n, iseȝe-n, *v.* iseon, siȝen.

·sibbe, †sibba, *peace*, *friendship*, i.155, 260. ii.285; *d.* ·sibbe, sibben, †sibba, i.91,156,175,254,382. ii.47,185,209; *pl.* isib, isibbe [sibbe], *kindred*, *related*, i.18,129. iii.226; sibbe-freond, *pl.* i. 103; sibe-laȝe, *d.f.* i.18; sibbe-men [sibmen], *pl.* i.58.

siche, siken [sike], *to sigh*, ii.108,145; *p.* [siþte], i.132.

sichinde, *v.* sæchen.

sicþ, *v.* iseon.

sid, *v.* scid.

·side, siden, †sidan [syde], *d.f. side*, i.27, 57,336. ii.490,608. iii.18,22; *d.pl.* siden [sides], iii.85.

·side, siden, *ad. far*, *wide*, i.7,19,211. ii. 221,289. iii.199.

sie, sieþ, *v.* siȝen.

siggen, *v.* segge.

sihst, isihst, siht, isiht, *v.* iseon.

·siht [seht], *sight*, i.166,244. ii.455; *d.* sehte, isihðe, sihȝeðe [sihte], ii.161,499. iii.14,15.

siker, *secure*, *safe*, ii.207; *pl.* ·siker-e, i. 82,401. iii.69,173.

siker, ·sikerliche, sikerlichen, *surely*, *securely*, i.171,336. iii.66.

silde, *v.* scilden.

silue, *v.* seolf.

sinað, *n. senate*, iii.4.

sinde, *v.* seende.

sindliche, *v.* scondliche.

·singe, singen, *to sing*, ii.285,594. iii.192; *pr.pl.* ·singeð, ii.402, 542; *p.* sunge [songe], ii.306; *pl.* sungen, sunggen [songe], i.155,335. ii.397,457. iii.13, 155; *p.pr.* ·singende, singinge, iii.72, 191; *pp.* isunge-n [isonge], ii.353,609. iii.180.

sinke-n, *to sink*, ii.272,422; *p.pl.* sunken [sunke], i.195. ii.469; *pp.* isunken, iii. 138.

sip, *v.* scip.

sipte, *v.* scupte.

·sire, *sir*, ii.521.

sire, *v.* sciren.

sið, *v.* iseon.

sið, *journey* (?), *adversity* (?), ii.495; *d.* siðe, *fortune*, iii.215; *pl.* siðes, *mishaps*, *lot*, i.243. iii.25. *v.* bale-sið, fæi-sið, sorh-siðes, wan-sið.

siðen [siþe], *acc. time*, i.186; *pl.* ·siðe, siðen, i.47,51. ii.151,259. iii.19,296.

siðen, *to go*, ii.469. *v.* siȝe.

siþte, *v.* siche.

siþþe, *v.* seoððe.

sitten, *to sit*, ii.544; *pr.pl.* sitteð [setteþ], ii.166,403; *imp. pl.* ·sitteð, ii.536,612. iii.125; *p.* sæt, sætte, ·sat, seat, seæt, set [sete, sit], i.120,125,130,132,150, 413. ii.116,123,528. iii.25,47,118; *pl.* sæten, ·sete-n, setten, ii.138,227,402, 533,633. iii.45; *pp.* ·isete, iseten, ii. 353,540,610.

[siwi], *to follow*, i.59; *p.*[siwede], ii.264.

six, ·sixe, *six*, i.27. iii.6,31.

*i*sixat, *v.* *i*seon.

sixte, *v.* sexte.

·sixtene, *sixteen*, i.47. iii.60.

·sixti, iii.94.

siȝe-craften, *d. magic*, ii.225.

siȝe-n, syȝe, *victory, success*, ii.254,305, 581.

siȝe-n [sie], *to go, come, arrive, voyage, proceed*, ii.184,453,578. iii.164,177; *pr.pl.* siȝeð [sieþ], ii.451; *p.* sæh, seh [soh], i.124. ii.587. iii.226; *pl.* ·siȝen, i.370,426. ii.4,208,418,591. iii.58, 284; *pp.* ·*i*siȝe, *i*siȝen [*i*seȝe-n], i.171. ii.89,98,146,220,327,472. iii.296.

siȝen, *to sink, fall*, ii.186; *p.* sæh, sah, ii. 2. iii.102; *pl.* siȝen [seȝen], ii.397.

skenting, *amusement, joy*, ii.380. iii.230. See *Glossar. Rem.* p.495.

skirmden, *v.* scurmen.

slæde, ·slade [†sclade], *d. valley*, i.110,240, 366. iii.70; *pl.* slades, iii.133.

slæht, †sclæht, slaht, sleȝht [sleaht, sleþt], *slaughter*, i.107,182. ii.44,112,329,444. iii.149; *d.* slæhte, slehte [sleþte], i.170, 350. ii.537; *pl.* sleahtes [slahtes], i.59. ii.265; *d.* [slahtes], i.58. *v.* feond-slæhtes, wæl-slahte.

slæn, slæ, slan, †scaln, ·slen [sle, slea, slean], *to slay*, i.13,168,180,272,329, 360. ii.248,329,636. iii.5,33,64,125, 150,197; *inf.fut.* slænne, ii.362; 2*p.pr.* [sleast], i.214; *imp. pl.* slæh, slæð [sleaþ, †scleaþ, sleoþ], i.180,262. iii.53, 149; 1*p.pr. sb.* slæ, i.168; 1*p.p.* ·sloh, ii.32. iii.37; 2*p.* sloȝe, slowe, i.186. ii.34. iii.102; 3*p.* ·sloh [sloþ], i.33, 55,165,272,274. ii.32,216. iii.3,37; *pl.* ·sloȝen, ·slowe-n, sluȝen [sloȝ, sloȝe], i. 68,73,78,180,252. ii.16,149,350,419. iii.60,61,177; *pp.* *i*slawen, †*i*sclawen, *i*slæn, *i*slæȝe-n, *i*slaȝen [*i*slawe, *i*slaȝe, *i*slehȝe, *i*sleȝe, †*hii*-sleȝe], i.14,41,45, 63,92,328,355,398. ii.31,46,96,144. iii.88,114,133; *pl.* *i*slæȝene, *i*slaȝene [*i*slaȝen, *i*slawe], i.238,346. ii.257. iii. 91. *v.* aslæn, of-slæn.

slæn, slen [slean], *to strike, smite*, ii.142. iii.95; *to pitch*, ii.556. iii.40,111; *imp. pl.* slæð, *strike*, i.34; *pitch*, ii.300; *p.* sloh, *smote, swung*, i.98,164. ii.266, 584; *pl.* ·sloȝen, *swung*, ii.483; *pitched*, i.336.

slæpe, slepe-n [sleape], *d. sleep*, ii.234, 237. iii.13,33,118,214.

slæpen, ·slepe, slepen [sleape], *to sleep*, i. 32,52. ii.348. iii.13,14,289; *pr. pl.* sleopeð, i.41; *p.* slæpte, slapte, ·slepte, slæp [sleap, sleapte], i.52,171. iii.13, 16,32,33.

slæting, *hunting*, ii.88,89; *d.* slatinge, iii. 168.

*i*slæȝe-n, *i*slaȝen, *i*slawe-n, *v.* slæn.

slahliche, *slily*, i.366.

[slakie], *to assuage, slake*, ii.558; *imp.* slake, ii.497.

slauþe, *g. sloth*, iii.77.

sleaht, *v.* slæht.

[sleahþe, slehþe, sleþþe], *art, stratagem*, ii.297; *d.* ii.297,558.

slean, *v.* slæn.

sleap, sleapte, *v.* slæpen.

[sleh], *sly*, ii.177.

sleþt, *v.* slæht.

isslit, *pp.* *slit*, ii.170.

sloh, sloþ, sloȝen, slowen, sluȝen, *v.* slæn.

slume-n, slommen, *to slumber*, i.52. ii. 248,330. iii.289.

smællen, *d.* *onset*, iii.77.

smærten [smorte], *d.* *painful, smart*, iii. 104; *pl.* smærte, smarten [smorte], ii. 429,473. iii.77,207.

·smal-e, *small, base*, i.19. ii.170,219,492; *d.* i.250. iii.82; *pl.* [smale], i.333.

smedðede, *v.* smiðie.

[†smere], (?), ii.203.

smite [smites], *d.pl.* *blows*, i.23,27.

smiten [smite], *to smite, strike*, i.392. ii. 193; *pr.pl.* ·smiteð, ii.423; *imp.* [smit], iii.37; *pl.* ·smiteð, ii.441; 1 *p.p.* smæt [smot], iii.120; 2 *p.* smite [smete], i. 348; 3 *p.* smæt, ·smat, ·smot, ismat, i.23, 62,277. ii.429,474. iii.16,34; *pl.* ·smiten, smitten [smete, smite, smot-e], i. 76,221. ii.143,215. iii.15,57,60,74, 207; *pp.* ismitte [*hii*-smite], ii.28,318.

·smið, *m.* *smith*, i.66. ii.463. iii.235.

smiðie, smiðeȝe, *to forge*, iii.235; *p.* smedðede [smiþede], i.66.

smokien [smokie], *to smoke*, iii.21.

smorte, *v.* smærten.

smot, *v.* smiten.

snau, *snow*, iii.94; *d.* snawe [snowe], ii. 421; snau-white, *pl.* ii.608.

snel, *brave, strong, active*, iii.155; *pl.* ·snelle, snælle, i.301. ii.112,252,408, 419,571. iii.142,147,156.

so, *v.* swa, ware so.

soc, *v.* suken.

soch, *v.* such, swilc.

[soch], *p.* *went*, i.368. *v.* sæchen.

socne, *d.* *search*, i.100.

[soffri], *to suffer*, ii.622.

softe, *soft*, ii.199; *acc.pl.* soften [sohte], ii.533; *comp.* softer-e, softre [sohtere], ii.250,364,595.

·softe, *softly, gradually, delicately, peaceably*, i.171,237,270. ii.502,516. iii.58.

[softi], *to soften*, ii.77.

softnesse [sofnisse], *d.f.* *softness*, iii.15.

soh, *v.* siȝen, soð.

sohfast, *v.* soðfest.

sohriht, *v.* soþrihtes.

sohte, sohtere, *v.* softe.

sohte-n, isohte-n, isoht, *v.* sæchen.

soide, *v.* scoiden.

soke, *v.* suken.

solchere, *v.* swilc.

solde, *v.* seollen.

solde-n, solle-n, solleþ, *v.* scal.

soldre, *v.* sculdre.

·solh, solþ, solwene, solȝene, *v.* sulȝe.

solke, *v.* seolke.

soltrome, *v.* sceld-trome.

som, somme, *v.* sum.

some, *concord, peace*, i.108; *d.* ·some [isome], i.175,306,406. iii.50.

·some, isome, somme, *a.* *united, accorded, gathered* [A.-S. *gesome*, Gen. xlv. 24], i.421. ii.63. iii.130,205,229,261.

somed, †someð, *together*, i.123,130,180. ii.421,442. iii.21,77,135.

somer, *v.* sumer.

somnien, isomnie-n, sumenen, sumnien, sumunen [somni], *to assemble, summon*, i.19. ii.381,551. iii.230; 1 *p.pr.pl.* somnie, iii.258; *imp.* somne, ii.297; *p.* ·somnede, somenede, sommenede, isomnede, sumnede, isumnede, sumnede [somne], i.19,36,177,273,403. ii.9,221, 436,514. iii.4,107,139,146,210; *pl.* sumenede, sommeneden, somned, somneden, sumnede-n [somnede], i.69,160, 220. ii.87,100,400,439,551. iii.107,146; *pp.* ·isomned, somned, isumned, sumned, †isomed [†*hi*-somed, *hii*-somned], i.63,218,288,346,364. ii.23,155,166, 358,495. iii.38,158,219.

son, *v.* scine.

soncke, *v.* sconke.

sond, *n.* *sand*, i.6,76.

·sonde, *messenger*, i.61,212,238,264,422. ii.18. iii.130; *pl.* sonden [sonde, sondes], i.46,198,433. ii.102,205. iii.283; *d.s.*

or *pl.* sond, seonden [sonde], i.154,286. *v.* sande.

sonde, *d. f.* *message, mission*, i.134. ii.570. iii.272.

sonde, *v.* sconde.

isond-e, *v.* sund.

sonden, *v.* sunde.

sonden, sunde [sondes], *pl.* *viands*, ii.611. iii.32.

sondes-mon [sondesman], *messenger*, ii. 13,144; *d.pl.* sond-monnen, ii.107.

sone, *v.* sune.

·sone, sonen, †seone, *soon*, i. 9, 139, 287, 427. iii.4.

sonedæi, *Sunday*, ii.158.

sonede, *v.* scunien.

·song, *song*, i.12. ii.530,594. iii.229; *d.* ·songe [sange], i.4. ii.503; *pl.* songe, ·songes, i.218,298,407. ii.398,505; *d.* songen [songes], ii.397.

songe, isonge, *v.* singe.

sonne, *v.* sunne.

·sonne, *f.* *sun*, i.346. ii.397; *d.* †seonnen [sonne], i.389. *v.* sunne.

sop, *v.* scop.

sor-e, sori, *v.* sær, sære, særi.

sorewede, *v.* sorȝeden.

·sorhful, seorful, soruful [sorhfol, sorhfolle, sorþfol, sorþfolle, sorȝfulle], *sorrowful*, i.8,15,63,142,282. ii.105,224, 482. iii.38,132,195; *d.* sorhfule, sorhfulle, sorehfulle, †seorhuefulle [sorfol, sorþfulle], i.145,170,172. ii.184. iii. 143; *acc.m.* seorhfulne, sorhfulne, i.97, 341; *pl.* ·sorhfulle, sorhful, seorhful [sorfolle, sorhfolle, sorþfolle], i.92. ii. 94,208,393,566. iii.187; *d.* seorhfulle, i.45,145.

sorhliche, *sorrowfully*, ii.495.

sorh-siðes, *pl.* *mishaps*, ii.38.

sorhȝe, sorȝe-n, sorhen, sorreȝen, †seorwa, seorwe [sorewe, sorwe, sorþwe], *f.* *sorrow, calamity*, i.96,107,124. ii.327. iii.98,132,137,221,279,282; *d.* sorhȝe-n, sorȝe-n, seoreȝe, seorȝen, sorreȝe, seorwe-n, sorwen [sorewe], i.118,171,197, 278,293. ii.75,95,187,247,492. iii.122, 155; *acc.* sorhȝen, sorȝe-n, seorwe-n, sorwen, seorȝe, †serwe [sorþe, sorewe, sorwe], i. 106, 108, 232, 256, 267, 282, 341. ii.69,149,360,407. iii.121; *pl.* sorȝe-n, seorwen [sorhþe, sorewe], ii.90, 208. iii.67,80,280.

sorlich, *v.* særlic.

sort, *v.* sceort.

sorȝeden [sorewede], *p.* *sorrowed*, i.216.

[sost], 2 *p. pr.* *shouldest*, ii.362. See Ritter, *Gramm. der Mecklenburgisch-plattd. mundart*, p. 91. 8°. 1832.

soster, *v.* suster.

sot, *fool*, i.61,96,278; *pl.* sotten, sottes, ii.301,492.

sote, *hi*-sote, *v.* sætten, sceoten.

sotel, *v.* sutel.

·soð, ·soðe, soððe, ·soh, †seoð, †seoh, *s.* *sooth, truth*, i.22,26,128,147,148,270, 284,342,388. ii.140,225,542. iii.40,49, 58,123; *d.* ·soðe, †seoðe, i.127,128,143. ii.317. iii.10,15,78; ·mid soðe, mid soð [mid isoþe], *truly*, i.92,346. ii.240. iii. 82. *v.* to-soðe.

soðen, *d.* *true, sooth*, ii.154; *d.f.* soðere, ·soþere, i.29,153. ii.572; *acc.* †seohðe [soþ], i.148; *pl.* ·soðe, i.32,168,198, 390. ii.240. iii.30,146; *d.* ·soðe, soðen, i.361. ii.499,637; *comp.* ·soðere, soððere, †suðere, i.3,125,431. ii.438,446, 523,572. iii.69,137; *sup.* †sohust [soþest], i.128,147.

soðfest [sohfast], *soothfast, just*, i.279; *d.* soðfasten, soðfæste, sohfaste, sohfeste [soþfast], i.99,129,209. ii.378. iii. 182; *pl.* soðfaste, soðfeste [soþfast], i. 4,168.

soðien, isoðien [soþi], *to prove, confirm*, i. 355,362. iii.161.

[soþliche], *truly*, i.238. iii.41.

[soþrihtes, sohriht], *truly, verily*, i.412. ii.138,376.

soðte, *v.* sæchen.

sotliche, *foolish*, i.83.

·sotscipe, †sothscipe, *folly*, i.128. ii.*551*; *d.* [sot-sipe], ii.*551*.

soue, soueþe, *v.* seoue, †seoðueðe.

souen, *v.* scuuen.

soueniht, souenipt, *v.* seoueniht.

souþriht, *v.* suð.

isowte, *v.* sæchen.

spæche, ·speche, †spiche, *f. speech, language*, i.171,429. ii.121,174; *g.* i.21; *d.* i.19,141. ii.481. iii.46,*55*,68,212; *pl.* spechen, iii.163 (?), 204,210.

spæc-huse[spec-huse], *speech-house, parlour*, ii.123; *d.* spæc-huse[spec-house], ii.120,124.

spæcken,spæken,ispæcken,speken[speke], *to speak*, ii.7,193,311. iii.22,46; *inf. fut.* spekene, ii.616. iii.35,164; *pr.* [speket], i.21; 1 *p. pl.* ·speke, iii.7; 2 *and* 3 *p.* ·spekeð [speke], i.4,232; *imp.* ·spec, ii.116; *p.* spæc,·spac, spec,·speke, i.6, *52*, 120,130,150, 264. ii.103,174. iii.14; *pl.* spæken, ·speken, *i*specken, *i*speken [speke], i.75,138,352,391. ii. 369. iii.116; *pp.* ispæken,*i*speken[speke, *i*speke], i.133,144. ii.146,636. iii.69.

spærc, ·sparc, *spark*, ii.478,*565*.

spainisce, *d. Spanish*, iii.233.

sparewen, sparwen [sparewe], *pl. sparrows*, iii.172,173.

sparien [sparie], *to spare*, iii.95; *imp. pl.* sparieð, ii.214; 2 *p. pl. sb.* [sparie], ii. 213; *p.* ·sparede, ii.460.

ispede [spede], *d. success*, ii.561.

·spede, speden, *to speed, prosper, effect*, i. 18,335. ii.62. iii.182; *pr. pl.* spedeð, spedet, i.140. ii.*625*; *p.* ·spedde, spede, ii.127,360. iii.260; *pl.* ispædden, *i*spedden [*i*-sped], i.144. ii.336.

speke, *speech*, i.83. *v.* spæche.

spel, *speech, discourse, story*, ii.263,322; *d.* ·spelle, spellen, †spella, i.43,76,284, 353. ii.79,98,124,238,398. iii.254; *pl.* ·spelles, spellen, i.88,92,346. ii.233, 363,502,566. iii.55,125; *d.* spellen, spællen [spelles, spelle], ii.116. iii.125, 268.

spelien, spilien, *to speak, say*, i.429. ii. *594*; *pr. pl.* spilieð, ii.*165*; *p.* spelede, spilede, spileden, i.21,37,141,337. ii. 174,232,636. iii.13,*56*,304; *pl.* speleden, spileden, i.162,173,364. ii.455. iii. 205,283.

†spened, *pr. pl. spent*, i.140; *p.* spende, ii. 146; *pp.* ispend [ispened], ii.109. See Thorpes *Analecta*, in *v.* aspenað.

sper, ·spere, †spære, *n. spear*, i.216,276, 318. ii.148,334. iii.*54*,104,263; *g.* ·speres, i.366; *d.* ·spere, i.24. iii.*54*; *pl.* speren, †spæren, †sperren, spere [speares,speres], i.221,250. ii.397,472. iii.*53*,94; *d.* speren [speres, spere], i. 319. ii.372.

spere-scæft [spere-saft], *spear-shaft*, ii. 193.

[spiares], *pl. spies*, i.60. iii.39,69.

spic, *lard*, ii.604.

spiche, *v.* spæche.

spilede, *p. gamed, played*, ii.153. See *Glossar. Rem.* p.486.

spilede-n, *v.* spelien.

spillen, *to destroy, spoil*, i.38. ii.283; *p.pl.* spilden, iii.*155*.

ispited [†ispeded], *pp. spitted*, iii.*54*.

spiten, *pl. spikes, fins*, ii.472.

spores, *v.* spuren.

sporie, *v.* spurie.

spræde [sprede], *to spread*, ii.170; *p.* spradde, i.*52*; *pl.* spradden [spradde], iii.97.

sprengen, *to spring, leap out*, iii.141; *p.* ·sprong [sprang], i.269. ii.478,*582*. iii. 43,141; *pp.* [isproṅge], ii.632. iii.36.

spuren [spores], *pl. spurs*, ii.*576*.

spurie [sporie], *to spur*, ii.473. iii.*53*; *p. pl.* spureden, iii.*53*.

srud, *v.* scrud.

stæf, ·staf, *m. staff*, i.348. ii.*504*. iii.189, *235*; *d.* stæue, stafuen, i.348. ii.487; *d. pl.* staueu, ii.464.

stæfne, stæuen, *v.* stefne.

stæn-cunne [stones cunne], *d.* *kind of stone* (?), i.121.

stænene, *v.* stanene.

stæpne, *v.* steap.

stærc, steorc, sterc [starc, stark], *strong, harsh*, i.178,392. ii.30,75,265,304, 359,572; *d.f.* starkere, i.237; *acc. m.* stærcne, starke, sterk [stark], i.216. ii. 91,288,467; *pl.* ·starke, sterce, i.172, 180; *d.* i.9.

stærcliche, stercliche, sterkliche [starcliche, †starliche], *strongly, fiercely, exceedingly*, i.246,290,418. ii.9,349,465, 534,583. iii.74.

stæðeli, *mighty*, i.68.

stake, *d.* *stake*, ii.275. *v.* stocke.

·stal, *conflict*, i.71. ii.470.

[staleworþe], *brave*, i.162,341; *pl.* [staleworþe, stalworþe], ii.97,367. iii.244.

stal-feht, *strong conflict*, i.78; *d.* stalfehte, i.177. ii.11.

stan [ston], *m.* *stone*, i.98,424. ii.224,239; *d.* stane-n, ·stone, i.98,100,371. ii.242. iii.80; *pl.* stanes [stones], i.242. ii.296. iii.94, 304; *d.* stanen, stane [stone, stones], i.27,78. ii.216,296.

stanene, stænene, stenene [stonene], *a.* *of stone*, i.394. ii.94,171,459,623.

stan-graffen, *pl.* *quarries, stone-pits*, iii. 282.

stan-wal, *stone-wall*, ii.239; *d.* stanwalle [ston-walle], i.73. ii.222; *pl.* stanwalles [ston-walles], ii.367; *d.* stanwalle, ston-walle [ston-walles], i.9,86.

stap, stappe, *v.* stepen.

starc, stark, *v.* stærc.

[starcliche, †starliche], *a.* *fierce*, ii.584; *d.* i.320; *comp.* sterclichere, iii.3. *v.* stærcliche.

staþe, *d.* *bank*, i.1.

staðel, *station, dwelling*, ii.242.

staðel, *conflict*, iii.77.

·staðele, *pl.* *stedfast*, i.18.

istaðeled, *pp.* *settled*, i.289.

staðelueste, *sure, stedfast*, i.418.

steap, *tall*, i.65; *acc. m.* stæpne, stepne, stepa, *brave, great*, i.66,251. ii.408.

[stede], *d.* *place, stead*, ii.534. *v.* stude.

·stede, *steed*, iii.54,64; *d.* ·stede, steden, i. 276. ii.464. iii.66; *pl.* stede, steden [stedes], i.344,347. ii.140,517. iii.46; *g.* steden, iii.262; *d.* steden [stede, stedes], i.403. iii.21,60.

stefne [stemne], *f.* *voice*, iii.124; *d.* stæfne, †stæfnenen, stæuen-e, stefene-n, stefne-n, stefnene, steuene [stemne], i.40,153,330. ii.75,88,248,280,395, 452,465,574. iii.13,91,127.

stekede, *v.* stike.

·stel, *steel*, ii.263. iii.27; *g.* steles, i.418. ii.47. iii.202; *d.* ·stele, stelen, i.65. ii. 250,395. iii.24,108.

stel-boȝe, *stirrup* (?), ii.581. See *Glossar. Rem.* p.502.

stelen, steolen [stele], *to steal*, i.32,100. ii.204,339. *v.* bi-stelene.

·stelene, *a.* *of steel*, i.326,349. ii.367,535; *d.* iii.108; ·stelene, stelane, *pl.* i.77. ii. 275,471,513; *d.* i.23,27,371.

stemne, *v.* stefne.

steond, *v.* stonden.

steop, *v.* stepen.

steopmoder, *stepmother*, ii.179; *d.* ·stepmoder, i.10.

steor, *v.* stor.

steorc, *v.* stærc.

steores-man [steresman, steresmon], *steersman*, i.57. ii.75; *pl.* ·steormen, stermen, i.335. iii.136.

steorne, *v.* sturne.

steorre, sterre [storre], *star*, ii.325; *d.* steorre, steore, sterre [storre, stor], ii. 325,329. iii.224; *d.pl.* steorren, sterren [storre, steorres], i.389. ii.598. iii. 224.

steowien [stewe], *to administer justice*, i. 267. See *Glossar. Rem.* p.471.

step, stepne, *v.* steap.

stepen, steppen [stap, stappe, steppe], *to*

step, march, ii.349,610. iii.24,33,288; *p.* stop, ii.580,581; *pl.* stepen, ·stopen [steop], i.321,394. ii.549. iii.135.

stepmoder, *v.* steopmoder.

step-sune, *step-son*, iii.293.

sterc, sterk, *v.* stærc.

sterke, *firmly, strongly*, ii.275.

stermen, *v.* steores-man.

sterne, *v.* sturne.

sterre, *v.* steorre.

steuene, *v.* stefne.

stewe, *v.* steowien.

sticches, *v.* stucchen.

[stide], *p. mounted*, ii.23; *pl.* ·stiȝen, iii.32. *v.* a-stæh.

·stif, *a. resolute, stout*, i.89; *pl.* i.61.

stike [stekede], *p. stuck*, i.321; *pl.* stikeden [stekede, stikede], ii.443,456.

·stille, *a. secret*, i.240. ii.241. iii.10; *d.* stil [stille], i.16,138; *pl.* stille, i.192.

·stille, *ad. stilly, still*, i.32. ii.625. iii.23, 72,124.

stilleliche, stilliche [†stillige], *a. secret, privy, quiet*, i.16,100. ii.321; *comp.* stilleluker [stillokere], i.286.

·stilleliche, ·stilliche, †stilledliche, *ad. stilly*, i.171,386. ii.165. iii.81,85.

[stilleworþe], *pl. peaceful*, ii.111.

stið, *a. stiff, stout*, i.430; *pl.* stiðe, ii.623.

stið-e, *ad. stiffly*, iii.192,233.

stiðimoden, *stiff-minded* [See *Cædmon*, p. 111], ii.467.

·stiward, stiwarde, †stiwærd, *steward*, i. 82,317. ii.67,121,143. iii.20.

stiȝen, *v.* stide.

stiȝen, *d. pl. ways, paths*, ii.261.

[stocke], *d. stock*, ii.275; *pl.* ·stockes, i. 242. ii.110; *d.* stocken, ·stockes [stocke, stokkes], i.27,78. iii.282.

stod, *v.* stonde.

·stol, stole [stolle], *episcopal see*, ii.103,598.

ston, stonene, *v.* stan, stanene.

stonde, *v.* stund.

·stonde, stonden, istonden, *to stand*, i.68. ii.225. iii.29,82; *pr.* ·stondeð, stondet, ·stond, stont, stant, stænt, stunt [steond, stend], i.6,59,184,221,228, 350. ii.230,281,367,471,548; *pl.* ·stondeð, i.404. ii.473; *imp. pl.* ·stondeð, i. 250; *p.* ·stod [stot], i.17,50,76. ii.54. iii.12,34; *pl.* stoden, ·stode, i.88. iii.61; *pp.* ·istonde, istonden, i.305. ii.78. iii. 144,286.

·stong, *p. pierced*, ii.19,49; *pp.* istunge [istonge], ii.41. iii.100. *v.* of-stinge.

stop, stopen, *v.* stepen.

stor, storre, *v.* steorre.

·stor-e, steor, *strong, great*, i.5,16,73,162, 220,389. ii.63,179,266. iii.21; *d.* [store], i.10; *pl.* ·store, i.137,313.

[istored], *pp. stored*, ii.136.

storie, storede, *v.* sturie.

·storlic, *strong*, ii.19.

storme, *d. storm*, iii.14.

storte, *v.* sturte.

stoupe, *v.* stupen.

stowe, *f. place, dwelling*, i.51; *d.* stowe, ·stouwe, i.50,122,434.

stræhte, istræhte, ·strahte, ·strehte, ·streahte [streþte], *p. stretched, thrust, drew*, i.81,122. ii.326,329,330,467. iii. 32,65,98,118; *pl.* stræhten, strahten [strehte], i.416. iii.100; *flowed*, iii 95.

stræm, stram, straæm, ·strem, *stream*, i. 261. ii.405,469. iii.189; *d.* stræme, ·streme, i.193. ii.471; *pl.* stræmes, straames, ·stremes, i.116,137,242. iii. 95,245; *d.* stræmen, stremen [stremes], iii.62,255.

stræte, stret [stræt], *f. street, way*, i.205, 206; *d.* ·strete, streten [strede], ii.336, 402. iii.72,180; *pl.* stræt, strætte, straten, streten [strede, stredes], i.206. ii. 276. iii.62; *d.* stræten, straten, strete, stretes [strede, stredes], i.206. ii.111, 261,263. iii.95.

strales, *pl. showers*, i.242.

stranden, *v.* strond.

strang, *v.* strong.

strangede, *v.* strongnien.

strangliche, *v.* strongliche.
streahte, strehte, *v.* stræhte.
streit, *hostile*, ii.512.
streng, *m. string*, i.62; *pl.* ·strenges, i.122. ii.215; *d.* strengen [strenges], ii.330.
·strengþe, *f. strength*, i.18; *d.* strengðe-n, strencðe, strenðe, †strenȝe [strengþe], i.22,158. ii.133. iii.18,62,74.
strengþede, *v.* strongnien.
istreon, istreonne [streon], *race, progeny*, i. 209. ii. 526; *d.* ·streone, streonen, istreon, i.116. ii.357. iii.159,192.
streonen, streonien [streoni, streni], *to beget*, ii. 367; *p.* streonde, ·streonede [strende, strenede, strene, streone], i. 4,106,109,301. ii.42,228,232; *pl.* streoneden, iii.206; *pp.* istrened, iii.181.
streþte, *v.* stræhte.
striden, *to stride*, ii.330. *v.* bi-striden.
striken [strike], *to shave*, ii.428; *to go*, i. 171; *p.* strac, *went*, i. 397.
striuinge [striuende], *strife*, ii.227.
·strond [stronde], *n. strand, shore*, i.76, 197. ii.313,412; *d.* ·stronde, stronden, stranden, i.47,401,416. ii.289,358. iii. 131. *v.* sæ.
·strong-e [strang-e], *strong*, i.8,26. ii. 171,288. iii.62,103,107; *evil*, i.67,166, 276. ii.2,98. iii.99; *d.* ·stronge, strongen [strange], ii.64,448,452. iii.42,98, 116; *d.f.* [strangere], iii. 107; *acc. m.* ·strongne, †strongna [strong-e], i.151, 196. ii.94. iii.62; *pl.* ·stronge [strong, strang], i.33,250,255. ii.181. iii.44,53, 85; *evil, bad*, i.224. ii.132; *d.* ·stronge, strongen, i.26. ii.305. iii.69,158; *sup.* ·strongeste, ·strengeste, i.258. iii.157.
strongliche, stronge [strong, †stragliche, †stranliche], *strongly*, i.233,335. ii.50, 638. iii.99,152.
strongnien, †stronge [strongi], *to strengthen*, i.255. ii.286; *pr.* [†straggeþ], i.351; *p.* strongede [strengþede ?], i.81,351; *pl.* strangede [strongede], i.190; *pp.* istronged, ii.4.
strund, *race*, i.116. *v.* streone.
stucchen [sticches], *pl. pieces*, ii.275.
·stude, studen, *m. place, spot, stead*, ii.211. iii.141,190,281; *d.* i.6,11,13,86,272. iii. 28; *d. pl.* studen [stude], i.435. ii.86, 595. iii.173.
·stunde, stunden, stonde, *while, time*, i. 132,146. ii.163,637. iii.72,180,275; *d.* ·stunde, stunden, i.376. ii.74. iii.124.
stunte, *to stint*, iii.282. *v.* a-stunte.
stupen [stoupe], *to stoop*, iii.30.
·sturie, sturien [storie], *to stir, move*, ii. 305,367,575. iii.7,67,282; *pr.* sturieð, iii.368; *imp.pl.* sturieð [storieþ], ii.214, 265; *p.* sturede [storede], i.398. ii.306. iii.12,124; *pl.* stureden [storeden], i. 93,434. ii.22. iii.108; *pp.* istured, i.346.
sturmden, *p. pl. routed, put to flight*, ii. 345; *pp.pl.* isturmede, *enraged*, i.71.
·sturne [steorne, sterne], *stern, strong*, i. 105,137,366. ii.325,522. iii.25,265; *d.* ii.448.
sturnliche, *sternly, strongly*, ii.638. iii.14, 94,135.
sturte [storte], *p. started*, ii.583. iii.34.
sua, *v.* swa.
such [soch], *such*, i.22,130. *v.* swilc.
sucne, *v.* sæc.
suden [sude], *p.pl. boiled*, ii.457.
sueide, *v.* swalen.
sufte, *v.* scuften.
sugge-n, *v.* seggen.
suipten, *v.* swippen.
suken, *to suck*, ii. 127; *pr.* sukeð, ii.120; 2*p.p.* suke [soke], i.214; 3*p.* sæc [soc], ii.117; *p.pr.* sukende, ii.457.
sulc, sulch-e, *v.* swilc.
sulche, *v.* sulȝe.
sulde-n, sullen, *v.* scal.
sulf, sulue, *v.* seolf.
sulkene, *silken*, i.194. *v.* seolke.
sulkuþ, *v.* selcuð.
sulle-n, *v.* seollen.
sullic, *v.* sellic.
sul-trome, *v.* sceld-trome.

suluer, *v.* seoluer.

sulȝe, *plough*, iii. 279; *d.* sulche [solþ], i. 182; *pl.* ·solh, ii. 364, 366; *g.* sulhene, sulhȝene, sulȝene [solwene, solȝene], ii. 126, 364, 366, 370.

sum [som], *some, a*, i. 141. ii. 78. iii. 45, 128, 167; *g.* summes [somme], i. 168. ii. 490; *d.* ·som, summe [somme], i. 15, 19, 83, 226, 233. ii. 78. iii. 81; *d.f.* summere [sommere], i. 145. ii. 281; *acc.m.* summe, summe [somne, som], i. 189, 403, 432. ii. 361. iii. 45; *pl.* summe, sume, ·somme, i. 23, 347. ii. 75. iii. 80, 160; *d.* summe-n [somme], i. 238. ii. 590; sume dale [somdel], i. 50.

sumer, †seomer [somer], *summer*, i. 422. ii. 511, 596. iii. 115; *g. abs.* sumeres, i. 121. ii. 457; *d.* sumere [somere], i. 382. iii. 115.

sumned-e, *i*sumned-e, sumunde, *v.* somnien.

sund, *life, health, safety*, ii. 471; *d.* sunde, †sunda, ·isunde [*i*sund], i. 151, 170, 211, 249, 274, 367. ii. 110, 258, 403; *acc.* sund, *i*sunden, i. 388. ii. 390.

·sund, ·isund-e, †*hi*sund [sunde, *i*sond-e], *sound, safe*, i. 5, 35, 53, 135, 172, 221, 336, 388. ii. 110, 236, 486, 530; *pl.* i. 29, 112, 151, 239. ii. 74. iii. 89, 144, 222.

sunde, *v.* sonden.

sunde-n, sundeð, 1 *p. pl. pr. are*, i. 186, 328. ii. 496, 618. iii. 162; 2 *p.* senden, iii. 293; 3 *p.* sunde-n, sonden, i. 313. ii. 247, 248, 279, 447, 625. iii. 92, 127, 220; 3 *p. pr. sb.* sunde, *be, is*, ii. 597. *v.* beon.

sunder, *different*, iii. 262; *acc.* ·sindri, i. 114; *d. pl.* sundri, ii. 68.

sundi, *ad. asunder*, ii. 610.

sune, ·sone, *m. son*, i. 1, 7, 107. ii. 11. iii. 10, 12, 150; *g.* sune [sones], i. 410; *d.* sune [sone], i. 14; *pl.* sunen, sonen [sones], i. 89, 107, 159. iii. 147, 156; *d.* sunan [sones], i. 107.

sunge-n, *i*sunge-n, *v.* singe.

sunke-n, *i*sunken, *v.* sinke.

·sunne, sunnen, *acc. sin, fault*, ii. 108, 185. iii. 154; *d. f.* ·sunne, sunnen, ii. 630. iii. 155; *pl.* sunnen, sunen [sunne], ii. 348, 590. iii. 290; *d.* ii. 347.

sunne [sonne], *f. sun*, i. 309. ii. 273. iii. 109, 132, 151, 229, 249; *d.* sunnen, sunnan [sonne], i. 6, 91. ii. 74, 627. iii. 88, 224; *acc.m.* sunne, ii. 158, 461. *v.* sonne.

sunne-lihte, *sunlight*, ii. 325.

·suster [soster], *sister*, iii. 12, 223, 249; *g.* iii. 10, 100; *d.* iii. 235; *pl.* sustren [sostres], i. 128, 149; *g.* susteren, suster [sostrene, sostres], i. 148, 160; *d.* susteren, sustren [sostrene, sostres], i. 115, 116, 159. iii. 151.

sutel [sotel], *plain, manifest*, i. 65. iii. 33.

·suð, suððen [suþe], *d. south*, i. 143. iii. 114, 212.

suð, *ad. southward*, ii. 553. iii. 184, 251; suð riht [souþriht], ii. 441; ·suð-ward, ii. 424. iii. 184.

suþe, *much, greatly*, *v.* swiðe.

suðerne, *southern*, iii. 288.

suþþe, *v.* seoððe.

suueþ, *v.* scuuen.

swa, sua, swo [so], *so, as, as if*, i. 7, 12, 24, 26, 99, 129. iii. 6, 350; swa al swa, iii. 95; swa long swa [so lang so], ii. 526; swa sone swa, sone swa [so sone so, sone so], iii. 17, 28; [so raþe so], iii. 17; swa swiðe swa [so swiþe so], iii. 138.

swærie, *v.* swerie.

swærkeð, *pr. pl. become dark*, ii. 501; *p. pl.* swurken, ii. 74.

swærte, swarte, *d. black*, i. 434. iii. 120; *pl.* sweorte, ii. 74.

swæt [swot], *sweat, labor*, i. 97; *d.* swate, sweote [swote], i. 320. ii. 322.

swæting, sweting, *sweating*, ii. 321; *amorous play* (?), ii. 380.

swalen, *to burn, consume*, i. 434; *imp. pl.* swaleð, i. 262; *p.* suelde [swelde], iii. 15; *pl.* swælden (?), ii. 255.

swang, *v.* iswenched.

swapte, *v.* swippen.

[sware], *d. oath*, ii.29.

iswaued, *v.* sweuede.

swefne, *v.* sweuen.

·swein, swain [swayn, sweyn], *swain, minister, servant*, i.149,150. ii.123,380. iii.142,256; *g.* sweines, iii.153; *d.* swein, ·sweine, i.149,152; *pl.* ·sweines, swaines [sweynes, swenes], i.140. ii. 201. iii.20,82,132,153; *g.* sweinen [sweynes], iii.74; *d.* swennen, i.142.

sweinde, *v.* swengeð.

swellen, *to swell*, ii.407; *pr.* swelleð, ii. 501.

swelten, *to die, perish*, ii.407. iii.255; *p.* swælt (?), iii.56; *pl.* swelten, swulten [aswalten], i.259. iii.95,110,245.

[swemme], *to swim*, iii.121; *p.pl.* suommen [swomme], i.57.

†iswenched, *pr. grieveth*, ii.447; *pl.* swencheð [swinkeþ], *afflict, trouble*, ii. 237; *p.* swonc, swunke [swang, swonke], *labored*, i.319. ii.327; *pl.* swunken [swonke], ii.305; *p. sb.* swunke [swonke], ii.327.

·swengeð, *imp. pl. strike ye*, ii.536; *p.* ·sweinde, swende [sweynde, sweynede], *smote, struck*, i.274,349. ii.475. iii.34, 101,108; *swung*, ii.379,463,576. *v.* to-swungen.

†swenien, *to destroy*, ii.250. See *Glossar. Rem.* p.490.

sweor, *v.* swerie.

sweord, swerd, *pp.* (?), *sworn* (?), i.177. iii.225.

·sweord, ·swerd, †swærd, *n. sword*, i.30, 66,216,321. ii.275,475. iii.55; *d.* ·sweord-e, sweorden, sworde, †sweorede [swerde], i.24,178,180,380. ii.522. iii. 24,51,120; *pl.* sword, ·sweordes [sweorde], ii.656. iii.45,141; *d.* sweorden, †sweoreden [sweordes, swerdes, swerde], i.285,319. ii.474,536. iii.207.

sweore, swure [swere], *neck, throat*, i.171. iii.56; *d.* sweore, ·swere, †swore [sweor], i.277. ii.278,464,535; *d.pl.* sweoren [sweres], ii.278,534.

sweorte, *v.* swærte.

sweouen, *v.* sweuen.

sweouete, *v.* sweuete.

·swerie, swerien, swærie, *to swear*, i.230, 250,380. ii.121,122,522; *p.* ·swor, sweor, swar [iswor], i.28,30,146, 359,393. ii.537; *pl.* ·sworen, sweoren [swore], i.263. ii.537. iii.72,164; *pp.* isworen-e [iswore], i.382. ii.83,218. iii.209.

sweten [swete], *to sweat*, ii.407. iii.229. *v.* bi-swæt.

sweting, *v.* swæting.

·sweuede, *p. slept*, iii.13; *pp.* iswaued, isweued, *asleep, stupified*, i.130. ii.234.

[sweuekinge], *d. slumber* (?), ii.403.

·sweuen, sweouen, *n. dream*, iii.13,14,118, 122; *d.* ·sweuene, swefne [sweuen], i. 52. ii.234. iii.132; *d. pl.* swefuen [suefene], i.49.

·sweuete, sweouete, *d. slumber*, ii.321,322. iii.14.

swicful, swicfulle, swikeful, swikefulle [swicfol, swicfolle], *treacherous, false*, i.342. ii.14,135,166,202,203,213.

swifte [swihte], *pl. swift*, i.251. iii.76; *comp.* swiftre [swiftere], iii.35.

·swike, swiken, *traitor, deceiver*, i.108, 188. ii.12,116,131. iii.140; *g.* ·swiken, ii.537; *pl.* swiken [swikes], i.162,231. ii.250,402. *v.* lauerd-swike.

swike, *pl. treacherous, destructive*, ii.198.

·swike, swiken, *to deceive, betray*, i.99, 175,380. ii.17,116,211,388. iii.260; *to destroy*, i.168. *v.* bi-swike.

·swike-dom, *m. treachery*, i.354. ii.200. iii.10,225; *d.* ·swikedome [swikedom], i.235,396. ii.136. iii.264; *pl.* [swikedomes], i.176.

·swikele, *false, treacherous*, ii.204; *pl.* ·swikele, ii.239,404; *sup.* swikelæst [swikelest], ii.214,258. iii.262.

swilc, swilche, swulc, swulche, swlc,

swlch, sulc, sulch [soch], *as if, as, such as*, i.52,58,62,130,150,174,177, 276. ii.74,233,371. iii.2,47,153; swulc swa, i.300.

swilc, swulc, swulke, swlc; sulche [soch], *such*, i.119,166,181. ii.368,563. iii.37, 67; *g.* swulches, swulcches, ii.430. iii. 175; *g.f.* swulcere [solchere], i.21; *d.* swilce, swulche-n, swuche [soche], i. 82,88,196,231. ii.89,104; *d.f.* swulchere, swlchere, swucchere [soche, sochere, socchere, solchere], i. 29, 190, 225,390. ii. 34, 161, 346. iii.213, 271; *acc.m.* swulcne, †swulne, swlcne [sochne, soch], i. 92, 228. ii. 313, 370; *pl.* swulch-e, swlche [soch], i.60,227,280. ii.329.

·swin, *n. swine*, i. 20; *d.* swine, ii.89; *pl.* ·swin [swyn], ii.469. iii.19,31.

·swinc [swinch], *n. labor*, i. 97. ii. 102,226.

[swindene], *pp. worthless* (?), ii.572.

swinkeþ, *v.* iswenched.

swipe [swip], *stroke, sweep*, i. 326; *d.* swipen [swipe], iii. 284; *pl.* swipen [swipes, swippes], ii.267,468. iii.141, 284.

swippen [swippe], *to strike, swing, drive, sweep*, i.38. ii.267; *p.* ·swipte [swapte], ii.268,476,584. iii.65,101; *pl.* suipten, iii. 159. *v.* of-swipte.

·swiðeliche, swiðelicche, *very, exceeding*, i.188,240. ii.348,350.

swiðe-n, ·swiþe, swiþen, †swiða, swuðe, swuþe, swþe, *much, greatly, exceeding, very*, i.7,8,15,28,45,46,57,70,127,142, 203,323. ii.24,361. iii.5,24,97,122; *quickly, soon*, i.57,338. ii.1,77,163. iii. 29,57; *comp.* swiþer [swiþere], i.67; *sup.* swiðest, iii.23.

swiðeren, swiðren [†wiþere], *d. right*, i. 66. ii.476.

swiȝeden, *p.pl. kept silence*, ii.280.

swomefest [samfast], *shamefast*, i.132.

swomme, *v.* swemme.

swonc, swonke, swunken, *v.* iswenched.

swor, isworen, *v.* swerie.

swot, *v.* swæt.

iswowen, iswoȝen [iswoȝe, hi-swoȝe], *pp. in swoon*, i.130,192.

swulc, swulke, swuche, *v.* swilc.

swulden, swulleð, swullen, *v.* scal.

swulten, *v.* swelten.

swung, *v.* swengeð.

iswunten, *pp. discouraged*, ii. 399. *v.* a-swint.

swure, *v.* sweore.

swurken, *v.* swærkeð.

swuððen, swoþþen, *afterwards, since*, i. 177,181. *v.* seoððe.

synde, *v.* scende.

·tacheð, *pr. belongeth.* ii.500.

†tacned, *pr. betokeneth*; *p.* tacnede [tocknede], i. 120. ii.329; *pp.* itacned, itakned, iii.292. *v.* bi-tacnieð.

tacninge, *tokening*, ii.245. iii.80,292.

itæchen, *to give, bestow, take*, ii.8; 1*p.pr.* tache [take], ii.526; *p.* tæhte, ii.43; *pl.* itæhten, ii.41. *v.* bi-tæche.

tæh, itæh, tæih, *v.* teon.

tæhte, itæht, *v.* teche.

itælded, *pp. pitched*, ii.309.

tælen, *to reproach*, i. 141; *p.pl.* tælden, i. 162; *pp.* iteled, iii.186.

tællen, tælden, *v.* telle.

tæuelbrede, *d. table board*, i.347.

tah, *v.* teon.

tahte, itaht, itaiht, *v.* teche.

tailes [tayles], *pl. tails*, iii.185,186.

[take], *to deliver*, ii.516,521; *pr.* [takeþ], i.143. ii.175; *p. pl.* [toke], ii.587.

taken, takne, token [tockne], *n. token, figure*, i.56,57,165,268. ii.326,329,383. iii.289; *d.* tacne [tockne], ii.326; *pl.* tacne-n, toknen [tockne, tocknes], i. 389,411. ii.329,368. iii.293; *d.* tacnen [tockne], i.49. ii.339.

taken, *to take, accept*, ii.572; ·taken an, taken on, *to act, do*, iii. 90,128,271; 1 *pl. pr. sb.* [take], i.141; *p.* ·toc, †tobc

[tock], i.3,340. ii.83. iii.169,232; *pl.* token, takede [toke, tocken], i.141,434. iii.53; *pp.* ·itaken, taken, i.238. iii.178.

talde, itald, *v.* telle.

·tale, itel, *number*, i.316,333; *estimation*, ii.108; *d.* ·tale, iii.100.

tale, *story*, *tale*, iii.70; *d.f.* ·tale, talen, ii. 229,538,604. iii.52; *pl.* talen [tales], ii. 240. iii.41.

[talie], *to give tongue, shout, speak*, i.286; *pr.pl.* ·talieð, ii.452; *pr.sb.* ·talie, i.34; *p.pl.* taleden, i.162.

talkie [talki], *pr.sb. talk*, i.34.

[tar], *p. tare*, iii.25; *pl.* [tiere], ii.621.

tarueden [taruede], *p. threw* [See *Sax. Chron.* a°. 1083], ii.275.

itase, *a. ready*, i.277.

[tapere], *taper*, i.345.

[tanel], *d. table*, i.347.

teahte, *v.* teche.

tealdes, *v.* teld.

teares, ·teres, *pl. tears*, i.216. ii.109. iii. 214.

·teche, techen, tache-n, *to teach, show*, ii. 302,565,626. iii.55,67,258; *p.* tæhte, ·tahte, taute, †tuhte [teahte, tehte], i. 35,157,213. ii.1,48,480. iii.136,207, 238; *pt.* tahten [tahte], i.149,282. ii. 88; itæht, ·itaht, †itah, itaiht, i.33, 268. ii.30,398,550.

teh, teih, *v.* teon.

teien [tiȝe], *to tie*, ii.457; *pp.* ·iteied [itiȝed], iii.31.

itel, *v.* tale.

teld, *tent*, ii.265. iii.110,261; *g.* teldes [tealdes], iii.46; *d.* ·telde, i.229. ii.246. iii.47,111; *pl.* ·teldes, †tælddes, telden [tealdes], i.229. ii.113,309,350,427, 604. iii.40,254; *d.* telden [teldes], ii. 304,348. iii.46.

iteled, *v.* tælen.

telede, *v.* tilien.

·telle, ·tellen, itelle, tællen, *to tell, account, number, reckon*, i.2,13,75. ii.116, 601,612. iii.6,79,110,125; *pr.* ·telleð, tellet, i.158,302. iii.186; *pl.* ·telleð, tælleð [itelleþ], i.181. ii.348,625; *imp.* ·tel [telle], iii.36,55; *p.* talde, ·tolde, i. 57,69. ii.532. iii.17; *pl.* talde-n, tælden, ·tolden [tolde], i.11. ii.126,343. iii.70, 233; *pp.* ·itald [itold], i.342. ii.79,543. iii.29; *pl.* italde [itald, itold-e], i.69. ii.611. iii.6,41,51,158.

teman, temen [teme], *to go, proceed*, i.53, 306,389; *2 p.pr.* ·temest, iii.620; *p.* †tumde, iii.114.

teman, *to honor, worship*, i.54; *p.pl.* temden, i.83. ii.280. See *Glossar. Rem.* p. 450.

[temie], *to tame*, ii.638; *pp.* ·itemed, i. 376; *pl.* itemede, i.47.

[temieþ], *pr. teameth* (?), i.47.

·temple, *temple*, i.48,121; *d.f.* i.50,121, 183. ii.21; *pl.* templen [temples], i.434.

·ten, tene, *ten*, i.144,339. iii.9,83,284.

·teon, teo, iteon, *to go, come, approach, follow, descend, return, turn, draw*, i.34, 78,333,369. ii.249,280,349,379,438, 498,505. iii.133,212,292; *pr.* tið, ii. 483; *imp.* tih, ii.306; *2 p.p.* tuȝen, ii. 248; *3 p.* ·teh, tah, tæh, i-tæh, tæih, teih, †thehte, i.28,35,70,122,213. ii. 342,345,419,480. iii.32,56; *pl.* tuȝen, tuhȝen, tuwen, teuwen, tueoȝen, †to [toȝen], i.71,78,111,243,244,271. ii. 332,360,373,419,484,494; *pp.* ·itohȝen, itoȝen [itowe], ii.65,445,477.

i-teon, *to instruct, educate*, i.102; *pp.* itoȝen, itowen, iðoȝe [itowe, iþoȝe], i. 115,430. ii.115,411; *pl.* itoȝene, ii.613.

·teone, †teona, †tuone, *mischief, harm, injury, sorrow, anger*, i.8,98,256,430. ii. 391; *d.* ·teone, teonen, i.4,8,15,186, 201. ii.46,565; *acc.* ·teone, teonen, teonan, †teona, †tounen, i.74,82,104, 248,250. ii.56,62,85,199,360; *pl.* teonen, ii.63. See *Glossar. Rem.* p.440.

teonfulle, *d. raging, angry*, i.195.

teorne, ternde, *v.* turne.

teres, *v.* teares.

teuhten, *v.* tuhten.

teuwen, *v.* teon.

teȝen, *d. pl. ties,* ii.457.

itidde, *p. happened,* iii.113. *v.* bi-tyde.

tide-n, *d. f. time.* ii. 200. iii.117,175, 267.

tidende, tiðende, tiðind-e [tiding-e, tyding-e], *n. tiding, event, usage* [Dut. *tiding,* Dan. *tidende*], i. 59, 63, 312, 322, 432. ii.175, 308, 411, 514; *d.* tidende, tidinde [tydinge], i.17. iii.31,182; *pl.* tidende, tiðende, †tiðenden, tidinde, ·tidinge [tidind, tidinges, tydinges, tydinge], i.44,141,153,219,224,366,423. ii.132,161,349,527,604. iii.46,90,194, 217; *g.* tidinge, ii. 624; *d.* tiðendes [tidinges], ii.104. See *Glossar. Rem.* p. 443.

tiere, *v.* tar.

tih, *v.* teon.

tilæhðe, *d. tilth,* ii.282.

tilien [tilie], *to till,* i.111. ii. 282, 285; *p.pl.* tileden [tilede, telede, tylede], i. 82,428. ii.456; ·itiled, i.427.

timber [†tymme], *timber,* ii. 540.

timbrien, *to build,* i. 253; *pp.* ·itimbred, itimbrid, i.282,332,464. iii.42,127.

·time [tyme], *m. time,* i.13,102,109. ii. 202; *d.* ·time, timen, i.31. iii.9,206.

itimed, *pp. befallen,* iii.116,137.

timliche, *ad. timely,* iii.261.

timpe, *d. tambour* [See Roquefort, *Poësie Franç.* p.116, ed.1815], i.298.

tinder, *tinder,* iii.172.

tir [tyr], *authority, dominion, honor,* i.87, 181,279. ii.9.

tirfulle, *mighty, glorious,* i.123; *acc. m.* tirfulne, †terfulne, i.86,355,362.

tisdæi [tisdei], *Tuesday,* ii.158.

tiðende, tiðinde, *v.* tidende.

·tittes, *pl. teats,* i.214. iii.176; *d.* titten [tyttes], ii.73,203.

tiȝe, itiȝed, *v.* teien.

·to [ton], *ppn. to, at, of,* i.14,175,237, 333. ii.275. iii.131; *prefixed to infinitives,* i. 20, *et pass.*; often used with a noun to form adverbs.

·to, *ad. too,* i.55,224,227. ii.198,362. iii. 75,133.

·to, *ad. towards, onwards* (?), i.402.

to, *v.* teon.

to-bæh, *p. approached,* ii. 234. *v.* buȝe.

·to-barst, *p. broke in pieces, burst,* i.81. iii. 27, 56, 98; *pl.* [to-borste], i.252; *pp.* to-bursten, *enraged,* iii. 97. *v.* berste, iburst.

to-betet [to-beteþ], *pr. pl. beat,* i.140.

to-breken [to-breke], *to break in pieces, burst,* ii. 268, 586. iii.137,141; *p.* ·to-brac, to-bræc, to-brec, i.62,98,277,348, 397. iii.27,35,119; *pl.* ·to-breken [to-breke], i.138. ii.85,212. iii.94; *pp.* to-broken [to-broke], i. 276, 348. ii.504. iii.26; *pl.* to-brokene [to-broke], i.253. iii.45. *v.* breken.

to-brosene (?), *pp. pl. broken,* ii.286.

to-brutte [to-brut], *p. cut in pieces,* i.68. *v.* breoðen.

toc, tock, *v.* taken.

to-chan [to-chon], *p. sundered, split,* ii.468.

tockne, *v.* taken.

tocknede, *v.* tacned.

to-clæf [to-cleof], *p. separated,* ii.475; *pl.* to-cluuen, i.81. *v.* cleonieð.

to-clipede, *p. summoned,* i.169. *v.* clepie.

to-dæi, to-daie [to-dai], *to-day,* i.232. iii. 28,127.

to-dæle-n, to-dalen, to-delen [to-dele], *to separate, divide, scatter,* i. 127. ii.184. iii. 238, 253; *to decide,* i.406. ii.534; *p.* to-dælde, to-dalde, ·to-delde, ·to-dealde, i. 33, 36,171,180,418. ii.463,587. iii. 133; *pl.* to-dælde-n, to-dæleden, to-dælleden, to-delden, to-deleden, i.71,89, 98,116,382. ii. 204, 310. iii. 218; *pp.* to-dæled, to-dealed, to-deled, ii. 374, 450,491. *v.* dæle.

to-dascte, *pp. dashed out,* i.62.

to-delueð [to-dealueþ], *pr. dig out,* ii.452. *v.* dælfen.

to-don, *to divide*, i.124; *p.* to-dede, *opened*, i.277.

to-drajen [to-draȝe], *to destroy, tear in pieces*, i.64; *p.* to-droh, i.400,425. iii. 16,31; *pl.* to-droȝen, ·to-drowen, to-droh, i.110,399. ii.113. iii.167,177; *pp.* ·to-draȝe, to-draȝen, to-drawen [to-drawe], i.44,400,424. ii.537,630. iii. 27,127; *pl.* to-draȝene [to-drawe], ii. 621. iii.52. *v.* draȝen.

to-drefed, ·to-dreued, *pp. dispersed, oppressed*, i.15. ii.252. iii.146. *v.* idrefeð.

·to-driue, to-driuen, *to dash in pieces, scatter, disperse, strike*, ii.301. iii.34; *p.* to-draf [to-drof], i.24,68,123,347. iii. 35; *pl.* to-driuen, ii.75. iii.296. *v.* driuen.

to-fallen, to-uallen [to-falle], *to fall down, sever*, ii.368. iii.117; *p.* to-feol, to-ueol [to-feolde], ii.207,266. iii.101; *pp.* ·to-fallen, ii.504. iii.113. *v.* fallen.

to-floȝen, *pp. fled, flown*, iii.146. *v.* fleon.

to-foren [to-fore, to-vore], *ppn. before*, i. 79,288. ii.54,164. iii.268.

·to-gadere, to-gaderen, to-gædere-n, ·to-gaderes, to-gadæres [to-gedere], *together*, i.3,20,27,78,180,220. ii.263, 359. iii.15,73,93.

to-gædereward, *togetherward*, i.421.

·to-glad, *p. glided towards*, ii.334. *v.* gliden.

to-hælden, *to drop, give way, pull down* (?), iii.67; *p.* to-hælde, i.321; *pl.* to-halden, to-helden, ii.270. iii.94; *pp.* to-hælde [to-haled], i.48. *v.* hælden.

to-heolden [to-heolde], *p. pl. approached*, ii.192. *v.* hælden.

to-heowen, to-hæuwe [to-hewe], *to hew in pieces*, i.287. iii.33; *p.pl.* to-heowen [to-hewe], ii.89; *pp.* to-heouwen, to-heowen, to-hewen, to-hauwen, to-hæuwen, to-hawen, to-heawen [to-hewe, to-ewe], i.8,66,178,239,342, 418. ii.185. iii.45,97,113,202,253. *v.* hæuwen.

to-hirede-n, *v.* hirede.

tohte, *v.* tuhten.

itohȝen, *v.* teon.

to-iwisse-n, *v.* iwisse.

toke-n, *v.* taken.

tol, *tool*, ii.132; *pl.* tolen, iii.172.

to-læue, to-laue, to-leué, *what is left* [A.-S. *to-lafe*], ii.553. iii.143,171,265. *v.* læue.

tolde, itold, *v.* telle.

·to-leop, *p. leapt towards*, ii.100.

[to-limekede], *p. pl. dismembered*, i.180.

to-liðeden, *p. pl. dismembered*, i.180; *pp.* to-leðed, iii.29.

to-luken [to-loke], *p. pl. lacerated* (?), i. 110. *v.* luken.

to-mærȝe-n, to-marȝe-n, to-marwen, to-marewene, to-morȝen [to-morwe, to-morewe, to-morȝe], *to-morrow*, i.31. ii. 59,249,319,394,571. iii.49,125,127.

·to-niht [to-niþt], *to-night*, i.31,186. iii. 118.

tonke, *v.* tunge.

tonnes, *v.* tunne.

to-nome, ·to-name, *surname*, i.400. ii.114, 120,340.

to-nuttes, *of use*, ii.137.

toppa [toppe], *d. topmast*, i.57.

·toppe, *d. head, top*, i.30,332. ii.254,276. *v.* cop.

to-reosen [to-rese], *to fall*, i.394. ii.224, 244; *p.* to-ræs, to-ras [to-reos], i.402. ii.226; *pl.* to-ræsden [to-reasde, to-resde], *rushed on, attacked*, ii.360. iii. 60,67,73. *v.* reosen.

torf, *v.* turf.

tornde, tornede, torn-e, *v.* turne.

[to-rof], *p. went to pieces*, i.335. *v.* rof.

toruede, *v.* tarueden.

to-scædde, *p. divided*, iii.214.

to-scæne, to-scenen [to-seane, to-sene], *to break in pieces, shiver*, i.98. iii.34; *p.* to-scænde, to-sceande [to-scende], i.98,193,221. ii.207,266,275; *pp.* to-scened, iii.45. *v.* scanen.

to-snæde, to-snaðde, *p. cut in pieces*, i. 171. iii.120; *pp.* to-snædðe, ii.252.

to-somne-n, †to-some, to-sumne, *together*, i.4,46,59,229,366,416,417. ii.449,618. iii.31,62.

·to-soðe, to-soðen, *truly, in sooth* [A.-S. *to-soðum*], i.26,92,199,269. ii.143. iii. 10,18.

to-stepen, to-stopen [to-stapte], *p.pl. advanced*, i.418. ii.305. *v.* stepen.

to-swadde, *p. hewed in pieces*, ii.275.

[to-swate], *p. sweated*, ii.322.

to-swelten, *to die*, iii.67. *v.* swelten.

to-swollen, *pp. swollen*, ii.323.

to-swungen [to-swonge], *pp. hewed in pieces*, i.65,342. ii.461. iii.52. *v.* swengeð.

[to-tere], *p.pl. tore in pieces*, ii.495; *pp.* to-toren [to-tore], *tattered*, i.213. iii. 236; *pl.* to-torne, iii.45.

to-þan, *for that purpose*, iii.236.

toðen, toþen, *d.pl. teeth*, ii.474. iii.101.

to-þohten, *p.pl. thought*, i.82. *v.* þenchen.

to-treden [to-treade], *p.pl. trod down*, iii. 65; *pp.pl.* to-tredene [to-treode], iii. 95.

to-twemden, *p. pl. separated*, iii.57.

toun, *v.* tun.

to-uon, *to undertake*, iii.85. *v.* afon, fon.

tour, *v.* tur.

·toward, ·touward, towardes, touwardes, *ppn. toward*, i.22,25,62. ii.44,316. iii. 1,7,39,70,74,87.

itowe-n, *v.* teon, *i*-teon.

to-wenden, *p. approached*, iii.213; *pl.* to-wenden, *turned*, iii.77; to-wende, *disagreed*, iii.179.

to-whan [to-wan], *to what end, for what purpose*, ii.175,327,338.

to-wonde, *p. sank*, i.193.

to-wurðen, *to perish, receive injury*, ii. 212,447. *v.* for-wurðe.

to-ȝæines, to-ȝænes, to-ȝaines, ·to-ȝeines, to-ȝenes, to-ȝennes, to-ȝen, to-gene [to-ȝeanes, to-ȝeynes, to-ȝein], *ppn. against, towards*, i.61,93,152,154,177,193,217, 237,334,415. ii.86,196,388,439,523. iii.140,210,226,255. *v.* aȝein.

toȝen, itoȝen, *v.* teon, *i*-teon.

[toȝede], *p. tugged*, i.322. *v.* bi-toȝen.

toȝen, *d. tough*, i.397; *pl.* [toȝe], i.250.

[to-ȝeode], *p. parted*, ii.584.

to-ȝere, *now, presently*, i.343. ii.96,311, 335,448. iii.55,102. See *Glossar. Ren.* p.477.

†to-ȝeurne, *pr. ask, entreat*, i.200; *pl.* to-ȝerneð, i.428; *p.* to-ȝernde, i.240; *pl.* to-ȝeornden, iii.161. *v.* ȝeornen.

·treo, *s. tree*, ii.446. iii.24,34,35; *d.* treowe, i.44; *pl.* treowen, ·treon [treo-uwes], i.78. ii.305,498. iii.31; *d.* treowen, trouwen, treouwe [trouwes, troues], i.22,244. ii.462. iii.52.

treoliche, treouliche, trouliche, ·treuliche, *truly*, i.236. ii.416,446. iii.49.

treosien, trousien, *to ratify*, i.355,362; *p.* treousede, *trusted*, i.397.

·treouðe, treoðe, treowðe-n, treuweþe [treuþe, truþe], *troth, truth*, i.95,185, 235,418. ii.18,96,132,316,449. iii.9, 36,87,247,268; *d.* treoðe-n [treuþe], i. 185. ii.29; *pl.* treouðe, iii.87.

·treowe, ·treouwe, itreouwe [trewe], *true*, i.189,190,377. ii.67,363. iii.248,270; *d.* [treuwe], i.190; *pl.* treowe, itreowe [trewe], i.315,382. ii.71. iii.87; *d.* iii. 247; *comp.* treowere, treoure [treuwere, treuere], i.381. ii.366; *sup.* treoweste [treouwest, treuweste], ii.357. iii. 10.

treo-werkes [treo-workes], *d.pl. carpentry*, ii.539.

treoweðe [troueþ], *pr. troweth*, i.145; *p.* trowede, i.99.

treowscipe [treousipe], *honesty, faith*, i. 418; *d.* treouscipe [treusipe], i.279.

[tresteþ], *pr. trust*, ii.328; *pl.* [tristeþ], i. 42; *p.* [treste], i.99.

[tresur], *d. treasure*, iii.154.

[treuliche], *truly*, ii.71.

trinitðes [trinite his], *g. Trinitys*, iii.184.

troinisce, troynisce [troyinisse, troynisse], *a. Trojan*, i.18,83; *pl.* i.35,48; *d.* [troysceu], i.18.

trome, *v.* trume.

troueþ, *v.* treoweðe.

trousien, *v.* treosien.

trowen, trouwes, *v.* treo.

[**truage**], *tribute*, i.307,314. ii.630.

trukien [trokie], *to fail*, i.186. ii.295; 2 *p.pr.* trukest, ii.264; 3*p.* trukeð, ii.280, 402; *pl.* trukieð, ii.282; *p.* trukede [trokede], ii.263, 491; *pl.* trokeden, trukeden [trokede], i.6,148; *pp.* itruked [itroked], *deceived*, ii.279.

trume-n [trome], *ranks, troops*, iii.73,107, 108,133. *v.* sceld-trome.

truþe, *v.* treouðe.

tueoȝen, *v.* teon.

tuhten, *to bring, draw, go, approach, encounter*, ii.47; *pr.pl.* tuhteð, iii.88; *p.* tuht-e, ii.484. iii.10,63,138,172; *pl.* tuhte-n, teuhten [tohte], i.35,47,116, 317. ii.74, 388, 618. iii.13, 141; *pp.* ituht, iii.211.

tuhtle, *d.f. custom, manner*, ii.614; *pl.* tuhtlen, tuhlen, i.102,115; *d.* tuhtle, tuhlen, ii.510,543. *v.* untuhtle.

tuhȝen, *v.* teon.

[**tumbe**], *tomb*, i.259.

tun [toun], *m. town, place*, i.400. ii.171, 313. iii.114,137,189; *d.* ·tune [toune], i.100,258. ii.227,593; *pl.* tunes, †tuones [tounes], i.70,175. ii.74(?),113,273. iii. 283; *g.* tunen, tunes [tounes], ii.389. iii.281; *d.* tune-n [toune], ii.603. iii. 179,283.

tunden [tunde], *p. fastened*, ii.565; *pl.* tunden [tunde], ii.217.

tunge [†tonke], *tongue*, ii.306; *d.* tungen, ii.545.

tunne, *tun*, i.259; *d.f.* ii.202; *pl.* tunnen [tonnes], iii.232; *d.* tunne, iii.232. *v.* wintunnen.

·tur [tour], *tower*, i.258,302,331. ii.386. iii.170; *g.* turres, i.332; *d.* ·tur, ture [tour-e], i.290, 332, 341; *pl.* tures, ·toures, i.201,255. ii.581.

turf [torf], *turf*, ii.220.

turne, iturnen [teorne], *to turn, interpret*, ii. 107,626. iii.14,16,122; *pr.sb.* [teorne], iii.14; *p.* turnde [tornde, tornede, ternde, torn-e], i.3, 28,130, 174, 269, 322. ii.119,310. iii.184; *pl.* turnden, torneden [tornde-n, †turde], i.78,195, 316. ii.443. iii.57, 60; turn abuten [teurne aboute], ii.539.

tuwen, tuȝen, *v.* teon.

twa, tua [two], *two*, i.48,66. ii.468. iii. 86,142,145,204.

twælf-e, twalf, twelf, ·twelfe, twælue, ·**twelue, tweolf** [twealf, twalue], *twelve*, i.50,69,103. iii.1,8,31,41,71; *d.* ·twelue, tweolfe, tueolf [twealf], i.69,207. iii. 284.

·tweie, ·tweien, twelene, twein-e, tweiȝe, twæie, twæin-e, twene [twei, tweye], *two*, i.48,92,107,183,225,239,306,347, 403. ii.86,106,138,195,406. iii.20,42, 93,96,138,146,156,278; *g.* ·tweire, ii. 312,476; *d.* twam, tweom, †twom, tuæin [twei-e, two], i.107,134,137,177, 245. ii.18,542. iii.87, 151; tweie and tweie [tweine and tweyne], ii.617.

tweien, twien [twi, twie], *twice*, i.337,355. ii.13,20. iii.87.

twemen, *to share*, i.125.

tweoneden, twineden, *p.pl. doubted, debated, changed*, i.39,161. iii.21.

·twenti, tuenti, *twenty*, i.5,47,144. iii.67.

[**twined**], *pp. twined*, i.170.

twines, *g. of twine*, ii.170.

itwinnes, *pl. twins*, ii.86.

twinseden, *p.pl. separated* (?), i.180.

twiræde [twireade], *pl. of two counsels*, ii. 391.

þa, þæ, *v.* þe.

þa [þe], *nom. f. the*, i.6,9,10,13. ii.24,40. iii.12,119,128, *et pass.*; †þæ, i.196,418.

iii.21,137; *acc.* i.38,257. ii.23,408. iii. 12,43,84,85.

þa, ·þe, *nom. acc. m.f.n. the*, i.2,3,4,5,8, 15,18, *et pass.*; †þæ, i.27,172. ii.42,92. iii.21,69; þeo, i.43,204,241,412,425. ii. 99,580. iii.286; †þea, i.19,86; †þo, i.13.

þa, ·þe [þat], *pron. rel. that, which, who*, i.2,4,5,10,12,16,19,29,387. ii.4,6,8,9, 22,23. iii.2,3,4,8,10,50; †þæ, ii.109. iii. 39,148; †þea, i.25.

þa, *or*, iii.58,138,271; þa—þa, *either—or*, ii.280.

þa [þo], *then, when*, i.8,12,14. ii.2,4,12, 37. iii.6,20; †þæ, i.50,53,158. ii.10,208. iii.49,176. *v.* þeo.

þæh, þah, þaih, ·þeh, þeih [þoh], *though*, i. 11, 26, 45, 66, 99, 106, 182. ii. 48, 118, 532. iii. 27, 33, 58, 66, 141, 237; *yet*, i. 192; *moreover*, ii.139; *whether* (?), iii.18.

iþæh, iþaih, *v.* iþeon.

þæinen, *to serve*, ii.612; *p.pl.* þeineden, ii. 611.

þæn-e, *v.* þan, þene.

þænne, *v.* þene, þenne.

†þær, *v.* vær.

þære, *v.* þare.

þær-e, ·þar-e, þeær, þear, ·þer-e, *there, where*, i.1,2,6,25,26,28,31,48,50,78, 189,285. ii.42. iii.2,4,17,33,89; þer abuten [þer abute], i.17; ·þer after, þer æfter, þer efter, þær æfter [þar after, þar hafter], i.9,17,52,112. iii.59,115, 217; [þer an], iii.31; þer an inne, ii. 222; þer an vnder [þar honder], ii.358; þer at, ii.609; þer bi [þar bin], iii.31; ·þer fore, þer foren [þar fore, þar vore], i.14,32,374,410. ii.334; þer from [þer fram], iii.58; þar inne, þer inne-n [þar ine], i.27,28,417. ii.609. iii.46; þer mid, þer mide [þar mid, þar forþ mede], i.306,319. iii.237; þer of [þar of], iii. 83; þer on, þer an [þar on], ii.27. iii. 33,34; þer ouen on, þer ufenan, þer ufen-an, þer uuen on [þar ouenan], i.52. ii. 6,93,318. iii.21; þer riht, þer rihtes, ii. 242. iii.18; þer to [þar to], i.10. iii.141; þer vnder [þar hunder], i.258; [þar vpon, þar vppan], ii.6,93. *v.* þer.

þærmes, þermes [þarmes], *pl. bowels, entrails*, i.35. ii.350.

þæs, *v.* þas, þes.

iðæwed [i-þeuwed], *pp. mannered*, i.279. *v.* þeouwe.

þaih, *v.* þæh.

·þaie, *nom. pl. the*, ii.103,246; *d.* [þaie], i. 193. ii.75,342; *acc.* þaie [þai], ii.13,204, 396,456. *v.* þa.

[þaie, þaye], *nom. pl. they, those* [A.-S. þæge], i.274,335,433. ii.4,351,448,555; *acc.* [þaie], i.181,433. ii.612. iii.140. *v.* þeo.

·þan, ·þon, ·þane, þen, þeon-e, þone, þonne, þanne, †þærn-e, *d.m.n. the*, i.1,2,5,6,10, 11,12,15,20,26,30,31,40,69,71,73,87, 106,142,172,188,197,229,253,277,295, 332,389,398,408. ii.24. iii.4,19,22,42, 77,160; *d. pl. m.f.n.* ·þan, þon, ·þane, þen, þeon, þæn, i.19,20,31,32,48,60, 142,169,234,292,329. ii.7,41,73. iii.12, 170,288.

[þan], *d. whom, what*, i.82.

·þan, *d.pl. those*. i.387. iii.265.

þan, þane, þanene, þanne, *v.* þene, þenne.

þanc, *v.* þonc.

þankie, ·þonkie [þonki], 1 *p. pr. thank*, i. 150,210,343. ii.198,624; *p.* þankede, ·þonkede, i.54,270,345; *pl.* þonkeden [þonkede], i.76; *pp.* iþonked, ii.450.

·þare, þere, þære, *g.f. the*, i.15,160,194, 199,286,401. iii.119,134,152,162; *d.f.* ·þare, þere, þære [þar], i.3,5,7,13,14,23, 50,60,183,194,290. ii.19,358. iii.4,10, 16,39,79,86; *g. pl.* ·þare, þere, i.38,75, 124,132,142,229,346. ii.132,607,611. iii.108.

þas, ·þes, þæs, ·þeos, ·þis, *g.m.n. the*, i.3,10, 15,22,24,35,102,128,136,206,207,259, 278,285,323,411. ii.68,117,126,131, 188,279,325,329,396,510. iii.8,12,21, 27,86,128,153,198,217,289.

þas, ·þes, ·þeos, ·þis, *nom. f. this*, i.87,106, 212,270,302,431. ii.27,121. iii.89,152, 158; *acc. f.* þas, ·þes, ·þeos, þæs [þis], i.2,3,7,87,119,152,297,303. ii.18,66, 571. iii.19,153,297.

·þas, þæs, þes, *gen. abs. on this account, for this*, i.76,116,255. ii.234,365; þeswæies [þes aweies], iii.8.

þas, ·þeos, ·þes, þes, ·þis, *nom. acc. pl. m. f. n. these*, i.3,4,12,20,21,29,44,58,70,94, 162, 197, 206, 220, 221, 222, 225, 305, 306,407,411. ii.121,126,132,142,196, 388. iii.1,6,20,34,37,41,46,47,54,58, 106,126,194.

·þat, þet, þæt, *nom. acc. n. the*, i.2,7,11,12, 20. iii.4,18,100, *et pass.*

·þat, þet, †þaet, *pr. rel. that, who, which*, i. 2,3,4,12,13,26,27. ii.1,2,7,14,112. iii. 2,4,11. *v.* þa, þeo.

·þat, þet, *conj. that, so that*, i. 41,44,101, 166,193,207. ii.77. iii.21, *et pass.*

·þat, *ad. until*, i.10,71,229. ii.2,55. iii.1, 17,24,40; *since*, iii.45. *v.* a þat.

þe, *v.* þa.

·þe, þa, *the*, undeclined and used for all cases and genders, i. 3,9,14,15,21,24, 30,31,48,52,72,86,92,138,193,258,272, 278,308,345,399. ii.40,122,125,129, 328, 329, 430, 445. iii. 2,10,19,30,72, 86,138,141,151, 261, 272, 282; †þæ, ii.484.

·þe, *nom. m. the*, i.11,12,13, *et pass.*; †þæ, i.262,294. ii.10,55,115. iii.3,21,26; †þea, i.128.

·þe, *d. acc. thee*, i.21,30. ii.12,13,27,33, *et pass.*

þe, *conj. or*, i.39,60,226,404. ii.235. iii. 289.

þea, *v.* þa, þe.

þeauwe, *d. strength, thews*, i.271. See *Glossar. Rem.* p. 476.

þechene, *torch*, i.345.

þede, *v.* þeode.

†þeden, *v.* ȝeden.

þeh, iþeh, *v.* iþeon.

þeh, þeih, *v.* þeah.

·þeh, þih, *n. thigh*, iii.35,228; *d.* [þeȝe], i. 267.

†thehte, *v.* teon.

iþei, *v.* iþeon.

þein, *thane, man, kinght*, i.67,127,218,287. ii.361,374. iii.2,47,100; *d.* þeine, i.152; *pl.* ·þeines, i.47,140,218. ii.13,34,356. iii.13,64,82,132,153,220; *g.* þeines, þeinen, ii.331. iii.7,96; *d.* þeines, þeinen, i.34,142,154. iii.205. *v.* leod-þeines.

þeineden, *v.* þeinen.

þeines-men, *pl. ministers*, ii.201.

þen, *v.* þan.

þenche-n [þinche], *to think*, ii.336,597; 2*p. pr.* ·þenchest, i.185. iii.188; 3*p.* ·þencheð, ii.52,124,328; *pl.* ·þencheð, i.356. ii.107,147. iii.92; *imp.* þenc, ·þench, i-þench [þenche, þinche], i.352,365,374. ii.106,328; *pl.* †iþenched, ii.396; 2*p.p.* ·þohtest, i.215. iii.122; 3*p.* ·þohte, þohten, †þeohte, †þoðte, þoute, þuhte-n, i. 53,99,125,170,194,213. ii.593. iii.42, 51,78,222; *pl.* ·þohten, ðohten, †þeohten, þuhten [þohte], i.226. ii.87,162, 486. iii.147,265; *pp.* ·iþoht, iþohte, ii. 138,425,509. iii.121. *v.* bi-ðenche.

·þene, ·þane, þæne, þen, þenne, þanne, þænne, þeone, þone, *acc. m. the*, i.3,7,9, 11,13,48,54,87,138,196,200,205,368, 379. ii.38,107,129,338. iii.7,12,34,82, 101,125.

þene [þane], *acc. s. whom* (?), ii.506.

þene, þæne, ·þane, þanne, þenne, þeone, þonne [þan], *than*, i.21,126,128,160, 278,294,380. ii.73. iii.41,161,287.

þenne, þennen, þænne, þane, †þeonne, þonne [þanne, þan], *then, when*, i.28,31, 66,101,147,273,303,406. ii.77. iii.3,23, 42,291. *v.* þon.

þenne, ·þanene, þenene, †þenenen, þeone, þeonne, þeonene, þonene, þonne-n, þonnene [þanne], *thence, whence*, i. 11, 28, 55,145,234,238,254,258. ii.44,145,257, 286,509. iii.37,38,68,134,260,277.

þeo [þe], *nom. f. the*, i. 12, 13, 91, 94, 160, 171, 268. ii. 61, 72, 385; *acc.* i. 41, 91, 364. iii. 31. *v.* þa, and *Glossar. Rem.* p. 441.

þeo, *nom. pl. they, those*, i. 273, 274, 386. ii. 351. iii. 19; *acc.* iii. 19.

þeo [þe, þat], *pr. rel. that, who*, i. 12, 49, 115, 127, 161, 172, 184, 227, 239, 304, 328. ii. 99. iii. 95. *v.* þa.

þeo [þo], *then, when*, i. 130, 161, 167, 210, 258. ii. 3, 36, 65, 300. iii. 150. *v.* þa.

þeode, *f. people, country, land*, iii. 152; *d.* ·þeode, þeoden, i. 15, 22, 45, 109, 231, 271, 294, 301, 303, 306. ii. 40, 82, 126, 140, 418. iii. 11, 41, 96, 270; *acc.* ·þeode, þeoden, þede, i. 87, 138, 222, 297, 300. ii. 50, 132, 137, 448. iii. 9, 44, 156; *pl.* þeoden, iii. 50.

þeod-folke, *d. people, folk*, iii. 53.

þeodisce, *pl. native, of the country*, i. 249.

þeofðe, *theft*, i. 182.

þeon, *v.* þan.

·iþeon, *to thrive*, i. 388. ii. 140. iii. 249, 262; *p.* iþæh, iþaih, iþei [iþeh, þeh], i. 13, 84, 102, 410. ii. 36, 101, 385, 597; *pp.* iðoȝen, iþoȝene, iþowene [iþoȝen], i. 15. iii. 70, 206.

þeone, þeonene, þeonne, *v.* þene, þenne.

þeos, *v.* þas, þes, þis, þisses.

þeostrede [þustrede], *p. blackened*, i. 195. ii. 74.

þeou, *slave*, iii. 178; *pl.* ·þeouwe, þeowe [þeue], i. 15, 427. iii. 167.

þeouwe [þeue], *d. virtue, quality*, ii. 554; *pl.* þeouwes, þeowes, þewes, †þeweas, þæuwes, þæwes [þeuwes, þeues], i. 13, 91, 271, 294, 305, 418; *d.* þeæwen [þewes, þeues], i. 124, 133, 294. ii. 603. *v.* leod-ðeauw, unðeawe.

þeowdom [þeudom], *slavery*, i. 382; *g.* þeowedomes [þeudomes], i. 21; *d.* þeowedome [þeudome, þeuedome], i. 16, 20.

þer, *there, thither*, iii. 198; *wherever*, ii. 622. *v.* þær.

þere, *v.* þær, þare.

þes, *v.* þæs, þas, þis, þisses.

·þes, ·þeos, þæs [þis], *nom. m. this*, i. 5, 12, 100, 120, 155, 268. ii. 104, 121. iii. 15, 51, 171, 278, 297; *acc. m.* þesne, þæsne, ·þisne, ·þis, þæs, þes, i. 35, 37, 174, 227, 273, 291. ii. 41, 75, 113, 124, 138, 316, 497. iii. 91, 124, 177, 284.

þessere, *v.* þissere.

þestere, *v.* þustere.

þet, *pr. demonst.* (?) *that*, i. 194. *v.* þat.

iþeuen, *to suffer*, ii. 215.

þeues, *v.* þeouwe.

þeu-fulle, *d. pl. humble*, i. 76.

iþeuwed, *v.* iðæwed.

[þeuis], *pl. thieves*, i. 55.

þeȝe, þih, *v.* þeh.

[þi], *pl. they*, i. 285. *v.* hi.

þicke, *thick*, ii. 100; *d.* ·þicke, i. 72; *pl.* [þicke], i. 370; *sup.* þihkest [þeckest], iii. 97.

·þicke, *thickly*, iii. 94.

·þider, þudere, *thither*, i. 15, 24, 349. iii. 12.

·þiderward, þiderwærd, þuderward [þiderwardes], i. 71, 366. ii. 89. iii. 76.

[þilke], *pl. those*, i. 55.

·þin, ·þi, *thy*, i. 30, 53, 97. ii. 13, 14. iii. 48, 49; *g.* þines [þin], i. 149. ii. 269. iii. 122, 144; *d.* ·þine, ·þin, þi, i. 30, 32, 53. ii. 47, 133. iii. 55, 68; *acc.* ·þine, ·þin, ·þi, þinne, i. 20, 30, 51, 216. ii. 54, 181. iii. 14, 36, 49, 68, 122; *pl.* ·þine [þin], i. 21, 149. ii. 13. iii. 27; *d.* ii. 13, 181. iii. 26, 48.

þinche, *v.* þenche.

·þincheð, þinchet, *pr. seemeth, shall seem*, i. 39, 56, 185. ii. 240, 525. iii. 270. *v.* þuncheð.

·þing, *n. thing, affair*, i. 12. iii. 17; *d.* þingen [þinge], ii. 49. iii. 59; *pl.* ·þinges, ·þing, i. 2, 12, 13, 200, 428. iii. 126, 192; *d.* ·þinge [þinges], ii. 248. iii. 231.

þire, *g. f. thy*, iii. 122; *g. pl.* ii. 519.

[þirkede], *p. darkened*, ii. 74.

þirngen, *to throng, press*, i. 148; *p.* ·þrong, ii. 19; *pl.* þrungen, ðrunge, þurngen [þronge-n], i. 370, 402. ii. 344, 353,

538,609. iii.13,58,108; *pp.* iþrungen [*hi*-þronge], iii.96.

þis, *v.* þas, þes.

·þis, ·þes, †þæs [þeos], *nom. acc. n. this*, i. 10,11,12,21,82,87,102,119,165,270, 410. ii.101,243. iii.3,6,9,20,34,153.

þissen, ·þisse, þissene [þis, þeos, þes], *d.m.n. to this*, i. 31,42,99,158,228,295,306, 422. ii.3,9,11,28,31,43,189,203,229. iii. 8,28,37,175; *d.pl.m.f.n.* þissen, ·þisse, ·þeos [þis, þes], i.116,288,304, 404, 422. ii. 27,80,137,157,570,627. iii. 29,47,87.

·þissere [þisse], *g.f. of this*, i.104,404; *d.f.* þissere, þessere [þisse], i.104,115, 155,172,213,303,306. ii.43,53,126. iii.11, 35,37,52,150,275; *g.pl.* ·þissere, þisse [þis], i.104,229,306,349. ii.196, 624. iii.182.

þisses, †·þisse [þis, þeos, þes], *g.m.n. of this*, i. 35,156,283,292,304,316,412, 422. ii.36;73,131,296,613,624.

þiwien, *to serve*, i.427.

þo, *v.* þa, þeo.

†þo, *pr. rel. that, who*, i.332. *v.* þa.

þode [þodde], *whirlwind* [A.-S. *þoden*], iii. 102.

þoh, *v.* þeh.

·þoht, *thought*, i.186. ii.354; *d.* ·þohte, ii. 136,200.

þohte, iþoht, *v.* þenche.

·þolemod, *patient*, i.133.

þolien, ·þolie, ðolien, iþolien, iðolien, iþolian, *to suffer, endure*, i.13,21,98,141, 146,159,182,350. ii.102,461,503,622. iii.28; 2 *p.pr.* ·þolest, i.184; 3 *p.* ·þoleð, i.353; *p.* ·þolede, i.7,97,105. ii.191. iii.213; *pl.* þoleden [þolede], i.15,85, 105,426. ii.77.

·þon [þo], i.147,153. *v.* þa, þenne.

þon, þonne, þonnene, *v.* þan, þene, þenne.

þonc, þanc, *thought, mind*, i.186,216; *d.* þoncke, ·þonke, i.1,42,130,328. ii.129, 200,247,632. iii.47; *pl.* ·þonkes, i.161.

þong, *v.* þwong.

þonki-e, þonkede, iþonked, *v.* þankie.

þonre, *v.* þunre.

þorh, þorþ, *v.* þurh.

þoriadai, *v.* þunres-dæi.

iþorled, *v.* iþurlud.

þornen, *d. pl. thorns*, i.28.

þorst, *v.* þurst.

þos, *v.* þus.

þou, *v.* þu.

þousend-e, *v.* þusend.

iþowen, iþoȝen, *v.* iþeon.

iðoȝe, iþoȝe, *v. i*-teon.

þræd [þred], *thread*, ii.170.

þræfliche, *angrily*, iii.108.

þræsten, þrasten, iþraste [þreaste, þreste], *to thrust, throng*, ii.236,488,559. iii.46, 59,143,147,197; *p.* ·þraste, †þærsten, þruste, i.80. iii.102,109,218,239; *pl.* þrasten, †þarsten [þreaste, þraste], i.62. ii.380,608,612. iii.12,147,173.

þræt, *multitude*, i.417.

†þræt, 2 *p.pr. needest* [A.-S. þearft], ii. 181; *p. pl.* [þeorte], ii.358. *v.* dert, þurfe, and *Glossar. Rem.* p.488.

þræt, þratte, þret [þreat], *threat*, ii. 525. iii.56,174; *d.* þrætte, þræte [þrete], i. 21,328. ii.389,629; *pl.* þrættes, þrattes [þretes], iii.45,203.

þraldome, *d. servitude*, iii.168,177.

þrallede, *p. enslaved*, ii.42.

þralles, *v.* þrel.

þrattien, þretien [þretie], *to threaten*, ii. 301,430,619; 2 *p.pr.* þrattest [þretest], ii.362; *pl.* þretiað [þreteþ], i.22; *p.* þræted-e, þrættede, †þreateð, ·þretede, þratte, i.22,28,326. ii.301,396. iii.218; *pl.* þrætteden [þrettede], iii.80.

þrauwen, *pp. agitated, moved*, iii.90.

þreaste, *v.* þræsten.

þreat, *v.* þratte.

þrel, *thral, slave*, ii.197; *pl.* ·þralles, i.22; *d.* þrallen, i.427.

þrel-werkes [þralle-workes], *pl. thral-works*, i.20.

þrenge, *v.* þringe.

·þreo, †þro, ·þre [†ȝree], *three*, i.3,17,23, 90,146,165. ii.40,382,506. iii.4,43,75; *d.* þreom, þrom, ·þreo, i.344,428. ii.55, 183. iii.59,74.

þreoien, þreie, þrie-n [þries], *thrice*, ii.175, 176,215. iii.35.

þreottene, *thirteen*, i.332.

þreou, *p. leaped*, i.35; *pl.* þreowen [þreuwen], *started*, ii.89.

þreowede, *p. suffered*, ii.50.

þret, *v.* þræt.

þretien, þretede, *v.* þrattien.

[þreting], *threat*, ii.525; *d.* [þretinge], ii. 389.

·þridde, †þridda, *third*, i.2,134,148,349. iii.32,95; ·þridden dale, i.45. ii.231.

þrie-n, þries, *v.* þreoien.

þringe, *d. chieftain, warrior*, i.286. iii.158; *pl.* þringes, i.358. iii.264,276; *d.* þringen, ii.113. *v. dring.*

·þringe, þrunge [þrenge], *troop, throng*, i. 94. ii.95,202. iii.97,110,239. *v.* dringe.

þrist, *confidence*, ii.212.

·þriste, *daring, presumptuous*, i.16. iii.13; *pl.* iii.97.

·þritti [þrittie], i.11,17. iii.22; *d.* þrittie [þritti], iii.59.

þrongen, *v.* þirngen.

þrowe, *while, time*, i.28.

þrucche, *to thrust*, ii.394.

þrum, *multitude* (?), i.58.

þrumde, *p. compressed, set together*, i.3.

þrunge, *v.* þringe.

þruppe, *d. f. passage*, i.23.

þu, ·þou, †þeo, †þeou, †þeu, *thou*, i.21,22, 30,125,126,142,380. ii.12,33. iii.2,14.

þudde, *p. thrust*, i.80; *pp.* iþud, i.390.

þudere, *v.* þider.

þuncheð, þuncð, þunchet [þincheþ, þoncheþ], *pr. seemeth*, i.37,56,139,309, 312,352. ii.123,240. iii.270; *pr. sb.* þunche [þinche, þenche], i.37. ii.143, 532. iii.33,269; *p.* þuhte, †þuðte, †þutte, †þuste, ·þohte, ·þohten [þoht], i.21,33, 56,189,224,321,345. ii.8. iii.14,16,22, 228; *pl.* þuhten, iii.153. *v.* þenche, þincheð.

þunre [þonre], *thunder*, ii.158.

·þunres-dæi [þorisdai], *Thursday*, ii.158.

þurfe, þurfen, þurue-n [þorhfe, þerh], *pr. pl.* need, i.357. ii.332,335,358,624. *v.* dert, þræt.

þurh, †þuru, [þorh, þorþ], *ppn. through*, i. 12,13,18,73,355. ii.14,142,207. iii.7, 11,249; þurh and þurh [þorh and þorh], ii.264,276; þurh ut, þurð out [þorh vt, þorþ vt], i.14,156. iii.39,56.

þurh-ærnen, *to over-run*, ii.273; *p.* þurharnde [þorh-earnde], ii.552; *pl.* þurharnden [þorh-hearnde, þorh-harnde], ii.81,315. *v.* ærnen.

þurh-costned [þorh-costned], *pp. completely provided*, iii.8.

þurh-gengen [þorh-genge], *to occupy*, i. 51; *p. pl.* þurh-eoden [þorh-ȝeode], i. 222.

þurh-gon, *to pass through*, ii.400; *pp.* þurh-gan [þorþ-gon], ii.539.

þurh-nom [þorh-nom], *p. pierced*, ii.191.

þurh-rade [þorh-rod], *p. pierced*, ii.334.

þurh-raf [þorh-rof], *p. pierced*, ii.585. *v.* rof.

þurh-wexen [þorh-woxe], *pp. overgrown*, ii.345.

þurh-wunian, *to inhabit*, i.59. *v.* wonien.

i-þuriud [iþorled], *pp. pierced*, i.193.

þurst [þorst], *thirst*, i.265; *d.* þurste [þorste], ii.371.

·þus [þos], *thus, as*, i.218. ii.80. iii.1,13, 123.

·þusend, þusende, þusenden, þusund, †þousunt [þousend-e, þousendes], *thousand, thousands*, i.5,19,20,24,202. ii.16,64, 423. iii.6,8,46,53,82,141; *d.* ·þusend, þusende, þusund, †þeosende, i.202. iii. 12,60,117,236.

þustere, þestere, *dark*, i.323,418; *d.* þustere [þuster], i.323.

þwong, þong [þwang], *thong*, ii.170; *pl.* þwonges [þwanges], ii.513.

In the earlier text u *and* v *are both used for initial* u, *in the later always* v.

·ufel, ·uuel, uuelen [vuele], *sickness*, ii.50, 314,385. iii.64,229,283,295; *d.* ufele, ii.317,405. iii.270,278.

ufele, ·vuel [vuele], *a. evil*, i.130,288. ii. 204. iii.123,226; *d.* ufele [vuele], iii. 16; *acc. m.* vuelne [vuele], i.107; *pl.* uuele [hufele], i.279. ii.625; *d.* ufele-n, ii.92. iii.273.

ufele, ·vuele [vuel, huuele], *ad. evilly*, i. 81,202,373. ii.478. iii.10,97.

ufenan, ufenen, ·uuenan, *ad. upon, above*, i.98. ii.316,345. iii.34,139. *v.* ouenan.

ufenen, ufennen, uuenen, uuenon, *ppn. upon, over, above, towards*, i.213, 247. ii.334,350. iii.52,75,105. *v.* ouenan.

ufenmeste, *d. upmost*, i.259.

ufere [ouere], *upper*, i.65,105. ii.345. iii. 201; *d. pl.* uferre, uuere, *future* [A.-S. *on uferum*, Jos.iv.6], iii.33,108. *v.* ouere.

umbe-n, *ppn. after, by*, i.13,111,278. ii. 74,172,243. iii.31,54.

umbe-rowen, *p. pl. rowed about*, i.6.

un-æðe, uneðe, ·vnneðe, vn-neæðe [oneþe, onneþe], *ad. with difficulty, scarcely*, i. 68,93. ii.117,263. iii.263. *v.* un-eðe.

†unaledæ, *p. dishonored*, i.134. See *Glossar. Rem.* p.459.

un-ayeten [on-ayete], *pp. unperceived*, iii. 23.

vnbalde [on-bolde], *pl. dispirited, enfeebled*, i.43. iii.124, 226; *comp.* vnbaldur [onbaldere], ii.259. *v.* onbold.

vnbalded [on-balded, onbolded], *discouraged, enfeebled*, i.127. ii.57,426.

vnbihoue [onbiofþe], *d. disadvantage*, i. 365.

unbunde, *p. pl. unburst, undid*, i.252.

unc, *dual acc. us two*, iii.28; *g.* unker-e, i.221,379. ii.314,568,571; unc seoluen, ii.570; *d.* unke seoluen, ii.570. *v.* wit.

·unchene, *g. pl. inches*, ii.584.

vncuð, †vncud [oncuþ, oncouþ], *foreign, strange*, i.282,303. ii.334. iii.236; *d.* vncuðe-n [oncouþe], i.386. ii.97. iii. 161,193; *acc. m.* uncuðne [uncouþe], ii.550; *pl.* ·uncuðe, unkuðe [oncouþe, honcuþe, huncuþe], i.104,113,141,304. ii.82,136,234,490, 534. iii.125,270; *d.* uncuðe-n [onconþe], i.216. ii.102,116. iii.186.

·under [onder, honder], *ppn. under, after, among*, i. 6,17,39,196, 202. iii.13,82, 116,288; ·vnder þan, vnder þon [onder þan], *in the mean while* [Fr. *entre tant*], i.274,412. ii.150,152.

·vnder-fon, vnder-uon, vnder-uoh, vnderuongen [vnderfo, onder-fon, vnderfang-e, onderfange], *to receive, take, accept, undertake*, i. 19,136,146,194, 227, 231, 372, 432. ii. 106, 122, 283, 320,524. iii.36,215,269; *pr. pl.* ·vnderfoð, i.140; *imp.* [onderfang], ii.168; 2 *p. p.* [onderfonge], i.215; 3 *p.* ·vnderfeng, under-uæng, under-ueng [onderfeng], i.35,50,139,208,233,422. ii.8, 202,232. iii.222,281; *pl.* underuengen [onderfenge, onder-fonge], i.280. ii.79, 384. iii.134; *pp.* ·vnder-fon, under-uon, underuonge [onder-fon], i. 143, 346, 376,431. ii.49,172. iii.43,230,251.

uuder-kinge, *d. inferior king*, iii.259.

·underling [onderling, onderlyng], *inferior subject*, i.155, ii.213,518,520. iii.123; *pl.* underlinges [onderlinges], ii.378. iii,92,268.

vndernomen [onder-nime], *p. pl. took*, i. 344; *pr. sb.* [onder-nime], ii.348; *pp.* under-numen [onder-nome], *accepted, undertaken*, iii.63,194. *v.* nime.

·vnder-stonde, under-stonden [onderstonde, honderstonde, hunder-stonde], *to understand*, i.262,313. ii.146,293. iii.286; *p.* ·under-stod, i.191. ii.108; *pp.* vnder-stonde [onderstode], ii.346. iii.41.

under-uæng, under-ueng, under-uonge, *v.* under-fon.

under-ȝæt, vnder-ȝat [onder-ȝeat], *p. per-*

ceived, understood, knew, ii.205. iii.74, 188; *pl.* under-ȝeten [onderȝeten, †vnder-ȝede], i.77. ii.376; *pp.* under-ȝeten, iii.69; *pl.* vnder-ȝetene [vnder-ȝeten], i.12.

·vndo, *imp. unfasten, open*, ii.373; *p.*[vndude], i.277; *pp.* undon [ondo], ii.382.

vneale, *v.* unhæle.

un-eðe, unneðe, *uneasiness*, i.96,192,400. ii.128,419. iii.63,118. *v.* un-æðe.

un-fæle, unuele, *bad, evil*, ii.501; *sorrowful* (?), ii.580; *d. pl.* uniuele, ii.489.

vnfeold [oñfeold], *p. unfolded*, ii.14.

vn-fere, vnueren [on-ver, onviere], *ill, sick*, i.289. ii.37.

vnfrið-e, vnfrih, *strife, hostility*, i.108,172, 404. ii.390,581. iii.151,265. *d.* unfriðe, ii.56. iii.47.

vnhadien [onhodi], *to unhood*, ii.125,126; *p.* vnhadede [on-hodede], ii.126.

vnhæle [vneale], *sickness*, ii.57,398.

un-hal, vn-hale [on-hole], *pl. infirm, sick*, ii.296,401.

vn-hende [on-hende], *uncourteous*, ii.130. iii.153. *v.* hende.

un-huhtlic, *unfitting*, i.217.

vnicunde [onicunde], *pl. foreigners*, ii. 349. *v.* icunde.

vnifeie, vniuoh, vniuohȝe [onifoh], *innumerable*, i.237,369. ii.565,567; *d.* uniuoȝe, ii.595; *pl.* vnifoȝe, unifoh, vnifohȝe, vnnifoȝe, uniuoȝe [onifoȝe, onnifowe], ii.14,73,112,126,163,312,491. iii.12,177; *d.* uniuoȝe-n, iii.11,192; *acc.* unifoȝen, uninoȝen [onifoȝe, inowe], ii. 389. iii.230.

vnifoh, vniuoh [inoh], *ad. enough*, ii.326, 514.

unilic, vnilich-e, unnilich-e [onilich-e], i. 300,423. ii.6,116,243,300,326,464.

vnimake [onimake], *matchless*, ii.329,339, 379. iii.85.

vnimete [onimete, honimete], *immeasurable, innumerable, immense, unmeet*, i.67, 74,211,252. ii.1,99,545. iii.2,24,95,140, 174,202,255,325; *d.* i.70. ii.362. iii. 95,109,119,142,158,228; *pl.* unimete [onimete], ii.326. iii.48,203; *d.* iii.22, 255.

·vnimete, *ad. exceedingly, very*, i.112,301, 315,394. ii.345,489,599.

uniriht, *v.* unriht.

vnirimed, *pp. unnumbered*, i.19.

unisele [onseale?], *wicked, unfortunate* (?), ii.580. iii.51. *v.* sel.

vniseliche [onselliche], *wickedly*, i.299.

uniseli-e, *wicked*, i.171; *pl.* vniselie, unseli-e [oniseli, onseli], i.107,162,167. *v.* iseli.

uniselðe, *v.* unsælðe.

vnisibbe [onsibbe], *strife*, i.420. *v.* sibbe.

vnisunde, *d. destruction*, ii.350. *v.* sund.

uniuele, *v.* un-fæle.

uniuoh, vniuohȝe, uniuoȝe-n, *v.* unifeie.

vniwælde, *pl. unwieldy*, i.251.

uniwinen, *v.* unwines.

uniwraste, *v.* unwræst.

vnleoden [onleode], *pl. foreigners*, i.212, 296. ii.133. iii.155.

un-neaðe, *v.* un-æðe.

iunne-n, †iunnæ, *to grant, benefit* [See *Sax. Chron.* a°. 656, 1087.], ii.258,461. iii.213,269; *pr.* on, unne, ii.72,197, 211,262,541,585,633; *pl.* vnnen, i. 210. iii.123; *p.* uðe-n, uþe, iuðe, i.9, 345,424,432. ii.120,269,434; *pl.* vðen, ii.102; *pp.* iunnen, ii.262.

unneode-n [on-neode], *d. f. misfortune, harm*, i.14,372. ii.60.

vnræd, †vnrað [onreod], *miscounsel*, i. 129,278,342; *pl.* unrædes, ii.196. *v.* ræd.

unriht, vniriht [onriht], *n. wrong*, i.279, 315,374. ii.3,125. iii.122; *d.* unrihte [onriht, onriþte], i.61. ii.355,620. iii. 194; *pl.* vnrihte [onrihtes], ii.355,629.

vnsæhte, *strife*, ii.53. *v.* sæhte.

vnsælðe, uniselðe [unselþe, onselþ-e], *misfortune, wickedness*, i.107,202. *v.* selehðe.

vn-sahte, *pl. at enmity* [Sax. Chr. *unseht*, a°.1093], i.167.

unsel, *sorrow*, iii.226. †vinselen, *d.* ii.491.

unseli, *v.* uniseli.

un-some, *pl. at variance*, i.167. iii.179. *v.* some.

unstreoned [on-streone], *pp. unbegot*, ii. 368.

unstrong [onstrong], *weak, poor*, ii.11,81. iii. 227; *d.* vnstronge, i.172; *pl.* unstronge [onstrange, onstrong], iii.82; *bad* (?), i.260,302.

unsunde, *d. mortality, death*, iii.174.

vnðeawe, unþewe [onþeue], *fault, vice*, i. 113,130. *v.* þeouwe.

unðonc, †vndonc [vnþong, onþong], *displeasure, ingratitude*, i.140. ii.516; an vnðonke, *displeasing*, ii.66; vnðonkes, vnðankes [onþonkes], *against the will*, i.192,353.

untrumed [ontromed], *pp. ill, sick*, ii.205.

untuhtle, *bad habit*, ii.614. *v.* tuhtle.

un-tunen [ontune], *to unfasten*, ii.371, 395; *pr. pl.* untunen [vntune], ii.441; *p. pl.* un-tunden [on-tunde], i.417. ii. 395.

unuele, *v.* un-fæle.

unueren, *v.* un-fere.

vnwar [onwar], *unwary*, i.333. ii.213.

vnwepned [on-wepned], *pp. unweaponed*, i.241.

unwiht, *evil thing, fiend*, ii.235. *v.* whit.

unwines, vniwinen [onwinnes, honwines], *pl. enemies*, i.10,69. ii.181.

vnwis-e [onwis], *unwise*, ii.213,247,302; *d.* vnwise [onwise], ii.413.

vnwisdom [onwisdom], i.143, 353, 375. iii.224.

vnwiter, ·unwitti [onwytti], *foolish, void of wit*, i.34. ii.247.

vnworð, unwourð [onworþ], *unworthy*, i. 130,147; *acc.* vnwurðe, ii.614.

unwræst, †vnwærste, uniwraste [on-wrest-e], *wicked*, ii. 228, 259. iii.196; *d.* †uniwræiste [†owreaste, onwreste], i. 300. iii.187; *pl.* unwræste, vnwraste, †unwrærre [onwreast], *wicked, impotent* [See *Sax. Chron.* a°.1052], ii.159. iii.51,82.

unwræste, unwraste, vnwreste [on-wrest-e], *ad.* (?), *wickedly, evilly*, i.108. ii.386,391. iii.135.

·up, vppe, *ad. up*, i.72,150. ii.129. iii.24.

·up, ·uppe-n, *ppn. upon, on, after, from*, i.1,22,110,111,218,250,273,277. ii.3, 15,69,585. iii.21,22,31,32,52.

·up-bræid, *reproach*, iii.34.

·up-breidinges, *pl. upbraidings*, ii.378.

·vp-stod, *p. was reared*, i.70.

·vpward, *upward*, i.396. ii.214. iii.235.

·ure, †uræ, ·oure, †ore [hour-e, hore, hure], *g. of us, our*, i.16, 40, 155, 179, 186, 221, 227, 240, 314, 364. ii. 53, 54, 78,106,142. iii.19.

[vrinal, vrnal], *urinal*, ii.319.

urnen, *to run*, ii.615; *p. pl.* ·urnen [arnen, ourne, urne, hurnen], i. 57, 195, 216, 287,335. ii.63,74,75,124,263. iii. 62, 95, 105, 185, 215, 220, 255. *v.* eorne, irnen.

†vrþen, *d. earth*, i.164. *v.* eorðe.

·us, ous [hus], *acc. us*, i.67,179,221. ii. 10. iii. 28; *d.* ·us [hus, ous], i.38,140, 185. ii.52,108,337. iii.2,3,14.

[vsi], *to use*, i.429; *p. pl.* [vsede], ii. 598.

·ut, out [†hut-e, hout], *ad. out*, i. 5, 14, 16, 31, 50, 101, 261. ii. 66, 406. iii. 55; ·ut of, out of, i.13. ii.13,144. iii.17.

utemæste, †utenesten, *last, final*, ii.35,37.

uten, *ad. without*, i.243. *v.* wið-ute.

uten [hote], *let us*, ii.442. See *Glossar. Rem.* p. 496.

·ut-laȝe, *outlaw*, ii. 15,310; *pl.* vt-laȝen, vt-laȝes, vt-lawen [vt-lawes], i. 48, 55. ii.12,13. iii.91; *g.* ut-laȝen, ii.602. iii. 256.

uðe-n, *iuðe*, *v.* *iunne*.

vðen, *pl. waves*, i.195. ii. 15, 74, 501. iii. 121; *d.* vðen, vðe, vðes, i.57,196,398. ii.555,580. iii.144,159,226,232.

vuel, *v.* ufel, ufele.
iuueled, *pp. sick, disordered,* iii.278.
uuenan, uuenen, *v.* ufenan.
uuere, *v.* ufere.

Many words commencing with u *for* v, *when there is no change in the vowel following, are to be found under* f.

uader, *v.* fæder.
iuædde, *v.* feden.
iuæid, uæiden, iuaid, *v.* ifæied.
uæi-e, uæiȝe, *v.* fæie.
uæiniden, *v.* fainen.
uæiȝerest, uæȝerest, ueȝerest, *v.* fæir.
iuæld, *v.* fallen.
vælden, *v.* ueld.
†vælden, *p.pl. carried,* ii.315. *v.* uerien.
uæle, *v.* fele.
†vær, *n. the slain,* i.36. *v.* wæl.
uærde, iuæred, *v.* fære.
uærde-n, *v.* ferde.
uærne, *d. fern,* ii.110.
uæste [faste], *pl. firm, strong,* ii.71; *comp.* fæstre, i.417.
uæstnen, uæstnien, *to confirm, fasten,* iii. 163, 207; *p.* vastnede, fastnede, iuaste, ii. 524. iii. 166, 295; *pp.* iuæstned, i-uastened [ifastned], ii.29. iii.251.
vætte, *v.* fæchen.
uæx, *hair,* ii.495; *d.* uaxe, ii.621.
uæȝernesse, *v.* fæiernesse.
uahte, *v.* fæht.
uain, *v.* fæin.
vaire, *v.* fæire.
uaiȝe, *v.* fæie.
uald, *v.* ueld.
ualde-n, iualled, *v.* fallen.
vale, *v.* fele.
uallen, *d. fall,* iii.203.
uare-n, *v.* fære.
iuast-e [ifaste], *pp. fasted,* ii.513,591.
uatte [fatte], *pl. fat,* ii.392. iii.84.
uaȝe, *v.* fæh.
iued, *v.* ifæied.
iued, uedde, iuedde, *v.* feden.
ueht, uehten, *v.* fæht, fæhten.
ueie, *v.* fæie.
ueir-e, *v.* fæire, feiere.
i-veiþed, *v.* ifæied.
veisiþ, *v.* fæie-sið.
ueld, uald [feld, feold], *m. plain, field, weald,* ii.295,419. iii.65,111; *d.* ·felde, uælde, ualde, uelde [wolde], i.178. ii. 169,211,265,307,309,396,419. iii.62, 101,198; *pl.* ·feldes, uelden, ueldes, i. 177,347. ii.113,604. iii.94,133; *d.* felden, vælden, ·feldes, ueldes, i.179,325. ii.303,358. iii.40,245. *v.* folden, wæld.
uelden, uelleden, *v.* fallen.
uellen, *v.* falle.
ueng, *v.* fenges.
iueng, iuengen, *v.* fengen.
ueol, ueolen, iueolen, ueolle-n, *v.* falle, fallen.
ueole, *v.* fele.
ueor, ueorre, *v.* feor.
iueore [ivere], *ad. together,* i.139,227. ii. 618.
uerde, iuered, *v.* fære.
iuerde, *v.* ferde.
·iuere, iueren, iuære, *companion, comrade,* i.101. ii.2,618. iii.33,102,271; *d.*·iuere, iueren, ifere, ii.393. iii.55,234; *pl.* iueren, iuæren, ifere-n, iferan, †ifeire, feren [iveres, veres, iuere, fere], i.25, 63,69,179,204,314,408. ii.85,230. iii. 8,38,56,93,101; *d.* iuere-n, ifere-n, †iuaren, †ifæren, †uæren, feren [iveres, ivere, veres, feres, fere], i.68,69,71,73, 180,250,366,383. ii.5,116. iii.37,56, 64,74,94.
uerien, *to carry, convey, bring,* iii.291; *pr.* †fareð, ii.175; *imp.* fere, iii.37; *p.*·uerede, ·ferede, fereden, i.11,54. ii.602. iii. 15, 18, 121, 151, 229; *pl.* uereden, †uæreden, fereden, †ferden, i.399. ii. 15,219,322,408. iii.73,145.
†verkedene, *v.* færedene.
verlich, *v.* feorlic.
ueste, *v.* feste.

vestme, *d. stature*, ii.233.
vet, *v.* fot.
ueðme, *fathom*, iii.104.
vette, *v.* fæchen.
uirste [forrest], *comp. furthest*, ii.452.
uiue-n, *v.* fif.
iulaȝene, uloȝen, *v.* flan.
ulem, *v.* flæm.
ulemen, *v.* flæme.
uleoten [fleote], *to swim*, ii.500; *pr.* vledeð, *floweth*, ii.501; *pl.* ·fleoteð, †wleoteð, *float*, ii.471,472; *pr. pl. sb.* floten, i.44; *p.* flet, flutte, †wlæt [fleot], iii.159, 224; *pl.* fluten, flutten, iii.115,288; *pp.* iulut, iii.115.
ulette, *d. floor*, iii.33.
úlih, iuloȝen, *v.* fleon.
iulut, *v.* fleote.
iuohten, *v.* fæhten.
volle, *v.* falle.
iuon, *v.* ifa.
uondede, iuonded, *v.* fondien.
iuongen, *v.* fengen.
uor, *and compounds*, *v.* for ——.
uor, iuor, uoren, *v.* fære.
uord [ford], *ford*, ii.422; *d.* ·forde, uorde, ii.419. iii.213.
uore-genglen, *pl. progenitors*, ii.632.
uore-liggen, *to die*, ii.570. *v.* ligge.
uorien, *to further*, ii.122.
iuorn, vorne, *v.* furn, iuurn.
vorre, *v.* feor.
uorð, uorh, *v.* forð.
iuorþe-n, *to perform*, iii.126, 269; *pp.* i-uorððed, *provided*, i.358.
uor-werien [for-werie], *to spend, employ*, ii.181.
·uoster, *foster-child*, iii.29.
uoster-moder [foster-moder], *foster-mother, nurse*, iii.28.
uostredde [fostrede], *p. fostered*, iii.26, 28; *pp.* ifostred, ·i-uostred, iii.36,277.
uoðere [foþer], *fother*, iii.22.
i-vowet, *v.* fæȝeden.
uox [fox], *fox*, ii.452; *d.* uoxe [foxe], ii.451.
uraini, *v.* fræine.
urecliche, *voraciously*, iii.278.
iuredde, *v.* ifrede.
ureoiȝen, iuroeid, *v.* freoien.
urist, *v.* first.
uroefrien, *to comfort, solace*, ii.197; *p.* [freuerede], i.263; *pp.* ·ifroured, ifreoured, ifrouered, †ifrouuerð [ifreuered], i. 254. ii.396,453,503.
uul, *a. full*, ii.175. *v.* fulle.
uul-e, uulle, *v.* ful.
uulieð, *v.* folien.
iuulled, iuullen, *v.* fulle.
uullen, *v.* falle.
iuulȝed, *v.* fulwen.
uunden, iuunden, *v.* finde.
iuurn, iuuren [iuorn], *ad. previously*, ii. 544,586. *v.* furn.
uusden, i-uusde-n, *v.* fuse.
uustes [fustes], *pl. fists*, ii.534.

wa [wo], *intj. woe!* i.66,142. iii.65, 132.
wa, †wæ, ·wo, *woe, grief*, i.14,71,146, 274. ii.345,361. iii.137,239; *d.* [wo], ii.95,102; wa worðe, wa wrðe [wo worþe], i.142,163. iii.223. *v.* wala wa, wowe.
·wa, †wæ, †wao [wo], *a. woeful, woe*, i. 14,96,339. ii.193.
wac, wak, *poor, weak*, ii.24,195,411; *comp.* wacre, wakere, i.193. ii.568.
wædlan, *pl. poor*, i.250. *v.* weaðlen.
wæfde, *v.* weofd.
wæh, *why*, ii.241. *v.* whi.
wæht, wæt, *active, brave*, i.397. ii.143; *pl.* whæte, iwhæte, ·wate, i.304,403. ii. 44,192,373,379. *v.* wiht.
wæht [wehte], *pl. wafted*, ii.255.
wæi, ·wai, wei, weie [way], *m. way, path*, i.57. ii.129,249. iii.1,7,30,89,136,187, 240; *g.* wæies, waiȝes, ·weies [weyes], ii.361. iii.8,175; *d.* wæie, wæiȝe, ·wei, ·weie, weiȝe [waye, weye], i.23,57,65, 234. ii.151. iii.58,65,66,245; *pl.* weiȝes

[weyes], iii.62,71,95; *d.* weien (?), ii. 123.

wæiden, *v.* weieð.

wæi-sið, wei-sið, *death, destruction, misery*, iii.25,126.

wæi-witere [wei-wittie], *pl. guides*, ii.112.

wæilawæi [weilawei, way la way], *alas!* i.343. ii.327. *v.* wala wa.

wæilien, *to live in exile*, iii.156.

wæine, *v.* wæne.

wæl, *n. wealth*, i.346.

wæl, wel [wale], *n. slaughter, the slain*, i. 18,175,274,395. ii.26. iii.105; wæle, i.405. ii.475; *d. pl.* wæles, i.35.

wæld, wald, *weald, plain*, ii.265,472,480. iii.95,254; *d.* wælde-n, walde, †walle [wolde], i.177,178,224,426. ii.257, 287,288,309,350,466; *pl.* waldes, ii. 350; *d.* walden, ii.111, *v.* wolden.

†wælde, *poverty*, i.43.

wælden, walde-n, iwalden, ·welden [welde], *to rule, govern, wield, possess, have, hold*, i.9,49,53,80,124,126,141,143,190,255, 278. ii.133,137,178,259,297. iii.122, 250; 1*p.pr.* walde, i.357; 3*p.* ·waldeð, waldoð, walt [weldeþ], ii.262,431,618. iii.89,289; *p.* walde, iwalde, ·welde [wolde], i.103,255,383,385. ii.591. iii.50,223,254; *pl.* walden, welden, i. 9,225,337. ii.137. iii.201,273,297; *p. pr.* waldende, wældinde, weldinde, †wælden, waldinge [weldende], i.76, 129,131,147,358. ii.396,461; *pp.* (?), iwald, *subdued*, i.216.

wælden, *p.pl. carried*, i.48; *threw*, ii.495.

wæld-scæðe, wald-scaðe, *monster, savage*, i.275. iii.26.

wælh, *slave*, ii.197.

wæl-kempe, *warrior*, ii.577; *pl.* walkempen, i.33; *d.* wæl-kempen, wælkempan, i.25,93.

wælle, wæl [wel], *ad. well*, i.254. ii.393, 548; wælle wel, wælla wel [wel wel], *full well*, ii.110,554.

wælle, *v.* welle.

wæl-slahte, *d. battle-slaughter*, i.58.

wænde, *v.* wenen.

wæne, *v.* wene.

wæne, wane, *mischief, harm, difficulty*, i. 93,241,401; *d.* wæne, wæine, i.275; *acc.* wænen, i.146.

wæn-slahtes, *pl. slaughter*, i.406. *cf.* wælslahte.

iwæpned, *v.* wepnien.

wæpne-n, *v.* wepnen.

wær, *v.* whær.

wær, ·war, †whar, iwær, ·iwar, *aware, wary*, i.63,126,310,313,323,341. ii. 125,134,157,249,261. iii.21,73; *pl.* ·war, warre, wære, iware, iwarre [ware, iwar, ȝar], i.23,233,235. ii.349,429, 441. iii.71,97; *ready*, iii.20; *sup.* warreste, i.89.

wærc, *v.* weorc.

wærf, *feast*, ii.309.

wærð, iwærð, *v.* wurðe.

wæs, *v.* wes.

wæs hail, wæs hæil [wassail, wassayl], *wassail! be in health!* ii.174,175,202.

wæste, iwæst, *v.* westen.

wæt, *v.* wæht, whæt, witen.

wæter, *v.* water.

waht, *p. rose*, iii.188. *v.* awehten.

walȝen, *v.* weies.

wai, *v.* wæi.

[waiteþ], *pr. pl. expect*, ii.546.

wakien [wokie], *to weaken, become weak*, ii.407. iii.123; *pr. pl.* ·wakieð [wakie], ii.96,282; *p.* wakede, i.124; *pl.* wakeden, wokeden, ii.138. iii.75.

iwakien [wakie], *to awake*, iii.121; *imp.pl.* ·weccheð, i.34; *pr. sb.* wakien [wakie], ii.574; *p.* [woc], iii.14; *pl.* ·wakeden, i.420. *v.* awakien.

·wal, *m. wall*, i.402. ii.85,459; *d.* walle, i.73,120. ii.99,393; *pl.* wal, ·walles, i. 48,100,253. iii.80,113; *d.* walle [walles], ii.243,393. iii.174; awal [on wal], *on the wall* (?), i.155.

wala wa [wala wo, wolawo, welawo],

alas! *oh*! i.340. ii.116,291,400,509. iii.65,72. *v.* wæilawæi.

walc, *conflict*, i.18,107,265.

wald, *v.* wæld.

walde-n, *v.* wulle.

walde-n, *i*walden, *v.* wælden.

waldend-e, †walden, walding, weldent [weldende, †weldene, weldyng], *ruler*, i.215,387. ii.158,374. iii.14,126. *v.* wælden.

wale, *v.* wæl.

wale, wela, welle, wallan [wele, wola], *alas*! [Boet. *wel la*, c. xxxiv. 8], i.145, 147,308,336,342. ii.115,136,200. iii. 26,72,121. *v.* wala wa.

walisc, *Welsh*, iii.294; *d.* walisce, wælisce, walsce, iii.174,204,266; *pl.* welsce, †wælsæ[walse], i.90; *d.* welscen[wals], i.175.

walkede, *i*walken, *v.* weolken.

walle-stream[welles-strem], *spring*, i.121. *v.* welle.

walme, *d.* *burning* [A.-S. *wælm*], ii.505.

wal-spere, *d.* *war-spear*, iii.142.

wam, *v.* wha.

wamed, *pp.* *wrathful*, i.271.

wan, *v.* wha.

wan, *i*wan, *v.* *i*winne.

wanclen, *pl.* *children*, iii.280.

wandreðe, *d.* *trouble*, ii.97.

wandrien, wondrien [wandri, wondri], *to wander*, i.109. ii.77,195,422,615. iii. 120; *p.* wondrede, iii.95; *p.pr.* [wandrenge], i.309.

wan-e, wanne, *v.* whenne.

wane, *v.* wæne.

wanede, *p.* *deplored*, iii.25.

wanene, *v.* whanene.

wanien, *v.* wonien.

waning, *lamentation*, ii.322.

wanliche, *pl.* *rueful*, iii.32; *d.* iii.25,215.

wansiðe, wensiðe, *d.* *destruction*, *harm*, i. 23,131; *pl.* wansiðes, wen-siðes, i.5. ii.39; *d.* wan-siðen, ii.496.

wapmon, wepmon [wepman], *man*, *male*, i.79,172. ii.69,376. iii.154; *pl.* wapmen, ·wepmen, i.15,19,48. iii.154; *g.* wæpmonnes [wepmenne], ii.111; *d.* wapmen [wepmen], i.264. iii.154.

wapmon-cun, *male kind*, i.22.

wapnen, *v.* wepnen.

war, *i*war, *v.* wær, ʒær.

warde, *f.* *guard*, ii.390.

wardes-men, *pl.* *warders*, ii.386.

war-e, *v.* whær.

ware, *pl.* *wares*, *goods*, ii.49.

*i*war-e, *v.* *i*wære.

warf, *change*, i.88.

warfte, whærfde, *changed*, *turned*, i.269. iii.234.

warien, *pl.* *wretches* (?), iii.127.

waritreo [wer-itreo], *gallows*, i.248.

·warliche, *warily*, ii.87,88. *v.* wær.

warmen [wormie], *to warm*, ii.253.

warnie, warnede, *v.* wernen.

warnede, *p.* *protected*, iii.139.

warp-e, *v.* weorpen.

warscipe [warsipe], *prudence*, i.288.

warð, *i*warð, *v.* wurðe.

wascen [wasse-n], *to wash*, i.434. ii.201; *pr.* wasceð, i.6; *pl.* wasceð [wasseþ], ii. 296.

wasten [wasti], *to waste*, ii.525.

wasti, *v.* westen.

wastmes, *pl.* *fruits*, iii.291.

wat, *v.* whæt, witen.

*i*wat, *v.* *i*witen.

wate, *v.* wæht.

·water, watre, wæter, *n.* *water*, i.6,24,76, 193,224. ii.201,244,594. iii.40,200; *d.* ·watere, wateren, wætere, wæteren, i.24, 86,257,262. ii.190,456,495. iii.32,42; *pl.* ·wateres, †wæstres, i.85. ii.66,112; *g.* wateren[watere], ii.596; *d.* [wateres], ii.573.

waþer, *v.* whaðer.

wawes, *v.* weiʒes.

waxen [wex], *to wax*, *grow*, *increase*, iii. 74; *pr.pl.* wexit, i.42; *p.* wæx, ·wex, weox, i.84,102,410. ii.36. iii.12,165; *pl.* weoxen, wuxen [wox], i.49,305. iii.206; *pp.* iwaxen, iwexan [iwox, iwoxen], i. 15. ii.114. iii.207.

wajen, *v.* weijes.

[wajes], *pl. waves*, ii.74.

wajes [wowes], *pl. walls*, i.434; *d.* ii.123, 124. *v.* wal.

wajejen, *to stir*, iii.72.

·we, *we*, i.16, *et pass.*

weap-e, *v.* weopen.

weapnen, *v.* wepnen.

wearpe, *v.* weorpen.

iwearð, *v.* wurðe.

weas, *v.* wes.

weaste, *v.* westen.

weaðlen, *pl. poor*, i.19. *v.* wædlan.

webbe, *d. web*, ii.413; *pl.* [webbes], *clothes*, ii.525.

·wed-broðer, *brother by baptism, cousin*, ii.181,265,341; *d.* wedde-broðere, iii. 296. See *Notes*, p. 354.

·wedde, *d. pledge*, ii.636. iii.124.

·wedde, *to wed*, ii.510; *p.* ·weddede, wedde, i.189. ii.178. iii.251; *pp.* ·iwedded, i.192,408. ii.206.

iwede [wede], *garments, armour*, iii.64; *d.* ii.573; *pl.* iwede-n, weden, [wedes, wede], i.344,398,403. ii.371,464,529. iii.21,59,262; *d.* ii.212,576,579. iii.22.

·weder, *n. weather, storm*, i.195,199,316. ii.77. iii.12; *g.* ·wederes [wedere], i. 415. ii.76. iii.128,226; *d.* ·wedere, wederen, i.5,196,265. ii.76,336; *pl.* wederes, iii.291; *g.* ·wedere, wederen [weder], iii.13,17.

·wedlac, *wedlock*, i.17.

wefd, wefed, *v.* weofd.

[wefde], *p. rolled*, iii.120; *pl.* wefden [wefde], *heaved*, ii.373.

weht, *v.* wiht.

wehte, *v.* wæht.

wei, *ad. away*, ii.243. *v.* awæi.

[wei, awei], *alas!* [Cf. *Bede*, xxxv. 6.], i. 303,342.

wei-e, *v.* wæi.

weien-laten [weynleates], *d.pl. crossways*, ii.225. *v. Glossar. Rem.* p. 489.

weieð, *pr. heaveth*, ii.421; *p.* weiede, weide-n, wæiden, †weje, *carried*, ii.379, 494,606. iii.44.

weilawei, *v.* wæilawæi.

weinen [wony], *to whine*, iii.25.

·weis [weies], *manner, wise*, iii.113,117, 148; *g.* ii.118. *v.* wise.

weije, weijes, *v.* wæi.

weijes [weyes], *pl. clubs*, iii.245; *d.* wahjen, wajen [wawes], ii.479,483.

weke, *v.* wike.

wel, *v.* wæl, wælle.

·wel, welle-n [wele, †wola], *ad. well, full*, i.3,9,15,260,278. ii.207. iii.1,19,188, 256; ·wel neb, ii.626; [wel sone], iii. 4; wel ·iwere [wel iware], i.12.

wela, *v.* wale.

welawo, *v.* wala wo.

welden, weldende, ·weldyng, *v.* wælden, waldend.

[†welde], (?), i.135. See *Glossar. Rem.* p. 460.

wel-dede, wel-deda [wel-deade], *d. f. good deed, benefit*, i.134. ii.190,592; *pl.* (?), ·wel-dede, wel-dæde [wel-deade], i.126,140,344.

wele, welle, *v.* wale, weolla.

·welle, wælle [wel], *f. spring, well, stream*, ii.289,406,408; *g.* welles, welle, i.193. ii.405. iii.189; *d.* ·welle, walle [†wille], ii.405,406,408,472; *pl.* weallen [welles], i.53. *v.* walle-strem.

iwellid, *v.* awæljed.

iwemmed, iwemmid, *v.* awæmmen.

·wende, wenden, iwende-n, *to go, proceed, come, flow, happen*, i. 2,23,31. ii. 307,378. iii.4,16,20,39; 2 *p.pr.* ·wendest, i.215. iii.43; 3 *p.* ·wendeð, ii.452. iii.200; 1 *p.pl.* ·wendeð, ·wende, wenden, iii.53,56,91; 3 *p.* [wendeð], ii.558; *pr.pl.sb.* iwenden, i.67. iii.57; *imp.* ·wend, ii.593. iii.22; *pl.* ·wendeð, i. 157,217. iii.51,84,198; *p.* ·iwende, iwenden, ·wende, went [wend, wente], i.15,25,65,261,351. ii.60,191. iii.14, 16,24,28; *pl.* iwenden, wenden [iwende, wende], i.24,251,398. ii.79,81,111, 379,618. iii.10,37,65,71; *pp.* ·iwend, iwent, i.24. ii.310. iii.7,188; *pl.* ·iwende [iwend], i.244. ii.313,343,485.

·wende, *to turn, change*, i.376; *imp. pl.* ·wendeð, iii.54; *p.* ·wende, i.3,68,395, 401. ii.327. iii.54,56; *pl.* ·wenden [wende], i.24,78,304. ii.455. iii.57,109; *pp.* wenden, *enraged* (?), i.80. *v.* winden.

·wene, *doubt, expectation*, ii.363. iii.124; *d.* ·wene, wæne, i.269. ii.140,490.

wenen [wene, iwene], *to think*, i.179. ii. 211,319; 1 *p.pr.* ·wene, weone, ii.167, 609. iii.123,270; 2 *p.* ·wenest, ii.362; 3 *p.* ·weneð, ii.348; *pl.* ·weneð, iii.124; *p.* ·wende, iwende, wænde, i.14,107, 130. ii.394,425,608. iii.10,25,35; *pl.* ·wende, wenden, iwenden, i.32,78,247. ii.395. iii.60.

wenne, *v.* whenne.

wensiðe, *v.* wansiðe.

weofd, weofed [wefd], *n. altar*, i.51. iii. 150,285; *d.* weofede, wæfde, wefde [wefed], i.51,345. iii.150.

weolcne, ·wolcne [wolkne], *f. welkin, sky*, i.195. ii.74,583. iii.93; *d.* i.122. ii.300, 437. iii.14,122; *pl.* weolcnen, welcnen, *clouds*, ii.74. iii.105; *d.* weolcnen, wolcnen [wolcne, wolkne], i.5. ii.76. iii.15.

weoleȝen, *pl. rich*, i.19.

weoli, *mighty*, ii.157.

weolken [walkede], *p. pl. rolled, labored*, ii.76,77; *pp.* iwalken, i.6. See *Glossar. Rem.* p. 439.

weolla, weole, ·wele, *weal, wealth, fortune*, i.145,330. ii.8; *joy*, ii.40.

weonne, *v.* whenne.

weop, ·wop, *weeping, cry*, i.254. ii.75,98, 206,497,567; *d.* weope, ii.322.

weopen, wepen [wepe, weape], *to weep*, ii.369. iii.24,214; 2 *p.pr.* wepest, ii. 215; *p.* ·weop [weap, wep-e], i.283. iii.12,25,32,215,336; *pl.* weop [wep], i.217; *p.pr.* weopende [wepinge], ii. 337. iii.188.

weorc, werc, wærc, ·worc, ·work [worch, worck], *n. work*, i.22,109,119,333,371. ii.238,287,288,295,304. iii.111; *g.* weorces, weorkes, ii.15,300; *d.* wærke, ii.282; *pl.* werkes, workes, wurckes, i. 57,255. ii.244,286; *d.* weorken, wærcken [workes], i.303. ii.295.

weorche, weorke, *v.* wurche.

weorc-man [worcman], *workman*, ii.6, 538; *pl.* weorcmen, ii.238; *d.* weorcmonnen, ii.6.

weorede, *host, herd, multitude*, i.110. ii. 412; *g.* wored, i.22; *d.f.* weorede, i. 184. ii.191. *v.* mon-weorede.

weorede [werede], *p. wore*, ii.318; *pl.* wereden, iii.207.

weore-n, *v.* wes.

weorien, weorede, *v.* werien.

weorld-e, weoreld, weoruld, world-e, woreld, ·worle, *f. world*, i.53,126,214, 298,307,346,425. ii.79,367,577; *g.* weorlde, weorldes, worldes [worle, worles], i.20,313. ii.356,540; *d.* weorlde, worlden, ii.298. iii.91,190; *g.pl.* worulde [worlene], i.387,390; an weorlde, on worlde [on worle], ii.503,546,563; a þere ilke worlde [worle], *in that time*, ii.561; weoreld-kinge, *d.* i.270; *pl.* weoruld-kingen [worle-kinge], i.313; weorld-lifen, *d.* iii.290; weorld-monne, *g.pl.* iii.123; weorlde-riche, woruldriche [worle-riche], *f.* ii.296; *d.* weorldriche-n, weorlde-riche-n, weorlden-riche, world-riche, worlde-riche-n, woruld-riche, worulde-riche, wærulde-riche, wurlde-riche [worle-riche], i.307, 308,375. ii.109,186,208,211,235,245, 287,319,361,409,543. iii.35; weorld-scome, *d.* i.355; weorld-seli, ii.36; [worle-þinge], *d.* iii.123; ·weorlde-wise, ii.149,225.

weorpen, werpen, worpen [wearpe, warpe, werpe], *to throw, cast*, i.105, 274, 434. ii.225, 243, 306; *pr.pl.* ·werpeð, ii.155; *imp. pl.* weorpeð, ·werpeð, i.262. iii.149; *p.* weorp, ·warp, i.192, 216, 286, 315. ii.266. iii.27, 155; *pl.* weorpen, wurpen, wrpen [worpen], i.12, 172. ii.26, 429, 533. iii.185; *pp.* iworpen, i.13.

weorre, weore [werre], *war*, i.8, 185. ii.359. iii.155, 218; *d.* worre [werre], i.111.

weorrede, *v.* werre.

weorþi, *v.* wurðien.

weoðede, *p. drove* [Cædm. *wæðde*, p.167], i.277.

weoðeleden [wiþeleode], *p. pl. became weak*, i.122.

wepe-n, wep, *v.* weopen.

[weping-e], *weeping*, i.254. ii.567. *v.* weopen.

wepman, wepmon, *v.* wapmon.

wepnen, *d. weapon*, i.274; *pl.* ·wepnen, iwepnen, wæpne, wapen, wapnen, wepnan [wepne], i.19, 22, 72, 93, 276. ii.14, 214. iii.24, 53, 59; *d.* wepnen, iwepnen, ·wepne, weapnen, wæpnen, wapnen, i.16, 25, 179, 251. ii.98, 495. iii.6, 70, 134.

wepnien, ·wepni, *to weapon, arm*, ii.332. 377, 430; *imp.* ·wepne, ii.328; *pl.* ·wepneð, i.368; *p.* ·wepnede, i.213, 369; *pl.* ·wepnede, ii.349; *pp.* ·iwepned, iwæpned, iwapned [iwepnid, *hii*-wepned], i.401, 424. ii.49, 260, 304, 459. iii.32, 45, 158; *pl.* ·iwepnede [iwepnid], iii.7, 53, 83.

wer, *v.* whær.

werc, *v.* weorc.

werche, *v.* wurche.

werede, *v.* weorede, werien.

weres, *pl. men, husbands*, ii.302; *d.* were, iii.134. *v.* burh-weren.

·weri [wery], *weary*, i.56. iii.121; *pl.* werie, ·weri, wærie, ii.271, 348, 386. iii.105.

werien, ·werie, weorien, †weren, *to defend, guard*, i.354, 365, 379. ii.132, 133, 302, 470, 680. iii.116, 237, 294; *imp. pl.* ·werieð, ii.97, 206. iii.54; *p.* ·werede, weorede, i.62, 359, 386; *pl.* wereden, weoreden [werede, weorede, iwereden], i.242. ii.100, 216, 344. iii.72, 74, 243.

wer-itreo, *v.* waritreo.

wernen [werne, warnie], *to forbid, deny, impede*, i.148. ii.502. iii.216; *p.* ·warnede, †warde [wornde, wornede], i.201, 341, 415. iii.230, 231; *pl.* warnden [wornde], iii.133.

werpe-n, *v.* weorpen.

werre, *v.* weorre.

werre [werri], *to war, harry, ravage*, i.159; *p.* weorrede, werede [werrede], i.275. ii.424; *pp. pl.* iwerede [iwered], i.267. See *Glossar. Rem.* p.463.

wersede, *v.* wursede.

werð, iwerð, *v.* wurðe.

wes, wæs, ·was, †weas, †waes, †weis, †weos, *p. was*, i.1, 3, 4, 22, 82, 126, 145, 171, 191, 326. ii.3, 32. iii.10, 65; *pl.* weoren, ·weren, weore, weoran, waren, †whæren, †werren, †wuren, i.2, 12, 15, 48, 94, 218. ii.101. iii.20, 58; *pr. sb.* ·were, weore, weoren, †weora, i.11, 12, 38, 285, 346. iii.25, 27, 33; *pl.* weore-n [were], i.17, 28.

·west, *west*, i.52; *d.* iii.173.

west, ·westene, *ad. westward*, ii.553. iii.15, 104.

·west, *a. desert, wasted*, i.48. ii.16, 257; *pl.* ·weste, i.48. ii.302. iii.217.

·westen [wasti], *to waste, lay waste, ravage*, ii.455, 511. iii.219; *p.* ·weste, wæste [weaste], i.423. ii.588. iii.18; *pl.* westen, iwesten [iweste], i.74, 175; *pp.* ·iwest, iwæst, i.4. ii.507. *v.* aweste.

westiȝe [weste], *pl. desert*, i.48.

·westward, *westward*, iii.17.

wet, *v.* whæt, wit.

·wet, *a. wet*, iii.121.

iwet, *v.* whætte.

[wete], *wheat*, ii.604.

wetede, *v.* witen.

weten, *g. pl. liquids*, ii.406.

weterly, *v.* witerliche.

weðere, *v.* wiðere.

weðlen, *pl. poor*, i.22.

wex, weox, iwexan, *v.* waxen.

·wex, *wax*, i.100.

wha, whæ, †wæ, who [wo], *who, which, what*, i.98,197,267. ii.141,233,391. iii.35,66; *g.* whes, ii.293; *d.* wham, whæm, whan, ·wan [wam], i.308,326, 389. ii.50,51,57,632. iii.95; *acc.* ·wan, i.308,326; *d. pl.* [wam], i.387. iii.50; wha swa, wa swa, †wah swa, †wes swa [wose, wo so], i.88,155,206. ii.513. iii.140; *d.* wham swa [wam so], ii.347.

whær, whar, †wahr, wher, wær, ·war, wer [ware], *where*, i.23,134,141,190,214, 229,282,353. ii.88. iii.26,36,40,66, 138; whær swa, whære swa, whar swa, wer swa [war so, ware so], i.21,392. ii.50,175. iii.5; [ware euere], iii.37; [war ine], iii.46; [war of], iii.36; whær on [war on, †waren], ii.225,241.

whær, whar [ware], *whether*, ii.140,154, 354. See *Glossar. Rem.* p.486.

whærfde, *v.* warfte.

whæruen, *to roll, encounter* (?), iii.274; *p. pl.* wurueden, ii.344.

whæt, what, ·wat, whet, †waht, †wæht, †weht, wæt, waet, wet, *what*, i.2,12, 39,60,101,127,148,196,388,398. ii.3, 18,131,145,628. iii.4,23,26,91,133,135, 188,271; *that* [Cf. *Sax. Chr.* a°. 1137], i.120; what so [wat so, wose], i.279. iii.19.

whætte, *p. whetted*, ii.170; *pp.* iwhæt [*i*-wet], iii.228.

whales-bone [wales-bone], *d. whalebone*, i.100.

wham, whæm, *v.* wha.

whanene, whannen, †whænnenen, wannen, wheonene, whone, whonene, whonnene, wonene [wanene], *whence*, i.2, 61,86,197,264,266,300. ii.154. iii. 181.

whar, *v.* whær.

wharð, *v.* wurðe.

what, *v.* witen.

iwhat, *v.* iwiten.

whaðer, whæðer, wheðer [waþer], *whether, which of two*, i.225,403. ii.452. iii.21, 58,138,270; whaðer swa, whæðer swa, †wahðer swa [waþer so], *whichsoever*, ii.452,568,569.

whelpes, *pl. whelps*, ii.274.

whenne-n, wenne, wonne, †wæne [wan, wane, wanne], *when*, i.28,31,49,72,145, 152,198,303. ii.394. iii.3,42,82,125; weonne so, ii.206.

wheonene, *v.* whanene.

whes, *v.* wha.

whet, *v.* whæt.

whi, ·wi, *why*, i.67. ii.165. iii.36.

whilc [woch], *who, which*, i.92; *d.* i.76. *v.* whulc.

while-n, ·wile, †wille, *while, time*, i.10, 29,94,178,301. ii.47,198,367,480. iii. 3,47,102,231,294; *d.* while-n [wile], i.15. iii.57,79,138.

while-n, whil [wile], *ad. whilom, awhile*, i. 80,353. ii.10,77,108. iii.44,48,145,161.

whingen, *pl. wings*, iii.172.

whit [wiht], *wight, person, being*, iii.26; *pl.* wihte [wiþte, wiþtes], ii.236,582.

whit-e [wite], *white*, ii.245. iii.249; *d.* white, ·wite, i.50. ii.533; *pl.* white [wite], ii.438. iii.197.

iwhiten, *v.* witen.

whitere, *v.* wihte.

white-sunedæie, whiten-sunendæie [wite-sonedaiȝe], *Whitsunday*, ii.308,309.

white-sune tide [witsontime], *Whitsontide*, iii.267.

whone, whonene, *v.* whanene.

whuder-e, wuder [woder], *whither, wherever*, i.51,196,231. ii.83,372,622. iii. 69,81; wuder swa [woder so], i.146. ii.372.

whudereward, *whitherward*, i.426.

whulc, wulc, †wuhlc, [woch-e], *which, what, such*, i.98,164,222. ii.118,505, 553. iii. 167; *g.* whulches, wulches [woche], ii.428,446,505; *d.* whulche-n, wulche, wlche, whuche, wuche [woche], i.97,189,197,389,400. ii.118,200,210. iii.36,181,292; *d.f.* wulchere, wlchere, i.189. iii.271,288; *acc. m.* whulcne, wulcne [wochne, woche], i.393,431. ii. 67,115,216; *acc.n.* wulc, ii.628. iii.194; *pl.* whulche, hwulche, wulche [woche], ii.66,156,506,553; *g.* (?) whulchere, i. 125; *d.* wulche [woche], i.113,229,365. *v.* whilc.

wi, *v.* whi.

wi-æx-e, wiax, wi-eax, *axe, battle-axe*, i. 67,96,196,286. iii. 119; *pl.* wi-æxe, ii. 332; *d.* wiaxen [wiaxes], iii.8,199. *v.* æx.

i-wicched, *v.* biwucched.

[wickede], *wicked*, ii.203.

wickinge [wikeninge], *dwelling*, iii. 222, 281.

wid, *v.* wið, wið-innen, wið-ute.

·wide, widen, *a. wide*, i.6. iii.12,229.

·wide, widen, ·widene, iwide, †weide, *widely*, i.3,5,6,8,19,26,134,268,389. ii.14,19,227,267,414. iii.18,43,129; ·wide-n and side-n, i.7,19,211. ii.221, 289,338,530. iii.199.

·widewe, *widow*, i.158; *d.f.* ii.197,570; *pl.* widewen, i.413. ii.302.

·wif, wiue [wifue], *n. woman, wife*, i.4,9, 109,168. ii.167. iii.26,29,293; *g.* wiues [wifues], ii.247; *d.* ·wife, wiue [wifue], i.9,183. ii.114. iii.18,30; *pl.* ·wif, wifen, ·wifes, wiues [wifues], i.64,262, 413. ii.155,456,494,496,607,608; iii. 166,206; *g.* wifene, ·wifuene, wiuen, wife [wifue], ii.357,383. iii.11,138; *d.* wifen, wiuen, ·wiues, wifue, wif, wife [wifes], i.2,171,344,358. iii.206,284.

wifmon, ·wifman, ·wimmon, wimman, wimon, wiman [womman], *woman*, i.7, 12,13,57,79,95,147,198,204,212,409, 410. ii.41,145,570. iii.18,25,30,224; *g.* wifmonnes [wimman], i.49; *d.* wimmon, ·wimman [womman], i.271. ii. 202,376. iii.145; *pl.* ·wifmen, wimmen, wimman, wimen, wummen [wimmen], i.15,19,48,56,428. ii.64,79,536. iii.2, 145,154,280; *g.* wifmonne, wifmone, wimmonne-n, ii.175,354,369,511. iii. 119,137,223; *d.* wifmonne-n, wummanen, ·wifmen [wimmen, wommanne], i.16,175,264. ii.69,75,79,175.

wif-ðing, *wedding*, iii.251; *d.* wifðinge, i. 189; wife-þinge [wifinge], *wiving*, iii. 31.

wigeling, *magic*, ii.237.

wih, *v.* wið, wið-inne, wið-ute.

wiht, *whit*, ii.500. *v.* whit.

wiht [weht], *weight*, iii.239.

·wiht, wihte, *brave, active, keen*, ii.440. iii.243; *pl.* ·wihte, ·wiþte, i.33,266. ii. 400,406,427,462,480,563. iii.20,64; *g.* whitere, ii. 473; *d.* iwihte, ii.83; *sup.* wihteste, ii.209. iii.266.

iwihten, *v.* iwiten.

†wiisen, *d. pl. wise men*, ii.280. *v.* wis.

·wike, *see*, iii.193; *d. f.* wike, *town, dwelling*, ii.129. iii.285; *pl.* wike, *cities*, i. 332.

wike, *d. f. week*, ii.158; *pl.* wiken, ·wike [wikes, weke], i.167,289. ii.504,567; *g.* wikene [wekene], i.407. ii.540; *d.* wiken [wike], i.200. ii.620.

wikenares, *pl. ministers, attendants*, ii.338; *d.* wikeneren, i.286.

wikening, *v.* wickinge.

wikien, ·wikie, *to dwell, abide*, ii.335. iii. 40,226.

wilcume, wulcume [wilcome, welcome, wolcome], *a. welcome*, i.209,363,388. ii. 246,369,374. iii.117,143,210; *pl.* ii.135. *v.* wulcumen.

wil-daȝes, *pl. wished-for or welcome days* [*wil-dæge*, Cod. Exon. p.29], i.76.

·wilde, *wild*, i.20,34,76,366. iii.217; *d.*

i.265. iii.28; *d.f.* wildere [wilde], ii. 76; *pl.* ·wilde, i.47,85; *d.* wilden [wilde], i.48.

·wilderne, *wilderness*, i.53. ii.325,427; *d.* i.23,77. ii.88,110,451; *pl.* ·wildernes, i.205. ii.302,478; *d.* wulderne [wilderne], ii.251.

wildernesse, *wilderness*, iii.217.

wildscipe [wildsipe], *d. wildness, wantonness*, ii.451.

wile, *v.* while.

wilgomen, *pleasure*, ii.455.

wille, willeð, *v.* wulle.

·wille, *i*wille, *i*wil, *will, desire*, i.266. ii.293,368,401. iii.163,183; *d.* ·wille, willen, *i*wille-n, i.47,261,279,401. ii.455,502,556. iii.12,20,89,97,229,273; *acc.* wil, ·wille, willen, *i*wil, †iwilla, *i*wille-n, wullen, i.48,54,85,118,132,253,261. ii.133,168,545,633. iii.14,49,272,292.

wilnien, wilnisen, *to ask, desire, covet*, i.254. iii.198; 1 *p.pr.* wilni-e [wilny], ii.632,633; 3 *p.* ·wilneð, ii.632; *pl.* wilniað [wilneþ], i.46; 1 *p.p.* wilne [wilnede], ii.370; 2 *p.* ·wilnedest, iii.68; 3 *p.* ·wilnede, †wilnada, i.80,136. ii.340; *pl.* wilneden [†welnede], i.111.

[wilninge], *d. will, desire*, i.134.

wil-spel, *welcome news or speech*, i.57; *d.* wil-spalle, ii.315; *pl.* wil-spelles, iii.240.

wil-tidende, *pl. welcome tidings*, ii.292.

wimman, wimmon, *v.* wifmon.

[win], *d. power*, ii.157.

·win, *wine*, i.100,372. ii.176. iii.232; *d.* ·wine, ii.174. iii.170.

·win, †·wind, *conflict, strife*, i.18,107,265,385. ii.52,56,102.

[win], *joy*, iii.14; *d.* ·winne, ii.54,108,181,223,388. *v.* wun.

·wind, *m. wind*, i.57. ii.388,421. iii.12; *g.* windes [wyndes], iii.128; *d.* ·winde, i.11. iii.224.

winden [winde, wende], *to go, come, pass, ride, fall*, ii.450,471,482. iii.15,94; *p.* ·wond, wunden [wonde], ii.335,577,584. iii.119; *pl.* wunden [wenden], i.47,75. iii.12,45,108,229. *v.* wenden.

winden, *to hang*, i.243.

windewen, *d. pl. windows*, iii.238.

†wind-ræsen, *d. pl. assaults*, i.394.

wine, *friend*, i.74,97,389. ii.553; *d.* ·wine, ii.534; *pl.* wines, i.336,390. ii.26,187,298. iii.87.

wine-mæies, wine-maies, *pl. kindred*, i.248. ii.167,314,421,455.

·winne, *d.f. gain*, ii.78; *pl.* ·winne, *possessions*, i.131. *v.* wunnen.

·*i*winne, *i*winnen, †iwennen [winne, *i*-win], *to win, procure, take*, i.93,331,334,342. ii.436,616. iii.227,258,288; *imp. pl.* winneð, ii.307; *p.* *i*won [won, wan], i.108,199. ii.45,587,631; *pl.* *i*wunne-n, *i*wunen, i.257. ii.601. iii.44; *pp.* *i*wunne, *i*wan, i.308,329. ii.530,594. iii.73,88. *v.* awinne.

winnien, *to approach*, ii.482.

win-scenche [win-senche], *d. wine-draught*, i.150,295,413; *pl.* winscenches, ii.545.

winter, wintre [wynter], *winter*, i.382,257. ii.510; *g. abs.* ·wintres, i.121,257. ii.189,457; *d.* wintre-n, wintere [wintres, winter], i.9,11,86,337. ii.195,284. iii.43,175; *d.* wintre-n, wintere [winter], i.6,86,165,413.

wintrede, *d. wintry*, i.5.

wintunnen [win-tonnes, wyntonnen], *pl. wine-tuns*, iii.232,233. *v.* tunne.

wipeden, *p. pl. wiped*, ii.512.

·wir, *wire*, i.300.

wirche, *v.* wurche.

wirð, *v.* wurðe.

†wirdliche, *worthily*, ii.453. *v.* wurðliche.

·*i*wis, *i*wisse, *truly, certainly*, ii.387. iii.66,181; mid *i*wisse, to *i*wisse-n, i.151,325. ii.68,374,597,606. iii.121,191,251. *v.* ful-*i*wis.

·wis, ·wise, *wise*, i.32,269,270. ii.327. iii.32,294; *acc. m.* wisne [wise], i.373.

ii.518; *pl.* ·wise, †wisse, i.12, 239. ii. 239. iii.42, 292; *sup.* ·wiseste, †wisseste [wisest], i.308, 317. ii.35. iii.122; *pl.* ·wiseste [wisest], ii.92. iii.42; *d.* wisuste, i.186.

·wisdom, wisdome, *wisdom*, i.63. iii.16, 42; *d.* ·wisdome, i.19. iii.22; *d. pl.* ·wisdomes, i.75.

·wise, wisen, †wissen [wis, guyse], *d.f.* *manner, wise, fashion*, i.24. ii.400. iii. 8, 23, 110, 232, 288.

·wisliche, iwisliche, *wisely, certainly*, i. 198, 260. ii.53, 153. iii.40.

iwislichen, *d. certain, sure*, ii.460.

wissien [wissi], *to govern, rule, advise*, i. 225; *imp.* ·wise, i.51; *p.* ·wiste [wissede], i.58, 70, 270. iii.115; *pp.* ·iwised, i.65. *v.* wite.

wiste-n, *v.* witen.

wit, wet [we], *dual, we two*, i.406. ii.33, 77, 311, 314, 571, 633. iii.34, 43, 121; wit tweie, ii.571.

wit, iwit, *wit*, i.71, 294; *d.* ·witte, witten, i.105, 189. ii.3. iii.16.

wite, *v.* whit.

wite-n [wit], *d. punishment, torment, penalty*, i.218. ii.271, 505, 607. iii.91; *d.pl.* witen, †vitan, i.44, 45. ii.250, 262, 268, 435. See *Glossar. Rem.* p.490.

iwite, *pp. punished*, i.88.

i-wited, *v.* bi-witen.

·witele, *prudent*, ii.184, 354; *pl.* i.240; *sup.* witelest, i.128.

·witen, ·wite, ·iwiten, iwhiten [iwite, *hi*-wite], *to know, learn, wit*, i.12, 49, 63, 311, 389, 403. ii.8, 12, 45, 74, 237, 238, 523, 570, 629. iii.58, 66, 81, 230; *inf.fut.* witene, iwitene [wite], i.134, 249. ii. 183. iii.242; 1 *p.pr.* wat, wæt, what [wot], i.310. ii.230, 295, 574. iii.121; 2 *p.* wost [iwost], ii.239; 3 *p.* wat, †waht [wot], ii.377. iii.286; 1 *p. pl.* [wite], i.239; 2 *p.* witen, i.239; 3 *p.* witen [witeþ], ii.206; *imp.* ·wite [witte], i.51. ii.144, 207; *pl.* (?) wite, i.155; *pr. sb.* [wite], ii.500; *p.* wuste, wusten, ·wiste, i.23, 101, 285, 431. ii.245, 416, 572. iii. 40, 66, 100, 132, 171; *pl.* wusten, iwusten [wiste-n, wuste, iwiten], i.50, 60. ii. 360. iii.182, 196; *pp.* [*hi*-wist], ii.572.

witen, ·wite, †wihten, witeȝen [witie-n], *to guard, defend, keep, govern, take charge of*, i.79, 102, 116, 225, 244, 286, 410. ii.6, 14, 54, 94, 181, 232, 410, 548. iii.83; *inf. fut.* witene, ii.67; *pr.* wat, †weteð [wot], ii.470. iii.293; *imp.* ·wite, iii.144; *pr. sb.* witeȝe [witie], ii. 574; *p.* ·wuste [wiste, wetede], i.72, 106, 200. ii.195, 359, 492. iii.86, 115; *pl.* wusten, ·wuste, wisten [wiste, witede], i.94, 191, 196, 416. ii.149. iii.4, 86, 97, 196; *pp.* iwiten, ii.143.

witen, *to confer, bestow* [cf. *Bede*, ii.20], i.330.

iwiten, iwihten, *to go, depart, fall, die*, ii. 298, 410. iii.290; *pr.* iwiteð [witeþ], ii. 471; *p.* iwat, iwhat, †iuatte, †wat [A.-S. *gewat*], i.11, 28, 322. ii.216. iii. 16, 35, 54; *pl.* iwiten, ii.335; *pp.* iwiten, ii.129.

witene-imot, *assembly of councillors*, ii. 57.

witer, witter, †wiþer, *wise, prudent*, i.260, 409. ii.247. iii.139; *pl.* witere, ii.400; *d.* wittre, ii.18; *sup.* witereste, ii.312. See *Glossar. Rem.* p.470.

witerliche, iwitterli [weterly], *verily*, ii. 312, 313.

witeȝe, witiȝe, witie [witti, wytti, witty-e], *m. prophet, sage*, ii.226, 240, 241, 274, 288, 325, 327, 463, 500, 544. iii.137, 291; *d.* witie [witti], i.388; *pl.* witeȝen, witiȝen, witien [wittie, witty], i.50. ii. 225, 239. iii.95; *d.* witiȝen [wittie], i. 186.

witeȝe [wittye], *d. witty, skilful*, ii.463. *v.* witti.

witeȝen, *v.* witen.

witful, †wihtful [witfol], *sagacious, wise*, i.39, 51. ii.329, 504, 579; *acc. m.* wit-fulne, i.388; *pl.* wit-fulle [wit-folle], ii.587; *d.* [witfolle], i.76. ii.464.

wiꝺ, wih, †wid, †whid, †whit, †wiht, †wit [wiþ, wid], *ppn. with, against, from*, i. 1,8,12,18,46,60,186,189,215,220,235, 239,249,264,374. ii.127. iii.13,23,41, 97,117,161,267; wiꝺ and wiꝺ, *again and again* [cf. the *Ormulum*], ii.447. iii.211.

wiꝺe, *n. conflict*, iii.142; *d.* i.178. *v.* wiȝe.

wiꝺen, *v.* wiꝺꝺe.

·wiꝺer, *hostile, adverse*, i.396; *d.f.* ·wiꝺer, ii.74; *pl.* wiꝺer [wiþere], i.107.

wiꝺer, *hostility*, i.199; *d.* wiꝺere, i.60. ii. 458; *used adverbially*, ·on wiꝺere, on †weꝺere, i.122,195.

wiꝺer-craftes, wiþere-craftes, *pl. evil arts, magic*, i.12,42; *d.* wiꝺer-craften [wiþere-craftes], ii.400.

wiꝺer-deden [wiþere-deades, wiþere-dedes], *hostile deeds, wicked deeds*, ii.461; *d.* i.159. ii.259.

wiꝺerfulne, *acc.m. valiant*, ii.16; *pl.* wiꝺerfulle [wiþerfolle], *bold, hostile*, ii.480; *d.* ii.639.

wiꝺer-gome [wiþer-game], *contest*, ii. 615.

·wiꝺer-happes, wiꝺer-heppes, *pl. calamities, conflicts*, i.18,395; *d.* wiþer-happen [wiþer-happes], ii.569. iii.57.

wiꝺer-heolden [wiþer-holde], *to rebel, withstand*, i.391; *pr.pl.* wiꝺer-haldeꝺ, ii.282.

wiꝺer-laȝen, *pl. evil laws*, ii.32.

[wiþer-reases], *d.pl. assaults*. ii.632.

wiꝺer-saka, ·wiꝺer-sake, *adversary*, i.77. ii.102.

wiꝺer-uehte, *d. battle*, iii.146.

·wiꝺerward, *hostile*, i.293,379; *pl.* wiꝺerwarde, wiþer-warde [wiþerward], i.167. ii.16.

wiꝺer-iwinne, wiþer-iwinnen [wiþer-iwennes, wiþerwynnes], *pl. adversaries, enemies*, i.179,193. iii.89,149; *d.* wiꝺerwinnan, wiꝺer-iwinnen [wiþer-iwinnes, wiþer-iwinne], i.33,243,246,371. ii. 315,522. iii.97,122.

wiꝺ-inne-n, wih-innen, wiꝺ-an [wid-ine], *ppn. within*, i.211,248. ii.213,344. iii. 208,229.

wiꝺ-inne-n [wiþ-ine, wid-ine], *ad. within*, i.28,242. ii.65,99,429,539. iii.168.

wiꝺ-saken, *to forsake*, ii.29; *p.* wiꝺ-soc, wiꝺ-soke [wiþ-sock], ii.30; *withstood*, ii.118; *pl.* wiꝺ-soken, ii.80.

wiꝺ-stonden [wiþ-stonde], *to withstand*, i. 60. ii.65,566; *p.* [wiþ-stod], ii.58; *pl.* wiꝺ-stoden, †wiht-stoden [wiþ-stode, wid-stode], i.27,158,174. iii.74. *v.* atstonde.

wiꝺ-suggen [wiþ-segge], *to againsay, oppose*, ii.121,128,619; *p.* wiꝺ-seide, ii. 120; *pp.* wiꝺ-sæid [wiþ-sed], ii.120.

wiþte, wiþtes, *v.* whit, wihte.

[wiþ-telle], *to resist*, ii.129.

wiꝺ þan, wiꝺ þon [wiþ þan], *on condition*, i.204,352. iii.135,212; wiþ þan þe, wiꝺ þon þa [wiþ þan þat, wid þan þe], i.38. ii.55,529; wiꝺ þat, ii.529. iii.36,171.

wiꝺꝺe, *withy*, ii.536; *d.pl.* wiꝺen, iii. 31.

wiꝺ-ute-n, wihuten, wiꝺ-outen [wiþ-vt, wiþ-ute, wiþ-oute, wiþ-houte, wid-houte], *ppn. without*, i.16,269,302. ii. 101,152,337. iii.41,48,114.

wiꝺ-uten-e [wiþ-houte], *ad. without*, i. 243. ii.99. iii.166.

witie, *v.* witeȝe.

witie-n, *v.* witen.

witnesse, *witness*, ii.128.

witter, *v.* witer.

ᵻwitterli, *v.* witerliche.

[witti, wittye], *a. wise*, i.260. iii.266; *pl.* witie [wittie, wittye], i.12. ii.239. *v.* witeȝe.

wiue, *v.* wif.

wiȝe [wyȝe], *d. conflict, battle*, i.201. ii. 260. iii.5.

†wiȝeful, *guileful, cunning*, i.122; *pl.* wiȝelfulle, iii.273; *d.* wiȝele-fulle, ii.464.

wiȝel, *guile, wile*, ii.384; *d.* wiȝele, ii.257; *d. pl.* †wiȝeleden, i.80.

wlæt, wleoteð, *v.* uleoten.

wlæt, *pr. surveys* (?), ii.293.

wlite, *beauty, features*, ii.382, 536; *d.* wliten, †wlita, i.124,133.

wlsten, *to help*, ii.47. *v.* fulsten.

wnder-craftes [wonder-craftes], *pl. magic*, i.49.

wnder-craftie [wonder-craftie], *pl. skilled in magic*, i.49.

wndre, *imp. wonder thou*, i.21; *p.* wonddrede [wondrede], ii.278,499; *pl.* wondreden, i.300. ii.499.

†wnfolke, *d. good people*, i.59.

wnnen, *g.pl. inhabitants*, i.48.

wo, *v.* wa, wha.

woc, *v.* iwakien.

woch, *v.* whilc, whulc.

wod, *p. went*, ii.335. *v.* eode.

·wod-e, *mad, wild, fierce*, i.73,76,93,253, 376. ii.125,150,213,421; *pl.* ·wode, i. 111,167. ii.420,437. iii.113,219; *d.* woden, ii.377; *comp.* wodeloker [wodlokere], *madder, wilder*, i.136.

·wode, *m. wood*, i.85; *d.* i.14,19,23,72; *pl.* †wuodes [wodes, wode], i.205. ii. 66,113. *v.* wude.

wode-burȝe, *wood-covert* [*wudu-bearwe*, Cod. Exon. p.208], i.92.

·wode-londe, *d. woodland*, i.72.

woder, *v.* whuder.

wode-rime, *woods-edge*, i.32.

wode-roten [wode-rote], *d.pl. wood-roots*, i.20.

wode-saye, *v.* wude-scaȝe.

[wode-scaþe], *monster*, iii.26.

·woh, wouh [woþ], *wrong*, i.141,185,215. 272. ii.58,413,520; *d.* ·woȝe, wowe [woþ], i.177,232. ii.620.

wokie, *v.* wakien.

wola, *v.* wale.

wolawo, *v.* wala wa.

wolcne, wolkne, *v.* weolcne.

wolcome, *v.* wilcume, wulcumen.

wolden, *weald, wold*, ii.482; *d.* wolden [wolde], i.224,426. iii.22,120; *pl.* woldes, ii.421,478. *v.* ueld, wæld.

wolf, *v.* wulf.

wolle, wolleð, wolde-n, *v.* wulle.

wombe, *womb*, ii.407; *d.* i.9,12; *pl.* ·wombe, i.214.

womman, *v.* wifmon.

won, iwon, *v.* iwinne.

wond-e, *v.* winden.

wonde, *v.* wunde.

wondede, iwonded, *v.* wundeden.

wonder, *v.* wunder.

[wonderfol, wonderfolle], *wonderful*, i.13. iii.105.

wonderliche, *v.* wunderlic.

wondre, *v.* wundre.

wondrede, *v.* wndre.

wondri, wondrien, wondrede, *v.* wandrien.

wone, *abode*, ii.139.

·wone, *want, deficiency*, i.81.

wone, *v.* wune.

wonene, *v.* whanene.

wonien, wunie-n [wonie], *to dwell, remain, live, be*, i.21,39,59,131,146,248,340. ii. 66. iii.44,68,115,168,295; *1p.pr.* wunie [wonie], i.361; *2 p.* [woniest], i.314; *3 p.* wuneð, wunieð, ·woneð [wonieþ], i.20,227. ii.17,59,243. iii.19,193; *pl.* wunieð, wuniað [wonieþ], i.53,313, 429. ii.109,165,633. iii.2,162,181,217; *imp.* wune [wone], iii.55; *pl.* wunieð [wonieþ], ii.98; *pr. sb.* (?) wunien, wunnien [wonie], ii.103. iii.145; *p.* wunede-n, †wunde, ·wonede [wone], i. 1,87,267,299. ii.28,110,175. iii.11,42, 115,116,282; *pl.* wuneden [woned-e], i. 77,382,407. ii.34. iii.50,79,218; *p. pr.* wuniende, †wunende, wuneȝende, ·wonende, i.49,324. ii.382,498. iii.173, 189; *pp.* iwuned, ·iwoned, ii.365. iii. 278,286; *accustomed*, i.49. ii.94,101, 162.

wonien [wanien], *to destroy*, i.42; *wane, decrease*, iii.74.

[woning], *dwelling*, i. 302; *d. pl.* [wo-nigge], i. 56.
wonliche, *v.* wunlic.
wonne, *v.* whenne, wun.
wonsom, *v.* wunsum.
wony, *v.* weinen.
wop, *v.* weop.
worc, worch, *v.* weorc.
·word, weord, †wourd, *n. word*, i. 8, 158, 163, 355, 362. ii. 19, 31. iii. 3, 128, 141; *fame*, i. 269. iii. 43; *pl.* ·word-e, word-en, ·wordes, †wuord, i. 3, 4, 20, 29, 153, 157, 168, 313, 363, 376, 419. ii. 107. iii. 69, 80, 126, 162, 238; *d.* worden, weord-en, ·worde, †wurde-n [wordes], i. 29, 284, 378. ii. 47, 570. iii. 29, 64, 162.
·wordede, *p. spake*, ii. 333. iii. 149.
wordliche, ·worliche, *d. worldly*, i. 269, 270, 355. ii. 18.
wored, *v.* weorede.
woreld, worle, *v.* weorld.
worhte-n, *i*worht, *v.* wurche.
worm, *v.* wurem.
wormie, *v.* warmen.
wornde, wornede, *v.* wernen.
wors-e, *v.* wurse.
worsipe, worðscipe, *v.* wurðscipe.
worþ, *v.* wurð.
worþe, *i*worþe-n, *v.* wurðe.
worþi, worþede, *i*worþede, *v.* wurðien.
worþliche, *v.* wurðliche.
worðmunt, *fame*, ii. 367.
wose, *v.* wha, whæt,
[wost], *2 p. wouldest*, ii. 247. *v.* sost.
wost, wot, *v.* witen.
woþ, wowe, woȝe, *v.* woh.
wou, woure, *v.* eou.
[wowe], *woe, sorrow*, i. 267. iii. 98, 283; *d.* i. 153, 278. ii. 247. *v.* wa.
wowes, *v.* waȝes.
wox, *i*woxen, *v.* waxen.
wracken, wrake, *v.* wreken.
wræc, *v.* wreon.
wræcche, wrehche [wrecche, wrech], *poor man*, i. 164, 253. iii. 217, 237; *wretch, monster*, ii. 394. iii. 33; *d.* [wrecche], i. 134. iii. 37; *pl.* wræcches, wrecchas, ·wrecches, wræcche-n, wrecchen, *destitute, poor*, i. 43, 108, 110, 330. ii. 86, 108, 332, 453, 553; *d.* wracchen, wrecchan [wrecches, wrecchen], i. 43. ii. 401, 403.
wræcche, wræche, ·wrecche, wreche, wracche, *a. wretched, poor*, i. 55, 148, 279, 387. ii. 186, 380, 531, 553, 568. iii. 43, 167; *g.* wræcches, iii. 237; *d.* wræcche, ·wrecche, ii. 567. iii. 238; *pl.* wracche [wrecche], ii. 402; *d.* wrecche, iii. 236.
wræcchelichen, wrecceliche, *miserably*, ii. 80. iii. 227.
wræken, *v.* wreken.
wræstleden, *v.* wreastlene.
†wræstliche, *d. wretched*, iii. 186.
wræð, wræððe, *v.* wrað, wraððe.
wræð, *p. leaped, advanced*, i. 287.
*i*wræð, *v.* wurðe.
wrah, *i*wrahþed, *v.* wrað.
wrake, *mischief*, i. 172.
wrake-dome, *d. revenge*, i. 4.
wraste [wreste], *p. wrested*, i. 321.
wrastlinge [wraxlinge], *d. f. wrestling*, i. 79.
wrat, *v.* writen.
wrað, wrah, wræð, †wærð, ·wroð, *a. wrath, angry*, i. 28, 66, 111, 130, 142, 160, 185, 275, 353. ii. 355. iii. 149, 185; *pl.* wraðe, whraðe, †wærðe [wroþe], i. 273, 306. ii. 354. iii. 218; *comp.* [wroþere], i. 352; *sup.* ·wraðest [wroþest], ii. 356. iii. 97, 139.
wrað [wraþþe], *imp. wrath (thou), anger*, ii. 125; *p.* ·wraððede, wraðde, wraðede, †wrædde, *i*wraððede, *i*wraðede, *i*wræð-ðed, †*i*wredðede, †werðede [wreþþede, wreaþþede], i. 62, 134, 160, 195, 393. ii. 76, 430, 473, 636. iii. 26, 36, 104, 195; *pp.* ·*i*wraððed [*i*wrahþed, *i*wreþþed], i. 71, 307. ii. 76, 533, 621, 638. *v.* awrað-ðed.

*i*wraȢ, *v.* wurȢe.

wraȢere-hele, wroþer-hele [wroþere-hele, wroþere-heale], *d. injury, destruction,* i. 21. iii. 185. See *Glossar. Rem.* p. 444.

wraȢliche, †wradliche, ·wroȢliche, *angrily,* i. 21, 315, 413. ii. 241, 356. iii. 108.

·wraȢȢe, *f. wrath, anger,* i. 272; *d.* ·wraȢȢe, wraȢȢen, wræȢȢe, †wredȢe, †wærþe [wreþþe], i. 61, 130, 132. ii. 61, 628. iii. 3, 49, 107, 179.

[wraxli], *to wrestle,* i. 79; *p. pl.* [wraxlede], ii. 615.

wraxlinge, *v.* wrastlinge.

wreastlene, *to wrestle,* i. 79; *p. pl.* wræstleden, ii. 615.

wreaþþede, *v.* wraȢ.

wrecceliche, *v.* wræcchelichen.

wrecche, wrehche, *v.* wræcche.

·wreche, *vengeance,* iii. 186.

wreie, *v.* wreon.

·wreken, wræken, wracken, wreoken, whreken, †wærken [wreke], *to avenge,* i. 69, 74, 223, 271, 331. ii. 84, 311, 389, 426; 1 *pl. pr.* ·wreke, wrake, i. 256. iii. 101; *imp. pl.* ·wrekeȢ, wrækeȢ [wreke ȝe], i. 256, 353. ii. 149, 206; *pp.* ·*i*wreken, i. 155, 378. *v.* awræken.

wrenche, *d. stratagem,* i. 5; *d. pl.* wrenchen [wrenches], i. 80, 226.

wreon [wreie, *i*wr...], *to cover,* i. 332. iii. 111; *p.* wræh (?), ii. 252; *pl.* wriȝen [wreȝe-n], ii. 303, 407; *pp. i*wriȝen [*i*wroȝe], i. 221. *v.* bi-wriȝen.

wreoȢ, *v.* wriȢen.

wreste, *v.* wraste.

wreþþe, *v.* wraȢȢe.

wreþþede, *i*wreþþed, *v.* wraȢ.

·writ, †wriht, *n. letter, writing,* i. 19, 20, 21, 135, 312. iii. 162; *d.* ·writ-e, i. 134, 362. ii. 628. iii. 162; *pl.* writen [writes, †wretes], i. 389. ii. 14, 195, 639. iii. 2, 95, 192; *d.* writen [write], ii. 542. iii. 241.

writen, *to write,* i. 3; *pr.* writeȢ, iii. 155; *pr. sb.* write, iii. 4; *p.* wrat [wrot, †worþte], i. 269; *pp.* writen [*i*wrete], i. 152. ii. 542.

wriȢen, *to wreathe,* ii. 305; *imp. pl.* wreoȢ, *wrap ye,* ii. 321; *pp.* y-wriȢen, iii. 31.

writ-runen, *pl. letters,* i. 245.

wriȝen, *i*wriȝen, *v.* wreon.

wrohte, *i*wrohte, *i*wroht, *v.* wurche, wurhte.

·wronge, *d. wrong,* iii. 88.

wrot, *v.* writen.

·wroteȢ, *pr. grubbeth,* i. 20.

wroȢ, wroȢliche, *v.* wraȢ, wraȢliche.

wroþer-hele, *v.* wraȢere-hele.

*i*wroȝe, *v.* wreon.

wude [wode], *m. wood,* i. 371. ii. 83. iii. 19, 45, 83; *g.* wudes [wodes], i. 370. ii. 449; *d.* wude-n [wode], i. 31, 202. ii. 342, 445. iii. 28, 58, 256; *pl.* wudes, wude [wodes, wode], i. 205. ii. 66, 113. iii. 296; *d.* wuden, ii. 111. iii. 282. *v.* wode.

wuder, *v.* whuder.

wude-scaȝe [wode-saye], *d. wood-shaw,* ii. 481. iii. 90.

wulc, *v.* whulc.

wulcumen, *to welcome,* ii. 292; *imp.* wulcume, wilcume [wolcome], ii. 521. iii. 68; *p.* wilcumede [wilcomede], ii. 32, 284. *v.* wilcume.

wulderne, *v.* wilderne.

wulf, wlf [wolf], *wolf,* i. 66. ii. 427, 471; *d. pl.* wlfan [wolues], i. 110.

wulle-n, wlle, wule, wille [wolle, wole], 1 *p. pr. will,* i. 29, 30, 38, 148, 155. ii. 14, 17, 33, 73, 135. iii. 30, 36, 43, 52, 267; 2 *p.* wult, wlt, ·wolt, i. 20, 30, 46, 67, 135, 144, 152. ii. 82. iii. 49; 3 *p.* wulle-n, wule, wul, †wulled, ·wole, wille [wolle, walleþ], i. 38, 66, 155, 200, 228, 254. iii. 3, 19, 27, 216; *pl.* wulleȢ, wlleȢ, wullet, wllet, wulle-n, wllen, wlle, ·wolleȢ, †willed [wolle], i. 16, 21, 38, 40, 41, 99, 129, 141, 156, 159, 185, 196, 231, 240, 245, 311, 403. ii. 14, 17, 53, 135, 141, 154. iii. 4, 51, 54, 56; 2 *p. pr. sb.* wulle-n [wolle], i. 44,

314. ii.153. iii.51; 1p.p.·wolde,wolden, wold, walde, i.148,361. ii.13,387. iii. 118; 2p.·woldest, waldest, †wældest, i.266,315. ii.13,365. iii.68; 3p.·wolde, wolden, wold, weolde-n, walde-n, †wælde, wulde [wollde], i. 2, 30, 65, 156, 192, 276, 333, 340, 360, 361, 406, 436. ii.12,32,60,64,72. iii. 9,49,134; *pl.* ·wolden, wolde, weolden, †wuolden, walden, i.16,46,60,173,328,426. ii.10, 87,155. iii.4,39,58.

wullen, *v.* wille.

wun, wunne, *joy, weal*, i.106,387. ii.531. iii.216,262; *d.* wunne-n [wonne, winne], ii.97,168,285,407,478,504,593. iii.144,294; *acc.* wunne, ii.531. *v.* win.

wunde, wnde [wonde], *wound*, i.97,367. ii.584; *d.* wunde [wonde], i.323; *acc. pl.* wunden [wundes, wondes], ii.203, 271,389. iii.144,203; *g.* iii.143.

wundeden [wondede], *p.pl. wounded*, i. 73; *pp.* iwunde, iwunded [iwonded-e], i.341. ii.9,191. iii.276; *pl.* iwundede, iii.95. *v.* for-wundede.

wunden, *v.* winden.

wunder, wnder [wonder], *marvel, wonder*, i.48,198. ii.101,224,242; *d.* wundere, wundre, wunder [wondre], ii.244,295, 499,500. iii.154; *pl.* wunderes [wonderes, wondres], i.181. ii.472,489.

wunder, wnder [wonder], *ad. wondrously* [A.-S. *wundrum*], i.49,74,166, 310. ii. 49,254,632. iii.2,10; wunder ane [wonder one], i.109. ii.6,16,64,122,413,619. iii.24,36,58.

wunderlic, wnderlic, wunderliche, wundreliche [wonderliche], *a. wondrous*, i.97. ii.64,75,89,122,246. iii.14,24,36,105; *pl.* wunderliche [wonderliche], i.80. iii. 120.

wunderliche [wonderliche], *wondrously*, i. 113,263,312,399. ii.231,252,465. iii. 145.

wundermere, *strangely*, ii.231.

wundre, *v.* wandrien.

wundre [wondre], *d. destruction*, i.109, 335.

wune, iwune [wone], *usage, custom*, i. 108. ii.42,132,162,175,365. iii.185, 256.

iwune [wone], *resort, station*, ii.610. iii. 10.

wunie-n, wunede, iwuned, *v.* wonien.

wunlic, wunliche, wuneliche, †wundliche, †wandliche [wonliche], *a. goodly, comely, fair*, i.255,271,345,374,402,426. ii. 430,529. iii.123; *pl.* wunliche, ii.66, 613.

wunliche, *joyfully*, i.153. iii.285.

wunnen, *pl. possessions*, ii.529. iii.48; *g.* wunnen, wunnan, i.55,145. *v.* winne.

iwunne-n, *v.* iwinne.

wunsele, *d. mansion*, ii.233; *pl.* wunseles, *territories*, ii.314.

wunsum [wonsom], *winsome, pleasant*, i. 7,51,53,86,100,402. ii.74,522; *d.pl.* wunsume, wnsume [wonsome], i.51. ii.87,374; *comp.* wnsumre, i.39.

wurche-n, wrchen, wurchen, iwurchen [werche, †wereche-n, weorche, weorke, wirche], *to work, make, do*, i.66,216,226. ii.82,222,286,287,347,554. iii.111,161, 183,261; *pr.* wurcheð [wercheþ], i.404; *pl.* ii.238; *pr.sb.* wurche, ii.222; *p.* ·wrohte, iwrohte, worhte-n, iworhte, weorhte, wurhte [wroþt-e, wroht], i. 78,87,119,121,163,179,371,427. ii.76, 315,460,469,514. iii.98; *pl.* wrohten, iwrohten, worhten, †worðten, wurhten, i.165,355,371,427. ii.16,81,623. iii.152; *pp.* iworht-e, iwhorht [iwroht, wroht], i.253,269,389. ii.324,444,570.

†wurem [worm], *worm*, ii.327; *g.* wurmes [worme], ii.329,339; *g.pl.* wurmen [worm], ii.243; *d.* iii.224.

wurhliche, *v.* wurðliche.

wurhscipe, *v.* wurðscipe.

wurhte [wrohte], *wright, carpenter*, ii. 463; *pl.* wurhten [wrohtes], ii.287.

iwurhte, *d. pl. actions*, ii. 593.

wurpen, *v.* weorpen.

wurse, ˈwrse [worse], *m. the Devil, fiend*, i.49,77,120,293. ii.38,159,176. iii.11; *g.* wurse, i.57. iii.102; *d.* wursen, iii. 169.

wurs-e, wursen, wrse [wors-e], *worse*, i. 17,21,146,359,406. ii.621. iii.58,63, 75,124; *sup.* wurste [worste], iii.151, 184.

†wursede [wersede], 1 *p.p.sb. become worse*, ii.370.

wurten, *d.pl. worts, roots*, iii.282.

wurð-e, †woruh, †worȝ [worþ-e], *worth, worthy*, i. 125,129. ii.137,541. iii.56; *pl.* ii.508,593; *comp.* wurðer, †wurdra [worþere], i.147. iii.245.

wurðe-n, wrþan, iwurðe-n, iwurðien [worþe, iworþe, iwourþe], *to be, become, be made, befall, do*, i.30,33,52,95, 142,232,250,353,380. ii.91,159,180, 387,626; iii.10,49,92,193,194,228,290, 291; 1 *p.pr.* wurðe [worþe, iworþe], i. 239. ii.323,361. iii.127; 2 *p.* iwurðest, wurðest, ii.248. iii.27; 3 *p.* iwrð, †wirð, iwurðeð [worþ], i.42,142,248. ii.249, 294. iii.291; *pl.* wurðeð, †wurðed, wurððeð, wrð [worþeh, worþ], i.338, 374,419. ii.205. iii.291; *imp.* wurð, wrð, wurh [worþ, worþou], i.135,149, 198,283. ii.201; *pl.* iwerðeð [*hii*-worþeþ], i.217; *pr. sb.* wurðe-n, iwurðe-n, wrðe, ˈiworðe, ˈworðe, i.66,142,183, 366. ii.106,399,477,558. iii.85,171, 223,297; *pl.* wurðe-n, wrðen, iwurðe [worþen], i.41,155,240. ii.349. iii. 45; 1 *p.p.* iwarð, ii.233; 3 *p.* ˈiwarð, iwærð, iwarðe, iwerð-e, iwearð, iwrað, iwræð, †iwerað, iwurð, ˈwarð, wærð, werð, wharð [iworþ], i.12,13,61,68,73, 83,86,124,153,210,218,273,288,315, 396. ii.69,86,338,354,458,531,533,550, 589. iii.54,61,63,81,83,185; *pl.* iwurðen, iwærðen, wurðen [iworþen, worþe], i.183,306,325,334,406. ii.310,385. iii. 94,97,164,185,205; *pp.* iwurðen, †iwurden, iworðen [iworþe], i.158,253, 374,389. ii.85,221,279,401. iii.128, 145. *v.* awurðe.

iwurðe-n [iworþe], *to agree*, iii.4,179; al ham †iwurden, i.240. See *Glossar. Rem.* p.468.

wurðien, †wurdien, wurðen, †wurden, iwurðien, iwurði [weorþi, worþi], *to honor, worship, reward*, i.130,146,226, 343,405. ii.295,298. iii.190; *p.* wurðede [iworþede, worþede], i.110,406. ii. 309; wurðeden [worþede], i.50; *pp.* iwurðed, ii.136,143.

wurðliche [worþliche], *pl. worthy*, ii.66. iii. 52,157; *sup.* wurðlukest [worþlokest], iii.11.

wurðliche, wurðeliche, wrðeliche, †wurðliliche, wurhliche [worþliche], *worthily*, i.246. ii.37,168,304,338. iii.45,122,146, 420.

wurðscipe, †wurðcipe, wurhscipe, †worðschepe [worsipe], *f. worship, honor*, i. 134,139,419. ii.436,625. iii.216,274; *g.* wurðscipen [worsipe], ii. 303; *d.* wurðscipe, wrðscipe, wurhchipe, wrhscipe, wrscipen, worðscipe, worðescipe, worscipe [worsipe], i. 9,10,13, 52,77,104,136,210,357. ii.140,520. iii. 193.

wurueden, *v.* whæruen.

wuste-n, iwusten, *v.* witen.

[wyde], *p.pl. spread* (?), ii.533.

ȝæf, *v.* ȝeuen.

ȝælp, ˈȝelp, ˈȝeolp [ȝealp], *boast*, ii.294, 303,458,487,595. iii.51,113; *d.* ˈȝelpe, ii.431.

ȝælpen, ˈȝelpen, ȝeolpen [ȝelpe], *to boast*, i.313. ii.78,541. iii.83,108; *pr.pl.* ȝelpeð, ii.541; 2 *p.p.* ȝulpe, iii.68; 3 *p.* ȝealp [ȝalp], i.122; *p.pr.* ȝælpinde, i.207.

ȝæp, ˈȝep, *crafty*, i. 323. ii.118,122,125; *pl.* ˈȝepe, ii.479.

ȝæpscipe, ȝeapscipe, ȝepscipe [ȝeapsipe], *d.*

craft, skill, stratagem, i.117. ii.127. iii. 83.

ȝære, ˙ȝare, ȝeare [ȝar], *ad. yore, long ago, long since, formerly*, i.113,145,198,374, 390. ii. 297,590,625,634. iii. 113,372; *soon*, i.234. ii.365.

ȝær-e, ȝeare, ȝere [war], *ad. well, exceeding*, i.23,128,240. ii.184,354.

ȝæru, *v.* ȝaru.

ȝærwen, *to make ready, prepare*, ii. 95; *imp. pl.* ȝarewieð, i. 319; *p.* ȝarewede ȝeærwede [ȝar˙ede], i.164,369. iii.197; *pl.* ȝareweden, ȝarweden, i.79,416; *pp.* iȝarwed, iȝearwed, i.10,88.

ȝæt [ȝet], *gate*, i.258; *d.* ȝæte, ȝate, ȝete [ȝeate, gate], i.304,325. ii.373,434; *pl.* ȝæten, ȝæte, ȝaten, ˙ȝates [ȝeates, ȝeate], i.72,246,403,416. ii.22,45,217,441, 566. iii.27; *d.* ȝæte, ii.587.

ȝæte, *v.* ȝet.

ȝæt-essel [ȝeate-essel], *gate-bolt*, ii.373.

ȝæteward [ȝeateward], *gateward*, ii.373.

ȝaf, *v.* ȝeuen.

ȝalp, *v.* ȝælpen.

ȝam, *v.* heo.

ȝar-e, *v.* ȝære, ȝaru.

ȝarewede, iȝearwed, *v.* ȝærwen.

ȝarkien, ȝarekien, ȝearkien, ȝarkni [ȝarki], *to get ready, prepare*, i.111,315. ii.395, 548,626; 1 *pl. pr.* ȝarkien [ȝarke], ii. 348; *imp.* ȝarke, iii.290; *pl.* ȝarkieð [ȝarkeþ], ii.555. iii.164; *p.* ˙ȝarkede, ˙ȝarekede, ȝærekede, ȝarecode, i.260, 324. ii.40,73. iii.93,276; *pl.* ȝarekeden, ȝærkeden, ȝarked [ȝarkede], i.228,233, 234,339. ii.513; *pp.* ˙iȝarked [iȝarket], i.10. ii.172,558.

˙ȝaru, ȝæru, ȝeærwe, ˙ȝare, †ȝareou, *ready, prompt, prepared*, i.212,332. ii.171, 299,522. iii.135,187,248; *pl.* ˙ȝaru, ˙ȝare, ȝarewe, ȝærewe [ȝarue], i.111, 369,403. ii.95,96,340,467,512,555. iii.89,127.

ȝauel, *tribute*, i.314. *v.* gæuel.

ȝe, *v.* heo, ȝet.

ȝeaf, *v.* ȝeuen, ȝif.

ȝealp, *v.* ȝælp, ȝælpen.

ȝeapscipe, *v.* ȝæpscipe.

ȝeare, *v.* ȝær, ȝære.

ȝearen, *v.* ȝer.

ȝearkien, *v.* ȝarkien.

ȝearsipe, *v.* ærhscipe.

ȝearþhest, *v.* arð.

ȝeate, *v.* ȝæt.

iȝeate, *v.* æten.

ȝeddes, *pl. words*, iii.26.

ȝeddien, *to say*, ii.476; *p.* ȝeddede, ȝedede, i.142,336,342. See *Glossar. Rem.* p. 461.

ȝeden (?), *p.pl. went*, i.154. *v.* eode, and *Glossar. Rem.* p.462.

ȝef, *v.* ȝif.

ȝef, iȝefen, ȝefuen, iȝefuen, *v.* ȝeuen.

ȝefere [ȝifre], *pl. greedy*, i.313.

[ȝeft], *gift*, i.76. ii.98; *d.f.* [ȝift], i.329; *pl.* [ȝeftes, geftes, ȝeft, ȝiftes, ȝift], i.16, 18,40,204,232,233. ii.4,137,616; *d.* i.174,329. ii.357. *v.* ȝeue.

ȝefðe, ȝefue, *v.* ȝeuen, ȝeueðe.

ȝeiden, *p. pl. shouted* (?), iii.106,185. See *Glossar. Rem.* p.511.

[ȝein], *ad. back, again*, i.189. ii.506. *v.* a-ȝæin.

†iȝein, *pp. gone* (?), iii.62.

ȝeld [ȝelde, ȝield], *tribute*, i.307,313.

˙ȝelden, ȝulden [ȝelde], *to yield, repay, pay*, i.97,262.314. ii.10,139. iii.163; *pr.* ȝilt [ȝelt], ii.461.

ȝelle, *v.* gullen.

ȝelp, *v.* ȝælp.

ȝelpe-n, *v.* ȝælpen.

ȝemeliche, *d. pl. plaintive*, i.142. *v.* ȝeomerliche.

ȝemen [ȝeme], *heed*, i.297.

ȝemen, ȝeomen [ȝime], *to heed, care for, keep*, i.16,367. ii.15,100; 2 *p. pr.* ȝemest, ii.230; *p.* ȝemde, iii.339; *pl.* ȝemden, i.391.

ȝemere, *v.* ȝeomere.

ȝemston, *v.* ȝim-ston.

ȝend, †ȝen, *ppn. over, through*, i.6,12,19, 260. *v.* ȝeond.

ȝenge, *v.* ȝung.

ȝeo, *v.* heo, ȝet.

ȝeode-n, *v.* eode.

ȝeokeden [ȝogede], *p. pl. yoked*, i.79.

ȝeol-dæie, *Yule-day, holiday*, ii.532.

ȝeolp, *v.* ȝælp.

ȝeolpen, *v.* ȝælpen.

ȝeom, *v.* heo.

ȝeomen, *v.* ȝemen.

ȝeomerde, *v.* ȝeoumereden.

ȝeomere, *d. doleful, miserable*, iii.26; *pl.* ȝeomere, ȝeoumere, ȝemere, ii.77,626. iii.279; *sup.* ȝeomerest, ȝeoumerest, ȝeomerist· [ȝomerist], ii.270. iii.246, 255,272; *pl.* ii.468.

ȝeomerliche, *d. pl. grievous*, iii.185.

·ȝeond, †ȝeon, †ȝond, †ȝuond [ȝeont], *ppn. over, through*, i.2,5,19,21,22,188,251, 259,316,336. ii.6,64,552. iii.4,12,62, 98,147,156,245.

ȝeondward, *overward*, iii.236.

ȝeong, ·ȝong, *voyage*, i.55,196.

ȝeonge, *d. duration*, ii.293.

ȝeonge, *v.* ȝung.

ȝeonge-n, ȝungen [ȝonge], *to go, move, pass*, i.360,386. iii.107,120,189,237; *pr.* ȝeongeð, ii.564; *pp.* †iȝeongeð, i. 399. *v.* bi-ȝeonge.

ȝeonglinges [ȝonglenges], *pl. youths*, iii. 147,157.

ȝeord, *v.* ȝerd.

ȝeore, ȝeores, *v.* ȝer.

[ȝeorise], (?), iii.116.

·ȝeorne, ȝeornen [ȝerne], *earnestly, eagerly*, i.54,205,427. ii.39,99,266,306,401. iii.22,44,47,58.

ȝeornen, ȝeornnen, ȝernen, ȝirne-n [ȝeorne, ȝerne], *to ask, yearn*, i.143,146,227, 264,311. ii.106,221,282,356,548,569. iii.46,112; 1 *p.pr.* ȝerne [ȝeorne], i.189, 377; 2 *p.* ȝirnest [ȝeornest], ii.33. iii. 271; 3 *p.* ·ȝeorneð, ·ȝerneð, ȝirneð [ȝornt], i.352,376,377. ii.632. iii.41, 216,247; *pl.* ȝeorneð, ȝirneð, ȝirne, ȝurne [ȝerneþ, ȝerne], i.40,41,45,264,428. ii. 495,632. iii.181; *imp.* ȝern [ȝeorn], i. 187; *p.* ·ȝeornde, ȝernde, †ȝerde, ȝirnde, †ȝirde [ȝornde], i.51,189,201,204,361, 433. ii.55,169,511. iii.165,183; *pl.* ȝeornden, †ȝeorenden, ȝernden, †ȝerden, ȝirnden, †ȝirden, †ȝurden [ȝeornde, ȝornde, †ȝeorden], i.226,235,427,428, 429. ii.4,44,229,322,494. iii.116,159, 197; *pp.* iȝirnd, ii.573.

ȝeot, *v.* ȝet.

iȝeote, *v.* æten.

ȝeoten [ȝeote], *to spill, shed, pour, flow*, i. 413. ii.301. iii.94,172; *p.pl.* ȝeoten, ii.406; *pp.* [iȝote, igote], ii.379,419, 535. iii.66. *v.* blod-gute.

ȝeoumere, *v.* ȝeomere.

ȝeoumereden [ȝeomerde], *pl. murmured*, ii. 564.

ȝeoue-n, *v.* ȝeue, ȝeuen.

ȝeow, *v.* eou.

ȝeoȝeðe, *v.* ȝuȝeðe.

ȝep, ȝepscipe, *v.* ȝæp, ȝæpscipe.

·ȝer [ȝier], *year*, i.15,143,156,308; *g.* ·ȝeres, iii.163; *used adverbially*, i.10; *d.* ·ȝere, ȝeære, i.9,225; *pl.* ·ȝer-e, ȝeren, ȝeore, ·ȝeres [ȝeores], i.6,14,161,299,301, 411. ii.77. iii.45,194,282; *g.* ȝere, iii. 209; *d.* ȝeren, ·ȝere, ȝearen, i.10,17. iii. 28,208.

ȝerd, ·ȝeord, *wand, sceptre*, ii.194,501,521, 608; *d. pl.* ȝerden [ȝerdes], ii.429.

ȝere, *v.* ȝær, to-ȝere.

ȝerne, *v.* ȝeorne.

ȝerne-n, ȝernde-n, *v.* ȝeornen.

ȝerstendæi, ȝurstendæi [ȝorstendai, †ȝorst-nendai], *yesterday*, ii.291,363,470.

[†ȝet], *p. went*, i.112. *v.* eode.

ȝet, *v.* ȝæt.

ȝet, ȝit, [ȝe, ȝeo], *dual, ye two, ye*, i.214, 217,239,405. ii.291,335,628. iii.293.

·ȝet, ·ȝete, ȝæte, †ȝeht [ȝeot, ȝiet, ȝite], *yet, hitherto*, i.6,12,31,302,304,340. ii.439. iii.19,122,141,145.

iȝeten, *v.* æten.

ȝetten, *to grant*, i.428. ii.569,573. iii.270; 1 *p. pr.* ȝette, ii.33; 2 *p.* ȝettest, ii.167; 3 *p.* ·ȝette, iȝette, ȝet, i.189, 204, 208. ii.4, 25,169,172,429,522. iii.161,179, 277.

ȝeue, ȝeoue, *gift*, i.76,329. ii.68; *d. f.* ȝeue, i.329; *pl.* ȝeue-n, ȝefuen, ȝefe, ȝeoue-n, ȝifuen, ȝiuen, ȝiues, i.18,40,76, 204,232,233,329,428. ii.4,436,529, 616; *g.* ȝeua, i.174; *d.* ȝiuen, ii.357. *v.* ȝeft.

ȝeuen, ȝeouen, ȝifen, ·ȝifuen, ·ȝiuen [ȝeue, ȝefue, ȝifue, ȝiue], *to give*, i.38,116,203, 226,254,266. ii.452. iii.129,171,213; 1 *p.pr.* ȝifuen, ȝiue [ȝefue], i.406. iii. 171; 3 *p.* ȝefeð, i.38; *imp.* ·ȝef, ·ȝif, i. 379. ii.496. iii.35; 2 *p.pr.sb.* ȝeue, ȝiue, i.352. iii.238; 3 *p.* ·ȝefue, ȝeue [ȝife, ȝiue], i.40,201,307. ii.35; *pl.* ȝiuen [ȝifue], i.428; *p.* ȝæf, ·ȝef [ȝaf, ȝeaf, gef], i.3,7,10,46,86,306,329,407. ii.72,73, 497,616. iii.38,47,114; *pl.* ·ȝeuen, ·ȝefuen, iȝefuen, ȝeoue, ȝifen, †ȝifenen, ȝiuen [ȝeue], i.16,233,409. ii.102,158,283, 384,468,498. iii.207,273; *pp.* iȝeuen, iȝefuen, iȝefen, iȝiuen [iȝeue, iȝefue], i. 37,134,137,346. ii.26,534. iii.74.

ȝeueðe, ȝefðe, ȝiueðe-n, ȝifueðe, ȝifðe [ȝefue, ȝeue-n], *given*, *rife*, i.96,241,247,348, 357 ii.90,218,248,258,328,422,634. iii. 14,80,132,196,199,262,289. See *Glossar. Rem.* p. 456.

ȝield, *v.* ȝeld.

ȝier, *v.* ȝer.

ȝiet, *v.* ȝet.

·ȝif, ·ȝef, ȝeaf, *if*, i.16,21,30,226,231. ii. 541. iii.21,29.

ȝifen, ȝifue-n, *v.* ȝeuen.

ȝifre, *v.* ȝefere.

ȝift, *v.* ȝeft.

ȝifueðe, *riches*, *wealth*, i.346.

ȝilden, *pl.* *guilds*, iii.287.

ȝilt, *v.* ȝelden.

ȝime, *v.* ȝemen.

ȝimme [gimmes], *d.pl.* *gems*, i.259,325.

ȝim-ston [ȝemston], *gemstone*, *jewel*, ii. 464.

ȝirne-n, ȝirnde-n, *v.* ȝeorne.

ȝisle, *d.* *hostage*, i.380. ii.534,557. iii.248; *pl.* ·ȝisles, ȝisele, ȝislæs, †ȝæstes [gisles], i.39,204,217,227,244,263. ii.282,447, 454,462; *d.* ȝisle-n, i.226,243. iii.161. *v.* gisles.

ȝissinge, *d.* *desire*, i.227.

ȝit, ȝite, *v.* ȝet.

·ȝitsinge, ȝitsunge, *d.* *covetousness*, i.168, 280,405.

†ȝiueles, *tribute* (?), ii.526. *v.* gæuel, and *Glossar. Rem.* p. 501.

ȝiuen, ȝiues, *v.* ȝeue.

ȝiuernesse, *d.f.* *avarice*, i.405.

ȝiueðe-n, *v.* ȝeueðe.

ȝogede, *v.* ȝeokeden.

ȝolle-n, *v.* gullen.

ȝong, *v.* ȝeong.

ȝonge, *v.* ȝeonge.

[ȝonge], *d.* *youth*, *young men*, iii.44.

ȝonglenges, *v.* ȝeonglinges.

ȝornde, *v.* ȝeornen.

ȝorneste, *v.* eornest.

[ȝornliche], *earnestly*, ii.229. *v.* ȝeorne.

ȝorstendai, *v.* ȝerstendæi.

iȝote, *v.* ȝeoten.

ȝou, ȝoure, ȝure, *v.* eou.

ȝulden, *v.* ȝelden.

ȝulpe, *v.* ȝælpen.

ȝunge, *v.* ȝeonge.

ȝung-e, ȝenge, ȝeonge [ȝong-e], *a.* *young*, i.12,17,132,147,191; *d.* ȝeonge [ȝenge], i.215; *acc.* ȝungne, ȝeonge, ii.15. iii.117; *pl.* ȝunge, ȝeonge, iii.137,208; *d.* ȝunge-n [ȝong-e], i.289. ii.168,195,413. iii.44; *comp.* ·ȝeongere, ȝeonggere, ȝengere, ȝungre [ȝeongre, ȝongere], i.167,392; *pl.* ȝeongeren, iii.280; *sup.* ȝungeste, ȝengestte [ȝeongeste], i.147,296,301. iii.256.

ȝurne, *v.* ȝeornen.

ȝurren, *p.pl. whirred along* (?), iii. 183.

ȝurstendæi, *v.* ȝerstendæi.

'ȝuse, *yes*, ii. 297.

ȝuȝeðe, *youth*, ii. 219; *g.* ȝeoȝeðe, ii. 409; *d.* ȝuȝeðe, i. 280. *v.* duȝeðe, and *Glossar. Rem.* p. 473.

END OF THE THIRD VOLUME.

LONDON:
PRINTED BY RICHARD AND JOHN E. TAYLOR,
RED LION COURT, FLEET STREET.

ALERE FLAMMAM.

ERRATA IN VOL. III.

p. 2. l. 5. are *should be marked by superior commas.*
— 3. l. 2. *for* butthy *read* but thy.
— ib. l. 7. *for* telleth *read* tell.
— 6. l. 9. *for* every *read* ever.
— 8. l. 3. *for* Britain *read* Britanny, *and again*, p. 39. l. 3.
— 11. v. 25512. *for* n auer *read* in auer.
— 12. v. 25522. *for* of *read* of.
— 21. l. 5. *insert* ' *before* full.
— 44. l. 1. *for* losed *read* lost.
— 45. l. 8. *for* set *read* sate.
— 46. v. 26336. *for* wiſ *read* weſ.
— 49. v. 26386. (*sec. t.*) *for* iht *read* riht.
— 52. vv. 26457–9. (*sec. t.*) *the punctuation is faulty, and again*, p. 107. vv. 27766–8.
— 54. v. 26517. (*sec. t.*) *for* þone *read* þane.
— 56. v. 26557. *for* mo *read* mō.
— 57. v. 26593. *for* to-tweinden *read* to-twemden.
— 59. v. 26634. *for* þritto *read* þritti.
— 70. l. 4. *instead of brackets, superior commas should have been used.*
— 80. l. 3. *for* they *read* then, *or* that.
— 86. l. 9. the *after* and *should be in brackets.*
— 87. v. 27278. *for* Ho *read* ho.
— 97. l. 9. *for* too ar *read* too far.
— 105. l. 1. *for* before *read* over.
— 113. l. 11. *for* but struck *read* but a struck.
— 119. l. 4. *dele the mark* ' *before* eke.
— 131. v. 28306. *for* him ot ſcipe *read* to ſcipe.
— 134. v. 28380. (*sec. t.*) *for* b-ir . . . *read* bi-r . . .
— ib. v. 28392. *dele the hyphen in* burȝe-were.
— 137. v. 28456. *for* qne *read* q̄ne.
— 138. v. 28484. *for* here *read* hire.
— 142. v. 28573. *for* of *read* of.
— 143. v. 28600. *for* Coſtætin *read* Coſtǣtin.
— 147. v. 28687. *for* ſehte *read* fehte.

p. 171. *l.* 5. *insert* it *after* shalt.
— 173. *ll.* 6. 8. *for* sure *read* secure, *and for* burn *read* burned.
— 180. *v.* 29439. *for* criſtindon *read* criſtindom.
— 183. *l.* 10. the *before* king *should be in brackets*.
— 188. *l.* 1. thou *should be marked by superior commas*.
— 194. *v.* 29779. *for* fullehteð *read* fullehteð.
— 198. *v.* 29878. *so in the MS. but* seolue *would be more correct*.
— 230. *v.* 30643. (*sec. t.*) *for* and *read* mid.
— 238. *v.* 30824. *for* here *read* hire.
— 261. *v.* 31371. *for* faht *read* ſaht.
— 268. *l.* 4. *for* truth *read* troth.
— 272. *v.* 31643. *for* of *read* iſ.
— 274. *l.* 8. *for* will *read* wilt.
— 289. *v.* 32045. *for* þreoſte *read* preoſte.
— 290. *l.* 1. while *should be in italics*.
— 291. *v.* 32097. þene *is, probably, a mistake in the MS. for* þane.

In the Notes.

p. 315. *l.* 31. *for* clefeth *read* clepeth.
— 319. *l.* 13. *for* William Rufus *read* Henry II.
— 359. *l.* 37. *for* apakere *read* a ȝakere.
— 441. *l.* 30. *for* Frisic *read* Francic.
— 446. *l.* 24. *for* part *read* pret.
— 458. *l.* 29. *for* 3237 *read* 2337, *and again*, p. 467. *l.* 4.
— 477. *l.* 26. *for* adverb *read* adjective.
— 492. *l.* 8. *for* eerstowe *read* leerstowe.
— 510. *l.* 20. *for* weneich *read* wene ich.

In the Glossary.

p. 515. *col.* 1. *add* abat, *p. repaired*, i. 28. *v.* beten.
— 518. — 1. *under* ænde, *for* f. *read* m., *but in* iii. 96. *the fem. article is used.*
— 519. — 1. *under* æðel-e, *the* d. pl. *has slipt out of place, and should be transposed.*
— 520. — 2. *under* agunnen, *for* [again] *read* [agan], *and add the reference* iii. 14; 241 *should be* 244.
ib. — 2. *under* ah, *the* pl. aȝen *should be marked* sb.
— 521. — 2. *add* alpi *v.* læpi.
— 522. — 1. *after* a-morȝe, *insert* in the morning.
ib. — 2. *after* a-borst, *insert* enraged.
— 524. — 1. 'arise, iii. 31. *should be marked* sb.

p. 526. *col.* 1. *add* awei *v.* wei.
ib. — 2. *under* aȝæn, *dele the repetition of* pl. aȝæð, &c.
— 527. — 1. *add* ibæd, ibad *v.* ibide.
ibær *v.* bere.
— *ib.* — 2. *under* bærnen, *add* born [barnd]. *It would have been better to have entered* beornen, *the strong form, separately, but the two forms are confounded in the text.*
— 528. — 1, 2. *add* bar *v.* bere.
ibede *v.* ibide.
— 529. — 1. *under* beoden, *for* bed *read* ·bed; *the forms* bedde, ·bede *are* sb.
ib. — 1. *under* beon, pl. beon, ii. 349. *is* sb.
ib. — 2. *under* bere, 1. *p. p.* beren *is, perhaps,* pr. sb.
— 541. — 2. *for* p. cluombe *read* 2 *p. p.* clumbe.
— 545. — 1. *under* dæl, *dele the reference* iii. 82 *in the sing. and correct the pl. thus,* pl. dæle [deale], ii. 463.
ib. — 1. *under* dale, *add reference* iii. 82 *to dat. sing. and to the pl.* dæles, i. 221; *d.* dalen, ii. 490.
— 550. — 1. *for* [ȝeorneste] *read* [ȝorneste].
— 551. — 2. *under* fære, *the reference* 333 *should be* 331.
— 552. — 1. *for* ·feonden *read* feonden, *and for* ifeonde *read* ifeond-e; *add the reference* ii. 249.
— 588. — 1. *add* Maiȝe, *d. May,* iii. 295.
— 589. — 1. *add* [messagere], *messenger,* i. 354.
— 619. — 2. *under* studen, *for* 281 *read* 261, *and for* 13 *read* 83.
— 620. — 1. *under* sund, *the form* isunden, i. 388, *is, apparently, nom. sing.*
— 623. — 2. *for* toȝen *read* toȝe-n, *and add the reference* i. 35.
— 630. — 2. *under* þire, *add* d. f. i. 67, 126, 134. ii. 13, 66. iii. 49.
— 653. — 1. *insert* ·ȝe [ȝeo], *ye,* i. 30, 38, 61, 338. ii. 95. iii. 54, 88.

www.ingramcontent.com/pod-product-compliance
Ingram Content Group UK Ltd.
Pitfield, Milton Keynes, MK11 3LW, UK
UKHW021601210325
5101UKWH00035B/290

9 781016 400237